UNDERSTANDING THE PUBLIC OFFICIAL ELECTION ACT
THEORY, PRACTICE, AND OUTLOOK

공직선거법 완벽 이해

이론과 실제, 그리고 전망

선거운동은 아름답다

이창술

박영사

이 우주에 헌법이 있다면,
그건 아마 사랑일 것입니다.*
공직선거법도 그렇습니다.

* 함민복. 강화도 인삼가게 벽에 쓰여진 시구

 **책을 내면서**

Simple is beautiful

Small is beautiful

Election campaigning is beautiful

민주주의는 국민의 참여와 관심속에 더욱 성숙해지고 아름다워진다. 선거는 단순히 대리인을 뽑는 행위에 그치지 않고, 주권자의 목소리를 반영하고, 미래를 함께 그려가는 중요한 과정이다. 민주주의의 꽃을 피우는 아름다운 과정이다. 정치는 현실 제약하에서 최선의 결과를 빚어내는 행위, 즉 '가능성의 예술'(비스마르크)이다. 그 핵심적 기초는 선거이다. 이 과정에서 공직선거법은 공정하고 투명한 선거를 보장하기 위해 존재한다.

공직선거법은 정치의 본질이 아니다. 좋은 정치를 위해 활용하는 유용한 수단이며, 지남철처럼 방향을 잡아주는 도구이다.

"북극을 가리치는 지남철은 무엇이 두려운지 항상 그 바늘 끝을 떨고 있다. 여원 바늘 끝이 떨고 있는 한 그 지남철은 자기에게 지워진 사명을 완수하려는 의사를 잊지 않고 있음이 분명하며 바늘 끝이 가리키는 방향을 믿어도 좋다. 만일 그 바늘 끝이 불안스러워 보이는 전율을 멈추고 어느 한쪽에 고정될 때 우리는 그것을 버려야 한다. 이미 지남철이 아니기 때문이다"(민영규, 신영복의 '담론')처럼 공직선거법이 떨림과 울림 그리고 열림을 중단하면 그 역할은 죽은 나침반과 같이 생명력을 다하고 더 나아가 소통의 단절, 단단한 억압의 장벽으로 작용할 수 있다.

선거라는 큰 여정을 떠날 때마다, 공직선거법이 떨림과 울림을 계속 유지할 때 정치과정이 바른 길로 나아갈 수 있는 힘을 얻게 된다.

아리스토텔레스는 "인간은 정치적 동물이다"라고 규정했다. 이는 우리 모두가 공동체의 일원으로서 정치에 참여하고, 우리의 사회를 함께 만들어가야 한다는 의미를 담고 있다.

마이클 파머는 "비통한 자들을 위한 정치학"에서 "정치는 우리가 함께 살아가는 방식, 우리가 사회를 만들어가는 방식에 대한 것이다"라고 논파했다. 이는 정치가 단순한 권력 다툼이 아니라, 우리가 더 나은 사회를 위해 서로 소통하고 협력하는 과정임을 강조한 것이다.

또한 그리스의 위대한 정치인 페리클레스는 "정치에 관심이 없다고 해서, 정치가 당신에게 관심이 없을 것이라 생각하지 마라"라고 웅변했다. 이는 정치에 무관심할 때 우리 삶에 어떤 영향을 미치는지 경고하며, 모든 시민이 정치에 참여해야 하는 이유를 잘 설명해 주고 있다.

　그러나 우리나라의 공직선거법은 과도하게 규제 중심적 내용이고 그 구성도 복잡하여 유권자 친화적이지 않는다는 비판을 받고 있다. 마치 매트릭스처럼 복잡하게 얽혀 있어, 많은 이들이 그 내용을 이해하는 데 어려움을 겪고 있다. 공직선거법이 연주가가 악기를 다루는 것보다 더 복잡하다는 말이 있다. 이러한 규제 중심의 법체계는 자유로운 선거운동을 제한하고, 유권자와 정치행위자 간의 소통을 어렵게 만들고 역설적으로 참여의 장벽으로 공정한 선거과정에 있어 걸림돌이 되고 있다.

　공직선거법은 정당과 후보자 등 정치행위자들에게 명확하고도 친절한 안내자가 되고, 주권자인 국민에게는 아름다운 민주주의를 이끌어내는 악보와 같아야 한다.

　본질은 단순함에 있고 그 단순함은 아름답다(Simple is beautiful). 그리고 작은 것은 아름답다(Small is beautiful). 공직선거법의 규제도 단순하고 작아야 한다.

　헌법재판소가 "정치적 표현에 대하여는 '자유를 원칙으로, 금지를 예외로' 하여야 하고, '금지를 원칙으로, 허용을 예외로' 해서는 안 되는 점은 자명하고, 선거의 공정성을 이유로 정치적 표현을 과도하게 제한하면 정치신인이나 신생정당이 자신들을 알릴 기회를 충분히 갖지 못하게 되어 오히려 선거의 공정성이 저해되는 결과가 나타날 수 있다"(헌법재판소 2023 헌가12 결정 등)라고 밝히고 있듯이, 앞으로의 공직선거법은 표현의 자유의 날개와 정치적 약자에게 기회의 창을 열어 주는 방향으로 나아가야 한다. 이는 우리 모두가 자유롭게 의견을 나누고, 다양한 목소리가 공정하게 반영되는 선거문화를 조성하는 데 필수적이다. 공직선거법이 이러한 방향으로 발전할 때, 우리는 진정한 민주주의의 아름다움을 경험하게 될 것이다.

　자본주의 토대 위에서 한국 대의민주주의는 작동한다. 그러나 자본권력과 행정권력과 각종 사회권력으로부터 민주주의의 가치를 지켜내야 한다. 선거의 공정성을 확보하기 위하여 일반유권자의 선거운동이 광범위하게 제한되는 것이 아니라 국민의 자유로운 선택권을 방해하는 재력·권력 또는 위력 등에 의하여 행하여지는 선거운동이 제한되어야 한다. 즉 실질적인 선거운동의 자유를 제한하게 하는 '갑질'의 선거운동이나 기회의 평등을 침해하는 선거운동이 제한되어야 한다.

　정치철학자 위르겐 하버마스는 자본주의와 민주주의의 길항관계에서 '생활세계의 식민화'를 경고하며, 우리가 일상과 동네에서 민주주의를 실현해야 함을 강조했다. 일상적 민주주의와 동네민주주의는 우리의 삶을 풍요롭게 하고, 공정하고 정의로운 사회를 만드는데 기여할 것이다. 일상적 민주주의와 동네민주주의는 주민 한 사람 한 사람의 목소리가 울려 퍼질 때 비로소 완성된다. 선거운동의 자유는 그 목소리를 가두지 않고, 더 많은 이들에게 전할 수 있는 날개와 같다. 선거운동의 자유는 동네민주주의의 숨결이며, 공정하고 활기찬 공동체를 만드는 필수 조건이다.

김수영 시인은 '어느 날 고궁을 나오면서'에서 이렇게 묻는다.

"왜 나는 조그마한 일에만 분개하는가 / 저 왕궁 대신에 왕궁의 음탕 대신에 / 50원짜리 갈비가 기름 덩어리만 나왔다고 분개하고 / 옹졸하게 분개하고 설렁탕집 돼지 같은 주인 년한테 욕을 하고 / 옹졸하게 욕을 하고 / 한번 정정당당하게 / 붙잡혀 간 소설가를 위해서 / 언론의 자유를 요구하고 월남 파병에 반대하는 / 자유를 이행하지 못하고...

이 시는 우리가 왜 작은 일에만 분노하고, 진정으로 중요한 일에는 침묵하는지 자문하게 한다. 공직선거법은 우리의 민주주의를 자본과 권력의 영향력으로부터 지켜내기 위한 중요한 도구이다. 우리는 작은 일에 분개하는 데 그치지 않고, 민주주의의 본질을 지키기 위해 큰 목소리를 내야 한다.

따라서 대의민주주의에서 유권자가 자유롭게 정치적 의사를 형성하고 결정할 수 있도록, 선거운동은 가장 공정하고 필수적인 과정으로서 아름답게 이루어져야 한다. 표현의 자유가 제 기능을 발휘하기 위해서는 그 생존에 필요한 '숨 쉴 공간'이 보장되어야 하며(대법원 2019 도13328 판결) 선거운동은 바로 그 공간 위에서 피어나는 민주주의의 꽃이다.

선거운동은 아름답다(Election campaigning is beautiful)!

선거운동은 각 정당과 후보자와 유권자가 서로의 생각을 나누고, 더 나은 사회를 위한 비전을 공유하는 장이다. 이 과정이 더욱 깨끗하고 공정하게 이루어지기 위해서는 공직선거법의 올바른 이해와 준수가 필수적이다.

이 책, "공직선거법 완벽 이해(이론과 실제, 그리고 전망 : 선거운동은 아름답다)"는 유권자가 보다 쉽게, 그리고 좀 더 명확하게 공직선거법을 이해할 수 있도록 도움이 되고자 기획되었다.

공직선거법의 전체 조항 중 정치적 표현의 영역에 밀접한 조문을 중심으로 이론은 알기 쉽게 풀어 설명하였다. 단순히 법조문을 나열하는 방식에서 벗어나, 보다 직관적으로 이해하고 활용할 수 있도록 신분별, 주체별, 기간별, 그리고 행위 사례별로 내용을 재구성하였다.

또한, 이 책은 공직선거법을 이론과 실제, 전망의 세가지 관점에서 체계적으로 접근하고자 하였다.

공직선거법의 기본적 틀과 이론적 배경을 충실히 설명하는 한편, 현실에 적확한 방대한 판례와 중앙선거관리위원회의 구체적인 행정해석 사례를 통해 공직선거법의 쓰임이 타당성 있게 구현되고 적용하도록 '해설서'와 실질적인 '안내서'에 준하도록 하였다. 그리고 전망 부분에서 현행 공직선거법의 한계와 문제점을 짚어보고, 보다 자유롭고 공정하고 실효성있는 법 체계를 마련하기 위한 법 개정 방향도 모색하였다.

이 책이 주권자인 유권자들과 정치행위자들이 공직선거법을 알기 쉽고 정확히 이해함으로써, 우리 사회가 더 투명하고 신뢰받는 선거문화를 만들어 가는 데 작은 밀알과 소박한 등불이 되기를 기대한다. 선거운동의 아름다움을 함께 느끼며, 더 나은 대한민국 공동체의 내일을 만들어가는 여정에 이 책이 동행하기를 바란다.

먼저 출간한 「정치자금법 이해 : 이론과 실제 그리고 전망」(2024. 박영사)과 마찬가지로 이 책도 선거관리위원회 동료직원들의 집단지성의 산물이다.

치열한 선거현장에서 민주주의를 수호하기 위해 고군분투와 헌신하고 있는 각급 선거관리위원회 직원 동료들의 넉넉한 생각의 증류와 지혜 그리고 눈과 귀를 통해 수집된 이야기를 양피지로 삼았다. 공정과 정의라는 책임윤리와 신념윤리로 펜을 손에 쥐었다. 굽이치는 현실 정치의 강과 같이 속깊고 끊임없이 흐르는 공직선거법의 속성과 강도, 굴곡, 은밀함에 숨겨진 민주주의의 파도를 잉크로 쓰고자 했다. 그러나 중과부적(衆寡不敵)이다.

공직선거법과 정치자금법, 정당법 등 정치관계법이 진정한 법치주의의 버팀목이 되었으면 한다. 정치관계법이 시민의 것이었으면 한다. 어느 법학자의 다음의 글처럼 정치관계법도 인권과 평화와 민주주의를 담아내는 마중물이었으면 한다.

"문제는 그 통치하는 사람과 법의 관계다. 통치자 위에 법이 자리하는 경우를 우리는 '법의 지배(Rule of Law)' 혹은 '법치주의'라 이름하고, 반대로 통치자 아래에 법이 자리하는 경우를 '법에 의한 지배(Rule by Law)'라 한다. 전자의 법은 국민의 자유와 권리를 보호하기 위하여 권력을 통제하고 억제하는 법이다. 후자의 법은 통치자가 권력을 행사하는 수단이자 폭력으로서의 법이다. 전자의 법은 인권과 평화와 민주주의를 담아내는 그릇이지만, 후자의 법은 국민을 정치로부터 소외시키고 타자화하는 통치전략이 흘러가는 통로를 이룰 뿐이다. 그래서 법이 정치를 규율하는 민주사회와 달리 권위주의 사회는 법이 아닌, 법의 외관을 띤 폭력을 정치의 수단으로 삼는다. 법으로써 국가의 폭력을 은폐하고 또 엄폐하고자 하는 것이다."*

민주주의는 국민의 신뢰를 바탕으로 유지되며, 그 핵심은 공정한 선거와 법치주의에 있다. 그러나 21세기에 K-democracy라고 자부해온 대한민국에서 대명천지에 부정선거 음모론이 확산되고 있다. 탈진실(post-truth)시대의 정보왜곡과 유튜브 알고리즘의 편향성을 숙주로 증폭되고 있다. 아집과 독선, 폭력성과 교활함, 무지로 결합된 정치적 행위자들은 이를 활용하여 자신들의 정치적 도구로 삼고 있다. 여기에 학벌 중심의 관료주의와 비겁한 엘리트들이 순응과 동조로 책임을 방기하면서 악의 평범성(Banality of Evil)을 재현하며 민주주의의 근간을 흔들고 있다. 한나 아렌트는 말했다. "생각하지 않는 것이야 말로 악의 근원이

---

*   한상희. 오마이뉴스. 2023. 9. 7. '법치'가 대통령의 전유물?…헌법 무시하는 '폭력 정치'

다." 지금 우리는 생각해야 한다. 악의 평범성에 굴복할 것인가?, 아니면 논리와 신뢰로 민주주의를 지킬 것인가? 우리는 선택해야 한다. 허위와 광기의 음모론을 받아들일 것인가? 아니면 이성과 상식으로 민주주의를 지킬 것인가?

　　이 책을 쓸 수 있게 직접적인 동기와 영감을 준 출퇴근 지하철에서 마주친 모든 분들께, 칼 세이건의 아름다운 헌사를 빌려 그들의 삶이 더 밝고 맑고 풍요로워지길 기원한다.

　　"헤아릴 수 없이 넓은 공간과 셀 수 없이 긴 시간 속에서 지구라는 작은 행성과 찰나의 순간을 그대와 함께 보낼 수 있음을 나에게 큰 기쁨이었습니다(코스모스)."

　　마지막으로 「정치자금법 이해 : 이론과 실제 그리고 전망」에 이어 이 책의 완성에 변치않는 따뜻한 응원과 무한한 이해를 보내준 너무나도 아름다운 아내 명미와 사랑하는 딸 서현, 아들 서준, 그리고 하나님의 사랑을 삶으로 실천하시어 따뜻한 마음을 베풀어 주신 존경하는 장모님인 조성옥여사께 감사의 뜻을 전하고 싶다. 그리고 고단한 삶을 지나 하나님 나라에서 평안히 계실 아버님과 어머님이 더욱 그립다. 저에게 지혜와 길을 열어주신 은혜에 감사드린다. 그들과 함께하는 모든 순간이 저에게 큰 힘이 되었고, 이 책 또한 그 감사와 사랑의 표현이기도 하다.

　　"풍파는 전진하는 자의 벗이다(니체)"에서 용기를,

　　"너의 행위의 결과가 인간적 불행을 가능하면 가장 많이 회피하거나 혹은 줄일 수 있는 것과 부합하도록 행동하라(아르투어 카우프만)"에서 관용을,

　　서현, 서준이가 성장과 성숙의 길에서 습관이성으로 기억했으면 하는 소박한 바람이다.

일러두기

1. 2025. 3. 25. 현재 공포된 법규의 내용을 기준으로 하였다.
2. 「공직선거법」은 '법'으로 표기하였다.
3. 「공직선거관리 규칙」은 '규칙'으로 표기하였다.
4. 다만, 법 또는 규칙의 명칭을 전부 기재하지 아니하면 쉽게 의미가 이해되기 어렵다고 보이는 경우에는 법 또는 규칙의 명칭을 전부 기재하였다.
5. 기타 법과 시행령을 기재할 때에는 「 」안에 기재하였다. 다만, 판례 원문은 그대로 표기하였다.
6. 각주의 참고문헌 중 책과 논문은 「 」, 논문 등의 제목은 " "로 제목을 인용한다.
7. 중앙선거관리위원회 질의회답은 (○○○○.○○.○○.회답)으로 약칭한다. 다만 기관의 행정해석은 기관이 표시한 대로 인용한다.

차례

제1장 | 선거의 공정성 확보를 위한 공직선거법 위반 제제

제2장 │ 정치활동의 종류

제3장 │ 공직선거법의 규율 방식

제4장 │ 정당의 후보자 추천을 위한 당내경선 관련 규율

제5장　선거운동이 아닌 행위

제6장　국회의원·지방의회의원의 의정활동 보고

제7장 | 선거운동으로 보는 행위

제8장 | 평상시 가능한 선거운동

제9장 | 유튜브·챗GPT·딥페이크영상 등 관련 규율

제10장 ┃ 정보통신망을 이용한 위법게시물 조치 등

제14장 | 출판기념회 관련 규율

제15장 | 선거에 관한 여론조사 관련 규율

제16장　호별방문의 금지 등 선거운동 공간 제한

제17장　개인의 선거운동 등 제한

제18장 | 지방자치단체의 장 등의 행위 제한

제19장 | 단체의 선거운동 등 제한

제20장 ┃ 언론과 관련된 규율

제21장 │ 허위사실공표죄

제22장 ┃ 후보자비방죄

제23장 ┃ 선거와 관련 금품 제한(기부행위 금지·제한)

제24장 | 선거와 관련 금품 제한(매수 및 이해유도죄)

제25장 | 선거기간 중 자주 발생하는 행위사례 (소품, 거리현수막, 인터넷광고 등)

제26장 │ 선거기간 중 자주 발생하는 행위사례(연설·대담, 집회 등)

| 제29장 | 선거사무관계자나 시설등에 대한 폭행·교란죄 |

| 제30장 | 선거운동기구와 선거사무관계자, 자원봉사자 관련 규율 |

제31장 │ 여성, 장애인, 청년, 학생 관련 규율

보론 │ 부정선거 음모론과 부정선거 팩트체크

제1장

선거의 공정성 확보를 위한
공직선거법 위반 제제

제1장

선거의 공정성 확보를 위한
공직선거법 위반 제제

선거의 공정성을 추구하는 궁극적인 목적은 민주정치의 발전에 기여하고자 하는 데에 있다. 선거의 공정성은 국민의 정치적 의사를 정확하게 반영하는 선거를 실현하기 위한 수단적 가치이고, 그 자체가 헌법적 목표는 아니다.

선거에 있어 자유와 공정은 반드시 상충관계에 있는 것이 아니라 서로 보완하는 기능도 함께 가지고 있다. 선거의 공정성 확보를 위해서 법을 위반한 경우 다양한 제제장치를 두고 있다.

제1절 선거권 제한

제18조(선거권이 없는 자) ① 선거일 현재 다음 각 호의 어느 하나에 해당하는 사람은 선거권이 없다.

1. 금치산선고를 받은 자

2. 1년 이상의 징역 또는 금고의 형의 선고를 받고 그 집행이 종료되지 아니하거나 그 집행을 받지 아니하기로 확정되지 아니한 사람. 다만, 그 형의 집행유예를 선고받고 유예기간 중에 있는 사람은 제외한다.

3. 선거범, 「정치자금법」 제45조(정치자금부정수수죄) 및 제49조(선거비용관련 위반행위에 관한 벌칙)에 규정된 죄를 범한 자 또는 대통령·국회의원·지방의회의원·지방자치단체의 장으로서 그 재임중의 직무와 관련하여 「형법」(「특정범죄가중처벌 등에 관한 법률」 제2조에 의하여 가중처벌되는 경우를 포함한다) 제129조(수뢰, 사전수뢰) 내지 제132조(알선수뢰)·「특정범죄가중처벌 등에 관한 법률」 제3조(알선수재)에 규정된 죄를 범한 자로서, 100만원이상의 벌금형의 선고를 받고 그 형이 확정된 후 5년 또는 형의 집행유예의 선고를 받고 그 형이 확정된 후 10년을 경과하지 아니하거나 징역형의 선고를 받고 그 집행을 받지 아니하기로 확정된 후 또는 그 형의 집행이 종료되거나 면제된 후 10년을 경과하지 아니한 자(刑이 失效된 者도 포함한다)

> 4. 법원의 판결 또는 다른 법률에 의하여 선거권이 정지 또는 상실된 자
> ② 제1항제3호에서 "선거범"이라 함은 제16장 벌칙에 규정된 죄와 「국민투표법」 위반의 죄를 범한 자를 말한다.

1. 의의

선거권과 피선거권의 제한은 헌법 제24조에 의해서 곧바로 정당화 될 수는 없고, 헌법 제37조 제2항의 규정에 따라 국가안전보장·질서유지 또는 공공복리를 위하여 필요하고 불가피한 예외적인 경우에만 그 제한이 정당화될 수 있으며, 그 경우에도 선거권의 본질적인 내용을 침해할 수 없다[1]

법에서 선거의 공정성을 해친 자에게 일정기간 선거권 및 피선거권을 제한함으로써 선거 풍토를 일신함과 동시에 본인의 반성을 촉구하기 위한 법적조치로 선거범에 대하여 선거권과 피선거권을 제한하고 있다.[2]

선거범죄를 범한 사람에 대하여 선거권을 제한하는 것은 공동체 구성원으로서 선거와 관련하여 반드시 지켜야 할 기본적 의무를 저버린 범죄자에게까지 그 공동체의 운용을 주도하는 통치조직의 구성에 참여하도록 하는 것이 바람직하지 아니하다는 기본적 인식에 기초하여 형사처벌에 추가하여 사회적 제재를 부과하는 의미도 가진다.[3] 즉 선거권제한조항은 선거법을 위반한 행위에 대한 일종의 응보적 기능도 가진 것이다. 이러한 입법목적은 헌법 제37조 제2항의 공공복리를 위한 것으로서 그 정당성이 인정된다.[4] 한편 선거범에 대하여 선거권을 제한하는 것은 금권·타락선거를 방지하고 선거의 공정성을 제고하는 데에 효과적인 제재수단이므로, 선거권제한조항은 위와 같은 입법목적을 달성하기 위한 수단의 적합성도 인정된다.

---

1) 헌법재판소 2011. 12. 29. 2009헌마476 결정
2) 헌법재판소 2018. 1. 25. 2015헌마821 결정
3) 헌법재판소 2022. 3. 31. 2019헌마986 결정
4) 헌법재판소 2011. 12. 29. 2009헌마476 결정

2. 내용

법 제15조에서는 선거권의 적극적 요건인 연령, 국적, 또는 거주요건을 규정하고 있다.

> **제15조(선거권)** ① 18세 이상의 국민은 대통령 및 국회의원의 선거권이 있다. 다만, 지역구국회의원의 선거권은 18세 이상의 국민으로서 제37조제1항에 따른 선거인명부작성기준일 현재 다음 각 호의 어느 하나에 해당하는 사람에 한하여 인정된다.
> 1. 「주민등록법」 제6조제1항제1호 또는 제2호에 해당하는 사람으로서 해당 국회의원지역선거구 안에 주민등록이 되어 있는 사람
> 2. 「주민등록법」 제6조제1항제3호에 해당하는 사람으로서 주민등록표에 3개월 이상 계속하여 올라 있고 해당 국회의원지역선거구 안에 주민등록이 되어 있는 사람
> ② 18세 이상으로서 제37조제1항에 따른 선거인명부작성기준일 현재 다음 각 호의 어느 하나에 해당하는 사람은 그 구역에서 선거하는 지방자치단체의 의회의원 및 장의 선거권이 있다.
> 1. 「주민등록법」 제6조제1항제1호 또는 제2호에 해당하는 사람으로서 해당 지방자치단체의 관할 구역에 주민등록이 되어 있는 사람
> 2. 「주민등록법」 제6조제1항제3호에 해당하는 사람으로서 주민등록표에 3개월 이상 계속하여 올라 있고 해당 지방자치단체의 관할구역에 주민등록이 되어 있는 사람
> 3. 「출입국관리법」 제10조에 따른 영주의 체류자격 취득일 후 3년이 경과한 외국인으로서 같은 법 제34조에 따라 해당 지방자치단체의 외국인등록대장에 올라 있는 사람

그러나 적극적 요건을 모두 갖춘 자라 하더라도 법 제18조에서 정하는 소극적 요건에 해당하여 결격사유가 있는 자는 선거권을 가질 수 없다.

100만원 이상의 벌금형의 선고를 받고 그 형이 확정된 후 5년, 형의 집행유예의 선고를 받고 그 형의 확정된 후 10년,[5] 징역형의 선고를 받고 그 집행을 받지 아니하기로 확정된 후 또는 그 형의 집행이 종료되거나 면제된 후 10년이 경과되어야만 선거권이 있다. 이때 5년 또는 10년의 기간의 기산점이 언제인지 문제된다. 법을 위반한 죄의 공소시효가 선거일 후 6개월이 경과한 때에 완성된다는 법 제268조의 공소시효 규정에 대하여 선거일 다음날 0시부터 공소시효가 진행된다고 해석함에 비추어[6] 본 조의 기간경과의 기산점도 확정된 날의 다음날 또는 형의 집행이 종료되거나 면제된 날의 다음날 0시부터 진행된다고 함이 타당하다.

---

5) 헌법재판소 2018. 1. 25. 2015헌마821 결정
6) 대법원 2012. 10. 11. 선고 2011도17404 판결

'선거범'은 법 제16장 벌칙에 규정된 죄와 국민투표법 위반의 죄를 범한 자를 말한다. 따라서 정당의 공직선거후보자 선출을 위한 당내경선에서 법 제16장 벌칙에 규정된 죄를 범한 자도 선거범에 포함된다.[7]

제18조에 따른 범죄 종류에 따라 선거권이 없는 자에 대하여 정리하면 다음과 같다.

일반 범죄	1년 이상의 징역 또는 금고의 형의 선고	집행이 종료되지 아니한 사람 ⇨ 1년 이상의 징역 또는 금고의 형의 선고를 받고 복역 중에 있는 자나 가석방 된 자로서 형기나 잔여형기를 경과하지 아니한 자
		집행을 받지 아니하기로 확정되지 아니한 사람 ⇨ 1년 이상의 징역 또는 금고의 형의 선고를 받은 자로서 형의 시효에 의하여 형의 집행이 면제될 때까지 사이의 자, 일반사면 또는 특별사면에 의하여 형의 선고의 효력을 상실하거나 형의 집행이 면제되기까지 사이의 자 등
	법원의 판결 또는 다른 법률에 의하여 선거권이 정지·상실된 자	형법 제43조(형의 선고와 자격상실, 자격정지) 또는 제44조(자격정지)의 규정에 의하여 전부 또는 일부의 선거권에 관하여 자격정지 또는 자격상실을 선고받은 자
선거 범죄등	100만 원 이상 벌금형의 선고	벌금형이 확정된 후 5년이 경과하지 아니한 자
	집행유예의 선고	형의 집행유예가 확정된 후 10년을 경과하지 아니한 자
	징역형의 선고	징역형의 집행을 받지 아니하기로 확정된 후 10년을 경과하지 아니한 자
		징역형의 집행이 종료되거나 면제된 후 10년이 경과하지 아니한 자

한편 「금치산 선고를 받은 자」는 현재 선거권 및 피선거권이 제한되지 아니한다.[8]

---

7) 舊정당법(2004. 3. 12. 일부개정, 법률 제7190호)에서 정당은 공직후보자를 추천하기 위한 당내경선을 실시할 수 있도록 하고, 당내경선의 후보자로 등재된 자로서 후보자로 선출되지 아니한 경우에는 당해 공직후보자로 등록할 수 없도록 하면서 당내경선운동 방법을 규정하였다. 이후 당내경선 관련 규정은 정당법에서 공직선거법(2005. 8. 4. 일부개정, 법률 제7681호)으로 옮기면서 제6장의2 '정당의 후보자 추천을 위한 당내 경선'규정이 신설되었고, 현재에 이르고 있다. 그러나 '당내경선' 관련 조항이 정당법이 아닌 공직선거법에 두는 것은 입법체계상 타당하지 않고, 공직선거가 아닌 정당 내부의 당내 행사인 당내 경선에 대해서도 공직선거법상의 엄격한 처벌 규정을 적용하는 것은 정당의 자율성에 대한 지나친 제한이라는 이유로 공직선거법의 현행 규정인 제6장의2(정당의 후보자 추천을 위한 당내경선) 조항 및 이와 관련된 벌칙 규정을 삭제하고 정당법으로 옮기자는 공직선거법 일부개정안이 제21대 국회(2020. 9. 25. 김영배의원 등 44인)에서 제안된 바 있다.
8) 「금치산선고를 받은 자」는 2011. 3. 7. 개정 전 민법에 규정되어 있었으며, 심신상실의 상태에 있는 자로서 법원으로부터 금치산선고를 받은 자를 말한다. 민법의 개정(2011. 3. 7. 개정, 2013. 7. 1.시행 법률 제10429호)으로 금치산·한정치산 제도가 아닌 성년후견·한정후견 제도를 도입하여 금치산 선고를 받은 자의 개념은 무의미해졌고, 민법 부칙 제2조(금치산자 등에 관한 조치) 제2항에 따라 법 시행일부터 5년이 경과한 때 그 금치산자의 선고는 장래를 향하여 그 효력이 상실되므로, 2018. 7. 1.부터 선거권 및 피선거권이 제한되지 아니한다.

3. 교육감 선거에서 법 제16장 벌칙을 위반하여 처벌받은 경우 선거권 제한

지방교육자치에 관한 법률 제49조는 공직선거법 중 시·도지사 및 시·도지사선거에 관한 규정의 구체적인 조문들과 그 벌칙 규정을 상세히 열거하여 교육감선거에 준용하고 있고, 위와 같이 구체적으로 열거하여 준용된 공직선거법의 규정에는 선거권의 제한에 관한 법 제18조 및 벌칙에 관한 법 제16장도 포함되어 있다. 그러나 이는 교육감선거에서의 선거권 제한에 관하여 공직선거법의 위 각 규정을 준용한다는 것일 뿐 역으로 지방교육자치에 관한 법률 위반죄를 범한 자를 공직선거법상의 선거범으로 본다는 취지는 아니다. 따라서 교육감선거 과정에서 지방교육자치에 관한 법률에 의하여 준용되는 공직선거법 위반행위를 하여 역시 지방교육자치에 관한 법률에 의하여 준용되는 공직선거법 제16장의 벌칙 규정에 따라 처벌받은 자라 하더라도, 달리 법에 규정이 없는 이상 그가 당연히 법 제18조에 규정된 선거범에 해당하여 교육감선거가 아닌 공직선거에서까지 선거권을 제한받는다고는 할 수 없다.[9]

4. 제18조에 따른 파급 효과

제18조에 따라 선거권이 없는 자는 법 제60조에 따라 선거운동을 할 수 없고, 법 제161조, 제162조, 제181조에 따라 (사전)투표참관인, 개표참관인이 될 수 없으며, 정당법 제22조에 따라 당원이 될 수 없다.

> **제60조(선거운동을 할 수 없는 자)** ① 다음 각 호의 어느 하나에 해당하는 사람은 선거운동을 할 수 없다. 다만, 제1호에 해당하는 사람이 예비후보자·후보자의 배우자인 경우와 제4호부터 제8호까지의 규정에 해당하는 사람이 예비후보자·후보자의 배우자이거나 후보자의 직계존비속인 경우에는 그러하지 아니하다.
>   1. ~ 2. 생략
>   3. 제18조(選擧權이 없는 者)제1항의 규정에 의하여 선거권이 없는 자
> **제161조(투표참관)** ⑦ 대한민국 국민이 아닌 자·미성년자·제18조(選擧權이 없는 者)제1항 각호의 1에 해당하는 자·제53조(公務員 등의 立候補)제1항 각호의 1에 해당하는 자·후보자 또는 후보자의 배우자는 투표참관인이 될 수 없다.
> **제162조(사전투표참관)** ④ 사전투표참관에 관하여는 제161조까지의 규정을 준용한다. 제6항부터 제12항

---

9)   대법원 2016. 5. 12. 선고 2015다237250 판결

제181조(개표참관) ⑪ 3. 제18조제1항 각 호의 어느 하나에 해당하는 사람

정당법 제22조(발기인 및 당원의 자격) ① 16세 이상의 국민은 공무원 그 밖에 그 신분을 이유로 정당가입이나 정치활동을 금지하는 다른 법령의 규정에 불구하고 누구든지 정당의 발기인 및 당원이 될 수 있다. 다만, 다음 각 호의 어느 하나에 해당하는 자는 그러하지 아니하다.

　4.「공직선거법」제18조제1항에 따른 선거권이 없는 사람

5. 헌법재판소 결정

법 제256조 제1항 제5호 중 제108조 제11항 제2호의 선거범죄로 100만 원 이상의 벌금형의 선고를 받고 그 형이 확정된 후 5년을 경과하지 아니한 자는 선거권이 없다고 규정한 법 제18조 제1항 제3호 중 제256조 제1항 제5호 가운데 제108조 제11항 제2호의 선거범죄를 범한 자로서 100만 원 이상의 벌금형의 선고를 받고 그 형이 확정된 후 5년을 경과하지 아니한 자에 관한 부분에 대하여 선거권 제한을 통하여 달성하려는 선거의 공정성 확보라는 공익이 선거권을 행사하지 못함으로써 침해되는 개인의 사익보다 크므로 선거권제한 조항은 선거권을 침해하지 아니한다고 판시하였다.[10]

제2절 피선거권 제한

제19조(피선거권이 없는 자) 선거일 현재 다음 각 호의 어느 하나에 해당하는 자는 피선거권이 없다.

1. 제18조(選擧權이 없는 者)제1항제1호·제3호 또는 제4호에 해당하는 자
2. 금고 이상의 형의 선고를 받고 그 형이 실효되지 아니한 자
3. 법원의 판결 또는 다른 법률에 의하여 피선거권이 정지되거나 상실된 자
4.「국회법」제166조(국회 회의 방해죄)의 죄를 범한 자로서 다음 각 목의 어느 하나에 해당하는 자(형이 실효된 자를 포함한다)

---

10) 헌법재판소 2022. 3. 31. 2019헌마986 결정

> 가. 500만원 이상의 벌금형의 선고를 받고 그 형이 확정된 후 5년이 경과되지 아니한 자
>
> 나. 형의 집행유예의 선고를 받고 그 형이 확정된 후 10년이 경과되지 아니한 자
>
> 다. 징역형의 선고를 받고 그 집행을 받지 아니하기로 확정된 후 또는 그 형의 집행이 종료되거나 면
> 제된 후 10년이 경과되지 아니한 자
>
> 5. 제230조제6항의 죄를 범한 자로서 벌금형의 선고를 받고 그 형이 확정된 후 10년을 경과하지 아니
> 한 자(형이 실효된 자도 포함한다)

1. 의의

법 제16조에 규정된 피선거권의 적극적 요건인 연령,[11] 국적, 또는 거주요건을 모두 갖춘
자라 하더라도, 본 조에서 피선거권의 소극적 요건에 해당하여 결격사유가 있는 자는 피선
거권을 가질 수 없도록 규정하고 있다.

> **제16조(피선거권)** ① 선거일 현재 5년 이상 국내에 거주하고 있는 40세 이상의 국민은 대통령의 피선거
> 권이 있다. 이 경우 공무로 외국에 파견된 기간과 국내에 주소를 두고 일정기간 외국에 체류한 기간은 국
> 내거주기간으로 본다.
>
> ② 18세 이상의 국민은 국회의원의 피선거권이 있다.
>
> ③ 선거일 현재 계속하여 60일 이상(公務로 外國에 派遣되어 選擧日전 60日후에 귀국한 者는 選擧人名
> 簿作成基準日부터 계속하여 選擧日까지) 해당 지방자치단체의 관할구역에 주민등록이 되어 있는 주민으
> 로서 18세 이상의 국민은 그 지방의회의원 및 지방자치단체의 장의 피선거권이 있다. 이 경우 60일의 기
> 간은 그 지방자치단체의 설치·폐지·분할·합병 또는 구역변경(제28조 각 호의 어느 하나에 따른 구역변경
> 을 포함한다)에 의하여 중단되지 아니한다.
>
> ④ 제3항 전단의 경우에 지방자치단체의 사무소 소재지가 다른 지방자치단체의 관할 구역에 있어 해당 지
> 방자치단체의 장의 주민등록이 다른 지방자치단체의 관할 구역에 있게 된 때에는 해당 지방자치단체의 관
> 할 구역에 주민등록이 되어 있는 것으로 본다.

---

11) 피선거권조항은 2022. 1. 18. 법률 제18790호로 개정되어 국회의원, 지방의회의원, 지방자치단체의 장 피선거권 연령 하한
이 25세에서 18세로 낮아졌고, 정당법 조항은 2022. 1. 21. 법률 제18792호로 개정되어 정당의 발기인 및 당원의 자격과
관련하여 국회의원 선거권이 있는 사람일 것을 요하던 것에서 16세 이상의 국민일 것을 요하는 것으로 변경되었다.

2. 내용

가. 제18조 제1항 제1호·제3호 또는 제4호에 해당하는 자(제1호)

법 제18조 제1항 제1호, 제3호 또는 제4호에 따라 선거권이 없는 자는 피선거권이 없는 자에 해당한다.

나. 제230조 제6항의 죄를 범한 자(제5호)

본 조항은 정당의 후보자추천과 관련한 금품수수를 엄격히 제한함으로써 선거의 공정성을 높이기 위해 2014. 2. 13. 신설되었다. 누구든지 법 제47조의2(정당의 후보자추천 관련 금품수수금지) 제1항이나 제2항의 금지규정을 위배하여 정당이 특정인을 후보자로 추천하는 일과 관련하여 금품이나 그 밖의 재산상의 이익 또는 공사의 직을 제공하거나 그 제공의 의사를 표시하거나 그 제공을 약속하는 행위를 하거나, 그 제공을 받거나 그 제공의 의사표시를 승낙하거나 이와 관련하여 지시·권유 또는 요구하거나 알선하여 벌금형의 선고를 받고 그 형이 확정된 후 10년을 경과하지 아니한 자는 피선거권이 없다.

본 조에 따라 100만원 미만의 벌금형을 선고받은 경우에는 피선거권이 제한되더라도 선거권은 제한되지 아니한다.

3. 제19조에 따른 파급 효과

본 조에 따라 피선거권이 없는 자는 법 제49조에 따른 후보자등록을 할 수 없고, 등록하였다 하더라도 법 제52조에 따라 등록이 무효로 된다. 또한 등록이 무효로 되지 아니하고 당선이 되었더라도 임기개시 전에 피선거권이 없게 된 때에는 법 제192에 따라 당선의 효력이 상실되며, 이는 법 제195조 제1항 제5호에 따라 재선거사유에 해당한다.

제52조(등록무효) ① 후보자등록후에 다음 각 호의 어느 하나에 해당하는 사유가 있는 때에는 그 후보자의 등록은 무효로 한다.

1. 후보자의 피선거권이 없는 것이 발견된 때

제192조(피선거권상실로 인한 당선무효 등) ① 선거일에 피선거권이 없는 자는 당선인이 될 수 없다.

② 당선인이 임기개시전에 피선거권이 없게 된 때에는 당선의 효력이 상실된다.

③ 당선인이 임기개시전에 다음 각 호의 어느 하나에 해당되는 때에는 그 당선을 무효로 한다.

1. 당선인이 제1항의 규정에 위반하여 당선된 것이 발견된 때

2. 당선인이 제52조제1항 각 호의 어느 하나 또는 같은 조 제2항 및 제3항의 등록무효사유에 해당하는 사실이 발견된 때

제195조(재선거) ① 다음 각호의 1에 해당하는 사유가 있는 때에는 재선거를 실시한다.

5. 당선인이 임기개시전에 제192조(被選擧權喪失로 인한 當選無效 등)제2항의 규정에 의하여 당선의 효력이 상실되거나 같은 조 제3항의 규정에 의하여 당선이 무효로 된 때

4. 중앙선거관리위원회 행정해석

① 두 가지 이상의 선거범죄로 각각 기소되어 각각 일백만 원 미만(합산액 100만 원 이상)의 형을 선고받은 자는 입후보할 수 있음(2003.1.28. 회답).

② 형의 선고유예를 받은 자는 법 제19조 각 호의 어느 하나에 해당하는 자가 아니므로 피선거권이 있으며, 같은 법 제65조 제8항의 규정에 의하여 후보자정보공개자료에 게재하는 전과기록에 선고유예는 해당되지 아니함(2007.3.2. 회답).

③ 선거범죄로 형의 집행유예의 선고를 받은 자는 법 제18조·제19조 및 제266조에 따라 그 형이 확정된 후 10년간 선거권·피선거권이 없으며 같은 법 제266조 제1항 각 호의 어느 하나에 해당하는 직의 취임 또는 임용이 제한되고, 집행유예의 선고를 받은 자에 대한 사면(일반사면·특별사면을 포함함. 이하 같음)은 형의 언도의 효력을 상실시키는 효과가 있으므로 사면이 있는 경우에는 그때 선거권·피선거권이 회복되고 법 제266조 제1항 각 호의 어느 하나에 해당하는 직의 취임 또는 임용이 가능함(2008.4.21. 회답).

5. 헌법재판소 결정

선거범으로서 100만 원 이상의 벌금형을 선고받은 이유로 피선거권을 제한하는 것이 공무담임권 등을 침해하는지 여부에 대하여, 피선거권제한조항이 100만 원 이상의 벌금형을 선고받고 그 형이 확정된 후 5년 또는 징역형의 집행유예를 선고받고 그 형이 확정된 후 10년을 경과하지 아니한 사람에 대하여 피선거권을 제한한다고 하더라도, 이 조항이 과잉금지원칙을 위반한다고 할 수 없으므로 피선거권제한조항이 과잉금지원칙을 위반하여 공무담임권을 침해하는 것은 아니라고 판시하였다.[12]

제3절 당선무효

법은 선거범죄를 사전에 억제하기 위해 형벌 외에도 후보자 또는 그와 관련된 자가 선거범죄나 정치자금범죄로 형사책임을 지는 경우 후보자의 당선을 법률상 당연무효로 하는 규정(법 제263조 내지 제265조)을 두고 있다.

1. 선거비용의 초과지출로 인한 당선무효

선거비용제한액을 초과하여 선거비용을 지출하거나 선거비용 회계처리와 관련한 위반행위로 선거사무장 등이 징역형 또는 벌금 300만원 이상의 처벌을 받는 경우 후보자의 당선은 무효가 된다.

제263조(선거비용의 초과지출로 인한 당선무효) ① 제122조(선거비용제한액의 공고)의 규정에 의하여 공고된 선거비용제한액의 200분의 1이상을 초과지출한 이유로 선거사무장, 선거사무소의 회계책임자가 징역형 또는 300만원 이상의 벌금형의 선고를 받은 때에는 그 후보자의 당선은 무효로 한다. 다만, 다른 사람의 유도 또는 도발에 의하여 당해 후보자의 당선을 무효로 되게 하기 위하여 지출한 때에는 그러하지 아니하다.

---

12) 헌법재판소 2018. 1. 25. 2015헌마821 결정

②「정치자금법」제49조(선거비용관련 위반행위에 관한 벌칙)제1항 또는 제2항제6호의 죄를 범함으로 인하여 선거사무소의 회계책임자가 징역형 또는 300만원 이상의 벌금형의 선고를 받은 때에는 그 후보자(대통령후보자, 비례대표국회의원후보자 및 비례대표지방의회의원후보자를 제외한다)의 당선은 무효로 한다. 이 경우 제1항 단서의 규정을 준용한다.

가. 선거비용의 초과지출로 인한 당선무효(제1항)

선거사무장과 선거사무소의 회계책임자가 주체이다. 선거사무소의 회계책임자에 예비후보자의 회계책임자도 포함된다.[13] 또한 선거사무장 등의 지위 상실 이후의 행위에 대하여는 특별한 사정이 없는 한 본 조의 적용이 배제된다.[14]

법 제122조의 규정에 의하여 공고된 선거비용제한액의 200분의 1 이상을 초과지출하여 징역형 또는 300만원 이상의 벌금형을 선고받은 경우이다.

나. 선거비용 허위보고 등으로 인한 당선무효(제2항)

선거사무소의 회계책임자에 한하며, 선거사무소의 회계책임자에는 제1항과 동일하게 예비후보자의 회계책임자도 포함된다.

정치자금법 제49조 제1항 또는 제2항 제6호의 죄를 범하여 징역형 또는 300만원 이상의 벌금형을 선고받은 경우를 말한다.

정치자금법 제49조(선거비용관련 위반행위에 관한 벌칙) ① 회계책임자가 정당한 사유 없이 선거비용에 대하여 제40조(회계보고)제1항·제2항의 규정에 의한 회계보고를 하지 아니하거나 허위기재·위조·변조 또는 누락(선거비용의 수입·지출을 은닉하기 위하여 누락한 경우를 말한다)한 자는 5년 이하의 징역 또는 2천만원 이하의 벌금에 처한다.

정치자금법 제49조(선거비용관련 위반행위에 관한 벌칙) ② 선거비용과 관련하여 다음 각 호의 어느 하나에 해당하는 자는 2년 이하의 징역 또는 400만원 이하의 벌금에 처한다.

---

13) 중앙선거관리위원회 2005. 7. 18. 의결
14) 대법원 2014. 7. 24. 선고 2013도6785 판결(선거사무장 등이 그 지위 상실 전후로 연속하여 법 제263조 및 제265조에 규정된 죄를 범한 경우에는, 그 연속된 여러 개의 행위를 지위 상실 시점을 기준으로 구분하여, 선거사무장 등의 지위를 보유하고 있을 때의 행위만을 당선무효형 대상범죄가 되는 하나의 포괄일죄로, 선거사무장 등의 지위를 상실한 이후의 행위는 이와 달리 당선무효형 대상범죄가 아닌 별도의 포괄일죄로 각각 평가하고, 그 경우 위 두 죄는 서로 실체적 경합관계에 있다)

> 6. 제39조(영수증 그 밖의 증빙서류) 본문의 규정에 의한 영수증 그 밖의 증빙서류를 허위기재·위
> 조·변조한 자

단, 본 조항의 사유로 인한 당선무효는 대통령후보자, 비례대표국회의원후보자 및 비례대표지방의회의원후보자의 경우에는 적용되지 아니한다.

다. 당선무효 예외(제1항 및 제2항 단서)

다른 사람의 유도 또는 도발에 의하여 해당 후보자의 당선을 무효로 되게 하기 위하여 지출한 때에는 본 조가 적용되지 아니한다. 이는 경쟁후보자 등 제3자의 유도 또는 도발에 의하여 선거사무장이나 선거사무소의 회계책임자의 선거범죄가 행하여진 경우까지 후보자의 당선을 무효로 하는 것은 불합리하기 때문이다.[15]

2. 당선인의 선거범죄로 인한 당선무효

> **제264조(당선인의 선거범죄로 인한 당선무효)** 당선인이 당해 선거에 있어 이 법에 규정된 죄 또는 「정치자금법」 제49조의 죄를 범함으로 인하여 징역 또는 100만원이상의 벌금형의 선고를 받은 때에는 그 당선은 무효로 한다.

가. 의의

본 조는 당선인이 선거에 있어서 법을 위반하거나 정치자금법 제49조의 선거비용 관련 위반행위를 한 경우 그 당선을 무효로 함으로써 헌법과 지방자치법에 의한 선거가 국민의 자유로운 의사와 민주적인 절차에 의하여 공정히 행하여지도록 하고, 선거와 관련한 부정을 방지하여 민주행정의 발전에 기여하는 것에 그 입법 취지를 두고 있다. 따라서 본 조 위반에 관한 재판의 결과에 따라 벌금 액수의 사소한 차이로 인하여 당선의 유·무효가 결정되는 결과를 초래하더라도 이는 당선인이 공직선거법을 위반함에 따른 당연한 불이익이므로 헌법

---

15) 헌법재판소 2005. 12. 22. 2005헌마19 결정

제11조(평등권), 헌법 제25조(공무담임권)에 위반되지 아니한다.[16]

나. 내용

당해 선거에 있어 이 법에 규정된 죄와 정치자금법 제49조의 죄를 범함으로 인하여 징역 또는 100만원 이상의 벌금형을 선고받은 경우를 말한다.

「당해 선거에 있어」란 당선인이 출마한 특정적·개별적 선거구를 의미하는 것이 아니라 공직선거법 제2조에서 규정하고 있는 대통령선거, 국회의원선거, 지방의회의원선거, 지방자치단체의 장의 선거 중 하나를 일컫는 것으로서 그 선거에서 행해진 모든 선거를 포괄하는 개념인 전체로서의 당해 선거를 말하며, 임기만료에 의한 국회의원선거의 당선인이 지역구 국회의원인 경우에 그 당선된 지역구는 물론 다른 지역구와 비례대표를 포함한 전체 국회의원선거를 의미한다.[17]

「이 법에 규정된 죄」는 공직선거법에 규정된 범죄를 의미한다.

정당의 공직선거후보자 선출을 위한 당내경선에서 공직선거법 제16장 벌칙에 규정된 죄를 범한 자도 포함된다.

다. 중앙선거관리위원회 행정해석

① 각각 선고된 100만 원 미만의 벌금 합산액이 100만 원 이상인 경우에는 법 제264조의 규정에 의한 "100만 원 이상의 벌금형의 선고를 받은 때"에 해당되지 아니함 (2003.5.24. 회답).

② 2009. 1. 법 제113조 위반으로 벌금 500만 원을 받고, 2010. 8. 15. 복권된 국회의원의 배우자의 경우 「사면법」 제5조에 따라 복권이 되는 때에 피선거권을 회복하게 되므로 이후 선거에서는 피선거권을 행사할 수 있을 것이나, 제19대 국회의원선거에 있어서는 법 제264조의 '이 법에 규정된 죄를 범함으로 인하여 100만 원 이상의 벌금형의 선고를 받은 때'에 해당하여 그 당선은 무효가 될 것임(2011. 10. 25. 회답).

16) 대법원 1996. 6. 28. 선고 96초111 판결
17) 대법원 2012. 10. 11. 선고 2010두28069 판결

라. 판례

① 법 위반죄에 대하여 100만원이상 벌금형을 선고하는 것은 형사적 제재와 함께 당선무효라는 정치적·행정적 제재를 가하는 것이므로 이러한 경우 당선무효 여부까지 고려하여 양형판단을 하여야 하는바, 선거의 공정성 침해, 비난가능성, 실제 선거결과에 미친 영향이 당선을 무효로 하여 공직수행을 계속할 수 없게 할 정도에 이르는지를 고려하여 양형부당을 인정하였다(광주고법 2023. 4. 19. 선고 2023노4 판결)

② 비례대표국회의원이 '지하철 노동자를 국회로' 추진단 단원들에게 37만여원 상당의 음식을 제공하고 선거사무소 상황실장과 수행팀장에게 합계 750만원의 급여를 지급한 행위, 2019년 9~11월 ◇◇통공사 노조원 77명으로부터 정치자금 312만원을 위법하게 기부받은 행위로 등으로 선거사무소 설치 관련 당내경선운동방법제한 위반(법 제57조의3 제1항), 기부행위금지 위반(제113조 제1항), 정치자금 부정수수죄(정치자금법 제45조 제1항)으로 당선무효가 되었다(서울고등법원 2023. 11. 9 선고 2022노3284 판결).

③ 2014. 6. 4. 실시된 제6회 전국동시지방선거의 ◇◇군의회 의원으로 출마한 것을 기화로, 자신에게 투표할 유권자를 확보할 목적에서 친형제와 지인과 공모하여 위 사람들과 그 가족들을 실제로 거주하지도 않는 당해 선거구 내의 주소지에 허위로 주민등록신고를 마친 행위로 주민등록에 관한 허위 신고로 인한 공직선거법위반죄로 당선무효가 되었다(부산고등법원 2015. 2. 25. 선고 (창원)2014노426 판결, 대법원 2015. 5. 14. 선고 2015도3857 판결)

마. 헌법재판소 결정

① 공직선거법 제264조 중 '공직선거법위반죄를 범함으로 인하여 100만 원 이상의 벌금형의 선고를 받은 때' 부분
위 당선무효조항은 선거의 공정성을 확보하며, 불법적인 방법으로 당선된 국회의원에 의한 부적절한 공직수행을 차단하기 위한 것인 점, '100만 원 이상의 벌금형의 선고'를 당선무효 여부의 기준으로 정한 것은 여러 요소를 고려하여 입법자가 선택한 결과인 점, 공직선거법을 위반한 범죄는 공직선거의 공정성을 침해하는 행위로서 국회의원으로서의 직무 수행에 대한 국민적 신임이 유지되기 어려울 정도로 비난가능성이 큰 점, 법관이 100만 원 이상의 벌금형을 선고함에 있어서는 형사처벌뿐만 아니라 공직의 계속수행 여부에 대한 합리적 평가도 하게 될 것이라는 점, 달리 덜 제약적인 대체적 입법수단이 명백히 존재한다고 볼 수도 없는 점 등을 종합하면, 위 당선무효조항이 청구

인의 공무담임권을 침해한다고 볼 수 없다.[18]

바. 제264조 개정론

현재 형사재판에서 100만원 이상의 벌금만 확정되면, 부수적 효과로 공직 당선이 무효가 되도록 하는 본 규정에 대하여, 우리나라의 가장 중요한 공직인 대통령, 국회의원 등의 당선을 무효화시키는 문제는 당선자나 국민들에게 매우 중대한 문제임에도 법원이 독립된 재판절차를 거침이 없이 형사재판에서 선고된 형이 벌금 100만원 이상이라는 일종의 우연한 결과로서 당선을 무효화시켜버리는 것은 매우 경솔하고, 판사의 개인적 편차가 작용할 여지가 크다는 점, 대통령선거에도 동일하게 적용되는데 만약 대통령 당선자에게 선거법위반으로 법원이 벌금 100만원 이상을 선고한다면 특별한 독립적 재판절차도 없이 자동적으로 당선무효가 되고 전국적인 재선거를 실시하여야 할 것인데, 이러한 상황이 실제로 발생한다면 전국적으로 막대한 국력 소모와 국가적 혼란까지 초래될 수 있다는 점, 현행법상 당선무효 기준인 벌금 100만원은 1991년부터 27년간 그대로 유지하고 있는데 다른 형벌의 경우 물가상승 등을 고려하여 벌금액을 5~10배 인상한 사례가 많이 있다는 점, 의회민주주의 체제 하의 다른 선진 민주국가들은 하나같이 당선무효 여부를 결정함에 있어서 대체로 법원이 아닌 별도의 헌법기관이 독립적으로 결정하거나 독립적인 사법절차를 두고 있으며, 어느 국가도 우리나라처럼 독립적인 재판절차도 없이 법원의 형사재판의 선고형량에 의하여 당선무효 여부를 결정하는 사법제도를 두고 있는 국가는 없다는 점 등을 들어 관련 조항을 개선해야 한다는 견해가 있다.[19][20]

3. 선거사무장등의 선거범죄로 인한 당선무효

제265조(선거사무장등의 선거범죄로 인한 당선무효) 선거사무장·선거사무소의 회계책임자(선거사무소의 회계책임자로 선임·신고되지 아니한 자로서 후보자와 통모하여 당해 후보자의 선거비용으로 지출한 금액이 선거비용제한액의 3분의 1 이상에 해당되는 자를 포함한다) 또는 후보자(후보자가 되려는 사람을

---

18) 헌법재판소 2011. 12. 29. 2009헌마476 결정, 헌법재판소 2015. 2. 26. 2012헌마581 결정
19) 박종연, 법률신문(2018. 2. 14). '벌금 100만원과 당선무효 제도 이대로 좋은가'
20) 이와 관련 박희승의원 등 15인이 공직선거법 개정안을 제안(2024. 11. 15)하였다. 그 내용은 선거범죄로 인한 선거권·피선거권 결격사유와 선거범죄로 인한 후보자의 당선무효형의 기준이 되는 벌금형 금액을 현실화하고, 현행법의 벌금형 금액을 전

포함한다)의 직계존비속 및 배우자가 해당 선거에 있어서 제230조부터 제234조까지, 제257조제1항 중 기부행위를 한 죄 또는 「정치자금법」 제45조제1항의 정치자금 부정수수죄를 범함으로 인하여 징역형 또는 300만원 이상의 벌금형의 선고를 받은 때(선거사무장, 선거사무소의 회계책임자에 대하여는 선임·신고되기 전의 행위로 인한 경우를 포함한다)에는 그 선거구 후보자(大統領候補者, 比例代表國會議員候補者 및 비례대표지방의회의원후보자를 제외한다)의 당선은 무효로 한다. 다만, 다른 사람의 유도 또는 도발에 의하여 당해 후보자의 당선을 무효로 되게 하기 위하여 죄를 범한 때에는 그러하지 아니하다.

가. 의의

본 조는 선거사무장·선거사무소의 회계책임자 또는 후보자의 직계존·비속 및 배우자가 특정한 공직선거법 및 정치자금법 위반 행위로 인하여 일정한 형의 선고를 받았을 경우 후보자의 당선을 무효로 하도록 규정하고 있다. 후보자와 불가분의 선거운명공동체를 형성하여 활동한 배우자 등의 실질적 지위와 역할을 근거로 후보자에게 연대책임을 부여한 것이다.

선거사무장, 선거사무소의 회계책임자, 후보자의 직계존·비속 및 배우자가 저지른 매수 및 이해유도, 기부행위, 정치자금 부정수수 등은 선거에 있어서 전적으로 후보자의 당선을 위하여 한 행위로서 총체적으로는 후보자의 의사지배 하에서 이루어진 행위로서 후보자 자신의 행위와 다를 바 없다고 보아 후보자를 공범으로 인정하지 못하여 형사처벌은 못하더라도 그러한 불법행위에 따른 이익을 박탈하는 것이다.[21]

나. 내용

해당 선거에 있어서 법 제230조부터 법 제234조까지, 법 제257조 제1항 중 기부행위를 한 죄 또는 정치자금법 제45조 제1항의 정치자금 부정수수죄를 범함으로 인하여 징역형 또는 300만원 이상의 벌금형의 선고를 받은 경우이다.

「해당 선거에 있어서」란 선거사무장 등의 범행 시점에 후보자가 되려는 사람이 입후보하고자 한 특정 선거로서 그 사람의 신분·접촉 대상·언행 등 객관적 징표를 고려하여 합리적으로 판단하여야 하여야 한다.[22]

반적으로 정비하려는 것으로 구체적 내용은 다음과 같다. 가. 선거권 및 피선거권 결격사유, 당선무효의 기준이 되는 선거범죄 벌금형의 금액을 100만원에서 1천만원으로 상향 조정함(안 제18조제1항제3호, 안 제264조 등). 나. 현행법의 벌금형 금액의 최저한을 1천만원으로 상향 조정함(안 제230조제6항 등). 다. 징역형과 벌금형을 병과하는 경우에 징역형 1년에 상응하는 벌금형 금액을 1천만원으로 조정함(안 제230조제7항 등).

21) 헌법재판소 2005. 12. 22. 2005헌마19 결정
22) 헌법재판소 2011. 9. 29. 2010헌마68 결정

다. 중앙선거관리위원회 행정해석

① 법 제265조에 의하면, "후보자의 배우자가'당해 선거에 있어서' 기부행위로 300만 원 이상의 벌금형을 선고받은 때에는 당선을 무효로 한다"라고 규정하고 있는 바, 이 경우 기부행위를 한 시점에서 '후보자가 되려는 해당 선거 및 선거구'에 후보자로 등록하여 당선되는 경우 그 당선이 무효로 될 것임(2010. 1. 19. 회답).

② 예비후보자의 선거사무장이 당해 선거에 있어서 공선법 제265조에 규정된 죄를 범함으로 인하여 징역형 또는 300만 원 이상의 벌금형의 선고를 받아 그 형이 확정된 때에는 동 규정에 따라 그 후보자의 당선은 무효로 됨(2005. 7. 18. 의결).

③ 홍길동 국회의원(2008년 4월에 실시되는 국회의원선거의 후보자가 되고자 하는 자임)의 배우자가 동 국회의원선거와 관련하여 공선법 제230조의 규정을 위반(다른 사람의 유도 또는 도발에 의하여 당해 후보자의 당선을 무효로 되게 하기 위하여 죄를 범한 경우가 아님)하여 2006년 2월에 500만 원 벌금형의 확정판결을 받은 경우에 2004년에 실시된 국회의원선거에서의 홍길동의 당선은 무효가 되지 않음.

홍길동 국회의원(2008년 4월에 실시되는 국회의원선거의 후보자가 되고자 하는 자임)의 배우자가 동 국회의원선거와 관련하여 공선법 제230조의 규정을 위반(다른 사람의 유도 또는 도발에 의하여 당해 후보자의 당선을 무효로 되게 하기 위하여 죄를 범한 경우가 아님)하여 2006년 2월에 500만 원 벌금형의 확정판결을 받고 2008년 2월에 「형의 실효 등에 관한 법률」에 따라 그 형이 실효된 경우 형의 실효 여부에 관계없이 공선법 제265조의 '300만 원 이상의 벌금형의 선고를 받은 때'에 해당하여 그 후보자의 당선은 무효가 될 것임(2006. 9. 8. 회답).

④ 국회의원선거의 후보자가 되려는 사람의 배우자가 2009년 1월 공선법 제113조를 위반하여 공선법 제257조의 규정에 의해 500만 원의 벌금형을 선고받고 2010년 1월 형이 확정된 후 2010년 8월 15일 「사면법」에 의한 대통령의 특별사면·복권 조치로 「공직선거법」 위반(벌금 500만 원)으로 받은 처벌에 대하여 복권되었다 하더라도 공선법 제265조의 '300만원 이상의 벌금형을 받은 때'에 해당하여 2012년 국회의원선거의 그 후보자의 당선은 무효가 될 것임(2010. 10. 18. 회답).

라. 판례

① 선거사무장 또는 회계책임자가 기부행위를 한 죄로 징역형을 선고받는 경우에 그 후보자의 당선이 무효로 되는 것은 법 제265조의 규정에 의한 것일 뿐이고, 그들에 대하여

징역형을 선고하는 것이 연좌제를 금지한 헌법 위반이라고 할 수는 없다(대법원 1997. 4. 11. 선고 96도3451 판결).

② 법 제265조 단서의 "다른 사람의 유도 또는 도발에 의하여 당해 후보자의 당선을 무효로 되게 하기 위하여 죄를 범한 때에는 그러하지 아니하다."라는 규정은 "선거사무장 등이 당해 선거에 있어서 같은 법 제230조 등의 죄를 범함으로 인하여 징역형의 선고를 받은 때에는 그 후보자의 당선은 무효로 한다."는 같은 법 제265조 본문에 대한 예외를 규정한 것에 불과할 뿐, 위 단서의 규정에 의하여 같은 법 제230조에 규정된 죄를 저지른 선거사무장 등에게 그 범죄의 성립을 조각시키는 별도의 사유를 규정한 것은 아니다(대법원 1999. 5. 28. 선고 99도732 판결).

③ 당선인 배우자가 법상 수당·실비 기타 이익을 제공이외에 선거사무원에게 수고비 명목으로 현금 합계 95만 원을 제공하여 당선무효된 사례가 있다(인천지방법원 부천지원 2014. 12. 12. 선고 2014고합242 판결, 대법원 2015. 5. 14. 선고 2015도2431 판결).

제4절 당선무효된 자 등의 비용반환

제265조의2(당선무효된 자 등의 비용반환) ① 제263조부터 제265조까지의 규정에 따라 당선이 무효로 된 사람(그 기소 후 확정판결 전에 사직한 사람을 포함한다)과 당선되지 아니한 사람으로서 제263조부터 제265조까지에 규정된 자신 또는 선거사무장 등의 죄로 당선무효에 해당하는 형이 확정된 사람은 제57조와 제122조의2에 따라 반환·보전받은 금액을 반환하여야 한다. 이 경우 대통령선거의 정당추천후보자는 그 추천 정당이 반환하며, 비례대표국회의원선거 및 비례대표지방의회의원선거의 경우 후보자의 당선이 모두 무효로 된 때에 그 추천 정당이 반환한다.

1. 의의

본 조는 선거에서 법 제263조부터 제265조까지에 따라 당선무효된 자, 당선되지 아니한 자로서 법 제263조부터 제265조까지에 규정된 자신 또는 선거사무장등의 선거범죄로 당선무효에 해당하는 형이 확정된 자는 반환·보전받은 기탁금과 선거비용 보전금액을 반환하도록 하는 규정이다.

기탁금 등 반환조항은 중대한 선거 관련 범죄를 범한 자가 반환받은 기탁금과 보전받은 선거비용을 모두 반환하도록 함으로써 부정선거의 소지를 차단하고 선거범죄를 억제하며 공정한 선거문화를 확립하려는 것으로, 공동체 구성원으로서 선거와 관련하여 반드시 지켜야 할 기본적 의무를 저버린 범죄자에게까지 기탁금을 반환하거나 선거비용을 보전하는 것은 바람직하지 아니하다는 인식에 기초하여 선거범에 대하여 형사처벌에 추가하여 경제적 제재를 부과하는 의미를 가진다.[23]

2. 내용

법 제263조부터 제265조까지의 규정에 따라 당선이 무효로 된 자와 당선되지 아니한 자중 법 제263조부터 제265조까지에 규정된 자신 또는 선거사무장 등의 죄로 당선무효에 해당하는 형이 확정된 사람이다. 당선인이 기소 후 비용반환을 면하기 위하여 사직하는 경우를 방지하기 위하여 기소 후 확정판결 전에 사직한 경우에도 반환대상에 포함하고 있다. 그러나 당선인이 선거범죄 등으로 수사를 받던 중 기소되기 전에 사직한 경우에는 비용반환대상이 아니다.[24]

임기만료 후 당선무효형에 해당하는 형이 확정된 사람도 본 조 제1항의 '당선이 무효로된 사람'에 해당된다.[25]

법 제57조에 따라 반환받은 기탁금과 법 제122조의2에 따라 보전받은 금액이다.

3. 중앙선거관리위원회 행정해석

① 국회의원이 당선무효로 되는 선거범죄의 판결확정 전에 사직하였다 하더라도 이후 그형이 확정된다면 이미 반환 또는 보전 받은 기탁금과 선거비용은 공선법 제265조의2의 규정에 의하여 반환하여야 함(2004. 11. 15. 의결).

② 교육감선거의 당선인이 선거범죄 등으로 수사를 받던 중 기소되기 전에 사직한 후, 선거범죄에 해당하는 죄로 벌금 100만 원 이상의 형을 선고(확정판결)받은 경우 공선법

---

23) 헌법재판소 2018. 1. 25. 2015헌마821 결정
24) 중앙선거관리위원회 2008. 11. 24. 회답
25) 중앙선거관리위원회 2017. 1. 26. 회답

제265조의2(당선무효된 자 등의 비용반환) 제1항의 규정에 의하여 '그 기소 후 확정판결 전에 사직한자'에 해당되지 아니하므로 당선인이 반환·보전받은 기탁금과 선거비용은 반환하지 아니함(2008. 11. 24. 회답).

③ 법 제265조의2 제1항에 의하면 "(전략) 비례대표지방의회의원선거의 경우 후보자의 당선이 모두 무효로 된 때에 그 추천 정당이 반환한다."고 규정하고 있는바, 비례대표 광역의원선거에서 당해 정당 후보자수는 2명, 당해 정당 당선인 수는 1명이고, 그 당선인이 법 제230조, 제47조의2, 정치자금법 제45조, 제32조 위반으로 징역 1년에 집행유예 2년을 선고(확정판결은 아님)받은 경우 당선인이 법 제264조에 따라 당선이 무효로 된 때에는 그 추천 정당이 반환·보전받은 기탁금과 선거비용은 반환하여야 할 것임(2011. 3. 31. 회답).

④ 2010. 6. 2. 실시한 교육감선거에서 당선된 사람이 2014. 6. 4. 실시한 같은 광역시교육감선거에 재당선되었으나 2010. 6. 2. 실시한 교육감선거와 관련하여 추후 정치자금법 제49조 제1항·제2항 제6호에 해당하는 죄로 100만 원 이상의 벌금형이 확정되는 경우 법 제265조의2 제1항의 당선이 무효로 된 사람에 해당되어 같은 법 제57조와 제122조의2에 따라 반환·보전받은 금액을 반환하여야 함(2017. 1. 26 회답).

4. 헌법재판소 결정

① 선거범죄로 당선이 무효로 된 사람에게 반환받은 기탁금과 보전받은 선거비용을 반환하도록 하는 구 공직선거법 제265조의2 제1항 전문 중 '제264조의 규정에 따라 당선이 무효로 된 사람'에 관한 부분(이하 '심판대상조항'이라 한다)이 재산권을 침해하는지 여부

1. 심판대상조항은 선거범죄 억제 및 공정한 선거문화 확립을 위한 것으로서 그 입법목적이 정당하고, 수단의 적합성이 인정된다. 선거범죄로 형사처벌을 받은 자에게 구체적으로 어떤 불이익을 가할 것인지에 대해서는 입법재량이 인정되고, 심판대상조항은 100만 원 이상의 벌금을 선고받은 경우를 기준으로 함으로써 경미한 선거범은 제재대상에서 벗어날 수 있도록 하는 등 침해의 최소성이 인정된다. 따라서 심판대상조항은 과잉금지원칙을 위반하여 재산권을 침해하지 않는다.

2. 심판대상조항은 이미 선거범죄를 저지른 사람들만을 대상으로 하므로 자력이 부족한 국민의 입후보를 곤란하게 하는 효과를 갖지 않는다. 또한, 선거범죄를 억제하고 재선거에 따른 국가 재정 부담을 줄이기 위해서는 필요한 제재이고, 경미한 선거범

등은 제재대상에서 벗어날 수 있도록 하고 있다. 따라서 심판대상조항이 선거공영제에 위반된다고 할 수 없다(헌법재판소 2024. 2. 28. 2021헌바302 결정).

② 배우자의 선거범죄로 당선무효된 자의 기탁금 반환의 위헌 여부

선거의 공정성을 해치는 선거 법령 위반행위에 대해서는 주권자인 국민의 정치적 의사형성과 표현의 과정인 참정권의 행사를 담보하기 위하여 일정한 제재를 가함으로써 부정선거의 소지를 차단할 필요가 있다. 공정한 선거문화를 정착시키기 위하여 선거부정에 대한 제재를 강화하는 것이 지나친 규제라 보기 어려운 점, 배우자의 형사재판에서 양형판단을 통하여 구체적 사정을 고려할 수 있는 점, 후보자의 당선무효로 기왕의 선거가 무용한 것이 되었기 때문에 국고의 낭비를 막을 필요성이 있는 점 등을 고려하면, 반환조항은 과잉금지원칙에 위배되어 청구인의 재산권을 침해하지 않는다(헌법재판소 2016. 9. 29. 2015헌마548 결정).

제5절 공무담임제한

제266조(선거범죄로 인한 공무담임 등의 제한) ① 다른 법률의 규정에도 불구하고 제230조부터 제234조까지, 제237조부터 제255조까지, 제256조제1항부터 제3항까지, 제257조부터 제259조까지의 죄(당내경선과 관련한 죄는 제외한다) 또는 「정치자금법」 제49조의 죄를 범함으로 인하여 징역형의 선고를 받은 자는 그 집행을 받지 아니하기로 확정된 후 또는 그 형의 집행이 종료되거나 면제된 후 10년간, 형의 집행유예의 선고를 받은 자는 그 형이 확정된 후 10년간, 100만원이상의 벌금형의 선고를 받은 자는 그 형이 확정된 후 5년간 다음 각 호의 어느 하나에 해당하는 직에 취임하거나 임용될 수 없으며, 이미 취임 또는 임용된 자의 경우에는 그 직에서 퇴직된다.

1. 제53조제1항 각 호의 어느 하나에 해당하는 직(제53조제1항제1호의 경우 「고등교육법」 제14조제1항·제2항에 따른 교원을, 같은 항 제5호의 경우 각 조합의 조합장 및 상근직원을 포함한다)
2. 제60조(選擧運動을 할 수 없는 者)제1항 제6호 내지 제8호에 해당하는 직
3. 「공직자윤리법」 제3조제1항제12호 또는 제13호에 해당하는 기관·단체의 임·직원
4. 「사립학교법」 제53조(學校의 長의 任免) 또는 같은 법 제53조의2(學校의 長이 아닌 敎員의 任免)의 규정에 의한 교원
5. 방송통신심의위원회의 위원

② 다음 각 호의 어느 하나에 해당하는 사람은 당선인의 당선무효로 실시사유가 확정된 재선거(당선인이 그 기소 후 확정판결 전에 사직함으로 인하여 실시사유가 확정된 보궐선거를 포함한다)의 후보자가 될 수 없다.

1. 제263조 또는 제265조에 따라 당선이 무효로 된 사람(그 기소 후 확정판결 전에 사직한 사람을 포함한다)

2. 당선되지 아니한 사람(후보자가 되려던 사람을 포함한다)으로서 제263조 또는 제265조에 규정된 선거사무장 등의 죄로 당선무효에 해당하는 형이 확정된 사람

③ 다른 공직선거(교육의원선거 및 교육감선거를 포함한다)에 입후보하기 위하여 임기 중 그 직을 그만 둔 국회의원·지방의회의원 및 지방자치단체의 장은 그 사직으로 인하여 실시사유가 확정된 보궐선거의 후보자가 될 수 없다.

고등교육법 제14조(교직원의 구분) ① 학교(각종학교는 제외한다. 이하 이 조에서 같다)에는 학교의 장으로서 총장 또는 학장을 둔다.

② 학교에 두는 교원은 제1항에 따른 총장이나 학장 외에 교수·부교수·조교수 및 강사로 구분한다.

공직자윤리법 제3조(등록의무자) ① 다음 각 호의 어느 하나에 해당하는 공직자(이하 "등록의무자"라 한다)는 이 법에서 정하는 바에 따라 재산을 등록하여야 한다.

12. 제3조의2에 따른 공직유관단체(이하 "공직유관단체"라 한다)의 임원

13. 그 밖에 국회규칙, 대법원규칙, 헌법재판소규칙, 중앙선거관리위원회규칙 및 대통령령으로 정하는 특정 분야의 공무원과 공직유관단체의 직원

사립학교법 제53조(학교의 장의 임용) ① 각급 학교의 장은 해당 학교를 설치·경영하는 학교법인 또는 사립학교경영자가 임용한다.

제53조의2(학교의 장이 아닌 교원의 임용) ① 각급 학교의 교원은 해당 학교법인 또는 사립학교경영자가 임용하되, 다음 각 호의 구분에 따른 방법으로 하여야 한다.

1. 학교법인 및 법인인 사립학교경영자가 설치·경영하는 사립학교의 교원: 해당 학교의 장의 제청으로 이사회의 의결을 거쳐 임용

2. 사인인 사립학교경영자가 설치·경영하는 사립학교의 교원: 해당 학교의 장의 제청으로 임용

1. 의의

　일정한 선거범죄로 인하여 벌금형 이상의 선고를 받은 자에 대하여 일정 공직 취임을 제한하는 신분상 불이익을 줌으로써 선거의 공정성을 확보하기 위한 규정이다(제1항).

　한편 종래 당선인 본인이 아닌 선거사무장 등의 선거범죄로 인하여 당선무효가 된 경우 그 당선인이 당해 재선거 등에 다시 입후보할 수 있는지 여부가 문제되었는바, 2000. 2. 16. 법 개정 시 제2항을 신설하여 법 제263조 또는 제265조에 따라 당선이 무효로 된 자도 재선거의 후보자가 될 수 없도록 입법적으로 해결하였고, 2004. 3. 12. 법 개정 시 그 기소 후 확정판결 전에 사직한 자도 해당 보궐선거에 입후보할 수 없도록 하였으며, 2010. 1. 25. 법 개정 시 제2항의 입후보 금지 대상자에 당선되지 아니한 사람(후보자가 되려는 사람을 포함한다)으로 법 제263조 또는 제265조에 규정된 선거사무장 등의 죄로 당선무효에 해당하는 형이 확정된 사람을 추가하고, 제3항을 신설하여 다른 공직선거(교육의원선거 및 교육감선거 포함)에 입후보하기 위하여 임기 중 그 직을 그만둔 국회의원·지방의회의원 및 지방자치단체의 장은 그 사직으로 인하여 실시사유가 확정된 보궐선거의 후보자가 될 수 없도록 하였다.

2. 공무담임의 제한(제1항)

가. 사유

　법 제230조부터 제234조까지, 제237조부터 제255조까지, 제256조 제1항부터 제3항까지, 제257조부터 제259조까지의 죄(당내경선과 관련한 죄를 제외한다)와 정치자금법 제49조의 죄를 범함으로 인하여 징역형 또는 100만원 이상의 벌금형의 선고를 받은 경우이다. 징역형의 집행유예를 선고받은 경우는 포함되나, 당내경선과 관련한 선거범죄는 제외된다. 이 때, 본 조항의 「당내경선과 관련한 죄」라 함은 그 구성요건에 '당내경선'이 포함된 경우만 해당한다고 보아야 한다. 한편 정치자금법 제45조를 위반한 경우 공무담임 제한은 정치자금법 제57조에서 규정하고 있다.

나. 기간

　① 징역형의 선고를 받은 자는 그 집행을 받지 아니하기로 확정된 후 또는 그 형의 집행이 종료되거나 면제된 후 10년간, ② 형의 집행유예의 선고를 받은 자는 그 형이 확정된 후

10년간, ③ 100만원 이상의 벌금형의 선고를 받은 자는 그 형이 확정된 후 5년간이다.

다. 제한되는 직

공무담임이 제한되는 직은 ① 제53조 제1항 각 호의 1에 해당하는 직(이 경우 제53조 제1항 제1호의 경우 고등교육법 제14조 제1항, 제2항에 따른 교원을, 같은 항 제5호의 경우 각 조합의 조합장 및 상근직원을 포함한다), ② 제60조 제1항 제6호부터 제8호까지에 해당하는 직, ③ 공직자윤리법 제3조 제1항 제12호 또는 제13호에 해당하는 기관·단체의 임·직원, ④ 사립학교법 제53조 또는 같은 법 제53조의2에 의한 교원, ⑤ 방송통신심의위원회의 위원이다.

한편 공무담임이 제한된 사람도 일반사면을 받거나 복권이 된 경우에는 본 조의 각 호의 어느 하나에 해당하는 직에 취임하거나 임용되는 것이 제한되지 아니한다.

라. 중앙선거관리위원회 행정해석

① 일반사면을 받거나 복권이 된 자는 공선법 제19조 각호의 1에 해당되지 아니하며, 같은 법 제266조 제1항 각호의 1에 해당하는 직에 취임하거나 임용되는 것이 제한되는 것은 아님(2001. 3. 12. 회답).

② 2004. 4. 15. 실시한 국회의원선거에서의 선거범죄로 인하여 피선거권이 없게 되는 형이 확정되는 때에는 2005년 실시하는 보궐선거에 입후보 할 수 없으며, 보궐선거에서 당선된 후 그 형이 확정되는 때에는 공선법 제266조의 규정에 의하여 퇴직됨(2004. 12. 3. 회답).

③ 재직 중인 공무원이 당내경선 운동을 하여 공직선거법 제255조 제5항, 제85조 제1항(공무원 등의 선거관여 등 금지), 같은 법 제255조 제1항 제1호, 제57조의6 제1항(공무원 등의 당내경선운동금지)을 위반하여 4,000,000원의 벌금형이 확정된 경우 공직선거법 제266조(선거범죄로 인한 공무담임 등의 제한) 제1항 규정의 퇴직사유에 해당될 것임(2019. 3. 18. 회답).

④ 법 제266조 제1항 제3호에 따라 공무담임이 제한되는 직은 「공직자윤리법」 제3조 제1항 제10호와 제11호에 해당하는 그 임원과 직원을 말하는 것임(2008. 10. 22. 회답).

⇨ 2009. 2. 3. 법 제266조 제1항 제3호 개정에 따라 「공직자윤리법」 제3조 제1항 제12호 또는 제13호에 해당하는 공직유관단체 등의 임·직원이 제한대상임.

⑤ 법 제266조 제1항 제3호에 따라 공무담임이 제한되는 대한민국재향군인회의 임원은 「공직자윤리법」 제3조 제1항 제10호에 해당하는 임원을 말하므로 비상근 임원인

시·군·구회 회장은 공무담임이 제한되는 직에 해당되지 아니함(2007. 8. 22. 회답).

⇨ 2009. 2. 3. 법 제266조 제1항 제3호 개정에 따라 「공직자윤리법」 제3조 제1항 제12호 또는 제13호에 해당하는 공직유관단체 등의 임·직원이 제한대상임.

⑥ 법 제266조 제1항 제3호에 따라 공무담임이 제한되는 임원은 「공직자윤리법」 및 동시행령 제3조(등록의무자) 제3항에 따른 상근 임원으로 보아야 할 것이므로 비상근 임원인 대한체육회장은 공무담임이 제한되는 직에 해당하지 아니할 것임(2020. 12. 1. 회답).

⇨ 「공공단체등 위탁선거에 관한 법률」 제12조에 따라 위탁선거의 피선거권은 해당 법령이나 정관에 따라야 하며, 「국민체육진흥법」, 「대한체육회 정관」에 따른 결격사유에 해당하는 사람은 대한체육회장선거의 피선거권이 없음.

마. 헌법재판소 결정

① 법 제266조 제1항 제4호 위헌 확인

선거범죄로 형사처벌을 받은 사립학교 교원에 대하여 신분상 불이익을 가하는 이 사건 법률조항은 선거의 공정성을 해친 자에게 일정한 불이익을 줌으로써 선거의 공정성을 확보함과 동시에 교원직무의 윤리성·사회적 책임성을 제고하기 위한 법적 조치로서 그 입법목적의 정당성이 인정되고, 이 사건 법률조항이 선거와 관련한 교원의 불법적 개입을 억제하고 교직의 윤리성을 제고하고자 사립학교 교원을 교직에서 배제하도록 한 것은 그 입법목적을 달성하기 위한 효과적이고 적절한 수단이라고 볼 것이다. 사립학교 교직원의 사회적 지위와 영향력에 비추어 선거에 대한 교원의 불법적 개입을 억제할 필요성이 크다는 점, 법관이 100만 원 이상의 벌금형을 양정함에 있어서 형사처벌 뿐만 아니라 교직의 계속 수행 여부에 대한 합리적 평가를 하게 될 것이라는 점, 위와 같은 입법목적을 달성하기 위하여 달리 덜 제약적인 대체적 입법수단이 명백히 존재하지 않는 점 등을 종합하면, 이 사건 법률조항이 피해최소성의 원칙에 위배된다고 볼 수 없고, 이 사건 법률조항은 선거의 공정성을 보장하고 교직의 윤리성·사회적 책임성을 유지하기 위한 중대한 공익을 추구하기 위한 것인데, 비록 이로 인하여 교원 지위가 박탈된다고 해도, 그것이 위와 같은 중대한 공익에 비해 더 비중이 크다고 볼 수 없으므로, 이 사건 법률조항이 법익의 균형성에 위배된다고도 볼 수 없다. 따라서 이 사건 법률조항이 청구인의 직업선택의 자유 및 사립대학의 자율성을 침해한다고 볼 수 없다.

이 사건 법률조항은 선거범죄를 범하여 형사처벌을 받은 교원에 대하여 일정한 신분상 불이익을 가하는 규정일 뿐 청구인의 연구·활동내용이나 그러한 내용을 전달하는 방식을 규율하는 것은 아니므로 청구인의 교수의 자유를 침해하는 것이라고 볼 수 없다(헌법재판소 2008. 4. 24. 2005헌마857 결정).

② 선거범죄로 100만 원 이상의 벌금형의 선고를 받은 자는 지방의회의원의 직에서 퇴직한다고 규정한 법 제266조 제1항 제1호 중 제256조 제1항 제5호 가운데 제108조 제11항 제2호의 죄를 범함으로 인하여 100만 원 이상의 벌금형의 선고를 받은 자는 지방의회의원의 직에서 퇴직되도록 한 부분은 공무담임권을 침해하지 않는다(헌법재판소 2022. 3. 31. 2019헌마986 결정).

3. 재선거 등의 입후보 제한(제2항)

가. 입후보가 제한되는 선거

법 제263조 또는 제265조에 의한 당선무효로 인해 법 제195조 제1항 제6호에 따라 실시하는 재선거 및 당선인이 그 기소 후 확정판결 전에 사직함으로 인해 실시하는 보궐선거를 말한다. 당선이 무효로 된 자가 다른 선거 또는 선거구를 달리하는 다른 재·보궐선거에 입후보하는 것은 제한되지 아니한다.

나. 입후보가 금지되는 자

① 법 제263조 또는 제265조에 의하여 당선이 무효로 된 사람(그 기소 후 확정판결 전에 사직한 사람을 포함한다), ② 당선되지 아니한 사람(후보자가 되려던 사람을 포함)으로서 법 제263조 또는 제265조에 규정된 선거사무장 등의 죄로 당선무효에 해당하는 형이 확정된 사람이다.

4. 임기 중 사직한 자의 입후보 제한(제3항)

다른 공직선거(교육의원선거 및 교육감선거 포함)에 입후보하기 위하여 임기 중 그 직을 그만둔 국회의원·지방의회의원 및 지방자치단체장은 그 사직으로 인하여 실시사유가 확정된 보궐선거에 입후보가 제한된다.

제6절 선거비용 보전 제한

1. 선거비용의 보전 등

> **제122조의2(선거비용의 보전 등)** ① 선거구선거관리위원회는 다음 각호의 규정에 따라 후보자(대통령선거의 정당추천후보자와 비례대표국회의원선거 및 비례대표지방의회의원선거에 있어서는 후보자를 추천한 정당을 말한다. 이하 이 조에서 같다)가 이 법의 규정에 의한 선거운동을 위하여 지출한 선거비용[「정치자금법」 제40조(회계보고)의 규정에 따라 제출한 회계보고서에 보고된 선거비용으로서 정당하게 지출한 것으로 인정되는 선거비용을 말한다]을 제122조(선거비용제한액의 공고)의 규정에 의하여 공고한 비용의 범위안에서 대통령선거 및 국회의원선거에 있어서는 국가의 부담으로, 지방자치단체의 의회의원 및 장의 선거에 있어서는 당해 지방자치단체의 부담으로 선거일후 보전한다.
>
> 1. ~ 2. 생략
>
> ② 제1항에 따른 선거비용의 보전에 있어서 다음 각 호의 어느 하나에 해당하는 비용은 이를 보전하지 아니한다.
>
> 3. 이 법에 위반되는 선거운동을 위하여 또는 기부행위제한규정을 위반하여 지출된 비용
>
> 5. 이 법에 따라 제공하는 경우 외에 선거운동과 관련하여 지출된 수당·실비 그 밖의 비용

가. 의의

헌법 제116조는 "선거운동은 각급 선거관리위원회의 관리하에 법률이 정하는 범위안에서 하되, 균등한 기회가 보장되어야 하며, 선거에 관한 경비는 법률이 정하는 경우를 제외하고는 정당 또는 후보자에게 부담시킬 수 없다."고 하여 선거공영제의 원칙을 규정하고 있고, 본 조에 국가 또는 지방자치단체가 정당·후보자가 지출한 선거비용을 일정한 조건에 따라 보전하도록 하여 이를 구체화 하였다.

'선거비용의 보전'이란 선거공영제의 일환으로서, 후보자 또는 정당이 공직선거법에 의한 적법한 선거운동을 위하여 지출한 선거비용의 전부 또는 일부를 국가 또는 지방자치단체의 부담으로 법 제122조에 의하여 공고한 선거비용제한액 범위 안에서 일정한 기준에 따라 보전해 주는 것을 말한다.

선거법 위반의 경우에 선거비용 보전과 관련하여 제한되고 있다.

나. 내용

(1) 위법한 선거운동이나 기부행위제한규정 위반으로 인한 비용

선거법 위반과 관련하여 위법한 선거운동이나 기부행위제한규정 위반으로 인한 비용은 선거비용에는 포함되나, 보전대상에서는 제외된다. 위법한 선거운동에 소요된 비용까지 공공부담으로 할 수 없음을 명확히 한 것으로 선거운동의 적법성과 공정성 확보의 중요성을 고려하여 위법한 선거운동의 내용이나 모습, 위법성의 경중 등에 차별을 두지 아니하고 원칙적으로 모든 위법한 선거운동에 소요된 비용을 선거비용 보전대상에서 제외하고자 하는 정책적 결단을 취한 결과로 보아야 한다.[26]

(2) 법에 의하지 않은 선거운동 관련 수당·실비 그 밖의 비용

법 제135조 제3항을 위반하여 지급한 수당·실비 기타 비용을 말한다. 따라서 선거사무장·선거연락소장·선거사무원·회계책임자에게 수당·실비 외에 활동비·격려금·회식 등을 제공하거나 위 신분 외의 자에게 선거운동과 관련하여 금품 등을 제공하는 경우에는 위법비용이 되어 선거비용에는 포함되나 보전대상에서 제외된다.

2. 선거비용보전의 제한

제135조의2(선거비용보전의 제한) ① 선거구선거관리위원회는 이 법의 규정에 의하여 선거비용을 보전함에 있어서 선거사무소의 회계책임자가 정당한 사유없이 「정치자금법」 제40조(회계보고)의 규정에 따른 회계보고서를 그 제출마감일까지 제출하지 아니한 때에는 그 비용을 보전하지 아니한다.

② 선거구선거관리위원회는 후보자·예비후보자·선거사무장 또는 선거사무소의 회계책임자가 당해 선거와 관련하여 이 법 또는 「정치자금법」 제49조(선거비용관련 위반행위에 관한 벌칙)에 규정된 죄를 범함으로 인하여 유죄의 판결이 확정되거나 선거비용제한액을 초과하여 지출한 경우에는 이 법의 규정에 의하여 보전할 비용중 그 위법행위에 소요된 비용 또는 선거비용제한액을 초과하여 지출한 비용의 2배에 해당하는 금액은 이를 보전하지 아니한다.

③ 선거구선거관리위원회는 제2항에도 불구하고 정당, 후보자(예비후보자를 포함한다) 및 그 가족, 선거사무장, 선거연락소장, 선거사무원, 회계책임자 또는 연설원으로부터 기부를 받은 자가 제261조제9항에 따른 과태료를 부과받은 경우 이 법에 따라 보전할 비용 중 그 기부행위에 사용된 비용의 5배에 해당하는 금액을 보전하지 아니한다.

---

26) 대법원 2010. 11. 25. 선고 2008두1078 판결

④ 제2항에 규정된 자가 당해 선거와 관련하여 이 법 또는 「정치자금법」 제49조에 규정된 죄를 범함으로 인하여 기소되거나 선거관리위원회에 의하여 고발된 때에는 판결이 확정될 때까지 그 위법행위에 소요된 비용의 2배에 해당하는 금액의 보전을 유예한다.

가. 의의

정당·후보자가 선거비용 보전대상인 경우에도 후보자·예비후보자·선거사무장·회계책임자 등과 같이 선거운동에서 중요한 역할을 담당하는 자의 위법행위가 있거나 또는 선거비용제한액을 초과하여 지출한 경우에는 그 보전을 제한·유예하거나 보전된 비용을 반환하도록 규정하고 있다.

나. 보전제한

(1) 전액 제한(제1항)

선거사무소의 회계책임자가 정당한 사유없이 정치자금법 제40조에 따른 회계보고서를 그 제출마감일까지 제출하지 아니한 때에는 선거비용 전액을 보전하지 아니한다.

(2) 위법비용의 2배 제한(제2항)

후보자·예비후보자·선거사무장 또는 선거사무소의 회계책임자가 해당 선거와 관련하여 이 법 위반 또는 정치자금법 제49조에 규정된 선거비용 관련 위반행위로 인하여 유죄의 판결이 확정되는 경우 그 위법행위에 소요된 비용, 선거비용제한액을 초과하여 지출한 경우에는 선거비용제한액을 초과하여 지출한 비용의 2배에 해당하는 금액을 보전하지 아니한다.

「유죄의 판결」이란 범죄의 증명이 있는 때에 선고하는 실체재판을 의미하므로 형의 선고의 판결 외에 형의 면제와 선고유예의 판결이 포함된다.[27]

한편 본 조에 따라 보전이 제한되는 「위법행위에 소요된 비용」은 위법행위에 직접 소요된 비용을 말하는 것이므로, 적법한 선거공보에 일부 허위사실을 게재한 경우처럼 별도의 추가비용이 소요되지 아니한 경우 보전의 제한을 받지 않는다.[28]

---

27) 공소기각 판결이나 면소 판결은 형식재판이므로 유죄의 판결에 해당하지 않는다.

28) 중앙선거관리위원회 2007. 3. 22. 회답

(3) 위법비용의 5배 제한(제3항)

정당, 후보자·예비후보자 및 그 가족, 선거사무장, 선거연락소장, 선거사무원, 회계책임자 또는 연설원으로부터 기부를 받은 자가 법 제261조 제9항에 따른 과태료를 부과 받은 경우에는 정당 또는 후보자에게 보전할 선거비용 보전액 중 그 기부행위에 사용된 비용의 5배에 해당하는 금액을 보전하지 아니한다.

본 조항은 법 제261조 제9항의 기부행위제한규정 위반으로 인한 과태료 제도가 신설된 이후 과태료에 해당하는 기부행위를 한 자가 처벌되지 않거나 처벌이 가벼운 경우 기부를 받고 과태료를 부담한 자가 더 큰 불이익을 당한다는 논란이 있어 2008. 2. 29. 법 개정 시 신설되었는데, 기부행위제한 등 위반으로 금품 등 이익을 받은 자가 과태료를 부과 받은 경우 기부행위를 한 자에 대해서는 본 조 제2항에도 불구하고 유죄의 판결 확정 여부와 관계 없이 과태료 처분의 원인이 된 그 기부행위에 사용된 비용의 5배에 해당하는 금액을 보전하지 않도록 규정한 것이다.

다. 보전유예(제4항)

후보자·예비후보자·선거사무장 또는 선거사무소의 회계책임자가 해당 선거와 관련하여 이 법 위반 또는 정치자금법 제49조에 규정된 선거비용 관련 위반의 죄를 범함으로 인하여 기소되거나 선거관리위원회에 의하여 고발된 때에는 판결이 확정될 때까지 그 위법행위에 소요된 비용의 2배에 해당하는 금액의 보전을 유예한다. 이 경우 '고발'은 선거관리위원회가 수사기관에 고발한 경우에 한하므로, 제3자가 고발한 경우나 선거관리위원회가 수사의뢰한 경우에는 적용되지 않는다.

라. 중앙선거관리위원회 행정해석

① 국회의원후보자의 회계책임자가 선거구선거관리위원회에 신고된 이후에는 선거일이 지났다 하더라도 당해 선거와 관련하여 공선법에 규정된 죄를 범함으로 인하여 유죄의 판결이 확정된 때에는 보전받은 금액 중 그 위법행위에 소요된 비용의 2배에 해당하는 금액을 반환하여야 함(2001. 7. 26. 회답).

② 1. 법 제135조의2 제5항에서 규정하고 있는 반환대상이 되는 "보전비용액중"이란 같은 법 제122조의2 제1항 각호에 규정된 개별비용을 뜻하는 것은 아니며, 보전 받은 비용의 총액범위 내에서 반환하여야 한다는 의미임.

2. 법에 규정된 죄를 범한 경우 고발자의 고발취지와 법원의 확정판결 내용이 일치하지 않을 경우 선거비용의 환수는 유죄의 확정판결을 기준으로 함.

3. 선거사무장으로 신고된 이후 당해 선거와 관련하여 공선법 위반으로 유죄의 판결이 확정된 때에는 그 위법행위에 소요된 비용의 2배액을 반환하여야 함(2001. 8. 8. 회답).

③ 선거공보에 일부 허위의 사실이 게재되어 유죄의 확정판결을 받았다 하더라도 적법한 선거공보로 작성·배부된 것이라면 허위사실 게재에 따른 별도의 추가비용이 소요된 것이 아니므로 비용보전액의 반환대상에 해당되지 아니함(2007. 3. 22. 회답).

④ 당선자의 회계책임자가 회계보고서에 실제 현수막 제작·설치비용을 허위로 기재하여 「정치자금법」 제49조 제1항 및 제2항 제6호 위반으로 벌금 200만 원의 확정판결을 받은 경우 후보자에게 현수막 제작·설치비용을 보전한 금액과 현수막 제작·설치에 소요된 실제비용의 차액을 반환 조치함(2011. 4. 29. 회답).

제2장

정치활동의 종류

제2장

정치활동의 종류

정치활동은 다양하고 중첩적이다. 법은 정치활동의 종류에 따라 규율의 넓이와 깊이 그리고 제재 강도 등을 달리 규정하고 있다.

1. 정치활동의 다양성

'정치활동'이라 함은 권력의 획득과 유지를 둘러싼 투쟁 및 권력을 행사하는 활동이다.[1] 정치인은 지역정치활동 등 통상적인 정치활동을 통해 인지도 향상 등을 도모하다가 선거일이 다가옴에 따라 선거 준비에 돌입한다. 출마 선언이나 정당의 공천을 통해 후보자의 윤곽이 드러나며, 예비후보자·후보자 등록 이후 본격적인 선거운동이 시작되고 선거인들의 관심이 점차 증가되어, 선거일에 투표 결과에 따라 그 당락이 결정된다.

즉 정치인은 '인지도 향상 등을 위한 통상적인 정치활동(당원활동, 당 간부활동)―당내경선운동―선거운동 준비행위―선거운동―선거'로 이어지는 행위의 시기적·단계적 스펙트럼의 과정을 밟는다. 그 행위의 과정도 순차적 단선적으로 이루어지는 것이 아니라 그 양상도 다양하고 중첩적이고 복합적이다.

정치인은 선거에서 당선되는 것을 목표로 삼는 사람이므로 정치인의 활동은 직·간접적으로 선거와 연결될 수밖에 없다. 특히 2년을 주기로 국회의원선거와 지방선거가 번갈아 이루어지고 그 중간에 5년 단위의 대통령선거가 이루어지는 환경에서 정치인의 활동이 선거와 무관하다고 평가되기 어렵다. 그러나 정치인이 일상적·통상적인 정치활동의 일환으로 유권자들과 접촉하여 자신의 인지도와 긍정적 이미지를 제고하고 정치적 기반을 다지려는 목적이 있고 그러한 활동이 결과적으로 선거에서 유리하게 작용할 수 있다고 하여도, 그 행위

---

[1] 대법원 2006. 12. 22. 선고 2006도1623 판결, 헌법재판소 2004. 6. 24. 2004헌바16 결정

가 특정한 선거를 목표로 하여 그 선거에서 특정인의 당선 또는 낙선을 도모하는 목적의사가 표시된 것으로 인정되지 않는 한 선거운동이라고 볼 것은 아니다.[2] 구체적으로 정치활동의 종류를 인지도와 긍정적 이미지 제고를 위한 정치적 기반을 다니는 행위, 당대표경선, 당내경선, 선거운동 준비행위, 선거운동, 투표참여권유활동, 의정활동, 정당활동 등으로 나누어 볼 수 있다. 그 목적성에 따라 선거에 영향을 미치는 행위, 선거운동 관련 행위, 선거에 관한 행위, 선거운동을 위한 행위로 나누어 볼 수 있다.

한편 공직선거 외의 선거에 대하여는 공직선거법이 직접 적용되지 않으나 지방교육자치에 관한 법률, 공공단체등 위탁선거에 관한 법률, 주민투표법, 주민소환에 관한 법률 등에서 공직선거법의 일부 규정을 준용하는 경우도 있다.

2. 정치활동을 하는 사람의 신분별 구분

가. 후보자가 되고자 하는 자

(1) 의의

'후보자가 되고자 하는 자'라 함은 후보자등록을 하지 아니하였으나 후보자가 될 의사를 가진 자를 말한다. 예비후보자로 등록하거나 등록하지 않는 자도 해당할 수 있다.

'후보자가 되고자 하는 자'에는 선거에 출마할 예정인 사람으로서 정당에 공천신청을 하거나 일반 선거권자로부터 후보자추천을 받기 위한 활동을 벌이는 등 입후보의사가 확정적으로 외부에 표출된 사람뿐만 아니라 그 신분·접촉대상·언행 등에 비추어 선거에 입후보할 의사를 가진 것을 객관적으로 인식할 수 있을 정도에 이른 사람도 포함된다.[3]

입후보할 것을 예정하면 족한 것이지 입후보할 확정적 결의까지 요구되는 것은 아니라 할 것이므로 입후보할 의사를 공연히 외부에 표시한 일이 없고 또한 특정정당에 관계한 일이 없어서 입후보할 의사를 외부적으로 객관화할 수 없었다 할지라도 상관이 없다.[4]

'후보자가 되고자 하는 자'는 순전히 당사자의 주관에 의해서만 판단하는 것이 아니라 후보자 의사를 인정할 수 있는 객관적 징표 등을 고려하여 그 해당 여부를 판단하며, 여러 가지의 선거가 겹치는 경우 어느 것을 기준으로 하여 후보자가 되고자 하는 자를 정하는 것인

---

2) 대법원 2016. 2. 26. 선고 2015도11812 전원합의체 판결
3) 대법원 2004. 4. 28. 선고 2003도4363 판결, 대법원 2009. 1. 15. 선고 2008도10365 판결, 대법원 2009. 1. 15. 선고 2008도10365 판결 등
4) 대법원 1975. 7. 22. 선고 75도1659 판결

지에 관하여도 문제되는 '당해 선거'를 기준으로 하여 기부행위 당시 후보자 의사를 인정할
수 있는 객관적 징표 등을 고려하여 판단할 수 있다. '후보자가 되려고 하는 자'에 해당하는
지 여부가 당해 선거에 입후보할 의사를 인정할 수 있는 객관적 징표 등을 고려하여 판단되
는 이상, 객관적으로 후보자의사가 표출되는 시기가 도래하기 전에 이루어진 기부행위는 위
법률 조항의 적용대상이 될 수 없다.[5]

　　입후보의사를 가진 자가 입후보의 신청 전에 선거운동을 한 때에는 그 후 입후보의사를
단념하거나 후보자등록을 하지 않았다 하더라도 사전선거운동으로 처벌받는 데에는 아무런
영향이 없다고 할 것이다.[6] 중앙선거관리위원회는 "후보자가 되고자 하려는 자"에 대해 특
정선거에 있어 입후보의 의사를 공연히 외부에 표시하거나 입후보 의사를 객관화하지 않았
다 할지라도 특정정당에 가입하고 그 지구당의 위원장으로 선임된 자라면 일단 특정선거에
후보자가 되려는 자로 볼 수 있다고 해석하였다.[7]

(2) 사례

　　□□당이 2014. 7. 30. 치러지는 보궐선거와 관련하여 2014. 7. 3. 기○○를 전략공천하
기로 하자 허●●이 이에 반발하였고, 기○○은 2014. 7. 8. 당의 결정을 수용한 사실이 인
정되는바, □□당 당원인 피고인이 2014. 7. 3. 09:49경 허위사실의 내용을 포함하고 있는
이 사건 우편물을 발송할 당시에는 허●●은 여전히 '후보자가 되고자 하는 자'에 해당한다.[8]

　　법 제250조 제2항의 입법 목적은 '후보자가 되고자 하는 자'의 명예보호 뿐만 아니라 선
거의 공정성 확보에도 있는 것으로서, 후보자가 되고자 하는 자에 해당하기 위해서는 단순
히 후보자가 되려고 하는 주관적인 의지가 있는 것만으로는 부족하고, 실제로 선거에 출마
하기 위한 최소한의 준비 등을 개시하여 후보자가 될 개연성이 인정되어야 한다. 법 제250
조 제2항이 적용될 경우 벌금 500만 원 이상에 처해져 당선까지 무효로 되고(법 제264조), 벌
금형이 확정된 후 5년간 선거권 및 피선거권의 제한을 받으며(법 제18조 제1항 제3호 및 제19조
제1호), 당선 후에 반환받았던 기탁금 등도 다시 반환하여야 한다(법 제265조의2). 만약 선거에
출마할 것이라는 객관적 징표가 없는 경우에도 정치인에 대한 비판을 모두 형법상의 일반
명예훼손보다 법정형이 높은 공직선거법 위반으로 처벌하는 경우에는 일반 국민의 정치적
표현의 자유를 지나치게 제한할 가능성이 있다. 따라서 후보자가 되고자 하는 자인지 판단
은 당사자의 주관에만 의존하는 것이 아니라 후보자가 될 의사를 인정할 수 있는 객관적 징

---

5)　헌법재판소 2021. 2. 25. 2018헌바223 결정
6)　대법원 2007. 7. 26. 선고 2007도2625 판결, 대법원 1975. 7. 22. 선고 75도1659 판결
7)　중앙선거관리위원회 1963. 9. 7. 회답
8)　서울고등법원 2015. 4. 30. 선고 2015노942 판결

표 등을 고려하여 엄격하게 판단할 필요가 있어, 피고인이 甲 정당의 구청장 공천심사에서 탈락한 데 불만을 품고 공천심사위원회 부위원장인 국회의원 乙의 지역구 주민 및 당원 등에게 휴대전화 문자메시지를 발송하는 방법으로 乙이 차기 국회의원 선거에서 당선되지 못하게 할 목적으로 허위의 사실을 공표하였다고 하여 공직선거법 위반으로 기소된 사안에서, 현재 국회의원의 신분을 가지고 있다는 사정만으로 2년여가 남아 있는 차기 국회의원 선거에 출마할 것이 경험칙상 예정되어 있다고 보기 어렵고, 정당에 공천신청을 하는 등 차기 국회의원선거에 출마하기 위한 준비를 하였다거나 입후보의사를 확정적으로 외부로 표출하였다는 객관적 징표를 찾아보기 어려워 乙이 '후보자가 되고자 하는 자'에 해당하지 아니하고, 피고인이 전송한 문자메시지에 '乙 의원을 퇴출시켜야 한다'고 기재한 것은 2년여가 남아 있는 차기 국회의원 선거에서의 낙선을 염두에 둔 발언이라기보다 乙의 소속 정당 내 활동 내지 행위에 대한 부정적 평가를 강조하는 의미로 보이는 점 등을 종합하면 피고인에게 乙이 차기 국회의원 선거에서 당선되지 못하게 할 목적이 있었다고 볼 수 없다는 이유로 무죄를 선고한 사례가[9] 있다.

구의원 후보로 출마하여 낙선하고 특정정당의 지역 협의회장으로 활동한 전력이 있는 사정만으로 '해당 선거에 입후보할 의사를 가진 것을 객관적으로 인식할 수 있을 정도에 이르렀다고 보기 어려워 '후보자가 되고자 하는 자'에 해당한다는 점을 인정하기에 부족하여 무죄를 선고한 사례도 있다.[10]

(3) 법 제251조 중 '후보자가 되고자 하는 자' 부분 위헌결정

제251조(후보자비방죄) 당선되거나 되게 하거나 되지 못하게 할 목적으로 연설·방송·신문·통신·잡지·벽보·선전문서 기타의 방법으로 공연히 사실을 적시하여 후보자(候補者가 되고자 하는 者를 포함한다), 그의 배우자 또는 직계존·비속이나 형제자매를 비방한 자는 3년 이하의 징역 또는 500만원 이하의 벌금에 처한다. 다만, 진실한 사실로서 공공의 이익에 관한 때에는 처벌하지 아니한다.

최근 헌법재판소는 당선되거나 되게 하거나 되지 못하게 할 목적으로 공연히 사실을 적시하여 후보자가 되고자 하는 자를 비방한 자를 처벌하는 법 제251조 중 '후보자가 되고자 하는 자'에 관한 부분은 죄형법정주의의 명확성원칙에 위배되지는 않으나, 비방행위가 허위사실에 해당할 경우에는 허위사실공표금지 조항으로 처벌하면 족하고, 허위가 아닌 사실에 대

9) 대법원 2015. 11. 26. 선고 2015도9471 판결, 서울고등법원 2015. 6. 12. 선고 2015노369 판결
10) 대법원 2005. 12. 22. 선고 2005도7774 판결

한 경우 후보자가 되고자 하는 자는 스스로 반박함으로써 유권자들이 그의 능력과 자질 등을 올바르게 판단할 수 있는 자료를 얻을 수 있게 하여야 하고 이를 공직선거법에서 규제하는 것은 정치적 표현의 자유에 대한 지나친 제약이고, 선거의 공정은 공직 적합성에 관한 정보 공개에 기초한 선출을 포함하므로, 후보자가 되고자 하는 자에 대한 사실 표현을 지나치게 제한하면 오히려 선거의 공정을 해하는 결과가 초래될 수 있으며, 후보자가 되고자 하는 자는 자발적으로 공론의 장에 뛰어든 사람이므로, 자신에 대한 부정적인 표현을 어느 정도 감수하여야 한다면서 비방금지 조항은 과잉금지원칙에 위배되어 정치적 표현의 자유를 침해한다고 하여 위헌결정을 하였다.[11]

나. 예비후보자

제60조의2(예비후보자등록) ① 예비후보자가 되려는 사람(비례대표국회의원선거 및 비례대표지방의회의원선거는 제외한다)은 다음 각 호에서 정하는 날(그 날후에 실시사유가 확정된 보궐선거등에 있어서는 그 선거의 실시사유가 확정된 때)부터 관할선거구선거관리위원회에 예비후보자등록을 서면으로 신청하여야 한다.

  1. 대통령선거
  선거일 전 240일
  2. 지역구국회의원선거 및 시·도지사선거
  선거일 전 120일
  3. 지역구시·도의회의원선거, 자치구·시의 지역구의회의원 및 장의 선거
  선거기간개시일 전 90일
  4. 군의 지역구의회의원 및 장의 선거
  선거기간개시일 전 60일

② 제1항에 따라 예비후보자등록을 신청하는 사람은 다음 각 호의 서류를 제출하여야 하며, 제56조제1항에 따른 해당 선거 기탁금의 100분의 20에 해당하는 금액을 중앙선거관리위원회규칙으로 정하는 바에 따라 관할선거구선거관리위원회에 기탁금으로 납부하여야 한다.

  1. 중앙선거관리위원회규칙으로 정하는 피선거권에 관한 증명서류
  2. 전과기록에 관한 증명서류
  3. 제49조제4항제6호에 따른 학력에 관한 증명서(한글번역문을 첨부한다)

---

11) 헌법재판소 2024. 6. 27. 2023헌바78 결정

③ 제1항의 등록신청을 받은 선거관리위원회는 지체없이 이를 수리하되, 제2항에 따른 기탁금과 전과기록에 관한 증명서류를 갖추지 아니한 등록신청은 수리할 수 없다. 이 경우 피선거권에 관한 증명서류가 첨부되지 아니한 경우에는 이를 수리하되, 피선거권에 관하여 확인이 필요하다고 인정되는 예비후보자에 대하여는 관계기관의 장에게 필요한 사항을 조회할 수 있으며, 그 조회를 받은 관계기관의 장은 지체없이 해당 사항을 조사하여 회보하여야 한다.

④ 예비후보자등록후에 다음 각 호의 어느 하나에 해당하는 사유가 있는 때에는 그 예비후보자의 등록은 무효로 한다.

  1. 피선거권이 없는 것이 발견된 때

  1의2. 제2항제2호에 따른 전과기록에 관한 증명서류를 제출하지 아니한 것이 발견된 때

  2. 제53조제1항부터 제3항까지 또는 제5항에 따라 그 직을 가지고 입후보할 수 없는 자에 해당하는 것이 발견된 때

  3. 제57조의2제2항 본문 또는 제266조제2항·제3항에 따라 후보자가 될 수 없는 자에 해당하는 것이 발견된 때

  4. 다른 법률에 따라 공무담임이 제한되는 사람이나 후보자가 될 수 없는 사람에 해당하는 것이 발견된 때

⑤ 제52조제3항의 규정은 예비후보자등록에 준용한다. 이 경우 "후보자"는 "예비후보자"로 본다.

⑥ 예비후보자가 사퇴하고자 하는 때에는 직접 당해 선거구선거관리위원회에 서면으로 신고하여야 한다.

⑦ 제49조에 따라 후보자로 등록한 자는 선거기간개시일 전일까지 예비후보자를 겸하는 것으로 본다. 이 경우 선거운동은 예비후보자의 예에 따른다.

⑧ 예비후보자의 전과기록조회 및 회보에 관하여는 제49조제10항을 준용한다. 이 경우 "선거기간개시일 전 150일"은 "선거기간개시일 전 150일(대통령선거의 경우 예비후보자등록신청개시일 전 60일을 말한다)"로 본다.

⑨ 제1항의 등록신청을 받은 선거관리위원회는 중앙선거관리위원회규칙으로 정하는 바에 따라 해당 예비후보자의 당적보유 여부를 정당에 요청하여 조회할 수 있으며, 그 요청을 받은 정당은 이를 확인하여 지체없이 해당 선거관리위원회에 회보하여야 한다.

⑩ 관할선거구선거관리위원회는 제2항제2호 및 제3호와 제8항에 따라 제출받거나 회보받은 서류를 선거구민이 알 수 있도록 공개하여야 한다. 다만, 후보자등록신청 개시일 이후에는 이를 공개하지 아니한다(제49조제12항에 따라 공개하는 경우는 제외한다).

⑪ 예비후보자가 제49조에 따라 후보자로 등록하지 않은 때에는 후보자등록마감일의 등록마감시각 후부터 예비후보자의 지위를 상실한다.

⑫ 예비후보자등록신청서의 서식, 피선거권에 관한 증명서류, 제출·회보받은 서류의 공개방법, 그 밖에 필요한 사항은 중앙선거관리위원회규칙으로 정한다.

(1) 예비후보자 제도의 의의

예비후보자제도는 선거일 전 특정 시점부터 관할선거구선거관리위원회에 예비후보자등록을 하면 일정 범위 내에서 선거운동을 할 수 있도록 하는 것이다. 종전에는 누구든지 선거운동기간이 아닌 때에는 선거운동을 할 수 없도록 함으로써 사전선거운동을 금지하고 있었으나, 국회의원 등과 같은 현역 정치인의 경우 직무활동으로 인정되는 의정활동보고 등을 통하여 사실상 선거운동의 효과를 누리고 있어서 정치 신인 등과 같이 현역 정치인이 아닌 사람과의 선거운동 기회가 불균등하다는 문제점이 끊임없이 제기되어 왔다. 이에 선거운동 기회의 형평성 차원에서 정치 신인 등과 같이 현역 정치인이 아닌 사람에게도 자신을 알릴 수 있는 기회를 보장하고자 예비후보자제도를 도입하게 되었다.[12) 예비후보자제도는 선거운동기간제한 규정을 완화하여 예비후보자에게 선거운동의 자유를 회복시켜 주는 역할을 한다.[13) 예비후보자 제도는 비례대표의원선거에서는 제외하고 있다. 정당이 제시한 비례대표명부를 보고 정당에 투표하는 비례대표의원선거에 있어서 정당이 신생정당이라는 이유로 그 정당이나 비례대표의원후보자에게 선거기간 전에 선거운동의 기회를 부여해야 할 이유는, 선거기간이 아니면 후보자가 자신을 합법적으로 유권자에게 알릴 기회가 없는 정치신인인 지역구의원후보자의 경우에 비해 훨씬 적다. 이에 비례대표의원후보자의 경우에는 예비후보자등록제도를 인정하지 않는다.[14)

(2) 예비후보자등록 시기에 관한 연혁

예비후보자가 되려는 사람은 각 선거별로 정한 기간에 관할선거구선거관리위원회에 예비후보자등록을 서면으로 신청하여야 한다(법 제60조의2 제1항).

예비후보자제도는 2004. 3. 12. 개정된 법을 통해 도입되었는바, 이때 신설된 제60조의2 제1항은 선거의 종류를 불문하고 선거일전 120일부터 예비후보자등록을 할 수 있도록 하였다. 2005. 8. 4. 개정된 법 제60조의2 제1항은 대통령선거는 선거일 전 240일(제1호), 지역구국회의원선거 및 시·도지사선거는 선거일 전 120일(제2호), 지역구지방의회의원선거 및 자치구·시·군의 장선거는 선거기간개시일 전 60일(제3호)부터 각각 예비후보자등록을 할 수 있도록 세분화하였다. 2010. 1. 25. 개정된 법은 제60조의2 제1항 제1호, 제2호의 내용은 그대로 유지하면서, 같은 항 제3호에서 지역구시·도의회의원선거, 자치구·시의 지역구의회의원 및 장의 선거는 선거기간개시일 전 90일, 같은 항 제4호에서 군의 지역구의회의원 및

12) 헌법재판소 2005. 9. 29. 2004헌바52 결정, 헌법재판소 2015. 7. 30. 2012헌마402 결정
13) 헌법재판소 2005. 9. 29. 2004헌바52 결정
14) 헌법재판소 2006. 7. 27. 2004헌마217 결정

장의 선거는 선거기간개시일 전 60일부터 각각 예비후보자등록을 할 수 있도록 규정하였다. [15]

(3) 예비후보자의 선거운동

법에 따르면 예비후보자로 등록한 사람은 선거운동기간 이전이라도 선거운동을 할 수 있다(제59조 단서 제1호). 구체적으로 예비후보자로 등록한 사람은, ① 선거사무소를 설치하고 그 선거사무소에 간판, 현판 및 현수막을 설치·게시할 수 있고(제60조의3 제1항 제1호), ② 자신의 성명·사진·전화번호·학력·경력, 그 밖에 홍보에 필요한 사항을 게재한 명함을 직접 주거나 지지를 호소할 수 있으며(같은 항 제2호), ③ 자신의 사진·성명·전화번호·학력·경력, 그 밖에 홍보에 필요한 사항을 게재한 인쇄물을 작성하여 우편발송할 수 있고(같은 항 제4호), ④ 선거운동을 위하여 어깨띠 또는 예비후보자임을 나타내는 표지물을 착용할 수 있을 뿐만 아니라(같은 항 제5호), ⑤ 전화를 이용하여 송·수화자 간 직접 통화하는 방식으로 지지를 호소할 수 있다(같은 항 제6호). 또한 예비후보자 본인뿐만 아니라, 예비후보자의 배우자와 직계존비속, 예비후보자와 함께 다니는 선거사무장·선거사무원 및 활동보조인, 그리고 예비후보자와 함께 다니는 사람 중에서 지정한 1명도 예비후보자의 명함을 직접 주거나 예비후보자에 대한 지지를 호소할 수 있다(제60조의3 제2항).

한편, 법에 따르면 선거운동기간 전이라도 문자메시지를 전송하는 방법으로 선거운동을 하는 것은 허용되지만, 이 경우 동시 수신대상자가 20명을 초과하거나 그 대상자가 20명 이하인 경우에도 프로그램을 이용하여 수신자를 자동으로 선택하여 전송하는 방식으로 전송할 수 있는 자는 후보자와 예비후보자에 한한다(제59조 단서 제2호). 또한 선거운동기간 전이라도 인터넷 홈페이지 또는 그 게시판·대화방 등에 글이나 동영상 등을 게시하거나 전자우편을 전송하는 방법으로 선거운동을 하는 것은 허용되지만, 이 경우 전자우편 전송대행업체에 위탁하여 전자우편을 전송할 수 있는 사람은 후보자와 예비후보자에 한한다(같은 조 단서 제3호).

예비후보자 선거운동 방법은 제11장 예비후보자의 선거운동에서 상술한다.

---

15) 헌법재판소 2020. 11. 26. 2018헌마260 결정

다. 후보자

> **제49조(후보자등록 등)** ① 후보자의 등록은 대통령선거에서는 선거일 전 24일, 국회의원선거와 지방자치단체의 의회의원 및 장의 선거에서는 선거일 전 20일(이하 "후보자등록신청개시일"이라 한다)부터 2일간 (이하 "후보자등록기간"이라 한다) 관할선거구선거관리위원회에 서면으로 신청하여야 한다.
> ② 정당추천후보자의 등록은 대통령선거와 비례대표국회의원선거 및 비례대표지방의회의원선거에 있어서는 그 추천정당이, 지역구국회의원선거와 지역구지방의회의원 및 지방자치단체의 장의 선거에 있어서는 정당추천후보자가 되고자 하는 자가 신청하되, 추천정당의 당인(黨印) 및 그 대표자의 직인이 날인된 추천서와 본인승낙서(대통령선거와 비례대표국회의원선거 및 비례대표지방의회의원선거에 한한다)를 등록신청서에 첨부하여야 한다. 이 경우 비례대표국회의원후보자와 비례대표지방의회의원후보자의 등록은 추천정당이 그 순위를 정한 후보자명부를 함께 첨부하여야 한다.
> ③ 무소속후보자가 되고자 하는 자는 제48조에 따라 선거권자가 기명하고 날인(무인을 허용하지 아니한다)하거나 서명한 추천장[단기(單記) 또는 연기(連記)로 하며 간인(間印)을 요하지 아니한다]을 등록신청서에 첨부하여야 한다.

'후보자'란 함은 특정선거에 관하여 관할선거구 선거관리위원회에 후보자등록을 말하며, 이때 후보자로서의 신분취득은 '후보자등록신청서가 접수된 때'부터라고 할 것이므로 후보자등록신청서가 제출되었으나 요건미비로 그 신청이 수리되지 않으면 그 자를 후보자라고 볼 수 없다.[16]

후보자 신분의 취득시점은 후보자등록이 끝난 때이므로 이는 선거구선거관리위원회에서 후보자등록을 수리한 때를 말한다. 신분보장 종료시점인 개표종료 시는 해당 선거구의 모든 개표가 끝난 때로 보아야 할 것이다.[17]

| 예비후보자와 후보자가 되려는 사람의 차이 |

구분	예비후보자	예비후보자 아닌 후보자가 되려는 사람
선거사무소 설치	• 관할선거구위원회에 신고하고 선거사무소 1개소 설치 가능 ※ 선거사무소에 1개의 선거대책기구 설치 가능	• 선거사무소를 설치할 수 없음.

---

16)   대검찰청. 공직선거법 벌칙해설 제10개정판(2020년). 59면
17)   중앙선거관리위원회, 공직선거법해설서 I (2020년). 53면

선거사무소 간판등	• 간판·현판·현수막 게시 가능 ※ 규격·매수(수량) 제한 없음. • 자신을 홍보하는 내용 그 밖에 선거 운동에 이르는 내용 게시 가능	• 할 수 없음.
유급선거사무원 선임	• 관할선거구위원회에 신고하고 선거사무장을 포함하여 선임가능인원 범위 안에서 선거사무원을 선임하고 수당·실비지급 가능	• 둘 수 없음.
인터넷 홈페이지	• 인터넷 홈페이지를 이용한 선거운동 가능	• 좌동
전화·말	• 선거일을 제외하고 송·수화자 간 직접 통화하는 방식으로 전화를 하거나 말(확성장치 사용이나 옥외집회에서 다중 대상 제외)로 선거운동 가능	• 좌동
전자우편	• 선거운동에 해당하는 내용(그림말·음성·화상·동영상 등 포함) 전송 가능 • 위의 내용을 전송대행업체에 위탁하여 전송 가능 ※ 법 §82의5 규정 준수	• 선거운동에 해당하는 내용(그림말·음성·화상·동영상 등 포함) 전송 가능 • 위의 내용을 전송대행업체에 위탁하여 전송 불가
문자메시지 전송	• 문자메시지(음성·화상·동영상 등 포함) 전송 가능 • 자동 동보통신의 방법으로는 8회까지 가능 ※ 법 §82의5 규정 준수	• 문자메시지(음성·화상·동영상 등 포함) 전송 가능 • 자동 동보통신의 방법으로는 불가
명함 배부	• 자신을 홍보하는 내용(학력의 경우 정규학력과 이에 준하는 외국의 교육과정을 이수한 학력)을 게재한 명함을 직접 주거나 지지 호소 가능 • 시장·거리 등 공개장소를 방문하여 명함을 주거나 인사·지지권유 가능	• 선거일 전 180일(대통령선거는 선거일 전 240일)부터 예비후보자 등록 전까지 배부 가능 (법 §60의3①제2호 준용)
예비후보자홍보물 발송	• 선거구안의 세대수의 10/100에 해당하는 수 이내에서 신고 후 요금별납의 방법으로 발송 가능	• 할 수 없음.
어깨띠 및 표지물 착용	• 선거운동을 위하여 어깨띠 또는 예비후보자임을 나타내는 표지물 착용가능	• 할 수 없음.

제3장

공직선거법의 규율 방식

제3장

제1절 선거운동의 자유와 제한의 규율방식

1. 의의

> **제58조(정의 등)** ②누구든지 자유롭게 선거운동을 할 수 있다. 그러나 이 법 또는 다른 법률의 규정에 의하여 금지 또는 제한되는 경우에는 그러하지 아니하다.
>
> **제254조(선거운동기간위반죄)** ② 선거운동기간 전에 이 법에 규정된 방법을 제외하고 선전시설물·용구 또는 각종 인쇄물, 방송·신문·뉴스통신·잡지, 그 밖의 간행물, 정견발표회·좌담회·토론회·향우회·동창회·반상회, 그 밖의 집회, 정보통신, 선거운동기구나 사조직의 설치, 호별방문, 그 밖의 방법으로 선거운동을 한 자는 2년 이하의 징역 또는 400만원 이하의 벌금에 처한다.

1994. 3. 16. 제정된 공직선거및선거부정방지법은 종전에 법이 허용하는 방법 이외의 선거운동을 금지하던 포괄적 제한규정방식 대신 법률에 의하여 개별적으로 제한·금지되어 있지 않는 한 누구든지 자유롭게 선거운동을 할 수 있도록 허용하는 방식을 취한 이후 현재에 이르고 있다.

선거운동의 기본원칙 중 하나로서 법에서 특별히 금지하고 있지 않는 한, 어떠한 방법의 선거운동도 가능하도록 하는 개별적 제한규정주의를 채택하고 있으므로 법에서 어떠한 행위가 선거운동에 해당하는지를 구체적·개별적으로 규정하고 있는 것은 아니다. 선거운동에 해당되는 여부를 완벽하게 법에서 규정하는 것이 불가능한 것처럼 선거운동과 관련된 행위

가 무엇인지를 법에서 완벽하게 규정한다는 것은 불가능하다.[1]

　법은 제1조에서 정하고 있는 바와 같이 "선거가 국민의 자유로운 의사와 민주적인 절차에 의하여 공정히 행하여지도록 하고, 선거와 관련된 부정을 방지하는 것"을 목적으로 하고 있고 제58조 제2항에서 "누구든지 자유롭게 선거운동을 할 수 있다. 그러나 이 법 또는 다른 법률의 규정에 의하여 금지 또는 제한되는 경우에는 그러하지 아니하다"라고 규정하면서 법 제59조부터 제118조에 걸쳐 선거운동의 주체, 기간, 방법 등에 관한 자세한 규정을 두어 선거의 공정을 추구하고 있다.[2]

　선거운동의 제한은 헌법상 보장된 국민의 표현의 자유를 제한하는 측면이 있다. 국민의 주권행사에 있어서 표현의 자유는 핵심이 되는 기본권이므로 후보자는 선거권자에게 자신을 자유롭게 알릴 수 있어야 하고 선거권자는 후보자에 관한 정보에 자유롭게 접근할 수 있어야 할 것이나, 선거의 공정성을 확보하기 위하여 어느 정도 선거운동에 대한 규제가 행하여지지 않을 수 없다.[3] 이 경우 다른 기본권과 마찬가지로 헌법 제37조 제2항에 따라 국가안전보장, 질서유지, 공공복리를 위하여 필요한 경우에 한하여 법률로 제한할 수 있다.[4]

2. 제한 방식

　법에서는 선거운동의 주체·기간·방법 등에 관하여 상당한 규제와 제한을 가하고 있다.

가. 주체

　법은 원칙적으로 누구든지 선거운동을 할 수 있도록 하되(제58조 제2항), 선거운동을 할 수 없는 자를 한정적으로 열거하면서 이들에 의한 선거운동을 개별적으로 금지하고 있다. '선거운동을 할 수 없는 자'(제60조), '단체의 선거운동금지'(제87조)를 규정하는 방식으로 제한을 가하고 있다. 제87조에 따라 선거운동을 할 수 있는 단체라도 재외선거권자를 대상으로는 선거운동을 할 수 없다(제218조의14 제7항). 법 제60조에서 '선거운동을 할 수 없는 자'의 행위는 자신의 직무과 관련이 없더라도 사적인 지위에서 행한 행위를 금지하는 조항이다.

　공무원 등 법령에 따라 정치적 중립을 지켜야 하는 자가 직무와 관련하여 또는 직위를 이

---

1)　헌법재판소 2002. 4. 25. 2001헌바26 결정
2)　헌법재판소 2001. 8. 30. 2000헌마121 결정
3)　정병욱, 공직선거법 제4판, 118면
4)　헌법재판소 2011. 3. 31. 2010헌마314 결정

용하여 선거에 부당한 영향력을 행사하는 등 선거에 영향을 미치는 행위를 일반적으로 금지하는 규정을 두어 공무원 등 공적직위에 있는 자의 선거에 영향을 미치는 행위를 더욱 더 폭넓게 규제하고 있다. 즉 현행법은 공무원 등 법령에 따라 정치적 중립의무가 있는 자들은 직무와 관련하여 또는 지위를 이용하여 선거에 부당한 영향력을 행사하는 등 선거에 영향을 미치는 일체의 행위를 금지하는 한편(제85조 제1항), 공무원이 그 직위를 이용하여 선거운동을 하는 것을 규제하고 있고(제85조 제2항 전단), 제86조와 같이 공무원이나 선상투표 신고를 한 선원이 승선하고 있는 선장, 공공기관의 상근 임·직원, 통·리·반의 장과 주민자치위원회 위원과 향토예비군 중대장급 이상의 간부, 특별법에 의하여 설립된 국민운동단체로서 국가나 지방자치단체의 출연 또는 보조를 받는 단체(바르게살기운동협회·새마을운동협회·자유총연맹)의 상근 임·직원 및 이들 단체 등(시·도조직 및 구·시·군조직 포함)의 대표자, 지방자치단체장 등 공적 지위에 있는 자들에 대해서는 선거운동에 이르지 아니하거나 그 지위를 이용하지 않은 경우에도 선거에 영향을 미칠 우려가 있는 행위를 금지하였다.

특히 정당의 추천이나 지원을 받아 당선된 지방자치단체장에 대해서는 선거에 영향을 미칠 행위를 할 우려가 높아 별도로 제86조 제2항, 제5항, 제6항을 두었다.[5]

한편 경선운동의 주체도 '공무원 등의 당내경선운동 금지'(제57조의6)에서 제한하고 있다.

더 나아가 법은 ""누구든지 ~할 수 없다", " '누구든지' 이 법의 규정에 의하지 아니하고는 ~할 수 없다" 라는 규정으로 금지하는 행위가 다수 있다. 아울러 제58조의2(투표참여 권유활동)처럼 누구든지 할 수 있는 규정도 있다.

개인과 단체의 선거운동금지에 대해서는 각각 '제17장 개인의 선거운동 등 제한'과 '제19장 단체의 선거운동 등 제한'에서 상술한다.

나. 기간

(1) 선거운동기간

선거운동의 기간에 관하여는 선거운동은 원칙적으로 선거기간개시일부터 선거일 전일까지에 한하여 할 수 있다. 다만 .제60조의3(예비후보자 등의 선거운동)에 의한 예비후보자 등의 선거운동과 법 제59조 제2호부터 5호에 해당하는 경우에는 기간제한의 예외가 인정된다.

---

5)   대검찰청, 공직선거법 벌칙해설 제10개정판, 514면

제33조(선거기간) ① 선거별 선거기간은 다음 각호와 같다.

1. 대통령선거는 23일

2. 국회의원선거와 지방자치단체의 의회의원 및 장의 선거는 14일

③ "선거기간"이란 다음 각 호의 기간을 말한다. 〈개정 2011. 7. 28.〉

1. 대통령선거: 후보자등록마감일의 다음 날부터 선거일까지

2. 국회의원선거와 지방자치단체의 의회의원 및 장의 선거: 후보자등록마감일 후 6일부터 선거일까지

제59조(선거운동기간) 선거운동은 선거기간개시일부터 선거일 전일까지에 한하여 할 수 있다. 다만, 다음 각 호의 어느 하나에 해당하는 경우에는 그러하지 아니하다.

1. 제60조의3(예비후보자 등의 선거운동)제1항 및 제2항의 규정에 따라 예비후보자 등이 선거운동을 하는 경우

2. 문자메시지를 전송하는 방법으로 선거운동을 하는 경우. 이 경우 자동 동보통신의 방법(동시 수신대상자가 20명을 초과하거나 그 대상자가 20명 이하인 경우에도 프로그램을 이용하여 수신자를 자동으로 선택하여 전송하는 방식을 말한다. 이하 같다)으로 전송할 수 있는 자는 후보자와 예비후보자에 한하되, 그 횟수는 8회(후보자의 경우 예비후보자로서 전송한 횟수를 포함한다)를 넘을 수 없으며, 중앙선거관리위원회규칙에 따라 신고한 1개의 전화번호만을 사용하여야 한다.

3. 인터넷 홈페이지 또는 그 게시판·대화방 등에 글이나 동영상 등을 게시하거나 전자우편(컴퓨터 이용자끼리 네트워크를 통하여 문자·음성·화상 또는 동영상 등의 정보를 주고받는 통신시스템을 말한다. 이하 같다)을 전송하는 방법으로 선거운동을 하는 경우. 이 경우 전자우편 전송대행업체에 위탁하여 전자우편을 전송할 수 있는 사람은 후보자와 예비후보자에 한한다.

4. 선거일이 아닌 때에 전화(송·수화자 간 직접 통화하는 방식에 한정하며, 컴퓨터를 이용한 자동 송신장치를 설치한 전화는 제외한다)를 이용하거나 말(확성장치를 사용하거나 옥외집회에서 다중을 대상으로 하는 경우를 제외한다)로 선거운동을 하는 경우

5. 후보자가 되려는 사람이 선거일 전 180일(대통령선거의 경우 선거일 전 240일을 말한다)부터 해당 선거의 예비후보자등록신청 전까지 제60조의3제1항제2호의 방법(같은 호 단서를 포함한다)으로 자신의 명함을 직접 주는 경우

헌법재판소는 법 제59조 중 선거운동기간 전에 개별적으로 대면하여 말로 하는 선거운동에 관한 부분 및 처벌조항 중 '그 밖의 방법'에 관한 부분 가운데 개별적으로 대면하여 말로 하는 선거운동을 한 자에 관한 부분이 과잉금지원칙에 반하여 선거운동 등 정치적 표현의 자유를 침해한 것으로 결정을 하면서, 선거운동기간조항에 대하여 선거의 과열경쟁으로 인해 사회·경제적 손실이 발생하는 것을 방지하고 후보자 간의 실질적인 기회균등을 보장하고자 하는 입법목적을 달성하는 데 지장이 없는 선거운동방법까지 금지하는 것은 선거운동

의 자유를 과도하게 제한하는 것이고 선거의 공정성을 확보하기 위한 바람직한 규제에 해당한다고 할 수 없고 일반 국민의 정치적 표현을 과도하게 제한한 것이라고 지적하였다(헌법재판소 2022. 2. 24. 2018헌바146 결정).

(2) 시기별 주요 제한·금지사항

법은 선거일을 기준으로 특정한 행위가 이루어진 시기와의 시간적 간격에 따라 금지되거나 제한되는 행위를 달리 정하고 있다. 선거일 전 180일부터 선거일까지(제89조 제2항), 선거일 전 120일부터 선거일까지(제90조 제1항, 제93조 제1항), 90일부터 선거일까지(제93조 제2항, 제103조 제5항), 60일부터 선거일까지(제108조 제2항) 등으로 구분하여 그 전에는 허용되는 행위라도 위 기간에는 금지하고 있고, 또한 당선된 국회의원이나 지방자치단체의 장이 공무수행의 일환으로 할 수 있는 행위들도 선거일 전 180일부터 선거일까지(제86조 제5항, 제6항), 90일부터 선거일까지(제111조 제1항 단서), 60일부터 선거일까지(제86조 제2항) 등으로 구분하여 그 기간에는 금지하거나 제한하고 있는데, 이는 동일한 행위이더라도 그 행위가 행하여진 시기가 선거일에서 얼마나 떨어져 있느냐에 따라 선거에 미치는 영향력이 다르기 때문이다.

법은 선거운동에 이르지 아니하더라도 선거에 영향을 미치는 행위의 규제가 가능한 시간적 간격에 관한 기준을 최장 선거일 전 180일로 삼아, 선거일에 근접할수록 의례적인 행위나 직무상 행위로 허용되던 행위를 추가로 금지하는 입법 태도를 보이고 있다.[6]

그리고 기부행위의 제한이나 공적 지위관련 행위처럼 중대하게 공정성을 훼손하는 행위에 대해서는 상시로 제한하고 있다.

---

6)   대법원 2016. 8. 26. 선고 2015도11812 전원합의체 판결

1. 상시 제한(언제든지)

기부행위의 제한

• 야유회·관광·체육대회·등산대회 등의 행사에서 금품 등 제공 금지(법 §112)

• 축·부의금품 등의 제한(법 §112)

• 결혼식에서의 주례행위 금지(법 §113)

공적지위 관련

• 공무원 등 정치적 중립을 지켜야 하는 자의 선거에 대한 부당한 영향력의 행사 기타 선거결과에 영향을 미치는 행위 금지(법 §9)

• 공무원 등 정치적 중립을 지켜야 하는 자의 직무와 관련한 또는 지위를 이용한 선거에 부당한 영향력 행사 등 선거에 영향을 미치는 행위 금지(법 §85①)

• 공무원 등의 선거관여·지위 또는 직업적 관계 등을 이용한 선거운동 금지(법 §85②③④)

• 공무원 등의 선거에 영향을 미치는 행위 금지(법 §86①제1호 내지 제3호)

단체활동 관련

• 선거운동이 금지된 기관·단체(그 대표자와 임직원 또는 구성원 포함)가 그 명의 또는 그 대표의 명의로 선거운동 금지(법 §87①)

• 선거운동 위한 사조직 설립·설치 금지(법 §87②)

• 후보자를 위한 유사기관의 설치 금지(법 §89①)

언론활동 관련

• 신문·잡지 등의 통상방법 외의 배부 등 금지(법 §95)

• 허위논평·보도 등 금지(법 §96)

기타 상시제한행위

• 선거운동을 위한 확성장치 및 자동차의 사용제한(법 §91)

• 선거운동을 위한 호별방문 금지(법 §106①)

• 선거운동을 위해 서명·날인 받는 행위 금지(법 §107)

• 선거에 관한 여론조사 신고(법 §108③)

• 특정 지역·사람 및 성별 비하·모욕 행위 금지(법 §110)

• 매수 및 이해유도행위 금지(법 §230)

• 선거사무관계자나 시설 등에 대한 폭행·교란 행위 금지(법 §244)

• 허위사실 공표 금지(법 §250)

• 후보자 등에 대한 비방 금지(법 §251)

• 사전선거운동 금지(법 §254②)

2. 특정 시기 제한

선거일 전 180일부터 선거일까지

• 정당·후보자가 설립·운영하는 기관 등의 선전행위 금지(법 §89②)

선거일 전 120일부터 선거일까지

• 선거에 영향을 미치는 각종 시설물설치 등 금지(법 §90)

• 탈법방법에 의한 문서·도화의 배부·게시 등 금지(법 §93①)

• 창당·합당·개편·후보자선출대회의 개최장소와 고지의 제한(법 §140)

선거일 전 90일부터 선거일까지

• 정당·후보자의 명의를 나타내는 저술·연예·연극·영화·사진 기타 물품 광고 금지 및 후보자의 광고출연 금지(법 §93②)

• 후보자와 관련 있는 저서의 출판기념회 개최 제한(법 §103⑤)

• 국회의원·지방의원의 의정활동보고 제한(법 §111)

• 정강·정책의 신문광고 등 제한(법 §137)

  ⇨ 선거일 전 90일부터 선거기간개시일 전일까지 적용

   ※ 선거일 전 90일부터 선거일 전 31일까지 당원집회 개최시 개최일 전일까지 관할선관위에 신고(법 §141①)

• 선거운동을 위한 인공지능 기반 딥페이크영상등 제작·편집·유포·상영·게시 금지(법 §82의8, 2024. 1. 29.시행)

선거일 전 60일부터 선거일까지

• 지방자치단체장의 선거에 영향을 미치는 행위 금지(법 §86②)

• 투표용지와 유사한 모형 또는 정당·후보자 명의로 선거에 관한 여론조사 금지(법 §108②)

선거일 전 30일부터 선거일까지

• 당원집회·당원교육 등 금지(법 §141)

선거기간 중

• 공무원 등의 선거에 영향을 미치는 행위 금지(법 §86①제5호 내지 제7호)

• 저술·연예·영화 등을 이용한 선거운동 금지(법 §92)

• 구내방송 등에 의한 선거운동 금지(법 §99)

• 녹음기·녹화기 등의 사용 금지(법 §100)

• 타연설회 등의 금지(법 §101)

• 야간연설 등(방송시설을 이용하는 경우 제외)의 제한(법 §102)

• 각종 집회 등의 제한 및 반상회 개최 제한(법 §103①②③④)

• 입당권유, 공개장소 연설·대담 통지를 위한 호별방문 제한(법 §106①③)

- 정강·정책홍보물과 정당기관지의 발행·배부 제한(법 §138·§139)
- 당원모집 및 입당원서 배부 제한(법 §144①)
- 당사게시 선전물 등의 제한(법 §145①)

선거일 전 6일부터 선거일의 투표마감시각까지

- 선거에 관하여 정당에 대한 지지도나 당선인을 예상하게 하는 여론조사의 경위와 그 결과의 공표·인용 보도 금지(법 §108①)

선거일

- 투표마감시각(18:00) 전까지 법에 규정된 방법(문자메시지, 인터넷홈페이지, SNS, 전자우편)을 제외하고 선거운동 금지 금지(법 §254①)
- 투표마감시각 종료 이전에 선거인에 대하여 투표하고자 하는 정당이나 후보자 또는 투표한 정당이나 후보자의 표시요구 금지(법 §167②·§241①)

다. 시간

선거권자의 평온성과 야간생활의 안정을 보호하고 선거분위기의 과열을 방지하기 위하여 연설회 등의 야간개최를 금지 규정 등이 있다.

제102조(야간연설 등의 제한) ① 이 법의 규정에 의한 연설·대담과 대담·토론회(放送施設을 이용하는 경우를 제외한다)는 오후 11시부터 다음날 오전 6시까지는 개최할 수 없으며, 공개장소에서의 연설·대담은 오후 11시부터 다음날 오전 7시까지는 이를 할 수 없다. 다만, 공개장소에서의 연설·대담을 하는 경우 자동차에 부착된 확성장치 또는 휴대용 확성장치는 오전 7시부터 오후 9시까지 사용할 수 있다.
② 제79조에 따른 공개장소에서의 연설·대담을 하는 경우 오후 9시부터 다음 날 오전 7시까지 같은 조 제10항에 따른 녹음기와 녹화기(비디오 및 오디오 기기를 포함한다. 이하 이 항에서 같다)를 사용할 수 없다. 다만, 녹화기는 소리의 출력 없이 화면만을 표출하는 경우에 한정하여 오후 11시까지 사용할 수 있다.
제108조(여론조사의 결과공표금지 등) ⑩ 누구든지 야간(오후 10시부터 다음 날 오전 7시까지를 말한다)에는 전화를 이용하여 선거에 관한 여론조사를 실시할 수 없다.
제109조(서신·전보 등에 의한 선거운동의 금지) ② 제59조제4호에 따른 전화를 이용한 선거운동은 야간(오후 11시부터 다음 날 오전 6시까지를 말한다)에는 이를 할 수 없다.

| 선거운동 방법별 선거운동 제한시간 |

선거운동방법	법조문	가능시간	제한시간	비 고
연설·대담과 대담·토론회	§102①	오전 6시 ~ 오후 11시	오후 11시 ~ 다음 날 오전 6시	방송시설을 이용하는 경우 제외
공개장소에서의 연설·대담	§102①	오전 7시 ~ 오후 11시	오후 11시 ~ 다음 날 오전 7시	
공개장소에서의 연설·대담 시 확성장치 사용	§102① 단서	오전 7시 ~ 오후 9시	오후 9시 ~ 다음 날 오전 7시	
공개장소에서의 연설대담 시 녹음기·녹화기 사용 (비디오 및 오디오기기 포함)	§102②	오전 7시 ~ 오후 9시	오후 9시 ~ 다음 날 오전 7시	녹화기는 소리 출력 없이 화면만 표출하는 경우 오후 11시까지 사용가능
전화를 이용한 선거관련 여론조사	§108⑩	오전 7시 ~ 오후 10시	오후 10시 ~ 다음 날 오전 7시	
전화를 이용한 선거운동	§109②	오전 6시 ~ 오후 11시	오후 11시 ~ 다음 날 오전 6시	

라. 공간

제60조의3(예비후보자 등의 선거운동) ① 예비후보자는 다음 각호의 어느 하나에 해당하는 방법으로 선거운동을 할 수 있다.

1. 생략
2. 자신의 성명·사진·전화번호·학력(정규학력과 이에 준하는 외국의 교육과정을 이수한 학력을 말한다. 이하 제4호에서 같다)·경력, 그 밖에 홍보에 필요한 사항을 게재한 길이 9센티미터 너비 5센티미터 이내의 명함을 직접 주거나 지지를 호소하는 행위. 다만, 선박·정기여객자동차·열차·전동차·항공기의 안과 그 터미널·역·공항의 개찰구 안, 병원·종교시설·극장의 옥내(대관 등으로 해당 시설이 본래의 용도 외의 용도로 이용되는 경우는 제외한다)에서 주거나 지지를 호소하는 행위는 그러하지 아니하다.

제61조(선거운동기구의 설치) ⑤ 선거사무소와 선거연락소는 고정된 장소 또는 시설에 두어야 하며, 「식품위생법」에 의한 식품접객영업소 또는 「공중위생관리법」에 의한 공중위생영업소안에 둘 수 없다.

제80조(연설금지장소) 다음 각호의 1에 해당하는 시설이나 장소에서는 제79조(公開場所에서의 演說·對談)의 연설·대담을 할 수 없다.

1. 국가 또는 지방자치단체가 소유하거나 관리하는 건물·시설. 다만, 공원·문화원·시장·운동장·주민
   회관·체육관·도로변·광장 또는 학교 기타 다수인이 왕래하는 공개된 장소는 그러하지 아니하다.
2. 선박·정기여객자동차·열차·전동차·항공기의 안과 그 터미널구내 및 지하철역구내
3. 병원·진료소·도서관·연구소 또는 시험소 기타 의료·연구시설

제81조(단체의 후보자등 초청 대담·토론회) ① 제87조(단체의 선거운동금지)제1항제1호 내지 제6호의
규정에 해당하지 아니하는 단체는 후보자 또는 대담·토론자(大統領選擧 및 市·道知事選擧의 경우에 한
하며, 政黨 또는 候補者가 選擧運動을 할 수 있는 者중에서 選擧事務所 또는 選擧連絡所마다 지명한 1人
을 말한다. 이하 이 條에서 같다) 1인 또는 수인을 초청하여 소속정당의 정강·정책이나 후보자의 정견 기
타사항을 알아보기 위한 대담·토론회를 이 법이 정하는 바에 따라 옥내에서 개최할 수 있다. 다만, 제10
조제1항제6호의 노동조합과 단체는 그러하지 아니하다.

제106조(호별방문의 제한) ① 누구든지 선거운동을 위하여 또는 선거기간중 입당의 권유를 위하여 호별
로 방문할 수 없다.
② 선거운동을 할 수 있는 자는 제1항의 규정에 불구하고 관혼상제의 의식이 거행되는 장소와 도로·시
장·점포·다방·대합실 기타 다수인이 왕래하는 공개된 장소에서 정당 또는 후보자에 대한 지지를 호소할
수 있다.

예비후보자는 명함을 직접 주거나 지지를 호소할 경우에도 선박·정기여객자동차·열
차·전동차·항공기의 안과 그 터미널·역·공항의 개찰구 안, 병원·종교시설·극장의 옥내(대
관 등으로 해당 시설이 본래의 용도 외의 용도로 이용되는 경우는 제외한다)에서는 할 수 없다(제60조의
3 제1항 제2호)

후보자의 경우에도 예비후보자와 동일하게 명함의 크기, 내용 등의 제한이 적용되나 장
소적 제한은 없는바, 예비후보자의 선거기간 전 명함교부의 경우에만 위와 같은 장소제한을
둔 것은 비교적 장기인 예비후보자의 선거운동기간에 다수인이 왕래하거나 집합하는 공개
된 장소에서 명함을 대량으로 살포함으로써 예비후보자에게 경제적 부담을 주고 선거가 조
기에 과열되는 것을 방지하기 위한 것이다.[7]

선거사무소와 선거연락소는 고정된 장소 또는 시설에 두어야 하며, 「식품위생법」에 의한 식
품접객영업소 또는 「공중위생관리법」에 의한 공중위생영업소안에 둘 수 없다(제61조 제5항).

선거운동의 자유를 확대한다는 차원에서 관혼상제의 의식이 거행되는 장소와 점포·다방
등 공개된 장소에서 선거운동을 하는 것을 가능하다(제106조 제2항).

그러나 첫째 일반 공중의 눈에 띄지 않는 장소에서의 대화가 의리나 인정 등 다분히 정서

---

7) 헌법재판소 2011. 8. 30. 2010헌마259 결정

적이고 비본질적인 요소에 치우쳐 선거인의 냉정하고 합리적인 판단을 방해할 우려가 있고, 둘째 비공개적인 장소에서의 만남을 통하여 매수 및 이해유도죄 등의 부정행위가 행하여질 개연성이 상존하며, 셋째 선거인의 입장에서는 전혀 모르는 후보자측의 예기치 않는 방문을 받게 되어 사생활의 평온이 침해될 우려가 있고, 넷째 후보자측의 입장에서도 필요 이상으로 호별방문의 유혹에 빠지게 됨으로써 경제력이나 선거운동원의 동원력이 뛰어난 후보자가 유리하게 되는 등 후보자 간의 선거운동의 실질적 평등을 보장하기 어려운 폐해가 예상되는 이유[8]로 호별방문을 금지하고 있다(제106조 제1항).

구체적인 호별방문관련 사례는 제16장 호별방문의 금지등 선거운동 공간 제한 부분에서 상술한다.

일정한 공공건물·시설 또는 교통기관 및 그 부대시설을 사용하는 일반인들에게 불편을 주지 않고 의료·연구시설내의 의료인·환자·연구자 등에게 지장을 주지 않기 위함으로 그 건물·시설 부근에 확성기를 설치하여 건물·시설 내에 있는 사람들을 향하여 연설하는 행위를 금지하고 있다(법 제80조).[9]

단체의 후보자등 초청 대담·토론회의 경우 개최할 수 있는 단체라도 옥외에서 개최할 수 없고 옥내에서만 개최하여야 한다.

마. 방법

선거운동의 방법으로는 '선거운동기구의 설치'(제61조), '선거사무관계자의 선임'(제62조)' '선거벽보'(제64조)·'선거공보'(제65조)·'선거공약서'(제66조) 등 인쇄물, '현수막'(제67조), '어깨띠 등 소품'(제68조), '신문광고'(제69조)·'방송광고'(제70조)·'인터넷광고'(제82조의7) 등 광고, '후보자 등의 방송연설'(제71조)·'방송시설주관 후보자연설의 방송'(제72조)·'경력방송'(제73조)·'방송시설주관 경력방송'(제74조) 등 방송을 이용한 선거운동, '단체의 후보자등 초청 대담·토론회'(제81조)·'언론기관의 후보자등 초청 대담·토론회'(제82조)·'선거방송토론위원회 주관 대담·토론회'(제82조의2) 등 대담·토론 등에 의한 선거운동 등이 상세히 규정되어 있다.

또한 매체별로 제한하는 내용도 일률적이지 않다. 문자메시지(자동 동보통신의 방법제외), 인터넷 홈페이지, 유튜브, SNS 등 전자우편, 전화(송·수화자 간 직접 통화하는 방식에 한정하며, 컴퓨터를 이용한 자동 송신장치를 설치한 전화는 제외), 말(확성장치를 사용하거나 옥외집회에서 다중을 대상으로 하는 경우를 제외)는 평상시에도 선거운동이 가능하다(이상 제59조). 그러나 확성장치와 자

---

8)　대구고등법원 2007. 3. 15. 선고 2007노38 판결
9)　대검찰청, 공직선거법 벌칙해설 제10개정판, 502면

동차(제91조), 시설물(제90조), 문서·도화(제93조), 각종 집회(제103조), 서신·전보·모사전송 그 밖에 전기통신의 방법(제109조) 등은 법에서 정하는 방법과 기간 이외에는 선거운동을 하거나 선거에 영향을 미치는 행위를 하기 위하여 사용할 수 없도록 제한하고 있다.

｜ 선거별 선거운동방법 ｜

구분		선거별							관련 조문
		대통령	시·도지사	자치구·시·군의장	시·도의원		자치구·시·군의원		
					지역	비례	지역	비례	
선거운동기구	선거사무소	O	O	O	O	O	O	O	§61
	선거연락소	O	O	O	×	×	×	×	§61
선거사무원	선거사무소	시도수의 6배수 (102인)	구시군수 (최소 10인)	읍면동수의 3배수 + 5인	10인	구시군수 (최소 20인)	8인	읍면 동수	§62
	선거연락소	시도 [구시군수 (최소 10인)] 구시군 (읍면동수)	읍면 동수	읍면동수 3배수	×	×	×	×	§62
	예비후보자 (사무장 포함)	10인	5인	3인	2인	×	2인	×	§62
당내경선 경선홍보물		O (8면)	O (8면)	O (4면)	O (4면)	×	O (4면)	×	§57의3
예비후보자홍보물		O (16면)	O (8면)	O (8면)	O (8면)	×	O (8면)	×	§60의3
예비후보자공약집		O	O	O	×	×	×	×	§60의4
선 거 벽 보		O	O	O	O	×	O	×	§64
선거공보	책자형	O (16면)	O (12면)	O (12면)	O (8면)	O (8면)	O (8면)	O (8면)	§65
	전단형	O	×	×	×	×	×	×	§65
	후보자정보 공개자료	O	O	O	O	×	O	×	§65

선거공약서	O (32면)	O (16면)	O (12면)	×	×	×	×	§66
현수막	O	O	O	O	×	O	×	§67
어깨띠 등 소품	O	O	O	O	O	O	O	§68

구분		선거별							관련 조문
		대통령	시·도지사	자치 구· 시·군 의장	시·도의원		자치구·시· 군의원		
					지역	비례	지역	비례	
신문광고		O 70회이내	O 5회이내	×	×	×	×	×	§69
방송광고		O 각 30회 이내	O 각 5회 이내	×	×	×	×	×	§70
후보자 등 방송연설	후보자	O 각 11회 이내	O 각 5회 이내	O 각 2회 이내	×	O 대표 1인 각1회	×	×	§71
	연설원	O 각 11회	×	×	×	×	×	×	§71
방송시설주관 후보자 연설 방송		O	O	O	O	O	O	O	§72
한국방송공사 경력방송		O 각 8회 이상	O 각 3회 이상	O 각 2회 이상	×	×	×	×	§73
방송시설주관 경력방송		O	O	O	O	O	O	O	§74
공개장소 연설· 대담	차량	후보자/ 시도/구시 군연락소 마다 1대	후보자/ 구시군 연락소 마다1대	후보자 마다 1대	후보자 마다 1대	×	후보자 마다 1 대	×	§79
	차량용 확성 장치	후보자/ 시도/구시 군연락소 마다 1조	후보자/ 구시군 연락소 마다1조	후보자 마다 1조	후보자 마다 1조	×	× (후보 자마다 휴대용 확성장 치 1조 가능)	×	§79 §216

	녹화기	시도 연락소 10㎡ 이내 구시군 연락소 5㎡ 이내	후보자 10㎡ 이내 구시군 연락소 5㎡ 이내	5㎡ 이내	3㎡ 이내	×	3㎡ 이내	×	§79
단체 초청 대담·토론회	후보자	O	O	O	O	O	O	O	§81
	대담·토론자	O	O	×	×	×	×	×	§81
언론 기관 초청 대담·토론회	후보자 대담·토론자	O	O	O	O	O	O	O	§82
	후보자가 되려는 사람	O 선거일 전 1년부터	O 선거일 전 60일부터	O 선거일 전 60일부터	×	×	×	×	§82
선거방송토론위원회 대담·토론		O 3회 이상	O 1회 이상	O 1회 이상	×	O 1회 이상	×	×	§82의2
인터넷 광고		O	O	O	O	O	O	O	§82의7
선거벽보 등 첩부 자동차		사무소·연락소 마다 5대 이내	사무소·연락소 마다 5대 이내	후보자 마다 5대 이내	후보자 마다 2대 이내	×	후보자 마다 1대 이내	×	§91
정보통신망 등 이용 선거운동		선거운동을 할 수 있는 자는 누구든지 말·전화·문자메시지·인터넷 홈페이지·전자우편 등 이용 선거운동 가능(말·전화는 선거일은 제외되며 자동동보통신 문자 및 전자우편 전송대행업체 위탁 전자우편은 예비후보자·후보자만 가능)							§59조

▌국회의원선거 선거운동 방법 ▌

구분		선거별		관련 조문
		지역구	비례대표	
선거 운동기구	선거사무소	○	○	법 §61
	선거연락소	△	×	

선거 사무원	선거사무소	○	○	법 §62
	선거연락소	△	×	
선거벽보		○	×	법 §64
책자형선거공보 (후보자 정보공개자료 포함)		○	○	법 §65
현수막		○	×	법 §67
어깨띠 등 소품		○	○	법 §68
신문광고		×	○	법 §69
방송광고		×	○	법 §70
후보자의 방송연설		○	○	법 §71
방송시설주관 후보자연설의 방송		○	○	법 §72
한국방송공사 경력방송		○	○	법 §73
방송시설주관 경력방송		○	○	법 §74
공개장소 연설·대담		○	×	법 §79
단체의 초청 대담·토론회	후보자	○	○	법 §81
	대담·토론자	×	×	
언론기관 초청 대담·토론회	후보자· 대담토론자	○	○	법 §82
	입후보예정자	○ (60일 부터)	○ (60일 부터)	
선방위 주관 대담·토론회		○	○	법 §82의2
인터넷광고		○	○	법 §82의7
선거벽보 등 첩부 자동차·선박		○	×	법 §91
전화·정보통신망 이용 선거운동		선거운동을 할 수 있는 자는 누구든지		법 §82의4

※ △는 선거연락소를 둘 수 있는 지역구에 한함.
※ 지역구 국회의원선거의 예비후보자 선거운동방법 별도

바. 주관적 구성요건 다양화

　　법의 여러 규정을 보면 '선거운동'과 관련하여 외에도 '선거에 영향을 미치는 행위'(제85

조 제1항, 제89조 제2항, 제90조 제1항, 제93조 제1항, 제101조, 제103조 제3항, 제230조 제1항 제5호) 또는 '선거에 관한 행위'(제8조의8, 제95조, 제96조 제1항, 제97조 제2항, 제108조, 제114조, 제115조, 제271조) 등을 개별적으로 특정하여 금지하는 규정을 두고 있다.

'선거운동'과 관련하여도 '선거운동을 위하여'(제67조, 제82조의7, 제82조의8, 제87조제2항, 제91조, 제92조, 제94조, 제97조, 제103조제1항, 제105조, 제106조, 제107조, 제110조 등) '당선되게 하거나 되지 못하게 하기 위하여'(제96조 제2항 제1호, 제230조 제1항 제1호, 제238조, 제250조, 제251조, 제253조), '선거운동과 관련하여'(제135조 제3항, 제230조 제1항 제4호, 제256조 제3항 제1호), '선거운동에 이용할 목적으로'(제230조 제1항 제2호·제3호)라는 용어로 구성요건이 되어 있다.

'선거운동과 관련하여'란 의미는 '선거운동에 즈음하여, 선거운동에 관한 사항을 동기로 하여'라는 의미이다. '선거운동과 관련하여'는 '선거운동을 위하여'보다 광범위하며, 선거운동의 목적이나 선거에 영향을 미치게 할 목적이 없었다 하더라도 그 행위 자체가 선거의 자유·공정을 침해할 우려가 높은 행위를 규제할 필요성에서 설정한 것이다. 현행 법상 반드시 선거운동의 대가일 필요는 없고, 선거운동 관련 정보제공의 대가, 선거사무관계자 스카우트 비용 등과 같이 선거운동과 관련된 것이면 무엇이든 이에 포함된다고 볼 수 있다.[10]

'선거운동에 이용할 목적'이란 대상 단체 등의 조직력을 선거운동으로서 활용할 목적을 말하는데, 이것은 단체 등으로 하여금 자신의 선거운동에 나서도록 한다는 의미는 아니며, 자신의 선거운동의 한 방법으로써 단체 등에 재산상의 이익을 제공하는 것 자체가 선거운동이 되는 경우까지를 포함한다고 하여야 할 것이다.[11]

'선거운동을 위하여'는 고의 외 주관적 요소인 목적이 추가로 요구되는 개념으로 '선거운동'에 해당하는 행위인지 여부의 판단이 필요하고, '선거에 영향을 미치게 하기 위하여'는 선거운동에 이르지 않더라도 선거에 어떠한 영향을 미칠 목적이 있는 경우를 말하는 것으로 '선거운동을 위하여'보다는 광범위하게 적용된다.

'선거에 관하여'라 함은 '선거에 즈음하여 선거운동, 투표, 당선 등 선거에 관한 사항을 동기로 하여'라는 의미이다. '선거에 영향을 미치게 하기 위하여'나 '선거에 관하여'가 요건인 때에는 선거운동으로 보지 아니하는 행위라 할지라도 각각 그에 해당하는지 여부를 판단하여야 한다.[12]

법 제108조 제11항 제2호의 '선거에 관한'은 '선거에 관한 사항을 동기로 하여'라는 의미로서, '선거를 위한' 보다 광범위한 개념으로 볼 수 있고,[13] '선거에 관한 여론조사'는 특정 후

---

10) 헌법재판소 2011. 4. 28. 2010헌바473 결정
11) 부산고등법원 2015. 5. 11. 선고 (창원)2015노71 판결
12) 대검찰청, 공직선거법 벌칙해설 제10개정판, 94면
13) 대법원 2006. 2. 9. 선고 2005도3932 판결

보자의 당선·낙선과 직접적인 관련이 있거나 이를 위한 선거운동을 목적으로 하는 여론조사 즉 '선거운동에 관한 여론조사'와 당연히 구분되는 것으로, '특정한 선거에 있어서 투표 또는 선거운동, 당선 등 선거에 관한 사항을 동기로 하거나 빌미로 하는 여론조사'로 해석함이 타당하다.[14]

법 제115조에 정한 '당해 선거에 관하여'란 당해 선거를 위한 선거운동이 되지 아니하더라도 당해 선거를 동기로 하거나 빌미로 하는 등 당해 선거와 관련이 있으면 족하고, 공직선거법 제135조 제3항의 '선거운동과 관련하여'는 '선거운동에 즈음하여, 선거운동에 관한 사항을 동기로 하여'라는 의미로서 '선거운동을 위하여'보다 광범위하며, 선거운동의 목적 또는 선거에 영향을 미치게 할 목적이 없었다 하더라도 그 행위 자체가 선거의 자유·공정을 침해할 우려가 높은 행위를 규제할 필요성에서 설정된 것으로 보고 있다.

이러한 점들에 비추어 보면, 법 제256조 제3항 제1호의 '선거운동과 관련하여'는 '선거운동에 즈음하여, 선거운동에 관한 사항을 동기로 하여'라는 의미로서 '선거운동을 위하여'보다 광범위한 개념으로 봄이 타당하므로, 위 조항에서 금지 대상이 되는 행위가 선거운동에 해당하여야 위 조항에 따라 처벌할 수 있다고 보기는 어렵다.[15]

제2절 정치활동에 있어 정치적 표현의 자유에 대한 제한과 심사기준

정치적 표현의 자유는 단순히 개인의 자유에 그치는 것이 아니고 통치권자를 비판함으로써 피치자가 스스로 지배기구에 참가하는 자치정체(自治政體)의 이념을 근간으로 한다. 정치적 표현의 자유는 자유민주적 기본질서의 구성요소로서 현대 자유민주주의의 존립과 발전에 필수불가결한 기본권이므로 정치적 표현의 자유가 억압당하는 경우 국민주권과 민주주의 정치원리는 공허한 메아리에 지나지 않게 될 것이다.

국민이 선거와 관련하여 정당 또는 후보자에 대한 지지·반대의 의사를 표시하는 것은 이같은 정치적 표현의 자유의 한 형태로서 국민주권 행사의 일환이자 민주사회를 구성하고 움직이게 하는 중요한 요소이다. 선거의 궁극적인 목적은 국민의 정치적 의사를 대의기관의 구성에 정확하게 반영하는 데에 있고, 이를 위해서는 자유롭게 의견과 정보를 주고받는 과

---

14) 서울고등법원 2017. 12. 9. 선고 2017노2632 판결 등
15) 대법원 2018. 2. 28. 선고 2017도13103 판결

정에서 비판과 토론을 통해 정치적 의사를 형성해 나가는 것이 필수적이다. 선거에서 정치적 표현의 자유를 과도하게 제한하여 한정된 의견과 정보만이 소통되도록 한다면 진정으로 선거인에게 자유로운 선택권을 보장한다고 할 수 없다.

공직선거법이 '선거가 국민의 자유로운 의사와 민주적인 절차에 의하여 공정히 행하여지도록 하고, 선거와 관련한 부정을 방지함으로써 민주정치의 발전에 기여함을 목적으로' 하고 있는 것처럼(제1조), 선거의 공정성을 추구하는 궁극적인 목적은 민주정치의 발전에 기여하고자 하는 데에 있다. 선거의 공정성은 국민의 정치적 의사를 정확하게 반영하는 선거를 실현하기 위한 수단적 가치이고, 그 자체가 헌법적 목표는 아니다. 그러므로 선거의 공정성은 정치적 표현의 자유에 대한 전면적·포괄적 제한을 정당화할 수 있는 공익이라고 볼 수 없고, 선거의 공정성이 정치적 표현의 자유를 보장하는 전제 조건이 되는 것도 아니므로 이를 이유로 선거에서 표현의 자유가 과도하게 제한되어서는 안 된다. 선거에 있어 자유와 공정은 반드시 상충관계에 있는 것만이 아니라 서로 보완하는 기능도 함께 가지고 있다. 예컨대, 정치적 표현의 자유에 대한 과도한 제한은 정치적 기득권자에게 유리한 반면, 도전자에게 불리하게 작용하여 정치적 신인의 등장을 제약하게 된다. 기존의 정치인이나 대형 정당의 경우 이미 유권자들에게 잘 알려져 있는 반면, 정치 신인이나 신생 정당은 그렇지 않으므로, 선거의 공정성을 이유로 정치적 표현의 자유를 과도하게 제한하면 정치 신인이나 신생 정당이 자신들을 알릴 기회를 충분히 갖지 못하게 되어 오히려 선거의 공정성이 저해되는 결과가 나타날 수 있는 것이다.

이와 같은 정치적 표현의 자유의 헌법상 지위와 성격, 선거의 공정성과의 관계 등에 비추어 볼 때, 입법자는 선거의 공정성을 보장하기 위해서 부득이하게 선거 국면에서의 정치적 표현의 자유를 제한하더라도, 입법목적 달성과의 관련성이 구체적이고 명백한 범위 내에서 가장 최소한의 제한에 그치는 수단을 선택하지 않으면 안 된다. 정치적 표현에 대하여는 '자유를 원칙으로, 금지를 예외로' 하여야 하고, '금지를 원칙으로, 허용을 예외로' 해서는 안 된다는 점은 자명하다. 따라서 선거운동 등에 대한 제한이 정치적 표현의 자유를 침해하는지 여부를 판단함에 있어서는 표현의 자유의 규제에 관한 판단기준으로서 엄격한 심사기준을 적용하여야 한다.[16]

---

16) 헌법재판소 2023. 6. 29. 2023헌가12 결정, 헌법재판소 2022. 7. 21. 2017헌바100 결정 등

제3절 법 선진화 개정 방향

1. 중앙선거관리위원회의 법 개정 의견

　　중앙선거관리위원회는 법 개정의견(2023. 1.)을 국회에 제출하면서 그 제출배경과 그 주요 내용을 다음과 같이 밝혔다.[17]

[제출배경]

- 공직선거법은 공직선거가 국민의 자유로운 의사와 절차의 공정성, 선거부정 방지를 통해 '민주정치의 발전에 기여'함을 목적으로 함.

- 우리 사회는 그동안 선거의 공정성 확보와 선거부정 방지에 집중해 온 결과, 선거의 공정성과 질서는 어느 정도 확립되었으나 국민의 정치적 표현의 자유는 지나치게 제한되고 있다는 평가를 받고 있음.

- 최근 정치의식이 향상되고 국민이 정치와 선거의 객체에서 벗어나 능동적·적극적으로 참여하는 주체로 변화함에 따라, 공직선거법의 궁극적인 목적을 달성하기 위해서는 이러한 시대 변화에 맞추어 규제중심의 선거운동에서 자유와 참여 중심으로 변화될 것이 요구되고 있음.

- 우리 위원회는 이를 개선하기 위해 2021년 국민의 정치적 표현의 자유를 확대하는 방안을 포함하여, 여러 차례 국회에 개정의견을 제출하였으나 법률개정으로 이어지지는 못하였음.

- 그 사이 헌법재판소는 2022년 7월, 대표적인 규제·금지조항인 공직선거법 제90조, 제93조 등에 대해 위헌(헌법불합치)결정을 하였는바, 그 전체적인 취지는 정치적 표현의 자유는 '자유 민주적 기본질서의 구성 요소로서 현대 자유민주주의의 존립과 발전에 필수 불가결한 기본권'이므로, 그에 대한 입법은 '자유를 원칙으로, 금지를 예외로' 하여야 하고, 따라서 일률적·포괄적인 금지·규제는 헌법에 위반된다는 것임.

- 이에 우리 위원회는 공직선거 주무 기관으로서 이러한 시대적 요구와 헌법재판소의 결정을 반영하고자 그 개선방안을 연구하고 사회 각계각층의 의견을 수렴하였으며, 그 결과물로서 공직선거법 개정의견을 제출하기에 이르렀음.

- 이번 개정의견에는 국민의 정치적 표현의 자유 확대와 알 권리 보장방안, 유권자의 참정권 행사 보장방안, 선거절차사무의 현실 적합성 제고 방안, 그리고 선거의 공정성 확보를 위한 개선 방안이 종합적으로 포함되어 있음.

- 특히, 2022년 제20대 대통령선거와 제8회 전국동시지방선거 과정에서 나타난 불합리한 선거절차를 개선하고 각종 선거부정 의혹을 해소함으로써 투·개표과정에 대한 국민의 신뢰를 회복하기 위하여 선거관리절차 개선방안에 대해서도 이번 개정의견을 도출하였음.

---

17)　중앙선거관리위원회 홈페이지, 자료공간–선거/법규/정당–정치관계법 개정의견 및 개정법률, 중앙선거관리위원회의 역대 정치관계법 개정의견을 구체적으로 살펴볼 수 있다.

주요 내용

첫째, 선거운동 및 표현의 자유를 확대하기 위하여 일반 유권자의 소품[18] 또는 표지물을 이용한 선거운동을 허용하고, 시설물과 인쇄물을 이용한 선거운동에 이르지 않은 정치적 의사표현은 상시 허용하되[19] 시설물과 인쇄물을 이용한 선거운동은 제한적으로 허용하고, 선거운동에 이르지 않는 집회나 모임은[20] 자유롭게 할 수 있도록 하며,

관련 규정의 개정을 전제로 연계하여 정당·후보자의 명의를 나타내는 물품 등의 광고를 허용하고, 선거운동과 관련한 신분증명서 등 인쇄물의 발급·배부·징구를 금지한 규정을 폐지하며, 선거벽보 첩부와 선거공보 발송에 관한 규정을 현실에 맞게 조정하고, 인쇄물·소품을 이용한 예비후보자의 선거운동 방법을 확대하는 한편, 선거기간 중 선거에 영향을 미치는 연설회 등을 제한한 규정을 폐지함.

또한 지방공사·공단[21]과 농업협동조합 등 조합 상근직원의 선거운동을 허용하고, 인터넷 언론사의 홈페이지 게시판 등에 선거운동기간 중 선거운동 정보를 게시할 수 있도록 하려는 경우 실명 확인을 받도록 한 규정을 삭제[22]하며, 모든 선거에서 정당·후보자의 선거운동 광고를 매체(옥외광고물 제외) 및 횟수 제한 없이 허용하고, 후보자등의 방송 연설에 관한 방송시설 제한을 완화하며, 서신·전보 등에 의한 선거운동을 허용함.

둘째, 유권자의 알 권리를 보장하기 위하여 언론기관 및 단체가 후보자 등을 초청하여 개최하는 대담·토론회를 상시 허용하는 한편, 선거여론조사 공표·보도에 관한 금지 기간을 폐지하고, 언론기관 등이 후보자·정당의 정책이나 공약에 관한 비교평가 시 서열화를 할 수 있도록 하며, 투표의 비밀을 침해하지 않는 방법으로 실시하는 사전투표 출구조사를 허용함.

셋째, 유권자의 참정권 행사를 보장하기 위하여 임시기표소를 이용한 투표 절차를 규칙에 위임하는 근거를 보다 명확히 하고, 거소투표신고인명부의 열람과 명부 누락자에 대한 구제 절차를 신설하며, 기관·시설 내에 기표소 운영 시 일정한 경우 입회인을 선정하도록 의무화하고, 거소투표와 관련된 제3자의 부정행위로 피해를 받은 사람이 투표할 수 있도록 구제 절차를 마련하며, 투표보조인 지명에 관한 편의를 확대하는 한편 투표보조인에 대한 책임을 강화함.

넷째, 절차사무의 현실 적합성 제고를 위하여 선거사무에 관한 협조 의무가 있는 기관을 명확히 하고, 인

---

18) 2023. 8. 30. 법률 제19696호에 의하여 선거운동을 할 수 있는 사람이 선거운동기간 중에 소형의 소품등을 몸에 붙이거나 지니고 선거운동을 할 수 있게 되었다(법 제68조 제2항).

19) 2023. 8. 30. 법률 제19696호에 의하여 2022.7.21. 헌법재판소에서 헌법불합치된 법 제90조(시설물설치 등의 금지) 제1항과 제93조(탈법방법에 의한 문서·도화의 배부·게시 등 금지) 제1항 "선거일전 180일"을 "선거일 전 120일"로 개정하였다.

20) 2023. 8. 30. 법률 제19696호에 의하여 2022.7.21. 헌법재판소에서 위헌 결정된 법 제103조(각종집회 등의 제한) 제3항 "단합대회 또는 야유회, 그 밖의"를 "단합대회·야유회 또는 참가 인원이 25명을 초과하는 그 밖의"로 개정하였다.

21) 지방공사·공단 상근 직원의 선거운동을 전면 금지하는 것은 과잉금지원칙을 위반하여 선거운동의 자유를 침해한다는 헌법재판소의 위헌 결정(2021헌가14, 2024. 1. 25.) 취지를 반영하여, 2025. 1. 7. 법률 제20660호에 의하여 선거운동 및 선거에 영향을 미치는 행위를 할 수 없는 사람의 범위에서 지방공사·공단의 상근 직원을 제외하였다.

22) 2023. 8. 30. 법률 제19696호에 의하여 2021.1.28. 헌법재판소에서 위헌 결정된 법 제82조의6(인터넷언론사 게시판·대화방 등의 실명확인) 조항을 삭제하였다.

터넷을 통한 후보자등록 신청 방법을 새로이 마련하는 한편, 선거사무관계자의 수당을 현실화하여 그 금액을 법률에 명시하고,

투표구마다 사전투표소 설치 공고문을 첩부하도록 한 규정을 폐지하며, (사전)투표참관인 신고에 관한 내용을 개선하고, 투·개표소 출입 제한을 완화함.

다섯째, 그 밖에도 선거의 공정성을 확보하기 위하여 종합편성채널 언론인의 입후보를 제한하고, 선거범죄 공소시효를 1년으로 연장하며, 경찰의 불송치 결정에 대한 이의신청이 가능하도록 규정을 마련하는 한편, 사회단체 등의 공명선거추진활동을 전면 허용하고, 개인정보인 선거인명부 사본에 대한 보호를 강화하며, 선거벽보·공보 등에 관한 다양한 이의제기 규정을 정비하고, 선거비용 보전과 관련하여 통상적인 거래가격 산정기준을 산정하기 힘든 일부 품목에 대한 예외를 규칙으로 정하도록 함.

중앙선거관리위원회가 국회에 제출했던 정치관계법 개정의견들은 변화하는 정치 환경과 시대적 요구에 부응하는 현대적 정치 시스템을 구축하기 위한 중요한 제안으로 역할을 해 왔다. 중앙선거관리위원회 개정의견이 입법화되어 정치관계법이 선진화가 되었으면 한다. 국민이 주권자로서 정치적 의사표현을 자유롭게 할 수 있도록 하고 공정한 선거 질서를 확립함으로써 궁극적으로는 우리나라 민주정치 발전에 기여하는 계기가 되기를 소망해본다.

2. 법 체계정비를 위한 법제 개선 검토[23)]

현행 법은 선거의 자유보다 선거의 공정을 우선한 규제 중심의 법제로 변화된 선거환경을 제대로 반영하지 못하고 있다는 평가를 받는다. 또한 선거에 관한 절차규정과 선거운동 규정의 내용상의 혼란은 물론이고 제한 및 금지규정과 벌칙 규정의 복잡한 구성 등으로 수범자에 대한 행위규범으로서의 기능이 제대로 이루어지지 않고 있다는 현실적 문제점도 크다. 때문에 법의 체계정비를 위한 개선작업은 반드시 실행되어야 할 법제적 과제인 것이다.

우선 현재의 단일법률체계를 이원화하는 방안을 검토해 볼 필요가 있다. 즉 현행 법 조항들을 선거절차법과 선거운동법으로 이원화하는 방안을 제안해 본다. 그래서 법 규정 중 선거관리 및 선거절차와 관련된 조항들은 선거절차법으로 분류하고 선거참가자들과 관련된 내용은 선거운동법으로 분류하되, 정당의 활동과 관련된 규정들은 정당법으로, 선거비용 관련 규제는 정치자금법으로 이관하여 재정비하는 방안을 검토해 볼 수 있을 것이다.

동시에 법률전문가가 아닌 일반의 경우에도 선거와 관련된 행동의 기준으로 기능하는 법제가 됨으로써 예측가능성과 법적 안정성을 확보할 수 있도록 각 제한규정의 구성요건들을 재정비하는 방안도 검토될 필요가 있다.

---

23)　조소영. 한국부패학회. 한국부패학회보(제28권 제4호), 2023. 12월, 초록, 110면~111면을 발췌한다.

현행 법을 재분류하기 위한 분류기준으로는 법률규정의 내용을 분석하여, 먼저 선거에 관한 기본사항, 선거과정에 적용되는 절차관련 사항과 선거관리위원회의 관리하에 있어야 하는 사항(예를 들어 위원회 설치와 운영 등)들은 선거절차법으로 분류해서 정비하여 선거절차법을 선거기본법의 역할과 기능을 하도록 하자는 것이다.

다음으로 현행 법 제7장에 규정된 선거운동과 관련한 사항들은 새로이 별개의 선거운동법으로 구성하는 것을 제안해 본다. 이렇게 현행 법의 이원화를 제안하는 가장 중요한 이유는 수범자 중심의 법제를 만들고자 하는 것이다. 그러므로 유권자와 후보자가 선거과정에서 준수해야 할 구체적인 내용들을 한데 모아서 정리할 필요가 있다. 선거운동법의 체제정비는 현행 선거운동 관련 조항들을 재분류함과 동시에 수범자들에 대한 행위규범으로서의 기능을 할 수 있도록 행위 구성요건을 명확하게 정리해서 간명한 규정내용으로 정리해 보아야 한다는 것이다. 형사법 규정의 형태와 같이 금지되는 행위가 무엇이고 허용되는 행위가 무엇인지 각 행위의 구성요건을 다듬어야 하고, 복잡한 벌칙규정들도 각 구성요건별로 같이 편제해 보는 방안도 검토될 만한 방안이라고 생각된다.

제4장

정당의 후보자 추천을 위한
당내경선 관련 규율

정당의 후보자 추천을 위한 당내경선 관련 규율

제1절 정당의 당내경선의 의의

제57조의2(당내경선의 실시) ① 정당은 공직선거후보자를 추천하기 위하여 경선(이하 "당내경선"이라 한다)을 실시할 수 있다.

② 정당이 당내경선[당내경선(여성이나 장애인 등에 대하여 당헌·당규에 따라 가산점 등을 부여하여 실시하는 경우를 포함한다)의 후보자로 등재된 자(이하 "경선후보자"라 한다)를 대상으로 정당의 당헌·당규 또는 경선후보자간의 서면합의에 따라 실시한 당내경선을 대체하는 여론조사를 포함한다]을 실시하는 경우 경선후보자로서 당해 정당의 후보자로 선출되지 아니한 자는 당해 선거의 같은 선거구에서는 후보자로 등록될 수 없다. 다만, 후보자로 선출된 자가 사퇴·사망·피선거권 상실 또는 당적의 이탈·변경 등으로 그 자격을 상실한 때에는 그러하지 아니하다.

③ 「정당법」 제22조(발기인 및 당원의 자격)의 규정에 따라 당원이 될 수 없는 자는 당내경선의 선거인이 될 수 없다.

제57조의4(당내경선사무의 위탁) ① 「정치자금법」 제27조(보조금의 배분)의 규정에 따라 보조금의 배분 대상이 되는 정당은 당내경선사무 중 경선운동, 투표 및 개표에 관한 사무의 관리를 당해 선거의 관할선거구선거관리위원회에 위탁할 수 있다.

② 관할선거구선거관리위원회가 제1항에 따라 당내경선의 투표 및 개표에 관한 사무를 수탁관리하는 경우에는 그 비용은 국가가 부담한다. 다만, 투표 및 개표참관인의 수당은 당해 정당이 부담한다.

③ 제1항의 규정에 따라 정당이 당내경선사무를 위탁하는 경우 그 구체적인 절차 및 필요한 사항은 중앙선거관리위원회규칙으로 정한다.

제57조의7(위탁하는 당내경선에 있어서의 이의제기) 정당이 제57조의4에 따라 당내경선을 위탁하여 실시하는 경우에는 그 경선 및 선출의 효력에 대한 이의제기는 당해 정당에 하여야 한다.

1. 개요

가. 연혁

당내경선후보제도[1]는 정당의 공직선거 후보자 추천방법 가운데 하나로서 후보자의 추천단계로부터 국민의 의사를 존중·반영하는 선거가 되도록 하기 위하여 당내경선을 실시하여 공직후보자를 추천하고, 그와 같은 당내경선에 참여하기 위한 후보자를 두는 제도이다. 정당은 공직선거후보자를 추천하기 위하여 경선(당내경선)을 실시할 수 있으며, 그 구체적인 절차는 당헌으로 정한다(법 제57조의2 제2항).[2]

정당의 공직선거후보자 추천은 당헌이나 당규에 따라 자율적으로 행해져야 하지만, 공직선거의 예비단계로서 공정한 경쟁을 보장하고 당내경선운동의 파급효과가 일반선거구민에게 미치는 영향을 줄이기 위하여 법은 '당내경선에 관한 규정'을 두고 있다.

2002년 대통령선거를 앞두고 새천년민주당 등 주요정당에서 우리나라 선거사상 처음으로 당원 아닌 일반국민의 당내경선 참여를 허용하는 '국민참여경선제도'를 도입하였다. 당시의 공직선거및선거부정방지법은 당원 아닌 유권자의 당내선거 참여를 허용하지 않았기 때문에 이들은 '일일당원'이라는 명목으로 당내경선에 참여하였다. 이후 2004. 3. 12. 당내경선에 관한 규정이 정당법에 신설되었고, 2004. 4. 15. 실시된 제17대 국회의원선거에서는 대부분의 정당에서 일반국민이 참여하는 가운데 경선을 실시하였다.[3]

당내경선은 공직선거의 예비단계이고 그 선거운동이 본선거에 영향을 미치는 경우가 많으므로 법규와 제도의 일관성 유지를 위하여 본 규정은 2005. 8. 4. 정치관계법 개정 시 정당법에서 공직선거법으로 이관되었다.

나. 당내경선 방법 규율 필요성

법상 당내경선은 정당이 추천하는 공직선거후보자를 결정하는 절차로서(제57조의2 제1항), 정당의 공직선거후보자 선출은 기본적으로 자발적 조직 내부의 의사결정에 해당한다.[4] 그러나 정당은 후보자의 추천단계로부터 국민의 의사를 존중·반영할 목적으로 당내경선을 실시

---

1) 공직선거후보 경선을 제외한 당대표 및 투표로 선출된 당직자 경선에 대한 규율은 정당법(정당법 제49조, 제50조 등) 규율 대상이다.
2) 헌법재판소 2009. 12. 29. 2007헌마1412 결정
3) 중앙선거관리위원회, 공직선거법 해설서 I (2020년), 249면~250면
4) 헌법재판소 2007. 10. 30. 2007헌마1128 결정

하는 점,[5] 공직선거후보자 선정은 국민의 정치적 의사형성에 참여할 수 있는 권한을 부여받은 정당의 본질적 기능에 해당하는 점, 정당제 민주주의에서 정당의 규모와 역할이 증대됨에 따라 당내선거가 활발해지고, 공직선거의 사전선거에 해당하는 당내경선의 결과가 본선거의 결과로 그대로 이어지는 경우가 많은 점 등을 고려하면, 당내경선은 공직선거에 있어 중요한 부분을 차지함을 부인하기 어렵다.

　이러한 정당제 민주주의에서의 당내경선의 의미에 비추어 볼 때, 당내경선 과정에서의 공정성은 반드시 관철되어야 하고, 혼탁한 당내경선이나 과열된 경선운동으로 인한 부작용을 최소화할 필요가 있다.

다. 당내경선사무 선거관리위원회에 위탁과 그 이의 제기

　법 제57조의2 제1항은 "정당은 공직선거후보자를 추천하기 위하여 경선을 실시할 수 있다.", 제57조의4 제1항은 "정치자금법 제27조(보조금의배분)의 규정에 따라 보조금의 배분대상이 되는 정당은 당내경선사무 중 경선운동, 투표 및 개표에 관한 사무의 관리를 당해 선거의 관할선거구선거관리위원회에 위탁할 수 있다.", 제57조의7은 "정당이 제57조의4에 따라 당내경선을 위탁하여 실시하는 경우에는 그 경선 및 선출의 효력에 대한 이의제기는 당해 정당에 하여야 한다."라고 규정하고 있다.

　이러한 정당의 후보자 추천을 위한 당내경선에 관한 규정의 입법 취지는, 공정한 당내경선이 이루어지도록 하기 위하여 선거사무에 관하여 전문적인 지식과 경험을 갖춘 관할선거구선거관리위원회가 당내경선사무 중 경선운동, 투표 및 개표에 관한 사무의 관리를 위탁받을 수 있는 법적 근거를 마련하는 한편, 그 경선 및 선출의 효력에 대한 이의제기는 당해 정당에 하도록 규정함으로써 정당의 민주적 활동의 자유를 보호하기 위한 핵심 요소에 해당하는 정당의 자율성을 보장하려는 데 있다고 해석함이 타당하다.[6]

　공직선거후보자 추천을 위한 당내경선의 방법으로 국민참여경선이 신설됨에 따라 본선거에서의 공정한 경쟁의 토대를 마련하고 선거관리위원회의 경험과 장비 등을 활용한 경선비용의 절감 등을 위하여 정당으로 하여금 당내경선사무 중 선거운동, 투·개표사무를 중립적인 국가기관인 선거관리위원회에 위탁할 수 있도록 하였다. 그리고 당내경선 위탁사무 관리규칙에서 당내경선에 관한 세부관리방법을 정하였다.[7]

　당내경선사무를 위탁할 수 있는 정당은 보조금의 배분대상이 되는 정당으로 제한하고 있

---

5)　헌법재판소 2009. 12. 29. 2007헌마1412 결정
6)　대법원 2013. 3. 28. 선고 2012수59 판결
7)　중앙선거관리위원회. 공직선거법 해설서 I (2020년). 267면

다. 보조금의 배분대상이 되는 정당은 국민참여경선과 당원들만의 경선, 2종류 모두 위탁할 수 있다. 경선사무를 위탁할 수 있는 정당이라 하더라도 경선사무 중 경선운동,[8] 투표, 개표에 관한 사무만을 위탁할 수 있다(경선규칙 제3조) 기타 선거인 선정방법, 선거인명부 작성이나 후보자등록 등의 사무는 위탁대상이 아니므로 정당의 당헌·당규 등으로 정하여야 한다.

당내경선을 위탁하여 실시하는 경우에는 그 경선 및 선출의 효력에 대한 이의제기는 해당 정당에 하여야 한다. 정당의 공직선거후보자 추천은 정당내부의 문제로서 자율적으로 해결되어야 하는바, 당내경선사무를 선거관리위원회에 위탁하는 경우에도 위탁의 범위는 경선운동과 투·개표사무에 한정되므로 그 경선 및 당선의 효력에 대한 이의제기는 해당 정당에 하도록 법 제57조의7(위탁하는 당내경선에 있어서의 이의제기)에서 명문하고 있다. 그러므로 정당은 당내경선에 대한 이의제기 관련사항을 당헌·당규 등으로 정하여야 한다.

2. '당내경선'의 개념

정당이 공직선거후보자를 추천하는 때에는 법 제47조 제2항에 따라 민주적인 절차에 의하여야 하고, 이를 위하여 정당의 당헌·당규에서 정한 규정에 따라 정당이 공직선거후보자를 선출하는 과정을 '당내경선'이라 한다.

즉 '당내경선'이란 정당이 2 이상의 경선후보자를 대상으로 당해 정당의 당헌·당규가 정하는 바에 따라 선거권자로 구성된 선거인단의 선거를 통하여 공직선거후보자를 선출하는 방법이다. 당내경선에는 정당의 당헌·당규나 경선후보자간의 서면합의에 따라 실시한 당내경선을 대체한 여론조사가 포함된다. 여기서 '경선후보자간의 서면합의에 따른 여론조사'는 경선후보자 모두가 동의하여 실시하는 여론조사를 말한다.[9] 공모신청과 관련한 심의과정이나 면접[10] 또는 후보자간 토론회[11] 등의 방법은 당내경선에 포함되지 아니한다. 2018. 4. 16. 법 제57조의2 제2항 개정으로 여성이나 장애인 등에 대하여 당헌·당규에 따라 가산점 등을 부여하여 실시하는 경우도 본 조항에 따라 후보자등록이 금지되는 당내경선에 포함되게 되었다.

한편 이러한 정당 내의 선출과정은 그 절차가 현저하게 불공정하거나 정당 스스로가 정한

---

8) 중앙선거관리위원회 2014. 3. 26. 회답(경선운동에 관한 사무를 위탁하지 아니하는 경우에는 정당이 당헌·당규에 따라 자율적으로 기간을 정하여 경선운동을 실시할 수 있다)
9) 중앙선거관리위원회 2006. 4. 4. 회답
10) 중앙선거관리위원회 2009. 3. 27. 회답
11) 중앙선거관리위원회 2005. 12. 2. 회답

당헌·당규 등 내부규정에 위배됨으로써 민주주의 원칙에 관한 헌법, 공직선거법 등의 규정에 명백히 위반되지 아니하는 범위 내에서 이루어져야 한다는 한계가 있다.

　당내경선은 당원들만이 참여하는 경선과 비당원인 일반국민까지 참여하는 경선(당원과 당원이 아닌 일반유권자에게 투표권을 부여하여 실시하는 경선)으로 나뉜다. 정당법 제22조에 따라 당원이 될 수 있는 자는 당내경선의 선거인이 될 수 있으므로 당해 정당의 당원이 아닌 자도 당원이 될 수 있는 자격만 있다면 당내경선의 선거인이 될 수 있다.[12]

제2절 당내경선 운동

제57조의3(당내경선운동) ① 정당이 당원과 당원이 아닌 자에게 투표권을 부여하여 실시하는 당내경선에서는 다음 각 호의 어느 하나에 해당하는 방법 외의 방법으로 경선운동을 할 수 없다.

　1. 제60조의3제1항제1호·제2호에 따른 방법

　2. 정당이 경선후보자가 작성한 1종의 홍보물(이하 이 조에서 "경선홍보물"이라 한다)을 1회에 한하여 발송하는 방법

　3. 정당이 합동연설회 또는 합동토론회를 옥내에서 개최하는 방법(경선후보자가 중앙선거관리위원회규칙으로 정하는 바에 따라 그 개최장소에 경선후보자의 홍보에 필요한 현수막 등 시설물을 설치·게시하는 방법을 포함한다)

② 정당이 제1항제2호 또는 제3호의 규정에 따른 방법으로 경선홍보물을 발송하거나 합동연설회 또는 합동토론회를 개최하는 때에는 당해 선거의 관할선거구선거관리위원회에 신고하여야 한다.

③ 제1항의 규정에 위반되는 경선운동에 소요되는 비용은 제119조(선거비용등의 정의)의 규정에 따른 선거비용으로 본다.

④ 제1항제2호의 경선홍보물의 작성 및 제2항의 신고 그 밖에 필요한 사항은 중앙선거관리위원회규칙으로 정한다.

제255조(부정선거운동죄) ② 다음 각 호의 어느 하나에 해당하는 자는 2년 이하의 징역 또는 400만원 이하의 벌금에 처한다.

　3. 제57조의3(당내경선운동)제1항의 규정을 위반하여 경선운동을 한 자

---

12)　중앙선거관리위원회 2011. 3. 23. 회답

1. 개요

가. 당원에게만 투표권을 부여한 당내경선

당원에게만 투표권을 부여하여 실시하는 당내경선에서는 당해 정당의 당헌·당규가 정하는 바에 따라 당원들만을 대상으로 경선운동을 하면 된다.

나. 당원이 아닌자에게 투표권을 부여한 당내경선

일반국민도 참여하는 경선의 경선운동은 법 제57조의3 제1항에서 정하는 방법으로만 하여야 한다.[13]

일반 국민참여 경선에서 당내경선운동방법을 제한하는 취지는 당내경선운동의 과열을 막아 질서 있는 경선을 도모함과 아울러 당내경선운동이 선거운동으로 변질되어 실질적으로 사전선거운동 금지규정 등을 회피하는 탈법적 수단으로 악용되는 것을 막기 위한 것이다. 따라서 당내경선의 실시 여부가 확정되지 아니하였다거나 예비후보자로 등록하기 이전이라 할지라도, 당내경선에 참여하려고 하는 사람이 당내경선에 대비하여 법이 허용하는 범위를 넘어서 경선운동을 한 경우에는 당내경선운동 위반행위에 해당한다.[14]

선거운동기간과 달리 경선운동기간은 법에 구체적으로 규정되어 있지 않다. 이는 선거기간·선거일·후보자등록일 등이 법으로 명확히 정해져 있는 선거와 달리(법 제33조, 제34조, 제49조), 정당의 후보자 추천을 위한 당내경선은 개별 정당의 결정이 있기 전까지 그 실시 여부 자체가 불확정적이며, 가사 정당이 당내경선을 실시하기로 정한다고 하더라도 구체적인 경선기간과 경선운동에 관한 사항은 정당의 개별 결정에 따라 달라질 수밖에 없다는 특징이 있기 때문이다.[15]

2. 경선운동과 선거운동의 관계

가. 의의

경선운동의 과열을 막아 질서 있는 당내경선을 도모함과 아울러 경선운동이 선거운동으

---

13) 중앙선거관리위원회 2006. 4. 6. 회답
14) 대법원 2007. 3. 15. 선고 2006도8869 판결
15) 헌법재판소 2021. 8. 31. 2018헌바149 결정

로 변질되어 실질적으로 사전선거운동 금지규정 등을 회피하는 탈법적 수단으로 악용되는
것을 막기 위한 경선운동방법조항의 입법취지 등을 종합하면, 건전한 상식과 통상적인 법
감정을 가진 사람이라면 '경선운동'이란 정당이 공직선거에 추천할 후보자를 선출하기 위해
실시하는 선거에서 특정인을 당선되게 하거나 되지 못하게 하기 위해 힘쓰는 일 또는 그런
활동으로 그 의미내용을 충분히 이해할 수 있고, 비록 그 일반적·규범적 문언으로 인하여 다
소 불명확한 측면이 있더라도 이는 법관의 보충적 해석작용에 의해 보완될 수 있다.[16]

　　어떠한 행위가 선거운동에 해당하는지 여부를 판단함에 있어서는 단순히 그 행위의 명목
뿐만 아니라 그 행위의 태양, 즉 그 행위가 행하여지는 시기·장소·방법 등을 종합적으로 관
찰하여 그것이 특정 후보자의 당선 또는 낙선을 도모하는 목적의지를 수반하는 행위인지 여
부를 판단하여야 한다.[17] 선거운동은 대상인 선거가 특정되는 것이 중요한 개념표지이므로
문제된 행위가 특정 선거를 위한 것임이 인정되어야만 선거운동에 해당하는데, 행위 당시의
상황에서 특정 선거의 실시에 대한 예측이나 확정 여부, 행위의 시기와 특정 선거일 간의 시
간적 간격, 행위의 내용과 당시의 상황, 행위자와 후보자의 관계 등 여러 객관적 사정을 종
합하여 선거인의 관점에서 문제 된 행위가 특정 선거를 대상으로 하였는지를 합리적으로 판
단하여야 한다.[18] '경선운동'도 위의 여러 사정들을 종합하여 판단하여야 한다.

나. 경선운동과 선거운동의 구분

　　법은 제58조 제1항 본문에서 "이 법에서 '선거운동'이라 함은 당선되거나 되게 하거나 되
지 못하게 하기 위한 행위를 말한다."고 규정하고, 제2조에서 "이 법은 대통령선거·국회의원
선거·지방의회의원 및 지방자치단체의 장의 선거에 적용한다."고 규정하면서도, 이와는 별
도로 제57조의2제1항에서 "정당은 공직선거후보자를 추천하기 위하여 경선을 실시할 수 있
다."고 규정하고, 제57조의3 제1항 본문에서 "정당이 당원과 당원이 아닌 자에게 투표권을
부여하여 실시하는 당내경선에서는 다음 각 호의 어느 하나에 해당하는 방법 외의 방법으로
경선운동을 할 수 없다."고 규정함으로써 '공직선거'와 '당내경선'을 명백히 구분하고 있다.

　　위와 같은 관련 규정의 내용, 체제, 입법 취지 등을 종합하면, '선거운동'은 공직선거에서
의 당선 또는 낙선을 위한 행위를 말하고, 공직선거에 출마할 정당 추천 후보자를 선출하기
위한 당내경선에서의 당선 또는 낙선을 위한 행위는 '선거운동'에 해당하지 아니하며, 다만
당내경선에서의 당선 또는 낙선을 위한 행위라는 구실로 실질적으로는 공직선거에서의 당

16)　헌법재판소 2021. 8. 31. 2018헌바149 결정
17)　대법원 2008. 9. 25. 선고 2008도6232 판결
18)　대법원 2016. 8. 26. 선고 2015도11812 판결

선 또는 낙선을 위한 행위를 하는 것으로 평가할 수 있는 예외적인 경우에 한하여 그 범위 내에서 선거운동으로 볼 수 있다.[19]

나아가 법 제57조의3 제1항은 "정당이 당원과 당원이 아닌 자에게 투표권을 부여하여 실시하는 당내경선에서는 다음 각 호의 어느 하나에 해당하는 방법 외의 방법으로 경선운동을 할 수 없다."고 규정함으로써 제한적으로나마 당내경선 과정에서 당원뿐만 아니라 경선선거인단으로 등록될 가능성이 있는 당원 아닌 일반 유권자를 상대로 한 경선운동을 허용하고 있는 점을 고려하면, 당내경선에서의 당선 또는 낙선을 위한 행위에 부수적으로 공직선거에서의 당선 또는 낙선을 도모하고자 하는 의사가 포함되어 있다는 사정만으로 그와 같은 행위가 '선거운동'에 해당하는 것으로 섣불리 단정하여서는 아니 된다.[20]

다. 경선운동과 선거운동 구분의 판단 기준[21]

판례는 구체적으로 어떠한 경선운동을 '실질적으로 공직선거에서의 당선 또는 낙선을 위한 행위'로 평가할 수 있는지 그 기준을 명확히 제시하지 않고 있다. 따라서 선거운동에도 해당하는지 여부는 다시 선거운동의 판별기준으로 돌아가, 행위의 목적·태양·시기·장소·방법 및 경선참가자의 범위 등을 종합적으로 고려하여 경선운동 명목의 행위가 공직선거에서의 특정 후보자의 당선 또는 낙선을 도모하는 행위인지 여부를 판단하여야 할 것이다.

이와 관련하여 우선 초과주관적 구성요건요소인 '목적'을 판단 기준으로 할 수 있다. 다음으로, 행위의 시기나 장소가 당내경선과 직접 연관이 있는 경우 당해 행위는 경선운동으로 제한되어 선거운동에 해당하지 않을 소지가 크다. 반면 당내경선 실시 여부가 불확실하거나 실제로 실시되지 않는 경우, 특정 정당에 가입하기전에 행위한 경우라면 이를 경선운동으로 단정하기 어렵고 선거운동에 해당하는지 여부를 적극적으로 살펴보아야 할 것이다. 이에 더하여 행위의 방법과 관련하여 경선선거인만을 대상으로 하는 것이 아니라 일반 선거인을 대상으로 하는 경우, 경선 경쟁자와의 차별성 부각을 넘어 다른 정당 후보자와의 차별성을 부각하는 경우 등은 선거운동에도 해당할 여지가 있다. 그 외에도 경선운동을 실질적인 선거운동으로 평가할 수 있는 기준으로 경선방식을 들 수 있을 것이다. 예컨대 당원들만 참여하여 정당의 공직 후보를 선출하는 closed primary 경선방식보다 일반 국민이 직접 참여하여 정당의 공직 후보자를 선출하는 open primary(개방형 예비선거) 경선 방식에서의 행위가 선거운동으로 평가될 가능성이 더 높다.

---

19) 대법원 2003. 7. 8. 선고 2003도305 판결, 대법원 2012. 4. 13. 선고 2011도17437 판결 등
20) 대법원 2013. 5. 9. 선고 2012도12172 판결
21) 대검찰청, 공직선거법 벌칙해설 제10개정판, 77면 ~78면

3. 여론조사 방법의 당내경선

　법은 투표나 여론조사에 관한 정의규정을 두고 있지 않다. 투표의 사전적 정의는 어떤 사항에 대한 구성원의 찬성이나 반대의 의사표시 또는 투표용지에 의사를 표시하여 일정한 곳에 내는 일 등이다. 법이 공직선거에 관하여는 투표의 방법을 투표용지에 기표하는 방법으로 하고 투표소를 설치하여야 하며 투표용지와 투표함에 관한 규정을 두고 제한하고 있으나 (제146조 제1항, 제147조, 제150조, 제151조, 제159조), 당내경선에 관하여는 투표 방법을 제한하고 있지 않다. 따라서 당내경선의 투표 방식이 반드시 투표용지에 기표를 하는 방법이어야 할 필요는 없고, 경선후보자 중 특정인이 후보자가 되어야 한다는 의사를 표시하는 방법으로 충분하다.

　법은 여론조사에 관하여도 별도의 정의규정 등을 두지 않고, 일정한 제한 아래 모의투표나 인기투표에 의한 여론조사, 투표용지와 유사한 모형에 의한 방법을 사용한 여론조사도 허용함으로써 투표를 여론조사와 대립하는 개념으로 상정하고 있지 않다(제108조 제1항, 제2항). 또한 여론조사로 당내경선을 대체하는 것이 가능하고 일정한 경우 그러한 것도 당내경선에 포함된다고 규정하고 있다(제57조의2 제2항).

　위와 같은 규정들의 내용과 당내경선운동방법을 제한하는 입법 취지 등을 종합하여 보면, 정당이 당원과 당원이 아닌 자에게 경선후보자 중 누가 선거의 후보자가 되어야 하는지에 관한 선택의 의사를 표시하게 하는 당내경선은 법 제57조의3 제1항에서 정한 "당원과 당원이 아닌 자에게 투표권을 부여하여 실시하는 당내경선"에 해당하고, 그 투표권을 행사하는 방식은 반드시 투표용지에 기표하는 방법으로 제한되지 않으며, 특별한 사정이 없는 한 여론조사 방식을 통하여 위와 같은 선택의 의사표시를 하도록 하는 방법도 포함한다고 보아야 한다.[22]

4. 경선운동방법의 한정적 열거

　법 제57조의3 제1항은 정당이 당원과 당원이 아닌 자에게 투표권을 부여하여 실시하는 당내경선에서는 다음 각호의 어느 하나에 해당하는 방법 외의 방법으로 경선운동을 할 수 없다고 규정하여, 당내경선운동방법을 제한하고 있다. 또한 제한적으로나마 당내경선 과정에서 당원뿐만 아니라 경선선거인단으로 등록될 가능성이 있는 당원 아닌 일반 유권자를 상

---

22)　대법원 2019. 10. 31. 선고 2019도8815 판결

대로 한 경선운동을 허용하고 있다.[23]

법이 이와 같이 당내경선운동방법을 제한하는 취지는 당내경선운동의 과열을 막아 질서 있는 경선을 도모함과 아울러 당내경선운동이 선거운동으로 변질되어 실질적으로 사전선거운동 금지규정 등을 회피하는 탈법적 수단으로 악용되는 것을 막기 위한 것이다. 따라서 당내경선의 실시 여부가 확정되지 아니하였다거나 예비후보자로 등록하기 이전이라 할지라도 당내경선에 참여하려고 하는 사람이 당내경선에 대비하여 법이 허용하는 범위를 넘어서 경선운동을 한 경우에는 당내경선운동 위반행위에 해당한다.[24]

경선운동방법 제한조항은 "정당이 당원과 당원이 아닌 자에게 투표권을 부여하여 실시하는 당내경선에서는 다음 각 호의 어느 하나에 해당하는 방법 외의 방법으로 경선운동을 할 수 없다."고 규정하고 있다. 위 문언을 법 제58조 제2항이 선거운동과 관련해서는 "누구든지 자유롭게 선거운동을 할 수 있다."고 정하면서도, 이어서 "그러나 이 법 또는 다른 법률의 규정에 의하여 금지 또는 제한되는 경우에는 그러하지 아니하다."고 규정한 것과 비교해보면, 입법자는 경선운동방법을 상당히 엄격하게 규율하고자 했음을 알 수 있다. 그리고 법이 경선운동방법을 제한하는 취지는 경선운동의 과열을 막아 질서 있는 당내경선을 도모함과 아울러 경선운동이 선거운동으로 변질되어 실질적으로 사전선거운동금지규정 등을 회피하는 탈법적 수단으로 악용되는 것을 막기 위한 것이다.[25]

경선운동의 문언적 의미, 경선운동의 방법을 한정적으로 열거하면서 그 외의 방법에 의한 경선운동을 금지하고 있는 관련규정의 체계, 경선운동방법조항은 경선운동방법으로 허용되는 방법을 한정적으로 열거하고 있는 것으로서 열거되지 않은 방법은 허용되지 않는다고 충분히 해석할 수 있다.[26]

경선운동방법 조항들이 당원과 당원이 아닌 자에게 투표권을 부여하여 실시하는 당내경선에 있어 경선운동방법을 제한하고 이를 위반하여 경선운동을 한 자를 처벌하는 것은, 경선운동의 과열을 막고 경선운동 과정에서 발생할 수 있는 심각한 소음공해를 방지함으로써 질서 있는 경선을 도모하고, 경선운동이 사실상 선거운동으로 변질되어 사전선거운동금지규정 등을 회피하는 탈법적 수단으로 악용되는 것을 방지하기 위한 것으로[27] 그 입법목적이 정당하다. 이와 같이 경선운동방법을 제한하고, 허용되지 않는 방법으로 경선운동을 할 경

23) 대법원 2013. 5. 9. 선고 2012도12172 판결
24) 대법원 2007. 3. 15. 선고 2006도8869 판결, 대법원 2008. 9. 25. 선고 2008도6232 판결
25) 헌법재판소 2019. 4. 11. 2016헌바458, 2017헌바219(병합) 결정, 대법원 2007. 3. 15. 선고 2006도8869 판결; 대법원 2008. 9. 25. 선고 2008도6232 판결
26) 헌법재판소 2019. 4. 11. 2016헌바458 결정
27) 헌법재판소 2001. 12. 20. 2000헌바96등; 대법원 2007. 3. 15. 선고 2006도8869 판결; 대법원 2008. 9. 25. 선고 2008도6232 판결

우 처벌하는 것은 입법목적을 달성하기 위한 적절한 수단이다.[28]

5. 경선운동방법

법상 선거운동은 선거기간개시일부터 선거일 전일까지에 한하여 할 수 있고, 다만, 예비후보자 등의 선거운동, 문자메시지 전송에 의한 선거운동, 인터넷 홈페이지 또는 전자우편 등에 의한 선거운동에 한하여 위의 선거운동기간이 아니어도 일부 허용되고 있을 뿐이다(제59조). 그런데 경선운동방법 제한조항은 "당원과 당원이 아닌 자에게 투표권을 부여하여 실시하는" 방식의 당내경선을 예정하고 있기 때문에, 당내경선이 실시되는 특정 정당 소속 후보자에게는 사실상 선거운동기간 이전에도 선거구민을 상대로 자신을 홍보할 기회가 주어지게 된다는 점에서 정당 소속 후보자와 무소속 후보자 간의 불평등의 문제가 발생할 수 있다. 경선운동방법 제한조항은 이러한 문제점을 최소화하기 위해서도 원칙적으로 경선운동을 금지하고 제한된 범위 내에서만 경선운동을 허용하고 있는 방식을 채택하고 있는 것이다.[29]

가. 법 제57조3의 제1항

경선운동방법으로 법은 ① 선거사무소 설치 및 그 선거사무소에 간판·현판, 현수막을 설치·게시하는 방법과 명함을 직접 주거나 지지를 호소하는 방법, ② 정당이 경선후보자가 작성한 홍보물을 발송하는 방법, ③ 정당이 합동연설회·합동토론회를 옥내에서 개최하는 방법에 의한 경선운동을 허용하고 있다.

구체적으로 살펴보면, 경선후보자는 선거사무소 설치 및 그 선거사무소에의 간판·현판, 현수막 설치·게시를 통해 경선사무 처리 및 홍보활동을 할 수 있고, 유권자들과 개별적·직접적으로 대면하여 자신의 성명·사진·전화번호·학력·경력, 그 밖에 홍보에 필요한 사항을 게재한 길이 9센티미터 너비 5센티미터 이내의 명함을 직접 주거나 지지를 호소하는 행위를 함으로써 자신을 소개하고 근황을 전할 수 있다. 다만, 명함교부행위는 당내경선의 선겅리 투표개시시각부터 투표마감시각까지는 허용되지 아니한다(규칙 제25조의2 제1항). 당내경선운동 과정에서 명함교부와 관련하여 경선후보자의 배우자 등도 명함을 교부할 수 있는지가 문제시 된다. 제57조의3 제1항 제1호가 명문상 예비후보자에 대한 제60조의3 제1항 제

---

28) 헌법재판소 2019. 4. 11. 2016헌바458, 2017헌바219(병합) 결정
29) 헌법재판소 2019. 4. 11. 2016헌바458, 2017헌바219(병합) 결정

2호만을 원용할 뿐 제60조의3 제2항을 원용하지 않으므로 예비후보자등록을 하지 않은 경선후보자의 배우자 등은 명함을 교부할 수 없다고 보아야 한다.[30]

경선후보자는 정당을 통해 해당 정당이 정한 경선선거인 수에 그 100분의 3에 상당하는 수를 더한 수 이내의 수량으로 작성된 경선홍보물을 발송함으로써 경선선거인들에게 자신에 대한 구체적이고 정확한 정보를 충분히 전달할 수 있다. 또한, 정당이 개최하는 합동연설회 또는 합동토론회가 개최되는 시설의 입구나 담장 또는 그 구내에 자신의 홍보에 필요한 현판과 현수막을 각 2개 이내에서 설치·게시할 수 있으며, 합동연설회 또는 합동토론회에서 자신의 공약 및 정치적 의견을 경선선거인들에게 알릴 수도 있다(규칙 제25조의2 제2항, 제3항)

나. 법 제59조에 따른 문자메시지, 전자우편, 인터넷홈페이지, 전화나 말을 이용한 경선운동 방법

2020. 12. 29. 법률 제17813호로 개정된 법에 따라 선거일 당일을 제외하고는 송·수화자간의 직접 통화 방식의 전화를 이용하거나 말로 하는 선거운동 방식은 법 제254조 제2항의 '이 법에 규정된 방법'에 해당하는바, '전화 등 선거운동'을 하더라도 이는 더 이상 선거운동방법위반에 해당하지 않게 되었다.

개정 법 하에서는 전화 등 선거운동을 하는 경우는 선거운동이 선거일 당일을 제외하고는 상시 허용되는 선거운동방법에 해당할 뿐만 아니라 당내경선에 있어서도 허용되는 경선운동방법이라고 할 것인바, 당내경선에서의 당선 또는 낙선을 위하여 전화 등 선거운동을 하였다면, 이는 더 이상 법 제255조 제2항에서 정하고 있는 선거운동방법위반으로 인한 법 위반죄에 해당하지 아니한다.

당내경선운동방법을 제한하는 취지는 당내경선운동의 과열을 막아 질서 있는 경선을 도모함과 아울러 당내경선운동이 선거운동으로 변질되어 실질적으로 사전선거운동 금지규정 등을 회피하는 탈법적 수단으로 악용되는 것을 막기 위한 것인바,[31] 개정 법이 선거일 당일을 제외하고 전화 등 선거운동을 허용하는 취지로 변경된 이상 경선운동방법으로서 전화 등을 이용하였더라도 이는 사전선거운동 금지규정 등을 회피하는 탈법적 수단으로 악용될 여지가 있다고 할 수 없다.[32]

과거 법 제59조 제2호가 신설되어 선거일이 아닌 때에 문자메시지를 전송하는 방법으로 선거운동을 할 수 있도록 개정(법률 제11374호)되었고, 이때에도 위와 마찬가지로 문자메시지

30) 대검찰청, 공직선거법 벌칙해설 제10개정판, 585면
31) 대법원 2007. 3. 15. 선고 2006도8869 판결, 대법원 2019. 10. 31. 선고 2019도8815 판결
32) 수원고등법원 2022. 2. 15. 선고 2021노367 판결

를 전송하는 방법으로 하는 선거운동은 제57조의3 제1항 각 호가 정하고 있는 허용되는 경선운동 방법이 아니었다. 그러나 대법원은 앞서 본 바와 같이 경선운동방법을 제한하는 법의 취지에 비추어 법 제59조 제2호의 신설에 따라 문자메시지를 전송하는 방법을 당내경선시 허용되는 경선운동방법에 포함시키더라도 사전선거운동의 금지규정 등을 회피하는 수단으로 악용될 소지가 없게 되었다는 이유로 문자메시지를 이용한 경선운동 역시 법이 허용하는 경선운동방법이라고 판단하였다.[33]

6. 중앙선거관리위원회 행정해석

가. 경선사무소 관련

① 법에는 정당이 당원과 당원이 아닌 자에게 투표권을 부여하여 실시하는 당내경선에 있어서 경선후보자가 선거사무소를 설치하고 그 선거사무소에 간판·현판·현수막을 설치·게시할 수 있도록 하고 있는 외에 공천신청자의 당내경선 준비활동을 위한 사무소 설치에 대해서는 명문의 규정을 두고 있지 아니하므로 당내경선운동 준비를 위한 사무실 설치가능 여부는 당해 정당의 당헌·당규에서 정할 사항이나, 법 등의 규정 취지에 비추어 볼 때 정당의 공천신청자가 순수하게 당내경선의 준비활동을 위한 사무소를 개설하는 정도는 법상 가능하다고 할 것임. 이 경우 그 사무소에 간판 등 시설물을 설치·게시하거나 사무소 개소식을 하는 등의 행위는 경선활동으로 간주되어 법에 위반될 것임(2006. 3. 22. 회답).

② 경선준비사무소의 운영경비[인건비, 사무용비품 및 소모품, 사무소설치·운영비, 공공요금, 정책개발비(여론조사비 포함)]를 국회의원의 정치자금으로 지출하는 것은 무방할 것임(2007. 1. 17. 회답).

③ 경선후보자가 경선운동 기타 경선에 관한 사무를 처리하기 위하여 설치한 사무소에서 경선운동과 관련 없이 청소·다과접대·차량운행·경선후보자 경호 등 단순노무에 종사하는 자에게 그 역무제공에 대한 정당한 대가를 지급하는 것은 무방할 것이나, 경선운동의 기획·전략수립·공약개발 등 경선운동과 관계된 업무에 종사하는 자에게 대가를 제공하는 것은 법 제230조 제7항 제2호에 위반될 것임(2007. 1. 19. 회답).

④ 1. 당내경선선거사무소와 예비후보자선거사무소를 다른 장소에 각각 설치하거나 같은 장소에 공동으로 설치할 수 있을 것임.

---

33)　대법원 2012. 12. 27. 선고 2012도12241 판결

2. 당내경선사무소와 예비후보자의 공동사무소 1개소를 설치하는 경우 공동사무소(여의도에 소재하는 공동사무소)의 공간부족으로 다른 장소의 건물에 별도의 공동사무소(종로에 소재하는 공동사무소)를 하나 더 설치하는 것은 당내경선사무소와 예비후보자 선거사무소를 각각 2개소를 설치하는 것으로 공선법 제57조의3 제1항 및 제60조의3항 제1항의 해당 각조에 위반될 것임(2007. 4. 19. 회답).

⑤ 정당이 당원과 당원이 아닌 자에게 투표권을 부여하여 실시하는 대통령선거의 후보자선출을 위한 당내경선에서, 경선후보자가 경선사무소를 1개소 설치하는 외에 지역별 경선사무소 또는 경선연락소를 설치하는 것은 법 제57조의3 제1항에 위반될 것임(2007. 6. 29. 회답).

나. 정당의 당내경선 안내 등

① 정당이 자당의 선전에 이르지 아니하는 범위 안에서 단순히 당내경선의 모바일선거 참여신청 및 투표방법을 신문에 광고하는 것은 무방할 것이나, 선거일 전 90일(보궐선거 등에 있어서는 그 선거의 실시사유가 확정된 때)부터는 법 제137조에, 텔레비전 및 라디오광고의 경우에는 「방송법」 및 「방송광고심의에 관한 규정」에 따라야 할 것임(2007. 9. 14. 회답).

② 정당이 당내경선의 선거인단 모집을 위하여 네이버, 다음, 야후, 네이트 등 포털사이트에 배너광고를 하는 것은 무방할 것임(2007. 9. 3. 회답).

③ 1. 정당이 법 제57조의3 제1항에 따라 경선후보자 합동토론회를 개최하고 언론기관이 이를 중계하는 것은 무방할 것이며, 그 토론회의 중계에 소요되는 비용은 언론기관이 부담하여야 할 것임.

2. 정당이 법 제57조의3 제1항에 따라 개최하는 합동토론회의 일시·장소 등을 포털사이트 또는 인터넷언론사 홈페이지에 배너광고를 게재하는 방법으로 경선선거인에게 단순히 고지하는 것은 무방할 것임. 다만, 특정 정당이나 공직선거의 후보자가 되고자 하는 자를 지지·선전하는 등 선거에 영향을 미치는 내용이 부가되어서는 아니 될 것임(2007. 8. 21. 회답).

④ 1. 정당이 당원과 당원이 아닌 자에게 투표권을 부여하여 실시하는 당내경선에서는 법 제57조의3에 규정된 방법 외의 방법으로는 경선운동을 할 수 없음. 다만, 당원에게만 투표권을 부여하여 실시하는 당내경선에서는 당해 정당의 당헌·당규가 정하는 바에 따라 당원을 대상으로 경선운동을 할 수 있을 것이나, 이 경우에도 다수의 선

거구민이 왕래하는 거리에서 어깨띠·피켓·현수막 또는 모자·티셔츠 등을 이용하여 경선운동을 하는 것은 특정 정당 또는 후보자가 되고자 하는 자를 다수의 선거구민에게 선전하는 행위로 볼 수 있으므로 행위시기 및 양태에 따라 같은 법 제90조·제254조의 규정에 위반될 것임.

2. 경선기간 중 중앙당 또는 시·도당 홈페이지에 경선후보자가 제출한 전자공보를 게시하거나 경선후보자를 소개·홍보하는 행위와 중앙당 또는 시·도당 홈페이지를 통하여 합동토론회 및 합동연설회를 생중계하거나 동영상 자료로 게시하는 행위는 통상적인 정당활동으로 보아 무방할 것임(2005. 10. 13. 회답).

⑤ 1. 정당이 당내경선일과 투표소, 합동토론회의 일시·장소 등을 인터넷 포털사이트 광고, 전화, 전자우편, 정당 또는 소속 국회의원 홈페이지 게재, 당보게재, 정당 당사에 현수막 게시의 방법으로 경선선거인에게 단순히 고지하는 것은 무방할 것. 다만, 신문광고의 경우 선거일 전 90일(보궐선거 등에 있어서는 그 선거의 실시사유가 확정된 때)부터 선거일까지는 법 제137조에, 방송광고의 경우에는 「방송법」 및 「방송광고심의에 관한 규정」에 따라야 할 것임(2007. 7. 31. 회답)..

2. 정당이 선거기간 전까지 당내경선일과 투표소, 합동토론회의 일시·장소 등을 거리에 현수막을 게시하는 것은 「정당법」 제37조 제2항에 따른 정당의 정책이나 정치적 현안으로 가능함(2022. 1. 24. 운용기준)

⑥ 정당의 중앙당 및 시·도당이 재·보궐선거 지역에 경선 안내 및 참여 독려 내용(선거인단 구성, 후보자 선출 방식, 경선 개최일, 경선 개최장소, 경선 방식, 투표 및 여론조사 방법, 투표시 준비물 등 경선 홍보 내용, "경선이 3월 27일에 열리니 당원과 주민 여러분의 많은 참여바랍니다" 등의 문구 등)을 홍보하는 것과 관련하여, 보궐선거등의 실시사유가 확정된 때부터는 법 제137조에 따라 중앙당이 선거기간개시일 전일까지 총 10회 이내에서 신문광고의 방법으로 홍보할 수 있고, 국회의원이 자신의 인터넷홈페이지 또는 블로그에 귀문의 경선 안내 및 참여 독려 내용을 게시하는 것은 가능하며, 정당이 경선선거인을 대상으로 문자메시지, 전화, 우편물, 전자우편을 이용하여 경선 안내 및 참여 독려 내용을 홍보하는 것은 가능함(2011. 3. 8. 회답).

⑦ 법 제57조의3 제1항 제3호에 따른 경선후보자 합동토론회는 정당이 개최하여야 하며, 종합편성채널이 이를 공정하게 중계방송하는 것은 무방할 것. 이 경우 토론회의 중계방송에 소요되는 비용은 종합편성채널이 부담하여야 할 것임(2012. 7. 19. 회답).

⑧ 경선선거인단 모집과 관련한 이벤트 개최

문 우리당 중앙당 선관위에서는 경선선거인단 모집의 흥행과 관심 유발을 위해 다음과 같은 이벤트를 기획하고 있습니다. 「공직선거법」, 「정당법」상 가능한지 답변 바랍니다.

　1. 선거인단 모집 흥행을 위해 50만번째, 100만번째, 150만번째 … 등록 선거인에 대하여

　　1-1. 당대표와의 식사권 또는 본인이 원하는 국회의원과의 식사권을 제공하는 경우

　　1-2. 본인이 좋아하는 정치인과의 영화관람권을 제공하는 경우

　　1-3. 1-1과 1-2가 금품제공의 경우에 해당되어 불가하다면 실비용을 본인이 부담하면 가능한지 여부

　　1-4. 명예직 일일 당대표, 일일 최고위원 등으로 임명하여 당의 행사와 당무에 참여할 수 있는 기회를 제공하는 경우

　　1-5. 당대표의 통상적인 정치활동, 정당활동의 일환으로 위 선거인들을 초청하여 정책간담회를 개최하는 경우

　2. 선거인단 중 10대에서 90대까지 각 연령을 대표하는 특정인을 선정하여 '대선후보 선출 경선' 홍보대사로 임명하여 활동할 기회를 주는 경우

답 1. 문 1-1 부터 1-3에 대하여 귀문의 경우 식사 또는 영화관람 비용을 경선선거인 본인이 부담하는 것은 무방할 것이나, 정당이 이를 제공하는 것은 양태에 따라 「공직선거법」 제114조 및 제230조 제7항에 위반될 것임.

　2. 문 1-4, 2에 대하여 귀문의 경우 무방할 것임. 다만, 명예직 일일당직자 또는 홍보대사로서의 활동이 「공직선거법」에 위반되어서는 아니 될 것임.

　3. 문 1-5에 대하여 귀문의 경우 정당의 정책개발을 위하여 간담회를 개최하는 것은 무방할 것임(2012. 8. 14. 회답).

다. 경선선거운동 방법

① 규칙 제25조의2 제1항에 따라(당원과 당원이 아닌 자에게 투표권을 부여하여 실시하는) 당내경선의 선거일 투표개시시각부터 투표마감시각까지 경선후보자가 명함을 직접 주거나 지지를 호소하는 방법으로 경선운동을 하는 것을 금지하는 외에 다른 금지·제한규정이 없으므로 법 제57조의3 제1항 각 호에 해당하는 방법으로 경선운동을 하는 것은 무방할 것임(2007. 9. 19. 회답).

② 정당의 당내경선후보자가 응원의 문자메시지를 받은 경우 의례적인 내용의 감사 문자

메시지를 발송하는 것은 무방할 것임(2007. 8. 7. 회답).

③ 공천신청자의 대변인이 기자를 상대로 해당 공천신청자의 정치적 견해, 공약발표를 단순히 대행하는 것은 무방할 것이나, 선거구민을 대상으로 선거운동을 하는 경우에는 법 제254조에 위반될 것임(2010. 3. 25. 회답).

④ 1. 현직 기초자치단체장이 당해 선거구의 기초자치단체장 선거의 출마를 위하여 당내경선에 그 직을 유지한 채 후보자로 참여할 수 있는지 여부 및 이 경우 단체장의 권한 등에 대하여 법상 제한하지 않음.

2. 예비후보자로 등록하지 아니한 지방자치단체의 장도 법 제57조의3 제1항 각호에서 정하는 방법으로 경선운동을 할 수 있을 것이나, 시기에 따라 같은 법 제86조 제2항 제3호 및 제6항에 따른 제한을 받게 될 것임. 이 경우 근무시간 중 경선운동 가능여부나 경선후보자인 지방자치단체장이 경선운동기간 및 경선 선거일에 연가를 내야 하는지 여부와 같이 「지방공무원법」 등 다른 법률에 관한 사항은 우리 위원회가 판단할 사항이 아님(2009. 12. 11. 회답).

3. 정당이 대통령의 궐위로 인한 선거의 후보자를 추천하기 위하여 당원과 당원이 아닌 자에게 투표권을 부여하여 실시하는 당내 경선에서 경선후보자인 지방자치단체의 장의 법 제57조의3 등 규정에 따른 적법한 경선운동에는 같은 법 제86조 제2항 제2호 및 제3호의 본문이 적용되지 아니할 것임(2017. 3. 13. 회답).

⑤ 1. 당내경선후보자인 예비후보자가 법 제60조의3 제1항 제2호의 명함에 당내경선 선거인단 모집방법을 게재하여 배부하는 것은 무방할 것이나, 선거인단 모집을 위해 그 밖의 인쇄물을 배부하는 경우에는 행위양태에 따라 같은 법 제93조 또는 제254조에 위반될 것임.

2. 당내경선후보자인 예비후보자가 당내경선 지지를 호소하는 내용으로 대량의 문자메시지를 발송하는 것은 무방할 것이나, 컴퓨터 및 컴퓨터 이용기술을 활용한 자동 동보통신의 방법으로 전송할 수 있는 횟수에 포함될 것임(2012. 2. 18. 회답).

⑥ 당내경선후보자인 예비후보자가 법 제60조의3 제1항 제5호에 규정된 어깨띠를 착용하여 하는 것은 경선운동을 할 수 없고, 당내경선의 선거일 투표개시시각부터 투표마감시각까지 투표소 주변에서 경선선거인을 대상으로 경선후보자 기호가 기재된 명함을 주거나 지지를 호소하여서는 아니 될 것임(2012. 3. 9. 회답).

⑦ 선거운동을 할 수 있는 경선후보자가 법 제59조 제2호 및 제3호에 해당하는 방법으로 경선운동을 하는 것은 무방할 것이나, 예비후보자가 아닌 경선후보자는 법 제59조 제2호 및 제3호 후단에 따른 방법으로 경선운동을 할 수 없을 것임. 다만, 선거운동을 할

수 있는 사람인지 또는 예비후보자인지 여부를 불문하고 경선후보자가 정당이 정한 바에 따라 당원인 경선선거인만을 대상으로 문자메시지 또는 전자우편을 이용하여 경선운동정보를 전송하는 것은 무방할 것임(2012. 7. 16. 회답).

⑧ 1. 경선후보자간의 서면합의에 따라 당내경선을 대체하는 여론조사를 실시함에 있어서 경선후보자가 경선홍보물을 선거구민인 당원들에게 발송하는 것은 법 제93조 또는 제254조에 위반될 것임(2014. 4. 25. 회답).

2. 정당이 정한 바에 따라 당원만을 대상으로 발송하는 것은 법 제93조 또는 제254조에 위반되지 아니함[2017. 12. 19. 대법원의 선거운동 판단기준 변경에 따른 관련 선례 정비(제3차)].

⑨ 예비후보자인 경선후보자는 법 제60조의3 제1항 제4호부터 제6호까지에 따른 방법으로 경선운동을 할 수 없으나, 법 제59조 제2호, 제3호, 제4호에 따라 허용되는 선거운동 가능함(2019. 12. 3. 제21대 국선 예상쟁점 법규운용기준).

⑩ 여론조사 방식의 당내경선에서 경선후보자의 경선운동 방법

당원 대상 투표(당원을 조사대상으로 특정하여 실시하는 여론조사 포함) 및 비당원 대상 여론조사의 혼합 방식(예 : 선거구민 중에서 당원과 비당원인 사람을 50%씩의 비율로 무작위 추출하여 그들을 대상으로 전화 여론조사를 실시)

– 당원과 당원이 아닌 자를 대상으로 투표권을 부여하여 실시하는 당내경선에 해당하므로 법 제57조의3 제1항의 당내경선운동방법으로 경선운동을 할 수 있음.

– 다만, 「공직선거관리규칙」 제25조의2 제2항 제1호는 경선홍보물은 해당 정당이 정한 경선선거인수에 그 100분의 3에 상당하는 수를 더한 수 이내의 수량으로 작성하여야 한다고 하는 바, 여론조사 방식으로는 확정된 경선선거인단 또는 그 명부가 존재할 수 없어 '경선선거인수'를 상정할 수 없으므로, 일반 선거구민에게는 이를 발송할 수 없음(당원에게는 발송 가능)(2019. 12. 3. 제21대 국선 예상쟁점 법규운용기준).

⑪ 당원과 당원이 아닌 사람에게 투표권을 부여하여 실시하는 당내경선에서 당원만을 대상으로 하는 경선운동

정당이 당원과 당원이 아닌 사람에게 투표권을 부여하여 실시하는 당내경선에서 경선후보자가 당원인 경선선거인만을 대상으로 해당 정당의 당헌·당규 등이 정한 바(경선운동이 가능한 기간을 포함함)에 따라 전화를 하거나 경선홍보물을 배부하는 것은 가능할 것임(2020. 2. 17. 회답).

⑫ 입후보예정자의 팬클럽과 그 회원들이 당원과 당원이 아닌 자에게 투표권을 부여하여 실시하는 정당의 당내경선에서 단순히 경선 참여를 독려하기 위한 것이 아니라 특정

입후보예정자가 선출되게 할 목적으로 경선 선거인단에 참여하게 하기 위하여 그 지지자들을 모집하는 것은 법이 허용하지 않는 당내경선운동방법에 해당하므로 같은 법 제57조의3에 위반될 것임(2021. 6. 2. 회답).

⑬ 정당이 당원과 당원이 아닌 자에게 투표권을 부여하여 실시하는 당내경선에서 선거운동을 할 수 있는 사람이 법 제57조의3에 따라 설치한 경선사무소에 설비되어 있는 전화를 이용하여 송·수화자 간 직접 통화하는 방식으로 경선운동을 하는 것은 가능할 것임. 다만, 전화를 이용하여 경선운동을 한 사람에게 재산상의 이익을 제공하는 경우에는 같은 법 제230조 제7항에 위반될 것임(2021. 7. 9. 회답).

⑭ 정당이 당원과 당원이 아닌 사람에게 투표권을 부여하여 실시하는 당내경선에서 해당 정당이 정한 바에 따라 경선후보자나 경선운동관계자 등 경선운동을 할 수 있는 사람이 법 제57조의3 제1항 제3호의 합동연설회에 참석한 당원 또는 비당원인 경선선거인을 대상으로 소품을 사용하여 경선운동을 하는 것은 같은 법상 제한되지 아니할 것임(2021. 7. 21. 회답).

▎예비후보자인 경선후보자의 경선운동 방법 ▎
(당원·비당원을 대상으로 하는 당내경선을 말함)

할 수 있는 사례
- 예비후보자인 경선후보자가 경선선거인에게 자신의 명함을 직접 주거나 지지를 호소하는 행위
  ⇨ 당내 경선의 선거일 투표개시시각부터 투표마감시각까지는 이를 할 수 없음.
- 예비후보자 선거사무소 외 추가로 당내경선선거사무소를 설치하고 간판·현판 또는 현수막을 설치·게시하는 행위
  ⇨ 당내경선선거사무소와 예비후보자 선거사무소를 다른 장소에 각각 설치하거나 같은 장소에 공동으로 설치하는 행위 가능
- 예비후보자인 경선후보자가 선거운동용 문자메시지를 자동 동보통신의 방법으로 전송하거나 전자우편 전송대행업체에 위탁하여 전자우편을 전송하여 당내경선운동을 하는 행위
  ⇨ 자동 동보통신의 방법으로 전송한 경우 최대 발송 가능 횟수(8회)에 포함됨.
- 예비후보자인 경선후보자가 전화를 이용하여 송·수화자 간 직접 통화하는 방식으로 당내경선운동을 하는 행위

할 수 없는 사례
- 예비후보자의 배우자, 직계존·비속 등이 경선선거인에게 명함을 배부하는 행위

> - 예비후보자가 어깨띠 또는 표지물을 착용하여 경선운동을 하는 행위
>   ⇨ 다만, 경선후보자가 당해 정당이 정한 바에 따라 합동연설회에 참석한 당원인 경선선거인만을 대상으로 옥내에서 어깨띠, 표지물 착용, 홍보용 피켓 및 소품 사용 등 경선운동을 하는 것은 가능
> - 경선운동의 기획·전략수집·공약개발 등 경선운동과 관계된 업무에 종사하는 자에게 대가를 제공하는 행위

7. 판례

가. 말·전화·자동동보통신방법의 문자메시 등을 이용한 경선운동

① 말로 하는 선거운동을 상시허용 하는 법 개정조항(2020. 12. 29. 시행 법률 제17813호)은 이를 처벌대상으로 삼은 종전의 조치가 부당하다는 '반성적 고려'에서 신설된 것으로서, 개정조항 시행 전의 말로 하는 당내경선운동 행위의 경우 형법 제1조 제2항에 따라 개정조항이 적용되어 '범죄 후의 법령 개폐로 형이 폐지되었을 때'에 해당하므로 범죄를 구성하지 않는다(수원고등법원 2022. 2. 15. 선고 2021노367 판결, 대법원 2022. 7. 28. 선고 2022도2811 판결).

② 전화를 이용한 당내경선운동

개정 공직선거법 하에서는 전화 선거운동이 선거일 당일을 제외하고는 상시 허용되는 선거운동방법에 해당할 뿐만 아니라 당내경선에 있어서도 허용되는 경선운동방법이라고 할 것인바, 당내경선에서의 당선 또는 낙선을 위하여 전화 선거운동을 하였다면, 이는 더 이상 공직선거법 제255조 제2항에서 정하고 있는 선거운동방법위반으로 인한 공직선거법 위반죄에 해당하지 아니한다(대구지방법원 2019. 1. 30. 선고 2018고합539 판결).

③ 선거인단 등록 인증번호를 전송받고 전화를 이용하여 ARS 경선투표 참여 독려 등 경선후보자 지지호소 행위

피고인이 공직선거법상 엄격하게 제한되는 당내경선운동의 방법을 위반하여 ○○○ 후보를 지지해줄 것을 요청하면서 그들로부터 선거인단 등록 인증번호를 전송받아 불법 당내경선운동을 한 행위가 단지 일상적이거나 의례적인 언사를 한 정도에 불과한 것으로 볼 수 없고, 나아가 피고인이 지인들에게 자신이 잘 알지도 못하는 그들의 가족 또는 그 지인들에게도 이 사건 당내경선의 선거인단에 참여하여 ○○○ 후보를 지지하

게 할 것을 내용으로 하는 불법적인 당내경선운동을 하게끔 권유한 후 선거인단 인증번호를 수집한 행위를 두고 위법성이 조각될만한 정당행위에 해당한다고 보기는 어렵다(서울고등법원 2018. 11. 14. 선고 2017노3852 판결, 대법원 2019. 4. 5. 선고 2018도18541 판결).

④ 고등학교 총동창회 총무국장이 인터넷 대량 문자발송 서비스를 이용하여 동문들에게 '공직선거후보자 추천을 위한 정당 당내경선 후보자 여론조사에서 예비후보자이자 경선후보자인 동문을 지지해 달라'는 내용의 문자메시지를 전송하는 행위가 선거운동인지 여부

피고인이 문자메시지를 발송한 시점이나 경위, 위 문자메시지에 표시된 공소외인의 지위 및 문자메시지 자체의 내용, 당시 당내경선에서의 후보자들 간의 경쟁구도 및 치열한 경선상황 등을 모두 종합하면, '당내경선'에서의 당선을 주된 목적으로 하는 것으로서, 거기에 '공직선거'에서의 공소외인의 당선을 도모하고자 하는 의사가 포함되어 있었다 하더라도, 이는 부수적인 것에 불과하다고 보는 것이 타당하므로 이 사건 공소사실에 기재된 피고인의 행위가 '선거운동'에 해당된다거나 '선거'에 영향을 미치기 위한 행위라고 단정할 수 없고, 달리 이를 인정할 증거가 없다(서울고등법원 2017. 1. 6. 선고 2016노3684 판결, 대법원 2017. 3. 16. 선고 2017도1045 판결).

⑤ 자동 동보통신방법 문자메시지를 이용하여 당내경선운동

피고인은 2018. 3. 15. 10:55경 불상의 장소에서 자신의 휴대전화를 사용하여 "오늘 15일(목)부터 ○○시장 선거와 관련된 여론조사가 시작됩니다. 02, 0505번이나 모르는 번호로 전화와도 꼭 받아주셨으면 합니다. 지지 여부나 호감도 질문엔 일 잘하고 뚝심 있는 사람 'B'를 선택해 주십시오. 가족, 지인분들께도 전달해 주시기를 부탁드립니다"라는 내용의 문자메시지를 24명에게 동시에 전송한 것을 비롯하여 2018. 2. 13.부터 같은 해 4. 8경까지 기재와 같이 B를 홍보하거나 지지를 호소하는 내용의 문자메시지를 자동 동보통신의 방법으로 156회에 걸쳐 전송한 행위는 피고인이 예비후보자가 아님에도 선거관리위원회에 신고되지 않은 전화번호를 이용해 선거운동정보에 해당하는 사실을 명시하지 않고, 8회를 초과하여 문자메시지를 전송하여 경선운동 방법을 위반하였다(대구지방법원 2019. 1. 30. 선고 2018고합539 판결).

나. 당원모집 등을 이용한 경선운동

① 법상 허용되는 '말로 하는 당내경선운동'이란 특별한 사정이 없는 한 개별적으로 대면하여 말로 지지를 호소하는 형태의 경선운동을 지칭하는 것으로, 돈이나 조직을 활용하는 등으로 후보자간 지위·경제력·조직력 등의 차이에 따른 불균형 문제를 야기하거나 경선운동의 과열을 초래하지 않는 형태의 것에 한정된다고 보아야 한다(의정부지방법원 2023. 9. 6. 선고 2022고합401 판결).

② 특정인을 위하여 조직적으로 당원을 모집하는 것이 말로 하는 경선운동의 범주를 벗어나는 것인지

허용되는 '말로 하는 당내경선운동'이란 특별한 사정이 없는 한 개별적으로 대면하여 말로 지지를 호소하는 형태의 경선운동을 지칭하는 것으로, 돈·조직을 활용하는 등 후보자 간 지위·경제력·조직력 등의 차이에 따른 불균형 문제를 야기하거나 경선운동의 과열을 초래하지 않는 형태에 한정된다고 보아야 한다. 피고인의 당원모집행위는 개별적으로 대면하여 경선후보자에 대한 지지를 호소하거나 정당가입을 권유한 것이 아니라, 특정 경선후보자를 지지하기 위해 당원모집인들에게 당원모집을 요청하고, 그들이 직접 정당가입을 권유하거나 하위 당원모집인에게 당원모집을 요청한 다음 각 당원모집인별로 입당원서를 취합한 것으로, 대면하여 지지를 호소하는 데에 그치지 않고 상대방으로 하여금 당원모집·입당원서 작성 등을 하도록 한 대규모 조직적·체계적인 것이므로, 앞서 본 적법한 형태의 '말로 하는 경선운동'의 범주를 크게 벗어났다고 보아야 한다. 피고인이 모집한 당원은 2,000명이 넘는 대규모로, 지방공무원 재직 중 개별적인 접촉을 통해 모집할 수 있는 수준을 훨씬 넘는다. 그리고 피고인은 당원모집 과정에서 공무원의 지위를 이용하기도 하였고, 피고인이 당원모집을 요청한 당원모집인 중에는 공무원도 포함되어 있기도 하다. 이러한 경선운동까지 말로 하는 경선운동으로 본다면, 후보자들이 지위·영향력·경제력 등을 이용해 당원을 모집하려 나섬으로써 경선운동이 과열되어 당내경선이 혼탁해질 우려가 있고, 후보자의 지위·경제력·조직력 등에 따라 불공정한 결과를 야기할 우려가 크다. 특히 이 사건과 같은 경선후보자의 경우 지위 등을 이용하여 직·간접적으로 소속 공무원이나 산하 단체를 당원모집에 동원할 위험성이 있다. 공직선거법 제57조의6 제1항 등 공무원의 지위를 이용한 당내경선에의 영향력 행사를 엄격히 금지하고 있으므로, 이 사건과 같은 당원모집행위까지 '말로 하는 경선운동'으로서 허용된다고 해석한다면 공직선거법의 목적·체계에 정면으로 반하는 결과가 된다(광주고등법원 2023. 3. 8. 선고 2022노234 판결).

③ 당내경선을 대비하여 특정 후보자를 위해 당원을 모집한 행위가 경선운동에 해당되는지

해당 선거구 후보자에 관한 ○○당의 당내경선이 이 사건 범행일로부터 약 1년 후에 이루어졌고, 그 방식도 당원자격 유무와 관계없이 투표할 수 있는 국민경선방식으로 결정되었기는 하나, 위 관련 법리에다가 ① 피고인들은 지난 국회의원재선거에서 전략공천을 받았던 丁이 낙선한 점을 고려하여 이번 제19대 국회의원선거에서 丁과 丙의 당내경선이 이루어질 가능성이 매우 높다고 예상하고 당원을 모집한 점, ② 당내경선 실시예상일 1년 전에 범행한 것은 만일 당내경선이 이루어질 경우 ○○당의 당규상 1년 이상 당비를 납부한 사람들에게 선거인으로서의 우선권이 부여될 가능성이 있고, 실제로도 그러한 전례가 있었던 점을 감안하여 당비를 납부할 당원들을 모집한 점, ③ 피고인들은 단순히 가입할 정당 자체가 아닌 丙이라는 특정 정치인을 지지할 사람을 대상으로 하거나 또는 丙에 대한 지지를 호소하면서 당원을 모집한 점, ④ 피고인들은 이 사건 당시 약 2개월 동안 200명 이상의 당원을 집중적으로 모집하였는데 피고인들이 그 이전에도 위와 같이 왕성하게 당원을 모집하였다는 사정이 드러나지 않는 점 등에 비추어 이는 통상의 정당활동 범위로 보기 어려운 점을 종합하면,

피고인들의 이 사건 당원모집 행위는 향후 이루어질 제19대 국회의원선거에서의 후보자 결정을 위한 당내경선에서 丙의 승리를 도모한다는 목적이 객관적으로 인정될 수 있는 능동적·계획적 행동에 해당한다고 평가할 수 있고, 위 당원 모집 시기나 실제 결정된 당내경선 방식에 관한 사정은 이에 장애가 되지 아니하므로 비록 당시 당내경선의 실시 여부가 확정되지 않은 상태였고 실제로 그 후에 당내경선이 실시되지 않았다고 하더라도, 피고인들이 장차 있을지 모를 당내경선에 대비하여 丙을 지지할 당원을 모집한 행위는 '경선운동'에 해당한다(대법원 2013. 4. 11. 선고 2013도1836 판결).

④ 당원모집 지시 및 입당 권유 행위가 경선운동에 해당하는지 여부

원심이 적법하게 채택하여 조사한 증거들에 비추어 알 수 있는 다음과 같은 사정들, 즉, ① 과거 □□당의 △△시장 경선은 당원투표와 시민투표를 일정한 비율로 합산하여 최다득표자가 후보로 선출되었는데, 2010년 □□당 △△시장 경선에서 강◉◉가 0.45% 차이로 이◉◉을 제치고 △△시장 후보로 선출되었는데, 위 0.45%의 차이는 당원 수로 환산하면 2~3명 정도의 차이에 불과했던 점, ② 전체 □□당원 중에서 6회 이상의 당비(월 1,000원)를 납부한 당원(이하 '권리당원'이라 한다)에게만 경선에서의 투표권이 주어지는데, 2014년 □□당의 △△시장 경선이 2014. 4.경 ~ 5.경 사이에 실시될 것으로 쉽게 예상할 수 있으므로, 피고인 김○○와 피고인 오○○, 김○○, 강○○, 박○○, 김○○, 류○○, 김○○, 김○○이 강◉◉에게 우호적인 권리당원을 모집하려면 늦어도 2013. 9. 말경까지는 당원모집을 완료해야 했고, 실제로 위 피고인들은 2013.

9. 말경까지 당원 모집행위를 하였던 점, ③ 모집한 당원의 당비를 일부 대납해준 점 등을 종합하면, 위 피고인들이 원심 판시 제1항과 같이 나중에 있을 □□당의 △△시장 경선에서 강◉◉가 후보자로 선출될 수 있도록 우호적인 당원을 모집하는 행위를 한 이상, 이는 경선운동을 위한 내부적, 절차적 준비행위를 넘어 □□당 △△시장 경선에서 강◉◉가 △△시장 후보자로 선출될 것을 도모한다는 목적이 객관적으로 인정될 수 있는 능동적, 계획적 행위, 즉 강◉◉를 위한 '경선운동'을 한 것으로 평가할 수 있고, 덧붙여 이 부분 범행 이후 □□당의 △△시장 경선이 실시되지 않아 결과적으로 위 피고인들의 이 부분 범행이 □□당의 △△시장후보를 선출하는 데 있어 아무런 영향을 미치지 못했다고 하더라도, 위 피고인들을 △△시장 경선에서 강◉◉를 △△시장 후보자로 선출되게 할 목적으로 위와 같은 행위를 한 이상 이러한 사정의 존부에 불구하고 경선운동에 해당한다고 봄이 타당하다(광주고등법원 2014. 9. 25. 선고 2014노266 판결, 대법원 2015. 9. 10. 선고 2014도13154 판결).

⑤ 권리당원모집과 '1만 서포터즈 모집'이 경선운동에 해당하는지 여부

1. 권리당원모집

기록에 의하여 인정되는 다음과 같은 사정들, 즉, ① 이○○이 ■■ 등 4개 지역에서 4차례 국회의원으로 선출되었다는 사정만으로, 피고인이 위 지역에서 모집한 당원들이 당내경선에서 이○○을 '막연히 지지할' 가능성이 있다는 점을 넘어 그와 같은 사정이 합리적 의심 없이 인정된다고 보기 부족한 점, ② 2013. 8.경부터 2013. 11.경의 권리당원 모집과 관련하여 각 지역 특보, 연락소장, 간사 등은 모두 권리당원을 모집하면서 이○○에 대한 지지를 부탁한 적이 없다고 진술하고 있는 점, ③ □□당에서도 2013. 4. 9.경부터 2014. 6. 4.에 실시될 제6회 전국동시지방선거를 준비하기 위하여 중앙당 차원에서 '당원배가운동'을 실시하고 있다는 점 등을 위 법리(위 대법원 2013도1836 판결 "피고인들이 장차 있을지 모르는 당내경선에 대비하여 후보자를 지지할 당원을 모집한 행위는 '경선운동'에 해당된다."에 따르면 당내경선에 대비하여 '후보자를 지지할' 당원을 모집한 행위라야 '경선운동'에 해당한다)에 비추어 보면, 피고인이 이○○의 지역구에서 권리당원을 모집한 행위가 '경선운동'에 해당한다고 보기 어렵다.

2. '1만 서포터즈 모집'

선거철에 통상 행하여지는 '지인찾기'는 선거운동기간에 문자를 발송하기 위하여 미리 명단을 확보하는 것으로서 선거캠프의 관계자들이 지인 명단을 제출하고 이를 취합하여 정리하는 방식으로 이루어지고, 이는 단순히 연락처를 모으는 것에 불과하여 위와 같은 행위는 경선운동을 위한 준비행위에 불과한 것으로 볼 수 있으

나, '1만 서포터즈 모집'행위는 선거운동의 효과를 배가시키기 위하여 이○○에 대한 우호적인 사람들의 명단을 정리할 필요성이 있다는 점에서 시작된 것으로서, 지역 특보나 당직자들이 지인들을 직접 만나서 이○○에 대하여 우호적인 사람인지를 확인하고, 이○○에게 우호적인 사람들에게 이○○의 지지를 호소하면서 성명, 연락처, 주소 등을 확보하여 제출하면, 담당자가 이를 취합하여 정리하는 것으로서, 이는 이○○이 □□당의 ●●도 도지사 후보로 선출되게 하려는 목적이 객관적으로 인정될 수 있는 행동이고, 단순히 연락처를 모으는 위 '지인찾기'와는 달리 그 자체로 경선운동에 해당한다고 봄이 상당하므로, '1만 서포터즈 모집'과 관련하여 선거구민을 직접 만나서 이○○에 대하여 우호적인지 여부를 확인하고, 우호적인 사람들에게 이○○에 대한 지지를 호소하였다면, 이는 경선운동에 해당한다(광주고등법원 2015. 2. 12. 선고 2014노277-1(분리), 2015노25(병합) 판결, 대법원 2015. 6. 11. 선고 2015도3953 판결).

⑥ 경선후보자 지지 단체를 결성하고 경선후보의 경선선거인단 모집 행위

피고인들 및 '더불어희망' 회원들은 "대선기간이 짧아서 결선투표까지 가는 건 에너지 소비가 크다, 가능한 ○○○ 후보로 집중해서 본선 승리의 길을 앞당기자"는 피고인 A의 지시 등에 따라, 2017. 2. ~ 4.경 ○○당 ARS 경선 투표와 관련하여 주변 지인들에게 ○○○ 후보 지지를 권유하고, 이를 수락한 지인이 □□당에 전화를 걸어 ARS 경선투표 신청을 한 후 자신의 인적사항과 신청시 받은 인증번호를 다시 '더불어희망' 회원들에게 알려주면 이를 취합하여 ○○○ 후보 경선캠프에 전달하는 방법으로 ○○○ 후보를 지지하는 수천 명의 경선 선거인단을 모집하였다(대법원 2019. 7. 4. 선고 2019도1441 판결, 서울고등법원 2019. 1. 17. 선고 2018노2067 판결).

⑦ 통상적인 정당활동으로서의 당원모집과 구별되는 당내경선운동의 판단기준

1) 개별적으로 대면하여 말로 특정 후보의 지지를 호소하는 당내경선운동은 허용되나, 그 결과 당내경선에서 특정 후보에게 투표해줄 당원을 모집하는 것까지 당연히 허용된다고 볼 수는 없다. 이는 당내경선에서 특정 후보를 지지해줄 것을 말로 호소하는 것을 넘어, 당내경선에서 특정 후보에게 투표해줄 사람을 당원으로 가입시키는 방법을 취하고 있기 때문이다. 당내경선에서 특정 후보에게 투표할 당원 모집 행위가 통상적인 정당의 당원 모집과 같다고 평가하기도 어렵다. 정당의 활동에 관심 없이 오로지 당내경선에서 특정 후보에게 투표할 당원을 모집하는 것을 무제한적으로 허용하면, 정당 내부 민주적 의사결정을 위한 당내경선제도가 변질·과열될 우려도 있다.

2) 헌법 §8, 정당법 §37②, 공직선거법 §58① 4., §144① 같은 규정들은, 정당의 활동을 보호하고 대의민주주의에서 정당의 중요한 공적 기능을 고려하여 당원 모집을 포함한 정당의 활동은 자유로이 허용되어야 함을 분명히 선언한 것이다. 대법원 2015도11812 판결 취지는 어떤 행위의 당내경선운동 해당여부를 판단할 때에도 동일하게 적용하여야 한다. 따라서 당내경선을 대비한 당원 모집을 단순히 말로 하는 경선운동이나 통상적인 정당활동과 같게 볼 것은 아니더라도, 당원 모집을 쉽게 당내경선운동이라고 단정하여 정당의 당원 모집을 부당하게 제약하지 않도록 유의해야 한다.

3) 당원모집활동이 당내경선운동에 해당하려면, 특정 당내경선에서 특정 후보의 당락을 도모한다는 목적의사가 선거인의 관점에서 명백히 인식할 수 있는 객관적 사정이 인정되어야 한다. 이는 모집 과정에서 ① 상대방에게 명시적으로 특정 당내경선에서 특정 후보에게 투표해줄 것을 부탁하며 입당해달라고 하거나, ② 이러한 명시적인 부탁에 준하여 상대방의 입장에서 특정 당내경선에서 특정 후보에게 투표하기 위한 당원을 모집하는 것으로 명백히 인식할 수 있는 객관적인 사정이 있어야 하고, 이러한 사정은 관련 증거에 의하여 합리적인 의심의 여지없이 증명되어야 한다. 정치인이 자신과 정치적 주장과 가치를 공유하는 사람들을 소속 정당의 당원으로 모집함으로써 소속 정당 자체의 지지 기반과 세력을 확대할 뿐 아니라 소속 정당 내부에서 자신의 정치력과 활동기반을 넓히는 것은 통상적인 정당활동의 일환이라고 보아야 한다. 당내경선의 후보자나 후보자가 되려는 자가 이러한 통상적인 활동으로서 당원을 모집함에 따라 소속 정당 안에서 자신의 정치력과 활동기반을 넓히게 되고 그 결과 장래 실시될 당내경선에서 당선될 가능성이 높아진다고 하더라도, 위와 같이 특정 당내경선에서 당락을 도모하는 행위임을 선거인이 명백히 인식할 수 있는 객관적 사정이 없다며 당내경선운동에 해당한다고 볼 수 없다. 이러한 판단은 후보자가 당내에서 정치적 영향력과 활동기반을 증대시킴으로써 당내경선이나 공직선거에서 당선될 가능성을 높인다는 것을 내심의 동기로 삼아 적극적인 당원모집활동을 하였거나, 후보자와 정치적 주장과 가치를 공유하는 사람들, 본인을 지지할 개연성이 높거나 본인에 호의적일 것으로 예상되는 사람들을 주된 대상으로 하여 적극적인 당원모집활동을 하였다고 하더라도 마찬가지이다(서울고등법원 2022. 7. 22. 선고 2021노2521 판결, 대법원 2022. 10. 27. 선고 2022도9510 판결).

다. 호별방문 등 경선운동방법

① 선거운동을 할 수 없는 지방공무원이 호별방문의 방법으로 당내경선운동

피고인 A는 2015. 1. 1.경부터 2022. 6. 30.경까지 ☆☆군 공무원으로 재직한 사람이고, 피고인 B는 ☆☆에 거주하며 ◆◆로 활동하며 甲당 당원으로 활동하는 사람이다. A는 C가 2022. 4. 29. ~ 4. 30. 진행되는 甲당 ☆☆군수선거 당내경선에서 당선이 쉽지 않아보이자, 2022. 4. 29. B에게 전화하여 위 당내경선에서 C를 당선되게 하기 위하여, 자신은 B를 호별방문 경선운동을 할 장소까지 차로 태워다 주고 대기하였다가 다시 B를 태워 다른 장소로 이동하고, B는 직접 유권자들의 주거지에 들어가 C에게 투표해달라고 권유하여 경선운동을 하기로 공모하였다.

이에, A는 위 같은 날 15시 B를 차에 태워 이동하고, B는 D의 주거지로 들어가 D에게 "C 찍어달라. 지지해달라."라고 말한 뒤, 다시 A의 차를 타고 다음 방문지로 이동하는 방법으로 경선운동을 한 것을 비롯하여, 같은 날 총 5개 가구를 순차로 호별방문하여 경선운동을 하였다. 이로써 피고인들은 공모하여, 지방공무원 등 선거운동을 할 수 없는 자가 당내경선운동을 하고, 공직선거법에서 정하지 아니한 방법으로 당내경선운동을 하였다(청주지방법원 제천지원 2022. 10. 13. 선고 2022고합32 판결).

② 책임당원들을 찾아가 모바일투표에 응하도록 독려한 행위

이 법원이 적법하게 채택하여 조사한 증거들에 의하여 인정되는 다음 사정, 즉 ① 피고인이 A, C 등과 공모하여 책임당원들을 찾아가 모바일투표에 응하도록 독려하는 등의 행위는 공직선거법이 명시적으로 허용하는 경선운동의 방법에 포함되지 아니하는 점, ② 또한, 피고인 등이 책임당원을 찾아간 행위는 호별로 방문하여 투표참여를 권유한 것으로 볼 수 있는바, 경선운동에 비하여 폭넓은 자유를 보장받고 있는 선거운동의 경우에도 공직선거법 제58조의2 제1호에서 호별로 방문하는 행위를 금지하고 있어, 경선운동에서 호별 방문을 허용하고 있다고 보기도 어려운 점, ③ 피고인 등은 책임당원들에게 모바일투표 독려 전화를 실시하였고, 그 투표 방법을 모른다는 책임당원을 사전에 파악한 후 직접 찾아가 투표를 도와주었는데, 이는 A를 지지하는 책임당원들만을 대상으로 한 점, ④ 그 과정에서 일부 도우미는 책임당원 옆에서 대리투표를 해주거나, 'A 투표 결과 인증샷'을 찍어 관리자들에게 송부하기도 하는 등 위와 같은 도우미 파견 행위는 A 지지자들의 투표율을 높이기 위한 전략적 행위로 이루어진 점 등을 종합하면, 피고인 등의 이러한 행위는 공직선거법이 허용하는 경선운동이라고 보기 어렵다(대구고등법원 2019. 1. 17. 선고 2018노513 판결).

라. 여론조사 방식의 경선운동

① 여론조사 방식의 사전경선운동

공직선거법 제57조의3 제1항은 "정당이 당원과 당원이 아닌 자에게 투표권을 부여하여 실시하는 당내경선에서는 다음 각 호의 어느 하나에 해당하는 방법 외의 방법으로 경선운동을 할 수 없다."라고 정하여 당내경선운동의 방법을 제한하고 있다. 공직선거법 제57조의6 제1항 본문은 "제60조 제1항에 따라 선거운동을 할 수 없는 사람은 당내경선에서 경선운동을 할 수 없다."라고 정하고 있고, 제60조 제1항 제4호는 국가공무원법 제2조에 규정된 국가공무원과 지방공무원법 제2조에 규정된 지방공무원은 원칙적으로 선거운동을 할 수 없다고 정함으로써 공무원의 당내경선운동을 원칙적으로 금지하고 있다. 한편 공직선거법 제6장의2에서는 정당의 후보자 추천을 위한 당내경선에 관한 규정을 두면서 당내경선방식을 제한하는 규정을 두고 있지 않다. 위와 같은 공직선거법의 규정을 종합적으로 고려하면, 정치운동이 금지되는 국가공무원은 '선거'에 해당하는 당내경선운동을 할 수 없고, 그 형식이 여론조사방식에 의한 당내경선이라고 하여 달리 볼 수는 없으며, 당내경선운동기간 전에 당내경선운동을 한 경우에는 당내경선운동방법을 위반한 경우에 해당한다(대법원 2018. 5. 11. 선고 2018도4075 판결).

② 실제 선거구민이 아님에도 휴대전화 요금청구지 주소를 변경하여 당내경선 여론조사에 참여한 행위가 당내경선운동에 해당하는지

공직선거법 규정 체계·내용 등에 비추어 보면, 당내경선운동은 선거운동과 달리 공직선거법에 의해 허용되는 주체·방법이 아닌 방식은 금지되고 공직선거법상 당내경선운동과 관련된 처벌규정은 경선후보자 및 그와 직·간접적 이해관계가 있는 선거사무원·지지자뿐 아니라 당내경선에서 사실상 경선운동을 할 수 있는 모든 주체에게 적용된다.

증거에 의해 인정되는 다음과 같은 사정들을 종합적으로 고려하면, 피고인들이 범한 판시 행위는 특정 후보자를 당선·낙선시킬 목적 하에 이루어진 행위이자 특정 당내경선 후보자의 당선·낙선에 유리한 당내경선운동에 해당한다.

가. ○○군은 선거인수가 20,000여명 정도의 소규모 선거구로, 비교적 적은 수의 휴대전화번호 요금청구지만을 선거구 내에 등록하더라도 해당 번호로 여론조사에 관한 연락을 받아 그 결과를 조작할 수 있는 가능성이 큰 곳이다.

나. 해당 전화면접 방식의 응답률은 2022. 4. 1.~4. 3. 여론조사에서 41.3%, 2022. 4. 11.~4. 12. 여론조사에서 54.4.%로, 통상적인 여론조사에서 기대할 수 없는 수준의

응답률이 도출되고, 2-30대 조사완료사례수가 목표사례수에 거의 일치하는 등 특정 연령대의 응답률이 비정상적으로 높아, 의도적인 여론조사 조작행위 가능성에 대해 의심할 만한 사정이 드러났다. 전화면접 방식의 응답률은 통상 20%를 넘기기 어렵다는 점으로 보더라도, '가'항의 환경을 토대로 이러한 가능성이 현실화되었다고 평가할 여지가 크다.

다. 선거 전에 실시되는 여론조사는 해당 선거구의 민심을 반영하는 객관적인 지표로 여겨지므로 후보자의 선거전략 수립은 물론 선거인들이 어떤 후보를 지지할지, 언론이 어떤 후보자를 주목할지를 결정하게 하는 데 큰 영향을 미친다. 이 사건에서는 ○○군에 거주하지 않는 피고인들이 여론조사에 응답하여 그 수치의 높고 낮음을 떠나 피고인들의 주소변경 및 여론조사 응답이 여론조사의 방식으로 진행된 당내경선 결과에까지 그 여파가 미쳤다고 보인다.

라. 특히 피고인들이 요금청구지를 옮긴 시점이 지방선거 및 당내경선에 임박한 시점이고, 판시 여론조사가 당내경선에 임박한 시점 내지 당내경선 방법 그 자체로 이루어진 것인 점 등을 더하여 보면, 피고인들의 행위는 당내경선에서 특정 후보자를 당선·낙선시킬 목적으로 행해진 것이라고 판단함에 합리적인 의심의 여지가 없다(전주지방법원 남원지원 2023. 1. 19. 선고 2022고합38 판결).

〈 당내경선투표 조작 방식 〉

이동통신사업자가 가입자의 요금청구지 주소를 기준으로 휴대전화 가상번호를 제공하므로, 해당 선거구 외 지역 거주자도 휴대전화 요금청구지를 변경하여 해당 선거구에 거주하는 것처럼 가장할 수 있고, 실제 선거구에 거주하지 않는 다수인으로 하여금 요금청구지를 선거구 내로 이전하도록 한 후 당내경선안심번호 선거인단 ARS 투표전화를 수신하여 특정 후보자를 지지하게 하여 해당 선거구의 여론을 조작할 수 있다.

③ 당내경선 후보자 결정을 위한 '컷오프심사' 여론조사 진행 과정에서 ARS 전화를 이용하여 자신에 대한 지지 호소

●●군수선거 후보자 선출을 위한 甲당 당내경선 전체 일정은 2022. 4.초경부터 같은 달 30.까지 약 한달 간 이루어졌다.[34] 피고인은 이와 관련하여 甲당에 공천신청을 하

---

34) 甲당 ◎◎도당 공직선거후보자추천관리위원회는 2022. 4. 12.부터 공천신청자 647명에 대해 여론조사 40% 등으로 구성된 '컷오프' 심사를 진행하였다. 피고인들은 이 사건 음성녹음파일을 2022. 4. 9.~4.12. 발송하였는데, 이 기간은 ●●군수 甲당 경선후보 결정을 위해 甲당 당원과 비당원을 대상으로 甲당에서 경선후보자 적합도에 관한 ARS 여론조사가 진행될 무렵으로, 이와 같이 경선후보자 확정 후인 2022. 4.말경 甲당 ◎◎도당은 권리당원과 비당원 비율을 각 50%로 하여 ARS 여론조사를 실시하는 방법으로 당내경선을 실시하였다.

고 2022. 4. 13. 공천신청자 면접심사에도 참여하는 등 당내경선에 참여하려는 의사를 명확히 표시하였으며, 위 당내경선 전체일정 중 공직선거법상 허용되지 않는 ARS 전화 음성 녹음파일 전송 방식으로 '●●군수 예비후보 A입니다.', '아무도 흉내낼 수 없는 성과와 업적을 증명한 A이 정답입니다.' '지역번호 02-〇〇〇-〇〇〇〇로 걸려오는 전화를 끝까지 잘 받으신 후 꼭 A을 눌러주십시오'라며 자신에 대한 지지를 호소하였다. 피고인은 수사기관에서 위 행위를 한 이유로 '제가 甲당 ●●군수 예비후보로 출마한 사실을 지역민들이 잘 모르고 있어서 그 사실을 알리기 위해서'라고 진술하였고, 검찰에서 '甲당에서 1차 컷오프용 자체 여론조사를 하는데 그 구체적 기간을 공개하지 않아 4월 초순경부터 중순경까지 컷오프를 위한 적합도 여론조사를 할 것으로 예상하고 준비 한 것'이라고 진술한 바 있다. 컷오프심사는 경선후보자 선출을 위한 당내경선 절차의 일환이고, 피고인의 최종적인 목적 또한 여론조사에서 높은 지지율을 얻어 컷오프심사를 통과하고 당의 경선후보자가 되려는 데 있었으며, 실제 피고인이 전송한 음성녹음파일에는 '제가 유통회사 모든 주주분들께 단돈 1원의 손해가 없도록 100% 환수해드리겠습니다. A이 약속하면 반드시 지킵니다'와 같이 군수후보자 공약에 해당하는 내용도 포함되어 있었는바, 피고인의 위 행위는 직접적으로는 컷오프 심사를 위한 것이었다고 하더라도 이는 결국 당내경선에 대비한 행위라고 봄이 타당하다(광주고등법원 2023. 10. 26. 선고 2023노107 판결).

④ 카카오톡 대화방을 이용하여 여론조사에서 거짓 응답을 지시·권유·유도하는 방법으로 당내경선운동을 한 것이 법 제57조의3 제1항에 의해 허용되는 것으로 적법하다고 본 사례

인터넷 홈페이지 또는 그 게시판·대화방 등을 이용하여 사전선거운동을 하는 행위 역시 공직선거법 제59조 제3호의 신설에 따라 선거일 당일만 제외하고 선거운동기간의 여부와 관계없이 선거운동방법으로 허용되는 것으로 변경되었으므로, 위와 같은 법리에 비추어 보면, 카카오톡 대화방을 이용한 경선운동 역시 공직선거법에서 허용하는 경선운동방법에 해당한다고 봄이 타당하다.

이와 관련된 검사의 주장은, 카카오톡 대화방을 이용한 경선운동이 허용된다고 하더라도, 이는 공직선거법이 허용하는 범위 내의 정상적인 경선운동에 해당할 경우에만 인정될 뿐이고, 이 사건의 경우와 같이 '카카오톡 대화방을 이용하여 여론조사에서 거짓 응답을 지시·권유·유도'한 행위는 공직선거법이 허용하는 경선운동에 해당할 수 없으므로, 결국 '당내경선 부정선거운동'에 해당한다는 것이다.

살피건대, 앞서 본 바와 같이, 공직선거법 제255조 제2항 제3호, 제57조의3 제1항은

'경선운동의 수단 또는 방법' 그 자체를 제한하고, 이를 위반할 경우 처벌하는 규정에 해당하는데, 설령 인터넷 홈페이지 또는 그 게시판·대화방 등에 게시한 내용이 위법하다고 하더라도 그와 같은 내용을 게시한 행위가 검사가 공소사실에 적용되는 적용법조라고 주장한 공직선거법 제57조의3 제1항에 의하여 금지되는 것은 아니라고 할 것이다. 따라서 이 부분 공소사실 중 피고인들이 문자메시지나 카카오톡 대화방에 어떤 내용을 게시한 행위는 공직선거법 제57조의3 제1항의 규정에 의하여 허용되는 것으로 적법한 경선운동방법에 해당한다(대구고등법원 2024. 2. 1. 선고 2023노381 판결, 대법원 2024. 5. 9. 선고 2024도3299 판결).

⇨ 당내경선 부정선거운동죄 무죄(제255조 제2항 제3호, 제57조의3 제1항), 여론조사 제한 규정(제108조 제11항 제1호) 위반은 유죄

마. 기타 경선운동

① 예비후보자인 경선후보자가 피켓을 착용하고 거리인사를 한 행위

피고인의 피켓 착용 후 거리인사 행위가 공직선거법에서 정하고 있는 경선운동방법에 해당하지 아니한 이상 피고인이 예비후보자의 지위를 겸하고 있고 공직선거법이 예비후보자에 대하여 표지물을 착용하는 방식의 선거운동을 허용하고 있다는 사정은 피고인에게 당내경선운동방법 위반으로 인한 공직선거법위반의 죄책을 묻는 데 아무런 영향을 끼치지 못한다(울산지방법원 2021. 2. 9. 선고 2020고합279 판결).

② 기관·단체·시설이 특정 후보자가 당내경선에서 후보자로 선출되게 하기 위한 목적으로 설치된 경우 법 제89조 제1항에 위배되는지

구 공직선거법(2012. 10. 2. 법률 제11485호로 개정되기 전의 것, 이하 '구법'이라 한다) 제89조 제1항(유사기관의 설치금지)의 규정은 후보자 간 선거운동기구의 형평성을 유지하고 각종 형태의 선거운동기구가 난립함으로 말미암은 과열경쟁 및 낭비를 방지하기 위한 것이다. 그런데 그 조문의 체계나 입법 취지, 그리고 당내경선 과정에서 특정 후보자가 선출되게 하기 위하여 법 제57조의3 제1항에 위배하여 유사기관을 이용하는 방법으로 이루어진 당내경선운동 행위에 대해서는 법 제255조 제2항 제3호에 따라 처벌규정이 있는 점, 구법 제89조 제1항과 그 입법 취지가 유사한 법 제87조 제2항이 '선거운동'을 위한 사조직 기타 단체의 설립 등을 금지하고 있는 점 등을 고려하여 보면, 어떠한 기관·단체·시설이 특정 후보자의 '선거운동'을 목적으로 설치된 것이 아니고 그 후보자가 당내경선에서 후보자로 선출되게 하기 위한 목적으로 설치된 것이라면 그러

한 유사기관의 설치 등 행위는 구법 제89조 제1항에 위배되는 것은 아니라고 할 것이다(대법원 2013. 11. 14. 선고 2013도6620 판결).

바. 선거구의 부존재와 경선운동

① 피고인들이 △△당 당원들을 상대로 전화를 걸어 ○○○에 대한 지지를 호소할 당시 헌법재판소 결정에 따라 구 공직선거법의 국회의원 지역선거구역표가 그 효력을 상실한 사실은 인정된다. 그러나 아래에서 보는 바와 같은 이유로 피고인들의 위와 같은 행위는 공직선거법 제255조 제2항 제3호, 제57조의3 제1항 제1호에서 금지하고 있는 '당내경선운동'에 해당한다고 봄이 상당하다.

(중략)

공직선거법에서 지역구국회의원은 당해 의원의 선거구를 단위로 하여 선거하는 것으로 규정하고 있고(공직선거법 제20조 제3항), 정당은 선거에 있어 선거구별로 선거할 정수 범위 안에서 그 소속당원을 후보자로 추천할 수 있으며(제47조 제1항), 공직선거후보자를 추천하기 위하여 경선을 실시할 수 있다고 규정하고 있어(제57조의2 제1항), 당내경선이 사실상 특정 선거구와 불가분의 관계에 있다고 해석한다 하더라도, 위에서 본 바와 같은 공직선거법 제57조의3 제1항의 입법취지에 비추어 보면, 공직선거법은 당해 선거에서의 선거구가 확정되기 전이라 하더라도 출마가 예상되는 지역구에서 그 예상되는 지역구의 당내경선에 참여하려고 하는 사람이 당내경선에 대비하여 공직선거법이 허용하는 범위를 넘어서 경선운동을 하는 것을 금지할 목적으로 위 규정을 둔 것이라고 할 것이므로, 공직선거법에서 규정한 당내경선과 관련한 선거구는 기존에 실시된 선거에 관한 선거구 또한 확정된 선거구를 전제로 하는 개념이 아니라 해당 당내경선운동행위가 영향을 미칠 수 있는 향후 예정된 선거에서의 선거구를 의미하는 것으로 보아야 한다. 이와 달리 당내경선 결과 보호 등에 그 취지가 있는 공직선거법 제57조의2 제2항을 근거로 구 공직선거법상 지역선거구구역표가 그 효력을 상실하여 새로 당해 선거의 선거구가 확정되기 전에는 아무런 제한 없이 당내경선운동이 허용된다고 해석할 수는 없다.

국회의원 지역선거구는 선거가 실시될 때마다 선거일 전 18개월부터 설치·운영되는 국회의원선거구획정위원회에서 선거구획정안을 마련한 후 이를 국회에서 의결함으로써 비로소 확정된다(공직선거법 제24조, 제24조의2). 이와 같이 국회의원 지역선거구는 선거를 앞두고 조정될 가능성이 항상 열려 있으므로, 직전에 실시한 국회의원선거와 뒤이어 실시되는 국회의원선거의 지역선거구가 반드시 일치하는 것은 아니다. 더구나 헌법재판소 결정에 의해 효력이 상실된 것은 제19대 국회의원 선거에 관한 지역선거구이고, 제20대 국회의원 선거의 지역선거구가 아니다. 이와 같이 국회의원선거의 선거구는 선거가 실시될 때마다 변동될 수도 있는 것인데, 선거구획정이 지연된 것은 정도의 차이는 있지만 제20대 국회의원 총선거의 경우에만 한정된 문제가 아니라 과거에도 여러 차례 있었던 일이다.

피고인들은 제20대 국회의원선거에 출마하고자 하는 ○○○를 위하여 당내경선운동 행위를 하였는바, ○○○는 제20대 국회의원 총선거의 선거구가 확정되기 전인 2015. 12. 15. 이미 제19대 국회의원선거의 선거구인 □□□선거관리위원회에 예비후보자로 등록하여 이 사건 당시 예비후보자의 지위에 있었다. 또한 피고인 △△△, ▽▽▽ 등은 2015. 초경 ○○○가 ◇◇당의 2016. 4. 13. 국회의원선거 후보 선출을 위한 당내경선에서 ◇◇당 후보로 선출되도록 하기 위하여 ◇◇당 당원을 많이 확보할 목적으로 그 무렵 □□□에 거주하는 지인 등을 상대로 입당원서를 작성하는 방법으로 ◇◇당 당원을 모집한 바도 있다. 이에 따라 향후 선거구가 확정될 경우 ○○○가 위 □□□에 해당하는 지역선거구에서 출마할 것을 피고인들도 충분히 예상하고 있었다고 보인다(춘천지방법원 강릉지원 2016. 10. 27. 선고 2016고합67 판결, 서울고등법원 2017. 2. 16. 선고 2016노3486 판결).

제3절 공무원 등의 당내경선운동 금지

제57조의6(공무원 등의 당내경선운동 금지) ① 제60조제1항에 따라 선거운동을 할 수 없는 사람은 당내경선에서 경선운동을 할 수 없다. 다만, 소속 당원만을 대상으로 하는 당내경선에서 당원이 될 수 있는 사람이 경선운동을 하는 경우에는 그러하지 아니하다.

② 공무원은 그 지위를 이용하여 당내경선에서 경선운동을 할 수 없다.

제255조(부정선거운동죄) ① 다음 각 호의 어느 하나에 해당하는 자는 3년 이하의 징역 또는 600만원 이하의 벌금에 처한다.

　1. 제57조의6제1항을 위반하여 당내경선에서 경선운동을 한 사람

③ 다음 각 호의 어느 하나에 해당하는 사람은 5년 이하의 징역에 처한다.

　1. 제57조의6제2항을 위반하여 경선운동을 한 사람

1. 개요

선거운동을 할 수 없는 자를 제한적으로 열거하고 있다(법 제60조 제1항). 본 조는 정당내부 문제인 당내경선에 공무원 등 본선거의 선거운동을 할 수 없는 사람이 관여하는 것을 근본적으로 방지하여 당내경선의 공정성을 보장하기 위한 조항이다. 이전의 법으로는 공무원이 당내경선운동을 하는 경우에 선거운동 금지규정인 법 제60조, 제85조 등으로 처벌하는 것에 어려움이 있어 2010. 1. 25. 신설한 규정이다. 헌법재판소 위헌 결정의 취지에 따라 2023. 8. 30. 지방공사·공단 상근직원의 당내경선운동을 허용하였고, 2025. 1. 7. 법 개정을 통해 지방공사·공단 상근 직원도 선거운동을 할 수 있게 되었다.

이전에는 법 제85조 제2항이 공무원의 지위를 이용한 선거운동의 금지규정임은 분명하나 공무원의 지위를 이용한 경선운동에 대해 법 제85조 제2항을 적용할 수 있는지에 대해 논란이 있었다. 이후 2010. 1. 25. 법 개정 시 본 조 제2항을 신설하여 공무원은 그 지위를 이용하여 당내경선에서 경선운동을 할 수 없다고 명확히 규정하였다.

2. 공무원 등의 당내경선운동 금지

가. 원칙

법 제60조 제1항에 따라 선거운동을 할 수 없는 사람은 당내경선에서 경선운동을 할 수 없다. 선거권이 없는 자,[35] 공무원, 통·리·반장 등이[36] 이에 해당한다.

당내경선에서 경선운동을 할 수 없는 공무원이 경선에서 특정인을 지지해 줄 권리당원을 모집하여 정당에 가입하게 하는 경우 본 조 제1항에 위반된다.[37]

나. 예외

「소속 당원만을 대상으로 하는 당내경선」의 경우 정당법 제22조에 규정된 당원이 될 수 있는 사람은 당내경선운동을 할 수 있다. 또한 지방자치단체의 장이 정당의 당내경선에 입

---

35) 광주고등법원 2014. 10. 30. 선고 2014노277 판결
36) 대법원 2013. 5. 23. 선고 2013도2680 판결
37) 대법원 2013. 4. 11. 선고 2013도1836 판결, 대법원 2019. 4. 23. 선고 2019도1197 판결[대전고등법원 2019. 1. 10. 선고 (청주)2018노176 판결], 서울고등법원 2019. 5. 3. 선고 2019노505 판결

후보하는 경우에는 당원이 아닌 자가 참여하는 경선에서도 경선운동을 할 수 있다.[38]

3. 중앙선거관리위원회 행정해석

　지방자치단체장이 그 직을 가지고 정당의 당내경선에 입후보하는 경우에는 공선법 제57조의6 제1항에 불구하고 경선운동을 할 수 있음(2012. 5. 21. 의결).

4. 판례

　① 선거권이 없는 자의 경선운동

　피고인은 2012. 9. 10. 광주지방법원에서 공직선거법위반죄로 벌금 150만 원을 선고받고 2012. 12. 7. 그 형이 확정된 후 5년이 경과되지 않아 선거권이 없는 사람으로 2014. 6. 4. 실시된 제6회 전국동시지방선거에서 □□당의 공천을 받아 ◇◇구청장 후보로 출마하여 당선된 ○○○후보를 지지하였다. 피고인은 당내 경선운동을 할 수가 없는 사람임에도 불구하고 ○○○를 위하여 경선운동을 하였다(광주고등법원 2014. 10. 30. 선고 2014노277 판결).

　② 공무원의 권리당원모집 행위를 통한 당내경선운동위반

　피고인 A는 제5회·제6회 전국동시지방선거에서 ■■도의원으로 각 당선되어 □□지역을 기반으로 활동하였던 정치인으로서, 2017. 8.경부터는 2018. 6. 13. 시행 제7회 전국동시지방선거에서 □□군수 선거에 출마하기 위한 준비를 하는 등 위 선거에서 □□군수 후보자가 되려는 자이다.

　피고인 B는 □□군청 축산식품과에서 축산정책팀장으로 근무하는 공무원이고, 피고인 C는 같은 □□군청 민원과에서 민원팀장으로 근무하는 공무원이며, 피고인 D는 같은 □□군청에서 청원경찰로 근무하고 있는 사람으로서, 각각 제7회 전국동시지방선거 □□군수 선거에서 피고인 A가 당선되도록 하기 위하여 피고인 A를 적극적으로 지지해 온 사람들이다.

　1. 피고인 A, D, B의 공동범행

　피고인 D는 2017. 8. 경 피고인 A와 모의하여 같은 □□군청 소속 공무원인 피고

---

38)　중앙선거관리위원회 2012. 5. 21. 의결

인 B에게 "□□군수 후보 경선에서 A을 지지해 줄 ○○당 권리당원을 모집해 달라"는 부탁을 하고, 위 부탁을 받은 피고인 B는 권리당원 8명을 모집한 후 그 입당원서를 피고인 D에게 전달하고, 피고인 A는 이를 ○○당 ○○도당에 제출하여 위와 같은 모집된 사람들을 ○○도당에 권리당원으로 가입시켰다. 이로써 피고인들은 순차 공모하여, 공무원인 피고인 B는 당내경선운동을 함과 동시에 타인으로 하여금 정당에 가입하게 하였다.

2. 피고인 A, D, C의 공동범행

피고인 D는 2017. 8.경 피고인 A와 모의하여 같은 □□군청 소속 공무원인 피고인 C에게 "□□군수 후보 경선에서 A를 지지해 줄 ○○당 권리당원을 모집해 달라"는 부탁을 하고, 위 부탁을 받은 피고인 C는 권리당원 9명을 모집한 후 그 입당원서를 피고인 D에게 전달하고, 피고인 D는 위 입당원서를 피고인 A에게 전달하고, 피고인 A는 이를 ○○당 충북도당에 제출하여 위와 같이 모집된 사람들을 충북도당에 권리당원으로 가입시켰다. 이로써 피고인들은 순차 공모하여, 공무원인 피고인 C가 당내경선운동을 함과 동시에 타인으로 하여금 정당에 가입하게 하였다[대법원 2019. 4. 23. 선고 2019도1197 판결, 대전고등법원 2019. 1. 10. 선고 (청주)2018노176 판결].

③ 지방공무원의 당원모집의 행위가 당내경선운동 해당 여부

지방공무원은 당내경선에서 경선운동을 할 수 없고, 선거에서 특정인을 지지하기 위하여 타인에게 정당에 가입하게 하거나 권유할 수 없다. 피고인은 제7회 전국동시지방선거를 위한 □□당 ▲▲군수 후보자 당내경선에서 A에게 유리하도록 하기 위하여, 지인들을 직접 □□당 당원으로 가입시키거나 지인들을 통하여 당원을 모집하기로 마음먹었다. 피고인은 2017. 8.경 ○○도 ○○군 불상지에서 ○○군체육회 부회장인 김○○, ○○군체육회 진흥팀장 양○○ 등에게 A를 위하여 □□당 입당원서를 모집하여 오도록 하고, 피고인도 입당원서를 직접 모집하여, 김○○를 통해 13명, 양○○을 통해 15명, 피고인이 직접 19명 등 총 47명에게 □□당 입당을 권유하고 그들로부터 입당원서를 받은 다음 피고인이 이를 모아 □□당 강원도당에 제출하였다. 이로써 피고인은 지방공무원으로서 ▲▲군수 후보자가 되려는 A를 위하여 위와 같이 경선운동을 함과 동시에 선거에 있어서 특정인을 지지하기 위하여 타인으로 하여금 정당에 가입하도록 권유하였다(서울고등법원 2019. 5. 3. 선고 2019노505 판결).

제4절 당원 등 매수금지

제57조의5(당원 등 매수금지) ① 누구든지 당내경선에 있어 후보자로 선출되거나 되게 하거나 되지 못하게 할 목적으로 경선선거인(당내경선의 선거인명부에 등재된 자를 말한다) 또는 그의 배우자나 직계존·비속에게 명목여하를 불문하고 금품 그 밖의 재산상의 이익 또는 공사의 직을 제공하거나 그 제공의 의사를 표시하거나 그 제공을 약속하는 행위를 할 수 없다. 다만, 중앙선거관리위원회규칙이 정하는 의례적인 행위는 그러하지 아니하다.

② 누구든지 당내경선에 있어 후보자가 되지 아니하게 하거나 후보자가 된 것을 사퇴하게 할 목적으로 후보자(후보자가 되고자 하는 자를 포함한다. 이하 이 항에서 같다)에게 제1항의 규정에 따른 이익제공행위 등을 하여서는 아니되며, 후보자는 그 이익이나 직의 제공을 받거나 제공의 의사표시를 승낙하여서는 아니된다.

③ 누구든지 제1항 및 제2항에 규정된 행위에 관하여 지시·권유 또는 요구를 하여서는 아니된다.

제230조(매수 및 이해유도죄) ⑦ 당내경선과 관련하여 다음 각 호의 어느 하나에 해당하는 자는 3년 이하의 징역 또는 1천만원 이하의 벌금에 처한다.

　1. 제57조의5(당원 등 매수금지)제1항 또는 제2항의 규정을 위반한 자

　2. 후보자로 선출되거나 되게 하거나 되지 못하게 하거나, 경선선거인(당내경선의 선거인명부에 등재된 자를 말한다. 이하 이 조에서 같다)으로 하여금 투표를 하게 하거나 하지 아니하게 할 목적으로 경선후보자·경선운동관계자·경선선거인 또는 참관인에게 금품·향응 그 밖의 재산상의 이익이나 공사의 직을 제공하거나 그 제공의 의사를 표시하거나 그 제공을 약속한 자

　3. 제57조의5제1항 또는 제2항에 규정된 이익이나 직의 제공을 받거나 그 제공의 의사표시를 승낙한 자

⑧ 제7항제2호·제3호에 규정된 행위에 관하여 지시·권유·요구하거나 알선한 자 또는 제57조의5제3항의 규정을 위반한 자는 5년 이하의 징역 또는 3천만원 이하의 벌금에 처한다.

1. 개요

　당내경선은 지역별로 정당 지지도가 편중되어 있는 국내 정치현실의 특성상 특정 정당의 후보자로 추천되는 경우 당선이 보장된다는 인식이 팽배하고, 소수의 선거인단을 상대로 실시되기 때문에 선거운동과 금품제공의 대상이 소수의 선거인단에 한정되어 불법선거와 금품제공의 유혹이 큰 것이 현실이다. 따라서 본 규정은 정당의 공직선거후보자를 추천하기 위한 당내경선에서 경선관계자에 대한 매수행위를 처벌하여 당내경선의 공정을 기하기 위

한 규정이다. 종래 당내경선은 정당의 내부행사로 보아 그 자율성을 존중한다는 의미에서 별도로 규율하지 아니하였으나, 당내경선에서 금품제공이 문제되면서 2002. 3. 7. 정당법 개정 시 공직선거후보자 및 정당 대표자의 추천·선출에 있어서 당원 등을 매수한 자를 처벌 토록 하였다. 이후 공직선거 관련 규정의 통합·정비차원에서 2005. 8. 4. 공직선거법 및 정 당법 개정으로 구 정당법 제45조의4 규정 중 공직선거후보자 추천을 위한 당내경선 관련 부 분을 공직선거법으로 옮겨 본 조항을 신설하고 정당법은 이를 제외한 당대표 등 경선만을 규율하게 되었다.

2. 내용

가. 경선운동·투표목적 경선선거인 등 매수금지 위반죄(제57조의5 제1항, 제230 조 제7항 제1호, 제2호)

(1) 의의

경선운동 목적으로 경선선거인 또는 그 배우자나 직계존·비속을 매수하는 행위를 처벌하 는 규정(법 제57조의5 제1항, 제230조 제7항 제1호)과 경선운동이나 경선선거인의 자유로운 투표 의사에 영향을 미치게 할 목적으로 경선후보자, 경선운동관계자, 경선선거인 또는 참관인을 매수하는 행위를 처벌하는 규정(제230조 제7항 제2호)이 본 죄에 해당한다.

(2) 주관적 구성요건

법 제57조의5 제1항은 「당내경선에 있어 후보자로 선출되거나 되게 하거나 되지 못하게 할 목적」이 있어야 하고, 본 조항 제2호는 위 목적 또는 「경선선거인으로 하여금 투표를 하 게 하거나 하지 아니하게 할 목적」이 있어야 한다.

(3) 객관적 구성요건

(가) 주체
아무런 제한이 없다.

(나) 상대방
법 제57조의5 제1항, 제230조 제7항 제1호 위반의 상대방은 「경선선거인(당내경선의 선거인명부에 등재된 자) 또는 그의 배우자나 직계존·비속」이고, 법 제230조 제7항 제2호 위반의 상대방은 「경선후보자·경선운동관계자·경선선거인 또는 참관인」이다.

「경선선거인」은 당내경선의 선거인명부에 등재된 자로 명문 규정되어 있어, 본 조 제1항 제1호의 매수죄에서 선거인의 범위에 선거인명부에 오를 자격이 있는 자가 포함되는 것과 구별된다.

「경선선거인의 배우자나 직계존비속」도 상대방이 될 수 있는 점에서 본 조 제1항 제1호의 일반 매수죄와 다르다.

「경선후보자·경선운동관계자·참관인」의 자격은 각 정당의 당헌·당규에 따라 정하여 진다.

「경선후보자」에 후보자가 되고자 하는 자가 포함되는지 문제되는바, 법 제57조의5 제2항은 후보자에 후보자가 되고자 하는 자를 포함한다고 명시하고 있는 반면 본 조항에는 별도의 규정이 없고, 경선선거인을 선거인명부에 등재된 자에 한하도록 규정하고 있음에 비추어, 본 죄에서 경선후보자는 등록된 후보자만을 의미하고 후보자가 되고자 하는 자는 포함되지 않는다.[39]

「경선운동관계자」의 의미에 관하여, 널리 당내경선운동에 관여하거나 기타 당내경선에 관한 사무를 담당하고 처리하는 자를 포괄적으로 지칭하는 것으로 보아, 직접적으로 당내경선사무에 종사하거나 그 절차에 관여하는 자 및 다른 경선후보자의 경선운동관계자는 물론 행위자가 어떤 특정 경선후보자의 선출을 돕기 위하여 그 경선후보자의 경선운동관계자에게 금품을 제공한 경우 해당 경선후보자의 경선운동관계자 역시 이에 포함된다.[40]

(다) 행위

「당내경선과 관련하여」, 「명목여하를 불문하고 금품 그 밖의 재산상 이익 또는 공사의 직을 제공하거나 그 제공의 의사표시를 하거나 그 제공을 약속」(제57조의5 제1항)하거나, 「금품·향응 그 밖의 재산상 이익이나 공사의 직을 제공하거나 그 제공의 의사표시를 하거나 그 제공을 약속」(제230조 제7항 제2호)하는 것이다.

「당내경선과 관련하여」는 기부행위제한금지규정 등의 「선거에 관하여」의 해석에 준하여 '당내경선에 즈음하여 투표 또는 경선운동, 당선 등 경선에 관한 사항을 동기로 하여'라는 뜻으로 해석된다.[41]

---

39) 대검찰청, 공직선거법 벌칙해설 제10개정판 ,247면
40) 대법원 2007. 6. 1. 선고 2006도8134 판결
41) 대법원 1996. 6. 14. 선고 96도405 판결(「선거에 관하여」란 널리 선거에 즈음하여 선거운동, 투표, 당선 등 선거에 관한 사항을 동기로 하여 이루어지는 등 그 행위의 동기가 선거와 관계있는 사항에 기인하는 한 이에 해당한다고 보아야 함)

나. 당내경선 후보자에 대한 매수 및 이해유도죄(제57조의5 제2항, 제230조 제7항 제1호)

(1) 의의

본 조항은 당내경선에서 후보자가 되고자 하는 자 및 후보자에 대하여 입후보와 관련된 사전·사후의 매수행위를 한 자를 처벌하여 피선거권 행사의 공정성과 그 불가매수성을 보장하기 위한 규정이다.

(2) 주관적 구성요건

「당내경선에 있어 후보자가 되지 아니하게 하거나 후보자가 된 것을 사퇴하게 할 목적」이 있어야 한다. 「후보자가 되지 아니하게 할 목적」은 후보자등록 이전에 그의 입후보를 예상하여 그것을 포기하게 할 목적을 말하고, 「후보자가 된 것을 사퇴하게 할 목적」은 후보자등록을 마친 후보자의 입후보의사를 철회하게 할 목적을 의미한다.[42]

(3) 객관적 구성요건

(가) 주체

아무런 제한이 없다.

(나) 상대방

법 제57조의5 제2항 전단의 경우 「후보자(후보자가 되고자 하는 자를 포함)」가 상대방이다. 여기서 「후보자」는 경선후보자로 정당의 당헌·당규에 따라 후보자로 등록을 한 자를 의미하고, 「후보자가 되고자 하는 자」는 경선후보자등록을 하지 아니하였으나 경선후보자가 될 의사를 가진 자를 말한다. 당내경선에 입후보할 것을 예정하면 족하고 확정적 의사까지 요구되는 것은 아니며, 신분·접촉대상·언행 등에 비추어 당내경선에 입후보할 의사를 가진 것으로 객관적으로 인식할 수 있을 정도에 이를 경우에도 후보자가 되고자 하는 자에 해당한다고 보아야 한다.[43]

법 제57조의5 제2항 후단의 경우 상대방의 제한이 없다.

---

42) 대검찰청, 공직선거법 벌칙해설 제10개정판, 250면
43) 대법원 1996. 9. 10. 선고 96도976 판결

(다) 행위

당내경선과 관련하여 법 제57조의5 제1항의 규정에 따른 이익(금품 그 밖의 재산상의 이익 또는 공사의 직) 제공행위 등을 하거나(법 제57조의5 제2항 전단), 그 이익이나 직의 제공을 받거나 제공의 의사표시를 승낙하는 것(법 제57조의5 제2항 후단)이다.

다. 매수를 받는 죄(제230조 제7항 제3호)

(1) 의의

본 조항 제1호, 제2호, 법 제57조의5 제1항, 제2항 전단의 죄는 매수 또는 이해유도 등을 행하는 자에 대하여 성립하는 범죄임에 반하여, 본 호의 죄는 그러한 매수를 받는 자를 처벌하는 규정이다. 법문상 본 조항 제1호에 위반됨이 없이 제2호의 규정에 위반하여 제공된 이익을 취득한 자는 제외되어 있어 처벌할 수 없다.

(2) 주관적 구성요건

제공자가 소정의 목적, 의도를 가지고 제공하는 것이라는 점에 대한 인식은 있어야 한다. 이는 미필적 인식으로 족하다.

(3) 객관적 구성요건

(가) 주체

법 제57조의5 제1항(경선운동 목적 경선선거인 또는 그의 배우자나 직계존·비속 매수), 같은 조 제2항(경선후보자 매수 등) 각 소정 행위의 상대방이 본 죄의 주체이다. 그런데 법 제57조의5 제2항의 경우 후단에 이익을 취득한 자에 대한 금지규정이 있어 동 조항을 위반하여 이익을 취득한 자는 본 조항 제1호에 따라 처벌된다.[44]

(나) 행위

당내경선과 관련하여 법 제57조의5 제1항, 제2항에 규정된 이익이나 직의 제공을 받거나 제공의 의사표시를 승낙하는 것이다.

---

[44]　대검찰청, 공직선거법 벌칙해설 제10개정판, 250면(법 제157조의5 제2항의 경우 이익을 취득한 자에 대한 금지규정이 있어 본 조 제1호에 따라 처벌이 가능함에도 본 호에 다시 처벌규정을 둔 것은 입법의 오류로 보인다)

라. 지시·권유·요구 및 알선죄(제57조의5 제3항, 제230조 제8항)

(1) 의의

본 조항은 당내경선 관련 매수 및 이해유도죄 등의 교사 또는 방조에 유사한 행위를 독립한 범죄로 취급하여 이를 가중처벌하는 규정이다.

(2) 주관적 구성요건

상대방이 행하려는 범죄의 요건이 되는 불법한 목적에 대한 인식과 지시·권유·요구·알선행위에 대한 인식이 필요하다. 이는 미필적 인식으로 족하다.

(3) 객관적 구성요건

(가) 주체

아무런 제한이 없다.

(나) 행위

본 조 제7항 제2호(경선운동·투표목적 경선선거인 등 매수)·제3호(경선운동 목적 경선선거인 등 매수, 경선후보자 매수를 받거나 승낙)에 규정된 행위에 관하여 지시·권유·요구·알선하거나, 법 제57조의5 제3항의 규정을 위반하여 같은 조 제1항(경선운동 목적 경선선거인, 그 배우자·직계존비속 매수) 및 제2항(경선후보자 매수 등)에 규정된 행위에 관하여 지시·권유 또는 요구를 하는 것이다.

3. 판례

① 법 제230조 제7항 제2호에서 말하는 '경선운동관계자'의 범위

공선법에서는 공직선거와 정당의 공직선거후보자 추천을 위한 당내경선을 구분하고 있고, 법에서 규율하고자 하는 목적이나 대상, 행위 등도 공직선거와 당내경선에 관하여 각기 다르게 정하고 있는 점이나, 공직선거에 관한 규정인 법 제230조 제1항 제1호 및 제4호와 당내경선에 관한 규정인 법 제230조 제6항(현 제7항) 제1호 및 제2호에서 각 규정하고 있는 행위의 상대방의 범위, 특정한 목적의 요구 여부 등 구체적 내용과 표현방식, 각 규정의 상호관계 및 다른 벌칙조항들과의 관계 등에 비추어 보면, 법

제230조 제6항(현 제7항) 제2호에서 말하는 '경선운동관계자'는, 널리 당내경선운동에 관여하거나 기타 당내경선에 관한 사무를 담당하고 처리하는 자를 포괄적으로 지칭하는 것으로 해석하여야 할 것이어서, 직접적으로 당내경선사무에 종사하거나 그 절차에 관여하는 자 및 다른 경선후보자의 경선운동관계자는 물론, 행위자가 어떤 특정 경선후보자의 선출을 돕기 위하여 금품 제공 등의 행위에 나아간 경우 해당 경선후보자의 경선운동관계자 역시 이에 포함되는 것으로 해석된다(대법원 2007. 6. 1. 선고 2006도 8134 판결).

② 경선운동 지원명목으로 금전 대여 요구

당원이 공직선거후보자에게 수십회에 걸쳐 전화로 '선거에서 도와줄테니'라는 취지의 말을 하면서 금원을 요구한 것이 공직선거와 관련하여 후보자를 당선되게 할 목적으로 금품을 요구한 것으로 볼 수 있고, 당원이 경선후보자에게 '경선에서 밀어줄테니 금원 상당액을 빌려달라'는 취지의 말을 하면서 금원을 요구한 것이 당내경선과 관련하여 후보자를 선출되게 할 목적으로 금품을 요구한 것으로 볼 수 있다(대법원 2014. 12. 5. 선고 2014도14295 판결).

제5절 당내경선 관련 기부행위 금지

제112조(기부행위의 정의 등) ① 이 법에서 "기부행위"라 함은 당해 선거구안에 있는 자나 기관·단체·시설 및 선거구민의 모임이나 행사 또는 당해 선거구의 밖에 있더라도 그 선거구민과 연고가 있는 자나 기관·단체·시설에 대하여 금전·물품 기타 재산상 이익의 제공, 이익제공의 의사표시 또는 그 제공을 약속하는 행위를 말한다.

② 제1항의 규정에 불구하고 다음 각 호의 어느 하나에 해당하는 행위는 기부행위로 보지 아니한다.

1. 통상적인 정당활동과 관련한 행위

(중략)

2. 의례적 행위

(중략)

3. 구호적·자선적 행위

(중략)

4. 직무상의 행위

(중략)

5. 제1호부터 제4호까지의 행위 외에 법령의 규정에 근거하여 금품 등을 찬조·출연 또는 제공하는 행위

6. 그 밖에 위 각 호의 어느 하나에 준하는 행위로서 중앙선거관리위원회규칙으로 정하는 행위

제113조(후보자 등의 기부행위제한) ① 국회의원·지방의회의원·지방자치단체의 장·정당의 대표자·후보자(후보자가 되고자 하는 자를 포함한다)와 그 배우자는 당해 선거구안에 있는 자나 기관·단체·시설 또는 당해 선거구의 밖에 있더라도 그 선거구민과 연고가 있는 자나 기관·단체·시설에 기부행위(결혼식에서의 주례행위를 포함한다)를 할 수 없다.

② 누구든지 제1항의 행위를 약속·지시·권유·알선 또는 요구할 수 없다.

제114조(정당 및 후보자의 가족 등의 기부행위제한) ① 정당[「정당법」 제37조제3항에 따른 당원협의회(이하 "당원협의회"라 한다)와 창당준비위원회를 포함한다. 이하 이 조에서 같다], 정당선거사무소의 소장, 후보자(候補者가 되고자 하는 者를 포함한다. 이하 이 條에서 같다)나 그 배우자의 직계존·비속과 형제자매, 후보자의 직계비속 및 형제자매의 배우자, 선거사무장, 선거연락소장, 선거사무원, 회계책임자, 연설원, 대담·토론자나 후보자 또는 그 가족(家族의 범위는 第10條第1項第3號에 規定된 "候補者의 家族"을 準用한다)과 관계있는 회사 그 밖의 법인·단체(이하 "會社 등"이라 한다) 또는 그 임·직원은 선거기간전에는 당해 선거에 관하여, 선거기간에는 당해 선거에 관한 여부를 불문하고 후보자 또는 그 소속정당을 위하여 일체의 기부행위를 할 수 없다. 이 경우 후보자 또는 그 소속정당의 명의를 밝혀 기부행위를 하거나 후보자 또는 그 소속정당이 기부하는 것으로 추정할 수 있는 방법으로 기부행위를 하는 것은 당해 선거에 관하여 후보자 또는 정당을 위한 기부행위로 본다. 〈개정 2004. 3. 12., 2010. 1. 25.〉

② 제1항에서 "후보자 또는 그 가족과 관계있는 회사 등"이라 함은 다음 각 호의 어느 하나에 해당하는 회사 등을 말한다. 〈개정 2005. 8. 4.〉

1. 후보자가 임·직원 또는 구성원으로 있거나 기금을 출연하여 설립하고 운영에 참여하고 있거나 관계법규나 규약에 의하여 의사결정에 실질적으로 영향력을 행사할 수 있는 회사 기타 법인·단체

2. 후보자의 가족이 임원 또는 구성원으로 있거나 기금을 출연하여 설립하고 운영에 참여하고 있거나 관계법규 또는 규약에 의하여 의사결정에 실질적으로 영향력을 행사할 수 있는 회사 기타 법인·단체

3. 후보자가 소속한 정당이나 후보자를 위하여 설립한 「정치자금법」에 의한 후원회

제115조(제삼자의 기부행위제한) 제113조(候補者 등의 寄附行爲制限) 또는 제114조(政黨 및 候補者의 家族 등의 寄附行爲制限)에 규정되지 아니한 자라도 누구든지 선거에 관하여 후보자(候補者가 되고자 하는 者를 포함한다. 이하 이 條에서 같다) 또는 그 소속정당(創黨準備委員會를 포함한다. 이하 이 條에서 같다)을 위하여 기부행위를 하거나 하게 할 수 없다. 이 경우 후보자 또는 그 소속정당의 명의를 밝혀 기부행위를 하거나 후보자 또는 그 소속정당이 기부하는 것으로 추정할 수 있는 방법으로 기부행위를 하는 것은 당해 선거에 관하여 후보자 또는 정당을 위한 기부행위로 본다.

1. 당내경선과 기부행위

법 제115조 전문은 "제113조(후보자 등의 기부행위제한) 또는 제114조(정당 및 후보자의 가족 등의 기부행위제한)에 규정되지 아니한 자라도 누구든지 '선거에 관하여' 후보자(후보자가 되고자 하는 자를 포함한다) 또는 그 소속정당(창당준비위원회를 포함한다)을 위하여 기부행위를 하거나 하게 할 수 없다."라고 규정하고 있다. 여기서 '선거에 관하여'란 당해 선거를 위한 선거운동이 되지 아니하더라도 당해 선거를 동기로 하거나 빌미로 하는 등 당해 선거와 관련이 있는 것을 말한다.

그리고 법 제1조가 "이 법은 대한민국헌법과 지방자치법에 의한 선거가 국민의 자유로운 의사와 민주적인 절차에 의하여 공정히 행하여지도록 하고, 선거와 관련한 부정을 방지함으로써 민주정치의 발전에 기여함을 목적으로 한다."라고 규정하고, 제7조가 정당·후보자 등의 공정경쟁의무를 규정하고 있으며, 제47조 제1항이 정당이 공직선거의 후보자를 추천할 수 있음을 규정하면서 제2항이 "정당이 제1항에 따라 후보자를 추천하는 때에는 민주적인 절차에 따라야 한다."라고 규정하여, 정당 내에서의 민주적 절차에 의한 후보자 공천을 공직선거가 국민의 자유로운 의사와 민주적인 절차에 의하여 공정히 행하여지도록 하는 제도의 일환으로 보고 있는 점 등을 고려하면, 공직선거에 출마할 정당추천 후보자를 선출하기 위한 당내경선도 당해 공직선거를 연유로 한 것이어서 궁극적으로는 당해 공직선거와 관련한 것이다. 따라서 공직선거에 출마할 정당추천 후보자를 선출하기 위한 당내경선에 즈음하여 제3자가 당내에서 후보선출권이 있고 동시에 당해 선거구 안에 있거나 그 선거구민과 연고가 있는 자에 대하여 그 후보자를 지지하도록 하기 위하여 금품을 수수하는 행위도 당해 공직선거와 관련하여 행하는 것으로서 법 제115조가 금지하는 기부행위에 해당한다.[45]

기부행위 일반에 대해서는 제23장 선거와 관련 금품 제한(기부행위 금지·제한)에서 상술한다.

2. 판례

① 정당추천후보자선출을 위한 당내경선에서 제3자가 한 금품제공이 법상 기부행위인지 여부

공직선거에 출마할 정당추천 후보자를 선출하기 위한 당내경선도 "당해 공직선거"를 연유로 한 것이어서 궁극적으로는 "당해 공직선거"와 관련한 것이라고 할 것이므로,

---

45) 대법원 2021. 6. 24. 선고 2019도13234 판결

공직선거에 출마할 정당추천 후보자를 선출하기 위한 당내경선에 즈음하여 제3자가 당내에서 후보선출권이 있고 동시에 당해 선거구 안에 있거나 그 선거구민과 연고가 있는 자에 대하여 그 후보자를 지지하도록 하기 위하여 금품을 수수하는 행위도 "당해 공직선거와 관련하여" 행하는 것으로서 법 제115조가 금지하는 기부행위에 해당한다 (대법원 1996. 6. 14. 선고 96도405 판결).

② 당비 대납행위가 법상 기부행위제한 위반죄에만 해당하고 정치자금법상 타인명의 기부는 미성립

정치자금법은 제2조 제5항에서 '누구든지 타인의 명의나 가명으로 정치자금을 기부할 수 없다'고 규정하고, 제48조 제3호에서 '제2조 제5항의 규정을 위반하여 타인의 명의나 가명으로 정치자금을 기부한 자'를 200만 원 이하의 벌금형에 처하도록 규정하고 있으며, 한편 공선법은 제115조에서 '누구든지 선거에 관하여 후보자(후보자가 되고자 하는 자를 포함) 또는 그 소속정당(창당준비위원회를 포함)을 위하여 기부행위를 하거나 하게 할 수 없다'고 규정하고, 제257조 제1항 제1호에서 '제115조의 규정을 위반한 자'를 5년 이하의 징역 또는 1,000만 원 이하의 벌금형에 처하도록 규정하고 있는바, 어느 정당의 소속 당원이 정당에 납부하여야 할 당비를 그 소속 당원 대신 납부하는 행위가 그 소속 당원에 대한 기부행위로서 위 공선법 제257조 제1항 제1호 위반죄에 해당하는 경우, 그 당비는 이를 기부받은 당원이 그 정당에 납부한 것으로 보아야 하므로, 이러한 당비의 대납행위를 그 소속 당원의 명의를 빌리거나 가장하여 스스로 정당에 정치자금을 기부하는 행위로서 위 정치자금법 제48조 제3호 위반죄에도 동시에 해당하여 위 공선법위반죄와 상상적 경합관계가 된다고 볼 수는 없다(대법원 2007. 2. 22. 선고 2006도7058 판결).

③ 정당추천 후보자 선출을 위한 당내경선에서의 금품제공

이 사건의 경우 교부된 현금(각 2,000,000원)과 수표(액면 합계 20,000,000원)의 액수는 다액임에 비하여 그 교부된 명목은 당내 후보경선 대의원대회에 대비하여 대의원들을 포섭하여 주고 민주당 완산지구당 위원장의 지지를 받을 수 있도록 협력해 달라는 취지인 점에 비추어 보면 정당한 대가관계로 교부된 것이 아니고 무상으로 교부된 것으로서 기부행위에 해당한다고 할 것이고, 또한 기록에 의하면 피고인 이○○은 제1심 상피고인 김○○, 원심 상피고인 김○○에게 자신을 민주당 전주시장후보경선 대의원대회에서 민주당후보로 당선되게 하여 주면 개점 예정인 피고인 소유의 코아백화점 내 매장 1개씩을 각 제공해 주겠다고 약속하였고, 당시로서는 유상으로라도 누구든지 위 매장을 분양받을 수 있는 것이 아니라 분양받는 것 자체가 상당한 재산상 이익

을 받는 것이었던 사실이 인정되므로, 비록 유상이라고 하더라도 위 백화점 내에서 영업을 할 수 있는 매점을 제공하는 것은 공직선거법 제112조 제1항 제10호에 해당하여 그 제공을 약속하는 행위는 같은 항 제11호 소정의 기부행위에 해당한다고 할 것인바, 같은 취지로 판시한 원심의 조치는 정당하고, 거기에 상고이유에서 내세우는 바와 같은 기부행위에 관한 법리오해, 심리미진의 위법이 없다(대법원 1996. 12. 23. 선고 96도1558 판결).

④ 정당의 당비 납부규정에 위반하여 특별당비를 납부한 행위의 기부행위 해당 여부

이 사건 당시 ○○당의 당비규정은 특별당비는 중앙당에 납부하여야 하며, 당비의 입금은 자동계좌이체, 휴대전화·유선전화 결제와 그 외에 당 중앙위원회가 정한 결제 방식 중의 하나로만 하도록 규정되어 있는 점, 피고인은 이 사건 당시 위와 같은 규정에 의하지 아니하고 ○○당 전북도당 조직국장인 공소외 1에게 현금으로 1,000만 원을 전달하는 방법을 취하면서 이를 중앙당이 아닌 전북도당의 특별당비로 납부한 점을 알 수 있는바, 그렇다면 피고인의 이러한 특별당비 납부행위는 공직선거법 제112조 제2항 제1호 (나)목의 '정당의 당헌·당규 기타 정당의 내부규약에 의하여 정당의 당원이 당비 기타 부담금을 납부하는 행위'에 해당하지 않는다고 할 것이고, 따라서 제257조 제1항 제1호의 범죄구성요건 해당성이 있으며, 이러한 피고인의 기부행위를 '지극히 정상적인 생활형태의 하나로서 역사적으로 생성된 사회질서의 범위 안에 있는 것'이라고 볼 수 없는 이상 이를 통상적인 정당활동으로서 사회상규에 위배되지 아니하여 위법성이 조각되는 경우라고 할 수도 없다(대법원 2007. 4. 26. 선고 2007도218 판결).

⑤ 당내경선에서 상대방 후보자를 낙선시키기 위하여 어떠한 행위를 하도록 특정인을 매수하려는 목적에서 정당한 대가관계 없이 이루어진 금품 제공행위가 '기부행위'에 해당하는지 여부

원심은 적법하게 채택한 증거들을 종합하여, 피고인들이 공소외 5에게 돈을 교부한 목적과 경위, 액수, 전후 정황 등 그 판시와 같은 사정을 인정한 다음 피고인들이 공소외 5에게 5,000만 원을 제공한 것과 공소외 5가 공소외 1을 상대로 민사소송을 제기하고 이를 언론에 폭로하는 것 사이에 정당한 대가관계가 인정된다고 할 수 없으므로 피고인들이 공소외 4, 3과 공모하여 공소외 5에게 5,000만 원을 제공한 것은 공직선거법에서 정한 기부행위에 해당한다고 판시하였다. 위 법리와 원심이 적법하게 채택한 증거들에 비추어 살펴보면, 원심의 위와 같은 판단은 수긍할 수 있고, 거기에 공직선거법에서 정한 기부행위에 관한 법리를 오해한 위법이 없다(대법원 2012. 4. 13. 선고 2011도17437 판결).

⑥ 당비대납 의사표시 행위

피고인 A는 제7회 전국동시지방선거에서 영암군수 후보자가 되고자 하는 사람인 전○○의 부인 설○○과 '△△△'라는 단체에서 함께 활동을 하는 사람이고, 피고인 B는 전남 영암군 시종면에서 식당을 운영하는 사람이다. 피고인들은 남매다. 피고인들은 불상자들과 제7회 전국동시지방선거 □□당 당내경선을 앞두고 □□당 △△군수 후보자인 전○○을 위하여 당내경선에서 투표권을 가지는 당원으로 당비를 납부하는 당원을 의미하는 '권리당원'을 확보하기로 계획하고, 2017. 8.경부터 2017. 9.경까지 사이에 전남 영암군 시종면 일원에서 시종면 주민 173명의 □□당 당원가입 신청서를 모아 □□당 전남도당에 제출한 다음, 이들을 권리당원으로 만들기 위해 1인당 10,000원씩의 당비를 납부하기로 하였다.

이후 피고인 B는 2017. 12. 22. 오후경 전남 영암군 시종면에서 위 173명 중 49명의 당원들로부터 10,000원씩 받은 당비 490,000원, 당비를 내지 않은 122명 몫의 당비 1,220,000원, 명단상 중복 기재된 2명 몫의 당비 20,000원을 합한 1,730,000원 및 각 당원들의 이름, 전화번호, 주민등록번호가 기재된 A4용지를 피고인 A에게 건네며 '□□당 당비를 각 당원들의 이름으로 입금하라'는 취지로 지시하였다. 이에 피고인 A는 2017. 12. 22. 14:52경 전남 영암군 시종면에 있는 월출산농협 시종지점에서 담당 직원인 최○○에게 현금 1,730,000원과 위 A4용지를 건네며 '□□당 전남도당 계좌로 173명의 이름으로 10,000원씩 입금해달라'라고 요구하고, 위 최○○은 '각자의 이름으로 입금하려면 기간이 너무 오래 걸리니, 편의상 계좌에 입금을 한 다음 송금을 하겠다'고 말한 후 피고인 A의 농협계좌에 현금 1,730,000원을 입금한 다음 적요란에 각 당원의 이름을 기재하고 10,000원씩 □□당 전남도당 계좌에 이체하였다.

이후 □□당 전남도당 직원인 성명불상자가 같은 날 18:00경 위와 같이 당비가 송금된 사실을 확인하고 위 최○○에게 전화하여 '1인 계좌에서 대량 입금의 방식으로 당비를 입금하면 당비납부가 인정되지 않는다'고 고지하고, 이를 전해들은 피고인 A는 □□당 전남도당 조직국장인 정○○에게 전화하여 '그냥 당비가 정상 납부된 것으로 처리해달라'고 부탁하였으나 이를 거절당하자, 월출산농협에 요구하여 송금을 취소하였다.

이로써 피고인들은 불상자들과 공모하여 제7회 전국동시지방선거에 관하여 영암군수 입후보예정자인 전○○을 위하여 총 122명의 당비 합계 122만 원을 각각 기부하겠다는 의사표시를 하였다(광주지방법원 목포지원 2019. 1. 17. 선고 2018고합124 판결).

⑦ 당내경선 관련 기부행위 등

1. 공직선거법 제135조 제3항에서 말하는 금품 기타 이익의 '제공'이라 함은 반드시 금품 등을 상대방에게 귀속시키는 것만을 뜻하는 것은 아니고, 그 금품 등을 지급받은 상대방이 금품 등의 귀속주체가 아닌 이른바 중간자라고 하더라도, 단순한 보관자이거나 특정인에게 특정금품을 전달하기 위하여 심부름을 하는 사자에 불과한 자가 아니고 그에게 금품 등의 배분대상이나 방법, 배분액수 등에 대한 어느 정도의 판단과 재량의 여지가 있는 한, 비록 그에게 귀속될 부분이 지정되어 있지 않은 경우라 하더라도 그에게 금품 등을 주는 것은 위 규정에서 말하는 '제공'에 포함된다(대법원 2002. 2. 21. 선고 2001도2819 전원합의체 판결, 대법원 2004. 11. 12. 선고 2004도5600 판결 등 참조).

2. 원심이 적법하게 채택하여 조사한 증거 및 그 증거들에 의하여 알 수 있는 다음의 사정, 즉 ① 피고인들의 요청에 의하여 A가 당원을 모집하기는 하였으나 경선시까지 당적을 유지할지 여부 등은 입당한 개인들의 의사에 따라 유동적이었던 것으로 보이는 점, ② A가 입당원서를 받은 B 등은 피고인들과는 개인적인 친분관계가 없었던 점, ③ 피고인들은 □□당에 입당원서를 제출한 사람들이 경선시까지 당적을 유지하여야 하는 기간이 8개월임에도, 6명이 8개월간 당적유지에 필요한 금원인 48,000원보다 많은 6만 원을 A에게 당비보전 명목으로 지급한 점, ④ A가 모집한 당원들 역시 자신들이 당비 명목으로 얼마를 받게 되는 것인지는 정확히 알지 못하였던 것으로 보이는 점, ⑤ 실제 A는 자신이 모집한 당원들에게 당비 보전 명목의 금원을 지급하지 않은 점, ⑥ A가 지급받은 금원 중 일부만을 자신이 모집한 당원들에게 지급하였더라도 위 당원들이 특별히 이의를 제기하지는 않았을 것으로 보이는 점 등을 종합하면, A는 단순한 보관자이거나 특정인에게 특정금품을 전달하기 위하여 심부름을 하는 사자에 불과한 자가 아니고 위 당비 보전 명목의 금원과 관련하여 배분방법, 배분액수 등에 대한 어느 정도의 판단과 재량의 여지가 있다고 판단되므로 A에게 당비 보전 명목으로 금원을 지급한 것이 공모자 사이의 금원 교부 또는 특정인에게 전달하기 위한 단순한 심부름에 해당하는 것으로 공직선거법상 기부행위에 해당하지 않는다는 변호인의 주장은 이유 없다(대법원 2019. 4. 11. 선고 2019도1109 판결, 대전고등법원 2019. 1. 7. 선고 2018노459 판결).

⑧ 당내경선 관련 '이익제공 의사표시' 해당 여부

피고인 A는 당내경선에 대비하기 위하여 우호적인 책임당원을 최대한 확보하기로 마음먹고, ○○시에서 어린이집을 운영하는 지인인 피고인 B에게 추천인을 모아 달라고 부탁하였다.

B는 2017. 7.경 ○○에 있는 피고인 B 운영의 어린이 집 앞에서 위 어린이집에 근무하는 보육교사, 사회복무요원 등에게 "어린이집을 운영하는 분이 시의원 선거에 출마하려고 하는데 보육계에 도움이 될 것 같으니 도와달라."라고 말하며 성명, 주민등록번호, 주소, 전화번호, 이동통신사를 기재할 수 있는 명부 양식에 본인 및 가족들의 인적사항을 기재해달라고 부탁하고, 2017. 8. 초순경 위 어린이집 원장실에서 사회복무요원 C에게 "명부에 기재된 사람은 매월 1,000원씩 최장 5개월간 휴대전화 요금에서 빠져나갈 것이다."라고 말하면서 C, C의 아버지 및 형 몫으로 1인당 5,000원씩 합계 15,000원을 건네준 것을 비롯하여 그 무렵 위 어린이집에 근무하는 보육교사, 사회복무요원 10명에게 합계 155,000원을 건네줌으로써 A를 위하여 기부행위를 하였다.

피고인 A는 2017. 8. 초순경 B에게 전화하여 "명부에 기재된 사람은 매월 1,000원씩 휴대전화 요금에서 빠져나갈 것인데, 경선을 할 때까지 짧게는 2 ~ 3개월, 길게는 5개월 정도 유지하다가 해지하면 된다."라고 말하고, 2017. 8. 중순경 위 어린이집 현관 앞에서 B로부터 당원모집을 위한 추천인명부를 건네받으면서 가방 안에서 현금 약 7만 원을 꺼내어 손에 들고 B에게 건네주려고 하였으나 B가 이를 사양하였다. 이로써 피고인 A는 B에게 이익제공의 의사표시를 하였다(서울고등법원 2019. 5. 24. 선고 2019노260 판결).

제6절 당내경선 관련 여론조사

제108조(여론조사의 결과공표금지 등) ⑪ 누구든지 다음 각 호의 어느 하나에 해당하는 행위를 하여서는 아니 된다.

1. 제57조의2제1항에 따른 당내경선을 위한 여론조사의 결과에 영향을 미치게 하기 위하여 다수의 선거구민을 대상으로 성별·연령 등을 거짓으로 응답하도록 지시·권유·유도하는 행위

2. 선거에 관한 여론조사의 결과에 영향을 미치게 하기 위하여 둘 이상의 전화번호를 착신 전환 등의 조치를 하여 같은 사람이 두 차례 이상 응답하거나 이를 지시·권유·유도하는 행위

제256조(각종제한규정위반죄) ① 다음 각 호의 어느 하나에 해당하는 자는 3년 이하의 징역 또는 600만 원 이하의 벌금에 처한다.

> 5. 제108조제5항을 위반하여 여론조사를 한 자, 같은 조 제9항에 따른 요구를 받고 거짓의 자료를 제출한 자, 같은 조 제11항제1호를 위반하여 지시·권유·유도한 자, 같은 항 제2호를 위반하여 여론조사에 응답하거나 이를 지시·권유·유도한 자 또는 같은 조 제12항을 위반하여 선거에 관한 여론조사의 결과를 공표·보도한 자

1. 개요

2016. 1. 15. 법 개정 시 당내경선에 관한 여론조사결과에 영향을 미치게 하기 위하여 성별·연령 등을 거짓으로 응답하도록 지시·권유·유도를 하거나, 선거에 관한 여론조사에서 2 이상의 전화번호를 착신전환 등의 조치를 하여 같은 사람이 2회 이상 응답하는 행위 등을 금지함으로써 선거에 관한 여론조사결과의 신뢰성을 제고하였다.

본 조항 제1호의 「제57조의2제1항에 따른 당내경선을 위한 여론조사」란 직접적으로는 법 제57조의2 제2항의 '당내경선을 대체하는 여론조사'를 의미하겠지만, 나아가 당내경선 또는 당내경선운동과 관련되거나 이를 위한 여론조사를 포함하는 넓은 의미로도 해석할 수 있다.[46] 본 조항 제1호는 성별과 연령을 예시적으로 열거하고 여론조사결과에 영향을 미칠 수 있는 다른 요소들은 '등'에 포섭될 수 있도록 한 것으로 '지지정당'은 「등」에 포함된다.[47] 그리고 당내경선과 관련된 여론조사는 본 조항 제2호에 따른 「선거에 관한 여론조사」에 해당한다.[48]

2. 중앙선거관리위원회 행정해석

① 정당의 당내경선 출구조사 결과공표

공직선거후보자 추천을 위한 정당의 당내경선은 정당이 당헌·당규에 따라 실시하는

---

46) 대구고등법원 2019. 1. 17. 선고 2018노513 판결
47) 대법원 2017. 6. 19. 선고 2017도4354 판결, 광주고등법원 제주지부 2017. 3. 15. 선고 2016노103 판결
48) 서울고등법원 2019. 11. 15. 선고 2019노654 판결(공직선거법은 당내경선을 위한 여론조사 결과의 정확성과 신뢰성을 높이기 위하여 제108조 제11항 제1호에서 '당내 경선을 위한 여론조사의 결과에 영향을 미치게 하기 위하여 다수의 선거구민을 대상으로 성별·연령 등을 거짓으로 응답하도록 지시 등을 하는 행위'를 금지하는 등 여론조사 표본 조작 행위를 엄격하게 막고 있다. 그런데 이보다 표본 조작 발생의 위험성이 더 큰 '둘 이상의 전화번호를 착신 전환하는 등의 조치를 하는 행위'를 오직 공직선거에 관한 여론조사에서만 금지될 뿐 당내경선을 위한 여론조사에서는 허용되는 것으로 해석한다면, 제108조 제11항 제1호, 제2호의 규정체계나 입법 취지상 논리적으로 타당하지 않다)

것이므로 출구조사의 방법·결과공표 시기 등은 당해 정당과 협의하여 그 동의를 받아 실시하여야 할 것이며, 또한 동의를 받은 경우에도 「공직선거법」 제108조를 준수하여야 할 것임(2007. 7. 2. 회답).

② 입후보예정자의 인지도 여론조사 등

예비후보자들의 인지도를 파악하는 여론조사는 특정 예비후보자의 인지도를 높이기 위하여 필요 이상으로 자주하거나 통상의 표본크기를 벗어나 여론조사를 하는 것이 아니라면 「공직선거법」 제108조의 규정을 준수하여 하는 것은 무방할 것임(2008. 3. 7. 회답).

③ 당협위원장 활동평가를 위한 정기 여론조사

정당의 정책연구소가 당원협의회별로 지역 주민들의 요구사항 등 여론을 파악하고 당원협의회운영위원장의 활동을 평가하는 통상적인 여론조사를 하는 것은 무방할 것임. 다만, 선거가 임박한 시기에는 선거에 영향을 미치는 행위에 이르러서는 아니될 것이며, 공표를 목적으로 선거에 관한 여론조사를 하는 경우에는 「공직선거법」 제108조를 준수하여야 할 것임(2008. 5. 19. 회답).

⇨ 2012. 2. 29. 법 개정으로 공표목적이 아니라도 선거에 관한 여론조사는 법 제108조 준수

④ 여론조사기관의 국정현안에 관한 여론조사 등

1. 여론조사기관이 전 국민을 대상으로 매달 정기적으로 국정현안 여론조사를 하는 경우에도 선거일 전 180일부터 선거일의 투표마감시각까지 '정당에 대한 지지도'를 묻는 항목을 포함하여 여론조사를 실시하는 때에는 「공직선거법」 제108조 제3항에 따라 신고하여야 할 것임.

⇨ 2015. 12. 24. 법 개정으로 선거에 관한 여론조사는 상시 신고하여야 함.

⇨ 선거가 임박한 시기가 아닌 때에 정치현안, 당대표 선거에 관한 여론조사 등 특정 선거와 관련 없는 여론조사를 실시하면서 여론조사 결과에 대한 정당 지지자별 평가나 통계자료 활용을 위해 '정당 지지도' 문항을 포함하는 것은 '선거에 관한 여론조사'에 해당하지 아니함. 다만, 이 경우에도 특정 정당의 지지도를 공표하거나, 정당의 지지도를 조사할 목적으로 해당 문항을 포함하는 경우에는 조사 시기에 관계없이 선거에 관한 여론조사에 해당될 수 있음(2023. 3. 22. 회답 참조).

2. 여론조사기관이 제3자의 의뢰로 여론조사를 시행하는 때에는 여론조사를 의뢰한 자가 신고하여야 함. 다만, 여론조사 기관이 여론조사 실시 신고서 제출을 대행할 수는 있을 것이나 이 경우에도 신고의무와 관련된 공선법상 책임은 신고의무자에게

있음.

3. 선거에 관한 여론조사 후 의뢰자가 추가적 분석 등의 사유로 여론조사기관에 응답 자료를 요청하는 경우 이름, 전화번호, 주소 및 조사에서 얻은 응답결과 등이 포함 된 응답자료 사본을 제공하는 것은 「공직선거법」상 제한되지 아니할 것임.

4. 예비후보자가 자원봉사자를 활용하여 입후보예정자의 지지도를 알아보기 위한 전 화여론조사를 시행하는 것은 특정 정당이나 입후보예정자의 선거운동에 이르지 아 니하고, 「공직선거법」 제108조에 위반되지 아니하는 방법으로 실시하는 경우에는 무방할 것임(2010. 2. 5. 회답).

⑤ 조사대상자 한정 목적으로 '특정 정당의 지지 여부' 문항을 포함한 여론조사

선거가 임박한 시기가 아닌 때에 당대표경선에 관한 여론조사 등 특정 선거와 관련 없 는 여론조사를 실시하면서, 특정 정당 지지자로 조사 대상자를 한정하기 위하여 '특정 정당의 지지 여부'에 대한 문항을 포함하는 것은 '선거에 관한 여론조사'에 해당되지 아니할 것임. 다만, 이 경우에도 특정 정당의 지지도를 공표하거나, 정당의 지지도를 조사할 목적으로 해당 문항을 포함하거나, 선거가 임박한 시기에 해당 문항을 포함하 는 것은 '선거에 관한 여론조사'에 해당될 수 있을 것이며, 통상적인 여론조사의 목적 범위를 넘어 필요 이상으로 자주 실시하는 경우에는 행위양태에 따라 「공직선거법」 제 254조에 위반될 수 있을 것임(2023. 3. 22. 회답).

⑥ 1인만의 인지도 조사를 위한 여론조사

아래와 같은 문항으로 통상의 표본크기를 대상으로 여론조사를 하는 것은 무방할 것 임(2010. 2. 17. 회답).

1. 선생님께서는 전 ○○○도지사의 비서실장을 지내고 현 ○○○의회 의원인 ○○○씨를 알고 계십니 까? 아신다면 1번 모르신다면 2번을 이름 정도 들어봤다면 3번을 선택해 주세요.

2. 다가오는 6.2 지방선거에서 ○○○의원이 ○○시장에 출마한다면 지지할 의사가 있습니까? 있다면 1 번을, 없다면 2번을, 기타 후보나 지지하는 후보가 없으시면 3번을 선택해 주세요.

⑦ 후보자 사진을 제시한 1인의 여론조사

「공직선거법」 제108조를 준수하여 여론조사의 목적, 표본의 크기, 설문내용, 실시 횟 수 등이 선거에 영향을 미치게 하기 위한 행위나 선거운동을 위한 행위에 이르지 않 는 범위에서 스마트폰을 이용하여 실시하는 여론조사에 후보자(후보자가 되려는 사람 포 함)에 대한 정보로 통상의 프로필 사진을 제시하는 것은 「공직선거법」상 무방할 것임

(2014. 2. 27. 의결).

⑧ 정당 간 모바일투표 방법에 의한 후보단일화

당헌·당규 등에 따른 정당의 의사결정절차에 따라 2 이상의 정당이 후보자를 단일화하기 위하여 그 정당의 인터넷홈페이지를 통하여 자발적으로 신청한 선거인단을 대상으로 휴대전화를 이용하여 투표하는 방법으로 후보자를 결정하는 경우 그 선거인에게 해당 정당 또는 후보자가 되고자 하는 자를 선전하는 등 선거운동에 이르는 행위가 부가되지 아니하고 「공직선거법」 제108조 제2항에도 위반되지 아니하는 방법으로 하는 것은 무방할 것임(2007. 11. 6. 회답).

⑨ 당원 전체를 대상으로 하는 여론조사

1. 정당이 공직선거후보자 선출에 참고하기 위하여 또는 당내경선의 일환으로 당원 전체를 대상으로 정당 추천 후보자가 되려는 사람의 적합도 및 지지도를 측정하기 위한 여론조사를 직접 실시하거나 여론조사기관에 의뢰하여 공동명의로 실시하는 것은 무방할 것임. 다만, 「공직선거법」 제57조의2 제2항에 따른 여론조사 외에는 선거일 전 60일부터 선거일까지 정당의 명의로 선거에 관한 여론조사를 할 수 없음.

2. 후보자가 되려는 사람, 여론조사기관, 인터넷언론사 등이 통상의 표본크기를 벗어나 당원 전체를 대상으로 여론조사를 하는 때에는 여론조사를 빙자한 선거운동이 될 것임(2010. 4. 9. 회답).

⑩ 착신전화 이용 등 선거여론조사 왜곡행위의 금지

1. 「공직선거법」 제57조의2 제1항에 따른 당내경선을 위한 여론조사는 선거에 관한 여론조사에 해당하므로 같은 법 제108조 제11항 제2호 및 제256조 제1항 제5호가 적용될 것임.

2. 「공직선거법」 제108조 제11항 제2호는 같은 사람이 두 차례 이상 응답하거나 이를 지시·권유·유도함으로써 선거에 관한 여론조사의 결과를 왜곡하는 행위를 금지하기 위한 규정인바, 이 규정에서 "둘 이상의 전화번호"의 의미는 착신 전환 등의 조치시 최소 둘 이상의 전화번호가 필요함을 확인하는 것에 불과하고, "착신 전환"은 여론조사 결과를 왜곡하는 조치의 대표적인 예시이므로, 선거에 관한 여론조사의 결과에 영향을 미치게 하기 위하여 귀문과 같이 착신 전환하여 같은 사람이 두 차례 이상 응답하거나 이를 지시·권유·유도하는 경우에는 본 규정에 위반될 것임(2016. 2. 11. 회답).

※ 무선전화로 응답 후에 1개의 유선전화만 무선전화로 착신 전환 후 여론조사 전화에 응답하는 행위가 법 제108조 제11항 제2호에 위반되는지 여부를 질의함.

⑪ 당내경선을 위한 여론조사의 "선거에 관한 여론조사" 해당 여부

1. 「공직선거법」 제57조의2에 따른 당내경선을 위한 여론조사 및 당내경선을 대체하는 여론조사는 같은 법 제108조 제11항 제2호에 따른 선거에 관한 여론조사에 해당될 것임.

2. (10개의 전화번호를 착신 전환하여 A라는 사람이 5통의 전화에 응답한 후 그 옆에 있는 B라는 사람이 5통의 전화를 응답한 경우) 둘 이상의 전화번호를 착신 전환하여 같은 사람이 두 차례 이상 응답하는 행위에 해당되므로 「공직선거법」 제108조 제11항 제2호에 위반될 것임(2016. 1. 21. 회답).

3. 판례

① 법 제108조 제11항 제1호의 '성별·연령 등'의 범위

이 사건 조항은 이와 같이 성별, 연령뿐만 아니라 여론조사 결과에 영향을 미칠 수 있는 다른 요소들이 있을 수 있음을 전제하여, 그 요소들도 위 조항의 규율 대상에 포섭하기 위해 성별, 연령 '등'이라는 표현을 사용하였다. 비록 입법 단계에서 '지지정당'에 대한 허위 응답을 예상한 것은 아니라 하더라도, 가변적인 현실의 다양한 상황을 예상하여 구체적인 요소들을 모두 규정하는 것이 불가능하므로 성별과 연령을 예시적으로 열거하고 여론조사 결과에 영향을 미칠 수 있는 다른 요소들은 '등'에 포섭될 수 있도록 한 것이므로, 입법자들이 이를 예상하지 못하였다고 하여 지지정당이 '등'에 포함되지 않는다고 볼 수 없다.(중략) 피고인이 이 사건 여론조사 결과에 영향을 미치게 하기 위하여 '지지정당'을 거짓으로 응답하도록 지시, 권유, 유도한 행위는 이 사건 조항으로 규율될 수 있다고 보아야 하고, 이러한 해석이 형벌법규의 명확성의 원칙에 반한다거나 죄형법정주의에 의하여 금지되는 유추해석에 해당한다고 할 수 없다(대법원 2017. 6. 19. 선고 2017도4354 판결, 광주고등법원 제주지부 2017. 3. 15. 선고 2016노103 판결).

② 법 제108조 제11항의 '선거에 관한 여론조사'에 당내경선이 포함되는지 등

공직선거법은 여론조사의 결과에 영향을 미치게 하기 위한 일정한 행위를 금지하고 있는데, 제108조 제11항 제1호는 "제57조의2 제1항에 따른 당내경선을 위한 여론조사"를, 제2호는 "선거에 관한 여론조사"를 각각 별도로 규정하고 있어, 마치 위 규정이 단순히 당내경선의 경우에는 제1호의 행위만을, 공직선거의 경우에는 제2호의 행위만을 각각 금지하는 것으로 볼 여지가 있다. 그러나 아래에서 보는 바와 같이 공직선거법

제108조 제11항의 문언, 입법 취지, 관련 조항과의 체계 등을 종합하면, 공직선거법 제108조 제11항 제2호의 '선거에 관한 여론 조사'에는 당내경선과 관련된 여론조사도 포함된다고 보는 것이 체계적이고도 논리적인 해석이라 할 것이다. 공직선거법은 당내경선을 위한 여론조사 결과의 정확성과 신뢰성을 높이기 위하여 제108조 제11항 제1호에서 "당내경선을 위한 여론조사의 결과에 영향을 미치기 위하여 위와 같이 다수의 선거구민을 대상으로 성별·연령 등을 거짓으로 응답하도록 지시 등을 하는 행위"를 금지하는 등 여론조사 표본 조작 행위를 엄격하게 막고 있다. 그런데 이보다 표본 조작 발생의 위험성이 더 큰 '일반전화 착신 전환 행위'를 오직 공직선거에 관한 여론조사에서만 금지될 뿐 당내경선을 위한 여론조사에서는 허용되는 것으로 해석한다면, 제108조 제11항 제1, 2호의 규정 체계나 입법 취지상 논리적으로 타당하지 않다.

또한 공직선거법의 여러 규정을 보면, ① '선거운동을 위하여'(공직선거법 제60조의3 제1항 제5호 등), ② '선거운동과 관련하여'(공직선거법 제122조의2 제2항 제5호 등), ③ '선거에 관하여'(공직선거법 제96조 제2항 제1호 등)와 '선거에 관한'(공직선거법 제108조 제5항 등)의 표현을 분명히 구별하여 사용하고 있음을 알 수 있다. 이러한 공직선거법의 규정 체계나 문언 내용 등을 고려하면, 공직선거법 제108조 제11항 제2호의 '선거에 관한'은 '선거에 관한 사항을 동기로 하여'라는 의미로서, '선거를 위한' 보다 광범위한 개념으로 볼 수 있고(대법원 2006. 2. 9. 선고 2005도3932 판결 등 참조), '선거에 관한 여론조사'는 특정 후보자의 당선·낙선과 직접적인 관련이 있거나 이를 위한 선거운동을 목적으로 하는 여론조사 즉 '선거운동에 관한 여론조사'와 당연히 구분되는 것으로, '특정한 선거에 있어서 투표 또는 선거운동, 당선 등 선거에 관한 사항을 동기로 하거나 빌미로 하는 여론조사'로 해석함이 타당하다(서울고등법원 2017. 12. 9. 선고 2017노2632 판결 등 참조). 결국 위 각 규정의 체계 등에 비추어 보면, '선거에 관한 여론조사'는 선거에 관한 사항을 동기로 하는 여론조사를 포괄하는 개념으로, 정당이 공직선거후보자를 최종 추천하는 당내경선은 공직선거에 관한 사항을 동기로 하고 있으므로, 당내경선 역시 위 '선거에 관한' 사항에 포함된다고 보는 것이 보다 자연스럽다(대구고등법원 2019. 1. 17. 선고 2018노513 판결).

③ 공직선거법 제108조 제11항 제1호의 '당내경선을 위한 여론조사'에 당내경선에 앞서 경선후보자 자격 여부를 결정하기 위한 여론조사를 포함하는지

이 사건 금지규정은 2016. 1. 15. 법률 제13755호로 일부개정되면서 신설된 조항인데, 그 개정이유는 '당내경선이나 지방선거 등에서 왜곡된 여론조사 결과를 공표하는 사례가 발생하고 있는바 여론조사의 결과에 영향을 미치게 하기 위하여 다수의 선거

구민을 대상으로 성별·연령 등을 거짓으로 응답하도록 지시·권유·유도하는 행위를 금지하고, 위반 시 처벌하도록 함으로써 여론조사의 공정성과 신뢰성을 제고하려는 것'이었다. 따라서 입법자의 의도는 당내경선을 대체하는 여론조사뿐만 아니라 당내경선의 실시 여부나 대상자 범위에 관한 각종 여론조사에 있어 선거구민에게 거짓 응답을 지시·권유·유도하는 행위를 금지함으로써 정당의 공직선거후보자 추천이 공정하고 투명하게 이루어지도록 보장하려는 데에 있었던 것으로 보인다.

경선후보자를 결정하는 여론조사는 당내경선의 실시 여부나 대상자 범위를 정하기 위한 기초가 된다는 점에서 그 왜곡으로 인한 폐해가 당내경선을 대체하는 여론조사에 있어서와 크게 다르지 않다. 그런데도 만일 정당이 공직선거후보자 추천 대상을 정하는 과정에서 당내경선의 후보자를 정하기 위한 여론조사와 이러한 후보자 중에서 당내경선 당선자를 정하기 위한 여론조사를 구분하여 실시했다는 우연한 사정을 근거로 경선후보자 결정을 위한 여론조사를 '당내경선을 위한 여론조사'에서 제외함으로써 거짓 응답을 지시·권유· 유도하는 행위를 방치한다면 이는 공직선거법이 의도하는 여론조사의 공정성과 신뢰성을 잠탈하는 결과를 초래한다.

피고인이 들고 있는 대법원 2007. 11. 16. 선고 2007도6503 판결은, 정당의 공천심사위원회가 서류심사 등을 통해 공직선거후보자를 추천하는 절차가 '당내경선이나 이를 대체하는 여론조사'에 해당하지 않는다는 취지에 불과하므로, 이 사건 금지규정에 정해진 '당내경선을 위한 여론조사'의 의미나 범위를 밝힌 선례라고 볼 수 없다(대구고등법원 2021. 3. 25. 선고 2021노43 판결).

④ 당내경선을 위한 여론조사에서 응답자가 실제 거짓으로 응답을 하여 결과가 발생해야 법 제108조 제11항 제1호의 거짓응답 지시·권유·유도 금지 위반죄가 성립하는지 여부

공직선거법 제256조 제1항 제5호에서 정한 거짓응답 지시·권유·유도 행위 금지 위반죄는 거짓응답을 지시·권유·유도한 행위로 인하여 당해 선거구의 선거구민들이 여론조사에서의 질의에 대하여 거짓으로 응답을 하게 할 위험을 초래하였다고 평가할 수 있으면 성립하는 것이고, 응답자가 실제 거짓으로 응답을 하여 결과가 발생하였는지 여부는 본죄의 성부에는 영향을 미치지 않으므로, 문자메시지를 받은 대상자 중 거짓응답을 할 가능성이 없는 사람들이 일부 포함되어 있다고 하더라도 그 거짓응답을 할 가능성이 없는 사람들에 대한 부분만을 따로 떼어내어 그 부분에 대하여 위 죄가 성립하지 않는다고 볼 것은 아니다(전주지방법원 2021. 6. 16. 선고 2020고합202, 211(병합) 판결, 광주고등법원 2022. 1. 26. 선고 2021노125 판결, 대법원 2022. 5. 12. 선고 2022도1929 판결)

⑤ 당내경선 여론조사에서 거짓응답 중복투표를 하도록 직접적으로 지시·권유하는 문구

가 들어있지 않더라도 거짓응답 권유·유도 금지 위반죄에 해당하며, 응답자가 실제 거짓응답 하는 결과의 발생 여부는 본죄 성부에 영향을 미치지 아니한다고 판단한 사례 피고인들이 전송한 메시지에 거짓응답·중복투표를 하도록 직접적으로 지시·권유하는 문구가 들어있지는 않더라도, 단지 단속을 피하기 위하여 명시적 표현만 삭제한 것에 불과한 점, 권리당원에게 일반시민 여론조사 전화를 받아달라는 요구를 할 필요가 없는데도 그러한 내용이 포함되어 있는 점, 단순히 전화를 받아달라는 것이 아닌 일반시민 여론조사도 받아달라고 한 것은 두 번 모두 받아달라는 취지로 읽히는 점 등을 종합하면 직접적인 문구가 없는 메시지라 하더라도 거짓응답 권유·유도 금지 위반죄에 해당한다. 본죄는 거짓응답을 지시·권유·유도하여 선거구민들이 여론조사에 거짓응답을 하게 할 위험을 초래하였다고 평가할 수 있으면 성립하는 것이고, 응답자가 실제 거짓응답하는 결과의 발생 여부는 본죄 성부에 영향을 미치지 아니하므로, 문자메시지 수신자 중 거짓응답 가능성이 없는 일반시민들이 일부 있더라도 그를 따로 떼어 죄가 성립하지 않는다고 볼 것은 아니다(광주고등법원 2022. 1. 26. 선고 2021노125 판결, 대법원 2022. 5. 12. 선고 2022도1929 판결).

제7절 당내경선관련 자유방해죄

제237조(선거의 자유방해죄) ⑤ 당내경선과 관련하여 다음 각 호의 어느 하나에 해당하는 자는 5년 이하의 징역 또는 1천만원 이하의 벌금에 처한다.

1. 경선후보자(경선후보자가 되고자 하는 자를 포함한다) 또는 후보자로 선출된 자를 폭행·협박 또는 유인하거나 체포·감금한 자
2. 경선운동 또는 교통을 방해하거나 위계·사술 그 밖의 부정한 방법으로 당내경선의 자유를 방해한 자
3. 업무·고용 그 밖의 관계로 인하여 자기의 보호·지휘·감독을 받는 자에게 특정 경선후보자를 지지·추천하거나 반대하도록 강요한 자

⑥ 당내경선과 관련하여 다수인이 경선운동을 위한 시설·장소 등에서 위험한 물건을 던지거나 경선후보자를 폭행한 자는 다음 각 호의 구분에 따라 처벌한다.

> 1. 주모자는 3년 이상의 유기징역
> 2. 다른 사람을 지휘하거나 다른 사람에 앞장서서 행동한 자는 7년 이하의 징역
> 3. 다른 사람의 의견에 동조하여 행동한 자는 2년 이하의 징역

1. 개요

　2005. 8. 4. 개정 시 당내경선 관련 자유방해죄(제5항, 제6항)가 신설되었다. 이는 종래 정당법 제45조의3(당내경선등의 자유방해죄)에 규정되어 있던 내용 중 '공직선거 후보자 추천을 위한 당내경선'과 관련된 부분을 공직선거법으로 옮겨 규정한 것이다.

2. 내용

　자유롭고 공명한 당내경선을 보장하기 위한 규정으로 각 죄의 구성요건은 「당내경선과 관련하여」 외에는 일반적인 선거의 자유방해죄(제1항, 제3항)의 구성요건과 거의 유사하다.
　「당내경선과 관련하여」는 일반적인 선거의 자유방해죄의 「선거에 관하여」에 준하여 특정한 당내경선에 즈음하여 투표, 경선운동, 당선 등 당내경선에 관한 사항을 동기로 하여라는 의미로 해석된다.[49]
　「당내경선의 자유」는 공직선거 후보자 선출을 위한 당내 경선에서의 「투표의 자유」와 경선 입후보자의 자유를 포함한 「경선운동의 자유」를 의미한다.[50]
　「위계·사술 그 밖의 부정한 방법으로 당내경선의 자유를 방해하는 행위」라 함은 본 조 제5항 제1호 내지 제3호의 행위가 경선운동 및 투표에 관한 행위 그 자체를 직접 방해하는 행위들인 점에 비추어 보면 같은 호 전단의 경선운동 또는 교통을 방해하는 행위에 준하여 경선이나 투표에 관한 행위 그 자체를 직접 방해하는 행위를 말한다. 따라서 당내경선에서 투표할 의사가 없는 사람들의 동의 없이 그들을 경선선거인으로 등록한 행위는 '경선 선거인단에 등록되지 않을 자유'를 방해한 행위일 뿐, 경선이나 투표에 관한 행위를 직접적으로 방

---

49)　대검찰청, 공직선거법 벌칙해설 제10개정판, 294면
50)　대법원 2008. 7. 10. 선고 2008도2737 판결

해하는 행위가 아니다.[51]

　당내 공천심사위원회의 공천 신청자 심사를 위한 전화여론조사에서 특정 공천신청자에게 유리한 결과가 나오도록 다수의 일반전화를 개통하여 피고인이 관리하는 휴대전화로 착신 전환하여 특정 공천 신청자를 지지한다고 응답함으로써 여론조사결과를 조작한 행위의 경우 당내경선의 투표의 자유나 경선운동의 자유 그 자체를 직접적으로 방해하는 행위로 보기 어렵다.[52]

3. 판례

① 법 제237조 제5항 제2호에서 정한 '위계·사술 그 밖의 부정한 방법으로 당내경선의 자유를 방해'하는 행위의 의미 등

　공직선거법 제237조 제5항 제2호는 당내경선과 관련하여 '경선운동 또는 교통을 방해하거나 위계·사술 그 밖의 부정한 방법으로 당내경선의 자유를 방해한 자'에 대하여 5년 이하의 징역 또는 1천만 원 이하의 벌금에 처한다고 규정하고 있는데, 여기에서 '당내경선의 자유'는 공직선거 후보자 선출을 위한 당내경선에서의 '투표의 자유'와 경선 입후보의 자유를 포함한 '경선운동의 자유'를 말한다.

　한편, 같은 항이 당내경선의 자유를 방해하는 행위로서 제1호에서 폭행·협박, 유인, 불법 체포·감금행위를, 제2호에서 경선운동 또는 교통의 방해행위를, 제3호에서 업무·고용 그 밖의 관계로 인하여 자기의 보호·지휘·감독을 받는 자에게 특정 경선후보자를 지지·추천하거나 반대하도록 강요하는 행위를 열거하고 있는바, 이들은 어느 것이나 경선운동 및 투표에 관한 행위 그 자체를 직접 방해하는 행위들인 점에 비추어 보면, 같은 항 제2호에서 정한 '위계·사술 그 밖의 부정한 방법으로 당내경선의 자유를 방해' 하는 행위는 같은 호 전단의 경선운동 또는 교통을 방해하는 행위에 준하는 것, 즉 경선운동이나 투표에 관한 행위 그 자체를 직접 방해하는 행위를 말하고, 단순히 '경선 선거인단에 등록되지 않을 자유'를 방해할 뿐인 행위는 이에 포함되지 않는다고 해석함이 상당하다.

51) 대법원 2008. 7. 10. 선고 2008도2737 판결
52) 대법원 2011. 12. 27. 선고 2011도13691 판결, 광주고등법원 전주지부 2011. 9. 27. 선고 2011노123 판결(유권자들은 자신이 지지하는 후보자에 대하여 응답할 기회를 잃고, 경쟁후보자들은 자신을 지지하는 유권자들의 응답을 받지 못하게 되며, 공천심사위는 조작된 여론조사결과를 자료로 제공받는 등의 불이익을 받게 되지만 이러한 불이익은 피고인의 행위로 인하여 발생한 간접적인 방해에 불과하고 당내경선의 자유 그 자체를 직접적으로 방해하는 행위에 해당한다고 보기 어렵다)

이 사건 공소사실은 피고인들이 당내경선에서 투표할 의사가 없는 사람들의 동의나 승낙 없이 그들을 경선 선거인으로 등록함으로써 그들의 '경선 선거인단에 등록되지 않을 자유'를 방해하였다는 것인바, 위와 같은 행위가 경선운동이나 투표에 관한 행위 그 자체를 직접적으로 방해하는 행위에 해당한다고 보기는 어렵다. 같은 취지에서, 피고인들의 행위가 공직선거법 제237조 제5항 제2호에서 정한 경선의 자유 방해 행위에 해당하지 않는다고 본 원심의 판단은 수긍이 되므로, 거기에 주장하는 바와 같은 법리오해의 위법이 있다고 할 수 없다(대법원 2008. 7. 10. 선고 2008도2737 판결).

② 당내경선과 관련하여 선거권이 없어 선거인이라고 할 수 없는 사람을 상대로 그의 투표에 관한 행위를 방해한 경우, 위 규정에서 정한 당내경선의 자유를 방해하는 행위에 해당하는지 여부

공직선거법 제237조 제5항 제2호는 당내경선과 관련하여 '경선운동 또는 교통을 방해하거나 위계·사술 그 밖의 부정한 방법으로 당내경선의 자유를 방해한 자'에 대하여 5년 이하의 징역 또는 1천만 원 이하의 벌금에 처한다고 규정하고 있다. 여기에서 '위계·사술 그 밖의 부정한 방법으로 당내경선의 자유를 방해'하는 행위는 경선운동 또는 교통을 방해하는 행위에 준하는 것, 즉 경선운동이나 투표에 관한 행위 그 자체를 직접 방해하는 행위를 말하고, '당내경선의 자유'는 공직선거 후보자 선출을 위한 당내경선에서의 '투표의 자유'와 경선 입후보의 자유를 포함한 '경선운동의 자유'를 말한다(대법원 2008. 7. 10. 선고 2008도2737 판결 참조). 한편 당내경선의 자유 중 '투표의 자유'는 선거인이 그의 의사에 따라 후보자에게 투표를 하거나 하지 아니할 자유를 말한다. 따라서 당내경선과 관련하여 선거권이 없어 선거인이라고 할 수 없는 사람을 상대로 그의 투표에 관한 행위를 방해하였다고 하더라도 특별한 사정이 없는 한 선거인에 대하여 투표의 자유가 침해되는 결과가 발생할 수는 없으므로, 위 규정에서 정한 당내경선의 자유를 방해하는 행위에 해당한다고 할 수 없다(대법원 2017. 8. 23. 선고 2015도15713 판결).

③ 대학교 교수가 자신들의 지도·보호를 받는 태권도학과 학생들에게 당내경선과 관련하여 법 제237조 제5항 제3호의 선거의 자유를 방해한 경우

피고인들이 태권도학과 학생들에게 □□당 대통령후보 경선의 선거인단에 등록하도록 권유한 것을 넘어 특정 경선후보자인 ●●●을 지지하도록 강요하였다고 인정할 수 있으므로, 원심의 위와 같은 판단은 정당한 것으로 수긍이 가고, 거기에 피고인들이 주장하는 것과 같은 사실오인 및 위법이 있다고 할 수 없다.

1. 피고인 최○○는 소○○ 교수로부터 전달받아 피고인 하○○를 거쳐 김○○에게 전달된 웹포스터에는 ●●●의 얼굴이 삽화되어 있었다. 위 웹포스터는 □□당이 제작

한 것이 아니라 ●○○의 경선캠프에서 제작하여 사용한 것이다.

2. 김○○은 피고인 하○○로부터 "학생들 경선에 참여하게 해보라"는 지시를 받고 품새단 주장 신○○을 비롯한 태권도학과 학생들로 하여금 휴대폰을 소지한 채 모이게 한 후 위 웹포스터를 보여주면서 "경선에 참여하라", "인증번호가 뜨면 투표할 수 있다. 인증번호를 넣고 투표할 수 있다"고 말했고, 당시 신○○은 "●○○을 찍으라는 말은 안했지만 그 사진을 보니까, 최○○ 교수님이 □□당 쪽 라인을 탔구나"라는 생각을 하였다.

3. 신○○은 피고인 하○○의 지시를 받아 품새단의 카카오톡 단체 대화방에 "그 □□당 뭐시기 투표하고 인증번호 온 거 여기다 올려요"라는 메시지를 남겼고, 이에 다른 학생도 "□□당 투표하고 인증번호 온 거 저에게 보내주시면 감사하겠습니다"라는 메시지를 남겼다.

4. 신○○이 카카오톡 단체 대화방에 □□당의 ARS 경선선거인단에 참여한 증거로 인증번호를 제출할 것을 공지하자, 한 학생은 "우리는 정치참여의 자유가 있는 대한민국 국가의 국민 아니야?"라고 인증번호 취합에 대해 문제를 제기하였고, 이에 신○○은 "태권도학과가 그렇지 뭐"라고 답변하였다.

5. 제19대 대통령선거 □□당 후보경선의 호남권 ARS 투표일은 2017. 3. 25.과 2017. 3. 26.이었는데, 2017. 3. 22. 선거관리위원회에 이 사건에 관한 제보가 있었고, 2017. 3. 24. 언론에 "대학교 학생들이 이 사건 행사에 동원되었다"는 내용이 보도되었다. 이러한 언론보도로 인하여 학생들이 실제로 경선 투표를 하지 않았을 가능성이 있다[대법원 2018. 8. 30. 선고 2018도9939 판결, 광주고등법원 2018. 6. 5. 선고 (전주)2017노241 판결].

④ 당내경선에서 피고인들의 요구에 따라 선거권자들의 휴대전화로 대리투표를 한 행위가 법 제237조 제5항 제2호의 투표의 자유를 침해한 것인지

가. 공직선거법 제237조 제5항 제2호의 '위계'란 행위자가 달성하려는 목적과 수단을 상대방에게 명확히 알리지 않고 자기의 목적을 달성하도록 이끌어가는 것을 말하고, '그 밖의 부정한 방법'이란 이에 준하여 선량한 사회질서에 반하는 방법을 널리 포함하는 개념으로서, 그 행위가 행하여진 시기·방법·상황 등을 종합하여 객관적으로 '부정한 방법'인지 여부를 결정해야 할 것이며, 이를 판단할 때는 당내경선에서 선거권자의 정치적 의사결정과 의사표현의 자유를 보호하고자 하는 공직선거법의 입법목적을 고려해야 할 것이다.

나. 적법하게 채택하여 조사한 증거들에 의하여 인정되는 아래의 사정들을 종합하면,

피고인 B, C의 행동으로 인하여 선거권자들의 당내경선에서 '투표의 자유'가 침해
되는 결과가 발생하였다고 충분히 인정할 수 있다.

피고인들이 먼저 선거권자들에게 접근하여 휴대전화를 건네 달라고 요청하였고,
선거권자들이 피고인들에게 먼저 투표를 부탁했다거나 W를 뽑아 달라는 의사를
명확히 전달한 상황이 아니었다(이러한 점에서 피고인들이 선거권자들의 '위임'을 받았다
고 볼 수 없음). 하다못해 선거권자들이 '특정 후보자를 지지하는데 어떻게 해야 하는
지' 피고인들에게 먼저 문의한 상황도 아니었다. 피고인들이 없었다면 선거권자들
은 통상적인 투표 행위(ARS 투표전화가 오면 직접 받아 지지하는 후보자에게 투표하거나 전
화를 받지 않고 투표 자체를 포기하는 행위)로 나아갔을 것이다. 그러나 선거권자들이 피
고인들의 요구에 따라 휴대전화를 넘김으로써 선거권자들의 자유로운 의사가 왜
곡될 우려가 발생하였고, 실제 투표가 이뤄질 때까지 선거권자들은 자신의 투표권
을 자유롭게 행사하지 못하는 상황에 놓이게 되었다. 또한 투표의 자유는 후보자에
게 투표를 하지 않을 자유도 포함하므로, 피고인들의 행위로 인해 선거권자들이 통
상적인 투표에 관한 행위에 지장을 받게 되었다. 결국 선거권자들이 피고인들과 같
은 외부적 요소로 인해 W에게 투표하지 아니할 자유를 침해받았다 할 것이다(선
거권자가 있는 곳에서 선거권자의 의사를 직접 확인하여 단지 휴대전화 버튼을 눌러주는 정도인
'대행'과 명백히 다름).

특히 마을회관에서 대리투표가 이루어진 방식을 보면, 노인들이 마을회관에 와서
각자 자신의 휴대전화를 방 가운데에 꺼내 놓고, 피고인 E가 그 휴대전화 중 당내
경선 ARS 투표 전화가 오는 것이 있으면 이를 받아서 투표하는 형태였다. 피고인
E는 주민들에게 생경한 사람이었고, 휴대전화를 한 군데 모았다가 전화가 오는 대
로 받아 특정인이 투표를 하는 위와 같은 방식은 그 자체로 비정상적인 행태임이
분명하다. 게다가 피고인 E의 진술에 의하더라도 마을회관에 모인 노인들과 누구
를 뽑는지에 대해서는 대화를 해본 적 없고, 노인들도 그런 이야기를 한 적이 없다
고 한다.(중략)

피고인들의 행위는 자신들이 지지하는 W의 당선을 추구하였을 뿐, 그 동기나 목적
이 정당하다고 보기도 어렵고, 대리투표라는 방법 역시 당내경선 과정이나 당내경
선 후보자들에 대해 잘 알지 못하고 휴대전화와 신분증을 별다른 고민 없이 지인
에게 맡길 수 있는 노인들을 이용한 행위에 불과하여 그 상당성을 인정하기 어렵
다. 또한 공직선거법이 당내경선의 자유와 공명성을 보장하기 위해 당내경선의 자
유방해죄를 규정하였음을 고려할 때 법익 균형성도 갖추었다고 보기 어려우며, 앞

서 추정적 승낙에 대한 판단 부분에서 보았듯 보충성의 요건도 결여하였다고 할 것이다(전주지방법원 남원지원 2023. 1. 19. 선고 2022고합35 판결, 광주고등법원 2023. 5. 19. 선고 2023노22 판결)

제8절 당내경선관련 허위사실공표죄

> **제250조(허위사실공표죄)** ③ 당내경선과 관련하여 제1항(제64조제1항의 규정에 따른 방법으로 학력을 게재하지 아니한 경우를 제외한다)에 규정된 행위를 한 자는 3년 이하의 징역 또는 6백만원 이하의 벌금에, 제2항에 규정된 행위를 한 자는 5년 이하의 징역 또는 1천만원 이하의 벌금에 처한다. 이 경우 "후보자" 또는 "후보자(후보자가 되고자 하는 자를 포함한다)"는 "경선후보자"로 본다.

1. 의의

허위의 사실을 공표하여 당내경선에 참가하는 선거인의 올바른 판단에 영향을 미치는 행위를 규제함으로써 당내 경선의 공정을 보장하기 위한 규정이다. 2004. 3. 12. 정당법 개정시 정당법 제45조의6에 신설하였던 규정이나, 2005. 8. 4. 공직선거법을 개정하면서 선거관련 법규를 통합·정비하는 차원에서 공직선거법으로 옮겨 규정하였다.

「당내경선」이란 정당이 공직선거에 추천할 후보자를 선출하기 위하여 실시하는 선거를 말하며, 법 제57조의2 제2항에 의하여 당내경선후보자로 등재된 자를 대상으로 정당의 당헌·당규 또는 경선후보자 간의 서면합의에 따라 실시한 당내경선을 대체하는 여론조사를 포함한다고 할 것이나, 정당이 선거나 이를 대체하는 여론조사가 아닌 방법으로 공직선거에 추천할 후보자를 결정하는 것은 당내경선에 포함되지 아니한다.[53]

본 조항에서 규정하는 당내경선 관련 허위사실공표죄의 객체에는 '경선후보자'만 해당하고 '경선후보자가 되고자 하는 자'는 포함되지 않는다.[54]

제250조 제1항의 허위사실공표죄에서 공직선거의 후보자나 후보자가 되고자 하는 자가

---

[53] 대법원 2007. 11. 16. 선고 2007도6503 판결
[54] 대구고등법원 2019. 4. 4. 선고 2019노57 판결

학력을 게재하는 경우에는 법 제64조 제1항의 규정에 의한 방법으로만 게재하도록 규정하고 있으나, 본 조항 당내경선의 경우에는 적용되지 않는다.

또한 당내경선에서 정당이 추천하는 공직선거 후보자가 되거나 되지 못하게 할 목적을 필요로 하나, 본 죄의 목적이 인정된다고 하여 제1항 또는 제2항의 공직선거에서의 당선 또는 낙선의 목적이 있다고 추정할 수는 없다.[55] 당내경선에 임박하여 허위사실을 공표한 경우 본 조항이 적용되는지 아니면 제2항의 허위사실공표죄가 적용되는지 문제되나, 표현 문구, 공표 시기, 공표 상대방 등을 종합하여 판단하여야 할 것이다.

2. 판례

① 비례대표 후보자 선출 관련 법 제250조 제3항에서 정한 '당내경선'의 의미

공직선거법 제250조 제3항의 입법 취지는 허위의 사실을 공표하여 당내경선에 참가하는 선거인의 올바른 판단에 영향을 미치는 행위를 규제함으로써 당내경선의 공정을 보장함에 있는바, 위 규정에서 말하는 '당내경선'이란 공직선거법 제57조의2 내지 제57조의5의 규정을 종합하여 볼 때 정당이 공직선거에 추천할 후보자를 선출하기 위하여 실시하는 선거를 말하며, 공직선거법 제57조의2 제2항에 의하여 당내경선후보자로 등재된 자를 대상으로 정당의 당헌·당규 또는 경선후보자 간의 서면합의에 따라 실시한 당내경선을 대체하는 여론조사를 포함한다고 할 것이나, 정당이 선거나 이를 대체하는 여론조사가 아닌 방법으로 공직선거에 추천할 후보자를 결정하는 것은 당내경선에 포함되지 아니한다.

원심이 같은 취지에서 ○○당 대구광역시당이 공직후보자추천심사위원회의 서류심사 및 면접의 방법으로 대구광역시 수성구의회 비례대표의원의 정당후보자를 추천한 것은 당내경선에 의한 정당후보자 추천에 해당한다고 할 수 없다고 판단한 것은 정당하고, 거기에 상고이유 주장과 같은 공직선거법상 당내경선에 관한 법리오해의 위법이 없다(대법원 2007. 11. 16. 선고 2007도6503 판결).

② 당내경선과 관련하여 단 둘이 있는 자리에서 당내경선 후보자에 대한 허위의 전과 내용을 말하는 것이 공표에 해당한다(의정부지방법원 2019. 3. 15. 선고 2018고합434 판결).

---

55) 대구지방법원 2007. 4. 18. 선고 2006고합785 판결

③ 당내경선 공천 관련 인터뷰를 통한 물밑거래 의혹 등 허위사실 공표

피고인이 최☆☆에게 한 말 중 "'1-가'번 공천을 받은 곽☆☆와 뭔가 물밑거래가 있지 않았다면 있을 수 없는 일이다."는 부분은 '…다면 있을 수 없는 일'이라는 추측성 문구만 놓고 보았을 때 '평가' 또는 '의견표현'의 형식을 띄고 있기는 하다. 그러나 표현의 내용이 되는 '물밑거래가 있었다'는 점은 증거에 의하여 증명이 가능한 사실에 해당하고, 듣는 사람의 입장에서 볼 때 피해자와 곽☆☆ 사이에 ○○시의원 후보자 공천과 관련하여 부정한 거래행위가 있었을 것이라는 의심을 갖게 하기에 충분하여 선거인으로 하여금 후보자에 대하여 정확한 판단을 그르치게 할 수 있을 정도로 구체성을 가지고 있다고 판단되므로, 이는 가치판단이나 평가를 내용으로 하는 '의견표현'이 아니라 '사실'을 공표한 행위에 해당한다고 할 것이다(수원고등법원 2019. 11. 14. 선고 2019노232 판결, 대법원 2020. 2. 13. 선고 2019도17264 판결)

제9절 당내경선관련 후보자비방죄 성립 여부

> **제251조(후보자비방죄)** 당선되거나 되게 하거나 되지 못하게 할 목적으로 연설·방송·신문·통신·잡지·벽보·선전문서 기타의 방법으로 공연히 사실을 적시하여 후보자(候補者가 되고자 하는 者를 포함한다), 그의 배우자 또는 직계존·비속이나 형제자매를 비방한 자는 3년 이하의 징역 또는 500만원 이하의 벌금에 처한다. 다만, 진실한 사실로서 공공의 이익에 관한 때에는 처벌하지 아니한다.

당내경선에서의 당선 또는 낙선을 위한 행위에 대해서는 원칙적으로 본 조가 적용되지 않으나, 예외적으로 당내경선운동을 구실로 실질적으로 공직선거에서의 당선 또는 낙선되게 할 목적으로 후보자를 비방하였다고 인정되는 경우에는 본 조의 후보자비방죄가 인정될 수 있다.

후보자비방죄에서의 '당선되거나 되게 하거나 되지 못하게 할 목적'은 법 제2조가 정하고 있는 공직선거에서 당선 또는 낙선되게 할 목적을 말하고, 공직선거에 출마할 정당 추천 후보자를 선출하기 위한 당내경선에서의 당선 또는 낙선되게 할 목적은 여기에 해당하지 않는다. 또한 당내경선과 관련하여 후보자 등을 비방하는 경우 원칙적으로 당내경선에서의 당선 또는 낙선을 위한 행위에 해당한다고 할 것이고, 다만 당내경선에서의 당선 또는 낙선을 위

한 행위라는 구실로 실질적으로 공직선거에서의 당선 또는 낙선을 위한 행위를 하는 것으로 평가될 수 있는 예외적인 경우에 한하여 그 범위 내에서 공직선거에서의 선거운동으로 볼 수 있는 것이다.[56]

제10절 당내경선관련 범죄와 공무담임 등의 제한

> **제266조(선거범죄로 인한 공무담임 등의 제한)** ① 다른 법률의 규정에도 불구하고 제230조부터 제234조까지, 제237조부터 제255조까지, 제256조제1항부터 제3항까지, 제257조부터 제259조까지의 죄(당내경선과 관련한 죄는 제외한다) 또는 「정치자금법」 제49조의 죄를 범함으로 인하여 징역형의 선고를 받은 자는 그 집행을 받지 아니하기로 확정된 후 또는 그 형의 집행이 종료되거나 면제된 후 10년간, 형의 집행유예의 선고를 받은 자는 그 형이 확정된 후 10년간, 100만원이상의 벌금형의 선고를 받은 자는 그 형이 확정된 후 5년간 다음 각 호의 어느 하나에 해당하는 직에 취임하거나 임용될 수 없으며, 이미 취임 또는 임용된 자의 경우에는 그 직에서 퇴직된다.

당내경선과 관련한 선거범죄는 제외된다. 2005. 8. 4. 법 개정시 "제6장의2 정당의 후보자 추천을 위한 당내경선"을 정당법에서 이관하여 신설하면서 벌칙에 본칙에 위반되는 "당내경선과 관련하여"란 죄를 해당 조항들에 각각 규정하였고, 법 제266조 제1항에도 "당내경선과 관련한 죄"를 제외한다고 규정하였다.

이때, 본 조항의 「당내경선과 관련한 죄」라 함은 그 구성요건에 '당내경선'이 포함된 경우만 해당한다고 보아야 한다. 당내경선과 관련한 죄와 경합범으로 벌금형을 선고받은 자의 공무담임 제한과 관련한 사안에서 중앙선거관리위원회는 "재직 중인 공무원이 당내경선 운동을 하여 법 제255조 제5항, 제85조 제1항(공무원 등의 선거관여 등 금지), 같은 법 제255조 제1항 제1호, 제57조의6 제1항(공무원 등의 당내경선운동금지)을 위반하여 4,000,000원의 벌금형이 확정된 경우 법 제266조(선거범죄로 인한 공무담임 등의 제한) 제1항 규정의 퇴직사유에 해당된다"(2019. 3. 18. 회답)고 해석하였다.[57]

---

56) 서울고등법원 2019. 5. 31. 선고 2019노17 판결(대법원 2019. 8. 30. 선고 2019도8036 판결로 확정)
57) 사안처럼 "당내경선과 관련한 죄"를 범죄사실이 당내경선과 관련된 경우로 본다면 당내경선과 관련된 범죄와 본 선거의 범죄가 경합되는 경우 법 제266조가 적용될 수 없어 동조의 입법 취지를 형해화 할 수 있고, 법원이 당내경선과 관련하여 공무원이 소속 직원들을 상대로 선거인단을 모집한 행위를 지위를 이용하여 본 선거에까지 영향을 미치는 행위로 판단(제85조 제1항 위반)하였다고 볼 수 있으므로 당내경선과 관련한 죄(제57조의6 제1항)와 경합범으로 법 제266조의 퇴직사유에 해당한다.

제11절 당내경선관련 범죄와 공소시효

제268조(공소시효) ① 이 법에 규정한 죄의 공소시효는 당해 선거일후 6개월(선거일후에 행하여진 범죄는 그 행위가 있는 날부터 6개월)을 경과함으로써 완성한다. 다만, 범인이 도피한 때나 범인이 공범 또는 범죄의 증명에 필요한 참고인을 도피시킨 때에는 그 기간은 3년으로 한다.

② 제1항 본문에도 불구하고 선상투표와 관련하여 선박에서 범한 이 법에 규정된 죄의 공소시효는 범인이 국내에 들어온 날부터 6개월을 경과함으로써 완성된다.

③ 제1항 및 제2항에도 불구하고 공무원(제60조제1항제4호 단서에 따라 선거운동을 할 수 있는 사람은 제외한다)이 직무와 관련하여 또는 지위를 이용하여 범한 이 법에 규정된 죄의 공소시효는 해당 선거일 후 10년(선거일 후에 행하여진 범죄는 그 행위가 있는 날부터 10년)을 경과함으로써 완성된다.

법 제268조 제1항 본문은 "이 법에 규정한 죄의 공소시효는 당해 선거일 후 6개월(선거일 후에 행하여진 범죄는 그 행위가 있는 날부터 6개월)을 경과함으로써 완성한다."라고 규정하고 있다. 여기서 말하는 '당해 선거일'이란 그 선거범죄와 직접 관련된 공직선거의 투표일을 의미한다.[58] 이는 선거범죄가 당내경선운동에 관한 법 위반죄인 경우에도 마찬가지이므로, 그 선거범죄에 대한 공소시효의 기산일은 당내경선의 투표일이 아니라 그 선거범죄와 직접 관련된 공직선거의 투표일이다.[59]

┃ 당내경선과정에서의 주요 사례 ┃
(당원·비당원을 대상으로 하는 당내경선을 말함)

할 수 있는 사례
- 예비후보자인 경선후보자가 당내경선선거사무소와 예비후보자선거사무소를 다른 장소에 각각 설치하거나 같은 장소에 공동으로 설치하는 행위
  ⇨ 다만, 공동사무소의 공간부족을 이유로 다른 장소의 건물에 별도의 공동사무소를 설치하는 경우 위반
- 정당이 당내경선을 대체하는 여론조사를 실시함에 있어서 경선후보자가 정당이 정한 바에 따라 선거구민인 당원만을 대상으로 경선홍보물을 발송하는 행위
- 당내경선 홍보물에 해당 정당의 당원으로서 경선운동을 할 수 있는 제3자(공무원 기타 정치적 중립을 지켜야 하는 자 제외)가 경선후보자를 지지·추천하는 내용을 게재하는 행위

---

58) 대법원 2006. 8. 25. 선고 2006도3026 판결, 대법원 2019. 5. 30. 선고 2019도2767 판결
59) 대법원 2019. 10. 31. 선고 2019도8815 판결

- 예비후보자의 선거사무원 또는 자원봉사자가 정당에서 제공한 당원 휴대전화 가상번호를 활용하여 당내경선 준비 차원에서 전화를 이용하여 성명과 전화번호 확인, 당원 또는 책임당원 여부 확인, 당내경선 방식·일정 및 참여 안내를 하는 행위
- 경선후보자·정당이 경선사무소 또는 정당의 당사 내부에 경선후보자 홍보물을 첩부하는 행위
  ⇨ 다만, 경선사무소의 외벽면 등에 선거벽보를 첩부하거나, 정당 당사의 외벽면에 경선후보자를 알리는 선거벽보 또는 현수막(경선기호, 성명 등)을 첩부·게시하는 행위는 위반
- 경선기간 중 중앙당 또는 시·도당 홈페이지에 경선후보자가 제출한 전자공보를 게시하거나 경선후보자를 소개·홍보하는 행위
- 선거운동을 할 수 있는 사람이 법 §59에 따라 문자메시지를 전송하는 방법으로 당내경선 참여 안내 및 독려하는 행위
- 선거운동을 할 수 있는 사람이 당내경선 후보자에 대한 지지 여부를 언론사에 보도자료로 제공하거나 기자회견을 통하여 표명하는 행위
- 선거운동을 할 수 있는 사람이 법 §59에 따라 문자메시지, 인터넷 홈페이지, 전자우편, 전화, 말을 이용하여 당내경선 후보자에 대한 지지 여부를 표명하는 행위
- 선거운동을 할 수 있는 사람이 당내경선 후보자에 대한 지지 퍼포먼스를 사진 또는 동영상으로 촬영하여 법 §59에 따라 인터넷 홈페이지에 게시하거나 카카오톡 등 전자우편으로 전송하는 행위

할 수 없는 사례

- 경선운동의 기획·전략수립·공약개발 등 경선운동과 관계된 업무에 종사하는 자에게 대가를 제공하는 행위
  ⇨ 다만, 경선후보자가 설치한 사무소에서 경선운동과 관련 없이 청소·다과접대·차량운행·경선후보자 경호 등 단순노무에 종사하는 자에게 그 역무제공에 대한 정당한 대가를 지급하는 것은 가능
- 예비후보자가 일반 선거구민을 대상으로 자신의 육성으로 녹음된 ARS(자동응답시스템) 전화를 이용하여 당내경선 참여 안내 및 자신에 대한 지지·호소를 하는 행위
- 정당이 제공받은 휴대전화 가상번호를 법 §57의8①에 따른 여론조사를 실시하거나 여론수렴을 하기 위한 목적 외의 다른 목적으로 사용하거나 다른 자에게 제공하는 행위
- 누구든지 당내경선을 위한 여론조사의 결과에 영향을 미치게 하기 위하여 다수의 선거구민을 대상으로 성별·연령 등을 거짓으로 응답하도록 지시·권유·유도하거나 둘 이상의 전화번호를 착신 전환 등의 조치를 하여 같은 사람이 두 차례 이상 응답하거나 이를 지시·권유·유도하는 행위
- 후보자가 되려는 사람의 팬클럽과 그 회원들이 당원과 당원이 아닌 자에게 투표권을 부여하여 실시하는 정당의 당내경선에서 단순히 경선 참여를 독려하기 위한 것이 아니라 후보자가 되려는 특정인을 선출되게 할 목적으로 경선 선거인단에 참여하게 하기 위하여 그 지지자들을 모집하는 행위

제5장

선거운동이 아닌 행위

선거운동이 아닌 행위

법은 선거운동의 개념을 정의하면서, 누구든지 원칙적으로 선거운동을 자유롭게 할 수 있도록 보장하면서 그 예외로서 이 법 또는 다른 법률의 규정에 따라 선거운동을 금지 또는 제한하고 있다. 선거운동에 해당하지 않는 행위에 대하여도 규정하고 있다.

따라서 선거운동이 아닌 행위로는 법 명문상으로 선거운동으로 규정하지 않는 행위와 법에 규정되어 있지는 않으나 해석상 선거운동으로 볼 수 없는 행위가 있다.

법상 선거운동을 보지 않기 때문에 사전선거운동에 관한 벌칙의 적용을 받지 않는다.

제1절 법 명문상 선거운동이 아닌 행위

제58조(정의 등) ① 이 법에서 "선거운동"이라 함은 당선되거나 되게 하거나 되지 못하게 하기 위한 행위를 말한다. 다만, 다음 각 호의 어느 하나에 해당하는 행위는 선거운동으로 보지 아니한다.

1. 선거에 관한 단순한 의견개진 및 의사표시

2. 입후보와 선거운동을 위한 준비행위

3. 정당의 후보자 추천에 관한 단순한 지지·반대의 의견개진 및 의사표시

4. 통상적인 정당활동

5. 삭제

6. 설날·추석 등 명절 및 석가탄신일·기독탄신일 등에 하는 의례적인 인사말을 문자메시지(그림말·음성·화상·동영상 등을 포함한다. 이하 같다)로 전송하는 행위

1. 개요

법은 선거운동으로 보지 아니하는 행위를 열거하고 있다. ① 선거에 관한 단순한 의견개진 및 의사표시, ② 입후보와 선거운동을 위한 준비행위, ③ 정당의 후보자 추천에 관한 단순한 지지·반대의 의견개진 및 의사표시, ④ 통상적인 정당활동, ⑤ 설날·추석 등 명절 및 석가탄신일·기독탄신일 등에 하는 의례적인 인사말을 문자메시지(그림말·음성·화상·동영상 등을 포함)로 전송하는 행위 ⑥ 투표참여 권유활동가 그것이다.

2. 「선거에 관한 단순한 의견개진 및 의사표시」

가. 의의

선거운동에 해당하지 않는 「선거에 관한 단순한 의견개진」 또는 「의사표시」인지 여부는 선거운동의 개념에 따라 판단하여야 한다. 즉 어떠한 행위가 선거운동이냐 단순한 의견개진 또는 의사표시냐 하는 것은 형식적으로 결정되는 것이 아니라 그 행위의 시기·장소·방법·대상 등의 태양에 따라 종합적으로 실태를 관찰하여 그 행위가 특정 후보자의 당선을 얻거나 얻게 하거나 얻지 못하게 하기 위한 목적의식에 의한 행위에 해당하여 선거운동에 이르는지 실질적으로 판단하여야 한다.[1]

나. 중앙선거관리원회 행정해석

① 장·군수·구청장 등의 정당공천 반대 영상물 방영 등
전국시장군수구청장협의회가 정당공천 반대 영상물을 전국의 Cable-TV를 통해 방영하거나 포스터를 지하철에 부착하여 홍보하는 것은 다른 법령에 위반되는지 여부는 별론으로 하고 공선법상 무방할 것임(2005. 9. 23. 회답).

② 공천획득을 위한 단체소속원의 서명운동
단체가 단순히 소속원 중 1인을 특정 정당의 비례대표국회의원후보자로 추천되게 하기 위한 추천서를 당해 정당에 제출하기 위하여 그 소속원으로부터 서명을 받는 것은 정당의 후보자 추천에 관하여 단순한 의견개진 및 의사표시를 위한 준비행위로 보아 공직선거및선거부정방지법상 무방할 것임(2000. 3. 14. 회답).

---

[1] 중앙선거관리위원회 1963. 8. 26. 회답

다. 판례

① 단순한 의견개진(학생대상 설문조사)

　　중학교 교사로 근무하는 교육공무원이 학생을 상대로 대통령선거에서 누가 당선되어
야 할 것인가를 설문하여 후보자별로 지지율을 확인한 다음 특정후보자가 당선되어야
한다는 취지의 발언을 한 행위는, 그 발언이 모두 선거권이 없는 학생들을 상대로 한
것으로 선거권자의 의사결정에 직접적인 영향을 미칠 수 있는 행동으로 볼 수 없고 학
생들을 통하여 선거권이 있는 학생들의 부모에게 선거운동을 하였다는 취지로 보기도
어려우며, 학생들에게 학부모를 설득하라고 종용하거나 권유한 바도 없으므로 위 소위
는 결국 선거운동이라고 볼 수 없어 선거에 관하여 선거권이 없는 제자들 앞에서 자신
의 입장을 표시한 단순한 의사개진에 불과하다(창원지방법원 진주지원 1993. 2. 17. 선고 93
고합282 판결).

② 페이스북에서 단순히 뉴스 기사를 공유한 행위

　　공직선거법상 선거운동을 할 수 없는 사립학교 교원이 '페이스북'과 같은 누리소통망
(이른바 '소셜 네트워크 서비스')을 통해 자신의 정치적인 견해나 신념을 외부에 표출하였
고, 그 내용이 선거와 관련성이 인정된다고 하더라도, 그 이유만으로 섣불리 선거운동
에 해당한다고 속단해서는 아니 된다. 한편 타인의 페이스북 게시물에 대하여 자신의
의견을 표현하는 수단으로는 ① '좋아요' 버튼 누르기, ② 댓글 달기, ③ 공유하기의 세
가지가 있는데, 이용자가 다른 이용자의 페이스북 게시물을 보다가 자신의 감정을 표
현하고 싶을 때는 '좋아요' 버튼을 누르고, 의견을 제시하고 싶을 때는 '댓글 달기' 기능
을 이용하며, 게시물을 저장하고 싶을 때는 '공유하기' 기능을 이용하는 경향성을 갖게
된다. 그런데 타인의 게시물을 공유하는 목적은 게시물에 나타난 의견에 찬성하기 때
문일 수도 있지만 반대하기 때문일 수도 있고, 내용이 재미있거나 흥미롭기 때문일 수
도 있으며, 자료수집이 필요하기 때문일 수도 있고, 내용을 당장 읽지 않고 나중에 읽
어 볼 목적으로 일단 저장해두기 위한 것일 수도 있는 등 상당히 다양하고, '공유하기'
기능에는 정보확산의 측면과 단순 정보저장의 측면이 동시에 존재한다. 따라서 아무런
글을 부기하지 않고 언론의 인터넷 기사를 단순히 1회 '공유하기' 한 행위만으로는 특
정 선거에서 특정 후보자의 당선 또는 낙선을 도모하려는 목적의사가 명백히 드러났
다고 보기 어려운 경우가 일반적일 것이다(대법원 2018. 11. 29. 선고 2017도2972 판결).

③ 교사가 트위터, 페이스북에 선거 관련 게시글을 작성·공유한 것을 선거운동으로 보지
아니한 사례

　　원심이 적법하게 채택하여 조사한 증거들에 의하여 인정할 수 있는 아래와 같은 사실

과 사정에 비추어 보면, 검사가 제출한 증거들만으로는 피고인의 위 각 게시물 게시 행위가 선거에 관한 단순한 정치적인 의견개진 또는 의사표시를 넘어 특정 후보자나 정당의 당선 또는 낙선을 도모한다는 능동적·계획적 목적의사가 객관적으로 인정되는 경우에 해당한다고 단정하기 어렵고, 달리 이를 인정할 증거가 없다. 따라서 피고인의 행위가 선거운동에 해당하지 않는다는 피고인의 주장은 이유 있다.

1. 게시 장소 관련

(1) 피고인이 위 각 게시물을 게시한 '트위터'는 다른 이용자들과 소통하는 사회적 공간으로서의 성격뿐만 아니라 개인의 일상과 감정을 공유하고 기록하는 사적 공간의 성격을 함께 가지고 있다. 피고인은 2012. 2.경 트위터 계정을 개설한 이후부터 트위터의 '리트윗' 기능을 이용하여 언론사 인터넷 기사와 다른 이용자들의 게시물을 그대로 저장·게시하거나 그와 관련한 자신의 짧은 의견을 덧붙여 왔다.

(2) 피고인이 트위터에 글을 올릴 경우, 그와 연동되어 있는 피고인의 페이스북의 타임라인(time line)에 해당 글이 게시됨과 동시에 피고인의 페이스북 친구들(약 708명)에게 피고인의 해당 글 게시 사실이 송신되기는 하나, 수신자가 페이스북 계정에 로그인한 후 '뉴스 피드(News Feed)'에 뜬 다수의 글 중에서 해당 글을 자발적·적극적으로 선택(클릭)한 경우에만 그 글을 수용하게 된다.

2. 게시 방법, 시기 관련

(1) 위 각 게시물(총 11개)이 제20대 국회의원선거일(2016. 4. 13.)에 임박한 시점에 게시되기는 하였으나, 그중 1개는 언론기사나 타인의 글을 리트윗(공유)하면서 'O 의원 응원 해주세요!!'라는 간단한 의견을 부기한 것이고, 나머지 10개는 언론기사나 타인이 작성한 글을 자신의 의견 부기 없이 단순히 리트윗(공유)한 것이다.

(2) 피고인은 2012. 2.경 트위터 계정을 개설한 이후 2017. 1. 3.경까지 약 24,869개의 글을 트위터에 게시하였고, 월 평균으로는 약 428개(=24,869개/58개월)의 글을 게시한 것인데, 이 사건에서 선거운동에 해당한다고 기소된 게시글의 수는 58개(원심이 무죄로 판단한 것 포함)에 불과하다. 또한 위 각 게시글은 피고인의 다른 게시글에 비하여 특별히 강조되거나 그 게시방법 및 형태 등이 특이하지도 않다.

(3) 피고인이 선거일에 임박하여 트위터, 페이스북 계정을 만든 것은 아니고, 단기간에 트위터 팔로워 또는 페이스북 친구를 과다하게 추가하거나 비슷한 내용의 게시물을 이례적일 정도로 연달아 작성, 공유하였다는 등의 특별한 사정은 보이지 않는다.

3. 게시물의 내용 관련

(1) 위 각 게시물의 주요 내용은 정당의 공천에 관한 비판적인 의견 개진, 주요 언론에

보도되어 널리 알려진 의혹 등을 바탕으로 한 문제 제기, 후보자들의 자질과 도덕성에 관한 비판적 의견 개진 등이다. 그 중에는 욕설에 가까운 모욕적인 표현도 포함되어 있으나, 이는 후보자의 자질과 도덕성 등에 관한 비판적인 평가를 다소 과격하게 표현한 것으로 보일 뿐이고, 전체적으로 보더라도 자신의 정치적인 견해나 신념을 외부에 표시하는 수준을 넘어 선거운동의 정도에 이르는 것이라고 인정하기는 어렵다. 더구나 피고인은 위와 같은 표현이 포함된 원게시물을 리트윗(공유)한 것에 불과하여 능동성이 떨어질 뿐 아니라, 그 내용이 피고인의 의견 자체가 아니라는 사실은 이를 읽는 사람도 쉽게 알 수 있다.

(2) 별지 범죄일람표 연번 50번 게시물은 원심이 유죄로 인정한 총 11개의 게시물 중 유일하게 피고인의 의견이 부기된 것인데, 이는 ○○당의 공천을 받지 못한 현역 국회의원 O가 탈당하여 무소속으로 선거에 출마할 것을 선언하였다는 내용과 함께 '야당답게 민의를 대변한 죄, 참담'이라는 내용이 포함된 타인의 게시글을 공유하면서, 'O 의원 응원 해주세요!!'라는 부분만 피고인이 추가로 부기한 글이다. 피고인이 직접 작성한 위 부분이 이를 보는 사람들에게 O 후보자에 대한 지지를 호소하는 내용이라고 볼 여지도 있으나, 기본적으로는 O에 대한 ○○당의 공천 배제를 비판하는 원작성자의 의견에 공감하면서 O에 대한 간단한 응원 메시지를 덧붙인 것에 불과한 점, 위 게시글 외에는 피고인이 직접 O 후보자에 대한 응원이나 지지를 표명한 적이 없는 점 등을 고려할 때, 피고인이 위 게시글을 게시한 행위가 객관적으로 특정 후보자의 당선 또는 낙선을 도모한다는 능동적·계획적 목적의사가 드러나는 것이라고 단정하기는 어렵다(대법원 2020. 12. 24. 선고 2020도10916 판결, 광주고등법원 2020. 7. 23. 선고 2018노94 판결).

④ 언론 기사나 타인이 작성한 글을 공유하거나 공유하는 글에 짧은 의견을 부기하는 행위만으로는 선거운동에 해당하지 않는다고 본 사례

공직선거법상 선거운동을 할 수 없는 사립학교 교원이 '페이스북'과 같은 누리소통망(이른바 '소셜 네트워크 서비스')을 통해 자신의 정치적인 견해나 신념을 외부에 표출하였고, 그 내용이 선거와 관련성이 인정된다고 하더라도, 그 이유만으로 섣불리 선거운동에 해당한다고 속단해서는 아니 된다. 피고인은 페이스북에 가입한 2010년경부터 제20대 국회의원 선거일인 2016. 4. 13.까지 피고인의 페이스북 계정에 약 3,296개의 게시물을 올렸고, 위 선거일 180일 전인 2015. 10.경부터 위 선거일까지 사이에는 약 318개의 게시물을 올렸다. 그런데 원심이 유죄로 인정한 이 사건 게시물은 9개에 불과하다. 이 사건 게시물 중 2개는 언론기사나 타인의 글을 공유하면서 '정말 화난다', '잘 뽑아야합니다'라는 간단한 의견을 부기한 것이고, 나머지는 언론 기사나 타인이 작

성한 글을 자신의 의견 부기 없이 단순히 공유한 것이다. 이 사건 게시물은 테러방지법 입법에 관한 문제, 한국사교과서 국정화 문제 등에 대한 정부 정책과 일부 국회의원의 태도에 대한 비판, 제20대 국회의원선거를 눈앞에 둔 상황에서 각 정당과 국회의원들의 선거에 임하는 모습과 이에 대한 비판을 주된 내용으로 하고 있다. 피고인이 이러한 내용의 게시물을 공유함으로써 피고인의 정치적 선호를 짐작하게 할 수는 있겠지만, 피고인이 특정 선거에서 특정 후보자에 대하여 당선이나 낙선의 의사를 가지고 있는지는 명확히 알 수는 없다. 피고인은 이 사건 게시물 공유행위 이전에도 이와 유사한 내용의 게시물을 여러 차례 공유하기도 하였다. 피고인에게 선거일에 임박하여 페이스북 계정을 개설하고 페이스북 친구를 과다하게 추가하면서 비슷한 내용의 게시물을 이례적으로 연달아 작성, 공유하였다는 등의 특별한 사정은 없었다. 피고인은 이 사건 행위로 선거관리위원회에 고발되었으나, 선거관리위원회는 피고인에게 경고 처분을 하였을 뿐 검찰에 고발하지는 않았다. 위와 같은 사정을 앞서 본 법리에 비추어 살펴보면, 이 사건 공소사실 기재와 같이 언론 기사나 타인이 작성한 글을 공유하거나 공유하는 글에 짧은 의견을 부기하는 행위만으로는 특정 선거에서 특정 후보자의 낙선을 도모하기 위한 목적의사가 객관적으로 명백히 인식될 수 있는 행위라고 볼 수 없으므로, 공직선거법상 사립학교 교원에게 금지된 '선거운동'에 해당한다고 볼 수 없다(대법원 2019. 11. 28. 선고 2017도13629 판결, 대전고등법원 2020. 2. 13. 선고 2019노480 판결).

⑤ 선거일 전 7개월 전에 차량에 부착된 확성기로 정치자금법을 위반한 국회의원에 대한 엄정수사 촉구를 연설한 행위

피고인 A의 행위는 행정관서나 정치인들의 부당한 행동 또는 활동을 견제하기 위하여 2008. 11.경 설립된 AI단체라는 시민단체의 설립목적 범위 내에서 이루어진 정치활동이다. 그것이 명예훼손 등 형사처벌의 대상이 될 정도의 것이 아니라면 적어도 선거일에 임박하지 아니한 시점에서의 정치활동은 어느 정도 허용되어야 한다(대법원 2017. 9. 7. 선고 2017도10062 판결, 서울고등법원 2017. 6. 15. 선고 2017노695 판결).

⑥ 지방선거와 8개월 떨어진 시점에 현직 시의원 비판하는 내용의 인쇄물을 부착하는 행위가 사전선거운동에 해당하는지 여부

피고인이 부착한 인쇄물의 내용 중 C에 대한 비판적인 내용이 포함되어 있었고, 제7회 전국동시 지방선거의 일시가 기재되어 있었더라도, 이와 같은 사정만으로는 피고인의 이 사건 각 행위가 선거운동에 해당한다고 보기 어렵다(창원지방법원 2019. 4. 9. 선고 2018고합272 판결).

3. 「입후보와 선거운동을 위한 준비행위」

가. 의의

'선거운동을 위한 준비행위'라 함은 비록 선거를 위한 행위이기는 하나 특정 후보자의 당선을 목적으로 투표를 얻기 위한 행위가 아니라 단순히 장래의 선거운동을 위한 내부적·절차적 준비행위를 가리키는 것으로, 예컨대 선거사무장 등 선거사무관계자, 연설원 등을 선임하기 위한 교섭행위 및 선거사무소·연설장소 등의 물색행위, 선거운동용 자동차·확성장치 등의 임차행위, 선거벽보 등 선전물의 사전 제작행위, 연설문 작성행위, 예비 선거운동원들에 대한 선거법 해설강좌 실시행위 등을 말한다.[2]

'선거운동을 위한 준비행위'는 선거운동으로 보지 않으므로, 선거운동 준비 자체는 기간이나 방법의 제한 없이 허용된다. 선거운동을 위한 준비행위에 소요되는 비용은 선거비용으로 보지 않아 선거비용의 규제도 받지 않는다.[3]

나. 중앙선거관리위원회 행정해석

① 선거권자의 추천을 받기 위한 소개행위

선거권자의 추천을 받을 때에 피추천자인 입후보예정자의 경력 또는 공적을 구두로 알리거나 소개하는 행위는 무방할 것이나, 소개장이나 소책자등을 작성·배부하는 경우에는 사전선거운동이 될 것임(1991. 5. 18. 회답).

② 선거운동원으로 선임할 자에 대한 선거법 해설강좌

국회의원선거에 있어 후보자가 되고자 하는 자가 공선법에 규정된 선거운동원수의 범위 내에서 선거운동원으로 선임할 자들에게 선거법 해설강좌를 실시하는 것은 입후보 준비행위로 보아 무방할 것임(1992. 2. 10. 회답).

③ 당원협의회의 '인재영입위원회' 구성

2010년 지방선거를 앞두고 공직선거출마자 후보추천을 위해 정당의 당원협의회 차원에서 '인재영입위원회'를 구성하고, 동 위원회에서 공직선거 출마희망자로부터 중앙당의 공직선거 추천 심사자료에 준하여 공직후보자 추천 신청서 등 서류를 접수 받는 것은 무방할 것임(2010. 1. 22. 회답).

---

2)　헌법재판소 2005. 10. 27. 2004헌바41 결정
3)　서울고등법원 2022. 7. 22. 선고 2021노2521 판결, 대법원 2022. 10. 27. 선고 2022도9510 판결

다. 판례

① 선거운동 준비행위 또는 통상적인 정당활동으로 본 사례

지구당위원장인 피고인이 김○○로 하여금 선거에 대비한 기본전략안 작성, 당원의 분포 및 활동과 그 문제점 등에 대한 진단과 보안책 마련, 지구당조직의 재정비, 선거 대책반 조직 등 지구당 기획업무를 담당하게 하였다 하여도 이는 선거운동을 위한 준비행위이거나 통상적인 정당활동에 불과한 것으로서 선거운동으로 볼 수 없다(대법원 1999. 3. 23. 선고 98도3284 판결).

② 선거운동과 선거운동 준비행위가 혼재되어 있는 경우 선거운동과 관련하여 제공된 것인지 여부

공직선거법의 규정에 의하여 수당·실비 기타 이익을 제공하는 경우를 제외하고는 수당·실비 기타 자원봉사에 대한 보상 등 명목 여하를 불문하고 누구든지 선거운동과 관련하여 금품 기타 이익의 제공 또는 그 제공의 의사를 표시하거나 그 제공의 약속·지시·권유·알선·요구 또는 수령할 수 없다.

10여 명의 기획사 직원들로 하여금 권○○ 후보를 위한 SNS 홍보활동을 중점적으로 추진하고, 그 외 SNS 콘텐츠 기획·도안, 전화번호 수집·정리, 문자메시지 발송, 보도자료 작성 등의 업무를 수행하였는바, 이러한 행위는 권○○ 후보자의 당선 등을 도모하는 목적의지가 뚜렷하여 이를 단순히 선거운동을 위한 준비행위라고 할 수 없다.

피고인 서○○과 피고인 권○○ 사이의 1, 2차 계약은 SNS 홍보활동을 포함한 선거운동과 직접 관련된 부분과 홍보물 제작·납품이라는 선거운동 준비행위라고 볼 수 있는 부분이 혼재되어 있는 것은 사실이다. 그러나 피고인 서○○은 선거 전반을 총괄 기획하고 선거가 종결될 때까지 선거에 필요한 업무 일체를 지원하기로 하고 그 대가로 8,000만 원을 지급받은 것으로, 그 제공 시점을 기준으로 선거운동에 해당하는 금액과 선거운동 준비행위에 해당하는 금액을 명확히 구분하는 것은 불가능하다. 앞서 본바와 같이 기획사 소속 직원들은 모두 권○○ 후보의 SNS 홍보업무를 가장 중점적으로 추진하는 등 이 사건 연구소는 단순히 선거에 대비한 순수한 내부적 준비행위의 차원을 넘어 선거운동을 주된 목적으로 설립되었던 한 사실을 인정할 수 있다. 이와 같이 비록 1, 2차 계약 및 피고인 서○○이 수행한 업무에 선거운동이 아닌 선거운동 준비행위가 일부 혼재되어 있다고 하더라도, 그것이 주된 것이 아닌 부차적인 것이라면 그 전부가 불가분적으로 선거운동과 관련된 것으로 볼 수 있고, 따라서 피고인 서○○이 수령한 8,000만 원은 그 전부가 선거운동과 관련하여 제공된 것으로 봄이 타당하다. 그와 달리 피고인 권○○, 서○○이 수수한 8,000만 원에 일부 선거운동 준비행위

와 같은 부분이 포함되어 있다고 하여 그 전액을 적법하게 수수한 것이라고 본다면, 선거법에 규정한 수당과 실비 외의 선거운동과 관련한 금품의 지급을 금지함으로써 돈 안 드는 깨끗한 선거, 종국적으로는 선거의 공정성을 실현하기 위한 공직선거법의 입법 취지를 정면으로 훼손하는 것이다(대구지방법원 2019. 7. 5. 선고 2018고합523 판결).

4. 「정당의 후보자 추천에 관한 단순한 지지·반대의 의견개진 및 의사표시」

가. 의의

시민단체 등의 정당의 후보자 추천에 대한 의견개진 및 의사표시를 자유롭게 허용함으로써 유권자에게 후보자의 정보를 공개하여 검증하는 절차를 마련하고자 2000. 2. 16. 신설조항으로 선거운동으로 보지 않는다. 그리고 그 주체는 개인이나 단체나 상관 없다. 헌법재판소는 법 제58조 제1항 단서 제1호 및 제3호에서 선거운동으로 보지 아니한 행위를 규정하면서 '단순한 의견개진 및 의사표시' 또는 '단순한 지지·반대의 의견재진 및 의사표시'라고 규정한 부분은 법집행자의 자의를 허용할 소지를 제거할 수 있고, 건전한 상식과 통상적인 법감정을 가진 사람이라면 누구나 선거운동과 단순한 의견개진을 구분할 수 있으므로 헌법 제12조 제1항이 요구하는 죄형법정주의의 명확성의 원칙에 위배되지 않는다고 판시하였다.[4]

나. 중앙선거관리위원회 행정해석

① 단체의 공천반대자 명단 언론공표

공직선거및선거부정방지법 제58조(정의등)에서 선거에 관한 단순한 의견개진 및 의사표시와 정당의 후보자 추천에 관한 단순한 지지·반대의 의견개진 및 의사표시는 선거운동으로 보지 아니하도록 규정하고 있는바, 단체가 정당의 공천반대자 명단 또는 낙선대상자 명단을 기자회견의 방법으로 단순히 공표하는 행위는 선거운동에 해당되지 아니함(2004. 3. 12. 회답).

---

4)　헌법재판소 2001. 8. 30. 2000헌마121·202 결정

다. 판례

① 정당의 후보자추천에 관한 지지·반대의 의견개진 및 의사표시가 허용되는 범위

후보자추천에 관한 단순한 지지·반대의 의견개진 및 의사표시를 넘는 범위에서는 선거운동이 되어 모두 공직선거및선거부정방지법이 허용하는 범위 안에서만 허용된다. 시민단체가 특정 후보자를 낙선대상자와 집중낙선대상자로 선정 발표하면서 이를 언론에 보도되도록 한 행위 자체만으로는 후보자비방에 해당하지 않는 한 위법하다고 볼 수 없으나, 특정 후보자를 비방하는 내용의 가두행진·불법유인물 배포 등의 방법으로 특정 후보자의 낙선운동을 한 것은 위법한 행위에 해당한다(대법원 2002. 2. 26. 선고 2000수162 판결).

② 특정 정당의 후보 교체를 요구하거나 특정 후보자와 관련된 내용을 포함하여 대선후보 선출절차에 반대하는 내용의 현수막 게시 행위는 법 제58조 제1항 제3호에 해당한다고 보아 선거운동에 해당하지 않는다고 판단한 사례

1. 먼저, 이 사건 현수막 설치가 LJ의 공천 반대에 대한 유권자의 의사를 결집하는 선거(낙선)운동에 해당하는지에 관하여 본다. 甲당은 2021. 10. 10. 제20대 대통령후보 당내경선을 통해 LJ를 대선후보로 선출하였다. 당내경선 본선에는 LJ, LN 등 6인의 후보가 참여하였다가 2인이 중도사퇴했는데, 甲당은 중도 사퇴자들의 득표를 유효투표에서 제외하는 방법으로 최다득표자 LJ의 득표율을 50.29%로 산정하여 결선투표 없이 LJ를 대선후보로 확정하였다.

이에 위 경선 투표방식에 반대하는 甲당 일부 당원들이 2021. 10. 14. 서울남부지법에 甲당 상대 '대선후보 선출 결정 효력정지 가처분 신청'을 하였고, 위 법원은 2021. 10. 29. 위 신청을 기각하였(2021카합20468호)으며, 위 결정은 2022. 1. 5. 그대로 확정되었다.

피고인이 이 사건 현수막 설치를 추진한 시기는 위 법원결정 확정 직후인 2022. 1.로, 피고인은 SNS를 통해 당내경선의 문제점에 대해 의견을 공유하면서 이에 공감하는 불특정 다수인들로부터 약 800만 원의 후원금을 받았다. 피고인의 계좌로 돈을 후원한 사람들은 대부분 甲당 당원이거나 甲당 지지자들이며, 이들은 당내경선 과정에서 적용된 불공정한 투표방식에 반대하는 의사를 갖고 있었는데, SNS나 카페 등을 통해 甲당 대선후보 선출절차에 반대하는 현수막 설치행위 등이 추진된다는 사실을 알게 되었고, 이를 돕기 위해 후원에 동참하였다. 한편, 이 사건 현수막 설치 시기는 2022. 1. 중순으로 선거일인 2022. 3. 9.로부터 약 2개월 전이다.

위와 같이 이 사건 현수막 설치 경위·시기, 피고인에게 후원한 사람들의 정치적 입

장 등에 비추어 보면, 피고인이 제20대 대선이라는 특정 선거에서 LJ, YS라는 특정 후보의 낙선 도모의 목적보다는 불공정한 투표 방식으로 당내경선에서 LJ를 대선후보로 확정한 甲당에 대해 항의 내지 반대의 의사표시를 위하여 이 사건 현수막을 설치했다고 봄이 타당하다.

2. 이 사건에서 문제가 된 4종의 현수막 중 3종의 현수막에 기재된 내용은 "甲당, 乙당 모두 후보 교체하라!", "국민을 위해 여야 모두 후보 교체하라!", "선진국 수준에 맞는 대선후보로 교체하라!"이다. 위 각 문구는 甲당 및 乙당에서 제20대 대선 후보자로 선출된 LJ, YS이 모두 자질 부족으로 대선 후보로는 부적합함에도 불구하고, 각 정당이 이들을 대선 후보로 추천하였다고 생각하여 이를 반대하는 내용임이 명백하고, 이는 선거운동으로 보지 않는 법 제58조 제1항 제3호에 해당한다. 더 나아가, 위 각 현수막에는 타 정당 후보 또는 甲당·乙당 소속 다른 대선 후보 등을 지지하는 내용이 전혀 없고, 당선 가능성이 높은 여당과 제1야당의 대선 후보자 추천 모두를 비판하고 있는 점 등을 고려하면, 피고인이 이 사건 현수막 설치행위를 함에 있어 특정 후보자의 당락을 도모한다는 목적의사가 있다고 보이지도 않는다.

한편, 나머지 1종의 현수막은 "전과4범 내놓은 甲당, 지선총선 국물도 없다!!"라고 기재되어 있고, 그 중 '전과4범'은 LJ에 대한 부정적 평가를 내포하는 표현에 해당하는 것으로 보이기는 한다. 그러나 '선거운동'에 해당하려면 '특정 선거'에서의 당락 도모 행위임을 선거인이 명백히 인식할 만한 객관적 사정이 드러나야 하는데, 위 현수막에는 '지선총선'만이 기재되어 있을 뿐, 대선은 별다른 언급이 없다. 그 밖에 이 사건 현수막 설치 경위·시기, 피고인이나 현수막 설치 후원자들이 모두 甲당 당원 내지 지지자들인 점 들을 고려하면, 위 현수막은 'LJ를 제20대 대선후보로 추천한 甲당의 결정을 반대하고, 위 결정을 계기로 향후 실시될 국선·지선에서 甲당에 대한 지지를 철회할 수 있다'는 의미로 해석될 뿐, 제20대 대선이라는 특정 선거에서 누군가를 낙선시키자는 의도가 객관적으로 명백히 드러나는 표현으로는 볼 수 없다(즉, 위 현수막 문언은 그 자체로 제20대 대선에서 LJ의 낙선이나 타 후보들의 당락을 목적으로 한 것으로는 해석되지 않음).

3. 피고인을 비롯하여 피고인 계좌에 후원한 자들 대부분이 제20대 대선 후보로 LN을 지지하고 있었으므로, 피고인 등이 甲당의 대선후보가 LN으로 교체되기를 희망하는 마음에서 또한 그러한 여론 형성을 위해 이 사건 현수막 설치행위를 한 것으로 보인다. 그러나 '선거운동'에서 당락 도모의 목적의사는 선거인이 명백히 인식할 만한 객관적 사정에 근거해야 하므로, 피고인 등이 내심으로 LJ·YS 외 타 정치인을

지지한다는 사정은 이 사건 현수막 설치행위가 공직선거법상 선거운동에 해당하는
지에 별다른 영향을 미치지 못한다. 특히, 이 사건 현수막에 LN 등 타 정치인 언급
이 전혀 없고, LJ 및 YS 이외의 제3자를 지지한다는 내용도 기재되어 있지 않은 점
등을 고려하면 더욱 그러하다(광주고등법원 2023. 7. 6. 선고 2022노449 판결).

5. 「통상적인 정당활동」

가. 의의

「통상적인 정당활동」은 정당이 그 목적을 달성하기 위하여 행하는 당원의 모집, 정책의
개발·보급, 당원교육 등 선거시기에 관계없이 정당이 존속하는 한 지속적으로 추진하여야
하는 정당 본연의 활동을 말한다.[5] 우리 헌법상의 정당제 민주주의 관련 조항과 정당의 중요
한 공적 기능에 비추어 볼 때 이를 법에서 특히 따로 명시하지 아니하더라도 원칙적으로 자
유로이 허용되는 것으로 보아야 한다.

그러므로, 법 제58조 제1항 단서 제4호가 통상적인 정당활동을 선거운동에서 제외함으
로써 무소속 후보자와 정당후보자간에 차별이 생긴다 하더라도 그것을 불합리한 차별로서
청구인의 평등권을 침해한다고는 볼 수 없고, 또한 위 규정은 무소속 후보자의 선거운동의
준비행위를 금지하거나 법정 선거운동을 제한하는 것이 아니고 무소속 후보자의 당선기회
를 봉쇄하는 것도 아니므로 청구인의 공무담임권을 침해한다고도 볼 수 없다.[6]

헌법 제8조와 정당법 제37조 등에 비추어 본 조의 규정은 당연한 내용을 주의적으로 규
정한 것으로 이러한 명문의 규정이 없다 하더라도 법 제254조에서 금지하는 사전선거운동
에 해당하지 않는다고 보아야 한다.[7] 한편 본 조에 따라 통상적인 정당활동은 선거운동으로
보지 않으면서 선거일 전 120일부터 선거에 영향을 미치게 하기 위한 행위를 제한하는 법
제90조나 제93조로 이를 규제하는 것이 합당하지 않아 2010. 1. 25. 법 개정으로 법 제90
조와 제93조에서 선거기간이 아닌 때에 행하는 정당법 제37조 제2항에 따른 통상적인 정당
활동에 대해 그 적용을 제외하게 되었다. 정당의 어떠한 행사나 집회가 통상적인 정당활동
인지 여부는 그 활동의 실질적 내용이나 참가자가 당원들만으로 구성되어 있는지 여부, 행
사의 시기·규모 등을 살펴 이를 총체적으로 판단하여야 한다.[8]

---

5) 대법원 2002. 2. 26. 선고 2000수162 판결
6) 헌법재판소 2001. 10. 25. 2000헌마193 결정
7) 대법원 1995. 2. 3. 선고 94도753 판결
8) 대법원 1995. 2. 3. 선고 94도753 판결

나. 중앙선거관리위원회 행정해석

(1) 할 수 있는 사례

① 정당홍보물 배부

정당이 정강·정책 등을 홍보·교육하기 위하여 제작한 홍보물이라면 소속후보자를 선전하는 내용이 일부 포함되었더라도 "당원용"이라 명기하여 소속당원에게만 배부하는 것은 정당 활동으로 보아 무방할 것임. 다만, 당원을 호별로 방문하여 배부할 수는 없을 것임(1991. 12. 30. 회답).

⇨ 선거기간 중에는 법 제138조의 규정을 준수하여야 함.

② 정당의 전국 순회강연회 개최

정당이 선거기간이 아닌 때에 정치적 현안에 대한 자당의 입장을 일반국민에게 알리기 위하여 선거와 무관하게 강연회를 개최하는 것은 통상적인 정당활동으로 보아 무방할 것이나, 선거가 임박한 시기에 선거에 영향을 미치게 할 목적으로 일반국민을 대상으로 전국을 순회하면서 계속적으로 개최하거나, 대통령선거의 예비후보자가 계속적으로 그 강연회의 연사로 참여하여 자신의 정견 등을 홍보하는 것은 공선법 제254조에 위반될 것임(2007. 5. 29. 회답).

③ 정당의 정책강연회 개최

1. 정당이 선거기간이 아닌 때에 특정 정당이나 공직선거의 후보자가 되려는 자를 지지·추천하거나 반대하는 등 선거운동에 이르지 아니하는 범위에서 자당의 정책이나 정치적 현안에 대한 입장을 홍보하기 위하여 개최하는 강연회에 후보자가 되려는 자인 정당의 대표자를 참여하게 하는 것은 「공직선거법」에 위반되지 아니할 것임.

2. 정당이 자당의 SNS 및 대학교 인터넷 홈페이지 게시판에 강연자의 성명·사진이 포함된 행사 안내문을 게시하는 것은 「공직선거법」에 위반되지 아니할 것임(2017. 2. 22. 회답).

④ 정당의 토크쇼 행사 개최

1. 정당이 선거기간이 아닌 때에 「정당법」 제37조 제2항에 따라 특정 정당이나 후보자가 되려는 사람을 지지·추천하거나 반대함이 없이 자당의 정책을 홍보하기 위하여 일반 선거구민을 대상으로 정책 설명 토크쇼를 개최하는 것은 무방할 것임. 다만, 선거가 임박한 시기에 특별한 정치적 현안 없이 지역을 순회하면서 선거구민을 대상으로 계속적·반복적으로 정책 설명 토크쇼를 개최하는 등 선거운동에 이르는 때에는 「공직선거법」 제254조에 위반될 것이며, 또한 정당이 자당의 정책을 홍보하는 범위를 벗어나 제20대 국회의원선거의 공약을 홍보하거나 「정당법」 제37조 제2

항에 따른 주체로 볼 수 없는 창당준비위원회가 창당 목적범위를 벗어나는 정책 및 공약 설명 토크쇼를 개최하는 것은 행위시기에 따라 「공직선거법」 제101조 또는 제254조에 위반될 것임.

2. 정당(창당준비위원회 포함)이 정당법 및 공직선거법에 따라 개최할 수 있는 행사에서 그 진행을 위하여 방송인으로 하여금 사회를 보게 하거나 해당 정당(창당준비위원회 포함)의 관계자나 후보자가 되려는 사람을 사회자 또는 출연자로 참여하게 하는 것은 무방할 것임. 다만, 방송인으로 하여금 공연에 이르는 행위를 하게 하거나, 일반 선거구민을 대상으로 개최하는 토크쇼에 후보자가 되려는 사람을 부각·선전하기 위하여 출연자로 참여시키거나 특정 정당 또는 후보자가 되려는 사람을 지지·추천 하는 등 선거운동에 이르는 행위가 부가되는 경우에는 행위양태에 따라 「공직선거법」 제114조 또는 제254조에 위반될 것임(2016. 1. 25. 회답).

⑤ 정당·정책연구소의 "현장 정책(경청) 간담회" 공동개최

정당의 정책연구소가 선거기간이 아닌 때에 민생 현장의 고충과 애로사항 등 다양한 의견을 청취하고 정책을 개발·연구하기 위하여 필요한 범위에서 간담회를 해당 정당과 공동개최 하고, 그 과정을 해당 정당·정책연구소의 SNS 등을 통해 실시간 또는 녹화 방송하는 것은 가능할 것이며, 후보자가 되고자 하는 국회의원 등이 동 간담회에 참석하는 것만으로는 「공직선거법」상 제한되지 아니함. 다만, 선거가 임박한 시기에 특별한 계기없이 선거구민을 대상으로 각종 단체·시설 등을 순회하면서 정당의 정책을 토론하기 위한 간담회를 계속적·반복적으로 개최하거나, 행사진행 과정에서 특정 정당 또는 후보자가 되고자 하는 사람의 정책·공약을 홍보하거나 지지·선전하는 등 선거운동에 이르는 경우에는 행위양태에 따라 「공직선거법」 제254조에 위반될 수 있을 것이며, 정치적 중립을 지켜야 하는 기관·단체를 방문하는 경우 그 기관·단체 등이 같은 법 제9조, 제85조, 제86조 등에서 금지·제한하고 있는 행위를 하여서는 아니 될 것임(2020. 2. 17. 회답).

(2) 할 수 없는 사례

① 정당의 축구대회 등 각종행사 주최·후원

정당(지구당)이 지역구 조기축구회와 연예인 팀의 축구경기를 주최 또는 후원명칭을 사용 하거나 정당(지구당)이 주최 또는 후원하는 것으로 추정되는 방법으로 행사를 개최 하도록 하는 것은 법 제254조에 위반됨(1999. 6. 28. 회답).

② 정당의 연설회 등을 이용한 정책홍보

정당이 선거가 임박한 시기에 특별한 정치적 현안 없이 지역을 순회하면서 선거구민을 대상으로 계속적·반복적으로 확성장치 등 홍보시설물(정책홍보차량)을 이용하여 정책홍보 연설을 하는 것은 법 제91조 또는 제254조에 위반됨(2010. 2. 8. 회답).

다. 법 제90조·제93조의 통상적인 정당활동

제90조(시설물설치 등의 금지) ① 생략

② 제1항에도 불구하고 다음 각 호의 어느 하나에 해당하는 행위는 선거에 영향을 미치게 하기 위한 행위로 보지 아니한다.

　1. 선거기간이 아닌 때에 행하는 「정당법」 제37조제2항에 따른 통상적인 정당활동

제93조(탈법방법에 의한 문서·도화의 배부·게시 등 금지) ① 생략

　1. 생략

　2. 선거기간이 아닌 때에 행하는 「정당법」 제37조제2항에 따른 통상적인 정당활동

정당법 제37조(활동의 자유) ② 정당이 특정 정당이나 공직선거의 후보자(후보자가 되고자 하는 자를 포함한다)를 지지·추천하거나 반대함이 없이 자당의 정책이나 정치적 현안에 대한 입장을 인쇄물·시설물·광고 등을 이용하여 홍보하는 행위와 당원을 모집하기 위한 활동(호별방문을 제외한다)은 통상적인 정당활동으로 보장되어야 한다.

할 수 있는 사례

• 선거기간이 아닌 때에 정당의 주요 정책 홍보내용이 게재된 현수막을 정당의 명의로 국회의원 사무실 건물 외벽에 게시하는 행위

• 선거기간이 아닌 때에 정당이 자당의 정책인 '광역 전철 조기 확정'을 홍보·축하하는 현수막을 정당의 당사나 국회의원사무실 외벽에 게시하거나 당원협의회가 정당의 계획에 따라 정당의 경비로 지역 현안 성사 축하 현수막을 게시하는 행위

• 정당이 선거기간이 아닌 때에 특정 정당이나 후보자를 지지·추천·반대함이 없이 자당의 정책이나 정치적 현안에 대한 입장을 정책홍보차량(현수막, 확성장치, LED, VTR 등 설치 차량)을 이용하여 홍보하거나 집회 형태로 연설회를 개최하는 행위

• 정당이 선거기간이 아닌 때에 국회에서 의결된 법률을 홍보하기 위한 현수막을 거리에 게시하는 행위

• 정당이 청소년의 의사를 정책에 반영하기 위하여 당원이 될 수 없는 청소년을 명예당원(「정당법」상 당원이 아니며, 「당헌·당규」상 권리와 의무를 부여받지 아니한 자로 당의 가치와 노선에 동의하여 함께 활동하기를 원하는 사람)으로 위촉하여 단순히 의견수렴을 위한 청소년위원회를 두는 행위

⇨ 다만, 청소년에게 선거운동을 하게 하는 행위는 위반
- 정당이 당헌·당규에 따라 '당 혁신위원회', '당 윤리위원회', '당 공천관리위원회' 등에 당원이 될 수 없는 청소년을 위원으로 참여하게 하는 행위
- 정당이 정당활동의 일환으로 소독약을 구입하여 호별방문에 이르지 않는 범위 내에서 코로나-19 감염 예방을 위하여 거리 등에 소독약을 살포하는 등의 방법으로 방역활동을 하는 행위
- 정당과 정책연구소가 공동으로 선거기간이 아닌 때에 역 광장 등 공개된 장소에서 정책개발 등을 위하여 필요한 범위에서 일회성으로 의견을 청취하거나 후보자의 성명이나 정당의 명칭을 나타내지 아니하고 정책개발을 위한 설문조사를 하는 행위 및 그 과정을 해당 정당·정책연구소의 홈페이지·유튜브 등을 통해 실시간 또는 녹화 방송하는 행위
- 「정당법」§37③의 규정에 의한 당원협의회를 대표하는 자가 선거기간이 아닌 때에 순수히 책임당원에 가입한 감사와 책임당원제 소개 및 가입을 권유하는 내용의 편지를 정당의 경비로 소속당원에게 발송하는 행위
- 정당의 업무용 자동차에 중앙당 후원회명 및 후원회계좌를 게재하여 운행하는 행위

할 수 없는 사례
- 선거가 임박한 시기에 특별한 정치적 현안 없이 지역을 순회하면서 선거구민을 대상으로 계속적·반복적으로 확성장치 등 홍보시설물(정책홍보차량)을 이용하여 정책홍보 연설을 하는 행위
- 정당과 정책연구소가 선거가 임박한 시기에 특별한 계기없이 선거구민을 대상으로 각종 단체·시설 등을 순회하면서 정당의 정책을 토론하기 위한 간담회를 계속적·반복적으로 개최하거나 행사진행 과정에서 후보자가 되려는 사람의 정책·공약을 홍보하거나 지지·선전하는 등 선거운동에 이르는 행위

6. 「설날·추석 등 명절 및 석가탄신일·기독탄신일 등에 하는 의례적인 인사말을 문자메시지(그림말·음성·화상·동영상 등 포함)로 전송하는 행위」

가. 의의

2013. 8. 13. 신설된 조항으로 입후보예정자가 명절 등에 하는 의례적인 인사말을 문자메시지로 전송하는 행위를 선거운동으로 보는 것은 과도한 제한이므로 이를 허용하려는 취지이다. 2020. 3. 25. 법 개정을 통해 선거운동으로 보지 않는 문자메시지에 그림말·음성·화상·동영상 등이 포함됨을 명시하였다. 의례적인 인사말을 문자메시지로 전송하는 경

우 자동 동보통신의 방법으로 보내는 것도 가능하다.[9]

나. 중앙선거관리위원회 행정해석

① 명절 등에 의례적인 인사말 문자메시지 전송

　1. 설날·추석 등 명절 및 석가탄신일·기독탄신일 등에 의례적인 인사말을 선거구민에게 컴퓨터 및 컴퓨터 이용기술을 활용한 자동 동보통신 방법으로 문자메시지를 전송할 수 있음.

　2. 그 문자메시지 내용에 선거운동에 이르는 내용이 포함되는 경우에는 「공직선거법」 제59조 제2호에 따라 자동 동보통신의 방법이 아닌 방법으로 하여야 함.

　　⇨ 예비후보자·후보자는 법 제59조 제2호의 단서에 따라 자동 동보통신의 방법으로 8회(후보자의 경우 예비후보자로서 전송한 횟수 포함) 이내에서 전송할 수 있음.

　　⇨ (예비)후보자가 자동 동보통신을 이용하여 다수의 선거구민에게 법 제58조 제1항 제6호의 명절 등에 의례적인 인사를 문자메시지로 전송하는 경우 (예비)후보자 신분을 표시하는 것만으로는 법 제93조 또는 제254조에 위반되지 아니하므로, 법 제59조 제2호 후단 및 제82조의5의 규정에 적용되지 아니할 것임(2023. 11. 20. 제22대 국선 예상쟁점 법규운용기준).

　3. 자동 동보통신 그 밖의 방법 등으로 광범위한 선거구민을 대상으로 의례적인 인사말을 문자메시지로 전송할 수 있는 명절 등의 범위에 정월대보름 등 세시풍속, 연말연시, 농번기, 성년의 날, 각종 기념일 등은 이에 포함되나, 선거구민 개인의 애경사(생일, 결혼, 장례 등), 향우회·종친회·동창회·동호인회·계모임 등 개인 간의 사적모임이나 행사 등은 이에 포함되지 아니함(2013. 8. 13. 운용기준).

다. 판례

① 예비후보자 등록 시점과 근접하지 않은 시기에 선거구민에게 안부 등을 묻는 내용의 문자메시지를 자동동보통신 방법으로 전송한 행위가 사전선거운동에 해당되는지 여부

　별지 범죄일람표 순번 13, 14의 문자전송행위를 제외한 나머지 행위들은 선거인의 관점에서 특정한 선거를 목표로 하여 그 선거에서 특정인의 당선을 도모하는 목적의사

---

9)　선거운동에 이르는 내용이 문자메시지에 포함된 경우에는 (예비)후보자가 아니라면 자동 동보통신이 아닌 방법에 의하여야 한다(법 제59조 제2항).

가 표시되어 선거운동에 해당된다고 보기 어렵고, 달리 이를 인정할 증거가 없으므로, 피고인들이 해당 사전선거운동을 하였다고 볼 수 없다.

1. 공직선거법 제58조 제1항 제6호는 '설날·추석 등 명절 및 석가탄신일·기독탄신일 등에 하는 의례적인 인사말을 문자로 전송하는 행위'를 선거운동으로 보지 아니한 다. 범죄일람표 순번 1부터 11까지(2015. 7. 21.부터 2015. 10. 2.까지) 피고인들 등이 보낸 단체문자의 경우 비록 피고인들 등이 지속적이고 대량으로 문자를 전송하였지 만 선거일로부터 약 6개월 이전에 보낸 것이고, 그 내용도 의례적인 안부를 묻거나 명절인사 또는 방송출연 및 신문게재를 홍보하는 내용에 불과하다.

2. 범죄일람표 순번 12의 단체문자의 경우 선거일 180일 이내에 보낸 것으로 선거일 에 근접하고, 피고인 ○○○의 선거출마를 염두에 두고 보낸 것이기는 하다. 그러나 그 내용은 자신이 방송에 출연한다는 것을 홍보하는 내용이므로, 그러한 사정만으 로 선거인의 입장에서 당선을 도모하려는 목적의사를 쉽게 추단할 수 있는 정도에 이르렀다고 보기 어렵다.

3. 범죄일람표 순번 13의 단체문자의 경우 선거일 약 3 ~ 4개월 전인 2015. 12. 23. 보낸 것이다. 그 시기가 피고인 ○○○이 예비후보자로 등록한 2015. 12. 28.과 근 접하다. 내용도 2015. 12. 28. 예정된 예비후보자 선거사무소 개소식 참석과 그에 대한 성원을 부탁하는 것이다. 그 밖에 단체문자 전송 방법, 경위, 상대방 등을 종합 할 때 선거인의 입장에서 당선을 도모하려는 목적의사를 쉽게 추단할 수 있을 정도 에 이르러 선거운동에 해당된다. 피고인 ○○○은 선거사무소 개소식에 정당의 간 부, 당원, 선거사무관계자와 가족, 친지 및 평소 친교가 있는 제한된 범위 안의 의례 적인 인사를 초청하는 행위는 허용된다고 주장한다. 그러나 당시 증인 ★★의 법정 진술을 비롯한 기록에 따르면 피고인 ○○○은 자신의 지인 뿐 아니라 ★★ 등이 수 집한 연락처를 이용하여 자신의 지인 이외의 사람들에게도 해당 단체문자를 보낸 사실이 인정되므로, 위 주장은 받아들일 수 없다.

4. 범죄일람표 순번 14의 단체문자의 경우도 선거일에 근접한 선거일로부터 약 3 ~ 4 개월 전인 2015. 12. 24.에 보낸 것이다. 비록 성탄절 인사이기는 하나, 그 내용에 "함께해요 ○○○!"이라는 선거인의 입장에서 간접적으로 지지를 호소하는 것으로 볼 수 있는 내용이 있다. 그 밖에 문자 전송 방법, 경위, 상대방 등을 종합할 때 선거 인 입장에서 당선을 도모하려는 목적의사를 쉽게 추단할 수 있을 정도에 이르러 선 거운동에 해당된다(대법원 2018. 7. 20. 선고 2018도6604 판결, 부산고등법원 2018. 4. 18. 선고 2017노623 판결).

| 범죄일람표 |

순번	일시	문자메시지 발송 내역(발송자 수)
1	2015. 7. 21.	★★★에서의 메르스 종식 선언. 청정 ★★★의 자랑입니다. 무더위에 건승을 빕니다. –OOO 올림 (3,582명)
2	2015. 7. 27.	연일 계속되는 폭염, 특히 건강에 유의하세요. 제가 7월 28일 9:33 ~ 9:45, ☆☆교통방송 '스튜디오949 TV앤초대석'에 출연합니다. 시간나시면 청취해 주시고, 많은 고견 부탁드립니다. –OOO 올림 (4,011명)
3	2015. 7. 29.	[친근다정 OOO] 네이버밴드로 초대합니다. (네이버밴드 주소 생략) From OOO (2,662명)
4	2015. 8. 7.	햇볕이 너무 따갑습니다. 여름휴가는 잘 다녀오셨는지요. 아직 휴가를 못 다녀오신 분께서는 메르스로 인해 침체된 경제 활성을 위해 국내여행으로 눈길을 돌려보심이 어떨런지요? –OOO 올림 (6,572명)
5	2015. 8. 12.	무더위를 씻어주는 반가운 단비가 내리는 말복, 건강은 잘 챙기셨나요? 제가 총장으로 재직중인 △△대학교의 전국 유일 특별프로그램 관련기사가 오늘 중앙일보에 게재되었으니, 시간되시면 검토해주시고 많은 고견 부탁드립니다. 앞으로도 교육혁명, 변화, 발전을 이끌어내는 노력을 아끼지 않겠습니다. –OOO 올림 (6,055명)
6	2015. 8. 15.	오늘은 광복 70주년이 되는 날이므로. 나라사랑과 제가 살고 있는 지역사랑을 되새겨 봅니다. 그러기에 모든 분이 기쁘고 행복한 마음으로 무더위를 극복하리라 믿습니다. 항상 건강에 유의하세요. –OOO 올림 (12,485명)
7	2015. 8. 18.	연일 계속되는 더위에 적절한 식습관과 가벼운 운동으로 건강 잘 챙기시고, 여유롭고 행복가득한 날 되시기를 바랍니다. –OOO 올림 (4,268명)
8	2015. 8. 24.	태풍 고니 대비를 잘하여 피해가 없도록 빌겠습니다. –OOO 올림 (20,005명)
9	2015. 9. 1.	상쾌한 바람 성큼 다가온 가을, 여유로운 9월 되시길 바랍니다. –OOO 올림 (20,315명)
10	2015. 9. 24.	겨레의 큰 명절, 한가위를 맞이하여 가정의 행복과 풍성함을 기원합니다. 또한 고향에 가시는 모든 분 고향길 안전하게 다녀오세요. 기쁨과 사랑이 가득한 추석 명절 보내세요. –OOO (30,269명)
11	2015. 10. 2.	[OOO의 감사 인사] 외항선 통신사 6년 ◎◎선박운영(연안해운업) 83 ~ 2000년 교육위원 2년 교육감 3선 2000년 ~ 2010년 대통령자문교육혁신위원장 ☆☆발교육혁명 OOO효과 교육과학기술부 제1차관 △△대학교 총장 2012년 6월 ~ 현재 12년 대학평가 170위권 / 205대학 15년 9월 35위 / 205대학 동남권 1위 선생님에서 바다사나이로 경영자로 대한민국 교육행정가로 달려온 OOO이 함께 해주신 형님들과 친구들 아우님들께 감사 인사드립니다. (41명)

12	2015. 12. 4.	OOO의 파워토크 KNN 12/6 일요일 오전 8:20 많은 시청바랍니다. (31,672명)
13	2015. 12. 23.	− 선거사무소 개소식에 초대합니다 − ★★★를 사랑하는 마음만 가지고 오십시오,! 작은 것에 감사하며 살았던 한 해였습니다. 꼭 오셔서 성원 부탁드립니다. ▶ 일시: 2015. 12. 28. (월) 오전 11시 ▶ 장소: OOO 예비후보 선거사무실(지번 생략) Tel.(전화번호 생략) ▶ 위치: 지하철 장산역 10번 출구 도보 3분 거리 −OOO 올림 (26,836명)
14	2015. 12. 24.	함께해요 OOO! 사랑과 축복의 성탄절 되시기 바랍니다. 그리고 을미년 한 해 뜻깊게 마무리 하시고, 가족과 함께 따뜻한 시간 보내시기 바랍니다. −OOO 올림 (33,161명)

7. 투표참여 권유활동 행위

제58조의2(투표참여 권유활동) 누구든지 투표참여를 권유하는 행위를 할 수 있다. 다만, 다음 각 호의 어느 하나에 해당하는 행위의 경우에는 그러하지 아니하다.

1. 호별로 방문하여 하는 경우
2. 사전투표소 또는 투표소로부터 100미터 안에서 하는 경우
3. 특정 정당 또는 후보자(후보자가 되려는 사람을 포함한다. 이하 이 조에서 같다)를 지지·추천하거나 반대하는 내용을 포함하여 하는 경우
4. 현수막 등 시설물, 인쇄물, 확성장치·녹음기·녹화기(비디오 및 오디오 기기를 포함한다), 어깨띠, 표찰, 그 밖의 표시물을 사용하여 하는 경우(정당의 명칭이나 후보자의 성명·사진 또는 그 명칭·성명을 유추할 수 있는 내용을 나타내어 하는 경우에 한정한다)

가. 의의

투표참여 권유활동은 2012. 2. 29. 법 개정 시 제58조 제1항 단서 제5호로 신설되어, 특정 정당 또는 후보자를 지지·추천하거나 반대하는 내용 없이 투표참여를 권유하는 행위는 선거운동으로 보지 않게 되었다. 그러나 선거운동기간이 아님에도 정당 또는 후보자 명의가 표시된 현수막 등을 사용한 투표참여 권유행위가 무분별하게 이루어지는 등 위 규정이 사실상 선거운동 제한의 탈법 수단으로 이용된다는 비판에 따라 2014. 5. 14. 법 개정 시 법 제58조 제1항 제5호는 삭제하고 제58조의2를 신설하여 "누구든지 투표참여를 권유하는 행위를 할 수 있다. 다만 다음 각 호의 어느 하나에 해당하는 행위의 경우에는 그러하지 아니하

다."라고 규정하면서, 그 각호에서 '호별로 방문하는 경우'(제1호), '사전투표소 또는 투표소로부터 100m 안에서 하는 경우'(제2호), '현수막 등 시설물, 인쇄물, 확성장치·녹음기·녹화기, 어깨띠, 표찰 그 밖의 표시물을 사용하여 하는 경우'(제4호)와 함께 '특정 정당 또는 후보자를 지지·추천하거나 반대하는 내용을 포함하여 하는 경우'(제3호)를 금지되는 투표참여 권유행위로 열거하였다. 그리고 법 제256조 제3항 제3호는 '이 법에 규정되지 아니한 방법으로 제58조의2 단서를 위반하여 투표참여를 권유하는 행위를 한 자'를 처벌하도록 새롭게 규정하였다.

본 조 단서를 위반하여 투표참여 권유활동을 하는 경우 선거운동 해당 여부와 관계없이 별도로 처벌하고, 정당의 명칭 또는 후보자의 성명을 나타내거나 그 명칭·성명을 유추할 수 있는 내용으로 본 조에 따른 투표참여를 권유하는 행위를 하게하고 그 대가로 금품, 그 밖에 이익의 제공 또는 그 제공의 의사표시를 하거나 그 제공을 약속한 자를 처벌하는 규정이 신설되었다.

나. 투표참여 권유활동 개념 및 그 제한

본 조 단서 제3호의 특정 정당 또는 후보자를 지지·추천하거나 반대하는 행위는 선거운동에 해당한다고 볼 여지가 많으나 본 조항의 문언에 비추어 선거운동과 같이 당선 또는 낙선을 도모하는 목적의사나 능동적·계획적 행위에 이르지 않더라도 정당 또는 후보자를 지지·추천·반대하는 것은 가능하다고 볼 수 있어 적어도 개념상으로는 선거운동보다 더 넓은 정치적 표현행위로 볼 수 있다.[10]

투표참여 권유행위는 본 조 단서 각 호에 규정된 방법이 아니면 누구든지 자유롭게 할 수 있으며 본 조 단서 각 호에 규정된 행위라 하더라도 법에 규정된 방법과 병행하여 하는 것은 제한되지 아니한다. 예를 들어 후보자가 법 제67조의 현수막에 투표참여 권유내용을 포함하여 게시하는 것은 가능하다.

법 제58조의2 단서 제1호, 제2호, 제4호에 해당하는 행위의 경우 투표매수 등 불법·부정 선거운동 또는 선거운동 방법의 제한을 회피한 탈법방법에 의한 선거운동을 방지하거나 투표소 등의 질서를 유지하기 위한 목적에서 이를 금지하는 것과 달리, 같은 조 단서 제3호는, 특정 정당 또는 후보자를 지지·추천하거나 반대하는 내용을 포함하는 행위인 경우 그 내용이 선거운동에 해당할 수 있다는 고려에서 규정된 것으로서 그 투표참여 권유행위 자체가 선거운동에 해당할 수 있기 때문에 나머지 각호의 행위와 함께 규제대상에 포함시켰다고 봄

---

10) 헌법재판소 2018. 7. 26. 2017헌가9 결정

이 타당하다[11].

또한 본 조 단서 제3호에 해당하는 투표참여 권유행위는 선거운동이 금지되는 선거기간 개시일 전이나 선거일만 금지되고, 선거기간개시일부터 선거일 전일까지의 선거운동기간 중에는 허용되어 그에 해당하는 투표참여 권유행위를 하였더라도 본 조로는 처벌할 수 없다.[12]

다. 중앙선거관리위원회 행정해석

① 선거일에 후보자가 그 명의로 특정 정당 또는 후보자를 지지·추천하거나 반대하는 내용 없이 투표참여를 권유하는 내용의 문자메시지를 전송하는 것은 무방할 것임(2012. 3. 20. 회답).

② 문자메시지 전송 등을 통한 정당·후보자의 투표참여 권유활동

　1. 후보자 명의의 투표참여 권유활동

　후보자가 그 명의로 자동 동보통신의 방법으로 문자메시지를 전송하거나 ARS 전화를 이용하여 「공직선거법」 제58조의2에 따른 투표참여 권유활동을 하는 것은 가능할 것임. 다만, 후보자의 기호를 나타내는 것은 특정 후보자를 지지·추천하는 내용으로 볼 수 있어 ARS 전화를 이용하여 할 수 없을 것이며, 자동 동보통신의 방법으로 문자메시지를 전송하는 경우에는 같은 법 제59조 제2호 후단에 따른 횟수에 포함될 것임.

　2. 정당 명의의 투표참여 권유활동

　정당이 그 명의로 자동 동보통신의 방법으로 문자메시지를 전송하거나 ARS 전화를 이용하여 「공직선거법」 제58조의2에 따른 투표참여 권유활동을 하는 것은 가능할 것임. 다만, 정당의 기호를 나타내는 것은 특정 정당을 지지·추천하는 내용으로 볼 수 있어 ARS 전화를 이용하거나 자동 동보통신의 방법으로 문자메시지를 전송할 수 없을 것임(2020. 4. 2. 회답).

③ 선거일에 선거사무소나 정당선거사무소에서 특정 정당 또는 후보자를 지지·추천하거나 반대하는 내용 없이 투표참여를 권유하는 전화를 하는 것은 공선법 제58조 제1항 제5호에 따라 무방할 것임. 이 경우 투표참여 권유를 위하여 소요된 전화회선 설치 등의 비용은 선거비용에 해당하지 아니할 것임(2012. 3. 29. 회답).

　⇨ 2014. 5. 14. 법 개정으로 제58조 제1항 제5호는 삭제되고, 제58조의2(투표참여 권

---

11) 대법원 2017. 12. 22. 선고 2017도6050 판결

12) 대법원 2017. 12. 22. 선고 2017도6050 판결(선거운동기간 중 특정 정당을 반대하는 내용을 포함하여 하는 투표참여 권유행위에 대해 제58조의2 단서 제3호 위반에 대해서는 무죄를, 법 제90조 제1항 제1호 위반에 대해서는 유죄를 인정하였다)

　유활동)가 신설됨.

④ 전화를 이용한 투표참여 권유 및 선거운동

　전화를 이용한 선거운동과 병행하여 송·수화자간 직접 통화하는 방식이 아닌 후보자의 육성녹음으로 투표참여 권유행위를 하는 것은 「공직선거법」 제109조에 위반될 것임(2014. 7. 28. 회답).

⑤ ARS 전화를 이용한 후보자의 투표참여 권유행위

　제18대 대통령선거와 관련하여 민주통합당 문재인 후보자가 그의 육성으로 녹음한 다음과 같은 내용의 메시지로 ARS전화를 이용하여 선거일에 투표참여 권유행위를 하는 것은 무방할 것임(2012. 12. 18. 회답).

메시지(안)

안녕하십니까? 문재인입니다. 오늘은 대통령 선거일입니다.

깨끗한 정치, 새로운 정치는 국민여러분의 투표로 만들어집니다.

국민의 참여가 새로운 대한민국의 문을 여는 시작입니다.

투표가 일자리입니다. 투표가 민생입니다.

투표가 권력보다 강합니다. 투표로 미래를 바꾸십시오.

아직 투표를 못하셨다면 서둘러 주십시오. 감사합니다.

참! 오후 여섯시까지입니다. 잊지 마십시오.

문재인이었습니다.

---

⑥ 방송·신문광고 등을 이용한 투표참여 권유행위

　1. 방송광고를 제한하고 있는 「선거방송심의에 관한 특별규정」 및 「방송광고심의에 관한 규정」의 위반 여부는 별론으로 하고, 정당이 정당 또는 후보자(후보자가 되려는 사람을 포함함)를 지지·추천하거나 반대하는 내용 없이 정당의 명의로 텔레비전 및 라디오방송 광고나 ARS 전화를 이용하여 투표참여 권유행위를 하는 것은 「공직선거법」상 무방할 것임.

　2. 「공직선거법」 제58조의2 단서 제4호는 정당의 명칭이나 후보자(후보자가 되려는 사람을 포함함)의 성명·사진 또는 그 명칭·성명을 유추할 수 있는 내용(이하 "정당의 명칭 등"이라 함)을 나타내어 하는 시설물, 인쇄물 등을 사용한 투표참여 권유행위를 제한하고 있는바, 정당이 정당의 명칭 등을 나타내어 신문·잡지, 버스·지하철을 이용하여 투표참여를 권유하는 광고를 하는 것은 같은 법조의 인쇄물 또는 시설물을 사용

하는 행위에 해당되어 제한될 것임(2014. 5. 19. 회답).

라. 판례

① 선거운동기간 중 법 제58조의2 단서 제3호에 해당하는 투표참여 권유행위를 하는 경우 처벌할 수 있는지 여부

공직선거법 제58조의2 단서 제3호에 해당하는 투표참여 권유행위는 선거운동이 금지되는 선거기간개시일 전이나 선거일만 금지되고, 선거운동이 허용되는 선거기간 개시일부터 선거일 전일까지의 선거운동기간 중에는 허용되어 그에 해당하는 투표참여 권유행위를 하였더라도 처벌할 수 없다고 보아야 한다. 이와 달리 선거운동기간 중에도 특정 정당 또는 후보자를 지지·추천하거나 반대하는 내용을 포함하여 하는 투표참여 권유행위가 금지된다고 본다면, 이는 선거운동 자체를 금지하는 것과 다를 바가 없고, 선거운동기간 중에는 공직선거법 등 법률에 의하여 금지 또는 제한되는 것이 아닌 한 누구든지 자유롭게 선거운동을 할 수 있도록 규정한 공직선거법 제58조 제2항, 제59조의 취지와 모순되어 부당하기 때문이다(대법원 2017. 12. 22. 선고 2017도6050 판결).

※ 원심(서울고등법원 2017. 4. 12. 선고 2016노3558 판결)은 제90조 제1항 제1호·제256조 제3항 제1호 아목, 제58조의2 단서 제3호·제256조 제3항 제3호의 상상적 경합으로 유죄를 인정하였으나, 대법원에서 제58조의2 단서 제3호·제256조 제3항 제3호 부분은 무죄로 인정하여 원심판결을 파기환송함.

② 선거당일 투표소 100m 이내에서 투표참여 권유 행위

피고인 A는 2018. 6. 13. 실시된 제7회 전국동시지방선거에서 ○○군의원 후보로 출마한 B(낙선자)의 형이고 피고인 C는 위 B의 누나이다.

누구든지 선거일에 투표마감시간 전까지 선거운동을 하여서는 아니 되고, 투표소로부터 100m 이내에서 투표참여를 권유하는 행위를 하여서는 아니된다.

그럼에도 피고인들은 공모하여, 2018. 6. 13. 07:27경부터 09:50경까지 △△초등학교 제2투표소 입구로부터 약 20m 떨어진 곳에서, 피고인들이 B 후보자의 형제자매임을 알고 있는 마을주민들을 상대로 "투표하러 가세요, 아이고 안녕하세요, 부탁합니다, 단디 보고 찍으세요."라는 등의 말을 하면서 허리를 숙여 인사를 하고 악수를 하였다.

이로써 피고인들은 공모하여, 선거일에 B 후보자를 위하여 선거운동을 함과 동시에 투표소 100m 이내에서 투표참여를 권유하는 행위를 하였다(창원지방법원 2019. 4. 12. 선고 2018고합97 판결).

③ 중앙선거관리위원회가 특정 정당이나 후보자를 반대하는 내용으로 보아 허용되지 않는다고 한 문구를 이용하여 투표참여 권유 행위

과거 일본 강제동원 피해자 배상문제 등으로 일본과의 관계가 악화되었을 때 ○○당이 정부에 비판적인 태도를 보였다는 이유로 ○○당 일부 지지자들은 ○○당을 '친일세력'으로 규정하여 반대 운동을 벌였고, 중앙선거관리위원회는 2020. 3. 20.경 '총선은 한일전'이라는 내용은 문구 자체가 특정 정당이나 후보자를 반대하는 내용으로 쓰이고 있어 해당 문구를 이용한 현수막 게시 등은 공직선거법 위반으로 허용되지 않는다고 밝혀왔다. 그럼에도 불구하고 피고인은 2020. 4. 15. 06:00경 ○○아파트 관리사무소에 설치된 제21대 국회의원선거 ○○동 ○○투표소에서 13미터가량 떨어진 아파트 주차장에서 검은색 매직을 이용하여 피고인 소유의 1톤 트럭 뒤쪽에 『4. 15 투표!, 한·일本전입니다. "1분도 빠짐없이 참여하이소", ① ""투표", 1958년 개띠는 투표했습니다!』라고 기재한 후 주차해 두었다. 이로써 피고인은 투표소로부터 100미터 안에서 특정 정당 또는 후보자를 지지·추천하거나 반대하는 내용을 포함하여 투표 참여를 권유하였다(부산지방법원 서부지원 2020. 8. 27. 선고 2020고합108 판결).

④ 특정 정당을 상징하는 분홍색 선거운동 피켓을 목에 걸고 분홍색 옷을 입고 있는 선거운동원과 함께 나란히 서서 '민생파탄 투표로 막아주세요'라는 문구가 적힌 분홍색 피켓을 들고 투표참여 권유 행위

피고인들은 선거에 영향을 미치게 하기 위하여 광고물을 게시함과 동시에 甲당의 명칭과 A 후보자의 성명 등을 유추할 수 있는 내용을 나타내는 표시물을 사용하여 투표 참여를 권유하는 행위를 하였음이 인정된다. 따라서 피고인들의 행위는 공직선거법 제256조 제3항 제1호 아목 및 제256조 제3항 제3호의 구성요건을 충족한다.

① 피고인들이 들고 있던 피켓은 甲당 A 후보자 선거운동원이 제공한 것이고, 위 피켓에는 甲당을 상징하는 색인 '분홍색'과 주로 야당에서 여당을 비판하며 사용하는 '민생파탄' 문구가 강조되어 있다.

② 피고인 장○○은 분홍색 마스크를 착용하였고, 피고인 김○○은 붉은색 잠바를 착용하였으며, 피고인들은 약 20 ~ 30분 동안 위와 같은 피켓을 들고 A 후보자의 선거운동원과 함께 나란히 서 있었다.

③ 피고인들이 상당 시간동안 불특정 다수인이 통행하는 노상에서 甲당을 상징하는 색깔이 강조되어 있고, 甲당의 명칭, A 후보자의 기호, 이름, 공약 등이 기재되어 있는 모자, 옷을 착용하고 피켓을 들고 있는 A 후보자 선거운동원과 나란히 서서 위와 같은 색깔과 문구를 사용한 피켓을 들고 있는 행위는 그 행위가 이루어진 시기, 동기, 방법 등

제반 사정을 종합하여 볼 때 단순히 투표참여를 독려하려는 것이 아니라, 선거에 영향을 미칠 우려가 있는 행위로서 투표참여 권유행위를 빙자하여 선거운동 방법의 제한을 회피하기 위한 탈법방법에 의한 선거운동에 해당한다(서울중앙지방법원 2021. 5. 12. 선고 2020고합809 판결).

⑤ 법 제58조의2 제4호에서 금지하는 정당명·후보자명을 유추 가능한 내용을 나타내는 현수막 해당 여부 판단 기준 및 특정 정당의 기호에 해당하는 문구 등을 강조한 투표참여 권유 현수막 게시 행위를 법 제58조의2 제4호 위반으로 판단한 사례

[범죄사실]

피고인 박○○은 제8회 지선 a시장 선거에서 이○○후보자의 당선을 위하여 2022. 5. 31. 소속 정당 甲당의 기호인 '이번' 문구를 강조한 '네거티브 없는 행복한 a 이번에는 힘 있는 후보에게 한 표!'라는 투표참여 권유 현수막들을 제작하고, 같은 날 피고인 유○○ 외6인에게 지인들과 함께 a시 전역에 위 현수막을 부착해달라고 요청하였다.

이에 피고인들은 2022. 6. 1. 피고인 박○○, 정○○이 a시 길가에 위 현수막을 게시한 것을 비롯하여 총 28회에 걸쳐 a시 일대에 위 현수막을 게시함으로써, 피고인들은 공모하여 특정 정당명을 유추 가능한 내용이 담긴 현수막을 게시하는 방법으로 투표참여를 권유하였다.

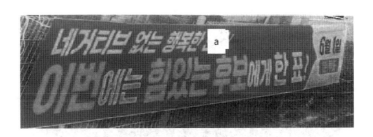

[판단]

피고인들은 특정 정당(甲당) 명칭을 유추할 수 있는 현수막을 게시하는 방법으로 투표참여 권유행위를 한 사실은 충분히 인정할 수 있다.

1. 이 사건 현수막이 공직선거법 제58조의2 제4호에서 금지하는 정당명·후보자명을 유추 가능한 내용을 나타내는 현수막인지 여부에 대하여 판단할 경우에는, 선거에 참여하는 일반 선거구민들이 이 사건 현수막에 대해 느끼는 직관적 인식을 기준으로, 위 현수막의 외관·호칭·관념을 객관적·전체적·이격적으로 관찰하되, 특히 위 현수막에서 사용하는 특정 문구·기호·이미지·영상 등에 의하여 또는 그러한 정보

들을 종합하여 정당·후보자의 명칭·성명을 쉽게 유추 가능한지 여부에 따라 판단해야 한다(상표법 사례에 대한 대법원 2018후10848 판결 참조).

2. 위 현수막에서 사용된 특정 문구·기호·이미지 등을 보면, ㉠ 현수막 색깔이 '붉은색'이라는 점과, ㉡ 특히 노란 색으로 강조된 '이번', '힘 있는 후보'라는 문구가 일반 선거구민들이 위 현수막을 통해 직관적으로 느끼는 인상 또는 기억·연상하게 하는 부분(요부)으로 보인다.

그런데 당시 선거에 참여한 甲당 정당의 상징색이 붉은 색이었고, 甲당 후보들의 기호가 '2'번이었으며, 위 현수막에서는 甲당 정당과 관련된 문구인 '힘있는 후보'가 특히 강조되어 있다.

이러한 사정들을 종합하여 보면, 선거에 참여하는 일반 선거구민들은 직관적으로 위 현수막을 통해 甲당 또는 그 후보자를 쉽게 유추 가능하다고 봄이 타당하다.

3. 피고인 박○○은 이 사건 현수막을 당시 甲당 중앙당 홍보국 시안과 다르게 제작하였다. 당시 선관위 승인을 받은 아래 투표권유 현수막을 보면, 이 사건 현수막처럼 '이번'만이 강조되거나 전적으로 '붉은 색'이거나 '힘있는 후보'라는 문구가 강조되지는 않은 것으로 보인다(수원고등법원 2023. 6. 13. 선고 2023노82 판결, 대법원 2023. 10. 26. 선고 2023도8862 판결).

마. 헌법재판소 결정

① 특정 정당 또는 후보자(후보자가 되려는 사람을 포함한다)를 지지·추천하거나 반대하는 내용을 포함하여 하는 투표참여 권유행위를 금지하고 이를 형사처벌하는 법 제58조의2 단서 제3호 및 제256조 제3항 제3호 중 제58조의2 단서 제3호에 관한 부분은 과잉금지원칙에 위반되어 정치적 표현의 자유를 침해한다고 할 수 없다(헌법재판소 2018. 7.

26. 2017헌가9 결정).

② 법 제58조의2 단서 제3호에서 규정한 특정 정당 또는 후보자를 지지·추천·반대하는 내용을 포함한 투표참여권유행위가 '선거운동'에 해당하는 투표참여 권유행위에 한정된다고 볼 수 없다고 한 사례

    가. 공직선거법 제58조의2 단서 제3호의 특정 정당 또는 후보자를 지지·추천·반대하는 행위는 사실상 선거운동에 해당한다고 볼 여지가 많으나, 그 문언에 비추어 선거운동과 같이 당선 또는 낙선을 도모하는 목적의사나 능동적, 계획적 행위에 이르지 않더라도 특정 정당 또는 후보자를 지지·추천·반대하는 것 역시 가능하다 할 것이므로 선거운동보다 더 넓은 정치적 표현행위라고 볼 수 있다. 특정 정당 또는 후보자를 지지·추천·반대하는 내용이 있다 하더라도 투표참여 권유행위가 이루어진 시기나 방법, 경위 등을 종합적으로 고려할 때 선거운동의 목적까지는 인정되지 않는 경우가 충분히 있을 수 있고, 이러한 행위들도 선거의 공정성을 침해할 우려가 있는 때에는 규제의 필요성이 인정된다. 이와 같은 점들에 비추어 보면, 공직선거법 제58조의2 단서 제3호에서 규정한 특정 정당 또는 후보자를 지지·추천·반대하는 내용을 포함한 투표참여 권유행위가 '선거운동'에 해당하는 투표참여 권유행위에 한정된다고 볼 수 없다.

    나. 공직선거법 제58조의2 단서 제3호 및 제256조 제3항 제3호의 문언, 법률 개정의 경위와 취지 등에 비추어 보면, 위 각 조항에 의하여 금지·처벌되는 투표참여 권유행위는 '공직선거법상 허용되지 않는 방법으로 특정 정당 또는 후보자를 지지·추천·반대하는 내용을 포함하여 투표참여를 권유하는 행위로서, 그것이 공직선거법상 선거운동기간이 아닌 때에 이루어진 경우'를 의미한다고 볼 수 있다.

    다. 청구인이 게재한 칼럼의 제목, 구체적인 내용, 행위의 시기와 당시 사회상황 등을 종합하여 보면, 청구인의 이 사건 칼럼 게재행위는 '공직선거법상 허용되지 않는 방법으로 특정 정당을 반대하는 내용을 포함하여 투표참여를 권유한 행위'로서 공직선거법 제58조의2 단서 제3호 및 제256조 제3항 제3호에 의하여 금지·처벌되는 행위에 해당한다(헌법재판소 2022. 5. 26. 2020헌마1275 결정).

제2절 해석상 선거운동으로 보지 아니한 행위

법에 이러한 열거된 행위 이외에도 직무상·업무상 행위나,[13] 일상적·의례적·사교적인 행위, 그리고 그 밖의 인지도 제고 등의 활동 등도 선거운동에 해당하지 않는다. 이러한 행위에 해당하는지 여부는 그 행위자와 상대방의 사회적 지위, 그들 사이의 관계, 행위의 동기, 방법, 내용과 태양 등 제반 사정을 종합하여 사회통념에 비추어 판단하여야 한다.[14]

1. 직무상·업무상 행위

가. 의의

직무상의 행위란 법령·조례 또는 행정관행·관례에 의하여 그 지위의 성질상 필요로 하는 정당한 행위 또는 활동을 말한다. 이러한 직무행위는 국회의원·지방의회의원·지방자치단체의 장 기타 공무원 등의 통상적인 업무수행행위의 일부분으로서 선거운동이 아니다.[15]

국회의원의 의정활동보고는 국회의원이 국민의 대표로서 행한 의회에서의 정치적 활동을 자신을 선출한 선거구민에게 직접 보고하는 행위로서 국회의원이 주권자인 국민의 의사를 대변하여 대의정치가 구현되도록 하는 기능을 가지는 것으로 국회의원의 정치적 책무이고 고유한 직무활동이므로 특별한 사정이 없는 한 자유롭게 허용됨이 상당하다 하였다.[16] 그러면서 국회의원이 하는 집회·보고서·컴퓨터·전화 등에 의한 의정활동보고는 허용된다고 할 것이지만, 여기서 허용되는 것은 국회의원이 지역주민 대표로서의 지위에서 행하는 순수한 의정활동보고일 뿐이고, 의정활동보고라는 명목하에 이루어지는 형태의 선거운동은 허용되지 않는다 할 것인바, 국회의원이 선거일 전 120일부터 선거일까지의 기간에 의정보고서를 제작하여 선거구민들에게 배부함에 있어 그 내용 중 선거구 활동 기타 업적의 홍보에 필요한 사항 등 의정활동보고의 범위를 벗어나서 선거에 영향을 미치게 하기 위하여 특정 정당이나 후보자를 지지·추천하거나 반대하는 내용이 포함되어 있다면 그 부분은 법 제93조 제1항에서 금지하고 있는 탈법방법에 의한 문서배부행위에 해당되어 위법하다고 하였다.[17] 따라서 일견 직무상 행위로 보이더라도 대면접촉·공식행사 등 통상적인 업무를 수행하면서

---

13) 대법원 2002. 2. 26. 선고 2002도1792 판결
14) 대법원 2001. 6. 29. 선고 2001도2268 판결, 대법원 2005. 8. 19. 선고 2005도2245 판결
15) 대검찰청, 공직선거법 벌칙해설 제10개정판, 89면
16) 헌법재판소 1996. 3. 28. 96헌마18·37·64·66 결정, 헌법재판소 2001. 8. 30. 99헌바92 결정
17) 대법원 2006. 3. 24. 선고 2005도3717 판결

선거운동이나 선거에 영향을 미치는 행위가 있을 경우 등은 법에 따라 제한된다.

국회의원과 지방의원의 의정활동 보고와 관련된 행위는 제6장 국회의원·지방의회의원의 의정활동 보고에서 상술한다.

업무상의 행위란 영업행위 등 사람이 그 사회생활상의 지위에 있어서 계속·반복의 의사로서 종사하는 업무에 의한 행위를 말한다.[18] 다만, 업무상 행위라할지라도 선거운동에 이르거나 선거에 영향을 미치게 하는 때에는 직무상 행위와 마찬가지로 법상 제한된다.

나. 중앙선거관리위원회 행정해석

(1) 국회의원 활동

① 국회의원기 축구대회 개최

생활체육연합회 등의 단체가 선거와 무관하게 지역명칭을 표기하여 국회의원기 축구대회를 개최하는 것은 무방할 것임. 다만, 후보자가 되려는 국회의원이 선거구민을 대상으로 개최하는 경우 또는 대회명칭에 후보자가 되려는 국회의원의 성명을 표기하거나 동 대회를 개최함에 있어 특정 정당 또는 후보자가 되려는 국회의원을 선거와 관련하여 선전하는 경우에는 「공직선거법」 제254조에 위반될 것임(2013. 11. 20. 회답).

② 국회의원의 지역주민 대상 토크 콘서트 개최

국회의원이 선거기간 전에 의정활동에 필요한 의견이나 자료수집의 목적으로 선거와 무관하게 토크 콘서트를 개최하는 것은 무방할 것임. 다만, 「공직선거법」 제254조에 따라 선거운동기간 전에 집회에 의한 선거운동이 금지되고, 같은 법 제111조 제1항에 따라 선거일 전 90일부터 의정활동보고가 금지되는바, 토크 콘서트의 개최 목적·방법·횟수·내용 등을 종합하여 볼 때 선거운동에 이르러서는 아니 될 것이며, 또한 선거일 전 90일부터는 의정활동보고에도 이르지 아니하도록 하여야 할 것임(2013. 6. 25. 회답).

⇨ 국회의원·지방의회의원 또는 선거운동을 할 수 있는 사람은 선거일이 아닌 때에 법 제59조 제4호에 따라 말로 의정활동을 보고할 수 있음. 다만, 그 목적 범위를 벗어나 집회의 방법으로 하는 선거운동에 이르는 경우에는 법 제254조에 위반될 것이며, 선거일 전 90일부터 국회의원 등의 의정보고회에 이르러서는 아니 됨(2021. 1. 12. 말로 하는 선거운동 관련 운용기준).

③ 국회의원 배우자의 의견청취

국회의원의 배우자가 선거기간이 아닌 때에 경로당을 방문하여 경로당 이용자 및 관

---

18) 대검찰청, 공직선거법 벌칙해설 제10개정판, 90면

계자들과 노인복지에 관한 의견 등을 나누거나 간담회를 갖는 것은 「공직선거법」에 위반되지 아니 할 것임. 다만, 그 과정에서 해당 국회의원을 지지·선전하는 행위가 부가되는 등 후보자가 되고자 하는 국회의원의 당선을 도모하는 행위임을 선거인이 명백히 인식할 만한 객관적 사정이 있는 경우에는 같은 법 제254조에 위반될 것임(2016. 12. 22. 회답).

⇨ 선거기간 전에 다른 제한·금지 규정에 위반되지 아니하는 옥내 간담회에서 그 개최자·참석자(선거운동을 할 수 있는 사람)가 법 제59조 제4호에 따라 확성장치를 사용하지 아니하고 말(연설형태 포함)로 하는 선거운동을 하는 것은 가능함. 다만, 집회의 방법으로 하는 선거운동에 이르는 경우에는 법 제254조에 위반될 것임(2021. 1. 12. 말로 하는 선거운동 관련 운용기준).

④ 지방의원의 지방자치학교 운영

지방의원이 선거와 무관하게 지방자치학교(참가비 1만원)를 개설·운영하는 것은 무방할 것이나, 특정 정당이나 후보자가 되고자 하는 자를 선전하는 등 선거운동에 이르는 행위가 부가되어서는 아니 될 것임(2007. 5. 14. 회답).

(2) 지방자치단체 등 행정부 활동

① 지방자치단체장의 현장 민원청취

지방자치단체장이 선거일 전 60일 전에 직무상의 행위로서 자신에 대한 선전이나 업적홍보 없이 행정목적 수행을 위하여 주민 의견을 청취하는 것은 선거운동에 해당하지 아니함. 다만, 선거일 전 60일부터는 공직선거법 제86조 제2항에 따라 제한됨(2013. 11. 26. 운용기준).

⇨ 지방자치단체가 직무상 행위의 일환으로 이동민원실 또는 직소민원실을 설치하고 민원을 접수·상담하는 것은 가능할 것이나, 지방자치단체장이 선거일 전 60일부터 직접 참석하는 것은 법 제86조 제2항에 따라 제한됨. 다만, 업무추진과 관련된 민원 수렴의 목적 범위를 벗어나 지방자치단체장의 업적을 홍보하거나, 지방자치단체장을 선전하는 행위에 이르는 경우에는 법 제86조 또는 제254조에 위반될 것임(2022 지방자치단체의 활동에 관한 공직선거법규 운용자료).

② 지방자치단체의 전입주민 대상 전입환영 전화 등

지방자치단체장이 수신동의를 한 전입주민에게 의례적인 내용의 전입환영 문자메시지를 전송하거나 전화를 하는 것은 「공직선거법」상 무방할 것이나, 후보자가 되고자 하는 지방자치단체장이 선거가 임박한 시기에 불특정 다수의 전입주민에게 직접 전입환영 전화를 하는 것은 그 양태에 따라 같은 법 제254조에 위반될 수 있을 것임(2013. 7. 30. 회답).

③ 시정구호

지방자치단체가 당해 지방자치단체의 장이 선거당시 사용하였던 선거구호라 할지라도 이를 시정구호로 정하여 시정홍보지에 게재하는 것은 시정활동의 일환으로 보아 무방할 것임(1996. 10. 22. 회답).

(3) 입후보예정자 활동

① 입후보예정자의 신앙간증 및 건강강연

후보자가 되고자 하는 자가 선거기간 전에 종전부터 행하여온 방법으로 교회에서 신앙간증을 하거나 관공서·기업체 등의 요청에 의하여 그 소속직원 등을 대상으로 건강에 관한 강연을 하는 것은 무방할 것임. 다만, 신앙간증 또는 건강강연의 내용이 특정 정당 또는 후보자가 되고자 하는 자신에 대한 지지를 권유·유도하는 등 선거운동에 이르는 때에는 공선법 제254조의 규정에 위반될 것임(2004. 1. 31. 회답).

② 입후보예정자의 법률상담기사 연재

특정 선거구역을 주된 배부지역으로 하는 신문사가 후보자가 되고자 하는 자가 집필하는 법률상담기사를 그의 직·성명, 사진 등을 게재하여 연재하는 것은 법 제8조의3에 따른 선거기사의 공정여부는 별론으로 하고 법 제254조에 위반되지 아니함[2016. 11. 23. 대법원의 선거운동 판단기준 변경에 따른 관련 선례 정비(제1차)].

(4) 기타 단체 활동

① 상공회의소의 입후보예정자 초청 강연회 개최

1. 「상공회의소법」 제55조의2에 따라 정치적 중립을 지켜야 하는 상공회의소 또는 대한상공회의소가 선거기간이 아닌 때에 그 설립 및 활동목적의 범위 안에서 대통령선거의 후보자가 되고자 하는 자(예비후보자를 포함함)를 초청하여 선거와 무관하게 강연회를 개최하는 것은 무방할 것임. 이 경우 강연회에서 선거공약을 발표하거나 특정 정당 또는 후보자가 되고자 하는 자를 지지·추천하는 등 선거운동에 이르는 행위를 하지 아니하도록 하여야 할 것임.

2. 상공회의소 및 대한상공회의소가 일부 대통령선거 입후보예정자만을 초청하여 강연회를 개최하고, 다른 입후보예정자의 강연회를 개최하지 않거나 그의 개최요구를 거절하는 것은 무방할 것임. 다만, 특정 후보자가 되고자 하는 자만을 계속적으로

초청하는 등 선거에서의 중립의무 규정(공선법 제9조)을 위반하여서는 아니 될 것임 (2007. 5. 29. 회답).

② 입후보예정자의 정책에 관한 설문조사 및 결과공개

대·중소기업상생협회가 대통령선거 입후보예정자들로부터 중소기업정책을 서면으로 제출받은 후 약 1만개 중소기업업체를 대상으로 각 입후보예정자들의 정책에 대한 설문조사를 실시하여 그 결과를 당 협회의 홈페이지에 게시하거나 언론사에 보도자료로 제공하는 경우 후보자가 되고자 하는 자를 지지·추천하거나 반대함이 없이 공정하게 하는 경우에는 무방할 것임(2007. 9. 6. 회답).

③ 광복회의 국회의원 후보자 법률 제·개정 찬반의견 공표

「국가유공자 등 단체 설립에 관한 법률」 등 다른 법률에 위반되는지 여부는 별론으로 하고 광복회가 그 설립목적과 관련 있는 법률의 제·개정에 관하여 국회의원 후보자에게 찬반의견을 묻고 회신 받은 내용을 통상적으로 행하여 오던 방법으로 소속 회원에게 알리거나 해당 단체의 인터넷홈페이지에 게시하여 두거나 언론기관에 보도자료로 제공하거나 기자회견을 통하여 공표하는 것은 가능할 것임. 다만, 특정 정당·후보자에 대한 지지·반대의 의사표시를 하거나 별도의 인쇄물·시설물 등을 통하여 알리거나 집회 등을 이용하여 공표 하는 경우에는 행위양태에 따라 「공직선거법」 제9조·제85조·제87조·제90조·제93조·제101조·제103조 또는 제254조에 위반될 것임(2020. 2. 13. 회답).

※ 광복회는 「국가유공자 등 단체 설립에 관한 법률」 제14조(정치활동 등의 금지) 제1항에 따라 정치활동을 할 수 없는 단체임.

④ 공무원직장협의회의 후보자에 대한 질의사항 고지

공무원직장협의회가 그 설립목적과 관련 있는 사안에 대하여 후보자에게 서면질의하여 회신받은 내용을 바탕으로 한 객관적인 사실을 통상적으로 행하여 오던 고지·안내 방법에 따라 소속회원에게 알리거나 언론기관에 보도자료로 제공하거나 또는 당해 단체의 인터넷 홈페이지에 게시하여 두는 것은 무방할 것이나, 지지·반대의 의사표시를 하거나 유권자에게 판단자료를 제공하는 등 선거운동에 이르러서는 아니 될 것임 (2002. 4. 15. 회답).

2. 일상적·의례적·사교적 행위 등

가. 의의

사회활동을 함에 있어서 일상적·의례적·사교적 행위는 통상의 시기에 통상적인 방법에 의하여 통상의 내용으로써 행하는 한 선거운동에 해당하지 아니한다.[19]

일상적·의례적·사교적인 행위인지 여부는 그 행위자와 상대방의 사회적 지위, 그들 사이의 관계, 행위의 동기, 방법, 내용과 태양 등 제반 사정을 종합하여 사회통념에 비추어 판단하여야 할 것이다.[20]

나. 중앙선거관리위원회 행정해석

(1) 축사 등 인사말

① 후보자가 되려는 사람의 의례적인 축사

후보자가 되려는 사람이 선거구 안에서 개최되는 각종 행사에서 의례적인 축사를 하는 것은 법 제254조에 위반되지 아니함[2016. 12. 2. 대법원의 선거운동 판단기준 변경에 따른 관련 선례 정비(제2차)].

② 예비후보자 또는 후보자로 등록한 지방자치단체장의 축사

예비후보자 또는 후보자로 등록한 지방자치단체장이 선거기간 전에 행사에서 의례적인 축사를 하는 것만으로는 법 제254조에 위반되지 아니함. 다만, 그 과정에서 자신을 지지·선전하는 행위가 부가되는 등 당선을 도모하는 행위임을 선거인이 명백히 인식할 만한 객관적 사정이 있는 경우에는 법 제254조에 위반될 것임[2017. 12. 19. 대법원의 선거운동 판단기준 변경에 따른 관련 선례 정비(제3차)].

⇨ 지방자치단체장의 지위에서 하여야 하는 경우에는 권한대행인 부단체장이 하여야 할 것임.

⇨ 2020. 12. 29. 법 제59조 제4호 신설로 예비후보자 또는 후보자로 등록한 지방자치단체장은 선거일이 아닌 때에 말(확성장치를 사용하거나 옥외집회에서 다중을 대상으로 하는 경우를 제외)로 선거운동을 할 수 있음.

③ 서적에 지방자치단체장의 추천사 등 게재

서적에 저자와 친분관계가 있는 지방자치단체장의 의례적인 내용의 추천사 또는 출간

---

19) 대검찰청, 공직선거법 벌칙해설 제10개정판, 91면
20) 대법원 1996. 4. 26. 선고 96도138 판결, 대법원 2011. 7. 14. 선고 2011도3862 판결

축하의 글을 게재하는 것은 공선법상 무방할 것임(2011. 11. 15. 회답).

(2) 각종 행사 개최

① 국회의원의 음반출시 기념행사 개최

　국회의원이 자신의 음반출시 기념행사를 선거기간 전에 일반 선거구민을 대상으로 개최하는 것만으로는 법 제254조에 위반되지 아니함. 다만, 행사 진행 과정에서 후보자가 되고자 하는 국회의원의 당선을 도모하는 행위임을 선거인이 명백히 인식할 만한 객관적 사정이 있는 경우에는 법 제254조에 위반될 것임[2016. 12. 2. 대법원의 선거운동 판단기준 변경에 따른 관련 선례 정비(제2차)].

② 지방자치단체장의 출마 기자회견에서 선거공약 발표

　후보자가 되려는 사람이 공직선거 출마 기자회견을 하면서 지지를 권유·호소하는 등의 행위 없이 출마 의지 및 정치적 견해와 함께 선거공약을 발표하는 것은 통상적인 기자회견의 범위로 보아 선거운동에 해당하지 않음(2013. 11. 26. 운용기준).

(3) 명절 등 의례적인 인사말

① 명절 등에 의례적인 인사말 문자메시지 전송

　1. 설날·추석 등 명절 및 석가탄신일·기독탄신일 등에 의례적인 인사말을 선거구민에게 컴퓨터 및 컴퓨터 이용기술을 활용한 자동 동보통신 방법으로 문자메시지를 전송할 수 있음.

　2. 그 문자메시지 내용에 선거운동에 이르는 내용이 포함되는 경우에는 「공직선거법」제59조 제2호에 따라 자동 동보통신의 방법이 아닌 방법으로 하여야 함.

　　⇨ 예비후보자·후보자는 법 제59조 제2호의 단서에 따라 자동 동보통신의 방법으로 8회(후보자의 경우 예비후보자로서 전송한 횟수 포함) 이내에서 전송할 수 있음.

　　⇨ (예비)후보자가 자동 동보통신을 이용하여 다수의 선거구민에게 법 제58조 제1항 제6호의 명절 등에 의례적인 인사를 문자메시지로 전송하는 경우 (예비)후보자 신분을 표시하는 것만으로는 법 제93조 또는 제254조에 위반되지 아니하므로, 법 제59조 제2호 후단 및 제82조의5의 규정에 적용되지 아니할 것임(2023. 11. 20. 제22대 국선 예상쟁점 법규운용기준).

　3. 자동 동보통신 그 밖의 방법 등으로 광범위한 선거구민을 대상으로 의례적인 인사말을 문자메시지로 전송할 수 있는 명절 등의 범위에 정월대보름 등 세시풍속, 연말연시, 농번기, 성년의 날, 각종 기념일 등은 이에 포함되나, 선거구민 개인의 애경사

(생일, 결혼, 장례 등), 향우회·종친회·동창회·동호인회·계모임 등 개인 간의 사적모임이나 행사 등은 이에 포함되지 아니함(2013. 8. 13. 운용기준).

② 자동 동보통신 방법의 문자메시지를 이용한 의례적인 인사말 전송

임기만료에 의한 국회의원선거에 후보자가 되고자 하는 사람이 「공직선거법」 제58조 제1항 제6호에 규정된 명절 등이 아닌 때에도 다수의 선거구민에게 선거운동에 이르지 않는 의례적인 내용의 인사말을 자동 동보통신 방법의 문자메시지로 전송하는 것은 같은 법에 위반되지 아니함. 다만, 선거일 전 180일(現 120일)부터 선거일까지는 행위양태에 따라 같은 법 제93조 또는 제254조에 위반될 수 있을 것임(2019. 3. 21. 회답).

③ ARS 전화를 이용한 명절인사

「개인정보보호법」 등 다른 법률에 위반되는지 여부는 별론으로 하고, 후보자가 되려는 사람(후보자 및 예비후보자 포함)이 그 명의로 「공직선거법」 제58조 제1항 제6호에 규정된 명절 및 석가탄신일 등에 자신의 육성이 녹음된 ARS 전화를 이용하여 의례적인 인사를 하는 것은 「공직선거법」 상 제한되지 아니함(2022. 3. 30. 회답).

다. 판례

① 선거일 전 111일 무렵 예비후보자 신분과 자신의 별명을 나타내어 새해 등에 의례적인 인사말을 담은 ARS녹음을 선거구민에게 발송한 행위가 선거운동인지

피고인들이 제21대 총선, 당내경선과 관련하여 피고인 A의 인지도·긍정적 이미지 제고를 위해 이 사건 ARS 녹음을 전송한 것으로 보이기는 하나, 전송받은 선거구민의 관점에서 이 행위가 제21대 총선에서 피고인 A의 당선을 도모하는 행위임을 선거구민이 명백히 인식할 객관적 사정이 있다고 단정하기 어려운바, 피고인 A의 당선 도모의 목적의사가 객관적으로 인정된다고 할 수 없어 이 사건 ARS녹음 전송행위는 선거운동에 해당하지 않는다.

가) 문제된 행위의 태양

피고인들은 ARS 전화로 선거구민 등에게 피고인 A의 육성으로 이 사건 ARS 녹음을 전송했을 뿐 그에 부수하여 해당 선거구민 등에게 다른 행위를 하지 않았으므로, 선거구민의 관점에서 제21대 총선에서 당선 도모의 목적의사가 있는지 여부는 주로 이 사건 ARS 녹음 내용에 의하여 판단하여야 한다(대법원 2017. 4. 26. 선고 2017도1799 판결 참조).

나) 이 사건 ARS 녹음의 내용

이 사건 ARS 녹음은 피고인 A의 성명, 예비후보자 신분과 함께 새해·기독탄신일 관련 의례적인 인사말을 담고 있을 뿐 피고인 A를 제21대 총선에서 지지·추천해 달라는 직접적인 표현은 포함되어 있지 않다.

이 사건의 경우 ARS 전송이므로 법 제58조 제1항 제6호가 직접 적용되지는 않지만, 동 규정은 명절 등에 즈음하여 의례적인 인사말을 전송하는 행위만으로는 선거구민의 관점에서 당선 도모 목적의사가 객관적으로 인정되지 않는다는 전제에서 마련된 것으로 이해된다. 물론 명절 등에 하는 의례적인 인사말을 빙자하여 실질적으로 지지·추천을 표현하는 경우에는 선거운동에 해당한다고 볼 수 있으나, 선거구민의 관점에서 이 사건 ARS 녹음 내용에 객관적으로 피고인 A의 당선 도모 목적의사가 담겨 있다고 하기 어렵다.

이 사건 ARS 녹음 내용에 '甲당 □□□ 예비후보'라는 신분을 나타낸 부분이 있지만, 이러한 사정만으로 피고인 A의 당선 도모 목적의사가 객관적으로 인정된다 할 수 없다.

선거일 전 180일 후에 정당명·후보자명을 나타내는 경우 '선거에 영향을 미치게 하기 위한 것'으로 볼 여지가 많기는 하나, 사람이 사회활동·정치활동을 하면서 자신의 신분을 간략하게나마 밝히는 것은 자연스러운 행위라 할 수 있고, 특별히 그 신분이 선거와 관련된 지위라는 이유만으로 당선 도모의 목적의사가 객관적으로 추단된다고 보기 어렵다.

이 사건 ARS 녹음 내용 중 가장 문제가 되는 부분은 '◇◇◇◇ A' 부분이다. 피고인들이 해당 표현을 포함한 것은 제21대 총선, 甲당 당내경선과 관련하여 피고인 A의 인지도와 긍정적인 이미지를 높이려는 의도에서 했던 것은 분명하다.

그러나 정치인의 인지도 제고나 선거구민에게 영향을 미칠 목적이 있다는 등 선거에 영향을 줄 수 있다는 이유만으로 선거운동으로 보는 것은 대의민주주의에서 허용돼야 할 국민의 정치활동을 위축시키고, 법상 금지되는 선거운동과 허용되는 정치활동의 경계를 모호하게 하여 선별적·자의적인 법 적용을 초래할 우려가 있는 등의 문제점이 있다. 특히 정치인의 인지도 제고 행위를 광범위하게 선거운동으로 보아 규제할 경우 정치기득권자를 보호하고 정치신인의 진입을 막는 결과를 초래할 위험이 크다. 이러한 관점에서 다음 사정들을 고려하면, 이 사건 ARS 녹음에서 피고인 A를 '◇◇◇◇ A'라고 표현한 것은 전송받는 선거구민 등이 피고인 A가 누구인지 연상할 수 있도록 '별명'을 사용한 것이거나 그의 프로그램 경력을 함축적으로 나타낸 것으로 보이고, 이를 넘어 선거구민의 입장에서 피고인 A의 당선 도모 목적의사를 객관적으로 인식할 수 있는 표현에 해당한다고 단정하기 어렵다.

다) 이 사건 ARS 녹음 전송 행위의 시점

이 사건 행위 시점은 피고인 A의 예비후보자 등록 이후로 제21대 총선 선거일 전 111일 무렵이었고, 차기 국회의원 선호도, 甲당 후보선호도 등 관련 여론조사를 실시한 날이다.

이 사건 ARS 녹음은 피고인 A가 기독탄신일·신정 즈음에 예비후보자 신분을 밝히면서 자신의 별명인 '◇◇◇◇'를 사용하여 선거구민 등에게 의례적인 인사말을 하는 내용만을 담고 있다. 즉 내용 자체만 들어서는 선거구민이 피고인 A의 당선 도모 목적의사를 알기 어렵다.

다른 객관적인 사정이 부가되어 선거구민의 관점에서 당선 도모 목적의사를 알 수 있는 경우가 아닌 한, 행위 시점이 예비후보자 등록 이후라든가 선거일에 가깝다고 하여 선거운동이 되는 것도 아니다(광주지방법원 2020. 7. 24. 선고 2020고합156 판결, 대법원 2021. 3. 25. 선고 2021도238 판결).

② 지방자치단체장이 자신의 재판결과를 선거구민들에게 문자메시지로 발송한 행위가 법 위반이 아니라고 본 사례

[사안개요]

피고인 A는 2020. 4. 15. ○○시장 재선거에 당선되고, 2022. 6. 1. 제8회 전국동시지방선거에서 ○○시장에 당선된 자이고, 피고인 B는 그 비서실장으로 근무해오던 자임. A는 다른 사건(공직선거법 위반)으로 재판을 받던 중 당선무효에 해당하지 않는 형(벌금 80만 원)을 선고받자, 2021. 12. 22. B에게 지시하여 아래 내용의 문자메시지를 평소 연락처를 관리하여 오던 19,705명에게 발송함. 이에 피고인 A, B는 공모하여 선거운동기간 전에 선거운동을 할 수 없는 지방공무원으로서 선거운동을 한 점으로 기소됨.

> 안녕하십니까 ○○시장 A입니다. 지난 ○○시장 보궐선거 선거법 관련한 2심 재판결과가 나왔습니다. 1심과 같이 호별방문 관련해서 벌금 80만원이 선고되었습니다. 선거에 출마한 후보자로서 선거법을 꼼꼼히 살피지 못해 시민여러분께 심려를 끼쳐드려 죄송합니다. 이제 더불어사는 풍요로운 ○○을 만들기 위해 더욱 매진하겠습니다. 2021년도 며칠 남지 않았습니다. 가족과 함께하는 행복한 연말연시 되세요. 감사합니다.

[판단]

다음의 사정들을 종합하여 보면, 검사가 제출한 증거들만으로는 피고인 A, 피고인 B가 이 사건 메시지를 발송한 행위가 공직선거법에서 말하는 선거운동에 해당한다고 보기

어렵고, 달리 이를 인정할 증거가 없다.

① 이 사건 메시지는 그 문언 그대로 피고인 A가 2021년 연말을 맞아 마침 그 무렵에 선고된 자신에 대한 공직선거법위반 형사사건 항소심 결과를 알리고, 선거법 위반으로 걱정을 끼쳐서 죄송하다는 말을 전하면서 연말연시를 잘 보내라는 내용이다. 위와 같이 문자메시지를 보낸 시기가 연말이라는 점과, 문자메시지 내용에 벌금 액수가 객관적으로 기재되어 있을 뿐 이를 넘어서는 문구가 기재되어 있지 않은 점에 비추어, 이 사건 메시지는 기본적으로 선출직인 시장이 연말연시를 맞아 시민들에게 보내는 인사로 보는 것이 자연스럽다. 피고인 A는 보궐선거에 당선된 해인 2020년 연말에도 시민들에게 연말 인사가 담긴 문자메시지를 보낸 적이 있기도 하다.

② 이 사건 메시지에 자신에 대한 공직선거법위반 형사사건 결과가 포함되어 있기는 하다. 그러나 위 형사사건의 결과는 시민들에게도 중요한 정보이다. 더욱이 위 형사사건 판결은 연말인 2021. 12. 21.에 선고되었다. 이런 상황에서 그 당사자인 피고인 A가 연말 인사를 하면서 마침 연말에 선고된 형사사건 결과를 시민들에게 보고하고 그에 대한 자신의 유감의 뜻을 함께 전하는 것이 시장이 할 수 있는 연말연시 인사의 범주를 벗어난다고 보기는 어렵다.

③ 검사는 피고인 A가 2020년 4월 재선거를 통해 ○○시장에 처음 당선되어 2022. 6. 1. 시행될 제8회 지방선거에서 시장 재선에 도전할 의사를 가지고 있었고 시민들도 이를 충분히 예상하고 있었으므로, 위와 같은 문자메시지를 보내는 것이 공직선거법에서 말하는 선거운동에 해당한다는 취지이다. 그러나 위 관련 법리에서 보듯이 대법원은 전원합의체 판결을 통해 공직선거법상 선거운동이란 특정 후보자의 당선 또는 낙선을 도모한다는 목적의사가 객관적으로 인정될 수 있는 행위를 의미하고, 이러한 목적의사는 단순히 선거와의 관련성을 추측할 수 있다는 사정만으로는 부족하다고 판시한 바 있다. 검사가 주장하는 위와 같은 사정들은 선거와의 관련성을 추측할 수 있는 사정이지, 당선을 도모한다는 목적의사가 객관적으로 드러나는 사정에 해당한다고 볼 수 없다. 피고인 A, 피고인 B가 사건 메시지를 발송한 2021. 12. 22.은 제8회 지방선거일이 약 160일 이상 남은 때로서, 당시는 공직선거법에 따른 지방자치단체장 예비후보자 등록 신청기간 전이고, 피고인 A 가 소속된 甲당의 공천을 위한 경선의 예비단계 중 하나인 예비후보자 신청 공모절차도 개시되지 않은 때라는 점까지 고려하면 더욱 그렇다(수원고등법원 2024. 1. 11. 선고 2023노877 판결, 대법원 2024. 4. 25. 선고 2024도2064 판결).

③ 선거사무소 개소식에 참석하여 '축하한다, 필승하라'와 같은 의례적인 인사 발언을 한 것만으로는 선거운동에 해당하지 않는다고 본 사례

[공소요지]

피고인은 2022. 4. 16. 예비후보 C의 선거사무실 개소식에 참석하여 8-10명의 당원, 주민 앞에서 C에게 "축하한다, 필승하라" 등의 말을 하고, 기념 촬영을 하여 지방공무원으로서 선거운동을 할 수 없음에도 예비후보 C를 위하여 선거운동을 하였다.

1. 원심의 판단

원심은 아래 사정들로 보면 제출된 증거만으로는 피고인의 행동이 선거운동에 해당함이 합리적 의심의 여지가 없을 정도로 증명되었다고 볼 수 없어 공소사실에 대해 무죄를 선고하였다.

가. 피고인이 'B' 선거사무실 개소식에서와 달리 선거 관련 부가적인 언급을 전혀 하지 않은 이상, 위 발언은 선거사무실 개소식에 초대받아 참석하여 한 의례적인 인사로 볼 수 있을 뿐 이를 예비후보자의 당선을 도모하려는 목적의사 하에 이루어진 발언이라 할 수 없다.

나. 피고인이 C와 함께 촬영한 기념사진이 언론보도 자료로 사용되었거나 대외 홍보용으로 사용되었음을 인정할 증거도 없다.

2. 이 법원의 판단

원심이 설시한 사정과 아래 사정을 보면 원심의 판단은 정당하고 사실오인, 법리오해의 잘못이 없다.

가. 피고인이 C에게 한 발언은 경선에 나아가는 피선거인 C를 격려하는 취지의 의례적인 말이라고 볼 여지가 있고, 특별히 피고인이 개소식에 참석한 인원들에게 C에 대한 지지의사를 표명하였다고 볼만한 아무런 증거가 없다.

나. 검사는 원심에서 유죄로 인정된 'B' 개소식에서와 'C' 개소식에서의 행위가 본질적으로 같다고 주장하나, 'B' 개소식에서는 'B후보님의 승리를 위하여' 등의 내용으로 지지연설[21]을 하였는바, 단순 의례적 인사로 보이는 'C' 개소식에서 행위와 본질적으로 같다고 볼 수 없다.

다. 피고인은 C와 친분관계에서 선거사무실 개소식에 단순 참석한 것으로 볼 수 있으므로, 위 개소식에 참석했다는 사정만으로 C를 위한 선거운동을 했다고 단정할 수 없다(서울고등법원 2023. 9. 20. 선고 2023노2157 판결, 대법원 2023. 11. 24. 선고 2023도14001 판결).

---

21) '오늘 B 전 시의원 님이 □□청장 후보로 출마하시게 되었습니다. 진심으로 축하를 드립니다.", "B 후보님의 승리를 위하여" 등

3. 기타 선거운동으로 보지 않는 행위

가. 의의

2016년에는 선거운동에 관한 기존 개념을 유지하면서도, 구체적으로 선거운동 해당 여부를 판단할 때에는 명확하고 제한적으로 해석해야 한다는 대법원 전원합의체 판결(대법원 2016. 8. 26. 선고 2015도11812 판결)이 있었다. 이후 선거운동의 개념을 엄격하고 제한적으로 해석하고 있다. 앞에서 살펴본 선거운동으로 보지 아니한 행위이외에도 동 판례의 취지에 따라 정치인이 인지도와 긍정적 이미지 제고를 위한 정치적 기반을 다지는 평소 정치활동에 대하여 폭넓게 보장하고 있다.

【선거운동 판단기준】

• 선거운동은 외부에 표시된 행위를 선거인의 관점에서 판단하여야 함.

• 특정 선거에 출마의사를 밝히면서 그에 대한 지지를 부탁하는 등의 명시적인 방법뿐만 아니라, 당시의 객관적인 사정에 비추어 선거인의 관점에서 당선이나 낙선을 도모하는 목적의사를 쉽게 추단할 수 있을 정도에 이른 경우도 인정됨.

• 행위시기가 선거일에 가까울수록 명시적인 표현 없이도 다른 객관적인 사정을 통해 당락을 도모하는 의사를 인정할 수 있으나, 선거일로부터 시간적으로 멀리 떨어진 행위라면 단순히 선거와의 관련성을 추측할 수 있다는 것만으로는 해당 선거에서의 당락을 도모하는 의사가 표시된 것으로 인정될 수 없음.

(대법원 2016. 8. 26. 선고 2015도11812 판결)

나. 중앙선거관리위원회 행정해석

① 후보자가 되려는 사람의 여론수렴 현장 방문

┃ 후보자가 되려는 사람의 여론수렴 현장방문[22] ┃

할 수 있는 사례

• 기관·단체·시설이나 민생현장에서 민원사항을 청취하고, 민원과 관련한 소속정당의 정책이나 자신의 견해·정책적 대안을 단순히 밝히는 행위

• 시장, 산업현장, 사회복지시설 등을 방문하여 통상적인 체험활동을 하고 민의를 수렴하는 행위

---

22)　중앙선거관리위원회, 제22대 국회의원선거 정치관계법 사례예시집, 17면

- 정책공약의 준비를 위하여 관계기관·단체·시설 등을 방문하여 관계자들과 의견을 나누거나 간담회를 갖는 행위(단, 식사 제공 등 기부행위는 위반)
- 지역의 환경문제 등의 현안에 대하여 관계전문가 등 이해관계자들을 대상으로 선거와 무관하게 정책세미나를 개최하는 행위
- 초청받은 행사에 참석하여 의례적인 인사말을 하거나 행사 주제와 관련된 사항에 대하여 자신의 견해를 밝히는 행위
- 후보자가 되려는 사람이 선거구 안에서 개최되는 각종 행사에서 의례적인 축사를 하는 행위
- 후보자가 되려는 사람이 각종 행사에 참석하여 참석자들과 의례적인 악수·인사를 하면서 말(言)로 선거운동을 하는 행위

할 수 없는 사례

- 단체의 강연회에 초청받아 확성장치를 사용하거나 옥외집회에서 다중을 대상으로 지지호소·선거공약 발표 등 선거운동에 이르는 발언을 하는 행위
- 선거공약 개발을 위한 주민간담회를 개최하면서 실질적으로는 선거운동을 목적으로 하거나, 선거운동을 목적으로 하는 집회가 아니라하더라도 그 본래의 목적 범위에서 벗어나 선거운동 내용이 중심이 되는 등 집회의 방법으로 선거운동을 하는 행위

② 입후보예정자의 포럼활동

▎**후보자가 되려는 사람과 관련된 포럼 활동에 관한 법규운용기준**[23] ▎

Ⅰ. 운용기준

- 포럼[24] 설립은 선거법상 제한되지 않으나, '선거운동'을 위한 사조직·유사기관 설립에 해당하는 경우 법 §87② 또는 §89①에 위반
- 포럼 활동의 위법여부는 법 §254 등 각 제한·금지 규정에 따라 개별적으로 판단

Ⅱ. 운용기준

① 설립·운영

- 후보자가 되려는 특정인의 정책 연구·개발을 위한 포럼을 설립할 수 있는지
   ⇨ 가능함. 다만, 포럼 설립이 특정 후보자의 선거운동을 위한 사조직·유사기관 설립에해당하는 경우

---

23) 중앙선거관리위원회, 제22대 국회의원선거 정치관계법 사례예시집, 17면
24) '포럼'이란 정책 연구·개발을 목적으로 설립하는 조직·단체를 말함.

는 법 §87② 또는 §89 ①에 위반

• 포럼이 시·도 및 구·시·군 단위 지역조직 또는 기능별 조직을 구성할 수 있는지

⇨ 포럼의 통상적인 활동·운영을 위한 조직을 두는 것은 가능함.

다만, 선거운동을 위한 지역 또는 기능별 조직을 두는 경우에는 법 §87② 또는 §89①에 위반

• 종전부터 설립되어 활동 중인 각종 포럼이 후보자의 지지·반대를 위한 조직으로 전환하여 활동할 수 있는지

⇨ 사조직 또는 유사기관의 설립·설치에 해당하여 법 §87② 또는 §89①에 위반

• 포럼이 정당 선거대책기구의 하부기구로 합류하여 선거운동을 할 수 있는지

⇨ 유사기관 설립·설치에 해당하여 법 §89①에 위반

② 회원모집

• 포럼과 그 회원이 카카오톡, 페이스북, 문자메시지로 회원가입을 권유하거나 회원가입신청서를 배부할 수 있는지

⇨ 가능함. 다만, 선거운동을 하도록 권유하기 위해 회원가입신청서를 배부하는 경우에는 법 §93③에 위반

• 포럼이 그 명의로 회원모집을 알리는 거리 현수막을 게시할 수 있는지

⇨ 통상적인 내용의 회원모집 안내 거리 현수막을 게시하는 것은 가능함.

다만, 선거에서 승리를 기원하거나 후보자에 대한 지지를 호소하는 등 선거운동 내용의 현수막을 게시하는 경우에는 법 §254에 위반되며, 선거일 전 120일부터 선거일까지 후보자의 성명이 포함된 현수막을 게시하는 경우에는 법 §90에 위반

• 포럼이 당원과 비당원이 참여하는 당내경선을 대비하여 특정 후보자를 지지하는 경선 선거인단을 모집할 수 있는지

⇨ 특정 후보자가 선출되게 할 목적으로 당내경선 선거인단을 모집하는 것은 법 §57의3에 위반

③ 포럼활동

가) 출범식

• 포럼이 후보자와 내빈을 초청하여 출범식을 개최할 수 있는지

⇨ 가능함. 다만, 후보자의 선거지원이나 선거에서의 승리를 결의하기 위한 집회를 개최하는 경우에는 법 §103 또는 §254에 위반

• 출범식에 참석한 후보자나 내빈이 의례적인 축사를 할 수 있는지

⇨ 가능함. 다만, 확성장치를 사용하여 선거에서 지지해 줄 것을 호소하거나 후보자의 당선을 위해 선거운동을 열심히 하자고 발언하는 등 선거운동을 하는 경우에는 법 §254에 위반

나) 정책토론회·강연회

• 포럼이 특정 후보자의 정책·공약을 주제로 토론회를 개최할 수 있는지

⇨ 가능함. 다만, 해당 후보자를 토론자로 참여하게 할 경우에는 법 §81 또는 §254에 위반

• 발제자·토론자가 토론주제에 대해 발언하면서 후보자에 대한 지지호소를 할 수 있는지

⇨ 확성장치를 사용하는 경우에는 법 §254에 위반

※ 선거운동을 할 수 있는 사람이 법 §59제4호에 따라 옥내에서 확성장치를 사용하지 아니하고 말(言)로 하는 선거운동을 하는 것은 가능

• 포럼이 후보자를 강연자로 초청하여 강연회를 개최할 수 있는지

⇨ 가능함. 다만, 후보자가 확성장치를 사용하여 선거에서 지지해 줄 것을 호소하거나 선거공약을 발표하는 등 선거운동을 하는 경우에는 법 §254에 위반

다) 현수막·어깨띠

• 포럼이 회원을 대상으로 행사를 개최하면서 그 행사장에 후보자에 대한 내용이 게재된 현수막을 게시할 수 있는지

⇨ 포럼의 내부적 행위로서 가능함.

다만, 선거에서 승리를 기원하거나 후보자에 대한 지지를 호소하는 등 선거운동 내용의 현수막을 게시하는 경우에는 법 §254에 위반

• 포럼 회원들이 전통시장 방문, 기업탐방 등 활동을 하면서 포럼 명칭이 기재된 어깨띠를 착용할 수 있는지

⇨ 가능함. 다만, 포럼 명칭에 후보자의 성명이 포함된 경우 선거일 전 120일부터 선거일까지 어깨띠를 착용하는 것은 법 §90에 위반

⇨ 법 §68②에 따라 선거운동기간 중 중앙선관위규칙으로 정하는 규격 범위(길이·너비·높이 각 25센티미터 이내)의 소형의 소품등을 본인의 부담으로 제작 또는 구입하여 몸에 붙이거나 지니고 선거운동을 할 수 있음

라) 온라인 활동

• 선거운동을 할 수 있는 사람인 포럼 회원이 인터넷 홈페이지, SNS, 카카오톡, 문자메시지로 선거운동 내용을 게시·전송할 수 있는지

⇨ 가능함. 다만, 포럼의 계획 하에 포럼의 명의를 밝히면서 선거운동을 하는 등 선거인의 입장에서 볼 때 포럼이 선거운동을 하는 것으로 인식될 수 있는 경우에는 선거운동을 위한 사조직에 해당하여 법 §87②에 위반

• 포럼의 페이스북 등 SNS에 후보자의 활동상황을 게시할 수 있는지

⇨ 가능함.

마) 운영비 모금

• 포럼이 회원들로부터 포럼운영비를 받을 수 있는지

 ⇨ 포럼이 정관에 따라 회원들로부터 회비를 받는 것은 가능함.

  다만, 후보자의 정치활동을 위하여 또는 정치활동에 소요되는 비용을 모금하는 경우에는 정치자금
  법 §2 및 §45에 위반

다. 판례

① 선거일에서 멀리 떨어진 시기에 이루어진 입후보예정자와 관계가 있는 포럼의 활동

이 사건 포럼의 활동계획이나 실제로 한 주요 활동들은 선거일에서 멀리 떨어진 시기에 이루어진 일이므로 공소외 1이 향후 어떤 선거에 나설지도 모른다는 예측을 주는 정도에 불과하고, 피고인 등이 그 계획 및 활동 과정을 통하여 명시적으로 ○○광역시장 선거에서 공소외 1에 대한 지지를 부탁하는 행위가 있었음이 인정되지 않을 뿐만 아니라, 선거인의 관점에서 위 선거에서 공소외 1의 당선을 도모하려는 목적의사를 쉽게 추단할 수 있을 만한 객관적 사정도 부족하므로, 피고인 등이 이 사건 포럼의 정관 목적에 따른 활동을 하면서 공소외 1의 인지도와 긍정적 이미지를 높이는 결과를 가져왔다고 하더라도 이를 사전선거운동에 해당한다고 볼 수 없고, 피고인 등이 선거운동을 목적으로 이 사건 포럼을 설립하였다고 보기 어렵다(대법원 2016. 10. 27. 선고 2015도16764 판결).

② 선거일과 약 1년 6개월에서 6개월까지의 시기에 개최된 후보자와 관련 있는 포럼행사 등

후보자가 되고자 하는 자의 인지도와 긍정적 이미지를 높이는 결과를 가져왔더라도 이를 사전선거운동에 해당한다고 볼 수 없다고, 군민들의 특혜 반대 집회에 대하여 후보자가 되고자하는 자에게 영향을 미칠 수 있다고 하더라도 이를 낙선을 도모하기 위한 행위라고 단정할 수 없다(대법원 2018. 6. 19. 선고 2017도10724 판결).

③ 선거일 전 7개월 전에 차량에 부착된 확성기로 정치자금법을 위반한 국회의원에 대한 엄정수사 촉구 연설 행위

원심은 관련법리(대법원 2016. 8. 26. 선고 2015도11812 판결)를 바탕으로 적법하게 채택하여 조사한 증거들에 의하여 인정되는 아래와 같은 사정들을 자세히 설시한 다음, 검사가 제출한 증거만으로는 선거인의 관점에서 피고인 A의 이 부분 행위로부터 제20대 국회의원 선거에서 K 후보자를 낙선시키겠다는 목적의사가 있었음을 알거나 쉽게 추

단할 수 있으리라고 단정할 수 없다는 이유로 이 부분 공소사실에 대하여 무죄를 선고하였다.

1. 피고인 A가 자신의 차량에 부착한 표지물과 피고인 A의 연설 내용에는 국회의원 K가 낙선되어야 한다는 명시적인 표현은 발견되지 아니한다.

2. 피고인 A가 자신의 차량에 부착한 표지물의 내용은 K에 대한 단순한 의혹 제기 또는 해명 촉구에 불과하여 7개월이나 남은 제20대 국회의원 선거와 직접적인 관련성이 있다거나 K의 낙선을 도모한다는 목적을 추단하기 어렵다.

3. 피고인 A의 연설에는 제20대 국회의원 선거 등 특정선거에 관한 언급이 없고, 일부 표현은 K의 낙선을 주장하는 것으로 이해될 수 있기는 하지만, 선거일로부터 약 7개월이 남은 시점에 이루어진 위 연설은 K가 형사처벌 되어야 한다는 것으로 이해될 수도 있으며, 비록 K가 G 선거구의 3선 국회의원으로서 제20대 국회의원 선거에 출마할 것으로 예상되지만 피고인 A의 연설행위는 선거일로부터 약 7개월이나 떨어진 시점에서 이루어졌으므로 선거와의 관련성을 추측할 수 있다는 점만으로 K의 낙선을 도모하는 의사가 표현된 것이라고 보기는 어렵다.

4. 피고인 A의 행위는 행정관서나 정치인들의 부당한 행동 또는 활동을 견제하기 위하여 2008. 11.경 설립된 AI단체라는 시민단체의 설립목적 범위 내에서 이루어진 정치활동이다. 그것이 명예훼손 등 형사처벌의 대상이 될 정도의 것이 아니라면 적어도 선거일에 임박하지 아니한 시점에서의 정치활동은 어느 정도 허용되어야 한다(대법원 2017. 9. 7. 선고 2017도10062 판결, 서울고등법원 2017. 6. 15. 선고 2017노695 판결).

④ 지방선거와 8개월 떨어진 시점에 현직 시의원 비판하는 내용의 인쇄물을 부착하는 행위
피고인이 부착한 인쇄물의 내용 중 C에 대한 비판적인 내용이 포함되어 있었고, 제7회 전국동시 지방선거의 일시가 기재되어 있었더라도, 이와 같은 사정만으로는 피고인의 이 사건 각 행위가 선거운동에 해당한다고 보기 어렵다.

1. 이 사건 공소사실 기재 인쇄물에 기재된 내용 중 C에게 전과가 있다는 점은 사실이다. 위 인쇄물에 기재된 내용, 피고인의 이 법정 진술 등에 비추어 보면, 피고인은 현직 ○○시의회 의원인 C가 시의원으로 활동하는 것이 부적절하다는 개인적인 견해를 알리려는 의도로 이 사건 행위를 하였다고 볼 여지가 크다.

2. 선거운동에 해당한다고 하기 위해서는 특정선거에 관하여 특정정당 또는 후보자(후보자가 되려는 자를 포함한다)를 대상으로 한 것이어야 한다. 그런데 피고인의 행위는 제7회 전국동시 지방선거와 8개월 가량 떨어진 시점에 있었고, C는 2018. 6. 13. 실시된 제7회 전국동시 지방선거에 후보자로 출마한 사실 자체도 없었으며, 이 사

건 당시 C가 위 선거에 입후보할 의사가 있었다고 단정할 증거가 없는 점 등에 비추어 보면, 검사가 제출한 증거들만으로 피고인의 행위가 특정선거에서 후보자가 되려는 자인 C의 낙선을 위하여 한 것이라고 인정하기 부족하다(창원지방법원 2019. 4. 9. 선고 2018고합272 판결).

⑤ 국회의원선거일 약 1년 전에 자신의 경력사항이 포함된 명함 약 300장을 지역구 내 아파트 지하주차장에 주차된 차량들의 앞 유리에 꽂아두는 방법으로 배부 행위

   1) 이 사건 명함을 배포하는 활동은 선거일에서 멀리 떨어진 시기에 이루어진 일이므로 피고인이 향후 어떤 선거에 나설지도 모른다는 예측을 주는 정도에 불과하다.

   2) 이 사건 명함의 내용이나 명함 배부 과정에서 명시적으로 국회의원선거에서 피고인에 대한 지지를 부탁하는 행위가 있었음이 인정되지 아니하고, 선거인의 관점에서 위 선거 에서 피고인의 당선을 도모하려는 목적의사를 쉽게 추단할 수 있을 만한 객관적 사정도 부족하므로, 피고인이 선거운동을 목적으로 이 사건 명함을 배부하였다고 보기 어렵다.

   3) 피고인이 자신의 인지도와 긍정적 이미지를 높이려는 의도에서 이 사건 명함을 배부하였더라도 그 배부행위를 사전선거운동에 해당한다고 볼 수 없다(대법원 2017. 4. 26. 선고 2017도1799 판결).

⑥ 대학의 교수나 연구자가 특정한 역사적 사건과 인물, 사회적 현안이나 문화현상 등에 관하여 탐구하고 비판하며 교수하는 활동을 하는 경우, 어느 교수내용과 방법이 공직선거법에서 금지하는 '선거운동'에 해당한다고 하기 위한 요건

1. 구 공직선거법(2013. 8. 13. 법률 제12111호로 개정되기 전의 것, 이하 같다) 제58조 제1항의 선거운동에 해당하는지에 관하여

   1) 교수(敎授)의 자유는 대학 등 고등교육기관에서 교수 및 연구자가 자신의 학문적 연구와 성과에 따라 가르치고 강의를 할 수 있는 자유로서 교수의 내용과 방법 등에 있어 어떠한 지시나 간섭·통제를 받지 아니할 자유를 의미한다. 이러한 교수의 자유는 헌법 제22조 제1항이 보장하는 학문의 자유의 한 내용으로서 보호되고, 헌법 제31조 제4항도 학문적 연구와 교수의 자유의 기초가 되는 대학의 자율성을 보장하고 있다. 정신적 자유의 핵심인 학문의 자유는 기존의 인식과 방법을 답습하지 아니하고 끊임 없이 문제를 제기하거나 비판을 가함으로써 새로운 인식을 얻기 위한 활동을 보장하는 데에 그 본질이 있다. 교수의 자유는 이러한 학문의 자유의 근간을 이루는 것으로, 교수행위는 연구결과를 전달하고 학술적 대화와 토론을 통해 새롭고 다양한 비판과 자극을 받아들여 연구성과를 발전

시키는 행위로서 그 자체가 진리를 탐구하는 학문적 과정이며 이러한 과정을 자유롭게 거칠 수 있어야만 궁극적으로 학문이 발전할 수 있다. 헌법이 대학에서의 학문의 자유와 교수의 자유를 특별히 보호하고 있는 취지에 비추어 보면 교수의 자유에 대한 제한은 필요 최소한에 그쳐야 한다. 따라서 어느 교수행위의 내용과 방법이 기존의 관행과 질서에서 다소 벗어나는 것으로 보이더라도 함부로 위법한 행위로 평가하여서는 아니 되고, 그 교수행위가 객관적으로 보아 외형만 교수행위의 모습을 띠고 있을 뿐 그 내용과 방법이 학문적 연구결과의 전달이나 학문적 과정이라고 볼 수 없음이 명백하다는 등의 특별한 사정이 없는 한 원칙적으로 학문적 연구와 교수를 위한 정당한 행위로 보는 것이 타당하다.

2) 대학의 교수나 연구자가 특정한 역사적 사건과 인물, 사회적 현안이나 문화현상 등에 관하여 탐구하고 비판하며 교수하는 활동은 교수의 자유로서 널리 보장되어야 한다. 이러한 경우 특정인이 특정한 선거에 출마하였거나 출마할 예정이라고 하여 그와 관련한 역사적 사건과 인물 등에 대한 평가나 비판 등의 연구결과를 발표하거나 교수하는 행위를 모두 선거운동으로 보게 되면 선거운동 금지기간에는 그러한 역사적 사건과 인물 등에 관한 학문연구와 교수행위를 사실상 금지하는 결과가 되어 학문적 연구와 교수의 자유를 중대하게 침해할 수 있다. 따라서 어느 교수내용과 방법이 공직선거법이 금지하는 선거운동에 해당한다고 하려면, 해당 교수행위가 학문적 연구와 교수활동의 본래 기능과 한계를 현저히 벗어나 선거인의 관점에서 볼 때 학문적 연구결과의 전달이나 학문적 과정이라고 볼 수 없고 특정 후보자의 당선 또는 낙선을 도모하는 목적의사를 가진 행위라고 객관적으로 명백하게 인정되는 경우이어야 한다.

2. 법 제95조 신문 등의 통상방법 외의 방법에 의한 배부에 해당하는지에 관하여 원심은, 피고인이 신문기사를 복사한 후 강의에서 선거홍보물로 배부한 이상, 그 배부행위는 구 공직선거법 제95조 제1항의 '통상방법 외의 방법에 의한 배부'에 해당한다고 봄이 상당하다고 판단하였다. 그러나 앞에서 본 바와 같이 피고인의 이 사건 교수행위가 선거운동에 해당한다는 것이 객관적으로 명백하다고 보기 어려운 상황에서, 대학교수의 핵심적인 직무 행위인 교수행위의 일환으로 또는 이에 수반하여 강의자료로 신문기사를 복사하여 학생들에게 나누어 준 행위를 일컬어 구 공직선거법 제95조 제1항이 금지하는 신문 등의 통상방법 외의 방법에 의한 배부행위에 해당한다고 볼 수는 없다. 피고인이 2012학년도 2학기 강의 이전에도 신문기사를 복사하여 강의자료로 활용해 온 점까지 더하여 보면, 위 강의에서 신문기사를 복사하여

강의자료로 배부한 행위가 '종전의 방법과 범위'를 벗어난 것이라고 보기도 어렵다. 결국 원심의 판단에는 구 공직선거법 제95조 제1항 등에 관한 법리를 오해하여 판결에 영향을 미친 잘못이 있다(대법원 2018. 7. 12. 선고 2014도3923 판결).

⑦ 교육공무원이 타인의 페이스북 계정에 2016. 2. 28.경 피고인 주거지에서 자신의 페이스북 계정을 이용하여, '민중의 소리'에서 작성한 '□□당 창당선언 영상' 게시글을 '공유하기' 한 후 "직접정치, 생활정치!!!"라고 기재함으로써 선거운동을 하였다고 기소된 사안은 선거운동에 해당하지 않는다(대전고등법원 2017. 5. 1. 선고 2017노10 판결, 대법원 2017. 7. 11. 선고 2017도6988 판결).

⑧ 사립학교 교원이 2016. 4. 13. 자신의 페이스북 계정에 "더민주 경제공약 집대성 공소외인 '새누리 정책 아이디어 고갈'"이라는 제목의 기사가 링크된 게시물을 공유하여 게시함으로써 당일 실시되는 제20대 국회의원선거에 새누리당 후보자들이 당선되지 못하게 하기 위하여 선거운동을 하였다고 기소된 사안은 선거운동에 해당하지 않는다고 (대법원 2018. 11. 29. 선고 2017도2972 판결).

제6장

국회의원 · 지방의회의원의
의정활동 보고

제111조(의정활동 보고) ① 국회의원 또는 지방의회의원은 보고회 등 집회, 보고서(인쇄물, 녹음·녹화물 및 전산자료 복사본을 포함한다), 인터넷, 문자메시지, 송·수화자 간 직접 통화방식의 전화 또는 축사·인사말(게재하는 경우를 포함한다)을 통하여 의정활동(선거구활동·일정고지, 그 밖에 업적의 홍보에 필요한 사항을 포함한다)을 선거구민(행정구역 또는 선거구역의 변경으로 새로 편입된 구역의 선거구민을 포함한다. 이하 이 조에서 같다)에게 보고할 수 있다. 다만, 대통령선거·국회의원선거·지방의회의원선거 및 지방자치단체의 장선거의 선거일전 90일부터 선거일까지 직무상의 행위 그 밖에 명목여하를 불문하고 의정활동을 인터넷 홈페이지 또는 그 게시판·대화방 등에 게시하거나 전자우편·문자메시지로 전송하는 외의 방법으로 의정활동을 보고할 수 없다.

② 국회의원 또는 지방의회의원이 의정보고회를 개최하는 때에는 고지벽보와 의정보고회 장소표지를 첩부·게시할 수 있으며, 고지벽보와 표지에는 보고회명과 개최일시·장소 및 보고사항(후보자가 되고자 하는 자를 선전하는 내용을 제외한다)을 게재할 수 있다. 이 경우 의정보고회를 개최한 국회의원 또는 지방의회의원은 고지벽보와 표지를 의정보고회가 끝난 후 지체없이 철거하여야 한다.

③ 제1항의 규정에 따라 보고서를 우편으로 발송하고자 하는 국회의원 또는 지방의회의원은 그 발송수량의 범위 안에서 선거구민인 세대주의 성명·주소(이하 이 조에서 "세대주명단"이라 한다)의 교부를 연 1회에 한하여 구·시·군의 장에게 서면으로 신청할 수 있으며, 신청을 받은 구·시·군의 장은 다른 법률의 규정에도 불구하고 지체 없이 그 세대주명단을 작성·교부하여야 한다.

④ 제3항의 규정에 따른 세대주명단의 작성비용의 납부, 교부된 세대주명단의 양도·대여 및 사용의 금지에 관하여는 제46조(명부사본의 교부)제3항 및 제4항의 규정을 준용한다. 이 경우 "명부"는 "세대주명단"으로 본다.

⑤ 의정보고회의 고지벽보와 표지의 규격·수량, 세대주의 명단의 교부신청 그 밖의 의정활동보고에 관하여 필요한 사항은 중앙선거관리위원회규칙으로 정한다.

1. 개요

의정활동보고는 의원이 의회에서의 정치적 활동을 자신을 선출해준 선거구민에게 직접 보고하는 행위로서 주권자인 국민의 의사를 대변하여 대의정치가 구현되도록 하는 기능을 가지는 것으로 의원의 정치적 책무이고 고유한 직무활동이므로 특별한 사정이 없는 한 자유롭게 허용되어야 한다. 그럼에도 불구하고 일정기간 의정활동보고를 제한하는 것은 선거운동의 방법과 횟수 등에 대하여 엄격한 제한을 가하고 있는 다른 법조항들의 실효성을 확보하기 위하여 의정활동보고가 선거운동의 제한을 회피하는 탈법수단으로 악용될 가능성을 사전에 차단함으로써 선거의 공정이라는 궁극적인 목적의 실현을 도모하기 위한 것이다.[1]

2. 의정활동 보고 요건

가. 주체

국회의원과 지방의원이며, 비례대표 의원도 포함된다. 선거구가 중첩된 국회의원과 지방의원 또는 지방의원 상호간에 서로에 대한 언급 없이 각각 면을 달리하여 공동으로 의정보고서를 작성하여 선거구가 중첩된 지역에 배부하거나, 서로 지지·호소나 선전하는 내용 없이 공동으로 의정보고회를 개최하는 것은 가능하다.[2]

의정보고를 할 수 없는 자가 의정활동을 보고하는 것은 후보자가 되고자 하는 자인 해당 국회의원 또는 지방의원을 선전하는 행위로 법 제254조에 위반된다.

선거운동을 할 수 있는 자는 제59조 제2호부터 제4호에 따라 언제든지 국회의원과 지방의원의 의정활동에 관한 사항을 인터넷 홈페이지 또는 그 게시판 등에 게시하거나 문자메시지, 전자우편을 전송하는 방법으로 타인에게 전송할 수 있다. 선거일이 아닌 때에 전화(송·수화자 간 직접 통화하는 방식에 한정하며, 컴퓨터를 이용한 자동 송신장치를 설치한 전화는 제외한다)를 이용하거나 말(확성장치를 사용하거나 옥외집회에서 다중을 대상으로 하는 경우를 제외한다)로 선거운동을 하면서 의정보고를 할 수 있다.

나. 보고대상

의정활동보고 대상은 자신을 선출해준 「선거구민」이 그 대상이다. 따라서 전국을 선거구

---

[1] 헌법재판소 2001. 8. 30. 99헌바92 결정 등
[2] 중앙선거관리위원회 1994. 11. 14. 회답

로 하는 비례대표국회의원의 경우에는 전국을 대상으로 하거나 특정 지역을 대상으로 하여 의정활동을 보고할 수 있다.[3] 또한 선거구민에는 행정구역이나 선거구역의 변경으로 새로 편입된 구역의 선거구민도 포함한다.

따라서 선거구역이 변경된 경우뿐만 아니라 둘 이상의 선거구가 합하여 새로운 선거구가 된 경우에도 종전의 선거구에서 선출된 의원은 새로운 선거구 전체의 선거구민을 대상으로 의정보고를 할 수 있다. 그러나 하나의 선거구가 나누어져 없어지고 각각 다른 선거구에 속하게 된 경우는 선거구역의 변경이라 하더라도 새로 편입된 구역이 있는 것은 아니므로 종전의 선거구민만을 대상으로 의정보고를 할 수 있다.[4]

한편 자신이 선출된 선거구가 아닌 입후보예정 지역의 선거구민을 대상으로 하거나,[5] 행정구역 또는 선거구역으로의 편입이 예상되는 지역의 주민을 대상으로 의정보고를 하는 것은 선거를 겨냥한 사전선거운동으로 볼 수 있어 허용되지 아니한다.[6]

다. 금지되는 기간

선거일 전 90일부터 선거일까지 의정활동보고를 금지하고 있는 것은 이러한 의정활동보고가 선거운동의 방법과 횟수 등에 대하여 엄격한 제한을 가하고 있는 공선법의 제한규정을 회피하는 수단으로 악용되는 것을 차단하려는 데에 그 취지가 있다.[7]

(1) 금지기간

의정보고가 금지되는 기간은 선거의 종류에 불구하고 모든 공직선거의 「선거일전 90일부터 선거일까지」이다. 따라서 국회의원의 의정보고가 금지되는 기간은 국회의원선거뿐만 아니라 대통령선거나 지방선거의 경우에도 선거일 전 90일부터 선거일까지이다. 보궐선거 등의 경우 별도의 규정을 두고 있지 않으므로 임기만료에 의한 선거와 마찬가지로 선거일 전 90일부터 금지된다. 보궐선거의 경우 그 금지대상은 선거가 실시되는 지역의 선거구민이다.

국회의원이 의정활동보고 금지기간 중에 정책개발을 위한 자료수집의 목적 범위 안에서 정책토론회를 개최하거나 지역발전을 위한 현안문제에 대하여 제한된 범위 안에서 정책토론회를 개최하는 것은 의정활동보고를 위한 집회에 해당하지 아니할 것이므로 이러한 정책

---

3)   중앙선거관리위원회 1994. 5. 13. 회답
4)   중앙선거관리위원회 2006. 1. 19. 회답
5)   중앙선거관리위원회 1995. 12. 27. 회답
6)   부산지방법원 2006. 7. 4. 선고 2006고합241 판결
7)   대법원 2009. 4. 23. 선고 2009도832 판결

토론회가 사전선거운동이나 선거에 영향을 미치는 행위를 위한 것이 아니라면 의정활동보고가 금지되는 기간 중에도 제한되지 않는다.

(2) 상시적으로 의정보고가 허용되는 방법

인터넷 홈페이지 또는 그 게시판·대화방 등에 게시하거나 전자우편·문자메시지로 전송하는 방법 그리고 전화(송·수화자 간 직접 통화하는 방식에 한정하며, 컴퓨터를 이용한 자동 송신장치를 설치한 전화는 제외한다)를 이용하거나 말(확성장치를 사용하거나 옥외집회에서 다중을 대상으로 하는 경우를 제외한다)로 하는 의정보고는 허용된다. 의정활동보고를 위해 자동 동보통신의 방법으로 문자메시지를 전송할 수 있으며, 그 전송횟수는 제한되지 않는다.

라. 의정보고 내용

의정보고는 국회의원(지방의회의원)이 국민(주민)의 대표로서의 지위에서 행하는 순수한 의정활동보고일 뿐이고, 의정활동보고라는 명목 하에 이루어지는 형태의 선거운동이 아니다. 왜냐하면 아무리 의정활동보고의 형식과 명칭을 갖추었다고 하더라도 그 내용이 해당 선거에 있어서 국회의원 등을 당선되거나 되게 하거나 되지 못하게 하는 선거운동의 실질을 갖추고 있는 한 그것이 허용될 수 없음은 사전선거운동을 금지하고 그에 대한 형사처벌을 규정하고 있는 법 규정의 취지에 비추어 명백하기 때문이다.[8] 따라서 의정활동보고의 내용은 의원으로서 행한 의정활동과 선거구활동 기타 업적의 홍보에 필요한 사항으로 의정활동과 관련된 내용에 한정되고, 선거운동 또는 선거에 영향을 미치게 하기 위하여 특정 정당이나 후보자를 지지·추천하거나 반대하는 범위에 이르는 내용은 허용되지 않는다. 의정활동보고는 현역 의원이 의회에서 행한 정치적 활동을 자신을 선출한 선거구민에게 직접 보고하는 행위에 한정되는 것이고, 설령 의정보고의 형식을 취하고 있지만 그 실질과 내용으로 보아 의정보고의 범위를 벗어나 후보자가 되고자 하는 자를 지지·추천하거나 반대하는 행위는 허용되지 않는다.[9]

마. 의정보고 방법

의정보고 방법으로는 의정보고서(인쇄물, 녹음·녹화물, 전산자료 복사본을 포함한다), 의정보고

---

8) 헌법재판소 1996. 3. 28. 96헌마18 결정
9) 대법원 2005. 3. 10. 선고 2004도8717 판결

회 개최, 인터넷, 문자메시지, 송·수화자간에 직접 통화방식의 전화, 축사나 인사말의 기회 등 그 범위가 매우 넓다.

(1) 의정보고서

(가) 형태

의정보고서는 「인쇄물, 녹음·녹화물 및 전산자료복사본 포함」이므로 책자, 비디오테이프, CD, 전산디스켓 등의 형태로 제작할 수 있다. 의정보고서의 발행부수·면수·규격·제작비용, 발간·배부횟수에 대해서는 아무런 제한이 없다. 본 조 제1항은 인쇄물의 형태를 별도로 제한하고 있지 아니하므로 반드시 책자형태로 제작하여야 하는 것은 아니다.

(나) 배부방법

의정보고서의 배부방법에도 특별한 제한이 없다. 따라서 우편배달, 신문삽입 배부, 우편함 투입, 민원실 비치, 마을회관 비치, 호별투입, 식당이나 미용실에 비치·배부, 아파트 현관문에 부착, 가두 배부·비치, 택시 비치도[10] 가능하다. 국회의원 및 보좌진이 거리 및 시장 등에 칸막이를 한 행사용 천막 등 임시 시설물을 설치하여 의정보고서를 배부하는 것이 가능하고 국회의원이 의정보고에 관심이 있어 행사용 천막(2~3명이 들어갈 수 있는 공간)에 들어온 지역민에게 의정보고에 대한 응답을 하는 것은 가능하다. 다만, 가두살포, 호별방문의 방법으로 배부하는 것은 선전행위가 되어 금지된다.[11] 그리고 의정보고서를 배부하는 봉투에는 소속 정당의 선전구호·선거구호를 제외하고 보고자의 인적사항으로 주소·소속정당명·성명·사진 등을 게재할 수 있다.[12]

(다) 세대주의 성명·주소 교부신청

의정보고서를 우편으로 발송하고자 하는 국회의원 또는 지방의회의원은 그 발송수량의 범위 안에서 선거구민인 세대주의 성명·주소의 교부를 연 1회에 한하여 구·시·군의 장에게 서면으로 신청할 수 있다. 신청을 하는 때에는 그 대상을 지역별·연령별·성별 등으로 정하여야 하고, '일반명단' 또는 '전산자료 복사본' 중에서 하나를 선택하여야 한다. 그리고 구·시·군의 장이 매년 1월말까지 공시한 세대주명단 작성비용을 함께 납부하여야 한다.

누구든지 교부된 세대주명단이나 전산자료 복사본을 다른 사람에게 양도 또는 대여할 수 없으며 재산상의 이익 기타 영리를 목적으로 사용할 수 없다.

---

10) 중앙선거관리위원회 2017. 2. 8. 운용기준(의정보고서의 가두비치 등에 관한 안내)
11) 중앙선거관리위원회 1994. 7. 11., 1995. 10. 28., 1999. 10. 11., 2006. 12. 13., 2007. 8. 2. 회답
12) 중앙선거관리위원회 1996. 2. 17. 회답

(2) 현수막·광고를 이용한 의정보고

국회의원 또는 지방의회의원이 선거일 전 120일 전에 자신이 행한 의정활동 내용이 게재된 현수막을 거리에 게시하는 것은 「옥외광고물 등의 관리와 옥외광고산업 진흥에 관한 법률」 등 다른 법률에 위반되는지 여부는 별론으로 하고 가능하다. 다만, 해당 국회의원 등을 직접적·명시적으로 지지하는 행위가 부가되거나, 차기 선거에서의 선거공약을 게재하거나, 통상적인 범위를 넘어 게시하는 등 후보자가 되고자 하는 국회의원 등의 당선을 도모하는 행위임을 선거인이 명백히 인식할만한 객관적 사정이 인정되는 경우에는 법 제254조에 위반될 것이며, 선거일전 120일 이후에는 법 제90조에 위반된다.[13] 페이스북 페이지 유료광고로 의정활동을 홍보하는 것도 의정활동보고의 범위를 벗어나 후보자가 되려는 국회의원을 선전하는 행위이므로 행위시기에 따라 법 제82조의7, 제93조 또는 제254조에 위반된다.[14]

3. 중앙선거관리위원회 행정해석

가. 의정보고 대상

① 선거구역 변경에 따른 의정활동보고 대상

국회의원의 의정활동보고는 행정구역 또는 선거구역의 변경으로 새로 편입된 구역의 선거구민을 대상으로 할 수 있도록 되어 있으므로 국회의원은 자신을 선출해 준 선거구역이 포함된 새로운 선거구역의 선거구민 전체를 대상으로 의정활동보고를 할 수 있음(2000. 2. 21. 회답).

⇨ 다음의 경우 변경 후 선거구의 전체 선거구민에게 의정보고 가능

임실군·순창군 선거구 → 임실군·완주군 선거구, 순창군·남원시 선거구영양군·봉화군·울진군 선거구 → 청송군·영덕군·영양군 선거구, 봉화군·울진군 선거구

② 재경향우회 회원 등에게 의정활동보고서 발송

국회의원이 친분이 있는 재경향우회 회원 등에게 의정활동보고서(선거일 전 90일 전에 한함)를 발송하는 것은 무방할 것임(2013. 1. 31. 회답).

---

13) 중앙선거관리위원회. 2023. 1. 16. 의정활동보고 현수막 게시 관련 선례 변경
14) 중앙선거관리위원회. 2017. 3. 13. 회답

나. 의정보고회 고지

① 의정보고회 개최의 언론광고

　지방의회의원이 의정활동보고회를 개최함에 있어 보고자의 직명·성명·개최일시·장소, 진행순서 등을 신문에 광고로 게재할 수 있음. 다만, 의정활동보고자의 사진·업적 홍보·선전구호 등을 게재하거나 광고의 규모·횟수 등이 과도한 때에는 고지목적을 벗어나 보고자를 선전하는 행위가 되어 공선법 제254조의 규정에 저촉될 것임(1994. 10. 24. 회답).

　⇨ 지방의회의원이 의정활동보고회를 개최함에 있어 의정활동보고자의 사진을 게재하여 신문광고하는 것은 법 제254조에 위반되지 아니함[2017. 12. 19. 대법원의 선거운동 판단기준 변경에 따른 관련 선례 정비(제3차)].

② 아파트 LCD모니터를 이용한 의정보고회 고지

　고지벽보를 이용한 의정보고회 개최고지와 관련하여 아파트 엘리베이터 내에 설치되어 있는 LCD모니터를 이용하는 경우 규칙 제49조 제1항 제1호에 따른 고지벽보의 첩부시기· 수량·규격 범위에서 고지하는 것은 무방할 것임(2010. 1. 29. 회답).

③ 의정보고회 고지벽보 첩부수량

　규칙 제49조 제1항 제1호에 따른 고지벽보는 선거구내 2개 이상의 구·시·군 주민을 대상으로 의정보고회를 개최하는 때에는 개최구역 내 구·시·군 마다 100매 이내에서 첩부할 수 있을 것임(2023. 1. 30. 회답).

다. 의정보고회 개최

① 의정보고회 옥외개최

　공선법 제111조의 집회에 의한 의정활동보고는 일정한 장소와 시간에 의정활동 내용을 알고자 참석한 선거구민을 대상으로 개최하는 것이므로 국회의원이 타인이 개최한 행사의 전후에 그 주최자의 승낙을 얻어 의정보고회를 개최하는 경우라도 다수인이 왕래하는 장소에서는 이를 개최할 수 없을 것임(2009. 2. 6. 회답).

② 노상의정활동보고의 개최

　1. 집회에 의한 의정활동보고는 일정한 장소와 시간을 정하여 의정활동내용을 알고자 참석한 선거구민을 대상으로 하는 것으로서, 오고가는 사람들을 대상으로 거리에서 의정활동보고를 하는 것은 집회에 의한 통상적인 의정활동보고라기 보다는 공선법 제79조의 공개장소에서의 연설과 유사한 선거운동이 되어 같은 법 제254조의 규정

에 저촉될 것임.

2. 국회의원이 동사무소, 노인정, 교회 등의 장소를 이용해 의정보고회를 개최하는 경우 공선법 제106조의 규정에 의한 호별방문에 이르지 아니하는 범위 안에서 개최하는 것은 무방할 것임. 다만, 누구나 오갈 수 있는 공개된 장소가 아닌 당직자의 가정집에서 개최하는 경우에는 의정보고회 장소임을 알 수 있도록 같은 법 제111조 제2항의 규정에 의한 표지를 첨부 또는 게시하는 등 참석을 원하는 선거구민의 출입을 제한하여서는 아니 될 것임(2000. 2. 21. 의결).

③ 의정보고회의 식전 공연

전문연예인·예술인 또는 전문가적 수준의 공연 등 기부행위에 이르는 경우가 아니라면 의정보고회에서의 문화행사는 「공직선거법」상 제한되지 아니함(2018. 1. 26. 의정보고회 개최시의 문화행사에 관한 검토).

④ 개인이 운영하는 유튜브 방송채널의 국회의원 의정보고회 생중계 등

1. 국회의원이 의정보고회를 개최하면서 자신의 유튜브 채널 또는 「공직선거법」 제8조의 언론기관이 아닌 제3자가 운영하는 유튜브 방송채널을 통하여 생중계하거나 의정보고회의 동영상을 게시하는 것은 같은 법상 제한되지 아니함.

2. 지방자치단체장이 국회의원의 의정보고회에서 의례적인 내용의 축사(영상축사를 포함함)를 하는 것만으로는 「공직선거법」에 위반된다고 볼 수 없을 것입니다. 다만, 축사 내용이 후보자가 되고자 하는 국회의원의 업적을 홍보하거나 지지·선전에 이르는 경우에는 행위양태에 따라 같은 법 제9조, 제60조, 제85조, 제86조 또는 제254조에 위반될 것임(2019. 11. 27. 회답).

라. 보고 내용

① 경력·정치적 소신 등 게재와 발간횟수

1. 의정보고서의 내용에 개인의 이력이나 경력, 의정활동과 관련된 정치적 소신 등을 게재하는 것은 무방할 것이나, 차기 선거에서의 지지 호소 등을 포함하는 때에는 의정활동보고의 범위를 벗어난 선거운동이 될 것이므로 공선법 제254조의 규정에 저촉될 것임.

2. 의정보고서의 발간·배포횟수에 대해서는 공선법에서 제한을 두고 있지 아니함(1994. 5. 4. 회답).

② 지역구민의 건의사항 수렴

국회의원이 의정활동에 필요한 범위 안에서 선거구민으로부터 의정활동에 필요한 자료 또는 의견을 수집하는 것은 직무상의 행위로서 무방할 것인바, 반송용 요금후납 우편엽서를 절취형태로 게재한 의정보고서를 선거구민에게 배부하는 것은 공선법상 무방할 것임(1999. 12. 9. 회답).

③ 의정활동보고서에 광고게재

의정보고서에 게재하는 광고내용이 선거에 영향을 미치거나 선거운동에 이르지 아니한다 하더라도 이는 정당한 의정활동보고의 범위를 벗어난 것으로 같은 법 제93조 또는 제254조의 규정에 위반 또는 저촉될 것이며, 또한 상업광고의 대가로 받는 비용이 정당한 대가의 범위를 벗어나 정치자금으로 제공되는 때에는 정치자금법에도 위반 또는 저촉될 것임(1998. 2. 16. 회답).

④ 의정활동보고서에 정당활동내용 게재

의정보고서에 "6·4 지방선거압승을 위한 힘찬출발"의 제하에 소속정당의 지구당이 이번 제2회 전국동시지방선거에 추천한 선거구별 입후보자의 성명과 사진을 게재하고 이를 그 입후보예정자가 속한 선거구민에게 배부하는 것은 의정활동보고의 범위를 벗어나 지방선거 입후보예정자를 당해 선거구민에 대하여 선전하는 것이 될 뿐만 아니라 성명을 나타내어 선거에 영향을 미치게 하기 위한 인쇄물에도 해당될 것이므로 공선법 제254조에 위반될 것이고 선거일 전 180일(現 120일)부터 선거일까지는 제93조의 규정에도 위반될 것임(1998. 5. 25. 회답).

⑤ 의정보고서에 정당의 정책홍보물 내용 게재

국회의원 또는 지방의원이 자신의 의정활동(선거구활동, 일정고지, 그 밖에 업적의 홍보에 필요한 사항을 포함함)과 관련된 사항을 의정보고서에 게재하는 것은 무방할 것이나, 의정활동과 관련없는 특정 정당의 정책홍보 내용을 게재하여 선거구민에게 배부하는 것은 행위 시기 및 양태에 따라 공선법 제93조 또는 제254조에 위반될 수 있을 것임(2011. 2. 10. 회답).

⑥ 의정보고서에 당원모집 및 중앙당후원회 후원 안내 문구 게재

지방의회의원이 의정보고서를 제작·배부하면서 일부 지면에 부수적으로 소속 정당의 당원모집 및 중앙당후원회 후원 안내 문구를 게재하는 것만으로는 「공직선거법」 및 「정치자금법」에 위반되지 않을 것임. 다만 소속 정당이 참여하고자 하는 선거의 선거일 전 180일(現 120일)부터 선거일까지 귀문과 같은 내용이 포함된 의정보고서를 제작·배부하는 때에는 행위양태에 따라 「공직선거법」 제93조 및 「정치자금법」 제15

조·제45조에 위반될 수 있을 것임(2020. 12. 2. 회답).

⑦ 의정보고서에 당내경선 사실의 게재 등

정당의 구청장 후보자추천을 위한 내부경선 사실이나 그 결과를 의정보고서 또는 의
정보고회를 통하여 구청장선거의 선거구민에게 알리는 것은 의정활동보고의 범위를
벗어나 특정 정당이나 구청장선거의 후보자로 추천된 자를 선전하는 행위가 될 것이
므로 그러한 내용이 게재된 의정보고서의 배부행위는 공선법 제93조의 규정에, 의정
보고회에서의 발표행위는 같은 법 제254조의 규정에 위반될 것임(2002. 2. 18. 회답).

⑧ 의정보고서에 입후보예정자와 함께 찍은 사진 및 설명게재

의정보고서에 의정활동상황에 대한 선거구민의 이해를 돕기 위한 정도의 사진과 내
용을 게재하는 것은 무방할 것이나, 지방선거의 입후보예정자를 부각하는 등 선전에
이르게 하는 경우에는 행위시기에 따라 공선법 제93조 또는 제254조에 위반될 것임
(2010. 1. 13. 회답).

⑨ 서적(기자가 본 국회의원)내용의 게재

의정활동보고서를 작성함에 있어 국회의원의 자격으로 행한 의정활동과 관련 있는 내
용이 주류를 이루고 있는 신문·잡지 기타 간행물에 게재된 내용(16면 중 1면에 "기자가
본 국회의원"이라는 저서의 내용 중 자신에 관한 부분)을 의정활동보고서에 전재하여 일반선
거구민에게 배부하는 것은 무방할 것임(1995. 8. 9. 회답).

⑩ 제3자 발언의 의정보고서 게재

국회의원이 허위사실·비방 등에 이르는 내용 없이 자신의 의정활동과 관련된 사항을
의정보고서에 게재하는 것은 「공직선거법」 상 가능할 것임. 이 경우, 의정보고서에 제
3자가 해당 국회의원의 의정활동을 응원하는 내용의 의례적인 발언을 선거일 전 180
일(現 120일)전에 부수적으로 게재하는 것은 제한되지 아니할 것이나, 선거일 전 180일
(現 120일)부터 선거일까지는 같은 법 제93조에 위반될 것임. 또한, 의례적인 범위를 벗
어나 해당 국회의원을 지지·선전하는 등 후보자가 되고자 하는 국회의원의 당선을 도
모하는 행위임을 선거인이 명백히 인식할만한 객관적인 사정이 있는 경우에는 같은
법 제254조에도 위반될 것임(2023. 2. 14. 회답).

5) 배부방법 등

① 후원회 창립총회시 의정활동보고 영상물 방영 등

후원회지정권자인 국회의원이 후원회의 창립총회에 참석한 후원회원에게 의정활동보고
서를 배부하거나 의정활동보고용 영상물을 방영하는 것은 무방할 것임(2004. 11. 8. 회답).

② 영상홍보매체를 이용한 의정활동보고

아파트 엘리베이터 내에 설치된 영상홍보매체를 이용하여 의정활동보고용 녹화물을 상영 하는 것은 「공직선거법」 제111조에 의한 의정활동보고라기보다는 후보자가 되려는 해당 의원을 선전하는 행위가 될 것이므로 같은 법 제254조에 위반될 것임(2013. 2. 18. 회답).

③ 의정보고서 배부 인건비 지급

신문배달소년 등 인력을 이용해 의정보고서를 호별투입하는 경우 역무의 제공에 대한 대가로서 수고비를 지급하는 것은 무방할 것임(1995. 10. 28. 회답).

④ 타인에 의한 의정보고서 배포

공개된 장소, 의정보고회장에서 의원보좌관이나 지구당 당직자, 자원봉사자 등이 의정보고서를 배포하는 것은 무방할 것임(2003. 5. 13. 회답).

⑤ 예비후보자인 국회의원의 의정보고서 배부 등

선거일 전 90일 전에 의정보고서를 가두나 지하철역에서 선거구민을 대상으로 배부하는 것은 무방할 것임. 다만, 의정보고서를 가두살포·가두비치 또는 호별방문의 방법으로 배부하거나 의정보고서에 예비후보자임을 나타내거나 법 제60조의3에 따른 예비후보자의 선거운동을 하면서 배부하는 경우에는 법 제93조 또는 제254조에 위반될 것임(2011. 11. 30. 회답).

⇨ 의정보고서를 가두비치하는 것은 위반되지 아니함(2017. 1. 2. 국회의원의 의정보고서 배부 관련 검토)

⑥ 의정보고서 배부 시 어깨띠 착용

선거일 전 180일(現 120일) 전에 국회의원 또는 국회의원의 의정보고서 배부를 의뢰받은 제3자가 "국회의원 ○○○의정보고서 배부 중(예시1)"과 같은 문구가 게재된 어깨띠를 착용하거나 국회의원이 "정유년, 새해 복 많이 받으세요, 국회의원○○○(예시2)"와 같은 문구가 게재된 어깨띠를 착용하는 것은 「공직선거법」에 위반되지 아니할 것임. 다만, 의정보고서 배부과정에서 특정 정당 또는 후보자가 되려는 자를 지지·선전하는 행위가 부가되거나 국회의원이 아닌 제3자가 예시2와 같은 문구가 게재된 어깨띠를 착용하고 의정보고서를 배부하여서는 아니 될 것임(2017. 1. 24. 회답).

⑦ 지역유선방송을 통한 의정활동상황 방영

군민생활과 관계있는 사안을 군민에게 알리기 위하여 지방의회의 정기회 또는 임시회의 회의상황을 중계유선방송을 통하여 방송하는 것은 공선법상 무방할 것이나, 후보자가 되고자 하는 자를 선전하는데 이르러서는 아니될 것임(1999. 4. 7. 회답).

⑧ 종합유선방송국의 의정활동보고 녹화방송

종합유선방송사가 국회의원 또는 지방의회의원의 의정활동보고회 개최사실을 통상적인 방법으로 취재·보도하는 것은 그 본래의 업무행위로서 무방할 것이나, 특정 선거구역을 주된 방송권역으로 하는 방송사가 그 구역에서 입후보할 예정인 국회의원의 의정활동보고회 전체 내용을 녹화하여 선거구민에게 방송하는 것은 언론기관의 통상적인 취재·보도의 범위를 벗어나 후보자가 되고자 하는 당해 의원의 당선을 유리하게 하는 행위가 될 것이므로 공선법 제98조 또는 제254조의 규정에 위반 또는 저촉될 수 있음 것임(1999. 9. 20. 회답).

6) 형태 등

[의정보고서]

① 연하장 형태(2016. 10. 17. 의결), 관제엽서 형식(2006. 9. 5. 회답), 서신형식(2008. 9. 18. 회답), 탁상용 형태(2016. 10. 17. 의결)의 의정보고서 가능

② 신년인사장이 첨부된 의정보고서

국회의원이 의정활동보고서의 일부지면에 의례적인 신년인사내용을 게재하여 배부하는 것은 무방할 것이나, 신년인사장을 따로 덧붙이는 형태로 작성·배부할 수는 없을 것임(1996. 12. 31. 회답).

③ 의정보고서의 우편발송가능기준일

공선법 제111조 제1항 단서에 따라 의정활동보고를 할 수 있는 기간(제17대 대통령선거의 선거일의 다음날인 2007. 12. 20.부터 제18대 국회의원선거의 선거일 전 90일에 해당하는 날의 전일인 2008. 1. 9.까지) 중에 도달될 수 있도록 발송하여야 할 것임. 따라서 2007. 12. 19. 우체국소인이 날인된 의정활동보고서가 다음날인 12. 20.에 도달되는 경우에는 무방할 것이나, 2008. 1. 9. 우체국소인이 날인된 의정활동보고서가 다음날인 1. 10.에 도달되는 경우에는 같은 법조에 위반될 것임(2007. 11. 27. 회답).

④ 책갈피 형태의 의정보고서 작성

책갈피 형태와 내용으로 의정보고서를 작성하여 선거구민에게 배부하는 것은 「공직선거법」 제93조 또는 제254조에 위반되지 아니함. 다만, 인쇄물의 재질·형태 등을 종합적으로 고려할 때 통상적인 책갈피로 사용될 수 있는 때에는 같은 법 제113조에 위반될 것임[2017. 12. 19. 대법원의 선거운동 판단기준 변경에 따른 관련 선례 정비(제3차)].

⑤ 별책으로 작성한 의정보고서

국회의원이 의정보고서를 작성함에 있어 정치적 소신, 학력·경력, 본인의 신상에 관한

해명, 신문기사 등 의정활동과 직접 관련이 없는 내용이라도 의정활동보고서와 일체가 되는 형태로 작성·배부하는 것은 무방할 것이나, 이를 별책으로 작성·배부할 수는 없을 것임(1996. 1. 22. 의결).

[명함]

① 의정활동내용이 게재된 업무용 명함 제작·배부

국회의원이나 지방의회의원이 모든 공직선거의 선거일 전 90일 전에 자신의 순수한 의정활동내용이 게재된 업무용 명함을 통상적인 수교방법으로 교부하는 것은 「공직선거법」 제93조 및 제254조에 위반되지 아니함(2018. 7. 18. 국회의원의 업무용 명함에 자신의 의정활동 내용 게재에 관한 검토).

② 명함에 QR코드를 이용한 의정활동 보고

국회의원이 통상적인 명함에 QR코드를 인쇄하여 자신의 홈페이지를 연결한 후 자신의 의정활동 사진 및 의정활동보고서를 볼 수 있도록 하는 방법으로 공선법 제111조 제1항에 따라 의정활동을 보고하는 것은 무방할 것임(2011. 6. 28. 회답).

[동영상]

① CD-ROM 형태의 의정보고서

1. 국회의원이 자신의 의정활동내용이 수록된 CD-ROM을 제작하여 선거기간개시일 전일까지 선거구민에게 도달되도록 배부하는 것은 공선법상 무방할 것임. 이 경우 당해 국회의원이 아닌 자가 동 CD-ROM의 내용을 인쇄물화 하여 배부하거나 당해 국회의원이 참석하지 아니한 채 다수의 선거구민에게 보여주기 위하여 상영하여서는 아니 되며, CD-ROM과 수록내용에는 "의정보고서"임을 표시하여야 할 것임.

⇨ 2004. 3. 12. 법 제111조 개정으로 선거일 전 90일부터 선거일까지 의정보고 금지

2. 국회의원이 자신의 의정활동을 CD-ROM으로 제작하면서 의정활동(선거구활동 업적의 홍보에 필요한 사항을 포함함) 외에 정보통신 관련 정보 등을 수록하여 배부함으로써 선거구민에게 이익을 제공하는 것은 공선법 제113조의 규정에 위반될 것임(2000. 2. 16. 회답).

② 의정활동영상 DVD 제작 상영 및 배부

1. 국회의원이 의정활동보고를 위하여 본회의, 상임위, TV 토론 프로그램 등 자신의 의회활동이나 직무활동으로 출연한 TV토론 방송내용이 수록된 DVD를 제작하여 선거일 전 90일 전에 선거구민에게 배부하는 것은 공선법 제111조에 따라 무방할 것임.

2. 국회의원의 지역사무소를 방문한 자에게 단순히 의정활동영상을 보여주는 것은 국

회의원의 참석여부에 불구하고 공선법상 제한할 수 없을 것이나, 의정활동영상의 상영장소와 시간을 선거구민에게 알리는 등 집회에 의한 의정활동보고에 이른 경우에는 당해 국회의원이 참석하여야 할 것임.

3. 국회의원이 다수인이 왕래하는 장소가 아닌 특정 장소에서 의정활동내용을 알고자 참석한 선거구민을 대상으로 의정보고회를 개최하면서 의정활동영상을 상영하는 것은 무방할 것이나, 국회의원이 참석하지 아니하고 제3자가 의정활동영상을 선거구민에게 상영하는 것은 국회의원의 의정활동보고라기 보다는 후보자가 되고자 하는 국회의원을 선전하는 행위로 볼 수 있을 것이므로 공선법 제254조에 위반될 것임(2009. 4. 1. 회답).

[전화, 문자메시지 등]

① 휴대폰 통화연결음으로 의정활동 소개

국회의원이 선거일 전 90일 전에 자신의 의정활동 내용을 소개하는 음성을 자신의 휴대전화 통화연결음으로 사용하는 것은 「공직선거법」상 제한되지 아니함(2020. 1. 3. 회답).

⇨ 국회의원·지방의회의원 또는 선거운동을 할 수 있는 사람은 선거일이 아닌 때에 「공직선거법」 제59조 제4호에 따라 말 또는 송·수화자 간 직접 통화방식의 전화를 이용하여 선거운동을 하면서 의정활동을 보고 또는 홍보할 수 있음(2021. 2. 12. 말로 하는 선거운동 관련 운용기준).

② CTI 기기를 이용한 의정활동보고

보좌관, 지역사무소 직원 또는 자원봉사자 등이 전화번호를 클릭하여 통화한 후 국회의원(나레이터)의 목소리로 국회의원 본인의 의정활동을 요약하여 설명하는 방식의 CTI 기기를 이용한 의정활동보고 방법은 공선법 제111조에 규정된 송·수화자 간 직접 통화방식의 전화를 통한 의정활동보고에 해당하지 아니하며, 후보자가 되려는 자를 선전하기 위한 행위에 해당되어 같은 법 제254조에 위반될 것임(2011. 6. 15. 회답).

③ 자동 동보통신 방법의 문자메시지를 이용한 의정활동보고 등

1. 국회의원이 예비후보자임을 표시함이 없이 그 직무상 행하는 의정활동보고는 자동동보 통신에 의하여 문자메시지를 전송하는 방법으로 할 수 있으며, 이 경우 전송횟수는 제한되지 아니함.

2. 국회의원이 예비후보자임을 표시함이 없이 전자우편을 전송하는 방법으로 직무상 행하는 의정활동보고에는 "선거운동정보" 등을 명시하도록 규정한 「공직선거법」 제82조의5 제2항이 적용되지 아니할 것이며, 이 경우 제목 등에 "의정활동보고"라고 표시하지 아니하여도 무방할 것임(2012. 3. 14. 회답).

④ 문자메시지 및 모바일 웹을 이용한 의정활동보고

국회의원이 문자메시지 및 모바일 웹을 이용하여 선거구민에게 의정활동을 보고하는 것은 시기에 관계없이 무방하며 이에 소요되는 비용은 정치자금으로 지출할 수 있으며, 선거운동을 할 수 있는 사람이 선거일이 아닌 때에 국회의원의 의정활동에 관한 사항을 다른 사람에게 전송하는 것은 「공직선거법」 제59조 제3호에 따라 무방할 것임 (2013. 4. 3. 회답).

⇨ 2017. 2. 8. 개정된 법 제59조에 따라 인터넷 홈페이지 또는 전자우편을 이용하여 선거운동을 하는 것은 상시 무방할 것임.

4. 판례

① 의정활동보고 금지 기간 위반

구 공직선거및선거부정방지법(1995. 12. 30. 법률 제5127호로 개정되기 전의 것) 제111조는 지방의회의원은 지방의회의원 선거의 선거일 전 30일부터 선거일까지 직무상의 행위 기타 명목 여하를 불문하고 집회나 보고서(인쇄물·시설물·녹화물 등을 포함한다)를 통하여 자치구정활동(자치구정활동, 선거구 활동 기타 업적의 홍보에 필요한 사항을 포함한다)을 선거구민에게 보고할 수 없다고 규정하고 있으므로, 피고인이 자신의 의정활동보고서를 보여 준 상대방이 피고인의 자원봉사자들이고 그 목적이 피고인이 동작구의회에서 행한 의정활동을 정확하게 인식하고 선거운동에 임할 수 있도록 자원봉사자들을 교육시키는 것이었다 하더라도, 피고인이 선거구민들에게 의정보고서를 보여주면서 자신의 동작구의회 의원으로서의 활동 실적을 설명하는 행위는 위 금지규정에 위반된다(대법원 1996. 9. 10. 선고 96도1469 판결).

⇨ 2004. 3. 12. 법 제111조 개정으로 선거일 전 90일부터 선거일까지 의정보고 금지

② 의정보고서의 부록 게재 내용

의정보고서와 함께 배부한 인쇄물에는 피고인이 수수한 2천만 원은 합법적인 정치자금이며 공천의 대가가 아니고, 이 사건의 배후에는 음모가 있으며 사법당국에 의하여 오히려 피고인의 청렴함이 밝혀질 것이라는 내용의 피고인 명의의 글과 금품수수에 대한 검찰의 수사는 표적수사라는 지적이 있으며 정치인에 대한 사정은 공정해야 한다는 내용의 신문기사 및 피고인 등의 학력과 경력 등을 좋게 평가하여 소개한 신문기사 등의 복사본, 피고인의 학력·경력·민주화투쟁경력을 상세히 나열한 글 등이 실려

있어, 이는 '의정보고서 부록'이라는 형식을 취하고 있지만 그 내용으로 보아 피고인의 국회의원으로서의 의정활동에 관한 것이라고는 볼 수 없으므로, 피고인이 위 인쇄물을 배부한 것은 정당한 의정보고행위라고 볼 수 없다 할 것이다(대법원 1997. 9. 5. 선고 97도1294 판결).

③ 의정활동보고서에 공약게재

1. 공선법 제111조는 지방의회의원이 선거기간개시일부터 선거일까지 의정활동을 보고할 수 없도록 규정하고 있어 선거기간개시일 이전의 의정활동보고는 허용된다고 할 것이지만 여기서 허용되는 것은 지방의회의원이 지역주민 대표로서의 지위에서 행하는 순수한 의정활동보고일 뿐이고, 의정활동보고라는 명목하에 이루어지는 형태의 선거운동이 아니므로, 지방의회의원이 임기가 만료될 무렵에 의정활동보고서에다 자신의 의정활동에 관한 보고와 의례적인 인사말을 게재하는 것을 넘어서 다음 임기에 다루어져야 할 구체적인 사안에 대한 공약을 게재하여 배부하는 행위는 의정활동보고의 범위를 벗어나는 것으로 그러한 행위는 같은 법 제93조 제1항에 해당한다.

2. 제111조에 의하면 지방의회의원이 선거기간개시일 이전에 의정활동보고서를 통한 의정활동을 하는 것은 허용되고 그 목적의 범위 내에서는 의정활동보고서에 사진을 게재하는 것도 가능하다고 하여야 할 것이므로 그와 균형상 인사말과 단순히 의정활동보고회를 개최함을 알리는 내용의 초청장에 자신의 사진을 게재하는 것도 의정활동보고의 목적 범위내의 것으로 허용되어야 할 것이다(대법원 2000. 4. 25. 선고 98도4490 판결).

⇨ 2004. 3. 12. 법개정으로 선거일 전 90일부터 선거일까지 의정보고 금지

④ 기초의원의 의정활동보고서에 정당가입 사실을 게재한 경우 위법 여부

피고인이 서대문구의회의원으로서 제17대 국회의원선거를 앞두고 의정활동보고서를 작성하여 2,500부 가량 배포하였는데 그 의정활동보고서에는 피고인이 열린우리당에 입당하였다는 내용 뿐 아니라 위 당 소속 서대문을 국회의원 출마예정자인 박○○의 이름을 특정하여 "서대문구의회 6명의 현역 구의원들은 열린우리당 서대문을지구당 당사에서 기자회견을 갖고 열린우리당 서대문을 지구당 박○○ 후보와 고뇌에 찬 토론을 거듭한 끝에 국민들이 바라는 정치개혁과 새로운 정치를 위해 입당을 결심하게 되었다고 밝혔다"는 내용과 함께 피고인 등 입당한 구의회의원들과 위 박○○이 열린우리당을 상징하는 노란색 옷을 입고 기자회견장에 있는 모습을 찍은 사진이 실려 있고 사진 아래에 "열린우리당 후보 박○○"이라는 문구가 기재되어 있는 사실, 위 의정활

동보고서는 열린우리당 서대문을지구당의 주도로 기획·제작되어 피고인이 사전에 박
○○ 후보의 사진과 관련 기사가 게재되는 사실을 알지는 못하였더라도 제작된 의정활
동보고서를 납품받은 무렵에는 그 내용을 인식하였음에도 이를 그대로 다수의 선거구
민에게 배포한 사실을 인정한 다음 이 부분을 유죄로 인정한 제1심판결을 유지하였다.
위 법리에 기초하여 기록에 비추어 살펴보면, 이 사건 의정활동보고서 중 원심 인정의
위 문제된 부분은 의정활동보고의 범위를 벗어나 구 공선법 제93조 제1항에 위배되는
것으로서 이를 인식하고도 배포한 피고인에게 법 위반의 범의가 있다고 할 것이므로
원심의 사실인정과 판단은 정당하고, 거기에 상고이유 주장과 같은 의정활동보고의 허
용범위에 관한 법리오해 또는 판단누락·심리미진의 위법이 없다(대법원 2005. 3. 10. 선
고 2004도8717 판결).

⑤ 낙선대상자로 선정된 국회의원이 반론사항을 게재한 의정보고서를 제작·배부한 경우
법 제93조에 위반 여부

낙천운동이나 낙천대상자명단 발표에 의하여 낙천대상자로 지목된 사람에 대하여 자
신이 그와 같이 낙천대상자에 포함된 것에 대한 해명할 기회를 보장해 주는 것이 형
평성을 고려할 때 필요하다고 할지라도, 낙천대상자 선정에 대한 해명이나 반론은 결
국, 자신이 정당의 후보자 추천이 되어야 하는 것에 관한 지지의 의견개진 및 의사표
시로서의 성격을 가질 수밖에 없는 것이므로, 낙천운동이 정당의 후보자 추천에 관
한 단순한 지지·반대의 의견개진 및 의사표시를 넘지 못하는 것과 마찬가지로, 이
에 대한 해명이나 반론도 정당의 후보자 추천에 관한 단순한 지지·반대의 의견개진
및 의사표시를 넘지 않는 범위에서만 허용되고, 이를 초과하는 행위는 선거운동에 해
당하게 되어 공직선거법이 허용하는 방법과 범위 안에서만 허용되는 것이다. (중략)
낙천대상자 선정에 대한 해명이나 반론은 차기 선거에 있어서의 정당의 후보자 추천
에 관한 것으로서 원칙적으로 국회의원의 의정활동에 관한 보고와는 아무런 관련이
없는 것이고, 한편, 국회의원이 선거일 전 180일부터 선거일까지의 기간 동안에 의정
보고서를 제작하여 배부함에 있어 자신이 낙천대상자로 선정된 데 대한 반론으로서
그 선정사유에 대하여 해명하는 내용의 글이나 낙천대상자 선정에 대한 제3자의 반론
등을 게재하거나 이러한 내용을 보도한 글을 전재하는 것은, 결국 ○○구 ○○동 기타
업적의 홍보에 필요한 사항 등 의정활동보고의 범위를 벗어나서 선거에 영향을 미치
게 하기 위하여 특정 정당이나 후보자를 지지·추천하거나 반대하는 내용을 포함하고
있는 것으로 볼 수밖에 없고, 그 부분은 공직선거법 제93조 제1항에서 금지하고 있는
탈법방법에 의한 문서배부행위에 해당되어 위법하다고 하여야 한다(대법원 2006. 3. 24.

선고 2005도3717 판결).

⇨ 2004. 3. 12. 법 제111조 개정으로 선거일 전 90일부터 선거일까지 의정보고 금지

⇨ 2023. 8. 30. 법 제93조 제1항 개정으로 금지기간은 선거일전 120일부터 선거일까지로 변경

⑥ 입후보예정지역 선거구민들에게 의정보고서 배부

1. 피고인들이 배부한 의정보고서는 A4 용지의 약 1/3 정도인 작은 크기의 접이식 용지 한 장으로 제작되었고, 총 4면으로 구성되어 있다. 의정보고서 4면 중 1개 면에는 '전국 최초 교직원 복구조례 개정(특별휴가 등), 전국 최초 교권보호 조례 제정, 아산시 지원 도비 다수 확보, 아산 교육 경비 대폭 증액, 아산 학교 신설 및 이전, 충남 유아체험교육원 아산 유치, 충남과학교육원 이전(대전 → 아산)' 등 피고인 A의 의정활동내역이 간략하게 기재되어 있으나, 그에 대한 구체적인 설명은 없다. 반면, 위 의정보고서의 나머지 3개 면에는 피고인 A의 사진, 학력, 경력과 함께 'A, 일도 참 잘혀!', '아산을 위해 뛰었습니다', '발로 뛰는 진짜 일꾼', '재선의원이 위원장을 3번씩이나', '일 잘한다, 가장 듣고 싶은 말이었습니다'(또는 '가짜 인권 × 나쁜 인권 조례 × 진짜 인권 ○ 좋은 인권 조례 ○')라는 문구를 기재하였다. 위와 같은 의정보고서의 내용에 비추어 보면, 위 의정보고서는 의정보고서의 형식을 갖추고 있으나, 그 실질과 내용은 의정보고의 범위를 벗어나 선거에 출마하려는 피고인 □□□의 성명과 얼굴을 알리고, 피고인 A가 아산시를 위해 일하는 유능한 의원임을 홍보함으로써 피고인 A 스스로를 지지·추천하는 행위라고 볼 수 있다.

2. 피고인 A는 2010년부터 2회에 걸쳐 계속하여 충청남도의회의원에 당선된 사람이다. 또한 피고인들이 의정보고서를 배부한 아산시 온양4동과 신창면은 2010. 6. 2. 실시된 제5회 전국동시지방선거에서 피고인 A의 선거구에 속해 있던 지역이다. 따라서 비록 아산시 온양4동과 신창면이 2014. 6. 4. 실시된 제6회 전국동시지방선거에서는 피고인 A의 선거구에서 제외되었다고 하더라도, 피고인 A를 충청남도의회의원으로 선출한 경험이 있는 아산시 온양4동과 신창면의 선거인들로서는 피고인 A가 제7회 전국동시지방선거에 입후보할 의사로 의정보고서를 배부하였다고 인식할 수 있었다.

3. 피고인들의 범행은 제7회 전국동시지방선거가 실시된 2018. 6. 13.로부터 약 4 ~ 5개월 앞선 2018. 1. 29.경부터 2018. 2. 7.경까지 사이에 이루어졌다. 비록 당시에는 선거구가 획정되지 아니하였고 예비후보자 등록이나 △△당 내 공천이 이루어지지 않았으나, 선거인들은 2018. 6. 13.에 제7회 전국동시지방선거가 실시될 예정

이라는 점을 알고 있었으므로, 피고인 A가 위 지방선거에서의 당선을 목적으로 의정보고서를 배부하였음을 인식할 수 있었다.

4. 아산시선거관리위원회는 2018. 1. 25.부터 피고인 A를 포함한 입후보예정자들에게 '2018년도 정치관계법 사례예시집'을 배부하였다. 위 사례예시집에는 의정활동보고를 할 수 없는 사례 가운데 '의원이 자신이 선출된 선거구가 아닌 입후보예정지역 선거구민을 대상으로 의정활동을 보고하는 행위'가 기재되어 있다. 설령 피고인 A가 위 사례예시집을 받아보지 못하였다고 가정하더라도, 피고인 A는 과거에 국회의원 보좌관을 지낸 경험이 있고, 충청남도의회의원선거에 두 차례 입후보하여 모두 당선되었으며, 충청남도의회의원으로서 의정보고서를 2 ~ 3년에 한 번씩 배부하기도 하였다. 또한 피고인 A는 경찰 및 검찰 조사에서는 물론 원심에 이르기까지, 피고인 ◆◆◆이 지역구에만 배부할 것으로 생각하였으나, 피고인 ◆◆◆의 실수로 지역구가 아닌 아산시 온양4동과 신창면에 의정보고서를 배부하였다는 취지로 진술하여 왔다(다만, 당심에 이르러서는 그 진술을 변경하여, 자신이 충청남도의회의원이었으므로 충청남도 지역에는 어디든지 의정보고서를 배부할 수 있는 것으로 알고 있다고 진술하고 있다). 이러한 사정을 종합하면, 피고인 A는 자신이 선출된 선거구가 아닌 아산시 온양4동과 신창면의 선거구민에게 의정보고서를 배부하는 행위가 공직선거법에 위반된다는 점을 알고 있었다고 볼 수 있다.

5. 아산시 온양4동과 신창면이 아산시제1선거구로 확정된 것은 2018. 3. 9. 법률 제15424호로 공직선거법 [별표 2]가 개정됨에 따른 것인데, 그 법률안이 국회를 통과한 것은 2018. 3. 5.이다. 그 이후인 2018. 3. 27. '충청남도·전라북도 시·군의원지역선거구의 명칭·구역 및 의원정수에 관한 규칙'(2018. 3. 27. 중앙선거관리위원회규칙 제418호)이 제정됨에 따라 아산시가선거구가 아산시제1선거구와 같은 구역으로 확정되었다. 피고인 A는 2018. 1.경 △△당 국회의원 김◎◎의 보좌관인 장⑪⑪에게 선거구 개편에 관하여 수차례 문의하였고, 검찰 조사에서 선거구 조정 가능성이 있음을 알고 있었다고 진술하기도 하였다. 이와 같은 사정을 종합하면, 이 사건 범행 무렵은 아산시제1선거구의 구역에 관한 조정 논의가 한창 진행되고 있는 시점으로서, 피고인들은 아산시 온양4동과 신창면이 피고인 A의 선거구에 편입될 가능성이 높다고 판단하고 위 두 지역을 선택하여 의정보고서를 배부한 것으로 볼 수 있다(대법원 2019. 8. 30. 선고 2019도8558 판결, 광주고등법원 2015. 2. 5. 선고 2014노391 판결).

5. 처벌

제1항의 규정을 위반하여 국회의원이나 지방의원이 선거일 전 90일부터 선거일까지 '선거운동과 관련하여' 의정활동보고를 하면 2년 이하의 징역 또는 4백만원 이하의 벌금에 처한다(법 제256조 제3항 제1호 너목). 선거운동과 관련하여 행하여진 경우에만 처벌이 가능함에 유의하여야 한다.

제4항의 규정을 위반하여 구·시·군의 장으로부터 교부받은 세대주명단을 다른 사람에게 양도·대여하거나 재산상의 이익 기타 영리를 목적으로 사용하거나 하게 한 자는 2년 이하의 징역 또는 4백만원 이하의 벌금에 처한다(법 제256조 제3항 제2호 다목).

의정보고회 고지벽보와 표지의 규격이나 수량을 위반하여 첩부·게시하거나 고지벽보 또는 표지를 의정보고회가 끝난 후 지체없이 철거하지 아니한 때에는 100만원 이하의 과태료에 처한다(법 제261조 제8항 제3호).

제7장

선거운동으로 보는 행위

제7장

선거운동으로 보는 행위

현실적으로 정치인이나 선거인이 선거운동과 관련하여 법상 허용되는 행위와 금지되는 행위를 구별하기가 쉽지않아 정치활동의 자유에 대한 중대한 제약이 되어 왔고, 정치인과 선거인 사이의 소통과 정보교환에 장애가 되어 왔다.

대법원 2016. 8. 26. 선고 2015도11812 전원합의체 판결에 따라 선거운동의 판단이 '일반선거인의 관점'에서 '외부에 표시된 객관적 사정'에 기초하여 '특정 선거에서 특정인의 당락을 도모하는 목적의사에 의한 행위임을 인식할 수 있을 것'으로 제한적으로 해석하게 되어, '사전선거운동'으로 처벌되는 범위가 축소되는 반면, 개별금지 규정에 따라 규제될 것으로 예상된다.

제1절 선거운동의 정의

제58조(정의 등) ① 이 법에서 "선거운동"이라 함은 당선되거나 되게 하거나 되지 못하게 하기 위한 행위를 말한다. 다만, 다음 각 호의 어느 하나에 해당하는 행위는 선거운동으로 보지 아니한다.

1. 선거에 관한 단순한 의견개진 및 의사표시

2. 입후보와 선거운동을 위한 준비행위

3. 정당의 후보자 추천에 관한 단순한 지지·반대의 의견개진 및 의사표시

4. 통상적인 정당활동

5. 삭제 〈2014. 5. 14.〉

6. 설날·추석 등 명절 및 석가탄신일·기독탄신일 등에 하는 의례적인 인사말을 문자메시지(그림말·음성·화상·동영상 등을 포함한다. 이하 같다)로 전송하는 행위

② 누구든지 자유롭게 선거운동을 할 수 있다. 그러나 이 법 또는 다른 법률의 규정에 의하여 금지 또는 제한되는 경우에는 그러하지 아니하다.

1. 개요

가. 선거운동의 정의

「선거운동이란 당선되거나 되게 하거나 되지 못하게 하기 위한 행위」를 말하는바, 특정 선거에서 특정 후보자의 당선 또는 낙선을 도모한다는 목적이 객관적으로 인정될 수 있는 능동적·계획적 행위이어야 한다.[1] '선거운동'은 특정 선거에서 특정 후보자의 당선 또는 낙선을 도모한다는 목적의사가 객관적으로 인정될 수 있는 행위를 말하는데, 이에 해당하는지는 행위를 하는 주체 내부의 의사가 아니라 외부에 표시된 행위를 대상으로 객관적으로 판단하여야 한다.[2]

나. '선거운동'에 해당여부의 판단기준

[선거운동 판단 기준]

1. '선거운동'은 특정 선거에서 특정 후보자의 당선 또는 낙선을 도모한다는 목적의사가 객관적으로 인정될 수 있는 행위를 말하는데, 이에 해당하는지는 행위를 하는 주체 내부의 의사가 아니라 외부에 표시된 행위를 대상으로 객관적으로 판단하여야 한다. 따라서 행위가 당시의 상황에서 객관적으로 보아 그와 같은 목적의사를 실현하려는 행위로 인정되지 않음에도 행위자가 주관적으로 선거를 염두에 두고 있었다거나, 결과적으로 행위가 단순히 선거에 영향을 미친다거나 또는 당선이나 낙선을 도모하는 데 필요하거나 유리하다고 하여 선거운동에 해당한다고 할 수 없다. 또 선거 관련 국가기관이나 법률전문가의 관점에서 사후적·회고적인 방법이 아니라 일반인, 특히 선거인의 관점에서 행위 당시의 구체적인 상황에 기초하여 판단하여야 하므로, 개별적 행위들의 유기적 관계를 치밀하게 분석하거나 법률적 의미와 효과에 치중하기보다는 문제된 행위를 경험한 선거인이 행위 당시의 상황에서 그러한 목적의사가 있음을 알 수 있는지를 살펴 보아야 한다. 위와 같은 목적의사는 특정한 선거에 출마할 의사를 밝히면서 그에 대한 지지를 부탁하는 등의 명시적인 방법뿐만 아니라 당시의 객관적 사정에 비추어 선거인의 관점에서 특정 선거에서 당선이나 낙선을 도모하려는 목적의사를 쉽게 추단할 수 있을 정도에 이른 경우에도 인정할 수 있다.

---

[1] 대법원 2008. 9. 25. 선고 2008도6282 판결
[2] 대법원 2016. 8. 26. 선고 2015도11812 전원합의체 판결

2. 위와 같은 목적의사가 있었다고 추단하려면, 단순히 선거와의 관련성을 추측할 수 있다거나 선거에 관한 사항을 동기로 하였다는 사정만으로는 부족하고 특정 선거에서의 당락을 도모하는 행위임을 선거인이 명백히 인식할 만한 객관적인 사정에 근거하여야 한다. 그러한 목적의사를 가지고 하는 행위인지는 단순히 행위의 명목뿐만 아니라 행위의 태양, 즉 행위가 행하여지는 시기·장소·방법 등을 종합적으로 관찰하여 판단하여야 한다. 특히, 공직선거법이 선거일과의 시간적 간격에 따라 특정한 행위에 대한 규율을 달리하고 있는 점과 문제가 된 행위가 이루어진 시기에 따라 동일한 행위라도 선거인의 관점에서는 선거와의 관련성이 달리 인식될 수 있는 점 등에 비추어, 행위를 한 시기가 선거일에 가까우면 가까울수록 명시적인 표현 없이도 다른 객관적 사정을 통하여 당해 선거에서의 당선 또는 낙선을 도모하는 의사가 있다고 인정할 수 있으나, 선거가 실시되기 오래전에 행해져서 시간적으로 멀리 떨어진 행위라면 단순히 선거와의 관련성을 추측할 수 있다는 것만으로 당해 선거에서의 당락을 도모하는 의사가 표시된 것으로 인정될 수는 없다. 선거운동은 대상인 선거가 특정되는 것이 중요한 개념표지이므로 문제 된 행위가 특정 선거를 위한 것임이 인정되어야만 선거운동에 해당하는데, 행위 당시의 상황에서 특정 선거의 실시에 대한 예측이나 확정 여부, 행위의 시기와 특정 선거일 간의 시간적 간격, 행위의 내용과 당시의 상황, 행위자와 후보자의 관계 등 여러 객관적 사정을 종합하여 선거인의 관점에서 문제 된 행위가 특정 선거를 대상으로 하였는지를 합리적으로 판단하여야 한다.

3. 한편 정치인은 누구나 기회가 오면 장래의 적절한 선거에 출마하여 당선될 것을 목표로 삼고 있는 사람이고, 선거운동은 특정한 선거에서 당락을 목표로 하는 행위이므로, 문제된 행위가 특정 선거를 위한 것이라고 인정하려면, 단순히 어떤 사람이 향후 언젠가 어떤 선거에 나설 것이라는 예측을 할 수 있는 정도로는 부족하고, 특정 선거를 전제로 선거에서 당락을 도모하는 행위임을 선거인이 명백히 인식할 수 있는 객관적 사정이 있어야 한다. 정치인이 일상적인 사회활동과 통상적인 정치활동의 일환으로 선거인과 접촉하여 자신의 인격에 대한 공감과 정치적 식견에 대한 찬성과 동의를 구하는 한편, 그들의 의견을 청취·수용하여 지지를 받을 수 있는 정책을 구상·수립하는 과정을 통하여 이른바 인지도와 긍정적 이미지를 제고하여 정치적 기반을 다지는 행위에도 위와 같은 판단 기준이 그대로 적용되어야 한다. 따라서 그와 같은 일상적인 사회활동과 통상적인 정치활동에 인지도와 긍정적 이미지를 높이려는 목적이 있다 하여도 행위가 특정한 선거를 목표로 하여 선거에서 특정인

의 당선 또는 낙선을 도모하는 목적의사가 표시된 것으로 인정되지 않는 한 선거운동이라고 볼 것은 아니다

4. 문제 된 행위가 단체 등을 통한 활동의 모습으로 나타나는 경우에는 단체 등의 설립 목적과 경위, 인적 구성, 활동의 시기, 방법, 내용과 규모 등을 추가적으로 고려하여 활동이 특정 선거에서 특정인의 당선 또는 낙선을 도모하는 목적의사에 따라 행해진 것이라는 점이 당해 선거인의 관점에서 객관적으로 인정되는지를 살펴보아야 한다. 단체 등의 목적 범위 내에서 통상적으로 행해지는 한도에서는 특별한 사정이 없는 한 그러한 활동이 특정인의 당선 또는 낙선을 목적으로 한 선거운동이라고 보아서는 아니 되고, 단체의 목적이나 활동 내용이 정치 이외의 다른 전형적인 사회활동을 하는 단체가 갖는 특성에 딱 들어맞지 않는다는 이유만으로 단체의 활동을 선거운동에 해당한다고 단정하여서도 아니된다.[3]

대법원은 선거운동의 판단기준을 새롭게 제시한 판결의 의의를 다음과 같이 밝혔다.[4]

■ 이번 전원합의체 판결은 선거운동에 대한 엄격해석의 원칙을 확인·선언함
⇨ '선거인의 관점'에서 '외부에 표시된 객관적 사정'에 기초하여 '특정 선거에서 특정인의 당락을 도모하는 목적의사에 의한 행위임을 인식할 수 있을 것'으로 제한적으로 해석하게 되어, 향후 '사전선거운동' 등으로 처벌되는 범위가 축소되는 반면, 개별금지 규정에 따라 규제될 것으로 예상
■ 현실적으로 정치인이나 선거인으로서는 허용되는 행위와 금지되는 행위를 구별하기가 쉽지않아 정치활동의 자유에 대한 중대한 제약이 되어 왔고, 정치인과 선거인 사이의 소통과 정보교환에 장애가 되어 왔음
⇨ 이번 전원합의체 판결을 통해 규제의 대상인 '선거운동'에 관하여 객관적이고 구체적인 기준을 제시함으로써 선거법 위반 여부에 대한 예측가능성이 제고되고, 이에 따라 정치활동의 자유가 폭넓게 보장되며, 국민의 진정한 의사를 선거에 반영될 수 있게 하여 정치인의 정치적 책임성을 강화하고 이를 통하여 진정한 대의민주주의가 구현될 수 있기를 기대함.
■ 정치인이 평소 국민들에게 자신의 인격에 대한 공감과 정치적 식견에 대한 찬성과 동의를 구하는 한편, 그들의 의견을 청취·수용하여 지지를 받을 수 있는 정책을 구상·수립하는 과정을 통하여 이른바 인지도와 긍정적 이미지를 제고하며 정치적 기반을 다지는 행위를 폭넓게 허용함.
⇨ 선거에서 정치신인이나 공직에 있지 않은 정치인에게도 실질적으로 균등한 기회를 보장할 수 있게 됨

3) 대법원 2016. 8. 26. 선고 2015도11812 전원합의체 판결
4) 대법원 2016. 8. 26. '대법원 전원합의체 선고(2015도11812 공직선거법위반 등 사건) 관련 보도자료'

■ 또한 싱크탱크와 같이 다양한 형태의 단체에 많은 수의 정치인들이 가입하여 활동하고 있는 정치현실을 반영하고, 지난 반세기 동안 이룬 정치적·사회적·경제적·문화적인 발전상황에 맞추어 50여년 동안 이어온 규제 중심의 선거문화에서 탈피하여 선진적인 정치문화의 시금석이 되기를 기대함.

■ 금권선거, 부정선거 등은 사전선거운동죄가 아니라 개별적 금지·처벌규정에 따라 단속가능하고, 규제 방향은 정치활동 자체를 제한하는 방식이 아니라 선거비용이나 정치자금을 합리적으로 통제하는 방법이어야 함.

⇨ '돈은 묶고 입은 푼다'는 공직선거접의 일관된 개정 방향이나 선거운동에 관하여 비용의 측면에서 통제하는 선진국들의 선거제도와도 일맥상통하는 것임.

다. 선거운동의 요건

(1) 선거의 특정

선거운동은 특정한 선거에 관하여 행하여지는 행위이다. '특정한 선거에 관하여'라고 하는 것은 그 행위가 선거운동이 되기 위해서는 그 대상이 되는 선가가 특정되어 있어야 한다는 것이다. 즉 타인에게 표를 찍어 달라고 부탁을 하여도 언제 행해지는 선거에 관한 것인지를 알 수 없을 때에는 선거운동이라고 할 수 없을 것이다.[5]

(2) 후보자의 특정

법 제58조 제1항은 '당선'의 기준을 사용하여 '선거운동'의 개념을 정의함으로써, '후보자를 특정할 수 있는지의 여부'를 선거운동의 요건으로 삼고 있다. 따라서 선거운동의 개념은 '특정한' 또는 적어도 '특정될 수 있는' 후보자의 당선이나 낙선을 위한 행위여야 한다는 것을 전제로 하고 있다. 물론, 특정 정당의 득표를 목적으로 하는 행위도 필연적으로 그 정당의 추천을 받은 지역구 후보자의 당선을 목표로 하는 행위를 의미한다는 점에서, 특정 정당을 지지하는 발언도 선거운동의 개념을 충족시킬 수 있으나, 이 경우에도 특정 정당에 대한 지지발언을 통하여 당선시키고자 하는 정당 후보자가 특정될 수 있어야 한다.[6]

'특정한 후보자'란 반드시 이미 입후보한 후보자만을 가리키는 것이 아니고 장래에 입후보하려고 하는 자도 포함되며 이때 입후보하려고 하는 자라함은 입후보할 것을 예정하면 족

대검찰청, 공직선거법 벌칙해설 제10개정판, 72면
6) 헌법재판소 2004. 5. 14. 2004헌나1 결정

하고 확정적 결의까지 요구되는 것은 아니다.[7]

'특정 후보자' 개념에 반드시 1인의 후보자만 가리키는 것에 한정되거나 그 명칭이 표시되어야 할 필요가 있는 것은 아니고, 문제 발언이 이루어진 경위, 발언의 전체 맥락, 표현방법 등에 비추어 그 대상이 누구인지 구체적으로 특정할 수 있는 경우도 해당한다.[8]

'특정한 후보자'라고 할 때의 '특정'이란 1인에 한정되는 것이 아니고 후보자가 수인일 경우라도 특정의 후보자로 인정된다. 일본의 판례는 29명의 입후보 예정자의 이름을 게재한 선거운동용 문서를 배포한 경우에 있어서 후보자의 특정을 인정한 바 있다.[9]

특히 후보자가 다수인 비례대표선거에서 논의의 실익이 크다.

비례대표 국회의원선거라 하더라도 국민은 정당에 대한 지지를 통하여 종국적으로는 비례대표 '후보자'들의 당락을 결정하게 된다. 이와 같이 볼 때에만 비로소 비례대표제를 통해서도 직접선거의 원칙이 충족될 수 있을 것인바, 비례대표 국회의원선거에서도 이를 통해 향후 그 당락이 결정되는 후보자명부상 개별 후보자들의 존재를 전제하지 않고서는 선거운동의 개념을 논할 수 없다고 봄이 타당하다. 만일 이와 같이 해석하지 아니할 경우, 국회의원선거를 앞에 두고 이루어지는 특정 정당에 대한 지지·반대의 발언은 자칫 비례대표 국회의원선거를 목적으로 한 선거운동으로 간주됨으로써, 결과적으로 형사처벌의 대상이 되는 것으로 인식되는 등 그 규제의 영역이 지나치게 확장될 수 있다. 특히 법은 기본적으로 선거운동 기간 전의 선거운동을 엄격히 규제하는 태도를 취하고 있는바, 특정 정당에 대한 지지·반대 발언 등과 관련한 선거운동 해당 여부에 관한 판단기준을 명확하고 엄격히 제한하지 않는다면 국민의 특정 정당에 대한 지지·반대 등에 관한 자유로운 의견 표명은 언제든 사전선거운동 등 위법한 선거운동에 해당되어 형사처벌의 대상이 될 수 있게 되므로, 국민의 정치적 의사표현의 자유를 보장하는 헌법 정신에도 반하는 규범해석이 된다. 따라서 선거운동 해당 여부 판단 기준으로서 특정 선거를 전제로 특정 정당에 대한 것이라는 점 외에 특정 후보자를 전제로 한 것임을 요구하는 위와 같은 해석이 부당한 것이라고 볼 수는 없다고 판시하면서, 특정 정당의 지역구·비례대표 국회의원 후보자가 확정되기 전에 특정 선거에서 해당 정당을 반대할 것을 촉구하는 발언을 한 경우에 이를 선거운동으로 보지 않는 사례가 있다.[10]

이울러, 비례대표국회의원선거에서 특정 정당을 지지한다는 취지의 행위가 법상 선거운동에 해당하는지는, 특정 정당 소속 후보자들의 당선을 도모한다는 목적의사가 객관적으로

---

7)   대법원 1975. 7. 22. 선고 75도1659 판결
8)   대법원 2011. 10. 27. 선고 2011도8118 판결
9)   대검찰청, 공직선거법 벌칙해설 제10개정판, 73면
10) 서울고등법원 2022. 1. 13. 선고 2021노1110 판결, 대법원 2022. 4. 14. 선고 2022도1070 판결

인정될 수 있는 능동적·계획적 행위로 인정되는지에 따라 판단하여야 하고, 반드시 그 정당 소속 후보자들이 개별적으로 특정되어야 한다고 볼 수 없다.[11]

(3) 당선 또는 낙선의 목적

원래 선거운동이라 함은 특정 후보자의 당선 내지 이를 위한 득표에 필요한 모든 행위 또는 특정 후보자의 낙선에 필요한 모든 행위 중 당선 또는 낙선을 위한 것이라는 목적의사가 객관적으로 인정될 수 있는 능동적, 계획적 행위를 말한다.[12] 그러므로 선거운동은 당선 또는 낙선을 궁극적으로 목적으로 하는 행위이다.

선거운동은 당선을 목적으로 하는 것(당선운동)과 낙선을 목적으로 하는 것(낙선운동)으로 나누어 볼 수 있고, 낙선운동은 다시 이를 나누어 당선을 목적으로 하여 운동하는 후보자측이, 경쟁 후보자의 낙선을 위하여 수행하는 낙선운동(후보자편의 낙선운동)과 당선의 목적없이 오로지 특정 후보자의 낙선만을 목적으로 하여 후보자편 이외의 제3자가 벌이는 낙선운동(제3자편의 낙선운동)으로 분류할 수 있다.

복수의 후보자 중에서 1인만을 선출하는 선거에 있어서 특정 후보자의 당선은 다른 후보자들의 낙선과 표리를 이루어 양자는 불가분리의 관계에 있다. 특정 후보자가 다른 후보자의 낙선 없이 당선된다는 것은 불가능하기 때문이다. 따라서 당선운동은 그 운동의 한 형태로 낙선운동을 항상 포함하고 또한 당선운동은 언제나 낙선운동으로서의 의미를 함께 가지게 된다. 그런데 우선 첫째로 제3자편의 낙선운동이 실제로 선택하는 운동의 방법이나 형식은, 그것이 단순한 의견개진이나 의사표시의 수준을 넘어서서 의도적이고 조직적이며 계획적인 운동의 수준에 이르는 것인 이상, 후보자편의 낙선운동이 취하는 운동의 방법, 형식과 다를 것이 없다. 또한 둘째로 제3자편의 낙선운동의 효과는 경쟁하는 다른 후보자의 당선에 크건 작건 영향을 미치게 되고 경우에 따라서는 제3자편의 낙선운동이 그 명분 때문에 후보자편의 낙선운동보다도 훨씬 더 큰 영향을 미칠 수도 있다. 이러한 점들을 생각할 때에, 제3자편의 낙선운동은 후보자측이 자기의 당선을 위하여 경쟁 후보자에 대하여 벌이는 낙선운동과 조금도 다를 것이 없다. 제3자편의 낙선운동의 표적이 된 후보자와 경쟁관계에 있는 후보자의 입장에서 볼 때에는 제3자편의 낙선운동은 자기의 선거운동을 대신 하여주는 결과가 된다. 그렇다면 제3자편의 낙선운동과 후보자편의 당선운동(후보자편의 낙선운동을 포함한다)은 운동의 방법이 동일하고 효과가 동일하여 양자는 불가분리의 관계에 있어 이를 구별할 만한 본질적인 차이가 없다. 다만, 제3자편의 낙선운동은 그 주관적인 의사에 있어서 특정

11) 대법원 2022. 3. 17. 선고 2021도16335 판결
12) 헌법재판소 1994. 7. 29. 93헌가4, 6 결정

후보자의 당선을 위한다는 목적이 없고 단지 부적격 후보자의 당선을 막는다는 공익적 목적을 가지고 있다는 점에서 후보자편의 낙선운동과 일응 구별된다. 그러나 제3자편의 낙선운동이 그 주관적인 목적과는 관계없이 실제의 행동방식과 효과에 있어서는 다른 후보자의 당선을 위하여 하는 선거운동과 다를 것이 없는데 이 점은 이미 위에서 본 바와 같다. 결국 부적격 후보자에 대한 낙선운동은 적격 후보자에 대한 당선운동이 되고 만다. 행위자의 내심의 목적이 다르다고 하는 것이 실제의 결과에 있어서는 그에 상응하는 차이를 가질 수 없는 경우에 해당하는 셈인데 이러한 경우 그 목적의 차이라고 하는 것은 행위의 본질적 요소가 되지 못한다고 보는 것이 합당하다.[13]

(4) 상대방의 특정

법 제112조의 「기부행위」의 경우와는 달리 「선거운동」에 있어서는 그 상대방이 제한되어 있지 않으므로, 그 상대방이 당선 또는 낙선을 도모하는 특정 후보자의 선거구 안에 있거나 선거구민과 연고가 있는 사람이나 기관·단체·시설 등에 해당하여야만 선거운동에 해당하는 것은 아니다.[14]

판례 중에는 선거일 투표소에서 15m 떨어진 곳에서 ○○군의원 가선거구 선거구민에게 ○○군의원다선거구 후보자를 찍어달라고 한 경우에도 선거운동에 해당한다고 보아 유죄를 선고한 사례가 있다.[15]

라. 제3자가 자신이 지지하는 정치인의 인지도 제고 활동

중앙선거관리위원회는 자신이 지지하는 정치인의 이미지·인지도를 제고하기 위한 제3자 활동의 가능 범위는 정치인 본인의 정치활동 범위와는 다를 수 있으므로 신중하게 판단해야 한다는 입장이다.

제3자는 '정치인의 소통과 정치활동의 자유 보장'이라는 대법원 판결 취지와는 다르고, 정치인 본인을 위한 활동과 동일하게 보장할 경우 조직력 차이에 따른 기회불균등, 인력동원 등 부작용이 발생할 수 있으며, 정치자금 규제도 쉽지 않아 경제력 차이에 따른 기회의 불균형 심화 예상되기 때문이다. 따라서 선거가 임박하지 않는 시기에 정치인 본인이 인지도 제고활동은 앞의 대법원의 선거운동의 판단기준에 따라 해석적용해야 한, 제3자의 정치

---

13) 헌법재판소 2001. 8. 30. 2000헌마121 결정
14) 대법원 2007. 3. 30. 선고 2006도9043 판결
15) 대검찰청, 공직선거법 벌칙해설 제10개정판, 75면, 대구고등법원 2014. 11. 6. 선고 2014노463 판결

인에 대한 인지도 제고활동은 대법원의 판단기준을 그대로 적용하기 어려워 폭넓게 인정하기 어렵다는 입장이다.[16]

마. 선거운동을 제한하는 타 법률

　본 조에 따르면 누구든지 자유롭게 선거운동을 할 수 있으나, 공직선거법 뿐만 아니라 다른 법률에서 제한을 하고 있는 경우에는 그러하지 아니하다. 선거운동 등 정치활동을 제한·금지하는 법률 규정으로는 협동조합기본법 제9조(공직선거 관여 금지), 자원봉사활동기본법 제5조(정치활동 등의 금지의무) 등이 있다.

2. 선거운동의 자유와 그 제한

가. 헌법상 선거운동의 자유와 그 제한

　민주적 의회정치의 기초인 선거는 본래 자유로워야 한다. 그러나 그것은 동시에 공정하게 행하여지지 아니하면 안 된다. 부정선거와 과열된 선거운동으로 말미암아 발생할 사회경제적 손실과 부작용을 방지하고 실질적인 선거운동의 기회균등을 보장하기 위해서는 선거의 공정성이 확보되어야 하며, 이를 위해서는 어느 정도 선거운동에 대한 규제가 불가피하다. 헌법 제116조 제1항은 "선거운동은 각급선거관리위원회의 관리하에 법률이 정하는 범위 안에서 하되, 균등한 기회가 보장되어야 한다."라고 규정하여 선거운동에 관하여 별도의 규정을 두고 있고, 공직선거법 제58조 제2항도 "누구든지 자유롭게 선거운동을 할 수 있다. 그러나, 이 법 또는 다른 법률의 규정에 의하여 금지 또는 제한되는 경우에는 그러하지 아니하다."고 규정하여 원칙적으로는 선거운동의 자유를 보장하면서도 그것이 제한될 수 있음을 밝히고 있다. 다만, 선거는 민주적 의회정치의 기초이고 선거운동은 국민주권 행사의 일환일 뿐 아니라 정치적 표현의 자유의 한 형태로서 민주사회를 구성하고 움직이게 하는 요소이므로 선거운동의 자유를 제한하는 경우에도 다른 기본권과 마찬가지로 헌법 제37조 제2항에 따라 국가안전보장, 질서유지, 공공복리를 위하여 필요한 경우에 한하여 법률로 제한할 수 있다고 할 것이다.[17]

---

16) 중앙선거관리위원회, 「대법원 사전선거운동 판단기준 변경에 따른 법규운용기준 및 선례 정비」, 2016. 10. 13. 의결.
17) 헌법재판소 2011. 3. 31. 2010헌마314 결정

나. 선거운동의 자유와 선거의 공정성

선거는 오늘날 자유민주주의 국가에서 통치기관을 구성하고 그에 정당성을 부여하는 한편 국민 스스로 정치적 의사형성과정에 참여하여 국민주권과 대의민주주의를 실현하는 핵심적인 수단이다. 선거운동은 유권자가 경쟁하는 여러 정치세력 가운데 선택을 통해 선거권을 행사할 수 있도록 그 판단의 배경이 되는 정보를 제공하는 기능을 수행하므로, 후보자 및 후보자가 되고자 하는 사람이나 정당 등에 관한 정치적 정보 및 의견을 자유롭게 발표하고 교환할 수 있는 자유가 보장되어야 한다. 그리고 대의민주주의를 원칙으로 하는 현대 민주정치 아래에서는 국민이 선거에 참여하는 것이 반드시 필요하고, 국민이 선거과정에서 정치적 의견을 자유로이 발표·교환함으로써 정치적 표현의 자유는 비로소 그 기능을 다하게 된다 할 것이므로, 선거운동 등 정치적 표현의 자유는 헌법 제21조 제1항에서 정한 언론·출판의 자유 보장 규정에 의한 보호를 받는다.[18] 선거의 공정성이란 국민의 선거의 자유와 선거운동 등에 있어서의 기회의 균등이 담보되는 것을 의미하므로, 선거의 공정성 없이는 진정한 의미에서의 선거의 자유도 선거운동 등의 기회균등도 보장되지 아니한다고 할 수 있다.[19] 선거에 있어서 유권자에게 전달되는 정치적 정보나 의견이 허위 또는 왜곡되거나 균형을 잃은 경우에는, 유권자가 올바른 선택을 할 수 없게 되어 민의를 왜곡하는 결과를 초래하게 되므로 선거제도의 본래적 기능과 대의민주주의의 본질이 훼손된다 할 것이다. 따라서 대의민주주의에서 후보자나 정당 등에 관한 정치적 정보 및 의견을 자유롭게 발표하고 교환하는 것을 내용으로 하는 선거운동 등 정치적 표현의 자유는 선거의 공정성을 전제로 인정되는 것이며, 선거의 공정성은 그러한 자유의 한정원리로 기능할 수 있다. 우리 헌법 제116조 제1항은 "선거운동은 각급 선거관리위원회의 관리 하에 법률이 정하는 범위 안에서 하되, 균등한 기회가 보장되어야 한다."고 하여 선거의 공정성을 보장하면서 선거운동의 한계에 관하여 법률로 정할 수 있다고 규정하고 있다.[20] 결국 선거운동 등 정치적 표현의 자유는 그 제한이 과도하여 선거권 및 피선거권의 행사나 선거의 기능을 지나치게 제약하거나 왜곡하여서는 안 되고 기본권보장의 헌법이념과 헌법상의 제반원칙에 합치되도록 최대한 보장되어야 하나, 선거운동 등 정치적 표현의 자유가 선거의 공정성을 훼손할 경우에는 이를 제한하는 것이 헌법적으로 정당화될 수 있다 할 것이다.[21]

---

18) 헌법재판소 2011. 12. 29. 2007헌마1001 결정
19) 헌법재판소 2001. 8. 30. 99헌바92 결정
20) 헌법재판소 2014. 4. 24. 2011헌바17 결정
21) 헌법재판소 2015. 4. 30. 2011헌바163 결정

다. 선거운동 제한입법의 위헌 여부 엄격한 심사기준

　　선거운동의 자유는 널리 선거과정에서 자유로이 의사를 표현할 자유의 일환이므로, 정치적 표현의 자유의 한 태양으로서 헌법이 정한 언론·출판·집회·결사의 자유 보장규정에 의해 보호된다. 헌법이 부여한 선거권이 제대로 행사되려면 후보자에 대한 정보의 자유 교환이 필연적으로 요청되므로, 선거운동의 자유는 선거권 행사의 전제, 선거권의 중요한 내용으로서 보호된다. 물론 선거운동의 자유도 무제한일 수는 없는 것이고, 선거의 공정성이라는 가치를 위해 어느 정도 그 주체·기간·방법 등에 대한 규제가 행하여지지 않을 수 없다. 다만 선거운동은 국민주권 행사의 일환일 뿐 아니라 정치적 표현의 자유의 한 형태로서 민주사회를 구성하고 움직이게 하는 요소이므로, 그 제한입법의 위헌 여부에 대하여는 엄격한 심사기준이 적용되어야 할 것이다.[22]

제2절 선거운동으로 본 사례

가. 중앙선거관리위원회 행정해석

① 국회의원의 공개된 장소에서의 어깨띠 착용

　　국회의원이 특별한 계기 없이 다수인이 왕래하는 도로의 교차로에서 자신의 성명 등이 게재된 어깨띠를 착용하거나 피켓을 들고 선거구민을 대상으로 인사를 하는 경우에는 행위시기 및 양태에 따라 「공직선거법」 제90조 또는 제254조에 위반될 것임(2017. 3. 13. 회답).

② 지방의회의 의정활동 인쇄물 제작·배부

　　지방의회가 특정 의원별 활동을 발췌·수록한 인쇄물을 제작하여 해당 지방의회의원에게 제공하여 일반선거구민에게 배부하도록 하는 것은 직무상 행위의 범위를 벗어나 후보자가 되려는 해당 지방의회의원을 지지·선전하는 행위에 해당되어 그 시기 및 양태에 따라 「공직선거법」 제85조, 제86조, 제87조, 제93조, 제254조에 위반될 것이며, 지방의회가 제작비용을 부담하는 것은 「정치자금법」 제2조, 제31조, 제45조에 위반될 수 있을 것임(2015. 4. 3. 회답).

---

22) 헌법재판소 2022. 11. 24. 2020헌마417 결정

③ 입후보예정자 저서의 독후감 상금 이벤트 개최

출판사가 선거가 임박한 시기에 후보자가 되려는 사람의 저서에 관한 독후감 이벤트를 선거구민인 학생을 포함하여 실시하는 것은 그 후보자가 되려는 사람을 선전하는 행위에 이를 수 있어 「공직선거법」 제254조에 위반될 수 있음(2014. 2. 18. 회답).

④ 선거구민의 출마선언 기자회견 참석

다수의 선거구민에게 기자회견 사실을 알려 참석하게 한 후 선거구민에게 입후보예정자를 홍보·선전하는 내용의 연설·인쇄물 배부·동영상 상영을 하거나 그 밖에 집회를 이용한 선거운동에 이르는 경우에는 행위 양태에 따라 「공직선거법」 제93조 또는 제254조에 위반될 것임(2014. 2. 14. 회답).

나. 판례

① 입후보예정자의 출마를 반대하는 보도자료를 언론사 기자들에게 전송한 행위가 사전선거운동에 해당하는지 여부

1. 피고인 황○○은 2018. 1. 이○○의 출마를 반대하는 내용의 이 사건 성명서를 작성하고 피고인 김○○, 윤○○ 등 시민의 힘 회원 10-15명에게 부탁하여 2017. 5. 5.경까지 서명을 받았는데, 이○○이 2018. 2. 7. 일자리위원회 부위원장을 사퇴하고 광주시장 선거에 출마할 의사가 있음을 언론을 통해 공개적으로 밝히자 같은 날 바로 이 사건 보도자료를 작성하고 성명서 수정본 등을 첨부하여 기자들에게 이메일로 전송하였다.

2. 이 사건 보도자료를 전송한 2018. 2. 7.은 ▷▷시장에 대한 예비후보자등록 신청일인 2018. 2. 13.을 불과 약 1주일 정도 남겨둔 시점이다.

3. 이 사건 보도자료에는 제목을 '▷▷시민 1,000인 이○○ ▷▷시장 출마 비판'이라고 기재하였고, 그 내용을 보면 '이○○이 ▷▷시장 출마 입장을 밝힌 가운데 이○○을 비판하는 ▷▷ 시민들의 목소리가 거세지고 있다', '1,000인은 이○○이 자신의 일자리 창출에 급급한 모습을 보이고 있다며 이○○의 ▷▷시장 출마에 직격탄을 날렸다'라고 기재되어 있다. 제목과 내용에서 이○○의 ▷▷시장 출마를 명시적으로 비판하고 반대 하는 의사를 담고 있고 객관적으로 출마 시 당선되지 않기를 바라는 낙선의사와 불가분적으로 결합되어 있으므로, 이○○의 낙선을 도모한다는 목적 의사가 포함되어 있다고 볼 수 있다.

4. 피고인 황○○은 이 사건 보도자료의 제목을 ▷▷시민 1,000인이 이○○의 ▷▷시

장 출마를 비판한다는 취지로 기재하였다. 첨부된 성명서 수정본의 명의를 '▷▷의 변화를 갈망하는 1,000인 일동'이라고 기재하였다. 1,000명의 집단이 이○○의 선거 출마를 비판하고 반대한다는 의사표시를 하는 형식을 취한 것이므로, 피고인 황○○ 개인이 선거에 관한 단순한 의견개진 및 의사표시를 한 것이라고 볼 수 없다. 즉 선거인 입장에서는 피고인 황○○ 개인이 선거에 관한 단순한 의견개진 및 의사표시를 하였다고 받아들이기 보다는 ▷▷시민 1,000명이 집단적 의사로 여론을 형성하여 이○○의 출마를 부정적으로 평가하여 반대한다는 인상을 주기에 충분하다. 또한 이 사건 보도자료와 성명서 수정본 어디에도 □□당 당내경선에 관한 언급이 전혀 없으므로, 피고인 황○○이 단순히 정당의 후보자 추천에 관한 단순한 지지·반대의 의견을 개진하거나 의사표시를 한 것이라고 보기도 어렵다.

5. 피고인 황○○은 ▷▷시민 1,000명의 의사를 충분히 확인하지 아니한 채 1,000명의 집단의사인 것처럼 이 사건 보도자료 및 이 사건 성명서를 기재하였다. 이 사건 성명서에 서명한 명단에 오른 사람은 총 1,170명이고 이 중에는 서명하거나 동의하지 않은 사람도 있고, 서명명단에는 필체가 유사하거나 동일한 경우도 다수 발견되었다. 피고인 황○○은 서명자들이 직접 서명하였는지 서명에 동의하였는지 여부를 확인하거나 대조하는 과정을 거치지 않았다. 이 사건 성명서에 서명한 자들 중 상당수는 서명 사실, 성명서 내용을 정확히 알지 못하고 언론 보도자료로 이용될 사정을 몰랐다고 진술하고 있다.

6. 피고인 황○○은 ▷▷시민 1,000명의 집단의사를 강조하기 위해 이 사건 보도자료에 성명서 수정본 등을 첨부하여 이메일을 전송하였고, 그 결과 이 사건 보도자료와 성명서 수정본 내용이 보도되었고 일부 언론에서는 서명자 명단도 기사화되었다. 피고인 황○○은 선거관리위원회 조사에서 이○○에게 영향을 미치는 개연성을 염두에 두고 이 사건 보도자료를 배부하였다고 진술하였고, 검찰에서 이○○에게 불리한 여론을 형성시켰을 개연성이 전혀 없는 것은 아니라고 진술하였다. 보도를 접한 선거인에게 ▷▷시민 1,000명이 이○○의 출마를 부정적으로 평가하고 반대한다는 인식을 심어주었고, 직간접적으로 이○○에 대한 평가에 부정적 영향을 미쳐 선거인의 자유로운 의사를 제한시켜 공정한 투표를 방해할 수 있다.

7. 이 사건 보도자료와 성명서 수정본의 내용이 다소 추상적이고 비방의 수준에 이르지 않더라도 이○○의 낙선을 도모하려는 목적의사가 인정되는 이상 이 사건 보도자료의 배포행위는 사전선거운동에 해당한다(광주고등법원 2019. 9. 19. 선고 2019노143 판결, 대법원 2019. 12. 12. 선고 2019도14362 판결).

② 선거구획정 전에 선거사무소에 비치하거나 배부한 신문 및 잡지에 선거 출마의사가 명시적으로 표시되어 있는 경우 사전선거운동 해당 여부

　　1. 피고인 정○○이 선거사무소(정책연구소)에 비치하거나 배부한 신문 및 잡지에는 "제20대 총선 국회입성에 도전하는 사람들", "충북△△ 출마 채비 나선 □□정책연구소 정○○ 대표"(민주신문), "정○○ 대표는 내년 4월 국회의원 선거를 준비하고 있다"(파워코리아), "생활정치를 실현하려고 출사표를 던졌다"(뉴스메이커 2015년 8월호), "내년 4월 총선을 준비 중인 그는"(뉴스메이커 2015년 10월호), "12월 15일에는 ◇◇당 예비후보로 등록한 후 올해 4월 총선을 준비 중인 그는"(뉴스메이커 2016년 1월), "정 대표는 내년 4월 총선을 준비하고 있다"(시사매거진) 등 제20대 국회의원 선거에 출마할 의사가 명시적으로 표시되어 있고, 이와 더불어 정○○의 경력 및 정치인으로서의 포부와 다짐, 지역 관련 정책건의활동에 대한 홍보 등의 내용도 게재되어 있는 사실, 피고인은 위와 같은 내용의 신문 및 잡지를 정책연구소 입구의 테이블 위에 비치하였고, 자신의 가까운 지인뿐 아니라 지역 선거권자들에게도 배부한 사실을 인정할 수 있다.

　　2. 이러한 사실관계 및 관련 법리와 국회의원 선거일은 공직선거법 제34조에 의하여 정해지는 점, 일반적인 지역선거권자들도 위 신문 및 잡지를 비치·배부한 2015. 6.경부터 2016. 1.경까지의 기간에는 2016. 4.경 제20대 국회의원선거가 실시됨을 충분히 인식하고 있었다고 할 것인 점, 위 기간 중에 선거구획정이 마무리되지 않았더라도 피고인 정○○이 염두에 둔 정치활동지역의 전부 또는 일부가 포함된 선거구 자체가 소실될 리는 없는 점 등을 종합하면, 피고인이 제20대 국회의원선거를 전제로 위 비치·배부행위를 통하여 위 선거에서 당선을 도모하였음을 선거인이 명백히 인식할 수 있었다고 봄이 상당하다(대전고등법원 2016. 12. 12. 선고 2016노337 판결).

③ 선거일과 약 10개월에서 5개월까지의 시기에 산악회를 조직하고 행사를 진행한 행위가 통상적인 정치활동에 벗어나 사전선거운동에 해당하는지 여부

　　원심은 다음과 같은 사정에 비추어 볼 때, W산악회를 조직하고 행사를 진행한 피고인들의 행위가 당시 선거인들의 관점에서 제20대 국회의원 선거에서 피고인 A의 당선을 도모한다는 목적의사를 쉽게 추단할 수 있을 정도에 이르렀다고 보아, 공직선거법에서 말하는 '선거운동'을 위한 사조직 설치행위 또는 '선거운동'에 해당한다고 판단하였다.

　　1. 피고인들을 비롯하여 □□에 기반을 둔 정치인들이나 정치적인 활동을 해 온 사람들이 주축이 되어 행사 참가자들을 적극적으로 모집·동원하였고, 참석자들도 자신들이 어떠한 목적의사에 따라 집단적으로 동원되고 있음을 어느 정도 짐작할 수 있었다.

2. W산악회의 행사는 목적지, 참가자의 연령과 성별, 행사의 규모와 구성 등이 통상적인 산악회의 행사에 비하여 매우 이례적인 모습을 보였고, ○○시장을 역임하고 2014년 ○○시장 선거에 출마하였다가 낙선한 유력 정치인인 피고인 A를 위하여 '대화의 시간'이라는 순서를 별도로 진행하였다. '대화의 시간'은 체육관이나 강당 등에서 적지 않은 시간 동안 마이크와 스피커 등의 장치를 동원하여 이루어졌다.

3. '대화의 시간'에 피고인 A는 주로 자신에 관한 의혹 해명, 과거의 업적 홍보, 향후 □□의 발전구상 등에 관하여 발언하였다. □□청사의 이전 관련 의혹은 피고인 A가 2014년도에 ○○시장 선거에서 낙선하였을 때 크게 부각된 낙선 요인 중 하나여서, 2016년 국회의원 선거에서 우선적으로 해명할 필요가 있는 문제였다. 피고인 A는 IP 의원이 제시한 □□ 발전방안 등에 관해서도 비판하는 발언을 하였는데, IP 의원은 제20대 국회의원 선거 출마가 유력하였다.

4. 당시 일부 참가자들은 2016. 4. 13.로 예정된 국회의원 선거를 직접 가리켜 '413 A'라고 외치기도 하였다. '대화의 시간'의 사회자는 'A를 국회로 일할 수 있게 보내자'라고 발언하기도 하였다.

5. 피고인 A가 비록 제20대 국회의원 선거에서 자신을 지지해달라고 호소하는 직접적인 발언을 한 것은 아니지만 ○○ 일대에서 높은 인지도를 가진 기성 정치인으로서 그 지역에 위 피고인의 제20대 국회의원 선거 출마 준비소문이 널리 퍼진 상태였다.

6. 참가자들은 대체로 '순수한 산악회가 아니라 정치적인 산악회라고 느꼈다'는 반응을 보였고, 참가자들 가운데 '사전선거운동이라는 느낌을 받았다'. '어차피 선거를 염두에 두고 있는 것 같았다'는 진술을 한 사람도 있다.

원심판결 이유를 적법하게 채택한 증거에 비추어 살펴보면, W산악회는 '산행을 통하여 체력증진과 친목도모로 지역사회발전에 기여한다'는 정관의 목적에도 불구하고 피고인 A가 2016년 제20대 국회의원 선거에서 당선될 수 있도록 최대한 많은 선거인을 동원하여 위 피고인에 관한 의혹을 해명하고 업적을 홍보하는 활동에 집중하였음을 알 수 있다. 나아가 W산악회의 조직경위와 인적 구성, 참석자의 동원방식, 피고인 A의 인지도, '대화의 시간' 등 행사의 구성방식, 질문자와 질문내용 선정의 작위성, 행사 규모의 급격한 확대과정, 회비를 초과하여 제공된 경제적 이익의 내용과 아울러 행사의 사회자 또는 참석자가 직접 국회의원 선거를 언급하기도 한 점, 당시 ○○선거관리위원회에서 산악회 행사를 알고 2015. 9. 산악회장인 피고인 B에게 관련 법규를 안내한 점, 그 밖에 행사에 참석한 사람들이 진술한 전반적인 내용 등 여러 사정들을 종합해 보면, 이는 통상적인 정치활동의 범주에서 벗어나 당선 또는 낙선을 도모하는 목적

의사가 객관적으로 인정 되는 행위로서 공직선거법상 '선거운동'을 위한 사조직 설치 행위 또는 '선거운동'에 해당한다고 볼 수 있다. 피고인들이 선거일과 약 10개월에서 5개월까지 시간적 간격을 두고 위와 같은 행위를 하였다고 하더라도 위와 같은 결론에는 영향이 없다(대법원 2018. 4. 10. 선고 2016도21171 판결).

④ 선거일 9개월 전에 현직 교육감에 대한 부정적 견해의 문구가 기재된 현수막을 자동차에 부착·운행하는 행위가 사전선거운동에 해당하는지 여부

피고인의 차량에 이 사건 현수막 등을 게시한 행위는 일반 선거인의 관점에서 볼 때 2018. 6. 13. 지방선거에서 특정 후보자의 낙선을 도모한다는 목적의사가 객관적으로 인정되는 선거운동으로서 공직선거법 제254조 제2항에 위반된다.

1. 피고인의 행위가 2018. 6. 13. 제7회 전국동시지방선거의 선거일보다 약 9개월 전에 있었던 사실은 인정된다. 그러나 ① 후보자등록 이전이라 하더라도 사회통념상 장래의 일정한 시기에 어떠한 선거가 있을 것이라는 사실을 객관적으로 인식할 수 있을 정도이면 선거가 특정되었다고 볼 수 있는 점(대법원 1975. 7. 22. 선고 75도1659 판결 참조), ② 피고인이 게시한 현수막 문구에 '다음 교육감 선거', 'D 교육감'이라고 명시적으로 선거와 후보자가 특정되어 있는 점, ③ 피고인이 검찰에서 "차량에 현수막을 부착했을 당시 다음 교육감 선거가 2018. 6. 13.이라는 것은 알고 있었다."는 취지로 진술한 점 등에 비추어 보면, 피고인은 2018. 6. 13. 지방선거를 예상하고 D 교육감 후보의 감표 행위를 한 것으로서, 행위가 행하여진 시점과 선거일간의 장기간의 시차가 있다고 하더라도 이는 '특정한 선거'와 '특정한 후보자에 관하여'한 선거운동에 해당한다고 할 것이다. 피고인이 게시한 문구 "이런 사람을 두 번 다시 뽑아서는 안 된다."는 것으로 그 자체로 선거에서 현 교육감의 재선을 막으려는 의사가 객관적으로 드러나 있다.

2. 피고인은 교육감의 현 정책에 대한 불만을 표시한 것에 불과하다고 주장하나, ① 현수막에 게시된 문구는 교육감의 정책에 관한 구체적 내용은 전혀 담고 있지 않는 점, ② 피고인이 학교 운영자로서 학교의 위탁교육기관 탈락 경위를 충분히 알고 있었던 것으로 보임에도 불구하고 교육청 측에 재심사를 청원하는 등의 노력을 하지 아니한 채 불특정 다수의 사람들이 볼 수 있는 장소에서 교육감의 선거출마 여부를 타진하거나 유권자들에게 '표를 찍지 말라'는 취지의 부정적인 견해를 표명할 만한 합리적인 이유가 없어 보이는 점 등에 비추어 보면, 피고인이 교육감의 정책에 대하여 단순히 불만을 표시한 것에 불과하다고 볼 수 없다(부산지방법원 2018. 11. 2. 선고 2018고합93 판결, 부산고등법원 2019. 1. 30. 선고 2018노707 판결).

⑤ 예비후보자 등록일에 근접해 직접 선거를 언급하거나 지지를 호소하는 내용이 아닌 의 례적인 인사의 형식이라 하더라도 선거구민에게 자동 동보통신 방법으로 문자메시지 를 대량으로 전송한 행위가 사전선거운동에 해당되는지 여부

피고인 1을 제20대 국회의원 선거에서 지지해 달라는 직접적인 표현이 포함되어 있다 고 보기는 어렵다. 그러나 동일한 행위라도 그것이 이루어진 시기나 방법 등 당시의 구 체적인 상황에 따라 선거인의 관점에서 선거와의 관련성이 달리 인식될 수 있고, 적어 도 피고인 1이 예비후보자 등록을 마친 2015. 12. 15. 이후의 문자메시지 전송행위는 선거인의 관점에서 제20대 국회의원 선거에서 피고인 1의 당선을 도모하는 목적의사 에 따라 한 것이라고 객관적으로 인정할 수 있다. 그 이유는 다음과 같다.

1. 지역구국회의원선거에서 예비후보자가 되고자 하는 사람은 선거일 전 120일부터 관할선거구선거관리위원회 예비후보자 등록을 서면으로 신청하고(공직선거법 제60조 의2), 예비자후보자등록을 마친 후에는 법이 정하는 방법에 따라 선거운동을 할 수 있다(같은 법 제60조의3). 예비후보자가 할 수 있는 선거운동 방법에는 선거사무소를 설치하거나 선거사무소에 간판·현판 또는 현수막을 설치·게시하는 행위, 배우자와 직계존비속과 함께 명함을 직접 주거나 지지를 호소하는 행위, 선거운동을 위하여 어깨띠 또는 예비후보자임을 나타내는 표지물을 착용하는 행위 등이 있다. 공직선 거법에 따라 등록을 마치고 위와 같은 방법의 선거운동을 개시한 예비후보자는 선 거에 입후보할 의사를 외부에 명백하게 드러낸 것이고, 그러한 예비후보자가 포럼 이나 모임, 행사 등에 참석하여 자신을 소개하고 다수의 선거인을 접촉하였다면 적 어도 여기에 참석한 선거인으로서는 예비후보자와 특정 선거 사이의 관련성을 충분 히 인식하였다고 보는 것이 자연스럽다.

2. 피고인들은 2015. 12. 15. 피고인 1이 예비후보자 등록을 마칠 무렵 선거사무소를 열고 20,441명에게 위 등록사실을 알리는 문자메시지를 전송하는 등 본격적인 선 거운동을 시작한 것으로 보인다(이러한 문자메시지 전송행위에 관한 공소사실은 원심이 유 죄로 인정하였다). 원심이 이유무죄로 인정한 쟁점 문자메시지 가운데에도 위와 같이 피고인 1이 예비후보자 등록을 마친 후에 전송한 부분이 포함되어 있는데, 여기에 해당하는 문자메시지들은 피고인 1이 예비후보자 신분으로 포럼이나 모임, 행사 등 에 참석하여 선거인에게 자신을 소개한 다음 당일이나 다음 날에 전송한 것이다. 그 내용을 보면 공통적으로 피고인 1의 성명을 명기하고 '인사드릴 수 있어 기뻤다'는 등으로 만난 사실을 환기시키는 동시에 '노력하겠다', '열심히 하겠다'는 등의 정치 적인 포부를 담고 있다. 비록 문자메시지 그 자체에는 '예비후보자' 또는 '선거'가 직

접 언급되어 있지 않지만, 이를 수신한 선거인으로서는 예비후보자 신분인 피고인 1을 만난 직후여서 위 피고인이 제20대 국회의원 선거에 입후보하려는 사람임을 알고 있었다고 볼 수 있다. 또한 문자메시지의 내용에 지지를 호소하는 명시적인 표현이 포함되어 있지는 않지만, 문자메시지를 수신한 선거인의 관점에서는 휴대전화 문자메시지라는 직접적·능동적인 수단을 통하여 피고인 1의 성명을 명기한 '열심히 하겠다'는 등의 추상적인 포부를 전달받는 것만으로도 위 선거에서 피고인 1의 당선을 도모하려는 목적의사가 있음을 쉽게 추단할 수 있다.

3. 설령 피고인 1이 훨씬 이전부터 선거일과 시간적 간격을 두고 인지도와 호감도를 높이기 위한 일상적인 사회활동이나 통상적인 정치활동의 하나로 위와 같은 포럼이나 모임 등에 참석했더라도, 예비후보자 등록 후에 모임에서 만난 참석자에게 일괄하여 위와 같은 내용의 문자메시지를 전송한 행위는 그 행위의 시기와 방법, 내용 등에 비추어 일상적·통상적인 사회활동이나 정치활동의 범주를 벗어난 것이라고 볼 수 있다. 그것이 의례적인 인사의 형식으로 이루어졌어도 달리 평가할 것은 아니다.

4. 결국 이 사건 공소사실 중 적어도 예비후보자 등록 후인 2015. 12. 16.부터 전송한 문자메시지에 관한 부분은 위에서 본 법리에 따라 문자메시지 전송행위의 시점과 방법, 경위, 상대방 등을 종합할 때 공직선거법 제256조 제3항 제1호, 제254조 제2항에서 말하는 선거운동에 해당한다고 볼 수 있다.

   공직선거법 제255조 제2항 제5호, 제93조 제1항의 문언과 취지, 공직선거법 제256조 제3항 제1호 (나)목, 제59조 제2호와의 관계 등에 비추어 보면, 선거일 전 180일부터 선거일까지 선거에 영향을 미치게 하기 위하여 공직선거법 제59조 제2호에서 정한 제한을 어겨 자동 동보통신의 방법으로 문자메시지를 대량으로 전송한 행위는 그것이 선거운동에까지 이르지 않더라도 공직선거법 제255조 제2항 제5호, 제93조 제1항에서 정한 탈법방법에 의한 문서배부죄의 구성요건에 해당한다(대법원 2015. 8. 19. 선고 2015도5789 판결 등 참조). 그러므로 쟁점 문자메시지 전송행위 가운데 공직선거법에서 금지하는 '선거운동'에 이르지 않는 행위가 일부 포함되어 있더라도, 위에서 본 쟁점 문자메시지의 전송시기, 횟수, 내용과 상대방, 유죄로 인정된 부분의 문자메시지 전송내역 등을 종합 하면, 쟁점 문자메시지를 포함한 공소사실 기재 문자메시지의 전송행위는 선거에 간접적 으로 영향을 미쳐 선거의 공정을 침해함으로써 선거에 영향을 미칠 우려가 있는 행위로서 '선거에 영향을 미치게 하기 위한 행위'로 보기에 충분하다.

5. 그런데도 원심이 쟁점 문자메시지 전송행위가 선거인의 관점에서 피고인 1의 국회

의원 선거의 당선을 도모하는 행위임을 명백히 인식할 만한 정도라고 보기 어렵다는 등의 이유만으로 이에 관한 공소사실인 공직선거법과 정치자금 부정수수로 인한 정치자금법 위반 부분을 이유무죄로 판단한 데에는 필요한 심리를 다하지 않은 채 논리와 경험의 법칙에 반하여 자유심증주의의 한계를 벗어나거나 공직선거법에서 정한 '선거운동'에 관한 법리를 오해 하여 판결에 영향을 미친 잘못이 있다(대법원 2017. 10. 31. 선고 2016도19447 판결).

⇨ 2023. 8. 30. 제93조 제1항 선거에 영향을 미치게 하기 위한 탈법방법에 의한 문서·도화의 배부·게시 등의 금지 기간은 선거일 전 180일에서 선거일 전 120일로 개정됨.

⑥ 제20대 대선과 관련하여 선거일 전 40여일 무렵에 후보자의 배우자와 관련된 내용의 현수막을 게시한 행위에 대하여 사전선거운동에 해당한다고 본 사례

피고인들은 제20대 대선과 관련하여 2022. 1. 26. 현수막업자 C에게 의뢰하여 '도사들하고 얘기하는걸 좋아하는 건희? 청와대 무속인 점령반대!!!, (乙 상체 위에)나는 후보, 나는 영적인 사람'이라고 기재된 현수막을 제작하고, 이들은 이를 C로 하여금 2022. 1. 28.-1. 29. 설치하여 불특정 다수인들이 볼 수 있게 함으로써 공모하여 선거운동기간 전에 선거운동을 하였다(서울고등법원 2023. 8. 24. 선고 2023노726 판결, 대법원 2023. 12. 7. 선고 2023도12334 판결).

⑦ 국회의원 선거일과의 시간적 간격이 불과 한 달도 채 되지 않은 시점에, 선거운동을 하고 있던 예비후보자 인근에서 예비후보선거캠프 관계자들로부터 받은 피켓을 들고 서 있는 행위는 사전선거운동에 해당한다고 판단한 사례

피고인은 제21대 국선과 관련하여 甲당 ●●구 예비후보자인 a1의 당선을 목적으로 선거운동을 하기로 마음먹고, 2020. 3 .23. ●●구 인근, 위 a1이 선거운동을 하는 현장 부근에서 '4. 15. 총선은 한일전 친일적폐청산하자! 甲당'이 기재된 피켓을 들고 서 있었고, 2020. 3. 25. 위 ●●구 인근에서 '옥중 선거개입 범죄자 a2는 가만히 있으라! 甲당'이 기재된 피켓을 들고 서 있었다. 이로써 피고인은 선거운동기간 전에 공직선거법에 규정된 방법 외의 방법으로 a1의 당선을 위하여 선거운동을 하였다(인천지방법원 2023. 2. 3. 선고 2022고합634 판결, 서울중앙지방법원 2023. 10. 25. 선고 2022고합808, 2020고합1029, 2022고합758 판결).

⑧ 선거운동기간 전에 예비후보자와 배우자가 무속과 관련이 있다는 부정적인 내용의 현수막 게재 행위를 사전선거운동으로 판단하고, 이를 게재한 광고업자들에 대하여 현수막 내용이 특정 후보자의 낙선을 목적으로 한 것임을 충분히 알 수 있었음에도 이를 거

리에 설치하여 사전선거운동의 범행을 쉽게 하였는바 공직선거법위반방조죄 성립을 직권으로 인정한 사례

[범죄사실]

피고인 A는 2018년경부터 '◎◎시민연대'의 사무처장, 피고인 B는 광고물 기획·제작업체 운영자, 피고인 C는 현수막·간판 시공업체 운영자, 피고인 D는 현수막 시공업자, 피고인 E는 현수막 시공업체 운영자이다.

2022. 3. 9. 제20대 대통령선거(선거운동기간 : 2022. 2. 15. ~ 2022. 3. 8.)를 앞두고 甲당 예비후보자 ◆◆◆와 배우자가 무속과 관련되어 있다는 보도를 이용하여 ◆◆◆에 대한 부정적 여론을 형성·확대하고, ◆◆◆를 낙선시키기 위해 ◆◆◆ 및 배우자가 무속·미신을 신봉한다는 취지의 현수막을 제작하여 ☆☆시내에 게시하는 방법으로 낙선운동을 하기로 마음먹고, 2022. 1. 19. ① '내가 왕(王)이 될 상인가? 무속인들의 합창! 최△△의 귀환인 건히? 대통령을 점(占)보고 뽑을 수는 없습니다'(이하 ①현수막), ② '대통령 후보! 검증이 필요합니다. 토론이 무서운 건히? 국민들이 같잖습니까?'(이하 ②현수막)라는 내용의 한글 파일을 피고인 B에게 전달한 후, "1장당 19,000원을 줄테니, 파일 내용대로 현수막 60장을 제작하여 ☆☆시민들이 잘 볼 수 있는 장소에 게시해 달라"라고 말하였다.

이에 피고인 B는 위 파일 내용대로 도안을 제작 후 피고인 A의 승인을 받은 후, ①·②현수막을 30장씩 인쇄하였고, 피고인 C에게 해당 현수막들을 ☆☆시내에 게시해달라고 부탁하고, 피고인 C는 2022. 1. 21. 위 현수막을 교부받아 피고인 D에게 현수막을 1장당 10,000원에 게시해달라고 의뢰하고, 피고인 D는 2022. 1. 21. 피고인 C로부터 위 60장의 현수막을 받아 2022. 1. 22.까지 ☆☆시내에 ①현수막 30장, ②현수막 30장을 게시하였다.

이로써 피고인 A, B는 공모하여 사전선거운동을 하였고, 피고인 C, D는 위 현수막을 게시함으로써 피고인 A, B의 공직선거법위반 범행을 용이하게 하여 이를 방조하였다(대구지방법원 2022. 10. 28. 선고 2022고합344 판결, 대구고등법원 2023. 1. 26. 선고 2022노502 판결).

⑨ 예비후보자 선거사무소 개소식 참석을 위하여 선거구민이 탑승한 버스에서 마이크를 이용하여 예비후보자에 대한 지지를 호소한 것이 선거운동에 해당하는지 여부

피고인은 2019. 12. 말경 F 예비후보 선거사무소 개소식이 2020. 1. 10.경 ○○에서 개최된다는 사실이 당원들을 대상으로 공지되자 카카오톡을 통하여 지인 등 선거구민들을 대상으로 그 소식을 알린 후, 위 개소식에 참석하려는 선거구민들을 태워주기 위하여 2020. 1. 6.경 버스기사 a1에게 연락하여 관광버스를 임차하였다.

피고인은 위와 같이 F 예비후보 선거사무소 개소식 장소로 이동하는 위 고속버스 내에서, 마이크를 이용하여 탑승객들을 상대로 'F 예비후보는 ○○군수를 2번이나 역임하고 ○○

경찰서장을 지냈다. ○○읍 초입에 사드가 오기로 되어 있었는데, F 후보님이 투쟁을 하여 지역민을 위해 몸으로 부딪치고 활동을 하였다. 이런 사람이 지역구 국회의원이 되어야 하는 것이 맞지 않느냐. F 예비후보를 밀어주자'라며 F 예비후보에 대한 지지를 호소하여 선거운동기간 전 공직선거법에서 허용하지 아니하는 방법으로 F 예비후보에 대한 선거운동을 하였다(대구고등법원 2020. 11. 5. 선고 2020노340 판결, 대법원 2021. 1. 29. 선고 2020도16148 판결)

⑩ 1인 시위, 출근선전전, 거리선전전의 사전선거운동 여부 등

1) 다음과 같은 사정들에 비추어 보면, 이 사건 1인시위, 출근선전전, 거리선전전(이하 '이 사건 1인시위 등'이라 한다)은 피고인 A 선대본부의 주도 아래 피고인 A를 지지하던 단체인 DC, AT 등과 밀접하게 공조하여 피고인 A의 당선을 도모하기 위한 목적으로 계획적이고 능동적으로 진행되었다.

2) 아래와 같이 객관적으로 드러나는 이 사건 1인시위 등에 사용된 피켓의 내용을 비롯하여 구체적인 행위 태양을 보면, 이를 접하는 일반 선거인의 관점에서 당시 여당인 DC당 소속 후보의 낙선을 도모하는 내용임을 쉽게 인식할 수 있었던 것으로 보인다.

⑴ 1인시위의 피켓에는 'CL 3년 나라꼴이 엉망이다, 대결 말고 대화, 전쟁 대신 평화'라는 문구, CM CD당 대표가 '도와주세요, 머리끝부터 발끝까지 바꾸겠습니다'라는 내용의 피켓을 들고 있는 모습을 그린 그림, 위안부 소녀상 그림, 세월호 침몰 모습을 그린 그림 등이 게시되어 있었다. 이는 피고인 A의 홍보물이나 피고인 A가 직접 진행한 시위의 피켓 등과 그 내용이 같거나 유사하다(피고인 A가 2016. 3. 7. 들고 있는 피켓 내용도 'CL 3년 나라 꼴 엉망, 노동개악 반대, 전쟁 대신 평화'로 다른 1인 시위자들이 들고 있던 피켓 내용과 거의 같다).

⑵ ① 2016. 3. 7.자 출근선전전 당시 피고인 J의 현수막에는 'CL 3년 나라꼴이 엉망이다, 노동 개악 반대, 전쟁 대신 평화'라는 문구가 게시되어 있었고, 이는 피고인 A가 그 바로 옆에서 들고 있던 피켓과 같은 내용이며, ② 2016. 3. 8.자 출근선전전은 CE 등이 2016. 3. 8. 06:00경 CO의 AR 출입문 앞에서 'CD당 심판, 노동자로 단일화'라는 문구가 기재된 현수막을 들고 있고, 피고인 A는 그 옆에서 '노동법 개악 저지, 무소속 A'라는 문구가 기재된 주황색 점퍼를 입은 채 출근 인사를 하는 방법으로 진행되었다.

⑶ 거리선전전 현수막 및 피켓에는 'CL 3년 나라꼴 엉망', '경제 망친 정권 아웃', '가계부채 1,208조 재벌 사내유보금 710조, 쉬운 해고 낮은 임금, CL 정권 3년 재벌만 살찌고 서민은 죽어가네', 'CL 표 노동개혁, 사장 맘대로 해고, 평생 비정규직, 장시

간 저임금' 등의 문구가 게시되어 있고, 선거운동원들의 일부는 피고인 A를 상징하는 주황색 옷을 입고 있었다.

(4) 원심 판시와 같이, ① 당시 정부와 여당이 주도하거나 추진한 노동개혁 법안, 사드 배치, 개성공단 폐쇄 조치, 한일 위안부 합의 등의 문제와 CL 정부에서 일어난 세월호 침몰 사고 등은 정치적·사회적으로 심각하게 논란이 되고 있던 문제들로서 정부와 여당에 대한 평가에 매우 부정적인 영향을 미쳐 왔던 점, ② 위 정치 현안들은 각 범행 당시까지도 별다른 해결 방안을 찾지 못한 상태에 있었으므로 선거일이 임박할수록 위 현안들에 대한 문제 제기만으로도 유권자들에게 해당 지역구의 여당 후보자에 대한 부정적인 시각을 갖게 할 가능성이 높은 점, ③ 피고인 A의 선대본부 역시 이러한 점을 충분히 인식하고 제20대 국회의원 선거에서 피고인 A의 당선을 위한 주요한 활동으로 1인시위 등을 통해 이러한 이슈들을 공세적으로 제기하기로 계획하고 조직적·능동적으로 이를 진행한 점 등을 고려하면, 1인시위 등은 모두 정부와 여당을 비판함과 동시에 곧 다가오는 선거에서 피고인 A를 위하여 해당 지역구 여당 후보자의 당선을 저지하려는 목적의사를 외부에 명시적으로 표현한 것으로 보인다.

3) 이러한 사정들을 앞서 본 법리에 비추어 보면, 이 사건 1인시위 등은 설령 그것이 그전부터 DC, AT 등의 단체들에 의하여 계속적으로 진행돼 온 것과 유사한 형태로 이루어졌다 하더라도, 피고인 A의 선거운동과 무관하게 독립적·독자적으로 진행된 통상적인 단체활동 또는 정치적 의사표현이었다고 볼 수 없고, 제20대 국회의원 선거에서 CD당(당시 여당) 후보자(비례대표 후보자를 포함한다)의 낙선을 도모하는 한편 당시 ○○구 무소속 예비후보자로 등록을 마친 A의 득표를 도모하려는 목적의지가 뚜렷하여 능동적·계획성이 인정되는 행위로서 선거인의 관점에서 그러한 목적의사를 인식할 수 있었다고 판단된다(부산고등법원 2017. 7. 26. 선고 2017노186 판결, 대법원 2017. 12. 22. 선고 2017도12584 판결)

⑪ 선거사무소 개소식 초청장을 배부하는 방법으로 선거운동

피고인은 선거사무소 개소식을 기화로 선거구민들에게 초청장을 배부하여 피고인의 예비 후보자 등록사실을 알리고 피고인에 대한 지지를 이끌어내어 □□군수선거에서의 당선을 도모하기 위하여, 2018. 4. 2.경 충남 □□군에 있는 '○○디자인'에 선거사무소 개소식 초청장 작성을 의뢰, 초청장 앞면에 피고인의 사진과 함께 선거구호인 "강한 여당, 젊은 □□, 준비된 군수", "□□군수 예비후보 A", 초청장 뒷면에 개소식 일정과 "대한민국은 B, □□은 A"이라는 문구를 기재한 초청장 2,000부를 인쇄한 다

음, □□군발전협의회 신년교례회 주소록과 당원명부 등을 선거사무소 직원인 C에게 교부하여 초청장 봉투의 수신자란을 채우도록 한 뒤, 위 C로 하여금 충남 □□군 △△ 우체국에서 2018. 4. 9.경 1,500장, 2018. 4. 10.경 500장을 각 발송하도록 하였다. 이로써 피고인은 선거운동기간 전에 선거에 영향을 미치게 하기 위하여 선거사무소 개소식 초청장 2,000장 가량을 선거구민들에게 배부하는 방법으로 선거운동을 하였다(대법원 2019. 6. 13. 선고 2019도4312 판결, 대전고등법원 2019. 3. 27. 선고 2019노11 판결).

⑫ 노동조합이 특정 후보자의 선거사무소 앞에서 집회를 개최하면서 후보자의 과거 발언을 비난한 것이 선거운동에 해당

피고인 A는 '전국민주노동조합총연맹' ○○지역본부장이고, 피고인 B는 '전국학교비정규직노동조합' ○○지부장이자 2020. 4. 15. 실시된 제21대 국회의원선거에 출마하였다 낙선한 사람이다.

피고인 A는 2020. 3. 28. 14:00경 ○○빌딩에 있는 후보자 C의 선거사무소 앞에서 열린 민주노총 ○○지역본부 주최 집회 현장에서, 확성기를 사용하여 "고귀한 노동을 하는 학교 비정규직 급식실 노동자들에게 그렇게 막말을 20대 국회에 했던 사람이 이 지역구에 출마한단 말입니다. 21대 국회 그런 사람 안 됩니다. 다시 한 번 이 지역 주민들에게 호소드립니다. 노동자와 서민을 위한 국회의원 뽑아야 합니다. 그 사람이 한 발언, 그 사람이 걸어온 길 이걸 보고 선택해야 됩니다."라고 말하였다(부산고등법원 2021. 1. 13. 선고 2020노596 판결, 대법원 2021. 5. 7. 선고 2021도1607 판결).

⑬ 대규모 특보단 모집을 위한 지원자 명단 취합을 명목으로 선거기간에 임박하여 불특정 다수의 선거구민을 상대로 지지자의 인적사항과 자필서명을 받은 것은 선거운동을 위하여 서명을 받은 것임과 동시에 선거운동기간 전에 선거운동을 한 것에 해당한다고 본 사례

인정되는 다음 사실·사정, 즉 ① 이 사건 특보지원자 명단의 취합 요청이 선거기간에 임박하여 이뤄진 점, ② 피고인 B가 피고인 A에게 특보지원자 명단 취합요청 시 특보지원자 자격 등에 대해 별다른 제한을 두지 않은 것으로 보이는 점, ③ 피고인 A는 피고인 B의 위 요청을 K후보에 대한 지지자 서명 및 인적사항 요청으로 이해하고 이 사건 주위적 공소사실과 같은 범행을 저질렀는바, 이러한 사정에 비추어 일반 선거인들로서는 위 특보지원자 명단 작성 및 취합행위를 대선을 위한 선거운동으로 인식할 것으로 보이는 점, ④ 甲당은 선거운동기간에 임박하여 '대선종료까지 100만 특보 모집을 목표로 한다'는 계획을 세운 것으로 보이는바, 앞서 본 바와 같이 특보의 자격 등에 별다른 제한이 있었던 것으로 보이는 사정에다가 위와 같은 특보단 목표 규모가 대규

모이고, 특보단 모집이 전국적으로 조직적인 방법에 의하여 이루어진 점을 보태어 보면, 특보단 모집이 대선 선거운동을 위한 내부적·절차적 준비행위에 불과하다고 볼 수는 없는 점, ⑤ 모집된 특보들의 선거에서의 역할, 담당업무가 불분명한 점, ⑥ 특보로 임명된 자들에게 K 후보 명의 임명장이 교부되었는바, 이러한 임명장 교부는 받은 이들로 하여금 제대선에서 K 후보를 지지하도록 하는 수단으로 작용할 수 있는 점, ⑦ 대선과 관련하여 이 사건 예비적 공소사실과 같은 특보단 모집은 1만 명 이상의 K 후보 지지선언 확보 활동과 같은 시기에 이뤄진 점 등을 앞서 본 법리(대법원 98도1432, 2015도11812 판결)에 비추어 보면, 피고인 B가 '특보단 명단 취합' 명목으로 예비적 공소사실과 같은 행위를 한 것은 선거운동을 위해 선거구민들에게 서명을 받음과 동시에 사전선거운동을 한 것에 해당한다고 봄이 타당하고, 이를 공직선거법 제58조제1항제2호의 '선거운동을 위한 준비행위'에 불과하다고 볼 수 없다(수원고등법원 2023. 11. 22. 선고 2023노214 판결).

▌후보 단일화 및 선거운동 ▌

할 수 있는 사례

- A정당과 B정당의 단일화 과정에서 사퇴한 A당 후보자가 B당의 선거대책기구 구성원이나 연설원이 되는 행위
- 단일화 과정에서 사퇴한 A당 후보자가 전화나 문자메시지, 이메일 혹은 SNS에서 B당 후보자 지지를 호소하는 행위
- A정당과 B정당의 단일화 과정에서 사퇴한 A당 후보자가 B당 후보자의 선거사무원으로 등록하여 어깨띠 등 소품을 착용하여 선거운동을 하는 행위
- 정당간 후보를 단일화한 경우 단일화 된 정당소속 예비후보자가 단일화에 참여했던 다른 정당의 지지를 받고 있다는 사실을 선거사무소의 현수막, 예비후보자 명함, 예비후보자 홍보물에 적시하여 선전하는 행위
- 단일후보가 된 무소속후보자의 선거연락소를 정당의 당사나 정당선거사무소와 구획하여 별도로 설치하는 행위

할 수 없는 사례

- 후보자가 다른 정당이나 선거구가 같거나 일부 겹치는 다른 후보자를 위한 선거대책기구의 구성원으로 참여하는 행위
- 정당 간에 선거운동을 위한 공동선거대책기구를 구성하는 행위
- A정당과 B정당의 단일화 과정에서 B정당 후보자로 단일화 된 후, A당이 B당 후보자의 선거운동을 위한 신문광고·방송광고 등 선거운동에 소요되는 비용을 부담하는 행위
- 정당이 국고보조금을 단일후보가 된 무소속후보자에게 대여하거나 지원하는 행위
  ⇨ 당비를 대여하는 것은 가능하나 이를 지원하는 것은 위반

제8장

평상시 가능한 선거운동

평상시 가능한 선거운동

법은 선거운동의 자유를 원칙적으로 보장하면서도, 그 예외로서 그 기간, 주체 및 방법 등 제한규정을 두고 있다. 이는 선거의 자유를 무제한적으로 허용할 경우 공정성에 미칠 악영향을 고려하여 일정 정도의 규제를 통해 자유와 공정 간의 균형점을 찾기 위함이다. 법상 선거운동은 선거운동기간에만 할 수 있으나 예비후보자 등록을 한 경우 예비후보자에게 허용된 방법으로 선거운동을 할 수 있고, 말, 송·수화자간의 직접통화 방식의 전화, 인터넷홈페이지, 문자메시지(자동 동보통신의 방법 제외), 전자우편(전송대행업체 위탁 전송 제외)을 이용하는 경우는 상시 선거운동이 가능하다.

제1절 선거운동기간과 예외

제59조(선거운동기간) 선거운동은 선거기간개시일부터 선거일 전일까지에 한하여 할 수 있다. 다만, 다음 각 호의 어느 하나에 해당하는 경우에는 그러하지 아니하다.

1. 제60조의3(예비후보자 등의 선거운동)제1항 및 제2항의 규정에 따라 예비후보자 등이 선거운동을 하는 경우

2. 문자메시지를 전송하는 방법으로 선거운동을 하는 경우. 이 경우 자동 동보통신의 방법(동시 수신대 상자가 20명을 초과하거나 그 대상자가 20명 이하인 경우에도 프로그램을 이용하여 수신자를 자동 으로 선택하여 전송하는 방식을 말한다. 이하 같다)으로 전송할 수 있는 자는 후보자와 예비후보자에 한하되, 그 횟수는 8회(후보자의 경우 예비후보자로서 전송한 횟수를 포함한다)를 넘을 수 없으며, 중앙선거관리위원회규칙에 따라 신고한 1개의 전화번호만을 사용하여야 한다.

3. 인터넷 홈페이지 또는 그 게시판·대화방 등에 글이나 동영상 등을 게시하거나 전자우편(컴퓨터 이용자끼리 네트워크를 통하여 문자·음성·화상 또는 동영상 등의 정보를 주고받는 통신시스템을 말한다. 이하 같다)을 전송하는 방법으로 선거운동을 하는 경우. 이 경우 전자우편 전송대행업체에 위탁하여 전자우편을 전송할 수 있는 사람은 후보자와 예비후보자에 한한다.

4. 선거일이 아닌 때에 전화(송·수화자 간 직접 통화하는 방식에 한정하며, 컴퓨터를 이용한 자동 송신장치를 설치한 전화는 제외한다)를 이용하거나 말(확성장치를 사용하거나 옥외집회에서 다중을 대상으로 하는 경우를 제외한다)로 선거운동을 하는 경우

5. 후보자가 되려는 사람이 선거일 전 180일(대통령선거의 경우 선거일 전 240일을 말한다)부터 해당 선거의 예비후보자등록신청 전까지 제60조의3제1항제2호의 방법(같은 호 단서를 포함한다)으로 자신의 명함을 직접 주는 경우

1. 개요

본 조는 선거운동을 할 수 있는 기간을 규정하면서, 그 예외로 선거운동기간이 아닌 때에도 할 수 있는 선거운동방법을 정하고 있다. 선거운동기간을 규정한 취지는 후보자간의 지나친 경쟁, 이로 인한 선거관리의 어려움, 경비와 노력의 과다 소요로 인한 막대한 사회경제적 손실, 후보자 간의 경제력 차이에 따른 불공평의 발생 등 폐해를 막고 공정한 선거를 달성하기 위함이다.[1]

2004. 3. 12. 법 개정 전에는 선거운동기간 예외 규정이 없어 선거운동의 자유와 참여를 지나치게 제약한다는 지적이 있어 2004. 3. 12. 법 개정 이후 예비후보자의 선거운동, 인터넷 홈페이지 등을 이용한 선거운동을 선거운동기간이 아닌 때에도 할 수 있게 되었다. 그리고 2020. 12. 29. 법 개정을 통해 선거운동에 대한 규제수준이 지나치게 높아 처벌이 광범위하게 이루어져 선거운동의 자유가 부당하게 위축되는 측면이 있으므로 예비후보자 선거운동 장소 제한을 완화하고, 말, 전화 및 명함교부를 통한 선거운동 규제를 완화하여 선거운동의 자유를 확대하였다.[2]

---

1)　헌법재판소 2005. 9. 29. 2004헌바52 결정
2)　2020. 12. 29. 공직선거법 일부개정법률 개정이유

2. 선거운동기간

선거운동은 선거기간개시일부터 선거일 전일까지 할 수 있으며, 선거운동기간 전이나 선거일에 이 법에 규정된 방법을 제외하고 선거운동을 한 경우 법 제254조 제1항 또는 제2항에 따라 처벌된다. 선거기간은 법 제33조에 따라 대통령선거와 그 외 공직선거로 구분하여 달리 정하고 있다.

> **제33조(선거기간)** ①선거별 선거기간은 다음 각호와 같다.
>
> 1. 대통령선거는 23일
>
> 2. 국회의원선거와 지방자치단체의 의회의원 및 장의 선거는 14일
>
> ③ "선거기간"이란 다음 각 호의 기간을 말한다.
>
> 1. 대통령선거: 후보자등록마감일의 다음 날부터 선거일까지
>
> 2. 국회의원선거와 지방자치단체의 의회의원 및 장의 선거: 후보자등록마감일 후 6일부터 선거일까지

원칙적으로 선거기간개시일 0시부터 선거일 전일 24시까지 선거운동을 할 수 있으나 개별 선거운동 방법을 규정한 조문에서 그 시간을 명시하여 제한하는 경우가 있다.[3]

제2절 선거운동기간 제한의 예외

1. 예비후보자의 선거운동(제1호)

예비후보자는 선거운동기간 전에도 법에 정한 일정한 방식의 선거운동을 할 수 있는바, 법 제60조의3 제1항 및 제2항에 따른 선거운동을 할 수 있다. 후보자로 등록한 경우 후보자로서 선거운동을 할 수 있는 선거운동기간개시일까지 시간상의 공백이 있는바, 이 기간 동안 선거운동은 예비후보자의 선거운동방법에 따라 하여야 한다.[4]

예비후보자의 선거운동방법에 대한 구체적인 내용은 후술한다.

---

3)   법 제102조, 법 제109조 제2항 등
4)   법 제60조의2 제7항

2. 문자메시지를 이용한 선거운동(제2호)

가. 의의

2012. 2. 29. 법 개정으로 선거일이 아니면 문자메시지를 이용한 선거운동이 상시 가능하도록 하였다가 2017. 2. 8. 법 개정으로 선거일에도 문자메시지나 인터넷·전자우편 등의 방법으로 선거운동을 할 수 있도록 허용되었다. 2017. 2. 8. 법 개정으로 선거 당일 후보자 등이 발송하는 투표참여 독려 문자메시지·투표참여 인증 SNS(엄지손가락, V 등 기호를 표시한 인증샷 게시)가 선거운동에 해당하는지의 논란이 해소되게 되었으며 문자메시지에 음성·화상·동영상 등을 첨부하는 것이 허용되어 선거운동의 자유가 확대되었다. 예비후보자와 후보자의 경우는 자동동보 통신방법의 문자메시지와 전송위탁업체 위탁을 통한 전자우편을 전송할 수 있다.

나. 선거운동정보의 전송제한

본 조 제2호와 제3호에 따라 선거운동 목적의 정보를 전송하는 때에는 법 제82조의5(선거운동정보의 전송제한)에 위반되지 않도록 유의해야 한다.

제82조의5(선거운동정보의 전송제한) ① 누구든지 정보수신자의 명시적인 수신거부의사에 반하여 선거운동 목적의 정보를 전송하여서는 아니된다.

② 예비후보자 또는 후보자가 제59조제2호·제3호에 따라 선거운동 목적의 정보(이하 "선거운동정보"라 한다)를 자동 동보통신의 방법으로 문자메시지로 전송하거나 전송대행업체에 위탁하여 전자우편으로 전송하는 때에는 다음 각 호의 사항을 선거운동정보에 명시하여야 한다.

　1. 선거운동정보에 해당하는 사실

　2. 문자메시지를 전송하는 경우 그의 전화번호

　3. 불법수집정보 신고 전화번호

　4. 수신거부의 의사표시를 쉽게 할 수 있는 조치 및 방법에 관한 사항

③ 삭제

④ 선거운동정보를 전송하는 자는 수신자의 수신거부를 회피하거나 방해할 목적으로 기술적 조치를 하여서는 아니된다.

⑤ 선거운동정보를 전송하는 자는 수신자가 수신거부를 할 때 발생하는 전화요금 기타 금전적 비용을 수신자가 부담하지 아니하도록 필요한 조치를 하여야 한다.

⑥ 누구든지 숫자·부호 또는 문자를 조합하여 전화번호·전자우편주소 등 수신자의 연락처를 자동으로 생성하는 프로그램 그 밖의 기술적 장치를 이용하여 선거운동정보를 전송하여서는 아니된다.

다. 중앙선거관리위원회 행정해석

① 문자메시지 발송 횟수 산정

    1. 수신자의 성명만을 달리하여 동일한 내용의 선거운동정보를 전송하는 경우에는 1회로 보아야 할 것임.

    2. 그룹별로 다른 내용의 선거운동정보를 전송하는 경우 그 내용별로 횟수를 산정하여야 할 것임(2010. 4. 15. 회답).

② 선거운동용 문자메시지 발송 등

    메시지 발송시스템 환경(주소록 등록건수 제한) 등으로 인하여 문자를 보낼 DB를 여러 개로 나누어 보낼시 발송횟수 산정은 후보자로부터 문자메시지 발송의뢰를 받은 발송대행업체가 통상의 문자메시지 발송방법에 따라 선거구민이 동일한 내용을 1회 수신할 수 있도록 전송하는 것은 1회로 보아야 할 것임(2011. 8. 12. 회답).

③ 애플리케이션을 이용한 문자메시지 전송

    선거운동을 할 수 있는 자가 선거일이 아닌 때에 스마트폰 애플리케이션(상대방과 통화 종료 후 상대방에게 미리 설정해 놓은 문자가 자동 발송되는 1 : 1 문자발송 기능이 있으며 문자는 1통만 발송함)을 활용하여 선거운동에 이르지 아니하는 내용의 통화를 한 후 통화자에게 국회의원의 의정활동내용 또는 예비후보자의 선거공약 등 지지를 호소하는 내용의 문자메시지(문자 외의 음성·화상·동영상 등은 제외함)를 한 통씩 전송하거나, 선거운동기간 중에 통화를 한 후 지지를 호소하는 내용의 문자메시지를 한 통씩 전송하는 것은 「공직선거법」상 무방할 것임(2016. 1. 26. 회답).

⇨ 2017. 2. 8. 법 제59조 제2호 개정으로 선거일에도 문자메시지를 이용한 선거운동이 가능하고, 선거운동 문자메시지에 음성·화상·동영상 허용

3. 인터넷 홈페이지·게시판·대화방 이용 및 전자우편 전송을 이용한 선거운동(제3호)

가. 의의

    헌법재판소는 2011. 12. 19. 법 제93조 제1항 「그 밖에 이와 유사한 것」에 정보통신망을 이용하여 인터넷 홈페이지 또는 그 게시판·대화방 등에 글이나 동영상 등 정보를 게시하거나 전자우편을 전송하는 방법이 포함된다고 해석한다면 과잉금지원칙에 위배하여 정치적

표현의 자유 내지 선거운동의 자유를 침해한다고 판시하여 한정위헌결정을 하였다. 이러한 취지를 고려하여 2012. 2. 29. 법 개정으로 제82조의4에 규정되었던 조항을 본 조로 옮기면서 선거일이 아니면 인터넷 홈페이지 및 전자우편을 이용한 선거운동은 상시 가능하도록 하였고, 이후 2017. 2. 8. 법 제59조 제3호 개정으로 선거일에도 인터넷 홈페이지 및 전자우편을 이용한 선거운동은 가능하게 되었다. 이에 따라 선거운동을 할 수 있는 사람은 선거운동기간에 관계없이 인터넷 홈페이지 또는 그 게시판·대화방에 글이나 동영상 등을 게시하거나 전자우편 전송을 통한 선거운동이 가능하다.

나. 허위사실이나 후보자비방죄 등 다른 법조항과의 관계

인터넷이나 전자우편을 이용한 선거운동이 허용된다 하더라도 다른 법조의 제한규정을 준수하여야 하는바, 허위사실이나 후보자비방에 해당하는 내용을 게시하거나 전송하는 경우에는 법 제250조 또는 제251조에 위반된다. 글의 최초 작성 주체가 아니라고 하더라도 허위사실이나 후보자비방에 해당하는 내용을 리트윗(Retweet)하는 것은 법 제250조 또는 제251조에 위반되고[5] 선거운동을 할 수 없는 자가 선거운동 내용의 글을 게시하는 것은 법 제60조에 위반된다.

인터넷 공간에서의 선거활동을 목적으로 카페 등을 개설하고 회원을 모집해 일정한 모임의 틀을 갖추고 운영하는 인터넷상의 활동은 정보통신망을 통한 선거운동으로 인정되어 허용된다.[6]

다. 중앙선거관리원회의 행정해석

① 후보자의 캐릭터 등이 삽입된 게임의 배부

선거운동기간 중에 후보자나 정당이 후보자의 사진, 캐릭터나 공약 등이 삽입된 게임을 이메일에 첨부하여 유권자들에게 발송하거나, 후보자의 사진, 캐릭터나 공약 등이 삽입된 게임이나 배경화면을 후보자나 정당의 홈페이지를 통하여 유권자들이 자신의 컴퓨터로 다운로드 할 수 있도록 하는 행위는 가능할 것임. 다만, 재산상 이익이 될 수 있는 게임을 배부하거나, 게임의 내용이 특정 후보자에 관한 허위사실의 공표 또는 비방에 이르러서는 아니될 것임(2004. 3. 12. 회답).

---

5) 대전고등법원 2013. 7. 10. 선고 2013노222 판결
6) 대법원 2013. 11. 14. 선고 2013도2190 판결

⇨ 2017. 2. 8. 법 제59조 제3호 개정으로 선거일에도 전자우편을 이용한 선거운동 가능

② 후보자의 인터넷광고 전송가능 여부

　후보자의 인터넷 광고를 별도의 뉴스레터(기사와 광고가 함께 게재된 형태)로 편집하여 뉴스레터의 수신을 허용한 네티즌에게 전자우편으로 전송하는 것은 무방할 것임. 다만, 공선법 제82조의5의 규정에 따른 선거운동정보의 전송제한 사항을 준수하여야 함(2006. 5. 1. 회답).

⇨ 2012. 2. 29. 법 개정으로 전자우편 전송대행업체에 위탁하여 전자우편을 발송할 수 있는 자는 후보자와 예비후보자에 한함.

③ 모바일 메신저를 이용한 선거운동

　1. 카카오톡과 같은 모바일 메신저는 「공직선거법」 제60조의3 제1항 제3호에 따른 전자우편(컴퓨터 이용자끼리 네트워크를 통하여 문자·음성·화상 또는 동영상 등의 정보를 주고받는 통신시스템을 말함)에 해당하는바, 선거운동을 할 수 있는 자는 언제든지 선거운동정보 등을 표시하지 아니하고 모바일 메신저를 이용한 선거운동을 할 수 있을 것임.

⇨ 2012. 2. 29. 법 개정으로 전자우편의 의미는 법 제59조 제3호에 규정되어 있으며, 전송대행업체에 위탁하여 전자우편을 전송할 수 있는 자는 후보자와 예비후보자에 한하되, 이 경우에는 법 제82조의5 제2항에 따라 선거운동정보 등을 명시하여야 함.

　2. 예비후보자, 후보자의 카카오톡 전송용 동영상 제작비용은 선거비용에 포함될 것이며, 후보자의 선거비용은 「공직선거법」 제122조의2에 따라 보전대상에 해당하나, 예비후보자의 선거비용은 같은 법 제122조의2 제2항 제1호에 해당하여 보전하지 아니함(2012. 1. 19. 회답).

④ 카카오톡을 유상으로 대량 전송할 수 있는 '나인박스'를 이용한 선거운동

　'나인박스'를 이용하여 카카오톡 메시지를 전송하는 것은 전송대행업체를 통한 위탁전송에 해당하지 아니하므로, 선거운동을 할 수 있는 사람은 「공직선거법」 제59조 제3호에 따라 이를 이용하여 선거운동을 할 수 있음(2022. 4. 4. 회답).

※ 나인박스는 홈페이지를 통해 전송기능을 유상제공할 뿐, 전송행위(나인박스 홈페이지 접속 → 사용자의 PC 카카오톡 접속→사용자의 카카오톡에서 연락처 불러오기 → 수신자 선택 → 내용 작성 → 1회 클릭으로 전송)는 모두 사용자가 직접 수행

⑤ 아프리카TV를 이용한 선거운동

　선거운동을 할 수 있는 자가 선거일이 아닌 때에 인터넷 언론사가 아닌 아프리카TV의 인터넷 홈페이지를 이용하여 선거운동을 하는 것은 「공직선거법」상 무방할 것임. 다만, 선거운동을 할 수 없는 사람이 출연하여 선거운동을 하여서는 아니 될 것임(2016.

2. 19. 회답).

⇨ 2017. 2. 8. 법 제59조 제3호 개정으로 선거일에도 인터넷 홈페이지를 이용한 선거운동 가능

⑥ 동영상 콘텐츠에 후보자 등 출연

(문) 대통령선거 예비후보자 및 후보자의 예능방송 출연 여부가 논란이 되고 있는바, '양세형의 숏터뷰'에 출연할 수 있는지 여부

    ※ '양세형의 숏터뷰'는 SBS 모바일 사업팀이 제작하여 인터넷이나 SNS에 게시하는 동영상 콘텐츠로 방송에 해당하지 아니함.

(답) 귀문의 경우 대통령선거 예비후보자 및 후보자가 귀문의 동영상 콘텐츠에 출연하는 것은 「공직선거법」에 위반되지 아니할 것임. 다만, 발언내용이 같은 법 제110조, 제250조 또는 제251조에 위반되는 허위사실 공표나 비방에 이르지 않아야 할 것이며, 귀문의 동영상 콘텐츠가 소속 정당의 정강·정책이나 후보자의 정견, 그 밖의 사항을 알아보기 위한 대담에 이르는 때에는 언론기관이 같은 법 제82조에 따라 개최하고 보도하여야 할 것임(2017. 3. 17. 회답).

⑦ 네트워크에 후보자 홍보 문구 설정

네트워크의 이름(SSID)을 설정하는 것은 「공직선거법」 제59조 제3호에 따른 전자우편(컴퓨터 이용자끼리 네트워크를 통하여 문자 등의 정보를 주고받는 통신시스템을 말함)에 해당하는바, 선거운동을 할 수 있는 사람은 시기에 관계없이 후보자의 홍보문구를 네트워크의 이름으로 설정하여 선거운동을 할 수 있음(2020. 2. 13. 회답).

4. 전화를 이용한 선거운동(제4호)

가. 연혁

법 제82조의4 제1항에서 선거운동기간 중에 전화를 이용하여 송·수화자 간 직접 통화하는 방식으로 선거운동을 할 수 있도록 규정되어 있다가 2020. 12. 29. 법 개정 시 법 제59조에서 규정하여 선거운동기간 전에도 가능하게 하였다. 컴퓨터를 이용한 자동 송신장치를 설치한 전화는 제외시켜 편면적이고 일방적인 전화을 이용한 선거운동은 제한하였다.

나. 중앙선거관리위원회 행정해석

① 정당의 로고송을 정당·후보자 및 위탁업체 홈페이지에서 다운받아 통화연결음으로 사용

문 □□당은 5. 31. 지방선거 선거운동의 일환으로 로고송(선거음악)을 제작할 예정입니다. 이에 □□당 로고송을 인터넷 상에서 서비스를 할 수 있는지 여부

1. □□당 홈페이지(www.□□.or.kr), 후보자 홈페이지, 한나라당 로고송 위탁업체 홈페이지에서 로고송(선거음악)을 휴대전화나 유선전화의 통화연결음으로 다운로드 받아 사용할 수 있는 서비스를 제공할 수 있는가?

※ 위탁업체에서 서비스 제공시 통상적인 서비스 이용료를 부과할 수 있는가?

2. 로고송을 전화 통화연결음으로 사용이 가능하다면, 사용가능한 자의 범위는?

3. 서비스 이용기간에 제한이 있는가?

답 1. 문 1에 대하여

귀문의 경우 선거운동기간 중에는 무방할 것임.

2. 문 2·3에 대하여

선거운동을 할 수 있는 자는 선거운동기간 중에 정당 또는 후보자를 홍보하는 내용의 음악을 자신의 전화 통화연결음으로 사용할 수 있을 것임(2006. 4. 28. 회답).

⇨ 2020. 12. 29. 공직선거법 제59조 제4호 신설로 선거운동을 할 수 있는 사람은 선거일이 아닌 때에 전화를 이용하여 선거운동을 할 수 있음.

② 컴퓨터 이용 자동 다이얼링 기술(CTI)을 이용한 선거운동

문 당사에서는 선거운동기간중 선거운동의 방법으로 컴퓨터 이용 자동 다이얼링 기술(CTI : Computer Telephony Integration)을 활용한 선거전용 전화홍보시스템을 개발하게 되었는바, 이 시스템의 기능이 2010. 1. 25. 개정된 선거법에 위반되는 사항이 없는지 여부

1. 당사의 시스템은 서버 컴퓨터가 자동으로 사전에 입력된 유권자 전화번호로 전화를 걸고 유권자가 전화를 받으면 대기중인 상담원(선거사무원이나 자원봉사자)에게 연결하여 유권자와 1:1로 직접 통화를 하게 되는 시스템으로 컴퓨터를 이용한 자동 다이얼링 기능이 선거법에 위반되는지 여부

2. 전화가 연결되어 상담원이 유권자와 통화를 할 경우 유권자에게 지지호소를 하면서 통화중에 유권자의 명시적인 동의 없이 음성 또는 음악파일의 형태로 저장된 후보자의 육성 메시지나 로고송을 배경음악의 형태로 들려주는 행위가 선거법에 위반되는지 여부(이 경우 후보자의 육성이나 로고송이 전송중인 상태에

서도 상담원은 유권자와 통화가 가능하고 유권자의 요청에 따라 언제든지 로고송 등의 전
송중단이 가능함)

3. 유권자와 전화통화를 하면서 컴퓨터를 이용하여 유권자의 e-mail 주소, 휴대
전화로 전자우편이나 문자메시지 등 후보자 관련 정보를 통화중인 유권자에
게 전송하는 행위가 가능한지 여부

4. 만일 동 시스템을 선거운동에 이용하는 것이 법에 위반되지 않는다면 후보자
가 당사의 시스템을 선거운동에 이용하기 위하여 아래의 장비를 임대할 때 선
거비용 보전의 대상이 되는 품목의 범위

 - 구성품목 : 컴퓨터, CTI전용전화기, 네트워크장비, 소프트웨어, 책상/의자
 - 이용조건 : 상기 품목의 전체 또는 일부를 선거기간 중 임대하여 이용

 1. 문 1에 대하여

귀문의 경우 무방할 것임.

⇨ 자동전화걸기시스템이 설치된 전화를 이용하여 선거운동을 하는 것은 행
위시기에 따라 「공직선거법」 제109조 또는 제254조에 위반될 수 있음
(2021. 2. 5. 회답 참조).

2. 문 2에 대하여

귀문의 경우 상담원이 유권자와 통화중에 상대방의 동의를 받고 후보자의
육성 메시지나 로고송을 들려주는 것은 직접 통화에 부수되는 행위로 보아
무방할 것이나, 상대방의 동의 없이 후보자의 육성 메시지나 로고송을 배
경음악의 형태로 들려주는 것은 「공직선거법」 제100조 및 제109조에 위
반될 것임.

3. 문 3에 대하여

귀문의 경우 무방할 것임. 다만, 「공직선거법」 제82조의5에 따른 선거운동
정보의 전송제한 사항을 준수하여야 할 것이며, 문자메시지를 전송하는 경
우에는 문자 외의 음성·화상·동영상은 전송할 수 없을 것임.

⇨ 2012. 2. 29. 법 제82조의5 제2항에 따른 선거운동정보등의 표시는 자동
동보통신 또는 전송대행업체에 위탁하여 전송하는 때에 명시하도록 개정됨.

⇨ 2017. 2. 8. 법 제59조 제2호 개정으로 선거운동 문자메시지에 음성·화
상·동영상 허용

4. 문 4에 대하여

후보자가 귀문의 장비를 임차하여 선거운동에 이용한 경우 컴퓨터, CTI 전

용전화기, 네트워크장비, 소프트웨어의 임차료는 보전대상 선거비용에 해당될 것임(2010. 5. 10. 회답).

⇨ 법 제122조의2 제2항 제3호에 따라 이 법에 위반되는 선거운동을 위하여 지출된 비용은 보전하지 아니함.

③ ARS자동전화를 이용한 선거운동 등

문 본사는 2007년부터 각 선거후보의 음성홍보 관련 시스템을 공급하고 있는 업체입니다.

1. 본사 음성홍보시스템은 선관위가 통상적인 거래가격 등 결정내역으로 정한 전화홍보시스템 항목 중 서버운영시스템(OS)으로 선거운동기간 중 수백회선의 ARS자동전화로 유권자에게 수신 동의를 묻는 메시지를 발송하고 유권자가 수신에 동의할 경우 상담원을 1:1로 연결하여 인사말을 한 후 준비된 음성메시지를 발송하는 시스템인데, 이 경우 적법한 방법인지요?

※ 위 시스템의 전화걸기 방식은 PDS(Predictive Dialing System)방식, 즉 예측다이얼링 기능으로 상담원이 쉬지 않고 적당한 통화를 유지할 수 있도록 상담원수의 몇 배수의 자동 전화걸기를 하여 연결 후 상담원과 1:1 통화를 하는 방식이며, 이번 선거시기처럼 농번기에는 전화 수신율이 20 ~ 30%로 낮아, 여러 회선의 자동걸기로 적당한 홍보 속도를 조절할 수 있는 기능임.

2. 또한 경기도 교육감 후보가 수원 시내에 콜센터와 장비를 두고 고양시 유권자에게 유선과 무선으로 홍보를 하였을 때, 이 전화요금 중 유선과 무선에 대하여 보전이 가능한지요?

답 1. 문 1에 대하여

귀문과 같이 상담원이 단순히 음성메시지를 연결하는 역할만 한다면 송·수화자간 직접 통화하는 방식의 선거운동으로 볼 수 없을 것이므로 「공직선거법」 제100조 및 제109조에 위반될 것임.

⇨ 자동전화걸기시스템이 설치된 전화를 이용하여 선거운동을 하는 것은 행위시기에 따라 법 제109조 또는 제254조에 위반될 수 있음(2021. 2. 5. 회답 참조).

2. 문 2에 대하여

귀문의 경우 「공직선거법」에 따른 선거운동을 위하여 지출한 유선 및 인터넷 전화 요금은 보전대상에 해당되고, 휴대전화 통화료는 후보자와 그 배우자, 선거사무장, 선거연락소장 및 회계책임자가 선거운동기간에 선거운동을 위하여 사용한 휴대전화 통화료 중 후보자가 부담하는 통화료만 보전대상임. 한편, 선거사무소 또는 선거연락소 외에 선거운동을 위한 별도의 시설을 설치하는 경우에는 「공직선거법」 제89조에 위반될 것임(2010. 5. 20. 회답).

④ 모바일 인터넷전화(mVoIP) 및 스피커폰을 이용한 선거운동

   1. 모바일 인터넷전화(mVoIP)를 이용한 선거운동에 대하여

   선거운동기간 중 모바일 인터넷전화(mVoIP)를 이용하여 1대 1 또는 다수의 송·수화자가 직접 통화하는 방식으로 선거운동을 하는 것은 「공직선거법」 제82조의4(정보통신망을 이용한 선거운동)에 따라 가능함.

   2. 스피커폰을 이용한 선거운동에 대하여

   선거운동기간 중 송·수화자가 스피커폰을 이용하여 직접 통화하는 것은 「공직선거법」상 제한되지 아니함. 다만, 통화에 직접 참여하지 않는 사람들에게 선거운동의 통화 내용을 들려주기 위하여 스피커폰을 이용하거나, 별도의 확성장치를 이용하는 것은 행위양태에 따라 같은 법 제91조 및 제109조에 위반될 것임(2019. 10. 30. 회답).

   ⇨ 2020. 12. 29. 법 제82조의4 제1항이 삭제되고, 같은 법 제59조 제4호가 신설되어 선거운동을 할 수 있는 사람은 선거일이 아닌 때에 전화(송·수화자 간 직접 통화하는 방식에 한정하며, 컴퓨터를 이용한 자동 송신장치를 설치한 전화는 제외한다)를 이용하여 선거운동을 할 수 있음.

⑤ 전화를 이용한 선거운동

   자동전화걸기시스템이 설치된 전화를 이용하여 선거운동을 하는 것은 행위시기에 따라 「공직선거법」 제109조 또는 제254조에 위반될 수 있을 것임(2021. 2. 5. 회답).

   ※ 자동전화걸기시스템(Auto Dial)이란 전화번호를 사전에 입력해 두면 기계가 자동으로 전화를 걸어주는 장비일 뿐 녹음된 음성을 송출하는 것은 아님.

⑥ 컴퓨터를 이용한 자동 송신장치를 설치한 전화

전화홍보시스템의 특징

• 엑셀 또는 텍스트 형태로 보유중인 전화번호를 인터넷 전화기 시스템의 주소록에 등록

• 컴퓨터의 화면 터치(마우스 클릭, 키보드 터치) 또는 전화기의 특정 버튼(* 또는 #)을 누르면 하나의 전화번호가 시스템의 주소록에서 인터넷 전화기에 입력되면서 전화가 걸림.

• 연속 전화발송 방법 : 통화가 완료된 후, 다른 유권자에게 전화를 걸려면 사람이 직접 화면을 터치하거나 또는 전화기 버튼을 눌러야만 다음 유권자에게 전화를 걸 수 있음.

귀문의 경우 「공직선거법」 제59조 제4호에서 제한하는 "자동 송신"에 해당하지 아니할 것임(2021. 5. 4. 회답).

5. 말로 하는 선거운동(제4호)

가. 의의

헌법재판소는 돈이 들지 않는 방법으로서 '후보자 간 경제력 차이에 따른 불균형 문제'나 '사회·경제적 손실을 초래할 위험성'이 낮은, 개별적으로 대면하여 말로 지지를 호소하는 선거운동까지 금지하고 처벌하는 것은 선거운동의 자유를 과도하게 제한하여 선거운동 등 정치적 표현의 자유를 침해한다고 판단하였다.[7] 법 제59조 제4호 따라 확성장치를 사용하거나 옥외집회에서 다중을 대상으로 하는 경우를 제외하고, 개별적인 대면이나 옥내집회에서 다중을 대상으로 말로 하는 선거운동은 가능하다. 그러나 호별방문이나, 직무나 직무상 행위를 이용하여 말로 하는 선거운동을 하는 것은 제한·금지된다.

나. 중앙선거관리위원회 행정해석

① 입당원서를 배부하면서 말로 하는 선거운동

정당의 당원인 후보자가 되려는 사람이 선거기간이 아닌 때에 정당의 계획에 따라 통상적인 내용의 입당원서를 배부하면서 「공직선거법」 제59조 제4호에 따라 말로 자신의 선거운동을 하는 것은 같은 법상 제한되지 아니할 것임(2021. 3. 3. 회답).

② 선거권자의 후보자추천을 받으면서 말로 하는 선거운동

무소속후보자가 되고자 하는 사람(선거운동을 할 수 있는 사람)이 「공직선거법」 제48조에 따라 선거권자의 추천을 받으면서 법 제59조 제4호에 따라 말로 하는 선거운동을 하는 것은 법상 제한되지 않음(2021. 3. 8. 회답).

※ 호별방문 등 다른 제한·금지규정 위반행위는 없는 것을 전제로 함.

③ 후보자가 되려는 사람이 개최하는 정책·공약 개발 목적의 주민간담회에서 말로 하는 선거운동

후보자가 되려는 사람(제3자에게 요청하거나 제3자와 공모하여 개최하는 경우 포함)이 선거운동기간 전에 다른 제한·금지 규정에 위반되지 아니하는 정책·공약 개발 목적의 주민

간담회를 옥내에서 개최하면서 그 개최자·참석자(선거운동을 할 수 있는 사람)가 「공직선거법」제59조 제4호에 따라 확성장치를 사용하지 아니하고 말(연설 형태 포함)로 하는 선거운동을 하는 것은 가능할 것임.

다만, 누구든지 선거운동 목적이 아닌 다른 명목으로 집회를 개최하면서 실질적으로는 선거운동을 목적으로 하거나, 선거운동을 목적으로 하는 집회가 아니라 하더라도 그 본래 목적 범위에서 벗어나 선거운동 내용이 중심이 되는 등 집회의 방법으로 하는 선거운동에 이르는 경우에는 같은 법 제254조에 위반될 것임(2021. 2. 22. 운용기준).

④ 옥내행사에서 말로 선거운동

입후보예정자 등이 옥내행사(의정보고회·출판기념회·선거사무소 개소식 등)에서 축사·격려사를 하면서 확성장치를 사용하지 아니하고 말로 선거운동을 하는 것은 가능할 것이나, 확성장치를 사용하거나 행사의 본래 목적에서 벗어나 선거운동 내용이 중심이 되는 등 실질적으로 집회의 방법으로 하는 선거운동에 이르는 경우 행위 시기 및 양태에 따라 법 제91조, 제103조 또는 제254조에 위반될 수 있음(2023. 11. 20. 제22대 국선 예상쟁점 법규운용기준).

⑤ 다수인의 말로 하는 선거운동

법 제105조 제1항에 위반되지 않는 범위에서 다수인이 거리 등 공개된 장소에서 선거구민을 대상으로 법 제59조 제4호의 방법으로 선거운동을 할 수 있음. 다만, 옥외집회에서 다중을 대상으로 말로 선거운동을 하는 경우에는 행위 시기 및 양태에 따라 법 제59조, 제103조, 제254조에 위반될 수 있을 것임(2023. 11. 20. 제22대 국선 예상쟁점 법규운용기준).

⑥ 직·성명이 게재된 윗옷을 착용하고 말로 선거운동

입후보예정자가 자신의 직·성명 등이 게재된 윗옷을 착용하고 말로 하는 선거운동을 하는 것은 행위 시기 및 양태에 따라 법 제90조, 제254조에 위반될 수 있을 것임(2023. 11. 20. 제22대 국선 예상쟁점 법규운용기준).

⑦ 의정보고서등 배부 시 말로 하는 선거운동 가능 여부

선거운동을 할 수 있는 자가 의정보고서 또는 정당의 정책홍보물을 배부하면서 말로 해당 국회의원 등에 대한 선거운동을 하는 경우에는 행위 시기 및 양태에 따라 「공직선거법」제93조, 제254조 등에 위반될 수 있음(중앙선거관리위원회. 통합법규안내시스템. 2023. 12. 6.).

| 말로 하는 선거운동 관련 공직선거법 운용기준[8] |

❶ 말로 하는 선거운동 허용범위

> 선거운동을 할 수 있는 사람은 선거일이 아닌 때에 「공직선거법」(이하 '법'이라 함) 제59조 제4호에 따라 옥내·외에서 개별적으로 말로 하는 선거운동을 할 수 있음.
> 다만, 확성장치를 사용하거나 옥외집회에서 다중을 대상으로 말로 하는 선거운동을 할 수 없으며, 선거운동의 주체, 기간, 방법 등에 대한 다른 제한·금지 규정에 위반되어서는 아니 됨.

[사례예시]

할 수 있는 행위
- 선거운동을 할 수 있는 사람은 선거일이 아닌 때에 각종 행사장에서 참석자들과 일일이 악수·인사를 하면서 말로 선거운동을 할 수 있음.
- 선거운동을 할 수 있는 사람은 선거일이 아닌 때에 도로변·광장·공터·주민회관·시장·점포 등 다수인이 왕래하는 공개장소를 방문하여 개별적으로 말로 선거운동을 할 수 있음. 다만, 선거운동을 위한 집회 개최에 이르러서는 아니 됨.

할 수 없는 행위
- 누구든지 선거공약이 게재된 인쇄물을 배부하면서 말로 선거운동을 할 수 없음.
- 누구든지 옥외에서 개최되는 각종 집회에 참석하여 다수의 참석자들을 대상으로 말로 하는 선거운동을 할 수 없음. 다만, 법 제79조에 따른 경우는 가능함.

❷ 옥내집회에서 말로 하는 선거운동

> 선거운동을 할 수 있는 사람은 선거일이 아닌 때에 법상 제한·금지되지 아니하는 옥내집회에서 다중을 대상으로 법 제59조 제4호에 따라 말(연설 형태 포함)로 하는 선거운동을 할 수 있음.

[사례예시]

- 선거운동을 할 수 있는 사람은 선거일이 아닌 때에 단체의 정기총회 만찬 모임에서 자리에서 일어나 이목을 집중시킨 후 연설의 형태로 건배사를 하면서 말로 하는 선거운동을 할 수 있음.
- 누구든지 선거운동을 목적으로 집회를 개최하여 다중을 대상으로 말로 하는 선거운동을 할 수 없음.

---

8) 　중앙선거관리위원회. 2021. 1. 12. '말로하는 선거운동관련 운용기준'

❸ 말로 하는 선거운동 금지장소

누구든지 선거운동기간 전에 선박·정기여객자동차·열차·전동차·항공기의 안 등 법 제60조의3 제1항 제2호 단서에 규정된 예비후보자의 지지호소가 금지되는 장소에서 법 제59조 제4호에 따라 말로 하는 선거운동을 할 수 없음.

[사례예시]

- 누구든지 선거운동기간 전에 지하철 안에서 말로 하는 선거운동을 할 수 없음.
- 예비후보자는 지하철 안에서 자신의 선거운동용 명함을 주거나 선거운동을 할 수 없음.

❹ 말·전화 이용 의정활동 보고·홍보 기간 확대

국회의원·지방의회의원 또는 선거운동을 할 수 있는 사람은 선거일이 아닌 때에 법 제59조 제4호에 따라 말 또는 송·수화자 간 직접 통화방식의 전화를 이용하여 선거운동을 하면서 의정활동을 보고 또는 홍보할 수 있음.

[사례예시]

- 국회의원은 선거일이 아닌 때에 법 제59조 제4호에 따라 말로 의정활동을 보고할 수 있음.
- 국회의원은 선거일 전 90일 후에 의정보고회를 개최하여 의정활동을 보고할 수 없음.

❺ 당내경선운동 허용범위 확대

비당원 참여 당내경선에서 선거운동을 할 수 있는 사람은 법 제59조 제4호에 따라 말 또는 송·수화자 간 직접 통화방식의 전화를 이용하여 경선운동을 할 수 있음.
다만, 경선후보자는 예비후보자라 하더라도 법 제60조의3 제1항 제4호·제5호의 방법으로 경선운동을 할 수 없음.

[사례예시]

- 선거운동을 할 수 있는 사람은 경선선거인에게 법 제59조 제4호에 따라 말로 하는 방법의 경선운동을 할 수 있음.
- 예비후보자인 경선후보자는 예비후보자의 선거운동 방법인 어깨띠를 착용하고 경선운동을 할 수 없음.

❻ 말로 하는 선거운동 관련 제한·금지 대표 사례

가. 지위를 이용하는 행위

공무원 등 법령에 따라 정치적 중립을 지켜야 하는 사람이 직무와 관련하여 또는 지위를 이용하여 하거나, 누구든지 교육적·종교적 또는 직업적인 기관·단체 등의 조직 내에서의 직무상 행위를 이용하여 법 제59조 제4호에 따라 말로 하는 선거운동을 하는 경우에는 법 제85조에 위반됨.

[사례예시]

- 지방자치단체가 개최하는 행사에 입후보예정자(예비후보자·후보자 등록을 하지 아니하였으나 입후보 의사를 가진 사람을 말함. 이하 같음)를 초청하여 지지호소하는 발언을 하게 할 수 없음.
- 선거에서의 중립의무가 있는 전국시·도지사협의회가 선거가 임박한 시기에 특정 입후보예정자가 포함된 전직 시·도지사들을 초청하여 시·도 운영에 관한 경험공유 및 친목강화를 위한 간담회를 개최할 수 없음.
- 종교집회를 진행하는 사람은 집회시간에 특정 후보자를 지지하는 내용의 설교를 할 수 없음.
- 조합장은 조합직원 회의에 예비후보자를 오게 하여 선거운동을 하게 하거나 조합장이 예비후보자의 업적을 소개할 수 없음.

나. 선거운동을 위한 집회 개최

누구든지 법 제81조의 단체의 후보자등 초청 대담·토론회 등 이 법의 규정에 따른 경우를 제외하고 선거운동을 위한 모임·집회(옥내·외 불문)를 개최하여 법 제59조 제4호에 따라 말로 하는 선거운동을 하는 경우에는 행위 시기 및 양태에 따라 법 제101조, 제103조, 제254조에 위반됨.

[사례예시]

- 선거운동을 할 수 있는 사람은 선거일이 아닌 때에 선거와 무관하게 개최된 옥내집회에서 말로 하는 선거운동을 할 수 있음.
- 입후보예정자가 선거운동 목적의 집회를 개최하여 말로 하는 선거운동을 할 수 없음.

다. 말로 하는 선거운동 대가 제공 행위

누구든지 이 법의 규정에 의하여 수당·실비 기타 이익을 제공하는 경우를 제외하고 수당·실비 기타 자원봉사에 대한 보상 등 명목여하를 불문하고 법 제59조 제4호에 따라 말로 하는 선거운동과 관련하여 금품 기타 이익의 제공 또는 그 제공의 의사를 표시하거나 그 제공의 약속·지시·권유·알선·요구 또는 수령하는 경우에는 법 제135조에 위반됨.

[사례예시]

> • 입후보예정자가 선거운동을 할 수 있는 사람에게 말로 선거운동을 하게 하고 그 대가를 제공할 수 없음.
---

6. 명함을 이용한 선거운동(제5호)

가. 의의

후보자가 되려는 사람이 선거일 전 180일(대통령선거의 경우 선거일 전 240일을 말한다)부터 해당 선거의 예비후보자등록신청 전까지 제60조의3제1항제2호의 방법(같은 호 단서를 포함한다)으로 자신의 명함을 직접 주는 경우는 가능하다.

예비후보자와 후보자 신분에 한하여 허용되었던 명함배부가 예비후보자가 아닌 후보자가 되려는 사람에게까지 확대되었다. 신분별 명함배부 방법 차이는 다음과 같이 비교할 수 있다.

❙ 신분별 명함 배부 비교 ❙

구분	예비후보자가 아닌 후보자가 되려는 사람	예비후보자	후보자
시기	• 선거일 전 180일(대통령선거의 경우 선거일 전 240일을 말함)부터 예비후보자 등록 전까지 배부 가능 (법 §60의3①제2호 준용)	• 예비후보자등록 후	• 후보자등록 후
장소	• 시장·거리 등 공개장소를 방문하여 명함을 주거나 인사, 지지권유 가능 • 선박·정기여객자동차·열차·전동차·항공기의 안 등 법 제60조의3제1항 제2호 단서에 규정된 예비후보자의 지지호소가 금지되는 장소에서 명함 배부 제한	좌동	• 장소제한이 없음.

주체	• 후보자가 되려는 사람만	• 예비후보자의 배우자(배우자가 없는 경우 예비후보자가 지정한 1명)와 직계존비속 • 예비후보자와 함께 다니는 선거사무장·선거사무원 및 제62조제4항에 따른 활동보조인 • 예비후보자가 그와 함께 다니는 사람 중에서 지정한 1명	• 후보자의 배우자(배우자가 없는 경우 후보자가 지정한 1명)와 직계존비속 • 후보자와 함께 다니는 선거사무장·선거연락소장·선거사무원 및 제62조제4항에 따른 활동보조인 • 후보자가 그와 함께 다니는 사람 중에서 지정한 1명
규격	• 길이 9센티미터 너비 5센티미터 이내	좌동	좌동
종수	• 제한 없음	좌동	좌동
내용	• 자신을 홍보하는 내용(학력의 경우 정규학력과 이에 준하는 외국의 교육과정을 이수한 학력)을 게재한 명함을 직접 주거나 지지 호소 가능	좌동	좌동
선거비용과 보전여부	• 선거비용에 산입 • 선거비용 보전대상 미해당	좌동	• 선거비용에 산입 • 선거비용 보전대상

나. 중앙선거관리위원회 행정해석

① 직·성명이 게재된 윗옷을 착용하고 법 제59조 제5호의 명함배부

법 제59조 제5호에 따라 입후보예정자가 선거운동용 명함을 배부하는 경우 자신의 직·성명이 게재된 윗옷 또는 의례적인 문구의 어깨띠를 착용하는 것은 행위 시기 및 양태에 따라 법 제90조, 254조에 위반될 수 있을 것임(2023. 11. 20. 제22대 국선 예상쟁점 법규운용기준).

제9장

유튜브·챗GPT·딥페이크영상 등 관련 규율

유튜브·챗GPT·딥페이크영상 등 관련 규율

우리 삶의 전반에 영향을 미치기 시작한 유튜브, 챗GPT 등 AI는 공직선거에서도 시·공간의 한계를 넘어 국내외 광범위한 선거권자를 대상으로 효과적으로 알릴 수 있는 정치공간과 플랫폼으로 자리잡고 있다. 양날의 칼의 속성을 가진 딥페이크 영상 등 선거운동 정보에 대한 공직선거법의 규율내용을 살펴볼 필요가 있다.

제1절 유튜브

1. 선거운동

법이 인터넷을 이용한 선거운동을 다른 방식에 의한 선거운동보다 폭넓게 허용하는 것은, 기존 매체와 달리 인터넷을 통한 정치과정 참여의 기회와 범위가 넓어질수록 더 충실한 공론의 형성을 기대할 수 있어 실질적 민주주의의 구현을 위하여 인터넷상 일반 유권자의 정치적 표현의 자유가 적극 장려되어야 하는 측면을 고려한 것이므로, 인터넷을 통한 선거운동과 관련한 법의 규정들은 이러한 인터넷을 통한 선거운동의 특성 및 이를 폭넓게 허용한 입법 취지 등을 고려하여 해석될 필요가 있다.[1]

---

1) 대법원 2013. 11. 14. 선고 2013도2190 판결

제59조(선거운동기간) 선거운동은 선거기간개시일부터 선거일 전일까지에 한하여 할 수 있다. 다만, 다음 각 호의 어느 하나에 해당하는 경우에는 그러하지 아니하다.

1.~ 2. 생략

3. 인터넷 홈페이지 또는 그 게시판·대화방 등에 글이나 동영상 등을 게시하거나 전자우편(컴퓨터 이용자끼리 네트워크를 통하여 문자·음성·화상 또는 동영상 등의 정보를 주고받는 통신시스템을 말한다. 이하 같다)을 전송하는 방법으로 선거운동을 하는 경우. 이 경우 전자우편 전송대행업체에 위탁하여 전자우편을 전송할 수 있는 사람은 후보자와 예비후보자에 한한다.

법상 유튜브에 대하여 명문상 규율하는 규정은 없으나 유튜브를 '인터넷 홈페이지'로 보아 법을 적용하고 있다. 따라서 인터넷 홈페이지를 이용하여 경선운동, 선거운동, 의정활동 보고 등을 할 수 있다.

법 제59조 제3호는 선거운동기간의 제한을 받지 않고 상시 허용되는 선거운동 중 하나로 '인터넷 홈페이지 또는 그 게시판·대화방 등에 글이나 동영상 등을 게시'하는 행위를 규정하고 있다. 위 조항의 문언은 인터넷에 글이나 동영상 등을 게시하는 방식의 선거운동은 포괄적으로 허용된다는 취지로 이해된다. '인터넷 홈페이지 또는 그 게시판·대화방 등'이라고 하면서 말미에 '등'을 붙여 글·동영상 등을 게시하는 플랫폼(홈페이지, 블로그, 트위터, 카페, 유튜브, 메신저 등)이나 그 플랫폼 안에서 글·동영상을 게시하는 영역(게시판, 대화방, 공지 및 광고 영역 등)을 한정하지 않고 열린 형태로 규정하고 있고, 표현의 방식 역시 '글이나 동영상 등'이라고 하여 이를 특정한 형식, 예를 들어 '광고글이 아닌 형식'과 같이 한정하지 않고 있다. 법 제59조 제3호의 개정 연혁을 살펴보더라도 이 규정은 '인터넷'이라는 매체 자체의 특성을 고려하여 인터넷 매체에 의한 선거운동을 포괄적으로 허용하기 위한 것임을 알 수 있고, 그중에서도 특정한 방식에 한정하여서만 허용하려는 취지로 이해할 수 없다.[2]

제93조 제1항의 한정위헌 결정(헌법재판소 2011. 12. 29. 2007헌마1001 결정)에 따른 관련규정 운용 기준

1. 정보통신망을 이용한 선거운동

선거운동을 할 수 있는 자는 언제든지 인터넷 홈페이지(포털사이트, 미니홈페이지, 블로그 등) 또는 그 게시판·대화방 등에 글이나 동영상 등 정보를 게시하거나 전자우편(이메일, SNS, 모바일메신저 등)을 전송하는 방법으로 선거운동을 할 수 있음. 이 경우 제254조를 적용하지 아니함.

---

2) 서울고등법원 2023. 6. 30 선고 2023노1075 판결

2. 인터넷광고를 이용한 선거운동

누구든지(법 제82조의7에 따른 후보자 및 정당을 제외함) 선거운동을 위하여 인터넷 홈페이지에 광고를 하는 경우에는 행위의 시기·양태에 따라 법 제82조의7·제93조 제1항 또는 제254조에 위반될 수 있음(중앙선거관리위원회 2012. 1. 13. 의결).

2. '광고' 게재 관련

제93조(탈법방법에 의한 문서·도화의 배부·게시 등 금지) ① 누구든지 선거일 전 120일(보궐선거 등에 있어서는 그 선거의 실시사유가 확정된 때)부터 선거일까지 선거에 영향을 미치게 하기 위하여 이 법의 규정에 의하지 아니하고는 정당(창당준비위원회와 정당의 정강·정책을 포함한다. 이하 이 조에서 같다) 또는 후보자(후보자가 되고자 하는 자를 포함한다. 이하 이 조에서 같다)를 지지·추천하거나 반대하는 내용이 포함되어 있거나 정당의 명칭 또는 후보자의 성명을 나타내는 광고, 인사장, 벽보, 사진, 문서·도화, 인쇄물이나 녹음·녹화테이프 그 밖에 이와 유사한 것을 배부·첩부·살포·상영 또는 게시할 수 없다. 다만, 다음 각 호의 어느 하나에 해당하는 행위는 그러하지 아니하다.

　1. 선거운동기간 중 후보자, 제60조의3제2항 각 호의 어느 하나에 해당하는 사람(같은 항 제2호의 경우 선거연락소장을 포함하며, 이 경우 "예비후보자"는 "후보자"로 본다)이 제60조의3제1항제2호에 따른 후보자의 명함을 직접 주는 행위

　2. 선거기간이 아닌 때에 행하는 「정당법」 제37조제2항에 따른 통상적인 정당활동

② 누구든지 선거일전 90일부터 선거일까지는 정당 또는 후보자의 명의를 나타내는 저술·연예·연극·영화·사진 그 밖의 물품을 이 법에 규정되지 아니한 방법으로 광고할 수 없으며, 후보자는 방송·신문·잡지 기타의 광고에 출연할 수 없다. 다만, 선거기간이 아닌 때에 「신문 등의 진흥에 관한 법률」 제2조제1호에 따른 신문 또는 「잡지 등 정기간행물의 진흥에 관한 법률」 제2조에 따른 정기간행물의 판매를 위하여 통상적인 방법으로 광고하는 경우에는 그러하지 아니하다

　법 제93조에서 광고를 규제하는 이유는 '광고'에 관하여 일방적으로 배부되고 불특정 다수의 사람들이 그들의 의도와 상관없이 광고에 노출되고, 표현방법을 금전적으로 구매하는 것이기 때문에 인쇄물 등 다른 방식에 비하여 후보자 등 본인의 특별한 노력은 필요로 하지 않으면서 비용은 많이 드는 매체이므로, 경제력에 따라 그 이용 가능성에 큰 차이가 있기 때문이다.[3]

---

3)　헌법재판소 2016. 3. 31. 2013헌바26 결정

유튜브 애드센스(Adsense) 광고는 유튜브 채널에 게시된 동영상의 시작·중간·끝 부분 등에 광고주가 별도 제작한 광고를 노출할 수 있도록 광고주와 유튜브가 계약을 체결하여 제공되는 광고 서비스이다. 유튜브 애드센스 광고는 광고가 노출되는 채널의 개설자와 광고주가 별도의 광고계약을 체결하지 아니하는 점, 광고료도 광고주가 유튜브에 지급한 후 채널 사용자는 사후에 유튜브로부터 광고수익을 정산 받는 방식인 점, 채널 개설자는 일반적으로 해당 채널에 게시된 영상에 어떤 광고를 노출할 것인지를 결정할 권한이 없다는 점, 광고는 채널 개설자가 업로드한 영상과 연결되어 재생될 뿐 그 영상의 일부로 볼 수도 없는 점 등 광고계약의 주체, 방식, 광고수익정산 방법을 고려할 때, 유튜브 채널 및 그 채널에 게시된 동영상에 표출되는 광고는 '유튜브'라는 동영상 플랫폼에 게시되는 광고로 볼 수 있다. 따라서 행위 시기와 내용에 따라 법 제93조 나 제254조 등이 적용된다.

그리고 선거일전 90일부터 선거일까지는 정당 또는 후보자의 명의를 나타내는 저술·연예·연극·영화·사진 그 밖의 물품을 유튜브 애드센스(Adsense) 광고를 할 수 없으며, 입후보예정자는 유튜브 애드센스 광고에 출연할 수 없다.

한편 인터넷언론사는 법 제8조의5 제1항에 정의되어 있고, 그 구체적인 범위는 「인터넷선거보도심의위원회의 구성 및 운영에 관한 규칙」제2조 및 「인터넷선거보도 심의기준 등에 관한 규정」제10조에 따라 정해지는바, 현재 유튜브(Google LLC 운영), 인스타그램(페이스북 소유), 페이스북은 인터넷언론사에 포함되어 있지 않다. 따라서 인터넷언론사가 개설한 유튜브 뉴스채널에 게시된 동영상에 선거운동 광고를 하는 것은 유튜브 홈페이지에 하는 광고로 볼 수 있을 뿐, '인터넷언론사의 인터넷홈페이지에 하는 광고'로는 보기 어려운 바, 유튜브에 법 제82조의7에 따른 인터넷광고를 게재할 수 없다. 인터넷언론사의 인터넷홈페이지가 아닌 유튜브(인터넷언론사의 유튜브 채널을 포함함)에 선거운동을 위한 광고를 하는 것은 행위시기 및 양태에 따라 법 제93조 또는 제254조에 위반된다.[4]

3. 선거비용보전 관련

제122조의2(선거비용의 보전 등) ② 제1항에 따른 선거비용의 보전에 있어서 다음 각 호의 어느 하나에 해당하는 비용은 이를 보전하지 아니한다.
  11. 그 밖에 위 각 호의 어느 하나에 준하는 비용으로서 중앙선거관리위원회규칙으로 정하는 비용

---

4) 중앙선거관리위원회. 2020. 3. 12. 회답

> **규칙 제51조의2(선거비용 보전 및 부담비용 산정의 기준)** ③ 법 제122조의2제2항제11호에서 "그 밖에 위 각 호의 어느 하나에 준하는 비용"이라 함은 다음 각 호의 어느 하나에 해당하는 비용을 말한다.
>
> 　1. 법 제59조제3호에 따른 인터넷 홈페이지 또는 그 게시판·대화방 등에 글이나 동영상 등을 게시하는 방법의 선거운동에 소요된 비용과 선거운동기간이 아닌 때에 법 제59조제2호부터 제5호까지에 따른 문자메시지·전자우편·전화·명함에 의한 선거운동에 소요된 비용

　　법 제112조의2제2항제11호와 규칙 제51조의2에 따라 유튜브에 글이나 동영상 등을 게시하는 방법의 선거운동에 소요된 비용는 보전하지 아니한다.

4. 선거운동 관련 금품 제공

> **제230조(매수 및 이해유도죄)** ① 다음 각 호의 어느 하나에 해당하는 자는 5년 이하의 징역 또는 3천만원 이하의 벌금에 처한다.
>
> 　4. 제135조(選擧事務關係者에 대한 手當과 實費補償)제3항의 규정에 위반하여 수당·실비 기타 자원봉사에 대한 보상 등 명목여하를 불문하고 선거운동과 관련하여 금품 기타 이익의 제공 또는 그 제공의 의사를 표시하거나 그 제공을 약속한 자
>
> 　5. 선거에 영향을 미치게 하기 위하여 이 법에 따른 경우를 제외하고 문자·음성·화상·동영상 등을 인터넷 홈페이지의 게시판·대화방 등에 게시하거나 전자우편·문자메시지로 전송하게 하고 그 대가로 금품, 그 밖에 이익의 제공 또는 그 제공의 의사표시를 하거나 그 제공을 약속한 자

　　선거에 영향을 미치게 하기 위하여 법에 따른 경우를 제외하고 문자·음성·화상·동영상 등을 인터넷 홈페이지의 게시판·대화방 등에 게시하거나 전자우편·문자메시지로 전송하게 하고 그 대가로 금품 등을 수수하는 행위나, 누구든지 법에 따른 수당·실비를 지급하는 것 외에 선거운동과 관련하여 금품 등을 수수하거나 이를 알선·요구하는 행위를 금지·처벌하므로(제230조 제1항 제4, 5, 7호), 후보자가 아닌 일반 유권자가 대가를 수수하고 인터넷을 통한 선거운동을 하는 것은 법에 위반된다.

　　한편 정보통신서비스제공자가 영업행위로서 선거운동정보 광고을 대행하고 그에 따른 대가를 받더라도 법에 위반되지 아니할 것이다. 이는 정보통신서비스제공자가 선거운동을 하는 것으로 볼 것은 아니며, 정보통신서비스제공자의 선거운동정보 광고행위는 의뢰인의 요

구사항을 이행하기 위한 영업행위에 해당할 뿐이기 때문이다. 다만, 대행을 영업으로 하지 아니한 자가 후보자등의 선거운동을 위하여 그의 의뢰를 받아 선거운동정보 광고를 하고 대가를 받은 경우에는 법 제135조 제3항에 위반될 것이다.

5. 기부행위 관련

> **제112조(기부행위의 정의 등)** ① 이 법에서 "기부행위"라 함은 당해 선거구안에 있는 자나 기관·단체·시설 및 선거구민의 모임이나 행사 또는 당해 선거구의 밖에 있더라도 그 선거구민과 연고가 있는 자나 기관·단체·시설에 대하여 금전·물품 기타 재산상 이익의 제공, 이익제공의 의사표시 또는 그 제공을 약속하는 행위를 말한다.
> ② 제1항의 규정에 불구하고 다음 각 호의 어느 하나에 해당하는 행위는 기부행위로 보지 아니한다.

'기타 재산상 이익의 제공'은 반드시 객관적으로 가치가 있을 것을 요하지 아니하고 수령자의 수요나 욕망을 충족시켜 줄 수 있는 일체의 이익을 뜻한다.[5]

법에서 말하는 재산상 이익은 오로지 금전·물품과 동일시되거나 이에 준하는 정도의 직접적이고 확정적인 경제적 가치가 있는 재산적인 이익만으로 국한된다거나 반드시 기부행위 주체의 재산상 손실이 수반되어야 한다고 보기 어렵다. 자본주의 사회에서 공익광고, 비제품 광고를 차치하고서, 판매중인 제품 또는 서비스의 광고 또는 홍보행위는 필연적으로 해당 제품 또는 서비스의 판매량 제고, 즉 소비자로 하여금 구매하도록 수요를 자극하기 위하여 이루어진다. 현재 판매 중인 특정 제품 홍보행위로 얻어지는 재산상 이익은 비록 금전으로 환산하기 어려운 경우라고 하더라도 이는 사람의 경제적인 수요·욕망을 충족시키기에 족한 일체의 유형·무형의 이익에 해당한다고 보아야 하고, 결국 법이 금지하는 기부행위에 해당한다.

지방자치단체장이 자신의 유튜브 채널을 통해 당해 선거구 안에 있는 자가 대표로 있는 업체에서 제조·판매하는 제품을 홍보나 광고를 한 것은 기부행위에 해당한다고 한 사례가 있다.[6]

---

5) 대법원 2013. 7. 25. 선고 2013도98 판결
6) 제주지방법원 2020. 12. 24. 선고 2020고합175 판결

범죄사실

　○○도지사인 피고인은 2019. 12. 9. 22:00경 피고인의 개인 유튜브 채널을 통해 홈쇼핑 형식으로 생방송을 진행하여 ○○에 거주하는 B가 운영하는 □□수산에서 제조·판매하는 "B 영양식 5종 세트(이하 '이 사건 죽 세트'라 한다)"를 소개하였다. 피고인은 생방송 중 "B 성게죽"을 직접 시식하며 "맛이 좋다"고 품평하고, B와 전화 통화를 연결하여 제품 소개를 받았으며, B가 죽을 개발하여 특허를 내서 상품화한 사실을 알리고, 온라인 마켓에서는 개당 9,900원, 오프라인 매장에서는 개당 10,000원에 구입할 수 있음을 알리고, 생방송 중 직접 구매 주문을 받겠다며 방송 시청자들로부터 10세트를 주문받아 그 내역을 B에게 전달하여 1세트 당 40,000원에 판매하도록 하였다.

6. 허위사실공표죄와 후보자비방죄

제250조(허위사실공표죄) ① 당선되거나 되게 할 목적으로 연설·방송·신문·통신·잡지·벽보·선전문서 기타의 방법으로 후보자(후보자가 되고자 하는 자를 포함한다. 이하 이 조에서 같다)에게 유리하도록 후보자, 후보자의 배우자 또는 직계존비속이나 형제자매의 출생지·가족관계·신분·직업·경력등·재산·행위·소속단체, 특정인 또는 특정단체로부터의 지지여부 등에 관하여 허위의 사실[학력을 게재하는 경우 제64조제1항의 규정에 의한 방법으로 게재하지 아니한 경우를 포함한다]을 공표하거나 공표하게 한 자와 허위의 사실을 게재한 선전문서를 배포할 목적으로 소지한 자는 5년 이하의 징역 또는 3천만원 이하의 벌금에 처한다.

② 당선되지 못하게 할 목적으로 연설·방송·신문·통신·잡지·벽보·선전문서 기타의 방법으로 후보자에게 불리하도록 후보자, 그의 배우자 또는 직계존·비속이나 형제자매에 관하여 허위의 사실을 공표하거나 공표하게 한 자와 허위의 사실을 게재한 선전문서를 배포할 목적으로 소지한 자는 7년 이하의 징역 또는 500만원 이상 3천만원 이하의 벌금에 처한다.

③ 당내경선과 관련하여 제1항(제64조제1항의 규정에 따른 방법으로 학력을 게재하지 아니한 경우를 제외한다)에 규정된 행위를 한 자는 3년 이하의 징역 또는 6백만원 이하의 벌금에, 제2항에 규정된 행위를 한 자는 5년 이하의 징역 또는 1천만원 이하의 벌금에 처한다. 이 경우 "후보자" 또는 "후보자(후보자가 되고자 하는 자를 포함한다)"는 "경선후보자"로 본다.

④ 제82조의8제2항을 위반하여 중앙선거관리위원회규칙으로 정하는 사항을 딥페이크영상등에 표시하지 아니하고 제1항에 규정된 행위를 한 자는 5년 이하의 징역 또는 5천만원 이하의 벌금에, 제2항에 규정된 행위를 한 자는 7년 이하의 징역 또는 1천만원 이상 5천만원 이하의 벌금에 처한다.

제251조(후보자비방죄) 당선되거나 되게 하거나 되지 못하게 할 목적으로 연설·방송·신문·통신·잡지·벽보·선전문서 기타의 방법으로 공연히 사실을 적시하여 후보자(후보자가 되고자 하는 자를 포함한다), 그의 배우자 또는 직계존·비속이나 형제자매를 비방한 자는 3년 이하의 징역 또는 500만원 이하의 벌금에 처한다. 다만, 진실한 사실로서 공공의 이익에 관한 때에는 처벌하지 아니한다.
[단순위헌, 2023헌바78, 2024. 6. 27, 공직선거법(1994. 3. 16. 법률 제4739호로 제정된 것) 제251조 중 '후보자가 되고자 하는 자'에 관한 부분은 헌법에 위반된다.]

유튜브는 「연설·방송·신문·통신·잡지·벽보·선전문서 기타의 방법」 중에 '통신'에 속하고, "공표"라 함은 불특정 또는 다수인에게 허위사실을 알리는 것이고, 비록 개별적으로 한 사람에 대하여 사실을 유포하더라도 이로부터 불특정 또는 다수인에게 전파될 가능성이 있다면 이 요건을 충족하므로[7] 유튜브에 게시하는 것도 공표에 해당한다.

유튜브 채널 생중계를 통한 허위사실 공표 사례

'○○뉴스 TV"의 생중계를 통하여 약 600여명의 시청자가 실시간으로 그 방송을 지켜보는 가운데(이후 동영상은 10,000여회 이상 조회됨), C 후보의 사무실 내부를 방송으로 촬영하며 "지금 ○○당 대표이자 ⊙⊙⊙ 현역 의원이신 C 대표님 또 지역구에 B라는 자를 또 후보로 단수공천을 현재 한 상태입니다. 그것은 굉장히 바람직하지 못하고, 도발이라고만 여겨집니다", "지금 시의원, 구의원들이 저쪽(□□당)을 지지하는 것처럼 보이지만, 어쩔 수 없이 그 자리에 있는 사람들도 분명히 있고요. 실질적으로 □□당에 당적을 두고 있으면서도 ○○당, C 대표님을 지지하는 분들도 굉장히 많은 것으로 알고 있습니다"라는 발언 등으로 피고인이 지지하는 ○○당과 □□당의 후보자 단일화가 무산된 것에 대한 비판과 함께 □□당 및 소속 후보를 반대하는 내용을 방송하였다. 그러던 중 피고인은 위 사무실 내에 게시된 홍보현수막 중 C 후보가 ☆☆☆ 전 대통령과 함께 촬영한 사진을 보게 되자 이를 방송으로 내보내면서 "누가 뭐라 캐도 일하는 국회의원을"이라는 내용의 C 후보 선거 홍보용 문구를 읽어 시청자들에게 들려준 다음, "지금 □□당의 B 후보자 같은 경우는 예전 ♡♡청장 취임할 때의 사진과 또 대통령님께서 따로 찍으신 사진을 합성해 놓았더라고요. 그런 합성 사진과 이 사진은 다르죠"라면서, C 후보와는 달리 마치 B 후보가 ☆☆☆ 전 대통령과 함께 촬영한 것처럼 사진을 합성하였다는 취지로 허위의 내용을 방송하였다. 그러나 사실 B 후보는 2012. 10. 1.경 ♡♡지방경찰청장으로 재직하던 중 ☆☆☆ 전 대통령이 위 경찰청을 방문하게 되자 함께 사진을 촬영한 것이고 위 방송 내용과 같이 사진을 합성한 사실이 없었음에도, 피고인은 사진 합성 여부에 대하여 최소한의 검증절차도 거치지 아니한 채 위와 같은 허위의 내용을 불특정 다수의 시청자들을 상대로 방송한 것이었다.

---

7) 대법원 2011. 12. 22. 선고 2008도11847 판결 등

이로써 피고인은 당선되지 못하게 할 목적으로 B 후보자에게 불리하도록 후보자에 관하여 허위의 사실을 공표하였다(대구고등법원 2020. 9. 24. 선고 2020노289 판결).

7. 중앙선거관리위원회 행정해석

① 인터넷언론사의 유튜브 채널 등에 게시하는 정당·후보자의 광고

인터넷언론사의 인터넷홈페이지가 아닌 유튜브(인터넷언론사의 유튜브 채널을 포함함), 인스타그램, 페이스북에 선거운동을 위한 광고를 하는 것은 행위시기 및 양태에 따라 「공직선거법」 제93조 또는 제254조에 위반될 것임(2020. 3. 12. 회답).

② 지방자치단체가 운영하는 유튜브 채널에 해당 지방자치단체장(권한대행) 출연

지방자치단체가 그 명의로 개설된 유튜브 채널의 특정 카테고리 내에 지방자치단체장(권한 대행을 포함함. 이하 같음)이 출연하는 온라인 생중계 방송을 '알림' 기능을 설정하지 않고 주기적으로 게시하는 것은 「공직선거법」상 가능할 것임. 다만, 그 진행 과정에서 후보자가 되고자 하는 지방자치단체장의 업적홍보나 선거운동을 위한 내용이 부가되는 때에는 행위 주체 및 양태에 따라 같은 법 제9조, 제60조, 제85조, 제86조 등에 위반될 수 있을 것임(2020. 6. 8. 회답).

| 콘텐츠 내용 |

◉ 매체 : 부산시 공식 유튜브 채널(붓싼뉴스) 온라인 생중계 방송
◉ 형식 : 스튜디오형 대담(또는 연설) 프로그램
◉ 내용 : 정책 현안에 대한 권한대행의 진솔한 해설 및 시의적인 정책 브리핑
◉ 방영 : 2020년 6월부터(격주 1회, 15~20분)
※ 유튜브 채널의 '알림' 기능을 이용하여 지방자치단체의 사업계획·추진실적 그 밖에 활동상황이 포함된 내용을 구독자에게 전송하는 경우 1종 1회로 제한되는 홍보물에 해당함.

| 정치자금법상 소셜미디어 수익활동 관련 기준 안내[8] |

Ⅰ. 정치자금법 적용대상

① 관련 규정

- 정치자금법에 의하지 아니하는 방법으로 정치자금을 기부하거나 받지 못함[정치자금법(이하 '법'이라 함) §2①, §45①]
- **(정치자금)** 정치활동을 위하여 정치활동을 하는 사람에게 제공되는 금전·유가증권·그 밖의 물건 또는 이들의 정치활동에 소요되는 비용(법 §3)인바, **"정치활동을 하는 자"**에게 제공되는 **"정치활동을 위한 자금"**이라는 두 요소를 반드시 충족하여야 함(대법원 2010. 10. 14. 선고 2010도1380 판결).
- **(기부) 대가관계 없이** 재산상 이익을 제공하는 행위

※ 제3자가 정치활동을 하는 자의 정치활동에 소요되는 비용 부담·지출 또는 무상대여, 채무의 면제·경감 그 밖의 이익 제공 포함(법 §3)

② 판단 기준

㉮ 정치활동을 하는 사람

> 정당 또는 공직선거와 직접 관련된 활동을 주로 하는 사람이나 단체

❶ 정치활동 위한 경비지출이 객관적으로 예상되는 사람

	정당·후원회 관련	선거 관련	비 고
정치 자금법 (제3조제1호)	• 정당(중앙당창당준비위원회 포함) • 후원회·정당의 간부 • 후원회·정당의 유급사무직원	• 공직선거 후보자 • 국회의원 등 공직선거 당선자	예시적 규정
판례	• 당대표경선 및 대선 당내경선후보자 • 당원협의회 위원장	• 후보자의 선거대책본부장 • 공직선거 예비후보자	

⇨ 이들에게 제공된 자금은 특별한 사정이 없는 한 정치자금에 해당함(대법원 2010. 10. 14. 선고 2010도1380 판결).

❷ 후보자가 되려는 사람 등 그 밖에 정치활동을 하는 사람

> 행위 당시의 객관적 징표에 의하여 해당 여부 판단(헌재 2007헌바29, 대법원 2010도1380)

---

8) 중앙선거관리위원회, 「정치자금법상 소셜미디어 수익활동 관련 기준」(2019. 2. 20.)

- **(후보자가 되려는 사람)** 입후보의사를 확정적으로 외부에 표출하거나 그 신분·접촉대상·언행 등에 비추어 입후보의사를 객관적으로 인식할 수 있을 정도에 이른 사람(대법원 2001. 6. 12. 선고 2001도1012 판결)
- **(그 밖에 정치활동을 하는 사람)** 정치활동 위한 경비지출이 객관적으로 예상되는 사람 외(外)에 이에 준하는 '정당 또는 공직선거와 직접 관련된 활동을 주로 하는 사람이나 단체'(대법원 2010. 10. 14. 선고 2010도1380 판결)
- ※ (예시) 특정 공직선거 입후보예정자의 정치적 기반을 다지기 위하여 설립되고 활동한 단체(대법원 2017. 11. 14. 선고 2017도3449 판결).
- ⇨ **당사자와의 관계, 자금수수 경위 및 명목, 자금의 실제 사용처 등 객관적 사정을 종합하여 정치자금 여부를 판단함**(대법원 2010. 10. 14. 선고 2010도1380 판결).

㉯ 정치활동을 하는 사람으로 볼 수 없는 경우

- 단순히 당원·후원회의 회원으로서 활동하거나 선거 등에서 자원봉사나 무급사무직원으로 활동하는 사람(헌법재판소 2014. 7. 24. 2013헌바169 결정)
- 당선무효형이 확정되어 자금수수 당시 피선거권이 없고, 후보자사무실 방문·정당행사 참석 및 발언·선거와 직접 관련 없는 주제로 정당이나 타 기관에서의 강연·정치인인 지인들의 출판기념회에 참석한 사람(대법원 2015. 4. 23. 선고 2013도3790 판결)
- 정계은퇴 선언 후 정당이나 선거조직과 직접적 인적·물적 유대관계와 당적·공직 없이 시국선언 동참·입법청원·정치관련 연구기관 이사장 재임 등 특정사안에 관한 정치적 의견을 표명하고 정치현안을 공론화하는 정도의 활동을 한 사람(대법원 2010. 10. 14. 선고 2010도1380 판결)
- 일반당원으로서 외부적으로 지지층 유지에 기여하고 정당 내부의 선거운동을 지원하였으나, 정당·선거와 직접 관련된 활동을 주로 하는 사람으로 인정하기에는 부족한 활동을 한 사람(대법원 2013. 9. 26. 선고 2013도7876 판결)

③ **적용 대상**

㉮ 적용 대상

- **정치활동을 하는 사람이 정치활동을 위하여** 개설·운영하는 유튜브채널·팟캐스트 등 **소셜미디어의 수익활동**
- 외관상 운영주체가 정치활동을 하는 사람이 아니라고 하더라도 운영목적·방법·내부관계 등을 종합하여 **정치활동을 하는 사람이 실질적으로 운영**하는 것으로 평가될 수 있는 **소셜미디어의 수익활동**

㉮ 위법여부 판단

- (광고) 통상적 광고료를 받는 것은 '**역무제공의 대가**'로서 정치자금법상 기부로 볼 수 없어 **적법**

※ 통상적 범위를 넘는 광고료를 받는 것은 기부에 해당하여 **위법소지**가 있고, **제한되는 규정을 회피**하여 광고료 명목으로 정치자금을 받는 것은 **위법**함.

- (시청자 후원) 슈퍼챗·별풍선 등을 통한 **시청자의 금전 제공**은 대가관계에 따른 출연이 아니므로 정치자금법상 '**기부**'에 해당하여 **위법 소지**

Ⅱ. 사례 예시

▎소셜미디어 수익활동 유형▎

- ■ (광고) 애드센스(adsense)·PPL 등 광고 게재에 따른 광고료 수입
  - 애드센스(Adsense) 광고: 유튜버 등 제작자가 광고주가 아닌 유튜브 등 소셜미디어와 계약하여 영상 전후에 광고주가 제작한 광고를 게재하고 소셜미디어로부터 광고비를 받는 방식
  - PPL(Product Placement) 광고: 제작자와 광고주가 계약하여 광고주의 상품·브랜드 등을 노출하는 영상을 제작하고 광고주로부터 직접 광고비를 받는 방식
- ■ (시청자 후원) 시청자가 제작자에게 직접 제공하는 후원금 수입
  - 후원 방법: 슈퍼챗(유튜브), 별풍선(아프리카TV), 팝콘(팝콘TV), 쿠키(카카오TV) 캐시(팟빵), 스푼(스푼라디오) 등

① 광고 수익

할 수 있는 사례

- 정치활동을 하는 사람이 아닌 '언론인·시사프로그램 패널' 등이 정치활동을 하는 사람(국회의원·당대표 경선 후보자 등)을 게스트로 초청·대담하는 영상을 제작·게시하면서 '애드센스나 PPL' 방식의 광고를 하고 광고료를 받는 행위
- 정당이 제작한 정치활동 영상을 유튜브 등 소셜미디어에 게시하면서 애드센스 방식의 광고를 하고 통상적인 광고료를 받는 행위
- 정치활동을 하는 자가 자신의 재산으로 제작한 정치활동 영상을 게시하면서 '애드센스나 PPL' 방식의 광고를 하고 통상적인 광고료를 받는 행위
- 후원회를 둘 수 있는 국회의원·후보자 등이 후원금 등 정치자금으로 제작한 정치활동 영상을 광고 없이 소셜미디어에 게시하는 행위

할 수 없는 사례
- 정당이 PPL 방식의 광고를 포함한 영상을 제작·게시하고 광고료를 받는 행위
  - ※ 애드센스와 달리 PPL은 부수적으로 광고를 게재하는 것이 아니라 주도적으로 상업광고를 제작하여 정당의 설립 목적 및 본래의 기능과 합치되지 않음(2019. 1. 21. 회답)
- 후원회를 둘 수 있는 국회의원·후보자 등이 후원금 등 정치자금으로 제작한 정치활동 영상을 게시하면서 광고를 하고 광고료를 받는 행위
  - ※ 정치자금의 '부정한 용도의 지출'에 해당(법 §2③)

② 시청자의 직접 기부

할 수 있는 사례
- 정치활동을 하는 사람이 아닌 '언론인·시사프로그램 패널' 등이 정치활동을 하는 사람(국회의원·당대표 경선 후보자 등)을 게스트로 초청·대담하는 영상을 제작·게시하면서 수퍼챗 등으로 시청자로부터 기부를 받는 행위
  - ※ 후원금은 정치인이 아닌 운영·관리자에게 귀속됨을 공지 필요
  - ※ 정치활동을 하는 사람은 출연료 외의 금전을 받을 수 없음

할 수 없는 사례
- 정치활동을 하는 사람이 정치활동을 위하여 개설·운영하는 유튜브채널·팟캐스트 등 소셜미디어의 후원수단(수퍼챗·별풍선 등)을 통하여 후원금을 받는 행위
- 외관상 운영주체가 정치활동을 하는 사람이 아니더라도 운영목적·방법·내부관계 등을 종합하여 정치활동을 하는 사람이 실질적으로 운영하는 것으로 평가될 수 있는 소셜미디어의 후원수단을 통하여 후원금을 받는 행위

❘ 사례예시에 따른 주체별 수익활동 가능여부 비교 ❘

	애드센스	PPL	수퍼챗 등
정당	○	×	×
국회의원	○	○	×
정당·후원회 간부 등	○	○	×
입후보예정자 등 그 밖에 정치활동을 하는 사람·단체	○	○	× 객관적 사정의 종합적 고려
정치활동을 하지 않는 사람·단체	○	○	○

※ **후원금 등 정치자금**으로 제작한 영상으로는 **수익활동 불가**(정당 제외)

| 정당·국회의원 등의 유튜브 광고 수익 관련 Q&A |

- 유튜브 광고 방식
  ① 애드센스(Adsense) 광고 : 제작자(Creators)가 제작한 영상을 유튜브에 올리고 광고를 원할 경우 유튜브가 광고를 붙여주고 수익을 분배하는 방식
  ② PPL(Product Placement) 광고 : 제3자를 위해 보수를 받고 그의 브랜드, 메시지 또는 제품을 컨텐츠에 직접 포함하여 광고하는 방식으로 간접 상품광고라고도 함.
- 통상의 범위를 넘는 광고료를 받거나 법상 제한되는 규정을 회피하여 광고의 명목으로 정치자금을 기부 받는 행위는 제한됨을 전제로 함.
- 「국가공무원법」 제64조(영리 업무 및 겸직 금지) 및 「국회법」 제29조의2(영리업무 종사 금지) 등 다른 법률에 위반되는지 여부는 별론으로 함.

Ⅰ. 정당

Q 정당이 광고가 표출되지 않는 유튜브 영상(정치활동 내용임. 이하 같음) 제작비용을 정치자금으로 지출할 수 있는지요?

A 가능합니다.

Q 애드센스 광고가 표출되는 영상을 제작·게시하고 통상적인 광고비를 받을 수 있는지요?

A 당헌·당규 등에서 정한 부대수입으로 처리하는 것은 가능합니다.

Q PPL 광고가 표출되는 영상을 제작·게시하고 통상적인 광고비를 받을 수 있는지요?

A 불가합니다.

Ⅱ. 국회의원

Q 국회의원이 광고가 표출되지 않는 유튜브 영상 제작비용을 정치자금으로 지출할 수 있는지요?

A 가능합니다.

Q 정치자금으로 수입처리 되지 않은 개인 재산으로 애드센스 및 PPL 광고가 표출되는 영상을 제작·게시하고 통상적인 광고비를 받을 수 있는지요?

A 가능합니다.

Q 정치자금으로 수입처리된 개인 재산, 후원금, 정당지원금으로 애드센스 광고가 표출되는 영상을 제작·게시하고 통상적인 광고비를 받을 수 있는지요?

A 불가합니다.

Q 정치자금으로 수입처리된 개인 재산, 후원금, 정당지원금으로 PPL 광고가 표출되는 영상을 제작·게시하고 통상적인 광고비를 받을 수 있는지요?

A 불가합니다.

Q 정치자금으로 수입처리 되지 않은 개인 재산으로 애드센스 및 PPL 광고가 표출되는 영상을 제작·게시하고 통상적인 광고비를 받을 경우 이를 향후 정치자금으로 사용할 수 있는지요?

A 가능합니다.

※ 단, 「정치자금법」 제36조 제3항에 따라 당해 국회의원 선거의 예비후보자가 아닌 후원회를 둔 국회의원은 광고 수익금을 정치자금으로 지출시 선거일 전 120일부터 회계책임자를 통하여 지출하여야 합니다.

III. (예비)후보자, 대통령선거경선후보자·중앙당 대표자 및 중앙당 최고 집행기관의 구성원을 선출하기 위한 당내경선후보자(이하 '당대표경선후보자 등' 이라함.)

Q (예비)후보자, 당대표경선후보자 등이 광고가 표출되지 않는 유튜브 영상 제작비용을 정치자금으로 지출할 수 있는지요?

A 가능합니다.

※ 다만, 「정치자금법」 제36조 제3항에 따라 자신의 재산으로 정치자금을 지출하는 경우도 회계책임자를 통하여 지출하여야 합니다.

Q 정치자금으로 수입처리된 개인 재산, 후원금, 정당지원금으로 애드센스 광고가 표출되는 영상을 제작·게시하고 통상적인 광고비를 받을 수 있는지요?

A 불가합니다.

Q 정치자금으로 수입처리된 개인 재산, 후원금, 정당지원금으로 PPL 광고가 표출되는 영상을 제작·게시하고 통상적인 광고비를 받을 수 있는지요?

A 불가합니다.

IV. 그 밖의 정치활동을 하는 사람

Q 그 밖의 정치활동을 하는 사람이 광고가 표출되지 않는 유튜브 영상 제작비용을 자신의 재산으로 지출할 수 있는지요?

A 가능합니다.

Q 자신의 재산으로 애드센스 광고가 표출되는 영상을 제작·게시하고 통상적인 광고비를 받을 수 있는지요?

A 가능합니다.

Q 자신의 재산으로 PPL 광고가 표출되는 영상을 제작·게시하고 통상적인 광고비를 받을 수 있는지요?

A 가능합니다.

Q 자신의 재산으로 애드센스 및 PPL 광고가 표출되는 영상을 제작·게시하고 통상적인 광고비를 받을 경우 이를 향후 정치자금으로 사용할 수 있는지요?

A 가능합니다.

※ 다만, 「정치자금법」 제36조 제3항에 따라 대통령선거경선후보자 등이 되는 경우 광고 수익금을 정치자금으로 지출시 회계책임자를 통하여 지출하여야 합니다.

V. 정치활동을 하지 않는 사람

Q 정치활동을 하지 않는 사람이 자신의 재산으로 광고가 표출되지 않는 유튜브 영상 제작비용을 지출하거나, 애드센스 및 PPL 광고가 표출되는 영상을 제작·게시하고 통상적인 광고비를 받을 수 있는지요?

A 정치자금법상 규율대상이 아니므로 가능합니다.

VI. 기타

Q 국회의원이 자신의 재산으로 유튜브에 정치활동 영상을 게시하는 채널을 개설하여 운영하면서 제3자에게 그 영상의 촬영·편집·게시 등을 하게 하고 그 역무에 대한 정당한 대가를 지급하는 것이 가능한지요?

A 가능합니다. 다만, 영상의 촬영·편집 등을 영업활동으로 하지 아니하는 개인에게 선거운동과 관련하여 영상을 게시하게 하고 그 대가를 지급하거나, 선거에 영향을 미치게 하기 위하여 동영상 등을 인터넷 홈페이지의 게시판 등에 게시하게 하고 그 대가를 지급하는 경우에는 행위 양태에 따라 「공직선거법」 제230조 제1항 제4호 또는 제5호에 위반됩니다.

제2절 챗GPT 등 생성형 AI

1. 의의

생성형 AI(Generative AI)는 초거대 인공지능 모델로, 간단한 질문이나 명령을 하면 사용자의 도움 없이 관련 자료를 찾아 정제하여, 체계적 구성을 가진 문서·사진·동영상 등을 제공하는 서비스이다. 생성형 AI를 이용하여 공약·연설문·로고송·홍보 동영상을 제작하는 등 선거운동에 활용하거나, 선거결과 예측, 공약 등 비교·평가, 지방자치단체의 민원응답 등 다양한 목적과 방법으로 활용할 수 있다. 생성형 AI를 통해 도출되는 내용은 인터넷 상의 정보와 인공지능의 딥러닝 등을 통해 제공되는 것인바, 부정확하고 편향된 결과가 도출될 수 있어 부정한 용도로 활용될 가능성이 있다.

2. 법 적용 범위[9]

가. 일반적인 법규운용기준

1) 생성형 AI를 통해 도출된 내용으로 작성된 글 또는 제작한 사진·동영상·음성 등을 활용하는 것 자체만으로는 법에 위반되지 아니하는바, 이를 법상 허용되는 방법으로 선거운동 등의 행위에 활용하는 것은 가능하다.

⇨ 후보자의 딥페이크 사진·영상·음성에 대하여는 후술하는 「딥페이크 영상 관련 법규운용기준(2022. 1. 11.)」을 따름.

2) 생성형 AI를 통해 도출된 내용을 선거운동 등에 활용하는 경우, 그 행위자가 내용에 대한 법적책임 주체이며, 후보자(후보자가 되고자 하는 자 포함.)와 공모관계가 성립하는 경우 후보자도 책임이 있다.

3) 생성형 AI를 통해 도출된 내용을 공표하는 때에, 공표내용에 허위의 내용이 포함되어 있는 경우에는 법 제250조(허위사실공표죄)에 해당한다. 다만, 공표한 내용을 진실한 사실로 오인할 정당한 사유가 있는 경우에는 위법성이 조각될 수 있다.[10]

---

9) 중앙선거관리위원회. 2023. 7. 23. 「챗GPT 등 생성형 AI 활용 관련 법규운용기준」
10) 대법원 2003. 2. 20. 선고 2001도6138 전원합의체 판결

나. 세부기준

1) 허위사실공표죄와 관련

① 후보자 또는 제3자가 생성형 AI로 도출된 내용(글·사진·음성·동영상 등)을 선거운동 등에 활용하는 것은 가능하다. 다만, 허위사실 공표 등 각종 제한·금지규정에 위반되지 아니하여야 한다. 제3자가 후보자의 동의 없이 후보자의 사진·음성·영상을 합성한 딥페이크 이미지를 활용하는 경우 행위양태에 따라 법 제253조(성명등의 허위표시죄)에 위반될 수 있다.

② 생성형 AI는 인터넷 상의 정보와 딥러닝 등을 통해 답변 자료를 제공하는 것이고, 이러한 답변 내용에 부정확한 정보가 포함될 수 있다는 사실이 해당 홈페이지는 물론 언론·SNS 등을 통해 널리 알려져 있어 그 내용에 대한 진실성을 의심할 사유가 충분하다고 볼 수 있을 것인바, 생성형 AI로 도출된 내용에 대한 진실성 여부를 확인하는 노력을 하지 않은 채 당락의 목적을 갖고 공표한 경우에는 공표한 사실이 허위라는 인식에 관한 미필적 고의가 인정될 수 있을 것이다.

따라서. 생성형 AI의 답변 내용을 공표하는 때에 그 내용의 일부가 허위사실이 포함되어 있는 경우 법 제250조(허위사실공표죄)에 해당하고, 생성형 AI로 도출한 내용임을 밝혔다고 하더라도 공표내용에 허위사실이 포함되어 있는 경우에는 법 제250조(허위사실공표죄)에 해당한다. 다만, 선거인의 관점에서 공표된 내용이 허위사실임을 명백히 인식할 수 있는 내용 또는 방법으로 공표하는 경우에는 법 제250조에 해당하지 아니할 수 있다.

그리고 최초 공표자가 생성형 AI로 도출하여 공표한 내용에 허위의 사실이 포함되어 있고, 이러한 공표내용을 토대로 타인이 2차·3차로 허위의 사실이 포함된 내용을 공표할 경우에도 법 제250조(허위사실공표죄)에 해당한다. 허위의 사실을 학습시키지 아니하였음에도, 허위의 사실이 포함된 생성형 AI로 도출한 내용을 선거운동 등에 활용한 경우 법적 책임의 주체는 선거운동 등에 활용한 사람이다.

③ 생성형 AI를 통해 도출된 내용을 단순히 공표하거나 도출 내용과 함께 그에 대한 자신의 의견을 부가하여 공표하는 것이 가능하나 다만, 생성형 AI를 통해 도출된 내용임을 밝혔는지 여부와 관계없이, 공표내용이 법 제250조(허위사실공표죄), 법 제251조(후보자비방죄)에 해당하지 아니하여야 할 것이다.

④ 생성형 AI를 이용, 허위의 사실이 포함된 선거 관련 사안 기사 또는 '가짜뉴스'를 생성하여 공표하는 경우 법 제250조(허위사실공표죄)에 해당하고 위 행위를 언론인이 한 경우(보도·논평의 형식) 법 제96조 제2항 제1호에도 위반될 수 있다.

⑤ 생성형 AI를 이용하여 후보자 또는 그 가족과 관련된 특정 이슈를 주제로 하는 풍자 소설, 이미지 등을 창작하여 공표할 수 있으나 소설·만평·풍자성 이미지 등의 전체적인 내용으로 보아, 허위의 사실을 주된 내용으로 하고 선거인의 관점에서 해당 내용이 허구임을 인식하기 어려운 정도에 이르는 경우에는 법 제250조(허위사실공표죄)에 해당할 수 있을 것이며, 사회통념상 후보자의 사회적 가치·평가 저하에 표현의 중점을 두고 있는 것으로 볼 수 있는 경우에는 법 제251조(후보자비방죄)에 해당할 수 있을 것이다.

2) 선거운동 활용

① 생성형 AI를 이용하여 선거공약 개발, 각종 연설문 등 자료 작성, 선거전략 수립, 홍보 동영상·로고송 제작 등이 가능하고 다만, 허위사실 공표 등 각종 제한·금지규정에 위반되지 아니하여야 한다.

② 후보자 또는 제3자가 생성형 AI로 제작한 선거운동용 홍보물을 선거운동을 할 수 있는 사람은 법 제59조(선거운동기간) 제2호·제3호에 따라 상시 인터넷 홈페이지·문자메시지·전자우편·SNS로 선거운동을 할 수 있다. 그러나 제3자가 후보자 동의 없이 후보자의 사진·음성·영상을 합성한 딥페이크 이미지를 활용하는 경우 행위양태에 따라 법 제253조(성명등의 허위표시죄)에 위반될 수 있다.

③ 후보자 등 연설자가 공개장소에서 연설·대담을 하는 기회에 부수하여, 생성형 AI로 제작한 것임을 밝혀 연설문 낭독 음성·영상을 녹음기·녹화기를 통해 송출하는 것은 법 제79조 제10항에 따라 가능하다. 그러나 법 제79조에 규정된 공개장소 연설·대담의 주체를 대신하여 AI 음성이 연설자로서 연설문을 낭독하는 것은 해당 법조의 취지에 벗어나는 것으로서 허용될 수 없다.

④ 후보자와 관련된 이미지(동영상, 음성 포함)의 원본을 생성형 AI로 변경하여 현수막, 선거 벽보·공보 등 선거운동용 홍보물에 원본의 본질적인 내용이 유지되는 범위 내에서 가능하다. 다만, 생성형 AI로 제작한 것임을 표시하여야 하며, 이미지 내용에 대한 사실 관계가 일치하지 않거나 존재하지 않는 등의 경우에는 법 제250조(허위사실공표죄)에 해당할 수 있을 것이다.

3) 정책·공약 비교·평가

생성형 AI를 이용하여 정당·후보자의 정책·공약을 비교·평가한 내용을 공표와 관련하여 '선거운동을 할 수 있는 사람'과 법 제82조(언론기관의 후보자등 초청 대담·토론회)에 따른 언론기관과 법 제87조(단체의 선거운동금지) 제1항 각 호에 해당하지 않는 단체라면 법 제108조의3

규정을 준수하여 공표할 수 있다.

4) 정당·후보자에 대한 지지도, 선거결과 예측 공표

생성형 AI를 이용하여 특정 정당·후보자에 대한 지지도, 선거결과 등을 예측한 내용 생성형 AI로 분석한 결과로서 신뢰도 등에 한계가 있을 수 있음을 밝혀 공표할 수 있다. 다만, 이러한 경우에도 지지도나 선거결과 등에 대한 분석결과를 선거에 관한 여론조사 결과로 오인하게 하는 방법으로 공표하는 경우에는 법 제96조(허위논평·보도 등 금지) 제1항에 위반될 수 있고, 방송·신문·통신·잡지·간행물 경영·관리자, 편집·취재·집필·보도하는 자가 객관적 자료를 제시함이 없이 생성형 AI를 이용하여 예측한 선거결과를 보도하는 경우에는 법 제96조 제2항 제2호에 위반될 것이다.

3. 챗GPT 등 생성형 AI 활용이 '딥페이크영상등'에 이르는 경우

2023. 12. 28. 법 제82조의8 제1항 신설로 선거일 전 90일부터는 법상 허용되는 각종 선거운동방법과 관계없이 선거운동을 위하여 법 제82조의8 제1항 규정의 '딥페이크영상등'을 제작·편집·유포·상영·게시할 수 없다.

따라서, 후보자가 법 제70조(방송광고), 제79조(공개장소에서의 연설·대담) 등에 따라 선거운동을 하는 때에 '딥페이크영상등'을 활용하는 경우에는 법 제82조의8 제1항에 위반되고, 같은 법 조 제2항에 따라 선거일 전 90일 전에 선거운동을 위하여 법 제82조의8 제1항 규정의 '딥페이크영상등'을 제작·편집·유포·상영·게시하는 경우에는 법 제82조의8 제2항에 따라 중앙선거관리위원회규칙으로 정하는 사항을 표시하여야 한다.

【 챗GPT와 명예훼손[11] 】

챗GPT와 명예훼손 미국에서는 AI 챗봇이 허위정보를 생성할 때 그 제작사를 상대로 명예훼손의 책임을 물을 수 있는지가 논의되고 있다. 미국법상 명예훼손은 정당한 이유 없이 허위사실을 공표하여 타인의 명성을 저하시키는 것을 말하는데, 주로 민사적으로 문제된다. 2023년 3월 16일 월스트리트 저널에는 챗GPT로 인한 명예훼손에 대한 책임을 물을 수 있는지와 관련해 전문가들의 의견이 반쌉된 칼럼이 게재되었다. 우선 하버드 대학 로스쿨의 명예 교수인 로렌스 트라이브(Laurence Tribe)는 허위정보의 생성이

---

11) 윤지영, '명예에 관한 죄'에 대한 최신 판례 및 쟁점 연구. 형사판례연구 31. 박영사. 2023.07.31. 209~210면

인간에 의한 것이건, 챗봇에 의한 것이건 간에 그로 인해 명예훼손이 발생했다면 책임을 물을 수 있어야 한다고 말했다. 또한 예일 대학 로스쿨 교수인 로버트 포스트(Robert Post)는 챗GPT에 의해 생성된 허위정보가 제3자에게 전달되지 않는 한 법적 책임을 질 필요가 없다고 보았다. 반면 유타 대학 로스쿨 교수인 론넬 앤더슨 존스(RonNell Andersen Jones)는 이 경우 명예훼손보다는 제조물 책임을 묻는 것이 적절하다는 입장을 취했다. 챗GPT와 명예훼손 미국에서는 AI 챗봇이 허위정보를 생성할 때 그 제작사를 상대로 명예훼손의 책임을 물을 수 있는지가 논의되고 있다. 미국법상 명예훼손은 정당한 이유 없이 허위사실을 공표하여 타인의 명성을 저하시키는 것을 말하는데, 주로 민사적으로 문제된다. 2023년 3월 16일 월 스트리트 저널에는 챗GPT로 인한 명예훼손에 대한 책임을 물을 수 있는지와 관련해 전문가들의 의견이 반씁된 칼럼이 게재되었다. 우선 하버드 대학 로스쿨의 명예 교수인 로렌스 트라이브(Laurence Tribe)는 허위정보의 생성이 인간에 의한 것이건, 챗봇에 의한 것이건 간에 그로 인해 명예훼손이 발생했다면 책임을 물을 수 있어야 한다고 말했다. 또한 예일 대학 로스쿨 교수인 로버트 포스트(Robert Post)는 챗GPT에 의해 생성된 허위정보가 제3자에게 전달되지 않는 한 법적 책임을 질 필요가 없다고 보았다. 반면 유타 대학 로스쿨 교수인 론넬 앤더슨 존스(RonNell Andersen Jones)는 이 경우 명예훼손보다는 제조물 책임을 묻는 것이 적절하다는 입장을 취했다. 한편 볼록 교수는 온라인에서 이 쟁점에 대한 의견을 조회했는데, 상당수의 사람들은 챗GPT에 의해 생성된 정보가 예측 알고리즘의 산물에 불과하기 때문에 사실적인 주장으로 취급되어서는 안 된다고 답했다고 한다. 그러나 볼록 교수는 제작사인 OpenAI가 챗GPT를 광고할 때 터무니없는 정보가 아니라 사실에 기반하고 있는 신뢰할 수 있는 정보를 제공한다고 강조했기 때문에 그 책임을 물을 수 있어야 한다고 보았다. 우리나라는 명예훼손에 대한 형사처벌 규정을 두고 있는데, 자연인이 아닌 챗GPT는 행위 주체성이 인정되지 않고, 이를 제작 또는 운용하는 자의 고의를 인정하기도 어렵다. 그러나 챗GPT는 대상을 특정하여 사실을 적시한 허위정보를 다수인에게 제공함으로써 사람의 명예를 훼손할 수 있다. 이 경우 명예훼손을 제조물결함으로 인해 발생한 손해로 파악하여 그 제작사에게 손해배상 책임을 물을 수 있는지가 검토될 수 있는데, 현행법상 제조물 책임을 부담해야 할 손해는 제조물 결함으로 인해 발생한 생명·신체 또는 재산상 손해로 한정되므로 명예훼손에 대해서는 제조물 책임을 물을 수 없다. 더욱이 챗GPT는 어떤 단어들이 함께 나타날 가능성을 예측하여 자연스러운 문장으로 능숙하게 답변을 생성하는 것이 서비스의 핵심이므로 생성된 글 속에 담긴 정보가 항상 진실일 수는 없는바, 제조상·설계상 또는 표시상의 결함이 있거나 그 밖에 통상적으로 기대할 수 있는 안전성이 결여되어 있다고 평가하기도 어렵다.

제3절 '딥페이크영상등' 이용 선거운동

1. 개요

　최근 생성형 AI 등 인공지능 기술은 그 발전 속도가 상당하여 자연어이해, 음성번역은 물론 로봇공학, 인공시각, 문제해결, 학습과 지식획득, 인지과학 등 다양한 분야에서 응용되고 있다. 인공지능이란 인간의 지능이 가지는 학습, 추리, 적응, 논증 따위의 기능을 갖춘 컴퓨터 시스템을 말하는 것이다.[12]

　인공지능 기술을 기반으로 사진 등을 합성하여 실제와 구분이 불가능한 수준의 사진 등을 만드는 딥페이크[13] 기술이 고도로 발달함에 따라 실제 후보자의 영상과 구별이 어려운 등의 문제가 있어 법상 딥페이크 기술을 이용한 선거운동의 제재 기준을 마련할 필요성이 커졌다.[14] 2023. 12. 28. 법 제82조의8 신설 등 인공지능 기반 딥페이크 영상등에 대한 규제조치가 도입되었고, 지난 24. 1. 29.부터 위 조치가 시행됨에 따라 딥페이크 영상을 이용한 선거운동이 금지되었다.

2. 딥페이크영상등을 이용한 선거운동

제82조의8(딥페이크영상등을 이용한 선거운동) ① 누구든지 선거일 전 90일부터 선거일까지 선거운동을 위하여 인공지능 기술 등을 이용하여 만든 실제와 구분하기 어려운 가상의 음향, 이미지 또는 영상 등(이하 "딥페이크영상등"이라 한다)을 제작·편집·유포·상영 또는 게시하는 행위를 하여서는 아니 된다.

---

12)　인공지능과 관련하여 발의된 다수의 법안들에 의하면 인공지능 기술에 대한 정의규정이 대동소이한바, 대표적으로 아래와 같이 정의하고 있다.
　　인간의 지적능력(학습·추론·지각·판단 및 자연언어 이해 등)을 전자적 방법으로 구현하기 위하여 필요한 하드웨어 기술 또는 그를 시스템적으로 지원하는 일련의 소프트웨어 기술이나 이 기술들로 만들어진 기반 기술 등(인공지능 육성 및 신뢰 기반 조성 등에 관한 법률안 제2조, 2021. 7. 1. 정필모의원 대표발의)
　　인간의 지적능력(학습·추론·지각 및 자연언어 이해 능력 등)의 일부 또는 전부를 전자적 방법을 통해 구현하기 위하여 필요한 컴퓨터 또는 그것을 시스템적으로 지원하는 일련의 기술이나 그 기술로 만들어진 기반기술 등의 결과물(인공지능 연구개발 및 산업 진흥, 윤리적 책임 등에 관한 법률안 제2조, 2020. 7. 13. 이상민의원 대표발의)
13)　딥페이크(deepfake)라는 말은 "딥러닝(deep learning)"과 "가짜(fake)"의 합성어로서, 2017년 12월에 '딥페이크'라는 닉네임을 사용하던 익명의 이용자가 소셜 뉴스 웹사이트인 '레딧(Reddit)'에 유명인의 얼굴을 합성해서 만든 포르노그래피를 게시하였던 데에서 유래한 것으로 알려져 있다(허순철. '유튜브 딥페이크(deepfake) 영상과 허위사실공표'. 미디어와 인격권(제8권 제1호). 2022. 9~10면).
14)　2023. 11. 24. 정개특위소위 제5차 회의록

② 누구든지 제1항의 기간이 아닌 때에 선거운동을 위하여 딥페이크영상등을 제작·편집·유포·상영 또는 게시하는 경우에는 해당 정보가 인공지능 기술 등을 이용하여 만든 가상의 정보라는 사실을 명확하게 인식할 수 있도록 중앙선거관리위원회규칙으로 정하는 바에 따라 해당 사항을 딥페이크영상등에 표시하여야 한다.

가. '딥페이크영상등'

딥페이크란 AI 기술을 이용해 특정인의 얼굴 등에 영상을 합성하여 원본과 다른 이미지의 영상을 만들어주는 제작 기법이다. 법 제82조의8 제1항에서 규정하는 '딥페이크영상등'이라 함은 ① 인공지능 기술 등을 이용하여 만든 ② 실제와 구분하기 어려운 가상의 ③ 음향·이미지·영상 등을 말하는 것이다. 법 제82조의8 제1항에 따라 제한되는 '딥페이크영상등'은 후보자의 영상·음성을 구현하고 사전에 메시지를 입력하여 실제 후보자가 말하는 것처럼 보여주는 동영상 등이다.

나. '인공지능기술 등'

법 제82조의8 제1항에 따라 제한되는 '딥페이크영상등'은 '인공지능 기술 등을 이용하여' 만든 것으로서, 인공지능과 같은 기술을 사용하지 아니하고 보정하는 것은 포함되지 아니한다. '인공지능 기술'이라 함은, 인간의 학습·추론·지각 능력 및 자연언어 이해능력 등 지적능력의 일부 또는 전부를 전자적 방법으로 구현해내는 하드웨어 또는 소프트웨어 기술이나 결과물을 말하는 것으로 볼 수 있다.

법 제82조의8의 입법 취지, 인공지능 기술의 의미 등을 종합적으로 고려하면, 통상 포토샵·그림판과 같이 사용자의 직접적인 조작(操作)을 요하는 프로그램의 경우 법 제82조의8에서 제한하는 인공지능 기술에 포함된다고 볼 수 없다. 법 제82조의8 제1항에서 '인공지능 기술을 이용하여'가 아니라 '인공지능 기술 등을 이용하여'라고 규정한 것은 인공지능 기술이 무엇인지 법적으로 아직 명확하게 규명되지 않은 점을 고려한 것이다.[15] 다만, 고급·전문가버전 등 인공지능 기술을 활용한 기능이 포함된 프로그램으로 만든 음향·이미지·영상은 법 제82조의8의 제한대상이 될 수 있을 것이다. 이와 달리 텍스트만으로 이루어진 것, 인공지능 기술 등을 이용하여 제작되지 않은 통상적인 이미지 형태의 이모티콘과 같은 경우 위 규정의 적용대상에 해당하지 아니한다.

---

15)　2023. 12. 4. 제6차 정개특위소위 회의록

다. '실제와 구분하기 어려운 가상'

법 제82조의8 제1항에 따라 제한되는 '실제와 구분하기 어려운 딥페이크영상등'은 인공지능 기술 등을 이용하여 만든 가상의 영상 등을 말하는 것이다. 인공지능 기술 등을 이용하여 만든 가상의 영상 등의 면면을 진지하게 고찰하거나 딥페이크 기술이나 영상 등의 사안에 대한 배경지식을 토대로 실제와 구분이 가능할 수 있는지 여부를 고려하지 아니한다. 이 경우, 해당 영상 등에 해당 정보가 인공지능 기술 등을 이용하여 만든 가상의 정보라는 사실을 표시하였는지 여부와 관계없이 해당 법조가 적용된다. 예외적으로 삽화, 캐릭터 등 일반 선거인의 관점에서 그림에 해당하여 그림의 상황이나 설정이 마치 진실인 것처럼 오인할 여지가 전혀 없는 경우에는 해당 법조가 적용되지 않을 수 있다.[16] 다만 삽화·캐릭터에 후보자 등의 음성을 결합한 영상의 경우, 실제음성이라 하더라도, 해당 발화내용 및 그 배경(발화장소, 경위, 발화대상 등), 삽화·캐릭터의 모습 등 영상 전체를 종합하여 상황·설정이 실제와 오인가능성이 있다면 해당 법조가 적용될 것이다.

라. '음향·이미지·영상 등'

법 제82조의8 제1항에 따라 제한되는 '딥페이크영상등'은 음향, 이미지, 영상 또는 이에 준하는 것을 포함하는 것으로서, 텍스트만으로 이루어진 것은 포함되지 아니한다. 생성형 AI 등 인공지능 기술을 이용하여 도출한 텍스트를 캡쳐한 이미지의 경우 텍스트 자체를 게시한 것과 본질적으로 동일한 것으로 볼 수 있다. 캘리그래피 등 디자인화된 텍스트의 경우 이미지에 해당될 수 있으나, '실제와 구분하기 어려운 가상'의 이미지에 해당한다고 보기 어려울 것이다. 인공지능 기술 등을 이용하여 제작되지 않은 통상적인 이미지 형태의 이모티콘은 법 제82조의8 규정의 적용대상에 해당되지 아니할 것이다.

마. 구체적 세부 운용기준[17]

1) 제한 기간

선거운동을 할 수 있는 사람은 선거일 전 90일 전까지 법 제250조, 제253조 등에 해당되지 아니하는 범위 내에서 딥페이크영상등을 이용하여 법 제59조 각 호에 따라 선거운동을 할 수 있다. 이 경우 법 제82조의8 제2항에 따라 중앙선거관리위원회규칙으로 정하는 사항

---

16) 2023. 12. 4. 제6차 정치개혁특별소위 회의록
17) 중앙선거관리위원회. '딥페이크영상등'이용 선거운동 관련 법규운용기준. 2024. 1. 15.

을 딥페이크영상등에 표시하여야 한다.

법상 허용되는 각종 선거운동방법과 관계없이 누구든지 선거일 전 90일부터 선거일까지 딥페이크영상등을 이용하여 선거운동을 하는 경우에는 법 제82조의8 제1항에 위반될 것이다. 한편 선거일 전 120일부터 법 제90조 또는 제93조 위반 여부는 법 제82조의8 제한 규정과 관계없이 행위 양태에 따라 구체적·개별적으로 판단하여야 할 것이다.

2) 표시의무

(선거일 전 90일 전) 딥페이크영상등을 이용하여 선거운동을 하는 경우에는 법 제82조의8 제2항에 따라 중앙선거관리위원회규칙으로 정하는 사항을 딥페이크영상등에 표시하여야 한다.

(선거일 전 90일부터 선거일) 중앙선거관리위원회규칙으로 정하는 사항을 딥페이크영상등에 표시하였다고 하더라도 법 제82조의8 제1항에 따라 딥페이크영상등을 이용하여 일체의 선거운동을 할 수 없다.

규칙 [별표 1의3]

┃ 딥페이크영상등 표시사항 및 표시방법 ┃

구분		내 용
1. 음향	표시사항	이 음향은 실제가 아닌 인공지능 기술 등을 이용하여 만든 가상의 정보입니다.
	표시방법	누구든지 쉽게 인식할 수 있도록 시작과 끝부분에 음성으로 각각 표시한다. 이 경우 재생 시간이 5분을 초과하는 때에는 5분마다 1회씩 전단의 표시를 추가하되 음향 중간에 적절히 표시하여야 한다.
2. 이미지	표시사항	이 이미지는 실제가 아닌 인공지능 기술 등을 이용하여 만든 가상의 정보입니다.
	표시방법	누구든지 쉽게 인식할 수 있도록 전체크기의 100분의 10 이상의 테두리 안에 배경과 구분되도록 표시한다. 이 경우 테두리 안에는 표시사항 이외에는 표시할 수 없으며, 음향을 포함한 경우 제1호의 표시를 추가하여야 한다(이하 제3호에서 같다).
3. 영상	표시사항	이 영상은 실제가 아닌 인공지능 기술 등을 이용하여 만든 가상의 정보입니다.
	표시방법	누구든지 쉽게 인식할 수 있도록 전체크기의 100분의 10 이상의 테두리 안에 배경과 구분되도록 상시 표시한다.
4. 기 타		해당 정보가 인공지능 기술 등을 이용하여 만든 가상의 정보라는 사실을 누구든지 쉽게 인식할 수 있도록 위에 준하는 방법으로 표시한다.

3) 의정활동 보고

의정활동 보고는 원칙적으로 선거운동이 아니기 때문에 선거일 전 90일부터 선거일까지 법 제90조, 제93조, 제111조, 제250조, 제253조 등에 위반되지 아니하는 범위에서 딥페이크영상등을 이용하여 의정활동을 보고하는 것만으로는 법에 위반된다고 보기 어렵다. 선거일 전 90일부터 선거일까지 의정활동보고를 빙자하여 사실상 딥페이크영상등을 이용한 선거운동에 이르는 경우에는 법 제82조의8 등에 위반될 수 있을 것이며, 국회의원 등이 아닌 제3자가 딥페이크영상등을 이용하여 국회의원 등의 의정활동을 알리는 것은 그를 위한 선거운동에 해당하므로, 법 제82조의8에 따라 선거일 전 90일부터 제한된다.

4) 통상적인 정당활동

선거일 전 90일부터 선거일까지 법 제90조, 제93조, 제250조, 제253조 등에 위반되지 아니하는 범위에서 딥페이크영상등을 이용하여 선거운동에 이르지 아니하는 통상적인 정당활동을 하는 것만으로는 법에 위반된다고 보기 어렵다. 법 제58조 제4호는 통상적인 정당활동은 선거운동으로 보지 아니한다고 규정하고 있고, 법 제82조의8은 선거일 전 90일부터 선거운동을 위하여 딥페이크영상등을 게시하는 경우 등을 제한하는 규정인바, 선거운동에 해당하지 아니하는 통상적인 정당활동을 하는 경우에는 법 제82조의8을 적용하여 딥페이크영상등을 이용하는 것을 제한하기 어렵기 때문이다.

5) 당내경선운동

법 제57조의3 제1항에 규정된 방법으로 당내경선운동을 하기 위하여 딥페이크영상등을 이용하는 것은 법상 제한되지 아니할 것이다.

선거일 전 90일부터 딥페이크영상등을 이용하여, 법 제57조의3 제1항에 규정된 방법 외의 방법(법 제59조에 규정된 방법 포함)으로 당내경선운동을 하거나 당내경선운동을 빙자하여 사실상 선거운동을 하는 경우에는 행위 양태에 따라 법 제57조의3, 제82조의8 등에 위반될 수 있다.

6) 투표참여 권유활동

법 제250조, 제253조 등에 위반되지 아니하는 범위에서 '법 제58조의2에서 허용하는 투표참여 권유활동'을 딥페이크영상등을 이용하여 하는 것만으로는 법상 제한되지 아니할 것이다. 선거일 전 90일부터 딥페이크영상등을 이용한 투표참여 권유활동이 법 제58조의2 각 호에 규정된 행위에 해당하는 경우에는 행위 양태에 따라 법 제82조의8, 제90조, 제91조, 제93조, 제254조에 위반될 수 있다. 경우 법 제59조에 규정된 방법으로 하더라도 법 제82조의8 제1항에 위반된다.

바. 처벌

법 제82조의8 제1항을 위반한 자는 7년 이하의 징역 또는 1천만 원 이상 5천만 원 이하의 벌금에 처하며(법 제255조 제5항), 법 제82조의8 제2항을 위반하여 중앙선거관리위원회규칙으로 정하는 사항을 딥페이크영상등에 표시하지 아니한 자에게는 1천만 원 이하의 과태료를 부과함(법 제261조 제3항 제4호).

3. 딥페이크영상등을 이용한 허위사실공표죄

제250조(허위사실공표죄) ① 당선되거나 되게 할 목적으로 연설·방송·신문·통신·잡지·벽보·선전문서 기타의 방법으로 후보자(후보자가 되고자 하는 자를 포함한다. 이하 이 조에서 같다)에게 유리하도록 후보자, 후보자의 배우자 또는 직계존비속이나 형제자매의 출생지·가족관계·신분·직업·경력등·재산·행위·소속단체, 특정인 또는 특정단체로부터의 지지여부 등에 관하여 허위의 사실[학력을 게재하는 경우 제64조제1항의 규정에 의한 방법으로 게재하지 아니한 경우를 포함한다]을 공표하거나 공표하게 한 자와 허위의 사실을 게재한 선전문서를 배포할 목적으로 소지한 자는 5년이하의 징역 또는 3천만원이하의 벌금에 처한다.
②~③ 생략
④ 제82조의8제2항을 위반하여 중앙선거관리위원회규칙으로 정하는 사항을 딥페이크영상등에 표시하지 아니하고 제1항에 규정된 행위를 한 자는 5년 이하의 징역 또는 5천만원 이하의 벌금에, 제2항에 규정된 행위를 한 자는 7년 이하의 징역 또는 1천만원 이상 5천만원 이하의 벌금에 처한다.

인공지능 기술 등으로 만든 가상의 정보임을 표시하였다고 하더라도 허위사실이 포함되어 있는 딥페이크영상등을 공표하는 경우에는 행위 양태에 따라 법 제250조(허위사실공표죄)에 해당할 수 있다. 딥페이크영상등이 인공지능 기술 등을 이용하여 만든 가상의 정보라는 사실을 밝혔다고 하더라도, 해당 영상등이 특정 후보자의 공직선거 또는 당내경선에서의 당락을 목적으로 이용되는 경우에는 행위 양태에 따라 법 제250조 등에 해당될 수 있다.

딥페이크영상등을 이용하여 선거일 전 90일 전에 선거운동을 하는 때에 법 제82조의8 제2항을 위반하여 중앙선거관리위원회규칙으로 정하는 사항을 표시하지 아니하는 경우, 해당 영상등이 법 제250조 제1항 내지 제2항에 해당되는 경우에는 법 제250조 제4항에 따라 가중처벌 된다.

제10장

정보통신망을 이용한
위법게시물 조치 등

제10장

정보통신망을 이용한 위법게시물 조치 등

제1절 정보통신망을 이용한 위법한 정보 삭제요청 등

제82조의4(정보통신망을 이용한 선거운동) ① 삭제

② 누구든지「정보통신망 이용촉진 및 정보보호 등에 관한 법률」제2조제1항제1호에 따른 정보통신망(이하 "정보통신망"이라 한다)을 이용하여 후보자(후보자가 되려는 사람을 포함한다. 이하 이 조에서 같다), 그의 배우자 또는 직계존·비속이나 형제자매에 관하여 허위의 사실을 유포하여서는 아니되며, 공연히 사실을 적시하여 이들을 비방하여서는 아니된다. 다만, 진실한 사실로서 공공의 이익에 관한 때에는 그러하지 아니하다.

③ 각급선거관리위원회(읍·면·동선거관리위원회를 제외한다) 또는 후보자는 이 법의 규정에 위반되는 정보가 인터넷 홈페이지 또는 그 게시판·대화방 등에 게시되거나, 정보통신망을 통하여 전송되는 사실을 발견한 때에는 해당 정보를 게시한 자 또는 해당 정보가 게시된 인터넷 홈페이지를 관리·운영하는 자에게 해당 정보의 삭제를 요청하거나, 전송되는 정보를 취급하는 인터넷 홈페이지의 관리·운영자 또는 「정보통신망 이용촉진 및 정보보호 등에 관한 법률」제2조제1항제3호의 규정에 의한 정보통신서비스제공자(이하 "정보통신서비스제공자"라 한다)에게 그 취급의 거부·정지·제한을 요청할 수 있다. 이 경우 인터넷 홈페이지 관리·운영자 또는 정보통신서비스 제공자가 후보자의 요청에 따르지 아니하는 때에는 해당 후보자는 관할 선거구선거관리위원회에 서면으로 그 사실을 통보할 수 있으며, 관할 선거구선거관리위원회는 후보자가 삭제요청 또는 취급의 거부·정지·제한을 요청한 정보가 이 법의 규정에 위반된다고 인정되는 때에는 해당 인터넷 홈페이지 관리·운영자 또는 정보통신서비스 제공자에게 삭제요청 또는 취급의 거부·정지·제한을 요청할 수 있다.

④ 제3항에 따라 선거관리위원회로부터 요청을 받은 해당 정보의 게시자, 인터넷 홈페이지 관리·운영자 또는 정보통신서비스제공자는 지체없이 이에 따라야 한다.

⑤ 제3항에 따라 선거관리위원회로부터 요청을 받은 인터넷 홈페이지 관리·운영자 또는 정보통신서비스제공자는 그 요청을 받은 날부터, 해당 정보를 게시하거나 전송한 자는 당해 정보가 삭제되거나 그 취급이 거부·정지 또는 제한된 날부터 3일 이내에 그 요청을 한 선거관리위원회에 이의신청을 할 수 있다.

⑥ 제3항에 따라 선거관리위원회로부터 요청을 받아 해당 정보의 삭제 또는 그 취급의 거부·제한·정지를 한 인터넷 홈페이지 관리·운영자 또는 정보통신서비스제공자는 다음 각 호에 따른 내용을 해당 인터넷 홈페이지 또는 그 게시판·대화방 등에 게시하는 방법 등으로 그 정보를 게시하거나 전송한 사람에게 알려야 한다.

   1. 선거관리위원회로부터 제3항에 따른 요청이 있었다는 사실

   2. 제5항에 따라 이의신청을 할 수 있다는 사실

⑦ 위법한 정보의 게시에 대한 삭제 등의 요청, 이의신청 기타 필요한 사항은 중앙선거관리위원회규칙으로 정한다.

1. 개요

2012. 2. 29. 법 개정을 통하여 문자메시지, 전자우편, 인터넷 홈페이지 및 그 게시판·대화방을 이용한 선거운동은 선거운동기간 전에도 상시 가능하게 하였고, 2020. 12. 29. 제59조 제4호를 신설되어 선거일이 아닌 때에 전화(송·수화자 간 직접 통화하는 방식에 한정하며, 컴퓨터를 이용한 자동 송신장치를 설치한 전화는 제외한다)를 이용하여 선거운동을 할 있게 되었다. 따라서 '전화 등 정보통신망을 이용한 선거운동'은 법 제254조 제2항의 '이 법에 규정된 방법'에 해당하는바, 전화 등 정보통신망[1]을 이용한 선거운동을 하더라도 이는 더 이상 선거운동방법위반으로 인한 법위반죄에 해당하지 않게 되었다.

본 조는 정보통신망에서 유통되는 정보의 확산이 오프라인보다 훨씬 빠르고 광범위하여 유권자의 선택과 선거결과에 미치는 영향이 매우 크므로 허위사실을 유포하거나 사실을 적시하여 비방할 수 없도록 하고, 위법한 정보의 확산을 차단할 수 있도록 선거관리위원회 또는 후보자(후보자가 되고자 하는 자 포함)에게 위법한 정보의 삭제 또는 그 취급의 거부·정지·제한을 요청할 수 있는 권한을 부여하며, 이러한 요청을 받은 인터넷홈페이지 관리·운영자 또는 정보통신서비스제공자는 요청이 있었다는 사실과 이의신청을 할 수 있다는 사실을 해당

---

1) 법 제254조 제2항은 선거운동기간 전에 같은 법에 규정된 방법을 제외하고 정보통신 등의 방법으로 선거운동을 한 자를 처벌대상으로 하고 있는데, 여기서 '정보통신'이란 전기통신설비를 이용하거나 전기통신설비와 컴퓨터 이용 기술을 활용하여 부호·문언·음향 또는 영상을 송신하거나 수신하는 것을 의미한다(의정부지방법원 고양지원 2011. 10. 14. 선고 2011고합127 판결).

인터넷홈페이지 또는 그 게시판·대화방 등에 게시하는 방법 등으로 그 정보를 게시하거나 전송한 사람에게 알리도록 규정하고 있다.

2. 위법게시물에 대한 조치

가. 위법게시물 삭제 요청

각급선거관리위원회(읍·면·동선거관리위원회를 제외한다) 또는 후보자(후보자가 되려는 사람을 포함)는 이 법의 규정에 위반되는 정보가 인터넷 홈페이지 또는 그 게시판·대화방 등에 게시되거나, 정보통신망을 통하여 전송되는 사실을 발견한 때에는 해당 정보를 게시한 자 또는 해당 정보가 게시된 인터넷 홈페이지를 관리·운영하는 자에게 해당 정보의 삭제를 요청하거나, 전송되는 정보를 취급하는 인터넷 홈페이지의 관리·운영자 또는 「정보통신망 이용촉진 및 정보보호 등에 관한 법률」 제2조제1항제3호의 규정에 의한 정보통신서비스 제공자(이하 "정보통신서비스 제공자"라 한다)에게 그 취급의 거부·정지·제한을 요청할 수 있다.

나. 후보자 요청에 불이행시

인터넷 홈페이지 관리·운영자 또는 정보통신서비스 제공자가 후보자의 요청에 따르지 아니하는 때에는 해당 후보자는 관할 선거구선거관리위원회에 서면으로 그 사실을 통보할 수 있으며, 관할 선거구선거관리위원회는 후보자가 삭제요청 또는 취급의 거부·정지·제한을 요청한 정보가 이 법의 규정에 위반된다고 인정되는 때에는 해당 인터넷 홈페이지 관리·운영자 또는 정보통신서비스 제공자에게 삭제요청 또는 취급의 거부·정지·제한을 요청할 수 있다.

다. 조치대상

조치대상인 「이 법의 규정에 위반되는 정보」에는 후보자에 관한 허위사실공표, 후보자비방, 특정인 등 비하·모욕, 왜곡된 선거여론조사 결과 및 공표요건이 없는 선거여론조사 결과 등이 있다.

라. 이의신청의 절차와 방법

선거관리위원회로부터 요청을 받은 해당 정보의 게시자, 인터넷 홈페이지 관리·운영자 또는 정보통신서비스제공자는 지체없이 이에 따라야 하고, 선거관리위원회로부터 요청을 받은 인터넷 홈페이지 관리·운영자 또는 정보통신서비스제공자는 그 요청을 받은 날부터, 해당 정보를 게시하거나 전송한 자는 당해 정보가 삭제되거나 그 취급이 거부·정지 또는 제한된 날부터 3일 이내에 그 요청을 한 선거관리위원회에 이의신청을 할 수 있다.

선거관리위원회로부터 요청을 받아 해당 정보의 삭제 또는 그 취급의 거부·제한·정지를 한 인터넷 홈페이지 관리·운영자 또는 정보통신서비스제공자는 선거관리위원회로부터 요청이 있었다는 사실, 이의신청을 할 수 있다는 사실을 해당 인터넷 홈페이지 또는 그 게시판·대화방 등에 게시하는 방법 등으로 그 정보를 게시하거나 전송한 사람에게 알려야 한다.

3. 처벌

본 조 제4항을 위반하여 선거관리위원회로부터 위법한 정보의 삭제요청 또는 취급의 거부·정지·제한을 요청받고 이행하지 아니한 자는 300만원 이하의 과태료를 부과한다(법 제261조 제6항 제4호). 다만, 2회 이상 요청을 받고 이행하지 아니한 자는 2년 이하의 징역 또는 400만원 이하의 벌금에 처한다(법 제256조 제3항 제1호). 허위사실 공표 및 후보자 비방 관련은 후술하는 법 제250조, 제251조 참조.

제2절 선거운동정보의 전송제한

제82조의5(선거운동정보의 전송제한) ① 누구든지 정보수신자의 명시적인 수신거부의사에 반하여 선거운동 목적의 정보를 전송하여서는 아니된다.

② 예비후보자 또는 후보자가 제59조제2호·제3호에 따라 선거운동 목적의 정보(이하 "선거운동정보"라 한다)를 자동 동보통신의 방법으로 문자메시지로 전송하거나 전송대행업체에 위탁하여 전자우편으로 전송하는 때에는 다음 각 호의 사항을 선거운동정보에 명시하여야 한다.

　1. 선거운동정보에 해당하는 사실

2. 문자메시지를 전송하는 경우 그의 전화번호

3. 불법수집정보 신고 전화번호

4. 수신거부의 의사표시를 쉽게 할 수 있는 조치 및 방법에 관한 사항

③ 삭제〈2012. 1. 17.〉

④ 선거운동정보를 전송하는 자는 수신자의 수신거부를 회피하거나 방해할 목적으로 기술적 조치를 하여서는 아니된다.

⑤ 선거운동정보를 전송하는 자는 수신자가 수신거부를 할 때 발생하는 전화요금 기타 금전적 비용을 수신자가 부담하지 아니하도록 필요한 조치를 하여야 한다.

⑥ 누구든지 숫자·부호 또는 문자를 조합하여 전화번호·전자우편주소 등 수신자의 연락처를 자동으로 생성하는 프로그램 그 밖의 기술적 장치를 이용하여 선거운동정보를 전송하여서는 아니된다.

1. 개요

본 조는 2004. 3. 12. 법 개정 시 무분별한 선거운동정보 전송을 차단하여 유권자의 혼란 및 허위사실 유포, 각종 비방·흑색선전 등으로 인한 선거의 과열·혼탁을 방지하기 위해 신설된 규정이다.

2. 선거운동 정보 명시

선거운동 목적의 정보를 전송하려는 자는 누구든지 정보수신자의 명시적인 수신거부의사에 반하여 선거운동정보를 전송하여서는 아니된다. 따라서 직접 통화하는 경우에는 수화자에게 수신여부를 직접 물을 필요는 없으나, 수화자가 통화 중에 수신거부 의사를 표시할 수 있고 그러한 수신거부 의사에 반하여 선거운동 정보를 전송하는 경우에는 처벌된다.

또한 예비후보자 또는 후보자가 선거운동정보를 자동 동보통신의 방법으로 문자메시지로 전송하거나 전송대행업체에 위탁하여 전자우편으로 전송하는 경우에는 선거운동정보에 해당하는 사실, 문자메시지를 전송하는 경우 그의 전화번호, 불법수집정보 신고 전화번호, 수신거부의 의사표시를 쉽게 할 수 있는 조치 및 방법에 관한 사항을 명시하여야 한다. 그러나 자동 동보통신의 방법이나 전송대행업체에 위탁하는 방식이 아닌 방법으로 문자메시지나 전자우편을 보내는 경우에는 그러한 내용을 명시할 필요가 없다.

예비후보자 또는 후보자는 본 조 제2항에 규정된 방법으로 선거운동정보를 전송하는 경우 수신자가 수신을 거부할 때 발생하는 전화요금 기타 금전적 비용을 수신자가 부담하지 아니하도록 필요한 조치를 하여야 한다.

선거운동정보를 전송하는 자는 수신자의 수신거부를 회피하거나 방해할 목적으로 기술적 조치를 하여서는 아니된다.

3. 벌칙

본 조 제1항을 위반하여 선거운동정보를 전송한 자, 제2항을 위반하여 선거운동정보에 해당하는 사실 등을 명시하지 아니하거나 허위로 명시한 자, 제4항을 위반하여 기술적 조치를 한 자, 제5항을 위반하여 비용을 수신자에게 부담하도록 한 자, 제6항을 위반하여 선거운동정보를 전송한 자는 1년 이하의 징역 또는 100만원 이하의 벌금에 처한다(법 제255조 제4항).

제3절 통신관련 선거범죄의 조사

제272조의3(통신관련 선거범죄의 조사) ① 각급선거관리위원회(읍·면·동선거관리위원회를 제외한다. 이하 이 조에서 같다) 직원은 정보통신망을 이용한 이 법 위반행위의 혐의가 있다고 인정되는 상당한 이유가 있는 때에는 당해 선거관리위원회의 소재지를 관할하는 고등법원(구·시·군선거관리위원회의 경우에는 지방법원을 말한다) 수석판사 또는 이에 상당하는 판사의 승인을 얻어 정보통신서비스제공자에게 당해 정보통신서비스 이용자의 성명(이용자를 식별하기 위한 부호를 포함한다)·주민등록번호·주소(전자우편주소·인터넷 로그기록자료 및 정보통신망에 접속한 정보통신기기의 위치를 확인할 수 있는 자료를 포함한다)·이용기간·이용요금에 대한 자료의 열람이나 제출을 요청할 수 있다.
② 각급선거관리위원회 직원은 전화를 이용한 이 법 위반행위의 혐의가 있다고 인정되는 상당한 이유가 있는 때에는 당해 선거관리위원회의 소재지를 관할하는 고등법원(구·시·군선거관리위원회의 경우에는 지방법원을 말한다) 수석판사 또는 이에 상당하는 판사의 승인을 얻어 정보통신서비스제공자에게 이용자의 성명·주민등록번호·주소·이용기간·이용요금, 송화자 또는 수화자의 전화번호, 설치장소·설치대수에 대한 자료의 열람이나 제출을 요청할 수 있다.

③ 제1항 및 제2항 또는 다른 법률에도 불구하고 다음 각 호의 어느 하나에 해당하는 자료의 열람이나 제출을 요청하는 때에는 제1항 또는 제2항에 따른 승인이 필요하지 아니하다.

1. 인터넷 홈페이지 게시판·대화방 등에 글이나 동영상 등을 게시하거나 전자우편을 전송한 사람의 성명·주민등록번호·주소 등 인적사항

2. 문자메시지를 전송한 사람의 성명·주민등록번호·주소 등 인적사항 및 전송통수

④ 제1항부터 제3항까지에 따른 요청을 받은 자는 지체없이 이에 응하여야 한다.

⑤ 각급선거관리위원회 직원은 정보통신서비스제공자로부터 제1항부터 제3항까지의 규정에 따라 자료제공을 받은 때에는 30일 이내에 그 사실과 내용을 문서, 팩스, 전자우편, 휴대전화 문자메시지 등으로 해당 이용자에게 알려야 한다. 다만, 선거관리위원회에서 고발·수사의뢰한 경우에는 그 불송치결정, 기소 또는 불기소처분을 통지받은 날부터 10일 이내에 알릴 수 있다.

⑥ 각급선거관리위원회 직원은 제1항부터 제3항까지의 규정에 따라 자료제공을 받은 경우에는 해당 자료의 제공요청사실 등 필요한 사항을 기재한 대장과 자료제공요청서 등 관련 자료를 해당 선거관리위원회에 비치하여야 한다.

⑦ 각급선거관리위원회 직원은 정보통신서비스제공자로부터 제1항부터 제3항까지에 따라 제출받은 자료를 이 법 위반행위에 대한 조사목적외의 용도로 사용하여서는 아니되며, 관계 수사기관에 고발 또는 수사의뢰하는 경우를 제외하고는 이를 공개하여서는 아니된다.

⑧ 제1항부터 제3항까지에 따른 요청 기타 필요한 사항은 중앙선거관리위원회규칙으로 정한다.

1. 개요

본 조는 정보통신망과 전화를 이용한 선거운동이 날로 확대되어 선거범죄의 조사에 있어서도 통신자료의 확보 필요성이 커짐에 따라 혐의 입증에 필요한 자료를 소유하고 있는 정보통신서비스 제공자에게 정보통신서비스 이용자의 식별에 필요한 자료의 열람이나 제출을 요구할 수 있도록 하기 위해 도입된 규정이다. 2020. 3. 25. 법 개정 시 이용자의 개인정보 자기결정권을 보호하기 위해 선거관리위원회 직원이 통신관련 선거범죄 조사를 위해 정보통신서비스 제공자에게 자료를 요청한 경우 이용자에 대한 통지의무를 마련하였다.

2. 정보통신서비스 이용자에 관한 자료 열람 및 제출 요구

가. 주체

읍·면·동선거관리위원회를 제외한 각급 선거관리위원회의 직원이다.

나. 요건

1) 정보통신망, 전화를 이용한 선거범죄 혐의의 상당성

정보통신망[2] 또는 전화를 이용한[3] 이 법 위반행위의 혐의가 있다고 인정되는 상당한 이유가 있어야 한다.

「이 법 위반행위」란 공직선거법을 위반한 행위로 정치자금법이나 정당법위반은 포함되지 않는다.

「혐의가 있다고 인정되는 상당한 이유가 있는 때」라 함은 법문상 형사소송법상 체포·구속의 요건으로서의 '죄를 범하였다고 의심할 만한 상당한 이유'와 유사하고,[4] '죄를 범하였다고 의심할 만한 상당한 이유'는 유죄판결의 경우처럼 고도의 증명을 요구하는 것은 아니지만, 피의자에게 무죄의 추정을 깨뜨릴 수 있을 정도로 충분한 범죄혐의가 있다는 고도의 개연성과 구체적 소명자료가 존재함을 의미한다.[5]

2) 승인권자

당해 선거관리위원회의 소재지를 관할하는 고등법원(구·시·군선거관리위원회의 경우에는 지방법원을 말한다) 수석부장판사 또는 이에 상당하는 부장판사(이하 '승인권자'라 한다)의 승인을 얻어야 한다.

각급 선거관리위원회 직원이 승인권자의 승인을 얻고자 하는 때에는 요청사유, 해당 이용자와의 연관성, 필요한 자료의 범위 등을 기재한 서면으로 하여야 하며, 서면으로 요청할 수 없는 긴급한 사유가 있는 때에는 모사전송 등의 방법에 의할 수 있고, 신청을 받은 승인권자는 요청사유 등을 심사한 후 그 결과를 신청한 직원에게 통지하여야 한다(규칙 제146조의4 제1

---

2) 「정보통신망」이란 전기통신사업법 제2조 제2호에 따른 전기통신설비를 이용하거나 전기통신설비와 컴퓨터 및 컴퓨터의 이용기술을 활용하여 정보를 수집·가공·저장·검색·송신 또는 수신하는 정보통신체제를 말한다(정보통신망 이용촉진 및 정보보호 등에 관한 법률 제2조 제1항 제1호).
3) 「전화를 이용하는 행위」는 전기통신사업법 제2조 제2호에 따른 전기통신설비를 이용하는 것을 말한다.
4) 형사소송법 제70조, 제200조의2, 제201조 참조
5) 법원실무제요, 형사[Ⅰ], 법원행정처(2014), 313.

항, 제2항).

3) 요청 대상과 범위 등

가) 대상

정보통신서비스제공자에게 자료의 열람이나 제출을 요청할 수 있다.

「정보통신서비스제공자」란 전기통신사업법 제2조 제8호에 따른 전기통신사업자와[6] 영리를 목적으로 전기통신사업자의 전기통신역무를 이용하여 정보를 제공하거나 정보의 제공을 매개하는 자를 의미한다.[7]

나) 요청범위

열람이나 제출요청이 가능한 자료의 범위는 규정형식상 제한적 열거로 보아야 하므로, 정보통신망을 이용한 경우에는 이용자의 성명(이용자를 식별하기 위한 부호를 포함한다)·주민등록번호·주소(전자우편주소·인터넷 로그기록자료 및 정보통신망에 접속한 정보통신기기의 위치를 확인할 수 있는 자료를 포함한다)·이용기간·이용요금이며, 전화를 이용한 경우 이용자의 성명·주민등록번호·주소·이용기간·이용요금, 송화자·수화자의 전화번호, 설치장소, 설치대수이며, 그 외의 자료는 요청할 수 없다.

다) 절차

정보통신서비스제공자에게 통신자료 또는 전화자료의 제출을 요청하는 때에는 통신 또는 전화자료의 제출요청서와 함께 승인권자의 승인을 증명하는 서면을 제시하고 통신 또는 전화자료의 제출을 요청하는 자의 신분을 표시할 수 있는 증표를 제시(공무원증으로 갈음 가능)하여야 한다. 다만, 승인권자의 승인을 얻을 수 없는 긴급한 사유가 있는 때에는 통신자료 또는 전화자료의 제출을 요청한 후 지체없이 승인권자의 승인을 증명하는 서면을 제시하여야 한다(규칙 제146조의4 제3항). 정보통신서비스제공자가 자료 열람 또는 제출 요청을 받고 지체없이 이에 응하지 아니한 경우 300만원 이하의 과태료에 처한다(법 제261조 제6항 제1호).

4) 승인예외

다른 법률의 규정에도 불구하고 인터넷 홈페이지 게시판·대화방 등에 글이나 동영상 등

---

6)	전기통신사업법 제2조 제8호["전기통신사업자"란 이 법에 따라 등록 또는 신고(신고가 면제된 경우를 포함한다)를 하고 전기통신역무를 제공하는 자를 말한다]

7)	정보통신망 이용촉진 및 정보보호 등에 관한 법률 제2조 제1항 제3호

을 게시하거나 전자우편을 전송한 사람의 성명·주민등록번호·주소 등 인적사항과 문자메시지를 전송한 사람의 성명·주민등록번호·주소 등 인적사항 및 전송통수에 해당하는 자료의 열람이나 제출을 요청하는 때에는 승인이 필요하지 아니하다.

3. 이용자에 대한 통지의무

각급 선거관리위원회 직원이 통신관련 선거범죄 조사를 위해 정보통신서비스제공자로부터 자료제공을 받은 때에는 30일 이내에 그 사실과 내용을 문서, 팩스, 전자우편, 휴대전화 문자메시지 등으로 해당 이용자에게 알려야 하며, 해당 자료의 제공요청사실 등 필요한 사항을 기재한 대장과 자료제공요청서 등 관련 자료를 해당 선거관리위원회에 비치하여야 한다.

4. 자료의 조사목적외의 용도 사용 및 공개금지

각급선거관리위원회 직원은 정보통신서비스제공자로부터 제1항부터 제3항까지에 따라 제출받은 자료를 이 법 위반행위에 대한 조사목적 외의 용도로 사용하여서는 아니되며, 관계 수사기관에 고발 또는 수사의뢰하는 경우를 제외하고는 이를 공개하여서는 아니된다.

5. 벌칙

본 조 제1항부터 제3항까지에 따른 요청을 받은 자가 지체없이 응하지 않는 경우에는 300만원 이하의 과태료를 부과한다(법 제261조 제6항 제1호).

제11장

예비후보자의 선거운동

예비후보자의 선거운동

예비후보자제도는 예비후보자등록을 한 자는 일정 범위내에서 선거운동기간 전에도 선거운동을 할 수 있도록 하는 제도이다. 종전에는 누구든지 선거운동기간이 아닌 때에는 선거운동을 할 수 없도록 하였으나, 현역 국회의원의 경우 직무활동으로 인정되는 의정활동보고를 통하여 사실상 선거운동의 효과를 누리게 되어 선거운동기회에 있어서 현역 국회의원과 정치신인 간에 불균형이 발생한다는 문제가 끊임없이 제기되어 왔다. 이에 선거운동기회의 형평성 차원에서 정치신인에게도 자신을 알릴 수 있는 기회를 어느 정도 보장하고자 예비후보자제도를 도입하게 되었다.

예비후보자의 선거운동은 원칙적으로 금지되는 사전선거운동에 관한 예외이므로, 그 허용범위는 가급적 문언에 따라 엄격하게 해석하는 것이 바람직하다.

제1절 개요

제60조의3(예비후보자 등의 선거운동) ① 예비후보자는 다음 각호의 어느 하나에 해당하는 방법으로 선거운동을 할 수 있다.

1. 제61조(선거운동기구의 설치)제1항 및 제6항 단서의 규정에 의하여 선거사무소를 설치하거나 그 선거사무소에 간판·현판 또는 현수막을 설치·게시하는 행위

2. 자신의 성명·사진·전화번호·학력(정규학력과 이에 준하는 외국의 교육과정을 이수한 학력을 말한다. 이하 제4호에서 같다)·경력, 그 밖에 홍보에 필요한 사항을 게재한 길이 9센티미터 너비 5센티미터 이내의 명함을 직접 주거나 지지를 호소하는 행위. 다만, 선박·정기여객자동차·열차·전동차·항공기의 안과 그 터미널·역·공항의 개찰구 안, 병원·종교시설·극장의 옥내(대관 등으로 해당 시설이 본래의 용도 외의 용도로 이용되는 경우는 제외한다)에서 주거나 지지를 호소하는 행위는 그러하지 아니하다.

3. 삭제

4. 선거구안에 있는 세대수의 100분의 10에 해당하는 수 이내에서 자신의 사진·성명·전화번호·학력·경력, 그 밖에 홍보에 필요한 사항을 게재한 인쇄물(이하 "예비후보자홍보물"이라 한다)을 작성하여 관할 선거관리위원회로부터 발송대상·매수 등을 확인받은 후 선거기간개시일 전 3일까지 중앙선거관리위원회규칙이 정하는 바에 따라 우편발송하는 행위. 이 경우 대통령선거 및 지방자치단체의 장선거의 예비후보자는 표지를 포함한 전체면수의 100분의 50 이상의 면수에 선거공약 및 이에 대한 추진계획으로 각 사업의 목표·우선순위·이행절차·이행기한·재원조달방안을 게재하여야 하며, 이를 게재한 면에는 다른 정당이나 후보자가 되려는 자에 관한 사항을 게재할 수 없다.

5. 선거운동을 위하여 어깨띠 또는 예비후보자임을 나타내는 표지물을 착용하거나 소지하여 내보이는 행위

6. 삭제

7. 삭제

② 다음 각 호의 어느 하나에 해당하는 사람은 예비후보자의 선거운동을 위하여 제1항제2호에 따른 예비후보자의 명함을 직접 주거나 예비후보자에 대한 지지를 호소할 수 있다.

1. 예비후보자의 배우자(배우자가 없는 경우 예비후보자가 지정한 1명)와 직계존비속

2. 예비후보자와 함께 다니는 선거사무장·선거사무원 및 제62조제4항에 따른 활동보조인

3. 예비후보자가 그와 함께 다니는 사람 중에서 지정한 1명

③ 제1항제4호에 따라 예비후보자홍보물을 우편발송하고자 하는 예비후보자는 그 발송통수 이내의 범위 안에서 선거권자인 세대주의 성명·주소(이하 이 조에서 "세대주명단"이라 한다)의 교부를 구·시·군의 장에게 신청할 수 있으며, 신청을 받은 구·시·군의 장은 다른 법률의 규정에 불구하고 지체 없이 그 세대주명단을 작성·교부하여야 한다.

④ 제3항의 규정에 따른 세대주명단의 교부신청은 후보자등록기간개시일 전 5일까지 서면으로 신청하여야 하며, 그 작성비용을 함께 납부하여야 한다.

⑤ 제3항의 규정에 따라 교부된 세대주명단의 양도·대여 및 사용의 금지에 관하여는 제46조(명부사본의 교부)제4항의 규정을 준용한다. 이 경우 "명부"는 "세대주명단"으로 본다.

⑥ 예비후보자홍보물의 규격·면수와 작성근거 등의 표시, 어깨띠·표지물의 규격, 세대주명단의 교부신청과 비용납부 그 밖에 필요한 사항은 중앙선거관리위원회규칙으로 정한다.

2004. 3. 12. 법 개정으로 도입된 예비후보자제도에 따라 예비후보자 및 일정범위의 사람은 선거운동기간 전이라도 법이 정한 방법으로 선거운동을 할 수 있다. 본 조 신설 당시에는 예비후보자 본인만의 선거운동이 가능하였으나 점차 확대되어 예비후보자의 배우자, 직계존비속 및 선거사무관계자도 제한된 범위 내에서 선거운동을 할 수 있도록 하였다.

그러나 비례대표선거에서는 예비후보자등록제도를 인정하지 않고 있다. 그 이유는 정당법과 공직선거법에 의하면 정당은 일정한 요건을 갖춰 정당으로 등록하는 순간, 선거기간 여부를 불문하고 통상적인 정당활동을 통하여 정당의 정강과 정책을 유권자에게 알릴 수 있으며, 정당이 제시한 비례대표명부를 보고 정당에 투표하는 비례대표국회의원선거에 있어서 정당이 신생정당이라는 이유로 그 정당이나 비례대표국회의원후보자에게 선거기간 전에 선거운동의 기회를 부여해야 할 이유는, 선거기간이 아니면 후보자가 자신을 합법적으로 유권자에게 알릴 기회가 없는 정치신인인 지역구국회의원후보자의 경우에 비해 훨씬 적기 때문이다.[1]

제2절 예비후보자 선거운동 방법

---

1. 자동 동보통신의 방법의 문자메시지 전송 등

가. 의의

누구든지 선거운동을 할 수 있는 사람은 법 제59조에 따라 문자메시지, 인터넷 홈페이지, 전자우편, 송·수화자 간 직접 통화하는 방식 전화, 말로 하는 방법으로 선거운동기간 이외에도 선거운동을 할 수 있다. 이 경우 예비후보자는 자동 동보통신의 방법(동시 수신대상자가 20명을 초과하거나 그 대상자가 20명 이하인 경우에도 프로그램을 이용하여 수신자를 자동으로 선택하여 전송하는 방식을 말함)으로 8회(후보자의 경우 예비후보자로서 전송한 횟수를 포함) 이내에서 전송할 수 있다.

나. '자동 동보통신 방법' 등의 의미

휴대전화가 보편적으로 보급되어 일상화 된 오늘날 문자메시지는 종이문서 등을 대신하는 기능·역할을 담당하여 문자메시지로 전송한 글도 선거에 미치는 영향이 상당하며, 그 전파 범위와 접근용이성 측면에서 볼 때 파급력도 상당하다. 문자메시지는 수신자의 선택과 무관하게 일방적으로 발송자의 의사가 수신자에게 전달되므로 선거운동 방법으로 문자메시

---

1)   헌법재판소 2006. 7. 27. 2004헌마217 결정

지 대량 전송이 무제한 허용된다면 유권자들은 자신들의 의지와 상관없이 무분별한 문자메시지 대량 전송으로 인한 선거운동에 무방비로 노출될 수밖에 없고, 이는 문자메시지 수신을 원치 않는 유권자의 자유를 침해하여 유권자의 불편을 초래할 뿐만 아니라 유권자의 자유로운 의사결정을 방해받을 수 있다. 또한 난무하는 문자메시지로 인해 선거의 공정·평온까지 심각하게 저해하는 결과를 가져올 수 있다. 문자메시지를 전송하는 방법으로 선거운동을 하는 것을 허용하면서도 무한정 허용이 아닌 동시수신자가 20명을 초과하지 않을 것이라는 일정 정도의 제한을 가한 것은 유권자의 불편을 해소하고 선거의 자유, 평온, 공정을 보장하기 위한 중대한 공익을 위한 것이다.[2]

「동보통신」이란 2 이상의 자에게 동시에 같은 내용의 문자메시지를 전송하는 것을 의미하며 수신대상자가 1명인 경우에는 해당하지 않는다. 「자동 동보통신의 방법」이란 동시 수신대상자가 20명을 초과하거나 그 대상자가 20명 이하인 경우에도 프로그램을 이용하여 수신자를 자동으로 선택하여 전송하는 방식을 말한다. 「프로그램 이용」에는 시중에 통상적으로 사용되는 휴대전화기, 인터넷문자전송서비스, 컴퓨터 프로그램, 스마트폰 애플리케이션, 인터넷전화기 등이 해당된다. 「수신대상자 자동 선택」이란 일정한 프로그램의 작용에 의하여 스스로 수신대상자가 선택되는 것을 의미한다. 20명 이하인 경우에는 「프로그램 이용」과 「수신대상자 자동 선택」이라는 두 가지의 조건이 모두 충족되는 경우에만 자동 동보통신의 방법에 해당하므로 인터넷문자발송서비스를 이용하더라도 수신대상자를 수동으로 선택한다면 자동 동보통신에 해당되지 않는다.[3] 그룹을 미리 만들어두고 전송하는 방식의 경우 휴대전화기의 자체 프로그램을 이용한다면 자동 동보통신에 해당하지 않으나 인터넷문자발송서비스, 컴퓨터 애플리케이션, 인터넷전화기 등을 이용하는 경우에는 자동 동보통신에 해당한다. 마우스로 드래그하여 수신대상자를 선택하는 방식은 자동선택이 아니므로 자동 동보통신에 해당하지 않는다.[4] 자동 동보통신 방법의 전송은 후보자·예비후보자만 가능한바, 후보자 또는 예비후보자가 자동 동보통신의 방법으로 문자메시지를 직접 전송하지 않고 다른 사람으로 하여금 대신하게 하여 일련의 사실행위를 자신의 지배하에 두어 자신이 직접 실행하는 것과 동일시할 수 있는 경우에는 후보자 또는 예비후보자 자신의 선거운동으로 평가할 수 있다.[5]

2)　서울북부지방법원 2023. 6. 9. 선고 2022고합461, 2023초기830 판결
3)　중앙선거관리위원회 2018. 4. 11. 회답
4)　중앙선거관리위원회 2018. 3. 29. 회답
5)　대법원 2011. 3. 24. 선고 2010도15940 판결

다. 전자우편의 전송대행업체 위탁

예비후보자는 전자우편(컴퓨터 이용자끼리 네트워크를 통하여 문자·음성·화상 또는 동영상 등의 정보를 주고받는 통신시스템을 말함)을 전송대행업체에 위탁하여 전송할 수 있다. 이 경우 자동동보 통신방법의 문자메시지와는 달리 횟수 제한이 없다.

라. 중앙선거관리위원회 행정해석

[자동동보통신 방법 문자메시지]

① 무선 태블릿 전화기를 이용한 문자메시지 전송

문자메시지 1회 발송시 주소록에서 문자 수신자를 1명 ~ 20명 이내에서 수동으로 선택하고 이후 발송 버튼을 누르면 선택된 수신자만큼 문자가 발송되는 수동식의 방법으로 문자메시지를 전송하는 것은 「공직선거법」 제59조 제2호에 따른 자동 동보통신의 방법에 해당하지 아니할 것임(2017. 2. 17. 회답).

② 인터넷을 이용한 문자메시지 전송

인터넷 문자전송서비스의 유료 또는 무료 여부와 관계없이 문자메시지 동시 수신대상자가 20명을 초과하거나 그 대상자가 20명 이하인 경우에도 프로그램을 이용하여 수신자를 자동으로 선택하여 전송하는 때에는 자동 동보통신에 해당할 것임(2017. 4. 24. 회답).

③ 자동 동보통신의 방법을 이용한 문자메시지 전송

1. 동시 수신대상자를 수동으로 선택(드래그 방식 포함)하거나, 휴대전화기 본래 기능을 활용하는 일반화된 방법인 휴대전화기 내장 프로그램을 이용하여 20명 이하의 단위로 그룹 설정 후 그룹별로 클릭하여 문자메시지를 전송하는 것은 자동 동보통신의 방법에 해당하지 아니함.

2. 휴대전화기 외의 인터넷 문자발송 서비스, 컴퓨터 프로그램, 스마트폰 애플리케이션, 인터넷 전화기 등을 이용하여 20명 이하의 단위로 그룹설정 후 그룹별로 클릭하여 문자메시지를 전송하는 것은 자동 동보통신의 방법에 해당함(2018. 3. 29. 회답).

④ 다른 선거 예비후보자의 선거운동을 위한 문자메시지 전송

재·보궐선거 예비후보자가 자동 동보통신의 방법으로 국회의원선거 예비후보자의 선거운동을 위한 문자메시지를 전송하는 경우에는 행위시기에 따라 법 제93조 또는 제254조에 위반됨(2019. 12. 3. 제21대 국선 예상쟁점 법규운용기준).

[전송대행업체를 통한 전자우편 전송]

① 유권자의 예비후보자홍보물 등 인터넷 홈페이지 게시 등

선거일이 아닌 때에 선거운동을 할 수 있는 자가 예비후보자홍보물, 선거운동용 명함, 선거공보를 스캔하여 인터넷 홈페이지의 게시판에 게시하거나 전자우편(SNS, 모바일메신저 포함)을 이용하여 전송하거나 전달(리트윗)하는 것은 무방할 것임. 다만, 전자우편 전송대행업체를 통한 위탁 전송은 후보자와 예비후보자만이 할 수 있음(2012. 3. 5. 회답).

⇨ 2017. 2. 8. 법 제59조 제3호 개정으로 선거일에도 인터넷 또는 전자우편을 이용한 선거운동 가능

② 카카오톡 플러스친구를 이용한 선거운동

후보자 또는 예비후보자가 선거일이 아닌 때에 카카오톡 플러스친구를 이용하여 선거구민들에게 선거운동정보를 전송하는 것은 전자우편을 전송대행업체에 위탁하여 전송하는 행위에 해당되어 무방할 것이며, 이 경우 「공직선거법」 제82조의5에 따른 선거운동정보의 전송제한 사항을 준수하여야 할 것임(2012. 9. 5. 회답).

⇨ 2017. 2. 8. 법 제59조 제3호 개정으로 선거일에도 전자우편을 이용한 선거운동 가능

[전화]

① 예비후보자 선거사무소의 통화연결음 서비스

예비후보자 선거사무소에서 "대구경제를 살릴 수 있는 CEO 출신 신주식 사무소입니다.", "대구경제를 살릴 수 있는 CEO 출신 신주식 대구광역시장 예비후보자 선거사무소입니다."와 같이 통상적인 전화예절에 해당하는 정도의 내용을 통화연결음으로 사용하는 것은 무방할 것임(2006. 3. 13. 회답).

② 유명 연예인 음성으로 된 통화연결음 등 사용

1. 연결음을 유명 연예인의 목소리로 해도 되는지요?

2. 멘트는 어느 정도까지 가능한지요?

> 예시 1) ○○○후보 선거사무소입니다.
> 예시 2) 안녕하십니까? 연기자 ○○○입니다. □□□후보에게 많은 응원 부탁드립니다.
> 예시 3) 안녕하십니까? 연기자 ○○○입니다. □□□후보와 함께 좋은 하루 되시기 바랍니다.

답 귀문의 경우 무방할 것임(2010. 5. 14. 회답).

③ 예비후보자의 선거유세, 홍보 및 멘트를 통화연결음으로 사용

예비후보자는 선거유세, 홍보 및 멘트를 통화연결음으로 사용할 수 있음(2010. 3. 4. 회답).

④ 예비후보자 선거사무소에 설치된 전화를 이용한 선거운동

　　자원봉사자(선거운동을 할 수 있는 사람)가 예비후보자 선거사무소에 설치된 전화를 이용하여 송·수화자 간 직접 통화하는 방식으로 선거운동을 하는 것만으로는 「공직선거법」에 위반되지 아니할 것임. 다만, 선거운동을 위한 사조직 설립·설치를 금지하는 같은 법 제87조, 선거사무소 외에 후보자 또는 후보자가 되려는 사람을 위한 유사기관의 설립·설치를 금지하는 제89조, 자원봉사자에게 선거운동과 관련하여 금품 기타 이익 제공을 금지하는 제135조 등 각종 제한·금지규정에 위반되어서는 아니 될 것임(2021. 1. 14. 회답).

마. 판례

① 위법한 자동동보통신의 방법으로 문자메시지 발송시의 처벌규정

　　1. 공직선거법 제59조 제2호에 의하여 제한되는 행위를 선거일 전 180일부터 선거일까지 사이에 선거에 영향을 미치게 하기 위하여 한 경우에는 제256조 제3항 제1호 나목 위반죄가 성립하지 않는 경우에도, 제93조 제1항에서 정한 탈법방법에 의한 문서배부 행위로서 제255조 제2항 제5호 위반죄가 성립된다고 해석함이 타당하다(대법원 2015. 9. 10. 선고 2014도17290 판결 참조).

　　2. 제6회 전국동시지방선거의 제주특별자치도의회 교육의원 선거에 관하여 후보자로 등록한 피고인이 중앙선거관리위원회규칙에 따라 신고하지 아니한 전화번호를 사용하여 3차례에 걸쳐 총 1,955명의 학부모에게 자동 동보통신의 방법으로 문자메시지를 전송한 사실을 알 수 있다. 앞서 본 법리에 의하면, 피고인의 위와 같은 문자메시지 전송행위는 공직선거법 제59조 제2호가 정하고 있는 제한 중 매회 전송하는 때마다 중앙선거관리위원회규칙에 따라 신고한 1개의 전화번호만을 사용하여야 하는 제한을 위반한 경우에 해당 하므로, 공직선거법 제93조 제1항에서 금지하고 있는 '법의 규정에 의하지 아니한' 선거운동에 해당한다. 따라서 공직선거법 제255조 제2항 제5호에서 규정한 탈법방법에 의한 문서배부죄가 성립한다(대법원 2015. 10. 15. 선고 2015도1098 판결).

　　⇨ 2017. 2. 8. 개정된 법 제261조 제3항 제2호는 법 제59조 제2호 후단을 위반하여 신고한 전화번호가 아닌 전화번호를 정당한 이유 없이 사용하여 자동동보통신의 방법으로 문자메시지를 전송한 사람은 1천만원 이하의 과태료에 처한다고 규정하였음.

② 아파트 입주자대표회의 회장이 관련 인사들이 모인 식사모임에 예비후보자들을 초청

하여 지역현안 해결 촉구 등을 한 사안에서, 예비후보자들에게 말로 하는 선거운동을 할 기회를 제공한 것으로 볼 수 있을지언정 이를 넘어 집회 개최의 방법으로 하는 사전 선거운동에 이르지는 않는다고 판단한 사례

[인정 사실]

1. 피고인은 이 사건 아파트의 입주자대표회의 회장 겸 동대표이다. 피고인은 이 사건 아파트와 초등학교 연접 사거리에 학생들의 안전을 위해 엑스자 횡단보도가 필요하다고 생각하고, 경찰서에 이를 문의하기도 하였다. 피고인은 D에게 후보자 중 횡단보도 설치에 도움을 줄 수 있는 사람을 소개해달라고 부탁하였고, D는 예비후보자 B와 예비후보자 C를 소개해주기로 하였다. 이에, 피고인은 이 사건 아파트 동대표 K, 입주자 H, 입주자대표회의 관리부장에게 식사를 하자고 제안하고, 2022. 3. 31. ◇◇식당으로 함께 이동하였다.

2. D는 B, C에게 식사모임이 있으니 인사하러 가자며, 위 식당으로 오라고 하였다. B, C는 선거운동 점퍼를 입고 위 식당에 가서 예비후보라고 소개하며 명함을 교부하고 함께 식사를 하였다. 피고인은 이 사건 아파트와 초등학교 연접 사거리에 엑스자 횡단보도 설치가 필요하고, 이를 해결해줄 수 있는 후보를 선택할 수밖에 없다는 취지로 말하였다. B, C는 엑스자 횡단보도를 설치하려면 관할 경찰서 등의 협의가 필요하다는 말과 함께, 당선된다면 엑스자 횡단보도 설치를 돕도록 노력하겠다는 원론적인 답변을 하였다. 피고인은 이 사건 아파트도 이들이 당선될 수 있도록 돕겠다는 취지의 발언을 하였다.

[판단]

1. 위 인정사실로 보아, ① 피고인은 B, C에게 선거운동 기회를 제공하기 위해 식사모임을 만든 것이 아니라, 횡단보도 설치를 위해 정치인들의 도움이 필요하여 이들을 식사모임에 오게 한 점, ② B, C, D는 서로 잘 알고 있었고, B, C가 처음 인사한 사람은 4명에 불과한 점, ③ B, C는 D의 연락에 따라 위 모임에 갔고, 그 날 처음 만난 위 4명과 개별 대면하여 민원을 청취하고 말로 지지를 호소한 점 등으로 보면, 피고인의 행위는 B, C로 하여금 위 식사모임에서 개별적으로 대면한 사람들에게 말로 선거운동을 할 기회를 제공하였다고 볼 수 있을지언정, 이를 넘어 사전선거운동을 하였다고 인정하기에는 부족하다.

2. 검사는 위 식사모임이 공직선거법 제254조 제2항이 금지하는 '반상회, 그 밖의 집회'에서의 사전선거운동에 해당한다고 주장한다. 그러나 '반상회'는 행정조직의 최하 단위인 반(班)의 월례회를 말하는데, 위 식사모임이 이에 해당하지 아니함은 명백하다.

'집회'는 특정 또는 불특정 다수인이 형성한 공동의 의견을 대외적으로 표명할 목적으로 일시적으로 일정한 장소에 모이는 것이고, 모이는 장소나 사람의 다과에 제한이 없어 2인이 모이는 경우에도 집회의 개념에 포함될 수 있기는 하다(대법원 2012. 5. 24. 선고 2010도11381 판결 등 참조). 그러나 공직선거법 제254조 제2항이 열거한 '정견발표회·좌담회·토론회·향우회·동창회·반상회, 그 밖의 집회'라는 문언으로 보면, '그 밖의 집회'는 앞에 열거한 여러 모임에 준하는 경우로 보아야 하며, 단순히 2인 이상이 모인 경우로 넓게 해석할 수는 없다. 따라서 4명이 식사하고 있는 자리에 찾아가 민원을 청취하고 말로 지지를 호소한 정도만으로는 그 밖의 집회에서 사전선거운동을 한 것이라고 단정하기 어렵다. 더욱이, 헌법재판소 위헌결정 취지(헌법재판소 2022. 2. 24. 2018헌바146 전원재판부 결정 참조)에 따르면, 일정 규모 이상의 모임에 참석하였더라도 개별 대면하여 말로 지지를 호소하였다면, 이를 공직선거법 제254조 제2항 위배 행위라고 단정하기도 어렵다(대전고등법원 2023. 5. 12. 선고 2023노143 판결).

2. 선거사무소 설치 및 간판·현판·현수막 설치·게시

가. 선거사무소 설치

예비후보자는 선거운동 기타 선거에 관한 사무를 처리하기 위하여 선거사무소를 설치할 수 있다. 후보자가 선거연락소를 둘 수 있는 경우도 있는 것과 달리, 예비후보자는 선거사무소만을 설치할 수 있으며 선거연락소는 설치할 수 없다. 선거사무소 또는 선거연락소는 그 명칭 여하를 불문하고 선거운동 기타 선거에 관한 사무를 처리하는 일체의 고정된 장소적 설비를 가리킨다.[6]

원칙적으로 당해 선거구내에 설치하여야 할 것이나, 시·도 또는 구·시·군의 사무소 소재지가 다른 시·도 또는 구·시·군의 구역 안에 있는 때에는 그 시·도 또는 구·시·군의 사무소 소재지를 관할하는 시·도 또는 구·시·군의 구역 안에 설치할 수 있고(법 제61조 제2항), 정당 소속 예비후보자의 선거사무소는 그 대응하는 정당의 사무소가 있는 때에는 그 사무소에 둘 수 있다(법 제61조 제3항).

예비후보자가 후보자등록을 마친 때에는 당해 예비후보자의 선거사무소는 후보자의 선거사무소로 보므로, 후보자의 선거사무소로 하기 위한 별도의 신고절차가 필요 없다(법 제61조 제4항).

---

6) 대법원 1999. 3. 9. 선고 98도3169 판결, 대법원 1998. 7. 10. 선고 98도477 판결

나. 간판 · 현판 · 현수막 게시

　　예비후보자의 선거사무소에 게시할 수 있는 간판 · 현판 · 현수막의 수량 · 규격에는 제한이 없으나, 선거사무소가 있는 건물이나 담장을 벗어난 장소에 설치 · 게시할 수는 없다(규칙 제27조 제4항). 간판 · 현판 · 현수막에 게재하는 내용과 관련하여 기호가 결정되기 전이라 하더라도 예비후보자가 자신의 기호를 알 수 있는 때에는 그 기호를 게재할 수 있고(규칙 제27조 제3항), 간판 · 현판 · 현수막에 반드시 '예비후보자'를 표시하여야 하는 것은 아니지만 '후보자'임을 표시할 수는 없다.[7] 그러나 당해 예비후보자가 당해 정당의 당헌 · 당규에 따라 정당추천 후보자로 확정된 경우에는 '후보자'라 표시할 수 있다.[8]

다. 중앙선거관리위원회 행정해석

　① 선거사무소의 현수막에 타인관련 문구 게재

　　제19대 국회의원선거 예비후보자 사무소 현수막에 시안 1, 2와 같이 현재 박근혜 비상대책위원회위원장을 "박근혜대표님"이라는 문구로 사용하는 것과 시안의 문구를 사용하는 것은 무방할 것임(2012. 1. 5. 회답).

〈 시안 1 : 박근혜대표님을 도와 묵묵히 일하겠습니다. 〉

---

7)　　중앙선거관리위원회 2006. 4. 13. 회답
8)　　중앙선거관리위원회 2008. 3. 11. 회답

〈 시안 2 : 박근혜대표님과 함께 한나라당을 되살리겠습니다. 〉

② 예비후보자의 선거사무소 현수막에 다른 선거 입후보예정자의 직·성명 등 게재

예비후보자가 자신의 선거사무소 현수막에 해당 지역을 선거구로 하는 다른 선거 입후보예정자의 직·성명을 게재하거나 자신의 사진과 다른 선거 입후보예정자의 사진을 나란히 게재하는 경우 그 입후보예정자를 부각하거나 지지·추천 또는 반대하는 내용을 게재하지 않는 경우 공직선거법 제90조 및 제254조에 위반되지 않음(2013. 11. 26. 운용기준).

⇨ 후보자의 선거사무소·선거연락소 현수막도 동일하게 운용

③ 예비후보자의 현수막·명함 등에 다른 예비후보자 홍보내용 게재

　문　2014. 6. 4. 실시하는 동시지방선거에 무소속으로 출마하는 기초의원, 기초단체장 예비후보자 선거사무소의 현수막, 명함 등에 예시의 내용과 같이 해당 지역을 선거구로 하는 다른 선거 예비후보자들에 관한 사항을 포함할 수 있는지?

| 예시 |

○○구청장 예비후보 (또는 ○○구의원 예비후보) 홍길동	새정치민주연합 서울시장 예비후보 ○○○ 새정치민주연합 서울시의원 예비후보 △△△ ○○구의원 예비후보 (또는 ○○구청장 예비후보) ◇◇◇

　답　예비후보자가 귀문과 같이 해당 지역을 선거구로 하는 다른 선거 예비후보자의 선전에 이르는 내용을 게재한 선거사무소 현수막이나 명함을 게시·배부하는 것은 「공직선거법」 제90조 또는 제93조에 위반될 것임(2014. 4. 9. 회답).

3. 선거운동용 명함의 배부 및 지지호소

가. 명함의 배부 및 지지호소

(1) 명함의 배부 주체

예비후보자와 그 배우자(배우자가 없는 경우 예비후보자가 지정한 1명), 직계존비속, 예비후보자와 함께 다니는 선거사무장·선거사무원·활동보조인, 예비후보자가 그와 함께 다니는 사람 중에서 지정한 1명은 예비후보자의 명함을 직접 주는 방법으로 선거운동을 할 수 있다. 과거에는 예비후보자의 배우자가 그와 함께 다니는 사람 중에서 지정한 1명도 명함교부나 지지호소를 할 수 있었으나, 헌법재판소는 배우자 유무에 따른 차별로 인한 평등권 침해 및 헌법 제116조 제1항의 선거운동의 기회균등 원칙에 반함을 이유로 이 부분에 대하여 위헌 결정을 하였다.[9] 이러한 취지를 고려하여 2018. 4. 6. 법 개정 시에는 배우자가 없는 예비후보자의 경우 예비후보자가 지정한 1명이 예비후보자의 선거운동을 위하여 명함을 직접 주거나 지지를 호소할 수 있도록 하여 예비후보자간 기회 균등을 강화하였다.[10]

(2) 명함의 규격·수량·게재사항 등

선거운동으로 허용되는 예비후보자 명함의 규격과 관련하여 법은 길이 9센티미터 너비 5센티미터 이내로 하여야 한다고 규정하고 있을 뿐, 그 모양이나 종류, 수량에 관한 제한규정은 없다. 따라서 이 규격범위 내라면 그 모양은 자유롭게 정할 수 있고, 접지형태로도 작성할 수 있으며, 펼쳤을 때의 규격이 이 법정규격 이내라면 족하다. 예비후보자 명함의 재질과 관련한 제한규정은 없으나, 명함을 스웨이드 재질로 제작하여 다른 용도로 사용할 수 있게 하는 경우에는 법 제113조 등이 금지하는 기부행위에 해당한다.

예비후보자 명함에는 예비후보자의 성명·사진·전화번호·학력·경력, 그 밖에 홍보에 필요한 사항을 게재할 수 있으며, 이때의 학력은 정규학력과 이에 준하는 외국의 교육과정을 이수한 학력을 말한다. 따라서 정규학력이 아닌 유사학력은 학력이 아닌 경력 또는 약력란에 게재하였다 하더라도 그 게재에는 학력의 개념도 내포되어 있으므로 법 제250조 제1항의 허위사실공표죄에 해당한다.[11]

'그 밖에 홍보에 필요한 사항'으로 과거에 타인과 함께 찍은 사진 등 선거운동에 관한 사항을 게재할 수 있으며, 기호가 결정되기 전이라도 자신의 기호를 알 수 있는 때에는 그 기

---

9) 헌법재판소 2013. 11. 28. 2011헌마267 결정

10) 대검찰청, 공직선거법 벌칙해설 제10개정판, 63면

11) 대법원 2007. 2. 23. 선고 2006도8098 판결

호도 게재할 수 있다(규칙 제26조의2 제10항).

(3) 명함의 배부장소

다수인이 왕래하거나 집합하는 공개된 장소에서 명함을 배부하는 방법으로 선거운동을 할 수 있다.

그러나 선거운동을 위한 호별방문을 금지한 법 제106조에 비추어 예비후보자 명함을 배부하여 선거운동을 하는 경우 호별방문에 해당하지 않는 방법으로 하여야 한다.

한편 예비후보자의 명함 배부 금지 장소를 규정하고 있는바, 선박·정기여객자동차·열차·전동차·항공기의 안과 그 터미널·역·공항의 개찰구 안, 병원·종교시설·극장의 옥내(대관 등으로 해당 시설이 본래의 용도 외의 용도로 이용되는 경우는 제외한다)에서 주거나 지지를 호소하는 행위는 제한된다.

(4) 명함의 배부 방법

명함은 법상 배부할 수 있는 사람이 「직접」 주어야 한다. 따라서 거리나 사무소 등에 살포·비치하거나 아파트 현관의 세대별 우편함에 넣어두거나, 아파트 출입문 틈새 사이로 밀어 넣어 안으로 투입하거나 틈새 사이에 끼워 놓은 경우에는 그 행위를 예비후보자 본인이 하였다 하더라도 명함을 「직접」 준 것으로 볼 수 없다.

(5) 「지지를 호소하는 행위」

2010. 1. 25. 법 개정 전에는 예비후보자는 명함을 직접 주면서 지지를 호소하는 행위를 할 수 있도록 하여, 선거운동용 명함을 교부함이 없이 지지호소하는 행위는 예비후보자가 할 수 있는 선거운동이 아니었다.[12] 그러나 법 개정으로 선거운동 명함만을 교부하거나, 명함을 교부함이 없이 지지호소를 하거나, 명함을 교부하면서 지지호소하는 행위도 모두 가능해졌다. 본 조 제1항 제2호 본문의 예비후보자의 「지지를 호소하는 행위」는 '집회를 이용하여 다수인에게 일시에 예비후보자의 지지를 호소하는 행위'와 같이 무제한의 지지호소가 아니라 명함을 직접 주는 정도의 근접한 거리, 직접 말을 주고받을 수 있는 규모와 상황에서의 개별적 지지호소를 의미한다. '지지호소'란 법 제79호의 '연설·대담'에 준하는 것이라고도 보기 어렵고 예비후보자가 공개된 장소에서 다중과 접촉하더라도 그 '개별성'을 기준으로 하여 그 범위 내에서 선거운동을 허용한다는 의미이다.[13]

---

12) 대법원 2007. 9. 7. 선고 2007도47 판결
13) 대법원 2017. 7. 11. 선고 2017도6513 판결

나. 중앙선거관리위원회 행정해석

① 예비후보자 명함 등에 '예비후보자' 명칭 표시가 의무사항인지 여부

예비후보자홍보물과 그 발송용 봉투의 앞면에는 규칙 제26조의2의 규정에 따라 "예비후보자홍보물"이라고 표시하여야 하나, 그 밖에 예비후보자의 명함 및 선거사무소의 간판·현판·현수막에 "예비후보자"를 표시하여야 하는 것은 아님. 다만, "후보자"로 표시할 수는 없을 것임(2006. 4. 13. 회답).

② 예비후보자가 PET 소재의 명함 사용

예비후보자가 PET 소재의 명함을 사용하는 것은 공선법상 가능함(2006. 4. 17. 회답).

③ 예비후보자 명함에 타인과 함께 찍은 사진게재

예비후보자가 예비후보자 명함에 자신의 홍보에 필요한 사항으로서 과거에 타인과 함께 찍은 사진을 게재하는 것은 무방할 것임(2008. 1. 7. 회답).

④ 여러 종류의 예비후보자 명함 동시 배부

예비후보자가 예비후보자 명함을 3가지 종류로 제작하여 거리에서 그 3가지 종류의 명함을 동시에 1명의 선거구민에게 배부하는 등 서로 다른 종류의 명함을 동시에 배부하는 것은 「공직선거법」 제60조의3 및 제93조에 위반될 것임(2008. 2. 19. 회답).

⑤ 예비후보자가 지정한 1인으로서 다른 예비후보자의 선거운동

구의원선거 예비후보자가 다른 구청장 예비후보자가 그와 함께 다니는 사람 중에서 지정한 1인으로서 당해 구청장 예비후보자의 명함을 배부(지지호소 포함)하면서 본인(구의원 예비후보자)의 어깨띠를 하고 본인의 명함을 배부(지지호소 포함)하는 것은 무방할 것임(2010. 4. 8. 회답).

⑥ 예비후보자가 개찰구 없는 터미널·역에서 명함배부나 지지호소

버스가 승객을 태우기 위하여 정차 중인 승차장이나 각 역의 운임구역(운임경계선 안쪽 또는 운임경계선이 없는 역의 열차 타는 곳) 안에서 명함을 배부하거나 지지를 호소할 수 없음(2019. 12. 3. 제21대 국선 예상쟁점 법규운용기준).

다. 판례

① 교회건물 출입문 입구가 종교시설의 '옥내'에 해당하는지 여부

피고인들은 공모하여 2020. 1. 26. 10:00 ~ 11:00경 ○○에 있는 종교시설인 ☆☆교회 부지 내에 있는 교회건물 출입문 입구에 서서 예배행사에 참석하기 위해 교회 내로 출입하는 교인들을 상대로 당시 예비후보자이던 피고인 A는 '甲당 예비후보, A'라고

인쇄된 파란색 점퍼를 입고 "안녕하세요, A입니다."라고 인사하고, 피고인 B는 위 A 옆에서 A의 성명, 사진, 경력 등이 인쇄된 예비후보 명함 약 50장을 교인들에게 배부하였다.

이 부분 공소사실은 그 적용법조가 '범죄 후 법률의 변경에 의하여 그 행위가 범죄를 구성하지 아니하는 경우'에 해당하므로, 이 부분 공소사실에 관한 피고인 A, B에게 면소가 선고되어야 할 것이다.

이에 대하여 검사는 개정 공직선거법에 따르더라도 피고인 A, B가 명함을 배부한 장소는 종교시설의 '옥내'에 해당한다고 주장한다. 그러나 원심과 당심이 적법하게 채택하여 조사한 증거들에 따르면, 당시 피고인 A, B가 교회 앞에서 명함을 교부하는 것을 직접 목격하였던 b1은 이 법원에서 피고인 A, B가 교회 건물 안으로 들어오지 않았고, 교회 출입문 앞에 서서 명함을 배부하였다고 진술하였고, '옥내'의 사전적 의미는 '집 또는 건물의 안'에 해당하는데 검사가 제출한 증거들로는 피고인 A, B가 교회 건물 안에서 명함을 배부한 사실을 인정할 수 없으므로, 피고인 A, B가 명함을 배부한 장소는 종교시설의 '옥내'가 아니라고 봄이 상당하다(광주고등법원 2021. 2. 17. 선고 (전주)2020노220 판결, 대법원 2021. 5. 7. 선고 2021도3241 판결).

4. 예비후보자홍보물 발송

가. 발송 수량, 방법, 종수 등

예비후보자는 선거구 안에 있는 세대수의 100분의 10에 해당하는 수 이내에서 예비후보자홍보물을 작성하여 우편으로 발송할 수 있으며, 홍보물의 종류는 1종에 한한다. 발송수량 범위 내라면 발송횟수의 제한은 없으나 「우편발송」만 가능하므로 거리에서 배부는 법에 위반된다. 「1종」의 의미는 그 홍보물의 규격·게재내용·배열방법 등이 동일한 것을 말하는 것이고, 편지형태로 홍보물을 제작하면서 단순히 수신인의 성명만을 다르게 게재하는 경우는 그 게재내용이 다르다고 할 수 없어 1종에 해당한다. 예비후보자홍보물 발송용봉투의 뒷면에 자신의 홍보에 필요한 사항을 게재할 수 있고 발송용봉투는 종수의 제한이 없으므로 지역마다 다른 내용을 게재하여 홍보할 수 있다. 또한 예비후보자홍보물의 색도나 재질에도 특별한 제한이 없다.

발송한 예비후보자홍보물이 반송된 경우 이를 해당 세대주에게 다시 발송할 수 있고(규칙 제26조의2 제7항), 수취인 불명, 전출 등으로 해당 세대주에게 재발송이 불가능한 경우에는 그 수만큼 해당 지방자치단체로부터 다른 세대주의 명단을 추가로 교부받아 그 다른 세대주에게 발송할 수 있다.

나. 선거공약 개재

　대통령선거 및 지방자치단체의 장선거의 예비후보자홍보물에는 표지를 포함한 전체 면수의 100분의 50 이상의 면수에 선거공약 및 이에 대한 추진계획을 구체적으로 적시하여야 하는데, 이는 정책선거를 실현하기 위한 것이다. 선거공약 및 추진계획을 게재한 면에 그 선거공약 등과 관련이 있는 사진을 부수적으로 게재하는 것은 가능하다.

다. 중앙선거관리위원회 행정해석

① 예비후보자홍보물 공동발송

　예비후보자가 각각 작성한 예비후보자홍보물을 동일한 봉투에 함께 동봉하고 발송비용을 균등분담하는 방법으로 발송하는 것은 무방할 것임(2007. 8. 28. 회답).

② 예비후보자홍보물을 사각형이 아닌 형태로 제작

　예비후보자홍보물의 제작에 있어 「공직선거법」 제60조의3 및 「공직선거관리규칙」 제26조의2에서 규정하고 있는 규격과 면수 이내에서 직사각형이 아닌 원형 또는 특정 형태로 제작하는 것은 무방할 것임(2008. 2. 25. 회답).

③ 예비후보자홍보물에 절취형태의 우편엽서 게재

　예비후보자홍보물의 일부 지면에 반송용 우편엽서를 절취형태로 게재하는 것은 「공직선거법」상 무방할 것임(2014. 4. 9. 회답).

④ 예비후보자홍보물 등에 대통령당선인과 함께 찍은 사진 게재

　국회의원선거에 있어 「공직선거법」 제60조의3의 규정에 따른 예비후보자의 홍보물·명함 또는 선거사무소의 간판·현판·현수막에 대통령 당선인과 함께 찍은 사진을 게재하는 것은 무방할 것임(2008. 1. 15. 회답).

⑤ 예비후보자홍보물에 비례대표선거의 지지호소내용 게재

　지역구지방의원선거의 예비후보자의 홍보물에 "정당투표, 민주노동당에 투표해 주십시오! 4랑해요! 민주노동당"이라고 게재하는 것은 공선법 제93조 또는 제254조의 규정에 위반될 것임(2006. 5. 10. 회답).

⑥ 천자문을 게재한 예비후보자홍보물 발송

　「공직선거법」제60조의3의 규정에 따른 예비후보자홍보물에는 선거운동을 위한 내용 외에 한자를 배우게 할 용도로 천자문을 게재하여서는 아니될 것임(2008. 1. 23. 회답).

⑦ 예비후보자홍보물 발송용 봉투에 타인의 사진 게재

　광역단체장(충남) 선거 출마 예상자로서 예비후보자홍보물 발송시, 발송봉투 뒷면에 자신의 홍보에 필요한 사항으로 한나라당 박근혜 대표와 예비후보자가 함께 한 사진(서류를 함께 열람하는 사진)을 게재하는 것은 무방할 것임(2006. 1. 10. 회답).

⑧ 예비후보자의 홍보물 등에 제3자의 추천사 게재

　예비후보자홍보물이나 예비후보자공약집에 예비후보자의 홍보에 필요한 사항으로 선거운동을 할 수 있는 자의 지지·추천의 글을 게재하는 것은 가능할 것임(2023. 7. 21. 운용기준).

　※ 법 제59조 제5호 및 제60조의3 제1항 제2호에 따른 '명함'에도 동일하게 적용

⑨ 예비후보자홍보물에 창준위 명칭 게재

　예비후보자홍보물의 소속정당 명칭 게재와 관련하여, 진보신당 창준위 발기인인 예비후보자가 예비후보자홍보물에 소속 정당명으로 '진보신당 창당준비위원회'를 표시하는 것은 무방할 것임(2008. 3. 7. 회답).

⑩ 예비후보자홍보물 선거공약 등 게재 면에 자신의 활동사진 게재

　법 제60조의3 제1항 제4호 후단에 따르면 대통령선거 및 지방자치단체의 장선거의 예비후보자는 표지를 포함한 전체면수의 100분의 50이상의 면수에 선거공약 및 이에 대한 추진계획 으로 각 사업의 목표·우선순위·이행절차·이행기한·재원조달방안을 게재하여야 하며, 이를 게재한 면에는 다른 정당이나 후보자가 되려는 자에 관한 사항을 게재할 수 없도록 되어 있는바, 이 경우 지방자치단체의 장선거의 예비후보자가 제출하는 예비후보자홍보물의 선거 공약 및 이에 대한 추진계획을 게재하는 면에 선거공약 및 그 추진계획과 관련이 있는 사진을 부수적으로 게재하는 것은 무방할 것임(2010. 2. 23. 회답).

⑪ 예비후보자홍보물에 다른 후보자관련 내용의 신문기사 게재

　국회의원선거에서 법 제60조의3에 의한 예비후보자홍보물에는 다른 정당이나 후보자가 되고자 하는 자에 관한 사항의 게재를 제한하고 있지 아니함(2012. 1. 5. 회답).

⑫ 지역별로 내용이 다른 예비후보자홍보물 제작

　예비후보자홍보물은 「공직선거관리규칙」제26조의2 제2항에 따라 1종으로 작성하여야 하므로, 예비후보자홍보물을 읍·면·동별로 내용을 달리하여 제작하여서는 아니될

것임(2012. 2. 29. 회답).

⑬ 봉투 뒷면의 내용이 다른 예비후보자홍보물의 발송

예비후보자홍보물 발송에 있어 홍보물의 내용은 1종으로 같으나, 자신의 홍보에 필요한 사항을 적을 수 있는 발송용 봉투 뒷면에 후보자가 지역마다 특성에 맞게 다른 내용을 홍보하는 것은 무방할 것임(2010. 5. 7. 회답).

⑭ 시민단체 등에 예비후보자홍보물 발송

예비후보자가 각종 시민사회단체(예 : 새마을운동협의회, 바르게살기운동협의회, 재향군인회, 군경유족회, 방범대, 봉사회 등) 및 사업장(예 : 미용실, 회사 노동조합 사무실, ○○교회, ○○중개사무소, ○○기원 등)의 대표자·종사자를 대상으로 예비후보자홍보물을 발송하는 경우 그 대상자가 반드시 선거구민일 필요는 없으며, 「공직선거법」 제60조의3에 따라 발송할 수 있는 수량의 범위안에서 발송하는 경우에는 무방할 것임(2008. 2. 13. 회답).

5. 어깨띠 또는 표지물을 이용한 선거운동

가. 어깨띠 또는 표시물 이용 방법

예비후보자는 규칙이 정하는 규격 범위 내에서 어깨띠 또는 표지물을 착용하는 방법으로 선거운동을 할 수 있다. 「표지물을 착용하는 행위」란 예비후보자가 자신과 다른 후보자를 구별하게 하는 표시나 특징을 드러내는 물건을 직접 몸에 두르거나 머리에 쓰는 것 내지 그와 유사한 방법으로 신체의 일부와 떨어지지 않은 상태로 사용하는 것을 뜻한다.[14] 따라서 예비후보자가 자신의 홍보에 필요한 내용이 게재된 표지물(피켓)을 손에 들고서 지지를 호소하는 행위와[15] 표지물(피켓)을 노상의 보행자 보호설치대에 세워두고 그 옆에서 지지를 호소하는 행위는 할 수 없다.[16]

나. 중앙선거관리위원회 행정해석

① 예비후보자의 표지물 착용

예비후보자가 선거운동방법의 하나로 어깨띠와 예비후보자임을 나타내는 표지물을

---

14) 서울고등법원 2014. 12. 18. 선고 2014노3279 판결
15) 울산지방법원 2012. 8. 14. 선고 2012고합224 판결(다만, 목걸이 형태로 목에 걸거나 몸에 착용하여 선거운동에 활용하는 행위는 무방하다)
16) 대법원 2015. 3. 31. 선고 2015도159 판결

착용하고 선거운동을 할 수 있는데 표지물 규격(1m×1m) 범위 내에서 입고 다니는 상의(점퍼나 유니폼)에 표지물 대신 아예 글귀를 새겨서 입고 다니며 선거운동을 하는 것은 무방할 것임(2010. 2. 5. 회답).

② 중증장애인 예비후보자의 표지물 착용

예비후보자가 중증장애인인 경우 예비후보자임을 나타내는 표지물을 신체가 아닌 보조기구(전동휠체어 또는 수동휠체어)에 설치하는 것은 무방할 것임(2010. 4. 23. 회답).

③ '소지하여 내보이는 행위'의 의미

'소지하여 내보이는 행위'란 물건을 지니고 있는 상태(신체접촉이 유지되는 상태)로 해석되어 지는 것이 타당함(2024. 2. 19. 의결).

다. 판례

① 인도에 세워둔 입간판이 표지물을 착용하는 행위에 해당하는지 여부

1. 공직선거법 제60조의3 제1항 제5호는 '선거운동을 위하여 어깨띠 또는 예비후보자임을 나타내는 표지물을 착용하는 행위'를 예비후보자에게 허용되는 선거운동으로 규정하고 있는데, 위 규정의 문언, 취지 등을 고려하면 '예비후보자임을 나타내는 표지물은 몸에 착용 가능한 형태로서 어깨띠에 준하는 물건'이라고 해석함이 타당하다. 그런데 피고인이 이 사건 당시 인도에 세워둔 입간판은 몸에 착용할 수 있는 표지물과는 달리 어느 정도 두께가 있고, 펼쳤을 때 삼각형 형태가 되어 바닥에 안정적으로 세울 수 있는 구조인 반면, 목에 걸 수 있거나 몸에 착용할 수 있는 끈 등의 장치는 찾아볼 수 없다.

2. 게시의 사전적인 의미는 '여러 사람에게 알리기 위하여 내붙이거나 내걸어 두루 보게 함'인대 위와 같은 구조의 입간판을 횡단보도 부근 인도에 세워두는 행위는 불특정 다수인이 볼 수 있도록 내붙이거나 내걸어 두는 것이라고 해석할 수 있다(서울남부지방법원 2019. 4. 11. 선고 2018고합603 판결).

⇨ 2023. 12. 28. 법 제60조의3 제1항 제5호는 '선거운동을 위하여 어깨띠 또는 예비후보자임을 나타내는 표지물을 착용하거나 소지하여 내보이는 행위'로 개정됨.

② 예비후보자 표지물 착용 위반 행위

피고인은 선거운동기간 전인 2018. 3. 23. 16:00경부터 18:00경까지 사이에 ＊＊아파트 입구 앞 삼거리에서, 선거구민에게 잘 보이도록 하기 위하여 "□□시 도의원 제1선거구, ○○동, ○○동, ○○동, ○○동, ○○동, ○○동, ○○동, ▲▲당만 23

년! ▲▲ 1 김☆☆"라고 기재된 표지물(길이 120cm, 너비 80cm)을 양손으로 잡은 채 바닥에 세워 놓고 그곳을 통행하는 선거구민들을 향해 인사를 하여 지지를 호소하였다. 그러나 예비후보자는 선거운동을 위하여 위와 같은 표지물을 착용하여야 하고, 공직선거관리규칙 제26조의2 제8항 제2호에서 정한 규격(길이 100cm, 너비 100cm 이내)에 맞는 표지물을 이용하여 선거운동을 할 수 있을 뿐이다. 이로써 피고인은 선거운동기간 전에 공직선거법에 규정된 방법을 제외하고 선전시설물·용구 그 밖의 방법으로 선거운동을 하였다[광주고등법원 2019. 4. 16. 선고 (전주)2018노266 판결].

⇨ 2023. 12. 28. 법 제60조의3 제1항 제5호는 '선거운동을 위하여 어깨띠 또는 예비후보자임을 나타내는 표지물을 착용하거나 소지하여 내보이는 행위'로 개정됨.

③ 법 제60조의3 제1항 제5호에 따라 예비후보자에게 허용되는 선거운동방법 중 하나인 '표지물을 착용하는 행위'의 의미

공직선거법 제60조의3 제1항 제5호(이하 '이 사건 조항'이라 한다)에 의하여 예비후보자에게 허용되는 선거운동방법 중 하나인 '표지물을 착용하는 행위'는 '표지물을 입거나, 쓰거나, 신는 등 신체에 부착하거나 고정하여 사용하는 행위'라고 보아야 한다. 단순히 표지물을 신체의 주변에 놓아두거나, 신체에 부착·고정하지 아니한 채 신체접촉만을 유지하는 행위나 표지물을 양손에 잡고 머리 위로 들고 있는 행위는 이에 해당하지 않는다.

'착용'의 사전적 의미는 '의복, 모자, 신발 등을 입거나, 쓰거나, 신는 등의 행위'로, '착용'은 통상적으로 '신체에 부착하거나 고정하여 사용하는 행위'를 의미한다. 단순히 신체에 가까이 두거나 신체에 부착·고정하지 아니한 채 신체접촉만을 유지하는 행위는 '착용'의 통상적 의미에 포섭되지 않는다. 정치적 표현의 자유나 선거운동 기회의 폭넓은 보장, 유권자들의 알 권리 등의 헌법적 가치에 초점을 맞추어 '착용'이라는 문언을 통상적 의미보다 확장하여 해석한다면 위와 같은 행위를 그 문언에 포섭할 여지도 있다. 그러나 아래에 살펴보는 이 사건 조항의 입법 취지와 체계적 의미에 비추어 보면, 표지물에 관하여 허용되는 선거운동 범위를 입법으로 확대해 나가는 것은 몰라도 이 사건 조항의 '착용'이 가지는 의미를 해석으로 확장하는 것은 타당하지 않다.(중략)

원심은 예비후보자이던 피고인이 선거운동기간 이전 선거운동의 일환으로 표지물을 양손에 잡고 머리 위로 들고 있었던 것은 '표지물을 착용하는 행위'로 평가되지 아니하여 공직선거법 제60조의3 제1항 제5호에 따라 예비후보자가 할 수 있는 선거운동방법에 해당하지 않는다는 이유 등으로 이 사건 공소사실을 유죄로 판단한 제1심판결을 그대로 유지하였다. 원심판결 이유를 앞서 본 법리와 적법하게 채택된 증거에 비추어

살펴보면, 원심의 판단에 논리와 경험의 법칙을 위반하여 자유심증주의의 한계를 벗어나거나 공직선거법 제60조의3 제1항 제5호의 해석에 관한 법리를 오해한 잘못이 없다. 그러므로 상고를 기각하기로 하여, 관여 대법관의 일치된 의견으로 주문과 같이 판결한다(대법원 2023. 11. 16 선고 2023도5915 판결).

6. 예비후보자공약집 발간·배부

제60조의4(예비후보자공약집) ① 대통령선거 및 지방자치단체의 장선거의 예비후보자는 선거공약 및 이에 대한 추진계획으로 각 사업의 목표·우선순위·이행절차·이행기한·재원조달방안을 게재한 공약집(도서의 형태로 발간된 것을 말하며, 이하 "예비후보자공약집"이라 한다) 1종을 발간·배부할 수 있으며, 이를 배부하려는 때에는 통상적인 방법으로 판매하여야 한다. 다만, 방문판매의 방법으로 판매할 수 없다.
② 제1항의 예비후보자가 선거공약 및 그 추진계획에 관한 사항 외에 자신의 사진·성명·학력(정규학력과 이에 준하는 외국의 교육과정을 이수한 학력을 말한다)·경력, 그 밖에 홍보에 필요한 사항을 예비후보자공약집에 게재하는 경우 그 게재면수는 표지를 포함한 전체면수의 100분의 10을 넘을 수 없으며, 다른 정당이나 후보자가 되려는 자에 관한 사항은 예비후보자공약집에 게재할 수 없다.
③ 예비후보자가 제1항에 따라 예비후보자공약집을 발간하여 판매하려는 때에는 발간 즉시 관할 선거구선거관리위원회에 2권을 제출하여야 한다.
④ 예비후보자공약집의 작성근거 등의 표시와 제출, 그 밖에 필요한 사항은 중앙선거관리위원회규칙으로 정한다.

가. 개요

정책선거를 구현하기 위한 것으로 법 제66조의 선거공약서와 함께 2008. 2. 29. 법 개정에서 도입되었다.

나. 예비후보자공약집의 작성·발간 등

예비후보자공약집을 작성하여 발간할 수 있는 자는 대통령선거 또는 지방자치단체의 장선거의 예비후보자에 한한다. 예비후보자 본인이 작성·발간하여야 하며, 대통령선거에서도 예비후보자의 소속 정당이 작성·발간할 수 없다.

공약집은 1종으로 도서의 형태로 발간되어야 한다. 이때 '1종'은 공약집의 규격·게재내용·배열방법 등이 동일한 경우를 말하며, 도서의 형태란 통상적으로 발간되는 모든 형태의 도서를 말하는 것으로 종이로 발간된 도서는 물론 전자책의 형태도 가능하다.

공약집의 필요적 게재사항은 선거공약 및 이에 대한 추진계획으로 각 사업의 목표·우선순위·이행절차·이행기한·재원조달방안을 게재하여야 하며, 공약집의 앞면에는 명칭("예비후보자공약집"), 선거명, 예비후보자의 성명, 소속정당명(정당의 당원이 아닌 사람은 "무소속"이라 적음)을, 뒷면에는 작성근거, 판매가격, 출판사(출판사를 이용하지 아니하고 발간한 경우에는 그 인쇄사)의 명칭·주소·전화번호를 적어야 한다.

또한 임의적 게재사항으로 예비후보자 자신의 사진·성명·학력(정규학력과 이에 준하는 외국의 교육과정을 이수한 학력)·경력, 그 밖에 홍보에 필요한 사항을 적을 수 있으며, 이 경우 그 게재 면수는 표지를 포함한 전체면수의 100분의 10을 넘을 수 없다.

예비후보자는 공약집을 발간하여 판매하려고 하는 때에 발간 즉시 관할 선거구선거관리위원회에 2권을 제출하여야 한다.

다. 중앙선거관리위원회 행정해석

① 예비후보자공약집 발간비용의 선거비용 해당여부 등

1. 「공직선거법」 제60조의4에 따라 예비후보자공약집을 배부하려는 때에는 통상적인 방법으로 판매하여야 하는바, 예비후보자공약집이 판매된 경우에는 그 발간에 소요되는 비용을 판매금액을 통하여 충당하게 되어 예비후보자가 부담한 비용으로 볼 수 없고, 판매되지 아니한 경우에는 선거운동을 위하여 소요된 비용으로 볼 수 없을 것이므로 예비후보자공약집의 발간비용은 선거비용에 해당되지 아니할 것임.

2. 예비후보자공약집의 홍보·판매에 있어 서점에서 신간서적 홍보·판매방법과 같이 통상적인 방법으로 단순히 예비후보자공약집을 소개하거나 할인판매행사를 하는 것은 무방할 것이나, 선거일 전 90일부터 선거일까지 예비후보자공약집을 선거구민을 대상으로 광고하는 것은 「공직선거법」 제93조에 위반될 것임.

3. 예비후보자공약집을 선거사무소 앞 등 거리에 가판대를 설치하고 판매하거나 선거사무소를 방문하는 선거구민에게 판매하는 것은 통상적인 방법으로 판매하는 것으로 볼 수 없을 것이므로 「공직선거법」 제60조의4에 위반될 것임.

4. 예비후보자공약집을 한두권이 아닌 대량구매를 원하는 자에게 판매를 하는 것은 「공직선거법」 및 「정치자금법」상 제한되지 아니함. 다만, 예비후보자공약집을 구입

하여 선거구민에게 배부하는 것은 그 행위양태 및 시기에 따라 「공직선거법」 제60
조의4·제93조·제115조 또는 제254조 등에 위반될 것임.

5. 예비후보자공약집을 발간한 경우 선거일 전 90일(선거일 전 90일 후에 실시사유가 확정
된 보궐선거 등에 있어서는 그 선거의 실시사유가 확정된 때) 전에 통상적인 방법으로 출판
기념회를 개최하는 것은 무방할 것임.

6. 예비후보자공약집의 내용에 있어 예비후보자의 선거공약 및 추진계획에 관한 사항
을 게재하는 것은 무방할 것이나 이를 벗어나 다른 정당이나 후보자가 되려는 자에
관한 사항을 게재하는 것은 「공직선거법」 제60조의4에 위반될 것임(2008. 5. 2. 회답).

② 예비후보자공약집의 신문광고

1. 예비후보자공약집을 선거구민을 대상으로 신문에 광고하는 것은 「공직선거법」 제
93조 제1항·제2항에 위반될 것임.

2. 예비후보자(저자)가 개설한 홈페이지에 자신의 예비후보자공약집 내용을 그대로 게
시(PDF 파일 게시)하는 것은 무방할 것임(2008. 7. 7. 회답).

③ 예비후보자공약집 판매

1. 예비후보자공약집 판매에 있어 제작원가 이상의 통상적인 가격을 「공직선거관리규
칙」 제26조의3 제1항 제2호에 따라 판매가격으로 표시하여야 하며, 그 표시된 가
격으로 판매하여야 할 것임.

2. 예비후보자공약집 판매에 있어 1인에게 여러 권의 예비후보자공약집을 판매하는
것은 무방할 것이나, 예비후보자공약집을 구입하여 선거구민에게 무상으로 배부하
는 것은 행위양태 및 시기에 따라 「공직선거법」 제60조의4·제93조·제115조 등에
위반될 것임.

3. 서적 등을 판매할 수 있도록 사업자등록을 한 자가 예비후보자공약집의 구입을 신
청한 자에게 우편으로 발송하거나 직접 배달하는 것은 무방할 것이나, 예비후보자
가 우편으로 발송하거나 직접 선거구민을 방문하여 배달하는 경우에는 「공직선거
법」 제60조의4에 의한 통상적인 판매로 볼 수 없을 것임.

4. 「공직선거법」 제60조의4 제1항 단서에서 금지하고 있는 "방문판매"는 「방문판매
등에 관한 법률」 제2조에 따른 "방문판매"를 포함하는 일반적인 의미이며, 「방문판
매 등에 관한 법률」에 의한 판매방법이라 하더라도 금지하는 것임.

5. 서적 등을 판매할 수 있도록 사업자등록을 한 자가 다른 서적의 판매방법과 동일하
게 서점이나 인터넷 판매사이트를 통하여 예비후보자공약집을 판매하는 것은 무방
할 것이나, 그 외의 자가 자신의 홈페이지 등에 예비후보자공약집의 주문이 가능한

배너를 게시하는 방법으로 판매하는 경우에는 「공직선거법」 제60조의4에 의한 통상적인 판매로 볼 수 없을 것임(2009. 3. 20. 회답).

④ 예비후보자공약집에 제3자의 추천사 게재

예비후보자의 선거운동을 할 수 있는 예비후보자의 배우자·직계존비속 외에 선거사무장·선거사무원도 예비후보자공약집에 예비후보자를 지지·추천하는 글을 게재할 수 있음(2013. 11. 26. 「공직선거법」 운용기준).

⇨ 예비후보자홍보물이나 예비후보자공약집에 예비후보자의 홍보에 필요한 사항으로 선거운동을 할 수 있는 자의 지지·추천의 글을 게재하는 것은 가능할 것임(2023. 7. 21. 운용기준).

라. 판례

① 예비후보자공약집이 기부행위의 객체인 '금전·물품 기타 재산상 이익'에 해당하는지 여부

공직선거법은 대통령선거 및 지방자치단체의 장선거의 예비후보자의 경우 예비후보자공약집 1종을 발간·배부할 수 있도록 하되 배부방법에 있어 통상적인 방법으로 판매하도록 하는 등의 제한을 두고 있다(제60조의4 제1항). 이와 같이 공직선거법에서 기부행위제한 규정과 별도로 예비후보자공약집의 배부방법 제한 규정을 두고 있다고 하여 예비후보자공약집이 공직선거법에서 규율하는 기부행위의 객체에서 제외된다고 볼 수는 없다. 그 이유는 다음과 같다.

1) 공직선거법 제112조 제2항은 기부행위로 보지 아니하는 행위 중 하나로 제1호 (라) 목에서 일정한 정당 행사에서 참석당원 등에게 정당의 경비로 '교재나 그 밖에 정당의 홍보인쇄물 등을 제공하는 행위'를 들고 있어, 정당의 홍보인쇄물도 원칙적으로 기부행위의 객체에 해당함을 전제로 그 예외를 규정하고 있다. 이러한 규정에 비추어 보면, 기부행위의 객체가 되는 서적이 재산상의 가치가 있는 서적으로 한정된다거나 불특정의 사람이 일정한 대가를 지급하고 획득하려는 의지를 촉발시켜야 할 정도에 이르러야만 한다고 볼 수 없다(대법원 2002. 9. 10. 선고 2002도43 판결 등 참조).

2) 예비후보자공약집은 예비후보자의 정책 등을 홍보하기 위한 것으로서 그 예비후보자의 지지기반을 조성하는 데에 기여하는 가치가 있는 물건이다.

3) 공직선거법 제59조 단서 제1호 및 제60조의3 제1항 제2호, 제4호는 등록한 예비후보자에게 사전선거운동으로 명함을 교부하거나 예비후보자홍보물을 우편발송하

는 행위 등을 허용하는데, 공직선거법 제60조의4 제1항에서 규율하는 예비후보자공약집은 명함이나 예비후보자홍보물과는 달리 상당한 비용을 들여 도서의 형태로 발간되는 것이어서 이를 무상으로 배부하게 되면 자금력을 기반으로 상대적으로 우월한 홍보활동과 효과적인 선거운동이 가능하게 되므로, 결국 후보자의 자금력이 유권자의 후보자 선택에 관한 의사결정에 영향을 미칠 우려가 있다(대법원 2024. 4. 4. 선고 2023도18846 판결).

마. 처벌

대통령선거 및 지방자치단체의 장선거의 예비후보자가 아닌 자로서 본 조 제1항의 예비후보자공약집을 발간·배부한 자, 같은 항을 위반하여 1종을 넘어 예비후보자공약집을 발간·배부한 자, 같은 항을 위반하여 예비후보자공약집을 통상적인 방법으로 판매하지 아니하거나 방문판매의 방법으로 판매한 자, 본 조 제2항을 위반하여 예비후보자공약집을 발간·배부한 자는 2년 이하의 징역 또는 400만원 이하의 벌금에 처한다(법 제255조 제2항 제1의2호). 본 조 제3항을 위반하여 예비후보자공약집을 제출하지 아니한 자는 100만원 이하의 과태료를 부과한다(법 제261조 제8항 제2의2호).

또한 본 조를 위반하여 예비후보자공약집을 발간·배부한 경우 법 제93조, 제254조에도 위반될 수 있다.

7. 예비후보자 선거사무장과 선거사무원

제62조(선거사무관계자의 선임) ③ 예비후보자는 선거운동을 할 수 있는 자 중에서 제1항에 따른 선거사무장을 포함하여 다음 각 호에 따른 수의 선거사무원을 둘 수 있다.

1. 대통령선거

10인 이내

2. 시·도지사선거

5인 이내

3. 지역구국회의원선거 및 자치구·시·군의 장선거

3인 이내

4. 지역구지방의회의원선거

2인 이내

④ 중앙선거관리위원회규칙으로 정하는 장애인 예비후보자·후보자는 그의 활동을 보조하기 위하여 선거운동을 할 수 있는 사람 중에서 1명의 활동보조인(이하 "활동보조인"이라 한다)을 둘 수 있다. 이 경우 활동보조인은 제2항 및 제3항에 따른 선거사무원수에 산입하지 아니한다.

가. 개요

선거사무관계자란 선거에 관한 사무를 처리하기 위하여 정당 또는 후보자가 선임한 선거사무장·선거연락소장·선거사무원 및 활동보조인을 말한다. 활동보조인은 2010. 1. 25. 법개정 시 장애인 예비후보자 및 후보자의 활동을 보조하기 위하여 도입되었다.

나. 선거사무관계자의 선임방법

1) 선임권자

선거사무소를 설치한 예비후보자는 선거사무장을 선임할 수 있다.

선거사무소를 설치한 경우에는 선거사무장을 반드시 두어야 한다. 따라서 예비후보자가 선거사무소를 설치하였으나 선거사무장을 두지 않은 경우 예비후보자가 선거사무장을 겸한 것으로 본다. 예비후보자가 선거사무장을 겸임하는 경우에는 선거사무장에게 지급할 수 있는 수당·실비를 지급할 수 없다.[17] 국가유공자로 등록된 예비후보자는 규칙 제27조의3 제1항 각 호에 규정된 장애인에 준하는 경우에는 활동보조인을 지정할 수 있다.[18]

2) 선거사무관계자의 자격

선거사무관계자는 선거운동을 할 수 있는 자 중에서 선임하여야 하므로, 법 제60조에 따라 선거운동이 제한되지 않는 사람을 선임하여야 한다.

3) 선거사무관계자의 수

선거사무장은 각 1인이다. 장애인 예비후보자는 1명의 활동보조인을 둘 수 있다. 선거사

---

17) 중앙선거관리위원회 2006. 5. 17. 회답
18) 중앙선거관리위원회 2011. 8. 4. 회답

무원 정수는 법에서 정하고 있는바, 법 제135조 제1항 단서의 규정에 따라 수당을 지급받을 수 없는 정당의 유급사무직원, 후보자의 선거사무원수에 국회의원과 그 보좌관·비서관·비서 또는 지방의회의원은 그 수에 산입되지 않으나 예비후보자의 선거사무원이 되는 경우에는 그 선거사무원수에 산입한다.

다. 선거사무관계자 모집 및 선임에서의 제한

1) 모집방법상의 제한

누구든지 이 법에 규정되지 아니한 방법으로 인쇄물·시설물 그 밖의 광고물을[19] 이용하여 선거운동을 하는 사람을 모집할 수 없다. 여기서 '선거운동을 하는 사람'에는 선거사무관계자뿐만 아니라 법상 선거운동을 할 수 있는 자원봉사자나 회계책임자 등도 포함되며 누구든지 법이 규정한 방법에 의하여서만 선거운동을 하는 사람을 모집할 수 있다. 따라서 자원봉사자를 모집하는 문구를 예비후보자나 정당에서 관리하는 홈페이지의 팝업창에 게시하거나 게시문 중에 기재하는 방법으로 모집하는 것은 가능하다. 또한 구인·구직 인터넷 홈페이지의 무료서비스를 이용하여 선거운동을 하는 사람을 모집하는 것은 단순한 「게시」에 해당하여 가능할 것이나, 공고형태(배너 등), 노출위치, 특수효과 등을 선택할 수 있는 유료서비스를 이용하여 모집하는 경우에는 법 제93조 제1항에서 제한하는 「광고」에 해당할 것이므로 같은 법 제62조 제8항에 위반된다.[20]

2) 선임자격 관련 제한

같은 선거에 있어서는 2 이상의 예비후보자가 동일인을 함께 선거사무장 또는 선거사무원으로 선임할 수 없다. 여기서 「같은 선거」란 하나의 기관을 구성하기 위하여 실시하는 선거를 말한다. 예컨대, 수원시장선거와 용인시장선거는 서로 다른 기관을 구성하기 위한 선거로서 같은 선거가 아니지만, 비례대표국회의원선거와 지역구국회의원선거는 하나의 국가기관인 국회를 구성하기 위한 선거로서 같은 선거이다.

---

19) 「광고물」이란 "상품이나 서비스에 대한 정보를 여러 가지 매체를 통하여 소비자에게 널리 알리는 의도적인 활동의 결과물"로서, 반드시 오프라인 매체만을 뜻하는 것은 아니다.

20) 중앙선거관리위원회 2020. 3. 23. 회답

제도개선

예비후보자 선거운동방법 확대(제60조의3)

현행법은 예비후보자는 선거사무소 설치 및 현수막 등 게시, 명함 배부·지지호소, 예비후보자공약집 판매(대통령선거 및 지방자치단체의 장 선거에 한함), 예비후보자 홍보물 우편발송, 어깨띠 또는 표지물 착용의 방법으로 선거운동을 할 수 있다.

예비후보자에게도 후보자에 준하여 인쇄물·소품을 이용한 선거운동을 대폭 확대함으로써 예비후보자의 선거운동의 자유 및 유권자의 알 권리 보장을 위하여, 예비후보자 선거운동 방법을 확대하고 예비후보자 선거비용을 보전대상에 포함하되, 후보자로서 보전요건(유효투표 득표율)을 충족하는 경우 보전할 필요성이 있다.[21]

현 행	개 선 안
• 선거사무소 설치 및 현수막 등 게시	• 선거사무소에 선거운동용 인쇄물 첩부 허용
• 명함 배부·지지호소 　– 단, 선박·정기여객자동차·열차 등 명함배부·(개별적)지지호소 장소 제한 • 예비후보자와 함께 다니는 선거사무관계자 명함 배부·지지호소	• 제한 폐지
• 대선 및 지방자치단체의 장 선거에 한정하여 예비후보자공약집 판매 허용 • 게재내용 제한	
• 예비후보자 홍보물 우편발송 　– 규칙이 정하는 면수 이내 제작하여 선거구안 세대수의 10/100 이내 발송	
• 어깨띠 또는 표지물 착용 　– 예비후보자 본인만의'착용'에 의한 방법	• 예비후보자의 배우자, 직계존·비속 및 선거사무관계자의 어깨띠나 표지물을 이용한 홍보 허용

---

21) 중앙선거관리위원회. 공직선거법 개정의견(2023.1)

제12장

선거와 관련 시설물 설치 등 행위 제한

제12장

선거와 관련 시설물 설치 등 행위 제한

> **제90조(시설물설치 등의 금지)** ① 누구든지 선거일 전 120일(보궐선거등에서는 그 선거의 실시사유가 확정된 때)부터 선거일까지 선거에 영향을 미치게 하기 위하여 이 법의 규정에 의한 것을 제외하고는 다음 각 호의 어느 하나에 해당하는 행위를 할 수 없다. 이 경우 정당(창당준비위원회를 포함한다)의 명칭이나 후보자(후보자가 되려는 사람을 포함한다. 이하 이 조에서 같다)의 성명·사진 또는 그 명칭·성명을 유추할 수 있는 내용을 명시한 것은 선거에 영향을 미치게 하기 위한 것으로 본다.
>
> 1. 화환·풍선·간판·현수막·애드벌룬·기구류 또는 선전탑, 그 밖의 광고물이나 광고시설을 설치·진열·게시·배부하는 행위
> 2. 표찰이나 그 밖의 표시물을 착용 또는 배부하는 행위
> 3. 후보자를 상징하는 인형·마스코트 등 상징물을 제작·판매하는 행위
>
> ② 제1항에도 불구하고 다음 각 호의 어느 하나에 해당하는 행위는 선거에 영향을 미치게 하기 위한 행위로 보지 아니한다.
>
> 1. 선거기간이 아닌 때에 행하는 「정당법」 제37조제2항에 따른 통상적인 정당활동
> 2. 의례적이거나 직무상·업무상의 행위 또는 통상적인 정당활동으로서 중앙선거관리위원회규칙으로 정하는 행위

1. 개요

본 조는 법 제67조의 현수막이나 법 제68조의 어깨띠 등 법에서 정하고 있는 방법을 제외하고는 선거가 임박한 시기에 선거에 영향을 미치게 하기 위한 시설물의 설치, 표시물의 착용 및 상징물의 제작·배부행위 금지를 규정하고 있다.

헌법재판소는 본 조항으로 인해 일반 유권자나 후보자가 받게 되는 정치적 표현의 자유

에 대한 제약은 매우 큰 한편, 본 조항은 선거의 공정성을 해치는 것이 명백하다고 볼 수 없는 정치적 표현까지 금지·처벌하고, 이러한 범위 내에서 본 조항으로 인하여 달성되는 공익이 그보다 중대하다고 볼 수 없으므로, 법익의 균형성에도 위배된다고 하며 과잉금지원칙에 반하여 정치적 표현의 자유를 침해하므로 헌법에 위반다고 결정하였다.[1]

이후 2023. 8. 30. 법 개정으로 금지 기간을 선거일 전 180일에서 선거일 전 120일로 단축하였다.

2. 구성요건 등

가. 제한기간

누구든지 선거일 전 120일부터 선거일까지 금지된다. 보궐선거 등에 있어서는 선거일 전 120일 후에 실시사유가 확정된 경우에는 그 선거의 실시사유가 확정된 때부터 금지되나, 선거일 전 120일 전까지 실시사유가 확정된 경우에는 선거일 전 120일부터 금지되며,[2] 후보자가 되고자 하는 선거의 선거일을 기준으로 한다.[3]

나. 「선거에 영향을 미치게 하기 위하여」

선거에 영향을 미칠 목적은 선거운동에는 이르지 않더라도 선거에 어떤 영향을 미칠 목적이 있는 경우를 말한다. 확정적 인식뿐만 아니라 선거에 어떠한 영향을 미칠 수도 있다는 점을 인식하고도 이를 행하는 미필적 인식에 의한 경우도 포함한다.

그러한 목적이 있었는지 여부는 행위자의 사회적 지위, 행위자와 후보자·경쟁후보자 또는 정당과의 관계, 행위의 동기 및 경위, 수단과 방법, 행위의 내용과 태양, 행위 당시의 사회상황 등 여러 사정을 종합하여 사회통념에 비추어 합리적으로 판단한다.[4]

단체가 선거 이전부터 지지·반대하여 온 특정 정책이, 각 정당 및 선거에 출마하고자 하는 입후보예정자들이 공약으로 채택하거나 정당·후보자 간 쟁점으로 부각된 정치적·사회적 현안을 말하는 이른바 '선거쟁점'에 해당하게 되었더라도, 그러한 사정만으로 특정 정책에 대한 단체의 지지·반대활동이 전부 공직선거법에 의한 규제 대상이 된다고 할 수 없다. 특

---

1) 헌법재판소 2022. 7. 21. 2017헌가1 결정 등
2) 중앙선거관리위원회 2020. 7. 15. 회답
3) 중앙선거관리위원회 2007. 6. 27. 회답
4) 헌법재판소 2001. 8. 30. 99헌바92, 2000헌바39, 2000헌마167·168·199·205·280 결정

정 정당이나 후보자 또는 입후보예정자와 특정 정책의 관련성을 나타내지 않고 정책 자체에 대한 지지·반대 의사를 표현하는 단체의 활동이 '선거에 영향을 미치게 할 목적의 탈법행위' 또는 '선거운동'에 해당하는지는 그 정책이 '선거쟁점'이 되었는지에 따라 일률적으로 결정될 수 없고, 일정한 판단 기준에 따라 개별적으로 판단되어야 함. 또한 이러한 법리는, 선거쟁점이 된 특정 정책에 대한 단체의 지지·반대활동이 결과적으로 그 정책에 찬성하거나 반대하는 정당, 후보자, 입후보예정자에게 유·불리한 영향을 미치게 되는 경우에도 마찬가지이다.[5]

따라서 창립된 이래 지속적으로 환경보호운동을 해 온 환경운동단체가 2010년 지방선거를 앞두고 선거의 쟁점이 된 '4대강 사업'에 반대하는 활동을 하였거나,[6] 무상급식실현을 위한 운동을 해 온 단체가 선거의 쟁점이 된 무상급식정책을 계속적으로 전개하였다고 하여 그 자체만으로 선거에 영향을 미치게 하기 위한 목적이나 선거운동에 해당한다고 할 수 없다.[7] 다만, 무상급식 정책에 찬성·반대하는 특정 정당 또는 특정 후보자를 직·간접적으로 언급하면서 이를 지지·비판하는 행위에는 선거에 영향을 미치게 하기 위한 목적의사가 인정된다.[8]

본 조항은 선거에 영향을 미치기 위한 목적의사의 실재 여부에 관계없이 「정당(창당준비위원회 포함)의 명칭이나 후보자(후보자가 되려는 사람 포함)의 성명·사진 또는 그 명칭이나 성명을 유추할 수 있는 내용을 명시」한 경우에는 이러한 목적의사가 있는 것으로 간주한다.

다. 제한되는 행위

본 조에 위반하여 선전물을 설치·진열·게시·배부하거나 상징물을 제작·판매하는 행위이다. 법 제256조 제3항 제1호 아목의 「선전물」이란 광고물, 광고시설, 표찰, 기타 표시물을 포함하는 개념으로서, 반드시 후보자의 성명이나 외모가 기재·묘사되거나 특징 등이 담겨져 있지 아니하더라도 선거운동에 있어 특정 후보자의 인지도를 상승시키거나 이미지를 고양시키기 위한 제반 시설물과 용구를 총칭하는 것이다.[9] 따라서 대통령선거에서 특정 후보자를 위하여 배부한 '희망돼지'라는 이름의 돼지저금통은 본 조의 「광고물」 또는 벌칙조항의 「선전물」에 해당한다.[10]

---

5) 대법원 2011. 6. 24. 선고 2011도3447 판결, 대법원 2011. 10. 27. 선고 2011도5344 판결
6) 대법원 2011. 6. 24. 선고 2011도3447 판결
7) 대법원 2011. 10. 27. 선고 2011도9243 판결
8) 대법원 2011. 10. 27. 선고 2011도9243 판결
9) 대법원 2004. 4. 23. 선고 2004도1242 판결
10) 대법원 2004. 4. 23. 선고 2004도1242 판결

「상징물」이란 후보자 개인의 외형적 이미지를 형상화한 것에 국한되는 것이 아니라 널리 후보자의 사고와 주장을 표상할 수 있는 물건까지 포함하는 것으로서, 후보자의 외형적·내면적 이미지를 형상화하여 일반 공중에게 후보자를 연상시킬 수 있는 물건을 말한다.[11]

「게시」의 사전적 의미는 '여러 사람에게 알리기 위하여 내붙이거나 내걸어 두루 보게 하는 것'으로, 그 광고물을 손으로 들고 있는 행위도 「게시」에 해당한다.[12]

「배부」의 의미는 불특정 또는 다수인에게 교부하거나 어느 한 사람에게 교부한 경우라 하더라도 그것이 불특정 또는 다수인에게 교부될 것이라는 것을 예견할 수 있는 특정한 정황 아래에서 교부하는 것을 말하며,[13] 직접 배부행위의 상대방에게 물품이 도달되지 않는 이상 배부행위자의 사자 또는 그 내용을 모르는 운송기관 등에게 교부된 것만으로는 배부행위의 기수에 이르렀다고 할 수 없다.[14]

라. 본 조 제1항 간주 규정의 예외

(1) 정당법 제37조 제2항의 통상적인 정당활동

정당법 제37조 제2항에 따른 통상적인 정당활동은 정당의 명칭이나 그 명칭을 유추할 수 있는 내용을 명시하더라도 선거기간이 아닌 때에는 허용된다. 따라서 선거기간이 아닌 때에 정당이 특정 정당이나 공직선거의 후보자(후보자가 되고자 하는 자를 포함한다)를 지지·추천하거나 반대함이 없이 자당의 정책이나 정치적 현안에 대한 입장을 시설물·광고 등을 이용하여 홍보하는 행위는 가능하다. 즉 정당이 선거기간이 아닌 때에 시내버스 및 지하철 광고를 이용하여 정당법 제37조 제2항에 따라 자당의 정책이나 정치적 현안에 대한 입장을 홍보하는 행위,[15] 정당의 지역위원장 및 수행하는 당원들로 하여금 자당의 정책을 홍보하는 내용의 어깨띠를 착용하게 하는 행위,[16] 정당이 정책으로 추진하여 국회에서 의결된 법률안을 현수막을 이용하여 홍보하는 행위는[17] 가능하다.

정당법 제37조 제2항의 「정책」에는 '정당의 정치적 주장이나 의사를 실현하기 위한 일

11) 대법원 2004. 10. 28. 선고 2004도4355 판결
12) 대법원 2018. 8. 30. 선고 2018도9299 판결, 서울고등법원 2018. 5. 31. 선고 2018노792 판결
13) 대법원 2011. 2. 24. 선고 2010도17081 판결
14) 대법원 2009. 5. 4. 선고 2009도1938 판결
15) 중앙선거관리위원회 2010. 1. 20., 2016. 11. 24. 회답(정당이 자당의 정책이나 정치적 현안에 대한 입장을 홍보하는 경우라도 선거일 전 120일부터 선거일 까지 입후보예정자의 직·성명이나 사진이 포함된 현수막 등 시설물은 본 조항에 위반된다)
16) 중앙선거관리위원회 2015. 3. 23. 회답
17) 중앙선거관리위원회 2010. 2. 26. 회답

련의 아이디어·계획·방안·방침' 등이 해당될 수 있고,[18] 지역 단위 정책도 포함된다.[19] 통상적인 정당활동은 폭넓게 보장되어야 하므로 정당의 구체적인 정책뿐만 아니라 정책의 기준·방향이나 정책을 포괄하는 함축적인 내용을 홍보하는 것도 허용된다고 보아야 하고, 특히 현수막의 경우 구체적인 내용을 자세히 적시할 수 없는 점도 고려되어야 한다.

중앙선거관리위원회의 운용기준(2022. 1. 24.)에 따르면 현수막 내용이 특정 정당·후보자에 대한 지지·추천·반대에 해당하지 않은 경우에는 정당의 정책 또는 정치적 현안으로 보아 최대한 폭넓게 인정하고 있다.

또한, 중앙선거관리위원회(2024. 12. 23. 의결)는 사회변화와 국민 눈높이를 고려하여 정치적 표현의 자유를 폭넓게 보장하는 방향 정당이 자당의 계획과 경비로 게시하는 통상적인 정당활동 현수막의 경우 특정 선거에 있어 특정인(정당)에 대해 지지·추천·반대하는 것이 명백한 내용으로서, 다른 의미로 해석될 여지가 없는 경우에 한하여 「공직선거법」 제254조를 적용한다고 하였다.[20]

정당이 게시한 현수막의 내용이 특정인에게 유·불리한 효과를 가져오는 것만으로는 선거운동에 해당한다고 보기 어려우며, 선거인의 관점에서 어떤 선거에서 누구의 당선 또는 낙선을 도모하려는 것인지가 혼동의 여지없이 분명한 경우에 이른 경우에 선거운동이라고 보아야 한다는 점, 선거운동의 해당여부를 선거인의 인식과 행위 주체 및 시기·내용·방법 등을 종합적으로 고려하여 판단하는 경우 유권해석의 구체적 타당성을 기할 수 있다는 장점은 있으나, 정당에서 전국적·통일적인 현수막 문구를 사용하는 경우 통일적인 법규운용이 보다 더 중요할 수 있다는 점, 동일한 정당 현수막에 대해 각급 위원회마다 임의적·자의적 해석의 가능성으로 인한 전체 선거관리에 대한 신뢰 하락 우려 등을 고려할 때, 특히 대통령선거와 같이 전국적 단일선거에 있어서는 객관적으로 명백한 법규운용 기준의 수립·제공 필요성이 높기 때문이고, 최근 선거환경 변화에 따라 정치적 표현의 자유 확대에 대한 사회적 요구가 높아지고 있으며, 통상적인 정당활동은 특정 정당·후보자에 대한 선거에서의 지지·추천·반대에 해당함이 명백하지 않은 경우 최대한 폭넓게 인정할 필요가 있기 때문이다.

---

18)   중앙선거관리위원회 2011. 3. 8. 회답
19)   중앙선거관리위원회 2005. 9. 28. 회답
20)   중앙선거관리위원회 2024. 12. 23. 의결. 공직선거법 제254조 정당법 제37조 관련 운용기준 결정

▌ 현수막관련 법규운용기준 2022. 1. 24. ▌

Ⅰ. 법규 운용 방향

• 법상 명백하게 제한·금지되는 경우에 한하여 최소한으로 제한

• 그 외의 경우에는 정치적 표현의 자유를 최대한 보장

Ⅱ. 개인·단체 명의 현수막[법 제90조 제1항 관련]

• '선거에 영향을 미치게 하기 위한 행위'의 판단

 – 일반 선거인의 관점에서 표현의 객관적 내용이 특정 정당·후보자에 대하여 직접적·명시적으로 지지·추천·반대하는 것임을 쉽게 인식할 수 있어 '실질적으로 선거운동에 준하는 표현행위'에 해당하는지 여부로 엄격하게 판단함.

 – 이에 해당하는지는 현수막에 사용된 표현의 객관적인 내용, 사용된 어휘의 통상적인 의미, 표현의 전체적인 흐름, 문구의 연결 방법, 그 표현의 배경이 되는 사회적 맥락, 행위 당시의 상황, 그 표현이 선거인에게 주는 전체적인 인상 등을 종합적으로 고려하여 사회통념에 따라 합리적으로 판단함.

• 선거에 영향을 미치게 하는 것으로 보는 '간주규정'의 판단

 – 정당·후보자의 명칭·성명·사진·그림·기호·상징 마크·마스코트 등 정당·후보자의 명칭·성명을 나타내는 것과 실질적으로 동일성이 인정되는 표현에 한하여 정당·후보자의 명칭·성명을 유추할 수 있는 표현으로 보고, 정당·후보자의 명칭·성명이 특정되었다고 단정하기 어렵고 다의적으로 해석될 여지가 있는 표현은 정당·후보자의 명칭·성명을 유추할 수 있는 표현으로 보지 아니함.

Ⅲ. 정당 명의 현수막[정당법 제37조 제2항 관련]

• '특정 정당·후보자에 대한 지지·추천·반대행위'의 판단

 '정당·후보자의 특정'을 현행 기준보다 좁게 해석하여 정치적 표현의 자유를 최대한 보장함.

① 정당·후보자의 특정 여부

 – 정당·후보자의 명칭·성명을 나타내는 것과 실질적으로 동일성이 인정되는 표현에 한하여 정당·후보자의 명칭·성명이 특정되는 표현으로 보고, 다의적으로 해석될 여지가 있는 표현은 정당·후보자의 명칭·성명을 특정할 수 있는 표현으로 보지 아니함(법 제90조의 간주규정과 동일하게 판단함).

② 지지·추천·반대 여부

 – 정당·후보자가 특정된 경우에는 그 특정된 정당·후보자 입장에서 볼 때 선거에서의 유·불 리가 필연적으로 수반되고, 일반 선거인의 관점에서도 특정 정당·후보자에 대한 유·불리를 쉽게 인식할 수 있을 것이므로, 특별한 사정이 없는 한 원칙적으로 지지·추천·반대행위로 봄.

- 반면에, 정당·후보자가 특정되지 않은 경우에는 원칙적으로 제한하지 아니함. 다만, 일반 선거인의 관점에서 표현의 객관적 내용이 특정 정당·후보자를 직접적·명시적으로 지지·추천·반대하는 것임을 쉽게 인식할 수 있어 '실질적으로 선거운동에 준하는 표현행위'에 해당하는 경우에는 예외적으로 제한함 (법 제90조 제1항 전문의 선거에 영향을 미치는 행위와 동일하게 판단함).

  ※ 예 : 정권교체, 정권심판, 정권재창출, 정권수호 등

• '정당의 정책·정치적 현안 해당 여부'에 대한 판단

  특정 정당·후보자에 대한 지지·추천·반대에 해당하지 않은 경우에는 정당의 정책이나 정치적 현안으로 최대한 폭넓게 인정함.

Ⅳ. 투표참여 권유 현수막 [법 제58조의2 관련]

• '지지·추천·반대하는 내용을 나타낸 경우'의 판단

  일반 선거인의 관점에서 표현의 객관적 내용이 '실질적으로 선거운동에 준하는 표현행위'에 해당하는지 여부로 판단함(법 제90조 제1항 전문의 선거에 영향을 미치는 행위와 동일하게 판단함).

• '정당·후보자의 명칭·성명을 유추할 수 있는 내용'의 판단

  정당·후보자의 명칭·성명을 나타내는 것과 실질적으로 동일성이 인정되는 표현에 한하여 정당·후보자의 명칭·성명을 유추할 수 있는 표현으로 봄(법 제90조 제1항 후문의 간주규정과 동일하게 판단함).

선거기간이 아닌 때에 정당이 특정 정당이나 공직선거의 후보자를 지지·추천하거나 반대함이 없이 당원을 모집하기 위한 활동도 통상적인 정당활동으로 허용된다. 따라서 정당이 선거기간이 아닌 때에 그 명의로 현수막 등을 이용하여 당원모집 홍보를 하는 것은 가능하다. 다만, 호별방문에 의한 당원 모집 활동은 제외된다.

(2) 직무상·업무상 행위 등 규칙이 정하는 행위

의례적이거나 직무상·업무상의 행위 또는 통상적인 정당활동으로서 규칙 제47조의2의 규정이 정하는 행위도 본 조 제1항의 간주 규정에도 불구하고 허용된다.

정당의 업무용 자동차에 정당명·전화번호·정책구호·중앙당후원회명·후원계좌나 입후보예정자가 아닌 소속 당대표의 사진·성명을 표시하여 운행하는 행위는[21] 통상적인 정당활동으로서 언제나 가능하다(규칙 제47조의2 제1호 라목).

직업상의 사무소나 업소에 그 대표자의 성명이 표시된 간판을 설치·게시하는 것은 직무

---

21) 중앙선거관리위원회 2020. 3. 17 회답

상·업무상 행위로서 언제나 가능하다(규칙 제47조의2 제2호 다목). 이는 직업상의 사무소나 업소에 사업자등록증에 표시된 성명이 포함된 상호를 통상적인 간판에 게재하여 게시하는 것을 허용하는 것이다.[22] 따라서 후보자가 되고자 하는 자가 선거일 전 120일부터 선거일까지 직업상의 사무실이 아닌 입후보예정지역의 현안 연구를 위한 개인 사무실에 자신의 성명이나 사진이 포함된 간판을 게시하거나, 직업상의 사무실의 경우에도 사업자등록증에 표시되지 않는 성명이 포함된 간판을 게시하는 행위는 본 조에 위반된다.[23]

국회의원이 직무수행을 위하여 설치하는 사무소의 간판에 국회의원의 직명·성명·소속정당명·정당마크·지역구명을 국회의원이나 소속정당의 선전에 이르지 아니하는 통상적인 방법으로 게재하는 행위,[24] 국회의원 지역사무소 외벽에 국회의원 명의의 정책토론회 안내 또는 의정활동 결과물인 '경찰서 신설 예산확보' 내용이 게재된 현수막을 게시하거나,[25] 녹화기가 아닌 단순 글자만 지나가는 LED 간판에 법률 개정안 발의 사실을 표시하는 행위는[26] 「업무에 관한 안내사항」으로서 가능하다(규칙 제47조의2 제2호 라목).

3. 중앙선거관리위원회 행정해석

가. 정당활동

① 시내버스 및 지하철을 이용한 정당의 정강·정책 광고

정당이 선거기간이 아닌 때에 시내버스 및 지하철 광고를 이용하여 「정당법」 제37조 제2항에 따른 정강·정책을 홍보하는 것은 무방할 것임(2010. 1. 25. 회답).

② 지역 현안 성사에 따른 축하 현수막 게시

1. 당원협의회가 특정 정당이나 후보자(후보자가 되고자 하는 자를 포함함. 이하 같음)를 지지·추천하거나 반대함이 없이 정당의 계획에 따라 정당의 경비로 지역 현안 성사에 따른 의례적인 내용의 축하 현수막을 제작하여 선거기간이 아닌 때에 관할구역에 게시하는 것은 무방할 것임.

2. 특정 정당이나 후보자를 지지·선전함이 없이 지역 현안 성사에 따른 의례적인 내용

---

22) 중앙선거관리위원회 2016. 10. 28. 회답

23) 중앙선거관리위원회 2017. 9. 8. 회답(선거일 전 180일 전에 후보자가 되고자 하는 자가 입후보예정지역의 현안 연구를 위한 개인 사무실이나 직업상 사무실에 자신의 직·성명과 소형 사진이 포함된 통상적인 간판을 게시하는 것은 가능하다)

24) 중앙선거관리위원회 2004. 8. 3. 회답

25) 중앙선거관리위원회 2007. 1. 31. 회답

26) 중앙선거관리위원회 2007. 7. 6., 2017. 1. 31. 회답(선거일 전 180일부터 선거일까지 자신의 사진을 게재하는 것은 본 조 위반), 2020. 10 .13. 회답(의정활동 내용의 동영상 표출은 법 제254조 위반)

　　의 축하 현수막을 국회의원 명의로 국회의원사무소 외벽에 게시하는 것은 무방할
　　것임(2011. 3. 3. 회답).

③ 정당의 LED영상 차량을 이용한 정책홍보

　　정당이 선거기간이 아닌 때에 「정당법」 제37조제2항에 따라 통상적인 정당활동의 일
　　환으로 자당의 정책이나 정치적 현안에 대하여 LED 영상 차량으로 지역을 다니면서
　　홍보활동을 하거나 집회 형태로 연설회를 개최하는 것은 다른 법률에 위반되는지 여
　　부는 별론으로 하고 「공직선거법」상 무방할 것임. 다만 이러한 과정에서 특정 정당이
　　나 후보자가 되고자 하는 자를 지지·추천·반대하는 행위를 하거나, 선거가 임박한 시
　　기에 특별한 정치적 현안 없이 지역을 순회하면서 선거구민을 대상으로 계속적·반복
　　적으로 홍보활동을 하거나 집회를 개최하는 경우에는 행위 양태에 따라 「공직선거법」
　　제90조·제91조 또는 제254조 등에 위반됨(2011. 4. 25. 회답).

④ 정당의 정책 홍보용 차량에 소속 국회의원의 사진 게재

　　정당의 중앙당이 선거일 전 180일(現 120일) 전에 정책홍보용 차량에 자당의 정책이나
　　정치적 현안에 대한 입장을 게재하면서 자당의 대표자나 소속 국회의원의 사진을 게
　　재하는 것만으로 「공직선거법」에 위반된다고 보기는 어려움. 다만, 선거일 전 180일
　　(現 120일) 전이라 하더라도 소속 국회의원 등이 입후보하려는 지역구 안에서 주로 운
　　행하는 정당의 차량에 그 국회의원 등의 사진을 게재하여 운행하는 경우에는 양태에
　　따라 같은 법 제254조에 위반될 수 있을 것임(2013. 9. 25. 회답).

⑤ 정당의 정책홍보 어깨띠 착용

　　정당이 선거기간이 아닌 때에 정당의 정책을 홍보하기 위하여 정당의 당원들로 하여
　　금 자당의 정책을 홍보하는 내용(예시 : 새정치민주연합 덕양을 지역위원회 / 함께 살자 우리 덕
　　양)의 어깨띠를 착용하게 하는 것은 무방할 것이나, 주로 입후보예정자(예비후보자의 선
　　거운동방법으로 착용하는 것은 가능) 또는 예비후보자의 선거사무원이 착용하는 등 통상의
　　정당활동의 범위를 벗어나 선거운동에 이르는 경우에는 「공직선거법」 제90조 또는 제
　　254조에 위반될 것임(2015. 3. 23. 회답).

⑥ 쇠고기수입반대 홍보리본 배부

　　창조한국당이 쇠고기수입반대의 표시로 촛불문화제 및 기타행사에서 홍보리본(창조한
　　국당 당명 미표기, 문구 미표기)을 당원이나 일반 시민에게 배부하는 것은 선거와 무관하게
　　배부하는 것이라면 무방할 것임(2008. 6. 12. 회답).

⑦ 정당의 정책홍보 현수막에 당원협의회장의 성명 게재 등

　　정당(당원협의회 포함)이 특정 정당이나 후보자(후보자가 되고자 하는 자를 포함함)를 지

지·추천하거나 반대함이 없이 정당의 계획에 따라 정당의 경비로 자당의 정책을 홍보
하는 현수막에 당원협의회장 또는 국회의원의 직·성명을 포함하여 선거일 전 180일
[現 120일(보궐선거 등에 있어서는 그 선거의 실시사유가 확정된 때)] 전에 게시하는 것은 「공
직선거법」상 위반 되지 아니할 것이나, 국회의원이 행한 의정활동 보고에 이르러서는
아니될 것임(2016. 11. 24. 회답).

※ 의정활동보고 현수막 게시 관련 중앙선거관리위원회 선례 변경 결정(2023. 1. 16.)에
　따라 국회의원이 선거일 전 120일 전에 현수막 게시의 방법으로 의정활동 보고를
　하는 것은 제한되지 아니함.

⑧ "정권교체" 문구를 게재한 현수막의 거리 게시

(시안 1)

> ### 감사합니다! '호남중심' 정권교체 이루어내겠습니다.
> 국민의당 전남도당위원장 당선자 정인화

(시안 2)

> ### 감사합니다! '당원중심' 전남도당 만들겠습니다.
> 국민의당 전남도당위원장 당선자 정인화

선거일 전 180일[現 120일(보궐선거 등의 경우 그 선거의 실시사유가 확정된 때)] 전에 도당
대표자가 시안 2와 같이 의례적인 감사의 인사문구와 정당운영의 포부를 밝히는 내용
의 현수막을 자신의 지역구 거리에 게시하는 것은 「공직선거법」에 위반되지 아니할
것이나, 시안 1과 같이 '호남중심 정권교체를 이루겠다'는 내용의 현수막을 거리에 게
시하는 것은 행위 시기 및 양태에 따라 같은 법 제90조 또는 제254조에 위반될 것임
(2017. 1. 24. 회답).

⑨ 선거구민의 조사에 근조기 게시

당원협의회의 대표자가 선거일 전 180일(現 120일) 전에 선거구민의 조사에 자신의 직
명 및 성명이 표시된 근조기를 게시하는 것은 「공직선거법」에 위반되지 아니할 것이
나, 선거일 전 180일(現 120일)부터 선거일까지 평소 지면이나 친교가 없는 선거구민의
조사에 이를 게시하는 경우에는 같은 법 제90조에 위반될 것임(2016. 10. 19. 회답).

⑩ 정당의 당사내에서 후보자의 성명 등이 게재된 종이컵 사용

정당의 당직자나 관계자들이 후보자의 성명과 기호가 새겨진 종이컵을 정당의 당사나

선거사무소 안에서 사용하는 경우에는 무방할 것임(2007. 11. 30. 회답).

⑪ 정당의 당원 대상 기념품 판매

정당이 그 설립 및 활동 목적의 범위 안에서 소속 당원에게 해당 정당의 명칭 또는 로고·홈페이지 주소가 표시된 기념품을 통상적인 가격으로 판매하고 그 수입을 정당의 당헌·당규에 따라 부대수입으로 처리하거나, 통상적인 가격을 초과한 판매 수익금을 당비로 처리하는 것은 다른 법률에 위반되는지 여부는 별론으로 하고 「공직선거법」, 「정당법」과 「정치자금법」상 무방할 것임. 다만, 구입한 당원 등이 선거일 전 180일(現 120일)부터 선거일까지 정당의 명칭 등이 표시된 에코백, 우산, 티셔츠를 일반 선거구민이 볼 수 있도록 게시 또는 착용하는 경우에는 「공직선거법」 제90조에 위반될 것임(2016. 10. 27. 회답).

⑫ 정당의 상품 제작 및 판매

정당이 회사를 통하여 정당의 명칭이나 정당의 명칭을 유추할 수 있는 정당의 마크·홈페이지 주소를 나타내는 상품을 제작·판매하는 것은 통상적인 정당활동으로 볼 수 없으며 정당의 광고물 또는 표시물을 배부하는 행위가 되어 그 행위시기 및 양태에 따라 「공직선거법」 제90조 또는 제254조에 위반될 것임(2016. 2. 19. 회답).

나. 국회의원·지방의원 활동

① 국회의원의 지역사무소 설치 및 운영 등

1. 지역사무소 직원들이 직함이 새겨진 명함을 사용할 수 있음. 다만, 명함에 게재하는 직함 등에 후보자가 되고자 하는 국회의원을 선전할 목적으로 국회의원의 성명을 부각하여 표시하여서는 아니 될 것임.

2. 국회의원의 보좌관이 지인 등에게 정당의 가입을 권유하거나 정당에 가입하려는 자가 국회의원사무소 또는 그 보좌관에게 입당원서를 제출하는 경우 이를 당해 시·도 당부에 전달할 수 있을 것이나, 국회의원보좌관이 불특정 다수의 일반 선거구민을 대상으로 인쇄물·시설물·집회 등의 방법으로 정당의 당원을 모집하는 것은 그 행위시기·방법 등의 양태에 따라 공선법상의 제반 금지규정에 위반될 수 있을 것임(2004. 8. 12. 회답).

② 비례대표국회의원의 사무소 설치 등

비례대표국회의원이 직무수행을 위하여 사무소를 두는 경우 공선법상 그 설치지역이나 설치장소를 제한하는 규정은 없음(2004. 8. 26. 회답).

③ 국회의원 사무소에 정책토론회 안내현수막 게시 등

국회의원의 지역사무실 외벽에 주최자인 국회의원 명의의 정책토론회(개최장소 : 지역구) 안내 또는 의정활동의 결과물인 "경찰서 신설 예산확보" 등 당해 국회의원의 업무에 관한 안내사항이 게재된 현수막을 게시하는 것은 무방할 것임(2007. 1. 31. 회답).

④ 국회의원 사무소에 의정활동 평가결과 현수막 게시

국회의원사무소에 게시하는 현수막에 국회의원의 의정활동에 관한 평가결과를 평가주체를 알 수 있는 방법으로 표시하여 선거일 전 180일(現 120일) 전에 게시하는 경우에는 공선법상 무방할 것이나, 선거일 전 180일(現 120일) 이후에는 같은 내용의 현수막이라도 선거에 영향을 미치게 하기 위한 시설물에 해당되어 그러한 시설물의 설치·게시를 금지하고 있는 같은 법 제90조에 위반될 것임(2009. 1. 15. 회답).

⑤ 국회의원 사무소의 LED 간판에 법률 개정안 발의 사실 표시

국회의원이 지역구 사무소에 게시한 LED 간판(녹화기 아닌 단순 글자만 지나감)에 법률 개정안 발의 사실을 표시하는 것은 무방할 것임(2012. 7. 6. 회답).

⑥ 지역사무소에 국회의원의 사진이 게재된 현수막 게시

국회의원이 지역에 두는 상설사무소에 자신의 사진 및 "○○초등학교 신설 예산 확보" 같은 업무에 관한 안내사항이 게재된 현수막을 게시하는 것은 「공직선거법」에 위반되지 아니할 것이나, 선거일 전 180일(現 120일)부터 선거일까지 자신의 사진을 현수막에 게재하는 것은 같은 법 제90조에 위반될 것임(2017. 1. 31. 회답).

⑦ 국회의원 사무소 개소식 안내 현수막 거리 게시

국회의원 사무소 개소식 현수막을 선거일 전 180일(現 120일) 전에 거리에 게시하는 것은 「옥외광고물 등의 관리와 옥외광고산업 진흥에 관한 법률」 등 다른 법률에 위반되는지 여부는 별론으로 하고 「공직선거법」 제254조에 위반되지 아니함. 다만, 선거일 전 180일(現 120일)부터는 법 제90조에 위반됨[2016. 12. 2. 대법원의 선거운동 판단기준 변경에 따른 관련 중앙선거관리위원회 선례 정비(제2차)].

⑧ 국회의원 정책토론회 등 현수막·벽보 게첩

국회의원이 입법활동의 일환으로 정책토론회를 개최하거나 민원상담실을 운영하는 경우 선거와 무관하게 이를 알리기 위하여 선거일 전 180일(現 120일) 전에 국회의원의 성명을 표시한 현수막·벽보를 거리에 게시하는 것은 무방함(2013. 11. 26. 운용기준).

⑨ 국회의원 명의의 정치적 현안에 대한 현수막 게시

국회의원의 명의로 정치적 현안에 대한 입장을 게재한 현수막을 선거일 전 180일[現 120일(보궐선거 등에서는 그 선거의 실시 사유가 확정된 때. 이하 같음)] 전에 거리에 게시하는

것은 「옥외광고물 등의 관리와 옥외광고산업 진흥에 관한 법률」 등 다른 법률에 위반되는지 여부는 별론으로 하고 「공직선거법」상 제한되지 아니할 것이며, 공동명의로 제작·게시하는 경우에는 국회의원 간에 공동으로 경비를 부담하여야 할 것임. 다만, 선거일 전 180일(現 120일)부터 선거일까지 게시하는 때에는 「공직선거법」 제90조에 위반될 것임(2016. 11. 24. 회답).

【 현수막 문구 내용 】

1. 원전정책 전면 재검토 ! 신고리 5·6호기 건설반대 !
   국회의원 ○○○

2. 책임자 처벌 ! 박근혜 정부 사과 !
   백남기 농민의 마음이 우리 모두의 마음입니다.
   민주노총의원단 ○○○ △△△

---

⑩ 국회의원의 지역 방문활동 선전 시설물

후보자가 되고자 하는 국회의원이 자신의 지역 활동을 선전하는 문구(예시 : '동네 한 바퀴', '○○○의 동네 한 바퀴')가 게재된 의상이나 깃발 등을 착용하거나 자전거에 부착하여 입후보예정지역 등을 순회하는 경우에는 자신을 선전하는 행위가 될 것이므로 행위시기 및 양태에 따라 「공직선거법」 제90조 또는 제254조에 위반될 수 있을 것임(2015. 4. 16. 회답).

⑪ 국회의원의 지역현안 추진을 위한 서명운동

국회의원과 소속 정당의 당원협의회 관계자들이 선거기간 전에 선거운동의 목적 없이 해당 지역의 주요 현안을 추진하기 위하여 서명운동 안내문구가 게재된 어깨띠를 착용하거나 선거일 전 180일(現 120일) 전에 귀문과 같이 정당의 명칭·로고가 게재된 복장 또는 어깨띠를 착용하고 주민의 서명을 받는 것은 「공직선거법」상 무방할 것임. 다만, 이 과정에서 특정 정당 또는 후보자가 되고자 하는 사람을 지지·선전하는 행위가 부가되어서는 아니 될 것임(2016. 7. 29. 회답).

⑫ 노인공경·인사잘하기 운동시 국회의원의 성명이 표시된 어깨띠 등 사용

정당의 노인공경·인사잘하기 운동과 관련하여 후보자가 되고자 하는 국회의원이 그의 성명 또는 성명을 유추할 수 있는 내용을 명시한 표지판·어깨띠·배지를 선거구 안에서 사용하는 것은 「공직선거법」 제254조에 위반되지 아니함. 다만, 선거일 전 180일(現 120일)부터는 법 제90조에 위반될 것임[2016. 11. 23. 대법원의 선거운동 판단기준 변경에

따른 관련 중앙선거관리위원회 선례 정비 (제1차)].

⑬ 국회의원 및 보좌진 등의 단체복 착용

1. 국회의원과 보좌진이 의원회관 내 의원실과 지역사무소 안에서 소속 정당의 상징색과 명칭·로고, 국회의원의 직·성명·캐리커처 및 캐치프레이즈('힘이 되는 사람', '힘이 되는 ○○당 ○○지역위원회')가 게재된 복장을 착용하고 통상의 업무나 민원상담을 하는 것만으로는 「공직선거법」에 위반되지 않을 것임. 다만, 민원상담 등을 하는 과정에서 선거에서의 지지 호소 등 후보자가 되려는 사람의 당선을 도모하는 행위임을 선거인이 명백히 인식할 만한 객관적 사정이 있는 경우에는 같은 법 제254조에 위반될 것임.

2. 국회의원이 선거일전 180일(現 120일) 전에 통상적인 정치활동의 일환으로 소속 정당의 상징색과 명칭·로고, 국회의원의 직·성명·캐리커처가 게재된 복장을 착용하고 정당이 개최하는 명절인사나 행사 등 각종 지역행사에 참석하는 것은 「공직선거법」에 위반되지 않을 것임. 다만, 이러한 복장을 착용하고 활동하는 과정에서 선거에서의 지지 호소 등 당선을 도모하는 행위임을 선거인이 명백히 인식할 만한 객관적 사정이 있거나 자신을 선전하는 내용의 캐치프레이즈가 게재된 복장을 착용하는 경우 같은 법 제254조에 위반될 것이며, 선거일 전 180일(現 120일)부터 선거일까지 정당의 명칭·로고, 국회의원의 직·성명·캐리커처·캐치프레이즈가 게재된 복장을 착용하는 때에는 같은 법 제90조에 위반될 것임.

3. 국회의원이 경조사·개업식 등 개인 행사에 참석하거나 명절인사 등 특별한 계기 없이 기관·시설을 방문하거나, 상점·거리에서 주민 의견을 청취 하면서 자신의 직·성명·캐리커처·캐치프레이즈가 게재된 복장을 착용하는 때에는 행위 시기 및 양태에 따라 「공직선거법」 제90조 또는 제254조에 위반될 것임. 다만, 선거일전 180일(現 120일) 전에 귀문의 활동을 하면서 소속 정당의 상징색 및 명칭·로고가 게재된 복장을 착용하는 것만으로는 같은 법에 위반되지 아니할 것임.

4. 선거일전 180일(現 120일) 전에 국회의원의 보좌진이나 당원이 위 2. 3.의 각 행사 등에서 소속 정당의 상징색 및 명칭·로고가 게재된 복장을 착용하는 것은 「공직선거법」에 위반되지 않을 것이나, 국회의원의 직·성명·캐리커처·캐치프레이즈가 게재된 복장을 착용하는 때에는 같은 법 제254조에 위반될 것임. 또한 선거일전 180일(現 120일)부터 선거일까지 국회의원의 보좌진과 당원이 정당의 명칭·로고, 국회의원의 직·성명·캐리커처·캐치프레이즈가 게재된 복장을 착용하는 때에는 같은 법 제90조에 위반될 것임(2020. 7. 7. 회답).

⑭ 결혼식장에서 국회의원의 축기(祝旗) 게시

국회의원이 지역구 주민 중 평소 친분이 있는 사람이나 그의 자녀의 결혼식장에 직·성명을 표시한 축기(祝旗 : 일반적인 근조기 규격과 형태에 '축하합니다' 또는 '축 결혼' 문구 기재)를 게시하고, 결혼식이 끝나면 회수하는 방식으로 축기를 설치하는 것은 의례적인 행위로 보아 무방할 것임(2013. 6. 21. 회답).

⑮ 회갑연 등에 비례대표국회의원의 축기 게시

비례대표국회의원이 선거일 전 180일(現 120일) 전에 친분이 있는 사람의 회갑연·고희연 등의 축하연이나 개업식·체육행사 등의 장소에 자신의 직·성명을 표시한 축기(祝旗)를 게시하는 것은 「공직선거법」 제254조에 위반되지 아니함. 다만, 선거일 전 180일(現 120일)부터는 법 제90조에 위반될 것임[2017. 12. 19. 대법원의 선거운동 판단기준 변경에 따른 관련 선례 정비(제3차)].

｜[참고] 국회의원의 축기·근조기 게시[27]｜

친분여부	결혼식·장례식	기타 경조사(회갑연, 고희연 등), 행사(개업식, 체육행사 등)
평소 지면이나 친교가 있는 사람의 경우	「공직선거법」에 위반되지 않음.	선거일 전 180일(現 120일) 전에 게시하는 것은 「공직선거법」에 위반되지 않음. 다만, 선거일 전 180일(現 120일)부터 선거일까지 게시하는 경우에는 「공직선거법」 제90조에 위반될 것임.
평소 지면이나 친교가 없는 사람의 경우	선거일 전 180일(現 120일) 전에 게시하는 것은 「공직선거법」에 위반되지 않음. 다만, 선거일 전 180일(現 120일)부터 선거일까지 게시하는 경우에는 「공직선거법」 제90조에 위반될 것임.	행위 시기 및 양태에 따라 「공직선거법」 제90조 또는 제254조에 위반될 것임. → 지면과 친교가 전혀 없는 사람의 기타 경조사 또는 개업식 등에 축기를 게시하는 것이 일상적이나 의례적이지 않다는 점에서 불특정 다수의 선거구민의 각종 행사에 축기를 게시하는 것은 그 양태에 따라 선거에서의 당선을 도모하는 목적의사가 인정될 수 있음.

※ 축기·근조기 게시가 가능한 경우 축기·근조기 배송에 소요되는 경비를 정치자금으로 지출할 수 있음.

27) 2020. 7. 1. 중앙선거관리위원회 통합법규안내시스템 공지사항

⑯ 시·도의회 명의의 정치적 주장 현수막

　시·도의회명의로 정부의 정책 중 지역개발사업, 인사정책 등에 대한 비판적 문구를 게재한 현수막을 작성 시·도 안에 게시하는 것은 무방함(1994. 10. 24. 회답).

다. 입후보예정자 등 활동

① 입후보예정자의 명절·국경일 등 축하·기념 현수막 거리 게시

　선거에 입후보하려는 사람이 선거일 전 180일(現 120일) 전에 명절·국경일 등을 맞아 자신의 성명이나 소속 정당의 명칭이 게재된 의례적인 내용의 축하·기념 현수막을 거리에 게시하는 것은 「옥외광고물 등의 관리와 옥외광고산업 진흥에 관한 법률」 등 다른 법률에 위반되는지 여부는 별론으로 하고 「공직선거법」에 위반되지 아니할 것임 (2017. 6. 15. 회답).

② 지역현안 연구를 위한 개인 사무실에 성명과 사진이 포함된 간판 게시

　1. 후보자가 되고자 하는 자가 입후보예정지역의 현안 연구를 위한 개인 사무실에 귀 문의 예시와 같이 자신의 직·성명과 소형 사진이 포함된 내용의 통상적인 간판을 선거일 전 180일[現 120일(보궐선거등에서는 그 선거의 실시사유가 확정된 때. 이하 같음)] 전에 게시하는 것은 「공직선거법」에 위반되지 아니할 것이나, 선거일 전 180일(現 120일)부터 선거일까지 후보자 또는 후보자가 되고자 하는 자의 성명이나 사진이 포함된 간판을 게시하는 것은 같은 법 제90조에 위반될 것임.

〈 간판 문구 〉

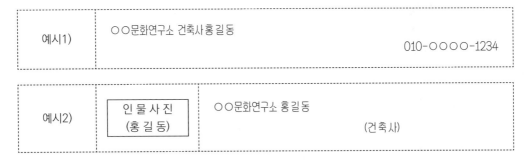

　2. 사업용(사업자등록) 사무실을 설치시 간판에 사진이나 성함을 표시하는 것은 「공직선거법」에 위반되지 아니할 것이나, 선거일 전 180일(現 120일)부터 선거일까지 후보자 또는 후보자가 되고자 하는 자의 사진이나 사업자등록증에 표시되지 않는 성명

이 포함된 간판을 게시하는 때에는 같은 법 제90조에 위반될 것임(2017. 9. 8. 회답).

③ 입후보예정자의 옥내 주민간담회 장소에 현수막 게시

입후보예정자(예비후보자 포함)가 지역 의견 수렴에 필요한 범위에서 개최하는 옥내 주민간담회 장소 내부에 행사 개최·진행에 필요한 통상적인 범위에서 행사명, 개최자 성명 등을 기재한 현수막을 게시하는 것만으로는 법에 위반되지 아니할 것임(2023. 11. 20. 제22대 국선 예상쟁점 법규운용기준).

④ 출마선언 기자회견 장소에 현수막 게시

입후보예정자가 언론인을 대상으로 출마선언 기자회견을 개최하는 경우 그 장소에 기자회견 개최에 필요한 통상적인 범위에서 일시.장소, 개최자의 성명·사진·소속 정당명 및 사회 일반적·보편적 가치에 해당하는 슬로건 등이 기재된 현수막을 게시하는 것만으로는 법에 위반되지 아니할 것임(2023. 11. 20. 제22대 국선 예상쟁점 법규운용기준).

※ 실외에서 개최하는 경우에도 동일하게 운용하나, 행사에 필요한 통상의 범위를 넘어 대형스크린 등을 이용하여 다수의 선거구민이 볼 수 있도록 홍보동영상을 상영하는 등의 행위양태에 따라 법 제90조, 제93조, 제254조 등에 위반될 수 있을 것임.

라. 일반 시민, 단체 활동 등

① 후보자의 채무불이행에 대한 지급촉구 현수막 게시

누구든지 선거일 전 180일(現 120일)부터 선거일까지 정당의 명칭이나 후보자의 성명·사진 또는 그 명칭·성명을 유추할 수 있는 내용을 명시한 것은 선거에 영향을 미치게 하기 위한 것으로 보고 있는바, 공사대금의 지급을 불이행한 후보자의 명의를 기재하여 대금지급을 촉구하는 현수막을 당해 선거구 안이나 선거구 밖이라도 다수의 선거구민이 왕래하는 장소에 게시하는 것은 공선법 제90조에 위반될 것임(2000. 3. 29. 회답).

② 시민단체의 지방자치단체의 장 퇴진 운동 등

시민단체가 가두서명을 비롯한 사이버 서명, 사이버 시위, 집회 등을 통하여 현 도지사의 퇴진운동을 전개하는 경우 그 퇴진운동의 시기·장소·대상·방법·내용·양태 등을 종합적으로 고려하여 후보자가 되고자 하는 도지사의 낙선이나 입후보를 하지 못하게 할 목적으로 한 고의가 인정되는 경우에는 공선법 제90조, 제93조, 제101조, 제103조, 제107조, 제254조 등의 규정에 위반될 것임(2005. 12. 9. 회답).

③ 노동조합의 지지후보자 안내 현수막 등 게시

선거운동을 할 수 있는 노동조합이 내부규약 등에서 정한 의사결정방법 및 절차에 따라 선거에서 지지할 후보자(후보자가 되고자 하는 자를 포함함. 이하 같음)를 결정하고 소속 조합원에게 통상적인 고지방법으로 이를 알리는 것은 무방할 것이나, 선거일 전 180일[現 120일(보궐선거 등에 있어서는 그 선거의 실시사유가 확정된 때)]부터 선거일까지 후보자를 지지·추천하는 내용이 포함되어 있거나 정당의 명칭 또는 후보자의 성명을 나타내는 현수막이나 포스터, 대자보, 소식지 등 인쇄물을 사업장 내 '식당입구나 복도, 족구장 근처, 교육장, 노조회의실, 노조사무실 외벽, 노조사무실 복도 등'에 게시·첩부하는 것은 선거에 영향을 미치게 하기 위한 행위가 되어 그 양태에 따라 공선법 제90조·제93조 또는 제95조에 위반될 것임(2009. 4. 27. 회답).

④ 국회의원에 대한 감사 현수막 게시

지역사안과 관련하여 지역단체 혹은 개인이 의원에게 감사 현수막을 게시하는 행위는 후보자가 되고자 하는 국회의원을 선전하는 행위가 될 것이므로 행위 시기에 따라 공선법 제90조 또는 제254조의 규정에 위반될 것임(2006. 9. 5. 회답).

4. 판례

가. 일반법리

① 법 제90조 소정의 "기타 광고물"을 옥외광고물등관리법 제2조 제1호 소정의 "옥외광고물"에 대한 정의 규정에 따라 해석할 수 있는지 여부 등

1. 옥외광고물등관리법은 옥외광고물의 표시방법 등에 관하여 필요한 사항을 규정함으로써 미관풍치와 미풍양속을 유지하고 공중에 대한 위해를 방지하며 건강하고 쾌적한 생활환경을 조성함을 목적으로 하는 것인데(위 법 제1조) 반해, 공선법은 선거가 국민의 자유로운 의사와 민주적인 절차에 의하여 공정히 행하여지도록 하고 선거와 관련한 부정을 방지함으로써 민주정치의 발전에 기여함을 목적으로 하고 있고(위 법 제1조), 이에 따라 공선법 제90조는 선거에 영향을 미치기 위한 광고물이나 광고시설 등의 설치·배부 등을 금지함으로써 선거분위기의 과열을 방지하고 탈법적인 선거운동을 규제하며 후보자간의 공정경쟁과 기회균등을 보장하기 위한 것이어서, 그 입법취지가 전혀 다른 점, 특히 공선법 제90조는 "화환·풍선"을 광고물의 하나로 예시하고 있는데 이는 옥외광고물등관리법상의 광고물에 대한 정의에 따를 경우 광고물에 해당한다고 볼 수 없는 점 등에 비추어 보면, 공선법 제90조 소정의 "기타 광고물"을 옥외광고물 등 관리법 제2조 제1호 소정의 "옥외광고물"에 대한 정의 규

정에 따라 해석할 수는 없다고 할 것이다.

2. 대통령 선거과정에서 후보자가 소속된 정당과 후보자를 지지하는 모임의 회원들이 일반 시민들에게 교부한 '희망돼지 저금통'이 후보자를 널리 알리는 데 사용된 물건이라고 보지 않을 수 없어 공선법 제90조 소정의 "기타의 광고물"에 해당한다(대전고등법원 2003. 11. 7. 선고 2003노438 판결).

② 희망돼지 저금통이 광고물과 상징물에 해당하는지 여부

원심판결의 채택 증거들을 기록에 비추어 살펴보면, '희망돼지' 분양사업은 당초 노◐◑ 후보를 지지하는 인터넷상의 모임인 '노사모' 회원들 사이에서 그들이 지지하는 노◐◑ 후보를 위하여 선거자금을 모아 전달하자는 취지에서 시작되었던 것으로, 일반인들이 '희망돼지'라는 이름의 돼지저금통을 분양받아 간 뒤 그 돼지저금통에 소액의 돈을 모아 후보자에게 다시 전달하여 후원한다는 것이 그 기본 아이디어였는데, 기업체 등에서 정치자금을 제공하는 기존의 정치자금 문화와 대비되는 발상으로 받아들여졌고, 결국 대통령선거 과정에서 새천년민주당 국민참여운동본부가 노◐◑ 후보의 청렴성과 개혁성을 홍보하기 위하여 전국적인 캠페인으로 진행하게 된 사실, 피고인은 노사모 ○○광역시지부 대표이자 개혁국민정당의 당원으로서 개혁국민정당이 대통령선거와 관련하여 새천년민주당과 정책연합으로 노◐◑ 후보를 지원하기로 함에 따라 ○○역 광장 바닥에 '희망돼지'를 이용한 하트 모양을 만들어 전시하고, '희망돼지'를 무상으로 나누어 주거나 1개에 500원씩 판매한 사실, '희망돼지'는 어른 주먹 정도 크기의 돼지 모양의 저금통으로 옆면에는 '보통사람들이 만드는 살맛나는 세상, 희망돼지'라는 문구가 인쇄되어 있는 사실, 대다수 국민은 각종 매체를 통하여 '희망돼지' 분양사업은 노◐◑ 후보의 지지를 호소하는 것임을 충분히 인지하고 있었고 나아가 '희망돼지' 저금통이 깨끗한 정치, 대중적인 정치를 표상하는 것으로 받아들여져 결국 동일한 이미지를 가진 채 이러한 내용의 정치를 표방한 노◐◑ 후보의 청렴성과 개혁성, 대중성을 상징하는 물품으로 널리 인식되어 있던 사실 등을 알 수 있으므로, '희망돼지' 저금통은 선거에 영향을 미치게 할 의도로 대량으로 제작되어 일반 공중에게 배부됨으로써 노◐◑ 후보를 일반 공중에게 널리 알려 그 인지도를 상승시키고 이미지를 고양시키는 데에 사용된 물건으로서 법 제90조의 광고물 또는 법 제256조 제2항 제1호 아목의 선전물에 해당하고, 또한 노◐◑ 후보의 사고와 주장을 형상화하여 일반 공중에게 노◐◑ 후보를 연상시킬 수 있는 물건으로서 법 제90조의 상징물에도 해당한다고 할 것이다(대법원 2004. 10. 28. 선고 2004도4355 판결).

③ 법 제90조를 위반하여 선전물을 게시한 행위 등을 한 사람을 처벌하는 법 제256조 제
3항 제1호에서 '선거운동과 관련하여'의 의미

공직선거법 제256조는 '각종 제한규정 위반죄'라는 제목으로 제3항 제1호에서 선거운
동과 관련하여 각 목에 해당하는 행위를 한 사람을 처벌한다고 규정하고 있다. 그 중
(아)목은 금지되는 행위로 공직선거법 제90조의 규정을 위반하여 선전물을 게시한 행
위 등을 규정하고 있다.

공직선거법은 선거일을 기준으로 선거에 영향을 미칠 수 있는 정도에 따라 '선거운동'
에 해당하는 경우 외에도 '선거에 영향을 미치는 행위'(제90조 제1항 등) 또는 '선거에 관
한 행위'(제115조 등) 등을 개별적으로 특정하여 금지하는 규정을 두고 있다. 또한 공직
선거법 제115조에 정한 '당해 선거에 관하여'란 당해 선거를 위한 선거운동이 되지 아
니하더라도 당해 선거를 동기로 하거나 빌미로 하는 등 당해 선거와 관련이 있으면 족
하고, 공직선거법 제135조 제3항의 '선거운동과 관련하여'는 '선거운동에 즈음하여,
선거운동에 관한 사항을 동기로 하여'라는 의미로서 '선거운동을 위하여'보다 광범위
하며, 선거운동의 목적 또는 선거에 영향을 미치게 할 목적이 없었다 하더라도 그 행위
자체가 선거의 자유·공정을 침해할 우려가 높은 행위를 규제할 필요성에서 설정된 것
으로 보고 있다.

이러한 점들에 비추어 보면, 공직선거법 제256조 제3항 제1호의 '선거운동과 관련하
여'는 '선거운동에 즈음하여, 선거운동에 관한 사항을 동기로 하여'라는 의미로서 '선거
운동을 위하여'보다 광범위한 개념으로 봄이 타당하므로, 위 조항에서 금지 대상이 되
는 행위가 선거운동에 해당하여야 위 조항에 따라 처벌할 수 있다고 보기는 어렵다(대
법원 2018. 2. 28. 선고 2017도13103 판결).

나. 현수막·간판·전광판 사례

① 선거준비사무소 유리창에 이름과 '선거사무소' 병기

선거준비사무소 유리창에 선팅지를 이용하여 붙인, 피고인의 이름과 '선거사무소'를
병기한 문구는 선거사무소를 알리기 위한 표지로서 공선법 제90조의 '간판'에 해당한
다(대법원 2005. 1. 13. 선고 2004도7360 판결).

② 주민숙원사업 해결관련 지방의원 홍보 현수막 게시

피고인은 인천 중구 항동에 소재한 ○○아파트 환경이주대책위원장이고, 위 아파트
환경이주대책위원회는 2005. 1.경부터 주변 정유업체(SK에너지, S-Oil 등)로 인해 악

취·소음·분진 등의 피해를 보고 있다면서 「인천광역시 도시 및 환경정비 조례」의 노후·불량건축물에 대한 정비계획수립대상구역 설정 요건을 완화하는 등 주민이주대책을 세워줄 것을 요구하여 오던 중, 동 조례의 개정에 공이 있는 노○○의원을 주민들에게 홍보해 주기로 마음먹고, 2010. 2. 12. 20:00경부터 2010. 2. 13. 19:00경까지 위 아파트 정·후문에 「3차례 시조례 개정으로 아파트 이주의 법적요건을 충족시킨 노○○의원님 감사합니다」라고 기재된 현수막(가로 8m × 세로 1.1m) 3개를, 2010. 2. 12. 20:00경부터 2010. 2. 16. 16:30경까지 위 아파트 외벽에 위와 같은 내용의 현수막 2개를 각 게시함으로써, 선거에 영향을 미치게 하기 위하여 2010. 6. 2. 제5회 전국동시지방선거의 △△△구청장 입후보예정자인 노○○를 광고하는 현수막을 게시하였다(수원지방법원 2010. 4. 30. 선고 2010고합117 판결, 서울고등법원 2010. 8. 19. 선고 2010노1856 판결)

③ 출판기념회 개최 건물 외벽에 예비후보자의 사진 등의 문구가 게재된 현수막 게시
피고인은 2014. 6. 4. 실시된 제6회 전국동시지방선거의 □□구청장 예비후보자의 선거사무장이었다.

피고인은 2014. 2. 27. 17:00경 □□구청장 예비후보자 ○○○의 공약집에 대한 출판기념회를 개최하면서, 위 건물 외벽에 "□□구청장 선거 ○○○의 예비후보자 공약집, 출판기념회, 2014. 2. 27. 17:00, □□을 바꾸는 100가지 약속'이라는 문구 및 예비후보자 ○○○의 사진이 게재된 현수막(가로 4미터, 세로 8미터) 1개를 설치하였다. 이로써 피고인은 선거에 영향을 미치게 하기 위하여 공직선거법의 규정에 의하지 않은 현수막을 설치하였다(서울동부지방법원 2014. 10. 17. 선고 2014고합289 판결).

④ 민주노총 산하 각 사업장 내 또는 외벽에 특정 후보자 지지 현수막 게시
피고인은, 노동조합의 정치행위가 법률적으로 보장되어 있고 민주노총 산하 각 단위사업장에 △△△△당 후보를 지지하는 현수막을 게시한 것은 일반공중을 상대로 한 것이 아니라 노동조합원을 상대로 한 정치활동으로서 합법적인 행위라는 취지로 주장하므로 살피건대, 노동조합의 정치활동을 금지하고 있었던 구 노동조합법 제12조는 1996. 12. 31. 법률 제5244호로 제정된 노동조합및노동관계조정법의 시행으로 폐지되었고, 공선법 제87조에 의하면 사회단체가 선거기간 중에 그 명의 또는 대표의 명의로 특정 정당이나 후보자를 지지·반대하거나 지지·반대할 것을 권유하는 등의 선거운동을 하는 것을 일반적으로 금지하면서 노동조합에게는 예외적으로 그러한 행위를 허용하고 있기는 하지만, 그러한 행위도 공선법이 정하고 있는 선거운동의 기간과 방법에 따라 제한적으로 할 수 있다고 해석해야 할 것인바,

피고인이 게시한 현수막을 볼 수 있는 사람들 중에는 노동조합원이 아닌 사람들도 있고 노동조합원이라 하더라도 그들이 전부 △△△△원이라거나 △△△△ 지지자들이라고는 단정할 수 없고, 현수막을 사업장 내 또는 외벽에 게시하는 것은 공선법 제90조에 의하여 금지되고 있는 행위이며 그 조 단서에서 말하는 의례적이거나 직무상·업무상의 행위 또는 통상적인 정당활동으로서 중앙선거관리위원회규칙으로 정하는 행위에 해당하지도 아니 하므로 피고인의 주장은 이유 없다(창원지방법원 진주지원 2004. 9. 10. 선고 2004고합83 판결, 부산고등법원 2004. 11. 17. 선고 2004노787 판결)

⑤ 선거사무소 앞에서 현수막 게시 행위

피고인은 2018. 5. 3. 서울 관악구 봉천로 ○○에 있는 건물 앞 인도에, 그곳이 2018. 6. 13. 실시되는 제7회 전국동시지방선거에 구청장 예비후보자로 출마하는 관악갑선거구 □□당 ○○○후보자의 선거사무소 앞임을 알면서도 "□□당 관악갑지역위원장 부도덕한 ○○○ 임대료 반환하라"라고 기재된 현수막 1개를 게시하였다. 이로써 피고인은 선거에 영향을 미치게 하기 위해 공직선거법에 의하지 아니한 현수막을 설치·게시하였다(서울고등법원 2019. 2. 14. 선고 2018노3365 판결, 대법원 2019. 4. 26. 선고 2019도3115 판결)

⑥ 정당의 당사 앞에 정당의 명칭과 후보자의 성명이 명시된 현수막 게시 행위

1. 피고인이 설치한 현수막에는 "□□당과 ○○○ 대통령후보 불법제조 롯데 처음처럼 소주 부당 비호!!!, 롯데 초 거대비리 〈식약처, 국세청, 법제처, 검찰 및 사법부〉 적폐청산 거부 이유 밝혀라!!!"는 문구가 기재되어 있는데, 이는 ○○○ 대통령후보자에게 불리한 사실로서 유권자들의 후보자선택에 영향을 미칠 수 있는 사항이다.

2. 피고인은 대통령선거일이 불과 1개월도 남지 않은 시점에 □□당 당사 인근에서 불특정 다수인들이 볼 수 있도록 위와 같은 내용의 현수막을 게시하였다.

3. 피고인은 수사기관에서 자신이 설치한 현수막의 내용이 ○○○의원에 대한 좋지 않은 이미지를 심어주어 선거에 영향을 미칠 수 있음을 알았지만 선거에 미치는 영향보다 '처음처럼' 소주 제조의 불법성 문제를 해결하는 것이 국가와 민족을 위해 더 중요하다고 생각한다는 취지로 진술하였다.

4. 공직선거법 제90조 제1항 제1호는 '누구든지 선거일 전 180일부터 선거일까지 선거에 영향을 미치게 하기 위하여 이 법의 규정에 의한 것을 제외한 현수막 등을 설치하는 등의 행위를 할 수 없고, 이 경우 정당의 명칭이나 후보자 또는 후보자가 되려는 사람의 성명·사진을 명시한 것은 선거에 영향을 미치게 하기 위한 것으로 본다'고 규정하고 있다. 그런데 피고인이 설치한 현수막에는 '□□당'이라는 정당의 명

칭과 '○○○'라는 대통령후보자의 성명이 명시되어 있다(서울고등법원 2019. 3. 27. 선고 2018노2940 판결, 대법원 2019. 6. 13. 선고 2019도4269 판결)

⑦ 승합차의 후면 유리에 "유튜브 박○○ OUT 검색"이라고 표시된 LED 전광판을 부착하고 운행한 행위

이 법원이 채택·조사한 증거에 의하여 알 수 있는 다음과 같은 사정, 즉 ① 피고인은 2014. 3. 19.경부터 "유튜브 박○○ OUT 검색"이라고 기재된 LED 전광판을 피고인의 그레이스 차량에 부착하고 시간 있을 때마다 영등포, 서울시청, 동대문, 고속터미널 등 서울 시내를 돌아다님으로써 유권자들이 피고인의 차량에 부착된 LED 전광판의 내용에 관심을 갖도록 한 점, ② 나아가 피고인은 2014. 3. 19.경 유튜브에 '박○○ OUT'이라는 제목으로 위와 같이 LED 전광판을 부착한 피고인의 그레이스 차량을 촬영한 동영상을 업로드한 점, ③ 피고인이 용산 국제업무지구 개발사업으로 피고인이 운영하던 세탁소 영업이 어려워지자 서울시의 대책을 촉구하기 위해 2014. 3. 19. 이전에 '유튜브 박○○ OUT 검색, 강제 수용개발 볼모로 잡혀 6년 회복불능 상태로 무너진 상권 파탄난 상인 피눈물 외면하고 민심 왜곡하는 언론플레이 망언 무책임한 아마추어 박○○ 규탄행진, 용산 국제업무지구 상가세입자 서행 중 죄송합니다'라고 기재된 현수막을 달고 차량을 운행한 적이 있고, 피고인의 페이스북에는 용산 국제업무지구 개발사업과 관련한 피고인의 의견이 게시되어 있으나, 이 사건 LED 전광판에는 별다른 설명 없이 박○○의 실명과 함께 OUT이라는 문구만이 기재되어 있어 유권자들이 피고인의 페이스북에 접속하여 스스로 위 내용을 검색해보지 않는 한 피고인의 구체적인 주장을 알 수 없어 유권자들은 위 전광판이 박○○을 낙선시키자는 의미로 받아들일 것으로 보이는 점, ④ 실제로도 피고인이 전광판을 설치하고 차량을 운행하던 중 이를 본 시민이 신고하여 피고인에 대한 조사가 시작된 점 등을 종합하면, 피고인이 피고인의 차량에 전광판을 설치하면서 박○○의 이름을 기재하고 OUT 이라는 내용을 이어서 기재한 행위는, 설령 피고인의 주장처럼 주된 내심의 의사가 용산 국제업무지구와 관련한 대책수립 촉구였다 하더라도, 미필적이나마 서울시장 선거에 후보자가 되려는 박○○에 대한 부정적 평가를 내용으로 하는 전광판 게시를 통해 △△시장 선거에 영향을 미치게 할 목적도 있었다고 봄이 타당하다(서울남부지방법원 2014. 10. 30. 선고 2014고합230 판결).

다. 피켓 사례

① 후보자의 이름이 적힌 피켓을 목에 걸고 1인 시위를 하는 경우

피고인은 2014. 5. 21.경 '안○○·김○○ 대표는 윤○○ 후보자의 전략공천을 철회하라'는 취지의 보도자료를 배포하는 등 □□당의 △△시장 후보자인 윤○○ 후보자의 전략공천을 반대하였고, 이후 △△지역의 선거지원을 위해 2014. 6. 1. 안○○ 대표가 ◆◆대학교 해오름관에서 강의를 한다는 내용을 듣고, 선거에 영향을 미치게 하기 위하여 윤○○ 후보자가 5·18과는 무관하다는 취지의 표지물을 들고 1인 시위하기로 마음먹었다.

이에 따라 피고인은 2014. 6. 1. 16:00경부터 16:19경까지 광주 ◆◆대학교 해오름관 현관 앞에서, 마치 □□당의 △△시장 후보자인 윤○○이 광주의 상징인 5·18과는 무관한 사람으로 △△시장으로 부적격하다는 취지의 내용인 "윤○○ 후보에게 묻는다. 5·18광주민중항쟁 현장에서 무엇을 하였는가? 민청학련 가입, 5·18시위 기록을 밝혀라! 수많은 시민이 감옥가고 탄압받을 때 윤○○은 무얼했나?"라고 기재된 가로, 세로 각 60cm 크기의 표시물을 목에 걸고 1인 시위를 하였다(광주고등법원 2015. 2. 5. 선고 2014노539 판결).

② 정부 정책을 비판하는 피켓 게시가 선거에 영향을 미치게 한 경우

피고인과 변호인은 피고인의 공소사실과 같은 행위는 현 정부 정책에 대한 의견을 단순히 개진한 것에 불과하며 제21대 국회의원 선거에 영향을 미치려는 목적이 없었다고 주장한다.

변호인이 지적한 바와 같이 헌법상 권력분립의 원칙에 비추어 정부 정책에 대한 비판이 곧 여당에 투표하여서는 안 된다는 취지로 해석될 수는 없다. 그러나 피고인은 제21대 국회의원 선거일까지 채 일주일도 남지 않은 시점에 대중이 통행하는 장소에서 '문재인 정권 끝장내자', '주사파 정권 끝장내자'라는 문언과 국회의원 선거일인 '4월 15일'을 앞뒷면에 기재한 피켓을 게시하였는바, 이는 2020. 4. 15. 제21대 국회의원 선거에서 여당에 투표하지 않음으로써 정부의 탈원전 정책 등을 저지할 수 있음을 전제하는 내용으로 해석된다. 그렇다면 피고인의 피켓 게시 행위는 정부 정책을 비판하는 것뿐 아니라 선거에 영향을 미치게 하는 것 또한 목표하였다고 보이므로, 피고인과 변호인의 위 주장은 받아들이지 않는다(서울동부지방법원 2020. 10. 23. 선고 2020고합265 판결).

5. 헌법재판소 결정

① 법 제90조 제1항 제1호 중 '화환 설치'에 관한 부분 및 공직선거법 제256조 제3항 제1
호 아목 중 '제90조 제1항 제1호의 화환 설치'에 관한 부분은 과잉금지원칙에 위배되어
정치적 표현의 자유를 침해하여 헌법에 위반된다(헌법재판소 2023. 6. 29. 2023헌가12 결정)

⇨ 헌법재판소 헌법불합치결정 이후 2023. 8. 30. 법 개정으로 금지 기간을 선거일 전
180일에서 선거일 전 120일로 단축하였음.

6. 처벌

본 조에 위반하여 선전물을 설치·진열·게시·배부하거나 하게 한 자 또는 상징물을 제
작·판매하거나 하게 한 자는 2년 이하의 징역 또는 400만원 이하의 벌금에 처한다. 벌칙조
항에서 '선거운동과 관련하여'를 추가하였다(법 제256조 제3항 제1호 아목).

제도개선

시설물을 이용한 정치적 표현의 자유 확대(제67조, 제90조 제1항)

현행법은 헌법재판소[2022. 7. 21. 결정 2017헌가1·3(병합)] 등에도 취지에도 불구하고 종전의 선거일
전 180일의 기간을 선거일 전 120일로만 단축하는 개정을 함으로써 정당이 아닌 유권자는 여전히 선거일
전 120일부터 선거일까지는 선거에 영향을 미치게 하기 위하여 정당·후보자를 지지·추천·반대하거나 정
당·후보자의 명칭 또는 성명을 나타내는 시설물의 게시·첩부·배부 등이 금지되고 있다.

헌법재판소 결정 취지에 따라 선거에 영향을 미치는 행위에 이르더라도 선거운동에 이르지 아니하는 일반
유권자의 시설물 게시 등은 상시 허용하여 표현의 자유를 확대 보장하고, 선거운동 목적의 시설물에 대해서
는 일반 유권자와 달리 후보자의 경우 선거비용총액 제한으로 통제할 수 있으므로, 후보자가 선거운동기간
중에 현수막을 이용하는 경우에 한하여 자유롭게 게시하도록 개선할 필요가 있다.

누구든지 선거운동에 이르지 않는 범위에서 시설물을 이용한 정치적 의사표현을 자유롭게 할 수 있도록 하
고, 선거운동에 이르는 시설물은 선거운동기간 중에 후보자(대통령선거 및 비례대표의원선거에서는 후보자
를 추천한 정당을 말함) 현수막에 한하여 제한없이 허용하고, 선거운동에 이르는 시설물은 선거운동기간 중
에 후보자(대통령선거 및 비례대표의원선거에서는 후보자를 추천한 정당을 말함) 현수막에 한하여 제한없
이 허용할 필요가 있다.

단, 비용이 많이 들거나 도시 미관을 훼손, 유권자의 평온한 일상을 방해할 우려가 있는 화환·풍선·간판·애드벌룬·기구류 또는 선전탑, 그 밖의 광고물이나 광고시설을 설치·진열·게시·배부하는 행위는 제한한다.[28]

	현행 후보자 선거운동 현수막 규정(제67조)	개선안
수량	해당 선거구 안의 읍·면·동수의 2배 이내	제한없음
재질	천	제한없음
규격	10제곱미터 이내	제한없음
게시방법	○ 일정한 장소·시설에 고정 ○ 게시할 수 없는 방법 – 애드벌룬·네온사인·형광 그 밖에 전광으로 표시 – 다른 후보자의 현수막이나 「도로교통법」 제2조에 따른 신호기 또는 안전표지를 가리는 방법 – 사전투표기간 및 선거일에 사전투표소와 투표소가 설치된 시설의 담장이나 입구 또는 그 안에 내걸리게 하는 방법	좌동 (현행 제한 유지)

---

28) 중앙선거관리위원회. 공직선거법 개정의견(2023.1)

제13장

선거와 관련 인쇄물 배부 등
행위 제한

선거와 관련 인쇄물 배부 등 행위 제한

제1절 탈법방법에 의한 문서·도화의 배부·게시 등 금지

제93조(탈법방법에 의한 문서·도화의 배부·게시등 금지) ① 누구든지 선거일 전 120일(보궐선거 등에 있어서는 그 선거의 실시사유가 확정된 때)부터 선거일까지 선거에 영향을 미치게 하기 위하여 이 법의 규정에 의하지 아니하고는 정당(창당준비위원회와 정당의 정강·정책을 포함한다. 이하 이 조에서 같다) 또는 후보자(후보자가 되고자 하는 자를 포함한다. 이하 이 조에서 같다)를 지지·추천하거나 반대하는 내용이 포함되어 있거나 정당의 명칭 또는 후보자의 성명을 나타내는 광고, 인사장, 벽보, 사진, 문서·도화, 인쇄물이나 녹음·녹화테이프 그 밖에 이와 유사한 것을 배부·첩부·살포·상영 또는 게시할 수 없다. 다만, 다음 각 호의 어느 하나에 해당하는 행위는 그러하지 아니하다.

1. 선거운동기간 중 후보자, 제60조의3제2항 각 호의 어느 하나에 해당하는 사람(같은 항 제2호의 경우 선거연락소장을 포함하며, 이 경우 "예비후보자"는 "후보자"로 본다)이 제60조의3제1항제2호에 따른 후보자의 명함을 직접 주는 행위
2. 선거기간이 아닌 때에 행하는 「정당법」 제37조제2항에 따른 통상적인 정당활동

1. 개요

법은 선거벽보, 선거공보, 예비후보자홍보물, 예비후보자공약집 등 인쇄물에 의한 선거운동을 허용하면서 그러한 방법에 의하지 아니하고 탈법적으로 선거에 영향을 미치는 행위를 제한하고 있다. 이는 선거운동의 부당한 경쟁 및 후보자들 간의 경제력 차이에 따른 불균형이라는 폐해를 막고, 선거의 평온과 공정을 해하는 결과의 발생을 방지함으로써 선거의 자

유와 공정의 보장을 도모하는데 그 취지가 있다.[1]

선거가 임박하지 않은 시기에는 단순히 후보자를 지지·추천 또는 반대하는 내용이 포함되어 있거나 정당의 명칭이나 후보자의 성명이 표시된 인쇄물을 배부하는 등의 행위를 하더라도 선거에 미치는 영향이 미미하여 가벌성이 없다고 할 수 있으나 선거가 임박한 시기에 그러한 인쇄물 배부 등을 하는 경우 선거운동에 해당하지 않는다 하더라도 선거의 공정과 평온을 유지하기 위하여 일률적으로 금지할 필요가 있어 도입된 것이다.

헌법재판소는 본 조항 '벽보 게시, 인쇄물 배부·게시'에 관한 부분에 대하여 선거의 공정성을 해치는 것이 명백하다고 볼 수 없는 정치적 표현까지 금지·처벌하고 있어, 그로 유권자나 후보자가 받게 되는 정치적 표현의 자유에 대한 제약은 매우 크는 한편, 법익의 균형성에도 위배된다고 하여 위헌 결정을 하였다.[2]

이후 2023. 8. 30. 법 개정으로 금지 기간을 선거일 전 180일에서 선거일 전 120일로 단축하였다.

2. 선거에 영향을 미칠 목적의 인쇄물 등 배부·게시 등 금지

누구든지 선거일 전 120일부터 선거일까지는 이 법에 규정된 선거벽보, 선거공보 등을 제외하고는 선거에 영향을 미치게 하기 위하여 문서·도화 등을 배부·게시하는 등의 행위를 할 수 없다.

가. 금지주체와 기간

누구든지 선거일 전 120일부터 선거일까지 금지된다. 보궐선거 등에 있어서는 선거일 전 120일 후에 실시사유가 확정된 경우에는 그 선거의 실시사유가 확정된 때부터 금지되나, 선거일 전 120일 전까지 실시사유가 확정된 경우에는 선거일 전 120일부터 금지된다.[3]

나. 주관적 요건

「선거에 영향을 미치게 하기 위하여」란 선거운동에까지 이르지 않더라도 선거에 어떤 영

---

1) 헌법재판소 2009. 7. 30. 2007헌마718 결정
2) 헌법재판소 2022. 7. 21. 2017헌가100 결정 등
3) 중앙선거관리위원회 2020. 7. 15. 회답

향을 미칠 목적이 있는 경우를 말한다. 선거에 영향을 미치게 할 목적이란 선거의 준비과정 및 선거운동, 선거결과 등에 어떤 작용을 하려는 의도를 가리키는 것을 의미하며,[4] 문서·도화의 배부·게시 등 행위가 일상적·의례적·사교적 행위에 불과한지 아니면 선거에 영향을 미치게 하기 위한 것인지는 행위의 시기, 동기, 경위와 수단 및 방법, 내용과 태양, 행위 당시의 상황 등 모든 사정을 종합하여 사회통념에 비추어 합리적으로 판단하여야 한다.[5]

본 조항은 법 제90조와 달리 간주 규정을 두고 있지 않으므로 개별 행위마다 그러한 목적이 있는지 여부를 판단하여야 한다. 일례로 '후보자의 성명을 나타내는 광고'라 하더라도 일상의 생활, 통상의 거래행위나 상업광고 등에서의 성명의 표시는 본 조 제2항이 적용되는 것은 별론으로 하고 '선거에 영향을 미치게 하기 위한' 광고로 볼 수는 없다.[6]

반면 선거에 영향을 미치게 할 목적을 가지고 문서를 배부하였더라도 그 문서에 정당 또는 후보자를 지지·추천·반대하는 취지가 포함되어 있음을 직접적으로 추론할 수 없는 문서는 본 조항의 처벌대상으로 볼 수 없다.[7]

다. 객관적 요건

「이 법의 규정에 의하지 아니하고 정당(창당준비위원회와 정당의 정강·정책을 포함함) 또는 후보자(후보자가 되고자 하는 자를 포함함)를 지지·추천하거나 반대하는 내용이 포함되어 있거나 정당의 명칭 또는 후보자의 성명을 나타내는 광고, 인사장, 벽보, 사진, 문서·도화, 인쇄물이나 녹음·녹화테이프 그 밖에 이와 유사한 것을 배부·첩부·살포·상영 또는 게시하는 행위」이다.

(1) 「이 법의 규정」에 의한 문서·도화 등의 배부·첩부·상영·게시로는 선거벽보 첩부, 선거공보·예비후보자홍보물 발송, 예비후보자공약집·선거공약서 배부, 의정보고서 배부 등이 있다.

(2) 「정당의 정강·정책」

「정당의 정강·정책」에 대한 지지·추천·반대의 경우 단순히 어느 '정책'에 대한 지지 또는

---

4)   헌법재판소 2001. 8. 30. 99헌바92 결정
5)   대법원 2009. 5. 28. 선고 2009도1937 판결
6)   대법원 1996. 5. 31. 선고 96도753 판결
7)   광주고등법원 1996. 4. 26. 선고 96노71 판결

반대 의사를 표시하는 경우가 아니라 그것이 어느 '정당'에서 채택한 정책인지가 명시되거나 어느 '정당'의 정책임을 암시하는 내용이 포함되어 있어 특정한 정당의 정책을 지지 또는 반대하는 내용인 경우에 한한다.[8]

(3) 본조 성립에 필요한 행위대상자 특정의 정도

본 죄 위반죄가 성립하기 위하여는 그 표현에 비방하거나 지지·추천·반대하는 특정인의 명칭이 드러나 있을 필요는 없지만, 그 표현의 객관적 내용, 사용된 어휘의 통상적인 의미, 표현의 전체적인 흐름, 문구의 연결방법, 그 표현의 배경이 되는 사회적 맥락, 그 표현이 선거인에게 주는 전체적인 인상 등을 종합적으로 고려하여 판단할 때, 그 표현이 특정인을 비방하거나 지지·추천·반대하는 것이 명백한 경우이어야 한다. 대통령 선거와 관련하여 인터넷 포털사이트 게시판에 '위장전입, 땅 투기, 탈세, 주가조작'이라는 공통적인 문구를 사용하여 특정 후보에 대한 비방의 글을 게시한 사안에서, 그러한 표현의 배경이 되는 당시의 사회적 맥락, 선거인에게 주는 전체적인 인상 등을 종합하여 판단할 때 대상자가 명백히 특정되므로, 공직선거법상 후보자비방죄 및 탈법방법에 의한 문서·도화의 배부·게시 등 금지규정 위반죄가 성립한다.[9] 또한 실명을 거명하지는 않았지만 누구를 지칭하여 비판하는 것인지 쉽게 파악할 수 있는 경우에도 본 조 위반죄가 성립한다.[10]

(4) '광고의 배부 금지'의 규정 취지

광고는 일방적으로 배부되고 불특정 다수의 사람들이 그들의 의도와 상관없이 광고에 노출된다는 점에서는 문서, 인쇄물 등 다른 방식과 마찬가지이지만, 대중매체를 이용할 경우 광범위한 표현의 상대방을 두기 때문에 그 파급효과가 문서, 인쇄물 등 다른 방식에 비하여 훨씬 크다.. 또한 광고는 표현 방법을 금전적으로 구매하는 것이기 때문에 문서, 인쇄물 등 다른 방식에 비하여 후보자 본인의 특별한 노력은 필요로 하지 않으면서 비용은 많이 드는 매체 이므로, 경제력에 따라 그 이용 가능성에 큰 차이가 있을 수 있다. 이와 같은 사정 등을 종합하여 볼 때, 광고는 문서, 인쇄물 등 다른 방식에 비하여 선거의 공정성을 훼손할 우려가 더 크다고 할 것이므로, 탈법방법에 의한 광고의 배부를 금지하는 것은 과잉금지원칙에 위배되어 선거운동의 자유 및 정치적 표현의 자유를 침해한다고 볼 수 없다.[11]

---

8) 서울중앙지방법원 2011. 2. 18. 선고 2010고합1468 판결, 중앙선거관리위원회 2020. 3. 4. 회답
9) 대법원 2008. 9. 11. 선고 2008도5178 판결
10) 광주고등법원 2002. 10. 17. 선고 2002노433 판결, 대법원 2003. 1. 24. 선고 2002도5982 판결
11) 헌법재판소 2016. 3. 31. 2013헌바26 결정

(5) 그 밖에 이와 유사한 것

'그 밖에 이와 유사한 것'은 선거에 영향을 미치게 하기 위하여 정당 또는 후보자를 지지, 추천하거나 반대하는 내용을 포함할 수 있는 가독성 내지 가청성을 가진 법 제93조 제1항에 열거된 매체와 유사한 매체, 관념이나 의사전달의 기능을 가진 매체나 수단을 의미하는 것으로 볼 수 있다.[12]

법 제93조 제1항은 탈법행위의 수단을 '광고, 인사장, 벽보, 사진, 문서·도화, 인쇄물이나 녹음·녹화테이프 기타 이와 유사한 것'이라고 표현함으로써 적용대상에 관하여 기본적으로 의사전달의 성질이나 기능을 가진 매체나 수단을 포괄적으로 규정하고 있는 점, 무선정보통신으로 전달되는 것이 유형물이 아니라 전자정보에 해당하더라도 문자와 기호를 사용하여 관념이나 의사를 다른 사람에게 전달하는 문서가 가지는 고유의 기능을 그대로 보유하고 있는 점, 휴대전화가 보편적으로 보급되어 일상생활화된 이른바 정보통신시대에 있어 휴대전화 문자메시지는 유체물인 종이문서 등을 대신하는 기능과 역할을 담당하고 있어 문자메시지로 전송한 글도 선거에 미치는 영향이 문서 못지않아 이를 규제할 필요성이 클 뿐만 아니라 선거의 공정성을 보장하려는 법규정의 입법취지에도 부합한다고 보이는 점 등에 비추어 보면, 휴대전화로 문자메시지를 대량 전송한 행위는 법 제255조 제2항 제5호, 제93조 제1항의 구성요건에 해당한다.[13]

한편 헌법재판소는 2011. 11. 29. "법 제93조 제1항 및 제255조 제2항 제5호 중 제93조 제1항의 각 '그 밖에 이와 유사한 것'에, '정보통신망을 이용하여 인터넷홈페이지 또는 그 게시판·대화방 등에 글이나 동영상 등 정보를 게시하거나 전자우편을 전송하는 방법'이 포함되는 것으로 해석하는 한 과잉금지원칙을 위배하여 정치적 표현의 자유 내지 선거운동의 자유를 침해한다."고 한정위헌 결정을 하였다.[14] 이후, 2012. 2. 29., 2017. 2. 8. 법 제59조 제2호, 제3호가 개정되어 선거운동을 할 수 있는 자가 문자메시지를 전송하거나(자동 동보통신의 방법으로 전송할 수 있는 사람은 후보자와 예비후보자에 한함), 인터넷홈페이지 또는 그 게시판·대화방 등에 글이나 동영상 등을 게시하거나, 전자우편(컴퓨터 이용자끼리 네트워크를 통하여 문자·음성·화상 또는 동영상 등의 정보를 주고받는 통신시스템을 말함)을 전송(전자우편 전송대행업체에 위탁하여 전자우편을 전송할 수 있는 사람은 후보자와 예비후보자에 한함)하는 방법으로 선거운동을 하는 것을 상시 허용하였다.

그러나 법 제59조 단서 제2호가 신설되어 문자메시지를 전송하는 방법으로 선거운동을

12)　헌법재판소 2009. 7. 30. 2007헌마718 결정
13)　대법원 2007. 2. 22. 선고 2006도7847 판결, 대법원 2007. 8. 23. 선고 2007도3940 판결
14)　헌법재판소 2011. 11. 29. 2007헌마1001, 2010헌바88, 2010헌마173, 2010헌마191(병합) 결정

하는 것이 허용되었다고 하더라도 후보자·예비후보자가 아닌 자가 선거에 영향을 미치게
하기 위하여 자동 동보통신의 방법으로 휴대전화 문자메시지를 대량으로 전송하는 행위는
본 조항의 구성요건에 해당한다.[15]

(6) 배부·첩부·살포·상영·게시

「배부」는 불특정 다수인에게 나누어 주는 것을 말하지만, 어느 한 사람에게 나누어 주더
라도 그로부터 불특정 다수인에게 전파될 가능성이 있으면 해당되고[16] 실제로 배부받은 자
로부터 불특정 다수의 자에게 배부되었는지 여부는 문제되지 않는다. 「배부」는 출판물이나
서류 등 문서와 같은 유형적인 것을 나누어주는 것에 한정되지 않으며, 전자적 방식을 통한
정보의 전송과 같은 행위도 포함된다. 따라서 문서와 유사한 휴대전화 문자메시지를 발송하
는 행위도 사람의 관념이나 의사를 다른 사람에게 전달하는 행위로서 '배부'에 해당된다.[17]
다만, 문서를 발송 의뢰하여 교부상대방에게 도달되기 이전에 우체국에서 선거관리위원회
의 우송중지요청에 의하여 우송이 중지되고 압수된 경우에는 본 조항의 '배부'에 해당한다고
볼 수 없다.

또한 인터넷 이용자가 링크 부분을 클릭함으로써 링크된 웹페이지나 개개의 게시물에 직
접 연결된다 하더라도 링크를 하는 행위는 게시물의 전송에 해당하지 아니한다.[18]

「첩부」의 사전적인 의미는 '종이나 헝겊 등에 풀을 발라서 붙이는 것'이어서 일정 시간 붙
어있는 상태가 지속될 것을 포함하는 개념이라고 보기 어려우므로, 불특정 다수가 용이하게
볼 수 있도록 붙여둔 상태를 창출한 이상 바로 제거되었는지 여부와 관계없이 기수에 이른
다고 봄이 타당하다. 일부 후보자 선거사무소 간판에 시민낙선증을 일시적으로 부착한 행위
는 '첩부'에 해당한다.[19]

「살포」는 불특정 다수인을 상대로 뿌리는 것이다.

「게시」는 여러 사람에게 알리기 위하여 내붙이거나 내걸어 두루 보게 하는 것을 의미한
다. 자신에게 기표된 모의투표용지를 보여 주면서 선거운동을 한 것은 도화의 게시에 해당
한다.[20]

---

15) 대법원 2015. 8. 19. 선고 2015도5789 판결
16) 대법원 2002. 1. 25. 선고 2000도1696 판결
17) 헌법재판소 2009. 5. 28. 2007헌바24 결정
18) 대법원 2015. 8. 19. 선고 2015도5789 판결
19) 서울고등법원 2018. 7. 18. 선고 2017노3849 판결
20) 부산지방법원 1995. 9. 15. 선고 95고합458 판결

3. 정당법 제37조 제2항의 통상적인 정당활동

선거기간이 아닌 때에 행하는 정당법 제37조 제2항에 따른 통상적인 정당활동은 법 제93조의 제한을 받지 아니한다. 다만 선거가 임박한 시기에 정강·정책의 신문광고, 정강·정책홍보물 배부, 정책공약집 배부, 정당기관지 배부 등을 함에 있어서는 법 제137조, 제138조, 제139조의 규정에도 위반되지 않아야 한다. 정당법 제37조 제2항의 정당활동도 선거기간에는 제한되므로 이 기간에 정당이 인쇄물 등을 이용하여 자당의 정책 등을 홍보하는 것은 선거에 영향을 미치는 행위로서 본 조에 위반된다.

① 선거기간이 아닌 때에 정당이 특정 정당이나 공직선거의 후보자를 지지·추천하거나 반대함이 없이 자당의 정책이나 정치적 현안에 대한 입장을 인쇄물·광고 등을 이용하여 홍보하는 행위

정당(중앙당과 시·도당을 말함)이 주체이다. 정당의 계획에 따라 정당의 경비로 하는 경우 당원협의회의 명의로 자당의 정책 등을 홍보하는 것도 가능하다. 「정책」에는 정당의 정치적 주장이나 의사를 실현하기 위한 일련의 아이디어, 계획, 방안, 방침 등이 해당될 수 있을 것이며, 홍보 내용이 정책에 해당하는지 여부는 구체적인 사례에 따라 개별적으로 판단하여야 하고,[21] 지역단위 정책도 '정책'에 포함된다.[22] 「정치적 현안」에는 지역단위의 정치적 현안도 포함된다.

한편 정당법 제37조 제2항의 정책 홍보나 정치적 현안에 대한 입장 홍보에 속하지는 아니하나 통상적인 정당활동에 해당하여 선거에 영향을 미치는 행위로 볼 수 없어 본 조항에 위반되지 않는 경우도 있다.

② 정당의 당원 모집 활동

정당이 선거기간이 아닌 때에 특정 정당이나 공직선거의 후보자가 되고자 하는 자를 지지·추천하거나 반대함이 없이 순수하게 당원을 모집하기 위하여 인터넷광고 등을 하거나 소속 당원으로 하여금 불특정 다수의 일반 선거구민에게 입당원서를 배부(호별방문을 제외함)하게 하는 것은 정당법 제37조 제2항에 따른 통상적인 정당활동으로 볼 수 있다. 다만, 이 경우에도 당원이 정당의사와 무관하게 불특정 다수의 일반 선거구민에게 입당원서를 배부하는 것은 행위자의 신분, 행위의 양태 및 시기에 따라 법 제93조 또는 제254조에 위반될 수 있고,[23] 법 제144조에 따르면 선거기간 중에는 당원모집과 입당원서 배부가 금지된다.

21) 중앙선거관리위원회 2011. 3. 8. 회답
22) 중앙선거관리위원회 2005. 9. 28 회답
23) 중앙선거관리위원회 2010. 9. 27. 회답

4. 기관·단체 등의 기관지에 대한 법 제93조의 적용범위(법 제95조와의 관계)

'선거에 관한 보도와 논평의 자유를 보호하는 차원에서 '신문·통신·잡지, 기관·단체·시설의 기관지 기타 간행물'을 통상적인 방법으로 발행·배부하는 경우에는 본 조를 적용하지 않고 법 제95조를 적용한다.[24] 즉 법 제95조는 본 조에 대한 특칙으로 볼 수 있다. 이와 관련하여 제3절 선거에 관한 기사 배부에서 상술한다.

5. 중앙선거관리위원회 행정해석

가. 명함의 제작·사용

[입후보예정자 등 관련]

① 학력 또는 경력이 게재된 명함의 배부

후보자가 되려는 사람이 통상적으로 사용하는 업무용 명함에 자신의 학력(비정규 학력 제외)이나 경력을 게재하여 통상적인 방법으로 수교하는 것은 무방할 것이나, 아래 그림과 같이 특정 선거에서의 입후보 경력이 부각된 명함을 배부하거나 통상적인 수교방법을 벗어나 불특정 다수의 선거구민에게 배부하는 때에는 시기 및 양태에 따라 「공직선거법」 제93조 또는 제254조에 위반될 것임(2013. 11. 18. 회답).

⇨ 2020. 12. 29. 법 제59조 제5호가 신설되어 후보자가 되려는 사람이 선거일 전 180일 (대통령선거의 경우 선거일 전 240일을 말한다)부터 해당 선거의 예비후보자등록신청 전까지 제60조의3 제1항 제2호의 방법(같은 호 단서를 포함한다)으로 자신의 명함을 직접 줄 수 있음.

② 국회의원선거 입후보예정자의 명함에 대통령과 함께 찍은 사진 등 게재

국회의원선거의 입후보예정자가 통상적으로 사용하는 업무용 명함에 대통령과 함께 찍은 사진 및 경력을 게재하여 선거일 전 180일(現 120일) 전에 통상적인 수교방법으로 교부하는 것은 「공직선거법」에 위반되지 아니할 것이나, 선거일 전 180일(現 120일)부터 선거일까지 업무용 명함에 대통령과 함께 찍은 사진을 게재하여 배부하는 때에는 행위 양태에 따라 같은 법 제93조(탈법방법에 의한 문서·도화의 배부·게시 등 금지)에 위반 될 수 있을 것임(2019. 9. 10. 회답).

---

24) 대법원 2005. 6. 23. 선고 2004도8969 판결

⇨ 2020. 12. 29. 법 제59조 제5호가 신설되어 후보자가 되려는 사람이 선거일 전 180일 (대통령선거의 경우 선거일 전 240일을 말한다)부터 해당 선거의 예비후보자등록신청 전까지 제60조의3 제1항 제2호의 방법(같은 호 단서를 포함한다)으로 자신의 명함을 직접 줄 수 있음.

③ 교육감선거 입후보예정자의 명함에 학생과 함께 찍은 사진 게재

교육감선거 입후보예정자가 통상적으로 사용하는 명함에 다음과 같이 학생과 함께 찍은 사진을 게재하는 것은 「공직선거법」상 무방할 것임(2017. 8. 31. 회답).

④ 예비후보자 선거사무장 등의 명함에 선거사무관계자의 직위·성명 게재

공선법 및 「정치자금법」의 규정에 따라 선임·신고된 자(선거사무장, 선거연락소장, 선거사무원, 회계책임자)가 "제17대 대통령선거 예비후보자 ○○○선거사무소"라고 게재된 명함을 만들어 의례적인 방법으로 수교하는 것은 무방할 것임. 다만, 명함수교시 의례적인 방법을 벗어나 일반선거구민에게 배부하거나 위의 선임·신고된 자 외의 자가 후보자(후보자가 되고자 하는 자를 포함함)의 성명이 게재된 명함을 만들어 사용하는 것은 행위시기에 따라 공선법 제93조 또는 제254조에 위반될 것임(2007. 5. 18. 회답).

⑤ 후보자의 공개장소 연설·대담 시 후보자가 지정한 자의 명함 배부

공선법 제93조에 따라 후보자가 그와 함께 다니는 자 중에서 지정한 1인은 선거운동을 하는 후보자를 수행하면서 후보자를 대신하여 그의 명함을 배부할 수 있는 것이므로 공개장소 연설·대담차량에서 후보자가 연설하는 동안에는 명함을 배부할 수 없을 것임(2008. 4. 2. 회답).

⑥ 정치인 팬클럽 대표자의 명함에 정치인의 성명 게재

대통령선거후보자 팬클럽의 대표자가 "MB를 사랑하는 사람들의 모임 인천지부장 홍길동", "명박사랑 인천지부장(운영자) 홍길동", "www.mblove.org 인천지부장 홍길동" 등의 명함을 통상적인 수교방법으로 교부하는 것은 「공직선거법」 제93조 또는 제254조에 위반되지 아니함. 다만, 일반 선거구민을 대상으로 살포(특정장소에 비치하는 방법 포함)하는 등 통상적인 수교방법이 아닌 방법으로 배부하는 때에는 법 제93조 또는 제254조에 위반될 것임[2016. 12. 2. 대법원의 선거운동 판단기준 변경에 따른 관련 선례 정비(제2차)].

[국회의원 관련]

① 설날 인사 및 캠페인용 명함 제작·활용

후보자가 되고자 하는 국회의원이 (새해 인사를 하는 사진과 재래시장 사랑 홍보내용이 포함된) 명함을 제작하여 통상적으로 상대방에게 인사 시 교부하는 것은 무방할 것이나, 재래시장 상인 및 장을 보러 오는 선거구민에게 캠페인을 전개하면서 나누어 주는 것은 의

례적인 명함교부를 벗어나 자신을 선전하는 행위가 될 것이므로 공선법 제254조에 위반될 것임(2007. 2. 14. 회답).

⇨ 2020. 12. 29. 법 제59조 제5호가 신설되어 후보자가 되려는 사람이 선거일 전 180일 (대통령선거의 경우 선거일 전 240일을 말한다)부터 해당 선거의 예비후보자등록신청 전까지 제60조의3 제1항 제2호의 방법(같은 호 단서를 포함한다)으로 자신의 명함을 직접 줄 수 있음.

② 국회의원의 접이식 명함 제작·배부

국회의원이 접이식으로 제작하여 배경으로 '산' 사진을 넣거나 "푸르른 자연을 생각하며 행복한 하루 되세요" 등의 문구를 게재하여 통상적인 수교방법으로 사용하는 것은 무방 할 것임(2005. 6. 29. 회답).

③ 국회의원의 명함에 당원모집 문구 게재

국회의원이 당원모집 내용의 문구를 게재한 명함을 선거기간이 아닌 때에 통상적인 수교방법으로 교부하는 것은 「공직선거법」상 제한되지 않을 것이나, 통상적인 수교방법을 벗어나 불특정 다수의 선거구민에게 교부하는 경우에는 행위시기 및 양태에 따라 같은 법 제93조 또는 제254조에 위반될 것이며, 선거기간 중 배부하는 경우에는 같은 법 제144조에 위반될 것임(2015. 4. 14. 회답).

④ 국회의원 명함에 열차시간표 등 게재

국회의원이 평상시 통상적으로 사용하는 명함에 선거운동에 이르지 않는 내용을 부수적으로 게재하는 것은 「공직선거법」 제93조 또는 제254조에 위반되지 아니함[2016. 12. 2. 대법원의 선거운동 판단기준 변경에 따른 관련 선례 정비(제2차)].

[정당 활동 관련]

① 정당의 선거대책기구 구성원의 명함 제작

정당의 선거대책기구에서 상근하는 자가 "정당로고, 정당명칭, 선거대책기구에서의 지위"가 명시된 명함을 제작하여 의례적인 방법으로 수교하는 것은 무방할 것임(2007. 11. 15. 회답).

② 정당 당직자 명함의 게재내용

직능연합당 당직자(총무국장)의 명함 뒷면에 "직능인·자영업·소기업·소상공인과 함께 일하는 직능연합당"이라고 게재하여 통상적인 방법으로 배부하는 것은 무방할 것임 (2008. 3. 3. 회답).

③ 당원모집 문구를 기재한 당원협의회장의 명함

당원협의회장이 당원모집 내용의 문구를 게재한 명함을 선거기간이 아닌 때에 선거구민에게 인사시 통상적인 수교방법으로 교부하는 것은 「공직선거법」상 제한되지 않으나, 통상적인 수교방법을 벗어나 불특정 다수의 선거구민에게 교부하는 경우에는 행위시기 및 양태에 따라 같은 법 제93조, 제254조에 위반될 것이며, 선거기간 중에는 당원을 모집할 수 없으므로 해당 명함을 선거기간 중 배부하는 것은 같은 법 제144조에 위반될 것임(2015. 4. 14. 회답).

④ 정당의 대표선출 전당대회 경선운동 자원봉사자들의 명함에 정치인의 성명 게재

　당대표에 도전하는 사람을 위해 모인 자원봉사자들이 '○○○(전당대회 후보자)을 사랑하는 모임, ×××(본인이름), 연락처'를 기재한 명함을 통상적인 수교방법으로 교부하는 것은 「공직선거법」 제93조 또는 제254조에 위반되지 아니함. 다만, 일반 선거구민을 대상으로 살포(특정장소에 비치하는 방법 포함)하는 등 통상적인 수교방법이 아닌 방법으로 배부하는 때에는 법 제93조 또는 제254조에 위반될 것임[2016. 12. 2. 대법원의 선거운동 판단기준 변경에 따른 관련 선례 정비(제2차)].

나. 광고

[입후보예정자 등]

① 신문사의 창간 축하광고

　후보자가 되려는 사람이 선거기간 전에 광고의 규격·형태·게재방법 등에 있어 자신의 직·성명을 부각시키지 않는 범위에서 신문창간 축하광고를 하는 것은 무방하나, 특정 입후보예정자 1인 또는 특정 정당에 소속된 입후보예정자만의 축하광고를 하거나 그 광고에 후보자가 되고자 하는 자의 사진을 게재하는 것은 법 제93조 또는 제254조에 위반됨(1999. 12. 27. 의결).

⇨ 법 제254조에 위반되지 아니함. 다만, 선거일 전 180일(現 120일)부터는 법 제93조에 위반될 것임[(2016. 11. 23. 대법원의 선거운동 판단기준 변경에 따른 관련 선례 정비(제1차)].

② 인터넷신문 창간 축하 배너광고

　현역 정치인들이 선거일 전 180일(現 120일) 전에 후보자가 되고자 하는 자의 홈페이지 등으로 연결되도록 인터넷신문에 축하·배너광고를 설정하거나 후보자가 되고자 하는 자를 선전함이 없이 당해 인터넷언론사의 홈페이지상의 배너광고로 신문창간 축하광고를 하고 광고에 대한 정당한 대가로서 통상적인 광고요금을 제공하는 것은 무방할 것임(2007. 4. 23. 회답).

③ 영화관에서 방송광고 내용과 동일한 광고상영

　대통령선거의 선거기간 중 일반 영화관에서 영화상영 전에 공선법 제70조의 TV방송

광고와 동일한 내용의 광고를 상영하는 것은 공선법에 의한 선거운동 광고가 아니므로 같은 법 제93조 및 제100조에 위반될 것임(2007. 11. 12. 회답).

④ 정치인 팬클럽 홈페이지의 인터넷 검색광고

국회의원 등 정치인의 팬클럽이 인터넷 포털사이트에서 특정 검색어를 입력하면 홈페이지의 명칭·주소 및 소개 등 관련 정보가 노출되는 형태의 검색광고를 이용하여 자신의 홈페이지를 광고하는 것만으로는 해당 후보자가 되려는 사람을 위한 선거운동이나 선거에 영향을 미치게 하기 위한 행위로 보기 어려워 「공직선거법」상 제한되지 아니할 것임. 다만, 후보자가 선거운동기간 중에 같은 법 제82조의7에 따라 자신의 홈페이지를 광고하는 경우를 제외하고는 누구든지 위와 같은 검색광고를 이용하여 후보자 또는 후보자가 되려는 사람의 홈페이지를 광고하는 것은 그 시기 및 양태에 따라 같은 법 제82조의7, 제93조 또는 제254조에 위반될 것임(2013. 12. 18. 회답).

⑤ 페이스북에 스폰서광고 게재

인터넷언론사의 인터넷 홈페이지가 아닌 페이스북에 선거운동을 위한 스폰서광고를 하는 것은 행위시기 및 양태에 따라 「공직선거법」 제93조 또는 제254조에 위반될 것임(2012. 10. 31. 회답).

⑥ 입후보예정자의 저서 광고

1. 출판사가 입후보예정자의 저서를 선거일 전 90일 전에 선거에 영향을 미치게 하기 위한 목적 없이 영업활동의 일환으로 인터넷 배너광고 또는 키워드 광고를 하는 것은 무방할 것임(2013. 10. 24. 회답).

2. 입후보하려는 지역의 선거구민이 주로 이용하는 버스나 지하철(스크린도어 등)에 광고 하는 것은 「공직선거법」 제254조에 위반되지 아니하나, 선거일 전 180일(現 120일)부터는 법 제93조에 위반될 것임[(2016. 12. 2. 대법원의 선거운동 판단기준 변경에 따른 관련 선례 정비(제2차)].

⑦ 서적판매광고에 특정 정당 지원에 관한 내용 게재

서적판매광고에 수입금의 일부를 특정 정당의 후원금이나 당비로 납부하겠다는 내용을 게재하는 것은 특정 정당을 선전하는 행위가 될 것이므로 행위시기에 따라서 공선법 제93조·제254조의 규정에 위반될 것임(2004. 3. 30. 회답).

⑧ 음성 인식 비서 서비스 등을 통한 후보자 정보 등 제공

1. 정보통신서비스제공자가 음성 인식 비서 기능 등이 있는 정보통신 기기 또는 프로그램을 통해 중앙선거관리위원회의 홈페이지에 공개된 정보를 귀문의 방법으로 제공하는 것은 가능함. 다만, 「공직선거법」 제49조 제4항 제2호부터 제7호, 제10항

에 의한 정보는 선거일 후에는 공개하여서는 아니 될 것임.

2. 음성 인식 비서 기능 등이 있는 정보통신기기 또는 프로그램을 이용하여 해당 서비스에 유료로 등록한 특정 후보자를 광고하는 것은 행위시기에 따라 「공직선거법」 제93조 또는 제254조에 위반될 것임(2020. 2. 17. 회답).

※ '음성 인식 비서 서비스'란 스마트폰에 설치된 음성 인식 비서, 앱, 음성 인식 스피커 및 해당 음성 인식 기능이 있는 TV셋톱박스에서 음성 또는 문자 입력을 통해 정보 검색 및 제공하는 서비스를 말함(SK NUGU, 네이버클로바, 카카오미니 등).

⑨ 증강현실(AR) 및 위성위치확인시스템(GPS)을 이용한 모바일 광고

증강현실(AR) 및 위성위치확인시스템(GPS) 기술이 적용된 스마트폰 애플리케이션을 이용 하여 선거운동을 위한 광고를 하는 것은 행위 시기에 따라 「공직선거법」 제93조 및 제254조에 위반될 것이며, 그에 지출된 비용은 같은 법 제122조의2 제2항 제3호에 따라 보전하지 아니함(2018. 1. 8. 회답).

※ 관련 용어

1. 증강현실(AR, Augmented Reality) : 현실에 존재하는 이미지에 가상 이미지(동영상)를 겹쳐서 하나의 이미지(동영상)로 결합하거나 늘리는 컴퓨터 프로그래밍을 말함. ex) 계기판 전방표시장치(HUDS), 구글 글래스 등

2. 위성위치확인시스템(GPS, Global Positioning System) : 인공위성(GPS 위성)에서 보내는 신호를 수신해 사용자의 현재위치를 계산하는 위성항법시스템을 말함. ex) 위치기반서비스(내비게이션, 현위치 주변 맛집 검색, 실시간 교통정보 안내 등)

[국회의원·지방의원 관련]

① 민원수렴을 위한 신문광고

국회의원이 선거일 전 180일(現 120일) 전에 의정활동에 필요한 의견수집을 고지하기 위하여 신문에 광고("○○○ 국회의원과의 대화마당" 개설 안내)하는 것은 무방할 것이나, 필요 이상으로 자주 광고하거나 고지목적의 범위를 벗어나 후보자가 되고자 하는 자를 선전하는 내용으로 광고하는 것은 공선법 제254조의 규정에 저촉될 것이며, 선거일 전 180일(現 120일)부터 선거일까지 위와 같은 광고를 하는 것은 같은 법 제93조의 규정에 위반될 것임(1995. 9. 11. 회답).

② 국회의원의 민원상담 신문광고 등

1. 국회의원이 의정활동에 필요한 민원을 청취하기 위하여 민원상담실을 운영하고 있다는 사실을 선거일 전 180일(現 120일) 전에 신문에 광고하는 것은 무방할 것이나 선거일 전 180일(現 120일)부터 선거일까지는 공선법 제93조에 위반될 것임(2007.

　　4. 3. 회답).

　2. 국회의원이 민원상담실을 운영하는 경우 선거와 무관하게 이를 알리기 위하여 선 거일 전 180일(現 120일) 전에 국회의원의 성명을 표시한 벽보·현수막을 거리에 첩 부·게시하는 것은 무방함(2013. 11. 26. 운용기준).

③ 국회의원의 법안발의 등 신문광고

　국회의원이 법안발의·성명서 발표내용 등을 신문에 광고하는 것은 통상적인 의정활동 의 범위를 넘어 후보자가 되고자 하는 자를 선전하기 위한 행위로 볼 수 있을 것이므 로 광고목적·내용 및 행위시기에 따라 공선법 제93조 또는 제254조의 규정에 위반될 수 있을 것임(2005. 10. 19. 회답).

④ 정책토론회 고지 신문광고

　국회의원이 선거구 안에서 정책토론회를 개최하고자 하는 경우 고지를 위한 신문광고 는, 선거일 전 180일(現 120일) 전에는 무방할 것이나 선거일 전 180일(現 120일)부터 선거일까지는 공선법 제93조에 위반될 것이며, 후원회가 이를 광고하는 것은 같은 법 제254조에 위반될 것임(2007. 2. 8. 회답).

⑤ 국회의원의 의정활동 등 페이스북 광고

　1. 국회의원이 본인의 의정활동을 페이스북 페이지 유료광고로 홍보하는 것은 「공직 선거법」 제111조에 따른 의정활동보고의 범위를 벗어나 후보자가 되려는 국회의원 을 선전하는 행위이므로 행위시기에 따라 같은 법 제93조 또는 제254조에 위반될 것임.

　2. 국회의원이 선거일 전 180일[現 120일(보궐선거 등에서는 그 선거의 실시 사유가 확정된 때. 이하 같음)] 전에 국정감사 등 의정활동에 필요한 의견수집을 위하여 자신을 선전 하는 내용 없이 그 목적 범위에서 페이스북 페이지 유료광고를 하는 것은 「공직선 거법」에 위반되지 아니할 것임.

　3. 국회의원이 선거일 전 180일(現 120일) 전에 그 명의로 정치적 현안에 대한 입장을 나타내기 위하여 페이스북 페이지 유료광고를 하는 것은 「공직선거법」에 위반되지 아니할 것이며 그에 소요되는 경비를 정치자금으로 지출할 수 있을 것임. 다만, 해 당 광고에 후보자가 되려는 자를 지지·선전하는 등 선거운동에 이르는 내용을 포함 하는 경우에는 같은 법 제254조에 위반될 것이며, 다른 공직선거의 선거일 전 180 일(現 120일)부터 선거일까지 특정 정당(정강·정책을 포함함) 또는 후보자(후보자가 되려 는 자를 포함함)를 지지·추천하거나 반대하는 등 선거에 영향을 미치게 하기 위한 내 용을 포함하는 때에는 같은 법 제93조에 위반될 것임(2017. 3. 13. 회답).

⑥ 국회의원의 정치적 현안에 대한 라디오 광고

　　국회의원이 자신의 명의로 정치적 현안에 대한 자신의 입장을 알리는 라디오 광고를
하는 것은 「공직선거법」 제254조에 위반되지 아니함. 다만, 선거일 전 180일(現 120일)
부터는 행위 시기에 따라 법 제93조·제94조·제98조에 위반될 것임[2017. 12. 19. 대법
원의 선거운동 판단기준 변경에 따른 관련 선례 정비(제3차)].

[지방자치단체장 관련]

① 근거리 무선망(Wi-Fi) 접속 인증화면에 지방자치단체장의 사진 등 게재

　　통신임대업체가 근거리 무선망(Wi-Fi) 접속 인증화면에 지방자치단체장 등 후보자가
되고자 하는 자의 성명, 사진, 인사말 등을 게재하여 선거구민에게 광고하는 것이므로
행위시기에 따라 「공직선거법」 제93조·제109조 또는 제254조에 위반될 것이며, 지
방자치단체장의 경우 같은 법 제86조 제7항에도 위반될 것임(2015. 12. 14. 회답).

② 개인이 지역 단체 주관 자치대상을 수상한 지방자치단체장 축하광고 게재

　문　지방자치단체장이 (사)한국지역신문협회 전남광주협의회에서 수여하는 2016 풀뿌
리 자치 대상을 수상함에 따라 개인이 지역신문에 이를 축하하는 내용의 광고를 게
재하는 것이 「공직선거법」상 가능한지요?

　답　귀문의 경우 후보자가 되려는 지방자치단체의 장을 선전하는 행위가 될 것이므로
행위시기에 따라 「공직선거법」 제93조, 제94조 또는 제254조에 위반될 것이며,
지방 자치단체의 장 등과 통모하는 경우에는 행위양태에 따라 같은 법 제86조에
도 위반될 것임(2016. 12. 27. 회답).

[정당활동 관련 등]

① 창당준비위원회 구성 전의 신문광고

　　정당을 설립하고자 하는 단체가 정당의 명칭공모 또는 창당발기인대회 개최안내 등을
위하여 신문광고를 하면서 해당 단체의 대표자인 후보자가 되고자 하는 자의 성명을

게재하는 것은 법 제254조에 위반되지 아니함. 다만, 선거일 전 180일(現 120일)부터는 법 제93조에 위반될 것임[(2016. 12. 2. 대법원의 선거운동 판단기준 변경에 따른 관련 선례 정비(제2차)].

② "국회교체" 문구가 포함된 경선 선거인단 모집 라디오 광고

국회의원선거의 비례대표후보자 선출을 위한 시민선거인단 모집 라디오 광고를 귀문과 같이 하는 것은 「방송법」 및 「방송광고심의에 관한 규정」에 위반되는지 여부는 별론으로 하고 「공직선거법」상 제한되지 아니함. 다만, 선거일 전 90일부터 선거일까지 후보자가 되고자 하는 정당의 대표자는 「공직선거법」 제93조 제2항에 따라 방송·신문·잡지 기타의 광고에 출연할 수 없음(2020. 1. 2. 회답).

[문안 1] ○○○ 대표 녹음	[문안 2] ○○○ 대표 또는 성우 녹음
"50년 동안 똑같은 판에다 삼겹살 구워먹으면 고기가 시커매집니다. 판을 갈 때가 왔습니다."(故 ○○○ 의원 육성) 국민을 닮은 국회로 판갈이 해주세요. 지금 당장 내손으로 국회교체 가능합니다. △△△ 시민선거인단에 함께해주세요. △△△ 홈페이지 또는 1800-2120번으로 지금 전화하시면 바로 참여하실 수 있습니다. △△△.	안녕하세요 (○○○입니다). 국민을 닮은 국회로 판갈이 해주세요. 지금 당장 내손으로 국회교체 가능합니다. 가장 빠른 방법, △△△ 시민선거인단에 함께해주세요. △△△ 홈페이지 또는 1800-2120번으로 지금 전화하시면 바로 참여하실 수 있습니다. △△△.

※ 국회는 여당, 야당, 소수정당 및 무소속 국회의원으로 그 구성이 다양하므로, "국회교체"만으로는 어떤식의 교체인지 알 수 없고, 현 정치세태의 비판, 정치권의 세대교체 등 중의적 의미로도 해석될 수 있어 특정 정당이나 후보자의 선거운동으로 단정하기 어려움.

[사회단체 관련]

① 탈원전반대운동단체의 신문광고

탈원전반대운동단체가 특정 정당과 특정 후보자를 언급하지 않고 "한국형 청정에너지법 입법을 성사시킬 국회의원을 뽑아주세요"라는 제명의 신문광고를 전국적으로 하는 경우에는 행위양태 및 시기에 따라 「공직선거법」 제93조·제94조 또는 제254조에 위반될 수 있을 것임(2020. 3. 4. 회답).

※ "한국형 청정에너지법"이란 원자력에너지를 신·재생에너지에 포함시켜 원자력에너지의 생산·이용 및 보급을 확대하도록 하려는 법안을 말함.

※ 신문광고의 세부적인 내용은 "탈원전 정책을 중단하라"가 주된 내용임.

다. 인사장·연하장·초청장·서신 등

[입후보예정자 등 관련]

① 입후보예정자가 소속해 있는 법무법인의 창립식(개업식) 관련

　1. 소속 변호사의 학력·경력 및 의례적인 인사말을 게재한 초청장을 소속 임직원 및 그 가족, 기존 의뢰인, 한정된 범위의 내빈 등(이하 "소속 임직원 등"이라 함)에게 보내는 것은 무방할 것임.

　2. 법무법인 명의로 개업식에 참석한 '소속 임직원 등'에게 통상적인 관례에 따른 싼값의 기념품을 제공하거나, 1명당 1만원 이하의 식사를 제공하는 것은 「공직선거법」 제112조 제2항 제2호 타목 및 「공직선거관리규칙」 제50조 제6항에 따라 무방할 것임.

　3. 법무법인의 개업을 알리기 위한 목적 범위에서 소속 변호사의 학력·경력 및 사진이 포함된 광고(사안의 광고시기는 2013. 5. 24.경으로 선거일 전 180일 도래 전 시점임)를 하는 것은 통상적인 업무행위로 보아 무방할 것임(2013. 5. 20. 회답).

⇨ 2023. 8. 30. 법 제93조 제1항 개정으로 선거에 영향을 미치기 위한 탈법방법에 의한 문서·도화의 배부·게시등 금지기간이 선거일 전 180일에서 선거일 전 120일로 단축됨.

② 입후보예정자의 연하장 발송

　1. 연하장이란 새해를 축하하는 서장으로 사회통념상 인정되는 정도의 예의를 차리기 위하여 사람이 살아가는데 필요한 도리로서 이를 발송하는 것은 의례적인 행위라 할 것임(1992. 12. 2. 회답).

　2. 후보자가 되려는 사람이 연말연시를 맞아 평소 지면이나 친교가 있는 사람에게 자신 또는 가족의 사진이 게재된 의례적인 내용의 연하장을 발송하는 것은 법 제93조 및 제254조에 위반되지 아니함(2013. 10. 21. 의결).

⇨ 후보자가 되고자 하는 사람이 다수 선거구민에게 의례적인 내용의 명절인사 연하장을 보내는 것은 선거운동으로 보기 어려우나, 선거일전 180일(現 120일)부터 선거일까지 연하장을 불특정 다수의 선거구민에게 발송하는 행위는 법 제93조에 위반됨(2019. 12. 3. 제21대 국선 예상쟁점 법규운용기준).

③ 후보자 등의 주문형 우표 사용

　후보자(입후보예정자 포함)의 사진·캐리커처가 삽입된 주문형 우표를 우편물 등에 첨부

하여 사용하는 것은 「공직선거법」 제254조에 위반되지 아니함. 다만, 선거일 전 180일(現 120일)부터는 법 제93조 위반될 것임[2016. 11. 23. 대법원의 선거운동 판단기준 변경에 따른 관련 선례 정비(제1차)].

④ 근조전보 발송

후보자(후보자가 되고자 하는 자를 포함함)가 평소 지면이나 친교가 있는 선거구민의 조사(弔事)에 통상의 근조전보를 보내는 것은 의례적인 행위로서 무방할 것임. 다만, 불특정 다수의 선거구민에게 근조전보를 보내는 것은 「공직선거법」 제254조에 위반되지 아니하나, 선거일 전 180일(現 120일)부터 선거일까지는 법 제93조의 규정에 위반될 것임[2017. 12. 19. 대법원의 선거운동 판단기준 변경에 따른 관련 선례 정비(제3차)].

⑤ 예비후보자의 선거사무소 개소식 초청장에 사진 게재

(예비)후보자가 사회통념상 의례적인 범위의 인사에게 발송하는 선거사무소 개소식 초청장(봉투 포함)에 통상적인 범위에서 (예비)후보자의 사진을 게재하는 것만으로는 법 제93조, 제254조에 위반되지 아니할 것임(2023. 11. 20. 제22대 국선 예상쟁점 법규운용기준).

[국회의원 관련]

① 영농철 인사장

지역구국회의원이 하절기 영농철을 맞아 평소 지면이나 친교가 있는 자에게 선거운동기간전에 문안인사와 가뭄걱정 및 그에 대한 역점사업 내용의 인사장을 발송하는 것은 의례적인 행위로써 무방할 것이나 지면이나 친교가 없는 일반 선거구민에게 발송하는 것은 공선법 제254조 또는 제93조의 규정에 위반될 것임(1995. 5. 23. 회답).

② 국회의원의 탈당성명서 우송

국회의원이 탈당을 하면서 탈당성명서를 당해 국회의원후원회의 회원이나 탈당전 지구당의 당직자 등 한정된 범위 안의 인사들에게 우송하는 것은 무방할 것이나, 선거가 임박한 시기에 탈당 전 지구당의 당원을 포함한 선거구민을 대상으로 우송하는 때에는 공선법 제93조의 규정에 위반될 것임(2002. 11. 7. 회답).

③ 후원회 회원의 경조사에 축하, 근조전보 발송

1. 후원회의 입회를 권유함에 있어 후원회의 회원의 수에 대하여 제한하고 있지 아니하나, 불특정 다수의 선거구민에게 회원입회를 권유하는 것은 그 방법 및 내용에 따라 공선법의 규정에 위반될 수 있을 것임.

2. 국회의원이 자신이 지정권자인 후원회의 회원의 경조사에 자신의 지지·선전에 이르지 아니하는 의례적인 내용의 전보나 편지를 보내는 것은 무방할 것임(2004. 8. 13. 회답).

④ 국회의원의 후원인에 대한 감사서신 발송

후원회 지정권자인 국회의원이 후원금 기부자에게 자신을 지지·선전하는 등 선거운동에 이르지 아니하는 의례적인 내용의 감사서신이나 전보 등을 발송하고 그 발송경비를 국회 의원의 정치자금으로 지출하는 경우 공선법 및 「정치자금법」에 위반되지 아니할 것임(2006. 12. 27. 회답).

⑤ 후원회지정권자의 사진이 게재된 감사장 발송

후원회가 후원금 기부에 대한 감사의 인사장에 후원회지정권자인 국회의원의 사진을 게재 하여 선거구민인 후원인에게 발송하는 것은 「정치자금법」 제93조 또는 제254조에 위반되지 아니할 것임[2016. 12. 2. 대법원의 선거운동 판단기준 변경에 따른 관련 선례 정비(제2차)].

⑥ 연하장 또는 생일 축하카드에 선거구민 사진 게재

국회의원이 평소 친교가 있는 선거구민에게 연하장 또는 생일카드를 발송하는 경우, 연하장과 생일카드의 표지(봉투 아님)를 국회 관람시 촬영한 사진(국회의원 없이 선거구민만 나온 사진)으로 인쇄하여 사용하는 것은 무방할 것임(2015. 5. 18. 회답).

⑦ 국회의원의 정책토론회 개최 고지

국회의원이 정책토론회 개최시 선거일 전 180일(現 120일) 전에 일반 선거구민에게 초청장을 발송하는 것은 「정치자금법」 제254조에 위반되지 아니함. 다만, 선거일 전 180일(現 120일)부터는 법 제93조에 위반될 것임[2016. 12. 2. 대법원의 선거운동 판단기준 변경에 따른 관련 선례 정비(제2차)].

⑧ 국회의원의 소속 정당의 정책홍보 서신발송

국회의원이 정당의 정책·입법활동 또는 정치적 현안에 대한 입장을 게재한 서신을 일반 선거구민에게 발송하는 것은 「공직선거법」 제254조에 위반되지 아니함. 다만, 행위 양태에 따라 「정치자금법」 제2조 및 제45조에 위반될 수 있을 것이며, 선거일 전 180일(現 120일)부터는 「공직선거법」 제93조에도 위반될 것임[2017. 12. 19. 대법원의 선거운동 판단기준 변경에 따른 관련 선례 정비(제3차)].

[지방자치단체장 관련]

① 지방자치단체장의 사진 및 직명·성명이 게재된 연하장 발송

지방자치단체장이 자신의 사진과 직명·성명이 게재된 의례적인 내용의 연하장을 통장, 주민자치위원, 직능 및 사회단체와 자원봉사단체의 장, 지방자치단체가 운영하는 각종 위원회의 위원 등 지방자치단체의 업무에 직접적으로 협조해 준 제한된 범위의 인사에게 발송하는 것은 가능하나, 그 외 직능 및 사회단체와 자원봉사단체의 회원 모

두에게 위와 같은 연하장을 발송하는 것은 직무상 의례적인 행위라기보다는 해당 지방자치단체장을 선전하는 행위에 해당할 것이므로 행위의 시기 및 양태에 따라 「공직선거법」 제85조 제1항 또는 제93조에 위반될 것임(2022 지방자치단체의 활동에 관한 공직선거법규 운용자료).

② 지방자치단체장의 퇴임인사장 발송

후보자가 되고자 하는 광역·기초지방자치단체장이 퇴직에 즈음하여 의례적인 내용(업적·치적 제외)의 퇴임인사장을 통·리·반장에 발송하는 것은 「공직선거법」 제93조 또는 제254조에 위반되지 아니할 것임[2016. 11. 23. 대법원의 선거운동 판단기준 변경에 따른 관련 선례 정비(제1차)].

③ 지방자치단체장의 소속직원 등에 대한 생일카드 발송

지방자치단체의 장이 소속 상근직원 외에 소속 상근직원의 가족(처), 하급기관의 직원 및 가족(처), 산하 읍·면·동의 이장(통장) 및 가족(처)의 생일에 직·성명을 표시하여 축하카드 발송하는 행위는 「공직선거법」 제93조 또는 제254조에 위반되지 아니할 것임[2017. 12. 19. 대법원의 선거운동 판단기준 변경에 따른 관련 선례 정비(제3차)].

라. 인사문·축사 게재

① 신년교례회 책자의 인사문 게재

신년교례회는 그 지역의 각 기관장·단체장·지역유지들의 순수한 신년인사모임으로서 동회의 책자에 그 지역의 국회의원·시장·군수·시의회의장등이 사진과 직명 또는 성명을 표기하여 새해인사, 동 단체의 행사격려 등을 내용으로 한 인사문을 게재하는 것은 의례적인 행위로 보아 무방할 것임(1994. 11. 14. 회답).

② 졸업식에서 국회의원 등의 축하영상메시지 상영

국회의원·지방자치단체장·지방의회의원이 각급 학교의 요청을 받고 의례적인 졸업축하 영상메시지를 보내어 졸업식에서 상영하게 하는 것은 참석여부와 관계없이 무방할 것임. 다만, 예비후보자로 등록하여 그 직을 보유할 수 없거나 권한을 행사할 수 없는 사람이 선거구민을 대상으로 그와 같은 행위를 하는 때에는 행위 시기 및 양태에 따라 법 제93조 또는 제254조에 위반될 것임(2011. 11. 30. 회답).

⇨ 당원협의회장이 선거구 안에서 개최되는 각종 행사에서 의례적인 축사를 하는 것은 공직선거법 제254조에 위반되지 아니함[2016. 12. 2. 대법원의 선거운동 판단기준 변경에 따른 관련 선례 정비(제2차)].

③ 기관·단체 발행 간행물·기관지 등에 입후보예정자의 축사 게재

국회의원이 선거구민인 회원들에게 배부되는 교통봉사대 15주년 기념책자에 의례적인 축사·인사말을 통상의 소형사진과 함께 게재하는 것은 「공직선거법」 제254조에 위반되지 아니함. 다만, 선거일 전 180일(現 120일)부터는 법 제93조에 위반될 것임 [2016. 12. 2. 대법원의 선거운동 판단기준 변경에 따른 관련 선례 정비(제2차)].

④ 지방자치단체장 등의 방송출연

1. KBS에서 방영(초대형 야외공연으로 수많은 시청자들이 시청하는 방송)하는 열린음악회 공연 당일 지자체장과 정치인이 방송도중 MC의 소개 후 객석에서 일어나서 인사(목례) 또는 인사말을 하거나, 방송녹화 전 통상적인 지자체장, 정치인의 인사말(녹화 전이기 때문에 방송에 나가지 않음)을 하는 것은 무방할 것임.

2. 공연장에서 배포되는 팸플릿에 지자체장, 정치인 인사말을 게재하는 것은 무방할 것임(2005. 9. 9. 회답).

마. 정책자료집 배부 등

① 국회의원의 정책자료집 발행 및 배부

1. 국회의원이 정책자료집을 언론사, 도서관, 관련기관·단체·시설의 장 등 제한된 범위 안의 자에게 통상적인 방법으로 배부하는 것은 무방할 것이나, 그 범위를 넘어 다수의 선거구민에게 배부하는 것은 행위시기에 따라 공선법 제93조 또는 제254조의 규정에 위반될 것임. 다만, 귀문의 정책자료집의 내용이 게재된 의정활동보고서를 선거일 전 90일 전에 선거구민에게 배부하는 것은 무방할 것임.

2. 정책자료집에 전문가의 자문내용과 사진을 게재하는 것만으로는 공선법에 위반되지 아니할 것이나, 후보자가 되고자 하는 자를 지지·추천하는 등 선거운동에 이르는 내용이 게재되어서는 아니 될 것임.

3. 국회의원이 부담해야 할 정책자료집의 발행비용을 「정치자금법」에서 규정한 방법과 절차에 의하지 아니하고 타인(법인·단체 포함)으로부터 협찬받는 것은 같은 법 제2조(기본원칙)의 규정에 위반될 것임(2005. 10. 27. 회답).

② 국회의원의 직·성명 등이 게재된 도서기증

국회의원이 기증하는 도서에 자신의 소속정당명과 직·성명, 기증하고자 하는 학교 및 도서관에 대한 발전 및 안녕을 기원하고자 하는 문구 등을 게재하여 선거구 안에 있거나 선거구 밖에 있더라도 선거구민이 이용하는 도서관에 기증하는 것은 「공직선거법」

제93조 또는 제254조에 위반되지 아니함[2017. 12. 19. 대법원의 선거운동 판단기준 변경에 따른 관련 선례 정비(제3차)].

③ 국회의원 자서전의 도서관 등 기증

후보자가 되려는 사람의 자서전을 군부대 또는 자선사업을 주관·시행하는 단체에 기증하여 선거구민이 볼 수 있도록 하는 것은 「공직선거법」 제254조에 위반되지 아니함. 다만, 선거일 전 180일(現 120일)부터는 법 제93조에 위반될 것임[2017. 12. 19. 대법원의 선거운동 판단기준 변경에 따른 관련 선례 정비(제3차)].

④ 전자책자 형태의 자서전 판매 등

1. 인터넷을 이용해 인터넷상에서 열람할 수 있도록 자서전을 전자책(e-book)으로 제작하여 서적판매 사이트에서 후보자가 되고자 하는 자를 선전함이 없이 통상적인 방법으로 판매하는 것은 무방할 것임.

2. 출판사가 영업활동의 일환으로 선거일 전 90일 전에 통상의 서적광고를 하는 것은 무방할 것이나, 후보자가 되고자 하는 자의 성명·경력 등을 부각하여 광고하는 등 통상의 서적광고의 범위를 벗어나 후보자가 되고자 하는 자의 선전에 이르는 경우에는 그 시기에 따라 공선법 제254조 또는 제93조에 위반될 것임(2007. 3. 12. 회답).

바. 통상적인 정당활동

[연하장 등 발송]

① 당원에 대한 정당 대표자의 생일축전 발송

정당의 대표자가 의례적인 내용의 연하장 또는 생일축전을 그 명의로 소속 당원에게 발송하는 것은 「공직선거법」 제93조 또는 제254조에 위반되지 아니함[2016. 11. 23. 대법원의 선거운동 판단기준 변경에 따른 관련 선례 정비(제1차)].

② 정당 대표자의 소속 당원 대상 생일 축하카드에 사진 게재

도당 및 당원협의회의 대표자인 국회의원이 해당 도당 소속 당원 및 당원협의회 설치 지역에 거주하는 당원에게 해당 국회의원의 사진 또는 국회를 방문한 당원이나 선거구민들과 함께 찍은 단체사진이 인쇄된 의례적인 생일 축하카드를 발송하는 것은 「공직선거법」에 위반되지 아니할 것임(2017. 9. 21. 회답).

③ 정당 대표자 등의 사진이 게재된 연하장 발송

국회의원이 시·도당 또는 당원협의회 대표자인 때에 시·도당 또는 당원협의회 대표자의 지위에서 해당 소속 당원에게 의례적인 연하장(사진포함)을 발송하는 것은 「공직선

거법」에 위반되지 아니할 것임(2018. 1. 12. 회답).

④ 당원협의회 운영위원장의 당원에 대한 서신 발송

「정당법」 제37조제3항의 규정에 의한 당원협의회를 대표하는 자가 선거기간이 아닌 때에 순수히 책임당원에 가입한 감사와 책임당원제 소개 및 가입을 권유하는 내용의 편지를 정당의 경비로 소속당원에게 발송하는 것은 통상적인 정당활동의 일환으로 보아야 함(2005. 8. 8. 회답).

[당원 모집 등]

① 당원모집을 위한 인터넷 광고

정당이 선거기간이 아닌 때에 특정 정당이나 공직선거의 후보자(후보자가 되고자 하는 자를 포함함)를 지지·추천하거나 반대함이 없이 당원을 모집하기 위한 활동으로 인터넷 배너 등을 이용하여 광고하는 것은 무방할 것임(2010. 2. 22. 회답).

② 불특정 다수를 대상으로 한 입당원서 배부

정당이 선거기간이 아닌 때에 특정 정당이나 공직선거의 후보자가 되고자 하는 자를 지지·추천하거나 반대함이 없이 순수하게 당원을 모집하기 위하여 소속 당원으로 하여금 불특정 다수의 일반 선거구민에게 입당원서를 배부(호별방문을 제외함)하게 하는 것은 「정당법」 제37조 제2항에 따른 통상적인 정당활동으로 볼 수 있을 것이나, 당원이 정당의 의사와 무관하게 불특정 다수의 일반 선거구민에게 입당원서를 배부하는 것은 행위자의 신분, 행위의 양태 및 시기에 따라 공선법 제93조 또는 제254조에 위반될 수 있을 것임(2010. 9. 27. 회답).

③ 정당의 전당대회 청년선거인단 모집

정당이 전당대회 청년선거인단을 모집하기 위하여 특정 정당이나 공직선거의 후보자가 되고자 하는 자를 지지·추천하거나 반대함이 없이 인터넷포털사이트 또는 일간지 등에 선거인단 모집을 광고하거나 선거인단 모집에 필요한 범위 안에서 명함홍보물을 배부하는 것은 무방할 것임. 다만, 호별방문에 이르는 방법으로 하여서는 아니 될 것임(2011. 6. 2. 회답).

[당원 교육 등]

① 당원협의회 등의 소식지 제작·배부

정당의 시·도당이 소속 당원에게 정당의 활동상황 등을 알리기 위하여 자당의 공직선거후보자의 선출사실, 그 후보자의 사진·정책공약 기타 선거에의 참여를 권유하는 내용 등을 게재한 소식지를 선거기간이 아닌 때에 소속당원에게 발행·배부하는 것은 통상적인 정당활동의 일환으로 보아 할 수 있으나, 「정당법」상 당부가 아닌 당원협의회가 첨부된 소식지를 소속당원에게 인쇄·배부하는 것은 통상적인 정당활동이라기 보다는 후보자가 되고자 하는 자를 선전하기 위한 인쇄물의 배부에 해당될 것이므로 「공선법」 제93조 또는 제95조의 규정에 위반됨(2005. 2. 28. 회답).

② 정당의 우편을 이용한 당원교육

정당이 당원에게 우편으로 당원 교재를 발송하는 방법으로 당원교육을 실시하는 것은 무방할 것임(2006. 3. 28. 회답).

[정강·정책홍보물 등]

① 정당의 정책 인터넷광고시 연결페이지의 내용

정당이 선거기간 전에 「정당법」 제37조 제2항에 따라 자당의 정책을 홍보하는 내용의 인터넷광고를 하는 것은 무방할 것이나, 그 인터넷광고에 선거공약 등이 게재된 연결페이지를 설정하는 것은 「공직선거법」 제82조의7, 제93조 또는 제254조에 위반됨(2010. 5. 12. 회답).

② 정당의 정책홍보물 게재 내용

정당의 정책홍보물에 "야권연대의 중심, 정권교체의 주역이 되겠습니다", "국민참여당이 야권에 대안을 제시하고 새로운 희망을 불어넣을 것입니다", "2012년은 정권교체의 해가 될 것입니다" 등의 문구를 게재하여 재·보궐선거가 실시되는 지역에서 선거구민을 대상으로 배부하는 때에는 공선법 제93조에 위반될 것이며, 배부 시기·대상·수량 등 양태에 따라 같은 법 제254조에도 위반될 수 있을 것임(2011. 4. 4. 의결).

③ 정당의 정책홍보물 배부방법

정당이 선거기간이 아닌 때에 자당의 정강·정책을 홍보하기 위한 정책홍보물을 통상방법으로 배부하는 일간지 등 신문에 삽지하여 홍보하는 것은 무방할 것임(2012. 8. 17. 회답).

④ 정당의 정책 등 홍보활동과 공직선거법 제93조 운용

1. 정당이 공직선거 후보자를 추천하기 위하여 당원과 당원이 아닌 자에게 투표권을 부여하여 실시하는 당내경선의 선거인단 모집기간 중에 거리에 벽보를 첨부하거나 인쇄물을 배부하는 등의 방법으로 경선 선거인단 모집을 홍보하는 것은 선거운동이나 선거에 영향을 미치게 하기 위한 행위에 해당하지 아니하므로 「공직선거법」 제93조 또는 제254조에 위반되지 아니함(2013. 11. 18. 의결).

2. 정당이 통상적인 정당활동의 일환으로 선거기간이 아닌 때에 당명개정 현상공모 및 전당대회(창당·합당·개편·후보자선출대회 포함)를 고지하기 위하여 인터넷 배너 광고를 하는 것은 법 제93조에 위반되지 아니함. 다만, 정당 또는 후보자가 되려는 사람을

선전하는 등 선거운동에 이르는 내용을 게재하는 것은 제한됨(2013. 11. 26. 운용기준).

⑤ 정당의 정책홍보 방송광고

「방송법」 및 「방송심의에 관한 규정」의 위임을 받은 「방송광고심의에 관한 규정」에 따라 정치광고가 금지되는지 여부는 별론으로 하고, 정당이 선거기간이 아닌 때에 「정당법」 제37조 제2항에 따라 특정 정당이나 후보자(후보자가 되고자 하는 자를 포함함)를 지지·추천하거나 반대함이 없이 자당의 정책이나 정치적 현안에 대한 입장을 방송광고를 이용하여 홍보하는 것은 「공직선거법」상 무방할 것임. 다만, 2015. 10. 28. 실시되는 재·보궐선거의 선거기간에 정당이 선거실시지역을 포함하여 방송광고를 이용하여 홍보하는 경우에는 행위 시기 및 양태에 따라 「공직선거법」 제93조·제94조·제98조 또는 제254조에 위반될 것임(2015. 10. 14. 회답).

⑥ 정당대표자의 선거재판 관련 홍보인쇄물 배부

정당이 후보자가 되고자 하는 자의 선전에 이를 수 있는 내용이 상당부분 포함된 인쇄물을 다수의 일반 선거구민에게 배부하는 때에는 시기에 따라 공선법 제93조 또는 제254조의 규정에 위반될 것임(2009. 4. 7. 회답).

⑦ 인터넷 배너광고를 통한 정당의 공모전 홍보 및 우수작 시상

1. 정당이 당무의 스마트화를 위해 '스마트폰용 어플리케이션 아이디어 및 개발 공모전'을 진행하는 때에 주요 포털사이트 및 인터넷 언론사 사이트에 인터넷 배너광고를 하는 것은 무방할 것임.

2. 정당이 공모전 당선자에게 통상적인 범위에서 시상을 하는 것은 무방할 것이나, 통상의 시상금품의 범위를 벗어나 과도한 금품을 시상하는 것은 공선법 제114조에 위반될 것임(2010. 3. 3. 회답).

⑧ 당원집회 시 선거범죄 신고자 포상금 및 과태료제도 안내홍보물 배부

정당이 소속 당원에게 공선법상의 선거범죄 신고자에 대한 포상금 제도와 금품 등 수수자에 대한 50배의 과태료 제도를 안내하는 안내문을 작성·배부하는 것은 무방할 것임(2007. 7. 16. 회답).

사. 기타 홍보물 등

[입후보예정자 관련]

① 로드프린터가 장착된 자전거 등을 이용한 선거운동

로드프린터(물을 이용하여 도로 등의 표면에 문자나 숫자 등을 표시하는 기술)를 자전거·전동손

수레·자동차 등에 장착하여 운행하면서 기호 등 후보자의 정보를 도로 등의 표면에 표시되게 하는 방법으로 선거운동을 하는 것은 「공직선거법」 제93조 제1항에 위반될 것임(2013. 7. 19. 회답).

② 지하철 이동방송 이용 후보자 인터뷰 뉴스

코모넷TV(지하철방송)에서 지하철공사 뉴스와 함께 대선 주자들의 공약 및 활동 사항을 간단한 인터뷰와 함께 방송하는 것은 지하철 안에 설치된 방송시설을 이용하여 후보자가 되고자 하는 자의 선거공약 등을 홍보·선전하는 행위로서 행위 시기에 따라 공선법 제93조·제99조 또는 제254조의 규정에 위반될 것임(2007. 3. 28. 회답).

[국회의원·지방의원 관련]

① 국회의원의 교실환경개선을 위한 설문조사

국회의원이 의정활동에 필요한 자료의 수집을 위하여 그 목적에 부합하는 제한된 이해관계인을 대상으로 설문조사를 실시하는 것은 무방할 것이나, 국회의원의 명의를 밝히거나 성명을 추정할 수 있는 방법으로 설문조사를 하는 경우 통상적인 설문조사의 표본크기를 벗어나 선거구민인 전 학부모를 대상으로 하는 것은 의정활동에 필요한 자료 수집의 목적을 벗어나 후보자가 되고자 하는 국회의원을 선전하는 행위로 볼 수 있으므로 행위 시기에 따라 공선법 제93조 또는 제254조에 위반될 것임(2007. 4. 10. 회답).

② 국회의원에게 입후보예정자와 관련된 자료의 제공

국회의원 또는 지방의회의원이 입후보예정자와 관련하여 수사가 진행 중인 자료의 제출을 요구한 경우 그 자료를 제출하는 것이 「국회법」, 「국정감사 및 조사에 관한 법률」 등의 법률규정에 따른 제출·공개 대상자료에 해당되는지 또는 해당되지 않는지에 관하여는 우리 위원회가 판단할 사항은 아님. 다만, 관련 법률에 따라 제출·공개하는 경우 그 자료를 국회의원 등에게 제출·공개하는 것은 공선법에 위반된다고 할 수 없을 것임(2007. 9. 6. 회답).

③ 국회의원의 서명운동 홍보물 배부 등

1. 선거가 임박한 시기에 국회의원이 추진하는 정책에 관한 서명운동 홍보인쇄물을 선거구민을 대상으로 가두 및 호별로 광범위하게 배부하는 것은 「공직선거법」 제93조 또는 제254조에 위반될 것임.

2. 선거가 임박한 시기에 후보자가 되고자 하는 국회의원이 일반 선거구민을 대상으로 지역별 조직을 모집하기 위하여 거리에 포스터를 첩부하거나 현수막을 게시하는 것은 행위양태에 따라 「공직선거법」 제90조 또는 제93조에 위반될 것이며, 그러한 조

직이 선거운동을 위하여 설립되거나 선거운동에 이용되는 때에는 같은 법 제87조 또는 제89조에 위반될 것임.

3. 선거가 임박한 시기에 후보자가 되고자 하는 국회의원이 자신을 대표로 하여 자신 의 성명 또는 정당 명칭을 포함하는 봉사단을 설립·운영하는 것은 「공직선거법」 제 254조에 위반될 것임(2015. 12. 11. 회답).

④ 수신자의 휴대전화 화면에 정치구호 등 전송

국회의원이 일상적·통상적인 전화통화 시 영상레터링을 이용하여 수신자의 휴대전화 화면에 "똑바른 정치, 제대로 된 정치, 희망의 정치, 똑바로, 희망의 정치, 제대로, 오직 나라와 국민만 생각하겠습니다."라는 정치구호를 포함하는 경우 「공직선거법」 제93조 또는 제254조에 위반되지 아니함[2016. 11. 23. 대법원의 선거운동 판단기준 변경에 따른 관 련 선례 정비(제1차)].

⑤ 의정모니터요원 위촉장 수여

국회의원이 해당 상임위원회 활동과 관련하여 선거운동의 목적없이 통상적인 범위 안 에서 자원봉사 의정모니터요원을 모집·운영하면서 위촉장을 수여하는 것은 「공직선 거법」 제93조 또는 제254조에 위반되지 아니함[2017. 12. 19. 대법원의 선거운동 판단기준 변경에 따른 관련 선례 정비(제3차)].

⑥ 국회의원의 카카오톡을 이용한 메시지 전송

「정보통신망 이용촉진 및 정보보호 등에 관한 법률」 및 「개인정보보호법」 등 다른 법 률에 위반되는지 여부는 별론으로 하고, 후보자·예비후보자가 카카오톡 채널 메시지 나 알림톡 서비스를 이용하여 선거운동 메시지를 전송하거나 후보자·예비후보자가 아 닌 국회의원이 선거일 전 180일(現 120일) 전에 카카오톡 채널 메시지나 알림톡 서비 스를 이용하여 선거운동에 해당하지 않는 코로나19 소식, 시정 소식, 재난지원금 안내 내용 등을 전송하는 것은 「공직선거법」에 위반되지 않을 것임. 다만, 후보자·예비후보 자가 아닌 국회의원이 선거일 전 180일(現 120일)부터 선거일까지 다수의 선거구민에 게 반복적으로 귀문과 같은 메시지를 전송하는 때에는 같은 법 제93조에 위반될 수 있 을 것임(2020. 10. 19. 회답).

※ 카카오톡 채널 메시지 : 카카오톡 채널을 개설하면 카카오톡 이용자가 해당 채널을 검 색하거나 채널 목록을 확인하여 채널추가를 할 수 있고 채널 개설자는 채널추가한 이 용자에게 유료로 카카오톡 메시지(광고 포함)를 전송할 수 있음.

※ 카카오톡 알림톡 : 카카오톡 채널 개설자가 알림톡 서비스를 판매하는 딜러사에 수신 자의 전화번호와 메시지 내용을 제공하면 딜러사가 카카오톡 메시지(비광고성에 한함)를

유료로 전송해주는 서비스로, 해당 채널에 대해 채널추가를 하지 않은 수신자에게도 전송 가능함.

※ 카카오톡 채널 메시지와 알림톡은 법 제59조 제3호에 따른 전송대행업체 위탁 전자우편 전송에 해당함.

⑦ 반상회보에 지방의회의원의 의정활동 등 게재

지방자치단체에서 발행하는 반상회보 성격의 홍보물 일부 지면에 "의회소식"등의 란을 설정하여 당해 지방의회 특정 의원의 대 집행부 질의 등 의정활동을 게재하면서 직·성명, 사진, 지역구 등을 병기하는 것은 지방의회의 일상적인 활동상황을 지역주민들에게 알리는 행위로서 무방할 것임(2005. 7. 1. 회답).

6. 판례

가. 제93조 일반

① 당내 공천 경쟁 과정 중 명함을 살포한 행위가 선거에 영향을 미치게 하기 위한 행위에 해당하는지 여부

사건 당시 피고인의 행위의 1차적인 목적은 △△당에서의 이 사건 선거구의 후보자 공천 과정에서 자신이 공천을 받고 자신의 경쟁자인 ○○○이 탈락하도록 하는 데 있었던 것으로 볼 수 있는데, 여기에서 더 나아가 피고인에게 이 사건 구의원 선거에 영향을 미칠 목적이 있었다고 볼 수 있는지 문제된다.

피고인이 살포한 명함의 앞·뒷면에는 △△당의 후보자 공천에 관한 내용이 전혀 기재되어 있지 않고, 오히려 위에서 본 것처럼 '구의원이 되어서는 안 되는', '주민들이 기가 막혀 하네요' 등의 기재가 있을 뿐이다. 또한, 피고인은 △△당의 당원 또는 공천심사위원회의 위원장·위원 등 관련자가 아니라 특정되지 않은 일반 유권자들이 볼 수 있도록 주택가에 무작위로 명함을 살포하였는데(피고인도 수사 당시 어떻게든 '주민들에게' 알려야겠다는 마음으로 이 사건과 같이 명함을 살포하였다고 진술하였다), 피고인이 인쇄소에 의뢰하여 제작한 명함의 수가 10,000장에 이르고, 그 중 실제로 살포한 명함의 수도 3,000장에 이른다. 제6회 지방선거까지의 자료를 통하여 알 수 있는 이 사건 선거구의 투표율 및 1위 후보자와 2위 후보자의 각 득표수의 차이에 비추어 보면, 이 사건 구의원 선거에서 투표권을 행사할 이 사건 선거구의 유권자들에게 영향을 미칠 수 있는 많은 수의 명함이 살포된 것으로 볼 수 있다.

이에 대하여 피고인은 일반 유권자들에게 명함을 살포함으로써 '○○○이 정치도의상 용납될 수 없는 행위를 한 부도덕한 사람'이라는 여론을 형성하고 이를 통하여 ○○○ 이 이 사건 선거구의 △△당 후보자로 공천되는 것을 막으려는 데 목적이 있었을 뿐이라고 주장한다. 그러나 당시 △△당은 이 사건 선거구의 후보자를 확정하기 위하여 당내 경선 방식을 취하지 않았고, 일반 유권자들의 여론을 공식적으로 조사하여 이 사건 선거구의 후보자 공천에 반영하였다는 자료도 없다. 설령 공천 심사를 담당하는 △△ 당의 관련자들이 개인적으로 인맥이나 풍문 등의 비공식적인 경로를 통하여 이 사건 선거구 내 여론을 어느 정도 고려하였다고 보더라도, 변호인의 주장과 같이 ○○○이 이 사건 선거구의 △△당 후보로 공천된 날짜가 2018. 4. 20. 이라면, 피고인이 2018. 4. 12. 명함을 살포함으로써 ○○○에 대하여 부정적인 여론이 형성되거나 그러한 여론이 비공식적인 경로로 후보자 공천에까지 반영되기에는 짧은 시간이라고 보인다. 따라서 피고인이 살포한 명함의 내용, 살포의 시기 및 방법과 그 대상을 종합하면, 피고인이 공소사실 기재와 같이 명함을 살포한 행위는 선거구 내에서의 정당의 후보자 공천이라는 통상적인 정당활동의 범주를 넘어선 행위라고 볼 수 있고, 실질적으로 이 사건 구의원 선거에서 ○○○이 당선되지 않도록 하기 위한 목적이 피고인에게 적어도 미필적으로는 있었다고 보아야 한다. 따라서 피고인의 이 사건 명함 살포 행위는 '선거에 영향을 미치게 하기 위한' 행위에 해당한다고 판단된다(서울고등법원 2019. 6. 10. 선고 2018노3198 판결).

② 비거주자에 대한 연하장 발송행위에도 '선거에 영향을 미치게 할 목적'이 있었다고 인정되는지 여부

1. 원심은 검사가 제출한 증거와 관련 법리를 종합하여, 피고인이 발송한 연하장 8,000매 중 발송대상자에게 도달된 부분에 한하여 공직선거법 제93조 제1항에서 규정한 '배부행위'의 기수에 이른 것이고, 위 연하장 8,000매 중 발송대상자에게 실제로 도달되었음을 확인할 수 없는 매수 불상의 연하장 배부행위에 대하여는 범죄의 증명이 없다고 보아 이 부분 공소사실에 대하여 이유무죄로 판단하였다. 원심의 판단을 이 사건 기록 및 관련 법리에 비추어 살펴보면, 원심의 판단은 정당하여 수긍할 수 있고, 거기에 검사가 주장하는 바와 같은 법리오해의 위법이 있다고 볼 수 없다.

2. 이 사건 연하장의 발송 대상자가 ○○시에 거주하지 않는 사람들이라고 하더라도 ○○시장 선거에 영향을 미치게 할 목적이 있다면 탈법방법에 의한 문서 배부행위의 상대방에 해당한다고 보아야 하는바, 피고인의 주장에 의하더라도 이 사건 연하

장의 발송 대상자 중 ○○시 비거주자들은 '공산성로터리', '○○고 동창회 회장단', '○○대 최고위과정' 등 ○○시와 관련이 있거나 그 밖에 피고인이 정치활동 중 만난 사람들로 보이는 점, 앞서 본 바와 같이 이 사건 연하장에는 ○○시와 관련된 피고인의 정치적 행보를 홍보하는 내용이 포함되어 있는 점 등의 사정에 비추어 보면, ○○시 비거주자에 대한 연하장 발송행위에도 ○○시장 선거에 영향을 미치게 할 목적이 있었다고 인정된다(대전고등법원 2019. 4. 11. 선고 2019노49 판결).

③ "정당을 떠나 열병합발전소 반대하는 '국회의원'을 찍읍시다!"라는 문구가 기재된 인쇄물 배부

○○구민연합회 비상대책위원회는 ○○열병합발전소 건립을 반대하는 ○○구 지역 주민들의 모임으로 2019. 7.경부터 서울 ○○구 일대에서 위 발전소의 건립 반대 활동을 하고 있고, 2020. 4. 15. 치러진 제21대 국회의원선거 ○○지역구에 출마한 4명의 후보자 중 甲당 B 후보와 乙당 C 후보는 위 발전소의 건립 저지를 공약으로 제시하였다. 피고인은 2020. 4. 5. 17:50경 서울 ○○구 ○○동에서, 위 장소를 지나가는 불특정 다수의 사람들에게 ○○구민연합회 비상대책위원회에서 제작한 "정당을 떠나 열병합발전소 반대 하는 '국회의원'을 찍읍시다!"는 문구가 기재된 인쇄물을 배부하였다.

이로써 피고인은 선거일 전 180일부터 선거일까지 선거에 영향을 미치게 하기 위하여 공직선거법의 규정에 의하지 않은 방법으로 후보자를 추천하는 인쇄물을 배부하였다(서울남부지방법원 2020. 11. 19. 선고 2020고합445 판결, 서울고등법원 2021. 3. 31. 선고 2020 노2174 판결).

나. 문자메시지

① 국회의원 후보 공천과정에서 특정 예비후보자를 홍보하는 내용의 문자메시지를 발송한 행위가 법상 선거운동으로서 탈법방법에 의한 문서 등의 배부죄에 해당한 경우
원심은, 그 채용 증거에 의하여 그 판시와 같은 사실 및 사정들을 인정한 다음, 피고인의 지위나 역할, 문자메시지를 보낸 시기, 내용, 경위, 대상 및 발송량, 이 사건 범행 당시의 공천과정이나 선거상황 등을 참작하면, 피고인이 이 사건 문자메시지를 발송한 행위는 단순히 한나라당 국회의원 후보 공천과정에서 공소외인 후보자의 추천을 위한 통상적인 정당활동이나 당내경선활동에 불과한 것이 아니라 이를 넘어 제18대 국회의원 선거에서 공소외인의 당선을 도모하고자 하는 목적의지가 수반된 선거운동에 해당한다고 봄이 상당하여 공직선거법상 '탈법방법에 의한 문서 등의 배부죄'에 해당된다

는 이유로 피고인의 판시 범죄사실을 유죄로 인정한 제1심판결을 그대로 유지하였는
바, 앞서 본 법리 및 기록에 비추어 살펴보면 원심의 위와 같은 사실인정과 판단은 정
당한 것으로 수긍이 가고, 거기에 상고이유에서 주장하는 바와 같은 심리미진이나 채
증법칙 위반으로 인한 사실오인, 공직선거법에 관한 법리오해 등의 위법이 없다(대법원
2009. 3. 12. 선고 2009도445 판결).

② 국회의원 예비후보자의 선거사무실 개소식을 알리는 내용의 문자메시지를 후보자 개
　소식과 직접 관련 없는 사람들을 포함한 수천 명의 선거구민들에게 대량으로 발송한
　행위가 '선거에 영향을 미치기 위한 행위'에 해당하는지 여부

　　원심이 적법하게 채택한 증거들에 의하면, 공소외인은 위 문자메시지 발송 당시 다른
　후보 들에 비하여 인지도가 낮은 상태였고, 피고인 스스로도 공소외인의 인지도를 높
　이기 위하여 위와 같은 대량의 문자메시지를 발송한 것이라고 인정하고 있는 점, 피고
　인의 검찰조사 과정에서의 진술에 따르더라도 문자메시지를 발송한 대상자 중 최소한
　500명은 공소외인의 지인들이 선거운동을 위하여 휴대전화번호를 알려준 동구주민들
　로서 공소외인과 아무런 친분이 없는 사람들이고, 경찰에서 문자메시지 발송대상자 중
　92명을 발췌하여 조사한 결과도 조사대상 중 상당수는 ○○○당 당원도 아니고 공소
　외인과 아무런 친분도 없다는 것으로서 피고인의 위 진술에 부합하는 점, 공소외인은
　국회의원 출마 이전에는 위 문자메시지 발송대상자 중 일부와 사이에서만 통상적인
　연락을 주고받는 관계였는데, 국회의원 출마를 계기로 피고인이 위와 같은 많은 사람
　들에게 한꺼번에 문자메시지를 발송하게 된 점, 피고인이 문자메시지 발송 전에 관할
　선거관리위원회 지도계장에게 문의하여, 선거사무소 개소식과 직접 관련이 있는 당원,
　정당의 간부, 선거사무 관계자, 한정된 범위의 지인 등 선거사무소 수용범위를 고려한
　제한된 범위의 자에게 개소식을 알리는 문자메시지가 발송가능하다는 답변을 들었음
　에도 불구하고, 공소외인과 평소 특별한 친분도 없고 개소식과 직접적인 관련도 없는
　사람들을 다수 포함하는 9,308명에게 위와 같은 문자메시지를 발송하였고, 공소외인
　의 사무실 면적은 약 100평에 불과하여 위 문자메시지 발송대상에 비하여 수용능력이
　크게 떨어지는 점 등을 알 수 있는바, 위와 같은 사정을 종합하면 피고인의 이 사건 문
　자메시지 발송행위가 사회생활상의 일상적·의례적·사교적인 행위에 불과하다고 보기
　는 어렵고, 오히려 예비후보자인 공소외인의 인지도를 높이고 지지를 이끌어 냄으로써
　그 당선이나 선거에서 유리한 입지를 확보하게 하는, 선거에 영향을 미치기 위한 행위
　에 해당한다고 봄이 상당하다 할 것이다.

　　그럼에도 불구하고, 피고인의 위와 같은 문자메시지 발송행위가 사회생활상의 일상

적·의례적·사교적인 행위에 불과하다고 본 원심의 판단에는, 공직선거법 제93조 제1항의 '선거에 영향을 미치기 위하여'라는 요건에 관한 법리오해의 위법이 있고, 이는 판결 결과에 영향을 미쳤음이 분명하다. 이 점을 지적하는 상고이유의 주장은 이유 있다(대법원 2009. 5. 28. 선고 2009도1937 판결).

③ 지방공무원들이 시장선거 예비후보자의 출판기념회 홍보 문자메시지 대량 발송

피고인 김○○은 2014. 3.경 □□시청 지방행정사무관으로 시장의 행사·의전 업무 등을 담당하는 자치행정과의 과장이었고, 피고인 박○○은 □□시청 지방행정주사보로 자치행정과에 근무하는 공무원이다. 피고인들은 당시 □□시장으로 제6회 전국동시지방선거에서 □□시장 후보자가 되고자 하는 김☆☆(□□시장 예비후보자로 등록하였다가 2014. 4. 30.경 ▽▽당 □□시장 경선에서 탈락)이 2014. 3. 5.경 □□시민회관에서 개최하는 출판기념회를 앞두고, 출판기념회 홍보 문자메시지를 □□시 기관 단체장 및 □□시청 공무원, □□시민들에게 대량으로 방송하는 방법으로 선거에 영향을 미치는 행위를 하기로 공모하였다.

피고인 김○○은 □□시 기관단체장, 사회단체장, □□시청 직원들의 명단을 관리하고 있는 피고인 박○○에게 출판기념회 문자메시지로 보내기 위한 명단 작성을 지시하고, 피고인 박○○은 평소 의전, 행사 업무 등을 담당하며 보관하고 있던 약 13,284개의 휴대전화번호를 추출하여 엑셀파일로 정리하여 연락처 명단을 파일로 작성하여 보관하고 있던 중 피고인 김○○은 피고인 박○○에게 출판기념회 문자메시지를 발송하라고 지시하고 이에 피고인 박○○은 2014. 3. 2. 17:30경 □□시청 자치행정과 사무실에서 공무용 PC를 이용하여 인터넷 유료 문자 발송사이트 'KT크로샷'에 김○○의 아이디와 비밀번호로 접속한 다음 "김☆☆ □□시장 출판기념일 3. 5. 오후 2시 □□시민회관 많은 관심 부탁드립니다"라는 내용으로 13,284건의 문자메시지를 전송하고, 같은 방법으로 2014. 3. 4. 09:00경 13,283건, 2014. 3. 5. 13,283건 총 3회에 걸쳐 합계 39,850건의 문자메시지를 발송하였다.

이로써 피고인들은 공모하여, 3회에 걸쳐 □□시장 후보자가 되고자 하는 김☆☆의 성명을 나타내는 문자메시지를 자동 동보통신을 이용하여 발송하였다(대구지방법원 안동지원 2014. 10. 2. 선고 2014고합45 판결).

④ 법 제59조 제2호에 의하여 제한되는 행위를 선거일 전 180일부터 선거일까지 선거에 영향을 미치게 하기 위하여 한 경우 제93조 제1항에 위반되는지 여부

공직선거법 제93조 제1항은 "누구든지 선거일 전 180일부터 선거일까지 선거에 영향을 미치게 하기 위하여 이 법의 규정에 의하지 아니하고는 정당 또는 후보자를 지

지·추천하거나 반대하는 내용이 포함되어 있거나 정당의 명칭, 문서·도화, 인쇄물이나 녹음·녹화테이프 그 밖에 이와 유사한 것을 배부·첩부·살포·상영 또는 게시(이하 이들을 통틀어 '탈법방법에 의한 문서배부'라 한다)할 수 없다."고 정하고 있고, 같은 법 제255조 제2항 제5호는 이를 위반한 사람을 처벌하도록 규정하고 있다. 그리고 문자메시지를 대량으로 전송하는 행위는 탈법방법에 의한 문서배부에 해당한다(대법원 2007. 2. 22. 선고 2006도7847 판결, 대법원 2007. 8. 23. 선고 2007도3940 판결 등 참조).

한편 2012. 2. 29. 공직선거법 제59조 제2호 및 제3호가 신설되어 종전과 달리 인터넷 홈페이지 또는 그 게시판·대화방 등에 글이나 동영상을 게시하거나 전자우편을 전송하는 방법으로 선거운동을 하거나 문자메시지를 전송하는 방법으로 선거운동을 하는 경우에는 선거기간개시일 전부터의 선거운동이 허용되지만, 위 제59조 제2호는 자동 동보통신의 방법으로 문자메시지를 전송하는 방법으로 선거운동을 할 수 있는 사람을 후보자와 예비후보자로 한정하고 그 횟수도 5회를 넘을 수 없도록 규정하고, 나아가 같은 법 제256조 제3항 제1호 (나)목은 이를 위반한 사람을 처벌하도록 정하고 있다.

이러한 규정들의 문언과 취지에 비추어 보면, 공직선거법 제59조 제2호에 의하여 제한되는 행위를 선거일 전 180일부터 선거일까지 사이에 선거에 영향을 미치게 하기 위하여 한 경우에는, 제93조 제1항에서 정한 탈법방법에 의한 문서배부 행위로서 제256조 제3항 제1호 (나)목 위반죄와 별도로 제255조 제2항 제5호 위반죄가 성립된다고 해석함이 타당하다.

공소사실의 요지는 피고인이 2014. 6. 4. 실시된 교육감 선거에서 후보자 및 예비후보자로 등록하기 전인 2014. 1. 28.부터 그 다음 날까지 사이에 선거에 영향을 미치게 하기 위하여 4차례에 걸쳐 선거구민 총 378,681명에게 자동 동보통신 방법으로 문자메시지(이하 '이 사건 문자메시지'라 한다)를 발송함으로써 탈법방법에 의하여 문서를 배부하였다는 것으로서, 원심판결 이유에 의하면 피고인이 위와 같은 행위를 한 사실을 알 수 있다.

이러한 사실관계를 앞서 본 공직선거법 규정 및 법리에 비추어 보면, 피고인이 위 교육감 선거의 후보자나 예비후보자가 아닌 상태에서 자동 동보통신 방법에 의하여 이 사건 문자메시지를 발송한 행위는 아래에서 보는 것과 같이 공직선거법 제59조 제2호를 위반한 행위로서 제256조 제3항 제1호 (나)목 위반죄에 해당할 뿐 아니라 선거일 전 180일부터 선거일까지 사이에 선거에 영향을 미치게 하기 위하여 한 탈법방법에 의한 문서배부 행위로서 제255조 제2항 제5호 위반죄에 해당한다(대법원 2015. 9. 10. 선고

2014도17290 판결).

⇨ 2017. 2. 8. 법 제59조 제2호의 개정으로 자동동보통신의 방법으로 후보자와 예비후보자가 전송할 수 있는 문자메시지는 총 8회(후보자의 경우 예비후보자로서 전송한 횟수 포함)를 넘을 수 없음.

⇨ 2023. 8. 30. 개정으로 제93조 제1항의 선거에 영향을 미치게 하기 위한 탈법방법에 의한 문서·도화의 배부·게시등 금지기간이 선거일 전 180일에서 선거일 전 120일로 단축됨.

다. 명함

① 후보자명함을 아파트 우편함에 투입 또는 출입문 틈새 사이에 끼워 놓는 행위의 제93조 위반여부

공선법의 개정경과에 비추어 고비용의 정치구조를 개혁하자는 취지에서 명함을 선거운동에 사용하지 못하도록 전면적으로 제한하였다가 선거기간 중 후보자가 명함을 직접 주는 행위까지 처벌대상으로 삼은 종전의 조치가 부당하였다는 반성적 고려에서 제93조 단서가 신설된 것으로 보이는 점 및 위 단서의 신설로 후보자가 명함을 '직접 주는' 행위만 허용되었을 뿐 제93조 제1항 본문에 의하여 선거에 영향을 미치게 하기 위하여 명함을 '배부'하는 행위 일반은 여전히 금지되고 있는 점 등을 종합하여 보면, 위와 같이 신설된 제93조 제1항 단서가 시행된 2002. 3. 7.부터는 선거기간 중 후보자가 명함을 직접 주는 경우에 한하여 예외적으로 금지대상에서 제외된 것으로 볼 것이고, 이와 달리 선거에 영향을 미치게 하기 위하여 명함을 아파트 현관의 세대별 우편함에 넣어두거나 아파트 출입문 틈새 사이로 밀어 넣어 안으로 투입하거나 틈새 사이에 끼워 놓은 경우에는 설령 그 투입행위 자체를 후보자 본인이 하였다고 하더라도 명함을 직접 준 것과 동일시 할 수 없으므로 여전히 제93조 제1항 본문 위반행위에 해당한다고 할 것이다(대법원 2004. 8. 16. 선고 2004도3062 판결).

② 산악회 회원이 노상에 후보자의 명함 4매를 땅바닥에 뿌린 행위

피고인은 가정주부로서, □□당 서울시 동대문구 제2선거구 후보자인 ○○○이 소속된 △△산악회 회원으로 위 후보자의 선거운동원이 아니다.

그럼에도 불구하고, 피고인은 2014. 6. 1. 22:13경 서울 동대문구 휘경동에 있는 예식장 뒤편 노상에서 위 후보자를 도와주기 위하여 위 후보자의 명함 360매 중 4매를 핸드백에서 꺼내 땅바닥에 뿌렸다.

이로써 피고인은 선거운동원이 아니면서도 선거에 영향을 미치게 하기 위하여 위 후보자의 명함을 살포하였다(서울북부지방법원 2014. 7. 18. 선고 2014고합200 판결).

③ 정당을 탈당하지 않는 상태에서 선거구민 거주자 우편함에 피고인의 이름과 '무소속' 이 기재된 명함을 투입한 행위

피고인은 2014. 4. 8.경 제6회 전국동시지방선거 ■■광역시 서구의회 의원 라선거구의 □□당 예비후보자로 등록하였다가 2014. 5. 13.경 탈당한 후 같은 선거구 무소속 후보자로 출마하였다가 낙선된 사람이다.

1. 탈법방법에 의한 문서 배부 등 금지 위반

피고인은 2014. 5. 6.경부터 같은 달 9.경까지 ■■광역시 서구 ▲▲ 1동 499 ★★ 아파트 1층에 있는 그곳 거주자들의 각 우편함에 '▲▲ 1·2·3동 구의원 예비후보, ▲▲ 1구역 조합장 직무대리 진○○ 재개발 매몰 비용, 시비·구비 예산확보' 등의 내용이 기재된 명함 100장을 투입하여 이를 살포한 것을 비롯하여 피고인이 출마한 지역구인 ▲▲ 1동 내지 3동에 있는 아파트 및 빌라 24곳 우편함에 총 731장의 명함을 살포하여 피고인의 성명을 나타내는 문서를 살포하였다.

2. 탈법방법에 의한 문서 배부 등 금지 위반, 허위사실공표 및 허위사실을 게재한 선전 문서 배포 목적 소지

피고인은 2014. 4. 8.경 위 선거구 □□당 예비후보자로 등록하였으나, □□당에서 당초의 기초의회의원 선거 무공천 방침을 철회하여 여론이 악화되었을 뿐만 아니라 공천신청을 하더라도 '가'번을 배정받은 가능성이 낮아 무소속으로 출마하는 것이 당선에 유리할 것이라고 판단하고 탈당 후 무소속 후보자로 출마하기로 결심하였다.

이에 피고인은 □□당에서 아직 탈당하지 않았음에도 '무소속 ▲▲ 1구역 조합장 직무대리 진○○이라고 기재된 명함 5,000장을 제작한 후 하루라도 빨리 선거운동을 하여 자신이 무소속 후보자임을 홍보하기 위하여, 당선될 목적으로 2014. 5. 7.경부터 같은 달 9.경까지 ■■광역시 서구 ▲▲ 3동 471-2 ☆☆아파트 1층에 있는 그곳 거주자들의 우편함에 피고인의 이름 및 '무소속'이라는 허위사실이 기재된 명함 134장을 투입하여 이를 살포한 것과 동시에 '무소속' 예비후보자인 것처럼 허위사실을 공표하였다.

피고인은 이를 비롯하여 피고인이 출마한 지역구인 ▲▲ 1동 내지 3동에 있는 아파트 및 빌라 21곳 우편함에 총 692장의 명함을 살포하여 피고인의 성명이 표기된 문서를 살포함과 동시에 소속단체에 대한 허위사실을 공표하였다.

피고인은 2014. 5. 7.경부터 같은 날 9.경까지 피고인의 K5 승용차 안에 위와 같이 '무소속'이라는 허위사실이 기재된 명함 약 4,300장을 배포할 목적으로 소지하였다 (인천지방법원 2014. 10. 31. 선고 2014고합619 판결, 대법원 2015. 3. 27. 선고 2015도2426 판결).

④ 목욕탕 카운터 책상위에 놓아두는 방법으로 명함 배부

  1. 피고인(이○○, 후보자)은 A가 운영하는 목욕탕에서 A를 통하여 피고인의 명함을 배부하기로 마음먹었다.

    피고인은 2018. 5. 29.경 위 목욕탕에서 A로 하여금 피고인의 명함을 배부케 하기 위하여, A에게 "잘 부탁합니다"라는 말을 하면서 목욕탕 카운터 창문 안으로 손을 넣어 그곳 책상 위에 피고인의 명함 71장 이상을 놓아두는 방법으로 배부하였다.

    이로써 피고인은 선거에 영향을 미치게 하기 위하여 피고인의 명함을 배부하였다.

  2. 피고인(김○○)은 2018. 6. 3.경 위 목욕탕 여탕 탈의실에서 제1항 기재와 같이 이○○이 놓아둔 이 사건 명함을 그곳 화장대 위에 올려놓아 손님들이 가지고 가도록 하는 방법으로 배부하였다.

    이로써 피고인은 선거에 영향을 미치게 하기 위하여 이○○의 명함을 배부하였다 (인천지방법원 부천지원 2019. 5. 24. 선고 2018고합268 판결).

⑤ 아파트 관리비 고지서 사이에 끼워 두는 방법으로 명함 배부

  피고인은 2018. 5. 24. 12:40경부터 12:50경까지 ○○시 ○○아파트 우편함에 있던 아파트 관리비 고지서 사이에 도의원 후보자인 A의 성명, 사진, 전화번호, 학력 등이 인쇄된 명함 23장을 끼워 두는 방법으로 배부하였다(창원지방법원 2019. 1. 17. 선고 2018고합209 판결).

라. 인사장·초청장

① 후보자가 되고자 하는 자가 그 성명 등을 나타내고 지지를 호소하는 내용의 인사장 등을 배부하는 행위가 법 제93조 제1항의 탈법방법에 의한 문서의 배부에 해당하는지 여부

기록에 의하여 살펴보면, 피고인은 이 사건 연하장을 발송할 당시에는 공소외 1 ☆☆당의 평당원이었다가 1개월 가량 후인 2006. 1. 31.에는 공소외 1 ☆☆당 ◎◎시장 예비후보로 등록하였고, 2006. 5. 31. 실시된 제4회 전국동시지방선거에는 공소외 2 ☆☆당 ◎◎시장 후보로 입후보하였으므로 이 사건 연하장 발송 당시 피고인은 제4회 전

국동시지방선거의 후보자가 되고자 하는 자에 해당하였다고 할 것인 한편, 그 연하장은 "범충청하나로 연합 상임의장 피고인"이라는 명의로 작성된 것으로서 "병술년은 꼭 성공하는 모습으로 우뚝 서겠습니다. 성원과 채찍 주십시오"라는 피고인에 대한 지지를 부탁하는 내용이 포함되어 있었으므로 피고인이 이러한 연하장을 '재대전서천군민회'의 회원 약 1,015명에게 발송한 행위는 위 법 제93조 제1항의 탈법방법에 의한 문서의 배부 금지 조항에 해당하는 것으로 보아야 할 것이다(대법원 2007. 2. 9. 선고 2006도7417 판결).

② 선거사무소 개소식 초청장에 지지를 호소하는 내용 게재

기록에 의하여 살펴보면, 피고인은 이 사건 개소식 초청장을 발송할 당시에는 제18대 국회의원선거 후보로 등록한 자에 해당하였다고 할 것인 한편, 그 개소식 초청장은 2008. 3. 29.로 예정된 피고인의 선거사무소 개소식을 알리고자 하는 것인데 그 초청장에는 '△△의 자존심! 경제! 확실히 찾겠습니다!', '△△의 자존심을 찾아 첫째도 지역경제 둘째도 지역경제 오로지 경제를 살리는데 온힘을 쓰겠습니다', '안녕하십니까?… 낙후된 현실을 바라보고만 있기엔 너무나 안타까운 심정으로 박○○ 전 □□□당 대표와 같은 길을 가고자 저 권○○은 이번 제18대 국회의원선거에 □□□소속으로 출마키로 결심을 하게 되었습니다. 여러모로 바쁘실 줄 알지만 부디 한 걸음 하셔서 △△를 사랑하는 깊으신 마음을 듬뿍 담아주시기를 간절히 바랍니다. 도와주십시오', '시장 재임시 월급을 모아 좋은 일을 하겠다는 약속을 지키기 위해 선거 당시 공약한 영어마을을 전국에서 민간 최초로 설립하여 2세 영어교육을 위해 봉사하고 있습니다', '전국 사과 주산지 시장, 군수협의회 초대회장을 역임하였습니다. △△시장 재임시 지속가능도시 대상을 3년 연속 수상하였습니다. △△시를 전국 최초로 스포츠 도시로 선언하였습니다.'는 등의 피고인에 대한 지지를 부탁하는 내용 등이 포함되어 있었으므로 피고인이 이러한 초청장을 장○○ 등 226명에게 발송한 행위는 공선법 제93조 제1항의 탈법방법에 의한 문서의 배부 금지 조항에 해당하는 것으로 보아야 한다(대법원 2009. 9. 10. 선고 2009도5457 판결).

③ 선거사무소 개소식 초청장에 경력 등을 게재하여 발송한 행위

선거사무소 개소식을 기화로 선거구민들에게 초청장을 배부하여 피고인의 인지도를 높이고 피고인에 대한 지지를 호소하여 상주시장 선거에서 당선되게 하기 위하여, 2014. 3. 20.경 대구 소재 '대원당' 인쇄소에서 선거사무소 개소식 초청장 제작을 의뢰하여, 초청장 겉면에 'IT농업·문화관광 상주시!! 상주시장 예비후보 KBS맨·경북대 IT대학 겸임교수 황○○, 선거사무소 개소식, 일시 : 2014. 4. 19. 토 오

후 2시, 장소 : 상주시 중앙로 123 2F', 초청장 내지 1면에 '초대합니다. 존경하는 상주시민 여러분!! 상주는 삼국시대부터 전략적 요충지로 전쟁의 피해지역이었고, 경부철도 혁신도시 도청이전 등에서 발전의 기회를 놓쳤습니다. 이제 상주가 새로운 방향으로 발전할 수 있는 길을 찾아야 합니다. 서울보다 2배 이상 넓은 땅에서 생산되는 농산물과 편리한 교통망과 낙동강 수변지역을 이용한 새로운 방향으로 발전을 모색해야 합니다. 농사만 지으면 얼마든지 팔아줄 수 있는 판매망구축과 사람들이 찾아오고 싶어 하는 상주로 만들어야 합니다. 그 방안으로 상주는 IT를 접목한 농업과 문화관광도시로 탈바꿈해야 합니다. 그리고 한류열풍과 박근혜정부의 창조경제에 부응하여 역사문화콘텐츠 개발과 생산을 통한 산업화로 새로운 도약의 기회를 잡아야 합니다. 저 황○○은 KBS 30년 청춘을 바쳐 쌓아온 경험과 인적자원을 이용하여 상주의 새로운 변화와 발전을 위하여 혼신의 노력을 다 할 것을 다짐합니다. 필승의 결의를 다지는 저의 선거사무소 개소식에 여러분을 초대합니다. 꼭 참석하시어 자리를 빛내주시기 바랍니다. 2014. 4. 상주시장 예비후보 황○○ 배상', 초청장 내지 2면에 'IT농업·문화관광 상주시!! 1. 300만 농축산물유통회사 건립 : 60만 출향민 연계한 300만 직거래 고객 확보, 농사만 지으면 판매할 수 있는 IT판매시스템 구축, … (생략) …', 초청장 뒷면에 '학력 : 매호초등학교 16회, 상주중학교 23회, 상주고등학교 18회, 경북대학교 공과대학 전자공학과 졸업, 한국과학기술원 정보 및 통신공학과 중퇴, 주요경력 : 전 KBS 방송기술연구소장, 전 국방과학연구소 재직, … (생략) …'이라는 피고인의 성명, 학위, 경력, 홍보 및 지지를 호소하는 내용의 글을 포함하는 초청장 1,000부를 인쇄한 다음, 매호초등학교 동창회 명단, 상주중학교 동창회 명단, 상주고등학교 동창회 명단을 선거사무소 직원인 김○○에게 교부하면서 초청장 봉투의 수신란을 채우도록 한 뒤, 위 김○○로 하여금 상주무양동 우체국에서 2014. 4. 1.경 105장, 2014. 4. 4.경 106장을 각 발송하여 배부하도록 하였다. 이로써 피고인은 선거운동기간 전에 선거에 영향을 미치게 하기 위하여 선거사무소 개소식 초청장 총 211장을 선거구민들에게 배부하는 방법으로 선거운동을 하였다(대구지방법원 상주지원 2014. 11. 13. 선고 2014고합33 판결).

마. 벽보 등

① 고고도 미사일 방어체계(THAAD, 이하 '사드')에 찬성하는 후보자들의 사진이 인쇄된 벽보 부착

원심은 그 판시와 같은 사실 인정을 인정하면서 이 사건 벽보는 '사드가 대한민국의 평화를 위협한다'라는 메시지 뿐 아니라 사드 배치에 찬성하는 대선 후보자들의 사진을 명시하고 있어 특정 정당 내지 후보자들을 반대하는 내용이 포함되어 있음이 명백하고, 이는 선거의 공정을 침해하는 등으로 선거에 영향을 미칠 우려가 있어 공직선거법 제93조 제1항 본문에서 금지하는 '선거에 영향을 미치게 하기 위한 벽보 등의 첩부행위'에 해당하고, 그 예외가 되는 같은 항 단서 제2호의 '통상적인 정당활동'에 불과하다고 볼 수 없다고 판단하였다.

원심이 인정한 사정을 기록에 비추어 면밀히 살펴보면 피고인들의 행위가 통상의 정당활동이 아닌 '선거에 영향을 미치게 하기 위한 벽보 등의 첩부행위'에 해당한다고 본 원심의 판단은 정당한 것으로 수긍할 수 있고, 거기에 피고인들의 주장과 같은 법리오해의 위법이 없다(대법원 2018. 12. 13. 선고 2018도17212 판결, 서울고등법원 2018. 10. 24. 선고 2017노3670 판결).

② 노조의 정기간행물이 아닌 공동유인물의 제93조 제1항 적용 여부

1. 원심은 "① 금속노조 AR지부나 개별 현장조직은 신문 형태의 정기간행물을 별도로 발행하고 있는 반면에 이 사건 '현장제조직 공동유인물'은 제호가 없고, 그 제목이나 명칭이 '현장조직 공동소식지', '현장조직 공동성명서', '현장 4조직 공동대자보' 등으로 일정하지 않으며, 정해진 발행일도 없어 그때그때 현안이 있을 때마다 비정기적으로 발행되어 온 점, ② 발행인으로 표시된 '현장제조직 의장단'은 상설기구가 아니고 운영회칙도 따로 없으며 독립된 사무실도 없고 정해진 날에 정기적으로 모이는 것도 아닌 점, ③ 이 사건 '현장제조직 공동유인물'은 선거일을 불과 1주일 앞둔 2016. 4. 6. 발행 되었고, 그 안에는 '노동자와 가족은 우리 후보에 투표하자'는 취지와 함께 A의 사진, 약력 등을 소개하는 등 직접적으로 특정 후보에 대한 지지를 호소하는 내용이 담겨 있는 점, ④ 위 공동유인물을 발행함에 있어 정식의 절차를 거친 총회의 결의가 있었던 것이 아니고 그 내용도 단순히 결의내용을 알리는 것이 아니었던 점 등을 종합하면, 위 공동유인물은 공직선거법 제95조 제1항의 '기관지 기타 간행물'에 해당한다거나 노동조합의 활동 범위 내에서 이루어진 것으로서 정당한 행위 또는 사회상규에 반하지 않는 행위에 해당한다고 볼 수 없다"는 이유로 피고인의 주장을 배척하고 이 부분 공소 사실을 유죄로 판단하였다.

2. 원심이 적법하게 채택하여 조사한 증거들 및 관련 공직선거법 규정과 그 취지 및 내용 등과 함께 원심판결의 이유를 면밀하게 살펴보면, 원심의 위와 같은 판단은 정당하고 사실을 오인하거나 공직선거법상 '탈법방법에 의한 문서 배부' 금지 위반죄 등

의 성립이나 위법성 조각사유로서 사회상규 등에 관한 법리를 오해한 위법이 없다. 피고인의 주장은 이유 없다(부산고등법원 2017. 7. 26. 선고 2017노186 판결, 대법원 2017. 12. 22. 선고 2017도12584 판결).

③ 선거기간개시일 전일에 버스정류장 구조물 벽면 등에 대통령선거의 공약에 대한 내용이 기재된 특정 정당 명의의 인쇄물을 부착한 행위를 사전선거운동으로 본 사례

누구든지 선거운동기간전에 법령이 허용하는 방법을 제외하고는 선전시설물·용구·인쇄물, 방송·신문·동창회·향우회, 그 밖의 집회, 정보통신, 선거운동기구·사조직 설치, 뉴스통신·잡지·그밖의 간행물, 정견발표회·토론회·호별방문, 그밖의 방법으로 선거운동을 해서는 안된다.

피고인은 甲당의 당원으로서, 같은 당 ○○시 위원장인바, 제20대 대통령선거 선거운동기간 전인 2022. 2. 14.경 버스정류장 구조물 벽면 등에 "3월 9일 대통령 당선 시 취임 후 2개월 이내 코로나 생계지원금 1억 18세 이상 지급"이라는 내용이 기재된 甲당 명의의 인쇄물을 부착하는 방법으로 선거운동을 하였다(수원지방법원 2022. 9. 22. 선고 2022고합207 판결)

바. 영상·광고

① 특정 회사 상대 집회 개최 중 근로자 출퇴근 시간대에 총 21회 후보자가 되고자 하는 자에게 불리한 영상을 상영하는 행위

피고인들은 ■■중공업에 대해 기성금 보상에 관한 요구를 관철하기 위해 이 사건 영상물을 상영한 것일 뿐이고, 당시 선거에 영향을 미치게 할 의도는 없었다는 취지로 주장한다. 살피건대, 이 법원이 적법하게 채택하여 조사한 증거들에 의하여 알 수 있는 다음과 같은 사정들 즉, ① 피고인들은 20대 국회의원 선거일로부터 약 2개월 밖에 남지 아니한 시기에 불특정 다수의 행인들에게 '비정규직 정규직시켜 주겠다고 거짓말 치는 ○○○', '◎◎광역시 동구 주민이 니 호구로 보이냐?', '지역을 위해 노동자를 위해 서울 보냈더니' 등과 같은 ○○○의 실명이 직접 거론되는 문구와 ○○○가 국회에서 졸고 있는 장면이 포함된 이 사건 영상물을 상영한 점, ② 피고인들은 ◎◎광역시 동구 지역에서 유동인구가 많은 ■■중공업 주식회사의 정문, 별관문, 전하문 및 해양사업부 화암문 등지에서 근로자들의 출퇴근 시간대에 이 사건 영상물을 상영한 점, ③ ◎◎광역시 동구선거관리위원회는 2016. 2. 초순경 피고인들로부터 이 사건 영상물 자료를 받으면서 피고인들에게 위 영상의 전체적인 내용과 ○○○ 관련 사진 등의 연

관성을 확인한 후 선거법위반 여부를 판단할 수 있을 것 같다는 취지로 이야기하였고, 2016. 2. 15.경 피고인들에게 이 사건 영상물의 상영은 공직선거법에 위반된다는 내용의 공문을 발송하였으나, 피고인들은 위 공문을 받고 나서도 3 ~ 4일 정도 계속해서 이 사건 영상물을 상영한 점, ④ 피고인 박△△은 수사기관에서 '19일 이후에는 저희가 듣기로 ○○○ 의원이 □□□당에 동구 국회의원으로 공천신청을 했다는 이야기를 들었기 때문에 영상을 뺀 것이다'라고, 피고인 김□□는 ○○○이 당시 ▼▼당 공천을 받지 않은 상태였고 예비후보로도 등록된 상태가 아니어서 국회의원후보로 정식 등록하기 전까지는 영상을 상영해도 괜찮다고 생각하였다. 선거날이 가까워지고 계속해서 영상물이 나가게 되면 선거에도 영향이 있을 것 같아 ○○○ 관련 부분이 선거에 영향을 미칠 수 있다는 것을 인식하고 있었던 것으로 보이는 점과 같은 이 사건 범행의 경위 및 그 시기, 범행 수단과 행위 태양, 피고인들의 인식 정도 등에 비추어 보면, 피고인들은 자신들의 ■■중공업에 대한 기성금 관련 주장을 지역 주민들에게 호소하려는 주된 목적으로 이 사건 영상물을 상영하였다고 하더라도, 이와 더불어 미필적으로나마 '선거에 영향을 미치게 할 목적'도 있었다고 봄이 상당하다(울산지방법원 2016. 9. 2. 선고 2016고합177 판결, 부산고등법원 2016. 12. 14. 선고 2016노611 판결).

② 언론사 페이스북 페이지에 유료 광고

1. 광고란 널리 불특정 다수의 일반인에게 알릴 목적으로 이루어지는 일체의 수단을 말한다. 그런데 실질은 광고이지만 기사의 형식을 빌린 이른바 '기사형 광고'도 광고의 일종이다. 이러한 기사형 광고는 그 구성이나 내용, 편집 방법 등에 따라서는 일반 독자로 하여금 '광고'가 아닌 '보도기사'로 쉽게 오인하게 할 수 있다. 즉, 일반 독자는 광고를 보도기사로 알고 신문사나 인터넷신문사 등이 그 정보 수집 능력을 토대로 보도기사 작성에 필요한 직무상 주의의무를 다하여 그 내용을 작성한 것으로 신뢰하고 이를 사실로 받아들일 가능성이 크다. 신문 등의 진흥에 관한 법률 제6조 제3항에서 "신문·인터넷신문의 편집인 및 인터넷뉴스서비스의 기사배열책임자는 독자가 기사와 광고를 혼동하지 아니하도록 명확하게 구분하여 편집하여야 한다"라고 규정하고 있는 것도 위와 같은 오인이나 혼동을 방지하여 독자의 권익을 보호하기 위한 취지이다(대법원 2018. 1. 25. 선고 2015다210231 판결 참조).

2. 이 법원이 적법하게 채택하여 조사한 증거들에 의하여 인정되는 다음과 같은 사정들을 종합하여 보면, 이 사건 동영상을 게시한 피고인 B의 행위는 공직선거법 제93조 제1항이 금지한 "후보자의 성명을 나타내는 광고"를 게시한 것에 해당한다. 피고인들 및 변호인의 이 부분 주장은 받아들이지 않는다.

이 사건 동영상의 게시를 최초로 신고한 C는 경찰에서 '2018. 6. 6. 제가 페이스북을 검색하다가 □□당 북구청장후보 A에 대해 페이스북 홍보글이 올라온 것을 보고 선관위에 신고를 하였다'고 진술하였다. 피고인 B는 제7회 전국동시지방선거일인 2018. 6. 13.로부터 불과 일주일쯤 전에 이 사건 동영상을 민플러스 페이스북 페이지에 게시한 것이다.

피고인 B는 '유튜브'에 있는 A 후보의 선거운동 동영상을 일부 편집하여 그대로 게시하였다. 이 사건 동영상에는 원본 동영상과는 달리 자막으로 A 후보자의 성명이 명시적으로 담겨 있을 뿐만 아니라 "진보단일후보", "일자리 구청장", "젊은 구청장", "여성 구청장", "첫 여성 구청장후보"와 같은 긍정적인 홍보문구가 강조 표시되어 있다.

피고인 B는 이 사건 동영상을 단순히 게시하는 것을 넘어 페이스북의 스폰서 광고를 이용하였다. 페이스북의 스폰서 광고는 '타겟설정'이 이루어진 게시물을 다수의 페이스북 이용자들에게 의도적으로 노출시키기 위한 유료광고에 해당한다. 유료광고의 이용이 언론사의 인지도나 기사 열독률을 높이기 위한 영업활동의 일환으로 활용되어 온 바 있다고 하더라도 그와 같은 사정만으로 이 사건 동영상의 게시가 광고가 아니라고 할 수 없다.

피고인 B는 이 사건 동영상이 '기사'에 불과하다고 주장하나, 이 사건 동영상은 피고인 B가 '유튜브'에 있는 A 후보의 선거운동 홍보 동영상을 그대로 내려 받아 일부 편집한 것이고, 새로운 영상의 제작·추가나 취재행위가 없었으며 문구를 적는 공간에도 사실보도라기 보다는 정치적 홍보 및 선거운동 관련 문구만이 노출되어 있다. 결국 이 사건 동영상의 원본이 선거운동 동영상인 점, 동영상의 편집 방향도 A 후보에 대한 홍보문구를 자막 처리하여 특정 후보자를 소개하는 내용을 강조한 것에 불과한 점 등을 고려할 때, 이 사건 동영상은 기사가 아닌 광고로 봄이 상당하다(서울서부지방법원 2019. 6. 5. 선고 2019고합82 판결).

③ 지역신문 발행인이 전면광고란에 입후보예정자의 출판기념회 광고 무료 게재

① 피고인이 ■■■■에 게재한 B의 출판기념회 광고는 그것을 접한 선거구민들에게 B의 얼굴과 이름을 또렷하게 각인시킬 수 있을만한 형상과 내용을 하고 있고, 그 배포부수도 적지 않으며, 피고인은 이를 불특정 다수인이 오가는 장소에 놓아두고 누구든지 가져갈 수 있도록 하였던 점, ② 국회의원 선거 출마자들로서는 자신의 인지도를 높이고 지지세를 결집시키는데 출판기념회를 매우 중요한 이벤트로 생각할 수밖에 없는데, 피고인이 게재한 광고는 B의 출판기념회 개최 사실을 널리 알려주는

내용인 점, ③ B의 출판기념회 광고가 실린 ■■■■는 제21대 국회의원 총선거 예비후보 등록이 시작되기 약 2주 전에 발행되었는데, 그 무렵은 각 선거구마다 후보자로 등록하고자 하는 사람들이 일제히 출판기념회 등의 행사를 개최하여 본격적인 세(勢) 몰이에 들어가는 시기였던 점, ④ 따라서 실제로도 국회의원 선거에서 후보자가 되려는 B의 인지도 제고 효과 및 출판기념회 개최 사실에 대한 홍보 효과가 결코 적지 않았을 것으로 보이는 점, ⑤ 피고인은 ■■■■ 창간 시점으로부터만 보더라도 약 13년간 지역신문에서 언론인으로 일해 왔으며(피고인 스스로는 자신의 언론인으로서의 경력이 20년 이상이라고 한다), 본인 스스로도 공직선거의 후보자와 정당인이 되어 본 경험이 있는바, 지역 매체에 전면광고 형태로 특정 후보자의 출판기념회 광고가 실린다는 것이 어느 정도의 파급력을 갖는 행위인지 충분히 알고 있었을 것인 점, ⑥ 정치, 선거, 행정 등에 관련된 이슈를 주로 다루는 ■■■■의 특성상 그 발행인인 피고인과 이를 구해서 읽는 독자들 모두 국회의원 총선거의 후보자 동향이나 선거판세 등에 상당한 관심을 가지고 있었을 것인 점, ⑦ 피고인은 신문 맨 뒷면 전면광고로 충분히 쓸 수 있을 법한 유료 광고(★의 광고)를 안쪽 면으로 배치하는 것을 감수하고서라도 B의 출판기념회 광고를 독자들에게 잘 보이는 맨 뒷면에 넣었던 점, ⑧ 피고인의 직업, 경력 등에 비추어 보면, 피고인은 ■■■■의 16면 전면광고의 게재가 단지 빈 지면을 채우는 정도를 넘어, 상당한 홍보효과가 있을 것이라는 점을 인식하였을 것으로 추단하는 것이 합리적인 점 등의 사정들을 종합하여 보면, 피고인의 광고 배부행위는 객관적으로 선거에 영향을 미칠 수 있는 행위로서, 피고인도 그 점을 미필적으로나마 인식하고 있는 상태에서 그 행위로 나아가게 되었다고 봄이 타당 하고, 피고인에게는 광고 배부 당시 '선거에 영향을 미칠 목적'이 있었다고 충분히 인정할 수 있다(광주지방법원 2020. 9. 11. 선고 2020고합251 판결, 광주고등법원 2021. 5. 13. 선고 2020노340 판결).

사. 보도자료

① 통상적인 방법을 벗어나 선거에 영향을 미치게 하기 위하여 언론기관에 보도자료를 제공하는 행위가 법 제93조 제1항 본문에서 금지하는 '탈법방법에 의한 문서의 배부 행위'에 해당하는지

원심판결 및 원심이 적법하게 조사한 증거 등에 의하면, 피고인은 ○○○당 □□시 당원협의회 사무국장인 자로 공소외 1 후보자의 선거사무관계자가 아니며 이 사건 △△

중·고 총동문회를 대표하는 자도 아닌 사실, 피고인은 2010. 5. 29. 14:00경 ○○○ 당 □□시 사무실에서 △△중·고 총동문회가 2010. 6. 2. 실시된 제5회 전국동시지방 선거 □□시장 선거에서 공소외 1 후보를 지지하는 의사표명을 한 사실이 없음에도, 위 선거사무실 컴퓨터를 이용하여 '△△중·고등학교 3만여 동문들은 6월 2일 지방선 거에 있어 모교출신인 □□시장 후보를 공개 지지합니다'라는 취지의 허위 성명서를 작성한 다음 위 공소외 1 후보자의 선거운동원 공소외 2를 통해 보도자료로 배포하여 2010. 5. 30. 22:45경 인터넷 뉴시스를 통해 위 허위 성명서가 인터넷에 게재되게 한 사실을 알 수 있다.

앞서 본 법리와 사실관계에 의하면, 위 공소외 1 후보자의 선거사무관계자도 아니고 위 △△중·고 총동문회를 대표하는 자도 아닌 피고인이 허위의 성명서를 작성하여 보 도자료로 제공한 행위는 선거에 영향을 미치게 하기 위한 것이 분명하다고 할 것이므 로 공직선거법 제93조 제1항에서 금지하는 탈법방법에 의한 문서의 배부 행위에 해당 한다고 할 것이다(대법원 2011. 3. 10. 선고 2010도16942 판결).

아. 통상적인 정당활동 관련

① 법 제93조 제1항에 위반되는 당원용 인쇄물 배부

공선법 제93조 제1항에 의하여 금지되는 탈법방법에 의한 문서·도화의 배부·게시 등 행위에는 통상적인 정당활동은 포함되지 아니한다고 보아야 할 것이지만, 구체적, 개 별적으로 공선법 제93조 제1항에 규정된 문서·도화의 배부·게시등 행위가 통상적인 정당활동에 해당하는지 여부는 그 행위의 시기, 내용, 방법, 대상, 형태 등을 종합하여 총체적으로 판단하여야 한다(대법원 2002. 1. 22. 선고 2001도822 판결 참조).

이러한 법리에 비추어 원심판결을 살펴보면, 원심이 판시 이 사건 인쇄물은 대부분 피 고인 강○○의 프로필, 의정활동, 입법활동, 공약사항 등을 홍보하고 피고인 강○○에 대한 지지를 유도하거나 호소하는 내용의 글과 사진으로 구성되어 있고, 더욱이 상대 방 이○○ 의원에 대한 도덕적 문제 등을 기재하고 있으며, △△당과 관련해서는 '18 대 총선 궁금증 Q&A'라는 제목으로 32면 중 5면 정도의 분량만을 할애하고 있을 뿐 인 점, 이 사건 인쇄물 표지의 좌측 상단에 '당원용'이라는 기재가 있기는 하지만 인쇄 물의 전체적인 편집 상태나 다른 기재 내용들의 활자 크기, 편집 방법 등과 비교하여 눈에 잘 띄지 않는 점, 이 사건 인쇄물 100부가 최초로 배부된 시기는 제18대 국회의 원 선거일을 불과 한달여 남겨 놓은 시기였고 그 직후 다시 1,000부가 추가 제작되어 배부된 점, 이 사건 인쇄물이 사천시 소속 당원들의 숫자를 훨씬 초과하여 제작됨으로써 당원 외 상당 수의 일반인들에게도 배부된 점 등을 종합하여 이 사건 인쇄물의 배부행위가 공선법 제93조 제1항을 위반하였다는 공소사실을 유죄로 인정한 제1심판결을 유지한 조치는 정당하고, 거기에 상고이유와 같은 공선법에 관한 법리오해, 채증법칙 위반 등의 위법이 없다(대법원 2009. 6. 23. 선고 2009도2903 판결).

7. 헌법재판소 결정

① 법 제93조 제1항 '벽보 게시, 인쇄물 배부·게시'에 관한 부분 등이 정치적 표현의 자유를 침해하는지 여부

심판대상조항은 선거에서의 균등한 기회를 보장하고(헌법 §116①), 선거의 공정성을 확보하기 위한 것으로서 정당한 입법목적 달성을 위한 적합한 수단에 해당한다.

심판대상조항은 후보자의 정치적 표현의 자유를 광범위하게 제한할 뿐 아니라, 후보자에 비해 선거운동의 허용영역이 상대적으로 좁은 일반 유권자에 대하여는 더욱 광범위하게 정치적 표현의 자유를 제한한다. 또한 선거가 순차적으로 맞물려 돌아가는 현실에 비추어 보면, 선거일 전 180일부터 선거일까지 장기간 선거에 영향을 미치게 하기 위한 벽보 게시, 인쇄물 배부·게시행위를 금지·처벌하는 심판대상조항은 당초의 입법취지에서 벗어나 선거와 관련한 국민의 자유로운 목소리를 상시 억압하는 결과를 초래할 수 있다. 벽보·인쇄물은 시설물 등과 비교하여 보더라도 투입되는 비용이 상대적으로 적어 경제력 차이로 인한 선거 기회 불균형의 문제가 크지 않고, 그러한 우려도 공직선거법상 선거비용 규제나 벽보·인쇄물의 종류·금액 등을 제한하는 수단을 통해 방지할 수 있다. 또한 공직선거법상 후보자비방 금지나 허위사실공표 금지 규정 등이 이미 존재함에 비추어 보면, 심판대상조항이 선거 과열로 인한 무분별한 흑색선전, 허위사실유포나 비방 등을 방지하기 위한 불가피한 수단에 해당한다고 보기도 어렵다. 벽보나 인쇄물에 담긴 정보가 반드시 일방적·수동적으로 전달되거나 수용되는 것은 아니므로, 그 매체의 특성만을 이유로 광범위한 규제를 정당화할 수도 없다. 이상과 같은 점들을 종합하면, 심판대상조항은 목적 달성에 필요한 범위를 넘어 벽보 게시, 인쇄물 배부·게시를 통한 정치적 표현을 장기간 동안 포괄적으로 금지·처벌하는 것으로서 침해의 최소성을 충족하지 못한다.

심판대상조항은 선거의 공정성을 해치는 것이 명백하다고 볼 수 없는 정치적 표현까

지 금지·처벌하고 있어, 그로 유권자나 후보자가 받게 되는 정치적 표현의 자유에 대한 제약은 매우 크다. 한편, 이러한 범위 내에서 심판대상조항으로 인하여 달성되는 공익이 그보다 중대하다고 볼 수 없다. 따라서 심판대상조항은 법익의 균형성에도 위배된다.

그렇다면 심판대상조항은 과잉금지원칙에 반하여 정치적 표현의 자유를 침해한다(헌법재판소 2022. 7. 21. 2017헌가100 결정 등).

제2절 후보자 등 명의를 나타내는 광고

법 제93조(탈법방법에 의한 문서·도화의 배부·게시등 금지) ② 누구든지 선거일전 90일부터 선거일까지는 정당 또는 후보자의 명의를 나타내는 저술·연예·연극·영화·사진 그 밖의 물품을 이 법에 규정되지 아니한 방법으로 광고할 수 없으며, 후보자는 방송·신문·잡지 기타의 광고에 출연할 수 없다. 다만, 선거기간이 아닌 때에 「신문 등의 진흥에 관한 법률」 제2조제1호에 따른 신문 또는 「잡지 등 정기간행물의 진흥에 관한 법률」 제2조에 따른 정기간행물의 판매를 위하여 통상적인 방법으로 광고하는 경우에는 그러하지 아니하다.
③ 누구든지 선거운동을 하도록 권유·약속하기 위하여 선거구민에 대하여 신분증명서·문서 기타 인쇄물을 발급·배부 또는 징구하거나 하게 할 수 없다.

1. 개요

가. 제93조 제2항

누구든지 선거일전 90일부터 선거일까지는 정당 또는 후보자의 명의를 나타내는 저술·연예·연극·영화·사진 그 밖의 물품을 이 법에 규정되지 아니한 방법으로 광고할 수 없으며, 후보자는 방송·신문·잡지 기타의 광고에 출연할 수 없다고 규정하고 있다. 다만, 선거기간이 아닌 때에 「신문 등의 진흥에 관한 법률」 제2조제1호에 따른 신문 또는 「잡지 등 정기간행물의 진흥에 관한 법률」 제2조에 따른 정기간행물의 판매를 위하여 통상적인 방법으로 광고하는 경우에는 그러하지 아니하다.

제1항에 의한 광고는 선거에 영향을 미치게 하기 위한 광고를 말하고, 제2항의 광고는 그러한 목적이 없다고 하더라도 후보자의 명의를 나타내거나 출연하는 광고 자체가 금지된다. 따라서 선거에 영향을 미치게 할 목적이 없다 하더라도 후보자의 성명이 표시된 물품 등의 광고는 선거일 전 90일부터 선거일까지 금지된다.[25] 본 조 제2항의 '사진'은 '저술, 연예, 연극, 영화'와 같은 수준에서 평가되는 대중성과 유통성을 지닌 사진이어야 함을 전제하지 않고 신문에 게재한 '개소식 초청장 이미지'도 '사진'에 포섭된다. 그리고 사안에 따라 사진 등을 이용한 광고 내지 선전행위가 법 제93조 제1항과 제2항의 구성요건에 모두 충족하는 경우도 가능할 것으로 보인다.[26]

그리고 제2항의 '광고'는 배포·배부상영·상연·공연·게시 등의 의미로 보아야 할 것이다.[27]

나. 제93조 제3항

자원봉사자 모집을 빙자하여 선거구민을 상대로 자원봉사활동 의뢰서, 자원봉사자 증명서 기타 인쇄물을 발급하거나 징구하고 이를 탈법적으로 악용하는 행위가 발생하여 이를 방지하고자 도입된 것이다. 예비후보자가 자신의 선거사무실에서 선거구민에게 선거운동을 하도록 권유·약속하기 위해 '예비후보자의 자문위원, 고문으로 위촉한다'는 내용이 기재된 임명장을 수여한 경우,[28] 경로당 회원들을 상대로 대통령 후보자 명의로 된 '○○도 국민주권 선거대책위원회 ○○시 노인복지특별위원장으로 임명한다'는 내용이 기재된 임명장을 배부한 경우[29]는 본조항 위반에 해당한다.

법 제93조 제1항과 제3항과의 관계에 대하여는 상상적 경합 관계로 해석하고 있다.

피고인이 □□시민운동중앙협의회 사무실에서 선거구민인 50여명의 회원들에게 "제18대 대통령선거 ○○당 박○○ 후보 중앙선거대책위 직능총괄본부 □□한국본부 ○○시민 미래운동위원회 자문위원에 임명함"이라는 내용의 ○○당 대통령 후보의 임명장을 교부한 사안에서 선거에 영향을 미치게 하기 위한 문서배부(제93조 제1항)와 선거운동을 하도록 권유하기 위한 문서 배부(제93조 제3항)의 성립을 인정하고 상상적 경합관계로 보았다.[30]

---

25) 중앙선거관리위원회 2004. 1. 16. 회답
26) 대전고등법원 2019. 1. 7. 선고 2018노420 판결
27) 대검찰청, 공직선거법 벌칙해설 제10개정판, 610면
28) 인천지방법원 부천지원 2012. 11. 30. 선고 2012고합337 판결
29) 수원지방법원 안산지원 2017. 10. 26. 선고 2017고합216 판결
30) 서울동부지방법원 2013. 7. 26. 선고 2013고합164 판결, 대검찰청, 공직선거법 벌칙해설 제10개정판, 611면

2. 중앙선거관리위원회 행정해석

① 후보자의 글씨로 만든 자필폰트의 광고

　　폰트 제작회사가 선거일 전 90일부터 선거일까지 후보자(후보자가 되려는 사람 포함)의 명의를 나타내는 물품(자필폰트)을 회사의 인터넷 홈페이지 또는 SNS를 이용하여 광고하는 경우 법 제93조 제2항에 위반될 것이며, 선거일 전 90일 전이라도 선거에 영향을 미치게 하기 위하여 광고하는 때에는 법 제93조 제1항에도 위반될 것임(2013. 12. 24. 회답).

② 국회의원의 동문회보 속간 축하광고

　　후보자가 되고자 하는 자인 국회의원이 자신의 성명·사진을 부각하지 아니하는 범위 안에서 출신학교 동문회보에 의례적인 축하광고를 하는 것은 무방할 것임. 다만, 선거일 전 90일부터 선거일까지 입후보예정선거구의 동문에게 배부되는 동문회보에 후보자가 되고자 하는 자 (후보자를 포함함)의 사진이 포함된 귀문과 같은 광고를 하는 것은 공선법 제93조 제2항의 규정에 위반될 것임(2003. 10. 2. 회답).

③ 비례대표국회의원후보자의 상품 광고 출연

　　특정 정당의 비례대표국회의원후보자가 선거일 전 90일부터 선거일까지 특정 기업이 제조한 물품 등의 판매를 위한 제품광고에 출연하는 경우 공선법 제93조 제2항의 규정에 위반될 것임(2004. 1. 16. 회답).

④ 입후보예정자의 선거구 외의 지역방송 광고출연

　　선거일 전 90일부터 선거일까지 후보자가 되고자 하는 자(후보자를 포함함)가 지방업체의 상품방송광고에 출연하는 것은 선거구민과 연고가 없는 지역을 주된 방송권역으로 하는 지역케이블 TV에 출연하더라도 공선법 제93조 제2항에 위반될 것임(2008. 1. 16. 회답).

⑤ 국회의원의 공익광고 출연

　　후보자가 되려는 사람이 선거일 전 90일 전에 선거와 무관하게 전국단위의 방송광고(공익 광고, 상품광고 불문)에 출연하는 것은 무방함. 다만, 지방자치단체장은 법 제86조 제7항에 따라 광고출연이 금지됨(2013. 11. 26. 운용기준).

⑥ 국회의원의 정책홍보 방송광고 출연

　　후보자가 되려는 국회의원이 선거일 전 90일 전에 정당이 자당의 정책홍보를 위하여 실시하는 전국단위의 방송광고에 특정 정당이나 후보자가 되려는 사람을 지지·추천하는 행위 없이 출연하는 것은 「공직선거법」상 무방할 것임. 다만, 「공직선거법」상 제한되지 않는 방송광고의 경우에도 「방송법」 및 「방송심의에 관한 규정」의 위임을 받은 「방송광고심의에 관한 규정」에 따라 금지되는지 여부에 관하여는 우리 위원회에서 판단할 사항이 아님(2015. 11. 27. 회답).

3. 판례

신문지면에 여백이 발생하여 대가를 받지 않고 인터넷 배너광고용 사진을 게재한 것은 법에서 금지하는 광고에 해당하는지

① 피고인이 편집국장으로 있는 ○○일보는 국회의원 후보자 중 B, C와 사이에 광고비를 55만 원으로 정하여 인터넷 배너광고 계약을 체결하였는데, 피고인이 후보자들 인터뷰 기사 지면 여백에 게재한 사진은 위 배너광고 계약 체결 후 후보자들 측에서 전달한 배너광고 도안과 같다.

② 후보자들의 인터뷰 기사 지면에 여백이 발생하였다고 하더라도, 같은 지면에 실린 후보자 사진 크기의 조절이나 공익적 사진의 삽입 등 충분히 다른 편집을 통하여 여백을 채울 수 있다.

③ 공직선거법에서 금지하고 있는 광고는 그 대가의 수수를 구성요건으로 정하고 있지 아니하므로, 피고인이 별다른 대가를 받지 아니하였다거나 B, C 외에 배너광고 계약을 체결한 후보자인 D의 배너광고는 지면에 게재하지 아니하였다는 사정은 피고인은 유죄로 인정하는 데 아무런 방해도 되지 않는다.

④ 공직선거법위반죄에서 주관적 구성요건요소인 고의가 인정되기 위해서는 정당 또는 후보자의 명의를 나타내는 저술·연예·연극·영화·사진 그 밖의 물품을 이 법에 규정되지 아니한 방법으로 광고한다는 인식, 즉 고의가 있어야 하는바, 이러한 인식은 공직선거법에서 허용되지 않는 행위라는 것까지 인식할 것을 요하지 않는다(대법원 2008. 9. 11. 선고 2008도5633 판결 참고). 피고인은 후보자들 측으로부터 전달받은 인터넷 배너광고의 도안을 의식적으로 지면신문에 그대로 게재함으로써 공직선거법 위반 광고 게재의 고의가 있었다고 충분히 인정할 수 있다(대전고등법원 2021. 2. 5. 선고 2022노443 판결).

제3절 선거에 관한 기사 배부

제95조(신문·잡지 등의 통상방법외의 배부 등 금지)① 누구든지 이 법의 규정에 의한 경우를 제외하고는 선거에 관한 기사를 게재한 신문·통신·잡지 또는 기관·단체·시설의 기관지 기타 간행물을 통상방법외의 방법으로 배부·살포·게시·첩부하거나 그 기사를 복사하여 배부·살포·게시·첩부할 수 없다. 〈개정 2012. 1. 17.〉

② 제1항에서 "선거에 관한 기사"라 함은 후보자(후보자가 되려는 사람을 포함한다. 이하 제96조 및 제97조에서 같다)의 당락이나 특정 정당(창당준비위원회를 포함한다)에 유리 또는 불리한 기사를 말하며, "통상방법에 의한 배부"라 함은 종전의 방법과 범위안에서 발행·배부하는 것을 말한다.

1. 개요

가. 입법 취지

　　후보자의 당락이나 특정 정당에 유리 또는 불리한 보도나 기사가 게재된 신문이나 잡지 등을 통상방법외의 방법으로 배부하거나 그 기사를 복사하여 배부하는 것을 금지하는 규정이다. 신문·통신 등의 선거에 관한 보도와 논평의 자유를 보호하는 차원에서 통상적인 발행·배부는 허용하되, 언론이 가지는 사회적 공신력에 비추어 정상적인 배부방법 이외의 방법으로 배부·살포·게시·첩부하는 것은 금지하여 선거의 공정을 확보하고자 함이다. 본 조는 언론이 그 본래의 사명인 보도와 논평을 통하여 국민에게 올바른 판단자료를 제공하는 것을 기대하고 그 보도와 논평의 자유를 존중하고자 하는 취지에서 도입되었다.

　　선거의 공정성을 확보하기 위한 규정이며, 법에 규정된 방식에 의하지 아니한 절차적 측면에서의 탈법행위에 의한 선거운동을 규제하기 위한 것이고, '선거에 관한 기사'의 내용이 진실하지 않은 경우에만 법 제95조의 규제대상이 되는 것으로 볼 수는 없다.[31]

나. 제93조와 제95조의 적용범위

　　본 조에 규정된 신문 등은 후보자의 당락이나 특정 정당에 유리·불리한 기사가 게재되었더라도 통상적인 방법으로 발행·배부하는 경우에는 법 제93조로 처벌하지 않는다.[32] 이는

---

31)　대법원 2007. 10. 25. 선고 2007도3601 판결
32)　대법원 2002. 4. 9. 선고 2000도4469 판결

본 조에 규정된 "신문·통신·잡지 또는 기관·단체·시설의 기관지 기타 간행물"이 일정한 격식을 갖추어 정기적으로 발행되는 것으로 선거에 관한 보도와 논평으로 구성되어 있는 점을 고려하여 선거에 관한 보도와 논평의 자유를 보호하는 차원에서 통상적인 발행·배부의 경우에는 법 제93조를 적용하지 않되, 그 행위가 통상적인 방법을 벗어나 악용되는 때에는 선거에 미치는 영향이 일반적인 문서·도화에 비하여 훨씬 크다는 점에서 더 높은 형으로 처벌하겠다는 취지이다.[33]

2. 신문·잡지 등의 통상방법 외의 배부금지

가. 금지주체 및 기간

누구든지 상시 금지되는 행위이다. 선거운동기간이든 선거운동기간이 아닌 기간에 이루어진 것이든 구분 없이 모두 금지대상에 해당된다.[34]

나. 금지되는 행위

이 법에 의한 경우를 제외하고 선거에 관한 기사를 게재한 신문 등을 통상방법 외의 방법으로 배부·살포·게시·첨부하거나 그 기사를 복사하여 배부·살포·게시·첨부하는 행위이다.

1) 「이 법의 규정에 의한 경우」의 범위

선거운동을 위한 신문 등을 제작하여 배부하거나 그 기사를 복사하여 배부할 수 있는 직접적인 규정은 없다. 하지만 법정 선거운동 방법으로 허용된 선거운동을 함에 있어 그 표현의 수단으로서 신문기사 등을 전재하는 등의 방법은 가능하다. 즉 선거운동을 할 수 있는 자가 선거에 관한 기사를 인터넷홈페이지에 게시하거나 SNS 등 전자우편이나 문자메시지로 전송하는 것(법 제59조)은 가능하다. 선거공보 등에 자신에 대한 우호적인 신문기사나 상대후보자에 대한 비판적 기사를 게재하는 것도 이 법에 의한 경우에 해당되어 가능하다.[35]

물론, 이 경우에도 그 신문기사의 내용이 허위 또는 비방에 해당하는 경우에 그에 대한 책임까지 면제되는 것은 아니다. 따라서 상대 후보자에게 불리한 기사를 선거공보 등에 게재

---

33) 대법원 2005. 5. 13. 선고 2005도836 판결
34) 대법원 2008. 8. 11. 선고 2008도4492 판결
35) 대법원 2000. 12. 12. 선고 99도3097 판결

하는 경우 그 기사내용 자체가 허위사실임을 알고도 게재하는 때에는 본 조에 위반되지 않더라도 허위사실공표죄로 처벌될 수 있다.

2) 「선거에 관한 기사」

선거에 관한 기사는 「후보자(후보자가 되고자 하는 자를 포함)의 당락이나 특정 정당(창당준비위원회를 포함)에 유리 또는 불리한 기사」를 말하며, 이와 무관한 단순한 선거관련 뉴스나 보도는 해당되지 않는다.[36] 「기사」는 보도와 논평을 포괄하는 것으로, '보도'란 객관적인 사실의 전달을 말하고, '논평'이란 정당·후보자 등의 정강·정책·정견·언동 등을 대상으로 이를 논의·비판하는 것을 말한다.

3) 「신문·통신·잡지 또는 기관·단체·시설의 기관지 기타 간행물」

본 조에 규정된 「신문·통신·잡지 또는 기관·단체·시설의 기관지 기타 간행물」은 단순한 문서·도화의 수준을 넘어서서 통상방법에 의한 배부인지 여부를 판단할 수 있을 정도로 상당한 기간 동안 반복적으로 제호, 발행인, 발행일 등을 표기하면서 일정한 격식을 갖추어 발행되는 것에 한정되고, 비록 신문·잡지의 형식을 취하였다고 하더라도 그에 해당하지 않으면 본 조가 아닌 법 제93조의 적용을 받는다. 따라서 잡지의 창간호는 통상방법에 의한 배부인지 여부를 판단할 수 있을 정도로 상당기간 반복적으로 발행·배부하여 오던 것이 아니므로 본 조의 '신문 등'에 해당하지 않으며,[37] 노동조합이 발행한 호외성 간행물 및 임시간행물도 '신문 등'에 해당하지 않는다.[38] 종래 계속적으로 발행해 오던 기관지로서 ○○간행물이 실제로 존재하고, ○○간행물과 같은 표제, 제호, 발행인 등을 사용하여 발행하였으나 형식과 내용을 달리한 것은 본 조에 따라 통상적인 방법으로 배부가 허용되는 「기관지 기타 간행물」에 해당한다고 볼 수 없다.[39]

본 조의 '신문 등'은 반드시 관련법에 의하여 등록○○신고될 것을 요구하지 않고, 정당의 당보(정당기관지), 각종 사회단체의 회보, 노동조합의 기관지 등도 이에 해당되며, 법 제8조의3 또는 법 제8조의4에 따른 선거기사심의위원회의 심의대상이 되는 정기간행물 등에 한정되는 것도 아니다. 한편 방송은 본 조의 적용대상이 아니다. 만약 선거에 관한 방송을 통상방법외의 방법으로 방송하는 경우에는 행위 양태에 따라 법 제98조에 위반될 수 있을 것이다.

---

36) 광주고등법원 2007. 4. 26. 선고 2007노69 판결
37) 대법원 2005. 5. 13. 선고 2005도836 판결
38) 대법원 2005. 5. 13. 선고 2004도3385 판결
39) 대법원 2015. 7. 23. 선고 2015도6244 판결

4)「통상방법 외의 방법으로 배부·살포·게시·첨부」

선거에 관한 기사라 하더라도 통상적인 방법으로 배부한 때에는 본 조에 위반되지 않는다.

「통상방법 외의 방법」이라 함은 종전의 방법과 범위 안에서 발행·배부하는 것을 벗어난 것으로 이는 그 발행목적을 달성하기 위하여 종래 실시되던 방법과 범위에서 일탈한 경우를 의미한다 할 것이고 반드시 특정인에 대한 지지를 유도하기 위한 선거홍보물의 일종으로 배부하는 경우만을 의미하는 것은 아니다.[40]

「배부」는 불특정 다수인에게 교부하는 행위를 지칭하며, 그 성질상 무상이 대부분이겠지만 유상인 경우도 가능하며, 「살포」는 불특정 다수인을 상대로 뿌리는 것, 「게시」는 공중에게 알리기 위하여 걸거나 붙여두는 것, 「첨부」는 광고판 등에 붙이는 것을 의미한다. 종전에는 '배부' 행위만을 금지했으나, 배부보다도 위반 정도가 심한 '살포·게시·첨부' 행위가 죄형법정주의라는 원칙 때문에 처벌되지 않는 사례가 발생하자 2012. 1. 17. 개정 시 '살포·게시·첨부' 행위를 추가로 명시하여 처벌의 공백을 해소하였다.

배부행위라 함은 같은 조항에 규정된 문서·도서 등을 불특정 다수인에게 교부하는 행위를 말하지만, 문서·도서 등을 개별적으로 어느 한 사람에게 교부하였더라도 그로부터 불특정 다수인에게 그 문서·도서 등이 전파될 가능성이 있다면 교부행위의 요건은 충족되는 것인데[41] 피고인 A는 그 주장과 달리 E시외버스터미널 대합실에서 그 곳에 있던 불특정인에게 이 사건 기사 사본을 교부하고 이에 대하여 설명한 사실을 인정할 수 있을뿐더러, 설사 피고인 A의 주장과 같이 X에게만 이 사건 기사 사본을 교부하였다고 하더라도 이 사건 기사 사본이 다른 불특정 다수인에게 전파될 가능성 또한 존재하므로 피고인 A의 행위는 공직선거법 제95조 제1항에서 정하는 배부행위에 해당한다고 봄이 상당하다.[42]

신문 등에 게재된 선거에 관한 기사를 복사하여 배부·살포·게시·첨부하는 것은 통상방법 외의 배부·살포·게시·첨부행위의 한 유형이다. 1개 신문의 기사를 그대로 복사하여 배부·살포·게시·첨부하거나 여러 신문 등에 게재된 기사를 발췌하여 편집·배부하는 것도 포함하는 등 그 방법에는 제한이 없다. 그리고 배부·살포·게시·첨부하는 행위를 금지하고 있으므로 적어도 특정 또는 불특정의 독자들이 읽어볼 수 있는 상태에 두는 정도까지 이르러야 하고, 신문 등을 인쇄·발행한 후 독자들에게 배포하기 전단계인 발행행위만으로는 처벌되지 않는다.

---
40) 대법원 2005. 6. 23. 선고 2004도8969 판결
41) 대법원 2002. 1. 25. 선고 2000도1696 판결
42) 광주지방법원 2015. 3. 26. 선고 2014고합169 판결

3. 중앙선거관리위원회 행정해석

가. 신문·잡지 기타 간행물

① 선거기사의 복사 게시·전송

예비후보자나 선거운동을 할 수 있는 사람이 일간신문(인터넷신문 포함)에 보도된 기사를 복사하여 인터넷 홈페이지에 게시하거나 전자우편 또는 문자메시지를 이용하여 유권자들에게 전송하는 것은 「공직선거법」 제95조에 위반되지 아니할 것임(2012. 3. 19. 회답).

② 대표이사의 칼럼이 실린 사외보

후보자가 되고자 하는 기업체의 대표이사가 그 업체가 발행하는 사외보에 선거와 관계없는 내용의 자신의 칼럼을 게재하여 종전의 예에 의하여 배부하는 것은 무방할 것임(1994. 6. 25. 회답).

③ 대통령선거 후보자의 유머도 취재 및 보도자료 제공

출판사가 출판하려는 책을 홍보하기 위하여 공정하게 대통령선거 후보자를 취재하고 그 결과를 보도자료의 형식으로 각 언론사에 배부하거나 출판하려는 책에 포함시키는 것은 무방할 것임. 다만, 그 내용이 후보자 비방이나 허위사실유포에 이르지 아니하여야 할 것임(2007. 11. 29. 회답).

④ 국회의원 의정보고서에 신문칼럼 게재 등

1. 후원회지정권자인 국회의원이 후원회 회원들을 대상으로 후보자가 되고자 하는 국회의원을 지지·추천하거나 선거운동에 이르는 내용없이 신년인사장을 발송하는 것은 무방할 것이나, 선거에 관한 기사를 복사하여 신년인사장에 동봉하여 배부하는 것은 공선법 제95조에 위반될 것임.

2. 국회의원 의정보고서에 신문보도 칼럼을 게재하는 것은 무방할 것임(2010. 1. 25. 회답).

⑤ 의회간행물 배부 등

■ 의회소식지 개요
- 발간주기 : 매분기(연4회)
- 주요내용 : 도정질문, 주요의안 처리사항, 상임위별 활동 및 조례·안건 심의 처리사항, 기타 주요 민원처리사항, 기고문 등

1. 가. 지방의회의 의회소식지 배부에 관하여

　지방의회가 현직의원의 수상내역·지역활동 등 후보자가 되려는 지방의회의원의 당락에 유리 또는 불리한 기사를 게재한 기관잡지 형태인 귀문의 의회소식지를 유관단체에 배부하는 것은 직무상 행위로서 무방할 것이나, 통·리·반장이나 일반주민에게 배부하는 것은 「공직선거법」 제85조·제95조에 위반될 것임.

　나. 지방의회의원의 의회소식지 배부에 관하여

　지방의회의원이 귀문의 의회소식지를 유관단체, 통·리·반장, 일반주민에게 배부하는 것은 「공직선거법」 제95조에 위반될 것임.

2. 지방의회의원이 귀문의 의회소식지를 구독하고자 하는 지역구 주민의 자발적 요청에 따라 구독신청방법을 안내하는 것은 「공직선거법」에 위반되지 아니할 것이나, 구독신청자를 모집하여 지방의회에 구독신청자 명단을 제공하는 방법으로 귀문의 의회소식지를 배부하게 하는 것은 같은 법 제95조·제254조에 위반될 것임.

3. 지방의회가 귀문의 의회소식지를 통상의 배부범위를 벗어나는 통·리·반장이나 일반주민에게 확대배부하기 위하여 일선 시·군에 문서로 반상회보 등에 구독신청 요령을 게재하여 구독신청 방법을 안내하도록 하거나 통·리·반장에게 구독신청 방법을 안내하도록 협조요청하거나 반상회 등 마을주민 모임 시 주민센터 직원이 구독신청 방법을 설명하는 방식의 협조요청을 통해 반상회보, 통·리·반장, 주민센터 공무원을 이용하여 구독신청 방법을 홍보하는 것은 「공직선거법」 제85조·제95조에 위반될 것임(2015. 1. 16. 회답).

나. 정당기관지

① 추석 귀성길 당보(정당기관지) 가두배포

1. 정당이 발행하는 인쇄물에 정당법 제37조 제2항에 따른 자당의 정책이나 정치적 현안만이 게재되어 있는 경우 그 형식이 정당의 기관지라 하더라도 정당이 이를 선거기간이 아닌 때에 일반선거구민에게 배부하는 것은 법 제93조 및 제95조에 위반되지 아니함(2013. 11. 26. 운용기준).

2. 정당이 위 1에 따라 인쇄물을 배부하는 경우 그 장소에서 자당의 정책과 정치적 현안에 대한 내용으로 현수막 또는 어깨띠를 게시·착용하거나 확성장치를 사용하는 것은 무방할 것임. 다만, 확성장치의 사용이 다른 법률에 위반되는지 여부는 우리 위원회의 소관사항이 아님(2006. 9. 29. 회답).

② 정당의 집회개최 시 당보 배부 등

　　1. 정당이 단독 또는 시민단체와 공동으로 특정 정당이나 후보자가 되고자 하는 자를 지지·추천하거나 반대함이 없이 시국현안에 관한 집회를 개최하면서 참석자들에게 시국현안관련 해당정당의 정책 및 입장을 알리는 당보를 배부하는 것은 무방할 것이나, 시민단체가 단독으로 그와 같은 집회를 개최하면서 정당의 당보를 배부하는 때에는 공선법 제95조에 위반될 것임.

　　2. 위 1의 집회 중 당보배부가 가능한 행사에서 당원들이 참석자들에게 당보를 배부하면서 한나라당 명의의 어깨띠를 착용하거나 현수막 게첩(행사장내)하는 것은 무방할 것임(2006. 11. 10. 회답).

③ 당원이 아닌 사람에게 정당기관지 판매

　　1. 정당이 정당기관지 구입을 요청하는 당원이 아닌 사람에게 개별적으로 판매하는 것만으로는 「공직선거법」에 위반된다고 볼 수 없음.

　　2. 정당기관지에 특정 업체 또는 개인의 상업광고를 게재하고 그들로부터 통상적인 범위의 광고료를 받는 것은 무방할 것임.

　　3. 정당이 당헌·당규에 따라 정당의 사무소 내에 정당의 내부기구로서 별도의 법인을 설치하여 정당기관지를 발행하게 하는 것은 무방할 것이며, 이 경우 정당기관지 판매수입은 「정치자금사무관리 규칙」 별표 1의 「기관지발행 사업수입」에 해당하고 그 법인의 수입 및 지출에 관하여는 「정치자금법」 제34조부터 제44조에 규정된 정당의 회계처리 절차를 준수하여야 할 것임(2013. 6. 24. 회답).

4. 판례

① '특보' 표현을 사용한 인쇄물이 법 제95조에서 정한 '기관·단체·시설의 기관지 기타 간행물'에 해당하는지 여부

　　위 인쇄물은 정식 기관지가 아니라 '현자노조 정치위원회 특보'라는 제목으로 2002. 6. 13. 지방선거와 2002. 12. 19. 대통령선거를 맞이하여 위 각 선거 직전에 각 1회 발행되었을 뿐 그 외에는 발행된 일이 없는 인쇄물임을 알 수 있는바, 위 법리에 비추어 보면 위 인쇄물은 공선법 제95조의 해석에 의하여 배부가 허용되는 '신문 등'에 해당하지 않는다고 할 것이다(대법원 2005. 5. 13. 선고 2004도3385 판결).

② '긴급속보' 표현을 사용한 지역협의회 소식지가 법 제95조에서 정한 '기관·단체·시설

의 기관지 기타 간행물'에 해당하는지 여부

검사는 이 사건 소식지가 '긴급속보'라는 표현을 사용한 점, 분량이 1장에 불과 한 점, 뱃터 매표소 게시판에 부착하였던 점 등을 지적하면서 이 사건 소식지는 호외 성 간행물 또는 임시호에 해당한다고 주장한다. 그러나 이 사건 소식지에서 '긴급 속보'라는 표현은 일회성 호외라는 의미라기보다는 그 전에 발행된 소식지들이 다 루었던 대선후보자들에 대한 북도대교 건립 대선공약 채택요청에 대한 결과가 이 제 막 도착하였다는 의미를 강조하여 독자의 관심을 이끌어 내고자 하는 표현으로 보이고, 분량이 1장에 불과한 것은 그 전에 발행된 8호와 10호도 분량이 각 1장이 었기에 이례적인 것은 아니며, 게시판에 게시한 것 역시 그 전후 발행된 소식지들 도 같은 방법으로 게시 되었기에 통상적인 배부의 방법이나 범위를 벗어났다고 보 기 곤란하고 나아가 그 내용 역시 보도와 논평의 범위를 넘는 것으로 보기도 어렵다. 따라서 이와 다른 전제에 선 검사의 주장은 이유 없다(서울고등법원 2013. 11. 28. 선고 2013노2570 판결, 대법원 2014. 2. 27. 선고 2013도15370 판결)

③ 신문 간지에 선거에 관한 기사가 게재된 정당의 당보 배부

일간신문 배달원에게 선거에 관한 기사가 게재된 정당의 당보를 신문 간지로 끼워서 구독자들에게 배부하게 하는 행위는 공직선거및선거부정방지법상 '신문·잡지 등의 통 상방법 이외의 배부죄'에 해당한다(대법원 1997. 5. 9. 선고 97도729 판결).

④ 후보자에게 불리한 신문기사 배부

피고인이 국회의원 선거 후보자에게 불리한 내용의 기사를 게재한 이 사건 신문을 발 행한 사실, 피고인은 평소 3,000부 내지 5,000부의 신문을 발행하였는데 이 사건 신 문은 발행부수가 13,000부에 이르고, 평소 배부처가 아니었던 자유민주연합 노원을 지구당에 2,000부를 새로 배부한 외에 종전부터 배부하던 곳에도 많은 양의 신문을 배부한 사실을 인정한 다음, 이에 비추어 보면 피고인이 광고수주로 인하여 발행부수 를 늘리려고 하는 의도가 일부 있었다 하더라도 피고인의 행위는 전체적으로 보아 선 거에 관한 기사를 게재한 신문을 통상방법 외의 방법으로 배부한 것으로 이는 공직선 거및선거부정방지법 제252조 제1항, 제95조 제1항 위반죄에 해당한다(대법원 2000. 12. 8. 선고 2000도4600 판결).

⑤ 지역신문 발행인인 피고인이 지방자치단체장 선거 입후보 예정자들에게 불리한 내용 이 전체 지면의 3분의 1 이상 채워져 있는 신문을 평소 발행부수보다 3배 이상으로 발 행·배부한 행위

먼저 원심이 인정한 사실관계에 의하더라도, 피고인은 ○○○신문을 창간한 2007. 3. 19.

부터 이 사건에서 문제된 위 2009. 12. 28.자 신문을 발행하기 전까지 통상 1,500 ~ 3,000부 정도를 발행하였을 뿐 10,000부를 발행한 것은 불과 3회에 불과하고, 그것도 2009년 들어서는 한 번도 없었다는 것이므로, 위 2009. 12. 28.자 신문은 평소보다 3배 이상 많이 발행되었음이 분명하고, 나아가 위 신문은 유료구독자가 거의 없어 주로 피고인과 기자인 공소외 1이 상가, 아파트 등을 돌아다니면서 배부하였다는 것이므로 피고인이 위와 같이 증가한 발행부수를 평소 배부되지 않던 곳에 배부하거나 종전에 배부하던 곳에도 더 많은 부수를 배부하였을 것임은 경험칙상 명백하다. 이와 함께 피고인이 위 2009. 12. 28.자 신문을 발행하기 전에 3회에 걸쳐 충주시장 선거에 무소속으로 입후보하였다가 낙선하였고 그 후인 2010. 6. 2. 지방선거에서도 충주시장 후보로 무소속 출마하였다가 낙선한 이력에 비추어 피고인은 민주당 소속으로 충청북도지사에 입후보할 예정인 공소외 2, 충주시장에 입후보할 예정인 공소외 3과는 정적 내지 경쟁자의 관계에 있다고 할 것인 점, 위 2009. 12. 28.자 신문은 전체 16면 중 6면에 걸쳐 위 공소외 2, 3을 노골적으로 비판하고 그 입후보를 반대하는 내용으로 채워져 있는 점 등 기록에 나타난 여러 사정을 앞에서 본 법리에 비추어 살펴보면, 설령 피고인이 위 2009. 12. 28.자 신문을 발행함에 있어 평소보다 많은 광고수입을 얻었고 그로 인하여 광고효과 또는 홍보효과를 높이기 위하여 발행부수를 늘린 측면이 있다고 하더라도, 위와 같이 평소보다 3배 이상 많은 10,000부를 발행하여 배부한 행위는 전체적으로 보아 종전의 방법과 범위를 벗어나서 발행·배부한 경우에 해당한다고 보아야 할 것이다. 그럼에도 원심은 이와 달리 무죄를 선고한 제1심판결을 그대로 유지하였으니, 원심판결에는 법 제95조 제1항 위반죄에 관한 법리를 오해하여 판결에 영향을 미친 위법이 있다고 할 것이다(대법원 2011. 1. 27. 선고 2010도14940 판결).

⑥ 후보자에게 유리한 기사를 평소 발행부수보다 많은 8,000부를 발행하고 그 중 100부를 일간신문에 삽입·배부

이 사건에 관하여 보건대, 이 법원이 적법하게 채택한 증거들에 의하여 인정되는 다음과 같은 사정들 즉, ① 피고인이 해당 신문을 평소 발행부수인 1,000부 내지 2,000부보다 4배 이상 많은 8,000부를 발행하고 그 중 6,000부를 H지역으로 보내어 그 중 일부를 배부한 점, ② 피고인이 평소에는 B 신문을 발행하여 창원의 관공서 등에 배부하여 왔을 뿐 H로 배부한 적은 없었으나, 'M'은 평소와 달리 H로 배부하였고, 그 배부처도 관공서가 아닌 일반 상가 및 아파트 등인 점, ③ 배부방법도 평소와 같은 관공서나 일반인에 직접 배부하던 방식이 아닌 일간지에 삽입하여 배부한 점, ④ 원래 인터넷에 게재된 'M'은 그 1면에 기재된 제목이 "P"였으나, 실제 H지역에 배포된 'M'은 그 1면

에 "Q"라는 제목으로 기재되어 있어 인터넷에 게재된 제목과 다를 뿐만 아니라 그 기사의 내용도 "K 의원, 억울한 E 후보 구하기 나서" 등으로 E 후보자에게 일방적으로 유리한 내용인 점 등을 종합하면, 피고인이 배부한 신문에 게재된 기사의 내용, 증간 부수 및 경위, 배부처 기타 제반 사정에 비추어 그 행위가 전체적으로 보아 종전의 방법과 범위 안에서 발행·배부한 것으로 볼 수 없으므로 피고인이 선거에 관한 기사를 게재한 신문을 통상방법 외의 방법 으로 배부한 것으로 봄이 상당하다(창원지방법원 진주지원 2014. 12. 4. 선고 2014고합115 판결).

⑦ 의정보고회 행사장 내 접수대에 지역신문을 놓아둔 행위

① 피고인은 격주로 신문(제호 F 또는 Q)을 5,000 ~ 10,000부 정도 발행하여 오다가 경영 악화로 2014. 4. 9.경 발행을 중단하였다. 피고인은 이후 2015. 12.경까지 장기간에 걸쳐 신문을 발행하지 않았으며, 인쇄업체에 대한 채무도 약 240만 원 남아있었다. 그 후 피고인은 2016. 1. 7.경에 이르러서야 제178호 신문 3,000부를 발행하였다.

② 공직선거법 제95조 제1항에서 말하는 '통상방법 외의 방법'이라 함은 그 발행 목적을 달성하기 위하여 종래 실시되던 방법과 범위에서 일탈한 경우를 의미한다 할 것이고 반드시 특정인에 대한 지지를 유도하기 위한 선거홍보물의 일종으로 배부하는 경우만을 의미한다고 볼 수는 없다(대법원 2005. 6. 23. 선고 2004도8969 판결 참조). 피고인이 1년 넘게 발행된 적이 없는 신문을 선거일 즈음에 다시 발행하고, 이를 일반 대중보다 정치적 관심도가 높은 사람들이 참석할 것으로 보이는 I 의원 의정보고회 행사장 내 접수대 등에 놓아둔 것은 피고인이 과거 신문을 배부하던 태양에 비추어 보더라도 그 방법과 범위를 일탈한 경우에 해당한다(대법원 2017. 5. 11. 선고 2017노4053 판결, 광주고등법원 2017. 2. 16. 선고 2016노564 판결).

⑧ 신문의 통상방법 외 배부행위 방조

A는 ○○시장 선거와 관련하여, 2018. 4. 26.경 "모래성, ☆☆당의 몰락!"이라는 제목의 ○○시장 후보자 C(☆☆당) 및 ☆☆당에게 불리한 기사를 게재한 2018. 4. 24.자 ××뉴스를, ××뉴스 기자 D로 하여금 ○○시, ××교회 건물, ○○시에 있는 아파트 단지 엘리베이터 옆, 경로당, 인근 상가 등에 270부를 배포하게 한 것을 비롯하여, ××뉴스 기자들, A가 운영하는 무료경로식당 '△△'를 이용하는 노인 등을 통하여 ○○지역 주택가, 아파트 단지에 놓아두는 방법으로 4,000부 상당을 배포하였다. B는 2013. 10.경부터 현재까지 '××뉴스' 신문의 ▲▲로 근무하는 사람이다. B는 2018. 6. 8. 10:00경부터 12:00경까지 사이에 ○○시에 있는 아파트에서 A가

"또 터진 비리의혹, ○○시외버스 터미널 부지 누구 겁니까?"라는 제목의 ○○시장 후보자 C(☆☆당)에게 불리한 기사를 게재한 2018. 6. 8.자 '××뉴스' 합계 5,000부 상당을 배포할 때, 그 사실을 알면서도 B의 스포티지 승용차를 이용하여 신문을 운반하거나, 각 아파트 단지 내에서 수레에 신문을 싣고 이동하면서 A와 구역을 나누어 신문을 배포하는 등 그 범행을 용이하게 함으로써 A의 통상방법 외의 배포행위를 방조하였다(서울고등법원 2019. 4. 24. 선고 2019노387 판결).

⑨ 선거에 관한 기사를 복사하여 아파트 단지 내 설치되어 있는 모니터에 방영

피고인은 2018. 5. 10.경 포항시 남구 대이로에 있는 ○○조합 겸 주식회사 △△ 사무실에서 A 후보의 당선에 불리한 내용이 담긴 'A 후보 유권자 원숭이 취급 논란'이라는 제목의 2018. 5. 8.자 기사의 제목 부분 및 기사 내용 중 '6. 13. 지방선거를 앞두고 A 도교육감 예비후보의 두 컷 만화가 유권자들을 원숭이에 비유했다며 후보자들 사이에 논란이 커지고 있다.' 부분을 드래그하여 복사한 후 파워포인트 프로그램에 붙여 넣고 기사에 실린 사진을 복사한 후 파워포인트 프로그램에 붙여 넣은 다음 송출할 모니터 크기에 맞게 편집하여 2018. 5. 10. 12:40경부터 2018. 5. 11. 12:00경까지 이틀에 걸쳐 ×× 단지 내 엘리베이터에 설치되어 있던 총 37대의 모니터에 1분당 약 15초씩 방영하고, 2018. 5. 11.경 위 사무실에서 B 후보의 당선에 유리하고 A 후보의 당선에 불리한 내용이 담긴 'B 21.4%, A 16.0%'이라는 제목의 2018. 5. 11.자 기사의 제목 부분 및 기사 내용 중 '도교육감 선거 여론조사에서 B 후보가 지지도에서 타 후보에 비해 우세해 꾸준한 상승세를 유지하고 있는 것으로 나타났다. □□은 지난 9 ~ 10일 여론조사 전문회사인 '××'에 의뢰해 도교육감 선거 여론조사를 실시했다.' 부분을 드래그 하여 복사한 후 파워포인트 프로그램에 붙여 넣은 다음 송출할 모니터 크기에 맞게 편집하여 2018. 5. 11. 12:00경부터 2018. 5. 13. 12:00경까지 사흘에 걸쳐 ▲▲아파트 단지 내 총 37대의 엘리베이터에 설치되어 있던 모니터에 1분당 약 15초씩 방영하였다. 이로써 피고인은 선거에 관한 기사를 복사하여 게시함과 동시에 선거운동기간 전에 B의 당선 및 A의 낙선을 위한 선거운동을 하였다(대구지방법원 포항지원 2019. 1. 31. 선고 2018고합98 판결).

⑩ 선거운동기간 전에 개최된 걷기대회에서 지방자치단체장 선거 출마예비자에 관한 홍보성 기사가 게재된 잡지를 참가자들에게 배부한 행위

원심은, 그 적법하게 조사하여 채택한 증거들에 의하여 그 판시와 같은 사실을 인정한 다음, 피고인이 지방자치단체장 선거를 위한 선거운동기간이 아닌 2007. 5. 5.에 개최

된 이 사건 걷기대회에서 시흥시장인 공소외인에 대한 홍보성 기사가 게재된 유가지인 퀸 5월호 1,500부를 기념품 명목으로 시흥시민들에게 무료로 배부한 행위는 걷기대회의 성공과 '퀸' 지에 대한 홍보 목적이 다소 포함되어 있었다고 하더라도 전체적으로 보아 선거에 관한 기사를 게재한 잡지를 통상방법 외의 방법으로 배부한 것으로서 공선법 제252조 제1항, 제95조 제1항에 해당하고, 나아가 차기 지방자치단체장 선거에 관하여 '후보자가 되고자 하는 자'인 공소외인을 위하여 기부행위를 한 것으로서 공선법 제257조 제1항 제1호, 제115조에 해당한다고 인정하여 피고인의 이 부분 공소사실을 유죄로 인정한 제1심판결이 정당하다고 판단하였다. 원심판결 이유를 위와 같은 법리와 기록에 비추어 살펴보면, 원심의 이와 같은 사실 인정 및 판단은 정당한 것으로 수긍할 수 있으며, 원심판결에는 상고이유에서 주장하는 바와 같이 공선법 제95조의 구성요건 및 제115조의 선거관련성에 관한 법리 등을 오해한 위법이 없다(대법원 2008. 8. 11. 선고 2008도4492 판결).

⑪ 무가지인 지역신문 배부 행위가 법 제95조 제1항이 정한 '통상방법 외의 방법'으로 배부한 행위에 해당하지 아니하는 경우

원심은, ① 피고인이 발행하는 ○○지역신문은 무가지인 지역신문으로서 광고주를 통하여 수입을 얻을 수밖에 없고 평소 경영난에 시달려 발행 횟수나 부수를 일정하게 유지할 수 없었던 상황이어서 과거 지역 주민의 관심이 집중되는 국회의원선거, 지방선거 등 정치적 현안 또는 재개발, 재건축 등 지역적 현안이 있는 경우와 광고주의 특별한 요청이 있는 경우에는 평균보다 발행부수를 늘려 15,000부 내지 20,000부, 30,000부가 발행되기도 하였으므로, 이 사건 선거 전의 2014. 3. 20.자 20,000부, 이 사건 각 기사가 게재된 2014. 5. 3.자 및 2014. 6. 2.자 각 20,000부의 ○○지역신문 발행은 평소보다 발행·배포 부수가 증가한 것이라고 볼 수 없는 점, ② 피고인은 이 사건 각 기사가 게재된 ○○지역신문도 종전과 마찬가지로 피고인의 아들과 아들의 친구 2명 등 총 3인의 아르바이트생을 고용하여 ○○아파트 입구 등에만 이를 배부하였던 것으로 보이고 피고인이 이를 종전과 다른 배부방법을 사용하여 배부하였다고 보기는 어려운 점, ③ 이 사건 각 기사의 내용은 공소외 1의 기자회견 내용과 공소외 2의 선거공보 제11면의 내용을 취재하여 그대로 보도한 것으로서 공소외 3 예비후보자와 공소외 4 후보자 측의 각 해명과 반박내용을 함께 게재하여 비교적 객관적 사실을 보도한 것으로 보이는 점 등 그 판시와 같은 사정들을 들어, 피고인이 종전에 ○○지역신문을 발행하던 방법이나 범위를 일탈하여 공직선거법 제95조 제1항이 정한 '통상방법 외의 방법'으로 이를 배부하였다고 보기는 어렵다고 판단하였다.

원심판결 이유를 앞서 본 법리와 기록에 비추어 살펴보면 원심의 판단은 정당한 것으로 수긍이 가고, 거기에 상고이유의 주장과 같이 논리와 경험의 법칙을 위반하고 자유심증주의의 한계를 벗어나거나 공직선거법 제95조 제1항의 '통상방법 외의 방법'에 관한 법리를 오해 하는 등의 위법이 없다(대법원 2015. 10. 29. 선고 2015도11806 판결).

제도개선

① 인쇄물을 이용한 정치적 표현의 자유 확대(제93조 제1항)

선거에 영향을 미치게 하기 위하여 '광고, 문서·도화 첩부·게시', '벽보 게시', '인쇄물 배부·게시' 부분에 대하여 헌법재판소가 헌법불합치 결정(2022. 7. 21. 결정 2017헌바100 등)을 하였으나, 선거일전 180일에서 그 기간만 선거일전 120일로 개정하여 현행법은 선거일 전 120일부터 선거일까지는 선거에 영향을 미치게 하기 위하여 정당·후보자를 지지·추천·반대하거나 정당·후보자의 명칭 또는 성명을 나타내는 일반유권자의 인쇄물 등의 배부·첩부·게시 등이 금지되고 있다.

 헌법재판소 결정 취지에 따라 선거에 영향을 미치는 행위에 이르더라도 선거운동에 이르지 아니하는 인쇄물 등의 배부 등은 상시 허용하여 표현의 자유를 확대 보장하고, 선거운동 목적의 인쇄물 등의 경우에는 선거운동기간 중 선거운동을 할 수 있는 사람이라면 누구든지 배부·비치할 수 있도록 허용하되, 도시미관과 일상생활의 평온을 고려하여 첩부·게시는 금지하려는 것이다. 다만, 선거사무소·선거연락소·선거대책기구·정당 당사 및 정당선거사무소에는 첩부·게시할 수 있도록 할 필요가 있다.

② 후보자 등 명의를 나타내는 물품 광고 등 제한 완화(제93조 제2항)

현행법은 누구든지 선거일전 90일부터 선거일까지는 정당 또는 후보자의 명의를 나타내는 물품 등을 이 법에 규정되지 아니한 방법으로 광고할 수 없으며, 후보자는 방송·신문·잡지 기타의 광고에 출연할 수 없다.

 선거에 영향을 미치거나 선거운동에 이르는 인쇄물 등을 폭넓게 허용하는 경우, 물품 광고가 선거에 영향을 미친다고 하더라도 선거운동에 이르지 않는다면 가벌성이 없다고 보아야 할 것이고, 선거운동에 이르는 광고는 각 금지 규정에 따라 처벌할 수 있으므로 정당·후보자 명의를 나타내는 물품 광고를 허용할 필요가 있다.

다만, 방송·신문·잡지 등 광고에 입후보예정자 출연을 허용할 경우 정치세력과 금력, 언론이 결합하여 선거의 공정을 해할 가능성이 상당하므로 이를 제한하는 것은 필요하다.

③ 선거운동 권유·약속을 위한 신분증명서 발급 등 금지 폐지(제93조 제3항)

현행법은 누구든지 선거운동을 하도록 권유·약속하기 위하여 선거구민에 대하여 신분증명서 등을 발급·배부·징구하거나 하게 할 수 없다.

선거에 영향을 미치거나 선거운동에 이르는 인쇄물 등을 폭넓게 허용하는 경우 신분증명서 등도 허용되는 인쇄물에 해당하며, 국민 의식의 성숙으로 신분증명서 발급·배부·징구 등으로 인해 심리적으로 구속되어 유권자의 판단의 자유 및 선택의 자유 등 선거의 자유가 침해된다고 단정하기 어려우므로 정치적 표현의 자유를 폭넓게 보장하기 위해서,

선거운동과 관련한 인쇄물의 발급·배부·징구를 통해 정치적 의사표현을 자유롭게 할 수 있도록 개정될 필요가 있다.[43]

---

43) 중앙선거관리위원회. 공직선거법 개정의견(2023.1)

제14장

출판기념회 관련 규율

제14장

출판기념회 관련 규율

> **제103조(각종집회 등의 제한)** ⑤ 누구든지 선거일전 90일(선거일전 90일후에 실시사유가 확정된 보궐선거등에 있어서는 그 선거의 실시사유가 확정된 때)부터 선거일까지 후보자(후보자가 되고자 하는 자를 포함한다)와 관련있는 저서의 출판기념회를 개최할 수 없다.

1. 개요

과거 후보자가 되고자 하는 자들이 선거를 앞두고 다수의 저서를 출간하고 그에 대한 출판기념회를 빙자하여 자신을 선전하거나 세를 과시하는 기회로 활용하는 사례가 빈번하여 이를 제한하기 위해 규정된 조항이다. 출판기념회 개최 목적이 선거에 영향을 미칠 목적인 여부를 요구하지 않는다.

2. 제한 내용

가. 금지주체 및 기간

「누구든지」 금지된다. 후보자 본인뿐만 아니라 출판사도 개최할 수 없다. 금지기간은 「선거일전 90일(선거일전 90일후에 실시사유가 확정된 보궐선거등은 그 실시사유가 확정된 때)부터 선거일」까지이다.

나. 금지되는 범위

금지되는 범위도 제한이 없다. 「후보자(후보자가 되고자 하는 자를 포함한다)와 관련 있는 저서의 출판기념회」라면 개최장소나 참석대상에 불구하고 금지된다.

다. 금지되는 행위

후보자와 관련있는 저서의 출판기념회를 개최하는 것이다. 반드시 후보자 본인이 저술한 저서뿐만 아니라 다른 사람이 저술한 것이라 하더라도 후보자와 관련이 있는 저서이면 이에 해당된다. 하지만 저서가 아닌 경우에는 비록 그와 유사한 경우라도 본 규정을 직접 적용할 수는 없다. 따라서 후보자가 되고자 하는 자가 '음반'을 출시하고 그 기념행사를 선거구 안에서 개최하더라도 본 규정은 적용되지 않는다. 또한 일반 저서의 '사인회'도 법에 따라 개최가 제한되는 출판기념회에 해당되지 아니하므로 선거기간이 아닌 때에 출판기념회에 이르지 아니하는 방법으로 통상적인 사인회를 개최하는 것은 가능하다.[1]

선거에 영향을 미칠 목적도 요구하지 않으므로 출판사가 저서의 판매를 목적으로 개최하는 경우도 금지된다. 선거일 전 90일 전에 다수의 일반 선거구민을 초청하여 출판기념회를 개최하는 경우 행사 진행 과정에서 후보자가 되고자 하는 국회의원의 당선을 도모하는 행위임을 선거인이 명백히 인식할 만한 객관적 사정이 있는 경우에 한하여 제한하고 있다.[2] 그리고 법 제93조에서는 후보자의 명의를 나타내는 저서를 선거일 전 90일부터 이 법에 규정되지 않은 방법으로 광고하는 행위를 금지하고 있다.

3. 중앙선거관리위원회 행정해석

① 출판기념회 개최시기

후보자가 되고자 하는 자와 관련 있는 저서의 출판기념회는 후보자가 되고자 하는 그 선거의 선거일 전 90일(선거일 전 90일후에 실시사유가 확정된 보궐선거 등에 있어서는 그 선거의 실시사유가 확정된 때) 전에 개최할 수 있을 것임(2007. 5. 29. 회답).

② 후보자가 되려는 자의 저서 사인회 개최

후보자가 되려는 자의 일반 저서의 사인회는 「공직선거법」 제103조 제5항에 따라 선

---

[1] 중앙선거관리위원회 2010. 4. 28. 회답
[2] 중앙선거관리위원회 2016. 12. 2. 운용기준(대법원 선거운동 판단기준 변경에 따른 선례 정비 제2차)

거일 전 90일부터 개최가 제한되는 출판기념회에 해당되지 아니하므로 선거기간이 아 닌 때에 출판기념회에 이르지 아니하는 방법으로 통상적인 사인회를 개최하는 것은 무방할 것임. 다만, 저서 사인회의 개최시기·횟수·방법 등이 출판업계에서 일반적으 로 이루어지는 범위를 벗어나 후보자가 되려는 자를 선전하는 행사에 이르는 때에는 같은 법 제254조에 위반될 것임(2010. 4. 28. 회답).

③ 국회의원의 출판기념회 개최

1. 국회의원이 후보자가 되려는 선거의 선거일 전 90일(선거일 전 90일 후에 실시사유가 확 정된 보궐선거 등에 있어서는 그 선거의 실시사유가 확정된 때) 전에 선거운동의 목적 없이 출판기념회를 개최하는 것은 무방할 것임. 이 경우 다른 공직선거의 선거기간 중에 그 선거에 영향을 미치게 하기 위한 집회에 이르러서는 아니 될 것임.

2. 전화·초청장 등 통상적인 방법으로 사회통념상 의례적인 범위안의 인사를 초청하 여 출판기념회를 개최하는 것은 무방할 것이며, 초청장에는 주최자명·일시·장소 등 통상적인 고지에 필요한 사항 외에 사진·경력 등 후보자가 되려는 자를 홍보·선 전하는 내용을 게재하여서는 아니 될 것임.

※ 출판기념회 초청장에 주최자명·일시·장소 외에 후보자가 되려는 저자의 사진을 게재하는 것도 출판기 념회 초청목적 범위 내의 것으로 보아 무방함(2013. 11. 26. 운용기준).

※ 일반 선거구민을 대상으로 출판기념회를 개최하는 것만으로는 공직선거법 제254조에 위반되지 아니 하나, 행사 진행 과정에서 후보자가 되고자 하는 국회의원의 당선을 도모하는 행위임을 선거인이 명백 히 인식할만한 객관적 사정이 있는 경우에는 같은 법 제254조에 위반될 것임[2016. 12. 2. 대법원의 선 거운동 판단기준 변경에 따른 관련 선례 정비(제2차)].

※ 선거일 전 180일(現 120일) 전에 일반 선거구민에게 초청장을 발송하는 것은 법 제254조에 위반되지 아니할 것이나, 선거일 전 180일(現 120일)부터 선거일까지 발송하는 것은 법 제93조에 위반됨[2017. 12. 19. 대법원의 선거운동 판단기준 변경에 따른 관련 선례 정비(제3차)].

※ 출판기념회 초청장에 국회의원 후원회의 명칭과 계좌번호를 게재하여 발송하는 것은 법 제254조에 위 반되지 아니함. 다만, 선거일 전 180일(現 120일)부터 선거일까지는 법 제93조 및 「정치자금법」 제15 조 위반으로 본 운용선례를 유지함[2017. 12. 19. 대법원의 선거운동 판단기준 변경에 따른 관련 선례 정비(제 3차)].

3. 출판기념회 개최장소에 행사개최·진행에 필요한 사항을 게재한 현수막 또는 포스 터 등을 행사안내에 필요한 통상적인 범위 안에서 게시·첨부하거나 선거일 전 180

일[現 120일(보궐선거 등에서는 그 선거의 실시사유가 확정된 때. 이하 같음)] 전에 당해 국회의원의 사무실 외벽에 게시·첨부하는 것은 무방할 것이나, 후보자가 되려는 자를 홍보·선전하는 내용을 게재하거나 거리에 게시하거나 선거일 전 180일(現 120일)부터 선거일까지 국회의원의 사무실 외벽에 게시·첨부하는 때에는 행위 시기 및 양태에 따라 법 제90조·제93조 또는 제254조에 위반될 것임.

⇨ 「옥외광고물 등의 관리와 옥외광고산업 진흥에 관한 법률」 등 다른 법률에 위반되는지 여부는 별론으로 하고 통상적인 고지목적의 범위에서 거리현수막 또는 인쇄물을 게시·배부하는 것은 법 제254조에 위반되지 아니함. 다만, 선거일 전 180일(現 120일)부터는 법 제90조 또는 제93조에 위반될 것임[2016. 12. 2. 대법원의 선거운동 판단기준 변경에 따른 관련 선례 정비(제2차)].

4. 출판기념회 참석자에게 저서를 시중 가격으로 판매하는 것은 무방할 것이나, 선거구 안에 있는 자나 선거구민과 연고가 있는 자에게 무료 또는 싼값으로 제공하는 때에는 법 제113조에 위반될 것임.

5. 출판기념회 개최시 통상적인 범위(1천원 이하)의 차·커피 등 음료(주류를 제외함)를 제공하는 것은 무방할 것이나, 그 외의 음식물을 제공하는 때에는 법 제113조에 위반될 것임(2011. 9. 27. 회답).

④ 페이스북을 이용한 출판기념회 초대장 발송 등

🗨 비례대표국회의원(2014. 6. 4. 실시되는 제6회 전국동시지방선거의 입후보예정자가 아님)이 저술한 책에 대하여 출판기념회(개최예정일 : 4월말)가 개최될 예정입니다.

1. 본 국회의원이 출판기념회 초대장 이미지파일을 전자우편(E-mail), 문자메시지, 카카오톡(모바일메신저), 페이스북 등 SNS(소셜 네트워크 서비스)로 게시·발송 가능한지 여부 및 출판기념회에 초대하는 내용을 전자우편, 문자메시지, 카카오톡, SNS 등 온라인으로 발송 가능한지 여부

2. 본 국회의원이 자신이 개설한 인터넷 홈페이지나 블로그에 초대장 이미지 파일을 게시하는 것이 가능한지 여부

🗨 1. 귀문의 경우 국회의원이 사회통념상 의례적인 한정된 범위안의 인사를 초대하여 출판기념회를 개최하는 것은 무방할 것이나, 광범위한 선거구민에게 귀문과 같은 방법으로 출판기념회에 초대하는 내용을 전송하여 출판기념회를 이용한 선거운동에 이르는 때에는 「공직선거법」 제254조에 위반될 것임.

⇨ 일반 선거구민을 대상으로 출판기념회를 개최하는 것만으로는 법 제254조에 위반되지 아니함. 다만 행사 진행 과정에서 후보자가 되고자 하는 국회의원의 당선

을 도모하는 행위임을 선거인이 명백히 인식할 만한 객관적 사정이 있는 경우에는 법 제254조에 위반될 것임[2016. 12. 2. 대법원의 선거운동 판단기준 변경에 따른 관련 선례 정비(제2차)].

2. 귀문의 경우 무방할 것임(2014. 4. 23. 회답).

⑤ 출판기념회 초청장에 후원회 계좌번호 게재

공직선거의 후보자가 되려는 국회의원이 사회통념상 의례적인 범위의 인사에게 발송하는 출판기념회 초청장에 단순히 국회의원후원회의 명칭과 계좌번호를 게재하는 것은 무방할 것임. 다만, 다수의 일반 선거구민에게 그 초청장을 발송하는 것은 후보자가 되려는 사람을 선전하는 행위에 해당될 것이므로 「정치자금법」 제15조 및 행위시기에 따라 「공직선거법」 제93조 또는 제254조에 위반될 것임(2014. 11. 13. 회답).

※ 후원회의 명칭과 계좌번호가 게재된 출판기념회 초청장을 발송하는 것은 공직선거법 제254조에 위반되지 아니함. 다만, 선거일 전 180일부터 선거일까지는 공직선거법 제93조 및 정치자금법 제15조에 위반됨[2017. 12. 18. 대법원의 선거운동 판단기준 변경에 따른 선례 정비(제3차)].

⑥ 입후보예정자의 사진이 포함된 출판기념회 개최 안내 현수막 게시 등

1. 저자가 선거일 전 180일(現 120일) 전에 자신의 성명·사진 등이 포함된 출판기념회 개최를 알리는 통상적인 내용의 현수막을 거리에 게시하는 것은 「옥외광고물 등의 관리와 옥외광고산업 진흥에 관한 법률」 등 다른 법률에 위반되는지 여부는 별론으로 하고 「공직선거법」에 위반되지 아니할 것임. 다만, 선거일 전 180일(現 120일)부터 선거일까지 후보자가 되려는 저자의 성명이나 사진을 게재한 현수막을 입후보하려는 지역의 거리에 게시하는 경우에는 같은 법 제90조에 위반될 것이며, 같은 법 제103조 제5항에 따라 선거일 전 90일부터 선거일까지는 후보자가 되려는 사람과 관련있는 저서의 출판기념회를 개최할 수 없음.

2. 입후보예정자인 저자가 출판기념회 초대장 이미지 파일을 문자메시지·전자우편·NS(카카오톡·페이스북 등)으로 전송하는 것은 「공직선거법」에 위반되지 아니할 것임(2017. 10. 25. 회답).

※ (질의내용) 초대장에 출판기념회 개최를 알리는 의례적인 내용 외에 선거운동정보는 포함하지 아니하며, 저자의 지인들에게 초대장을 발송

⑦ 지방자치단체장 등 공무원의 출판기념회 참석 및 축사

입후보예정자로부터 출판기념회에 따른 축사 요청을 받고 선거와 무관하게 그의 출판기념회를 축하하는 의례적인 내용의 축사를 하거나 영상축사·축전을 제공하여 그 행

사장소에서 상영·낭독하게 하는 것만으로는 법에 위반된다고 볼 수 없을 것이나, 지방
자치단체장 등 공무원의 축사 내용이 그 입후보예정자가 선거에서 승리하기를 기원하
거나 그의 업적을 홍보하거나 지지·선전하는 등 선거에 영향을 미치는 행위에 이르는
경우에는 행위양태에 따라 법 제9조, 제60조, 제85조, 제86조, 제254조에 위반될 것
임(2019. 12. 3. 제21대 국선 예상쟁점 법규운용기준).

⑧ 출판기념회 참석자에게 축하금 상당의 저서 등 제공

후보자가 되고자 하는 자가 출판기념회를 개최하면서 참석한 선거구민에게 무료 또는
싼값으로 저서를 제공하거나 통상적인 범위의 차·커피 등 음료 외의 음식물을 제공하
는 것은 축하금 제공여부를 불문하고 공선법 제113조에 위반될 것임(2010. 9. 15. 회답).

⑨ 출판기념회에서 출판 축하금 제공

단순히 저서의 출판을 축하하기 위하여 의례적인 범위 안에서 제공하는 축하금품에
대해서는 「정치자금법」에 위반된다고 볼 수 없을 것임. 다만, 명목여하를 불문하고 국
회의원 등 정치활동을 하는 자의 정치활동에 소요되는 비용을 「정치자금법」에 정하지
아니한 방법으로 제공받는 것은 같은 법 제2조 및 제45조에 위반될 것임(2011. 12. 20.
회답).

⑩ 출판기념회에서의 축가 등

전문연예인 등이 아닌 자가 단순히 한 두 곡 정도의 축가를 부르거나 합창을 하거나
간단한 마술을 보여주는 것은 무방할 것이나, 가수나 전문합창단이 축가를 부르거나
전문가 수준의 마술을 보여주는 것은 행위 양태에 따라 법 제113조 내지 제115조에
위반될 것임(2011. 11. 28. 회답).

⑪ 국회의원 출판기념회 축가

국회의원의 출판기념회에서 전문연예인 등이 아닌 성악전공 학생이 단순히 한 두 곡
정도의 축가를 부르고, 국회의원이 그에게 역무에 대한 정당한 대가로 교통비, 오찬 및
다과를 제공하는 것은 「공직선거법」상 금지되는 기부행위에 해당되지 아니할 것이나,
가수나 전문합창단이 축가를 부르는 것은 행위양태에 따라 「공직선거법」 제113조 내
지 제115조에 위반될 것임(2013. 11. 28. 회답).

⑫ 국회의원 출판기념회에서의 샌드아트 공연

국회의원이 출판기념회를 개최하면서 당해 선거구 안에 있는 자나 당해 선거구의 밖
에 있더라도 그 선거구민과 연고가 있는 자를 대상으로 샌드아트를 직업으로 하는 전
문 예술인을 초청하여 공연하게 하거나, 출판기념회를 위한 전문 예술인의 샌드아트를
동영상으로 제작 하여 상영하는 경우에는 「공직선거법」 제113조에 위반될 것임(2011.

10. 18. 회답).

⑬ 후원회지정권자의 출판기념회에서 후원회 회원 모집행위 등

후원회지정권자인 국회의원이 개최하는 출판기념회 현장에서 후원회 회장·사무국장이 아닌 국회의원 보좌진들이 출판기념회 참석자들과 개별적으로 인사를 나누는 기회에 후원회 가입을 권유하면서 후원회 회원 가입을 희망하는 사람에 한하여 보좌진들이 가지고 있는 CMS 후원가입 신청서를 교부·작성하게 하여 후원회에 넘겨주는 것은 무방할 것임(2014. 7. 25. 회답).

⑭ 출판기념회 등에 쌀화환 제공

입후보예정자의 출판기념회, 선거사무소 개소와 관련하여 단순히 선거사무소의 개소 또는 저서의 출판을 축하·격려하기 위하여 의례적인 범위에서 제공하는 축하화환을 대신하여 쌀화환을 받는 것만으로는 「정치자금법」에 위반된다고 볼 수 없음. 다만, 공직선거의 후보자(후보자가 되려는 사람을 포함함)가 정치활동의 일환으로 하는 구호·자선행위에 사용하기 위한 금품을 모금할 목적으로 선거사무소 개소식 등의 초청장을 통해 이를 고지하여 「민법」 제777조에 따른 친족 외의 자로부터 「정치자금법」에 정하지 아니한 방법으로 쌀화환을 제공받는 것은 같은 법 제45조 제1항에 위반됨(2010. 3. 3. 회답)

⑮ 정치자금으로 출판기념회 개최에 소요되는 비용 지출

1. 국회의원이 본인의 정치자금계좌에 자산을 입금할 수 있는 금액한도나 횟수는 「정치자금법」상 제한하는 규정이 없음.

2. 정치자금을 기부하는 자와 기부받는 자의 관계가 「민법」 제777조의 친족인 경우에는 후원회를 통하지 아니하고 직접 기부하더라도 「정치자금법」 제45조 제1항 단서 규정에 의하여 처벌되지 아니함.

3. 판매를 위한 저작물 출판에 소요되는 경비(출판기념회에 소요되는 비용을 포함함)를 정치자금으로 지출하여서는 아니될 것이며, 그 판매 수익금은 정치자금에 해당되지 아니함(2009. 11. 26. 회답).

4. 판례

① 출판기념회에서 정책홍보 동영상 상영

살피건대, 각 증거들에 의하여 인정되는 다음과 같은 사정 즉, ① 피고인이 공식적으로

발표하지는 않았으나 2009. 2.경부터 피고인의 여수시장선거 출마예정에 대한 기사가 보도되고 있었고, 피고인 스스로도 2008년 하반기 또는 2009. 6.경부터는 선거에 출마할 의사를 가지고 있었으며, 이 사건 출판기념회가 다음 선거에 영향을 미칠 수 있을 것이라는 기대와 출판기념회를 통해 자신을 알리려는 생각을 갖고 있었던 점, ② 동부매일신문에 실린 위 출판기념회의 광고에도 '여수를 사랑하는 사람 ○○○', '30만 시민의 갈증을 풀어줄 21세기를 위한 여수 大計' 등의 문구와 함께 정치인 등의 피고인에 대한 찬사가 포함되어 저서 자체보다도 피고인 개인에 대한 홍보의 뜻이 뚜렷하게 드러난 점, ③ 출판기념회의 초청장이 대부분 선거구민인 여수시민들에게 발송되었고, 1,500여명의 참석자 대부분도 선거구민인 점, ④ 피고인의 자서전과 출판기념회에서 상영한 동영상의 내용도 피고인 개인에 대한 홍보와 함께 피고인이 생각하는 여수발전의 저해요인 및 여수시의 발전 방향에 관한 내용이 상당 부분을 차지하고 있어 여수시장으로서의 자질과 포부를 밝히는데 주안점을 두고 있었던 점 등에 비추어 보면, 이 사건 출판기념회를 개최할 당시 피고인이 6. 2. 지방선거에 여수시장으로 출마할 의사와 이를 위해 피고인을 홍보하고 지지를 호소할 의도가 객관적으로 나타났다고 할 것이므로 이는 사전선거운동에 해당되고, 나아가 이를 단순한 일상적, 사교적, 의례적 행위라고 볼 수 없다(광주지방법원 순천지원 2010. 5. 27. 선고 2010고합58 판결, 광주고등법원 2010. 7. 22. 선고 2010노211 판결).

② 한국자유총연맹 시·군조직 대표자가 출판기념회에서 입후보예정자의 업적홍보를 한 경우

　　한국자유총연맹 시·군 조직 대표자는 선거구민에게 교육 기타 명목 여하를 불문하고, 후보자(후보자가 되려고 하는 자 포함)의 업적을 홍보하여서는 아니 됨에도 불구하고, 피고인은 2014. 1. 17.경 충남 □□군에 있는 '□□군 문예의 전당'에서 개최된 E의 출판기념회에 참석하여 약 1,000여명의 선거구민에게 "E는 P조선소를 설립하여 400여명의 직원을 거느리는 성공한 CEO로서 대성공을 거두었고, 악성부채에 허덕이는 □□수협을 흑자 조합으로 전환시켜 어민들에게 희망을 주었으며, 어민들의 40년 염원임에도 지역정치권이 외면한 대창항 건설 사업에 있어 혼자서 중앙에 인맥을 찾아 430억이라는 큰 예산을 확보해서 2015년에 장항 제련소 밖에 대창항이 완공될 것이다."라는 취지로 연설하여 E의 업적을 홍보하였다(대전지방법원 홍성지원 2014. 6. 26. 선고 2014고합41 판결).

③ 공무원이 군수 출판기념회 개최라는 제목으로 군수의 보도자료를 통해 업적을 홍보한 행위

피고인은 □□군수 비서실장(별정직 6급)으로 근무하는 지방공무원으로서 2014. 2. 24. 10:00경 □□군수 비서실내에서, 2014. 6. 4. 실시되는 제6회 지방선거의 후보자가 되고자 하는 자인 □□군수 ○○○의 출판기념회 홍보를 하기 위하여 볼펜을 이용하여 A4용지 1장에 "□□군 ○○○군수, '꿈, 우리의 꿈은 이루어진다' 출판기념회 개최"라는 제목으로 "○○○ □□군수는 전국 자치단체장 중에서 가장 탁월한 리더십과 열정을 인정받아 '2013 대한민국을 움직이는 자치단체 CEO' 5인의 주인공으로 선정되는 등 남다른 능력을 보여왔다"라는 내용이 포함된 ○○○군수의 업적을 홍보하는 내용의 보도자료를 작성하였다.

그 후 피고인은 2014. 2. 24. 14:09경 위 □□군청 기획감사실 내에서, □□군청 기획감사실 홍보계장 △△△(지방행정 6급)을 통하여 □□군청 기획감사실 직원(지방행정 6급)으로 하여금 위 보도자료를 컴퓨터를 사용하여 한글파일로 작성하게 한 다음 평소 □□군청 홍보와 관련하여 보도자료 등을 배포하며 관리하고 있던 MBC 등 언론사 기자 214명에게 이메일을 통하여 위 보도자료를 발송하게 하여 아시아경제 등에 보도되게 하였다.

이로써 피고인은 공무원임에도 불구하고 언론사 기자를 통하여 선거구민에게 후보자가 되고자 하는 자의 업적을 홍보하는 행위를 하였다(광주지방법원 장흥지원 2014. 9. 15. 선고 2014고합7 판결).

④ 출판기념회를 이용한 업적홍보와 선거운동 기획행위

피고인 A는 I시청 J팀 팀장으로 6급 공무원이고, 피고인 B는 I시청 J팀 소속 8급 공무원이다.

공무원은 선거구민에게 특정 정당이나 후보자의 업적을 홍보하는 행위를 하여서는 아니 되고, 지위를 이용하여 선거운동의 기획에 참여하거나 그 기획의 실시에 관여하는 행위를 하여서는 아니된다.

그럼에도 피고인들은 당시 I시장으로서 2014. 6. 4. 전국동시지방선거 I시장 선거에 출마 예정인 K의 당선을 위하여 실질적으로는 K의 I시장으로서 시정 업적 등을 홍보하는 선거운동의 방식으로 진행되는 K의 저서 'L'에 대한 출판기념회 행사의 기획 및 진행에 관여하기로 순차 공모하였다.

피고인들은 K의 출판기념회 행사 기획에 참고하기 위해 2014. 1. 11.경 M에 있는 N문화회관에서 개최된 N시장 O의 출판기념회에 참석하여 현장 사진을 촬영하면서 참고할 만한 사항을 검토한 후 피고인 B는 'N시장 출판기념회 현장 스케치'라는 제목으로 보고서를 작성해 피고인 A에게 보고하고, 피고인 A는 2014. 1.경 P에 있는 I시청 J팀 사무실에서 J팀 직원을 통해 '시장님 출판기념회 행사계획(안)'을 작성하여 출판기념회를 준비하는 K의 지지자인 Q, R, S, T, U, V, W 등과 I시청 J팀 직원들에게 나눠주어 함께 출판기념회를 준비하면서 피고인 B를 비롯한 J팀 직원들에게 출판기념회에 필요한 각종 자료 등의 작성을 지시하고, 피고인 B는 2014. 1.경 위 I시청 J팀 사무실에서 피고인 A의 지시를 받아 기존에 I시청 J팀 업무를 진행하며 확보하고 있었던 자료를 활용하여 K의 출판기념회 행사 진행에 필요한 자료인 'L 출판기념회 - 주요내빈 축사 소개 자료', '축하 축전 소개 목록', '자서전 기증 시나리오', '출판기념회 행사 안내장'등을 작성해 피고인 A에게 보고하고, 피고인 A의 지시에 따라 기존에 I시청 J팀 업무를 진행하며 확보하고 있던 I 관내·관외 주요 기관·단체장 명단을 토대로 동료 직원과 함께 주요 인사들에게 전화하여 출판기념회 참석여부를 확인한 후 '출판기념회 주요 내빈 참석여부' 보고서를 작성하고, I시청에 보관중인 I 관내 각종 단체간부 명단을 활용해 동료 직원과 함께 '출판기념회 초청장 발송 명단'을 작성하여 피고인 A에게 보고하여 출판기념회를 준비하였다.

피고인들은 2014. 1. 25. 13:30경부터 15:30경까지 X에 있는 Y고등학교에서 피고인 B는 피고인 A의 지시에 따라 출판기념회 행사 진행에 필요한 차량유도봉, 칼, 볼펜 등을 준비해 행사장에 비치하고, 피고인들은 출판기념회 행사가 진행되는 동안 필요한 사항이 있는지 확인하며 행사장에서 대기하면서 피고인 B는 피고인 A의 지시에 따라 출판기념회 행사 중 도서기증식 순서에 단상 위에 올라가 K가 I 내 작은 도서관의 관장들에게 도서기증서를 전달할 때 도서기증서를 K에게 건네주는 행사보조를 하였고, 출판기념회 행사장에서는 피고인들이 '시장님 출판기념회 행사계획(안)' 및 '출판기념회 행사 안내장'에 기재하여 사전에 준비한 행사 순서에 따라 출판기념회에 참석한 약 2,000여명의 선거구민들을 상대로 'L'이라는 제목 하에 'L은 30여 년간 중앙과 지방에서 쌓아온 행정경험을 토대로 I를 글로벌 해양도시로 만들겠다는 K 시장의 I 사랑 이야기입니다, I시민 모두가 행복한 삶을 누려야 한다는 소신은 할아버지로부터 배웠습니다, 웅변실력은 이후 I가 시로 승격되는데 결정적인 영향을 끼쳤습니다, 2004년 드디어 13만 군민들과 함께 I항 항만법 시행을 이뤄낼 수 있었습니다. 부정부패를 근절하고 청렴한 I를 만들기 위해 노력했습니다, 취임하자마자 여성시대를 선언했습니다, 전국최초로 친환경 무상급식을 실시했습니다, 다문화가정에 지원을 아끼지 않겠다고 다짐했습니다, 전국 최초로 건강 100세 지원센터를 개관했습니다, 2012년 1월 1일 I는 117년 만에 시 승격을 이뤄낼 수 있었습니다, 미국 회사들과 투자유치를 이뤄내고 중국 유수도시들과 우호친선 관계를 맺어 상호 교류를 진행했습니다, 50만 자족특례도시를 계획하고 있습니다, 명품 도시를 만들고 있습니다, 시장이 되어 받은 10여 가지 상들은 함께 달려온 17만 I 시민들의 몫입니다'라는 내용을 소개하는 등 K의 시정 업적과 향후 정책을 홍보하는 내용이 담긴 동영상을 약 10분 동안 상영하였다. 이로써 피고인들은 출판기념회를 준비한 다른 자원봉사자, 기획업체 등과 공모하여 공무원으로서 지위를 이용해 K의 선거운동 기획에 참여하고 기획의 실시에 관여하고 선거구민을 상대로 K의 업적을 홍보하였다(대전지방법원 2015. 1. 30. 선고 2014고합122 판결).

⑤ 출판기념회 개최 건물 외벽에 예비후보자의 사진 등의 문구가 게재된 현수막 게시

피고인은 2014. 6. 4. 실시된 제6회 전국동시지방선거의 □□구청장 예비후보자의 선거사무장이었다.

피고인은 2014. 2. 27. 17:00경 □□구청장 예비후보자 ○○○의 공약집에 대한 출판기념회를 개최하면서, 위 건물 외벽에 "□□구청장 선거 ○○○의 예비후보자 공약집, 출판기념회, 2014. 2. 27. 17:00, □□을 바꾸는 100가지 약속'이라는 문구 및 예비후보자 ○○○의 사진이 게재된 현수막(가로 4미터, 세로 8미터) 1개를 설치하였다. 이로써 피고인은 선거에 영향을 미치게 하기 위하여 공직선거법의 규정에 의하지 않은 현수막을 설치하였다(서울동부지방법원 2014. 10. 17. 선고 2014고합289 판결).

⑥ 지방공무원들이 시장선거 예비후보자의 출판기념회 홍보 문자메시지 대량 발송

피고인 김○○은 2014. 3.경 □□시청 지방행정사무관으로 시장의 행사·의전 업무 등을 담당하는 자치행정과의 과장이었고, 피고인 박○○은 □□시청 지방행정주사보로 자치행정과에 근무하는 공무원이다.

피고인들은 당시 □□시장으로 제6회 전국동시지방선거에서 □□시장 후보자가 되고자 하는 김☆☆(□□시장 예비후보자로 등록하였다가 2014. 4. 30.경 ▽▽당 □□시장 경선에서 탈락)이 2014. 3. 5.경 □□시민회관에서 개최하는 출판기념회를 앞두고, 출판기념회 홍보 문자메시지를 □□시 기관 단체장 및 □□시청 공무원, □□시민들에게 대량으로 방송하는 방법으로 선거에 영향을 미치는 행위를 하기로 공모하였다.

피고인 김○○은 □□시 기관단체장, 사회단체장, □□시청 직원들의 명단을 관리하고 있는 피고인 박○○에게 출판기념회 문자메시지로 보내기 위한 명단 작성을 지시하고, 피고인 박○○은 평소 의전, 행사 업무 등을 담당하며 보관하고 있던 약 13,284개의 휴대전화번호를 추출하여 엑셀파일로 정리하여 연락처 명단을 파일로 작성하여 보관하고 있던 중 피고인 김○○은 피고인 박○○에게 출판기념회 문자메시지를 발송하라고 지시하고 이에 피고인 박○○은 2014. 3. 2. 17:30경 □□시청 자치행정과 사무실에서 공무용 PC를 이용하여 인터넷 유료 문자 발송사이트 'KT크로샷'에 김○○의 아이디와 비밀번호로 접속한 다음 "김☆☆ □□시장 출판기념일 3. 5. 오후 2시 □□시민회관 많은 관심 부탁드립니다"라는 내용으로 13,284건의 문자메시지를 전송하고, 같은 방법으로 2014. 3. 4. 09:00경 13,283건, 2014. 3. 5. 13,283건 총 3회에 걸쳐 합

계 39,850건의 문자메시지를 발송하였다.

이로써 피고인들은 공모하여, 3회에 걸쳐 □□시장 후보자가 되고자 하는 김☆☆의 성명을 나타내는 문자메시지를 자동 동보통신을 이용하여 발송하였다(대구지방법원 안동지원 2014. 10. 2. 선고 2014고합45 판결).

⑦ 지역신문 발행인이 전면광고란에 입후보예정자의 출판기념회 광고 무료 게재

　① 피고인이 ■■■■에 게재한 B의 출판기념회 광고는 그것을 접한 선거구민들에게 B의 얼굴과 이름을 또렷하게 각인시킬 수 있을만한 형상과 내용을 하고 있고, 그 배포부수도 적지 않으며, 피고인은 이를 불특정 다수인이 오가는 장소에 놓아두고 누구든지 가져갈 수 있도록 하였던 점, ② 국회의원 선거 출마자들로서는 자신의 인지도를 높이고 지지세를 결집시키는데 출판기념회를 매우 중요한 이벤트로 생각할 수밖에 없는데, 피고인이 게재한 광고는 B의 출판기념회 개최 사실을 널리 알려주는 내용인 점, ③ B의 출판기념회 광고가 실린 ■■■■는 제21대 국회의원 총선거 예비후보 등록이 시작되기 약 2주 전에 발행되었는데, 그 무렵은 각 선거구마다 후보자로 등록하고자 하는 사람들이 일제히 출판기념회 등의 행사를 개최하여 본격적인 세(勢) 몰이에 들어가는 시기였던 점, ④ 따라서 실제로도 국회의원 선거에서 후보자가 되려는 B의 인지도 제고 효과 및 출판기념회 개최 사실에 대한 홍보 효과가 결코 적지 않았을 것으로 보이는 점, ⑤ 피고인은 ■■■■ 창간 시점으로부터만 보더라도 약 13년간 지역신문에서 언론인으로 일해 왔으며(피고인 스스로는 자신의 언론인으로서의 경력이 20년 이상이라고 한다), 본인 스스로도 공직선거의 후보자와 정당인이 되어 본 경험이 있는바, 지역 매체에 전면광고 형태로 특정 후보자의 출판기념회 광고가 실린다는 것이 어느 정도의 파급력을 갖는 행위인지 충분히 알고 있었을 것인 점, ⑥ 정치, 선거, 행정 등에 관련된 이슈를 주로 다루는 ■■■■의 특성상 그 발행인인 피고인과 이를 구해서 읽는 독자들 모두 국회의원 총선거의 후보자 동향이나 선거판세 등에 상당한 관심을 가지고 있었을 것인 점, ⑦ 피고인은 신문 맨 뒷면 전면광고로 충분히 쓸 수 있을 법한 유료 광고(★의 광고)를 안쪽 면으로 배치하는 것을 감수하고서라도 B의 출판기념회 광고를 독자들에게 잘 보이는 맨 뒷면에 넣었던 점, ⑧ 피고인의 직업, 경력 등에 비추어 보면, 피고인은 ■■■■의 16면 전면광고의 게재가 단지 빈 지면을 채우는 정도를 넘어, 상당한 홍보효과가 있을 것이라는 점을 인식하였을 것으로 추단하는 것이 합리적인 점 등의 사정들을 종합하여 보면, 피고인의 광고 배부행위는 객관적으로 선거에 영향을 미칠 수 있는 행위로서, 피고인도 그 점을 미필적으로나마 인식하고 있는 상태에서 그 행위로 나아가게 되었다고 봄이 타당 하고, 피고인에게는 광고 배부 당시 '선거에 영향을 미칠 목적'이 있었

다고 충분히 인정할 수 있다(광주지방법원 2020. 9. 11. 선고 2020고합251 판결, 광주고등
법원 2021. 5. 13. 선고 2020노340 판결).

⑧ 출판기념회를 개최하면서 참석자들이 클래식 연주와 마술로 구성된 공연을 무상으로
제공한 것이 기부행위에 해당하는지 여부

피고인은 2020. 1. 12. 14:20경부터 16:50경까지 ○○시에 있는 ○○웨딩홀에서 피
고인의 출판기념회(저서 제목 : ○○식당 둘째 아들, ○○ 시민과의 365일 대장정)를 진행하면
서 사전에 섭외한 위 바이올리니스트 D, 피아니스트 B, 첼리스트 C로 하여금 '사랑의
인사' 등 클래식 4곡을 연주하게 하고, 마술사 E로 하여금 '불마술' 등 3종류의 마술을
하게 하였다.

이 사건 출판기념회에서의 클래식 음악 연주와 마술 공연 관람에 재산적 가치가 있다
고 봄이 타당하므로 피고인이 이 사건 출판기념회의 참석자들로 하여금 관람료 등 반
대급부의 지급 없이 이를 관람하도록 한 것은 그들에게 관람료 상당의 재산상 이익을
제공한 것이라고 충분히 인정할 수 있다(서울고등법원 2021. 1. 20. 선고 (춘천)2020노185
판결, 대법원 2021. 4. 15. 선고 2021도1717 판결).

┃ 출판기념회 사례 예시[3] ┃

할 수 있는 사례

⊙ 서적의 표지에 후보자가 되려는 저자의 성명과 사진을 게재하여 서적을 출간하거나 판매업자가 서점이
나 인터넷을 이용하여 통상적으로 판매해 오던 방법으로 서적을 판매하는 행위

⊙ 출판기념회 개최

• 출판기념회에 참석한 사람에게 통상적인 범위에서 1천원 이하의 차·커피 등 음료(주류 제외)를 제공
하는 행위

• 유명인사 및 가수, 연예인 등이 후보자가 되려는 사람의 출판기념회에서 단순히 사회나 행사 진행을
하는 행위

• 출판기념회에서 선거와 무관하게 저서 내용에 포함된 저자의 약력·소개글 또는 저서의 주요내용을
동영상으로 상영하는 행위

• 출판기념회에서 전문연예인 등이 아닌 자가 단순히 한 두 곡 정도의 축가를 부르는 행위

⇨ 전문연예인 등이 아닌 자가 축가를 부른 경우 그들에게 역무에 대한 정당한 대가로 교통비, 오찬
및 다과를 제공할 수 있음.

---

3)　중앙선거관리위원회. 제22대 국회의원선거 정치관계법위반사례예시집. 64~65면

◉ 현수막·포스터 등 게시 범위

- 출판기념회 주최자명·일시·장소 등 통상적인 행사고지에 필요한 사항을 게재한 현수막이나 벽보 등을 개최장소에 게시하는 행위
- 후보자가 되려는 사람이 자신의 저서 출판기념회를 개최하면서 전화·초청장 등 통상적인 방법으로 사회통념상 의례적인 범위의 인사를 초청하는 행위
- 서점 등이 선거일 전 90일 전에 일반적으로 행하여지고 있는 신간서적 안내 포스터를 자신의 영업장소에 부착하는 행위

◉ 출판기념회 초청장에 주최자명·일시·장소 및 후보자가 되려는 저자의 사진을 게재하여 사회통념상 의례적인 범위 안의 인사에게 발송하는 행위

◉ 초대장 이미지 파일을 자신이 개설한 인터넷 홈페이지나 블로그에 게시하는 행위

◉ 출판기념회에 초청된 인사가 행사 성격에 맞는 의례적인 내용의 축사·격려사를 하는 행위

　　⇨ 다만, 확성장치를 이용하여 후보자가 되려는 사람을 지지·선전하는 등 선거운동에 이르는 행위를 하는 경우 위반

◉ 선거기간이 아닌 때에 출판기념회에 이르지 아니하는 방법으로 통상적인 일반 저서의 '사인회'를 개최하는 행위

할 수 없는 사례

◉ 선거사무소에서 예비후보자 또는 후보자의 저서를 판매하는 행위

◉ 후보자가 되려는 사람이나 그 가족에 대한 비방 또는 허위 사실이 포함된 서적을 출간하거나 그 내용을 광고하는 행위

◉ 출판기념회를 개최하면서 저서의 내용과 무관한 후보자가 되려는 사람의 업적을 홍보하거나 선전하는 내용의 영상물을 상영하는 행위

◉ 후보자가 되려는 사람이 자신의 출판기념회에 참석한 선거구민에게 음식물을 제공하는 행위

◉ 후보자가 되려는 사람이 출판기념회를 개최하면서 참석한 선거구민에게 무료 또는 싼 값으로 저서를 제공하는 행위

◉ 출판기념회를 개최하면서 가수나 전문합창단의 축가, 전문가 수준의 마술공연, 전문 예술인 초청공연을 하는 행위

◉ 서적에 특정지역 개발 등 선거공약을 주요 내용으로 게재하여 사실상 선거홍보물화 하는 행위

◉ 후보자가 되려는 사람인 저자가 선거일 전 120일부터 선거일까지 자신의 성명이나 사진이 게재된 출판기념회 안내 현수막을 입후보하려는 지역의 거리에 게시하는 행위

◉ 공무원들이 공무용 PC를 이용하여 예비후보자의 출판기념회 홍보 문자메시지를 기관 단체장, 사회단체장, 직원 등에게 대량으로 발송한 행위(대구지방법원 2014. 10. 2. 선고 2014고합45 판결)

제도개선

① 출판기념회에서의 금품 모금 및 제공 제한 등(제103조, 정치자금법 제2조 등)

현행법상 누구든지 선거일 전 90일부터 선거일까지는 후보자(후보자가 되려는 사람 포함)와 관련 있는 저서의 출판기념회 개최를 금지하고 있으나(법 제103조 제5항), 출판기념회에서의 금품 모금에 관한 규정 없다. 이러한 정치관계법의 사각지대에서 편법적인 정치자금 모금 수단으로 정치인의 출판기념회가 활용되어 왔으며 이에 대하여 개선이 필요하다는 지적이 꾸준히 제기되고 있다. 출판기념회에서의 축하금품은 정치자금에 해당하지 않아[4] 그 수입·지출의 투명성이 확보되지 아니하는 등 출판기념회가 사실상 음성적인 정치자금 모금 창구로 이용되고 있어 이를 개선할 필요가 있다.

이에 국회의원, 지방의회의원 및 지방자치단체의 장, 공직선거의 후보자가 되려는 사람(이하 '국회의원등'이라 함)은 출판기념회와 관련하여 저서 출간의 기념 또는 축하 그 밖에 어떠한 명목으로도 일체의 금품을 받을 수 없도록 하고, 누구든지 국회의원등의 출판기념회와 관련하여 출판사가 현장에서 정가로 판매하는 저서를 구매하기 위한 경우 외에 금품을 제공하는 행위를 금지할 필요가 있다.

※ 출판사가 국회의원등이 개최한 출판기념회 현장에서 저서를 정가로 판매하는 행위는 제한되지 아니함.

또한, 국회의원등이 출판기념회를 개최하려는 때에는 개최일 전 2일까지 개최일시·장소, 출판사명 등을 중앙선거관리위원회규칙으로 정하는 바에 따라 관할 선거구선거관리위원회에 신고하도록 하고, 이를 위반할 경우 현행 신고의무해태 행위에 포함시켜 과태료를 부과하도록 개선할 필요가 있다.[5]

---

4) 관행처럼 허용되고 있는 정치인 출판기념회는 이미 그 성격이 본래의 순기능적 궤도에 서 벗어나 정치기부금의 모집창구로 사용되고 있다. 축하금의 성격을 정치기부금이라고 규정한다고 해도 정치자금법을 적용해 처벌하는 것은 죄형법정주의의 원칙과 충돌하며 위헌시비를 불러 일으킬 수 있으므로 신중한 접근이 요구된다. 또한 이런 쟁점과는 별도로 축하금의 액수가 '의례적 범위'를 벗어난다는 것이 입증되면 정치자금법 제2조 및 제45조 위반으로 처벌이 된다. 박규환, '정치자금의 헌법적 통제에 관한 연구 −출판기념회 사례를 중심으로'. 한국부패학회보 제20권 제2호. 78면

5) 중앙선거관리위원회 정치관계법 개정의견(2014. 10. 8.)

제15장

선거에 관한
여론조사 관련 규율

제15장

제108조(여론조사의 결과공표금지 등) ① 누구든지 선거일 전 6일부터 선거일의 투표마감시각까지 선거에 관하여 정당에 대한 지지도나 당선인을 예상하게 하는 여론조사(모의투표나 인기투표에 의한 경우를 포함한다. 이하 이 조에서 같다)의 경위와 그 결과를 공표하거나 인용하여 보도할 수 없다.

② 누구든지 선거일전 60일(선거일전 60일 후에 실시사유가 확정된 보궐선거등에서는 그 선거의 실시사유가 확정된 때)부터 선거일까지 선거에 관한 여론조사를 투표용지와 유사한 모형에 의한 방법을 사용하거나 후보자(후보자가 되고자 하는 자를 포함한다. 이하 이 조에서 같다) 또는 정당(창당준비위원회를 포함한다. 이하 이 조에서 같다)의 명의로 선거에 관한 여론조사를 할 수 없다. 다만, 제57조의2제2항에 따른 여론조사는 그러하지 아니하다.

③ 다음 각 호의 어느 하나에 해당하는 자를 제외하고는 누구든지 선거에 관한 여론조사를 실시하려면 여론조사의 목적, 표본의 크기, 조사지역·일시·방법, 전체 설문내용 등 중앙선거관리위원회규칙 으로 정하는 사항을 여론조사 개시일 전 2일까지 관할 선거여론조사심의위원회에 서면으로 신고하여야 한다.

1. 제3자로부터 여론조사를 의뢰받은 여론조사 기관·단체(제3자의 의뢰 없이 직접 하는 경우는 제외한다)

2. 정당[창당준비위원회와 「정당법」 제38조(정책연구소의 설치·운영)에 따른 정책연구소를 포함 한다]

3. 「방송법」 제2조(용어의 정의)에 따른 방송사업자

4. 전국 또는 시·도를 보급지역으로 하는 「신문 등의 진흥에 관한 법률」 제2조(정의)에 따른 신문사업자 및 「잡지 등 정기간행물의 진흥에 관한 법률」 제2조(정의)에 따른 정기간행물사업자

5. 「스통신 진흥에 관한 법률」 제2조(정의)에 따른 뉴스통신사업자

6. 제3호부터 제5호까지의 사업자가 관리·운영하는 인터넷언론사

7. 전년도 말 기준 직전 3개월 간의 일일 평균 이용자 수 10만명 이상인 인터넷언론사

④ 관할 선거여론조사심의위원회는 제3항에 따른 신고 내용이 이 법 또는 선거여론조사기준을 충족하지 못한다고 판단되는 때에는 여론조사실시 전까지 보완할 것을 요구할 수 있다. 이 경우 보완요구에 이의가 있는 때에는 관할 선거여론조사심의위원회에 서면으로 이의신청을 할 수 있다.

⑤ 누구든지 선거에 관한 여론조사를 하는 경우에는 피조사자에게 질문을 하기 전에 여론조사 기관·단체의 명칭과 전화번호를 밝혀야 하고, 해당 조사대상의 전계층을 대표할 수 있도록 피조사자를 선정하여야 하며, 다음 각 호의 어느 하나에 해당하는 행위를 하여서는 아니된다.

1. 특정 정당 또는 후보자에게 편향되도록 하는 어휘나 문장을 사용하여 질문하는 행위

2. 피조사자에게 응답을 강요하거나 조사자의 의도에 따라 응답을 유도하는 방법으로 질문하거나, 피조사자의 의사를 왜곡하는 행위

3. 오락 기타 사행성을 조장할 수 있는 방법으로 조사하거나 제13항에 따라 제공할 수 있는 전화요금 할인 혜택을 초과하여 제공하는 행위

4. 피조사자의 성명이나 성명을 유추할 수 있는 내용을 공개하는 행위

⑥ 누구든지 선거에 관한 여론조사의 결과를 공표 또는 보도하는 때에는 선거여론조사기준으로 정한 사항을 함께 공표 또는 보도하여야 하며, 선거에 관한 여론조사를 실시한 기관·단체는 조사설계서·피조사자 선정·표본추출·질문지작성·결과분석 등 조사의 신뢰성과 객관성의 입증에 필요한 자료와 수집된 설문지 및 결과분석자료 등 해당 여론조사와 관련있는 자료일체를 해당 선거의 선거일 후 6개월까지 보관하여야 한다.

⑦ 선거에 관한 여론조사 결과를 공표·보도하려는 때에는 그 결과의 공표·보도 전에 해당 여론조사를 실시한 선거여론조사기관이 선거여론조사기준으로 정한 사항을 중앙선거여론조사심의위원회 홈페이지에 등록하여야 한다. 이 경우 선거여론조사기관이 제3자로부터 의뢰를 받아 여론조사를 실시한 때에는 해당 여론조사를 의뢰한 자는 선거여론조사기관에 해당 여론조사 결과의 공표·보도 예정일시를 통보하여야 하며, 선거여론조사기관은 통보받은 공표·보도 예정일시 전에 해당 사항을 등록하여야 한다.

⑧ 누구든지 다음 각 호의 어느 하나에 해당하는 행위를 하여서는 아니된다.

1. 제7항에 따라 중앙선거여론조사심의위원회 홈페이지에 등록되지 아니한 선거에 관한 여론조사 결과를 공표 또는 보도하는 행위

2. 선거여론조사기준을 따르지 아니하고 공표 또는 보도를 목적으로 선거에 관한 여론조사를 하거나 그 결과를 공표 또는 보도하는 행위

⑨ 다음 각 호의 어느 하나에 해당하는 때에는 해당 여론조사를 실시한 기관·단체에 제6항에 따라 보관 중인 여론조사와 관련된 자료의 제출을 요구할 수 있으며, 그 요구를 받은 기관·단체는 지체 없이 이에 따라야 한다.

1. 관할 선거구선거관리위원회가 공표 또는 보도된 여론조사와 관련하여 이 법을 위반하였다고 인정할 만한 상당한 이유가 있다고 판단되는 때

2. 선거여론조사심의위원회가 공표 또는 보도된 여론조사결과의 객관성·신뢰성에 대하여 정당 또는 후보자로부터 서면으로 이의신청을 받거나 제8조의8제7항제2호에 따른 심의를 위하여 필요하다고 판단되는 때

⑩ 누구든지 야간(오후 10시부터 다음 날 오전 7시까지를 말한다)에는 전화를 이용하여 선거에 관한 여론조사를 실시할 수 없다.

⑪ 누구든지 다음 각 호의 어느 하나에 해당하는 행위를 하여서는 아니된다.

1. 제57조의2제1항에 따른 당내경선을 위한 여론조사의 결과에 영향을 미치게 하기 위하여 다수의 선거구민을 대상으로 성별·연령 등을 거짓으로 응답하도록 지시·권유·유도하는 행위

2. 선거에 관한 여론조사의 결과에 영향을 미치게 하기 위하여 둘 이상의 전화번호를 착신 전환 등의 조치를 하여 같은 사람이 두 차례 이상 응답하거나 이를 지시·권유·유도하는 행위

⑫ 누구든지 다음 각 호의 어느 하나에 해당하는 선거에 관한 여론조사의 결과를 해당 선거일의 투표마감 시각까지 공표 또는 보도할 수 없다. 다만, 제2호의 경우 해당 선거여론조사기관에 대하여 불송치결정 또는 불기소처분이 있거나 무죄의 판결이 확정된 때에는 그러하지 아니하다.

1. 정당 또는 후보자가 실시한 해당 선거에 관한 여론조사

2. 제8조의8제10항에 따라 고발되거나 이 법에 따른 여론조사에 관한 범죄로 기소된 선거여론조사 기관이 실시한 선거에 관한 여론조사

3. 선거여론조사기관이 아닌 여론조사기관·단체가 실시한 선거에 관한 여론조사

⑬ 선거에 관한 여론조사에 성실하게 응답한 사람에게는 중앙선거관리위원회규칙으로 정하는 바에 따라 전화요금 할인 혜택을 제공할 수 있다. 이 경우 전화요금 할인에 소요되는 비용은 해당 여론조사를 실시하는 자가 부담한다.

⑭ 여론조사의 신고, 이의신청, 자료제출 요구 절차, 그 밖에 필요한 사항은 중앙선거관리위원회규칙으로 정한다.

제1절 개요

1. 선거와 '여론조사'의 관계

여론조사를 통하여 국민은 정당이나 정치인의 정책에 대한 자신의 의사를 표명할 기회를 갖게 됨으로써 간접적이나마 국가정책에 참여할 수 있고, 정당이나 정치인들은 자신들이 추진하고 있는 정책에 대한 지지도를 파악하여 국민이 거부하는 정책을 시정할 수 있으므로 선거와 선거 사이의 공백이나 선거의 결과가 정책보다는 후보자의 개인적인 인기에 좌우

되기 쉽다는 선거의 문제점을 어느 정도 보완할 수 있게 된다. 또한 여론조사는 선거와 관련하여 예비선거의 기능을 수행하고, 무엇보다도 국민으로 하여금 선거에 대하여 높은 관심을 갖도록 하는 구실을 한다.

이와 같이 여론조사는 민주정치의 구현수단으로서 긍정적 측면을 갖고 있지만 부정적인 측면도 가지고 있다. 여론조사는 불공정·부정확하게 행하여지기 쉽고 그러한 여론조사결과의 공표는 많은 폐해를 낳을 수 있다. 여론조사의 긍정적 기능도 여론조사가 공정하고 정확하게 이루어지는 것을 전제로 한 것이므로, 만일 여론조사가 의도적이든 그렇지 아니하든 불공정하거나 부정확하게 이루어지고 그러한 여론조사의 결과가 공표된다면 국민을 오도하는 결과가 되어 오히려 역기능을 초래하게 될 것이다. 일정한 응답을 유도하는 방향으로 설문을 조작하거나 표본을 편파적으로 추출하면 여론조사결과는 얼마든지 조작이 가능하고, 의도적으로 그렇게 하지 아니하더라도 조사기법의 숙련도 혹은 시간과 경비의 차이에서 비롯될 수 있는 조사기간, 조사대상의 범위, 표본추출방법, 자료수집방법, 질문방식 등에 따라 그 결과가 각기 달리 나타나거나 정확도에서 많은 차이가 날 수도 있다.

따라서 여론조사의 실시 및 그 공표에 있어서 객관성 및 정확성을 확보하는 문제는 여론조사의 가치를 가름하는 관건이 되는 중요한 문제이다. 이를 해결하기 위해서는 여론조사를 담당할 우수인력 및 충분한 조사비용의 확보, 세련된 조사기법의 축적 등이 필요함은 물론이지만, 법령 등을 통하여 여론조사의 공정성과 정확성을 담보하기 위한 제도적 장치를 갖출 필요도 있다.[1]

2. 선거에 관한 여론조사 규제

가. 선거여론조사심의위원회

제8조의8(선거여론조사심의위원회) ① 중앙선거관리위원회와 시·도선거관리위원회는 선거에 관한 여론조사의 객관성·신뢰성을 확보하기 위하여 선거여론조사심의위원회를 각각 설치·운영하여야 한다.

② 중앙선거관리위원회에 설치하는 선거여론조사심의위원회(이하 "중앙선거여론조사심의위원회"라 한다) 및 시·도선거관리위원회에 설치하는 선거여론조사심의위원회(이하 "시·도선거여론조사심의위원회"라 한다)는 국회에 교섭단체를 구성한 정당이 추천하는 각 1명과 학계, 법조계, 여론조사 관련 기관·

[1]　헌법재판소 2015. 4. 30. 2014헌마360 결정

단체의 전문가 등을 포함하여 중립적이고 공정한 사람 중에서 중앙선거관리위원회 또는 시·도선거관리위원회가 위촉하는 사람으로 총 9명 이내의 위원으로 각각 구성하며, 위원의 임기는 3년으로 한다. 이 경우 위원정수에 관하여는 제8조의2제2항 후단을 준용한다.

③ 선거여론조사심의위원회에 위원장 1명을 두되, 위원장은 위원 중에서 호선한다.

④ 중앙선거여론조사심의위원회에 상임위원 1명을 두되, 중앙선거관리위원회가 중앙선거여론조사심의위원회의 위원 중에서 지명한다.

⑤ 정당의 당원은 선거여론조사심의위원회의 위원이 될 수 없다.

⑥ 중앙선거여론조사심의위원회는 공표 또는 보도를 목적으로 하는 선거에 관한 여론조사의 객관성·신뢰성을 확보하기 위하여 필요한 사항(이하 "선거여론조사기준"이라 한다)을 정하여 공표하여야 한다.

⑦ 선거여론조사심의위원회의 직무는 다음 각 호와 같다.

1. 제108조제4항에 따른 이의신청에 대한 심의 및 같은 조 제7항에 따른 등록 처리

2. 선거에 관한 여론조사가 이 법 또는 선거여론조사기준을 위반하였는지 여부에 대한 심의 및 조치

3. 제8조의9에 따른 선거여론조사기관 등록 등 처리

선거를 앞두고 이루어지는 선거에 관한 여론조사는 특정 후보자에 대한 인지도를 높이는 역할을 하거나 편파적인 표현을 통해 특정 후보자의 긍정적인 이미지를 부각하는 등 여론조사 본연의 목적에서 벗어나 선거의 공정성에 악영향을 미칠 수 있다. 이러한 여론조사의 문제점을 해결하고자 2014. 2. 13. 법 개정을 통해 본 조를 신설하여 선거여론조사공정심의위원회를 설치하고 선거여론조사가 공정하게 이루어질 수 있도록 하였다. 이후 선거여론조사의 객관성과 신뢰성에 대한 논란이 계속되면서 선거여론조사 관련 규제 강화의 필요성에 따라 2017. 2. 8. 법 개정 시 그 명칭을 선거여론조사심의위원회로 바꾸었고 선거여론조사심의위원회에 조사권을 부여하였다.

중앙선거여론조사심의위원회는 공표 또는 보도를 목적으로 하는 선거에 관한 여론조사의 객관성·신뢰성을 확보하기 위해 선거여론조사기준[2]을 정하여 공표하여야 한다. 선거여론조사기준은 법 제108조 제3항에 따른 신고사항, 제6항에 따른 공표·보도할 사항, 제7항에 따른 등록사항 등에 대하여 규정하고 있다.

---

[2]   선거여론조사심의위원회의 구성 및 운영에 관한 규칙 제18조(선거여론조사기준의 공표방법) 중앙심의위원회가 법 제8조의8 제6항에 따라 선거여론조사기준을 제정·개정한 때에는 관보에 고시하는 방법으로 이를 공표하여야 한다.

나. 선거여론조사기관에 대한 등록제

제8조의9(여론조사 기관·단체의 등록 등) ① 여론조사 기관·단체가 공표 또는 보도를 목적으로 선거에 관한 여론조사를 실시하려는 때에는 조사시스템, 분석전문인력, 그 밖에 중앙선거관리위원회규칙으로 정하는 요건을 갖추어 관할 선거여론조사심의위원회에 서면으로 그 등록을 신청하여야 한다.

② 제1항에 따른 등록신청을 받은 관할 선거여론조사심의위원회는 그 신청을 접수한 날부터 7일 이내에 등록을 수리하고 등록증을 교부하여야 한다.

③ 선거여론조사심의위원회는 제2항에 따라 등록증을 교부한 여론조사 기관·단체(이하 "선거여론조사기관"이라 한다)에 관한 정보로서 중앙선거관리위원회규칙으로 정하는 정보를 지체 없이 중앙선거여론조사심의위원회 홈페이지에 공개하여야 한다.

④ 제1항에 따른 등록신청 사항 중 변경이 생긴 때에는 선거여론조사기관은 14일 이내에 관할 선거여론조사심의위원회에 변경등록을 신청하여야 한다.

⑤ 선거여론조사기관(그 대표자 및 구성원을 포함한다)이 다음 각 호의 어느 하나에 해당하는 경우 관할 선거여론조사심의위원회는 해당 선거여론조사기관의 등록을 취소한다. 이 경우 제3호에 해당하여 등록이 취소된 선거여론조사기관은 그 등록이 취소된 날부터 1년 이내에는 등록을 신청할 수 없다.

　1. 거짓이나 그 밖의 부정한 방법으로 등록한 경우

　2. 제1항에 따른 등록 요건을 갖추지 못하게 된 경우

　3. 선거에 관한 여론조사와 관련된 죄를 범하여 징역형 또는 100만원 이상의 벌금형의 선고를 받은 경우

⑥ 등록신청서 및 등록증의 서식, 제3항에 따른 정보공개의 절차, 등록변경·등록취소 절차, 그 밖에 필요한 사항은 중앙선거관리위원회규칙으로 정한다.

　여론조사 결과와 실제 선거결과 사이에 큰 차이가 발생하면서 선거여론조사의 객관성과 신뢰성이 훼손된다는 지적이 잇따르면서 일정 요건을 갖춘 여론조사기관만이 공표·보도용 선거여론조사를 할 수 있도록 등록제를 도입하였다.

　선거여론조사기관으로 등록하기 위해서는 전화면접조사시스템 또는 전화자동응답조사시스템을 갖추고, 분석전문인력(사회조사분석사 자격증을 보유하거나 여론조사 기관·단체에서 여론조사의 실시·결과분석 등 여론조사와 직접 관련된 업무를 2년 이상 수행한 사람을 말함) 1명 이상을 포함한 3명 이상의 상근 직원을 두어야 하며, 여론조사 실시 실적 10회 이상이 필요하다. 다만, 등록신청일 현재 설립된 지 1년 미만인 여론조사 기관·단체의 여론조사 실시 실적은 3회(선거에 관한 여론조사는 그 횟수에 산입하지 아니함) 이상으로 한다. 또한 등록신청일을 기준으로 최근 1년 이내 여론조사 실시 매출액이 5천만원 이상 되어야 하며, 조사시스템과 상근 직원을 수

용할 수 있는 사무소를 갖추어야 한다(규칙 제2조의2 제3항).

선거여론조사기관으로 등록되지 않은 여론조사기관·단체가 실시한 선거에 관한 여론조사는 해당 선거일 투표마감시각까지 공표·보도가 불가하고(법 제108조 제12항 제3호), 선거여론조사기관만이 법 제108조 제7항에 따른 등록을 할 수 있다.

3. 선거에 관한 여론조사로 보지 아니하는 행위

> **제8조의8(선거여론조사심의위원회)** ⑧ 다음 각 호의 어느 하나에 해당하는 여론조사는 이 법에 따른 선거에 관한 여론조사로 보지 아니한다.
> 1. 정당이 그 대표자 등 당직자를 선출하기 위하여 실시하는 여론조사
> 2. 후보자(후보자가 되려는 사람을 포함한다)의 성명이나 정당(창당준비위원회를 포함한다)의 명칭을 나타내지 아니하고 정책·공약 개발을 위하여 실시하는 여론조사
> 3. 국회의원 및 지방의회의원이 의정활동과 관련하여 실시하는 여론조사. 다만, 제60조의2제1항에 따른 해당 선거의 예비후보자등록신청개시일부터 선거일까지 실시하는 여론조사는 제외한다.
> 4. 정치, 선거 등 분야에서 순수한 학술·연구 목적으로 실시하는 여론조사
> 5. 단체 등이 의사결정을 위하여 그 구성원만을 대상으로 실시하는 여론조사

법상 선거에 관한 여론조사에 대한 명확한 규정이 없어 모든 여론조사가 선거에 관한 여론조사로 해석될 여지가 있어 법 제8조의8항에서 선거에 관한 여론조사로 보지 아니한 여론조사를 규정하였다.

정당의 「당직자를 선출하기 위한 여론조사」란 해당 정당의 당헌·당규에 따라 대표자·최고위원·원내대표 등 당직자를 선출하기 위한 여론조사를 말한다(제1호).

「정책·공약개발을 위한 여론조사」의 경우 그 실시주체를 불문하고 후보자(후보자가 되려는 사람 포함)의 성명, 정당(창당준비위원회 포함)의 명칭(약칭 포함)이 나타나지 않는다면 선거에 관한 여론조사에 해당하지 아니한다(제2호).

국회의원 및 지방의회의원이 해당 선거의 예비후보자등록신청개시일부터 선거일까지를 제외한 기간에 「의정활동과 관련하여 실시하는 여론조사」는 선거에 관한 여론조사에 해당하지 아니한다(제3호). 다만, 국회의원 및 지방의회의원이 본인이 입후보하려는 선거의 예비후보자등록신청개시일부터 선거일까지의 기간에 실시하는 의정활동 관련 여론조사의 경우 선거에 관한 여론조사에 해당하는지 여부가 법문상 명확하지 아니하므로 사안에 따라 구체

적·개별적으로 판단하여야 한다. 국회의원 및 지방의회의원이 입후보하려는 선거의 예비후보자등록신청개시일부터 선거일까지 그 명의로 실시하는 의정활동에 관한 여론조사가 선거에 관한 여론조사에 해당하는 경우 선거일 전 60일부터 선거일까지는 실시할 수 없다(법 제108조 제2항).

「정치, 선거 등 분야에서 순수한 학술·연구 목적으로 실시하는 여론조사」의 경우 정당·후보자에 대한 지지도·선호도 조사 등을 포함하더라도 선거에 관한 여론조사에 해당하지 아니한다(제4호). 다만, 학술·연구 본래의 목적 범위를 벗어나 여론조사 내용 중 정당 또는 후보자에 대한 지지도 등을 별도로 공표하는 등의 경우에는 선거에 관한 여론조사에 해당할 수 있다.

단체에서 구성원만을 대상으로 지지·반대할 후보자 또는 정당을 결정하는 등 「의사결정을 위하여 실시하는 여론조사」(투표 방법에 의하는 경우 포함)는 선거에 관한 여론조사에 해당하지 아니한다(제5호).[3]

[선거여론조사 관련 운용기준(2017. 2. 24. 운용기준)]

1. 선거에 관한 여론조사에 해당하는 여론조사
   - 선거에 관하여 정당 또는 후보자(후보자가 되려는 사람 포함)에 대한 지지도·인지도·선호도에 관한 여론조사 및 당선인을 예상하게 하는 여론조사
   - 정당의 당내경선 및 정당 간 후보자 단일화를 위한 여론조사
   - 정당 또는 후보자가 제시한 선거공약·정책에 대한 지지·반대 등에 관한 여론조사
   - 정당(창당준비위원회 포함)의 명칭(약칭 포함) 또는 후보자의 성명을 나타내어 실시하는 선거공약·정책 개발을 위한 여론조사
   - ☞ "선거에 관하여"란 널리 선거에 즈음하여 선거운동, 투표, 당선 등 선거에 관한 사항을 동기로 하여 이루어지는 등 그 행위의 동기가 선거와 관계있는 사항에 기인하는 한 이에 해당한다고 보아야 함 (대법원 1996. 6. 14. 선고 96도405 판결).

2. 선거에 관한 여론조사의 예외(§8의8⑧)
   - 정당의 '당직자를 선출하기 위한 여론조사'란 해당 정당의 당헌·당규에 따라 대표자·최고위원·원내대표 등 당직자를 선출하기 위한 여론조사를 말함.
   - 정책·공약개발을 위한 여론조사의 경우 그 실시주체를 불문하고 후보자(후보자가 되려는 사람 포함)의 성명, 정당(창당준비위원회 포함)의 명칭(약칭 포함)이 나타나지 않는다면 선거에 관한 여론조사에 해당하지 아니함.

---

3) 중앙선거관리위원회. 선거여론조사관견 운용기준(2017. 2. 24.)

- 정치, 선거 등 분야에서 순수한 학술·연구 목적으로 실시하는 여론조사의 경우 정당·후보자에 대한 지지도·선호도 조사 등을 포함하더라도 선거에 관한 여론조사에 해당하지 아니함.

  다만, 학술·연구 본래의 목적 범위를 벗어나 여론조사 내용 중 정당 또는 후보자에 대한 지지도 등을 별도로 공표하는 등의 경우에는 선거에 관한 여론조사에 해당할 수 있음.

- 단체에서 구성원만을 대상으로 지지·반대할 후보자 또는 정당을 결정하는 등 의사결정을 위하여 실시하는 여론조사(투표 방법에 의하는 경우 포함)는 선거에 관한 여론조사에 해당하지 아니함.

- 국회의원 및 지방의회의원이 본인이 입후보하려는 선거의 예비후보자등록신청개시일부터 선거일까지의 기간에 실시하는 의정활동 관련 여론조사의 경우 선거에 관한 여론조사에 해당하는지 여부가 법문상 명확하지 아니하므로 사안에 따라 구체적·개별적으로 판단함.

  ⇨ 국회의원 및 지방의회의원이 입후보하려는 선거의 예비후보자등록신청개시일부터 선거일까지 그 명의로 실시하는 의정활동에 관한 여론조사가 선거에 관한 여론조사에 해당하는 경우 선거일 전 60일부터 선거일까지는 실시할 수 없음(§108②).

4. 여론조사 결과 왜곡 공표·보도 금지

누구든지 여론조사 결과를 왜곡하여 공표·보도하거나, 방송·신문 등 언론매체의 관리·종사자가 표현의 자유를 남용하여 특정 후보자의 당락에 영향을 미칠 목적으로 허위사실을 보도하거나 사실을 왜곡하여 보도·논평하는 것을 처벌함으로써 선거인의 올바른 판단 및 선거의 공정을 보장하기 위한 규정이다. 언론이 가지는 사회적 기능에 역행하는 것으로 당연히 규제되어야 할 대상이라 하겠다.

제2절 제108조(여론조사의 결과공표금지 등) 내용

1. 여론조사결과의 공표금지(제1항)

가. 입법취지

여론조사결과의 공표를 금지하는 것은 공평하고 정확하게 이루어진 여론조사라 하더라고 그 결과가 공표되면 투표자로 하여금 승산이 있는 후보자에게 가담하게 하는 효과(band wagon effect)나 반대로 열세자 편을 들게 하는 효과(underdog effect)가 나타나게 됨으로써 선거에 영향을 미쳐 국민의 진의를 왜곡하고 선거의 공정성을 저해할 우려가 있기 때문이다. 더구나 선거일에 가까워질수록 그 부정적 결과는 극대화되고, 특히 불공정하거나 부정확한 여론조사결과가 공표될 때에는 선거의 공정성을 결정적으로 해칠 가능성이 높지만 이를 반박하고 시정할 수 있는 가능성은 점점 희박해진다고 할 것이므로 선거의 공정성을 위하여 선거일을 앞두고 일정기간 여론조사결과의 공표를 금지한 것이다.[4]

나. 금지주체

「누구든지」 금지된다.

다. 금지 기간

「선거일전 6일부터 선거일의 투표마감시각까지」이다. 종래 선거기간 개시일부터 금지하였으나, 국민의 알권리와 참정권, 언론·표현의 자유 등을 고려하여 2005. 8. 4. 개정 시 현재와 같이 금지기간을 단축하였다. 금지기간 전에 공표된 여론조사 결과를 금지기간 중에 인용하여 보도하거나, 금지기간 전에 조사한 것임을 명시한 여론조사결과를 금지기간 중에 공표하는 것은 가능하다.[5]

라. 금지되는 행위

선거에 관하여 정당에 대한 지지도나 당선인을 예상하게 하는 여론조사(모의투표와 인기투표에 의한 경우를 포함한다)의 경위와 그 결과를 공표하거나 인용하여 보도하는 것이다. 따라서 정당에 대한 지지도나 당선인을 예상하게 하는 여론조사를 포함한 선거에 관한 여론조사 자체는 본 조의 금지기간에도 가능하다. 본 조에서 금지하는 것은 선거에 관한 여론조사 중에서 「정당에 대한 지지도나 당선인을 예상하게 하는 여론조사」를 말한다. 따라서 단순히 이번 선거에서 투표할 것인지를 묻는 여론조사결과는 공표·보도가 가능하다.

「모의투표」란 실제 선거절차에서의 투표를 가상한 모방투표행위를, 「인기투표」란 후보자

4) 중앙선거관리위원회, 공직선거법해설서 I (2020년). 586면
5) 중앙선거관리위원회 1997. 12. 1. 의결

등을 대상으로 그 당락을 예상할 수 있는 지지도를 알아보는 투표행위를 말한다.[6] 사전신청한 청소년 투표인단 만 16세~18세 청소년 10만 명이 전국 YMCA와 지역투표소 및 온라인 투표소에서 제19대 대통령선거 후보자에게 직접 투표한 후 개표를 통해 대통령을 선출하는 것은 모의투표에 해당된다.[7]

「공표」라 함은 그 수단이나 방법의 여하를 불문하고 불특정 또는 다수인에게 알리는 것을 의미하고, 불특정 또는 다수인에게 전파될 가능성이 있다면 공표의 요건을 충족한다.[8] 구체적인 수치를 적시하여야만 '공표'에 해당한다고 볼 수는 없고, '우세, 경합, 추격' 등 선거 판세에 관한 공표라고 하더라도 여론조사결과를 원용하여 공표한 경우에는 여론조사결과의 공표에 해당한다.[9] 간행물의 공표 시기는 간행물에 표시된 발행일자가 아니라 불특정 다수인이 볼 수 있는 상태에 이른 실제 발행·배부일을 기준으로 하여야 한다.[10]

「공표하거나 인용하여 보도」하는 것이 제한되므로 후보자들이 후보단일화를 위해 선거구민을 대상으로 여론조사를 실시하고 그 결과를 외부로 공표하지 않고 단일화를 위한 내부자료로 활용하거나,[11] 특정후보자에 관한 지지도 조사를 하고 그 결과를 해당 후보자에게만 알려주는 것은 공표나 인용보도에 해당하지 아니하므로 제한되지 아니한다.[12]

외국의 여론조사결과도 공표하거나 인용보도할 수 없으나, 외국인에게 그 여론조사의 결과를 알리는 경우 불특정 또는 다수의 선거구민에게 전파될 가능성이 없으면 본 조에 해당되지 않는다.[13]

2. 정당·후보자의 명의 또는 투표용지 유사모형에 의한 여론조사 금지 (제2항)

가. 입법취지

정당이나 후보자의 명의로 여론조사를 하는 것은 후보자를 선전하는 행위가 될 수 있고, 투표용지와 유사한 모형에 의한 방법으로 여론조사를 하는 것은 선거인의 혼란을 초래하고

---

6)   대검찰청, 공직선거법 벌칙해설 제10개정판, 648면
7)   중앙선거관리위원회 2017. 4. 16. 회답
8)   대법원 2011. 12. 22. 선고 2008도11847 판결
9)   서울남부지방법원 2019. 6. 3. 선고 2018과40 결정
10)   중앙선거관리위원회 1996. 3. 14. 회답
11)   중앙선거관리위원회 2008. 4. 3. 회답
12)   중앙선거관리위원회 2000. 1. 20. 회답
13)   중앙선거관리위원회 2008. 3. 14. 회답

투표부정 시비가 생길 수 있어 이를 방지하고자 제한하고 있다..

나. 금지주체

「누구든지」 금지된다.

다. 금지되는 기간

「선거일전 60일(선거일전 60일 후에 실시사유가 확정된 보궐선거등은 실시사유가 확정된 때)부터 선거일까지」이다. 여기서 「선거일까지」는 입법취지상 선거일 24시가 아니라 선거일의 투표 마감시각까지로 본다.[14]

라. 금지되는 행위

투표용지와 유사한 모형에 의한 방법을 사용하거나 후보자(후보자가 되고자 하는 자 포함)나 정당(창당준비위원회 포함)의 명의로 선거에 관한 여론조사를 할 수 없다. 본 조항의 「정당」에는 정책연구소는 포함되지 않는다.[15]

본 조항의 「선거에 관한 여론조사」란 법 제8조의8 제8항에 규정된 여론조사를 제외하고 선거와 관련하여 실시하는 여론조사를 말하며, 특정 후보자의 당선·낙선과 직접적인 관련이 있거나 이를 위한 선거운동을 목적으로 하는 여론조사, 즉 '선거운동에 관한 여론조사'와 당연히 구분되는 것으로, '특정한 선거에 있어서 투표 또는 선거운동, 당선 등 선거에 관한 사항을 동기로 하거나 빌미로 하는 여론조사'를 말한다.[16]

선거권이 없는 청소년 선거인단을 모집하여 대통령선거 후보자를 대상으로 모의투표를 실시하는 것,[17] 다수의 선거에 관한 여론조사결과를 자료로 여론조사기관의 편향성 등을 감안하여 보정한 분석결과,[18] 법 제167조 제2항에 따른 출구조사,[19] 선거가 임박한 시기에 선거가 실시되는 지역에서 정당의 명칭을 나타내어 실시하는 정책개발을 위한 설문조사는[20]

---

14) 대검찰청, 공직선거법 벌칙해설 제10개정판, 649면
15) 중앙선거관리위원회 2012. 10. 29. 회답
16) 서울고등법원 2017. 12. 9. 선고 2017노2632 판결
17) 중앙선거관리위원회 2017. 4. 16. 회답
18) 중앙선거관리위원회 2017. 3. 17. 회답
19) 중앙선거관리위원회 2016. 4. 10. 회답
20) 중앙선거관리위원회 2020. 11. 24. 회답

선거에 관한 여론조사에 해당한다.

후보자가 자신의 육성녹음으로 실시하는 여론조사는 후보자의 명의로 하는 여론조사로 본다.[21] 다만, 전문 여론조사기관에 후보자나 정당이 의뢰하여 여론조사기관 명의로 실시하는 여론조사는 가능하다.[22] 또한 2010. 1. 25. 법 개정으로 법 제57조의2 제2항에 따른 당내경선을 대체하는 여론조사는 예외적으로 가능하게 되었다.

선거에 관한 일체의 여론조사이므로 제1항과 같이 반드시 정당에 대한 지지도나 당선인을 예상하게 하는 것이 아니라도 본 조항이 적용된다.[23]

예를 들어, 종교단체가 신자들을 대상으로 후보자가 되고자 하는 자인 선출직공무원의 공약실천도 조사, 언론사의 총선예비후보 및 현역의원의 다음 총선에서의 재신임을 묻는 여론조사, 무소속 국회의원이 지방선거의 판세나 지원할 후보를 판단하기 위하여 실시하는 지지도 등에 대한 조사, 인터넷언론사가 후보자초청 토론회를 실시간 중계하면서 하는 지지여부에 대한 실시간 설문조사, 후보자가 되고자 하는 국회의원이 정당에 대한 인지도 및 탈당에 대한 의견조사, 대통령선거후보자들의 리더십, 도덕성, 신뢰성 등에 대한 평판조사 등이 있다.

선거에 관한 여론조사 실시 자체가 금지되는 것이므로 그 경위나 결과의 공표 여부를 불문한다.[24]

3. 여론조사 사전신고제도(제3항)

가. 입법취지

선거에 관한 일정한 여론조사를 사전에 신고토록 한 것은 여론조사를 빙자하여 빈번하게 이루어지는 불법선거운동 사례를 합리적으로 규제할 필요성 때문이다. 즉 여론조사를 빙자한 불법선거운동을 사전에 억제하고 합리적으로 규제하기 위하여 여론조사 사전신고제도를 도입했다.

나. 신고대상

법 제108조 제3항 각 호의 하나에 해당하는 자 외의 자가 실시하는 선거에 관한 여론조

---

21) 중앙선거관리위원회 2008. 1. 28., 2004. 8. 18. 회답
22) 중앙선거관리위원회 1995. 4. 26. 회답
23) 중앙선거관리위원회, 공직선거법해설서 I (2020년). 587면
24) 대검찰청, 공직선거법 벌칙해설 제10개정판, 662면

사(공표·보도를 목적으로 하지 아니하는 여론조사를 포함한다)이다.

시·군·구를 보급지역으로 하는 신문사업자 및 일일 평균 이용자 수 10만명 미만인 인터넷언론사에 신고의무를 부과한 것은 언론·출판의 자유를 침해하지 않는다.[25]

다. 신고절차

신고는 여론조사 개시일 전 2일까지 관할 선거여론조사심의위원회에 여론조사의 목적, 표본의 크기, 조사지역·일시·방법, 전체 설문내용 등을 서면으로 하여야 한다. 이때 제3자가 여론조사기관에 여론조사를 의뢰한 경우에 의뢰한 자가 신고의무자가 되며, 여론조사기관은 신고서 제출을 대행할 수는 있어도 신고의무와 관련된 책임은 신고의무자에게 있다.[26]

4. 사전신고의 보완 요구(제4항)

제3항에 따른 신고 내용이 선거여론조사기준을 충족하지 못한다고 판단되는 때에는 관할 선거여론조사심의위원회가 여론조사실시 전에 그 보완을 요구할 수 있다. 관할 선거여론조사심의위원회의 보완요구에 이의가 있는 경우에는 관할 선거여론조사심의위원회에 서면으로 이의신청할 수 있다.

5. 선거에 관한 여론조사 실시 시 준수사항(제5항)

가. 입법취지

특정 후보자의 입맛에 맞도록 여론조사대상자의 의견을 왜곡하여 조사하지 않도록 함으로써 선거에 관한 여론조사의 객관성과 공정성을 보장하기 위한 취지에서 마련된 조항이다.[27]

---

25) 헌법재판소 2015. 4. 30. 2014헌마360 결정
26) 중앙선거관리위원회 2010. 2. 5. 회답
27) 대구고등법원 2019. 1. 31. 선고 2018노597 판결

나. 주체 및 기간

누구든지 기간과 관계없이 상시적으로 준수하여야 한다.

다. 대상

선거에 관한 여론조사 일체를 대상으로 한다. 종래 공표 또는 보도를 목적으로 한 경우로 한정하였으나 2012. 2. 29. 법 개정 시 적용범위를 확대하였다. 따라서 공표나 보도를 목적으로 하지 않고 여론조사를 하는 경우에도 적용된다.

법 제108조 제5항이 정한 '여론조사'는 '사회 구성원의 의견을 묻는 일체의 조사'를 의미하는 것이 아니라 특정한 피조사자와 조사자의 관계 및 조사 방법을 전제로 한 개념, 즉 '조사자가 표본을 추출하여 피조사자를 선정하는 방식으로 모집단의 의사를 예상하게 하는 조사'라고 한정하여 해석함이 상당하다.

법 제108조 제3항의 위임을 받아 규정된 공직선거관리규칙 제48조의4 제2항, 별지 제33호는 선거에 관한 여론조사 실시 신고를 위한 서식을 마련하고 있는데, 그 내용에서 공통적으로 표본의 크기와 선정방법을 적시하여 신고하도록 규정한 점에 비추어 보면 위 법 제108조 제3항과 공직선거관리규칙은 '선거에 관한 여론조사'를 '조사자가 피조사자를 선정하여 표본을 추출하는 것'임을 전제로 하고 있는 것으로 해석된다. 법 제108조 제5항 문언으로 보더라도 문리적으로 '선거에 관한 여론조사'는 '조사자가 피조사자를 선정하는 것'임을 당연히 전제하고 있다고 봄이 상당하다.

조사에 참여하고자 하는 사람이 인터넷 사이트에 접속하여 조사에 응하는 것으로 애초에 조사자가 피조사자를 선정하는 구조가 아니기 때문에 피조사자가 전계층을 대표할 수 있도록 선출할 방법 자체가 존재하지 않는다. 따라서 만약 제108조 제5항의 '선거에 관한 여론조사'가 온라인투표와 같은 '투표 방식의 설문조사'도 포함하는 것으로 해석한다면, 결국 이는 '선거에 관한 투표 방식의 설문조사'자체를 일절 금지하는 결과에 이르게 된다.[28]

라. 준수사항 및 금지되는 행위

1) 준수사항

피조사자에게 여론조사기관·단체의 명칭과 전화번호를 밝혀야 하고, 해당 조사대상의 전계층을 대표할 수 있도록 피조사자를 선정하여야 한다.

---

28) 서울고등법원 2018. 7. 18. 선고 2017노3849 판결, 대법원 2021. 11. 11. 선고 2018도12324 판결

「조사대상의 전 계층을 대표할 수 있는 피조사자 선정」은 여론조사의 대상으로 선정한 집단에 대해서 그 집단의 의사가 왜곡되어 표출되지 않도록 그 대상의 전 계층을 대표할 수 있도록 선정하여야 한다는 것이다.

보도를 목적으로 후보자가 되고자 하는 자의 지지도 조사를 하면서 조사원들로 하여금 임의로 피조사자를 선정하여 여론조사를 하게 한 경우는 본 규정에 위반된다.[29]

2) 금지되는 행위

(가) 특정 정당 또는 후보자에게 편향되도록 하는 어휘나 문장을 사용한 질문

설문내용이 'A당 A후보와 경쟁할 단일후보로서 B후보를 지지하십니까? 아니면 C후보를 지지하십니까?'로 된 것은 설문에 사용한 어휘나 문장이 특정 정당이나 특정 후보자에게 편향된 것이라고 할 수 없고,[30] '무소속 단일화' 또는 '야권단일후보'라는 용어는 특정 후보자에 대한 긍정적인 가치평가적 표현이라고 보기 어려워 특정 후보자에게 편향되도록 하는 어휘로 보지 않는다.[31]

(나) 응답의 강요·유도 및 피조사의 의사왜곡 행위

ARS전화 방식의 경우 이른바 '순서효과'가 발생하여 먼저들은 항목을 선택할 가능성이 높고, 설문을 끝까지 듣지 않고 중간에 응답버튼을 누를 가능성이 큰바, 각 질문에 대한 찬성(긍정/동의)의 답은 2개로 구성되어 먼저 제시되고, 반대(부정/부동의)의 답은 1개로 구성되어 나중에 제시되는 경우 찬성의 내용을 우선적으로 반복하여 들은 피조사자는 찬성한다는 답변을 할 가능성이 높아 설문자가 응답을 유도할 우려가 큰 조사방식에 해당한다.[32]

(다) 오락 기타 사행성을 조장하거나 전화요금 할인혜택 초과 제공

선거에 관한 여론조사와 관련하여 여론조사의 표본이 될 대상자를 모집하면서 참여자에게 추첨에 의하여 경품을 제공한다는 의사를 표시하여 모집하는 때에는 본 규정에 위반되나,[33] 참여에 대한 보상으로서 여론조사기관 명의와 비용으로 온라인 공간에서 사용할 수 있는 사이버머니를 제공하는 것은 가능하다.[34] 전화요금 할인 혜택은 해당 여론조사에 관한 질

---

29) 울산지방법원 2006. 10. 24. 선고 2006고합165 판결
30) 대법원 2004. 5. 31. 선고 2003수26 판결
31) 대법원 2015. 9. 15. 선고 2015도6343 판결
32) 광주고등법원 2015. 2. 5. 선고 2014노391 판결
33) 중앙선거관리위원회 2002. 5. 20. 회답
34) 중앙선거관리위원회 2014. 3. 27. 회답

문에 모두 응답한 사람에게 1회 응답 시 1천원의 범위에서 제공할 수 있다. 이 경우 피조사자에게 질문을 하기 전에 전화요금 할인혜택을 제공받을 수 있다는 사실을 알려야 한다(규칙 제48조의4 제4항).

(라) 피조사자의 성명이나 성명을 유추할 수 있는 내용을 공개하는 행위

피조사자의 자유로운 의견 표명을 보장하기 위한 취지이다. 따라서 인터넷홈페이지 관리·운영자가 인터넷이용자들을 대상으로 그들이 좋아하는 후보자에게 자신의 사진을 첨부하도록 하는 이벤트를 하는 것은 본 규정에 위반된다.[35]

6. 여론조사결과 공표·보도 시 준수사항(제6항 전단)

누구든지 선거에 관한 여론조사결과를 공표 또는 보도하는 경우에 선거여론조사기준[36]으로 정한 사항을 함께 공표·보도하여야 한다. 선거여론조사기준(중앙선거여론조사심의위원회 고시)에 따르면, 누구든지 선거에 관한 여론조사결과를 공표 또는 보도하는 경우에 선거여론조사기준 제18조 제1항에서 정한 사항을 함께 공표·보도하여야 한다. 다만, 선거여론조사기준 제18조 제1항에도 불구하고 누구든지 공표 또는 보도된 선거여론조사의 결과를 인용하여 공표·보도할 때에는 '조사의뢰자, 선거여론조사기관, 조사일시' 및 '그 밖의 사항은 중앙선거여론조사심의위원회 홈페이지 참조'를 함께 공표·보도하면 된다. 그리고 방송[37]에 출연한 자(진행자는 제외), 연설·대담 또는 토론회 등에 참석한 자가 해당 선거여론조사가 특정될 수 있도록 그 결과를 인용하여 공표·보도하는 때에는 '조사의뢰자, 선거여론조사기관, 조사일시' 및 '그 밖의 사항은 중앙선거여론조사심의위원회 홈페이지 참조'의 전부 또는 일부를 함께 공표·보도하지 아니할 수 있다(선거여론조사기준 제18조 제3항).

선거여론조사기준 제18조 제1항에 따라 함께 공표·보도해야 하는 여러 사항 중 어느 하나라도 공표 또는 보도하지 않은 경우에는 본 조항에 위반된다. 이를 위반할 경우 제261조 제2항 제2호에 따라 과태료처분대상이 된다.

한편 출구조사 결과 공표 등 선거일의 투표마감시각 후에 선거에 관한 여론조사의 결과를

---

35) 중앙선거관리위원회 2007. 6. 27. 회답
36) 중앙여론조사심의위원회는 공표 또는 보도를 목적으로 하는 선거에 관한 여론조사의 객관성·신뢰성을 확보하기 위하여 선거여론조사기준을 정하여 공표하여야 하며(법 제8조의8 제6항) 이를 제정·개정한 때에는 관보에 고시하는 방법으로 이를 공표하여야 한다.(선거여론조사심의위원회의 구성 및 운영에 관한 규칙 제18조).
37) 방송법 제2조 제3호의 방송사업자가 운영하는 방송을 말함

공표·보도하는 경우에는 본 조항 전단이 적용되지 않는다.[38]

선거와 관련한 인터넷 여론조사를 실시하기 위하여 일정한 선거사이트를 개설한 다음 불특정 다수의 인터넷 이용자들을 상대로 매주 4개 항목의 여론조사를 한 후 설문조사 내용과 그 지지율만을 공표한 경우,[39] 신문사가 자체 홈페이지의 'live poll'사이트에서 인터넷 사용자들을 대상으로 선거에 관한 여론조사를 실시하고 그 지지도를 위 사이트에 게시하면서 표본의 크기, 질문내용만을 함께 공표한 경우[40] 본 규정에 위반된다. 그리고 실제 여론조사를 실시하지 않았음에도 임의로 여론조사결과를 만들어 보도하면서 표본의 크기 등을 함께 보도하지 않은 경우 허위보도로서 법 제96조에 위반될 뿐만 아니라 본 규정에도 위반된다.[41]

7. 여론조사와 관련한 자료의 보관의무(제6항 후단)

여론조사 관련 자료를 보관할 의무가 있는 자는 '선거에 관한 여론조사를 실시한 기관·단체'로서 조사결과를 공표·보도하지 않았어도 이에 해당한다.[42]

피조사자의 응답내용이 기재된 설문조사지나 메모지 등 당해 여론조사 기초자료의 수록내용을 그대로 컴퓨터에 옮겨 수록하고 설문조사지나 메모지를 폐기한 경우,[43] 이면지나 부전지에 응답내용을 기재한 다음 일정한 양식의 응답지에 옮겨 적은 후 이면지나 부전지를 폐기한 경우[44] 본 조항은 자료 일체의 보관의무를 명시하고 있고, 그 자료의 객관성 및 공정성의 측면에서 양자를 동일시 할 수 없으므로 본 조항 위반에 해당한다.

한편 여론조사기관의 서버에서 응답자 전화번호 등이 포함된 자료를 엑셀 형태로 다운받아 보관하고 있다고 하더라도 그 중 녹음파일을 보관하지 않은 경우는 여론조사와 관련 있는 자료 '일체'를 보관하였다고 볼 수 없다.[45]

---

38) 중앙선거관리위원회 2016. 4. 10. 회답
39) 대구지방법원 2000. 8. 30. 선고 2000고합333·371 판결
40) 청주지방법원 2000. 10. 31. 선고 2000고합189 판결
41) 전주지방법원 2002. 8. 30. 선고 2002고합94 판결
42) 대법원 2003. 7. 8. 선고 2003도2642 판결
43) 대법원 2005. 3. 25. 선고 2005도39 판결, 대구고등법원 2008. 10. 16. 선고 2008노290 판결
44) 울산지방법원 2011. 2. 11. 선고 2010고합346 판결
45) 대법원 2015. 7. 23. 선고 2015도7354 판결

8. 여론조사의 신뢰성·객관성 입증자료의 인터넷 홈페이지 등록(제7항)

　선거에 관한 여론조사결과를 공표 또는 보도하는 경우에는[46] 선거여론조사기관이 선거여론조사기준으로 정한 사항을 인터넷 홈페이지에 의무적으로 등록하도록 하였다. 선거여론조사의 객관성·신뢰성을 확보하기 위해 상시 등록하도록 하였다. 아울러 선거여론조사기관이 제3자로부터 의뢰를 받아 여론조사를 실시한 때에는 해당 여론조사를 의뢰한 자는 선거여론조사기관에 해당 여론조사결과의 공표·보도 예정일시를 통보하여야 하며, 선거여론조사기관은 통보받은 공표·보도 예정일시 전에 해당 사항을 등록하여야 한다.

　이를 위반할 경우 제261조 제2항 제3호에 따라 과태료처분대상이 된다.

9. 미등록 여론조사결과 등 공표 또는 보도의 금지(제8항)

　중앙선거여론조사심의위원회 홈페이지에 등록되지 아니한 선거에 관한 여론조사 결과를 공표·보도하거나, 선거여론조사기준을 따르지 아니하고 공표 또는 보도를 목적으로 선거에 관한 여론조사를 하거나 그 결과를 공표 또는 보도하는 행위를 하여서는 아니된다.

　다만, 본 조항을 준수하지 아니한 선거에 관한 여론조사라도 해당 선거의 투표마감시각 후에 공표하는 것은 가능하다.[47] 이를 위반할 경우 제261조 제2항 제4호에 따라 과태료처분대상이 된다.

10. 여론조사 관련 자료 제출 요구(제9항)

　관할 선거구선거관리위원회가 공표 또는 보도된 여론조사와 관련하여 이 법을 위반하였다고 인정할 만한 상당한 이유가 있다고 판단되는 때, 선거여론조사심의위원회가 공표 또는 보도된 여론조사결과의 객관성·신뢰성에 대하여 정당 또는 후보자로부터 서면으로 이의신청을 받거나 제8조의8 제7항 제2호에 따른 심의를 위하여 필요하다고 판단되는 때에는 해당 여론조사를 실시한 기관·단체에 제6항에 따라 보관 중인 여론조사와 관련된 자료의 제출을 요구할 수 있고, 해당 기관·단체는 지체없이 이에 따르도록 규정하였다.

---

46)　중앙선거관리위원회 2016. 4. 10. 회답(선거일의 투표마감시각 후에 공표·보도하는 경우 제외)
47)　중앙선거관리위원회 2020. 7. 14. 회답

11. 야간 전화 여론조사 금지(제10항)

선거권자의 야간생활의 안정을 유지하기 위해 야간에 전화를 이용한 여론조사를 금지하고 있다.

야간(오후 10시부터 다음날 오전 7시까지)에 전화를 이용하는 선거에 관한 여론조사만을 금지하므로 야간에 거리에서 설문지 등을 이용한 여론조사는 본 조에는 위반되지 않는다. 야간(오후 11시부터 다음날 오전 6시까지)에 전화를 이용하여 여론조사를 하면서 특정 후보자나 정당에 대한 선거운동이 부가될 경우에는 법 제109조에도 위반된다. 여론조사 알림 메시지를 야간에 전송할 수는 없으나, 알림 메시지를 받은 피조사자가 본인의 의사로 야간에 여론조사에 참여하는 것은 가능하다.[48]

12. 착신전화 이용 등 선거여론조사 왜곡행위 금지(제11항)

당내경선에 관한 여론조사결과에 영향을 미치게 하기 위하여 성별·연령 등을 거짓으로 응답하도록 지시·권유·유도를 하거나, 선거에 관한 여론조사에서 2 이상의 전화번호를 착신전환 등의 조치를 하여 같은 사람이 2회 이상 응답하는 행위 등을 금지함으로써 선거에 관한 여론조사결과의 신뢰성을 제고하였다.

본 조항 제1호의 「제57조의2 제1항에 따른 당내경선을 위한 여론조사」란 직접적으로는 법 제57조의2 제2항의 '당내경선을 대체하는 여론조사'를 의미하겠지만, 나아가 당내경선 또는 당내경선운동과 관련되거나 이를 위한 여론조사를 포함하는 넓은 의미로도 해석할 수 있다.[49] 본 조항 제1호는 성별과 연령을 예시적으로 열거하고 여론조사결과에 영향을 미칠 수 있는 다른 요소들은 「등」에 포섭될 수 있도록 한 것으로 '지지정당'은 「등」에 포함된다.[50] 한편 당내경선과 관련된 여론조사는 본 조항 제2호에 따른 「선거에 관한 여론조사」에 해당한다.[51]

---

48) 중앙선거관리위원회 2020. 3. 27. 회답
49) 대구고등법원 2019. 1. 17. 선고 2018노513 판결
50) 대법원 2017. 6. 19. 선고 2017도4354 판결, 광주고등법원 제주지부 2017. 3. 15. 선고 2016노103 판결
51) 서울고등법원 2019. 11. 15. 선고 2019노654 판결

13. 미등록 선거여론조사기관 등의 여론조사결과 공표·보도 제한(제12항)

2017. 2. 8. 법 개정 시 정당 또는 후보자가 실시한 해당 선거에 관한 여론조사(제1호), 선거여론조사심의위원회가 고발하거나, 법에 따른 여론조사에 관한 범죄로 기소된 선거여론조사기관이 실시한 선거에 관한 여론조사(제2호, 불기소 처분 또는 무죄 판결 확정시 제외), 선거여론조사기관이 아닌 여론조사기관·단체가 실시한 선거에 관한 여론조사 결과는 해당 선거일의 투표마감시각까지 공표 또는 보도할 수 없도록 하여 여론조사결과의 전문성·신뢰성을 확보하고, 위법한 선거여론조사 실시 업체에 대한 제재규정을 신설하였다.

정책연구소는 본 조항 제1호의 「정당」에 포함되지 아니하나, 정당이 의뢰 또는 지시하여 정책연구소가 선거에 관한 여론조사를 실시하는 때에는 정당이 실시하는 것과 실질에 있어 차이가 없으므로 그 결과를 해당 선거일의 투표마감시각까지 공표 또는 보도할 수 없다.[52] 또한 선거여론조사기관이 아닌 여론조사기관·단체가 실시한 선거에 관한 여론조사의 결과는 선거일의 투표마감시각까지 공표 또는 보도할 수 없으므로 선거여론조사기관으로 등록하지 아니한 정책연구소는 직접 실시한 선거에 관한 여론조사의 결과를 투표마감시각까지는 공표·보도할 수 없다.

14. 선거여론조사 응답자 인센티브 제공(제13항)

2017. 2. 8. 법 개정 시 선거에 관한 여론조사 응답률을 제고하기 위하여 질문에 모두 응답한 사람에게 여론조사를 실시하는 자의 부담으로 1회 응답 시 1천원의 범위에서 전화요금 할인 혜택을 제공할 수 있도록 신설하였다(규칙 제48조의4 제4항).

15. 여론조사 비용의 선거비용 산입(법 제120조 제10호)

후보자(후보자가 되려는 사람 포함)가 법 제60조의2 제1항에 따른 예비후보자등록신청개시일부터 선거일까지의 기간 동안 4회를 초과하여 실시하는 선거에 관한 여론조사비용은 선거비용으로 본다. 그리고 선거여론조사비용은 보전하지 않는다(법 제122조의2 제2항 제11호, 규칙 제51조의2 제3항 2호의2).

---

52) 중앙선거관리위원회 2017. 4. 30. 회답

제3절 여론조사결과 왜곡 공표·보도 금지

제96조(허위논평·보도 등 금지) ① 누구든지 선거에 관한 여론조사결과를 왜곡하여 공표 또는 보도할 수 없다.
② 방송·신문·통신·잡지, 그 밖의 간행물을 경영·관리하는 자 또는 편집·취재·집필·보도하는 자는 다음 각 호의 어느 하나에 해당하는 행위를 할 수 없다.
  1. 특정 후보자를 당선되게 하거나 되지 못하게 할 목적으로 선거에 관하여 허위의 사실을 보도하거나 사실을 왜곡하여 보도 또는 논평을 하는 행위
  2. 여론조사결과 등과 같은 객관적 자료를 제시하지 아니하고 선거결과를 예측하는 보도를 하는 행위

1. 금지주체

제1항은 주체제한이 없어 「누구든지」 선거에 관한 여론조사결과를 왜곡하여 공표 또는 보도하여서는 아니된다.

반면 제2항은 「방송·신문·통신·잡지 기타의 간행물을 경영·관리하는 자 또는 편집·취재·집필·보도하는 자」로 주체를 제한하고 있어[53] 그러한 신분이 아닌 자는 본 죄의 주체가 될 수 없으며 사안에 따라 법 제250조를 적용할 수 있을 뿐이다.

방송·신문·통신·잡지 기타의 간행물의 개념에 관하여는 후술하는 제20장 '언론과 관련한 규율' 부분을 참고하기 바란다. 주체에 있어서는 방송이나 신문 등의 보도나 논평에 대하여 사실상의 영향력을 갖는 지위에 있는 경영·관리자에 한정되지 않고, 편집·취재·집필·보도하는 자도 포함된다. 「경영·관리하는 자」는 그 직위에 불구하고 보도·논평에 영향력을 갖는 자를 말하고, 「편집·취재·집필·보도하는 자」는 편집인, 기자, 논설위원 등 내부인사 뿐만 아니라 외부기자도 포함된다.

2. 금지되는 기간

법 제96조의 「후보자」에는 후보자가 되고자 하는 자도 포함한다고 법 제95조에서 명시하고 있으므로 상시적으로 금지된다. 이는 사회적으로 큰 영향력을 행사할 수 있는 언론이

---

53) 2019 신호진, 형법요론, 469면(본 조 제2항의 범죄는 행위자에게 일정한 신분이 있어야 범죄가 성립하는 진정신분범이다)

선거에 있어서 사회적 공기(公器)로서의 사명을 도외시하고 특정인의 사적 홍보물로 전락하여 편파보도의 차원을 넘어 허위·과장·왜곡보도를 자행함으로써 일반 여론을 호도하고 선거인들의 후보자 선택에 지장을 초래하게 된다면 이는 금권·관권개입에 의한 타락선거 못지않게 중대한 선거질서 침해행위로 평가받기에 충분하고 그러한 행위를 여타의 금지기간이 있는 다른 위법행위와 구별하여 엄격히 규율할 필요성이 크기 때문이다.[54]

3. 주관적 요건

본 조 제2항 제1호는 「특정 후보자(후보자가 되고자 하는 자를 포함한다)를 당선되게 하거나 되지 못하게 할 목적」을 요하는 바, 그 목적이 반드시 확정적이거나 유일한 목적일 필요는 없고, 목적의 달성 여부는 본 죄의 성립에 영향을 미치지 않는다. 선거운동을 목적으로 특정 정당과 관련한 허위·왜곡보도를 하게 되는 경우에도 그 정당소속 후보자를 당선되거나 되지 못하게 하는 행위가 될 것이므로 본 조항의 적용대상이 된다. 판례도 후보자가 되고자 하는 자인 신문사 발행인이 자신이 특정 정당의 공천에서 탈락하자 그 정당의 공천을 "밀실작당과 돈의 힘이 만들어낸 작품"이라는 제하에 이를 비판하는 허위의 기사를 게재한 행위에 대하여 자신이 당선될 목적과 그 정당추천 후보자를 당선되지 못하게 할 목적의 행위로 보았다.[55]

4. 금지되는 행위

본 조 제1항은 「선거에 관한 여론조사결과를 왜곡하여 공표 또는 보도」하는 행위를, 제2항은 「선거에 관하여 허위사실을 보도하거나 사실을 왜곡하여 보도 또는 논평하거나 여론조사결과 등과 같은 객관적 자료를 제시하지 아니하고 선거결과를 예측하는 보도」를 하는 행위를 금지하고 있다.

가. 「선거에 관하여」

'특정한 선거에 있어서 투표 또는 선거운동, 당선 등 선거에 관한 사항을 동기로 하여'라

---

54) 광주고등법원 1996. 5. 17. 선고 96노13 판결
55) 창원지방법원 거창지원 2002. 11. 22. 선고 2002고합32 판결

는 의미로[56] 당해 선거와 관련된 모든 사항에 대한 것을 의미하고 특정 후보자의 당락에 영향을 줄 수 있는 내용에 한하지 않는다.

나. 「왜곡」

현실적으로 존재하는 사실을 진실과 다르게 조작하는 것을 말하는데, 객관적으로 보아 허위의 사실에까지는 이르지 아니하더라도 어떤 사실에 있어 그 일부를 은폐하거나 반대로 허위의 사실을 부가하거나 혹은 분식·과장·윤색하는 등으로 선거인의 공정한 판단을 그르치게 할 정도로서 전체적으로 보아 진실이라고 말할 수 없는 사실을 표현하는 것을 의미한다.[57] 여론조사결과를 왜곡하는 행위에는 여론조사가 실시되지 않았음에도 실시된 것처럼 가장하여 거짓된 결과를 만들어 내는 행위도 해당한다.[58]

다. 「허위의 사실」

객관적 진실에 부합하지 않는 사실로서 그 내용이 정밀하게 특정될 필요는 없지만 선거인으로 하여금 정확한 판단을 그르치게 할 정도의 구체성을 가진 것을 말하고, 단순한 가치판단이나 평가를 내용으로 하는 의견표현은 이에 해당하지 않는다. 그리고 의견표현과 사실의 적시가 혼재되어 있는 경우에는 전체적으로 보아 사실의 적시인지 여부를 판단하여야 하는데, 내용 전체의 취지를 살펴볼 때 중요한 부분이 객관적 사실과 합치되는 경우에는 세부(細部)에 있어서 진실과 약간 차이가 나거나 다소 과장된 표현이 있다 하더라도 이를 허위의 사실로 볼 수는 없다.[59]

라. 「공표」·「보도」·「논평」

「공표」란 그 수단이나 방법의 여하를 불문하고 불특정 또는 다수의 사람이 알 수 있는 상태에 두는 것으로서,[60] 단순히 여론조사결과를 왜곡하여 발언하는 것이 아니라, 여론조사결

56) 대법원 2006. 11. 23. 선고 2006도5019 판결
57) 창원지방법원 거창지원 2002. 11. 22. 선고 2002고합32 판결(부산고등법원 2003. 3. 26. 선고 2002노941 판결로 확정), 서울지방법원 2002. 7. 19. 선고 2002고합240 판결
58) 대법원 2018. 11. 29. 선고 2017도8822 판결
59) 대법원 2002. 11. 13. 선고 2001도6292 판결, 대법원 1997. 6. 10. 선고 97도956 판결, 대법원 1999. 10. 22. 선고 99도3213 판결
60) 대법원 1998. 9. 22. 선고 98도1992 판결

과를 불특정 또는 다수인에게 드러내어 알리는 경우에만 성립할 수 있다. 개별적으로 한 사람에게 여론조사결과를 왜곡하여 발언하는 경우에는 발언의 전파가능성이 있어야 할 뿐만 아니라 발언자에게 전파가능성을 인식하고 그 위험을 용인하는 내심의 의사가 있었음이 인정되어야 「공표」행위가 성립한다.[61]

「보도」란 객관적인 사실의 전달을 말하고, 「논평」이란 사실에 관하여 그 배경, 의미, 그에 관한 의견 등을 논하여 비평하는 것이다.

제4절 중앙선거관리위원회 행정해석

---

1. 여론조사 결과 공표시기

① 여론조사결과를 게재한 간행물의 배부시기

여론조사의 경위와 그 결과의 공표시기는 일반서점 및 가판대에 배포되어 실제로 불특정 다수인이 볼 수 있는 상태에 이르른 때를 의미한다고 보아야 할 것이므로 간행물에 표시된 발행일자에 불구하고 실제발행·배부일을 기준으로 하여야 할 것임(1996. 3. 14. 회답).

② 여론조사 공표 금지기간 중 외국인 대상 공표

「공직선거법」 제108조 제1항에서 일정기간 선거에 관한 여론조사의 경위와 그 결과의 공표를 금지하는 것은 여론조사가 공정하고 정확하게 이루어졌다고 하더라도 그 결과가 공표되게 되면 선거에 영향을 미쳐 선거구민의 진의를 왜곡하고 선거의 공정성을 저해할 우려가 있어 이를 방지하기 위한 것이므로, 그 금지되는 기간 중에 외국인에게 그 여론조사의 결과를 알리는 경우 불특정 또는 다수의 선거구민에게 전파될 가능성이 없는 경우에는 무방할 것임(2008. 3. 14. 회답).

③ 여론조사결과공표 금지기간 중 후보단일화를 위한 여론조사실시 및 공표

「공직선거법」 제108조에 따라 통상적인 방법으로 실시한 여론조사의 결과를 단일후보결정을 위한 내부자료로 활용하는 것은 무방할 것이나, 여론조사의 결과공표가 금지되는 기간 중에 언론매체에 그 결과를 공표하는 것은 같은 조 제1항에 위반될 것임

---

61)   대법원 2017. 11. 23. 선고 2017도13212 판결

(2008. 4. 3. 회답).

⇨ 2017. 2. 8. 신설된 법 제108조 제12항에 따르면 누구든지 정당 또는 후보자가 실시한 해당 선거에 관한 여론조사의 결과를 해당 선거일의 투표마감 시각까지 공표할 수 없음.

2. 여론조사 설문 내용

① 당선인을 예상하기 위한 선거일의 여론조사에 관한 결정

「공직선거법」 제241조에서 선거일의 투표마감시각종료이전에 선거인에 대하여 그 투표하고자 하는 후보자 또는 투표한 후보자의 표시를 요구할 수 없도록 규정하고 있으므로 이에 위반되는 방법으로는 여론조사를 할 수 없는 것임. 다만, 제108조의 규정의 취지로 보아 예컨대, 어느 후보자가 당선될 것으로 보느냐와 같은 질문으로 당선인을 예상하기 위한 여론조사는 무방할 것임(1997. 12. 16. 의결).

② 여론조사의 설문내용

누구든지 선거운동기간전에 선거구민을 대상으로 후보자가 되고자 하는 자의 직·성명과 피의사실을 적시하여 여론조사를 하는 것은 특정 선거에서 후보자가 되고자 하는 자를 불리하게 하는 행위로서 「공직선거법」 제254조의 규정에 위반될 것이며, 여론조사의 목적·사무소운영형태 등에 따라 같은 법 제89조 및 제108조의 규정에 위반될 수도 있을 것임(1999. 4. 13. 회답).

③ 국회의원의 지방선거 관련 출마예상자에 대한 여론조사 실시

무소속 국회의원의 지역사무소에서 지방선거의 판세나 지원할 후보를 판단하기 위하여 특정 입후보예정자의 선거운동에 이르거나 「공직선거법」 제108조의 규정에 위반되지 아니하는 방법으로 여론조사를 실시하는 것은 무방할 것이며, 이 경우 여론조사 비용을 정치자금으로 지출할 수 있을 것임(2006. 2. 22. 회답).

④ 국회의원의 탈당관련 여론조사

국회의원이 소속정당으로부터의 탈당을 결정하기 위하여 지역주민들을 대상으로 여론조사하는 경우 후보자가 되고자 하는 자의 선거운동에 이르거나 「공직선거법」 제108조의 규정에 위반되지 아니하는 방법으로 여론조사를 실시하는 것은 무방할 것이며, 이 경우 여론조사 비용을 정치자금으로 지출할 수 있을 것임(2007. 7. 25. 회답).

⑤ 특정 입후보예정자의 선거공약 선호도조사

특정 입후보예정자의 선거공약 중 가장 관심이 많은 사항을 선택하도록 하는 여론조사는 특정 후보자가 되고자 하는 자의 선거공약을 선전하기 위한 행위로서 「공직선거법」 제254조에 위반될 것임(2008. 2. 28. 회답).

⑥ 입후보예정자의 인지도 여론조사 등

예비후보자들의 인지도를 파악하는 여론조사는 특정 예비후보자의 인지도를 높이기 위하여 필요 이상으로 자주하거나 통상의 표본크기를 벗어나 여론조사를 하는 것이 아니라면 「공직선거법」 제108조의 규정을 준수하여 하는 것은 무방할 것임(2008. 3. 7. 회답).

⑦ 조사대상자 한정 목적으로 '특정 정당의 지지 여부' 문항을 포함한 여론조사

선거가 임박한 시기가 아닌 때에 당대표경선에 관한 여론조사 등 특정 선거와 관련 없는 여론조사를 실시하면서, 특정 정당 지지자로 조사 대상자를 한정하기 위하여 '특정 정당의 지지 여부'에 대한 문항을 포함하는 것은 '선거에 관한 여론조사'에 해당되지 아니할 것임. 다만, 이 경우에도 특정 정당의 지지도를 공표하거나, 정당의 지지도를 조사할 목적으로 해당 문항을 포함하거나, 선거가 임박한 시기에 해당 문항을 포함하는 것은 '선거에 관한 여론조사'에 해당될 수 있을 것이며, 통상적인 여론조사의 목적 범위를 넘어 필요 이상으로 자주 실시하는 경우에는 행위양태에 따라 「공직선거법」 제254조에 위반될 수 있을 것임(2023. 3. 22. 회답).

⑧ 1인만의 인지도 조사를 위한 여론조사

아래와 같은 문항으로 통상의 표본크기를 대상으로 여론조사를 하는 것은 무방할 것임(2010. 2. 17. 회답).

1. 선생님께서는 전 ○○○도지사의 비서실장을 지내고 현 ○○○의회 의원인 ○○○씨를 알고 계십니까? 아신다면 1번 모르신다면 2번을 이름정도 들어봤다면 3번을 선택해 주세요.
2. 다가오는 6.2 지방선거에서 ○○○의원이 ○○시장에 출마한다면 지지할 의사가 있습니까? 있다면 1번을, 없다면 2번을, 기타 후보나 지지하는 후보가 없으시면 3번을 선택해주세요.

3. 여론조사 대상·방법

① 정당 간 모바일투표 방법에 의한 후보단일화

당헌·당규 등에 따른 정당의 의사결정절차에 따라 2 이상의 정당이 후보자를 단일화

하기 위하여 그 정당의 인터넷홈페이지를 통하여 자발적으로 신청한 선거인단을 대상
으로 휴대전화를 이용하여 투표하는 방법으로 후보자를 결정하는 경우 그 선거인에게
해당 정당 또는 후보자가 되고자 하는 자를 선전하는 등 선거운동에 이르는 행위가 부
가되지 아니하고 「공직선거법」 제108조 제2항에도 위반되지 아니하는 방법으로 하는
것은 무방할 것임(2007. 11. 6. 회답).

② 국회의원 및 예비후보자의 육성 여론조사

국회의원이 입법활동 등 의정활동에 선거구민의 의견과 여론을 반영하기 위하여 선거
와 무관하게 의정활동과 관련된 내용으로 통상적인 여론조사를 하는 경우 자신의 육
성녹음으로 여론조사를 하더라도 이는 직무상행위의 일환으로 보아 무방할 것이나, 후
보자가 되고자 하는 자(국회의원여부를 불문함)가 선거가 임박한 시기에 선거구민을 대상
으로 자신의 육성녹음으로 선거에 관련된 여론조사를 하는 것은 통상적인 여론조사라
기보다는 자신의 인지도를 높여 선거에서 유리하게 하려는 행위로 보아 「공직선거법」
제254조에 위반될 것이며, 선거일 전 60일부터 선거일까지는 같은 법 제108조 제2항
에도 위반될 것임(2008. 1. 28. 회답).

③ 예비후보자의 호별방문 여론조사 실시 등

여론조사 전문기관이 「공직선거법」 제108조에 따라 선거에 영향을 미치게 함이 없이
통상의 면접조사의 방법으로 여론조사를 하는 것은 무방할 것이나, 후보자가 되고자
하는 국회의원이 조사원을 고용하여 호별방문의 방법으로 선거와 관련한 여론조사를
하는 것은 통상적인 여론조사라기보다는 후보자가 되고자 하는 자인 당해 국회의원의
인지도를 높여 선거에서 유리하게 하려는 행위로 보아 같은 법 제254조에 위반될 것
이며, 여론조사 전문기관이 실시하는 경우에도 필요 이상으로 자주 또는 광범위한 선
거구민을 대상으로 실시하거나 후보자가 되고자 하는 자인 국회의원을 지지·선전하는
행위가 부가되는 경우에는 행위양태에 따라 「공직선거법」 제93조·제106조 또는 제
254조에 위반될 것임(2008. 1. 28. 회답).

④ 휴대전화를 이용한 주요 현안에 대한 여론조사 홍보동영상 전송

지방자치단체가 휴대전화 홍보동영상을 전송하여 시정 등 주요 현안에 대해 찬반을
묻는 여론조사를 실시하는 것은 무방할 것임. 다만, 후보자가 되고자 하는 당해 지방자
치단체의 장의 명의로 하거나, 지방자치단체의 장의 업적을 홍보하는 등 선거에 영향
을 미치게 하기 위한 내용이나 선거운동을 위한 내용으로 여론조사를 하는 때에는 행
위 시기 및 양태에 따라 「공직선거법」 제85조·제86조 제1항·제93조 또는 제254조에
위반될 것임(2009. 10. 15. 회답).

⑤ 당원 전체를 대상으로 하는 여론조사

1. 정당이 공직선거후보자 선출에 참고하기 위하여 또는 당내경선의 일환으로 당원 전체를 대상으로 정당 추천 후보자가 되려는 사람의 적합도 및 지지도를 측정하기 위한 여론조사를 직접 실시하거나 여론조사기관에 의뢰하여 공동명의로 실시하는 것은 무방할 것임. 다만, 「공직선거법」 제57조의2 제2항에 따른 여론조사 외에는 선거일 전 60일부터 선거일까지 정당의 명의로 선거에 관한 여론조사를 할 수 없음.

2. 후보자가 되려는 사람, 여론조사기관, 인터넷언론사 등이 통상의 표본크기를 벗어나 당원 전체를 대상으로 여론조사를 하는 때에는 여론조사를 빙자한 선거운동이 될 것임(2010. 4. 9. 회답).

⑥ 스마트폰 애플리케이션을 이용한 여론조사

통상의 표본크기를 대상으로 법 제108조를 준수하여 스마트폰 어플리케이션을 이용한 후보자의 인지도 또는 지지도 여론조사를 하고 그 여론조사의 결과를 공표하는 것은 무방할 것임. 다만, 설문내용 또는 실시횟수 등이 선거에 영향을 미치게 하기 위한 행위나 선거운동을 위한 행위에 이르러서는 아니 될 것임(2014. 1. 15. 회답).

⑦ 후보자 사진을 제시한 1인의 여론조사

「공직선거법」 제108조를 준수하여 여론조사의 목적, 표본의 크기, 설문내용, 실시 횟수 등이 선거에 영향을 미치게 하기 위한 행위나 선거운동을 위한 행위에 이르지 않는 범위에서 스마트폰을 이용하여 실시하는 여론조사에 후보자(후보자가 되려는 사람 포함)에 대한 정보로 통상의 프로필 사진을 제시하는 것은 「공직선거법」상 무방할 것임(2014. 2. 27. 의결).

⑧ 지방자치단체의 장 등의 음성녹음 자동전화통화 여론조사

해당 지방자치단체장의 명의 또는 육성을 녹음하여 ARS 여론조사를 하는 것은 「공직선거법」 제254조에 위반되지 아니함. 다만, 선거가 임박한 시기에 해당 지방자치단체장의 육성으로 선거와 관련된 여론조사를 하는 것은 법 제254조에 위반될 것이며, 선거일 전 60일부터 선거일까지는 법 제108조 제2항에도 위반될 것임[2017. 12. 19. 대법원의 선거운동 판단기준 변경에 따른 관련 선례 정비(제3차)].

4. 여론조사 절차·과정

① 선거여론조사 응답자에 대한 경품제공

선거에 관한 여론조사의 표본이 될 대상자를 모집하면서 참여자에게 추첨에 의하여

경품을 제공한다는 의사를 표시하여 모집하는 때에는 「공직선거법」 제108조에 위반될 것임(2002. 5. 20. 회답).

⇨ 2017. 2. 8. 법 제108조 제13항이 신설되어 선거에 관한 여론조사에 성실하게 응답한 사람에게는 전화요금 할인 혜택을 제공할 수 있음.

② 착신전화 이용 등 선거여론조사 왜곡행위의 금지

　1. 「공직선거법」 제57조의2 제1항에 따른 당내경선을 위한 여론조사는 선거에 관한 여론조사에 해당하므로 같은 법 제108조 제11항 제2호 및 제256조 제1항 제5호가 적용될 것임.

　2. 「공직선거법」 제108조 제11항 제2호는 같은 사람이 두 차례 이상 응답하거나 이를 지시·권유·유도함으로써 선거에 관한 여론조사의 결과를 왜곡하는 행위를 금지하기 위한 규정인바, 이 규정에서 "둘 이상의 전화번호"의 의미는 착신 전환 등의 조치시 최소 둘 이상의 전화번호가 필요함을 확인하는 것에 불과하고, "착신 전환"은 여론조사 결과를 왜곡하는 조치의 대표적인 예시이므로, 선거에 관한 여론조사의 결과에 영향을 미치게 하기 위하여 귀문과 같이 착신 전환하여 같은 사람이 두 차례 이상 응답하거나 이를 지시·권유·유도하는 경우에는 본 규정에 위반될 것임(2016. 2. 11. 회답).

　※ 무선전화로 응답 후에 1개의 유선전화만 무선전화로 착신 전환 후 여론조사 전화에 응답하는 행위가 법 제108조 제11항 제2호에 위반되는지 여부를 질의함.

③ 당내경선을 위한 여론조사의 "선거에 관한 여론조사" 해당여부

　1. 「공직선거법」 제57조의2에 따른 당내경선을 위한 여론조사 및 당내경선을 대체하는 여론조사는 같은 법 제108조 제11항 제2호에 따른 선거에 관한 여론조사에 해당될 것임.

　2. (10개의 전화번호를 착신 전환하여 A라는 사람이 5통의 전화에 응답한 후 그 옆에 있는 B라는 사람이 5통의 전화를 응답한 경우) 둘 이상의 전화번호를 착신 전환하여 같은 사람이 두 차례 이상 응답하는 행위에 해당되므로 「공직선거법」 제108조 제11항 제2호에 위반될 것임(2016. 1. 21. 회답).

5. 여론조사 결과 공표

① 정당의 당내경선 출구조사 결과공표

공직선거후보자 추천을 위한 정당의 당내경선은 정당이 당헌·당규에 따라 실시하는

것이므로 출구조사의 방법·결과공표 시기 등은 당해 정당과 협의하여 그 동의를 받아 실시하여야 할 것이며, 또한 동의를 받은 경우에도 「공직선거법」 제108조를 준수하여야 할 것임(2007. 7. 2. 회답).

② 출구조사 결과 등의 공표·보도시 준수사항

선거에 관한 여론조사(「공직선거법」 제167조 제2항에 따른 출구조사를 포함함)의 결과를 해당 선거일의 투표마감시각 후에 공표·보도하는 경우에는 같은 법 제108조 제6항 및 제7항에 따른 선거여론조사기준으로 정한 사항의 공표·보도 및 등록을 하지 아니하여도 무방할 것임(2016. 4. 10. 회답).

③ 빅데이터 분석을 통한 후보자 선호도 등의 보도

방송사가 인터넷 포털사이트·SNS 등을 통하여 선거에 관한 여론조사(모의투표나 인기투표에 의한 경우를 포함함)의 결과에 해당하지 아니하는 빅데이터를 수집·분석하여 후보자에 대한 관심도나 선호도를 보도하는 것은 「공직선거법」 제108조 제1항에 위반되지 아니할 것이나, 같은 법 제8조·제96조 등 언론보도의 공정성·객관성 관련 규정을 준수하여야 할 것임(2017. 2. 21. 회답).

④ 다수의 선거에 관한 여론조사결과를 보정한 분석결과의 공표·보도

「공직선거법」 제108조 제1항 또는 제12항에 따라 공표·보도할 수 없는 다수의 선거에 관한 여론조사결과를 자료로 여론조사기관의 편향성 등을 감안하여 보정한 분석결과를 그 제한기간에 공표·보도하는 경우에는 같은 조항에 각각 위반될 것이며, 공표·보도된 선거에 관한 여론조사를 대상으로 하는 경우에는 같은 법 제108조 제6항 전단에 따라 선거여론조사기준으로 정한 사항 및 그 분석 경위와 방법을 함께 공표·보도하여야 할 것임(2017. 3. 17. 회답).

⑤ 정책연구소의 선거에 관한 여론조사 실시 등

1. 정책연구소가 선거에 관한 여론조사의 결과 공표 금지 주체인 '정당'에 포함되는지 여부 등

정책연구소는 「공직선거법」 제108조 제12항 제1호에 따라 그 결과를 공표 또는 보도할 수 없는 선거에 관한 여론조사의 실시주체인 정당에 포함되지 아니할 것이며, 정책연구소가 정책의 연구·개발의 목적 범위에서 선거에 관한 여론조사를 실시하는 때에는 그 비용을 「정치자금법」 제28조 제2항에 따라 정당으로부터 지원받은 국고보조금으로 지출할 수 있을 것임. 다만, 정당이 의뢰 또는 지시하여 정책연구소가 선거에 관한 여론조사를 실시하는 때에는 그 결과를 해당 선거일의 투표마감시각까지 공표 또는 보도할 수 없을 것임.

2. 정책연구소가 실시한 선거에 관한 여론조사 결과를 공표하기 위한 절차

귀문의 경우 「공직선거법」 제108조 제3항에 따라 선거에 관한 여론조사의 목적 등을 신고하지 아니하여도 될 것이나, 같은 법조 제7항에 따라 그 결과의 공표·보도 전에 선거여론조사기준으로 정한 사항을 중앙선거여론조사심의위원회 홈페이지에 등록하여야 하는 등 같은 법조의 다른 규정과 같은 법 제96조 제1항을 준수하여 선거에 관한 여론조사를 실시·공표하여야 할 것임(2017. 4. 30. 회답).

※ 선거여론조사기관으로 등록하지 않은 정책연구소가 직접 선거에 관한 여론조사를 실시하는 경우 그 결과를 선거일의 투표마감시각까지 공표·보도할 수 없음(법 제108조 제12항 제3호).

⑥ 정책연구소가 실시한 선거에 관한 여론조사 결과 공표

1. 여의도연구원이 선거에 관한 여론조사(정당 지지도 등 문항 포함)를 실시하고 해당 선거의 투표마감시각 후에 해당 선거가 모두 종료된 현 시점에 귀문과 같이 간행물이나 언론을 통해 그 결과를 공표하는 것은 가능할 것임. 다만, 이 경우 조사의 시기, 조사 내용을 제대로 밝히지 않는 등 「공직선거법」 제96조에서 금지하는 선거에 관한 여론조사 결과의 왜곡 공표·보도 행위에 이르러서는 아니 될 것임.

2. 여의도연구원이 「공직선거법」 제108조를 준수하여 정당 지지도 문항을 포함한 정치 현안 여론조사를 실시하고, 정당 지지도 결과를 제외하고 현안 여론조사의 결과만을 간행물이나 언론을 통해 공표하는 것은 시기에 관계없이 가능할 것임. 다만, 정치 현안 여론조사라 하더라도 선거를 동기로 하여 선거와 연계시키는 등의 양태가 되어 선거에 관한 여론조사로 볼 수 있다면 해당 선거의 투표마감시각까지는 그 결과를 공표할 수 없을 것임(2020. 7. 14. 회답).

※ 여의도연구원은 「공직선거법」 상 선거여론조사기관으로 미등록되었고, 직접 선거에 관한 여론조사를 실시한 사안임.

제5절 판례

1. 공표·보도 금지기간에 실시한 여론조사 결과의 공표

① 선거일 전 6일부터 선거일의 투표마감시각까지 여론조사를 공표한 행위

피고인은 제7회 전국동시지방선거 □□군수에 출마한 후보 A를 위하여 선거운동을 한 자원봉사자로서, 선거 2일 전인 2018. 6. 11. 20:59경 전북 □□군 읍내리에 있는 위 A의 선거사무실에서 피고인의 스마트폰을 이용하여 "실제, 본보 및 도내 언론사가 최근 발표한 여론조사 결과들을 종합 분석해 보면 ○○시장과 □□군수의 경우 오차범위 내이지만 ▲▲당과 무소속 후보가 ●●당 후보를 앞선 것으로 나타났고, 군수 역시 무소속 후보가 격차를 벌여가며 강세를 보이고 있는 것으로 조사 됐었다."하는 문구를 "전라일보 6월 11일자 신문에서 발췌한 기사내용입니다."라는 소개와 함께 위 A의 페이스북에 게시하였다. 이로써 피고인은 위 A를 위한 선거운동과 관련하여 선거일 전 6일부터 선거일의 투표마감 시각까지 제7회 전국동시지방선거 □□군수 선거에 관하여 당선인을 예상하는 여론조사 결과를 공표하였다[광주고등법원 2019. 6. 4. 선고 (전주)2019노33 판결].

2. 특정 정당 또는 후보자에게 편향되는 여론조사

① 공표 또는 보도 목적으로 선거에 관한 여론조사시 전계층을 대표할 수 있는 피조사자 미선정 및 여론조사 관련자료를 선거일 후 6월까지 미보관

피고인은 여론조사기관인 ○○조사연구소 소장인 바, 2005. 12. 28.부터 같은 달 31일까지 울산 남구 ○○동 소재 ○○조사연구소에서 UBC울산방송국으로부터 제4회 전국동시지방선거와 관련하여 울산광역시장을 비롯한 울산지역 지방자치단체장 후보예상자의 지지도 조사를 의뢰받고 보도를 목적으로 울산지역에 거주하는 피조사자 500명을 상대로 여론조사를 실시함에 있어, 성별, 연령대, 지역, 학력, 직업 등 전계층을 대표할 수 있도록 피조사자를 선정하지 않고 조사원들로 하여금 임의로 피조사자를 선정하여 여론조사를 하게 한 후, 여론조사 결과분석서에 피조사자의 성별, 연령별, 지역별, 학력별, 직업별 비율을 허위로 기재함으로써 조사대상의 전계층을 대표할 수 있

도록 피조사자를 선정하여 여론조사를 하지 않았으며, 2006. 1. 중순 일자불상경 부산 부산진구 ○○동에 있는 ○○환경센터사무실에서 전 항과 같이 여론조사를 실시하면서 수집된 설문지를 쓰레기 분리수거함에 버려 선거일 후 6월까지 위 설문지를 보관하지 않았다(울산지방법원 2006. 10. 24. 선고 2006고합165 판결, 부산고등법원 2006. 12. 27. 선고 2006노744 판결).

② "특정 정당 또는 후보자에게 편향되도록 하는 어휘나 문장을 사용하여 질문하는 행위"
인지 여부

피고인은 서울 영등포구에 있는 여론조사업체인 ☆☆☆ 및 선거 관련 컨설팅 업체 운영자로서, 2014. 6. 4. 실시된 제6회 전국동시지방선거(이하 '이 사건 선거'라 한다)와 관련하여, 2014. 1. 28.경 안산시장 출마예정자이던 ○○○과 선거 컨설팅 계약을 체결하였다.

피고인은 2014. 5. 9.경 위 ☆☆☆ 사무실에서 인터넷 신문사인 '뷰앤폴'과 공동으로 전화 및 자동응답시스템(ARS)을 이용하여 안산시장 선거구인 선거인 1,093명을 상대로 여론조사(이하 '이 사건 여론조사'라 한다)를 실시하면서 다음과 같이 세월호 침몰사건에 대한 정부의 대처가 미흡했다는 취지와 ○○○이 위 사건에 관하여 유가족 지원 및 수습활동에 적극적으로 나선 점을 부각하는 취지가 포함된 내용의 질문을 하였다.

3. '세월호'가 침몰한 직후부터 현재까지 단 한 명의 생존자도 구조하지 못하는 어처구니없는 상황과 관련하여 선생님께서는 박근혜 대통령과 청와대가 인명구조와 사고수습을 위한 대처를 잘했다고 보십니까, 아니면 잘못했다고 생각하십니까?
❶번, 잘했다.
❷번, 잘못했다.
기타 의견이시면 ❸번을 눌러주세요
[새누리당 지지층 제외]
7-①. 새정치민주연합이 사고 직후부터 진도 팽목항에서 유가족 지원과 사태수습에 여념이 없던 ○○○ 안산시장을 배제하고 □□□씨를 전략공천했습니다. 선생님께서는 새정치민주연합 중앙당의 이 같은 결정에 대해 어떻게 생각하십니까?
❶번, 잘했다.
❷번, 잘못했다.
기타 의견이시면 ❸번을 눌러주세요

이로써 피고인은 선거에 관한 여론조사를 하면서 특정 정당 또는 후보자에게 편향되도록 하는 어휘나 문장을 사용하여 질문하는 행위를 하였다(수원지방법원 안산지원 2014. 11. 21. 선고 2014고합328 판결).

③ 여론조사기관·단체의 전화번호를 밝히지 않는 행위

피고인은 □□당 동구을 당원협의회(이하 '동구을 당협'이라 한다) 사무국장이고 A는 2017. 7. 2. 실시된 □□당 최고위원 선거에 출마하여 당선된 사람으로 2018. 6. 13. 실시된 제7회 전국동시지방선거 ○○시장 선거에 2018. 2. 13. 예비후보자로 등록하였으나 2018. 4. 9. □□당 시장 경선에서 탈락한 사람이다.

1. 착신전환을 통한 여론조사 중복 응답 지시 등 금지 위반

피고인은 2018. 2. 10.경 ＊＊에 있는 ○○식당에서 제7회 전국동시지방선거에서 □□당의 공천을 받고자 희망하는 K 등 출마예정자, 각 동 위원장, 고문들이 참석한 회의에서 '일반 전화 10대씩 가입해서 휴대폰으로 착신을 해라. 여론조사 전화가 오면 A를 지지한다고 응답하여 여론을 만들어라'라고 말하여 K에게 착신전환 및 중복 응답을 지시·권유한 것을 비롯하여 그때부터 2018. 3. 7.경까지 동구을 당협 소속 구성원들 21명에게 총 268대의 유선전화를 개설하여 그들의 휴대전화로 착신전환을 한 다음, 여론조사 전화에 'A를 지지한다' 중복 응답하도록 지시·권유하였다.

이로써 피고인은 선거에 관한 여론조사의 결과에 영향을 미치게 하기 위하여 둘 이상의 전화번호를 착신전환 등의 조치를 하여 같은 사람이 두 차례 이상 응답하도록 지시·권유 하였다.

2. 타인명의 휴대전화 이용 여론조사 방법 위반

피고인은 2018. 3. 27.경 ＊＊에 있는 동구을 당협 사무실에서 U에게 '여론조사를 하려고 하니 전화기 열대를 구해 달라'고 요구하여 그로부터 K 명의로 개통된 타인 명의의 휴대전화 2대 및 유심칩 6개를 제공받고, 동구을 당협 회원으로 출마예정자들인 B, C, S, J에게 '여론조사기관에서 하는 것처럼 □□당 책임당원들에게 각각 전화를 걸어 지지자를 조사하고, A를 지지하는 당원에게만 경선 모바일투표 및 현장투표 일정을 알려주고, 타 후보를 지지한다고 답하면 바로 전화를 끊는 내용'으로 작성된 여론조사 안내문구, 책임당원 명부 및 위 타인명의 휴대전화 등을 B에게 제공하면서 책임당원 상대로 위와 같은 내용으로 여론조사를 하도록 지시하였다.

위와 같은 지시에 따라 B, C, S, J는 2018. 3. 29. 14:14경부터 2018. 3. 31. 15:28 경까지 ＊＊에 있는 B의 사무실에서 위 타인명의 휴대전화를 이용하여 총 1,184명

의 □□당 책임당원에게 전화를 걸어 여론조사 기관, 단체의 명칭과 전화번호를 밝히지 않은 채 지지하는 후보자가 누구인지 질문하고, A를 지지한다고 응답한 사람에게만 경선 모바일투표 및 현장투표 절차를 안내하고, 타 후보를 지지하는 사람에게는 즉시 통화를 종료하였다.

이로써 피고인은 B, C, S, J 등과 공모하여 선거에 관한 여론조사를 하면서 여론조사 기관·단체의 명칭과 전화번호를 밝히지 아니하고 여론조사를 하였다.

3. 무죄부분

이 법원이 적법하게 채택, 조사한 증거들에 의하면, 피고인의 지시를 받은 B 등이 공소사실 기재와 같이 □□당 책임당원들에게 전화하여 '○○시장 □□당 후보들 중에서 누구를 지지하십니까? ①A, ②E, ③G, ④지지자 없음'이라는 내용의 설문으로 여론조사를 실시하였고, A를 지지한다고 응답한 사람에게만 경선 모바일투표 및 현장투표 철차를 안내하고, 타 후보를 지지하는 사람에게는 즉시 통화를 종료한 사실은 인정된다.

그러나 이 법원이 적법하게 채택, 조사한 증거들에 의하여 인정되는 다음과 같은 사정을 종합하면, 피고인이 공직선거법 제108조 제5항 제1호 소정의 '특정 후보자에게 편향

되도록 하는 어휘나 문장을 사용하여 여론조사를 하였다'는 점을 인정하기에 부족하고 달리 이를 인정할 증거가 없다.

1) '편향'의 사전적 의미는 한쪽으로 치우침을 의미하는데 위 여론조사 내용은 특정 후보자에게 편중된 어휘나 문장을 사용하지 않은 채 통상의 여론조사에서 요구되는 정도의 무색투명한 방식으로 구성되어 있다.

2) 피고인은 단순히 복수의 후보자 중 지지하는 후보자가 누구인지 질문하였을 뿐 달리 주관적인 판단이 개입된 표현을 사용한 것으로 볼 수 없다.

3) 공직선거법 제108조 제5항은 특정 후보자의 입맛에 맞도록 여론조사대상자의 의견을 왜곡하여 조사하지 않도록 함으로써 선거에 관한 여론조사의 객관성과 공정성을 보장 하기 위한 취지에서 마련된 조항이다. 그런데 위와 같은 내용의 설문에는 여론조사대상자의 의견이 왜곡되어 조사될 만한 어휘나 문장이 포함되어 있다고 볼 수 없다.

4) A를 지지한다고 응답한 사람에게만 경선 모바일투표 절차 등을 안내하고 다른 후보를 지지하는 사람에게는 통화를 종료한 행위는 여론조사대상자의 의견을 구하기 위한 설문조사를 한 것이 아니라, 일종의 불법 경선운동에 해당하는 행위로

서, 이를 두고 '편향된 어휘나 문장을 사용하여 질문하는 행위'로 볼 수는 없다(대구고등법원 2019. 1. 31. 선고 2018노597 판결).

3. 공표·보도 시 선거여론조사기준에 관한 사항

① 법 제108조 제4항(현행 : 제108조 제6항)에 관한 규정이 여론조사의 결과를 최초로 공표 또는 보도하는 사람에 한하여 적용되는지 여부

공직선거법 제108조 제4항에서는 여론조사의 공표 방법에 관하여 "누구든지 선거에 관한 여론조사의 결과를 공표 또는 보도하는 때에는 조사의뢰자와 조사기관·단체명, 피조사자의 선정방법, 표본의 크기, 조사지역·일시·방법, 표본오차율, 응답률, 질문내용 등을 함께 공표 또는 보도하여야 하며, 선거에 관한 여론조사를 실시한 기관·단체는 조사설계서·피조사자선정·표본추출·질문지작성·결과분석 등 조사의 신뢰성과 객관성의 입증에 필요한 자료와 수집된 설문지 및 결과분석자료 등 당해 여론조사와 관련있는 자료일체를 당해 선거의 선거일 후 6월까지 보관하여야 한다."라고 규정하고 있는바, 위 조항은 선거와 관련된 여론조사의 결과를 공표함에 있어서 그 객관성과 신뢰성을 유지할 수 있도록 하기 위한 것으로서, '누구든지 선거에 관한 여론조사의 결과를 공표 또는 보도하는 때에는'이라고 규정하여 그 행위 주체에 아무런 제한을 두고 있지 아니하다. 따라서 위 규정이 여론조사의 결과를 최초로 공표 또는 보도하는 자에 한하여 적용된다고는 할 수 없으므로, 이와 같은 취지의 원심의 판단은 정당하고, 거기에 위 규정의 해석에 관한 법리오해 등의 위법이 없다(대법원 2007. 6. 14. 선고 2007도2741 판결).

⇨ 2015. 12. 24. 법 개정으로 제108조 제6항에 "누구든지 선거에 관한 여론조사의 결과를 공표 또는 보도하는 때에는 선거여론조사기준으로 정한 사항을 함께 공표 또는 보도하여야 하며"로 변경되었으며, 이를 위반할 경우 제261조 제2항 제2호에 따라 과태료처분대상이 됨.

4. 중앙선거여론조사심의위원회 홈페이지 미등록 여론조사

① 중앙선거여론조사심의위원회 홈페이지에 등록되지 아니한 여론조사 결과를 팬카페 홈페이지 등에 게시한 행위

피고인 김○○은 제6회 전국동시지방선거 정선군수 후보자 전○○의 자원봉사자이고, 피고인 장○○는 위 전○○의 자원봉사자이자 네이버 제공 모바일 커뮤니티인 '정선 희망열차 전○○ 팬클럽' 밴드의 회원이다. 피고인 김◇◇는 '정선 희망열차 전○○ 팬클럽' 밴드를 개설한 사람이다.

피고인 김○○은 2014. 5. 26.경 여론조사 기관인 ㈜모노리서치의 직원 이○○에게 부탁하여 받은 정선군수 선거관련 여론조사 결과보고서가 중앙선거여론조사공정심의위원회(중앙선거여론조사심의위원회로 변경됨) 홈페이지에 등록되지 아니하였음에도 불구하고, 위 보고서의 내용 중 정당 지지도 및 후보 지지도 결과를 보고 '▷▷당 55%, □□당 27.5%, 전○○ 53%, 최○○ 41%, 정선읍 전후보 53.5%, 최후보 39.5%, 표본샘플 1,000명, 5/26 여론조사 결과'라고 메모지에 기재하였다.

피고인 김○○은 2014. 5. 28. 10:00경 강원 정선군 사북읍 소재 한국병원 앞 후보자 전○○의 거리유세 현장에서 피고인 정○○에게 위 메모지를 건네주면서 위 '정선 희망열차 전○○ 팬클럽' 밴드에 위 메모지 내용을 게시하도록 지시하고, 피고인 정○○는 그 자리에서 자신의 휴대전화를 이용하여 위 밴드에 위 메모지 내용을 게시하였다.

피고인 김◇◇는 2014. 5. 28. 15:00경 자신의 집에서 중앙선거여론조사공정심의위원회 홈페이지에 등록되지 아니한 위의 여론조사 결과를 컴퓨터를 이용하여 정선군청 홈페이지 자유게시판에 게시하고, 휴대전화를 이용하여 네이버 제공 모바일 커뮤니티인 '도의원 후보 김▽▽ 회장님 팬클럽' 밴드에도 게시하는 방법으로 공표하였다[서울고등법원 2015. 1. 28. 선고 (춘천)2014노23 판결].

⇨ 2015. 12. 24. 법 개정으로 제108조 제8항을 위반하여 여론조사를 실시하거나 그 결과를 공표 또는 보도한 경우에는 제261조 제2항 제4호에 따라 3천만원 이하의 과태료가 부과됨.

⇨ 2017. 2. 8. 법 개정으로 '중앙선거여론조사공정심의위원회'가 '중앙선거여론조사심의위원회'로 명칭이 변경됨.

② 중앙선거여론조사심의위원회 홈페이지에 등록되지 아니한 선거에 관한 여론조사 결과를 공표하여 과태료가 부과된 경우

1. 기록에 의하면 위반자는, 2018. 3. 21. 서울 영등포구 여의도동 남도마루 식당에서

열린 부산·울산·경남 지역 국회출입 기자들과의 간담회에서 '☆☆☆연구원에서 조
사한 울산시장 여론조사에서 위반자 소속 정당 후보가 상대 정당 후보보다 10% 이
상 압도적인 지지율이 나오고 있다'는 취지로 이야기하고, 2018. 4. 4. □□당 당대
표실에서 열린 부산·울산·경남 지역 국회출입 기자들과의 간담회에서 '어제 경남
지사에 대한 긴급여론조사를 실시한 결과 우리 후보가 ○○당 후보를 앞서는 것으
로 나왔다'는 취지로 이야기 하였다.

그런데, 위반자가 위 발언에서 언급한 '☆☆☆연구원'은 위반자 소속 정당인 □□당
소속의 정책연구소로 제7회 전국동시지방선거와 관련하여 공직선거법 제108조 제
7항에 따른 선거여론조사 기준으로 정한 사항을 중앙선거여론조사심의위원회 홈페
이지에 등록한 바 없다.

2. 공직선거법에서 말하는 '공표'란 그 수단이나 방법 여하를 불문하고 불특정 또는
다수인에게 어떠한 사실을 알리는 것을 의미하므로 구체적인 수치를 적시하여야
만 '공표'에 해당한다고 볼 수는 없고, '우세, 경합, 추격' 등 선거 판세에 관한 공
표라고 하더라도 여론조사 결과를 원용하여 공표한 경우에는 여론조사 결과의 공
표에 해당한다고 봄이 상당하다. 공직선거법 제108조 제8항 제1호에서 중앙선
거여론조사심의위원회 홈페이지에 등록되지 아니한 여론조사 결과의 공표를 금
지하고 같은 조 제12항 제3호에서 선거여론조사기관이 아닌 여론조사기관·단
체가 실시한 선거에 관한 여론조사결과의 공표를 금지한 입법 취지는 유권자들
의 의사결정에 영향을 미칠 수 있는 선거에 관한 여론조사 결과의 객관성과 신
뢰성을 확보하기 위한 것임을 고려할 때, 위반자가 앞서 본 바와 같이 기자들과
의 간담회에서 중앙선거여론조사심의위원회 홈페이지에 등록되지 않은 ☆☆☆연
구원이 공직선거법 제108조 제7항에 따른 선거여론조사기준으로 정한 사항을 중
앙선거여론조사심의위원회 홈페이지에 등록하지 않은 채 실시한 여론조사 결과
를 언급하면서, 위반자 소속 정당 후보자의 지지율이 상대 정당 후보자의 지지율
보다 10% 이상 높다거나 위반자 소속 정당 후보가 상대 정당 후보를 앞선다는 취
지로 이야기한 것은 유권자들의 의사결정에 영향을 미칠 수 있는 선거 판세에 관
한 여론조사 결과를 공표한 행위로서, 제108조 제8항을 위반한 행위에 해당한다.
나아가 기록에 드러난 다음과 같은 사정들, 즉, 위반자는 당시 위반자 소속 정당의
대표자로서 위반자의 발언은 유권자들의 의사결정에 더 큰 영향을 줄 여지가 있으
므로, 선거에 관한 여론조사결과를 공표함에 있어 더더욱 공직선거법에서 정한 절
차와 방법에 따랐어야 하는 점, 중앙선거여론조사심의위원회가 이 사건 위반자의

발언 이전에도 '위반자가 ☆☆☆연구원의 여론조사 결과를 공표하였다'는 이유로 이미 3차례의 행정조치(2017. 4. 21.자 공명선거 협조요청, 2017. 9. 21.자 선거법준수촉구, 2018. 2. 13.자 경고)를 취하였음에도 불구하고 개전의 정 없이 이 사건 행위로 나아간 점 등 이 사건 위반행위의 경위, 위반행위의 태양과 정도, 위반행위 전후의 정황을 포함하여 기록에 나타난 여러 사정을 참작하여 위반자에게 주문 기재 과태료를 부과하기로 하여, 공직선거법 제261조 제2항 제4호, 제108조 제8항 제1호, 질서위반 행위규제법 제36조 제1항, 제44조에 의하여 주문과 같이 결정한다(서울남부지방법원 2019. 6. 3. 선고 2018과40 결정).

⇨ 주문 내용 : 위반자에게 과태료 20,000,000원을 부과한다.

5. 여론조사 관련된 자료제출 요구에 허위의 자료제출

① 임의로 수집된 사례 및 그 응답값을 삭제하거나 추가하는 방법으로 수정된 여론조사결과를 언론사에게 전달한 후, 선관위의 자료제출요구에 허위의 자료를 제출한 경우

피고인 1은 주식회사 OO리서치의 대표이사이고 피고인 2는 OO리서치의 관리이사이다. 피고인들은 2014. 3. 10. OO리서치의 사무실에서 '일간뉴스경남'으로부터 2014. 6. 4. 실시되는 제6회 전국동시지방선거 경남도지사 새누리당 후보적합도 등에 대한 여론조사를 의뢰받아 성, 연령, 지역별 인구비에 따라 표본을 할당하여 무선표집의 방법을 사용하는 '층화강제할당 무선표본추출법'으로 2014. 3. 10.부터 3. 11.까지 양일간 여론조사를 실시 하기로 하였다.

피고인들은 공모하여 2014. 3. 10. 위 사무실에서 CATI RDD(Computer Assisted Telephone Interviewing Random Digit Dialing)방식에 의한 전화면접조사 여론조사를 실시하여 1,104개의 사례를 조사한 후 피고인 2는 임의로 수집된 사례 및 그 응답값을 삭제하거나 추가하는 방법으로 "③번 잘모름"으로 선택한 응답값 중 43건을 "①번"으로 수정하여 관련데이터 1,000개를 다음날 피고인 1에게 건네주었다.

피고인 1은 이와 같은 사실을 알면서도 해당 여론조사가 경남도의 성, 연령, 지역별 인구비의 특성이 정확하게 반영된 '층화강제할당 무선표본추출'방식으로 조사한 결과 A 대 B가 28.1%대 30.9%, 2.8%의 차이로 오차범위 내에 있다는 취지의 분석결과를 일간뉴스경남에 제공하여 같은 취지로 2014. 3. 12. 보도되게 하였다. 그러나 사실은 A 대 B의 지지도 차이는 23.8%대 30.9%, 7.1%의 차이가 있었다. 이로써 피고인들은 공

모하여 여론조사결과를 왜곡하여 보도하였다.

또한 피고인들은 전항과 같이 보도된 여론조사의 객관성, 신뢰성에 대하여 후보자로부터 서면으로 이의제기가 있어, 2014. 3. 17. 및 3. 31. 위 사무실에서 경상남도선거관리위원회로부터 'Raw Data, 표본추출 등 위 여론조사결과의 객관성, 신뢰성 심의를 위한 자료일체'의 제출을 요구받았음에도 2회에 걸쳐 조사결과의 객관성, 신뢰성을 심의할 수 없도록 일부 Data가 누락된 자료를 제출함으로써 정당한 사유 없이 이에 응하지 아니하였다(창원지방법원 2015. 2. 12. 선고 2014고합260 판결, 대법원 2015. 7. 23. 선고 2015도7354 판결)

6. 성별·연령 등 거짓 응답 지시·권유·유도 행위

① 제108조 제11항 제1호의 '성별·연령 등'의 범위

공직선거법에서 정한 당내경선에 관한 위 각 규정의 문언, 체계 및 개정연혁에 의하더라도 안심번호 제도가 당내경선을 위한 여론조사에 필수 불가결하다거나 당내경선을 위한 여론조사가 안심번호 제도를 전제로 하고 있다고 볼 수 없고, 게다가 이 사건 조항의 취지가 안심번호 제도를 이용한 여론조사의 경우에만 그 여론조사 결과에 영향을 미치게 하려는 행위를 금지하고 안심번호 제도를 이용하지 않는 여론조사의 경우는 그러한 행위를 금지하지 않는 것이라고 볼 수도 없으므로, 이 사건 조항이 안심번호 제도에서 예정한 성별, 연령, 거주지를 거짓으로 응답하는 경우에만 적용된다고 할 수 없다.

결국 피고인이 이 사건 여론조사 결과에 영향을 미치게 하기 위하여 '지지정당'을 거짓으로 응답하도록 지시, 권유, 유도한 행위는 이 사건 조항으로 규율될 수 있다고 보아야 하고, 이러한 해석이 형벌법규의 명확성의 원칙에 반한다거나 죄형법정주의에 의하여 금지되는 유추해석에 해당한다고 할 수 없다(대법원 2017. 6. 19. 선고 2017도4354 판결, 광주고등법원 제주지부 2017. 3. 15. 선고 2016노103 판결).

⇨ 2017. 2. 8. 법 제57조의8 개정으로 '당내경선 등을 위한 안심번호'는 '당내경선 등을 위한 휴대전화 가상번호'로 변경됨.

〈 범죄사실 〉

★★★당은 제20대 국회의원선거 제주시을 선거구에서 ★★★당 후보자를 선출하는 당내경선(이하 '이 사건 당내경선'이라 한다)을 '안심번호에 의한 국민공천 선거인단 자동응답시스템(ARS, Automatic Response Service) 투표' 방식으로 진행하였고, ★★★당 제20대 국회의원선거 후보자 추천을 위한 경선시행세칙 제11조(국민공천단의 구성)에서 "① 국민공천단의 구성은 해당 선거구의 유권자를 대상으로 전화 ARS 응답 방법의 공모에 응한 유권자로 구성한다. ② 국민공천단 모집대상은 ★★★당과 무당층 응답자를 대상으로 한다."라고 정하여 응답자가 ★★★당을 지지하거나 지지정당이 없다고 응답한 경우에만 여론조사에 참여하여 후보자 적합도에 대한 의견을 표시할 수 있도록 하였다.

② 법 제108조 제11항의 '선거에 관한 여론조사'에 당내경선이 포함되는지 등

공직선거법의 규정 체계나 문언 내용 등을 고려하면, 공직선거법 제108조 제11항 제2호의 '선거에 관한'은 '선거에 관한 사항을 동기로 하여'라는 의미로서, '선거를 위한' 보다 광범위한 개념으로 볼 수 있고(대법원 2006. 2. 9. 선고 2005도3932 판결 등 참조), '선거에 관한 여론조사'는 특정 후보자의 당선·낙선과 직접적인 관련이 있거나 이를 위한 선거운동을 목적으로 하는 여론조사 즉 '선거운동에 관한 여론조사'와 당연히 구분되는 것으로, '특정한 선거에 있어서 투표 또는 선거운동, 당선 등 선거에 관한 사항을 동기로 하거나 빌미로 하는 여론조사'로 해석함이 타당하다(서울고등법원 2017. 12. 9. 선고 2017노2632 판결 등 참조).

결국 위 각 규정의 체계 등에 비추어 보면, '선거에 관한 여론조사'는 선거에 관한 사항을 동기로 하는 여론조사를 포괄하는 개념으로, 정당이 공직선거후보자를 최종 추천하는 당내경선은 공직선거에 관한 사항을 동기로 하고 있으므로, 당내경선 역시 위 '선거에 관한' 사항에 포함된다고 보는 것이 보다 자연스럽다(대구고등법원 2019. 1. 17. 선고 2018노513 판결).

※ 법 제108조 제5항, 제11항의 '선거에 관한 여론조사'에 '당내경선에 관한 여론조사'도 포함됨(대법원 2019. 10. 31. 선고 2019도8815 판결).

③ 법 제108조 제11항 제1호의 '당내경선을 위한 여론조사'에 당내경선에 앞서 경선후보자 자격 여부를 결정하기 위한 여론조사를 포함하는지

이 사건 금지규정은 2016. 1. 15. 법률 제13755호로 일부개정되면서 신설된 조항인데, 그 개정이유는 '당내경선이나 지방선거 등에서 왜곡된 여론조사 결과를 공표하는 사례가 발생하고 있는바 여론조사의 결과에 영향을 미치게 하기 위하여 다수의 선거구민을 대상으로 성별·연령 등을 거짓으로 응답하도록 지시·권유·유도하는 행위를

금지하고, 위반 시 처벌하도록 함으로써 여론조사의 공정성과 신뢰성을 제고하려는 것'이었다. 따라서 입법자의 의도는 당내경선을 대체하는 여론조사뿐만 아니라 당내경선의 실시 여부나 대상자 범위에 관한 각종 여론조사에 있어 선거구민에게 거짓 응답을 지시·권유·유도하는 행위를 금지함으로써 정당의 공직선거후보자 추천이 공정하고 투명하게 이루어지도록 보장하려는 데에 있었던 것으로 보인다.

경선후보자를 결정하는 여론조사는 당내경선의 실시 여부나 대상자 범위를 정하기 위한 기초가 된다는 점에서 그 왜곡으로 인한 폐해가 당내경선을 대체하는 여론조사에 있어서와 크게 다르지 않다. 그런데도 만일 정당이 공직선거후보자 추천 대상을 정하는 과정에서 당내경선의 후보자를 정하기 위한 여론조사와 이러한 후보자 중에서 당내경선 당선자를 정하기 위한 여론조사를 구분하여 실시했다는 우연한 사정을 근거로 경선후보자 결정을 위한 여론조사를 '당내경선을 위한 여론조사'에서 제외함으로써 거짓 응답을 지시·권유·유도하는 행위를 방치한다면 이는 공직선거법이 의도하는 여론조사의 공정성과 신뢰성을 잠탈하는 결과를 초래한다.

피고인이 들고 있는 대법원 2007. 11. 16. 선고 2007도6503 판결은, 정당의 공천심사위원회가 서류심사 등을 통해 공직선거후보자를 추천하는 절차가 '당내경선이나 이를 대체하는 여론조사'에 해당하지 않는다는 취지에 불과하므로, 이 사건 금지규정에 정해진 '당내경선을 위한 여론조사'의 의미나 범위를 밝힌 선례라고 볼 수 없다(대구고등법원 2021. 3. 25. 선고 2021노43 판결).

④ 당내경선을 위한 여론조사에서 응답자가 실제 거짓으로 응답을 하여 결과가 발생해야 법 제108조 제11항 제1호의 거짓응답 지시·권유·유도 금지 위반죄가 성립하는지 여부

공직선거법 제256조 제1항 제5호에서 정한 거짓응답 지시·권유·유도 행위 금지 위반죄는 거짓응답을 지시·권유·유도한 행위로 인하여 당해 선거구의 선거구민들이 여론조사에서의 질의에 대하여 거짓으로 응답을 하게 할 위험을 초래하였다고 평가할 수 있으면 성립하는 것이고, 응답자가 실제 거짓으로 응답을 하여 결과가 발생하였는지 여부는 본죄의 성부에는 영향을 미치지 않으므로, 문자메시지를 받은 대상자 중 거짓응답을 할 가능성이 없는 사람들이 일부 포함되어 있다고 하더라도 그 거짓응답을 할 가능성이 없는 사람들에 대한 부분만을 따로 떼어내어 그 부분에 대하여 위 죄가 성립하지 않는다고 볼 것은 아니다[전주지방법원 2021. 6. 16. 선고 2020고합202, 211(병합) 판결, 대법원 2022. 5. 12. 선고 2022도1929 판결].

7. 정당·후보자가 실시한 해당 선거에 관한 여론조사 공표·보도

① ☆☆전자 ○○유치에 대한 입후보예정자의 주장 내용, 그에 대한 시민 의견을 묻는 여론조사가 선거에 관한 여론조사로 본 경우

만약 피고인의 주장처럼 이 사건 여론조사가 선거와 관련 없이 ☆☆전자의 ○○유치에 대한 ○○시민의 여론을 알아보기 위한 순수한 정책여론조사라면, 그에 관한 찬성 여부만 질문내용으로 하면 충분한데도, 피고인은 권○○에게 지시하여 윤○○의 직함과 성명 등을 2번이나 설문내용에 포함되도록 하였다. 위와 같은 이 사건 여론조사의 실시 경위 및 설문내용 등에 비추어 보면, 이 사건 여론조사는 단순히 ☆☆전자의 ○○유치에 대한 ○○시민의 여론을 알아보기 위한 것이 아니라, 윤○○의 성명 및 그 직함, 그리고 그가 ☆☆전자의 ○○유치를 주장하고 있다는 사실을 알림으로써 윤○○에 대한 ○○시민의 인지도, 호감도를 높여 ○○시장 선거에서 유리하게 작용하도록 하기 위하여 실시되었거나, 설령 그렇지 않더라도 윤○○의 ☆☆전자 ○○유치 주장에 대한 ○○시민의 반응을 파악하여 ○○시장 출마 여부를 결정하는 데 참고하기 위하여 실시되었다고 보인다[부산고등법원 2019. 10. 16. 선고 (창원)2019노166 판결, 대법원 2020. 1. 16. 선고 2019도16043 판결].

② 후보자가 실시한 해당 선거에 관한 여론조사의 결과를 해당 선거일의 투표마감시각까지 공표·보도할 수 없음에도 공표하고 이를 보도되게 한 사례

피고인 A는 2019. 12. 17.경 위 선거구에 예비후보자로 등록한 뒤 여론조사업체 ○○에 의뢰하여 2020. 2. 3.경부터 같은 달 7.경까지 ○○지역 대한민국 제21대 국회의원선거 여론조사를 실시하였다. 피고인들은 여론조사 결과, 피고인 A가 C 예비후보자와의 가상 양자대결에서 32.3% : 45.7%로 열세에 놓인 것으로 조사된 공표용 여론조사와 달리 피고인 A가 C와의 가상 양자대결에서 51.1% : 25.5%로 우세한 것을 확인하자, 피고인 A는 2020. 2. 12.경 ○○에 있는 자신의 예비후보자 선거사무소에서 피고인 B에게 선거구민을 상대로 위 여론조사 결과를 반영하여 C 예비후보자에게 유리한 여론조사 결과에 현혹되지 말라는 취지의 문자메시지를 작성한 뒤 선거사무소의 자원봉사자인 D로 하여금 태블릿 PC를 이용하여 선거구민 등 43,298명에게 이를 발송하게 하였음. 또한 2020. 2. 12.경 선거사무소에서 7명의 기자를 상대로 지역언론사와의 기자간담회를 개최하고, 위 기자들에게 "저도 최근 두 차례 여론조사를 했으며, 최근 C 예비후보와의 양자대결 시 배 차이로 이기는 것으로 나왔다."라고 발언하여, 같은 날 ○○뉴스 홈페이지를 통해 "A, 공천 전 여론조사 무의미"라는 제목의 기사를 통

해 위와 같은 발언의 내용이 보도하였다(대전지방법원 공주지원 2020. 7. 6. 선고 2020고합 13 판결, 대전고등법원 2020. 9. 25. 선고 2020노237 판결).

8. 선거여론조사와 사전선거운동

① 여론조사와 사전선거운동

선거에서 정당이나 후보자 내지 후보예정자에 대한 지지도를 알아보기 위한 여론조사는 일반적으로는 허용되나, 그 여론조사의 목적이 후보자나 후보예정자에 대한 인지도를 높이고 그의 장점을 부각시켜 그에 대한 지지를 유도하기 위한 것이라면, 이는 사전선거운동에 해당하여 허용할 수 없다(대법원 1998. 6. 9. 선고 97도856 판결 등 참조).

원심은, 채용 증거들에 의하여 그 판시와 같은 사실을 인정한 다음, 여론조사의 배경과 목적, 내용과 방법, 조사기간, 로데이터의 이용목적 등에 비추어 이 사건 여론조사 등은 후보자인 공소외 1의 인지도와 지지도의 향상을 도모하고 선거에서의 당선을 유리하게 하기 위한 목적의 선거운동과 관련된 행위에 해당한다고 판단하였는바, 앞서 본 법리와 기록에 비추어 살펴보면 원심의 위와 같은 사실인정과 판단은 정당하고, 거기에 상고이유의 주장과 같은 공직선거법 소정의 선거운동 관련 금품의 제공행위에 관한 법리오해, 채증법칙 위배 등의 위법이 없다(대법원 2010. 6. 24. 선고 2010도3935 판결).

9. 여론조사결과 등 왜곡 보도·공표

① 주간신문의 발행인이 후보자가 당선되지 못하도록 사실을 왜곡하여 보도

피고인은 2002. 6. 13. 실시된 제3회 전국동시지방선거 경남도의원선거 합천 제2선거구에 입후보하여 낙선한 자로서, 합천지역의 주간신문인 ○○신문의 발행인 및 편집인인바, 방송·신문·통신·잡지 기타의 간행물을 경영·관리하는 자 또는 편집·취재·집필·보도하는 자는 특정 후보자를 당선되게 하거나 되지 못하게 할 목적으로 선거에 관하여 허위사실을 보도하거나 사실을 왜곡하여 보도 또는 논평을 할 수 없음에도 불구하고, 피고인이 2001. 11. 7. 한나라당에 입당하였으나 위 선거구 도의원후보로 공천받지 못하게 되자 위 선거구의 안○○ 등 한나라당 공천을 받은 후보자들을 당선되지 못하게 함과 동시에 피고인이 당선될 목적으로, 2002. 4. 1.자 ○○신문의 종합/해설

면에, 사실은 한나라당 산청·합천지구당의 합천군수 및 경남도의원 후보공천은 당규에 따라 운영위원회에서 결정한 것이지 밀실작당이나 돈을 받고 그 대가로 공천한 것이 아님에도 불구하고, 한나라당 산청·합천지구당의 합천군수 및 도의원 후보자 공천에 대하여 "비난여론 확산, 밀실작당과 돈의 힘이 만들어낸 작품"이라는 제하에 "특히 본지 사장은, 군수 출마를 준비해 온 이○○씨를 회유하여 도의원 제1선거구에 후보자로 공천하고 제1선거구의 안○○ 도의원을 제2선거구 후보자로 공천하는 등의 일련의 작태는 곧 「밀실작당과 돈의 힘이 만들어낸 결실」이라며 이 같은 작태는 과거 군사독재정권에서나 있을 법한 일이라고 비난했다.", "서울의 노○○향우는 전화로 「안○○가 합천에서 뭐 대단한 인물이라고 선거구를 바꿔 가면서까지 공천을 주느냐」며 「합천의 정치판이 잘못돼도 한참 잘못됐을 뿐 아니라 몇몇 사람들이 군민을 우습게 알고 마음대로 우롱하고 있다」", "이름을 밝히지 않은 한 군민은 「한나라당 공천이면 누구나 다 당선된다고 하는 오만과 돈이면 무엇이든 할 수 있다는 생각을 이번에 반드시 깨줘야 한다」"는 등의 기사를 게재한 다음 이를 구독자 약 6,000명에게 배포함으로써 사실을 왜곡하여 보도○○논평하였다(창원지방법원 거창지원 2002. 11. 22. 선고 2002고합32 판결, 부산고등법원 2003. 3. 26. 선고 2002노941 판결),

② 신문에 여론조사결과를 왜곡하여 논평·보도

원심이 인용한 제1심판결 이유에 명시된 증거들을 위에서 본 법리 및 기록에 비추어 살펴보면, 피고인들이 공모하여 피고인1을 통영시장에 당선되게 할 목적으로, 피고인1이 2002. 3. 18.부터 같은 달 19.까지 여론조사기관인 주식회사 □□리서치연구소(이하 '□□리서치'라 한다)에 의뢰하여 통영시장 후보예정자들에 대한 통영시민들의 선호도를 조사한 여론조사 결과가 자신에게 유리하게 나오자 이를 피고인2가 발행인 겸 대표이사로 있는 ○○신문에 보도하기로 하고, ○○신문의 편집부장인 공소외 △△△으로 하여금 2002. 4. 8.자 ○○신문 제163호 제1면, 제3면에 위 여론조사 결과에 관한 기사를 작성하게 하면서 여론조사 결과의 신뢰도를 높이기 위하여 위 여론조사는 피고인1이 개인자료용으로 단독 의뢰하여 실시한 것임에도 불구하고 ○○신문과 □□리서치가 공동하여 신문보도용으로 여론조사를 한 것처럼 허위사실을 보도하고, 피고인2는 위와 같이 허위보도를 하면서 위 여론조사 결과에서 1개 설문에서는 피고인1이 열세로 나타났을 뿐만 아니라 그 외에 위 피고인이 우세하게 나온 2개 설문에서도 40% 이상이 "잘 모름"이라고 응답하였음에도 불구하고, 위 신문 제1면 머릿기사로 "◇◇◇ 후보(피고인1) 가상대결서 압승"이라고 게재하게 하는 등 사실을 왜곡하여 논평하였다는 요지의 공소사실을 인정할 수 있다고 하여 이를 유죄로 인정한 제1심판결을 그대로 유지한 원심판결은 정당하다(대법원 2003. 9. 26. 선고 2003도2230 판결).

③ 여론조사 결과 왜곡보도 등

1. 선거에 관한 여론조사 및 사전선거운동에 해당하는지 여부

여론조사의 목적이 특정 후보자에 대한 인지도를 높이고 그의 장점을 부각시켜 그에 대한 지지를 유도하기 위한 것이라면 이는 사전선거운동에 해당한다고 보아야한다(대법원 1998. 6. 9. 선고 97도856 판결 참조).

원심은, 채택하여 조사를 마친 증거들에 의하여 인정할 수 있는 다음과 같은 사정들, 즉, 이 사건 여론조사는 ① E 군수의 군정 운영 평가에 대한 질문, ② H 검찰수사결과가 E 군수의 당선에 미치는 영향에 대한 질문, ③ E 군수의 2선 출마에 대한 질문, ④ G와 H 조성에 대한 질문, ⑤ 기업체유치를 위한 산업단지 추가 조성에 대한 질문으로 이루어졌다. H 검찰수사결과가 E 군수의 당선에 미치는 영향에 대한 질문과 E 군수 2선에 대한 질문은 E 군수가 제6회 전국동시지방선거에 출마할 예정이라는 사실을 알리면서 당선확률을 알기 위한 여론조사에 해당하고, 그 이후에 이어지는 G와 H 조성에 대한 질문과 기업체유치를 위한 산업단지 추가 조성에 대한 질문은 E가 선거에 출마할 예정임을 인식시킨 이후 그의 치적을 홍보하는 내용으로 볼 수 있으므로, 따라서 이 사건 여론조사는 선거에 관한 여론조사에 해당할 뿐만 아니라, 이러한 여론조사를 바탕으로 그 결과를 왜곡하는 방식으로 공표하면서 E의 재선이 유력하다는 내용의 보도를 한 점을 종합하여 보면, 위 여론조사는 그목적이 E의 당선을 도모하기 위한 것이었음을 넉넉히 인정할 수 있으므로 사전선거운동에 해당한다고 판단하였다.

2. 여론조사응답을 유도하였는지 여부

선거에 관한 여론조사는 실제 유권자의 투표에 영향을 미칠 수 있기 때문에 조사목적에 맞게 제대로 된 응답을 얻을 수 있는 설문지가 만들어져야 하고, 설문에 대한 답은 찬성(긍정/동의)과 반대(부정/부동의)가 대칭을 이루어야 한다. 특히 이 사건 여론조사와 같은 ARS 전화방식의 경우 이른바 '순서효과'가 발생하여 먼저 들은 항목을 선택할 가능성이 높고, 설문을 끝까지 듣지 않고 중간에 응답버튼을 누를 가능성도 크다. 그런데 이 사건의 경우 각 질문에 대한 찬성(긍정/동의)의 답은 2개로 구성되어 먼저 제시되는 반면에 반대(부정/부동의)의 답은 1개로 구성되어 나중에 제시되고 있으므로, 찬성의 내용을 우선적으로 반복하여 들은 피조사자는 찬성한다는 답변을 할 가능성이 높다고 할 것이고, 원심은 이와 같은 점에서 이 사건 설문조사가 응답을 유도할 우려가 큰 조사방식에 해당한다고 판단하였다.

3. 여론조사결과를 왜곡 보도하였는지 여부

원심은, 먼저 ① 피고인이 '잘 모르겠다'고 대답한 응답률을 전체 응답률에서 무응답으로 배제한 것은, 일반적으로 통계나 여론조사에서 '모름'이나 '응답거절'을 방치하지 않고 '무응답 보정'의 통계적 처리를 하거나 그것이 불가능할 경우에는 그 비율을 공개하여 공표하는 것을 원칙으로 하고 있음에 비추어 볼 때 고의적으로 긍정적인 평가에 대한 비율을 높여 긍정적인 평가에 대한 비율이 객관적으로 어느 정도 되는지를 쉽사리 알 수 없게 한 것으로 보지 않을 수 없고, ② '보통 정도이다'라는 답변은 응답 항목의 서열에서 중립적 평가에 해당하고 주관적인 해석으로 달리 분류할 사항이 아님에도, 이 사건 여론조사를 보도하면서 자의적으로 '보통 정도이다'를 긍정적인 답변으로 평가하여 머리기사의 제호로 내세운 것은 신문의 구독자로 하여금 E에 대한 긍정적인 평가가 압도적으로 높다는 인식을 심어주려고 하였던 것으로 판단한 다음, 따라서 이 사건과 같은 여론조사결과 공표는 왜곡보도에 해당하고, 피고인이 그래프에 제대로 '보통 정도이다'의 답변비율을 표시하였다고 하더라도 그러한 사정만으로 위 결론을 좌우할 수는 없다고 판단하였다(광주고등법원 2015. 2. 5. 선고 2014노391 판결).

※ 위 사례는 '매우 잘 하고 있다'(43.7%), '잘 하는 편이다'(21.7%), '보통 정도이다'(22.2.%), '못하고 있다'(12.4%)여서 긍정 평가가 65.4%에 불과함에도 '보통 정도이다' 부분까지 포함시켜 긍정 평가를 87.6%로 발표한 경우임.

④ 여론조사 결과를 왜곡하여 '공표'하는 행위 성립 요건

명예훼손죄의 구성요건인 공연성은 불특정 또는 다수인이 인식할 수 있는 상태를 말하고, 비록 개별적으로 한 사람에게 사실을 유포하였다고 하더라도 그로부터 불특정 또는 다수인에게 전파될 가능성이 있다면 공연성의 요건을 충족하지만, 반대로 전파될 가능성이 없다면 특정한 사람에게 한 사실의 유포는 공연성이 없다고 할 것이다(대법원 1996. 7. 12. 선고 96도1007 판결 등). 한편 위와 같이 전파가능성을 이유로 명예훼손의 공연성을 인정하는 경우에는 범죄구성요건의 주관적 요소로서 적어도 미필적 고의가 필요하므로 전파가능성에 관한 인식이 있음은 물론 나아가 그 위험을 용인하는 내심의 의사가 있어야 하고, 그 행위자가 전파가능성을 용인하고 있었는지의 여부는 외부에 나타난 행위의 형태와 행위 상황 등 구체적인 사정을 기초로 하여 일반인이라면 그 전파가능성을 어떻게 평가할 것인가를 고려하면서 행위자의 입장에서 그 심리상태를 추인하여야 한다(대법원 2004. 4. 9. 선고 2004도340 판결 등).

한편 검사가 이 부분 공소사실에 적용한 공직선거법 제252조 제2항의 방송·신문 등 부정이용죄는 누구든지 여론조사결과를 왜곡하여 '공표'하는 행위를 처벌하고 있으므

로, 단순히 여론조사결과를 왜곡하여 발언하는 것만으로 위 죄가 성립할 수는 없고, 위 명예훼손죄의 경우와 같이 여론조사결과를 불특정 또는 다수인에게 드러내어 알리는 경우에만 위 죄가 성립할 수 있다고 보아야 한다. 또한 개별적으로 한 사람에게 여론 조사결과를 왜곡하여 발언하는 경우에는 위 명예훼손죄에 관한 법리와 마찬가지로 그 발언의 전파가능성이 있어야 할 뿐만 아니라 발언자에게 전파가능성을 인식하고 그 위험을 용인하는 내심의 의사가 있었음이 인정되어야 비로소 여론조사결과의 왜곡 '공표'행위가 성립한다고 보는 것이 타당하다(대법원 2017. 11. 23. 선고 2017도13212 판결).

⑤ 여론조사 결과를 왜곡하여 문자메시지 전송

1. 공직선거법 제96조 제1항은 "누구든지 선거에 관한 여론조사결과를 왜곡하여 공표 또는 보도할 수 없다."라고 규정하고, 제252조 제2항은 "제96조 제1항을 위반한 자는 5년 이하의 징역 또는 300만 원 이상 2천만 원 이하의 벌금에 처한다."라고 규정하고 있다. 이는 여론조사의 객관성·공정성에 대한 신뢰를 이용하여 선거인의 판단에 잘못된 영향을 미치는 행위를 처벌함으로써 선거의 공정성을 보장하려는 규정이다. '왜곡'의 사전적 의미는 '사실과 다르게 해석하거나 그릇되게 함'이고, '그릇되다'의 사전적 의미는 '어떤 일이 사리에 맞지 아니하다'이다. 사실에 대한 왜곡은 일부 사실을 숨기거나 허위의 사실을 덧붙이거나 과장, 윤색하거나 조작하여 전체적으로 진실이라 할 수 없는 사실을 표현하는 방법으로 이루어진다. 공직선거법은 '허위의 사실'과 '사실의 왜곡'을 선택적인 것으로 규정하기도 하고(제96조 제2항), 허위를 배제하지 않는 의미로 '왜곡'을 사용하기도 한다(제8조의6 제4항). 이와 같은 왜곡의 의미와 용법에 앞에서 본 공직선거법 제96조 제1항, 제252조 제2항의 입법목적을 종합하여 보면, 여론조사결과를 왜곡하는 행위에는 이미 존재하는 여론조사결과를 인위적으로 조작·변경하거나 실시 중인 여론조사에 인위적인 조작을 가하여 그릇된 여론조사결과를 만들어 내는 경우뿐만 아니라 실제 여론조사가 실시되지 않았음에도 마치 실시된 것처럼 결과를 만들어 내는 행위도 포함된다고 보는 것이 타당하다. 한편 타인이 위와 같이 여론조사결과를 왜곡한 것을 그러한 사정을 알면서 그대로 전달받아 공표하는 경우도 여론조사결과를 왜곡하여 공표한 경우에 해당하고, 위와 같은 인식은 미필적인 것으로도 족하다.

2. 원심은 다음과 같은 이유로 피고인들에게 무죄를 선고하였다.

피고인들이 문자메시지로 전송한 여론조사결과(이하 '이 사건 여론조사결과'라 한다)에 나오는 여론조사기관은 실재하지 않고, 피고인들은 이 사건 범행일 무렵 피고인 1을 거론한 여론조사를 실시한 적이 없으며, 피고인들 이외의 제3자가 그러한 여론조사를 실시하였다는 자료도 없다.

이 사건 여론조사결과에 기재된 여론조사 기간과 가까운 시기에 실제로 실시된 여론조사결과는 이 사건 여론조사결과와 큰 차이가 있다.

피고인 1은 이 사건 여론조사결과가 기재된 메모를 제3자로부터 전달받았을 뿐이라고 주장하나, 그 주장하는 전달 시기와 이 사건 여론조사결과에 기재된 조사기간이 논리적 으로 맞지 않는다.

따라서 이 사건 여론조사결과는 객관적으로 그 실체가 없는 허위의 것이다. 실제 여론조사가 이루어지지 않았음에도 마치 여론조사를 실시한 것처럼 여론조사결과를 작출하여 공표하는 경우도 공직선거법 제96조 제1항에 해당한다.

그러나 피고인들이 이 사건 여론조사결과의 허위성을 인식하고 있었다 하더라도 이를 제3자로부터 전달받아 그대로 타인에게 전달한 것에 불과한 이상 공직선거법 제96조 제1항에서 말하는 여론조사결과를 왜곡하여 공표한 행위에 해당하지 않는다.

3. 앞에서 본 법리에 따르면, 여론조사가 실시되지 않았음에도 실시된 것처럼 가장하여 거짓된 결과를 만들어 내는 행위도 여론조사결과를 왜곡하는 행위에 해당하고, 위와 같이 왜곡한 여론조사결과를 그 사정을 알면서 제3자로부터 전달받아 그대로 공표하는 행위도 여론조사결과를 왜곡하여 공표한 경우에 해당한다. 따라서 원심으로서는 이 사건 여론조사결과를 피고인 1이 전달받은 후 피고인들이 이를 그대로 공표하였다고 인정한 이상, 피고인들이 이 사건 여론조사결과를 공표할 당시 이 사건 여론조사결과가 위와 같이 왜곡되었다는 사실을 인식하고 있었는지 등을 심리하여 그에 대한 인식이 있었다고 인정되는 경우에는 특별한 사정이 없는 한 이 사건 공소사실을 유죄로 판단하였어야 한다.

그럼에도 원심은 이와 달리 위 부분에 대하여 심리·판단하지 아니한 채 피고인들이 여론조사결과의 허위성 작출에 적극적으로 관여하지 않았다는 등의 사정만으로 이 사건 공소사실을 무죄로 판단하였다. 이러한 원심판결에는 공직선거법 제96조 제1항에서 정한 여론조사결과를 왜곡하여 공표하는 행위에 관한 법리를 오해하여 필요한 심리를 다하지 않음으로써 판결 결과에 영향을 미친 잘못이 있다. 이를 지적하는 검사의 상고이유 주장은 이유있다(대법원 2018. 11. 29. 선고 2017도8822 판결).

⑥ 보도자료에 경선 여론조사결과 득표율을 게재하면서 신인 가산점이 가산된 수치라는 사실을 표시·설명하지 않았더라도 여론조사결과 왜곡으로 볼 수 없는 경우

피고인은 2020. 3. 11. 15:55경 인천 연수구 소재 위 마○○의 선거사무실에서, 그곳 컴퓨터를 이용하여 "[보도자료] 2020-3-11, 인천 ○○ 경선결과 발표, 결선 예정 - 마

○○ 예비후보 1위 차지 -"라는 제목으로 "★★★당 공천관리위원회는 11일 제21대 국회의원선거 ○○지역구 경선 결과를 발표했다. 경선 여론조사 결과 1위 마○○ 예비후보 40.5%, 2위 국○○ 예비후보 36%, 3위 방○○ 예비후보 27.5%를 차지했다. (중략) ※ 배포 즉시, 보도 부탁드립니다."라는 내용의 보도자료를 작성한 후 언론사 담당자에게 발송하였다.

그러나 사실 피고인은 2020. 3. 9.부터 2020. 3. 10.까지 진행된 제21대 국회의원선거의 인천 ○○ 선거구의 ★★★당 후보자 공천을 위한 100% 국민경선 방식에 의한 여론조사결과 마○○ 예비후보는 36.5%를 득표하였고, ★★★당 공천 관련 규정에 따라 신인 가산점 4%를 합산한 40.5%를 득표한 것처럼 선거에 관한 여론조사결과를 왜곡하여 공표함으로써 그 무렵 인터넷 연수신문 등에서 경선 여론조사결과 마○○이 40.5%를 득표한 것처럼 보도되게 하였다.

이 사건 보도자료는 상단에 굵은 글씨로 "인천 ○○ 경선결과 발표, 결선 예정"이라고 기재되어 있어 여론조사결과가 아니라 경선결과에 대한 것임을 쉽게 알 수 있는 점, 이 사건 보도자료의 하단에는 마○○ 예비후보가 4%의 가산점을 받았다는 사실이 적시되어 있어 가산점을 받은 사실을 숨기지 않은 점 등에 비추어, 이 사건 보도자료 중 "경선 여론조사 결과 1위 마○○ 예비후보 40.5%"라는 표현은 전체적으로 볼 때 '여론조사를 통한 경선결과 마○○ 예비후보가 여론조사 득표율에 가산점 4%를 더하여 40.5%로 1위를 하였다'라는 의미로 이해될 수 있으므로, 검사가 제출한 증거들만으로는 이 사건 보도자료가 여론조사결과를 왜곡한 것이라거나 피고인에게 그에 대한 고의가 있다고 인정하기 어렵다고 판단하였다(서울고등법원 2021. 5. 28. 선고 2021노42 판결).

⑦ 구두에 의한 정보의 전달은 그것이 활자화되거나 녹음·녹화되지 않는 이상 구체성이 그대로 유지되어 전파되기 어렵다는 이유로 한 사람과의 전화통화 중 여론조사 결과를 왜곡하여 공표한 행위에 대하여 무죄를 선고한 사례

공직선거법 제96조 제1항의 입법취지에 비추어 동 규정에 따라 공표·보도가 금지되는 '왜곡된 여론조사결과'는 선거인으로 하여금 객관성·공정성을 신뢰할 만한 수준의 여론조사가 실제 이루어진 결과에 해당한다고 믿게 할 정도의 구체성을 가지는 정보로서 그것이 공표·보도될 경우 선거인의 판단에 잘못된 영향을 미치고 선거의 공정성을 저해할 개연성이 있는 내용일 것을 요한다. 따라서 전파가능성을 이유로 개별적으로 1인에게 알리는 행위가 '왜곡된 여론조사결과의 공표' 행위에 해당한다고 하기 위해서는 그 1인을 통해 '왜곡된 여론조사결과'로 인정될 수 있을 정도의 구체성이 있는 정보가 불특정·다수인에게 전파될 가능성이 있다는 점이 인정되어야 한다.

가. 원심판결 이유와 기록에 의하면 다음과 같은 사정을 알 수 있다.

　　1) 피고인은 제7회 전국동시지방선거에서 □□도의회 의원선거 ◇◇시 ○○선거구에 출마하였다. 위 선거구에 출마한 후보자는 피고인과 고●● 2명이었다.

　　2) 피고인은 2018. 6. 4. 오◎◎에게 전화를 하여 공소사실 기재와 같은 말을 하였다.

　　3) 오◎◎은 평소 통화녹음을 하지 않는데 이 사건 무렵 공사 관련 시공사와 문제로 통화내용 자동녹음 설정을 해두었고 그로 인해 우연히 피고인과의 통화 내용이 녹음되었다.

　　4) 오◎◎은 사건 당일 저녁 원☆☆◇◇도지사 후보 유세현장에서 이★★과 위 선거에 출마한 상대후보인 고●●에게 녹음 내용을 들려주었다.

　　5) 고●●은 다음 날 피고인을 고발하였다.

나. 위 사정을 앞서 본 법리에 비추어 살펴보면, 피고인이 오◎◎에게 전화통화를 하면서 공소사실 기재의 발언을 한 사실만으로는 선거인의 판단에 잘못된 영향을 미치고 선거의 공정성을 저해할 개연성이 있는 구체적인 정보가 전파될 가능성이 있어 피고인에게 불특정·다수인에게 왜곡된 여론조사결과를 공표할 고의가 있었다고 보기 어렵다.

　　1) 이 사건에서 피고인이 오◎◎ 외에 공소사실과 같은 발언을 하였다고 볼 자료는 없다.

　　2) 피고인은 오◎◎에게 전화를 걸어 안부인사 겸 지지를 부탁하며 구두로 공소 사실 기재와 같은 말을 하였을 뿐이다. 통상적으로 구두에 의한 정보의 전달은 그것이 활자화되거나 녹음·녹화되지 않는 이상 구체성이 그대로 유지되어 전파되기 어렵다.

　　3) 오◎◎이 피고인과의 통화내용을 녹음한 것은 우연한 사정에 불과하다

　　4) 더구나 피고인이 오◎◎의 녹음 사실을 알았거나, 예상할 수 있었다고 보이지 않는다.

다. 그럼에도 이 사건 공소사실을 유죄로 판단한 원심판결에는 공직선거법 제96조 제1항의 '왜곡된 여론조사결과의 공표'의 의미에 관한 법리를 오해하여 판결에 영향을 미친 잘못이 있다(대법원 2021. 6. 24. 선고 2019도13687 판결).

제6절 헌법재판소 결정

① 선거기간개시일부터 투표마감시각까지 여론조사의 결과공표를 금지한 법 제108조 제
   1항의 알권리 및 표현의 자유 등 침해 여부

1. 헌법재판소는 1995. 7. 21. 92헌마177등(병합) 대통령선거법 제65조에 대한 위헌
   확인 사건에서 구 대통령선거법 제65조가 합헌임을 이유로 심판청구를 기각하는
   결정을 선고한 바 있다.

   위 결정의 요지는 「대통령선거에 관한 여론조사는 그것이 공정하고 정확하게 이루
   어졌다 하더라도 그 결과가 공표되면 투표자로 하여금 승산이 있는 쪽으로 가담하
   도록 만드는 이른바 밴드왜곤효과(bandwagon effect)나 이와 반대로 불리한 편을 동
   정하여 열세에 놓여 있는 쪽으로 기울게 하는 이른바 열세자효과(underdog effect)
   가 나타나게 됨으로써 선거에 영향을 미쳐 국민의 진의를 왜곡하고 선거의 공정성
   을 저해할 우려가 있다. 더구나 선거일에 가까워질수록 여론조사결과의 공표가 갖
   는 부정적 효과는 극대화되고, 특히 불공정하거나 부정확한 여론조사결과가 공표
   될 때에는 선거의 공정성을 결정적으로 해칠 가능성이 높지만 이를 반박하고 시정
   할 수 있는 가능성은 점점 희박해진다. 따라서 대통령선거의 중요성에 비추어 선거
   의 공정을 위하여 선거일을 앞두고 어느 정도의 기간 동안 선거에 관한 여론조사결
   과의 공표를 금지하는 것 자체는 그 금지기간이 지나치게 길지 않는 한 위헌이라고
   할 수 없다. 선거에 관한 여론조사결과의 공표금지기간을 어느 정도로 할 것인가는
   그 나라의 입법당시의 시대적 상황과 선거문화 및 국민의식수준 등을 종합적으로
   고려하여 입법부가 재량에 의하여 정책적으로 결정할 사항이라 할 것인데, 우리나
   라에서의 여론조사에 관한 여건이나 기타의 상황 등을 고려할 때, 대통령선거의 공
   정성을 확보하기 위하여 선거일공고일로부터 선거일까지의 선거기간 동안 선거에
   관한 여론조사의 결과 등의 공표를 금지하는 것은 필요하고도 합리적인 범위 내에
   서의 제한이라고 할 것이므로, 이 규정이 헌법 제37조 제2항이 정하고 있는 한계인
   과잉금지의 원칙에 위배하여 언론·출판의 자유와 알권리 및 선거권을 침해하였다
   고 할 수 없다」라는 것이다.

2. 그런데 1994. 3. 16. 선거관리의 효율성을 제고하고 새로운 선거문화의 정착을 도
   모하기 위하여 종전에 여러 갈래로 나누어졌던 대통령선거법, 국회의원선거법, 지
   방의회의원선거법, 지방자치단체의장선거법 등을 통합한 공선법을 새로 제정하였

다. 새로 제정된 공선법 제108조 제1항은 구 대통령선거법 제65조 제1항의 규정과 거의 같은 내용이다. 그리고, 공선법 제2조는 공선법을 대통령선거·국회의원선거·지방의회의원 및 지방자치단체의 장의 선거에 적용하는 것으로 규정하고 있는데, 국회의원선거·지방의회의원 및 지방자치단체의 장의 선거에 있어서 여론조사 결과의 공표를 허용할 것인지 여부에 관하여 대통령선거와 달리 취급하여야 할 아무런 합리적인 이유를 찾아볼 수 없다.

따라서 구 대통령선거법 제65조 제1항에 대한 헌법재판소의 위 결정이유는 이 사건 법률조항에도 그대로 타당하고, 위 결정 선고 이후에 그 이유와 결론을 달리할 만한 사정 변경이 있는 것도 아니므로 이 사건 법률조항은 헌법에 위반되는 규정이라고 할 수 없다(헌법재판소 1999. 1. 28. 98헌바64 결정).

⇨ 2005. 8. 4. 법 개정으로 선거일 전 6일부터 제한됨.

② 시·군·구를 보급지역으로 하는 신문사업자 및 일일 평균 이용자 수 10만 명 미만인 인터넷언론사가 선거여론조사를 실시하려면 사전에 관할 선거관리위원회에 신고하도록 한 공직선거법 제108조 제3항 제4호 및 제7호(이하 위 두 조항을 합하여 '심판대상조항')가 언론·출판의 자유 등을 침해하는지 여부

1. 심판대상조항은 선거여론조사의 실시에 대한 효과적인 관리 및 감독을 가능하도록 함으로써 선거여론조사가 특정 후보자의 선거운동 수단으로 악용되는 것을 방지하고 선거여론조사의 공정성, 정확성 및 신뢰성을 확보하고자 하는 것으로서, 그 입법목적의 정당성이 인정된다. 심판대상조항에 따라 신고하여야 하는 사항은 여론조사의 공정성, 정확성 및 신뢰성을 판단할 수 있는 기초적이고 필수적인 자료이다. 신고를 받은 선거관리위원회가 보완요구권을 갖는 점을 감안하더라도, 신고의무의 부과가 청구인들에게 큰 부담이 된다고 보기는 어렵다. 선거여론조사결과를 등록하는 것만으로는 여론조사 실시단계에서 발생하는 문제들을 예방할 수 없다. 여론조사 결과가 공표·보도된 이후에는 선거여론조사공정심의위원회가 사후심의를 할 수 있고, 형벌, 과태료의 사후적 제재도 가능하나, 여론조사결과가 일단 공표·보도되면 매우 빠른 속도로 유권자의 의사에 영향을 미쳐 선거를 왜곡할 수 있으므로, 위와 같은 사후적 조치만으로는 불공정·부정확한 여론조사의 폐해를 실효적으로 제거하기 어렵다. 따라서 심판대상조항은 청구인들의 언론·출판의 자유를 침해하지 아니한다.

2. 시·군·구 또는 그 이하의 지역단위에서는 지역신문 이외에 해당 지역의 여론을 형성하는 기관이 거의 없고, 여론을 형성하는 집단의 규모가 작아서 선거여론조사 과

정에서 특정한 방향으로 여론을 조작하기도 상대적으로 수월하다. 후보자들 역시 인지도가 대체로 낮기 때문에 자신을 홍보하는 수단으로 선거여론조사를 실시하고 자 하는 유인도 상대적으로 크다. 따라서 심판대상조항이 시·군·구 또는 그보다 좁은 단위의 지역을 보급지역으로 하는 신문사들에게만 신고의무를 부과하는 것이 현저히 자의적이거나 불합리하다고 볼 수 없다. 또한, 군소 인터넷언론사들 중 상당수는 검증되지 않은 여론조사기관들에게 여론조사를 의뢰하고 그 결과를 공표·보도하여 왔다는 점에서, 인터넷언론사의 일일 평균 이용자수를 기준으로 선거여론조사 실시에 대한 신고의무의 부과여부를 달리하는 것 역시 현저히 불합리하다고 볼 수 없다. 따라서 심판대상조항은 청구인들의 평등권을 침해하지 아니한다(헌법재판소 2015. 4. 30. 2014헌마360 결정).

⇨ 2015. 12. 24. 법 개정으로 선거에 관한 여론조사 신고는 상시하여야 함.

⇨ 2017. 2. 8. 법 개정으로 '중앙선거여론조사공정심의위원회'가 '중앙선거여론조사심의위원회'로 명칭이 변경됨.

제7절 처벌

가. 제108조 위반

여론조사 실시 시 준수사항을 위반하거나(제5항), 여론조사 관련 자료제출 요구를 받고 거짓 자료를 제출하거나(제9항), 당내경선을 위한 여론조사결과에 영향을 미치게 하기 위하여 다수의 선거구민을 대상으로 성별·연령 등을 거짓으로 응답하도록 지시·권유·유도하거나 (제11항 제1호), 선거에 관한 여론조사의 결과에 영향을 미치게 하기 위하여 둘 이상의 전화번호를 착신 전환 등 조치로 같은 사람이 두 차례 이상 응답하거나 이를 지시·권유·유도하거나(제11항 제2호), 공표 또는 보도할 수 없는 선거에 관한 여론조사의 결과를 공표(제12항)한자는 3년 이하의 징역 또는 600만원 이하의 벌금에 처한다(법 제256조 제1항 제5호).

선거일 전 6일부터 선거일의 투표마감시각까지 선거에 관하여 정당에 대한 지지도나 당선인을 예상하게 하는 여론조사의 경위와 그 결과를 공표 또는 인용하여 보도하거나(제1항), 선거일 전 60일(선거일 전 60일 후에 실시사유가 확정된 보궐선거등에서는 그 선거의 실시사유가 확정된 때)부터 선거일까지 선거에 관한 여론조사를 투표용지와 유사한 모형에 의한 방법을 사용하

거나 후보자(후보자가 되려는 자 포함) 또는 정당(창당준비위원회 포함)의 명의로 선거에 관한 여론
조사(법 제57조의2 제2항에 따른 여론조사 제외)를 하거나(제2항), 여론조사를 실시한 기관·단체가
조사설계서·피조사자선정·표본추출·질문지작성·결과분석 등 조사의 신뢰성과 객관성의
입증에 필요한 자료와 수집된 설문지 및 결과분석자료 등 해당 여론조사와 관련있는 자료일
체를 해당 선거의 선거일 후 6개월까지 보관하지 아니하거나(제6항), 정당한 사유 없이 관할
선거구위원회 또는 선거여론조사심의위원회의 여론조사와 관련된 자료제출 요구에 응하지
아니하거나(제9항), 오후 10시부터 다음날 오전 7시까지 전화를 이용하여 선거에 관한 여론
조사(제10항)를 한 자는 2년 이하의 징역 또는 400만원 이하의 벌금에 처한다(법 제256조 제3
항 제1호 파목).

　　선거여론조사기준으로 정한 사항을 함께 공표 또는 보도하지 아니하거나(제6항), 선거여
론조사기준으로 정한 사항을 등록하지 아니하거나(해당 여론조사를 의뢰한 자가 여론조사 결과의
공표·보도 예정일시를 통보하지 아니하여 등록하지 못한 때에는 그 여론조사 의뢰자, 제7항), 등록되지
아니한 선거에 관한 여론조사를 공표·보도하거나(제8항), 선거여론조사기준을 따르지 아니
하고 공표 또는 보도를 목적으로 선거에 관한 여론조사를 하거나 그 결과를 공표 또는 보도
하는 경우(제8항) 3천만원 이하의 과태료를 부과한다(법 제261조 제2항). 또한 관할 선거여론조
사심의위원회에 신고하지 아니하거나 신고한 내용과 다르게 여론조사를 실시하거나, 보완
사항을 보완하지 아니하고 여론조사를 실시한 자는 1천만원 이하의 과태료를 부과한다(법 제
261조 제3항 제3호).

나. 제96조 위반

　　본 조 제1항을 위반한 자는 5년 이하의 징역 또는 300만원 이상 2천만원 이하의 벌금에
(법 제252조 제2항), 본 조 제2항을 위반한 자는 7년 이하의 징역 또는 500만원 이상 3천만원
이하의 벌금에 처한다(법 제252조 제1항).

　　본 조 제2항 제1호가 처벌대상으로 하고 있는 선거운동 목적의 허위보도 또는 왜곡보도
행위가 법 제250조의 허위사실공표죄에 해당하는 경우에는 그에 따른 처벌도 가능하다. 양
자의 차이점은 본 조 제2항 제1호가 선거에 관한 사항이면 보도대상에 제한이 없는데 반하
여 법 제250조는 후보자, 그의 배우자 또는 직계 존·비속이나 형제자매에 관한 사항이어야
하고, 특히 당선목적의 허위사실공표죄의 경우에는 출생지, 신분 등으로 그 대상이 제한된다.

제도개선

① 선거여론조사 공표·보도 금지기간 폐지(제108조 제1항)

현행법은 선거일 전 6일부터 선거일의 투표마감시각까지 실시한 정당 지지도나 당선인을 예상하게 하는 여론조사 결과는 동일 기간 중 공표·보도를 금지하고 있음. 객관적으로 검증되지 않은 편승효과 또는 열세자 효과 등 여론조사의 부작용에 대한 우려로 공표·보도 금지기간을 규정하기보다는 이를 폐지하여 유권자의 판단·선택을 돕는 참고자료로서의 활용성 및 유용성을 인정할 필요성이 있다.

 다만, 사전투표를 한 사람에 대한 정당 지지도나 당선인 예상 결과를 공표·보도하게 되면 사실상 사전투표 출구조사 공표와 같은 결과가 나타날 수 있어 이를 제한하는 것이 바람직하다.[62]

② 선거여론조사 실시전 사전등록기준 강화와 비공표여론조사의 경우도 휴대전화 번호 가상번호 의무화 등 (제108조, 제108조의2)

SNS와 뉴미디어의 발달로 선거여론조사의 영향력과 수요가 커지면서 '떴다방'식 조사업체가 난립하고 여론조작형 선거여론조사에 대한 유혹도 높아지고 있으나, 현재의 법적 규제만으로 이를 효과적으로 차단하지 못하고 있다. 이에 선거여론조사 실시 전 사전등록 기준을 강화하여 오염된 조사결과의 공표, 유통을 최소화하고자 하고, 공표용 여론조사의 경우 선관위가 조사대상 표본을 제공하도록 하고, 비공표용 조사에도 휴대전화 가상번호를 사용할 수 있도록 하여 조작의 가능성을 차단할 필요가 있다.[63]

③ 사전투표 출구조사 허용(제167조, 제241조)

현행법은 선거일에 한하여 출구조사가 가능하고, 사전투표기간에는 출구조사가 금지되고 있다. 사전투표율이 지속적으로 상승하고 있음에도 불구하고 사전투표기간에 출구조사를 할 수 없어 사전투표자 대상 여론조사 결과를 출구조사에 반영하는 바, 부정확한 출구조사의 원인이 되므로 사전투표 출구조사를 허용하여 선거결과 예측의 정확성 제고와 국민의 알권리 충족에 기여할 필요가 있다. 이에 텔레비전방송국·라디오방송국·일간신문사가 사전투표기간에 사전투표소로부터 50미터 밖에서 투표의 비밀이 침해되지 않는 방법으로 질문할 수 있도록 할 필요가 있다.[65]

---

62) 중앙선거관리위원회. 공직선거법 개정의견(2023.1)
63) 이해식의원 등 14인이 제안한 공직선거법 일부개정법률안(제안일 2025. 1. 15.)
64) 중앙선거관리위원회. 공직선거법 개정의견(2023.1)

제16장

호별방문의 금지 등
선거운동 공간 제한

제1절 호별방문의 제한

제106조 (호별방문의 제한) ① 누구든지 선거운동을 위하여 또는 선거기간중 입당의 권유를 위하여 호별로 방문할 수 없다.

② 선거운동을 할 수 있는 자는 제1항의 규정에 불구하고 관혼상제의 의식이 거행되는 장소와 도로·시장·점포·다방·대합실 기타 다수인이 왕래하는 공개된 장소에서 정당 또는 후보자에 대한 지지를 호소할 수 있다.

③ 누구든지 선거기간중 공개장소에서의 연설·대담의 통지를 위하여 호별로 방문할 수 없다.

1. 개요

본 조는 선거운동이나 입당권유 또는 공개장소에서의 연설·대담의 통지를 위한 호별방문을 금지하는 규정이다. 호별방문금지조항은 선거운동을 위하여 공개되지 않은 장소에서 유권자를 만날 경우 생길 수 있는 투표매수 등 불법·부정선거 조장 위험을 방지함으로써,[1] 선거의 공정 및 유권자의 사생활의 평온을 확보하기 위한 것이다.[2]

선거에서 무제한적으로 호별방문이 허용될 경우에는 ① 일반 공중의 눈에 띄지 않는 장소에서의 대화가 의리나 인정 등 다분히 정서적이고 비본질적인 요소에 치우쳐 선거인의 냉정하고 합리적인 판단을 방해할 우려가 있고, ② 비공개적인 장소에서의 만남을 통하여 매수 및 이해유도죄 등의 부정행위가 행하여질 개연성이 상존하며, ③ 선거인의 입장에서는 전혀

---

1)　대법원 2015. 9. 10. 선고 2014도17290 판결
2)　헌법재판소 2016. 12. 29. 2015헌마509·1160(병합) 결정

모르는 후보자측의 예기치 않는 방문을 받게 되어 사생활의 평온이 침해될 우려가 있고, ④ 후보자측의 입장에서도 필요 이상의 호별방문의 유혹에 빠지게 됨으로써 경제력이나 선거운동원의 동원력이 뛰어난 후보자가 유리하게 되는 등 후보자 간의 선거운동의 실질적 평등을 보장하기 어려운 폐해가 예상되기 때문에 금지하는 것이다.[3]

2. 호별방문죄 성립요건

가. 금지주체 및 기간

누구든지 언제나 금지된다.

나. 구성요건

1) 선거운동을 위하여

선거운동을 위하여 방문하는 것이어야 한다.

선거구 획정 전 호별방문과 관련하여 선거운동을 위한 호별방문 금지는 후보자가 출마한 당해 '선거구' 내에서의 행위만을 금지하는 것으로 좁게 해석할 이유가 없으므로 국회의원 후보자로 출마할 것을 공식 선언하는 기자회견 직후 선거운동을 위하여 관공서 사무실을 방문한 행위는 그 후 이루어진 선거구의 획정 또는 변경 여부와 관계없이 본 조항에 위반된다.[4]

반면 선거운동을 위하여 방문한 경우가 아닌 경우에는 본 조 위반에 해당하지 않는 바, 선거권자 추천, 선거사무관계자 의뢰행위 등을 위하여 호별방문한 경우, 유령유권자 유무의 확인을 위하여 호별로 방문하고 유령유권자의 유무를 확인한 이외의 언행을 하였음을 찾아볼 수 없을 경우[5]는 에는 선거운동을 위한 행위에 해당하지 않는다.

2) 호별 방문

2이상의 호를 연속적으로 방문하는 행위를 말한다.[6]

---

3) 대구고등법원 2007. 3. 15. 선고 2007노38 판결
4) 대법원 2018. 7. 26. 선고 2018도7031 판결
5) 서울고등법원 1969. 5. 20. 선고 68노1 판결
6) 대법원 2000. 2. 25. 선고 99도4330 판결

가) 「호별」의 의미

「호」는 일상생활을 영위하는 거택에 한정되지 않고 일반인의 자유로운 출입이 가능하도록 공개되지 아니한 곳으로서 널리 주거나 업무 등을 위한 장소 혹은 그에 부속하는 장소라면 이에 해당할 수 있다.[7] 「호」는 반드시 주택에 한정되는 것이 아니고, 회사·공장·사무소·점포 등도 포함되며 방문이 금지되는 「호」에 해당하는지 여부는 그 장소의 구조, 사용관계와 공개성 및 접근성 여부, 그에 대한 점유자의 구체적인 지배·관리형태, 호별방문으로 인한 폐해의 발생 우려 등을 종합적으로 고려하여 사회통념에 따라 해당여부를 판단해야 한다.[8] 「호」는 단순히 건물이라고 하는 것 이외에 일정한 인적집단의 거주 단위로서의 측면을 갖는 것으로 호의 구분 기준으로서 건물의 구조라고 하는 것도 거주 기타 그 사용관계와 연관지어 생각해야 하는 것이고 단순한 건축상의 구조로는 의미가 없다. 가족이나 세대와 같은 사회적인 생활의 단위로서의 측면도 고려하여야 한다.[9] 방문장소의 범위는 반드시 선거인의 주택·건물 안에 들어가는 것이 그 요건이 아니고 해당 건물의 부근으로서 그 거주자가 일상적으로 활동하는 영역 안에 들어가면 족하다.[10] 따라서 문전이나 뜰의 처마 밑, 입구로 통하는 돌계단, 거택과 서로 붙어있는 밭도 해당된다.[11] 다만, 바깥의 고추밭은 공개된 장소로서 이에 해당하지 않는다.[12]

나) 「연속적으로」의 의미

「호별」방문은 연속적으로 두 집 이상을 방문하여야 하는바, 연속적으로 두 집 이상을 방문할 의사였으나 실제로는 한 집만을 방문한 경우에도 본죄는 성립한다고 본다.[13] 연속적인 방문으로 인정되기 위해서 반드시 집집을 중단 없이 방문하여야 하거나 동일한 일시 및 기회에 각 집을 방문하여야 하는 것은 아니고 각 방문행위 사이에는 어느 정도의 시간적 근접성이 있어야 한다.[14]

선거인 2인의 집을 일시를 달리하여 방문하는 경우, 수촌에 걸쳐 1촌 1호 내지 3호를 방문하는 경우, 수인이 공모하여 각자 1호씩 방문한 경우도 모두 연속적으로 행한 것으로 본다.[15]

7) 대법원 2015. 9. 10. 선고 2015도8605 판결
8) 대법원 2010. 7. 8. 선고 2009도14558 판결, 대검찰청, 공직선거법 벌칙해설 제10개정판, 555면
9) 대검찰청, 공직선거법 벌칙해설 제10개정판, 555면
10) 대법원 1997. 2. 28. 선고 96도3106 판결
11) 1990 일본공직선거법 II 축조해설 56면
12) 대법원 2007. 3. 15. 선고 2006도9042 판결
13) 대검찰청, 공직선거법 벌칙해설 제10개정판, 557면
14) 대법원 2007. 3. 15. 선고 2006도9042 판결
15) 대검찰청, 공직선거법 벌칙해설 제10개정판, 557면

다) 방문하는 행위

「방문」의 사전적 의미는 '어떤 사람이나 장소를 찾아가서 본다.'는 것으로, 일반적으로 타인과 면담하기 위하여 그 거택 등에 들어간 경우를 말하지만, 그 외에도 방문하여 선거인에게 면회를 구하면 족하고,[16] 반드시 면접을 하거나 구두로 투표 또는 투표하지 않을 것을 의뢰할 필요는 없다.[17] 따라서 타인과 면담하기 위하여 방문하였으나 피방문자가 부재중이어서 들어가지 못한 경우,[18] 출입문 안으로 들어가지 아니한 채 대문 밖에 서서 인사를 한 경우,[19] 인터폰 상으로 또는 인터폰을 통하여 밖으로 나오게 한 경우도[20] 본 조에 해당된다.

라) 허용되는 경우

개념상 「호」에 해당하는 경우라고 하더라도, 관혼상제의 의식이 거행되는 장소와 도로·시장·점포·다방·대합실[21] 기타 다수인이 왕래하는 공개된 장소에서는 정당 또는 후보자에 대한 지지를 호소할 수 있다. 「관혼상제의 의식」이란 관례(冠禮), 혼례(婚禮), 상례(喪禮), 제례(祭禮), 즉 성년식, 결혼식, 장례식, 제사를 말한다. 「점포」는 가게를 벌인 집을 말하므로 만약 상가(商家)가 점포, 주거, 사무실과 함께 구성되어 있다면 방문할 수 있는 장소는 「점포」에 한정된다.[22] 선거운동이 가능한 「기타 다수인이 왕래하는 공개된 장소」란, 해당 장소의 구조와 용도, 외부로부터의 접근성 및 개방성의 정도 등을 종합적으로 고려할 때 '관혼상제의 의식이 거행되는 장소와 도로·시장·점포·다방·대합실'과 유사하거나 이에 준하여 일반인의 자유로운 출입이 가능한 개방된 곳을 의미한다.[23] 「다수인이 왕래하는 공개된 장소」에 해당하는지 여부는 그 장소의 용도, 구조 및 접근성 등 객관적인 특성에 따라 판단하여야 할 것이지, 때에 따라 어떤 용도로 쓰이고 있는지, 일시적으로 비공개 상태인지 등에 따라 죄 성립 여부가 달라지는 것은 아니다.[24] 스포츠 경기가 열리고 있는 경기장 등 시설관리자의 승인이나 입장료 지불 등 일정한 요건을 충족해야 출입이 가능한 장소라도 「다수인이 왕래하는 공개된 장소」로 본다.[25]

---

16)　대법원 1975. 7. 22. 선고 75도1659 판결
17)　서울고등법원 1996. 1. 19. 선고 95노3019 판결
18)　대법원 1999. 11. 22. 선고 99도2315 판결
19)　대법원 2000. 2. 25. 선고 99도4330 판결
20)　서울북부지방법원 2002. 8. 30. 선고 2002고합308 판결
21)　대합실의 범위는 규칙 제43조에서 '검표원에게 개표하기 전의 대기장소'라고 규정하고 있다.
22)　중앙선거관리위원회 2004. 12. 22. 회답
23)　대법원 2015. 9. 10. 선고 2015도8605 판결
24)　대법원 2020. 1. 9. 선고 2019도10140 판결
25)　중앙선거관리위원회 2023. 5. 15. 의결

3. 입당권유 또는 연설·대담 통지를 위한 호별방문 금지

선거기간개시일부터 선거일까지 입당의 권유 또는 공개장소에서의 연설·대담의 통지를 위하여 호별로 방문하는 행위를 말한다. 그러한 목적으로 호별로 방문하면 해당되고, 반드시 입당의 권유를 하거나 연설·대담의 통지를 할 것을 요구하지는 않는다.

정당법 제3조(구성), 제4조(성립), 제17조(법정시·도당수), 제18조(시·도당의 법정당원수) 등에 따라 인정되는 정당의 특성에 비추어 선거기간 중 입당권유를 위한 호별방문 금지는 특정 선거구 내로 제한되지 않는다.[26]

한편 법 제144조에 따라 정당은 선거기간 중에 당원을 모집하거나 입당원서를 배부할 수 없도록 규정하고 있는데, 호별로 방문하여 입당을 권유하거나 입당원서를 배부하면 본 조뿐만 아니라 법 제144조에도 위반된다. 또한 법 제144조에서 시·도당의 창당 또는 개편대회를 개최하는 경우에는 선거기간 중이라도 당원모집을 할 수 있도록 규정하고 있으나, 이 경우에도 호별방문으로 입당의 권유를 하는 것은 본 조에 위반된다.

당원협의회의 대표자나 소속 당직자, 입당을 추천한 소속 당원이 선거기간이 아닌 때에 신규 당원의 거주지를 방문하여 당원증과 의례적인 내용의 입당축하편지를 당원에게 전달하는 행위의 경우 직접적으로 제한하는 규정은 없으나, 후보자가 되고자 하는 사람이나 국회의원실 소속 직원이 계속적으로 다수 당원을 호별방문하거나, 전달과정에서 후보자가 되고자 하는 사람을 지지·선전하는 등 선거운동에 이르는 행위가 부가되는 경우에는 행위양태에 따라 본 조 및 제254조에 위반된다.[27]

4. 중앙선거관리위원회 행정해석

① 입당원서를 받기 위한 호별방문

당원이 선거운동기간 중 입당원서를 받기 위하여 호별방문을 하는 것은 특단의 사정이 없는 한 선거운동을 하기 위하여 호별방문한 것으로 봄이 상당하며 정당원이 자기 당원들을 방문하는 것은 선거운동을 위한 것이 아니라면 무방할 것임(1973. 2. 6. 회답).

② 지구당위원장의 방역활동

지구당위원장이 선거구안의 유권자 집을 가가호호 방문하여 방역활동을 하는 것은 차

26) 대법원 2018. 7. 26. 선고 2018도7031 판결
27) 중앙선거관리위원회 2015. 4. 21. 회답

량에 후보자가 되고자 하는 지구당위원장의 이름을 표시하지 않는다 하더라도 선거운 동을 위한 것으로 보임(1994. 12. 3. 회답).

③ 음식배달원의 소형인쇄물 전달

음식배달원 등이 고객(유권자)이 주문한 음식을 배달하면서 특정 후보의 소형인쇄물을 음식위에 놓았거나 전달했다면 공선법 제106조의 규정에 위반될 것임(1995. 5. 19. 회답).

④ 후보자의 공장방문행위

후보자가 선거운동을 위하여 회사나 공장 등을 방문하는 것이 공선법 제106조의 규정 에 의하여 제한되는 호별방문에 해당되는지 여부는 그 구조 및 사용관계, 면접이 이루 어지게 된 경위·면접의 대상과 면접장소의 공개정도 등을 종합적으로 고려하여 판단 하여야 할 것임(2000. 4. 10. 회답).

⑤ 전철역 지하상가에서의 선거운동

전철역 지하상가는 공선법 제106조 제2항에 규정된 다수인이 왕래하는 공개된 장소 로서 선거운동을 할 수 있는 자가 선거운동기간 중에 정당 또는 후보자에 대한 지지를 호소할 수 있음(2002. 7. 4. 회답).

⑥ 스포츠 경기가 열리고 있는 경기장 등 시설관리자의 승인이나 입장료 지불 등 일정한 요건을 충족해야 출입이 가능한 장소가 '다수인이 왕래하는 공개된 장소'인지

예비후보자 등이 입장료 유무를 불문하고 다른 제한 없이 다수인이 자유로이 출입하 여 왕래할 수 있는 장소에서 선거운동을 하는 것은 「공직선거법」상 제한되지 아니할 것이나, 소유·관리자의 의사에 반하여 선거운동을 하는 것까지 같은 법상 보장되는 것 은 아님(2023. 5. 15. 의결).

5. 판례

가. 호별방문죄 성립여부

① 호별방문한 행위 사이에 시간적 근접성이 없는 경우 위법여부

「공직선거법」 제106조 제1항 소정의 호별방문죄에 있어서 각 집의 방문이 '연속적'인 것으로 인정되기 위해서는 반드시 집집을 중단 없이 방문하여야 하거나 동일한 일시 및 기회에 각 집을 방문하여야 하는 것은 아니지만, 각 방문행위 사이에는 어느 정도의 시간적 근접성이 있어야 할 것이고, 이러한 시간적 근접성이 없다면 '연속적'인 것으로 인정될 수는 없다.

그런데, 피고인이 공소외 1의 집을 방문한 것은 공소외 2, 3의 집을 방문한 때로부터 3개월 또는 4개월 전이고, 공소외 4의 집을 방문한 것은 공소외 2, 3의 집을 방문한 때로부터 다시 6개월 또는 7개월 후로서 시간적 간격이 매우 크므로, 공소외 1, 4의 집을 각 방문한 행위와 공소외 2, 3의 집을 방문한 행위 사이에 시간적 근접성이 있다고 보기는 어렵다. 따라서 공소외 1, 4의 집을 각 방문한 행위는 공소외 2, 3의 집을 방문한 행위와 포괄하여 호별방문죄를 구성한다고 할 수 없고, 공소외 1, 4의 집을 각 방문한 행위는 각 한 집만을 방문한 것이어서 그 행위만으로 각각 호별방문죄가 성립한다고 할 수도 없다.

원심은, 그 채택 증거들을 종합하여 판시와 같은 사실을 인정한 다음, 피고인이 공소외 5를 만난 고추밭의 위치와 만날 당시의 상황 등에 비추어 보면, 피고인이 공소외 5를 만난 고추밭은 공개된 장소로서 「공직선거법」상 방문이 금지되는 '호'에 해당하지 않는다고 판단하였는바, 기록에 비추어 살펴보면, 위와 같은 원심의 사실인정과 판단은 옳은 것으로 수긍이 가고, 거기에 상고이유의 주장과 같은 채증법칙 위배로 인한 사실오인 또는 공선법상 호별방문에 관한 법리오해의 위법이 있다고 할 수 없다(대법원 2007. 3. 15. 선고 2006도9042 판결).

② 집 한 곳만을 방문한 경우 호별방문죄의 성립 여부

「공직선거법」 제106조 제1항 소정의 호별방문은 연속적으로 두 집 이상을 방문하는 경우에 한하여 성립하는 것인데(대법원 1979. 11. 27. 선고 79도2115 판결, 대법원 2007. 3. 15. 선고 2006도9042 판결 등 참조), 이 부분 공소사실은 그 자체에 의하더라도 피고인이 선거운동을 위하여 공소외 1의 집 한 곳만을 방문한 것으로 되어 있는 만큼, 이와 같은 피고인의 행위는 호별방문으로 인한 공선법위반죄의 구성요건을 충족하지 못한다고 보아야 할 것이다(대법원 2007. 6. 14. 선고 2007도2940 판결).

③ 관공서 등의 사무실이 같은 조 제2항에 따라 방문이 허용되는 '기타 다수인이 왕래하는 공개된 장소'에 해당하기 위한 요건

관공서 등의 사무실이 위 제2항에 따라 방문이 허용되는 '기타 다수인이 왕래하는 공개된 장소'라고 보기 위해서는 그 사무실이 내부 공간의 용도와 구조 및 접근성 등에 비추어 일반적·통상적으로 민원인을 위하여 개방된 장소나 공간이라고 인정될 수 있는 경우여야 한다.

원심이 같은 취지에서, 원심 판시 이 사건 각 사무실은 기본적으로 ○○시청 소속 공무원들이 소관 부서의 업무를 처리하는 업무용 사무공간이고, 민원인은 보통 민원 업무를 전담하는 민원봉사실에서 민원을 해결하지 못한 경우에 그 담당직원의 안내 등을

거쳐 예외적으로 이 사건 각 사무실을 방문하는 경우가 있을 뿐이라는 등의 이유로, 이 사건 각 사무실이 공직선거법 제106조 제1항에서 정한 호별방문 금지 대상인 '호'에 해당한다고 판단한 것은 정당하다(대법원 2015. 9. 10. 선고 2015도8605 판결).

나. 호별방문죄에 해당한 것으로 본 경우

① 아파트를 연속 방문하여 인터폰상으로 선거운동

아파트 인터폰을 누른 후 문을 열어주지 않자 인터폰을 통하여 위 거주자에게 "기호 나번 김○○를 부탁합니다"라고 말하는 등 위 아파트 11세대를 돌아다니면서 인터폰 상으로 또는 인터폰을 통하여 밖으로 나오게 한 후 위 낙선자에 대한 지지를 부탁하여 선거운동을 위하여 호별로 방문한 것이다(서울지방법원 북부지원 2002. 8. 30. 선고 2002고합308 판결).

② 병원내 개개 입원실에서의 선거운동

이 사건의 경우, 피고인은 2002년 치른 지방선거에서 도의원으로 출마하였다가 낙선한 사실이 있고, 피고인과 함께 동행한 일행도 2006. 5. 31. 실시된 지방선거에 지방의회의원으로 출마한 점, 피고인이 방문한 사람 중 1명을 제외하고는 별다른 친분이 없는 사람인 점, 병원 자체는 환자를 치료하는 영업장소로서 다수인이 왕래하는 공개된 장소이기는 하나, 그 내부의 개개의 입원실은 병원측이 의료행위를 제공하거나 그에 부수하는 용역을 제공하기 위하여 출입하는 경우와 환자와 친분관계 등이 있는 방문객이 병문안 등의 목적으로 출입하는 경우 등에 한하여 출입이 허용된 곳이지 불특정·다수인이 언제든지 자유롭게 출입할 수 있도록 공개된 장소는 아닌 점, 이 사건 각 입원실이 대부분이 다인실이기는 하나 다른 입원실과는 각각 독립하여 있는 점 등을 종합하여 보면, 이 사건 각 입원실도「공직선거법」제106조 제1항에서 정하고 있는 '호'에 해당한다고 할 것이고, 결국 이 사건 각 입원실에 방문하는 행위는 위 규정에서 제한하고 있는 '호별방문'에 해당한다(대구고등법원 2007. 3. 15. 선고 2007노38 판결).

③ '학교의 사무실 및 관공서'에서 선거운동

1. 이 사건 각 학교의 사무실은 업무 등을 위하여 마련된 건물 내의 사무실로서 공직선거법 제106조 제1항의 '호'에 해당하고, 일반인의 통상적인 출입이 원칙적으로 제한된 장소여서 같은 법 제106조 제2항에서 정한 다수인이 왕래하는 공개된 장소라 할 수 없으므로 피고인이 이 사건 각 학교의 사무실을 방문한 행위가 위 규정에서 금지하는 호별방문에 해당한다는 원심의 판단 부분은 수긍할 수 있다. 이 부분 원심

의 판단에 피고인의 상고이유 주장과 같이 호별방문에 관한 법리를 오해한 위법이 없다.

2. 그러나 원심의 판단 중 피고인이 이 사건 각 관공서를 방문한 행위가 공직선거법상 금지되는 호별방문에 해당하지 않는다는 부분은 다음과 같은 이유로 수긍하기 어렵다.

1) 먼저, 이 사건 부속실은 해당 관공서의 업무를 위하여 마련된 건물 내의 사무실로서 공직선거법 제106조 제1항의 '호'에 해당할 뿐 아니라, 사전 동의 등의 절차를 거치지 아니하고 일반인의 통상적인 출입이 허용되어 있다고 할 수 없으므로 같은 법 제106조 제2항에서 정한 다수인이 왕래하는 공개된 장소라 할 수 없다.

그리고 피고인이 해당 관공서의 다른 사무실을 방문하기 위해 기관장의 양해를 구하고 인사를 하기 위한 목적으로 지원장과 지청장을 방문하였다고 하더라도, 그 자체로써 후보자로서 이름을 알리는 한편 선거운동의 편의를 제공받기 위한 것이므로 공직선거법 제106조 제1항에서 정하고 있는 '선거운동을 위하여' 한 방문행위에 해당된다고 봄이 타당하다.

2) 다음으로, 이 사건 사무실도 그 해당 업무 등을 위하여 마련된 건물 내의 사무실로서 공직선거법 제106조 제1항의 '호'에 해당한다.

그런데 이 사건 사무실에 민원인의 자유로운 출입이 가능하고 다수인이 왕래하는 공개된 장소라면 선거운동을 위하여 방문하는 것이 허용될 수 있을 것이고, 출입과정에서 안내 등 일정한 절차를 밟아야 하는 사정만으로 달리 볼 것은 아니다. 그러나 이 사건 사무실이 다수인이 왕래하는 공개된 장소라고 인정하기 위해서는 일반인의 출입 가능성만을 가지고 단정할 것은 아니며, 이 사건 사무실이 민원인을 위하여 설치되거나 그 안에 민원 사무 처리를 위한 전용 공간이 설치되어 있는 경우 등과 같이 이 사건 사무실에 관한 내부 공간의 용도와 구조 및 접근성 등에 비추어 일반적·통상적으로 민원인을 위하여 개방된 장소나 공간이라고 구체적으로 인정될 수 있어야 그곳에서 선거운동을 하는 것이 허용된다고 볼 수 있다.

따라서 이러한 사정들을 구체적으로 살펴보지 아니한 채 원심과 같이 일반인의 출입이 예정되어 있다는 이유만으로 이 사건 사무실이 다수인이 왕래하는 공개된 장소라고 단정할 수는 없다(대법원 2015. 9. 10. 선고 2014도17290 판결).

④ 선박 '객실'에서의 선거운동

원심에 적법하게 채택하여 조사한 증거들에 의하여 인정되는 아래와 같은 사정들을 종합하여 법리(대법원 2015. 9. 10. 선고 2014도17290 판결 등 참조)에 비추어 살펴보면, 이 사건 각 객실은 공직선거법 제106조 제1항의 '호'에 해당한다고 판단되므로, 이와 같은 취지의 원심판결은 정당한 것으로 수긍할 수 있다.

1. 이 사건 선박의 운항사인 씨월드고속훼리는 이 사건 각 객실을 모두 △△산악회 회원들에게만 배정하였고, 다른 일반 승객들은 이 사건 각 객실이 아닌 다른 객실에 배정하였다.

2. 이 사건 각 객실 중 451호부터 458호까지 8개 객실은 10인실로서 출입문과 잠금장치가 있고 열쇠도 지급되는 객실이었다.

3. 이 사건 각 객실 중 319호와 320호는 열쇠가 지급되지는 않으나 출입문과 잠금장치가 있는 객실이었다.

4. 위와 같은 이 사건 각 객실의 구조, 사용관계와 공개성 및 접근성 등을 감안하면 이 사건 각 객실은 그 객실을 배정받은 승객이 아닌 다른 일반인의 자유로운 출입이 가능하도록 개방된 장소에 해당하지 않는 것으로 보인다[광주고등법원 2017. 6. 29. 선고 (전주)2017노28 판결, 대법원 2017. 9. 12. 선고 2017도9966 판결].

⑤ 각 과별 소속 공무원들이 소관 부서의 업무를 처리하는 업무용 사무공간은 법 제106조 제1항에 따라 방문이 금지되는 '호'에 해당

아래 사정들을 앞서 본 법리에 따라 살펴보면, D구청·D보건소의 각 과 사무실(본관 2층 종합민원실 제외, 이하 '이 사건 사무실'이라 통칭함)은 기본적으로 각 과별 소속 공무원들이 소관 부서의 업무를 처리하는 업무용 사무공간으로서 공직선거법 제106조 제1항에 따라 방문이 금지되는 '호'에 해당한다고 봄이 타당하고, 일부 사무실이 벽체나 출입문을 통해 통로와 명시적으로 구분되어 있지 않다거나 민원인들이 실제로 이 사건 사무실을 방문하여 일부 민원업무를 처리한다는 등의 사정만으로는 이 사건 사무실이 일반적·통상적으로 민원인을 위하여 개방된 장소나 공간으로서 공직선거법 제106조 제2항에서 방문을 허용하는 '기타 다수인이 왕래하는 공개된 장소'에 해당한다고 인정하기는 어렵다. 이에 반하는 피고인들 및 변호인들의 주장은 받아들이지 아니한다.

가. 이 사건 사무실의 내부 구조는 대체로 직원들이 파티션을 책상 사이에 두고 서로 마주보고 둘러앉아 팀장의 지시가 곧바로 팀원들에게 쉽게 전달되고 팀원들 사이에서도 의사소통이 쉽게 이루어질 수 있는 형태로 이루어져 있는바, 그 구조 자체가 민원인 등 외부인의 접근 편의성을 고려하였다기보다는 내부 근무자들의 업무 효율성을 더 고려한 구조에 해당한다. 이는 직원들이 민원 접수대 부분에 일렬로 늘어앉아 개별 창구로 들어오는 민원인들을 마주보는 구조로 되어 있어 민원인들의 접근 및 응대 편의성 증진을 주요 고려 요소로 하고 있는 종합민원실의 구조와

비교해볼 때 더욱 분명하게 드러난다.

나. 물론 D구청의 모든 민원이 종합민원실에서만 처리되는 것이 아니라 이 사건 사무실 내에서도 처리될 수 있음은 분명하다. 그러나 이 사건 사무실 내에서의 민원업무조차도 앞서 본 바와 같이 파티션·캐비넷 등으로 구분된 직원 사무공간 그 자체보다는 그 경계 부분에 있는 민원인용 테이블에서 이루어지는 것이 대부분이라고 보이고, 설령 성격상 일부 민원이 개별 직원의 책상이 위치한 곳까지 들어가 그 자리에서 처리돼야 하는 것이 있더라도 그 비중은 현저히 적은 것으로 보이므로, 기본적으로 직원 사무공간과 민원처리공간이 어느 정도 구별되는 것은 마찬가지이다. 직원 사무공간 부근이나 그 사이 빈 공간에 있는 테이블·소파 역시 기본적으로는 직원들의 회의·휴식을 위해 제공된 것이라 보이고, 민원인 상담 업무가 위 기물의 주된 용도에 해당한다고 보기는 어렵다.

다. 물론 피고인들이 주장하는 바와 같이 D구청의 출입문·엘리베이터 등에는 일반인들의 출입을 통제하는 장치가 되어 있지 않고, 민원인들이 특별한 절차 없이 이 사건 사무실을 방문할 수 있으며, 상당수의 사무실이 차폐시설·벽체 없이 캐비넷·파티션 등으로만 경계를 형성한 채 배치되어 있는 사정을 인정할 수 있기는 하나, 이는 이 사건 사무실에 일반인의 출입이 불가능하지는 않다는 것을 의미할 뿐이지, 이를 넘어 위와 같은 사정만을 근거로 앞서 본 바와 같은 기본적인 업무공간으로서의 성격에도 불구하고 이 사건 사무실이 2층의 종합민원실과 같이 일반적·통상적으로 불특정 다수인의 이용을 위하여 개방된 공간에 해당한다고까지 인정하기는 어렵다(서울서부지방법원 2023. 9. 22. 2022고합363 판결).

다. 호별방문죄에 해당하지 않은 것으로 본 경우

① '주민센터 회의실' 등에서 선거운동

원심은 범죄일람표 순번 1 내지 3 기재 장소가 그 용도와 구조 및 접근성 등에 비추어 일반적·통상적으로 주민이나 민원인을 위하여 개방된 장소나 공간에 해당한다고 판단하였다.

㉮ 주민센터 회의장은 처음부터 일반 주민들을 위하여 설치된 장소이다.

㉯ 주민센터 또는 시청의 업무공간은 민원대 내부 공간에 민원업무를 위한 직원용 공간이 일부 있다고 하더라도 사무실 전체의 주된 용도는 응대를 위한 것이고, 구조상 민원인들이 쉽게 접근할 수 있었던 것으로 보인다.

원심판결 이유를 앞서 본 법리와 기록에 비추어 살펴보면, 원심의 판단에 논리와 경험의 법칙을 위반하여 자유심증주의의 한계를 벗어나거나, 공직선거법 제106조 제1항에서 정한 '호'의 개념에 관한 법리를 오해한 잘못이 없다(대법원 2020. 1. 9. 선고 2019도10140 판결).

| 범죄일람표 |

연번	장소	층	사무실
1	♤♤동주민센터	2층	2층 회의장
2	☆☆동주민센터	1층	동장실 부근 민원데스크 뒤편 직원업무공간
3	□□시청	신관	민원소통담당관실 내 민원데스크 뒤편 직업업무 공간

② 건물 출입이 통제되어 일시적으로 영업을 중단한 카페를 방문하여 선거운동을 한 경우 법 호별방문죄에 해당하는지 여부

실버카페 '○○'은 노인복지관 2층 로비에 개방된 형태로 위치하고 있고, 평소 복지관 직원들뿐만 아니라 복지관을 찾아온 노인, 자원봉사자, 인근 주민들이 커피나 차를 마시면서 자유롭게 이용하는 장소인 사실, 한편 피고인 A, B가 복지관을 방문할 당시 전염병으로 인하여 복지관 출입문이 잠긴 채 직원들만 근무하고 있었고 카페영업도 일시적으로 중단되었던 사실, 복지관 관장 등은 자신을 찾아온 피고인 A, B를 사무실에서 만나지 않고 곧장 위 카페로 데려가 테이블에 둘러앉아 대화를 나눈 후 헤어진 사실을 인정할 수 있다.

위 인정사실을 앞서 본 법리에 비추어 보면, 위 카페는 그 용도와 구조 및 접근성 등에 비추어 일반인의 자유로운 출입이 가능하여 다수인이 왕래하는 공개된 장소로서 공직선거법 제106조 제2항 소정의 '다방'에 해당한다고 봄이 상당하고, 설령 전염병 확산방지를 위해 일시적으로 카페를 포함한 복지관 건물 전체의 출입이 통제되고 카페영업을 하지 않았다고 하더라도 달리 볼 것이 아니다(수원지방법원 안양지원 2021. 1. 22. 선고 2020고합140 판결, 수원고등법원 2021. 5. 25. 선고 2021노82 판결).

6. 헌법재판소 결정

① 선거운동을 위한 호별방문금지 규정에도 불구하고 '관혼상제의 의식이 거행되는 장소
와 도로·시장·점포·다방·대합실 기타 다수인이 왕래하는 공개된 장소'에서의 지지호
소를 허용하는 법 제106조 제2항 중 '지역구국회의원선거에서의 선거운동'에 관한 부
분(이하 '이 사건 지지호소 조항'이라 한다)이 죄형법정주의 명확성원칙에 위반되는지 여부

　1. 죄형법정주의에서 파생되는 명확성원칙은 법률이 처벌하고자 하는 행위가 무엇이
　　며 그에 대한 형벌이 어떤 것인지를 누구나 예견할 수 있고, 그에 따라 자신의 행위
　　를 결정할 수 있도록 구성요건을 명확하게 규정하여야 하는 것을 뜻한다. 그렇다고
　　처벌법규의 모든 구성요건을 단순한 서술적 개념으로만 규정하여야 하는 것은 아니
　　다. 법관의 보충적 해석을 필요로 하는 개념을 사용하였다고 하더라도 통상의 해석
　　방법에 따라 건전한 상식과 통상적 법감정을 가진 사람이라면 당해 처벌법규의 보
　　호법익과 금지된 행위 및 처벌의 종류와 정도를 알 수 있도록 규정하였다면 헌법이
　　요구하는 처벌법규의 명확성원칙에 배치되는 것이 아니다.

　　한편, 처벌규정에 대한 예측가능성 유무를 판단할 때는 당해 특정조항만 가지고 판
　　단할 것이 아니고, 입법목적·입법연혁·당해 법률의 체계적 구조 등을 종합적으로
　　고려하여 관련 법조항 전체를 종합 판단하여야 하며, 대상법률의 성질에 따라 구체
　　적·개별적으로 검토하여야 한다(헌법재판소 2006. 7. 27. 2004헌바46 결정, 헌법재판소
　　2016. 6. 30. 2015헌바329 결정 참조).

　2. 이 사건 지지호소 조항은 지역구국회의원선거에서 정당 또는 후보자에 대한 지지
　　를 호소할 수 있는 장소로 '관혼상제의 의식이 거행되는 장소와 도로·시장·점포·다
　　방·대합실'을 명시적으로 예시하고 있는데, 관혼상제의 의식이란 관례(冠禮), 혼
　　례(婚禮), 상례(喪禮), 제례(祭禮), 즉 성년식, 결혼식, 장례식, 제사를 각 일컫는 것으
　　로, 일반적으로 이러한 의식들이 행해지는 장소와 도로·시장·점포·다방·대합실
　　은 다수의 사람들이 모이거나 드나들 수 있는 공개된 대표적인 장소들에 해당한다.
　　이에 더하여 이 사건 호별방문 조항이 선거운동을 위하여 공개되지 않은 장소에서
　　유권자를 만날 경우 생길 수 있는 투표매수 등 불법·부정선거 조장 위험을 방지함
　　으로써 선거의 공정과 평온을 확보하기 위해 도입된 것이라는 점(헌법재판소 2016.
　　12. 29. 2015헌마509 결정, 대법원 2015. 9. 10. 선고 2014도17290 판결 참조)을 고려해 보
　　면, 이 사건 호별방문 조항에도 불구하고 예외적으로 선거운동을 위하여 지지호소
　　를 할 수 있는 '기타 다수인이 왕래하는 공개된 장소'란, 해당 장소의 구조와 용도,

외부로부터의 접근성 및 개방성의 정도 등을 종합적으로 고려할 때 '관혼상제의 의식이 거행되는 장소와 도로·시장·점포·다방·대합실'과 유사하거나 이에 준하여 일반인의 자유로운 출입이 가능한 개방된 곳을 의미한다고 충분히 해석할 수 있다.

대법원도 어떤 장소가 이 사건 지지호소 조항 중 '기타 다수인이 왕래하는 공개된 장소'라고 보기 위해서는 해당 장소의 내부 공간의 용도와 구조 및 접근성 등에 비추어 일반적·통상적으로 일반인을 위하여 개방된 장소나 공간이라고 인정될 수 있는 경우여야 한다는 취지로 판시하고 있다(대법원 2015. 9. 10. 선고 2015도8605 판결 등 참조).

3. 이와 같은 점들을 모두 종합하여 볼 때, 이 사건 지지호소 조항 중 '기타 다수인이 왕래하는 공개된 장소'는 건전한 상식과 통상적 법감정을 가진 사람이라면 그 의미를 명확히 알 수 있도록 규정되어 있다고 봄이 상당하므로, 죄형법정주의 명확성원칙에 위반된다고 할 수 없다(헌법재판소 2019. 5. 30. 2017헌바458 결정).

7. 처벌

본 조의 규정을 위반하여 선거운동을 위하여 또는 선거기간 중 입당의 권유나 공개장소에서의 연설·대담의 통지를 위하여 호별로 방문하거나 하게 한 자는 3년 이하의 징역 또는 600만원 이하의 벌금에 처한다(법 제255조 제1항 제17호).

한편 법 제254조 제2항에서는 선거운동기간 전에 '호별방문하여 선거운동을 한 자'에 대하여 2년 이하의 징역 또는 400만원 이하의 벌금에 처하도록 규정하고 있는바, 본죄와 사전선거운동죄(법 제254조 제2항)는 상상적 경합관계에 있다.

또한 본 조는 두 집 이상을 방문하여야 하므로 포괄적으로 일죄를 구성한다.[28] 따라서 여러 건의 호별방문이 후보자등록일 전후에 걸쳐 같은 사람의 선거운동을 위하여 이루어진 경우 이는 포괄적으로 후보자등록일 이후의 호별방문죄에 해당한다.[29]

---

28) 서울고등법원 1996. 11. 26. 선고 96노1938 판결, 서울고등법원 1996. 3. 22. 선고 96노126 판결
29) 대법원 1997. 2. 28. 선고 96도3106 판결

제2절 공개장소에서의 연설·대담금지 장소

> **제80조(연설금지장소)** 다음 각호의 1에 해당하는 시설이나 장소에서는 제79조(公開場所에서의 演說·對談)의 연설·대담을 할 수 없다.
>
> 1. 국가 또는 지방자치단체가 소유하거나 관리하는 건물·시설. 다만, 공원·문화원·시장·운동장·주민회관·체육관·도로변·광장 또는 학교 기타 다수인이 왕래하는 공개된 장소는 그러하지 아니하다.
> 2. 선박·정기여객자동차·열차·전동차·항공기의 안과 그 터미널구내 및 지하철역구내
> 3. 병원·진료소·도서관·연구소 또는 시험소 기타 의료·연구시설

1. 개요

본 조는 국민의 일상적 평온과 질서가 지나치게 침해되지 않도록 법 제79조에 따른 공개장소에서의 연설·대담을 할 수 없는 시설이나 장소를 규정하고 있다.

2. 연설·대담 금지 장소

가. 법 제79조에 따른 공개장소에서의 연설·대담 가능 장소

공개장소에서의 연설·대담을 할 수 있는 장소는 도로변·광장·공터·주민회관·시장 또는 점포 및 규칙으로 정하고 있는 장소인 공원·운동장·주차장·선착장·방파제·대합실(검표원에게 개표하기 전의 대기장소를 말함) 또는 경로당 등 누구나 오갈 수 있는 공개된 장소이다(규칙 제43조 제1항).

아파트단지 등이 다수인이 왕래하는 공개된 장소인 경우에는 연설·대담을 할 수 있는 장소에 해당하나 그 소유·관리자의 의사에 반하여 사유재산권 또는 관리권을 침해하는 방법으로 선거운동을 하는 것까지 이 법이 보장하는 것은 아니다.[30]

한편 후보자등은 다른 사람이 개최한 옥내모임에[31] 일시적으로 참석하여 그 장소에 설치된 확성장치를 사용하거나 휴대용 확성장치를 사용하여 연설·대담을 할 수도 있다.

---

30) 중앙선거관리위원회 2007. 12. 15. 회답
31) 중앙선거관리위원회 1994. 12. 22. 회답(「옥내」라 함은 지붕이 있고 기둥과 벽이 있는 건물의 안을 말한다)

연설·대담을 할 수 있는 장소가 고정된 장소이어야 하는 것은 아니다. 따라서 자동차 없이 그냥 거리에서 할 수도 있고, 연설·대담용 차량의 정차 중은 물론 이동 중에도 연설·대담을 할 수 있다. 공개장소에서의 연설·대담을 함에 있어 다른 후보자등의 공개장소 연설·대담 장소와의 거리에 대한 제한은 없다.[32]

나. 공개장소에서의 연설·대담 금지 장소

국가 또는 지방자치단체가 소유하거나 관리하는 건물·시설에서 원칙적으로 연설·대담을 할 수 없으나, 공원·문화원·시장·운동장·주민회관·체육관·도로변·광장 또는 학교 기타 다수인이 왕래하는 공개된 장소에서는 그러하지 아니하다. 선박·정기여객자동차·열차·전동차·항공기의 안과 그 터미널구내 및 지하철역구내와 병원·진료소·도서관·연구소 또는 시험소 기타 의료·연구시설에서도 연설·대담을 할 수 없다.

본 조 제2호의 「지하철역구내」에는 통상 관리기관인 지하철공사 등의 실질적인 관리, 지배력이 미치는 곳 중에서 시민들이 지하철 이용을 위하여 이용하는 공간인 통로, 개찰구 밖 매표소 부근, 개찰구 안의 승강장 등은 모두 포함되고, 지하철 이용과 무관한 지하상가 등은 제외된다.[33]

학교에서의 질서유지와 학생의 학습권 및 교사의 교육권 보장을 위하여 학교 관리자인 학교의 장이 교육 관계 법령 또는 내부 지침 등에 따라 학교 내 선거운동을 위한 출입을 제한·통제하거나 학교 시설의 이용을 거부하는 것만으로는 법에 위반되지 아니하는바, 학교 내에서의 선거운동 및 정당활동은 학교 관리자의 의사에 반하지 아니하는 한도에서 가능할 것이다.[34]

한편 예비후보자의 명함 배부 및 지지·호소의 금지 장소는 2017. 2. 8. 법 개정으로 「터미널구내·지하철역구내」에서 「터미널·역·공항의 개찰구 안」으로 변경되었으나, 본 조는 여전히 「터미널구내 및 지하철역구내」로 제한을 유지하고 있다.

3. 처벌

본 조를 위반하여 선거운동을 위한 연설·대담을 한 자는 3년 이하의 징역 또는 600만원 이하의 벌금에 처한다(법 제255조 제1항 제6호).

---

32) 중앙선거관리위원회. 공직선거법해설서 I (2020년). 403면
33) 인천지방법원 2006. 9. 14. 선고 2006고합410·500 판결
34) 중앙선거관리위원회. '피선거권 및 정당가입 연령하향에 따른 정치관계법 운용기준'(2022. 1. 25.)

제3절 예비후보자 명함 배부 장소

> **제60조의3(예비후보자 등의 선거운동)** ① 예비후보자는 다음 각호의 어느 하나에 해당하는 방법으로 선거운동을 할 수 있다.
>
> 1. 생략
> 2. 자신의 성명·사진·전화번호·학력(정규학력과 이에 준하는 외국의 교육과정을 이수한 학력을 말한다. 이하 제4호에서 같다)·경력, 그 밖에 홍보에 필요한 사항을 게재한 길이 9센티미터 너비 5센티미터 이내의 명함을 직접 주거나 지지를 호소하는 행위. 다만, 선박·정기여객자동차·열차·전동차·항공기의 안과 그 터미널·역·공항의 개찰구 안, 병원·종교시설·극장의 안에서 주거나 지지를 호소하는 행위는 그러하지 아니하다.

　원칙적으로 다수인이 왕래하거나 집합하는 공개된 장소에서 명함을 배부하는 방법으로 선거운동을 할 수 있다.

　그러나 선박·정기여객자동차[35]·열차·전동차·항공기의 안과 그 터미널·역·공항의 개찰구 안, 병원·종교시설·극장의 안에서는 명함을 배부할 수 없다. 지하철 이용을 위하여 이용하는 공간인 통로, 개찰구 밖 매표소 부근, 지하철 이용과 무관한 지하상가 등은 명함 배부가 가능한 장소에 해당한다.

　2017. 2. 8. 법 개정 시 규칙에서 규정한 예비후보자 명함 배부 등 금지장소를 법률에 직접 규정하고 터미널·역·공항의 개찰구 밖을 명함 배부 금지장소에서 제외하였다. 「종교시설」은 종교시설의 본관건물 내부만을 의미하는 것이 아니라 외부와 구별되는 종교시설의 구역 내지 부지 내에 설치된 것으로서 다수인이 왕래하거나 모일 수 있는 부속건물, 마당 그 밖의 시설물을 포함하며 사찰 입구의 해탈문은 「종교시설의 안」에 해당한다.[36]

　그리고 선거운동을 위한 호별방문을 금지한 법 제106조에 비추어 예비후보자 명함을 배부하여 선거운동을 하는 경우 호별방문에 해당하지 않는 방법으로 하여야 한다.[37]

---

35)　대법원 2007. 2. 9. 선고 2006도7417 판결
36)　부산고등법원 2015. 2. 10. 선고 2014노890 판결
37)　대법원 2010. 7. 8. 선고 2009도14558 판결

제17장

개인의 선거운동 등 제한

제1절 선거운동을 할 수 없는 자

제60조(선거운동을 할 수 없는 자) ① 다음 각 호의 어느 하나에 해당하는 사람은 선거운동을 할 수 없다. 다만, 제1호에 해당하는 사람이 예비후보자·후보자의 배우자인 경우와 제4호부터 제8호까지의 규정에 해당하는 사람이 예비후보자·후보자의 배우자이거나 후보자의 직계존비속인 경우에는 그러하지 아니하다.

1. 대한민국 국민이 아닌 자. 다만, 제15조제2항제3호에 따른 외국인이 해당 선거에서 선거운동을 하는 경우에는 그러하지 아니하다.

2. 미성년자(18세 미만의 자를 말한다. 이하 같다)

3. 제18조(선거권이 없는 자)제1항의 규정에 의하여 선거권이 없는 자

4. 「국가공무원법」 제2조(공무원의 구분)에 규정된 국가공무원과 「지방공무원법」 제2조(공무원의 구분)에 규정된 지방공무원. 다만, 「정당법」 제22조(발기인 및 당원의 자격)제1항제1호 단서의 규정에 의하여 정당의 당원이 될 수 있는 공무원(국회의원과 지방의회의원외의 정무직공무원을 제외한다)은 그러하지 아니하다.

5. 제53조(공무원 등의 입후보)제1항제2호 내지 제7호에 해당하는 자(제5호의 경우에는 그 상근직원을 포함한다)

6. 예비군 중대장급 이상의 간부

7. 통·리·반의 장 및 읍·면·동주민자치센터(그 명칭에 관계없이 읍·면·동사무소 기능전환의 일환 으로 조례에 의하여 설치된 각종 문화·복지·편익시설을 총칭한다. 이하 같다)에 설치된 주민자치위원회(주민자치센터의 운영을 위하여 조례에 의하여 읍·면·동사무소의 관할구역별로 두는 위원회를 말한다. 이하 같다)위원

8. 특별법에 의하여 설립된 국민운동단체로서 국가 또는 지방자치단체의 출연 또는 보조를 받는 단체 (바르게살기운동협의회·새마을운동협의회·한국자유총연맹을 말한다)의 상근 임·직원 및 이들 단체 등(시·도조직 및 구·시·군조직을 포함한다)의 대표자

9. 선상투표신고를 한 선원이 승선하고 있는 선박의 선장

② 각급선거관리위원회위원·예비군 중대장급 이상의 간부·주민자치위원회위원 또는 통·리·반의 장이 선거사무장, 선거연락소장, 선거사무원, 제62조제4항에 따른 활동보조인, 회계책임자, 연설원, 대담·토론자 또는 투표참관인이나 사전투표참관인이 되고자 하는 때에는 선거일 전 90일(선거일 전 90일 후에 실시사유가 확정된 보궐선거등에서는 그 선거의 실시사유가 확정된 때부터 5일 이내)까지 그 직을 그만두어야 하며, 선거일 후 6월 이내(주민자치위원회위원은 선거일까지)에는 종전의 직에 복직될 수 없다. 이 경우 그만둔 것으로 보는 시기에 관하여는 제53조제4항을 준용한다.

1. 개요

원칙적으로 누구든지 선거운동을 할 수 있도록 하면서 선거운동을 할 수 없는 자를 한정적으로 열거하였다. 본 조는 공무원 등이 자신의 직무와 관련되거나 직위를 이용할 것을 요건으로 하고 있지 아니하므로 사적인 지위에서 행한 선거운동을 금지하고 있다.

2. 선거운동을 할 수 없는 자

가. 「대한민국 국민이 아닌 자」(제1호)

대한민국 국민이 아닌 자, 즉 외국인과 국적이 없는 자는 선거운동을 할 수 없다. 다만, 이들이 예비후보자·후보자의 배우자인 경우에는 선거운동을 할 수 있다. 또한 법 제15조 제1항은 원칙적으로 국민을 선거권을 갖는 자로 규정하면서도 같은 조 제2항 제3호에서 일정 요건을 갖춘 외국인의 선거권을 인정하고 있는바, 이 경우 해당 선거에서 선거운동을 할 수 있다. 즉 18세 이상으로서 제37조 제1항에 따른 선거인명부작성기준일 현재 「출입국관리법」제10조에 따른 영주의 체류자격 취득일 후 3년이 경과한 외국인으로서 같은 법 제34조에 따라 해당 지방자치단체의 외국인등록대장에 올라 있는 사람은 그 구역에서 선거하는 지방자치단체의 의회의원 및 장의 선거에 있어 선거운동을 할 수 있다. 재외국민의 선거운동

과 관련하여 대한민국 국민은 선거운동을 할 수 있는 자이므로, 해외에 거주하고 있다 하더라도 재외국민은 선거운동을 할 수 있고, 그 선거운동의 방법은 법에 규정된 바에 따라야 한다.[1] 또한 복수국적자는 대한민국의 국민으로서 법이 정한 바에 따라 선거운동이 가능하다.

나. 「미성년자」(제2호)

미성년자는 만18세 미만의 자를 말한다. 선거운동에 있어 미성년자 여부의 판단기준 시점은 행위 당시를 기준으로 함이 타당하다. 따라서 선거일 현재 18세 이상의 자라고 하더라도 선거운동을 하는 때에 18세 미만의 자는 이 호에 따라 선거운동을 할 수 없다.[2] 예비후보자·후보자의 직계비속의 경우에도 미성년자인 경우에는 선거운동을 할 수 없다.

예비후보자의 선거사무소 현수막 등에 게재한 미성년자 사진과 관련하여 미성년자가 직업적 또는 단순한 모델로서 출연하여 촬영된 사진이나, 예비후보자가 과거에 미성년자와 함께 찍은 활동사진을 게재하는 것은 본 조항에 위반되지 않는다.[3]

다. 「선거권이 없는 자」(제3호)

법 제18조 제1항의 규정에 의하여 선거권이 없는 자는 선거운동을 할 수 없다. 본 조에 따라 선거권 유무를 판단함에 있어 그 기준시점은 선거일 현재를 기준으로 한다. 따라서 선거일에 벌금형이 확정된지 5년이 경과하여 선거권 및 피선거권이 회복되는 경우, 선거권이 없는 자에 해당하지 않으므로 선거운동을 할 수 있다.[4]

라. 「공무원」(제4호)

법이 공무원의 선거운동을 금지하는 이유는 그 직을 그대로 유지하고 선거운동을 하는 경우 자신들의 지위와 권한을 특정 개인을 위한 선거운동에 남용할 소지가 많게 되고, 자신의 선거운동에 유리한 방향으로 편파적으로 직무를 집행하거나 관련 법률을 적용할 가능성도 있는 등 그로 인한 부작용과 폐해가 선거결과에 지대한 영향을 미치게 될 것을 염려한 불가

---

1) 　중앙선거관리위원회 2007. 11. 13. 회답
2) 　중앙선거관리위원회 2008. 11. 8. 회답
3) 　중앙선거관리위원회 2011. 12. 30. 회답
4) 　중앙선거관리위원회 2008. 1. 28. 회답

피한 조치이다.[5]

국가공무원법 제2조에 규정된 국가공무원과 지방공무원법 제2조에 규정된 지방공무원은 선거운동을 할 수 없다. 다만, 정당법 제22조 제1항 제1호 단서의 규정에 의하여 당원이 될 수 있는 공무원은 선거운동을 할 수 있으나, 이 중에서 국회의원, 지방의회의원이 아닌 정무직공무원은 선거운동을 할 수 없다. 따라서 대통령, 국무총리, 국무위원, 선거에 의하여 취임하는 지방자치단체의 장은 정당의 당원은 될 수 있으나 선거운동은 할 수 없다. 국회의원의 보좌관, 선임비서관, 비서관이나, 국회교섭단체 정책연구위원은 선거운동을 할 수 있다.

선거운동을 할 수 있는 국회의원이 선거운동을 할 수 없는 정무직공무원인 국무위원의 직을 겸하는 경우 선거운동을 할 수 없다.[6] 병(兵)은 국가공무원에 해당하여 선거운동이 불가능하나 산업기능요원은 공무원에 해당하지 않아 본 조의 제한을 받지 않는다.[7] 또한 본 조 제1항 단서 규정에 따라 공무원이 예비후보자·후보자의 배우자이거나 후보자의 직계존비속인 경우에는 선거운동을 할 수 있고, 지방자치단체장이 후보자로서의 신분이 유지되는 동안에는 본 조 제1항 제4호 위반은 성립하지 않는다.[8]

마. 「법 제53조 제1항 제2호 내지 제7호에 해당하는 자(제5호 경우에는 그 상근 직원을 포함한다)」(제5호)

> **제53조(공무원 등의 입후보)** ① 다음 각 호의 어느 하나에 해당하는 사람으로서 후보자가 되려는 사람은 선거일 전 90일까지 그 직을 그만두어야 한다. 다만, 대통령선거와 국회의원선거에 있어서 국회의원이 그 직을 가지고 입후보하는 경우와 지방의회의원선거와 지방자치단체의 장의 선거에 있어서 당해 지방자치단체의 의회의원이나 장이 그 직을 가지고 입후보하는 경우에는 그러하지 아니하다.
> 1. 「국가공무원법」 제2조(공무원의 구분)에 규정된 국가공무원과 「지방공무원법」 제2조(공무원의 구분)에 규정된 지방공무원. 다만, 「정당법」 제22조(발기인 및 당원의 자격)제1항제1호 단서의 규정에 의하여 정당의 당원이 될 수 있는 공무원(정무직공무원을 제외한다)은 그러하지 아니하다.
> 2. 각급선거관리위원회위원 또는 교육위원회의 교육위원
> 3. 다른 법령의 규정에 의하여 공무원의 신분을 가진 자

---

5)　헌법재판소 2008. 4. 24. 2004헌바47 결정
6)　중앙선거관리위원회 1994. 12. 22. 회답
7)　중앙선거관리위원회 2012. 1. 5. 회답
8)　서울고등법원 2015. 8. 28. 선고 2015노1623 판결(대법원 2019. 11. 28. 선고 2015도14434 판결로 확정)

4. 「공공기관의 운영에 관한 법률」 제4조제1항제3호에 해당하는 기관 중 정부가 100분의 50 이상의 지분을 가지고 있는 기관(한국은행을 포함한다)의 상근 임원
5. 「농업협동조합법」·「수산업협동조합법」·「산림조합법」·「엽연초생산협동조합법」에 의하여 설립된 조합의 상근 임원과 이들 조합의 중앙회장
6. 「지방공기업법」 제2조(적용범위)에 규정된 지방공사와 지방공단의 상근 임원
7. 「정당법」 제22조제1항제2호의 규정에 의하여 정당의 당원이 될 수 없는 사립학교교원
8. 「신문 등의 진흥에 관한 법률」 제2조에 따른 신문 및 인터넷신문, 「잡지 등 정기간행물의 진흥에 관한 법률」 제2조에 따른 정기간행물, 「방송법」 제2조에 따른 방송사업을 발행·경영하는 자와 이에 상시 고용되어 편집·제작·취재·집필·보도의 업무에 종사하는 자로서 중앙선거관리위원회규칙으로 정하는 언론인
9. 특별법에 의하여 설립된 국민운동단체로서 국가 또는 지방자치단체의 출연 또는 보조를 받는 단체(바르게살기운동협의회·새마을운동협의회·한국자유총연맹을 말하며, 시·도조직 및 구·시·군조직을 포함한다)의 대표자

법 제53조 제1항 제2호 내지 제7호에 해당하는 자는 선거운동을 할 수 없다. 이 중 「농업협동조합법」·「수산업협동조합법」·「산림조합법」·「엽연초생산협동조합법」에 의하여 설립된 조합의 상근 직원은 선거운동을 할 없다. 헌법재판소의 위헌 결정의 취지에 따라 선거운동을 할 수 없는 자의 범위에 「지방공기업법」 제2조(적용범위)에 규정된 지방공사와 지방공단의 상근 직원을 제외하였다.[9]

바. 「예비군 중대장급 이상의 간부」(제6호)

이들이 예비후보자·후보자의 배우자이거나 후보자의 직계존비속인 경우에는 선거운동을 할 수 있다.

사. 「통·리·반의 장」 및 「주민자치위원회위원」(제7호)

통·리·반의 장은 그 업무 및 직책상 선거에 직·간접적으로 영향을 미칠 수 있는 지위에

---

9) 지방공사·공단 상근 직원의 선거운동을 전면 금지하는 것은 과잉금지원칙을 위반하여 선거운동의 자유를 침해한다는 헌법재판소의 위헌 결정(2021헌가14, 2024. 1. 25.) 취지를 반영하여, 2025. 1. 7. 법 개정을 통해 선거운동 및 선거에 영향을 미치는 행위를 할 수 없는 사람의 범위에서 지방공사·공단의 상근 직원을 제외하였다.

있고, 선거에 있어서 중립성이 특히 요구되어 선거운동을 할 수 없는 자에 해당한다.[10]

　　읍·면·동주민자치센터에 설치된 주민자치위원회위원 외에 「지방자치분권 및 지역균형발전에 관한 특별법」 제40조에 따라 설치하는 '주민자치회' 위원도 선거운동을 할 수 없다.[11] 한편 이들이 예비후보자·후보자의 배우자이거나 후보자의 직계존비속인 경우에는 선거운동을 할 수 있다.

아. 특별법에 의하여 설립된 국민운동단체의 대표자(제8호)

　　바르게살기운동협의회·새마을운동협의회·한국자유총연맹의 상근 임·직원 및 이들 단체 등(시·도조직 및 구·시·군조직을 포함)의 대표자는 선거운동을 할 수 없다. 본 조항에 따라 선거운동을 할 수 없는 대표자는 그 명칭이나 직위 여하 또는 대표자로 등기되었는지 여부를 불문하고 당해 단체를 실질적으로 운영하면서 단체를 사실상 대표하여 단체의 사무를 집행하는 사람을 의미한다.[12] 한편 이들이 예비후보자·후보자의 배우자이거나 후보자의 직계존비속인 경우에는 선거운동을 할 수 있다.

자. 「선상투표신고를 한 선원이 승선하고 있는 선박의 선장」(제9호)

　　선상투표신고를 한 선원이 승선하고 있는 선박의 선장은 선거운동을 할 수 없다.

　　선상투표신고를 한 선원이 승선하고 있지 않는 선박의 선장은 다른 선거운동을 할 수 없는 신분이 아닌 경우에는 선거운동을 할 수 있다.

차. 한국국제협력단 등의 상근 임직원 및 이들 단체의 대표자

　　「한국국제협력단법」에 따라 설립된 한국국제협력단과 「한국국제협력단법」에 따라 설립된 한국국제교류재단의 상근 임직원 및 이들 단체의 대표자는 재외선거권자(재외선거인명부등에 올라 있거나 오를 자격이 있는 사람을 말함)를 대상으로 선거운동을 할 수 없다.[13]

---

10)　대전고등법원 1996. 12. 27. 선고 96노242 판결

11)　중앙선거관리위원회 2019. 6. 24. 회답. '주민자치회' 및 그 위원은 법상 '주민자치위원회' 및 그 위원에 관한 규정(제60조 제1항, 제86조 제1항, 제103조 제2항 등)이 적용된다.

12)　대전지방법원 2017. 11. 9. 선고 2017고합21 판결, 대법원 2018도1974 판결

13)　법 제218조의14(국외선거운동 방법에 관한 특례) 제6항

3. 선거운동을 할 수 없는 자의 다른 신분 겸직의 경우 등

본 조 각 호에서 선거운동을 할 수 없는 자로 열거하고 있는 내용은 서로 독립적인 것으로서 그 중 어느 한 가지 항목에만 해당하면 선거운동을 할 수 없다. 예컨대, 선거운동을 할 수 있는 국회의원이 선거운동을 할 수 없는 자인 국무위원(장관)의 직을 겸직하는 경우에는 선거운동의 제한을 받는다.[14]

본 조에 따라 선거운동을 할 수 없는 자라 하더라도 법 제53조 제1항에 따라 입후보제한 직에 해당하지 아니하여 공직선거에 입후보할 수 있는 경우에는 그 지위에서 선거운동을 할 수 있다.[15] 예컨대, 주민자치위원회위원, 통·리·반장 등은 본 조에 따라 선거운동을 할 수 없는 사람이지만, 그 직을 가지고 예비후보자 또는 후보자로 등록할 수 있고 그 지위에서 선거운동을 할 수 있다. 공무원·사립학교 교원·미성년자 등이 교육감선거 후보자단일화를 목적으로 설립된 단체의 회원으로 가입하여 직무집행과 무관하게 사적 지위에서 단일화 투표 등 해당 단체의 내부적인 의사결정과정에 단순히 참여하는 것은 허용된다.[16]

4. 선거사무장 등 직을 위한 사직 또는 복직의 제한

가. 사직 또는 복직이 제한되는 자

「각급선거관리위원회위원, 예비군 중대장급 이상 간부, 주민자치위원회위원 또는 통·리·반의 장」이 이에 해당한다. 이들이 예비후보자·후보자의 배우자이거나 후보자의 직계존비속에 해당하여 선거운동을 할 수 있는 경우라 하더라도 선거사무장, 회계책임자[17] 등이 법조항에 규정된 자가 되고자 할 때에는 선거일 전 90일까지 그 직을 그만두어야 한다.[18] 또한 다른 지방자치단체의 선거의 선거사무장이 되고자 하는 경우에도 이 법조항에 따라 그 직을 그만두어야 한다.[19]

---

14) 중앙선거관리위원회 1994. 12. 22. 회답, 대법원 2010. 5. 13. 선고 2009도327 판결
15) 중앙선거관리위원회 2005. 4. 30. 회답
16) 중앙선거관리위원회 2018. 2. 9. 회답
17) 정치자금법상 모든 회계책임자가 아니라 같은 법 제34 제1항 제5호·제6호 또는 제3항에 의하여 선임신고된 각각의 회계책임자를 말함(법 제119조 제4항)
18) 중앙선거관리위원회 2010. 3. 4. 회답
19) 중앙선거관리위원회 2005. 11. 29. 회답

나. 사직 또는 복직이 제한되는 직

선거사무장, 선거연락소장, 선거사무원, 활동보조인, 회계책임자, 연설원, 대담·토론자, 투표참관인, 사전투표참관인이 이에 해당한다. 여기서 말하는 회계책임자는 선거사무소 및 선거연락소의 회계책임자를 의미하는 것으로, 정당, 후원회, 후원회를 둔 국회의원, 대통령선거경선·당대표경선의 회계책임자는 제외된다.[20]

다. 사직기한 등

선거일 전 90일(선거일 전 90일 후에 실시사유가 확정된 보궐선거등에서는 그 선거의 실시사유가 확정된 때부터 5일 이내)까지 그 직을 그만두어야 하고, 선거일 후 6월 이내(주민자치위원회위원은 선거일까지)에는 종전의 직에 복직될 수 없다. 그만둔 시기에 관하여는 소속기관의 장 또는 소속위원회에 사직원이 접수된 때로 보아 사직원이 수리되기 전이라 하더라도 그만둔 것으로 본다.[21]

5. 중앙선거관리위원회 행정해석

① 이북5도 명예시장 등의 선거운동
  이북5도의 미수복지 명예시장·군수 및 읍·면장은 공선법 제60조 각 호의 1에 해당하는 자가 아니므로 선거운동을 할 수 있음(1995. 6. 16. 회답).
② 새마을금고 시·도지부 대표자의 선거운동
  새마을금고연합회 부산광역시지부는 공선법 제60조 제1항 제8호에 규정된 새마을운동협의회에 포함되지 아니함(2002. 10. 14. 회답).
③ 선거일 전에 선거권이 회복되는 예비후보자의 선거운동
  제18대 총선 서귀포시 지역구에 예비후보자로 등록한 한 후보자는 지난 2002년 지방선거 당시 선거법위반으로 벌금 300만원의 형을 받고 2008. 3. 19. 위 벌금형이 확정된 지 5년이 경과하여 선거권 및 피선거권이 회복되는바, 이 경우 예비후보자 등록 후 위 선거권 및 피선거권이 회복되는 시점까지의 기간이라도 선거운동을 할 수 있음(2008. 1. 28. 회답).

---

20) 법 제119조 제4항
21) 법 제53조 제4항의 준용

④ 산업기능요원인 직계비속의 선거운동 가능여부

산업기능요원은 법 제60조 제1항 제4호의 공무원에 해당하지 아니할 것임(2012. 1. 6. 회답).

⑤ 지역자활센터 센터장과 직원의 정치활동 가능여부

「국민기초생활 보장법」에 따른 지역자활센터의 센터장과 직원은 「공직선거법」 및 「정당법」상 선거운동이나 정당가입 등 정치활동이 제한되지 아니할 것임(2013. 10. 8. 회답).

⑥ 농협중앙회 설립 지주회사 소속 상근 직원의 선거운동 가능여부

NH농협금융지주 및 농협경제지주회사 소속 상근 직원은 「공직선거법」 제60조 제1항 각 호의 어느 하나에 해당하는 자가 아니므로 선거운동을 할 수 있음(2017. 2. 9. 회답).

⑦ 공무원 등의 후보자단일화과정 참여 등

문 1. 뜻 있는 시민들이 자발적으로 모여서 만든 교육감선거 후보자단일화기구('2018 서울촛불교육감추진위원회' 이하 추진위)에 공무원, 교원, 청소년이 회원으로 가입하여 교육감선거 후보자단일화 과정(내부 투표 등)에 참여하는 것이 허용되는지 여부

2. 선거운동을 할 수 없는 단체(공무원 단체 및 노동조합 등)가 단체의 홈페이지에 추진위 회원을 모집하는 내용을 공지하거나 단체 회원에게 메일 및 문자를 통해 알리는 것이 허용되는지 여부

3. 추진위에서 보낸 회원 모집용 배너 또는 안내문을 공무원(또는 교사)이 개인 홈페이지, 블로그 또는 페이스북 등의 SNS에 게시하는 것이 허용되는지 여부

4. 추진위에서 내부 경선을 위한 '토크 콘서트'를 진행하는 것이 위반인지 여부

4-1. 추진위 회원을 대상으로 후보를 초청해 자신의 철학, 교육관, 신변에 관한 이야기를 하는 것이 허용되는지 여부

4-1-1. 추진위 회원을 대상으로 후보를 초청할 때 이 후보 중에 현직 교육감이 참여해서 자신의 철학, 교육관, 신변에 관한 이야기를 하는 것이 허용되는지 여부

4-1-2. 추진위 회원을 대상으로 후보를 초청할 때 이 후보 중에 현직 교육감이 참여해서 근무 시간 중(09시 ~ 18시)에 자신의 철학, 교육관, 신변에 관한 이야기를 하는 것이 허용되는지 여부

4-1-3. 추진위 회원을 대상으로 후보를 초청할 때 이 후보 중에 현직 교육감이 참여해서 근무 시간 외(18시 이후)에 자신의 철학, 교육관, 신변에 관한 이야기를 하는 것이 허용되는지 여부

4-2. 추진위 회원을 대상으로 후보를 초청해 자신이 생각하는 교육정책 및 공약

을 발표하는 것이 허용되는지 여부

　4-2-1. 추진위 회원을 대상으로 후보를 초청할 때 이 후보 중에 현직 교육
　　　　감이 참여해서 자신이 생각하는 교육정책 및 공약을 발표하는 것이
　　　　허용되는지 여부

　4-2-2. 추진위 회원을 대상으로 후보를 초청할 때 이 후보 중에 현직 교육
　　　　감이 참여해서 근무 시간 중(09시 ~ 18시)에 자신이 생각하는 교육정
　　　　책 및 공약을 발표하는 것이 허용되는지 여부

　4-2-3. 추진위 회원을 대상으로 후보를 초청할 때 이 후보 중에 현직 교육
　　　　감이 참여해서 근무 시간 외(18시 이후)에 자신이 생각하는 교육정책
　　　　및 공약을 발표하는 것이 허용되는지 여부

　4-3. 토크콘서트의 장소가 광장, 공원 등에서 진행할 수 있는지 여부

5. 추진위에서 회원 300명을 모아 회원들이 관심이 있는 교육 정책에 대하여 집단
　토론회를 하는 것이 허용되는지 여부(후보 단일화와 무관한 교육 정책 대한 토론회임. 후
　보들은 참여하지 않으며, 후보에 대한 언급 없음)

6. 추진위에 등록한 후보들(직무정지 상태가 아닌 현직에 있는 교육감 포함)이 자신의 페이
　스북 등 SNS, 유튜브를 통해 자신의 교육정책·공약 등의 내용(선거운동정보)을 전
　송·게시하는 것이 가능한지

　6-1. 가능하다면 팔로워(교육자치법상 선거운동을 할 수 있는 사람)가 해당 게시글을
　　　자신의 팔로워(교육자치법상 선거운동을 할 수 있는 사람)에게 돌려보기(리트윗)하
　　　는 행위는 가능한지

7. 추진위에 등록한 후보들이 추진위 홈페이지의 게시판에 자신의 교육정책·공약
　등의 내용을 게시하는 것이 가능한지

8. 추진위가 단일화를 위한 후보 등록을 마감한 후, 그 등록된 후보들을 언론사에 보
　도자료로 제공하거나 추진위가 기자회견을 열어 그 후보 등록 상황을 추진위 회
　원들에게 알릴 수 있는지

　8-1. 기자회견이 가능하다면, 등록한 후보들 모두가 해당 기자회견장에 참석하여
　　　자기 소개를 할 수 있는지

9. 단일화 후보자가 확정된 후, 그 결과를 추진위에서 기자회견을 열어 그 단일화 후
　보자 확정 상황을 추진위 회원들에게 알릴 수 있는지

답 1. 문 1에 대하여

　　귀문의 경우 선거운동을 할 수 없는 공무원·사립학교 교원·미성년자 등이 교육

감선거 후보자단일화를 목적으로 설립된 한시적인 단체의 회원으로 가입하여 직무집행과 무관하게 사적 지위에서 단일화 투표 등 해당 단체의 내부적인 의사결정과정에 단순히 참여하는 것은 「국가공무원법」 등 다른 법률에 위반되는지 여부는 별론으로 하고 「지방교육자치에 관한 법률」에 위반되지 아니할 것임.

다만, 귀 단체 구성원의 과반수가 공무원 등 선거운동을 할 수 없는 사람으로 구성되어 「지방교육자치에 관한 법률」 제49조에 따라 준용되는 「공직선거법」 제87조의 선거운동을 할 수 없는 단체에 해당하는 경우에는 그 행위 양태에 따라 「지방교육자치에 관한 법률」 제49조에 따라 준용되는 「공직선거법」 제60조·제87조·제254조에 위반될 것임(문 8·9 같음).

2. 문 2·3에 대하여

귀문의 경우 선거운동을 할 수 없는 사람이나 단체가 선거에 영향을 미치거나 선거운동에 이르는 내용 없이 귀 단체의 회원모집 사실을 귀문의 방법으로 단순히 알리는 것만으로는 「국가공무원법」 등 다른 법률에 위반되는지 여부는 별론으로 하고 「지방교육자치에 관한 법률」에 위반되지 아니할 것임.

3. 문 4에 대하여

귀문의 단체가 단일화 후보자로 참여한 사람을 초청하여 귀문과 같은 대담·토론회를 개최하는 것은 행위 시기 및 양태에 따라 「지방교육자치에 관한 법률」 제49조에 따라 준용되는 「공직선거법」 제81조·제254조에 위반될 것임.

4. 문 5에 대하여

귀문의 단체가 선거에 영향을 미치거나 선거운동에 이르지 아니하는 내용과 방법으로 회원들만을 대상으로 하는 교육정책 토론회를 개최하는 것은 「국가공무원법」 등 다른 법률에 위반되는지 여부는 별론으로 하고 「지방교육자치에 관한 법률」에 위반되지 아니할 것임.

5. 문 6·7에 대하여

귀문의 경우 「지방교육자치에 관한 법률」 제49조에 따라 준용되는 「공직선거법」 제60조에 해당하지 아니하는 사람이 귀문의 방법으로 선거운동정보를 게시·전송하는 것은 「지방교육자치에 관한 법률」상 제한되지 아니할 것임. 다만, 그 정보의 내용이 허위사실 공표나 비방에 이르지 아니하여야 할 것임.

6. 문 8·9에 대하여

귀문의 단체가 단일화에 후보자로 참여한 사람이나 단일화 결과를 알리기 위하여 언론기관에 보도자료를 제공하거나 단일화 후보자가 참여하는 기자회견을 하는 것은 「지방교육자치에 관한 법률」상 제한되지 아니할 것임. 이 경우 특정 후보자(후보자가 되려는 사람 포함)의 지지를 권유·호소하는 행위가 수반되어서는 아니 될 것임(2018. 2. 9. 회답).

6. 판례

① 공무원노조 홈페이지의 지지후보자 표시

　원심은, 그 채용증거들을 종합하여 이 사건 특별결의문의 요지는 '90만 공무원 노동자의 희망 전국공무원 노동조합은 이 나라 유일한 진보정당인 민주노동당 지지를 통해 한국사회 민주화의 서막을 선언하는 시대적 소명을 다하고자 한다'는 것이고, 피고인이 당초 대의원 대회를 개최한 목적이 내부결의만을 하는 데 그치는 것이 아니라 이를 홈페이지에 게시하거나 기자회견 등의 방법으로 외부에 표현하고 광고하여 전공노가 민주노동당을 지지하고 있음을 천명하는 데 있으며, 나아가 조합원을 포함하여 유권자에게 민주노동당 또는 그 소속 후보자에게 투표하도록 권유하는 등 적극적인 행동까지 연이어진 사실을 인정할 수 있으므로, 위 특별결의가 단순히 내부결의에 해당한다고 볼 수 없을 뿐 아니라 이를 인터넷 홈페이지에 게시함으로써 민주노동당 소속 후보자의 당선을 도모한다는 목적의사를 객관적, 능동적, 계획적으로 표시하였다고 할 것이므로, 피고인 등이 대의원 대회에서 특별결의문을 채택하고 이를 인터넷 홈페이지에 게시한 행위는 공직선거법상의 선거운동에 해당한다고 판단하였음(대법원 2005. 7. 29. 선고 2004도6166 판결).

② 지방공무원의 선거운동

　피고인은 ○○시 일반직공무원으로 현재 ○○시 △△면장으로 근무하는 사람이다. 공직선거법의 규정에 의하여 지방공무원은 선거운동을 할 수 없다. 피고인은 2018. 6. 2. 10:02경 ○○시 △△면에 있는 △△면사무소에서, 초·중·고등학교 동기로서 친구 관계인 윤××에게 전화하여 "고☆☆의 거리 선거유세에 참석하여 지지해 달라, 고☆☆의 유세에 사람들을 동원해야 된다."라고 말하였다. 이로써 피고인은 위 고☆☆을 위하여 선거운동을 하였다(대구고등법원 2019. 5. 2. 선고 2019노168 판결).

③ 공무원이 선거운동기간 전에 카카오톡 문자메시지를 전송하는 방법으로 선거운동을 하는 경우 처벌 규정

　원심은, 선거운동이 금지되는 공무원인 피고인이 2014. 6. 4. 실시되는 ○○시장 선거

에서 선거운동기간 전에 일반인에게 허용되는 문자메시지를 단순히 전송하는 방법으로 선거운동을 하였다는 점만으로는 공직선거법 제255조 제1항 제2호, 제60조 제1항 제4호에 의해 처벌될 뿐 공직선거법 제254조 제2항으로는 처벌되지 아니한다고 보아, 선거운동기간위반의 점에 관한 공소사실은 범죄로 되지 아니하는 경우에 해당하여 무죄라고 판단하였다(대법원 2015. 3. 12. 선고 2014도17957 판결).

④ 주민자치위원이 후보자와 동행하면서 지지호소

주민자치위원회 위원이 놀이터 등지에서 후보자와 동행하면서 후보자가 선거권자들을 상대로 "○○○입니다. 잘 부탁합니다."라고 말하는 동안 선거권자들과 손을 잡거나 목례를 하면서 잘 부탁한다는 말을 하는 방법으로 후보자의 선거운동을 함(서울동부지방법원 2004. 6. 25. 선고 2004고합162 판결, 서울고등법원 2004. 10. 19. 선고 2004노1844 판결)

⑤ 주민자치위원이 국회의원 의정보고회 개최일정 문자메시지 발송

피고인은 울산 남구 ○동 주민자치위원회 위원으로 선거운동을 할 수 없음에도 2008. 1. 7. 11:25경 울산 남구 옥동에 있는 옥동 주민자치센터 1층에서, 그곳에 설치된 공무용 컴퓨터 문자메시지 전송서비스에 접속하여 울산 남구 옥동 주민 533명에게 '초대합니다. 최○○ 국회의원 의정보고회 8일 오후 14:30 옥동사무소 3층 / 자치위원회 간사 공○○'이라는 내용의 문자메시지를 발송하였다. 이로써 피고인은 2008. 4. 9. 실시 예정인 제18대 국회의원선거의 선거일 전 180일부터 선거일까지 선거에 영향을 미치게 하기 위하여 울산 남구 갑선거구의 후보예정자인 최○○의 성명을 나타내는 문서를 살포함과 동시에 선거운동을 할 수 없음에도 선거운동을 하였다(울산지방법원 2008. 9. 9. 선고 2008고합170 판결).

⑥ 선거일 전 90일 전까지 주민자치위원회위원직을 그만두지 아니한 채 선거사무원등록

피고인은 2014. 4. 29.부터 ○○주민자치위원회위원으로 재직해 오다가 2020. 3. 31.경 그 직을 그만두었고, 같은 해 4. 2.경 제21대 국회의원선거 ○○후보자 ○○○의 선거사무원으로 등록하였다. 이로써 피고인은 제21대 국회의원 선거일인 2020. 4. 15.로부터 90일 전까지 주민자치위원회위원직을 그만두지 아니한 채 ○○후보자 ○○○의 선거사무원이 되었다(수원지방법원 안산지원 2020. 11. 13. 선고 2020고합250 판결).

⑦ 주민자치회 위원을 공직선거법상 주민자치위원회 위원으로 보는지 여부

공직선거법 제60조 제1항 제7호는 주민자치위원회를 '주민자치센터의 운영을 위하여 조례에 의하여 읍·면·동사무소의 관할구역별로 두는 위원회를 말한다'고 정의하고 있다. 그리고 위 규정이 주민자치위원회 위원의 선거운동을 금지한 이유는, 주민자치위원회가 주민들을 위한 각종 문화·복지·편익시설과 프로그램을 운영하는 점을 고려하

여, 그 위원들이 자신들의 지위와 권한을 남용하여 특정 후보자나 정당을 위한 선거운동을 하거나, 다른 업무상 관련 있는 자를 선거운동에 동원하거나, 특정 후보자나 정당을 위하여 편파적으로 직무를 집행하는 등 선거에 직·간접적으로 영향력을 행사하는 행위를 금지하여 선거의 형평성과 공정성을 확보하기 위한 것이다. 공직선거법 제60조 제1항 제7호의 위와 같은 문언과 취지에 비추어 보면, 여기서 말하는 주민자치위원회는 그 명칭에 관계없이 주민자치센터의 운영을 위하여 조례에 의하여 읍·면·동사무소의 관할구역별로 두는 위원회를 말한다고 해석함이 타당하다. 그러므로 지방분권법 제29조 제4항에 따라 시범적으로 실시되는 주민자치회라 하더라도, ① 그 기능에 주민자치센터의 운영이 포함되어 있고, ② 조례에 근거하여 설치되었으며, ③ 읍·면·동사무소의 관할구역별로 두는 위원회의 실질을 갖고 있다면, 공직선거법 제60조 제1항 제7호에서 말하는 주민자치위원회에 해당한다고 볼 수 있음(광주지방법원 2021. 1. 15. 선고 2020고합333 판결).

⑧ 주민자치위원회 위원들의 선거운동을 일률적으로 금지한 법 제60조 제1항 제7호는 정치적 표현의 자유, 선거운동의 자유 등을 침해하여 헌법에 위반된다고 보기 어렵다고 판단한 사례

1. 피고인들은 원심에서도 유사한 주장을 하면서 위헌법률심판제청신청을 하였으나, 원심은 아래 논거로 '이 사건 조항이 정치적 표현의 자유, 선거운동의 자유, 평등권 등을 침해하여 헌법에 위반된다고 보기 어렵다'며 그 신청을 기각하였으며, 원심의 판단은 정당하다.

　가. 목적의 정당성 및 수단의 적절성

　　주민자치위원회와 그 위원들은 해당 지자체 주민들과 주민자치를 위하여 공적 업무와 역할을 담당한다. 지방자치는 본질상 비권력성을 지향하고, 해당 지역의 자치적인 성장·발전 도모를 위하여 그 지역에 관한 자치업무가 당파적 편향성에 의해 부당하게 침해·간섭 당하지 않고 중립성이 보장돼야 하며, 당파적인 정치적 관념이나 이해관계가 그대로 적용되는 것은 바람직하지 않다. 또한 주민자치위원들은 해당 지역 주민들과 밀접한 관계를 갖고 자치업무를 수행하면서 유권자들에게 영향력을 행사할 수도 있다. 이러한 점에서 보면, 주민자치위원의 선거운동을 금지하는 것은 헌법이 보장하는 선거의 형평성, 공정성을 기하기 위한 것이자 관권선거를 배척하겠다는 것으로, 그 입법목적의 정당성이 인정될 뿐만 아니라, 그 목적달성에 적합한 수단임이 인정된다.

나. 침해의 최소성

이 사건 조항은 선거운동의 기간·방법·태양을 불문하고 주민자치위원의 선거운동을 일체 금지하고 있는바, 일률적 금지가 그 제한 목적 달성을 위한 필요최소한의 것이라고 볼 수 있는지 문제된다. 그러나 선거운동의 개념은 매우 넓으며, 이는 실제 매우 다양하고 복잡한 형태로 행하여질 것이어서, 그 중 어느 것이 금지될 필요가 있는 방법으로 구분·특정할 것인지 그 범위를 정하기가 쉽지 않다(헌재 2009헌바298 결정). 결국 선거에 영향을 미칠 수 있는 주민자치위원들의 개별적 행위를 망라하여 일일이 규정하기란 입법기술상 불가능에 가까운 점, 주민자치위원들이 지자체 유권자들과 밀접한 관계를 갖기 쉬운 점 등을 고려할 때, 일률적 금지 외에 제한적 입법으로 그 입법목적을 충분히 달성할 수 있는지 불분명하므로 이 사건 조항이 침해의 최소성에 위배되었다고 단정할 수 없다.

다. 법익의 균형성

선거의 공정성을 확보하고 선거에서의 기회균등을 보장하는 것은 선거가 민주적 정당성·주민대표성을 부여하는 기능을 이행하기 위한 근본조건이므로, 선거의 공정성과 기회균등을 보장해야 할 공익은 매우 중대하다. 따라서 선거운동 참여 시 특히 폐해가 심할 것으로 명백히 예상되는 공무원, 주민자치위원 등 공무원에 준하는 자의 선거운동을 금지함으로써 정치적 표현의 자유 중 일부인 선거운동의 자유를 제한하였다고 하여 그로 인해 보호되는 공익과 제한되는 기본권 사이에 현저한 불균형이 있다고 볼 수 없다. 따라서 이 사건 적용법조는 충돌하는 법익 상호간 균형성도 구비되어 있다.

2. '통·리·반 장'과 '주민자치위원회 위원' 모두 해당 지역 주민들과 밀접한 관계를 갖고 공적인 주민자치 관련 업무를 수행하고 있는 점을 더하여 보면, 양자 모두의 선거운동을 제한한 이 사건 처벌조항이 본질적으로 다른 것을 동일하게 취급하여 평등권을 침해했다고 보기 어렵다(서울고등법원 2023. 6. 21. 선고 (춘천)2022노248 판결).

⑨ 반장이 선거사무원과 유사한 복장을 입고 선거운동

피고인은 경주시 안강읍 ○○○리 ○○반 반장으로서 공직선거법에 의하여 선거운동을 할 수 없음에도, 피고인은 2009. 4. 24. 10:00경 경주시 안강읍 양월리에 있는 금강당 앞에서 경주시의회의원 보궐선거 후보자인 장○○의 선거사무원들과 유사한 복장을 입고 나란히 서서 선거구민에게 "잘 부탁합니다"라며 인사를 한 것을 비롯하여, 2009. 4. 16.경부터 2009. 4. 24.까지 경주시 안강읍 산대리에 있는 풍산금속 사거리 및 안강사거리, 안강시장 내 삼정

약국 등에서 유권자들에게 인사를 하는 방법으로 위 장○○을 위하여 선거운동을 하였

다(대구고등법원 2009. 12. 10. 선고 2009노486 판결).

⑩ 사립학교 교원(교사)이 선거관련 간행물 복사·배부

피고인이 편집, 복사하여 배부한 미래한국신문의 기사 내용은 운동권 출신 선거 출마자들의 전력·발언록을 게재하고, 고려연방제를 주장하거나 간첩사건 등에 연루된 자들이 대거 열린우리당 소속으로 출마한다는 것인바, 이와 같은 기사는 후보자의 당락이나 특정 정당에 유리 또는 불리한 선거 관련 기사에 해당하고, 피고인이 위 신문 중 주로 특정 정당에 불리한 일부 기사를 발췌·편집하여 복사하고 이를 서로 다른 정치적 견해를 가질 수 있는 다수의 교인들이 출입하는 교회 입구 게시판과 성미통에 게시, 비치한 행위는 표현의 자유나 국민의 알권리 보장의 범위를 벗어나 선거의 공정·평온을 해치는 행위이므로, 피고인의 사실오인 또는 법리오해 주장은 이유없다(서울고등법원 2004. 10. 19. 선고 2004노1868 판결).

⑪ 지방의회의원이자 시(市)새마을회 대표자의 선거운동

새마을운동중앙회는 공직선거법 제60조 제1항 제8호의 '특별법에 의하여 설립된 국민운동단체로서 국가 또는 지방자치단체의 출연 또는 보조를 받는 단체(바르게살기운동협의회·새마을운동협의회·한국자유총연맹을 말한다)'에 해당한다고 해석함이 상당하고, 새마을운동 중앙회 및 포천시(市) 새마을회가 비록 민법에 의하여 설립된 사단법인의 형태를 지니고 있다고 하더라도 이와 같은 해석에 방해가 되거나 위 해석이 유추해석으로서 죄형법정주의에 위배되는 것은 아니다.

포천시(市) 새마을회는 새마을운동중앙회의 시(市)조직이라고 할 것이어서, 지방의회의원이자 시(市) 새마을회의 대표자인 피고인은 공선법 제60조 제1항 제8호의 '특별법에 의하여 설립된 국민운동단체로서 국가 또는 지방자치단체의 출연 또는 보조를 받는 단체인 새마을 운동협의회의 시조직의 대표자'로서 선거운동을 할 수 없는 자에 해당한다. 공선법 제60조 제1항 각 호에서 선거운동을 할 수 없는 자로 열거하고 있는 내용은 서로 독립적인 것으로서 그 중 어느 한 가지 항목에만 해당하면 선거운동을 할 수 없다고 해석함이 상당하다는 등의 이유로, 피고인이 선거운동을 할 수 있는 지방의회의원으로서의 지위와 선거운동을 할 수 없는 단체의 사조직의 대표자로서의 지위를 함께 가지고 있는 경우에 이 사건 법률조항에 의하여 선거운동의 제한을 받는 것이 타당하다고 판단하였는바, 원심판결 이유를 기록에 비추어 살펴보면, 원심의 판단은 정당한 것으로 수긍할 수 있음(대법원 2010. 5. 13. 선고 2009도327 판결).

⑫ 미성년자에게 선거운동을 하게 한 행위

선거운동을 할 수 없는 미성년자에게 선거운동을 하게 하여서는 아니된다. 그럼에도 불구하고, 피고인들은 2018. 6. 13. 실시된 제7회 전국동시지방선거 군수선거 A 후보자의 선거운동을 돕기 위하여 A 후보자의 연설회장에 미성년자들을 동원하여 박수 및 연호를 하게 하기로 공모하고, 피고인 B는 2018. 6. 2.경 ○○모텔에서 피고인 C, D, E, F에게 A 후보자가 연설을 할 때 연호를 할 사람들을 모집해 달라고 하고, 같은 날 피고인 C, D, E, F는 자신들이 알고 있던 동생인 G, H, I를 통해 미성년자에게 연락하여 연설회장에 나오게 하고, 연락을 받고 모인 미성년자들을 유세장으로 보내 A 후보자가 연설을 할 때 박수를 치고 이름을 연호하도록 지시하여, 2018. 6. 3. 10:50경 ○○사거리에서 있었던 A 후보자의 연설회장에 미성년자인 J를 포함한 30여명의 미성년자들로 하여금 A 후보자가 연설을 할 때 박수를 치고 후보자의 이름을 연호하게 하는 등 선거운동을 하게 하였다(창원지방법원 마산지원 2019. 2. 8. 선고 2018고합95 판결).

⇨ 법 제255조(부정선거운동죄) 제1항 제2호에서 제60조(선거운동을 할 수 없는 자)제1항의 규정에 위반하여 선거운동을 하거나 하게 한 자는 3년 이하의 징역 또는 600만원 이하의 벌금에 처함.

⑬ 선거범으로 선거권이 없는 사람이 선거운동을 한 행위

선거범으로 100만 원 이상의 벌금형 선고를 받고 그 형이 확정된 후 5년을 경과하지 아니한 사람은 선거권이 없고, 선거권이 없는 사람은 선거운동을 할 수 없다. 그럼에도 불구하고 피고인은 2018. 6. 7. 08:25경부터 08:30경까지 사이에 ○○경찰서 ○○지구대 앞길 및 ○○동 가족공원 일원에서, 제7회 전국동시지방선거 시장 후보자 A의 홍보포스터를 든 선거운동원 3명과 나란히 서서 그곳을 지나가는 시민들에게 인사를 하고, 위 가족공원 일원에서 시민들에게 시장 후보자 A의 명함을 배부하는 등 시장 후보자 A의 지지를 호소하였다. 이로써 피고인은 선거운동을 할 수 없는 사람으로서 선거운동을 하였다(수원지방법원 안양지원 2019. 3. 29. 선고 2018고합159 판결).

⑭ 선거범으로 선거권이 없는 사람이 후보 정책간담회에 지인 동원, 후보 페이스북 '친구 추가', '좋아요'를 누르게 하는 방법으로 선거운동

1. 2018. 5. 2. 정○○ 후보 청년정책간담회 ☆☆대 동원

피고인은 2018. 5. 2. 20:00경부터 20:30경까지 약 30분 동안 ○○시 ○○로에 있는 정○○ 후보 선거사무소에서 청년 유권자를 초청하여 청년정책 및 공약을 설명하고 질의응답하기 위해 개최되는 '청년정책간담회'에 다수의 ☆☆대 후배들을 참석시키고자, 2018. 5. 1.경 이◉◉에게 전화하여 '5. 2. 정○○ 후보 선거캠프에서 정책토론회가 열리는데 ○○시장 후보이고 시장이 될 수 있는 사람이니까 우리 청년들에게 어떤 것을 해야 하는지 질문할 것이 있으면 할

수 있도록 사람 좀 많이 데리고 와라'라고 말하고, 그 즈음 태○○을 술자리에서 만나 '위 청년정책간담회에 ☆☆대 학생들도 데리고 가서 참여해보라'는 취지로 말하고, 2018. 5. 2. 오후 경 유♣♣에게 전화를 걸어 '○○병원 옆에 정○○ 후보 캠프가 크게 있는데 간담회를 하니까 들렀다가라'라고 말하였다. 이로써 피고인은 이◉◉ 등을 통해 ☆☆대 학생 17명을 동원하여 총 20명이 정○○ 후보의 청년정책간담회에 참석하게 하고 정○○ 후보로 하여금 위 학생들에게 청년 정책 및 공약을 설명하게 함으로써 정○○ 후보를 위한 선거운동을 하였다.

2. 2018. 5. 2. 정○○ 후보 청년정책간담회에서 정○○ 후보 지지발언

피고인은 2018. 5. 2. 20:00경 위 정○○ 후보 선거사무소에서 '청년정책간담회'가 시작되자 연단에 서서 참석한 학생들을 향해 "시장님이 조금 늦으시는데, 그 동안 페이스북이나 블로그를 통해 학생들과 소통하고 있습니다. 시장님 페이스북이나 블로그를 보고 '좋아요'를 눌러주세요. 이 자리에서 페이스북 정○○ 후보를 '친구추가' 해 주시고 게시글에 '좋아요'를 눌러주시면 고맙겠습니다."라고 말하였고, 이에 참석한 학생들 중 다수가 페이스북이나 블로그에서 정○○ 후보를 '친구추가'하거나 게시글에 '좋아요'를 눌렀다. 이로써 피고인은 위 청년정책간담회 참석자를 대상으로 페이스북 및 블로그를 통해 정○○ 후보를 지지해달라는 발언을 하여 정○○ 후보를 위한 선거운동을 하였다.

3. 페이스북을 활용한 홍보 활동

피고인은 2018. 5. 2. 위 청년정책간담회에 참석한 후 그 무렵 태○○, 이◉◉를 개인적으로 만난 자리에서 ☆☆대 후배들이 정○○ 후보의 게시글을 공유하거나, 게시글에 '좋아요'를 누르거나 댓글을 다는 방법으로 정○○ 후보를 지지하게 해달라고 말하였다.

이에 태○○은 2018. 5. 8. 12:25경 제1항 기재와 같이 청년정책간담회 참석을 위해 개설해 두었던 ☆☆대 졸업준비위원회 학생 12명이 초대되어 있는 카카오톡 단체 채팅방을 통해 "여러분 이 단톡 없애지말고 저번에 좋아요 누르고 친구추가하고 했었잖아요. 게시물좋아요 누르고 이런거 공지 할테니까 도와줍시다~!"라는 문자메시지를 전송하는 등 위 일시경부터 2018. 5. 26.까지 별지 범죄일람표 기재와 같이 총 10회에 걸쳐 정○○ 후보의 페이스북에 들어가서 게시글을 공유하거나 게시글에 '좋아요'를 누르거나 댓글을 달아달라는 취지의 문자메시지를 전송하고, 이◉◉는 ☆☆대 수학과 학생 12명이 참여하는 카카오톡 단체 채팅방에서 "처눌러라, 막눌러마구잡이로눌러, 2번 누르다 걸리면 사형에 쳐한다"라면서 정○○ 후보의 페

이스북에 들어가서 '좋아요'를 많이 누르라는 문자메시지를 전송하여 단체 채팅에 참여한 ☆☆대 학생들로 하여금 게시글을 공유하거나 게시글에 '좋아요'를 누르거나 댓글을 달게 하였다.

이로써 피고인은 태○○, 이◉◉를 통해 ☆☆대 학생들로 하여금 정○○ 후보의 페이스북에 들어가서 게시글을 공유하거나, 게시글에 '좋아요'를 누르거나 댓글을 달게 하는 방법으로 정○○ 후보를 위한 선거운동을 하였다(광주고등법원 2019. 12. 17. 선고 (전주)2019노58 판결, 대법원 2020. 2. 21. 선고 2020도408 판결).

7. 헌법재판소 결정

① 선거운동을 제한하는 법 제60조 제1항 제3호 중 선거권제한조항에 관한 부분 선거운동의 자유를 침해 여부

1. 선거운동의 자유와 심사기준

선거운동의 자유는 널리 선거과정에서 자유로이 의사를 표현할 자유의 일환이므로 표현의 자유의 한 태양이기도 하다. 이러한 정치적 표현의 자유는 선거과정에서의 선거운동을 통하여 국민이 정치적 의견을 자유로이 발표, 교환함으로써 비로소 그 기능을 다하게 된다 할 것이므로, 선거운동의 자유는 헌법이 정한 언론·출판·집회·결사의 자유를 보장하는 규정에 의해 보호를 받는다. 헌법은 참정권의 내용으로 모든 국민에게 법률이 정하는 바에 따라 선거권을 부여하고 있는데, 선거권이 제대로 행사되기 위해서는 후보자에 대한 정보의 자유교환이 필연적으로 요청된다 할 것이므로, 선거운동의 자유는 선거권 행사의 전제 내지 선거권의 중요한 내용을 이룬다고 할 수 있고, 따라서 선거운동의 제한은 선거권을 제한하는 측면이 있다고 할 수 있다(헌법재판소 2004. 4. 29. 2002헌마467 결정 참조). 이러한 선거운동의 자유는 무제한일 수는 없고, 선거의 공정성이라는 또 다른 가치를 위하여 어느 정도 선거운동의 주체, 기간, 방법 등에 대한 규제가 행하여질 수 있다. 그러나 선거운동은 국민주권 행사의 일환일 뿐 아니라 정치적 표현의 자유의 한 형태로서 민주사회를 구성하고 움직이게 하는 요소이므로 그 제한입법의 위헌여부에 대하여는 엄격한 심사기준이 적용되어야 한다(헌법재판소 2016. 6. 30. 2013헌가1 결정 참조).

2. 선거운동의 자유 침해 여부

1) 목적의 정당성 및 수단의 적합성

선거운동제한조항은 선거의 공정성을 해친 바 있는 선거범에 대하여는 그 공동체의 운용을 주도하는 통치조직의 구성에 직·간접적으로 참여하도록 하는 것은 바람직하지 않다는 인식과 이러한 반사회적 행위에 대한 사회적 제재의 의미를 가지며, 선거법을 위반한 행위에 대한 일종의 응보적 기능도 가진다. 이러한 입법목적은 헌법 제37조 제2항의 공공복리를 위한 것으로서 그 정당성이 인정된다(헌법재판소 2011. 12. 29. 2009헌마476 결정 참조).

그리고 선거범에 대하여 일정기간 선거운동을 제한하는 것은 금권·타락선거 및 불법선거운동을 방지하고 선거의 공정성을 제고하는 데에 효과적인 제재수단이므로, 선거운동 제한조항은 위와 같은 입법목적을 달성하기 위한 수단의 적합성도 갖추었다.

2) 침해의 최소성

⑴ 선거운동제한조항은 형사처벌을 받은 모든 자에 대하여 무한정 선거운동을 제한하는 것이 아니라 '선거범'으로서 100만 원 이상의 벌금형의 경우 형이 확정된 후 5년간, 징역형의 집행유예의 경우에는 10년간 선거운동을 제한하고 있어, 그 대상과 요건, 기간이 제한적이다.

선거부정행위를 저질러 국민의 자유로운 의사를 왜곡한 바 있는 선거범으로부터 부정선거의 소지를 차단하여 공정한 선거가 이루어지도록 하기 위하여는 선거범으로 하여금 일정기간 선거운동을 하지 못하게 하는 것이 효과적인 방법이 될 수 있다. 그리고 실제로 선거범으로 형사처벌을 받은 자 중에는 후보자나 당선인 외에 일반 유권자도 있는바, 이들의 행위 역시 선거의 공정성을 해한 것으로서 비난가능성이 크므로 이에 대하여 형사처벌 외에 선거운동제한이라는 일정한 불이익을 가할 필요성이 있다. 특히 불법선거운동으로 인하여 처벌을 받은 전력이 있는 자에 대하여 선거운동 자체를 일정기간 할 수 없도록 함으로써 불법선거운동을 미연에 방지할 필요도 있다(헌법재판소 2011. 12. 29. 2009헌마476 결정 참조).

⑵ 선거운동제한조항이 선거운동의 제한기준으로 100만 원의 벌금형을 정한 것은 지나치게 엄격한 기준을 설정한 것이 아닌가 하는 의문이 들 수 있다. 그러나 앞서 선거권 및 피선거권제한조항 부분에서 살펴본 바와 같이 공정한 선거문화 정착을 위하여 선거범에 대한 제재를 강화할 필요가 있고, 위 기준은 법정형이나 처단형이 아닌 법원의 선고형이며, 법원의 양형재량에 맡긴 것은 나

름의 합리성을 인정할 수 있다. 그리고 5년 또는 10년의 제한기간도 우리나라의 공직선거의 빈도 등을 감안하면, 지나치게 장기간이라고는 보기 어렵다.

(3) 선거운동 일체를 제한하는 방식이 아닌, 선거운동의 방법이나 태양 또는 범위를 한정하거나 특정하여 제한하는 것이 침해가 덜한 방식일 수는 있다. 그러나 선거운동(공직선거법 제58조 제1항)은 실제에 있어 매우 다양하고 복잡한 형태로 행하여질 것이어서 그 가운데 어느 것을 금지할 필요가 있는 방법으로 구분하여 특정할 것인지는 실로 모호한 일이 아닐 수 없고, 나아가 금지의 대상이 되는 선거운동의 방법 또는 태양을 일일이 법령에 규정하는 것은 사실상 불가능하거나 극히 비효율적이 될 것이다(헌법재판소 2004. 4. 29. 2002헌마467 결정 참조).

그리고 선거에 관한 단순한 의견개진 및 의사표시, 입후보와 선거운동을 위한 준비 행위, 정당의 후보자 추천에 관한 단순한 지지·반대의 의견개진 및 의사표시, 통상적인 정당활동 등은 애초부터 '선거운동'으로 보지 아니하므로(공직선거법 제58조 제1항 단서), 이는 제한 없이 자유롭게 할 수 있다.

(4) 이러한 점들을 종합하면, 선거운동제한조항은 침해 최소성의 원칙에 어긋나지 아니한다.

3) 법익의 균형성

선거운동제한조항으로 인하여 선거범의 선거운동을 일정기간 제한하지만, 이는 선거범 자신의 책임으로 발생한 범죄행위로 인하여 일정한 기본권 제한을 받는 것이고, 이러한 선거운동 제한을 통하여 달성하려는 선거의 공정성 확보라는 공익이 선거운동을 하지 못함으로써 입게 되는 개인의 기본권 침해의 불이익보다 크다고 할 것이다.

따라서 선거운동제한조항은 법익의 균형성도 인정된다.

4) 소결론

선거운동제한조항은 과잉금지원칙을 위반하여 청구인들의 선거운동의 자유를 침해 한다고 할 수 없다(헌법재판소 2018. 1. 25. 2015헌마821 결정).

⇨ 이 사건 법률조항에 대한 결정은 합헌의견(4)보다 반대의견(5) 많으나 헌법재판소법 제23조 제2항 단서 제1호에 정한 헌법소원 인용결정의 정족수에 이르지 못하여 기각된 결정임.

② 법 제60조 제1항 제4호 중 '선거에 의하여 취임하는 지방자치단체의 장' 부분 및 제255조 제1항 제2호 중 제60조 제1항 제4호의 규정에 위반하여 선거운동을 한 자에 관한 부분 가운데 '선거에 의하여 취임하는 지방자치단체의 장' 부분

1. 심판대상조항은, 지방자치단체의 장의 업무전념성, 지방자치단체의 장과 해당 지방자치 단체 소속 공무원의 정치적 중립성, 선거의 공정성을 확보하기 위한 것으로 정당한 목적달성을 위한 적합한 수단에 해당한다. 지방자치단체의 장은 지방자치단체의 대표로서 그 사무를 총괄하고, 공직선거법상 일정한 선거사무를 맡고 있으며, 지역 내 광범위한 권한 행사와 관련하여 사인으로서의 활동과 직무상 활동이 구분되기 어려운 점 등을 고려할 때 심판대상조항이 입법목적 달성을 위하여 필요한 범위를 벗어난 제한이라 보기 어렵고, 심판대상조항에 의하여 보호되는 선거의 공정성 등 공익과 제한되는 사익 사이에 불균형이 있다고 보기도 어렵다. 따라서 심판대상조항은 과잉금지원칙에 위배하여 선거운동의 자유를 침해한다고 볼 수 없다.
2. 국회의원이나 지방의회의원은 그 지휘·감독을 받는 공무원 조직이 없어 공무원의 선거 관리에 영향을 미칠 가능성이 높지 않으므로 국회의원과 지방의회의원이 지방자치단체의 장과 달리 심판대상조항의 적용을 받지 않는 것은 합리적인 차별이라고 할 것이어서, 심판대상조항은 평등원칙에 반하지 않는다(헌법재판소 2020. 3. 26. 2018헌바90 결정).

8. 처벌

본 조 제1항을 위반하여 선거운동을 하거나 하게 한 자, 본 조 제2항을 위반하여 선거사무장 등으로 되거나 되게 한 자는 3년 이하의 징역 또는 600만원 이하의 벌금에 처한다(법 제255조 제1항 제2호).

제2절 공무원의 중립의무 등

제9조(공무원의 중립의무 등) ① 공무원 기타 정치적 중립을 지켜야 하는 자(기관·단체를 포함한다)는 선거에 대한 부당한 영향력의 행사 기타 선거결과에 영향을 미치는 행위를 하여서는 아니된다.
② 검사(군검사를 포함한다) 또는 경찰공무원(검찰수사관 및 군사법경찰관리를 포함한다)은 이 법의 규정에 위반한 행위가 있다고 인정되는 때에는 신속·공정하게 단속·수사를 하여야 한다.

1. 개요

가. 입법취지

관권에 의한 부정선거를 규제하고 공무원의 선거개입행위를 근절하며 공무원의 선거중립의무를 포괄적이고 일반적으로 금지하기 위하여 1994년 공직선거및선거부정방지법을 제정하면서 신설한 규정이다.[22] 선거에서 공무원의 정치적 중립의무는 국민 전체에 대한 봉사자로서 공무원의 지위를 규정하는 헌법 제7조 제1항, 자유선거원칙을 규정하는 헌법 제41조 제1항 및 제67조 제1항, 선거운동의 기회균등을 보장하는 헌법 제116조 제1항으로부터 도출되며, 본 조는 이러한 헌법적 요청을 구체화하고 실현하는 규정이다.[23]

나. 「국가공무원법」과 「지방공무원법」과의 관계

「국가공무원법」은 원칙적으로 공무원의 정치활동을 금지하면서도 정무직공무원의 일반적 정치활동을 허용하는 데 반하여, 본 조항은 정치적 공무원들의 정치활동 중 선거에 영향을 미치는 행위만을 금지하고 있으므로, 선거영역에서의 특별법으로 일반법인 「국가공무원법」조항에 우선하여 적용한다.

본 조는 그 행위 양태가 구체화될 수 있고, 일반직공무원이 본 조항을 위반한 경우에는 「국가공무원법」 제78조와 「지방공무원법」 제69조에 따라 직무상의 의무위반이나 직무태만으로 징계사유가 되며, 대통령의 경우 탄핵 사유가 될 수 있으므로 구체적 법률효과를 발생시키지 않는 단순한 선언적·주의적 규정이라 할 수 없다.

한편 2014. 2. 13. 법 개정으로 공무원의 정치적 중립의무와 관련하여 제85조 제1항이 신설되었으며, 동 조항을 위반한 자는 5년 이하의 징역 또는 2천만원 이하의 벌금에 처하도록 규정하였다.

본 조는 정치적 표현의 자유를 상시적으로 모든 영역에서 규제하는 것이 아니라 선거가 임박한 시기에 부당한 영향력을 행사하는 방법으로 선거 결과에 영향을 미치는 표현행위만을 규제하는 것이고 순수한 개인적인 영역까지 규제하는 것은 아니어서 피해의 최소성을 갖추었다.[24]

---

22) 헌법재판소 2008. 1. 17. 2007헌마700 결정
23) 헌법재판소 2004. 5. 14. 2004헌나1 결정
24) 헌법재판소 2008. 1. 17. 2007헌마700 결정

2. 공무원의 선거중립 의무

가. 「공무원 기타 정치적 중립을 지켜야 하는 자」

본 조 제1항의 「공무원」은 「국가공무원법」 제2조와 「지방공무원법」 제2조에 의하여 공무원의 신분을 가지고 있는 모든 공무원을 뜻한다. 여기에는 좁은 의미의 직업공무원은 물론이고 정치활동이 허용되는 공무원인 대통령, 국무총리, 국무위원, 지방자치단체장 등이 포함되나, 국회의원과 지방의회의원은 정당의 대표자이자 선거운동의 주체로서의 지위로 말미암아 선거에서의 정치적 중립성이 요구될 수 없으므로 포함되지 않는다.[25]

「기타 중립을 지켜야 하는 자」에는 「기관·단체」가 포함되며 상공회의소, 대한상공회의소, 광복회 등이 해당된다.[26] 한편 지방자치단체의 체육회는 법 제9조 제1항에서 규정하는 정치적 중립을 지켜야 하는 기관·단체에 해당하지 아니하며, 그 임·직원은 같은 법 제85조 제1항의 공무원 등에 해당하지 아니한다.[27]

나. 「선거에 대한 부당한 영향력의 행사 기타 선거결과에 영향을 미치는 행위」

중립의무 위반의 행위양태로 선거결과에 영향을 미치는 행위를 금지하며, 그 예로 선거에 대한 부당한 영향력의 행사를 규정하고 있다.

「선거에 대한 부당한 영향력의 행사」란 공직자가 공직상 부여되는 정치적 비중과 영향력을 국민 모두에 대하여 봉사하고 책임지는 그의 과제와 부합하지 않는 방법으로 사용하여 선거에 영향을 미쳤는지를 기준으로 판단하여야 하고, 공무원인 공직자의 지위에서 행동하면서 공직이 부여하는 영향력을 이용하였다면 「선거에 대한 부당한 영향력의 행사」를 인정할 수 있다.

선거에 대한 영향력의 행사가 인정될 수 있는지의 판단은 그 발언이나 행위가 이루어진 시기에 따라 다르며, 선거와 시간적으로 밀접한 관계가 없는 시기에는 선거에 영향을 미칠 가능성이 거의 없거나 적지만, 선거일이 가까워 올수록 선거의 결과에 영향을 미칠 가능성이 많다.

---

25) 헌법재판소 2004. 5. 14. 2004헌나1 결정
26) 중앙선거관리위원회 2007. 5. 29., 2020. 2. 13. 회답
27) 중앙선거관리위원회 2021. 6. 22. 회답

3. 중앙선거관리위원회 행정해석

[허용되는 사례]

① 대통령의 청와대 수석·보좌관회의에서 한 발언의 위법 여부

대통령이 청와대 수석·보좌관회의에서 비서관이 보고한 정책에 대하여 지방선거에서 특정 정당이 그 정책을 주도하거나 참여하도록 하라는 취지의 발언을 한 경우, 이러한 대통령 발언의 공선법 위반여부와 관련하여 헌법재판소는 대통령이 선거에서의 중립 의무를 위반했는지의 여부는 무엇보다도 대통령에게 허용되는 정치적 활동의 한계를 넘어 '선거에 대한 부당한 영향력을 행사했는지 여부'에 있으며, 선거에 대한 부당한 영향력을 행사했는지 여부는 '대통령 발언의 구체적 내용, 시기, 빈도수, 구체적 상황 등을 종합적으로 고려하여 선거에 영향을 미쳤는지의 판단에 달려있다'고 판시하고 있는바, 대통령은 행정부의 수반이면서 동시에 정당정치 제도하에서 국민의 정치적 의사 형성을 담당하는 정당의 공천을 받아 당선된 당원이라는 이중적 지위에 있는 점, 국가 정책의 개발과 집행에 관한 논의 과정에서 행한 발언이라는 점, 대통령 발언이 일반 공무원이나 국민들이 아닌 자신의 비서진들을 대상으로 한 행위라는 점, 선거가 임박해 있지 않다는 점 등을 종합적으로 고려하여 볼 때 대통령에게 허용되는 정치활동과 정당활동의 한계를 넘어 선거에 부당한 영향력을 행사함으로써 공선법에 위반되었다고 할 수 없음(2005. 8. 30. 회답).

② 지방자치단체장의 정당의 지역위원회위원장 취임

정당의 당원인 지방자치단체의 장이 소속 정당의 당직에 취임하는 것에 관하여는 공선법 및 「정당법」상 제한하는 규정이 없음. 다만, 지방자치단체의 장이 정당활동을 함에 있어 공선법 제9조 또는 제86조 등 관련 규정에 위반되지 아니하도록 하여야 할 것임(2008. 5. 27. 회답).

③ 지방자치단체장의 업무추진비 등 공개

공무원노동조합이 그 설립목적과 관련 있는 사안에 대하여 지방자치단체에 행정정보 공개 청구를 하여 회신받은 내용을 바탕으로 한 객관적인 사실을 통상적으로 행하여 오던 고지·안내방법에 따라 소속회원에게 알리거나 언론기관에 보도자료로 제공하거나 또는 당해 단체의 인터넷홈페이지에 게시하여 두는 것은 무방할 것이나, 지방자치단체장의 업무추진비 공개내역에 관한 분석자료를 인쇄물로 작성하여 다수의 선거구민인 이장들에게 송부하는 것은 통상적인 고지·안내 범위를 벗어나 선거운동에 이르는 행위로 볼 수 있으므로 행위시기 및 양태 등에 따라 공선법 제9조·제60조·제87

조·제93조 또는 제254조의 규정에 위반될 것임(2005. 5. 25. 회답).

④ 경선후보자인 지방자치단체의 장이 출연하는 경선선거인단 모집 홍보 동영상

공직선거후보자를 추천하기 위하여 당원과 당원이 아닌 자에게 투표권을 부여하여 실시하는 당내경선에서 정당이 선거인단을 모집하기 위하여 경선후보자인 지방자치단체의 장이 출연하는 동영상을 제작하여 해당 정당의 인터넷 홈페이지, 모바일 애플리케이션, SNS에 게시하는 것만으로는 「공직선거법」에 위반되지 아니할 것임. 다만, 지방자치단체의 장이 경선후보자라 하더라도 본 선거에 영향을 미칠 수 있는 "정권교체" 문구를 포함한 당내경선 슬로건을 직접 언급하는 것은 같은 법 제9조·제60조·제85조 또는 제254조에 위반될 수 있을 것임(2017. 3. 10. 회답).

⑤ 당정협의회

당정협의회의 개최 및 참석대상범위는 공선법 적용대상이 아님. 다만, 참석하는 공무원이 같은 법 제9조·제85조 또는 제86조 등의 규정에 의한 금지·제한행위에 이르러서는 아니 될 것임(1997. 8. 22. 회답).

⑥ 지방자치단체장의 당정협의회 참석 등

지방자치단체장이 당헌·당규에 따라 정당활동의 일환으로 선거일 전 60일 전에 개최하는 소속 정당의 정책협의회에 참석하는 것은 무방할 것이나, 선거와 관련하여 특정 정당 또는 그 정당 소속의 후보자가 되려는 사람의 정책이나 공약을 공동으로 추진하겠다는 협약을 체결하는 것은 「공직선거법」 제9조에 위반될 것임(2012. 10. 12. 회답).

⑦ 지방자치단체장 등의 단체와의 정책협약 및 연대

1. 지방자치단체장이 해당 지방자치단체의 업무와 관련하여 직무상 행위의 일환으로 선거와 무관하게 노동조합, 시민단체 등 각종 단체와 정책협약을 체결하고 연대하는 것은 무방할 것임. 다만, 개별사안이 선거결과에 영향을 미치는 행위로서 「공직선거법」 제9조 등에 위반되는지 여부는 정책협약의 내용이나 경위, 체결시기 등 구체적 사실관계에 따라 개별적으로 판단하여야 할 것임.

2. 지방자치단체장이 특정 선거의 예비후보자 또는 후보자로 등록하여 그 지위에서 선거운동을 할 수 있는 단체와 정책협약을 체결하고 연대하는 것은 「공직선거법」상 제한되지 아니함. 다만, 법령에 의해 정치활동이 금지된 단체와 선거결과에 영향을 미치는 정책협약을 체결하고 연대하는 경우 그 단체는 「공직선거법」 제9조에 위반될 것임(2014. 4. 7. 회답).

⑧ 지방의원 공약사항의 의회 홈페이지 게시

지방의회 사무처가 유권자의 지방의정에 대한 관심을 일으키기 위하여 도의회 홈페이

지에 별도의 배너를 두고 지방의회의원별 공약사항을 공정하게 게시하는 것은 선거에 영향을 미치는 행위나 선거운동으로 보기 어려워 「공직선거법」에 위반되지 아니할 것임(2014. 8. 18. 회답).

⑨ 지방의회의 홈페이지 등을 이용한 지방의회 활동 인터넷 방송

　지방의회가 주관하여 실시하는 상임위원회 등의 의회활동이나 현장 의정활동을 해당 지방의회의 홈페이지 등을 통해 방송(다시보기 서비스 포함)하거나 그 방송일정을 해당 지방의회의 인터넷 홈페이지 및 SNS(페이스북, 트위터)를 통해 알리는 것은 직무상 행위의 일환으로 보아 「공직선거법」에 위반되지 아니할 것이나, 그 범위를 벗어나 후보자가 되고자 하는 지방의회의원의 업적을 홍보하거나 특정 의원의 선거구 활동을 선전하는 내용을 방송하는 경우에는 행위양태에 따라 같은 법 제9조, 제60조, 제85조, 제86조에 위반될 것임(2014. 11. 19. 회답).

⑩ 정당의 공무원 초청 정책간담회 개최

　정당이 선거와 무관하게 정책개발에 필요한 범위 안에서 직능·사회단체의 대표자 등 관계전문가를 초청하여 토론회를 개최하고 그 토론자 등에게 규칙 제50조 제5항 제1호 가목에 따라 식사를 제공하는 것은 무방할 것이나, 선거가 임박한 시기에 정당의 정책개발을 위한 간담회를 개최하면서 공무원을 참석하게 하는 경우에는 해당 공무원으로 하여금 「국가공무원법」 또는 「지방공무원법」에 위반되게 할 수 있음은 별론으로 하고 행위양태에 따라 공선법 제9조 또는 제86조 제1항에 위반되게 할 수 있을 것임(2007. 6. 21. 회답).

⇨ 2010. 1. 25. 개정시 규칙 제50조 제5항 제1호 가목을 삭제하고, 같은 내용을 법 제112조 제2항 제1호 차목에 규정함.

⑪ 정당기관지에의 정부광고 게재

1. 정부기관(지방자치단체 포함. 이하 같음) 및 공공법인이 직무상 행위의 일환으로 「정부광고 시행에 관한 규정」, 「정부광고 업무 시행지침」 등 관련 규정에 따라 정당기관지에 소관 정책 등을 홍보하기 위하여 통상의 광고료를 지급하고 광고를 하는 것은 「공직선거법」 또는 「정치자금법」에는 위반되지 아니할 것이나, 정부광고 시행에 관한 관련 규정을 위반하여 홍보매체를 선정·광고하는 경우에는 행위 양태에 따라 「공직선거법」 제9조 제1항 및 제85조 제1항에 위반될 수 있을 것이며, 지방자치단체는 「공직선거법」 제86조 제5항을 준수하여야 할 것임.

2. 정부기관 및 공공법인의 장이 선거와 무관하게 해당 기관이나 법인의 정책을 홍보하기 위하여 정당기관지의 인터뷰 요청에 응하여 그 인터뷰 내용이 기관지에 게재

되거나 광고와 함께 게재되는 것만으로는 「공직선거법」에 위반되지 아니할 것임
(2014. 5. 7. 회답).

⑫ 전국교직원노동조합의 '교육을 바꾸는 100만 국민 서명운동'

「국가공무원법」 등 다른 법률에 위반되는지 여부는 별론으로 하고, 전국교직원노동조
합이 해당 단체의 교육정책을 실현하기 위한 범위 안에서 학부모·교직원 등을 대상으
로 서명을 받아 후보자에게 전달하는 것은 「공직선거법」에 위반된다고 할 수 없을 것
임. 다만, 서명운동 과정에서 특정 정당이나 후보자를 지지·추천하거나 반대하는 행위
가 있는 경우에는 행위 시기 및 양태에 따라 「공직선거법」 제9조·제60조·제87조·제
93조·제107조 또는 제254조에 위반될 것임(2012. 10. 11. 회답).

[허용되지 아니한 사례]

① 전국시도지사협의회 활동의 「공직선거법」 위반여부

 전국시도지사협의회(회장 : 전라남도지사)의 총·대선 지방분권정책 공약화 요구와 관
련한 아래 활동의 선거법 위반여부에 대한 유권해석을 요청합니다.

활동 내용	세부 내용
1. 지방분권추진단체 가입 또는 설립	지방분권 추진 운동(시민)단체 가입
	지방분권 추진 운동단체 설립
2. 지방분권정책 공약화	서면 등 공약요구서 발송
	공약화를 위한 후보자 서명 요구 활동
3. 지방분권 공약 채택자 지지운동	공약 채택 후보자 지지선언(후보자 명기)
	공약 채택 정당에 대한 지지선언(정당 명기)
	SNS를 활용한 후보 및 정당 지지운동
4. 지방분권 공약 비채택자 낙선운동	공약 비채택 후보 낙선운동(후보자 명기)
	공약 비채택 정당 낙선운동(정당 명기)
	SNS를 활용한 후보 및 정당 낙선운동

답 1. 활동내용 1·2에 대하여

　　귀문의 경우 무방할 것임.

　2. 활동내용 3·4에 대하여

　　귀문의 경우 특정 정당 또는 후보자를 지지하는 의사표시를 하거나 지지·낙선운

　　　동을 하는 등 선거운동을 하는 것은 「공직선거법」 제9조 또는 제87조에 위반될
　　　것임(2012. 2. 22. 회답).
② 전국시도지사협의회의 전·현직 시·도지사 간담회 개최
　　선거에서의 중립의무가 있는 현직 시·도지사들로 구성된 전국시도지사협의회가 선거
　　가 임박한 시기에 특정 입후보예정자가 포함된 전직 시·도지사들을 초청하여 간담회
　　를 개최하는 것은 선거에 영향을 미치는 행위가 될 수 있을 것이므로 공선법 제9조에
　　위반될 수 있을 것임(2007. 10. 30. 회답).
⇨ 전국시도지사협의회는 전국 광역지방자치단체장들로 구성된 협의체로서 1999년 1월
　　지방자치법 제165조(現 제182조)에 근거하여 설립된 단체임.
③ 전국시장군수구청장협의회의 공약참고자료집 제작
　　1. 전국시장군수구청장협의회(이하 '협의회'라 함)가 시민단체 등과 공동으로 그 소요비
　　　　용을 분담하여 지방자치발전 핵심 어젠다를 선정·정리한 공약참고자료집을 정당
　　　　또는 후보자(후보자가 되려는 사람을 포함함. 이하 같음)에게 전달하거나, 협의회의 정책
　　　　을 실현하기 위한 범위에서 일반 시민을 대상으로 지방자치발전 핵심 어젠다와 지
　　　　방분권형 헌법개정을 위한 서명을 받아 정당에 전달하는 것은 공선법상 무방할 것
　　　　임. 다만, 서명운동 과정에서 선거에 영향을 미치는 행위를 하거나 특정 정당이나
　　　　후보자를 지지·추천 또는 반대하는 행위가 있는 경우에는 행위 시기 및 양태에 따
　　　　라 같은 법 제9조·제60조·제85조·제87조·제93조·제107조 또는 제254조에 위
　　　　반될 것임.
　　2. 협의회는 「지방자치법」 제2조에 따른 지방자치단체로 볼 수 없으므로 선거일 전
　　　　60일부터 선거일까지 그 협의회의 자체계획과 예산으로 개최하는 행사는 공선법
　　　　제86조 제2항 제4호가 적용되지 아니할 것임(2016. 2. 11. 회답).
④ 지방자치단체장의 국회의원예비후보자후원회 후원회장 취임
　　국회의원예비후보자후원회의 대표자는 선거에 입후보하는 지정권자의 선거자금 모금
　　을 총괄·지휘하는 지위에 있는 자이므로 선거에서 중립의무가 있는 지방자치단체의
　　장이 그 후원회의 대표자가 되는 것은 당해 선거결과에 영향을 미치는 행위가 될 것이
　　므로 공선법 제9조에 위반될 것임(2008. 3. 10. 회답).
⑤ 지방자치단체의 장의 정당후원회 후원금 기부 권유
　　지방자치단체의 장이 직무와 관련하여 또는 지위를 이용하여 자신의 SNS를 통해 불특
　　정 다수의 선거구민을 대상으로 특정 정당의 중앙당후원회에 후원금 기부를 권유하는
　　것은 행위시기 및 양태에 따라 「공직선거법」 제9조·제60조·제85조, 「정치자금법」 제

15조에 위반될 수 있을 것임(2017. 11. 20. 회답).

⑥ 국방대학교 교수의 정당 자문위원 활동

「국가공무원법」·「국방대학교 설치법」에 따라 특정직 공무원에 해당하는 국방대학교의 교수가 직무와 관련하여 또는 지위를 이용하여 선거공약 개발 등 선거운동의 기획과 관련하여 특정 정당의 자문위원으로 활동하는 것은 「국가공무원법」·「국가공무원복무규정」 등 다른 법령에 위반되는지 여부는 별론으로 하고 행위양태에 따라 「공직선거법」 제9조, 제85조 또는 제86조 제1항 제2호에 위반될 것임(2017. 4. 11. 회답).

4. 헌법재판소 결정

① 대통령이 공선법 제9조의 공무원에 해당되는지 여부

1. 대통령이 공선법 제9조의 '공무원'에 해당하는지의 문제

1) 공선법 제9조는 헌법 제7조 제1항(국민 전체에 대한 봉사자로서의 공무원의 지위), 헌법 제41조, 제67조(자유선거원칙) 및 헌법 제116조(정당의 기회균등의 원칙)로부터 도출되는 헌법적 요청인 '선거에서의 공무원의 중립의무'를 구체화하고 실현하는 법규정이다. 따라서 공선법 제9조의 '공무원'이란, 위 헌법적 요청을 실현하기 위하여 선거에서의 중립의무가 부과되어야 하는 모든 공무원 즉, 구체적으로 '자유선거원칙'과 '선거에서의 정당의 기회균등'을 위협할 수 있는 모든 공무원을 의미한다. 그런데 사실상 모든 공무원이 그 직무의 행사를 통하여 선거에 부당한 영향력을 행사할 수 있는 지위에 있으므로, 여기서의 공무원이란 원칙적으로 국가와 지방자치단체의 모든 공무원 즉, 좁은 의미의 직업공무원은 물론이고, 적극적인 정치활동을 통하여 국가에 봉사하는 정치적 공무원(예컨대, 대통령, 국무총리, 국무위원, 도지사, 시장, 군수, 구청장 등 지방자치단체의 장)을 포함한다. 특히 직무의 기능이나 영향력을 이용하여 선거에서 국민의 자유로운 의사형성과정에 영향을 미치고 정당간의 경쟁관계를 왜곡할 가능성은 정부나 지방자치단체의 집행기관에 있어서 더욱 크다고 판단되므로, 대통령, 지방자치단체의 장 등에게는 다른 공무원보다도 선거에서의 정치적 중립성이 특히 요구된다.

2) 공선법 제9조에서 공무원에 대하여 선거에서의 중립의무를 요구한 것은 헌법상 자유선거원칙의 요청, 정당의 기회균등의 원칙 및 헌법 제7조 제1항에 헌법적 근거를 둔 '선거에서의 공무원의 중립의무'를 공선법의 영역에서 공무원에 대하

여 단지 구체화한 조항으로서, 선거에서의 정치적 중립의무가 요구될 수 없는 국회의원과 지방의회의원을 제외하는 것으로 해석하는 한, 헌법적으로 아무런 하자가 없다. 정치적 중립성이 요구될 수 없는 국회의원과 지방의회의원은 공선법 제9조의 '공무원'에 해당하지 않는다. 국가기관에게 선거에서의 중립의무가 부과되는 것은, 정당이 선거에서 공정하게 경쟁할 수 있는 '자유경쟁의 장'을 마련하기 위한 것이다. 국가의 중립의무에 의하여 보장된 '정당간의 자유경쟁'에서 국회의원은 정당의 대표자로서 선거운동의 주역으로 활동하게 되는 것이다. 즉, 국가기관은 선거를 실시하고 공명선거를 보장해야 할 기관으로서 선거에 영향을 미쳐서는 안되는 반면, 정당은 선거에 영향을 미치는 것을 그 과제로 하고 있는 것이다.

3) 공선법 제9조의 '공무원'의 의미를 공선법상의 다른 규정 또는 다른 법률과의 연관관계에서 체계적으로 살펴보더라도, 공선법에서의 '공무원'의 개념은 국회의원 및 지방의회의원을 제외한 모든 정무직 공무원을 포함하는 것으로 해석된다. 예컨대, 공무원을 원칙적으로 선거운동을 할 수 없는 자로 규정하는 공선법 제60조 제1항 제4호, 공무원의 선거에 영향을 미치는 행위를 금지하는 공선법 제86조 제1항 등의 규정들에서 모두 정무직 공무원을 포함하는 포괄적인 개념으로 사용하고 있다. 뿐만 아니라, 「국가공무원법」(제2조 등), 「정당법」(제6조 등) 등 다른 법률들에서도 '공무원'이란 용어를 모두 정무직 공무원을 포함하는 포괄적인 의미로 사용하고 있음을 확인할 수 있다.

4) 따라서 선거에 있어서의 정치적 중립성은 행정부와 사법부의 모든 공직자에게 해당하는 공무원의 기본적 의무이다. 더욱이 대통령은 행정부의 수반으로서 공정한 선거가 실시될 수 있도록 총괄·감독해야 할 의무가 있으므로, 당연히 선거에서의 중립의무를 지는 공직자에 해당하는 것이고, 이로써 공선법 제9조의 '공무원'에 포함된다.

2. '정치적 헌법기관'으로서의 대통령과 '선거에서의 정치적 중립의무'

대통령이 '정치적 헌법기관이라는 점'과 '선거에 있어서 정치적 중립성을 유지해야 한다는 점'은 서로 별개의 문제로서 구분되어야 한다.

대통령은 통상 정당의 당원으로서 정당의 추천과 지지를 받아 선거운동을 하고 대통령으로 선출된다. 그러므로 대통령은 선출된 후에도 일반적으로 정당의 당원으로 남게 되고, 특정 정당과의 관계를 그대로 유지하게 된다. 현행 법률도 정당의 당원이 될 수 없는 일반 직업공무원과는 달리, 대통령에게는 당원의 자격을 유지할 수 있도록 규정하여(정당법 제6조 제1호) 정당활동을 허용하고 있다.

그러나 대통령은 여당의 정책을 집행하는 기관이 아니라, 행정권을 총괄하는 행정부의 수반으로서 공익실현의 의무가 있는 헌법기관이다. 대통령은 지난 선거에서 자신을 지지한 국민 일부나 정치적 세력의 대통령이 아니라, 국가로서 조직된 공동체의 대통령이고 국민 모두의 대통령이다. 대통령은 자신을 지지하는 국민의 범위를 초월하여 국민 전체에 대하여 봉사함으로써 사회공동체를 통합시켜야 할 책무를 지고 있는 것이다. 국민 전체에 대한 봉사자로서의 대통령의 지위는 선거와 관련하여 공정한 선거관리의 총책임자로서의 지위로 구체화되고, 이에 따라 공선법은 대통령의 선거운동을 허용하고 있지 않다(공선법 제60조 제1항 제4호).

따라서 대통령이 정당의 추천과 지원을 통하여 선거에 의하여 선출되는 정무직 공무원이라는 사실, 대통령에게 정치활동과 정당활동이 허용되어 있다는 사실도 선거에서의 대통령의 정당정치적 중립의무를 부인하는 논거가 될 수 없는 것이다.

3. 선거에서의 대통령의 '정치적 중립의무'와 '정치적 의견표명의 자유'

모든 공직자는 선거에서의 정치적 중립의무를 부과 받고 있으며, 다른 한편으로는 동시에 국가에 대하여 자신의 기본권을 주장할 수 있는 국민이자 기본권의 주체이다. 마찬가지로, 대통령의 경우에도 소속정당을 위하여 정당활동을 할 수 있는 사인으로서의 지위와 국민 모두에 대한 봉사자로서 공익실현의 의무가 있는 헌법기관으로서의 대통령의 지위는 개념적으로 구분되어야 한다.

대통령이 선거에 있어서 정치적 중립성을 유지해야 한다는 요청은 대통령의 정치활동의 금지나 정당정치적 무관심을 요구하는 것이 아니다. 정당활동이 금지되어 있는 다른 공무원과는 달리, 대통령은 정당의 당원이나 간부로서, 정당 내부의 의사결정과정에 관여하고 통상적인 정당 활동을 할 수 있으며, 뿐만 아니라 전당대회에 참석하여 정치적 의견표명을 할 수 있고 자신이 소속된 정당에 대한 지지를 표명할 수 있다. 다만, 대통령이 정치인으로서 표현의 자유를 행사하는 경우에도, 대통령직의 중요성과 자신의 언행의 정치적 파장에 비추어 그에 상응하는 절제와 자제를 하여야 하며, 국민의 시각에서 볼 때, 직무 외에 정치적으로 활동하는 대통령이 더 이상 자신의 직무를 공정하게 수행할 수 없으리라는 인상을 주어서는 안 된다. 더욱이, 대통령의 절대적인 지명도로 말미암아 그의 '사인으로서의 기본권행사'와 '직무범위 내에서의 활동'의 구분이 불명확하므로, 대통령이 사인으로서의 표현의 자유를 행사하고 정당활동을 하는 경우에도 그에게 부과된 대통령직의 원활한 수행과 기능유지 즉, 국민 전체에 대한 봉사자라는 헌법 제7조 제1항의 요청에 부합될 수 있도록 해야 한다.

따라서 대통령은 국가의 원수 및 행정부 수반으로서의 지위에서 직무를 수행하는 때에는 원칙적으로 정당정치적 의견표명을 삼가야 하며, 나아가, 대통령이 정당인이나 정치인으로서가 아니라 국가기관인 대통령의 신분에서 선거관련 발언을 하는 경우에는 선거에서의 정치적 중립의무의 구속을 받는다(헌법재판소 2004. 5. 14. 2004헌나1 결정).

② 기자회견에서 특정정당을 지지한 대통령 발언의 공무원 정치적 중립의무 위반 여부

대통령의 발언이 공선법 제9조를 위반했는지의 여부는 발언의 구체적 내용, 그 시기, 빈도수, 구체적 상황 등을 종합적으로 고려할 때, '대통령이 발언을 통하여 공직상 부여되는 정치적 비중과 영향력을 국민 모두에 대하여 봉사하는 그의 지위와 부합하지 않는 방법으로 사용함으로써 선거에 영향을 미쳤는지'의 판단에 달려있다.

1. 여기서 문제되는 기자회견에서의 대통령의 발언은 공직자의 신분으로서 직무수행의 범위 내에서 또는 직무수행과 관련하여 이루어진 것으로 보아야 한다. 위 기자회견들은 대통령이 사인이나 정치인으로서가 아니라 대통령의 신분으로서 가진 것이며, 대통령은 이 과정에서 대통령의 지위가 부여하는 정치적 비중과 영향력을 이용하여 특정 정당을 지지하는 발언을 한 것이다. 따라서 위 기자회견에서의 대통령의 발언은 헌법 제65조 제1항의 의미에서의 '그 직무집행에 있어서' 한 행위에 해당한다.

2. 대통령이 특정 정당을 일방적으로 지지하는 발언을 함으로써 국민의 의사형성과정에 영향을 미친다면, 정당과 후보자들에 대한 정당한 평가를 기초로 하는 국민의 자유로운 의사형성과정에 개입하여 이를 왜곡시키는 것이며, 동시에 지난 수년간 국민의 신뢰를 얻기 위하여 꾸준히 지속해 온 정당과 후보자의 정치적 활동의 의미를 반감시킴으로써 의회민주주의를 크게 훼손시키는 것이다. 민주주의국가에서 선거운동은, 정권을 획득하려는 다수의 정당과 후보자가 그간의 정치적 활동과 업적을 강조하고 자신이 추구하는 정책의 타당성을 설득함으로써 유권자의 표를 구하는 자유롭고 공개적인 경쟁인데, 정책과 정치적 활동에 대한 평가를 통하여 유권자의 표를 얻으려는 정당간의 자유경쟁관계는 대통령의 특정 정당을 지지하는 편파적 개입에 의하여 크게 왜곡되는 것이다. 그런데 이 부분 대통령의 발언은 그 직무집행에 있어서 반복하여 특정 정당에 대한 자신의 지지를 적극적으로 표명하고, 나아가 국민들에게 직접 그 정당에 대한 지지를 호소하는 내용이라 할 수 있다. 따라서 대통령이 위와 같은 발언을 통하여 특정 정당과 일체감을 가지고 자신의 직위에 부여되는 정치적 비중과 영향력을 특정 정당에게 유리하게 사용한 것은, 국가기관으로서

의 지위를 이용하여 국민 모두에 대한 봉사자로서의 그의 과제와 부합하지 않는 방법으로 선거에 영향력을 행사한 것이고, 이로써 선거에서의 중립의무를 위반하였다.

3. 선거에 대한 영향력 행사가 인정될 수 있는지의 판단은 또한 특정 정당을 지지하는 발언이 행해진 시기에 따라 다르다. 선거와 시간적으로 밀접한 관계가 없는 시기에 위와 같은 내용의 발언이 행해진 경우에는 선거의 결과에 영향을 미칠 가능성이 거의 없거나 적다고 볼 수 있다. 그러나 선거일이 가까워 올수록 특정 정당을 지지하는 대통령의 발언이 선거의 결과에 영향을 미칠 가능성이 더욱 많으므로, 이러한 시기에는 선거에 영향을 미칠 수 있고 편파적으로 작용할 수 있는 모든 행동을 최대한으로 자제해야 한다는 국가기관의 의무가 있다.

언제부터 국가기관의 편파적 행위가 선거에 특히 영향을 미칠 수 있는가 하는 시점을 명확하게 확정할 수는 없으나, 문제된 대통령의 발언이 행해진 시기는 각 2004. 2. 18, 2. 24.로서 2004. 4. 15.의 국회의원선거를 약 2달 남겨놓은 시점으로서, 이때부터는 이미 사실상 선거운동의 준비작업이 시작되었다고 볼 수 있고 국가기관의 행위가 선거에 영향을 미칠 개연성이 높다는 의미에서 선거의 인접성을 인정할 수 있으므로, 적어도 이 기간에는 국가기관의 정치적 중립성이 더욱 요청된다고 하겠다.

4. 그렇다면 선거에 임박한 시기이기 때문에 공무원의 정치적 중립성이 어느 때보다도 요청되는 때에, 공정한 선거관리의 궁극적 책임을 지는 대통령이 기자회견에서 전 국민을 상대로, 대통령직의 정치적 비중과 영향력을 이용하여 특정 정당을 지지하는 발언을 한 것은, 대통령의 지위를 이용하여 선거에 대한 부당한 영향력을 행사하고 이로써 선거의 결과에 영향을 미치는 행위를 한 것이므로, 선거에서의 중립의무를 위반하였다(헌법재판소 2004. 5. 14. 2004헌나1 결정).

제3절 공무원 등의 선거관여 등 금지

제85조(공무원 등의 선거관여등 금지) ① 공무원 등 법령에 따라 정치적 중립을 지켜야 하는 자는 직무와 관련하여 또는 지위를 이용하여 선거에 부당한 영향력을 행사하는 등 선거에 영향을 미치는 행위를 할 수 없다.

② 공무원은 그 지위를 이용하여 선거운동을 할 수 없다. 이 경우 공무원이 그 소속직원이나 제53조제1항 제4호부터 제6호까지에 규정된 기관 등의 임직원 또는 「공직자윤리법」 제17조에 따른 취업심사대상기관의 임·직원을 대상으로 한 선거운동은 그 지위를 이용하여 하는 선거운동으로 본다.

③ 누구든지 교육적·종교적 또는 직업적인 기관·단체 등의 조직내에서의 직무상 행위를 이용하여 그 구성원에 대하여 선거운동을 하거나 하게 하거나, 계열화나 하도급 등 거래상 특수한 지위를 이용하여 기업조직·기업체 또는 그 구성원에 대하여 선거운동을 하거나 하게 할 수 없다.

④ 누구든지 교육적인 특수관계에 있는 선거권이 없는 자에 대하여 교육상의 행위를 이용하여 선거운동을 할 수 없다.

1. 개요

본 조는 공무원이 지위를 이용하거나, 누구든지 조직 내부에서 특수관계가 가지는 영향력을 선거운동에 이용하는 등의 방법으로 그 대상자의 자유로운 의사결정을 왜곡하는 것을 방지하기 위한 규정이다. 개정 전에도 제9조(공무원의 중립의무 등) 제1항에서 '공무원 기타 정치적 중립을 지켜야 하는 자(기관·단체를 포함한다)는 선거에 대한 부당한 영향력의 행사 기타 선거결과에 영향을 미치는 행위를 하여서는 아니된다'는 공무원의 중립의무에 관한 일반적인 규정이 있었으나, 이를 위반할 경우 처벌조항은 두고 있지 않았다. 다만, 개정 전에도 공무원이 선거운동을 하거나(법 제60조 제1항), 지위를 이용하여 선거운동을 하는 경우(현 제85조 제2항) 및 법에서 규정하고 있는 일정한 행위를 함으로써 선거에 영향을 미치는 행위를 한 경우(재86조 제1항 각 호)에는 처벌규정을 두는 등 공무원의 선거관여 행위를 규제하고 있었다. 그러나 본조의 신설로 인해 공무원이 선거운동에까지 이르진 않더라도 선거에 영향을 미치는 행위를 한 경우를 보다 폭넓고 무겁게 처벌할 수 있게 되었다.[28]

2. 공무원 등의 선거관여 등 금지(제1항)

가. 금지주체

공무원 등 법령에 따라 정치적 중립을 지켜야 하는 자이다. 「공무원」의 범위는 법 제9조

---

28)　대검찰청, 공직선거법 벌칙해설 제10개정판, 626면~627면

의 공무원으로서 「국가공무원법」 제2조와 「지방공무원법」 제2조에 의하여 공무원의 신분을 가지고 있는 모든 공무원을 뜻하고, 좁은 의미의 직업공무원은 물론이고 정치활동이 허용되는 공무원인 대통령, 국무총리, 국무위원, 지방자치단체장 등이 포함된다.[29] 「공무원」에는 「국가공무원법」과 「지방공무원법」에 의한 공무원뿐만 아니라 벌칙 적용과 관련하여 다른 법령의 규정에 의하여 공무원의 신분을 부여받은 자를 포함한다 다만, 이 경우 「한국은행법」(제106조)의 규정처럼 「금융통화위원회 위원과 한국은행의 부총재보·감사 및 직원은 「형법」 기타 법률에 의한 벌칙의 적용에 있어서 이를 공무원으로 본다」라는 식으로 의제되는 경우에 한하며, 「공공기관의 운영에 관한 법률」(제53조)의 규정처럼 「공기업·준정부기관의 임직원, 운영위원회의 위원과 임원추천위원회의 위원으로서 공무원이 아닌 사람은 형법 제129조 내지 제132조의 적용에 있어서는 이를 공무원으로 본다」라는 등 그 행위자가 공무원으로 의제되는 대상범죄가 형법상 특정범죄에 한정되는 것으로 규정되어 있는 경우에는 그 임·직원을 공무원으로 볼 수 없다.[30]

본 조의 주체는 공무원 이외에 '법령에 따라 정치적 중립의무가 있는 자도' 포함된다. '공무원 등 법령에 따라 정치적 중립을 지켜야 하는 자'에 기관·단체가 포함되는지와 관련하여 법 제85조 제1항에서는 법 제9조와는 달리 '정치적 중립을 지켜야 하는 자'에 '기관·단체'를 명시적으로 포함시키고 있지 아니하나, 본 항의 내용·구조가 제9조와 거의 동일한 점, 입법취지 상 정치적 중립의무가 있는 개인뿐만 아니라 기관·단체의 위법행위에 대해서도 처벌할 필요성이 있는 점을 고려할 때 '기관·단체'도 포함되는 것으로 보아야 할 것이다.[31]

언론인은 선거운동을 할 수 없도록 하였던 구 법 규정이 헌법재판소의 위헌결정(2013헌가1)에 따라 개정되어 선거운동 할 수 없는 자의 범위에서 제외된 등을 고려할 때 본 조의 주체에 해당되지 않는다.[32]

나. 금지되는 행위

직무와 관련하여 또는 지위를 이용하여 선거에 부당한 영향력을 행사하는 등 선거에 영향을 미치는 행위이다. 「직무와 관련하여」라 함은 법령상 관장하는 직무 그 자체뿐만 아니라 그 직무와 밀접한 관계가 있는 행위 또는 관례상이나 사실상 관여하는 직무행위도 포함된다고 할 것이나, 구체적인 행위가 공무원의 직무에 속하는지 여부는 그것이 공무의 일환으로

29) 헌법재판소 2004. 5. 14. 2004헌나1 결정
30) 대검찰청, 공직선거법 벌칙해설 제10개정판, 615면
31) 대검찰청, 공직선거법 벌칙해설 제10개정판, 624면
32) 서울고등법원 2022. 8. 12. 선고 2022노594 판결, 대법원 2022. 12. 15. 선고 2022도10452 판결

행하여졌는가 하는 형식적인 측면과 함께 그 공무원이 수행하여야 할 직무와의 관계에서 합리적으로 필요하다고 인정되는 것인가 하는 실질적인 측면을 아울러 고려하여 결정해야 한다.[33]

「지위를 이용하여」라 함은 행위자의 지위로 인하여 특히 선거에 영향을 미치는 행위를 효과적으로 행할 수 있는 영향력 또는 편익을 이용한다는 의미인 바, 구체적으로 그 지위에 수반되는 신분상의 지휘감독권, 직무권한, 담당사무 등과 관련해서 행위자가 직무를 행하는 사무소 내부 또는 외부의 사람에게 작용하는 것을 포함한다.[34] 구체적인 사례로 ○○구청 세무과 징수팀장이 지방세정보시스템에 접속하여 ○○시 납세자 2,000여 명의 개인정보를 후보자 측에 넘긴 행위,[35] □□군청 공무원들만 접속할 수 있는 전자문서에 기재되어 있는 각종 행사일정 및 현 □□군수의 선거관련 동향을 상대 후보자에게 송부한 행위[36] 등이 해당한다.

「선거에 영향을 미치는 행위」란 선거과정 및 선거결과에 변화를 주거나 그러한 영향을 미칠 우려가 있는 일체의 행동을 말한다.[37] 선거에 영향을 미치는 행위인지 여부의 판단에 있어서는 행위시기가 중요한 바, 선거와 시간적으로 밀접한 관계가 없는 시기에는 그 행위가 선거에 영향을 미칠 가능성이 거의 없거나 적지만, 선거일이 가까워 올수록 선거에 영향을 미칠 가능성이 많다.[38] 국회의원선거가 임박한 시기에 교원이 교육청의 계획 하에 고등학교 학생을 대상으로 해당 선거의 실제 정당·후보자에 대한 모의투표를 실시하거나 일반 단체가 고등학교 학생을 대상으로 실시하는 모의투표를 교육청이 후원하는 것은 행위양태에 따라 본 조 제1항에 위반될 수 있다.[39]

다. 중앙선거관리위원회 행정해석

① 군수의 "희망과 사랑의 전화" 운영

지방자치단체의 장이 민원서류 출원자와 소외계층을 위주로 하여 "희망과 사랑의 전화"를 군정의 일환으로 운영하는 것은 직무행위로서 무방할 것임. 다만, 선거가 임박한 시기에 통화대상 주민을 현저히 확대하는 등 통화의 대상·방법·내용 등에 따라서는 직무행위의 범위를 넘어 공선법 제85조의 규정에 위반될 수 있을 것임(1994. 9. 28. 회답).

② 정무직 비서관의 당원교육 강의

---

33)　대법원 2011. 5. 26. 선고 2009도2453 판결
34)　대법원 2013. 11. 28. 선고 2010도12244 판결
35)　수원지방법원 2019. 1. 24. 선고 2018고합456 판결(대법원 2019도11295 판결로 확정)
36)　대전고등법원 2019. 1. 10. 선고 (청주)2018노176 판결(대법원 2019. 4. 23. 선고 2019도1197 판결로 확정)
37)　헌법재판소 2016. 7. 28. 2015헌바6 결정
38)　헌법재판소 2004. 5. 14. 2004헌나1 결정
39)　중앙선거관리위원회 2020. 2. 26., 2020. 3. 6. 회답

정치활동이 허용된 대통령비서관이 특정 정당의 당직자를 대상으로 하는 당원교육에 참석하여 강의를 한 것만으로는 정당법 및 공선법의 규정에 위반된다고 할 수 없을 것임(1998. 11. 23. 회답).

③ 교육청 등의 청소년 대상 국회의원선거 모의투표 실시

1. 일반 단체가 교육청이나 학교 또는 교원의 참여 없이 학생 모집을 스스로 하는 등 자체 계획과 경비로 행하는 모의투표(실제 정당·후보자에 대한 모의투표를 말함. 이하 같음)를 학교에서 「공직선거법」 제108조를 준수하여 실시하는 것은 같은 법에 위반되지 아니하나, 선거가 임박한 시기에 교원이 교육청의 계획 하에 학생(선거권이 없는 학생을 포함함)을 대상으로 모의투표를 실시하는 것은 행위 주체 및 양태에 따라 선거에 영향을 미치게 하기 위한 행위에 이르러 「공직선거법」 제9조·제85조 제1항·제86조 제1항에 위반될 수 있음.

2. 일반 단체가 학생을 대상으로 모의투표를 실시하기 위하여 「초·중등교육법」 제11조에 따라 학교 시설 등 이용 요청을 하고, 학교의 장이 그의 결정 또는 시·도의 교육규칙으로 정하는 바에 따라 단순히 학교의 시설 이용을 허가해 주는 것만으로는 「공직선거법」에 위반되지 아니함.

3. 교육청이 각급 학교를 대상으로 또는 각급 학교가 소속 학생을 대상으로 일반 단체의 요청 사실(모의투표와 관련된 정보 및 안내자료)을 관계 법령 등에 따라 종전의 방법과 범위에서 안내하는 것만으로는 「공직선거법」에 위반되지 아니함. 다만, 이를 안내하는 과정에서 교육청이나 학교 또는 교원이 모의투표에 참여할 학생을 모집하는 등 모의투표 실시에 관여하는 행위가 부가되어서는 아니 될 것임(2020. 2. 26. 회답).

④ 교원의 민주시민교육

교원이 「교육기본법」 제6조 제1항, 제14조 제4항 등 관련 법령을 준수하여 수업의 일환으로 학생으로 하여금 정당 또는 후보자의 공약을 공정하고 객관적인 기준에 의하여 비교·분석하고 발표하게 하는 것만으로는 「공직선거법」에 위반되지 않음. 다만, 교원이 학생을 대상으로 특정 정당·후보자만의 공약을 분석·발표하게 하거나, 특정 정당·후보자를 지지하는 이유를 발표하게 하거나, 특정 정당·후보자에게 유·불리한 발언이나 평가를 하거나, 학부모의 정당·후보자에 대한 지지도를 조사하게 하는 등 교육과정에서 공무원의 중립을 해하거나 선거운동 또는 선거에 영향을 미치는 행위를 하는 경우에는 「공직선거법」 제9조·제60조·제85조·제86조·제254조 등에 위반될 것임(2020. 3. 4. 회답).

라. 판례

① 법 제85조의 '직무와 관련하여'에서의 '직무'의 범위

'직무와 관련하여'에서의 '직무'에는 공무원이 법령상 관장하는 직무 그 자체뿐만 아니라 그 직무와 밀접한 관계가 있는 행위 또는 관례상이나 사실상 관여하는 직무행위도 포함된다고 할 것이나, 구체적인 행위가 공무원의 직무에 속하는지 여부는 그것이 공무의 일환으로 행하여졌는가 하는 형식적인 측면과 함께 그 공무원이 수행하여야 할 직무와의 관계에서 합리적으로 필요하다고 인정되는 것인가 하는 실질적인 측면을 아울러 고려하여 결정하여야 한다(대법원 2011. 5. 26. 선고 2009도2453 판결 등 참조).

① 피고인 조○○는 2018. 2.경부터 ○○시 ○○구청 세무과 체납세징수팀장으로서 지방세관리시스템에 접속하여 ○○시 내 납세자 개인정보를 확인할 수 있는 지위에 있었다.

② 피고인 조○○는 2018. 3.경 황○○이 백○○ 후보 선거운동 캠프에서 일하고 있다는 것을 알고 있었는데, 그 무렵 황○○이 피고인 조○○에게 전화하여 '선거운동에 필요하니 개인정보를 달라'고 요구하였고, 피고인 조○○는 이를 수락하였는바, 피고인 조○○는 자신이 제공하는 개인정보가 선거운동에 활용될 것이라는 점을 알고 있었다.

③ 피고인 조○○는 ○○시 ○○구 납세자에 대한 개인정보를 황○○에게 전달하였고, 황○○은 이를 백○○ 후보 선거운동을 하는 위○○에게 넘겨주어 2018. 3. 28.경부터 2018. 6. 12.경까지 백○○ 후보를 위한 선거운동 문자 메시지를 발송하는데 사용하도록 하였다.

④ 피고인 조○○는 수사기관에서 "2018. 3. 16.로부터 며칠 전 ○○모임을 했을 당시 황○○이 저와 담배를 피우면서 개인정보가 필요한데 줄 수 있느냐고 물어봐서 '한 번 생각해 본다'고 하였고, 그로부터 며칠 후 황○○이 전화를 하여 선거운동에 필요하니 개인정보를 달라고 하여, 2018. 3. 16.경 오후 무렵 업무 시간 중 ○○구 세무과 체납징수팀에 있는 제 자리의 컴퓨터 지방세정보시스템에 접속하여 주민세납세자 개인정보를 엑셀로 다운로드 받아 편집하여 휴대전화로 편집된 개인정보를 사진으로 찍어서 텔레그램 어플을 이용하여 황○○에게 전송하였다. 제가 업무상 관리하는 개인정보를 황○○에게 직접 전달하는 것이 두렵고 겁이 나서 중간에 최○○를 끼워 넣었다."라는 취지로 진술하였다.

위와 같은 사정들에 비추어 보면, 피고인 조○○가 백○○ 후보 선거운동 캠프에서 일하고 있는 황○○에게 선거운동에 활용될 것임을 알면서도 자신이 직무상 알게 된 납세

자 개인정보를 제공하였는바, 이와 같은 행위를 공무원의 직무상 관련이 없거나 공무원의 지위와 무관하게 사적인 지위에서 이루어진 행위라고 보기 어렵고, 위 개인정보가 백○○ 후보를 위한 선거운동 문자메시지를 발송하는 데 활용되도록 한 것은 선거과정 및 선거결과에 변화를 주는 행동으로서 선거에 영향을 미치는 행위라고 보는 것이 타당하다(서울고등법원 2019. 7. 19. 선고 2019노479 판결).

② 후보자에게 유리하도록 선거에 부당한 영향력을 끼칠 목적으로 채용광고를 게재한 행위인지 여부

원심 및 당심이 적법하게 채택하여 조사한 증거에 의하여 인정되는 다음과 같은 사정을 종합하면, 원심의 위와 같은 판단은 정당하고 검사의 위 주장은 이유 없다.

1. 원심이 판시한 바와 같이 U가 2014. 2. 13. 이사회에서 경력직원 충원 계획을 논의하고 이에 따라 2015년경까지 신규직원 채용광고를 꾸준히 게재하여 실제로 이 사건 채용광고 이후 신규 직원을 채용한 점에 비추어 보면, 이 사건 채용광고를 보고 지원하여 채용된 직원이 없다고 하더라도, 그것만으로 이 사건 채용광고 당시 U에 신규직원 채용이 전혀 필요하지 않았다고 단정할 수 없다.

2. 이 사건 채용광고는 U가 2015. 1. 12. 게재한 채용광고와는 달리 "T 외국인투자지역으로 지정. T 진입교량 총사업비(954억) 확정"이라는 문구가 있을 뿐만 아니라, 접수처, 접수방법, 접수기간의 기재가 없고, 전국 일간지가 아닌 V도 지역신문에만 게재된 사실은 인정된다. 그러나 이 사건 채용광고는 가장 큰 글씨로 "U 주식회사 모집요강"이라고 기재되어 있고, 광고 대부분의 지면에 담당업무, 근무형태, 응시자격, 근무시간, 전형일자, 제출서류 등 직원 채용과 관련한 정보가 기재되어 있을 뿐만 아니라 문의처로 U 주식회사 사무실 전화번호가 기재되어 있는 점, 이 사건 채용광고에 T에 대한 홍보문구 외에 위 사업과 특정 후보의 연관성을 인식할 수 있을 만한 문구는 찾아보기 어려운 점과 같은 이 사건 채용광고의 구성, 내용 등에 앞서 든 여러 사정까지 더하여 보면, 위 인정사실만으로 이 사건 채용광고가 R 후보의 선거 홍보를 목적으로 한 것이라고 단정하기는 어렵다(서울고등법원 2018. 2. 2. 선고 2017노2602 판결, 대법원 2018. 4. 26. 선고 2018도2976 판결).

③ 선거구 내 행사일정 및 경쟁 후보 동향 송부

피고인은 충북 □□군청 축산식품과에서 축산정책팀장으로 근무하는 공무원이다. 공무원은 직무와 관련하여 또는 지위를 이용하여 선거에 부당한 영향력을 행사하는 등 선거에 영향을 미치는 행위를 할 수 없다. 그럼에도 피고인은 2017. 9.경 A를 제7회 전국동시지방선거에서 □□군수에 당선되게 할 목적으로 A가 선거구 내 행사에 참

석하여 선거구민들에게 효율적으로 선거 홍보를 할 수 있도록 하기 위하여 □□군청 내 공무원들만 접속할 수 있는 전자문서인 '주간행사계획' 등에 기재되어 있는 각종 행사일정 및 참석 예상 인원 등을 A에게 정기적으로 알려주고, A가 위 □□군수 선거 경쟁 입후보예정자인 현 □□군수를 상대로 효율적으로 선거 전략을 수립할 수 있도록 위 현 □□군수의 선거관련 동향을 A에게 알려주기로 마음먹었다. 피고인은 2017. 9. 17.경 불상의 장소에서 A에게 □□군청 내부 전자문서에 게재된 행사계획인 '2017. 9. 29. 개최될 △△면 ▽▽마을 문화복지센터 준공식'의 행사 일정 및 참석 예상 인원을 휴대폰 문자메시지로 송부한 것을 비롯하여 그때부터 2018. 3. 13.경까지 사이에 같은 방법으로 A에게 총 13회에 걸쳐 □□군 내 각종 행사일정 등을 알려주고, 총 2회에 걸쳐 현 □□군수의 선거 관련 동향을 알려주는 등 공무원의 지위를 이용하여 선거에 부당한 영향력을 행사하였다[대법원 2019. 4. 23. 선고 2019도1197 판결, 대전고등법원 2019. 1. 10. 선고 (청주)2018노176 판결].

마. 죄수(제60조 제1항, 제85조 제2항, 제86조 제1항과의 관계)[40]

1) 제60조 제1항과의 관계

공무원이 지위를 이용하지 않고 단순히 선거운동을 하는 경우에는 제60조만 적용되고 본조는 적용되지 않는다.

2) 제85조 제2항과의 관계

공무원이 지위를 이용한 선거운동의 경우에는 제85조 제2항 위반죄가 성립하는데, '선거운동'은 '선거에 영향을 미치는 행위'보다 좁은 개념이므로 이때에는 제85조 제2항이 제85조 제1항의 특별조항으로 우선한다고 해석함이 상당하고 판례[41]의 태도도 같다.

3) 제86조 제1항과의 관계

제86조 제1항에서는 공무원의 신분으로 금지되는 '선거에 영향을 미치는 행위'유형을 열거하고 있는바, 공무원의 지위를 이용할 것을 요건으로 하고 있지 않으므로 공무원의 지위를 이용함이 없이 제86조에 열거된 행위를 하는 경우에는 제86조 위반죄만 성립할 것이나,

---

40)　대검찰청, 공직선거법 벌칙해설 제10개정판, 623면
41)　창원지방법원 2018. 5. 3. 선고 2017고합247 판결

공무원의 지위를 이용한 경우에는 제86조 이외에 제85조 제1항 위반죄도 성립한다고 할 것이고 양 죄의 관계는 상상적 경합관계에 있다고 보아야 할 것이다. 유의할 점은 제86조에 열거된 유형 이외의 행위는 공무원의 직무 관련성 또는 직위이용 여부에 따라 제85조 제1항에 의해 처벌이 가능하다고 할 것이다.

3. 공무원의 지위를 이용한 선거운동 금지(제2항)

가. 금지주체

본 조의 주체는 공무원이다. 국가공무원법 및 지방공무원법상의 공무원뿐만 아니라 벌칙 적용과 관련하여 다른 법령의 규정에 의하여 공무원의 신분을 가지는 자도 포함한다. 또한 법 제60조의 선거운동을 할 수 없는 자나 법 제86조의 선거에 영향을 미치는 행위금지 주체에서 국회의원 및 지방의회의원을 제외하는 규정을 두어 그 적용을 배제하는 것과 달리, 본 조는 국회의원 및 지방의회의원에 대하여도 적용된다.[42]

나. 금지되는 행위

그 지위를 이용하여 선거운동을 하는 것이다. 친구·친족 등 사적 관계를 이용하거나 단순히 공무원으로서의 신분이 있다는 것만을 이용하는 것은 이에 해당하지 않고,[43] 공무원이 개인의 자격으로서가 아니고 공무원의 지위와 결부되어 선거운동을 효과적으로 할 수 있는 영향력 또는 편익을 이용하는 것을 말한다.[44] 따라서 공무원이 그 직무를 집행함에 즈음하여 선거운동을 하는 경우는 물론 공무원이 공무원으로서의 신분상 또는 직무상의 지휘·감독권이 미치는 사람에게 선거운동을 하였거나 외견상 그 직무에 관련한 행위에 편승하여 선거운동을 함으로써 선거인에게 영향력을 줄 수 있는 경우도 포함된다.[45] 또한 「지위를 이용한다」는 의미를 반드시 신분을 드러내어 영향력을 행사하는 것에 한정하여 볼 것은 아니고, 업무 특성상 신분을 드러내지 않고 활동하는 공무원이 수시로 전달받은 내용에 따라 업무의 일환으로 사이버 활동을 하였다면 개인적 자격이 아니라 공무원 신분에서 사이버 활동을 효과적

---

42) 대법원 2017. 12. 22. 선고 2017도17136 판결
43) 부산고등법원 2010. 9. 8. 선고 2010노548 판결
44) 대법원 2013. 11. 28. 선고 2010도12244 판결
45) 대법원 2004. 4. 27. 선고 2003도6653 판결

으로 할 수 있는 영향력 또는 편익을 이용한 것으로 볼 수 있다.[46]

한편 현실적으로 공무원이 선거운동을 함에 있어 그 지위를 이용하였는지 여부가 명확하지 않은 점을 고려하여 본 항 단서에 규정된 단체의 임·직원을 대상으로 선거운동을 하는 때에는 이를 그 지위를 이용하여 한 것으로 간주하고 있다.

다. 중앙선거관리위원회 행정해석

① 입후보예정자의 "1일 교사" 참여

한국교원단체총연합회가 매년 스승의 날인 5월 15일을 전후한 1주일간을 교육주관으로 선정하여 추진 중인 "1일 교사" 행사에 지방자치단체장 또는 의원선거에 출마하는 자가 해당 선거구내의 학교를 방문하여 학생들에게 강의하거나 교직원과의 대화시간을 가지는 것은 무방할 것임. 다만, 한국교원단체총연합회가 특정 후보자가 되고자 하는 자를 계속적으로 선거구내의 학교를 순회방문하여 강의를 하게 하거나, 후보자가 되고자 하는 자의 강의 등의 내용이 선거운동에 이르는 때에는 공선법 제85조(지위를 이용한 선거운동금지) 또는 같은 법 제254조(선거운동기간위반죄)의 규정에 위반 또는 저촉될 것임. 또한 후보자가 되고자 하는 자가 다과회 비용 등을 제공하는 것은 같은 법 제113조(후보자등의 기부행위제한)의 규정에 위반될 것임(1995. 4. 26. 의결).

라. 판례

① 예비후보자 등록 당일 오찬 모임에서의 발언이 '공무원이 그 지위를 이용하여' 선거운동을 한 것에 해당하는 경우

원심이, 현직 ○○군수이던 피고인이 제4회 전국동시지방선거에 ○○군수 후보로 재출마하기 위하여 예비후보등록을 하던 당일인 2006. 4. 5. ○○군 내 각 실·과·소장급 공무원 및 읍·면장 등이 참석한 오찬모임에서 참석자들에게 인사말을 하면서 "오늘 이후부터는 선거전에 제가 몰입합니다. 주민에게 서비스를 제공하고 초심으로 돌아가는 것이죠. 여러분들도 유권자이고, 또 여러분들 자신이 저를 다시, 동료이지만 또 여러분의 한 표 한 표가 중요하기 때문에 감사의 인사와 부탁의 인사를 드리겠습니다." 라고 발언한 것은 참석자들에게 선거에서 자신에 대한 지지를 호소하는 행위로서 선거에서 당선되기 위한 선거운동에 해당하고, 아울러 그것은 군수가 그 소속 직원들을

---

46)　대법원 2018. 4. 19. 선고 2017도14322 전원합의체 판결

대상으로 한 것이므로 '공무원이 그 지위를 이용하여' 한 선거운동에 해당하며, 피고인
도 그와 같은 점들을 충분히 인식하면서도 이를 용인한 것이라고 봄이 상당하다고 인
정·판단한 것은 정당하다(대법원 2006. 12. 21. 선고 2006도7814 판결).

② 동장의 직무에 편승하여 선거운동을 한 것인지 여부

1. 직무에 편승하여 선거운동을 한 것으로 본 경우

△△1통장인 공소외 2, △△4통장인 공소외 3이 피고인의 △△동장 부임 축하인사
를 하기 위해 동장실로 각 찾아갔고 그 자리에서 공소외 2, 3에 대한 이 사건 범행
이 각 저질러진 점, 피고인이 △△동 복지담당 계장과 함께 △△동장 부임인사를 위
해 유관 기관인 △△동 사회복지관을 방문한 자리에서 사회복지관장인 공소외 4에
대한 이 사건 범행이 저질러진 점에 비추어 피고인이 △△동장이라는 공무원의 지
위를 이용하여 선거운동을 하였다고 판단하였는바, 공소외 2, 3, 4의 당심 각 증언
은 공소외 2 등과 피고인의 관계, 이 사건 범행 후의 피고인과의 전화통화 내역, 이
메일에 기재된 내용 등에 비추어 믿기 어렵고, △△동 사회복지관장인 공소외 4는
△△동장 직무대리인 피고인의 신분상 또는 직무상의 지휘감독권이 미치는 사람은
아니라 할지라도 유관 기관을 방문하여 △△동장 부임인사를 하는 기회에 이루어
진 것이어서 외견상 그 직무에 관련된 행위에 편승하여 선거운동을 함으로써 선거
구민에게 영향을 줄 수 있는 경우에는 해당하므로 원심의 그와 같은 판단은 정당한
것으로 수긍이 가고, 거기에 판결에 영향을 미친 사실오인 내지 법리오해의 위법이
있다고 할 수 없으므로 피고인의 위 주장은 모두 이유 없다.

2. 직무에 편승하여 선거운동을 한 것으로 보지 않는 경우

이 사건 이메일은 피고인이 승진을 하지 못하고 만년 6급 주사로 재직하고 있었는
데 뜻밖에 5급 공무원이 보임되는 직위인 △△동장 직무대리로 인사발령을 받자,
인사권자인 ○○시장에게 그 고마움을 표현하고, 이에 보답하기 위하여 자신의 행
동을 과장한 내용을 2010. 1. 6.부터 같은 달 12.까지 사이의 단기간에 8회에 걸
쳐 보낸 것이라고 피고인이 변소하고 있는 점(2010. 1. 6.자 이메일의 말미에 "저가 총력
을 다해서 ○○인, 출향인, 전국을 통틀어 한사람 한사람 규합해서 총 2,000명 정도를 시장님 편
으로 끌어들이겠습니다. 혼신을 다해 목숨을 걸고서 일을 하겠습니다."라고 기재되어 있다), 특히
공소외 5, 6, 7, 8, 9의 경우 피고인이 개인적인 관계에서 알게 된 사람들이고, 앞
서 본 공소외 2, 3, 4와 관련된 이메일 내용과는 달리 대부분 약력이나 하는 일, 피
고인과의 인연 등에 대한 내용이고, 공소사실과 관련된 내용은 '시장님 도와달라고
부탁했다'는 등의 내용인데, 만일 피고인이 위 사람들에게 공소사실과 같은 내용의

말을 하고, 승낙을 받았다면 훨씬 자세하고, 내용을 과장하여 작성했을 것으로 보이는 점, 공소외 5 등은 수사기관에서 "피고인이 위와 같은 말을 하지 않았다" 또는 "듣지 못하였다"고 일관되게 진술한 점, 피고인이 2010. 1. 13. ○○시 선거관리위원회에서 "편지에 적혀 있는 대로 평소 아는 분들에게는 공소외 1 시장님을 도와달라고 부탁한 것이 사실입니다"라고 진술하였으나, 앞서 본 바와 같이 공소외 2, 3, 4에 대하여는 선거운동을 한 것이 사실이고, 소속 통장에 대한 성향이나 선거운동의 방향 등에 대한 보고를 한 것이 매우 잘못되었으며, 나머지 사람들에 대한 부분도 위와 같은 사람들에 대한 피고인과의 관계 등에 대하여 보고를 한 것이 선거에 중립을 지켜야 할 공무원이 부적절한 처신을 하였다는 반성에서 잘못을 인정한 것이지 이메일의 내용에 적힌 모든 선거운동을 인정한 취지로 보기는 어려운 점 등에 비추어 보면, 피고인이 공소외 5, 6, 7, 8, 9, 10, 11, 12와 공소장 기재 무렵 전화통화를 하거나 만난 사실이 있다는 점에 대한 증거들만으로는 피고인의 자백이 가공적인 것이 아닌 진실한 것임을 인정하기에 부족하다(부산고등법원 2010. 9. 8. 선고 2010노548 판결, 대법원 2013. 11. 28. 선고 2010도12244 판결).

⇨ 2014. 2. 13. 공선법 개정으로 제85조 제1항은 제2항으로 변경됨.

③ 면장이 지위를 이용하여 선거운동을 한 경우

원심 및 이 법원이 적법하게 채택하여 조사한 증거들에 의하여 인정되는 다음과 같은 사정을 종합하면, 피고인은 공무원의 지위를 이용하여 이○○에게 선거운동을 하였다고 봄이 타당하다.

① 이○○는 청원주(主)인 홍천군청 및 홍천경찰서장의 감독 하에 업무를 수행하는 청원경찰이기는 하나, 피고인인 면장이 ○○면사무소에 배치되어 근무하고 있고, 공무원인사기록카드에도 ○○면 소속으로 기재되어 있다. ○○면 홈페이지의 직원현황에도 이○○는 총무담당 직원으로서 시설총괄경비, 하천관리, 골재관리, 가로등관리, 간이상수도관리, 꽃길관리, 토지주택일반 업무를 수행하는 것으로 기재되어 있다.

② 이○○가 ○○면 홈페이지에 기재된 위와 같은 자신의 업무들을 면장인 피고인의 관여 없이 독단적으로 처리하여 왔다고 보기는 어렵고, 필요한 경우 면장인 피고인의 결재를 받아 처리하여 왔다고 보인다. 이○○도 자신은 업무처리와 관련하여 종종 피고인에게 대면결재를 받는다고 진술하였다. 즉 피고인이 이○○를 직무상 지휘감독하고 있다고 봄이 타당하다.

③ 이○○는 원심법정에서 피고인으로부터 선거운동을 지시받고서, 피고인이 자신의

상사이고 면사무소에서 가장 높은 면장의 지위에 있었기 때문에 자신은 마치 선거운동을 한 것처럼 피고인에게 보고를 하였다고 진술하였다.

④ 앞서 본 이○○에 대한 인사상의 취급, 이○○의 담당업무와 업무처리방식, 이○○가 피고인의 말을 받아들인 태도 등을 고려할 때, 피고인이 면장으로서의 지위를 이용하여 면사무소에서 실질적으로 부하 직원으로 근무하는 이○○에게 선거운동을 한 것이라고 보아야 한다(서울고등법원 2019. 8. 28. 선고 (춘천)2019노95 판결, 대법원 2019. 11. 15. 선고 2019도12748 판결).

④ 인터넷상 유해기사를 뒤로 밀어내고 지방자치단체장을 홍보하는 행위가 '공무원의 지위를 이용한 선거운동'에 해당하는지 여부

1. 선거운동에 해당하는지에 관하여

1) 원심의 판단

원심은 다음과 같은 사정들을 종합하면, 인터넷 포털사이트에서 강◉◉에게 유해하거나 비판적 글이 노출되면 이를 물타기할 보도자료를 유포하여 위 유해기사를 뒤로 밀어내는 행위(이하 '밀어내기'라 한다)는 강◉◉에 대한 부정적 이미지가 형성되는 것을 막고 좋은 이미지를 형성하여 □□시장 선거에서 강◉◉의 당선을 도모하려는 행위로서 선거운동에 해당한다고 판단했다.

(1) 2010년경 강◉◉가 □□시장에 취임한 뒤 뉴미디어팀을 설치했는데 설치당시에는 '밀어내기'와 같은 행위를 하지 않다가 지방선거가 가까워지자 '밀어내기'가 집중되었다.

(2) '밀어내기'는 인터넷 신문사들로 하여금 강◉◉를 홍보하는 기사를 쓰게 하는 것이 주된 목적이 아니라, 모니터링을 통해 발견된 강◉◉에 대한 비판적인 기사를 밀어내기용 기사(제목이 '강◉◉ □□시장'으로 시작되는 기사)로 신속히 밀어내는 것이 주된 목적이고, 이는 강◉◉가 □□당 경선에서 □□시장 후보자로 선출되는 데 유리한 고지를 점하게 하려는 의도뿐 아니라 □□시장 선거에서 당선시킬 의도가 있었다고 보인다.

(3) 실제로 강◉◉가 ■■당에서 탈당하여 □□시장 선거에 무소속으로 출마하였다는 사정을 더하여 보면 '밀어내기' 행위가 선거에서의 당선도 목적으로 하였다고 볼 수 있다.

(4) '밀어내기' 행위는 □□시장 선거에서 선거권을 가지는 일반인을 대상으로 하고 있으므로, □□시장 선거와 밀접한 관련성이 있다고 보아야 한다.

(5) 피고인 박○○를 제외한 피고인 류○○, 김○○, 오○○, 김○○, 강○○은 계

약직 공무원 또는 무기계약직 근로자로서 강◉◉가 재선에 성공하면 자신들도 계속 공무원 등으로 근무할 수 있을 것이라는 기대를 하고 있었던 것으로 보이므로, 강◉◉를 □□시장 선거에서 당선시킬 목적으로 '밀어내기' 행위를 하였다고 추단된다.

2) 당심의 판단

원심이 든 사정들에 더하여 피고인 김○○은 2013. 10. 19. 뉴미디어팀의 팀장직을 사임했는데 그 이유는 강◉◉의 재선을 위한 선거조직인 '창조포럼'에서 활동하기 위한 것이었고, 그 후 '창조포럼'의 발기인 등으로 활동하면서도 자신의 후임자인 피고인 박○○를 찾아가 "뉴미디어팀의 현상유지를 위해서 노력해달라."고 말하여 '밀어내기'행위가 계속될 수 있도록 부탁함은 물론 피고인 오○○, 김○○으로부터 강◉◉에 관한 유해적 기사 모니터링 결과를 보고받고, 직접 '밀어내기'를 지시하기도 한 점 등을 앞서 본 법리에 비추어 보면 원심 판시 범죄사실 제2항의 각 행위는 강◉◉의 당선을 도모하는 목적의지를 수반하는 행위로서 선거운동에 해당한다고 본 원심의 판단은 정당하다.

2. 공무원의 지위를 이용했는지에 관하여

1) 원심의 판단

원심은 다음과 같은 사정들, 즉, ① 2013 업무현황보고에 의하면, 뉴미디어팀의 주된 업무는 "시 홈페이지 및 시장실 홈페이지 운영, 홍보블로그 등 뉴미디어 매체 활용 시정홍보"인 점, ② 뉴미디어팀의 직원별 주요업무보고(2013. 10. 기준)에 의하면, 피고인 김○○의 업무에는 "인터넷 언론 모니터링, 인터넷 언론사 지원업무"가 포함되어 있고, 그 중 인터넷 언론사 지원업무는 "시장님, 시 관련 중요보도자료가 나오면 직접 관리하는 인터넷 언론사에게 문자 송부, 어떤 언론사가 반영해줬는지 계장님께 실시간 구두보고 및 문자보고, 유해기사 밀어내기 작업할 때 보도자료 타이틀 각색해 메일로 송부하고, 직접 연락"하는 것으로 그 추진상황이 요약되어 있는 점, ③ '밀어내기' 기사를 반영해 준 인터넷 언론사는 대개 영세업체들로서 □□시의 홍보비 등에 의존하여 운영되고 있는 점, ④ □□시의 홍보비는 보도총괄팀에서 인터넷 신문사를 지정하고 그 지출내역을 작성해서 대변인에게 보고하여 집행하는 등 뉴미디어팀의 의견이 반영되는 점, ⑤ 인터넷 언론사 중 일부는 □□시로부터 홍보비 등을 계속 또는 더 많이 받기 위해 뉴미디어팀이 제공하는 기사를 반영해줄 수밖에 없었고, 피고인 김○○, 오○○, 김○○ 등도 이를 알고 있었던 점을 종합하면, 위 피고인들은 □□시와 □□시장의 홍보업무를 담당하는 공무원으로서 홍보업무를 위해 긴밀한 관계를 유지하고 있는 인터넷 언론사들을 통해 선거운동인 '밀어내기'를 효과적으로 할 수 있는 편익 등을 이용하였고, 이는 위 홍보업무 담당 공무원의 지위를 이용한 경우에 해당한다고 판단했다.

2) 당심의 판단

구 공직선거법 제85조 제1항에서 '공무원의 지위를 이용하여'라는 개념은 공무원이 개인의 자격으로서가 아니라 공무원의 지위와 결부되어 선거운동을 하는 행위를 뜻하는 것으로, 공무원의 지위에 있기 때문에 특히 선거운동을 효과적으로 할 수 있는 영향력 또는 편익을 이용하는 것을 의미하고, 구체적으로는 그 지위에 수반되는 신분상의 지휘감독권, 직무권한, 담당사무 등과 관련하여 공무원이 직무를 행하는 사무소 내부 또는 외부의 사람에게 적용하는 것도 포함된다(대법원 2013. 11. 28. 선고 2010도12244 판결 참조). 원심의 판단을 앞서 본 법리에 비추어 보면, 원심 판시 범죄사실 제2항의 각 행위는 피고인 류○○, 김○○, 박○○의 이 부분 주장도 이유 없다(광주고등법원 2014. 9. 25. 선고 2014노266 판결, 대법원 2015. 9. 10. 선고 2014도13154 판결).

⇨ 2014. 2. 13. 법 개정으로 제85조 제1항은 제2항으로 변경됨.

⑤ 국가정보원 사이버팀 직원들이 한 사이버 활동이 공무원의 지위를 이용한 선거운동인지 여부 등

1. 국가정보원 직원의 직위 또는 공무원의 지위를 이용한 행위

구 국가정보원법(2014. 1. 14. 법률 제12266호로 개정되기 전의 것, 이하 '구 국가정보원법'이라 한다) 제9조 제1항은 '원장·차장과 그 밖의 직원은 정당이나 정치단체에 가입하거나 정치활동에 관여하는 행위를 하여서는 아니된다.'고 정하고, 제2항은 '제1항에서 정치활동에 관여하는 행위란 다음 각 호의 어느 하나에 해당하는 행위를 말한다.'고 정하면서, 그 제2호에서 '그 직위를 이용하여 특정 정당이나 특정 정치인에 대하여 지지 또는 반대 의견을 유포하거나, 그러한 여론을 조성할 목적으로 특정 정당이나 특정 정치인에 대하여 찬양하거나 비방하는 내용의 의견 또는 사실을 유포하는 행위'를 정하고 있다. 여기에서 '그 직위를 이용하여'는 구 공직선거법상 공무원의 선거운동 금지 규정에 있는 '공무원이 그 지위를 이용하여'와 같은 의미로 해석할 수 있다.

원심은 다음과 같은 이유를 들어 사이버팀 직원들의 이 사건 사이버 활동이 구 국가정보원법상의 '직위'를 이용한 행위와 구 공직선거법상의 '지위'를 이용한 행위에

해당한다고 판단하였다.

1) 이 사건 사이버 활동 그 자체가 사이버팀의 고유한 업무였고, 사이버팀 직원들은 수시로 전달받는 '이슈와 논지'에 기재된 내용에 따라 그 업무로서 사이버 활동을 한 것이지, 개인의 자격에서 사이버 활동을 한 것이 아니다. 사이버팀 직원들은 국가정보원 직원으로서 급여를 받고 업무용 노트북 컴퓨터 등 각종 편익을 제공받아 업무에 이용하였다.

2) 피고인 1이 국가정보원 심리전단 조직을 확대 개편함에 따라 사이버팀 직원들은 각 팀별로 인터넷 포털사이트, 커뮤니티, 트위터 등 담당 영역과 고유 업무를 구체적으로 부여받아 효율적이고 분업적으로 사이버 활동을 할 수 있었다. 또한 사이버팀 직원들은 사이버 활동을 효과적으로 하기 위한 기법이나 전략을 조직적으로 개발하고 공유하기도 하였으며, 심리전단에서 만든 업무매뉴얼, 사이버용어집 등의 자료를 업무에 활용하기도 하였다. 국가정보원의 인적·물적 자원을 이용하여 인터넷 게시글 등의 작성·전파 행위가 집단적·동시다발적으로 이루어짐으로써 사이버팀 직원들이 업무로 한 사이버 활동이 갖는 영향력이 전체적으로 커질 수 있었다.

이러한 사정을 모아보면 이 사건 사이버 활동은 비록 직원들의 신분이 드러나지 않았지만 개인적 자격이 아니라 공무원의 신분에서 인터넷 사이버 공간에서의 활동을 효과적으로 할 수 있는 영향력 또는 편익을 이용한 행위로 볼 수 있다.

2. 선거운동인지 여부

구 공직선거법 제85조 제1항에서 공무원들이 그 지위를 이용해서 선거운동을 하는 것을 엄격히 금지하는 이유는 이른바 관권선거 또는 공적 지위에 있는 자의 선거개입 여지를 철저히 차단함으로써 선거의 공정성을 확보하기 위한 것이다(대법원 2011. 4. 28. 선고 2010도17828 판결 등 참조).

선거운동의 판단 기준은 개인뿐 아니라 단체의 행위에 대해서도 그대로 적용되므로, 단체가 그 지향하는 목적에 따른 활동이 그 단체가 기존에 행하던 활동의 연장선상에서 이루어진 것이더라도 그 활동에서 선거운동의 성격이 인정된다면 마땅히 공직선거법에 의한 규제를 받아야 한다(대법원 2011. 6. 24. 선고 2011도3447 판결 참조).

원심은 다음과 같은 이유로 선거운동으로 공소가 제기된 사이버 활동 중 인터넷 게시글과 댓글 작성 93회, 찬반클릭 행위 1,003회, 트윗과 리트윗 활동 106,513회는 공무원인 사이버팀 직원들이 한 선거운동에 해당하지만, 나머지는 이에 해당하지 않는다고 판단하여, 이 부분 공소사실 전부를 무죄로 인정한 제1심을 파기하였다.

1) 제18대 대통령선거에서 박♤혜 후보 출마선언일(2012. 7. 10.) 이후 박♤혜 후보를 지지하거나, 새▽리당 후보자 확정일(2012. 8. 20.) 이후 새▽리당을 지지하는 내용의 인터넷 게시글 등과 문◆인, 이▲희, 안□수 후보의 각 출마선언일(순서에 따라 2012. 6. 17., 2012. 9. 25., 2012. 9. 19.) 이후 위 후보들을 반대하거나, 민△△합당과 통◇◆보당의 각 후보자 확정일(순서에 따라 2012. 9. 16., 2012. 10. 20.) 이후 위 정당들을 반대하는 내용의 인터넷 게시글 등은 선거운동에 해당한다(다만 이▲희 후보는 2012. 12. 16. 후보에서 사퇴하였으므로 그 이후에는 선거운동이 성립할 수 없다).

2) 위 시기에 이루어진 인터넷 게시글 등도 그 내용이 특정한 정당 또는 정치인에 관한 것이 아니라면 선거운동으로 인정할 수 없으나, 그 이외의 인터넷 게시글 등 사이버 활동은 제18대 대통령선거와 관련하여 당시 여당인 새▽리당과 그 소속 박♤혜 후보의 당선을 도모하거나 야당인 민△△합당과 그 소속 문◆인 후보, 통◇◆보당과 그 소속 이▲희 후보, 무소속 안□수 후보의 낙선을 도모하는 목적의사가 객관적으로 인정되는 행위에 해당하여 선거운동으로 볼 수 있다. 이 사건 사이버 활동은 국가권력기관인 국가정보원의 예산과 활동 역량을 배경으로, 소속 직원들이 조직 내부의 엄격한 지휘·보고 체계에 따라 업무수행의 일환으로 한 조직적·계획적 행위이다. 더구나 특정 후보자가 출마선언을 하거나 특정 정당이 대통령선거후보자를 확정한 이후에는 위 직원들은 공무원으로서 엄정하게 정치적 중립을 지켜야 하는데도 그 지위를 이용하여 특정 후보자나 특정 정당에 대하여 찬양·지지 또는 비방·반대를 하는 사이버 활동을 집단적·동시다발적으로 수행하였다. 이러한 사정에 비추어 원심이 선거운동에 해당한다고 인정한 사이버 활동에는 선거인의 관점에서 객관적으로 특정 후보자의 당선 또는 낙선을 도모하는 목적의사가 있다고 볼 수 있다.

3. 공동정범의 성립 여부

형법 제30조의 공동정범은 공동가공의 의사와 그 공동의사에 의한 기능적 행위지배를 통한 범죄 실행이라는 주관적·객관적 요건을 충족함으로써 성립하므로, 공모자 중 구성요건행위를 직접 분담하여 실행하지 않은 사람도 위 요건의 충족 여부에 따라 이른바 공모공동정범으로서의 죄책을 질 수 있다. 구성요건행위를 직접 분담하여 실행하지 않은 공모자가 공모공동정범으로 인정되기 위해서는 전체 범죄에서 그가 차지하는 지위·역할, 범죄 경과에 대한 지배나 장악력 등을 종합하여 그가 단순한 공모자에 그치는 것이 아니라 범죄에 대한 본질적 기여를 통한 기능적 행위지배가 존재한다고 인정되어야 한다.

2인 이상이 범죄에 공동 가공하는 공범관계에서 공모는 법률상 어떤 정형을 요구하는 것이 아니고 2인 이상이 공모하여 범죄에 공동 가공하여 범죄를 실현하려는 의사의 결합만 있으면 충분하다. 비록 전체의 모의과정이 없더라도 여러 사람 사이에 순차적으로 또는 암묵적으로 의사의 결합이 이루어지면 공모관계가 성립한다.

4. 국가정보원의 원장 피고인 甲, 3차장 피고인 乙, 심리전단장 피고인 丙이 심리전단 산하 사이버팀 직원들과 공모하여 인터넷 게시글과 댓글 작성, 찬반클릭, 트윗과 리트윗 행위 등의 사이버 활동을 함으로써 국가정보원 직원의 직위를 이용하여 정치활동에 관여함과 동시에 제18대 대통령선거와 관련하여 공무원의 지위를 이용한 선거운동을 하였다고 하여 구 국가정보원법(2014. 1. 14. 법률 제12266호로 개정되기 전의 것, 이하 같다) 위반 및 구 공직선거법(2014. 2. 13. 법률 제12393호로 개정되기 전의 것, 이하 같다) 위반으로 기소된 사안에서, 국가정보원의 정보기관으로서의 조직, 역량과 상명하복에 의한 업무수행 체계, 사이버팀 직원들이 범행을 수행한 구체적인 방법과 모습, 피고인들이 각각 국가정보원의 원장과 3차장, 심리전단장으로서 사이버팀을 지휘·감독하던 지위와 역할, 사이버 활동이 이루어질 당시 피고인들이 회의석상에서 직원들에게 한 발언 및 지시 내용 등 제반 사정을 종합하면, 사이버팀 직원들이 한 사이버 활동 중 일부는 구 국가정보원법상 국가정보원 직원의 직위를 이용한 정치활동 관여 행위 및 구 공직선거법상 공무원의 지위를 이용한 선거운동에 해당하며, 이러한 활동을 구 국가정보원법에 따른 직무범위 내의 정당한 행위로 볼 수 없고, 피고인들이 실행행위자인 사이버팀 직원들과 순차 공모하여 범행에 대한 기능적 행위지배를 함으로써 범행에 가담하였다는 등의 이유로, 피고인들에게 구 국가정보원법 위반죄와 구 공직선거법 위반죄를 인정한 원심판단은 정당하다(대법원 2018. 4. 19. 선고 2017도14322 전원합의체 판결).

⑥ 도청의 소속 공무원이 관리 또는 지원을 하는 단체의 회장 등에게 카카오톡을 이용하여 대통령후보자 유세일정을 전송한 행위

도청의 여성가족정책관으로 재직중인 공무원으로서, 여성단체협의회, 여성지도자협의회 등 관내 지역의 29개 단체의 활동을 지원하거나 보조금 지급 등의 업무를 총괄하는 사람으로서, 피고인의 휴대전화 카카오톡을 이용하여 여성단체협의회 회장 및 회원들에게 특정 정당 대통령후보자의 사진·기호 등 선거운동 정보가 포함된 2017. 4. 29. 유세일정을 도청 여성가족정책과의 관리 또는 지원을 받는 단체의 회장 등에게 전송한 행위는 공무원의 지위를 이용하여 선거운동을 한 것이다[부산고등법원 2018. 8. 29. 선고 (창원)2018노128 판결, 대법원 2018. 12. 27. 선고 2018도14492 판결].

⑦ 공무원이 기간제 공무원에게 군수를 지지하는 활동을 하면 운전직 공무원이 될 수도 있다고 발언한 것이 공무원의 지위를 이용한 선거운동에 해당하지 않는 경우

원심이 적법하게 채택하여 조사한 증거들에 의하여 인정되는 다음과 같은 사정들을 종합하면, 피고인이 '선거인이자 부하직원인 황○○에 대하여 공무원의 지위를 이용하여 선거운동을 한다'는 인식과 목적의사를 가지고 이 사건 발언을 한 것이 아니라, '공무원으로 임명되기를 바라는 황○○에게 개인적으로 조언을 한다'는 인식을 가지고 하였을 가능성을 배제할 수 없는바, 검사가 제출한 증거들만으로는 피고인이 공직선거법 제85조 제2항 위반의 고의와 목적의사를 가지고 황○○에게 이 사건 발언을 하였음이 합리적인 의심을 할 여지가 없을 정도로 증명되었다고 보기 어렵다. 따라서 피고인의 주장은 이유 있다.

① 피고인이 황○○에게 자신이 심○○ 군수를 지지한다거나 심○○ 군수가 당선되어야 한다거나 심○○ 군수에게 투표하라는 취지로 말한 바가 없다. 피고인은 황○○에게 심○○ 군수가 재선이 되면 황○○이 공무원으로 임명될 수 있게 해주겠다고 약속하지도 않았고, 심○○ 군수에게 공무원 임명을 청탁해주겠다고 이야기하지도 않았다.

② 이 사건 발언의 핵심적인 내용은, 황○○과 그 지인들이 실제로 심○○ 군수를 지지하든 안 하든 심○○ 군수에게 투표를 하든 안 하든 "심○○ 군수에게 어떤 방법으로든 '황○○이 나의 재선을 위하여 노력하고 있구나'라는 인상을 주면 운전직으로라도 공무원 임명이 가능할 수도 있다"는 것이다.

③ 피고인은 1989년부터 공무원으로 재직하였고, 심○○ 군수가 임명한 별정직공무원도 아니었다. 피고인은 황○○과 가까운 사이도 아니었고, 이 사건 발언은 황○○이 정규직 전환이 되지 않아 피고인에 대하여 좋은 감정을 가질 수 없는 상태에서 이루어졌다. 피고인이 이러한 상황에서 선거운동으로 인한 공무원직의 상실 또는 형사처벌까지 각오하면서 황○○을 상대로 심○○ 군수를 재선시키기 위한 선거운동을 할 이유가 없어 보인다.

④ 이 사건 발언이 황○○을 상대로 은밀하게 이루어진 것도 아니었다. 이 사건 발언은 피고인의 농업정책과 내 집무 공간에서 근무시간 중에 이루어졌고, 피고인이 이 사건 발언 당시 주변의 공무원들과의 차폐를 시도한 바도 없어 보인다. 피고인은 이틀 후인 2018. 4. 26. 노○○ 팀장으로부터 "황○○이 피고인으로부터 선거운동을 지시받았다고 말하더라"는 이야기를 듣고 노○○에게 "무슨 소리냐, 그런 말을 한 적이 없다"고 한 후, 황○○과 노○○를 불러 함께 피고인의 집무 공간에서 대화를 나

누면서 그 자리에서 이 사건 발언과 유사한 내용의 발언을 재차 하였는바, 두 번째 발언이 있게 된 경위와 상황에 비추어 볼 때, 피고인이 재차 선거운동을 할 고의와 목적의사로 노○○까지 동석한 상태에서 황○○에게 두 번째 발언까지 했다고는 보기 어렵다.

⑤ 황○○의 입장에서 이 사건 발언을 제7회 전국동시지방선거에서 심○○ 군수가 당선될 수 있도록 심○○ 군수를 지지하는 식사모임을 만드는 등으로 적극적인 선거운동을 하라는 의미로 받아들였을 가능성이 있다. 설령 그렇다고 하더라도 이 사건 공소사실은 황○○의 선거운동을 피고인이 교사하였다는 것이 아니고, 나아가 공직선거법은 공무원의 선거운동 미수를 처벌하는 규정을 두고 있지 않고, 원심이 적법하게 채택하여 조사한 증거들에 의하면 황○○은 심○○ 군수를 위한 선거운동을 한 바 없는 사실이 인정되므로, 피고인을 교사범으로 처벌할 수도 없다(광주고등법원 2019. 12. 17. 선고 (전주)2019노31 판결, 대법원 2020. 3. 26. 선고 2020도407 판결)

마. 헌법재판소 결정

① 공무원이 그 지위를 이용하여 선거운동을 하는 것을 금지 및 처벌하는 공직선거법 제85조 제2항 전문 중 공무원 가운데 '지방의회의원' 부분이 헌법에 위반되는지 여부

1. 공무원 지위이용 선거운동죄 조항에 대한 판단

가. 죄형법정주의의 명확성원칙 위반 여부

지방의회의원은 정당을 대표하며, 선거운동의 주체로서 그에게는 선거에서의 정치적 중립성이 요구될 수 없으므로, 그는 선거결과에 영향을 미치는 행위를 금지하는 공직선거법 제9조의 '공무원'에 해당하지 않는다. 그러나 지방의회의원이 공직선거법 제9조의 공무원에 포함되지 않는다고 해석된다고 하여, 구 공직선거법 제85조 제2항이 지방의회의원에 대한 명시적인 배제규정을 두고 있지 않음에도 불구하고, 지방의회의원이 공무원의 지위를 이용한 선거운동이 금지되는 대상에서 제외된다고 해석할 수 없다.

선거의 공정성은 자유선거원칙을 규정하는 헌법 제41조 제1항, 제67조 제1항 및 선거운동의 기회균등을 보장하는 헌법 제116조 제1항에 근거를 두고 있다. 한편, 공무원의 직무영역에서 일반적으로 요구되는 정치적 중립의무는 헌법 제7조 제2항에 근거를 둔 것으로 직무 전념성을 보장하고 엽관제를 지양하는 직업공무원제도 보장에 초점이 있다. 정치적 중립의무를 지지 않는 지방의회의원에

게도 선거의 공정성은 준수할 것이 요구된다. 구 공직선거법 제85조 제2항이 확보하고자 하는 선거의 공정성은 정치적 중립성과는 별개의 보호법익으로서 누구든지 준수해야 하기 때문이다.

공직선거법은 지방의회의원에 대하여 이미 개별 조항별로 선거의 공정성에 영향을 미치는 행위와 관련하여 금지와 허용 여부를 명확히 구분해놓고 있다. 공직선거법 제60조 제1항 제4호, 제86조 제1항은 적용대상에서 각각 정당의 당원이 될 수 있는 공무원, 지방의회의원을 제외한다는 명문의 규정을 두고 있다. 반면 제85조 제2항은 지방의회의원을 제외한다는 내용을 두고 있지 않다.

구 공직선거법 제85조 제2항의 입법 취지, 공무원의 선거운동 등 금지범위에 관한 공직선거법 조문 체계, 정치적 중립의무와 선거의 공정성 간의 관계 등을 종합하여 보면, 건전한 상식과 통상적인 법 감정을 가진 사람이면 공무원의 지위를 이용한 선거운동을 금지하는 구 공직선거법 제85조 제2항에서의 '공무원'에 지방의회의원도 포함됨을 알 수 있다.

나. 과잉금지원칙을 위반하여 정치적 표현의 자유를 침해하는지 여부

지방의회의원에게는 선거에 있어서는 정무직공무원의 지위와, 부여받은 공적 권한을 주민 전체의 복리추구라는 공익실현을 위하여 사용하여야 하는 국민에 대한 봉사자로서의 지위 간의 균형이 요구되고, 선거의 공정성을 준수하여야 할 의무가 있다. 그런데 지방의회의원이 선거운동을 함에 있어 지방의회의원의 지위를 이용하면, 이는 주민 전체의 복리를 위해 행사하도록 부여된 자원과 권한을 일방적으로 특정 정당과 개인을 위하여 남용하는 것이고, 그로 인해 선거의 공정성을 해칠 우려 뿐 아니라 공직에 대한 국민의 신뢰 실추라는 폐해도 발생한다.

지방의회의원은 위 조항에서 금지하고 있는 것 이외에는 공직선거법 제86조 제1항 등에서 허용하는 바와 같이 정치적 표현의 자유를 폭넓게 누리고 있다. 공무원 지위이용 선거운동을 포괄적으로 금지하는 방식 대신 금지되는 특정 방법이나 태양을 구체적으로 나열하는 방법으로는 입법목적을 달성하기 어렵다.

공직선거법상 공무원이 단순히 그 지위를 가지고 선거운동을 한 경우를 처벌하는 조항의 법정형이 3년 이하 징역 또는 600만원 이하 벌금(제60조 제1항 제4호, 제255조 제1항 제2호)임을 고려하면, 그보다 비난가능성과 선거의 공정에 끼치는 폐해가 더욱 큰 공무원 지위이용 선거운동죄의 법정형이 징역 5년 이하인 것은 죄질 및 행위자의 책임에 비하여 지나치게 과중한 형이라 볼 수 없다.

위 조항의 법정형에는 형의 하한이 없으므로, 개별적인 위반행위의 죄질에 따라

개전의 정상을 참작하여 집행유예뿐 아니라 선고유예까지 선고할 수 있다. 위 조항이 비록 법정형에 벌금형을 규정하지 않았다 하더라도 법관의 양형선택 및 판단권을 극도로 제한하고 있다거나, 행위의 개별성에 맞추어 책임에 알맞은 형벌을 선고할 수 없는 것이 아니다.

지방의회의원이 공무원 지위이용 선거운동죄로 금고 이상의 형을 선고받으면 지방의회의원직을 상실하게 되는 불이익이 있으나, 이는 피선거권의 제한요건을 규율한 공직선거법 제19조 제2호라는 다른 관련규정에 근거하여 발생하는 것이지, 공무원 지위이용 선거운동죄 조항이 직접 의원직을 상실시키는 것은 아니다. 공무원 지위 이용 선거운동죄 조항에 의하여 제한되는 지방의회의원의 정치적 표현의 자유는 선거운동 중에서도 그 지위를 이용한 경우에 국한되므로 크지 않은 반면, 선거의 공정성 보장이라는 공익 달성은 더욱 중대하다.

공무원 지위이용 선거운동죄 조항은 과잉금지원칙을 위반하여 청구인의 정치적 표현의 자유를 침해하지 아니한다(헌법재판소 2020. 3. 26. 2018헌바3 결정).

4. 조직내 직무상 행위를 이용한 선거운동 금지(제3항)

가. 의의

본 조항은 선거인이 직업적인 기관·단체와의 관계로 인하여 받는 유·무형 또는 직·간접의 부당한 영향에서 벗어나 자유롭게 후보자를 선택하거나 선거운동을 할 수 있는 투표의사 실현의 자유와 선거의 공정을 보장하기 위한 것이다.

나. 구성요건

1) 금지주체 및 대상

누구든지이다. 다만, 교육적·종교적 또는 직업적인 기관·단체 등의 조직 내에서의 직무상 행위를 이용하거나, 거래상 특수한 지위를 이용한 경우이므로 그 구성원들이 이에 해당할 것이다. '직업적 기관·단체'는 구성원과 직접적인 고용관계를 맺고 급여를 지급하는 관계에 있는 기관·단체로 제한된다고 볼 수 없고, 구성원 사이에 직업적인 이해관계로 말미암아

사실상의 영향력을 미칠 수 있는 직업과 관련된 기관·단체도 포함된다.[47]

2) 금지되는 행위

조직 내에서의 직무상 행위를 이용하거나, 거래상 특수한 지위를 이용하여 선거운동을 하는 경우이다. 「조직 내에서의 직무상 행위를 이용」은 조직 내에서의 직무와 결부되어 행하여지는 것으로 조직 내에서 그러한 직무를 수행하기 때문에 특히 선거운동을 효과적으로 행할 수 있는 영향력 또는 편익을 이용하는 것을 말한다. 「직무」는 조직 내의 소관 직무에 속하는 고유업무 및 통념상 이와 관련한 업무를 포함하고, 「직무상 행위」는 그 지위의 성질상 필요로 하거나 수반되는 모든 행위와 활동을 말한다.[48] 종교단체 내에서 '직무상 행위를 이용'한다는 것은 종교단체의 운영 관계나 내부 지위에 따른 임무 등에 비추어 볼 때 그 구성원에 대하여 어떠한 형태로든 영향력을 줄 수 있는 사람이 자신의 목적 달성 등을 위하여 그 지위에 수반되는 영향력을 행사하는 것을 의미한다. 종교단체 내에서 직무상 행위를 이용하는 구체적 행위 태양을 예상하여 열거하는 것은 불가능하거나 현저히 곤란할 뿐만 아니라, 구체적으로 어떠한 행위가 종교단체 내에서의 직무상 행위를 이용한 것에 해당하는지는 행위자가 종교단체 안에서 차지한 지위에 기하여 취급하는 직무 내용, 직무상 행위를 하는 시기, 장소, 방법 등 여러 사정을 종합적으로 관찰하여 직무와 관련된 것인지 여부 등을 살펴봄으로써 판단할 수 있다.[49] '교육적·종교적 또는 직업적 기관·단체 등의 조직 내에서의 직무상 행위를 이용한다는 것'은 피고인이 그 조직에서 실질적인 직무상 행위를 하는지 여부가 문제된다고 할 것이고, 그 조직에 등록된 형식적 지위나 직무로 판단할 것은 아니다.[50]

「거래상 특수한 지위를 이용하여」는 거래로 말미암아 상하관계 또는 협력관계가 형성됨으로써 특히 선거운동을 효과적으로 행할 수 있는 영향력 또는 편익을 이용하는 것으로, 거래상의 지위와 선거운동이 연관되어 있는 경우를 말한다.[51]

「선거운동을 하게 하는 행위」와 관련하여, 본 조항의 '하게 하는' 행위에 폭행·협박 같은 강제적 요소를 포함하고 있지는 않으나 '직무상 행위 이용' 자체에 자유를 제한하는 요소가

---

47) 서울고등법원 2023. 4. 28. 선고 2022노2709 판결, 대법원 2023. 7. 13. 선고 2023도5694 판결(노동조합은 법 제87조 제1항에서 선거운동을 금지하는 기관·단체가 아님에도, 그 임원들이 조직 내 직무상 행위를 이용하여 소속 조합원들로 하여금 노동조합의 명의를 드러냄이 없이 특정 정당의 후보자에게 선거운동을 하게 한 것을 같은 법 제85조 제3항 위반으로 판단한 사례이다)

48) 헌법재판소 2004. 5. 14. 2004헌나1 결정

49) 헌법재판소 2024. 1. 25. 2021헌바233 결정

50) 서울고등법원 2023. 5. 26. 선고 2023노420 판결(교회에서 공식 직책을 맡고 있지 않다고 하더라도 국회의원선거 전일기도회에서 목사로서 설교를 하면서 특정 정당에 대한 지지 발언을 한 것을 법 제85조 제3항 위반으로 판단한 사례이다)

51) 대검찰청, 공직선거법 벌칙해설 제10개정판, 510면

내재되어 있으므로, 직무상 행위를 이용하여 선거운동을 권유·요구하는 행위만으로도 자유롭게 후보자를 선택하여 선거운동을 하거나 하지 않을 자유를 침해할 위험이 있다. 만약 직무상 행위를 이용하여 선거운동을 하게 한 경우에도 상대방의 의사에 반하지 않았다는 이유로 선거운동을 '하게 하는' 때에 해당하지 않는다고 본다면, 직무상 행위를 이용함에 따라 직·간접적으로 위협받은 자유의사가 자발성으로 포장되어 위 금지규정의 취지·목적을 잠탈할 우려가 있을 뿐만 아니라, 직업적인 조직을 법률상 허용된 선거운동조직 외에 별도의 사적인 선거운동조직으로 이용할 여지가 생긴다. 따라서 단지 선거운동의 기회 안내 정도를 넘어 직무상 행위를 이용하여 선거운동을 권유·요구·지시하는 데 이르렀다면, 선거운동을 하게 된 것이 자기 의사에 반하지 않는 등 선거운동의 자유의사를 억압하는 결과에 이르지 않았더라도, 위 조항이 금지하는 선거운동을 하게 한 경우에 해당한다. 구체적으로는 지시 내용·형태, 선거운동기간과 관련하여 지시의 시점, 그 지시가 상대방의 자유로운 후보자 선택과 선거운동여부에 유·무형, 직·간접적으로 영향을 미쳤는지, 상대방이 선거운동 동기 등을 종합적으로 고려하여 판단해야 한다.[52]

다. 중앙선거관리위원회 행정해석

① 출판사직원의 선거운동원 활용

출판사를 경영하는 후보자와 그 출판사 직원들은 조직규율 및 직무수행상 상하감독관계에 있어서 그 지위로 인한 영향력을 피할 수 없을 것이므로 직원들을 선거사무장·회계책임자 또는 선거사무원으로 선임하여 선거운동을 하게 하는 것은 공선법 제85조 제3항의 규정에 위반될 것임(1995. 5. 19. 의결).

② 종교집회에서 입후보사실의 공표

1. 종교집회에서 소속신도들의 동정을 통상의 방법으로 알리는 것은 무방할 것이나, 종교집회를 주관·개최하거나 진행하는 자가 동 집회를 개최하면서 참석한 선거구민인 소속신도를 대상으로 단순히 동정의 소개를 넘어 특정 후보자를 지지·선전하는 행위가 부가되는 경우에는 직무상의 행위를 이용하여 그 구성원에게 선거운동을 하는 것이 될 것이므로 공선법 제85조 제3항에 위반될 것임.

2. 주보·회보 등 종교단체 소식지의 소속신도들의 동정을 알리는 난에 통상의 방법으로 단순히 소속신도의 입후보사실을 알리는 것은 무방할 것이나, 종교단체 소식지의 특정난에 소속신도의 입후보사실을 취재·게재하여 이를 선거구민인 신도들에게

52) 서울고등법원 2023. 4. 28. 선고 2022노2709 판결, 대법원 2023. 7. 13. 선고 2023도5694 판결

배부하는 것은 특정 후보자를 선거구민에게 지지·추천하는 행위로 볼 수 있을 것이므로 공선법 제93조 또는 제254조의 규정에 위반 또는 저촉될 것임(1996. 2. 29. 의결).

⇨ 단체가 주기적으로 발행하는 기관지에 경력을 게재하여 입후보 지역의 산하 조합 등에 배부하는 것은 법 제254조에 위반되지 아니함. 다만 선거일 전 180일(現 120일)부터는 법 제93조에 위반될 것임[2016. 12. 2. 대법원의 선거운동 판단기준 변경에 따른 관련 선례 정비(제2차)].

라. 판례

① 유사기관을 설치하고 그 유사기관에 사람을 고용하여 선거운동

원심판결의 이유를 관련 법리와 기록에 비추어 살펴보면, 원심이 △△△ 사무실은 선거운동을 주된 목적으로 하여 설립된 것이고 공소외인 등 7명은 피고인을 도와 선거운동을 하기 위하여 채용된 일종의 근로자로 보인다는 점 등 그 판시와 같은 이유로, 피고인이 공소외인 등 7명으로 하여금 '직무상 행위를 이용하여' 선거운동을 하게 한 것으로 보기는 어렵다고 판단한 것도 정당한 것으로 수긍이 간다. 거기에 검사가 상고이유로 주장하는 법리오해 등의 위법이 있다 할 수 없다(대법원 2013. 12. 26. 선고 2013도10896 판결).

② 신부의 지위에서 미사 집전 중 선거운동

'지위를 이용한 선거운동금지'는 후보자 비방의 목적이나 공공의 이익에 관한 것인지 여부와 관련 없이 지위를 이용하여 그 구성원을 상대로 선거운동을 하였는지 여부에 따라 죄의 성립 여부가 결정된다고 할 것인데, 원심이 적법하게 채택한 각 증거들에 의하면, 피고인이 가톨릭 신부의 지위에서 미사 집전 중 강론 시간에 성당의 신자들 300여 명을 그 대상으로 한 점, 대통령선거일 4일 전 다수의 신자들을 상대로 피고인이 지지하지 않는 이회창 대통령 후보의 비리의혹을 적시하고, 이회창 후보를 지지하는 경향이 있는 나이 든 사람들에 대해서는 투표를 하지 못하도록 선거일에 성지순례를 보내기로 하였다는 농담조의 말을 한 점에 비추어보면, 피고인이 다른 대통령 후보의 당선 또는 이회창 후보의 낙선을 목적으로 위와 같은 강론을 한 것이라 볼 것이고, 이는 종교적 지위를 이용하여 그 구성원을 상대로 한 선거운동이라 할 것이므로 피고인의 무죄 주장은 받아들일 수 없다고 할 것이다(서울고등법원 2003. 8. 6. 선고 2003노1347 판결).

③ 주식회사 부사장이 소속 파견직원 대상 선거운동

피고인은 2006. 5. 31. 실시된 제4회 전국동시지방선거에서 광주 ○구 ◇◇◇당 광주

광역시의원 후보로 출마하여 당선된 자로서, △△자동차 광주공장 협력업체인 주식회사 □□□ 부사장으로 재직하면서 직원채용, 채용된 근로자들과 관련된 노무관리 등의 업무에 종사해 오고 있는 자인바, 누구든지 직업적인 기관·단체 등의 조직 내에서의 직무상 행위를 이용하여 그 구성원에 대하여 선거운동을 할 수 없고, 선거구민이나 선거구민과 연고 있는 자에게 기부행위를 할 수 없음에도, 2005. 11. 중순 일자불상 12:30경부터 13:30경 사이에 광주 소재 ○○숯불갈비 식당에서, △△자동차 광주공장에 파견 근로 중이던 위 주식회사 □□□ 소속 B조 조장 ○○○을 비롯한 조원 23명을 격려한다는 이유로 모이게 하여, 위 조원들에게 "내가 광주 ○구 선거구에서 내년 광주광역시의원 후보로 지방선거에 출마할 생각이 있다. 현재 내가 시의회 부의장을 맡고 있는데 내년에는 시의회 의원에 당선되면 꼭 의장에 나가고 싶다. 여러분들 중 ○구에 살고 있는 사람들과 ○구에 살지 않은 사람들이라도 ○구 쪽에 알고 있는 사람들을 상대로 1인당 5장씩 ◇◇◇당 입당원서를 받아주면 입당원서를 작성한 사람들이 당비를 내지 않도록 하겠으니 도와 달라."는 취지의 발언을 하고, 계속하여 다음날 00:30경부터 01:30경까지 사이에 같은 장소에서 위 회사 A조 조장 ○○○ 등 조원 28명을 같은 이유로 모이게 하여 같은 취지의 발언을 함으로써 조직 내에서의 직무상 행위를 이용하여 그 구성원에 대하여 선거운동을 하고, 이와 동시에 선거구민인 19명의 조원들에게 1인당 5,000원, 합계 95,000원 상당의 식사를 제공함으로써 기부행위를 하였다(광주고등법원 2006. 12. 7. 선고 2006노323 판결, 대법원 2007. 3. 30. 선고 2006도9043 판결).

④ 선거관리위원회의 안내·경고에도 불구하고 교회목사라는 지위를 이용하여 반복하여 선거운동을 한 행위에 대하여 항소심에서 형량을 가중한 사례

이러한 점에 비추어, 종교단체의 지도자가 신도들에 대하여 갖는 유·무형의 영향력을 바탕으로 설교 등을 통하여 공공연하게 선거과정에서 특정 후보자에 대한 지지를 표명함으로써 선거에 개입하는 것은, 그 행위가 선거 전 과정에서 미치는 현실적인 영향력을 고려할 때 선거의 공정을 침해할 위험이 클 뿐만 아니라, 헌법상 정교 분리의 원칙이 추구하는 이념에도 반할 우려가 큰 점에 비추어 이를 결코 가볍게 처벌할 수는 없는 것이다.

돌이켜 이 사건에서 보건대, 피고인이 담임목사로 있는 ○○교회는 목사가 15명, 전도사가 75명이며, 전체 신도가 약 10만 여 명에 이르는 거대 규모의 개신교 감리교회인데, 담임 목사의 지위에 있는 피고인이 신도들을 상대로 특정 후보자를 지지하는 내용의 설교를 하는 것은, 교회의 규모나 피고인의 ○○교회의 신도들에 대하여 가지고 있는 영향력을 고려할 때 선거운동에 불공정을 초래하고 유권자인 신도들의 자유로운

정치적 의사형성을 침해할 가능성이 매우 크다. 또한 피고인은 교회의 예배에 참석하여 "하느님 사랑하시는 장로님 꼭 대통령 되게 기도해 달라", "예수 잘 믿는 장로님이 경선과 대선에서 승리하게 해 달라"는 등 특정 후보에 대한 지지 의사를 설교 형식으로 종교적인 표현을 빌어 반복하였을 뿐만 아니라, 예배에 참석한 신도수가 원심 판시 제1, 2의 범죄사실의 경우 약 3만 여명, 원심 판시 제3의 범죄사실의 경우 약 3,400여 명에 이르는 등 선거운동의 방법 및 대상에 비추어 선거의 공정을 해하는 불법의 정도가 중하다. 나아가 피고인은 위와 같은 반복된 공선법 위반행위로 인하여 서울특별시 선거관리위원회로부터 공선법 위반을 경고하는 경고장을 2회 받았고, 중랑구선거관리위원회로부터는 공명선거 관련 공문을 2회 받았으며 관련 선거관리위원회 공무원이 거듭하여 안내 방문을 하였음에도, 이를 무시하고 계속하여 이 사건 공선법 위반 행위를 저지르는 점에서, 이 땅에서의 실정법과 그 법을 집행하는 국가기구를 가볍게 보는 피고인의 자세는 자못 심각하다고 할 것이다.

위와 같은 사정 및 이 사건 기록에 나타난 피고인에 대한 제반 양형 요소를 고려하면, 피고인의 공선법 위반의 죄책이 결코 가볍다고 볼 수 없어 피고인에 대하여는 일정기간 공무담임권을 제한하는 형을 선고함이 불가피하다 할 것이므로, 원심이 선고한 벌금 90만 원의 형은 다소 가벼워서 부당하다고 판단되므로 검사의 주장은 이유 있다(서울고등법원 2008. 4. 16. 선고 2008노645 판결).

⑤ 조합장이 조합 직원 회의에 예비후보자를 오게 하여 선거운동을 하게 한 행위가 직무상 행위를 이용한 그 구성원에 대한 선거운동에 해당하는지 여부

조합장은 2010. 4. 2. ○○시 수산업협동조합 3층 회의실에서, 조합 직원들과의 회의에 제5회 전국동시지방선거의 □□도의원선거 예비후보자로 등록한 ○○○을 오게 하여 직원들을 상대로 선거운동을 하게 하고, 이에 따라 ○○○이 위 회의 중에 직원 71명을 상대로 선거공약사항 등을 30여분간 설명하였다. 그리고 조합장은 '○○○ 후보가 당선되면 우리 수협의 숙원사업인 유류저장탱크 이전 비용으로 10억 원을 도비로 지원할 수 있도록 도와 달라, 과거 도의원 시절에 주문진 어판장의 옥개시설과 어구 보관창고를 설치할 때도 예산을 확보해 주었다.'라고 말하며 ○○○의 업적을 홍보하고, 직원인 △△△ 등이 ○○○로부터 명함을 받아 직원들에게 돌리는 것을 묵인하였다. 이로써 조합장은 조합 내에서의 직무상 행위를 이용하여 그 구성원에 대하여 선거운동을 하였다(춘천지방법원 강릉지원 2011. 1. 20. 선고 2010고합89 판결).

⑥ 한국관광공사 감사가 소속 직원들에게 특정 후보의 지지 부탁

한국관광공사 감사인 피고인이 자신의 비서를 통해 소속 직원 3명을 감사실에 개별적으로 불러 이들과 같은 선거구에서 실시되는 국회의원 재선거에 출마한 특정 후보의

지지를 부탁한 사안에서, 피고인이 공사 내에서 감사로서 가지고 있는 권한의 내용, 소속 직원들을 감사실로 불러 특정 후보의 지지를 부탁하는 발언을 하게 된 경위와 시기·장소·방법 등을 종합할 때, 위 행위가 공직선거법 제85조 제2항(현행 : 제85조 제3항)에서 금지하는 '기관·단체 등의 조직 내에서의 직무상 행위를 이용하여 그 구성원에 대하여 선거운동을 한 경우'에 해당한다(대법원 2011. 4. 28. 선고 2011도1925 판결).

⑦ 학교운영위원장으로서 교육적 조직내의 직무상 행위를 이용한 선거운동

피고인은 ○○에 있는 중학교의 학교운영위원장으로 2018. 6. 13. 실시된 제7회 지방선거 ○○군의원선거에 예비후보자로 등록한 A와 선후배 관계에 있는 사람이고, 위 선거의 선거운동기간은 2018. 5. 31.부터 2018. 6. 12.까지이다. 피고인은 2018. 4. 19. 18:50경 읍사무소 앞 도로에서 선거운동을 하는 A를 만나게 되자 같은 날 개최될 중학교 학교운영위원장 등 모임의 참석자들을 상대로 A에 대한 선거운동을 하기로 마음먹고, A에게 중학교 학부모운영위원 등이 만나는 장소에 오라고 말하며 모임 장소를 알려주었다.

피고인은 2018. 4. 19. 19:10경 ○○에 있는 식당에서 교육적 조직인 중학교 학부모운영위원회 회원 등 25명이 상견례 및 학교 건의사항 청취 등 위 위원회의 직무에 관하여 만난 자리에서, A가 위 식당에 방문하자 "제가 사랑하는 후배다. 이번에 군의원 나온다. 젊은 사람이 열심히 해보겠다고 한다. 그래서 제가 잠깐 들르라고 했다. 응원의 박수 부탁드린다" 라고 말하는 등 그에 대한 지지를 호소하였다.

이로써 피고인은 선거운동 기간 전에 선거운동을 함과 동시에, 교육적 조직 내에서 직무상 행위를 이용하여 선거운동을 하였다(대전고등법원 2019. 5. 9. 선고 2019노62 판결).

⇨ 선거운동을 할 수 있는 사람은 선거일이 아닌 때에 법상 제한·금지되지 아니하는 옥내 집회에서 다중을 대상으로 법 제59조 제4호에 따라 말(연설 형태 포함)로 하는 선거운동을 할 수 있음(2021. 1. 12. 말로 하는 선거운동 관련 운용기준).

⑧ 노동조합 임원들이 조직 내 직무상 행위를 이용하여 소속 조합원들로 하여금 노동조합의 명의를 드러냄이 없이 특정 정당의 후보자에게 선거운동을 하게 한 행위

노동조합이 제85조 제3항의 직업적인 기관·단체에 해당함은 앞서 본 바와 같다. 그렇다면 노동조합의 조합장·임직원이 직무상 행위를 이용하여 조합원에 대하여 선거운동을 하게 한 경우 제85조 제3항의 구성요건에 해당할 수 있으나, 노동조합이 특정 정당·후보자를 지지·반대하기로 한 결정에 따라 '노동조합 또는 조합장 명의'로 그 구성원인 조합원에 대해 선거운동을 하게 하고 조합원이 그에 따라 '노동조합 명의'로 선거운동을 하는 행위는 제87조 제1항 및 위 판례 취지에 비추어 노동조합의 선거운동으로 허용되는 정당한 행위로 볼 수 있다. 그러나 노동조합·조합장의 명의를 명시하지

않고 일반 선거인들의 관점에서 노동조합의 명의로 선거운동을 한다고 쉽게 인식할
수 없는 방법으로 조합원으로 하여금 선거운동을 하게 하고, 조합원이 그에 따라 노동
조합의 명의를 사용하지 않고 선거운동을 하는 행위는 제87조 제1항에 의하여 허용되
는 선거운동의 범위에 포함된다고 볼 수 없고, 제85조 제3항에 의하여 금지되는 위법
한 행위에 해당한다(서울고등법원 2023. 4. 28. 선고 2022노2709 판결, 대법원 2023. 7. 13. 선
고 2023도5694 판결).

마. 헌법재판소 결정

① 제85조 제3항의 '종교단체 내 직무상 지위 이용 선거운동 금지' 위헌 여부
  (1) 죄형법정주의의 명확성원칙 위반 여부
  • 종교단체 내에서 '직무상 행위를 이용'한다는 것은 종교단체의 운영 관계나 내부
    지위에 따른 임무 등에 비추어 볼 때 그 구성원에 대하여 어떠한 형태로든 영향력
    을 줄 수 있는 사람이 자신의 목적 달성 등을 위하여 그 지위에 수반되는 영향력
    을 행사하는 것을 의미한다.
  • 종교단체 내에서 직무상 행위를 이용하는 구체적 행위 태양을 예상하여 열거하는
    것은 불가능하거나 현저히 곤란할 뿐만 아니라, 구체적으로 어떠한 행위가 종교단
    체 내에서의 직무상 행위를 이용한 것에 해당하는지는 행위자가 종교단체 안에서
    차지한 지위에 기하여 취급하는 직무 내용, 직무상 행위를 하는 시기, 장소, 방법
    등 여러 사정을 종합적으로 관찰하여 직무와 관련된 것인지 여부 등을 살펴봄으
    로써 판단할 수 있다.
  • 따라서 직무이용 금지조항 중 '직무상 행위를 이용하여' 부분은 죄형법정주의의
    명확성원칙에 위배되지 않는다.
  (2) 과잉금지원칙 위반 여부
  • 직무이용 제한조항은 선거의 공정성을 확보하기 위한 것으로, 이러한 입법목적은
    정당하고, 위와 같은 금지를 위반한 사람에 대하여 형벌을 부과하는 것은 입법목
    적 달성에 기여하는 것으로서 수단의 적합성도 인정된다.
  • 성직자는 종교지도자일 뿐만 아니라 경우에 따라서 사회지도자로 대우를 받으며
    신도에게 상당한 영향력을 행사할 수 있고, 신도 조직의 대표자나 간부는 나머지
    신도에게 큰 영향력을 행사할 여지가 있다. 이처럼 종교단체 내에서 일정한 직무
    상 행위를 하는 사람이 종교적 신념을 공유하는 신도에게 자신의 지도력, 영향력
    등을 기초로 공직선거에서 특정인이나 특정 정당에 대한 지지 또는 반대를 끌어

내려 하는 경우, 대상이 되는 구성원은 그 영향력에 이끌려 왜곡된 정치적 의사를 형성할 가능성이 커진다. 선거의 궁극적인 목적은 국민의 정치적 의사를 대의기관의 구성에 정확하게 반영하는 데에 있는바, 국민의 정치적 의사가 그 형성 단계에서부터 왜곡된다면 선거의 공정성을 확보하는 것은 요원한 일이 된다.

- 직무상 지위를 이용하지 않고 단순히 친분에 기초하여 선거운동을 하는 경우는 직무이용 제한조항에 따른 규제의 대상이 아니고, 선거에 관한 단순한 의견개진 및 의사표시나 명절 등에 하는 의례적인 인사말을 문자메시지로 전송하는 행위 등은 애당초 선거운동으로 보지 않으므로(공직선거법 제58조 제1항 참조), 직무이용 제한조항으로 인하여 통상적인 종교활동이나 종교단체 내에서의 친교 활동이 과도하게 위축될 것이라는 우려는 타당하지 않다. 따라서 직무이용 제한조항은 침해의 최소성을 갖추었다.

- 공통된 신앙에 기초하여 구성원 상호 간에 밀접한 관계를 형성하는 종교단체의 특성과 성직자 등 종교단체 내에서 일정한 직무를 가지는 사람이 가지는 상당한 영향력을 고려하면, 그러한 선거운동을 원칙적으로 금지하고 위반한 경우 처벌함으로써 선거의 공정성을 확보하고, 종교단체가 본연의 기능을 할 수 있도록 하며, 정치와 종교가 부당한 이해관계로 결합하는 부작용을 방지함으로써 달성되는 공익이 더 크다. 따라서 직무이용 제한조항은 법익의 균형성도 갖추었다.

- 따라서 직무이용 제한조항은 과잉금지원칙을 위반하여 선거운동 등 정치적 표현의 자유를 침해하지 않는다(헌법재판소 2024. 1. 25. 2021헌바233 결정).

5. 교육상의 행위를 이용한 선거운동 금지(제4항)

가. 금지주체 및 대상

누구든지이다. 다만, 교육적 특수관계에 있는 선거권이 없는 자를 대상으로 하므로 주로 학교의 교사가 해당될 것이나, 학교운영위원회위원장도[53] 해당한다는 판례가 있다.

교육적 특수관계에 있는 선거권이 없는 자가 그 대상이다. 따라서 교육상의 행위를 이용한 경우라도 선거권이 없는 자가 아닌 학부모를 대상으로 하는 경우에는 본 조가 적용되지 않고 사전선거운동에 해당된다.[54]

---

53) 광주고등법원 1998. 12. 23. 선고 98노7180 판결
54) 대전지방법원 2004. 10. 20. 선고 2004고합312 판결

나. 금지되는 행위

교육상의 행위를 이용하여 선거운동을 하는 것을 금지한다. 구체적인 사례로는 대학교 강사가 선거권이 없는 학생을 대상으로 지도교수의 남편이 입후보한 사실을 알리면서 자원봉사활동을 권유하는 취지의 발언을 한 경우,[55] 후보자가 자신이 운영위원장으로 있는 학교를 방문하여 교실을 순회하면서 자신을 소개하고 부모님께 말씀드려 기권하지 않도록 하라는 인사를 한 행위,[56] 등이 이에 해당한다.

다. 판례

① 예비후보자의 배우자인 고등학교 교사의 학생대상 전화선거운동

피고인은 고등학교의 수학교사로서 2004. 4. 15. 실시되는 제17대 국회의원선거에서 대전 중구선거구에 출마하려는 열린우리당 예비후보자의 처인바, 누구든지 교육적인 특수관계에 있는 선거권이 없는 자에 대하여 교육상의 행위를 이용하여 선거운동을 할 수 없음에도 불구하고, 2004. 2. 10.경 대전 중구에 있는 위 예비후보자의 선거사무실에서 그 곳에 설치된 일반전화를 이용하여 위 ○○여고 1학년 2반에 재학중인 정○○(16세)의 집으로 전화를 걸어 그녀에게 "○○여고에서 수학을 가르치는 선생님으로 남편이 열린우리당으로 출마하니 뽑아달라고 엄마에게 이야기하라"고 통화하고, 같은 날 같은 장소에서 위 ○○여고 1학년에 재학중인 김○○(16세)에게 위와 같은 방법으로 통화함으로써 선거운동을 하였다(대전지방법원 2004. 10. 20. 선고 2004고합312 판결).

6. 처벌

본 조 제1항을 위반한 자는 5년 이하의 징역 또는 2천만원 이하의 벌금에(법 제255조 제5항),[57] 본 조 제2항을 위반하여 선거운동을 한 자는 5년 이하의 징역에(법 제255조 제3항 제2호), 제3항 또는 제4항을 위반하거나 위반하게 한 자는 3년 이하의 징역 또는 600만원 이하의 벌금에 처한다(법 제255조 제1항 제9호).

---

55) 대구지방법원 2003. 1. 29. 선고 2002고합769 판결
56) 광주고등법원 1998. 12. 23. 선고 98노7180 판결
57) 헌법재판소는 공무원의 지위를 이용하여 선거에 영향을 미치는 행위에 대하여 1년 이상 10년 이하의 징역 또는 1천만원 이상 5천만원 이하의 벌금에 처하도록 규정한 처벌조항에 대해서 형벌체계상의 균형을 현저히 상실하여 헌법에 위반된다고 2016. 7. 28. 결정하였고, 그 이후 2017. 2. 8. 법 개정으로 현행과 같이 변경되었다.

제4절 공무원 등의 선거에 영향을 미치는 행위금지

1. 개요

　본 조는 특정 정당이나 후보자의 득표나 당선을 목적으로 하는 행위가 아니기 때문에 선거운동의 요건을 충족하지 못하지만 공무원이 특정 정당이나 후보자에게 유리 또는 불리하게 영향력을 행사함으로써 선거의 공정성을 해하는 것을 방지하기 위하여 공무원이 선거에 영향을 미칠 수 있는 행위를 하는 것을 금지하는 규정이다.[58] 지방자치단체장 등 공적 지위에 있는 자들에게 대해서는 선거운동에 이르지 아니하거나 그 지위를 이용하지 않은 경우에도 선거에 영향을 미칠 우려가 있는 행위를 금지하고 있다.

2. 공무원등의 선거에 영향을 미치는 행위 금지(제1항)

제86조(공무원 등의 선거에 영향을 미치는 행위금지) ① 공무원(국회의원과 그 보좌관·선임비서관·비서관 및 지방의회의원을 제외한다), 선상투표신고를 한 선원이 승선하고 있는 선박의 선장, 제53조제1항 제4호 및 제6호에 규정된 기관 등의 상근 임원, 통·리·반의 장, 주민자치위원회위원과 예비군 중대장급 이상의 간부, 특별법에 의하여 설립된 국민운동단체로서 국가나 지방자치단체의 출연 또는 보조를 받는 단체(바르게살기운동협의회·새마을운동협의회·한국자유총연맹을 말한다)의 상근 임·직원 및 이들 단체 등(시·도조직 및 구·시·군조직을 포함한다)의 대표자는 다음 각 호의 어느 하나에 해당하는 행위를 하여서는 아니된다.

　1. 소속직원 또는 선거구민에게 교육 기타 명목여하를 불문하고 특정 정당이나 후보자(후보자가 되고자 하는 자를 포함한다. 이하 이 조에서 같다)의 업적을 홍보하는 행위

　2. 지위를 이용하여 선거운동의 기획에 참여하거나 그 기획의 실시에 관여하는 행위

　3. 정당 또는 후보자에 대한 선거권자의 지지도를 조사하거나 이를 발표하는 행위

　4. 삭제 〈2010. 1. 25.〉

　5. 선거기간중 국가 또는 지방자치단체의 예산으로 시행하는 사업중 즉시 공사를 진행하지 아니할 사업의 기공식을 거행하는 행위

　6. 선거기간중 정상적 업무외의 출장을 하는 행위

　7. 선거기간중 휴가기간에 그 업무와 관련된 기관이나 시설을 방문하는 행위

---

58)　헌법재판소 2005. 6. 30. 2004헌바33 결정

가. 입법취지

본 법은 공무원의 선거에서의 정치적 중립의무(법 제9조), 공무원의 선거운동제한(법 제60조), 공무원의 지위를 이용한 선거운동의 금지(법 제85조)를 규정하는 것에서 더 나아가 본 조항에서 소위 관권선거나 공적 지위에 있는 자의 선거 개입의 여지를 철저히 불식시키기 위하여 공무원이 선거에 영향을 미치는 행위를 하는 것도 아울러 금지하고 있다. 이는 선거의 공정성을 확보하기 위한 방안으로 공무원 등 선거에 영향을 미칠 수 있는 특수한 지위에 있는 자가 선거 결과에 불공정한 영향을 미칠 우려가 큰 행위를 하지 못하도록 하는 것이다.[59] 한편 제5호 내지 제7호의 규정 취지는 통상적인 업무수행의 형태에 속하지 아니함에도 업무를 빙자하거나 업무와 관련 있는 기관, 시설을 방문하는 등의 방법으로 선거기간 중에 접촉하는 불요불급한 행위를 통해 상대방의 공정한 선거권 행사에 지장을 초래하고 관권선거의 시비를 불러일으킬 우려가 있음을 감안하여 그 중 종래부터 문제되어 온 대표적이고 전형적인 행위유형을 특정하여 여기에 해당하는 경우에는 별도의 입증이 없어도 선거에 영향을 미쳤다고 하는 점에 대한 소명이 된 것으로 간주하여 이를 처벌하고자 함에 있다.[60]

나. 금지주체

'공무원(국회의원과 그 보좌관·비서관·비서 및 지방의회의원은 제외), 선상투표신고를 한 선원이 승선하고 있는 선박의 선장, 제53조 제1항 제4호 및 제6호에 규정된 기관 등의 상근 임원,[61] 통·리·반의 장, 주민자치위원회위원과 예비군 중대장급 이상의 간부, 특별법에 의하여 설립된 국민운동단체로서 국가나 지방자치단체의 출연 또는 보조를 받는 단체(바르게살기운동협의회·새마을운동협의회·한국자유총연맹을 말함)의 상근 임·직원 및 이들 단체 등(시·도조직 및 구·시·군조직을 포함)의 대표자'로 한정적으로 열거하고 있다. 법 제85조 제1항에서는 '공무원 등 법령에 따라 정치적 중립을 지켜야 하는 자'로 규정하고 있는 점에서 차이가 있다.

다. 특정 정당이나 후보자의 업적 홍보 행위(제1호)

1) 대상

본 조 제1호에서 금지하는 「후보자」의 업적을 홍보하는 행위의 후보자에는 타인뿐만 아니라 해당 선거에 출마하고자 하는 공무원 본인도 포함된다.[62]

---

59) 헌법재판소 2005. 6. 30. 2004헌바33 결정
60) 대법원 2005. 8. 19. 선고 2005도2690 판결
61) 2025. 1. 7. 법 개정을 통해 지방공사·공단 상근 직원을 제외시켰다.
62) 대법원 2019. 11. 28. 선고 2019도12902 판결

2) '공무원 등 공적 지위에 있는 자로 하여금 소속직원 또는 선거구민에게 특정 후보
자 등의 업적을 홍보하는 행위를 하게 하는 자'의 의미

공무원 등 공적 지위에 있는 자가 선거에 영향을 미치는 행위를 하는 것을 금지하려는
것으로서 그 주체가 '공무원 등 공적 지위에 있는 자'라는 점에 주안점을 두고 있는 것
이지, '공무원 등 공적 지위에 있는 자'로 하여금 선거에 영향을 미치는 행위를 하게 하
는 행위 주체까지 '공무원 등 공적 지위에 있는 자'로 한정하는 것은 아니라고 보는 것
이 타당하다. 따라서 공무원 등 공적 지위에 있는 자로 하여금 소속직원 또는 선거구민
에게 특정 정당이나 후보자(후보자가 되고자 하는 자를 포함한다)의 업적을 홍보하는 행위
를 하게 한 자는 공무원 등 공적 지위에 있는지를 불문하고 누구든지 「공직선거법」 제
86조 제1항 제1호 및 제255조 제1항 제10호에 따라 처벌된다.[63]

3) '업적'의 의미

「업적」이라 함은 선거에서 긍정적 평가 자료가 될 수 있는 일체의 사회적 행위를 의미한다.
「업적」은 이미 달성한 성과나 공적을 의미하는 것이지 아직 달성하지 못한 것까지 업적의
개념에 포함시킬 수 없으므로, 앞으로의 계획을 밝히고 이를 실천할 것을 약속하는 내용은
업적 홍보행위에 해당한다고 보기 어렵다.[64] 그리고 「업적」의 사전적 의미에 비추어 보면 이
는 적어도 일부라도 달성한 성과·공적을 의미하는 것이고 전혀 착수하지 못한 사업까지 업
적에 포함시킬 수 없다고 보아야 할 것인바, 이에 해당하는지 여부를 판단하기 위해서는 업
적의 대상인 사업의 특성·규모, 그 사업이 주민들에 끼치는 영향 및 주민들의 관심도, 그 사
업의 구체적인 진행 정도 및 그 밖에 여러 가지 사정을 고려하여야 한다.[65]

4) 지방자치단체의 홍보업무와 지방자치단체장의 업적 홍보가 혼합되어 있을 경우 업
적홍보 해당여부의 판단기준

헌법상 지자체와 지자체장은 별개의 헌법기관으로 규정되어 있고, 지자체는 지자체장과
는 별개의 법인격을 가지는 법인이며, 법 제86조 제1항 제1호가 금지하는 대상을 '특정 정
당이나 후보자의 업적을 홍보하는 행위'라고 명시하고 있는 반면, 법 제86조 제5항에서는
별도로 지자체의 활동상황에 대한 홍보가 지자체장의 업적 홍보로 이어지는 것을 막기 위하
여 지자체장이 지자체의 활동상황을 홍보할 수 있는 횟수·기간을 제한하고 있다. 이러한 법

63) 대법원 2011. 4. 28. 선고 2010도17828 판결
64) 청주지방법원 2014. 12. 23. 선고 2014고합183 판결, 대법원 2015. 8. 27. 선고 2015도8395 판결
65) 서울중앙지방법원 2023. 7. 27. 선고 2023고합58 판결

제86조 제1항 제1호, 제5항의 문언과 규정 형식, 지자체의 사업추진실적이나 변화는 일반적으로 널리 알릴 필요가 있는 점, 지자체의 사업추진실적은 지자체의 모든 공무원들의 노력, 지역민들의 합심, 전국적인 여건 등 여러 사정들이 어우러져 이루어지는 것인 점 등에 비추어 볼 때, 지자체장이 지자체의 성공적인 활동상황을 홍보하였다는 사정만으로 그 행위가 바로 법 제86조 제1항 제1호에서 정한 후보자가 되려는 자의 업적을 홍보하는 행위에 해당한다고 볼 수는 없고, 지자체장이 지자체의 성공적인 활동상황을 홍보하는 행위가 실질적으로 선거에서 후보자가 되려는 지자체장의 업적을 홍보한 것인지를 판단함에 있어서는, 지자체의 성공적인 활동상황을 지자체장 개인의 업적으로 연결할 수 있을 정도로 지자체장이 구체적인 공헌·기여를 하였는지 여부, 홍보 내용에 지자체장의 구체적인 공헌·기여내용이 직접적으로 기술되어 있는지 여부, 당시 객관적 상황에서 홍보를 접한 주민들이 그 내용을 선거에서 후보자가 되려는 지자체장 개인의 업적으로 인식할 가능성이 있는지 여부, 그러한 홍보가 이루어진 경위·시점 및 홍보의 전체 내용·맥락 등을 종합적으로 고려하여 판단함이 타당하다.[66]

지방자치단체의 사업추진실적 등의 내용과 지방자치단체장과 관련된 내용이 혼재되어 있는 경우에는, 글이 게시된 장소 또는 매체, 게시된 글의 내용이 주민들의 특정 관심 사안에 해당하는지 여부, 지방자치단체장이 지방자치단체의 그러한 활동에 기여하였는지 여부와 게시된 글에 구체적인 기여내용이 직접적으로 기술되어 있는지 여부, 지방자치단체장의 성명, 사진, 발언 등이 포함되어 있는지 여부, 사진에 담긴 지방자치단체장의 크기, 모습, 주민들이 게시된 글의 내용을 보고 지방자치단체장의 업적으로 받아들일 가능성 등 여러 가지 사정을 종합하여 보았을 때 게시된 글이 단순히 지방자치단체의 실적과 활동상황을 홍보하는 것을 넘어 지방자치단체장의 업적을 홍보하는 것에 이른다고 판단될 경우에는 법 제86조 제1항 제1호 위반죄가 성립하는 것으로 보아야 한다.[67]

5) 공무원의 후보자 업적홍보 금지규정과 공무원 선거운동 금지규정의 죄수관계

위 각 규정은 각기 그 입법목적이나 보호법익을 달리하고 있는 것으로 보이고, 공직선거법 제60조 제1항 제4호와 제86조 제1항 제1호의 각 규정을 비교하여 보면, 행위 주체나 행위의 상대방, 특정 후보자의 당선 또는 낙선을 도모한다는 목적의사 유무 등에 차이가 있고, 법 제60조 제1항 제4호 위반죄의 구성요건이 제86조 제1항 제1호 위반죄의 구성요건의 모든 요소를 포함하는 외에 다른 요소를 구비하는 경우에 해당하는 것으로 보기 어려우므로,

---

66) 서울중앙지방법원 2023. 7. 27. 선고 2023고합58 판결
67) 부산고등법원 2019. 5. 8. 선고 2019노154 판결

전자가 후자에 대하여 특별법의 관계에 있다고 볼 수 없다. 따라서 위 각 규정은 각기 독립
된 별개의 구성요건으로서 1개의 행위가 각 구성요건을 충족하는 경우에는 상상적 경합의
관계에 있다고 보아야 할 것이지 이를 법조경합의 관계로 보아 공무원의 선거운동금지 규정
만이 적용되어야 하는 것으로 볼 수는 없다.[68]

6) 중앙선거관리위원회 행정해석

① 지방자치단체의 구민평가단 구성 및 운영

민선4기 구정의 새로운 출발과 함께 구청장이 주민과 약속한 사항(공약사항 등)들을 구
민들로부터 직접 의견을 수렴하여 객관적으로 평가받고 이를 반드시 이행하기 위하여
순수 민간인으로 구성된 「민선4기 약속사항 실천 구민평가단」을 후보자가 되고자 하
는 당해 지방자치단체의 장의 업적을 홍보하거나 그 평가단 또는 평가결과를 선거에
이용하기 위하여 구성·운영하는 것이 아니라면 공선법상 제한되지 아니할 것이며, 구
민평가단의 구성 및 운영에 관하여 조례나 규칙으로 정할 수 있는지 여부에 관한 판단
은 공선법에 위반되지 아니하는 한 우리위원회의 소관사항이 아님(2007. 5. 15. 회답).

② 지방자치단체의 공약이행 평가보고회 개최 등

1. 지방자치단체가 자체적으로 또는 매니페스토평가단과 공동으로 당해 지방자치단체
장의 공약이행결과를 공정하고 객관적으로 평가하여 공선법 제86조 제2항 제4호
의 규정에 따른 제한기간이 아닌 때에 당해 지방자치단체장을 선전함이 없이 공약
추진과 관련 있는 자나 이해관계자 등을 대상으로 평가보고회를 개최하는 것은 무
방할 것이나, 그 제한된 범위를 벗어나 일반선거구민을 참석하게 하거나 반복하여
개최하는 등 후보자가 되고자 하는 당해 지방자치단체장 또는 그의 업적을 홍보·선
전하는 경우에는 공선법 제86조 제1항 또는 제254조에 위반될 것임.

2. 지방자치단체가 당해 지방자치단체장의 공약이행을 공정하고 객관적으로 평가한
결과를 후보자가 되고자 하는 당해 지방자치단체장 또는 그의 업적을 홍보·선전함
이 없이 당해 인터넷 홈페이지에 게시하는 것은 무방할 것임(2007. 7. 2. 회답).

③ 지방자치단체 홈페이지 초기화면에 인사문 등 게시

지방자치단체가 개설한 인터넷 홈페이지 초기화면에 지방자치단체장의 인사문·약
력·동영상물 등의 내용을 바로 볼 수 있도록 게시하거나, 팝업창에 사진을 게시하는
경우 이를 통상적으로 게시한 것만으로는 선거에 영향을 미치는 행위 또는 업적홍보
로 보기 어려워 법 제85조 제1항 또는 제86조 제1항 제1호에 위반되지 않는 것으로

---

68) 대전고등법원 2019. 1. 28. 선고 2018노539 판결

운용하며, 게시 시기, 게시물의 내용, 경위 등 행위양태를 종합적으로 고려하여 법 위반 여부를 구체적·개별적으로 판단함(2023. 2. 20. 중앙선거관리위원회 의결).

④ 지방의회의 의원 개인홈페이지 제공 등

1. 지방의회가 그 홈페이지의 일부에 개설·운영하는 의원별 홈페이지에 소속 의원을 소개하는 내용이나 영상회의록, 회의록 등 의회에서의 활동내용을 게시하는 것은 무방할 것이나, 그 홈페이지에 의회에서의 활동내용이 아닌 후보자가 되고자 하는 지방의회의원을 선전하는 내용을 게시하는 경우에는 행위시기 및 양태에 따라 공선법 제86조 제1항 제1호·제93조 또는 제254조에 위반될 것임.

2. 지방의회의원이 자신의 홈페이지에서 의회 홈페이지에 게시된 '회의록과 영상회의록'을 단순히 링크하여 두는 것은 공선법상 무방할 것이나, 지방의회가 의원의 개인 홈페이지에 자동 게시되는 프로그램을 구현하여 주거나 그에 소요되는 비용을 부담하는 경우에는 행위양태에 따라 공선법 제86조 제1항 제1호 또는 정치자금법 제2조·제31조 및 제45조에 위반될 것임.

3. 지방의회의원 본인이 의회 홈페이지에 등록되어 있는 회의록과 영상회의록을 의원의 개인홈페이지에 게시하는 것은 무방할 것이나, 의회사무처 공무원 등 다른 사람이 게시하는 경우에는 행위시기 및 양태에 따라 공선법 제86조 제1항 제1호·제93조 또는 제254조에 위반될 것임.

4. 의회사무처 공무원이 지방의회 홈페이지의 일부에 개설·운영하는 의원별 홈페이지에 소속 의원을 소개하는 내용이나 영상회의록, 회의록 등 의회에서의 활동내용을 게시하는 것은 무방할 것이나, 의회에서의 활동내용이 아닌 후보자가 되고자 하는 지방의회의원을 선전하는 내용을 게시하거나 지방의회의원이 개설·운영하는 홈페이지에 영상회의록 등의 자료를 게시하는 경우에는 행위시기 및 양태에 따라 공선법 제86조 제1항 제1호·제93조 또는 제254조에 위반될 것임(2009. 3. 25. 회답).

⇨ 2017. 2. 8. 법 개정에 따라 인터넷 홈페이지 또는 그 게시판·대화방 등에 글이나 동영상을 게시하는 것은 상시 허용됨.

7) 판례

① 차기 지방선거에 입후보 예정인 현직 시장(市長)이 읍·면·동장 등 공무원 조직을 이용하여 선거구민에게 자신의 업적을 홍보한 행위

공무원 등 공적 지위에 있는 자로 하여금 소속직원 또는 선거구민에게 특정 정당이나 후보자(후보자가 되고자 하는 자를 포함한다)의 업적을 홍보하는 행위를 하게 한 자는 그 자

신이 공무원 등 공적 지위에 있는지 여부를 불문하고 누구든지 이 사건 각 규정에 따라 처벌된다.

이 사건의 경우는 상고이유에서 주장하는 바와 같이 피고인이 공무원의 지위에 있다거나 스스로 자신의 업적을 홍보하는 행위를 하였기 때문에 처벌하는 것이 아니라, 피고인이 공무원인 읍·면·동장으로 하여금 선거구민에게 피고인의 업적을 홍보하게 한 행위를 처벌하는 것이므로 피고인이 공무원 등 공적 지위에 있는지 여부는 이 사건 범죄 성립에 아무런 영향이 없다(대법원 2011. 4. 28. 선고 2010도17828 판결).

⇨ 2014. 2. 13. 법 개정으로 제85조 제1항은 제85조 제2항으로 변경됨.

② 제86조 제1항 제1호의 '공무원'에 후보자가 되고자 하는 지방자치단체장이 포함되는지 여부

공직선거법 제86조 제1항 제1호는 공무원은 소속직원 또는 선거구민에게 교육 기타 명목여하를 불문하고 특정 정당이나 후보자(후보자가 되고자 하는 자를 포함한다)의 업적을 홍보하는 행위를 하여서는 아니된다고 규정하면서 공무원 중 국회의원과 그 보좌관·비서관·비서 및 지방의회의원은 제외한다고 규정하고 있다. 이처럼 선거운동이 허용되는 국회의원 등은 공직선거법 제86조 제1항의 적용대상에서 제외되고 있으나 선거운동이 금지되는 지방자치단체의 장은 위 조항의 적용 제외 대상에 해당하지 않으며(대법원 2011. 7. 14. 선고 2011도3862 판결 등 참조), 공직선거법 제86조 제1항 제1호는 공무원 등 공적 지위에 있는 자가 선거에 영향을 미치는 행위를 하는 것을 금지하려는 것으로서 그 주체가 '공무원 등 공적 지위에 있는 자'라는 점에 주안점을 두고 있는 것이므로(대법원 2011. 4. 28. 선고 2010도17828 판결 등 참조), 지방공무원법 제2조의 공무원에 해당하는 피고인이 자신의 업적을 홍보하는 행위를 하였다면 입후보예정자인지 여부와 관계없이 위 조항의 공무원에 해당한다고 봄이 타당하다. 따라서 이 부분 피고인과 변호인의 주장은 이유 없다(춘천지방법원 2019. 5. 30. 선고 2018고합50 판결).

⇨ 2022. 4. 20. 법 개정으로 '비서관'은 '선임비서관'으로, '비서'는 '비서관'으로 변경

③ 한국자유총연맹 시·군조직 대표자가 출판기념회에서 입후보예정자의 업적홍보를 한 경우

한국자유총연맹 시·군 조직 대표자는 선거구민에게 교육 기타 명목 여하를 불문하고, 후보자(후보자가 되려고 하는 자 포함)의 업적을 홍보하여서는 아니 됨에도 불구하고, 피고인은 2014. 1. 17.경 충남 □□군에 있는 '□□군 문예의 전당'에서 개최된 E의 출판기념회에 참석하여 약 1,000여명의 선거구민에게 "E는 P조선소를 설립하여 400여명의

직원을 거느리는 성공한 CEO로서 대성공을 거두었고, 악성부채에 허덕이는 □□수협을 흑자 조합으로 전환시켜 어민들에게 희망을 주었으며, 어민들의 40년 염원임에도 지역정치권이 외면한 대창항 건설 사업에 있어 혼자서 중앙에 인맥을 찾아 430억이라는 큰 예산을 확보해서 2015년에 장항 제련소 밖에 대창항이 완공될 것이다."라는 취지로 연설하여 E의 업적을 홍보하였다(대전지방법원 홍성지원 2014. 6. 26. 선고 2014고합41 판결).

④ 공무원이 군수 출판기념회 개최라는 제목으로 군수의 보도자료를 통해 업적을 홍보한 행위

피고인은 □□군수 비서실장(별정직 6급)으로 근무하는 지방공무원으로서 2014. 2. 24. 10:00경 □□군수 비서실내에서, 2014. 6. 4. 실시되는 제6회 지방선거의 후보자가 되고자 하는 자인 □□군수 ○○○의 출판기념회 홍보를 하기 위하여 볼펜을 이용하여 A4용지 1장에 "□□군 ○○○군수, '꿈, 우리의 꿈은 이루어진다' 출판기념회 개최"라는 제목으로 "○○○ □□군수는 전국 자치단체장 중에서 가장 탁월한 리더십과 열정을 인정받아 '2013 대한민국을 움직이는 자치단체 CEO' 5인의 주인공으로 선정되는 등 남다른 능력을 보여왔다"라는 내용이 포함된 ○○○군수의 업적을 홍보하는 내용의 보도자료를 작성하였다.

그 후 피고인은 2014. 2. 24. 14:09경 위 □□군청 기획감사실 내에서, □□군청 기획감사실 홍보계장 △△△(지방행정 6급)을 통하여 □□군청 기획감사실 직원(지방행정 6급)으로 하여금 위 보도자료를 컴퓨터를 사용하여 한글파일로 작성하게 한 다음 평소 □□군청 홍보와 관련하여 보도자료 등을 배포하며 관리하고 있던 MBC 등 언론사 기자 214명에게 이메일을 통하여 위 보도자료를 발송하게 하여 아시아경제 등에 보도되게 하였다.

이로써 피고인은 공무원임에도 불구하고 언론사 기자를 통하여 선거구민에게 후보자가 되고자 하는 자의 업적을 홍보하는 행위를 하였다(광주지방법원 장흥지원 2014. 9. 15. 선고 2014고합7 판결).

⑤ 네이버 밴드 등에 후보자가 되고자 하는 지방자치단체의 장의 업적을 게시한 행위

원심이 적법하게 조사하여 채택한 증거들에 의하여 인정되는 다음과 같은 사실 및 사정을 위와 같은 법리에 비추어 보면, 피고인이 네이버 밴드 등에 게시한 신문기사 중 원심이 유죄로 인정한 범죄사실에 해당하는 신문기사 내용은 ○○○ 군수의 긍정적인 평가자료가 되기에 충분하고, 이러한 내용의 신문기사를 보게 될 경우 유권자인 △△ 군민들은 ○○○에 대하여 호감을 느끼게 될 것이므로 이러한 신문기사를 선별하여 다

수의 회원이 손쉽고 빠르게 열람할 수 있는 네이버 밴드 등에 올리는 행위는 선거에 영향을 미치는 행위로서 후보자가 되고자 하는 자의 업적을 홍보한 경우에 해당한다. 따라서 이와 같은 기사를 선별하여 네이버 밴드 등에 게시하는 행위를 한 피고인에게는 ○○○의 업적을 홍보한다는 고의가 있었다고 볼 것이므로, 이 부분에 관한 원심의 판단은 정당하고, 거기에 피고인과 변호인이 주장하는 바와 같은 사실오인 또는 법리오해의 잘못이 없다.

1) 피고인이 신문 기사를 게시한 네이버 밴드 'I LOVE △△', '○○○의 러브레터'는 선거가 임박하거나 선거를 본격적으로 준비하는 시기인 2013년 말경, 2014. 3.경에 각각 개설되었으며, 회원의 대다수도 △△군민이다.

2) 그 중 '○○○의 러브레터'에는 피고인이 2014. 3. 25.부터 2014. 4. 30.까지 신문 기사를 게시하였는데, 그 무렵 위 밴드에 올라온 아래 게시글의 내용과 성격, 네이버 밴드 이름 등에 비추어 보면 위 '○○○의 러브레터' 밴드는 차기 군수선거에 출마하고자 하는 ○○○ 개인을 홍보하기 위한 밴드임을 회원이면 누구나 쉽게 알 수 있다.

3) 또한, 피고인은 2004. 12. 경 '장뜰애'라는 인터넷 카페를 개설한 뒤 당시 군수였던 ◇◇◇의 군정활동 사진이나 군정 관련 보도자료를 게시하고, 또 △△군 생산 농산물을 홍보하며 한동안 활발한 활동을 하였으나 그 이후로는 게시글, 방문자 수도 적어 거의 활용을 하지 아니한 상태였다.

4) 공무원 등의 선거에 영향을 미치는 행위를 금지시키기 위하여 공직선거법 제86조 제5항은 지방자치단체의 장과 소속 공무원은 지방자치단체의 사업계획·추진실적 그 밖에 지방자치단체의 활동상황을 알리기 위한 홍보물(신문·방송을 이용하여 행하는 경우를 포함한다)이라 하더라도 관계법령에서 정하는 예외적인 경우를 제외하고는 당해 지방자치단체장의 선거의 선거일 전 180일부터 선거일까지는 이를 발행·배부 또는 방송할 수 없도록 하고 있고, 한편 공직선거관리규칙 제47조 제4항 제3호는 지방자치단체가 개최하는 사업설명회 등 각종행사를 안내하기 위한 홍보물은 횟수나 시기의 제한 없이 발행·배부할 수 있도록 허용하고 있으나 이 경우에도 지방자치단체의 장의 성명·사진·활동상황·공약실천사항 기타 업적이 게재된 홍보물은 제외하도록 규정하고 있다. 이와 같은 입법 취지, 목적, 법규 내용 등에 비추어 보면, 설사 피고인이 군정 홍보 목적에서 신문기사를 네이버 밴드 등에 게시한 것이라 하더라도 게시된 시기가 선거가 임박한 시점이고 기사 내용에 지방자치단체의 장의 성명, 사진, 활동상황 등이 게재되었으며 기사 내용이 선거에서 긍정적 평가자료가

될 수 있는 지방자치단체의 장의 행위에 관한 것이라면 공직선거법 제86조 제1항 제1호 위반행위로 처벌함이 마땅하다.

5) 피고인은 ○○○ 군수 개인의 업적을 홍보하려는 고의가 없었다고 주장하나, 앞서 본 바와 같이 ○○○ 개인을 홍보하기 위해 개설된 밴드 등에 선거가 임박한 시점에 ○○○ 군수의 사진이 있고 큰 글씨로 되어 있어 홍보성과 가독성이 높은 신문기사를 선별하여 상당한 기간 여러 차례 반복하여 이를 게시하였고, 더 나아가 ○○○이 차기 군수선거 예비후보로 등록한다는 군정 활동과는 전혀 무관한 신문기사까지 게시하였다. 또한, 피고인은 위와 같은 입후보와 관련된 기사도 객관적인 사실보도에 그친 기사가 아니라 '○○○ 군수는 세월호 참사와 조류인플루엔자 등 국가, 지역 재난 상황에서 예비후보 등록을 한다는 게 적절치 않다며 예비후보 등록은 연기한 뒤 지역 안전과 현안을 중점 점검했다가 늦게서야 예비후보로 등록한다.'는 취지의 기사를 골라 게시하여 ○○○ 군수가 개인적으로는 선거운동을 해야 하는 시기임에도 국가적, 지역적으로 어려운 시기임을 감안하여 사익을 쫓지 아니하고 맡은 바 직무를 책임감 있게 수행함으로써 공직자의 올바른 면모를 보여줬음을 부각하였다.

6) △△군 내부 전자문서시스템인 '새올 행정시스템'은 공무원이 아닌 일반인은 접근이 금지되어 있으며, △△군 인터넷 홈페이지는 누구나 열람가능하나 관련 민원이 있는 지역주민이나 군정활동 또는 군수의 동정을 취재하고자 하는 기자 이외에는 이용자가 그리 많지 않을 것이므로, 이미 △△군 인터넷 홈페이지 등에 게시된 보도자료나 신문기사라고 하더라도 다수에게 빠르고 쉽게 전파할 수 있는 인터넷 카페나 밴드를 이용하여 이를 게시할 필요가 있다.

7) 피고인은 '○○○ 군수의 지속적인 노력으로 안전행정부로부터 특별교부세를 확보하여 지역 현안사업 마무리와 주민숙원사업 해결이 가능하게 되었다.', '많은 액수의 예산을 들여 저소득층, 실업자 생계보호를 위해 일자리를 제공하는 공공근로사업을 시행하였다.'. '조류인플루엔자 유입 또는 확산 방지, 산불 발생 감시, 환경정화활동 등 여러 지역 현안사업이나 장학사업을 착실히 챙기고 추진하고 있다.', '예산편성에 주민의견을 청취하고 있고, 정부로부터 예산확보를 위해 총력을 기울이고 있다.'는 취지의 취재 내용에 덧붙여 ○○○군수의 사진이나 성명 또는 ○○○ 군수의 적극성과 의지를 드러내는 발언이 기재되어 있는 기사를 선별하였는바, 이러한 기사는 읽는 상대방으로 하여금 ○○○이 군수직을 잘 수행하고 있고 차기 군수로서도 적임자라는 긍정적인 생각을 들게 하기에 충분하다(대전고등법원 2015. 5. 4. 선고 2015도20 판결, 대법원 2015. 7. 23. 선고 2015도7628 판결).

⑥ 페이스북에 후보자가 되고자 하는 지방자치단체의 장의 업적을 게시한 행위

　1. 업적 홍보의 해당 여부

　　이 사건 게시글은 J사업, G시 출범을 위한 국비지원 필요성 강조 및 예산 반영 요구, L 자율통합 주역 등 피고인 A가 F군수로 재직하면서 시행하거나 이룩한 사업에 대한 내용이다.

　　이미 다른 뉴스매체에서 보도한 기사를 그대로 게시하였다고 하더라도 그것이 특정 후보자의 업적과 관련된 내용을 포함하고 있다면 공지의 사실인지 여부를 불문하고, 특정 후보자의 업적을 홍보하는 행위에 해당한다.

　2. 정보통신망을 이용한 행위로서의 허용 여부

　　공직선거법에서 정한 다른 선거운동과 달리 인터넷 홈페이지 또는 그 게시판·대화방 등에 선거운동을 위한 내용의 글이나 동영상 등 정보를 게시하거나 전자우편을 전송하는 방법을 통한 정보통신망을 이용한 선거운동은 선거운동기간뿐 아니라 선거운동기간 전에도 허용된다. 이는 정치적 공론의 과정에서 기존 매체를 통한 일방적인 정보 전달을 넘어 인터넷을 통한 정치과정 참여의 기회와 범위가 넓어질수록 더 충실한 공론의 형성을 기대할 수 있을 것이므로, 실질적 민주주의의 구현을 위하여 인터넷상 일반 유권자의 정치적 표현의 자유가 적극 장려되어야 하는 측면을 고려한 것이다. 따라서 정보통신망을 통한 선거운동과 그 밖의 선거운동은 구분되어야 하며, 정보통신망을 통한 선거운동과 관련한 공직선거법의 규정들은 이러한 정보통신망을 통한 선거운동의 특성 및 이를 폭넓게 허용한 입법 취지 등을 고려하여 해석될 필요가 있다(대법원 2013. 11. 14. 선고 2013도2190 판결 참조).

　　이와 관련하여 다수의 지방자치단체장들이 개인 명의의 페이스북을 통해 정치적 신념, 정치적 현안에 대한 의견이나 평가, 자신의 소소한 일상 등을 대중에게 알리는 현상이 증가하고 있는데, 이는 헌법상 보장된 개인의 정치적 표현의 자유로서 규제의 대상으로 삼을 수 없다.

　　그러나 그와 같은 정치적 표현의 자유를 넘어서 지방자치단체장이나 공무원이 인터넷 등을 통해 소속 직원이나 선거구민에게 공직선거의 후보자가 되고자 하는 사람의 업적을 홍보하는 행위에까지 나아간다면, 이는 선거의 공정성과 공무원의 정치적 중립성을 훼손시키는 결과가 되므로 마땅히 규제의 대상으로 삼을 수밖에 없다.

　　원심이 채택한 증거들에 의하면, 피고인들이 이 사건 게시글 게시 행위를 단순히 정치적 표현의 자유에 기한 행위로 평가하기 어려운 반면, 정보통신망을 이용하여 공직선거에서 후보자가 되고자 하는 자의 업적을 홍보한 행위로 볼 수 있고, 그 결과

피고인들의 행위는 공직선거법상 처벌의 대상이 되므로 피고인들 및 변호인의 주장은 받아들이지 아니한다(대전고등법원 2015. 5. 18. 선고 2015노19 판결, 대법원 2015. 8. 27. 선고 2015도8395 판결)

⑦ 지방자치단체장의 선거사무소 개소식 방문 및 업적 홍보

피고인은 제6회 전국동시지방선거 시·도지사 선거에서 E시장으로 당선되어 2014. 7.부터 재임하던 중, 2018. 6. 13. 실시되는 제7회 전국동시지방선거에서 2018. 3. 23. F정당 E시장 선거 예비후보자로 등록하였다가 2018. 4. 9. 당내경선에서 E시장 후보로 확정되자 2018. 4. 11. 예비후보자를 사퇴하고 E시장으로 복귀하였다.

1. 선거사무소 개소식 방문

당시 예비후보를 사퇴하여 E시장 신분이었던 피고인이 선거 39일 전인 2018. 5. 5. 09:55경부터 10:40경까지 M군수선거 예비후보자 N의 선거사무소 개소식에 참석한 행위는, 공직선거법 제86조 제2항 제3호를 위반한 것이다.

2. 선거사무소 개소식에서의 선거운동

피고인은 2018. 5. 5. N의 선거사무소 개소식에 참석하여 참석한 내빈 중 가장 많은 약 22분간 발언하면서 발언 시간의 대부분을 자신과 N의 업적 및 지방선거의 성격에 대해 언급하고 결국 F정당을 지지해달라는 취지로 발언하였다. 피고인이 선거사무소 개소식에 참석한 시기가 선거 39일 전으로 선거일에 가까운 시기였던 점, 당시 N의 선거사무소 개소식은 F정당의 M군 선거구의 지방선거 필승을 결의하는 행사의 성격을 띠고 있었던 점 등 피고인의 발언 시간 및 내용, 참석 시기, 참석 배경과 M군의 선거 상황 등을 종합하면, 피고인의 발언은 의례적인 인사말을 넘어 지방선거에서 N 및 F정당의 지지를 호소하는 데에 이르렀다고 할 것이다. 그렇다면 피고인은 F정당 및 N의 득표나 당선을 도모할 목적으로 선거운동을 함으로써, 선거운동기간 전에, 선거운동을 할 수 없는 공무원이 선거운동을 하여 공직선거법을 위반하였다.

3. 선거사무소 개소식에서의 업적 홍보

선거에 영향을 미치는 행위 유형의 하나인 공직선거법 제86조 제1항 제1호에 규정된 '후보자나 후보자가 되고자 하는 자의 업적을 홍보하는 행위' 중 '업적'이라 함은 위와 같은 입법취지 등에 비추어 볼 때 선거에서 긍정적 평가 자료가 될 수 있는 일체의 사회적 행위로 해석함이 상당하고(대법원 1997. 4. 25. 선고 97도320 판결 참조), 미담 사례를 발굴·소개하려는 취지였다고 하더라도 홍보에 해당되지 않는다고 볼 수는 없다.

그런데 피고인이 2018. 5. 5. M군수선거 F정당 예비후보자 N의 선거사무소에서 "피고인이 지난 4년간 기업유치를 위하여 노력한 결과 O회사를 M군에 유치하였고, N이 유치를 지지하는 발언을 해 주어 도움이 되었다."는 취지로 한 발언은, 자치단체의 사업에 대한 단체장의 기여와 공로를 직접적으로 기술하는 경우로서 자신의 업적홍보에 해당하고, 나아가 선거가 임박한 시기에 N에게 긍정적 평가 자료가 될 수 있는 내용을 구체적으로 알린 것으로서 후보자의 업적 홍보에 해당한다. 따라서 피고인의 위 발언은 선거구민에게 후보자의 업적을 홍보한 것으로, 공직선거법 제86조 제1항 제1호를 위반한 것이다(대구지방법원 2018. 11. 14. 선고 2018고합372 판결, 대구고등법원 2019. 1. 17. 선고 2018노527 판결)

⑧ 지방자치단체장의 업적 홍보 동영상을 링크한 명절인사 문자메시지 발송행위

1. 제1진술이 피고인의 업적에 관한 것인지 여부

검사는 제1진술은 "피고인이 □□도지사로서 훌륭하게 업무를 수행하여 □□도의 인사, 예산, 정책이 최고 수준에 이르게 되었다"는 것을 간접적, 우회적으로 언급한 진술이므로, 피고인의 업적에 관한 진술에 해당한다고 주장한다. 제1진술은 "우리 □□도는 가장 높은 지지율로 새 정부를 탄생시키면서 발전의 호기를 맞고 있습니다"라는 진술과 제2진술 및 "이제 이를 계기로 □□대도약의 시대를 만듭시다"라는 진술들 가운데 나오는데, 위 진술들의 문언과 피고인의 선거공보에 "중앙정부 □□인사 대거발탁, 예산확충, 정책 가속화 등 □□ 몫 찾기 쾌속풍"이라는 구호가 나오는 점 등에 비추어 보면, 제1진술은 "대한민국 정부 인사, 예산, 정책 분야에서 □□도민과 □□도의 진출과 활약이 전례가 없을 정도로 활발하다"는 취지로 보는 것이 자연스러우며, 제1진술은 당시 □□도민과 □□도의 전체적인 상황에 대한 피고인의 주관적 평가에 해당한다고 할 것이다. 또한 제1진술에 피고인의 사회적 행위, 활동 또는 기여 등이 추상적으로라도 언급된바 전혀 없다. 그렇다면 제1진술 당시 피고인이 □□도지사였다는 사정만으로 이를 피고인의 업적에 대한 홍보로 보기는 어렵고, 검사가 제출한 증거들만으로 제1진술이 피고인의 업적을 홍보한 것이라는 점이 합리적인 의심의 여지가 없을 정도로 증명되었다고 볼 수 없다.

2. 제2진술이 피고인의 업적에 관한 것인지 여부

피고인은 제2진술이 '□□도의 미래를 희망적으로 바라볼 수 있게 하는 중요한 사건을 되새기기 위한 것'이어서 피고인 자신의 업적을 홍보한다는 의도는 전혀 없었다는 취지로 주장하는바, 제2진술이 오로지 "피고인이 2년이 넘는 노력 끝에 2023 새만금 세계잼버리 유치를 성공시켰다"는 의미로만 인식될 수 있고, "□□

도가 2년이 넘는 노력 끝에 2023 새만금 세계잼버리 유치를 성공시켰다"(제2진술은 문장의 주어가 없는데 바로 앞 문장의 주어는 '우리 □□도'이다) 또는 "2023 새만금 세계잼버리가 □□도에 유치되었다"는 의미로 인식될 수 없다고 단정할 수는 없다. 그러나 이 사건 입법취지에 비추어 볼 때 어떤 진술이 이 사건 규정의 '업적의 홍보'에 해당하는지 여부는 그 홍보의 대상이 되는 일반인, 특히 선거인의 관점에서 행위 당시의 구체적인 상황에 기초하여 판단하여야 할 것이고, 행위 당시의 상황에서 특정 선거의 실시에 대한 예측이나 확정 여부, 행위의 시기와 특정 선거일 간의 시간적 간격, 행위의 내용과 당시의 상황, 행위자와 후보자의 관계 등 여러 객관적 사정을 종합하여 선거인의 관점에서 문제된 진술이 특정 선거와 관련하여 그 후보자에게 긍정적 평가 자료가 될 수 있는 사회적 행위나 활동에 관한 것으로 받아들여질 수 있다면 그 진술은 선거에 영향을 미칠 수 있는 행위에 해당한다고 할 것이므로 이 사건 규정이 금지하는 업적의 홍보에 해당될 수 있다고 보아야 할 것이다. 그런데 원심과 이 법원이 적법하게 채택하여 조사한 증거들에 의하여 인정되는 다음 사정들을 종합하면, 이 사건 문자메시지의 인터넷 링크를 클릭하여 이 사건 동영상을 시청하게 된 사람들은 제2진술을 "피고인이 2023 새만금 세계잼버리 유치에 상당한 기여를 했다"는 것으로 인식하였거나 그처럼 인식할 수 있었다고 봄이 상당하다. 따라서 제2진술이 피고인의 특정 행동이나 활동을 상세하게 구체적으로 기술하고 있는 것은 아니지만, 그 내용과 아래 사정들에 비추어 볼 때, 선거인으로서는 제2진술만으로도 그것이 피고인의 일체의 사회적 행위나 활동에 관한 것임을 인식하였을 것으로 보이고, 그러한 인식이 향후 경선과 선거에서 피고인에게 긍정적인 방향으로 작용하였을 것임을 충분히 인정할 수 있다. 그렇다면 2023 세계잼버리대회의 주최자가 대한민국 스카우트 연맹이고, 피고인뿐 아니라 유치위원회를 포함하여 다수의 관계기관들이 유치를 위하여 노력하였으며, 유치위원회에서 피고인의 공식 직위가 없었다는 사정 등을 고려하더라도, 제2진술은 이후의 경선과 선거에서 피고인에게 긍정적 평가 자료가 될 수 있는 피고인의 사회적 행위나 활동인 업적에 관한 것에 해당한다고 봄이 상당하다.

3. 이 사건 문자메시지 전송이 피고인의 업적을 홍보하는 행위에 해당하는지 여부
   피고인의 변호인은 이 사건 동영상의 제2진술이 피고인의 업적에 관한 것이라고 하더라도 이 사건 동영상의 인터넷 링크가 포함된 이 사건 문자메시지를 전송한 것만으로 피고인의 업적을 홍보한 것으로 볼 수 없다고 주장한다.
   이 사건 동영상의 인터넷 링크가 포함된 이 사건 문자메시지의 전송만으로 이 사건

동영상까지 '전송' 또는 '배부' 되었다고 볼 수 없다는 점은 피고인의 변호인의 주장과 같다(대법원 2015. 8. 19. 선고 2015도5789 판결 참조). 그러나 공직선거법 제86조 제1항 제1호는 같은 법 제93조 제1항과 달리 '업적 홍보물의 배부·첩부·살포·상영 또는 게시'를 금지하는 것이 아니라 '업적을 홍보하는 행위'를 금지하면서 그 금지 대상인 '홍보하는 행위'에 관하여 별다른 제한을 두지 않은 점, 인터넷에서 특정 인터넷 링크를 클릭하면 링크된 동영상이나 게시물로 직접 연결되어 해당 동영상을 시청하거나 게시물을 볼 수 있도록 하는 것은 인터넷 상에서 흔히 이루어지는 '홍보'의 한 방법이고 이는 인터넷과 연결되는 기능이 제공되는 휴대전화(이른바 '스마트폰')에서도 마찬가지인 점, 앞서 본 바와 같이 실제 이 사건 문자메시지를 받은 사람들 중 여럿이 이 사건 문자메시지 내 인터넷 링크를 클릭하여 실제 이 사건 동영상을 시청한 것으로 보이는 점 등을 종합하면, 이 사건 동영상의 인터넷 링크가 포함된 이 사건 문자메시지를 전송한 것은 공직선거법 제86조 제1항 제1호의 '홍보행위'에 해당한다고 할 것이므로 피고인의 변호인의 주장은 이유 없다.

4. 개인의 비용으로 발송한 문자메시지가 공직선거법 제86조 제5항의 지방자치단체의 홍보물에 해당하는지 여부

공직선거법 제86조 제5항은 지방자치단체의 장이 지방자치단체의 홍보물을 자신의 업적과 활동상황을 알리는 개인홍보물로 이용함으로써 자신의 임기 중 사실상 선거준비 작업이나 선거운동의 일환으로 사용하는 것을 방지하고, 이로써 선거의 공정성을 확보하고 선거에서의 기회균등을 보장하고자 하는 것인바, 이 사건 문자메시지는 피고인이 개인비용을 들여 피고인의 지인, 지지자들에게 발송한 것임은 앞서 인정한 바와 같고, 검사가 제출한 증거들만으로 이 사건 문자메시지가 □□도의 홍보물에 해당된다는 점이 합리적인 의심의 여지가 없을 정도로 증명되었다고 볼 수 없다[광주고등법원 2019. 5. 14. 선고 (전주)2019노27 판결].

⑨ 페이스북 '공유방식' 기능을 통한 지방자치단체장의 업적홍보

피고인은 2017. 10. 26.경 ○○ 소재 불상의 장소에서 피고인의 페이스북 계정에 접속한 후, 제7대 지방선거 ○○시장 선거의 출마의사를 밝힌 당시 ○○ 남구청장 A가 2017. 10. 26.경 자신의 페이스북 계정에 게시한 "전국 226개 기초지자체 생산성 평가 결과 우리 남구가 전국 1위, 대통령상을 받았습니다. 지역경제, 문화복지, 정주환경, 건전재정 등 총 6개 분야 16개 평가지표 골고루 높은 점수를 받았습니다. 우리 남구가 지역발전과 주민의 삶의 질 향상에 최선을 다해온 결과물이라 생각하니 감개무량합니다"라는 내용과 A가 시상식에서 상장을 받는 사진이 포함된 글을 '공유하기' 방

식으로 게시하여 피고인의 페이스북 친구 약 500여명을 포함하여 일반인들이 이를 볼 수 있게 한 것을 비롯하여, 같은 방법으로 A의 업적을 홍보하는 글을 게시하고, A를 홍보하거나 A의 공약을 홍보하는 글을 게시하였다.

이로써 공무원인 피고인은 제7회 지방선거 ○○시장 선거의 후보자가 되고자 하는 자인 A의 업적을 홍보하고, A의 당선을 위하여 선거운동을 하였다(광주고등법원 2019. 5. 30. 선고 2019노41 판결).

⑩ 네이버 밴드를 이용한 업적홍보

피고인이 지방자치단체의 활동 보고 목적에서 이 사건 게시물을 밴드 등에 올린 측면이 부수적으로 있다고 하더라도 게시된 시기가 A의 차기 중구청장 선거 출마여부에 대한 내용이 본격적으로 보도되었을 무렵이었고, 게시글 내용에 반복적으로 지방자치단체의 장의 사진, 활동상황을 포함시키면서 지방자치단체의 장 개인의 다짐이나 의지에 대한 내용을 부각시켰을 뿐더러 이에 대하여 ○○ 중구민들이 작성한 댓글의 대부분을 보더라도 단순히 ○○ 중구 자치단체의 업적이 아니라 A 개인의 업적으로 받아들이고 있음이 분명하다. 따라서 이 사건 게시물의 내용은 차기 선거에서 긍정적 평가자료가 될 수 있는 지방자치단체의 장의 행위에 관한 것으로 봄이 상당하므로, 피고인의 이 사건 게시물 게시 행위는 공직선거법 제86조 제1항 제1호 위반행위에 해당한다고 할 것이다(부산고등법원 2019. 5. 8. 선고 2019노154 판결).

⑪ 문자메시지 발송을 통한 업적홍보

피고인 A은 제7회 전국동시지방선거에서 C정당 소속으로 D시장에 당선되어 2018. 7. 1. D시장으로 취임하였고, 2022. 6. 1. 제8회 전국동시지방선거에서 C정당 소속으로 D시장에 당선되어 현재 D시장으로 재직 중인 지방정무직 공무원이다. 피고인 B은 C정당 E 지역위원회 운영위원으로 피고인 A의 제18대 국회의원 시절(경기 E) 지역구 사무실 사무국장으로 일하였고, 제7회 및 제8회 전국동시지방선거에서 피고인 A을 보좌하며 대외홍보, 선거전략수립 등의 업무를 담당하였다. 피고인 A은 2022. 3.경부터 C정당 D시장 예비후보 검증위원회에 관련 서류를 제출하는 등 제8회 전국동시지방선거 D시장 후보로 재출마하기 위하여 준비를 하여 왔고, 지방자치법 제124조에 따라 C정당 소속 D시장 예비후보자로 등록하게 되면 피고인 A의 D시장으로서의 직무는 정지된다.

공무원은 소속 직원 또는 선거구민에게 교육 기타 명목 여하를 불문하고 특정 정당이나 후보자(후보자가 되고자 하는 자를 포함)의 업적을 홍보하는 행위를 하여서는 아니 된다. 피고인들은 2022. 3. 말경 D시민들이 상급 종합병원인 J 건립 사업과 G역 주변 정비사업이 제대로 진행되는 것인지 의구심을 갖고 있다며 위 두 사업이 원활하게 추진되고 있음을 D시민들에게 홍보할 방법을 논의하였고, 2022. 2. 21. 선거운동용으로 개통한 피고인 A 명의 휴대전화(전화번호 1 생략)를 이용하여 D시민들에게 문자메시지를 보내 위 사업과 관련한 피고인 A의 업적을 홍보하기로 공모하였다.

이에 따라 피고인 B은 2022. 4. 4. 위 휴대전화 번호로 문자발송 사이트인 'K'에 피고인 A 명의로 회원가입(공직선거용)을 하였고, 피고인 A이 관리하는 약 1만 명의 D시민 연락처 엑셀 파일을 L을 통해 건네받았으며, 피고인 A은 2022. 4. 8. 오전경 '문자메시지 발송을 위해서 문자메시지 발송사이트의 비용을 충전해 달라'는 피고인 B의 요청에 따라 비서 L에게 현금 110만 원을 교부하여 L으로 하여금 피고인 B이 지시하는 'K' 사이트의 M은행 계좌(계좌번호 1 생략)로 110만 원을 입금하게 하여 문자메시지 발송 비용을 충전하였다. 그러고 나서 피고인 B은 2022. 4. 8. 14:40경부터 15:30경까지 사이에 R에 있는 지인의 사무실에서 컴퓨터를 이용하여 'K' 사이트에 접속한 다음, 피고인 A 명의 위 휴대전화 번호를 발신자로 하여 "안녕하세요. D시장 A입니다.", "✔ D시가 J 건립을 위한 이행협약서를 체결했습니다. D시민의 오랜 숙원인 종합의료시설 유치 실현으로 지역 내에서 중증환자치료 및 재활치료까지 폭넓은 의료서비스를 받을 수 있게 되어 기쁩니다. [관련보도] S, , ✔ G역 광장 아케이드 해체공사 착공식이 있었습니다. G역 광장이 시민들이 소통할 수 있는 시민 중심의 복합문화광장으로 새로 태어날 것입니다. D시의 새로운 대표공간으로 거듭날 수 있도록 많은 기대와 응원 바랍니다. [관련보도] S, "는 내용과 함께 피고인 A이 위 이행협약식과 착공식 행사에서 단독 연설하는 사진, D시장으로서 향후 포부와 다짐을 이야기하는 내용 등이 보도된 언론 기사 2개를 첨부한 문자메시지를 약 7,000명의 선거구민들에게 발송하였다. 이로써 피고인들은 공모하여 제8회 전국동시지방선거 D시장 후보가 되고자 하는 피고인 A의 업적을 선거구민인 D시민에게 홍보하였다(수원고등법원 2023. 11. 9. 선고 2023노630 판결, 대법원 2024. 2. 29. 선고 2023도17317 판결).

⑫ 잡지를 비치하는 방법으로 지방자치단체장의 업적 홍보

잡지 표지에는 윤○○의 인물사진과 함께 '호리병 속 괴짜가 만들어가는 ○○ 세상'이라는 문구가 기재되어 있고, 6쪽에 걸쳐 ① 윤○○ 군수가 관광객 증대, 해외수출증대, 특산품 브랜드화 등 성과를 인정받아 '한국경제를 움직이는 CEO'에 올랐고, ② 여러 반대를 무릅쓰고 계절별 축제를 기획하여 결국 큰 성공을 이끌었으며, ③ 중국 시진핑 주석이 ○○군에 보낸 메시지를 홍보하여 외국인 관광객을 유치하였고, ④ 가뭄이 닥치자 수로를 막고 물을 공수하는 등 발 빠르게 천재지변에 대처하였으며, ⑤ '마하 행

정의 대가'로 불리면서 어려움을 정면 돌파하는 능력이 뛰어날 뿐 아니라 군수실을 벗어나 발로 뛰는 행정을 실천하고 있고, ⑥ ○○군민들을 위하여 자서전을 집필하고 공무원들에게 독서를 적극 권장한다는 등의 인터뷰 내용이 게재되어 있었다.

피고인은 2017. 9. 12.경에서 같은 달 15.경까지 사이에 위 잡지 230부를 ○○군청 실·과 사무실 및 관내 13개 읍·면 사무소에 배부하였다.

이로써 피고인은 2018. 6. 13. 실시 예정인 ○○군수 선거에서 후보자가 되고자 하는 당시 ○○군수인 윤○○의 업적을 소속직원과 선거구민에게 홍보하였다(부산고등법원 2019. 5. 22. 선고 (창원)2019노44 판결, 대법원 2019. 8. 14. 선고 2019도7679 판결)

⑬ 지방자치단체장이 취임 1주년을 기념하여 재직 중 실시한 주요 사업 및 업적에 관한 기록사진전을 개최하면서 동일한 내용의 홍보책자를 배포한 것은 업적 홍보에 해당하는지

1. 이 사건 기록사진전은 그 행사 자체로 피고인의 A군수 취임 1주년을 기념하기 위하여 개최된 것이고 홍보책자 배포행위는 이 사건 기록사진전을 홍보하기 위한 것으로 이 사건 기록사진전과 그 내용이 동일하다.

2. 이 사건 기록사진전 및 홍보책자에는 A군의 일자리, A군민의 안전 등과 같은 A군민의 관심사에 해당하는 내용이 담겨있는데, 이 사건 기록사진전에 게시된 거의 모든 사진에는 피고인의 모습이 지나치게 부각되어 있으며 각 사진에 대한 설명 역시 피고인이 1년간 A군수로서 보인 자질과 피고인의 적극적인 활동을 긍정적으로 평가하는 취지이다.

3. 물론 피고인이 A군의 군수로서 A군청의 각종 행사에 참여하는 것이 당연하다고 하더라도, 앞서 본 바와 같이 이 사건 기록사진전의 거의 모든 사진에서 피고인의 모습을 확인할 수 있고, 피고인의 활동이 강조되어 있는 점, 각 사진에 대한 설명 중 상당 부분이 피고인의 적극적인 군정활동에 대한 칭찬 일색으로 보이는 점 등에 비추어 볼 때 A군민의 입장에서는 이 사건 기록사진전 및 홍보책자를 통해 단순히 피고인이 의례적으로 각종 행사에 참여한 것으로 인식하거나 A군청의 활동에 대한 정보를 습득하는 기회로 삼기 보다는 위 각종 행사 및 군정활동을 피고인의 개인적 역량에 따른 성과 획득으로 받아들일 여지가 커 보인다(울산지방법원 2021. 2. 9. 선고 2020고합363 판결).

라. 지위를 이용하여 선거운동의 기획에 참여 또는 그 기획의 실시에 관여하는 행위(제2호)

1) 「선거운동의 기획에 참여하는 행위」

「선거운동의 기획에 참여하는 행위」라 함은 당선되게 하거나 되지 못하게 하기 위한 선거운동에는 이르지 아니한 것으로서, 선거운동의 효율적 수행을 위한 일체의 계획 수립에 참여하는 행위를 말하는 것으로 해석하여야 하고, 반드시 구체적인 선거운동을 염두에 두고 선거운동을 할 목적으로 그에 대한 기획에 참여하는 행위만을 의미하는 것으로 볼 수는 없으나, 공무원이 선거운동의 기획에 '참여' 하였다고 하기 위해서는 그러한 선거운동방안 제시 등으로 후보자의 선거운동계획 수립에 직접적·간접적으로 관여하였음이 증명되어야 할 것이고, 단지 공무원이 개인적으로 후보자를 위한 선거운동에 관한 의견을 표명하였다는 사정만으로 선거운동의 효율적 수행을 위한 일체의 계획 수립에 참여하였다고 단정할 수는 없다.[69] 공무원이 자신을 위한 선거운동의 기획에 다른 공무원이 참여하는 행위를 단순히 묵인하였거나 소극적으로 이익을 누린 것만으로는 본 조항에 위반된다고 할 수 없다.[70]

2) 판례

① 지방자치단체장 선거와 관련하여 지방자치단체 소속 공무원들이 선거에 출마한 후보자의 인터뷰 자료와 토론회 자료의 작성에 관여한 행위 또는 선거용 프로필을 작성한 행위

원심은, 위와 같은 법리를 전제로 하여 피고인들이 원심 판시 각 인터뷰 자료 및 토론회 자료의 작성에 관여한 행위는 모두 ○○시장 선거에서 □□□당 후보로 출마하는 피고인 2의 선거와 관련된 것이고, 이는 피고인 2의 선거운동의 효율적 수행을 위한 홍보자료의 작성, 공약수립 등에 활용되어 선거에 영향을 미치게 될 것이어서 공직선거법 제86조 제1항 제2호에서 정한 '선거운동의 기획에 참여'한 것으로 볼 것이라고 판단하고, 나아가 그 판시와 같은 이유로 피고인 4, 5, 7 등이 피고인 2의 지시를 받고 그 판시와 같은 피고인 2의 선거용 프로필을 작성하여 ○○시민신문 기자 공소외인에게 이메일로 송부하여 피고인 2에 대한 위 신문의 후보자 인터뷰 기사에 피고인 2의 프로필이 소개되게 한 것 역시 공직선거법 제86조 제1항 제2호에서 정한 선거운동의 기획에 참여하거나 그 실시에 관여한 것으로 보아야 한다고 판단하였는바, 기록에 비추어 살펴보면 원심의 위와 같은 판단은 정당한 것으로 수긍할 수 있다. 원심판결에는

---

69)　대법원 2013. 11. 28. 선고 2010도12244 판결
70)　대법원 2007. 11. 15. 선고 2007도3061 판결

상고이유로 주장하는 바와 같은 공직선거법 제86조 제1항 제2호에 대한 법리오해 등의 위법이 없다(대법원 2007. 10. 25. 선고 2007도4069 판결).

② 도지사인 후보자의 방송사 토론회 대담자료를 작성하고 예행연습을 한 행위

원심이 같은 취지에서, 공무원인 피고인 3, 8이 입후보예정자를 초청하여 개최하는 방송사 토론회에 참석할 예정인 제주도 도지사 피고인 김○○을 위하여 토론회에서 논의될 것으로 예상되는 문제들에 대한 대담자료를 작성하거나 예행연습을 한 행위는 모두 피고인 김○○의 선거운동의 효율적 수행을 위한 계획 수립에 활용되어 선거에 영향을 미치게 될 것이어서 공직선거법 제86조 제1항 제2호에서 정한 '선거운동의 기획에 참여'한 것이라고 판단한 것은 정당하고, 거기에 상고이유에서 주장하는 바와 같은 법리오해 등의 위법이 없다(대법원 2007. 11. 15. 선고 2007도3061 전원합의체 판결).

③ 비공무원과 공무원이 공모하여 선거공약 작성 등 선거운동 기획에 참여

1. 피고인 A, B가 공무원의 지위를 이용하여 피고인 C, D와 공모하여 이 사건 선거운동의 기획에 참여하거나 그 기획의 실시에 관여하였음을 충분히 인정할 수 있다.

1) H교육청은 매년 3월과 9월에 정기인사를 실시하는데, 피고인 A는 2014년 9월 정기인사의 대상자였고, 피고인 B는 2015년 교장 자격 취득 및 장학관 승진 대상자에 포함되어 있었다. 앞서 본 피고인 A, B와 N과의 관계, 교육감이 교육공무원의 인사에 미칠 수 있는 영향력 등을 감안하면, 피고인 A, B로서는 N이 교육감 재선에 성공할 경우 장차 예정된 인사에서 승진 등의 이익을 기대할 수 있어 이 사건 선거운동에 적극적으로 참여하고자 할 동기나 이유가 충분하였던 것으로 보인다.

2) 피고인 B는 이 사건 선거공약과 선거공보 제작을 위해 다수의 교육 정책 관련 자료를 수집하여 노트북 컴퓨터에 저장한 다음 이를 앞서 본 바와 같이 피고인 D에게 교부하여 이용하도록 하였다. 위 자료 중에서 교육감 강연 자료, 교육감 정책 방향 및 교육 철학에 관한 자료는 피고인 B가 정책기획관실에서 근무하면서 축적해 놓은 것이었다. 그리고 AI 추진 관련 문서, 재외동포자녀 고교과정 이수 지원계획 관련문서, 임용시험제도 개선 관련 문서, AQ 관련 문서 등은 교육청 내부 자료로서 교육청 직원 또는 해당 업무를 처리하는 교원들 외의 사람들에게는 공개되지 아니한 문서들이었다. 더욱이 피고인 B는 위와 같은 내부 자료를 교육청 담당자들에게 연락하여 교육청 내부의 업무관리시스템에서 사용하는 이메일로 전송받았다. 또한 피고인들이 작성하고 수정한 선거공약 총 39개 중 17개의 항목은 피고인 A가 소속된 교육과정운영과에서 담당하고 있는 사항이었다.

위와 같이 교육청 내부 직원이 아니면 접근하기 불가능한 자료를 담당 교육공무원으로부터 제공받아 활용하고 소속부서가 담당하고 있는 사항과 관련하여 선거공약과 선거공보를 작성하였다는 사정은 피고인 A, B가 이 사건 당시 교육공무원의 지위를 이용하였음을 알 수 있게 하는 것이다.

2. 개정 공직선거법 하에서 피고인 C, D가 처벌대상이 되는지 여부

공직선거법이 2010. 1. 25. 법률 제9974호로 개정되면서 공무원이 그 지위를 이용하여 선거운동의 기획에 참여하거나 그 기획의 실시에 관여하는 행위를 처벌하던 위 법률 제255조 제1항 제10호의 '제86조 제1항 제2호의 규정에 위반한 행위를 하거나 하게 한 자'라는 부분이 '제86조 제1항 제2호의 규정을 위반한 사람'으로 개정됨으로써 구법의 '하게 한 자'라는 부분이 삭제되었음은 위 피고인들 변호인의 주장과 같다. 이러한 법률의 개정이 국민의 일상적인 행위에 대한 지나친 규제를 개선하고, 선거운동의 자유를 포함한 정치적 자유를 보다 확대하기 위하여 이루어진 것으로 보이기는 한다. 그러나 헌법과 지방자치법에 의한 선거가 국민의 자유로운 의사와 민주적인 절차에 의하여 공정히 행하여지도록 하고, 선거와 관련된 부정을 방지함으로써 민주정치의 발전에 기여하고자 하는 공직선거법의 입법목적과 위 법조항의 문언적 의미 등에 비추어 보면, 위와 같은 법률 개정의 취지가 공무원 등 공적 지위에 있는 자에게 선거에 영향을 미치는 행위를 하도록 교사하거나 방조한 자에 대한 처벌 가능 여부는 별론으로 하고, 이 사건의 피고인 C, D와 같이 공무원이 선거에 영향을 미치는 행위를 하는 범죄를 공동으로 실행한 공동정범에 대하여까지 처벌을 하지 않겠다는 것으로는 해석되지 아니한다. 결국 위 행위의 공동정범은 그가 공무원 등 공적 지위에 있지 않다고 하더라도 형법 제33조 본문에 의하여 처벌할 수 있다고 보는 것이 합당하다(대구고등법원 2015. 4. 9. 선고 2015노88 판결).

④ 공무원이 담당 업무와 경험을 이용하여 선거공보 및 선거공약서의 작성에 관여한 행위

피고인 A는 2010. 6. 2. 실시된 제5회 전국동시지방선거에서 ■■당 소속으로 ●●시장에 입후보한 후 당선되어 2010. 7. 1.부터 제5대 민선 ●●시장으로 재직하여 오던 중 2014. 6. 4. 실시된 제6회 전국동시지방선거에서 □□당 소속으로 ●●시장에 입후보하였다가 낙선된 사람, 피고인 B는 2010. 9. 1.부터 2014. 8. 31.까지 ●●시 시정지원관실 정책홍보팀 주무관으로 재직했던 사람, 피고인 C는 2013. 7. 1.부터 ●●시 기획예산관실 기획팀장으로 재직하고 있는 사람, 피고인 G는 1996. 3. 31.부터 ●● 시 시정지원관실 공보팀 주무관으로 재직하고 있는 사람, 피고인 D는 피고인 A의 친동생이다.

공무원은 그 지위를 이용하여 선거운동의 기획에 참여하거나 그 기획의 실시에 관여하는 행위를 하여서는 아니된다.

[피고인 A, B, C, D]

　1. 공모관계

　　피고인 A는 2014. 1.경부터 제6회 전국동시지방선거에 ●◯시장에 입후보하기로 마음먹은 상태에서 ●◯시의 주요 시정업무 계획 및 공약사항 관리·시정홍보 업무 등을 담당하는 피고인 B, C에게 선거공보 및 선거공약 자료 정리·선거 홍보물 제작 업체와의 접촉 등을 지시하고, 자신의 선거운동 준비를 돕던 F, 피고인 D 및 자신의 딸 E 등에게도 위 공무원 등과 선거홍보물 등의 작성에 필요한 자료를 공유하며 디자인·문구 등을 점검하도록 하고, 피고인 C, B, D는 이를 각 수용하고 지시사항을 이행하는 등 선거운동의 기획에 참여하거나 기획의 실시에 관여하기로 순차 공모하였다.

　2. 선거공보 및 선거공약서의 작성

　　피고인 A는 2014. 1. 21.경부터 ●◯시 시청로 50 ●◯시청에서, 피고인 B, C에게 수회에 걸쳐 시정홍보물인 "2014년도 ●◯시에서 드리는 행복보고서"등의 내용을 토대로 사진과 구호를 넣고 양을 줄여서 선거공보물을 만들되 그 제작을 시 홍보물 제작업체인 △△에 의뢰할 것, 선거공약에 50 ~ 60대 남성을 위한 복지프로그램을 삽입할 것 등을 지시하고, 2014. 4. 중순경 ●◯시청에서 피고인 B, C에게 만화가 곽○○를 소개하면서 곽○○가 만화형태의 선거공약서를 작성하는데 필요한 자료를 제공하는 등 협조할 것을 지시하였다.

　　이에 따라 피고인 B는 2014. 1. 말경부터 ●◯시청에서 위 행복보고서 내용 등을 토대로 선거공보·선거공약서의 작성방향을 정리하고, 피고인 C는 위와 같이 정리된 자료를 받아 피고인 A의 업무성과와 시정 통계수치 등을 반영하여 다시 피고인 B에게 건네주고, 피고인 B는 2014. 2. 24.경 ●◯시청에서 △△으로부터 선거공보 초안의 검토를 요청하고, △△이 가입한 인터넷 웹하드에서 이를 내려받아 색감 및 레이아웃을 검토하고, 피고인 C 는 피고인 B로부터 제공받은 선거공보 초안 출력물의 오탈자, 문구 및 문맥을 검토한 후 이를 피고인 A에게 보고하여 다시 수정·보완한 다음 피고인 B를 통해 위 웹하드에 다시 업로드하였다. 또한, 피고인 C는 2014. 4. 14.경 ●◯시청에서 50 ~ 60대 남성을 위한 사회복지 프로그램을 공약에 추가하라는 피고인 A의 지시에 따라 이를 문구화하여 피고인 B를 통하여 선거공보 내용에 반영하게 하였다.

3. 선거홍보 대책회의 개최

　　피고인 A, B, C, D, E, F 및 ●●시 시정지원관실 미디어홍보팀장과 함께, 2014. 4. 19. 16:00경 ●●시청에서 선거캠프의 구성·선거홍보용 프로필 사진의 선정·선거 공보 등의 작성내용 등에 대하여 논의한 후, E를 중심으로 선거공보의 디자인과 문구를 마무리하기로 결정하는 등 선거홍보 대책회의를 개최하였다.

4. 출마의 변 작성

　　피고인 A는 2014. 4.말경 위 ●●시청에서 피고인 C에게 취임 당시의 상황과 주요 추진사업, 재선을 통한 사업 마무리의 의지를 중심으로 '출마의 변(辯)'을 A4 용지 1장 정도로 작성할 것을 지시하였고, 피고인 C는 그 무렵 피고인 A의 위 지시에 따라 ●●시 소속 연설문 작성 담당 계약직 공무원 홍○○에게 출마의 변 작성방향을 전달하여 '출마의 변'을 작성하게 하였다.

5. 결론

　　이로써 피고인 A, B, C, D, F 등과 순차 공모하여, 지방공무원인 피고인 B, C의 지위를 이용하여 선거운동의 기획에 참여하거나 기획의 실시에 관여하였다.(서울고등법원 2015. 5. 1. 선고 2015노730 판결).

마. 정당·후보자에 대한 선거권자의 지지도 조사 또는 발표행위(제3호)

1) 지지도 조사 또는 발표의 의미

　　선거권자의 지지도를 조사하는 행위뿐만 아니라 지지도를 발표하는 행위도 금지된다. 「발표」라 함은 공직선거법상 「공표」와 마찬가지로 그 수단이나 방법의 여하를 불문하고 불특정 또는 다수인에게 사실을 알리는 것을 의미하는 바,[71] 여론조사 결과에 대한 방송이나 기사 등 언론에서 보도된 내용을 문자메시지 등으로 전파한 행위도 이에 해당한다.[72]

2) 중앙선거관리위원회 행정해석

① 시장의 사직관련 여론조사

　　공선법 제86조 제1항에 규정된 공무원 등이 대통령선거의 후보자가 되고자 하는 시장의 중도퇴임과 관련하여 시민여론조사를 하는 것은 정당 또는 후보자에 대한 선거권자의 지지도를 조사하는 행위에 이르게 되어 같은 법 같은 조 제1항의 규정에 위반될 것임(1997. 9. 11. 회답).

---

71)　대구고등법원 2019. 5. 2. 선고 2019노157 판결
72)　대검찰청, 공직선거법 벌칙해설 제10개정판, 526면

② 공무원직장업무협의회의 지방의회의 의정활동 설문조사 실시 및 공표

공무원직장협의회가 소속회원을 대상으로 해당 지방자치단체의 의회의원의 의정활동에 관하여 여론조사를 하고 그 여론조사의 결과를 당해 단체의 인터넷홈페이지에 게시하여 두는 것은 공선법상 무방할 것임. 다만, 여론조사를 하거나 그 결과를 공표함에 있어 공선법 제86조 제1항에서 금지하는 후보자가 되고자 하는 자(후보자를 포함함)에 대한 선거권자의 지지도를 조사하거나 이를 발표하는 행위 또는 업적을 홍보하는 행위에 이르러서는 아니 될 것임(2004. 9. 4. 회답).

③ 지방자치단체의 장인 경선후보자의 경선대책기구가 실시하는 여론조사

지방자치단체의 장인 경선후보자의 경선사무소 내부에 설치된 경선대책기구가 경선운동 준비를 위하여 선거에 관한 여론조사를 실시하는 것은 가능할 것이나, 「공직선거법」 제108조(여론조사의 결과공표금지 등) 제3항에 따라 사전에 관할 선거여론조사심의위원회에 신고 하여야 하며, 같은 조 제12항에 따라 해당 여론조사의 결과를 공표·보도할 수 없음. 이 경우 여론조사에 소요되는 비용을 경선후보자의 정치자금으로 지출할 수 있을 것임(2021. 8. 18. 회답).

⇨ 경선후보자인 지방자치단체장 또는 그의 경선대책기구가 실시하는 경선운동 준비를 위한 여론조사에는 법 제86조 제1항 제3호가 적용되지 아니함.

3) 판례

① 단체 카카오톡 채팅방에 후보자에 대한 선거권자 지지도 발표 행위

이 법원이 적법하게 채택하여 조사한 증거들에 의하여 인정되는 다음과 같은 사정들을 종합하여 보면, 피고인이 ○○시장 후보자 지지도에 대한 이 사건 여론조사 결과를 시장 A와 부시장 E, 행정복지국장 F, 안전지역개발국장 G, 총무계장 H, 인사계장 I에게 문자메시지로 전송하고, 읍·면·동장 총 14명이 참여하고 있는 단체 카카오톡 채팅방에 게시한 행위는 후보자에 대한 선거권자의 지지도를 발표하는 행위에 해당한다고 봄이 상당하므로, 피고인 및 변호인의 위 주장은 이유 없다(대구고등법원 2019. 5. 2. 선고 2019노157 판결).

② 시정 주요정책 모니터링을 위한 여론조사 명목으로 정당 또는 후보자에 대한 지지도를 조사

원심이 적법하게 채택하여 조사한 증거에 의하여 인정되는 다음과 같은 사정들을 종합하여 보면, 이 사건 온라인 1차 여론조사는 공직선거법이 제한하는 정당 또는 후보자에 대한 지지도 조사에 해당하며, 피고인이 정당 또는 후보자에 대한 지지도 조사가

포함된 전체 설문내용을 결정하여 원심 판시 각 여론조사를 실시한 주체라고 인정할 수 있다. 그럼에도 이 부분 공소사실을 무죄로 판단한 원심은 사실을 오인한 위법이 있으므로, 이를 지적하는 검사의 주장은 이유 있다.

⑴ 온라인 1차 여론조사는, 여론조사 자체에서 구체적으로 송○○의 실명을 거론하여 '송○○ 일을 잘하고 있는지 여부'에 대한 질문뿐만 아니라 '대통령이 될 수 있는 △△ 정치인으로 누가 떠오르는지'와 '△△시 발전에 유리한 대통령 후보가 누구인지' 및 '현재 지지하는 정당'에 대한 질문까지 포함하고 있었다.

⑵ 앞서 본 바와 같이 유○○, 고○○, 신○○ 등 여론조사기관의 연구원들은 일반적으로 지방자치단체가 발주하는 정책여론조사에서 여론조사기관이 설문문항을 임의적으로 작성하여 지방자치단체의 의사와 무관하게 설문내용에 반영하는 경우는 드물다고 진술하고 있고, 여론조사기관이 발주자인 △△시의 지시 또는 협의 없이 정당지지도 등을 묻는 내용의 설문문항 등을 포함하였을 것이라고는 보이지 않는다는 점은 온라인 1차 여론조사의 경우에도 마찬가지이다.

⑶ 이 부분 온라인 1차 여론조사의 경우에만 통상적인 경우와 달리 여론조사업체에서 먼저 위와 같이 정당지지도 등을 묻는 내용을 포함하여 설문 문항을 작성하였다고 인정할 수는 없다고 보인다.

⑷ 설령 이 부분 온라인 1차 여론조사가 원심 판시 각 여론조사와는 달리 안○○으로부터 여론조사 주제를 넘겨받은 여론조사기관에서 먼저 초안을 작성하여 안○○에게 보내주고 안○○이 이를 피고인에게 보고하여 전결권자인 피고인의 결재를 받아 실시되었다고 하더라도, 피고인이 처음부터 여론조사 내용에 포함시킬 항목에 대하여 지시하였고, 작성된 설문 내용을 전결권자의 지위에서 검토한 이상 위 여론조사에 정당지지 항목이 포함되어 있다는 사실을 모르고 있었다고 보기는 어렵다.

원심이 적절히 판시한 사정들과 앞서 든 증거에 의하여 인정할 수 있는 다음과 같은 추가적인 사정들 즉, ① 피고인은 △△시의 평가조정담당관으로 △△시가 발주한 20건의 여론조사를 리서치앤리서치, 리얼미터 등에 발주하고 실시함에 있어 전결권자로서 설문내용 등을 최종결정할 지위에 있었던 점, ② 문제가 된 원심 판시 각 여론조사에 포함된 정당지지도, 특정 인물의 재선지지도 등을 묻는 설문 문항은 정책조사에서는 보통 포함되지 않는 내용이며, 여론조사기관이 발주자인 △△시의 지시 또는 협의 없이 독자적으로 위 내용들을 포함하였을 것이라고는 보이지 않는 점, ③ 원심 법정에서 안○○은 '주로 처음에는 피고인의 지시로 여론 조사 주제를 정하여 담당 업체에 통보하고, 담당 업체에서 설문 초안을 만들면 피고인이 최종적으로 검토하여 이를 승인하는 방식으로 여론 조사 내용이 결정되었고, 원심 판시 각 여론조사인 온라인 2차, CATI 3, 4차 여론조사 문항의 경우에는 피고인으로부터 초안 파일을 받았다'고 진술한 점, ④ 피고인은 처음부터 여론조사 내용에 포함시킬 항목에 대하여 지시를 하였고, 작성된 설문 내용을 전결권자의 지위에서 검토하였으며, 나아가 원심 판시 각 여론조사의 경우에는 직접 안○○에게 초안을 건네주기도 한 점 등을 종합하여 보면, 피고인이 원심 판시 각 여론조사 문항 중에 위와 같은 정당지지도나 후보자에 대한 지지도 조사 항목이 포함되어 있다는 사실을 모르고 있었다고 주장하는 것은 수긍하기 어려우며, 피고인이 정당 또는 후보자에 대한 지지도 조사가 포함된 전체 설문내용을 결정하여 원심 판시 각 여론조사를 실시한 주체라고 인정할 수 있다. 이 부분에 대한 피고인의 주장은 이유 없다(서울고등법원 2015. 9. 25. 선고 2015노1379 판결, 대법원 2015. 12. 10. 2015도15519 판결).

바. 선거기간 중 예산으로 시행하는 사업의 기공식 거행 행위(제5호)

즉시 공사를 진행하지 아니할 사업의 기공식을 거행하는 행위를 금지한다. 기공식만 금지되므로 선거와 무관하게 개최되는 준공식은 가능하다. 즉시 공사를 진행할 사업의 기공식은 선거기간 중이라도 거행할 수 있다.[73]

사. 선거기간 중 정상적 업무외의 출장 행위(제6호)

1) '정상적 업무외의 출장'의 의미

「정상적 업무외의 출장」이라 함은 그 행위가 명목상, 형식상이나마 해당 공무원 등의 업무와 관련한 출장행위의 외관을 지니고 있음을 전제로 그 실질에 있어서 통상적인 업무수행의 일환으로 인정되지 아니하는 경우를 말한다. 「정상적 업무」라 함은 법령·조례 또는 행정관행·관례에 의하여 그 지위의 성질상 필요로 하는 정당한 행위 또는 활동, 즉 직무상의 행위를 말한다.[74]

2) 판례

① 한국조폐공사의 감사로 재직중인 피고인이 근무시간 중에 위 감사직취임 이전 소속 정

---

73) 중앙선거관리위원회 1997. 11. 12. 회답
74) 헌법재판소 2005. 10. 27. 2004헌바41 결정

당의 지구당 선거사무실 개소식에 들러 그 직함과 이름이 소개되도록 하고 관용차를 이용한 행위

이 사건 규정위반의 행위가 되기 위해서는 그 행위가 명목상, 형식상이나마 당해 공무원 등의 업무와 관련한 출장행위의 외관을 지니고 있음을 전제로, 그 실질에 있어서 통상적인 업무수행의 일환으로 인정되지 아니하는 경우라야 할 것인데, 피고인의 이 사건 행위가 한국조폐공사 감사로서의 업무와 전혀 무관하게 단지 위 감사직 취임 이전의 소속 정당 지구당 선거사무실 개소식을 축하한다고 하는 개인적 차원에서 이루어진 것임은 기록상 명백할 뿐만 아니라, 원심도 인정하는 바와 같은 이상, 피고인의 행위는 이 사건 규정위반의 행위에 해당하지 아니한다 할 것임에도 위 '출장'의 개념을 문리적·목적론적 해석상 가능한 의미의 범위를 넘어서까지 유추 내지 확장 해석하여 이 사건 공소사실을 유죄로 인정한 원심의 판단에는 형벌법규의 명확성이나 그 엄격 해석을 요구 하는 죄형법정주의의 원칙을 위반한 위법이 있다 할 것이고, 이 점을 지적하는 취지의 상고이유의 주장은 이유 있다 할 것이다(대법원 2005. 8. 19. 선고 2005도2690 판결).

② 구청장이 상대편 후보자의 TV토론 발언에 대해 항의하기 위해 소속 과장, 팀장 및 비서실장과 등과 함께 관용차를 이용하여 상대방 후보의 선거사무소를 찾아간 경우

피고인을 비롯한 회의 참석자들 대부분 공직선거법에 의해 선거기간 중 공무원의 정상적 업무 외 출장이 금지된다는 점을 알고 있었던 사실 등이 인정되고, 당시 피고인이 자료를 제시하거나 서면으로 은평뉴타운 사업에 대해 자세하게 설명한 것이 아니라 토론회 다음날 오전에 바로 후보자들을 만나러 가 자신의 생각을 일방적으로 전달하였던 점 등을 종합해보면 피고인은 정상적 업무의 일환으로서 출장을 간 것이라기보다 후보자들의 발언에 화가 나 이에 대해 항의하기 위해 업무를 빙자하여 즉흥적으로 후보자들을 찾아간 것으로 보인다. 또한 피고인의 행동은 은평뉴타운 사업을 실패작이라 생각하는 후보자들의 선거공약이나 발언에 영향을 미쳐 이들의 선거운동을 위축시킬 우려가 있고 호의적으로 평가하는 후보자에게는 유리하게 작용할 가능성이 충분히 있었다고 보이므로, 피고인의 출장행위는 선거과정에 있어서 후보자 일방에는 불리하게 또한 타방에는 유리하게 영향력을 행사하여 공정한 선거권 행사에 지장을 초래하였다(서울서부지방법원 2008. 9. 25. 선고 2008고합157 판결).

아. 선거기간 중 휴가기간에 기관·시설 방문 행위(제7호)

선거기간 중 휴가기간에 그 업무와 관련된 기관이나 시설을 방문하는 행위가 금지된다.

자. 처벌

본 조 제1항 제1호부터 제3호까지를 위반한 행위를 한 사람은 3년 이하의 징역 또는 600만원 이하의 벌금에 처한다(법 제255조 제1항 제10호). 선거운동과 관련하여 본 조 제1항 제5호부터 제7호까지 또는 제7항을 위반한 행위를 한 사람은 2년 이하의 징역 또는 400만원 이하의 벌금에 처한다(법 제256조 제3항 제1호 바목).

제5절
공무원의 직무와 관련하여 또는 직위를 이용한 선거범죄의 공소시효

제268조(공소시효) ① 이 법에 규정한 죄의 공소시효는 당해 선거일후 6개월(선거일후에 행하여진 범죄는 그 행위가 있는 날부터 6개월)을 경과함으로써 완성한다. 다만, 범인이 도피한 때나 범인이 공범 또는 범죄의 증명에 필요한 참고인을 도피시킨 때에는 그 기간은 3년으로 한다.
② 제1항 본문에도 불구하고 선상투표와 관련하여 선박에서 범한 이 법에 규정된 죄의 공소시효는 범인이 국내에 들어온 날부터 6개월을 경과함으로써 완성된다.
③ 제1항 및 제2항에도 불구하고 공무원(제60조제1항제4호 단서에 따라 선거운동을 할 수 있는 사람은 제외한다)이 직무와 관련하여 또는 지위를 이용하여 범한 이 법에 규정된 죄의 공소시효는 해당 선거일 후 10년(선거일 후에 행하여진 범죄는 그 행위가 있는 날부터 10년)을 경과함으로써 완성된다.

법 제268조 제1항에 따라 이 법에 규정한 죄의 공소시효는 당해 선거일후 6개월(선거일후에 행하여진 범죄는 그 행위가 있는 날부터 6개월)을 경과함으로써 완성되나,

2014. 2. 13. 공직선거법 개정 당시 공무원의 선거개입에 대한 처벌강화 일환으로, 공무원이 직무와 관련하여 또는 지위를 이용하여 범한 선거범죄의 공소시효는 해당 선거일 후 10년(선거일 후에 행하여진 범죄는 그 행위가 있는 날부터 10년)을 경과함으로써 완성되도록하는 규정이 신설되었다. 다만, 공무원 중 법 제60조제1항제4호 단서에 따라 선거운동을 할 수 있는 사람은 제외하므로 선거운동을 할 수 있는 공무원의 선거범죄의 공소시효은 법 제268조 제1항이 적용된다.

판례는 법 제268조 제3항의 적용범위에 관하여 '공무원의 직무와 관련하여 또는 지위를 이용하여'라는 요건을 범죄의 구성요건으로 하는 공직선거법위반죄에 대하여만 적용하는

규정이라기보다는 공무원이 '공직선거법에 규정된 죄'를 '직무와 관련하여 또는 지위를 이용하여' 범한 경우에 대하여 적용하는 규정이라고 해석함이 합리적이라고 판시하였다.[75]

제도개선

선거운동을 할 수 없는 사람의 범위 축소(제60조)

현행법은 농협·수협·산림조합·엽연초생산협동조합의 상근직원은 선거운동을 할 수 없고, 선거운동을 할 수 없는 사람은 당내경선운동을 할 수 없다. 헌법재판소(2024. 1. 25. 2021헌가14 결정)는 지방공사·공단 상근직원의 선거운동을 일률적으로 금지·처벌하는 것은 정치적 표현의 자유를 지나치게 제한한다는 이유로 위헌 결정하였다. 헌법재판소 결정 취지에 따라 농협 등 각종 조합의 상근직원도 조합의 경영에 관여하거나 실질적인 영향력을 미칠 수 있는 권한이 없으므로 선거운동을 허용하려는 것이 합리적이다.[76]

---

75) 서울중앙지방법원 2018. 7. 20. 선고 2018고합119 판결, 서울고등법원 2018. 11. 21. 선고 2018노2151 판결
(피고인은 대통령으로서 자신의 지휘·감독을 받고 자신의 업무를 보좌하는 G에게 제20대 총선을 앞두고 F실을 이용해 H당 및 총선 출마가 예정되는 H당 후보자들에 대한 여론조사를 실시할 것을 지시하고 그 결과를 보고받았던 것으로 보이는 이상, 이는 피고인이 대통령의 지위를 이용하여 자신의 지휘를 받는 F 이하 공무원들을 통해 이 사건 공소사실 기재 여론조사를 실시한 것이라 봄이 타당하다. 그렇다면 이 사건 여론조사 실시행위는 공직선거법 제268조 제3항에 따라 제20대 총선이 실시된 날 이후로서 피고인에 대한 탄핵 심판 선고일인 D부터 10년이 경과 한 때에 공소시효가 완성된다고 할 것이다)
76) 중앙선거관리위원회. 공직선거법 개정의견(2023.1)

제18장

지방자치단체의 장
등의 행위 제한

제18장

지방자치단체의 장 등의 행위 제한

1. 지방자치단체의 장의 행위금지(제86조 제2항)

제86조(공무원 등의 선거에 영향을 미치는 행위금지)

② 지방자치단체의 장(제4호의 경우 소속 공무원을 포함한다)은 선거일전 60일(선거일전 60일후에 실시 사유가 확정된 보궐선거등에 있어서는 선거의 실시사유가 확정된 때)부터 선거일까지 다음 각 호의 어느 하나에 해당하는 행위를 하여서는 아니된다.

1. 삭제 〈2004. 3. 12.〉

2. 정당의 정강·정책과 주의·주장을 선거구민을 대상으로 홍보·선전하는 행위. 다만, 당해 지방자치단 체의 장의 선거에 예비후보자 또는 후보자가 되는 경우에는 그러하지 아니하다.

3. 창당대회·합당대회·개편대회 및 후보자선출대회를 제외하고는 정당이 개최하는 시국강연회, 정 견·정책발표회, 당원연수·단합대회 등 일체의 정치행사에 참석하거나 선거대책기구, 선거사무소, 선거연락소를 방문하는 행위. 다만, 해당 지방자치단체의 장선거에 예비후보자 또는 후보자가 된 경 우와 당원으로서 소속 정당이 당원만을 대상으로 개최하는 정당의 공개행사에 의례적으로 방문하는 경우에는 그러하지 아니하다.

4. 다음 각 목의 1을 제외하고는 교양강좌, 사업설명회, 공청회, 직능단체모임, 체육대회, 경로행사, 민 원상담 기타 각종 행사를 개최하거나 후원하는 행위

   가. 법령에 의하여 개최하거나 후원하도록 규정된 행사를 개최·후원하는 행위

   나. 특정일·특정시기에 개최하지 아니하면 그 목적을 달성할 수 없는 행사

   다. 천재·지변 기타 재해의 구호·복구를 위한 행위

   라. 직업지원교육 또는 유상(有償)으로 실시하는 교양강좌를 개최·후원하는 행위 또는 주민자치 센터 가 개최하는 교양강좌를 후원하는 행위. 다만, 종전의 범위를 넘는 새로운 강좌를 개설하거나 수강 생을 증원하거나 장소를 이전하여 실시하는 주민자치센터의 교양강좌를 후원하는 행위를 제외한다.

> 마. 집단민원 또는 긴급한 민원이 발생하였을 때 이를 해결하기 위한 행위
> 바. 가목 내지 마목에 준하는 행위로서 중앙선거관리위원회규칙으로 정하는 행위
> 5. 통·리·반장의 회의에 참석하는 행위. 다만, 천재·지변 기타 재해가 있거나 집단민원 또는 긴급한 민원이 발생하였을 때에는 그러하지 아니하다.

가. 의의

지방자치단체의 장은 그 직무의 기능이나 영향력을 이용하여 선거에서 국민의 자유로운 의사형성과정에 영향을 미치고 경쟁관계를 왜곡할 가능성이 크다는 점에서[1] 규제의 필요성이 있다 할 것이다.

나. 금지 주체 및 기간 등

금지 주체는 지방자치단체의 장이다. 금지 기간은 선거일 전 60일(선거일 전 60일 후에 실시사유가 확정된 보궐선거 등에 있어서는 선거의 실시사유가 확정된 때)부터 선거일까지이다. 부단체장이 지방자치단체장의 직무를 대행하는 경우에는 본 조 제2항, 제5항, 제6항, 제7항의 지방자치단체장에 관한 규정이 적용된다.[2] 본 조항은 해당 지방자치단체의 장선거 뿐만 아니라 모든 공직선거에도 적용된다.

다. 정당의 정강·정책과 주의·주장을 홍보·선전하는 행위(제2호)

정당의 정강·정책과 주의·주장을 선거구민을 대상으로 홍보·선전하는 행위가 금지된다. 소속정당 여부를 불문하므로, 소속 정당이 아닌 다른 정당의 정강·정책이나 주의·주장을 홍보·선전하는 행위도 금지된다. 다만, 지방자치단체의 장이 해당 지방자치단체의 장의 선거에 예비후보자 또는 후보자가 되는 경우에는 선거구민을 대상으로 정당의 정강·정책과 주의·주장을 홍보·선전하는 행위가 가능하다. 정당이 대통령의 궐위로 인한 선거의 후보자를 추천하기 위하여 당원과 당원이 아닌 자에게 투표권을 부여하여 실시하는 당내 경선에서 경선후보자인 지방자치단체의 장이 법 제57조의3 등 규정에 따른 적법한 경선운동을 하는 경

---

1) 헌법재판소 2004. 5. 14. 2004헌나1 결정
2) 중앙선거관리위원회 2020. 6. 8. 회답

우에는 본 조항 제2호의 본문이 적용되지 않는다.[3]

라. 정당이 개최하는 정치행사 참석 또는 선거대책기구 등 방문 행위(제3호)

정당이 개최하는 시국강연회, 정견·정책발표회, 당원연수·단합대회 등 일체의 정치행사에 참석하거나 선거대책기구, 선거사무소, 선거연락소를 방문하는 행위는 금지된다. 정당 내부조직의 당연직 구성원인 경우에도 지방자치단체장의 지위에서 참석하는 지방자치정책협의회에는 참석할 수 없으나[4] 지방자치단체장의 신분이 아닌 대의원의 신분으로 중앙당이 개최하는 대의기관의 회의에 참석하는 것은 가능하다.[5] 법 제86조 제2항 제3호에서 금지하는 지방자치단체장의 행위는 그 지위에 따라 선거에 영향을 미치는 행위를 금지하기 위한 것인바, 전국위원회 참석은 단지 구성원으로서 참석하는 것이므로 이를 금지하는 것은 동 조항의 입법취지에 부합하지 않기 때문이다.

「선거대책기구 등 방문」은 정치적 목적이나 선거운동의 목적을 가진 방문에 한하지 않으므로 후보자 토론회에서의 발언 내용에 항의하기 위해 지방자치단체장이 선거사무소에 후보자를 찾아간 경우에도 본 호에 위반된다.[6] 정당이 아닌 정치자금법상의 후원회가 개최하는 후원회사무소 개소식에 참석하거나, 선거대책기구나 선거사무소·선거연락소가 설치되지 않은 정당의 당사나 정당선거사무소를 방문하는 것은 가능하다.

당내경선의 경선후보자인 지방자치단체장이 법 제57조의3 등 규정에 따른 적법한 경선운동에는 본 조항 제3호의 본문이 적용되지 아니한다.[7] 지방자치단체의 장이 당내경선에 참여시 자신의 경선운동방법으로 하는 경우 법 제86조 제1항 제1호를 적용하지 아니한다고 보았으며, 적법한 경선운동의 경우 법 제9조, 제60조, 제86조 제1항 또는 제254조 등에 위반되지 아니할 것이라고 하였는 바,[8] 오히려 그 영향력의 정도가 더 약할 수밖에 없는 법 86조 제2항 제2호 및 제3호만 제한하는 것은 불합리하기 때문이다.

정당이 개최하는 정치행사 중 창당대회·합당대회·개편대회 및 후보자선출대회는 이 기간에도 참석이 가능하다. 또한 해당 지방자치단체의 장선거에 예비후보자 또는 후보자가 된 경우와 당원으로서 소속정당이 당원만을 대상으로 개최하는 정당의 공개행사에 의례적으로 방문하는 것은 가능하다. 제한기간이 아닌 때에는 행사에 참석하는 것도 가능하나, 제한기

---

3) 중앙선거관리위원회 2017. 3. 13. 회답
4) 중앙선거관리위원회 1996. 1. 22. 의결
5) 중앙선거관리위원회 2012. 2. 10. 회답
6) 서울서부지방법원 2008. 9. 25. 선고 2008고합157 판결
7) 중앙선거관리위원회 2017. 3. 13. 회답
8) 중앙선거관리위원회 2012. 5. 21. 의결

간 중에는 의례적인 방문만 허용된다는 의미이다.

마. 지방자치단체의 각종 행사의 개최·후원 제한(제4호)

1) 제한대상

지방자치단체의 장과 소속 공무원이다. 종전에는 지방자치단체의 장에 대해서만 제한하고 있었으나, 2010. 1. 25. 법 개정 시 해당 지방자치단체 소속 공무원도 본 호의 금지대상으로 확대하였다.

2) 입법취지 및 금지 행위

교양강좌, 사업설명회, 공청회, 직능단체모임, 체육대회, 경로행사, 민원상담 기타 각종 행사를 개최하거나 후원하는 행위는 금지된다. 선거가 임박한 시기에 각종 선심성 행사를 개최하거나 후원함으로써 선거에 영향을 미치는 것을 방지하기 위한 것이다. 법 제86조 제2항 제4호의 입법취지는 개최하여서는 아니 되는 행사로 예시된 것들은 모두 다수의 '손(賓)', '내객(來客)'의 존재를 예정하고 있는 것들이므로, 다수의 손과 내객의 존재를 예정하고 있는 행사를 금지하는 취지이다.[9]

「후원」에는 지방자치단체가 각종 단체에 보조금을 지급하는 행위도 해당되는 바, 단체가 지방자치단체로부터 당해 연도 사업활동과 운영에 필요한 경비를 포괄적으로 지원받아 자체계획에 따라 각종 행사를 개최하는 것은 가능하다. 다만, 이 경우에도 선거일 전 60일 이후 개최되는 행사가 특정되어 있는 경우 동 행사에 소요되는 경비를 지원하는 것은 그 행사를 후원하는 것으로 보아 금지된다. 또한 지방자치단체가 보조금을 지급하지 아니하고 단순히 후원명의(명칭)만을 제공한 경우에도 본 조 제2항 제4호에 따라 제한을 받는 후원에 해당한다.[10]

본 조항 제4호는 「민원상담」을 규정하고 있으나 지방자치단체가 직무상 행위의 일환으로 업무추진 목적 범위에서 이동민원실 또는 직소민원실을 설치하고 민원을 접수·상담하는 것은 시기에 관계없이 가능하다. 다만 선거일 전 60일부터 지방자치단체장이 직접 참석하는 것은 본 조항에 따라 금지된다. 한편 지방자치단체의 장이 집단민원 또는 긴급한 민원의 해결을 위하여 이동민원실을 설치하고 직접 민원을 접수·상담하는 것은 본 조항 마목에 따라 그 시기에 관계없이 가능하다.

---

9)　　수원고등법원 2024. 1. 11. 선고 2023노877 판결, 대법원 2024. 4. 25. 선고 2024도2064 판결
10)　　중앙선거관리위원회. 2022 지방자치단체의 활동에 관한 공직선거법규 운용자료 5면

3) 예외로 허용되는 경우

① 「법령에 의하여 개최하거나 후원하도록 규정된 행사」의 경우 가능하다. 지방자치단체가 행사를 개최하거나 후원하는 것이 법령에 직접 근거하고 있는 경우를 말하며 중앙행정기관이 관계 법령에 근거하여 수립한 지침도 이에 해당한다. 또한 「법령에 의하여」란 행사자체가 법령에 근거하여야 한다는 것이지 행사의 시기까지도 금지기간 중에 개최하는 것으로 법령에 특정되어야 한다는 것은 아니다.[11]

② 「특정일·특정시기에 개최하지 아니하면 그 목적을 달성할 수 없는 행사」의 경우 가능하다. 이는 개화·파종·생육조절·수확 등에 제한이 많은 화훼류나 농산물 관련 행사, 각종 민속행사, 오래전부터 계속하여 그 시기에 개최하여 온 행사, 공사의 진행단계에서 반드시 필요한 행사, 향교의 석전행사 등 그 시기를 놓치면 행사 자체를 개최할 수 없거나 개최의 의미가 상실되는 행사를 말한다.

③ 직업지원교육 또는 유상으로 실시하는 교양강좌를 개최·후원하는 행위 또는 주민자치센터가 개최하는 교양강좌를 후원하는 행위는 가능한 바, 주민자치센터의 일부강좌가 새로 신설되어 기초반만 운영되어 온 경우 선거일 전 60일 이후에 기초반의 정규과정이 종료됨에 따라 기초반 외에 계속반을 운영하는 것은 가능하다.[12]

④ 각종기념일 등에 관한 규정 제2조에 의하여 시행하는 기념행사, 읍·면·동 이상 행정구역단위의 정기적인 종합주민체육대회나 전래적인 고유축제 등도 시기에 관계없이 개최·후원 가능하다(규칙 제47조 제2항).

4) 기부행위예외 조항인 법 제112조 제2항 제4호와의 관계

법 제112조 제2항 제4호의 금품제공행위와 본 조항의 행사의 개최·후원은 각각 별개의 규정으로 따로 법령 등의 근거가 있어야 할 것이므로, 행사개최·후원이 법령에 근거하였다 하여 동 행사에서 금품을 제공하는 행위까지 허용되는 것은 아니다. 다만, 그 행사에 필수불가결한 범위내의 금품제공(표창·포상의 부상제외)은 그 행사에 부수된 것으로 행사의 한 부분으로 보아 제공이 가능하다. 한편 무료의 음악공연이나 영화상영처럼 행사 자체에 기부행위를 포함하고 있는 경우, 행사 자체가 법령에 근거한 것이라면 이것은 동시에 기부행위에 대한 법령의 근거도 되므로 기부행위 금지 규정에도 위반되지 않는다.[13]

---

11) 중앙선거관리위원회. 2022 지방자치단체의 활동에 관한 공직선거법규 운용자료 6면
12) 중앙선거관리위원회 2006. 4. 4. 회답
13) 중앙선거관리위원회. 2022 지방자치단체의 활동에 관한 공직선거법규 운용자료 5면

5) 지방자치단체 조례와의 관계

지방자치단체의 구시군(읍면동)민의 날 행사의 경우 조례에 규정되어 있는지 여부를 불문하고, 오래전부터 계속하여 그 시기에 개최하여 온 경우에는 법 제86조 제2항 제4호 나목의 '특정일·특정시기에 개최하지 아니하면 그 목적을 달성할 수 없는 행사'로 볼 수 있다.[14]

6) 판례

① 지방자치단체장이 소속 직원들을 대상으로 선거일 전 60일 이내에 민선 7기 2주년 행사를 개최 행위

이와 같은 피고인 A의 지방자치단체장으로서의 일정 진행이 공직선거법 제86조 제2항 제4호에서 말하는 선거일 전 60일부터 선거일까지 그 개최 등을 금지하는 행사에 해당한다고 보기 어렵다.

① 공직선거법 제86조 제2항 제4호는 지방자치단체의 장은 선거일 전 60일부터 선거일까지 '교양강좌, 사업설명회, 공청회, 직능단체모임, 체육대회, 경로행사, 민원상담 기타 각종 행사를 개최하거나 후원하는 행위'를 하여서는 아니 된다고 정하고 있다. 개최하여서는 아니 되는 행사로 예시된 것들은 모두 다수의 '손(賓)', '내객(來客)'의 존재를 예정하고 있는 것들이다. 그런데 이 사건에서 피고인 A는 코로나19 등으로 고생한 ○○시청 직원들을 위로하고 격려하기 위한 목적으로 일정을 계획하였고, 실제의 일정 진행도 ○○시청 직원들만을 대상으로 이루어졌다. 기본적으로 이와 같이 내부 직원들만을 대상으로 이루어진 일정이 다수의 손과 내객의 존재를 예정하고 있는 행사를 금지하는 취지로 규정된 공직선거법 제86조 제2항 제4호 위반에 해당한다고 보기는 어렵다.

② 물론 공직선거법 제86조 제2항 제4호에 '기타 각종 행사'라는 문언이 있으므로, 예시로 든 행사와 달리 손, 내객이 없는 행사라도 경우에 따라 위 조항에서 개최를 금지하는 행사에 해당할 수는 있다. 그러나 공직선거법은 제85조, 제86조 등에서 지방자치단체의 장을 포함한 공무원이 하여서는 아니 되는 행위를 정하고 있기는 하지만, 기본적으로 지방자치단체의 장이 지방자치단체의 장으로서의 업무를 수행하는 행위 자체를 금지하고 있지는 않다. 선거가 있다고 하여 지방자치단체의 장이 그 장으로서의 업무 자체를 수행하지 못한다면 이는 지방자치단체장과 소속 공무원의 직무수행에 대한 과도한 제약이 될 수 있고 이러한 제약은 결국 시민들의 피해로 돌아가게 되므로, 이와 같은 규율 방식은 충분히 납득이 가고 자연

14) 중앙선거관리위원회. 2022 지방자치단체의 활동에 관한 공직선거법규 운용자료 6면

스럽다. 그렇기에 공직선거법 제86조 제2항 제4호에서 말하는 '기타 각종 행사'의 범위가 무한정 확대될 수는 없다. 특히 지방자치단체의 장이 그 장으로서 수행하는 업무에까지 위 공직선거법 조항에서 말하는 행사 개념을 들이대어 공직선거법에서 금지하는 행사에 해당한다고 하는 것에는 특히 신중해야 할 필요가 있다.[15] 이 사건의 경우 피고인 A가 ○○시장에 당선되어 취임한 2020. 4.경은 코로나19가 창궐한 초기였다. 피고인 A는 첫 재임 기간 내내 코로나19라는 매우 특수한 상황에 대처하는 입장이었다. 이러한 특수한 상황에서 피고인 A가 코로나19가 어느 정도 마무리되고 자신의 첫 임기도 마무리되는 상황에서 코로나19로 고생한 직원들에게 그 노고를 치하하고 향후의 지속적인 업무를 격려하는 행위는 지방자치단체 장이 그 업무로서 할 수 있는 범위에 포함된다고 보이고, 이와 달리 이러한 행위가 공직선거법 제86조 제2항 제4호에서 금지하는 교양강좌 , 사업설명회 등에 준하는 정도의 성격을 가진 행사에 해당한다고 보기 어렵다(수원고등법원 2024. 1. 11. 선고 2023노877 판결, 대법원 2024. 4. 25. 선고 2024도2064 판결).

바. 통·리·반장의 회의에 참석하는 행위(제5호)

천재·지변 기타 재해가 있거나 집단민원 또는 긴급한 민원이 발생했을 때에는 참석이 가능하다.

2. 지방자치단체의 장과 소속 공무원의 홍보물 발행 제한(제86조 제5항)

제86조(공무원 등의 선거에 영향을 미치는 행위금지) ⑤ 지방자치단체의 장(소속 공무원을 포함한다)은 다음 각 호의 어느 하나에 해당하는 경우를 제외하고는 지방자치단체의 사업계획·추진실적 그 밖에 지방자치단체의 활동상황을 알리기 위한 홍보물(홍보지·소식지·간행물·시설물·녹음물·녹화물 그 밖의 홍보물 및 신문·방송을 이용하여 행하는 경우를 포함한다)을 분기별로 1종 1회를 초과하여 발행·배부 또는 방송하여서는 아니되며 당해 지방자치단체의 장의 선거의 선거일전 180일(보궐선거 등에 있어서는 그 선거의 실시사유가 확정된 때, 이하 제6항에서 같다)부터 선거일까지는 홍보물을 발행·배부 또는 방송할 수 없다.

---

15) 법 제86조 제2항 제4호는 '공직선거및선거부정방지법'의 명칭으로 1995. 12. 30. 법률 제5127호로 신설되었다. 당시 국회에서 위 조항의 신설에 관하여 논의가 있었는데. 위 조항을 광범위하게 적용할 경우 자칫 지방행정이 마비될 위험이 있다는 점이 지적되었고[1995. 12. 18.자 국회 내무위원회 회의록(공판기록 제1528쪽)]. 이러한 지적에 대하여 위 조항을 발의한 의원 중 한 명인 권□□ 의원은 업무상·통상적인 행위는 이 사건 조항에 의하여 금지되지 않는다는 의견을 밝혔다[1995. 12. 19.자 국회 내무위원회 회의록(공판기록 제1547쪽)].

1. 법령에 의하여 발행·배부 또는 방송하도록 규정된 홍보물을 발행·배부 또는 방송하는 행위
2. 특정사업을 추진하기 위하여 그 사업과 이해관계가 있는 자나 관계주민의 동의를 얻기 위한 행위
3. 집단민원 또는 긴급한 민원이 발생하였을 때 이를 해결하기 위한 행위
4. 기타 위 각호의 1에 준하는 행위로서 중앙선거관리위원회규칙이 정하는 행위

가. 입법취지

지방자치단체의 홍보물 발행은 지방자치단체의 고유사무에 속하는 것으로서, 국가기관의 홍보활동과 마찬가지로 헌법적으로 허용될 뿐만 아니라 헌법상의 민주주의원칙에서 파생하는 지방자치단체의 의무이다. 다만, 그 내용에 있어서 지방자치단체의 사업계획·사업추진실적과 같이 주민에게 필요한 객관적인 정보의 제공에 제한되더라도, 정보의 내용이 지방자치단체의 업적과 성공사례에 관한 한, 항상 그의 대표기관이자 집행기관인 지방자치단체의 장에게 유리한 효과를 수반한다고 볼 수 있고 지방자치단체장이 지방자치단체의 홍보물을 자신의 업적과 활동상황을 알리는 개인 홍보물로 이용할 우려가 있으므로 본 조항을 두어 자신의 임기 중 사실상 선거준비작업이나 선거운동의 일환으로 사용하는 것을 방지하고, 이로써 선거의 공정성을 확보하고 선거에서의 기회균등을 보장토록 하고 있다.[16]

나. 주체 및 시기

지방자치단체의 장 뿐만 아니라 소속 공무원도 포함된다. 당해 지방자치단체장선거의 선거일 전 180일부터 선거일까지는 본 조 항 각호 및 규칙 제47조 제4항 각호에 따른 경우를 제외하고는 지방자치단체의 사업계획, 추진실적 또는 활동상황이 게재되는 홍보물을 발행·배부 또는 방송할 수 없다. 다만, 보궐선거등에 있어서는 그 선거의 실시사유가 확정된 때부터 선거일까지 홍보물을 발행·배부 또는 방송할 수 없으나, 보궐선거등의 실시사유가 그 선거일 전 180일 전일까지 확정된 경우라면 선거일 전 180일부터 선거일까지 제한된다.

---

16) 헌법재판소 1999. 5. 27. 98헌마214 판결

다. 홍보지역과 홍보내용 적용 범위

본 조항은 지방자치단체의 장이나 그 소속공무원이 홍보물을 이용하여 선거에 유리한 여건을 조성하는 것을 방지하기 위한 것이므로 선거구민을 대상으로 하거나 출향인사 등과 같이 선거구민과 연고가 있는 자를 대상으로 하는 것을 제한하고 있고, 선거구 밖에 홍보물을 설치·배부하는 것은 적용대상이 아니다. 다만, 선거구 밖이라도 선거구민의 왕래가 빈번하여 같은 생활권역으로 볼 수 있는 곳이라면 홍보물을 설치·배부할 수 없다.[17]

지방자치단체의 사업계획, 추진실적 또는 활동상황이 게재되는 홍보물에 한한다. 당해 지방자치단체장의 성명·사진 등이 게재되지 아니하더라도 분기별 1종 1회에 한하여 발행·배부 또는 방송할 수 있으며, 홍보물의 내용이 사업계획 등에 해당되는지 여부는 개별 사안에 따라 구체적으로 판단하여야 한다.

분기별로 1종 1회를 초과하여 사업계획이나 추진실적 기타 활동상황을 알리기 위한 홍보물을 발행·배부할 수 없다. 여기서 「1종」이란 「홍보매체 또는 제작형태·규격·배열방법 등이 모두 동일한 것」을 말한다.

인쇄물을 이용하는 경우 '그 발행·배부계획에 따라 당해 분기 내에서 주민별로 1회 이내에서 배부하는 것'을 말하고, 시설물을 이용하는 경우 '하나의 시설물을 한 장소에 설치하는 것'을 말하고, IPTV의 경우 특정채널에 1종의 영상홍보물을 게시하여 두는 것이며, 신문·방송에 광고하는 경우 '법 제69조 제1항 후단 및 제70조 제1항 후단의 규정에 따라 산정한 1회'를 말한다.[18]

라. 홍보매체 적용 범위

본 조항에서 의미하는 홍보매체는 지방자치단체의 고유사무일환으로 발행하는 지방자치단체의 홍보물을 전제로 하는 바,[19] 지방자치단체의 장이나 공무원이 개인적으로 자신의 SNS나 문자메시지를 이용하여 지방자치단체의 사업계획 등을 게시·전송하는 경우 본 조항의 제한 대상이 아니다.[20] 다만, 지방자치단체와 공모하는 경우는 본 조항의 제한 대상이 될 수 있다.

---

17) 중앙선거관리위원회. 2022 지방자치단체의 활동에 관한 공직선거법규 운용자료 25면
18) 중앙선거관리위원회. 2022 지방자치단체의 활동에 관한 공직선거법규 운용자료 26면
19) 헌법재판소 1999. 5. 27. 98헌마214 결정
20) 광주고등법원 2019. 5. 14. 선고 (전주)2019노27 판결

마. 적용 예외

① 법령에 의하여 발행·배부 또는 방송하도록 규정된 홍보물을 발행·배부 또는 방송하는 행위 ② 특정사업을 추진하기 위하여 그 사업과 이해관계가 있는 자나 관계주민의 동의를 얻기 위한 행위 ③ 집단민원 또는 긴급한 민원이 발생하였을 때 이를 해결하기 위한 행위 ④ 기타 위 각호의 1에 준하는 행위로서 중앙선거관리위원회규칙이 정하는 행위는 법 제86조 제5항에 적용되지 아니한다.

법령에서 직접 사업계획이나 추진내용 등을 관계주민 등에게 고지·공고하도록 규정하고 있거나 중앙행정기관이 관련 법령에 근거하여 수립·시달한 지침이나 시책 등에 따라 그 범위 안에서 지방자치단체가 세부시행계획을 수립하여 각종 홍보물을 발행·배부·방송하는 것은 '법령에 의하여' 하는 것으로 본다.

> **공직선거관리규칙 제47조** ④ 법 제86조 제5항 제4호의 규정에 의하여 지방자치단체의 장이 발행·배부할 수 있는 홍보물은 다음 각호와 같다.
> 1. 소속직원의 직무교육이나 업무추진을 위한 홍보물
> 2. 각종 통계·정보등을 알리기 위하여 정기적으로 발행하는 백서·연감 또는 총람등의 홍보물
> 3. 지방자치단체가 개최하는 사업설명회·교양강좌·공청회·체육대회·기념일·고유축제등 각종 행사를 안내하기 위한 홍보물(지방자치단체의 장의 성명·사진·활동상황·공약실천사항 기타 업적이 게재된 홍보물을 제외한다. 이하 이 항에서 같다)
> 4. 환경·의료·교통·조세·건축등에 대한 민원안내서 또는 반상회보등 주민의 일상생활에 필요한 정보제공을 위한 홍보물
> 5. 역사·지리·문화·특산물·관광명소등을 안내하기 위한 홍보물
> 6. 재난관리·안전사고의 예방을 위한 홍보물
> 7. 지방자치단체의 청사의 입구, 외벽면 또는 담장에 게시하는 홍보물(지방자치단체의 장의 직명이 게재된 홍보물을 제외한다)
> 8. 그 밖에 위 각 호의 어느 하나에 준하는 것으로 중앙위원회가 정하는 홍보물

바. 법 제86조 제1항 제1호(업적 홍보) 등과의 관계

법 제86조 제5항에 따라 분기별 1종 1회에 한하여 배부가 허용된 홍보물이라 하더라도, 그 홍보물에 법 제86조 제1항에서 금지하는 후보자가 되고자 하는 자인 지방자치단체장의 업적을 게재하거나 법 제90조·제93조·제254조에서 금지하는 선거운동에 이르는 내용 또

는 선거에 영향을 미치는 내용을 게재할 수 없다.

사. 구체적 사례예시

1) 인쇄물·간행물

(가) 지방자치단체 개최 행사안내서·민원안내서·반상회보·관광안내서 등 지방자치 단체가 발행하는 홍보물에 당해 지방자치단체장의 사진·성명 등을 게재하는 행위

규칙 제47조 제4항 제3호 내지 제8호에 규정된 홍보물에는 지방자치단체장의 성명·사진·활동상황·공약실천사항 기타 업적을 게재할 수 없고, 동규정 제7호에 규정된 지방자치단체의 청사에 게시하는 홍보물에는 당해 지방자치단체장의 직명도 게재할 수 없는바, 이를 게재하면 법 제86조 제5항의 분기별 1종 1회에 포함되는 홍보물로 봄.

(나) 백서발간·배부

지방자치단체가 발간하는 전국체전 백서에 당해 지방자치단체장의 발간사(직명·성명·사진 포함)를 게재하여 중앙부처 및 대한체육회, 전 시·도, 유관기관, 학교 등에 배부하는 것은 가능함.

(다) 지방자치단체의 상품권 발행

지방자치단체가 지역경제 활성화를 위하여 발행하는 상품권의 앞면에 "○○군수 직인"으로 직명과 직인을 명기하여 발행하는 것은 가능함.

유상으로 판매하는 상품권 외에 지방자치단체가 주민복리 증진을 위하여 법령 또는 대상·방법·범위 등을 구체적으로 정한 당해 지방자치단체의 조례에 따라 발행하는 무료(할인) 이용권을 당해 선거구민 등에게 제공하는 경우에는 당해 지방자치단체의 명의로 하여야 하며, 지방자치단체장의 직명을 표기하는 경우 기부행위로 봄.

(라) 출향인사에게 지방자치단체의 사업계획 홍보 서한문 발송

지방자치단체의 장이 해당 지방자치단체의 사업계획을 알리기 위한 홍보물을 선거구민과 연고가 있는 자를 대상으로 배부하는 것이라 하더라도 법 제86조 제5항에 따라 분기별 1종 1회를 초과하여서는 아니 됨.

(마) 통·반장 간담회시 지방자치단체의 사업계획배부

현장민원 청취를 위한 반장과의 간담회시 지방자치단체가 다음 연도에 추진할 사업 계획이 게재된 홍보물을 배부하는 것은 분기별 1종 1회로 제한되는 홍보물에 해당됨.

(바) 수도법에 의한 「수돗물품질보고서」에 인사말 게재

지방자치단체가 수돗물품질보고서 등 법령에 따라 발행·배부하는 홍보물에 해당 지방자치단체장의 성명·사진이 포함된 의례적인 내용의 인사말을 게재하는 것은 의례적인 업무행위로 보아 법 제93조에 위반되지 아니함.

(사) 지방자치단체의 통합추진 홍보자료 배부

청주시와 청원군의 행정구역 통합 추진사업과 관련 지역주민의 이해를 돕기 위한 홍보자료를 제작하여 시 산하기관 민원실에 비치하여 홍보하는 것은 특정사업을 추진 하기 위하여 그 사업과 이해관계가 있는 자나 관계주민의 동의를 얻기 위한 행위로 가능함.

(아) 지방자치단체의 폐기물처리시설 관련 서한문 발송

18년이라는 오랜 기간 동안 집단행동, 소송, 물리적 방해 등 주민과 오랜 갈등을 겪은 폐기물처리시설의 설치와 관련하여 정확한 정보제공 및 주민설득을 위하여 해당 지역 주민에게 지방자치단체장의 성명이 게재된 서한문을 발송하는 것은 특정사업을 추진하기 위하여 그 사업과 이해관계가 있는 자나 관계주민의 동의를 얻기 위한 행위로서 가능함.

2) 영상물

(가) 버스에 LCD 모니터를 장착하여 지방자치단체의 활동상황을 홍보하기 위한 녹화물을 방송하는 행위

지방자치단체의 사업계획이나 활동상황을 홍보하기 위한 녹화물을 제작하여 관할구역을 운행하는 버스를 통하여 반복적으로 방송하는 것은 분기별 1회를 초과하여 홍보물을 방송하는 행위에 해당되어 금지됨.

(나) 열차 내에 지방자치단체의 사업계획·추진실적 홍보영상물 방영

지방자치단체의 사업계획·추진실적 기타 활동상황을 알리기 위한 홍보영상물을 연합 뉴스에 제공하여 당해 선거구민이 이용하는 KTX 및 새마을호 열차 내에서 방영하는 것은 법 제86조 제5항에 따라 분기별 1종 1회로 제한되는 홍보물의 방송에 해당될 것이며, 선거일 전 180일부터 선거일까지는 방영할 수 없음.

(다) 사업설명회에서 프레젠테이션용 자료 사용

시정현안사업을 설명하기 위하여 개최하는 사업설명회나 연두·초도순시 시 지방자치 단체의 사업계획 등을 설명하면서 부수하여 파워포인트로 작성한 프레젠테이션용 자료를 사용하는 것은 참석자에게 사업계획 등을 구두로 설명하기 위한 보조자료로 보아 법 제86조 제5항에서 금지하는 녹음물·녹화물 등의 홍보물로 보기 어려움. 다만, 그 내용에 지방자치 단체장의 업적홍보에 이르는 내용을 포함하는 경우에는 행위시기 및 양태에 따라 법 제86 조 제1항 제1호에 위반됨.

3) 시설물

(가) 지방자치단체 홍보광고탑

지방자치단체가 첨단기업유치를 위하여 "생물·생명산업의 메카 ○○! 내장산 자락에 투자하십시오"라는 내용으로 고속도로 통행자들이 볼 수 있도록 관할구역안의 고속 도로변에 홍보광고탑을 설치하는 것은 가능함.

(나) 경전철 홍보관 설치

지방자치단체가 추진하고 있는 경전철사업에 대한 시민의 이해도를 높이고 유용성을 알리기 위하여 경전철 사업 홍보관(경전철역사관, 경전철세계관, 영상교육관, 전주 경전철관으로 구성)을 설치하거나 홍보관을 운영하면서 홍보영상물 상영 또는 팸플릿 등 홍보물을 발행·배부하는 것은 가능할 것이나, 홍보관을 운영하는 과정에서 지방자치단체장을 홍보·선전하는 등의 행위를 하거나 홍보영상물 또는 홍보물에 지방자치단체장의 성명·사진·활동상황·공약 실천사항 기타 업적을 게재하여 상영·배부 하는 것은 금지됨.

(다) 지방자치단체의 수상경력 홍보

지방자치단체의 각종 수상경력을 시설물을 이용하여 거리에 홍보하는 것은 법 제86조 제5항의 제한을 받는 홍보물에 해당됨.

> 단순한 수상 내용만을 지방자치단체의 청사(소속 행정기관 및 하부행정기관 포함)의 입구·외벽면 또는 담장에 지방자치단체 명의로 게시하는 경우에는 가능함.

4) 신문·방송광고

(가) 관광객 유치·투자 촉진을 위하여 방송 또는 신문을 이용한 광고

지방자치단체가 해당 지방자치단체의 사업계획·추진실적 기타 활동상황에 관한 내용 없이 관광객 유치 및 투자 촉진을 위하여 방송·신문광고를 하는 것은 시기에 관계없이 가능할 것이나, 해당 지방자치단체장이 출연하는 때에는 법 제86조 제7항에 위반됨.

(나) 지방자치단체의 사업계획 신문광고

황토사과특구 지정에 따른 특화사업내용을 당해 지역을 배부권역으로 하는 신문에 광고하는 것은 법 제86조 제5항에 따른 분기별 1종 1회 범위 안에서 가능함. 다만, 그 광고에 해당 지방자치단체장이 출연하는 경우에는 법 제86조 제7항에 위반됨.

(다) 지방자치단체장의 외국신문 광고 출연

지방자치단체장이 외국인을 대상으로 하는 외국신문에 외국인 관광객 유치를 위한 광고에 출연하는 것은 법상 제한되지 아니하나, 재외선거가 실시되는 선거에 입후보 하려는 지방자치단체장이 그 선거의 선거일 전 90일 이후에 해당 신문광고에 출연하는 것은 법 제93조 제2항에 위반됨.

5) 인터뷰 등 방송출연

(가) 언론매체와의 인터뷰

지방자치단체장이 TV·신문·잡지·라디오 등 언론매체의 취재에 응하여 단순히 당해 지방자치단체가 개최하는 엑스포와 관련된 인터뷰를 하는 것은 법상 가능할 것이나, 동 인터뷰 기사가 게재된 신문 등을 통상방법 외의 방법으로 배부하거나 그 기사를 복사 하여 배부하는 경우에는 법 제95조에 위반됨.

(나) 열린음악회 출연

열린음악회 방송 도중 MC의 소개에 따라 지방자치단체장이 객석에서 일어나 인사 (인사말)를 하거나, 행사참석자에게 배부하는 팸플릿에 지방자치단체장의 인사말을 게재 하는 것은 가능함.

6) 인터넷 홈페이지

(가) 지방자치단체 인터넷 홈페이지에 지방자치단체(장) 홍보물 게시

① 지방자치단체의 사업계획 등 활동상황 게시

지방자치단체가 개설한 인터넷 홈페이지에 지방자치단체의 사업계획·추진실적 기타 지방자치단체의 활동상황 등을 게시하는 것은 의례적·직무상의 행위로서 가능함.

② 지방자치단체장의 인사물, 동영상물 등 게시

(초기화면)

단순히 초기화면 등에 통상적으로 게시한 것만으로는 선거에 영향을 미치는 행위 또는 업적홍보로 보기 어려워 「공직선거법」 제85조 제1항 또는 제86조 제1항 제1호에 위반되지 않는 것으로 운용하며, 게시 시기, 게시물의 내용, 경위 등 행위양태를 종합적으로 고려하여 「공직선거법」 위반 여부를 구체적·개별적으로 판단함.

지방자치단체 홈페이지 초기화면(팝업창 포함)이나 SNS에 지방자치단체장의 의례적인 명절 인사문(사진 포함) 또는 명절인사 동영상을 게시하는 것은 법에 위반되지 아니함.

(홈페이지 내 특정 메뉴)

인터넷 홈페이지의 특정 메뉴에 당해 지방자치단체장의 인사문(직명·성명·사진 포함)·약력을 게시하거나 통상적인 동정·행사참석 상황, 지나간 행사의 인사문·연설문 등을 게시하는 것은 가능함.

③ 지방자치단체장의 업적 게시

지방자치단체가 개설한 인터넷 홈페이지에 업적이 게재된 경우 그 내용과 게시 경위·위치·방법 등을 종합하여 입후보예정자의 업적 홍보에 이르는 경우에는 법 제86조 제1항 제1호에 위반됨.

(나) 지방자치단체 명의로 개설된 유튜브 채널에서 온라인 생중계로 정책 홍보

지방자치단체가 그 명의로 개설된 유튜브 채널의 특정 카테고리 내에 지방자치단체장이 출연하여 정책 브리핑 및 현안에 대한 해설을 하는 온라인 생중계 방송을 '알림' 기능을 설정하지 않고 주기적으로 게시하는 것은 가능함.

유튜브 채널의 '알림' 기능을 이용하여 지방자치단체의 사업계획·추진실적 그 밖에 활동상황이 포함된 내용을 구독자에게 전송하는 경우 1종 1회로 제한되는 홍보물에 해당함.

(다) 지방자치단체가 주민이 등록한 이메일 또는 페이스북·트위터 등 SNS를 이용하여 당해 지방자치단체의 소식 또는 주요시책 자료를 정기적으로 발송하는 행위

법 제86조 제5항 각호와 규칙 제47조 제4항에 따라 허용되는 홍보물을 발송하는 경우에는 가능할 것이나, 지방자치단체의 사업계획·추진실적·활동상황에 관한 내용을 포함하고 있는 때에는 발행·배부 횟수가 제한되는 홍보물에 해당됨.

(라) IPTV를 통한 홍보영상물 방송

지방자치단체가 사업계획·추진실적 기타 지방자치단체의 활동상황을 알리기 위한 영상홍보물을 제작하여 IPTV의 시정안내 채널을 통하여 시청할 수 있도록 게시하여 두는 것은 분기별 1종 1회에 해당됨.

(마) 홍보영상물의 지방자치단체 민원실 등 방송

IPTV를 통하여 지방자치단체 및 산하기관의 사무실·민원실 등 내부공간에서 지방자치단체의 활동상황 등을 알리기 위한 내용의 시정소식을 방송하는 것은 법 제86조 제5항의 제한을 받지 않음.

아. 판례

① 제86조 제5항 등에 의하여 초과 발행한 지방자치단체의 소식지

피고인이 ○○시장으로 재직하던 2002. 7. 3.부터 2005. 11. 23.까지 매월 3일, 13일, 23일마다 '늘푸른○○' 소식지를 각 5만 부씩 발행하여 이를 ○○시내 주요 기관·단체 및 일반인들에게 배부하는 방법으로 총 104회에 걸쳐 분기별 1종 1회를 초과하여 홍보물을 발행한 판시 홍보물 발행횟수제한위반에 의한 공직선거법위반죄를 유죄로 인정한 조치는 정당하고, 거기에 상고이유로 주장하는 바와 같은 채증법칙 위반으로 인한 사실오인이나 위 죄의 객관적 구성요건 또는 고의에 대한 법리오해 등의 위법이 없다. 다른 지방자치단체에서도 공직선거법 제86조 제5항에서 정한 제한횟수에 위반하여 홍보물을 초과발행하고 있다는 사정만으로는 피고인의 위 홍보물 발행횟수제한 위반 행위의 위법성이 조각된다거나 책임이 조각된다고 볼 수 없다.

이 사건 홍보영상물이 관광객이나 기업체를 유치하기 위하여 ○○시를 살기좋은 곳으

로 외부에 소개하고 그 이미지를 제고하려는 내용으로서, 공직선거법 제86조 제5항이 선거일 전 180일부터 선거일까지 그 방송을 금지하는 '지방자치단체의 사업계획·추진실적 기타 지방자치단체의 활동상황을 알리기 위한 홍보물'에 해당하지 않는다(대법원 2007. 8. 24. 선고 2007도4294 판결).

② 지방자치단체장이 지방자치단체의 홍보물 초과 발행과 관련하여 전결권자와 공모가 없는 경우

원심은 그 판시 증거들을 종합하여 그 판시와 같은 사실을 인정한 다음, 피고인이 이 사건 홍보물인 판시 '□□소식' 발행에 관하여는 그 발행을 담당한 전결권자와 공모하였다거나 발생사실을 알고도 이를 묵인하였다고 볼 만한 증거가 없다는 이유로, 이 사건 홍보물 초과 발행의 점에 대한 공소사실에 대하여 형사소송법 제325조 후단의 범죄사실의 증명이 없는 경우에 해당한다고 판단하여 무죄를 선고한 제1심판결을 그대로 유지하였다.

원심판결 이유를 기록에 비추어 살펴보면, 원심의 위와 같은 판단은 정당하다(대법원 2015. 7. 10. 선고 2015도6387 판결).

3. 지방자치단체의 장의 행사 참석 제한(제86조 제6항)

> **제86조(공무원 등의 선거에 영향을 미치는 행위금지)** ⑥ 지방자치단체의 장은 당해 지방자치단체의 장의 선거의 선거일전 180일부터 선거일까지 주민 자치센터가 개최하는 교양강좌에 참석할 수 없으며, 근무시간중에 공공기관이 아닌 단체 등이 주최하는 행사(해당 지방자치단체의 청사에서 개최하는 행사를 포함한다)에는 참석할 수 없다. 다만, 제2항제3호에 따라 참석 또는 방문할 수 있는 행사의 경우에는 그러하지 아니하다.

가. 입법취지

지방자치단체의 장이 선거가 임박한 시기에 각종 행사참석을 빌미로 자신을 선전하는 것을 방지하고 직무전념성을 확보하기 위하여 근무시간 중에 사적행사 등에 참석하는 것을 금지하는 규정이다. 다만, 후보자 또는 예비후보자로서 선거운동을 위하여 사적 행사에 참석하는 것은 금지되지 않으며 본 조 제2항 제3호에 따라 참석 또는 방문할 수 있는 행사에 참석·방문은 가능하다.

나. 내용

　선거일 전 180일부터 선거일까지 근무시간 중에 공공기관이 아닌 단체가 주최하는 행사에 참석할 수 없고 공공기관이 주최하는 행사라 하더라도 직원체육대회 등 내부적 행사는 근무시간 중 참석할 수 있는 행사에 해당하지 않는다. 근무시간이 아닌 때에는 참석할 수 있으므로, 근무일의 점심시간이나 공휴일 등에는 참석할 수 있다. 연가를 활용하여 참석하는 것도 가능하다. 그리고 해당 지방자치단체장의 선거를 전제로 하고 있으므로 정규근무시간이라도 선거구 밖에서 개최되는 사적 행사에 참석하는 행위는 동 규정에 위반되지 않는다. 다만, 선거구민 또는 선거구민과 연고가 있는 자를 주된 구성원으로 하여 개최하는 행사라면 참석이 금지된다.

4. 지방자치단체의 장의 광고 출연 금지(제86조 제7항)

> **제86조(공무원 등의 선거에 영향을 미치는 행위금지)** ⑦ 지방자치단체의 장은 소관 사무나 그 밖의 명목 여하를 불문하고 방송·신문·잡지나 그 밖의 광고에 출연할 수 없다.

가. 입법취지

　지방자치단체장이 직접 광고에 출연하는 행위는 그 내용이 직접적인 선거운동과는 관계가 없다고 하더라도 해당 지방자치단체장의 인지도를 높여서 실질적인 사전선거운동의 효과가 있으므로 지방자치단체장이 직접 광고에 출연하는 행위를 상시 제한하여 공정한 선거가 이루어질 수 있도록 하기 위한 것으로[21] 2010. 1. 25. 법 개정 시 도입되었다. 따라서 법 개정 전에는 다른 지방자치단체에 게시하는 지방자치단체의 특산물을 홍보하는 광고에 지방자치단체의 장이 광고모델로 출연하는 것이 허용되었으나, 본 조항 신설 이후 광고 출연은 불가능해졌다.

나. 적용범위

　지방자치단체장이 조례 등에 따라 법인·단체의 임원을 겸임하고 있어 그 법인·단체를 위

---

21)　중앙선거관리위원회. 2022 지방자치단체의 활동에 관한 공직선거법규 운용자료 49면

하여 광고에 출연하는 경우에도 동 규정이 적용된다. 방송·신문·잡지, 시설물, 인터넷 홈페이지·블로그, 모바일, 트위터·페이스북, 녹음·녹화물, 홍보용품 등 특정 내용을 불특정 또는 다수인에게 널리 알리는 목적으로 사용되는 광고물은 모두 해당된다.

「광고」 출연을 제한하고 있으므로 이에 해당하는지 판단이 필요한 바, 방송·신문·잡지 등 통상적인 광고매체에 지방자치단체장이 출연하는 경우 본 조항에 따라 금지되는 광고 출연에 해당한다. 분기별 1종 1회로 발행한 인쇄물의 경우 일반적으로 본 조항의 광고출연으로 보기는 어려울 것이나 그 인쇄물이 지방자치단체의 사업계획·추진실적·활동상황 등 공익적 사항을 홍보하는 외에 「광고」에 이르는 내용인 때에는 1종 1회 홍보물에 포함됨은 물론 본 조항에도 위반된다.[22] 지방자치단체장의 육성으로 TV·라디오 방송광고를 하는 경우 본 조항에서 금지하는 광고 「출연」에 해당하고, 명목여하를 불문하고 있으므로 선거구 외의 광고 또는 전국단위의 광고 등 홍보지역 범위와 무관하게 본 조항이 적용된다.

5. 처벌

본 조 제2항 또는 제5항을 위반한 사람 또는 제6항을 위반한 행위를 한 사람은 3년 이하의 징역 또는 600만원 이하의 벌금에 처한다(법 제255조 제1항 제10호). 또한 선거운동과 관련하여 본 조 제7항을 위반한 행위를 한 사람은 2년 이하의 징역 또는 400만원 이하의 벌금에 처한다(법 제256조 제3항 제1호 바목).

---

22) 중앙선거관리위원회. 2022 지방자치단체의 활동에 관한 공직선거법규 운용자료 50면

제19장

단체의 선거운동 등 제한

제1절 단체의 선거운동 금지

제87조(단체의 선거운동금지) ① 다음 각 호의 어느 하나에 해당하는 기관·단체(그 대표자와 임직원 또는 구성원을 포함한다)는 그 기관·단체의 명의 또는 그 대표의 명의로 선거운동을 할 수 없다.

1. 국가·지방자치단체

2. 제53조(공무원 등의 입후보)제1항제4호 내지 제6호에 규정된 기관·단체

3. 향우회·종친회·동창회, 산악회 등 동호인회, 계모임 등 개인간의 사적모임

4. 특별법에 의하여 설립된 국민운동단체로서 국가 또는 지방자치단체의 출연 또는 보조를 받는 단체 (바르게살기운동협의회·새마을운동협의회·한국자유총연맹을 말한다)

5. 법령에 의하여 정치활동이나 공직선거에의 관여가 금지된 단체

6. 후보자 또는 후보자의 가족(이하 이 항에서 "후보자등"이라 한다)이 임원으로 있거나, 후보자등의 재 산을 출연하여 설립하거나, 후보자등이 운영경비를 부담하거나 관계법규나 규약에 의하여 의사결정 에 실질적으로 영향력을 행사하는 기관·단체

7. 삭제 〈2005. 8. 4.〉

8. 구성원의 과반수가 선거운동을 할 수 없는 자로 이루어진 기관·단체

② 누구든지 선거에 있어서 후보자(후보자가 되고자 하는 자를 포함한다)의 선거운동을 위하여 연구소·동 우회·향우회·산악회·조기축구회, 정당의 외곽단체 등 그 명칭이나 표방하는 목적 여하를 불문하고 사조 직 기타 단체를 설립하거나 설치할 수 없다.

1. 개요

　본 조는 단체에서 선거운동을 허용할 경우에 야기될 여러가지 문제점들을 차단하여 선거의 공정성을 확보하고자 규정된 것이다.[1] 본 조는 선거에서 중립의무가 있는 단체 등의 선거운동을 금지하고 있다. 당초 입법당시에는 단체의 선거운동을 허용할 경우 순기능보다 역기능이 많을 것을 우려하여 모든 단체에 대하여 선거운동을 금지하였으나, 선거운동을 할 수 있는 단체의 범위를 확대하여 현재는 선거에서의 중립의무가 있거나 공정성을 담보할 수 없는 단체에 한하여 선거운동을 할 수 없게 함으로써 선거운동의 자유를 확대하였다.

　법에 의하여 특정 후보의 지지 등이 허용되는 단체라고 하더라도 같은 법 제1조에서 나타난 입법 취지 및 후보자 자신도 같은 법에 의하여 허용되는 범위 내에서만 선거운동이 허용되는 점에 비추어 볼 때 아무런 제한 없이 특정 후보자를 지지·반대하는 선거운동을 할 수 있다고 볼 수는 없고 그러한 선거운동을 하는 경우에도 같은 법에서 허용하는 방법에 따라야 한다.[2]

2. 단체의 선거운동의 금지(제87조 제1항)

가. 선거운동을 할 수 없는 단체

　국가·지방자치단체, 「공공기관의 운영에 관한 법률」 제4조 제1항 제3호에 해당하는 기관 중 정부가 100분의 50 이상의 지분을 가지고 있는 기관(한국은행을 포함한다), 「농업협동조합법」·「수산업협동조합법」·「산림조합법」·「엽연초생산협동조합법」에 의하여 설립된 조합, 「지방공기업법」 제2조(適用範圍)에 규정된 지방공사와 지방공단, 향우회·종친회·동창회, 산악회 등 동호인회, 계모임 등 개인간의 사적모임, 바르게살기운동협의회·새마을운동협의회·한국자유총연맹, 법령에 의하여 정치활동이나 공직선거에의 관여가 금지된 단체, 후보자 또는 후보자의 가족("후보자등"이라 함)이 임원으로 있거나, 후보자등의 재산을 출연하여 설립하거나, 후보자등이 운영경비를 부담하거나 관계법규나 규약에 의하여 의사결정에 실질적으로 영향력을 행사하는 기관·단체, 구성원의 과반수가 선거운동을 할 수 없는 자로 이루어진 기관·단체이다. 개인간의 사적 모임으로는 정치인의 팬클럽을 들 수 있고, 법령에 의하여 정치활동이나 선거운동이 금지된 단체에는 공무원노동조합, 재향군인회, 전국교직원노동조

1)　헌법재판소 1995. 5. 25. 95헌마105 결정
2)　대법원 2003. 4. 25. 선고 2003도782 판결

합 등이 있다. 구성원의 과반수가 선거운동을 할 수 없는 단체는 현직교사들을 구성원으로
하는 한국교원단체총연합회, 18세 미만으로 선거운동을 할 수 없는 학생들을 구성원으로 하
는 고등학교 학생회가 이에 해당한다.

나. 금지되는 선거운동방법

단체의 명의 또는 그 대표의 명의로 하는 선거운동이 금지된다. 단체의 명의 또는 그 대표
의 명의를 직접 명시하지 않더라도 일반 선거인들이 단체의 명의 또는 대표 명의로 선거운
동을 한다고 쉽게 인식할 수 있는 경우도 포함한다.[3] 따라서 선거운동을 할 수 없는 단체의
구성원이라도 선거운동을 할 수 있는 신분이라면 개인의 자격으로 선거운동을 하는 것은 가
능하다. 예컨대, 선거운동을 할 수 없는 단체인 정치인 팬클럽의 대표자의 경우, 그 단체의
대표자로서의 지위가 아닌 사적 지위에서 선거운동을 하는 것은 허용되나, 단체의 대표자의
지위를 나타내어 선거운동을 하는 것은 본 조 제1항에 위반된다.[4]

다. 중앙선거관리위원회 행정해석

① 축산업협동조합의 노동조합의 선거운동

축산업협동조합의 노동조합은 선거운동을 할 수 없는 임·직원으로 구성되어 있어 동
노동조합은 선거운동을 할 수 없는 단체로 볼 수 있을 것임(2000. 3. 27. 회답).

⇨ 2004. 3. 12. 법 개정으로 제87조 제1항 제8호에 "구성원의 과반수가 선거운동을
할 수 없는 자로 이루어진 기관·단체"가 명시적으로 규정됨.

② 대한의사협회의 특정 정당 또는 후보자 지지표명

대한의사협회는 선거운동을 할 수 있는 단체에 해당함(2002. 5. 31. 회답).

③ 한국노년유권자연맹의 선거운동

한국노년유권자연맹은 공선법 제87조 제1항 각 호의 1에 해당하는 단체가 아니므로
선거운동기간 중에 단체의 명의 또는 선거운동을 할 수 있는 그 대표의 명의로 선거운
동을 할 수 있음. 다만, 귀 단체가 특정 정당을 위하여 선거운동을 하거나 선거운동을
할 것을 표방하는 경우에는 공명선거추진활동을 할 수 없음(2004. 3. 29. 회답).

---

3)   대법원 2011. 12. 27. 선고 2011도13285 판결
4)   중앙선거관리위원회 2008. 4. 운용기준

④ 후원회의 선거운동 가능 여부

정치자금법에 의하여 설립된 후원회는 공선법과 「정치자금법」에 위반되지 아니하는 방법으로 선거운동기간 중에 후원회의 명의 또는 그 대표의 명의로 선거운동을 할 수 있음. 이 경우 후원회의 모집금품을 선거운동을 위한 경비로 지출할 수 없음(2004. 11. 16. 회답).

⑤ 범PC방 생존권 비상대책위원회의 후보자 지지표명

「범PC방 생존권 비상대책위원회」는 공선법 제87조 제1항 제3호에 규정된 향우회·종친회·동창회, 산악회 등 동호인회, 계모임 등 개인간의 사적모임에 해당되지 아니하므로 같은 법조에 의한 선거운동을 할 수 없는 단체에 해당되지 아니할 것이며, 동 단체가 회원들을 대상으로 특정 후보자를 지지하는 선거운동을 하고자 하는 경우에는 선거운동기간 중에 공선법에서 금지하지 아니하는 방법으로 하여야 할 것임(2007. 10. 24. 회답).

⑥ 한국교원단체총연합회의 홈페이지를 통한 교육공약 제안 사이트 설치·운영 등

한국교원단체총연합회가 시·도지사, 시·도의원, 시·도교육감 및 시·도교육의원선거에 입후보하는 모든 후보들에게 전달할 현장성 있는 교육공약집을 제작하기 위해 자신의 홈페이지(www.kfta.or.kr)에 교육공약 제안 관련 사이트를 설치·운영하거나 연합회 회원들을 대상으로 교육공약 제안을 요구하는 이메일을 송부하는 것은 무방할 것임. 다만, 교육공약 제안 관련 사이트를 설치·운영하거나 이메일을 송부하는 등 의견수렴과정에서 특정 정당·후보자를 지지·선전하거나 반대하는 행위에 이르러서는 아니 될 것임(2009. 11. 17. 회답).

⑦ 중소기업중앙회의 중소기업주간행사 개최 등

중소기업중앙회는 공선법 제87조 제1항 제5호에 따라 선거운동이 금지된 단체이므로 후보자(후보자가 되고자 하는 자를 포함함)를 초청하여 정견·공약 기타사항을 알아보기 위하여 대담·토론회를 개최하거나 언론기관과 공동으로 개최하는 때에는 행위시기에 따라 같은 법 제81조 제1항·제87조 제1항 또는 제254조에 위반될 것임(2009. 11. 18. 회답).

⑧ 대학 학생회의 예비후보자 지지 기자회견

대학(교)의 학생회가 지지하는 예비후보자를 알리기 위하여 언론기관의 취재·보도하는 자를 대상으로 기자회견을 하는 것은 무방할 것임(2010. 5. 12. 회답).

⑨ 비영리민간단체의 선거운동

「비영리민간단체지원법」에 따라 국가기관에 등록된 단체라는 것만으로는 선거운동을 할 수 없는 단체에 해당하지 아니할 것이며, 선거운동을 할 수 있는 단체가 후보자가

되려는 사람의 인터넷 홈페이지에 지지단체로 등록하는 것은 「공직선거법」 제59조에 따라 무방할 것임(2012. 9. 11. 회답).

⑩ 춘천시체육회 임·직원의 공직선거 관여 등

 1. 「국민체육진흥법」 제33조의2(지방체육회)에 따라 설립된 춘천시체육회가 「공직선거법」 제9조 제1항의 기관·단체에 해당하는지

2. 춘천시체육회 임·직원이 「공직선거법」 제85조 제1항의 공무원 등에 해당하는지

3. 춘천시체육회 회장이 선거운동을 하거나 선거에 관여할 수 있는지

답 1. 문 1·2에 대하여

춘천시체육회는 「공직선거법」 제9조(공무원의 중립의무 등) 제1항에서 규정하는 정치적 중립을 지켜야 하는 기관·단체에 해당하지 아니하며, 그 임·직원은 같은 법 제85조(공무원 등의 선거관여 등 금지) 제1항의 공무원 등에 해당하지 아니함.

2. 문 3에 대하여

「국민체육진흥법」 및 「춘천시체육회 정관」 규정 등을 고려할 때 춘천시체육회는 「공직선거법」 제87조(단체의 선거운동금지) 제1항 각 호의 기관·단체에 해당하지 아니하므로, 춘천시체육회 회장은 「공직선거법」 제60조(선거운동을 할 수 없는 자) 제1항 각 호에 해당하는 사람이 아니라면 「공직선거법」에 위반되지 아니하는 방법으로 선거운동을 할 수 있습니다. 다만, 조직내의 직무상 행위를 이용하여 그 구성원에 대하여 선거운동을 하거나 하게 하는 경우에는 「공직선거법」 제85조 제3항에 위반될 것임(2021. 6. 22. 회답).

⇨ 종전에는 체육단체의 장을 지방자치단체의 장이 겸직하여 체육회 단체의 명의로 선거운동을 할 수 없었으나, 2019. 1. 15. 국민체육진흥법 제43조의2 신설로 지방자치단체의 장의 체육단체(대한장애인체육회 및 그 지부·지회는 제외)의 장 겸직을 금지함.

라. 판례

① 팬클럽 대표자의 선거운동

원심판결 이유에 의하면, 원심은 인터넷 포털사이트 '다음(daum)'에 개설된 카페로, 박○○ 전 한나라당 대표에 대한 지지활동을 하는 '박○○를 사랑하는 모임'(이하 '박사모'라 한다)의 대표자인 피고인을 비롯한 '박사모' 회원 수십 명이 2010. 7. 17. 서울 은평구 불광동 소재 연서시장, 연신내 지하철역 일대 상가와 점포를 방문하여 "7·28 투

표 먼저 하고 휴가 갑시다. 선거법 제58조 대한민국 국민은 누구나 낙선운동을 할 수 있습니다."라고 기재된 어깨띠를 착용하고, 일부 '박사모' 회원들이 "공소외 1을 떨어뜨려야 한다. 공소외 1을 찍지 말라."는 취지의 말을 한 사실은 인정되나, ① '박사모' 중앙본부는 2010. 7. 28. 실시될 국회의원 재보궐선거와 관련하여 2010. 7. 17. 공소외 1 후보에 대한 낙선운동을 전개하려 하였으나, 선거관리위원회로부터 법에 저촉된다는 답변을 듣고 2010. 7. 13. 그 행사를 취소하였던 점, ② 위 행사가 취소되었음에도 '박사모' 경남서부지회, 대구지부, 부산본부 등 일부 '박사모' 회원들은 서울 은평구 일대로 상경하였고, 피고인은 지방에서 상경한 '박사모' 회원들에게 '박사모' 구호를 외치거나 낙선운동을 하지 말고 불법행위를 하지 말아 달라는 취지의 말을 하였던 점, ③ 공소외 2 작성의 진술서에는, 은평구민체육센터 로비에서 사람들이 우의 등을 각자 챙기는 과정에서 '박사모'라고 적힌 조끼를 보았으나, '박사모' 회원들이 그 조끼를 입지는 않았다고 기재되어 있고, 공소외 2는 가방에 들어있는 파란 조끼를 보았는데 그 조끼에 '박사모'라고 적혀있는 것을 본 것은 아니었다는 취지로 증언하고 있어, '박사모' 회원들이 그 조끼를 착용하거나 외부에 노출시켜 '박사모' 단체의 명의 또는 그 대표의 명의를 표시하였다고 보기 어려운 점, ④ '박사모' 은평구 을 활동상황 채증자료에 의하면, 선거감시단원들이 '박사모' 회원들에게 어디에서 왔는지, 어느 단체인지 물었으나 대답은 듣지 못했고, 연서시장 상인들도 어디 사람들인지 모른다고 답변하여 당시 일반 선거인들 입장에서 볼 때 '박사모' 단체의 명의 또는 그 대표의 명의를 인식할 수 있는 어떤 표지가 있었다고 볼 수 없는 점 등을 종합하면, 피고인이 '박사모' 회원들과 공모하거나 '박사모' 회원들에게 지시하여 '박사모' 단체의 명의 또는 그 대표의 명의로 선거운동을 하였다고 볼 수 없고, 달리 이를 인정할 증거가 없다는 이유로, 무죄를 선고한 제1심판결을 유지하였다. 위 법리와 기록에 비추어 살펴보면, 원심의 위와 같은 조치는 정당한 것으로 수긍할 수 있고, 거기에 상고이유 주장과 같은 공직선거법 제87조 제1항 제3호에서 금지하는 '단체의 선거운동'에 관한 법리오해의 위법이 없다(대법원 2011. 12. 27. 선고 2011도13285 판결).

② 의사로서 국회의원선거에 출마한 소속 회원인 후보자를 위하여 대한의사협회 간부들이 회원들에게 선거운동

1. 피고인 B에 대한 이 사건 공소사실의 요지는 "대한의사협회 부회장인 피고인 B는 대한의사협회장인 A와 공모하여, 의사인 D가 국회의원에 당선될 경우 대한의사협회 등 의료계에 유리할 것이라는 판단 하에 A의 승낙을 받아 대한의사협회 산하 시

도의사협회장들에게 전화를 걸어 D에 대한 지지와 관심을 부탁한 다음, 2005. 4. 19. 13:00경 성남시의사회 반회 모임에 참석하여 모임참석자인 경기도의사협회장, 성남시의사회 회장 피고인 C, 성남시의사회 총무이사를 비롯한 성남시의사회 소속 의사 15명에게 D가 당선될 수 있도록 관심을 가져달라는 발언을 하고, A는 동조발언을 한 후 피고인 C 등과 함께 D의 유세장을 방문하여 후보자를 위하여 대한의사협회라는 기존의 조직을 이용하였다"는 것이다. 그런데 기록에 비추어 살펴보면, 피고인 B의 행위는 자신의 전화를 이용하여 대한의사협회 시도의사회장에게 D에 대한 지지를 부탁하거나 성남시의사회 반회모임에 대한의사협회장과 함께 참석하여 참석한 의사들에게 D 지지를 부탁하고, D의 유세장에 참석한 정도에 불과한 것으로 보일 뿐이어서 이와 같은 행위를 앞서 살펴본 법리에 비추어 보면, 그러한 행위만을 들어 기존 대한의사협회를 실질적으로 선거활동 기타 선거에 관한 사무를 처리하는 선거사무소나 연락소처럼 이용한 것에 해당한다고 보기는 어렵다 할 것이다.

2. 피고인 C에 대한 이 사건 공소사실의 요지는 "피고인 C는 자신이 회장으로 있는 성남시의사회 소속 의사인 D가 국회의원 선거에 출마하자 2005. 4월 중순경 성남시의사회 총무이사 등 임원 및 성남시의사회 회원들에게 전화를 하여 D에 대한 격려 방문 등 지지를 부탁하면서 후원금 납부를 독려하여 회원들이 D후보자 후원회에 후원금을 송금하는 등 지원을 하도록 하고, 2005. 4. 19 성남시의사회 반회모임에 A가 찾아와 인사를 하도록 권유하여 인사를 하게 하는 등 후보자를 위하여 성남시의사회라는 기존의 조직을 이용하였다."는 것이다.

그런데 기록에 비추어 살펴보면, 피고인 C의 행위는 성남시의사회 회원들에게 자신의 전화를 이용하여 D에 대한 지지를 부탁하거나 모금을 부탁하고, A로 하여금 반회모임에서 인사를 하게 한 정도에 불과한 것으로 보일 뿐이어서 이와 같은 행위를 앞서 살펴본 법리에 비추어 보면, 그러한 행위만을 들어 기존 성남시의사회를 실질적으로 선거활동 기타 선거에 관한 사무를 처리하는 선거사무소나 연락소처럼 이용한 것에 해당한다고 보기는 어렵다 할 것이다(대법원 2007. 3. 30. 선고 2006도3025 판결).

③ 개인간의 사적모임인 '■■노사발전연구원'의 단체명의로 선거운동

피고인은 2014. 8.경 ■■ 중구 성마을길 ○에 전직 노조위원장과 중소기업을 운영하는 사람들 약 30명을 회원으로 ■■노사발전연구원을 설립하여 현재까지 그 대표로 활동하고 있는 자이며, 위 ■■노사발전연구원은 정관이나 회비, 회칙, 정기모임 등은 없고 필요한 경우에 비정기적으로 만남을 가지는 등 피고인이 개인적으로 운영하는

단체이다.

개인간의 사적모임인 단체(그 대표자를 포함한다)는 그 단체의 명의로 선거운동을 할 수 없고, 누구든지 당선되지 못하게 할 목적으로 연설, 방송, 신문, 선전문서 기타의 방법으로 후보자에 관하여 허위의 사실을 공표하여서는 아니 되며, 당선되지 못하게 할 목적으로 연설·신문 등의 방법으로 공연히 사실을 적시하여 후보자를 비방하여서는 아니된다(부산고등법원 2019. 2. 12. 선고 2019노12 판결, 대법원 2019. 4. 2. 선고 2019도3213 판결).

〈 범죄사실 〉

피고인은 2018. 6. 11. 11:30경 ▣▣광역시의회 프레스센터 내에서 'A 중구청장 후보 지지선언, ▣▣노사발전연구원'이라는 현수막을 걸고, '노사 화합의 달인 A 중구청장 후보 지지선언'이라는 제목으로 기자회견을 하면서, 제7회 전국동시지방선거에 출마한 B □□당 ▣▣광역시중구청장 후보자를 지칭하며 "△△당과 ▽▽당, 그리고 ▷▷당에서 호의호식하며 정치적 성장을 한 B 후보는 적폐청산을 외칠 자격이 없는 후보입니다. B 후보야 말로 기회주의의 표본이며 양지만을 쫓는 철새 후보자입니다. 그가 바로 적폐청산의 대상자가 확실합니다. (중략) 온갖 거짓과 허구로 청년들을 현혹시킨 □□당과 철새정치인 B는 ▣▣과 중구를 발전시키지 못합니다. 이◆◆특보와 박◎◎특보를 지낸 B는 양지만 쫓는 기회주의자입니다"라고 발표하였다.

---

④ 개소식에서 청년회장 명의로 지지 호소

피고인은 위 '청년회'의 제34대 회장이고, 이○○은 '청년회'의 14대 회장으로서 2018. 6. 13. 제7회 전국동시지방선거 △△도의회 의원 선거에 ☆☆당 소속 후보자로 출마하여 낙선한 사람이다.

피고인은 2018. 5. 11. 15:20경 포항시 남구 오천읍 소재 건물의 2층에 있는 위 이○○의 선거사무소에서 개소식 참석자 약 80명이 모여 있는 자리에서 "안녕하십니까, 청년회 회장 남××입니다. 필승을 넘어 압승으로 갈 수 있도록 이○○ 한번 여러분께 외치겠습니다. 여러분이 외칠 때에는 이○○! 이○○! 이○○! 마지막에는 크게 세 번 외치겠습니다. 자, 이○○! 이○○! 이○○!"라고 하여 이○○에 대한 지지를 호소하였다. 이로써 피고인은 사적모임 단체의 대표 명의로 선거운동을 함과 동시에 선거운동 기간 전에 공직선거법에 규정되지 않은 방법으로 선거운동을 하였다(대구지방법원 포항지원 2019. 1. 10. 선고 2018고합110 판결).

⑤ 동호인회 명의로 선거운동 등

피고인은 ○○시축구협회 수석부회장으로, ○○시 지역의 각 축구 동호인회인 '△△50

대축구단', '◇◇△△20-30대 축구단'의 각 단장이자, '◇◇△△일조회'의 회원으로 활동하던 중, 2018. 4. 중순경 제7회 전국동시지방선거 파주시장 □□당 예비후보자 A가 평소 체육에 관심을 갖고 있어 당선되면 파주시 지역 생활체육 축구발전에 기여를 할 것으로 판단하여 파주시 지역 축구 동호인회 명의로 A 예비후보자에 대한 지지선언을 언론에 보도되게 할 것을 마음먹었다.

이에 피고인은 사실 그 무렵 파주시 지역 내 19개 축구 동호인회(동호인회 명 생략)의 각 일부 임원진과 회원들에게 예비후보자 A의 지지 여부에 관한 의견을 확인한 사실이 있을 뿐, 각 동호인회 내부 규정이나 절차에 따라 예비후보자 A에 대해 공식 지지선언을 하기로 결의된 사항은 없었고, 특히 그 중 11개 동호인회(동호인회 명 생략)의 경우는 각 단체 명의로 언론보도 등을 통하여 예비후보자 A에 대해 공식 지지선언을 하는 사항에 관한 내부 논의도 없었다.

그럼에도 불구하고, 피고인은 2018. 4. 22.경 위 각 축구 동호인회의 단체 사진을 확보하여 과거 유사한 내용의 언론보도 문구 등 자료와 단체 사진을 예비후보자 A의 선거사무원으로 활동하던 B에게 전달하여 B를 통하여 인터넷 신문 '파주타임즈'에 「생활체육축구동호회. A ○○시장 예비후보 지지선언」이라는 제목으로 「… 생활체육축구동호회는 23일 오는 6월 13일에 실시하는 ○○시장 선거에서 □□당 A예비후보에 대한 지지를 선언했다. △△50대축구단 관계자는 "우리 축구동호인들은 그동안 체육계 발전을 위해 전폭적인 지원과 관심을 기울여온 A예비후보가 앞으로도 파주 체육의 성장발전과 체육기반시설 확충을 실현할 수 있는 후보라고 확신, 이번 지방선거에서 당선되도록 전폭적인 지지를 선언한다"고 밝혔다. 이번 지지선언에 참여한 축구동호인회는 … (위 19개 축구동호인회 명단을 열거한 후) 등 19개에 이른다」는 등의 내용을 담은 기사가 보도되게 하였다.

이로써 피고인은 동호인회에 해당하는 단체의 명의로 선거운동을 함과 동시에, A후보자를 당선되게 할 목적으로 후보자의 특정단체로부터의 지지여부에 관하여 허위의 사실을 공표 하였다(의정부지방법원 고양지원 2018. 12. 18. 선고 2018고합262 판결).

⑥ 총동창회장 개인 명의로 동창회원 전원에게 선거운동 문자메시지를 발송한 경우 '선거운동을 할 수 없는 단체의 대표' 명의로 선거운동을 한 것인지에 대한 판단

'동문을 책임진' 또는 '동문을 책임지는 사람으로써'라는 문구(이하 '이 사건 문구'라 한다)를 사용하여 피고인 A 명의의 문자메시지를 뿌고등학교 총동창회 회원 전원에게 발송한 것은 공직선거법 제87조 제1항 제3호에서 금지하는 '선거운동을 할 수 없는 단체인 뿌고등학교 총동창회의 대표인 회장 명의로 선거운동을 한 것'으로 봄이 타당하다.

1) 공직선거법에서 선거운동을 할 수 없는 기관·단체의 명의 또는 그 대표의 명의로 선거운동을 하는 것을 금지하는 이유는 단체나 그 대표 명의의 선거운동은 단체 구성원의 자유롭고 합리적인 선거에 관한 의사결정을 방해하고 선거의 공정을 해할 우려가 있기 때문이므로, 그러한 단체 또는 대표 명의의 선거운동에 해당하는지는 선거운동을 하는 사람이 아닌 선거운동의 대상이 되는 즉, 그 단체 구성원의 입장에서 판단하여야 한다.

2) 피고인 A은 2016년부터 甲고등학교 총동창회 부회장을 2번 연임하였고, 2021. 2. 27. 회장으로 선출되었으며, 甲고등학교 총동창회가 발행하여 회원들에게 배부하는 2020. 3. 15.자 '현우'지에 피고인 A가 총동창회장으로 취임하였음이 게시되었으므로, 단지 甲고등학교 졸업생에 불과한 사람이라면 몰라도 적어도 甲고등학교 총동창회 회원들은 피고인 A가 甲고등학교 총동창회장임을 인식하고 있었거나 쉽게 인식할 수 있었다.

3) 이 사건 문구는 그 문언, 전체적인 내용, 문맥에 비추어 볼 때, 甲고등학교 총동창회장 외의 사람이 사용하기에 적절하지 않은 것인데다가 이 사건 문구 외에도 "甲인" 등 甲고등학교 총동창회와 관련된 다수의 표현이 사용된 피고인 A 명의의 문자메시지가 전송되었는바, 해당 문자메시지를 받은 甲고등학교 총동창회 회원들은 피고인 A가 甲고등학교 총동창회장의 지위에서 선거운동을 하는 것으로 인식하기 쉬웠을 것으로 보인다.

4) 위 문자메시지는 2020. 4. 9. 甲고등학교 총동창회 회원 전원인 8,392명에게 발송되어 실제 7,197명에게 전송이 완료되었는데, 이를 받은 회원들은 상호연락을 통해 위 문자메시지가 甲고등학교 총동창회 차원에서 대량으로 일거에 발송된 것임을 쉽게 알 수도 있었다.

5) 동창회 일반 회원이 다른 회원들을 상대로 이 사건 문구를 사용하여 문자메시지를 보내는 경우 이를 받은 동창회 회원들로서는 그 단체의 대표 명의로 선거운동을 하는 것이라고 인식할 가능성은 없다고 보인다. 즉, 이 사건 문구가 사용된 것만으로 甲고등학교 총동창회 대표 명의로 선거운동을 한 것으로 평가되는 것이 아니라, 이 사건 문구가 사용된 문자메시지가 甲고등학교 총동창회장인 피고인 A의 이름으로 발송된 결과 甲고등학교 총동창회 대표 명의로 선거운동을 한 것으로 평가되는 것이다.

6) 또한 이 사건 문구 표현은 그 문언과 취지상 총동창회에서의 자격·지위에 관한 것이고, 피고인이 예시 든 "동문을 사랑하는" 표현은 총동창회에 대한 감정에 관한 것

으로서 양자의 의미에 본질적인 차이가 있는바, 일반인의 관점에서 양자를 혼동하거나 문자메시지에 "동문을 사랑하는"이라는 표현이 사용되었다고 하여 이를 단체 대표 명의로 선거운동을 하는 것으로 인식할 가능성은 없다[광주고등법원 2021. 4. 14. 선고 (제주)2021노15 판결, 대법원 2021. 7. 15. 선고 2021도5131 판결].

마. 단체의 선거관련 행위의 허용범위 및 한계

1) 허용범위

선거운동을 할 수 없는 단체라 하더라도 선거운동에 이르지 않거나 다른 제한·금지규정에 위반되지 않는 범위에서 선거관련 활동을 하는 것은 가능하다. 따라서 선거운동이나 법 제81조에 따른 대담·토론회에 이르지 않는 한 그 설립 및 활동목적의 범위에서 선거와 무관하게 후보자가 되고자 하는 자를 초청하여 강연회를 개최할 수 있으며, 정당 또는 후보자에게 특정 정책 등을 공약으로 채택하여 줄 것을 건의하거나 그 설립목적과 관련 있는 사안에 대하여 서면질의를 하고 그 건의한 사실이나 채택여부 또는 질의에 대한 회신내용을 객관적 사실 그대로 통상적인 안내·고지방법에 따라 구성원에게 알리거나 기자회견을 통하여 공표하는 것은 가능하다.

또한 단체가 소속 회원을 후보자로 추천하여 줄 것을 정당에 건의하거나, 정당의 후보자 추천과 관련한 기준을 제시하거나, 자신들이 발행하는 내부기관지의 통상적인 회원동정란에 소속 회원의 입후보사실을 게재하는 것도 가능하다.

선거운동을 할 수 있는 단체가 내부의사결정 과정을 거쳐 지지할 후보자를 결정하는 것은 선거운동을 위한 내부적·절차적 준비행위로서 가능하며, 그 결정내용을 회원용 소식지·내부문서 등 통상적으로 행하여 오던 고지·안내방법에 따라 소속 구성원들에게 단순히 알리거나 언론기관의 취재·보도하는 자를 대상으로 보도자료의 제공 또는 기자회견을 통하여 이를 공표하는 것은 통상적인 행위로서 가능하다.

2) 한계

선거운동을 할 수 있는 단체가 내부의사결정 내용을 별도의 인쇄물·시설물·광고 등을 통하여 일반 선거구민에게 알리는 것은 행위양태에 따라 법 제90조, 제93조, 제254조 등에 위반된다.[5] 선거운동을 할 수 없는 단체가 특정 후보자를 지지·추천하는 내용의 선언을 하거

---

5) 중앙선거관리위원회 2010. 3. 31. 회답

나, 후보단일화 기구를 구성하거나 그 기구에 참여하여 후보단일화를 위한 활동을 하는 것은 법 제9조, 제85조 제1항 또는 본 조항에 위반된다.

3) 중앙선거관리위원회 행정해석

① 후보자의 선거공약에 축산업협동조합의 정책반영건의 등

축협중앙회는 공선법 제58조 제2항 및 「축산업협동조합법」 제7조(정치에의 관여금지) 제1항의 규정에 의하여 선거운동을 할 수 없는 단체에 해당되는 바, 특정 정당·후보자에게 축협의 정책방향을 선거공약 등으로 채택하여 줄 것을 공문으로 건의하거나 건의한 사실과 채택된 경우의 그 채택사실을 중앙회 또는 그 대표자의 명의로 기관지·내부문서를 통하여 구성원에게 통지하거나 기자회견을 통하여 공표하는 것에 대하여는 공선법상 제한하고 있지 아니하나, 귀문의 활동내용 중 선거운동에 이르는 내용 즉, 특정 정당·후보자에게 건의한 사실의 신문광고 행위, 특정 정당·후보자가 선거공약 또는 정책방향으로 채택한 사실의 신문광고 행위, 특정 정당·후보자를 지지하기로 결의하는 것은 선거운동이 되어 같은 법의 제한·금지규정에 위반될 것이므로 그 방법 여하를 불문하고 공표·시행하여서는 아니 될 것임(2000. 3. 27. 회답).

② 단체의 선거운동

1. 공인중개사 정치연맹 중앙회가 공선법 제87조 제1항 제1호 내지 제7호의 규정에 해당하지 아니하는 단체라면 같은 법 제81조의 규정에 의하여 선거운동기간 중 후보자 초청 대담·토론회를 개최할 수 있으며, 대담·토론은 후보자가 초청을 수락하지 아니한 경우를 제외하고는 모든 후보자에게 공평하게 실시하여야 하되, 같은 법 제81조의 규정에 의한 개최장소·방법·신고 등의 방법과 절차를 따라야 할 것임. 다만, 귀 단체(지역구단위 단체를 포함함)가 특정 정당이나 후보자의 선거운동을 하거나 할 것을 표방한 때에는 후보자 초청 대담·토론회를 개최할 수 없음.

⇨ 2005. 8. 4. 법 개정으로 제87조 제1항 제7호가 삭제됨.

2. 공인중개사 정치연맹 중앙회 또는 선거운동을 할 수 있는 소속회원은 선거운동기간 중 특정 정당 또는 후보자를 지지·반대하는 등 선거운동을 할 수 있음. 다만, 집회 개최, 인쇄물 배부, 확성장치·자동차이용 거리연설, 현수막 게시, 피켓·어깨띠 사용, 서명운동 등 공선법에서 제한·금지되는 방법으로 선거운동을 하여서는 아니 될 것임.

⇨ 2023. 8. 30. 법 개정으로 선거운동을 할 수 있는 사람은 제68조 제2항에 따른 소형의 소품등을 이용하여 선거운동 할 수 있음.

3. 공인중개사 정치연맹 중앙회가 선거와 무관하게 소속회원을 대상으로 통상적인 내부집회를 개최하는 것은 무방할 것이나, 선거기간 중에 특정 정당이나 후보자를 홍보·선전하는 등 선거에 영향을 미치게 하기 위하여 집회를 개최하는 것은 공선법 제103조의 규정에 위반될 것임(2004. 4. 12. 회답).

⇨ 2023. 8. 30. 법 제103조 개정으로 선거기간 중 선거운동을 위하여 법에 규정된 것을 제외하고 집회나 모임을 개최한 경우 신설된 제103조 제1항에 의해 금지되고, 선거기간 중 선거에 영향을 미치게 하기 위한 '그 밖의 집회나 모임'에 해당하는 때에는 제3항에 따라 참가인원이 25명을 초과할 수 없음.

③ 동창회의 후보단일화를 위한 설문조사

　동창회 내부에서 단순히 후보단일화를 위한 설문조사를 실시하는 것만으로는 공선법에 위반되지 아니함(2006. 2. 9. 회답).

④ 노동조합의 공직선거 후보자 선출 및 선거운동 등

1. 민주노총울산지역본부가 선거운동기간 전 민주노동당에 추천할 울산광역시장 후보를 선출하기 위해 조합원 총회에 입후보할 복수 혹은 단수의 후보자를 알리기 위하여 우리 지역본부 선거관리위원회가 발행하는 포스터, 신문, 대자보에 각 후보자의 이력과 정책공약 등이 담긴 선전물을 조합원에 한해 배포하는 것은 행위 양태에 따라 공선법 제93조·제95조 또는 제254조의 규정에 위반될 것임.

2. 민주노동당에 추천할 울산시장 후보를 선출하기 위한 조합원 총회에 출마할 복수 혹은 단수의 후보의 이력과 정책공약 및 선전 등 일체의 선거운동을 하지 않는 투표를 통하여 공직선거에 출마할 후보자를 선출하는 것이 가능함.

3. 우리 지역본부가 지지할 공직선거 출마 후보자를 결정하기 위하여 선거운동기간 전에 예비후보자가 조합원들을 상대로 후보의 이력과 정책공약을 담은 선전물(포스터, 신문, 대자보 등)을 조합원에게 배포하고 출·퇴근 유세, 현장순회 및 노조방문, 집회장에서의 발언 등의 선거운동을 할 수 없음(예비후보자는 공선법 제60조의3의 규정에 따른 방법 외의 방법으로 선거운동을 할 수 없음).

⇨ 선거운동을 할 수 있는 사람은 선거일이 아닌 때에 법 제59조 제4호에 따라 옥내·외에서 개별적으로 말로 하는 선거운동을 할 수 있음. 다만, 확성장치를 사용하거나 옥외집회에서 다중을 대상으로 말로 하는 선거운동을 할 수 없으며, 선거운동의 주체, 기간, 방법 등에 대한 다른 제한·금지 규정에 위반되어서는 아니됨(2021. 1. 12. 말로 하는 선거운동 관련 운용기준).

4. 우리 지역본부 조합원 총회에 출마가 예상되는 후보들은 현재 공선법에 근거해 선

거사무실을 두고 있는바, 이에 출마 예상자들이 조합원 총회를 겨냥하여 각 후보지지 조합원들이 참가하는 선거사무실 개소식, 선거대책 본부 결의대회 및 선거운동 관련 교육 등을 개최하는 것은 행위양태에 따라 공선법 제89조 또는 제254조의 규정에 위반될 것임(2006. 4. 21. 회답).

⑤ 한국노동조합총연맹의 특정 후보자 지지결의 등

1. 노동조합이 정책연대 후보자를 결정한 후에 총회 등 여타의 집회를 개최하여 지지를 결의하는 때에는 선거기간 전에는 공선법 제254조에, 선거기간 중에는 공선법 제103조에 위반될 것임.

2. 노동조합이 선거운동기간 중에 옥내에서 특정 후보자를 초청하여 공약내용 등이 포함된 강연을 듣는 것은 선거에 영향을 미치게 하기 위한 개인정견발표회 또는 기타의 연설회에 해당될 것이므로 공선법 제101조에 위반될 것임.

3. 노동조합이 선거운동기간 중에 정책연대를 결정한 후보자를 홍보하는 현수막 등을 노동조합 건물의 외벽에 걸거나 인쇄물을 배포하는 경우 공선법 제90조 또는 제93조에 위반될 것임.

4. 2007. 11. 24. 한국노총이 주관하는 전국노동자대회에 후보자가 되고자 하는 자를 단순한 내빈으로 초청하는 것은 무방할 것이나, 참석한 선거구민들에게 축사·격려사 또는 연설을 하게 하는 경우에는 후보자가 되고자 하는 자를 선전하는 행위가 되어 공선법 제254조에 위반될 것임.

⇨ 후보자가 되려는 사람이 선거구 안에서 개최되는 각종 행사에서 의례적인 축사를 하는 것은 법 제254조에 위반되지 아니함[2016. 12. 2. 대법원의 선거운동 판단기준 변경에 따른 관련 선례 정비(제2차)]

※ 질의 상 전국노동자대회는 옥외(여의도 공원내 문화마당)에서 개최예정이며, 참석인원은 조합원 2만명 정도임.

5. 조합원이 자발적으로 선거운동기간 중에 정책연대 후보자의 선거운동을 위한 자원봉사 활동을 하는 것은 무방할 것임(2007. 11. 21. 회답).

⑥ 시민단체 또는 시민단체 공동기구의 선거인단 모집 등

1. 선거운동을 할 수 있는 단체 또는 그 단체들의 공동기구가 내부회원만을 대상으로 내부규약 등에서 정한 통상적인 의사결정방법과 절차에 따라 지지할 후보자(예비후보자, 입후보예정자를 포함함. 이하 같음)를 결정하는 것은 무방할 것임. 다만, 그 범위를 넘어 일반선거구민을 선거인단 또는 국민배심원단으로 모집하여 이들을 대상으로 투표를 통해 지지후보를 결정하거나, 새로 구성한 공동기구가 지지하기로 결정

한 후보자를 위하여 선거운동을 하는 때에는 행위 양태에 따라 공선법 제87조 제2
항·제89조·제254조 그 밖의 각종 제한·금지규정에 위반될 수 있을 것임.

2. 선거운동을 할 수 있는 단체 또는 그 단체들의 공동기구가 선거운동기간전에 예비
후보자 또는 후보자가 되려는 사람을 초청하여 비공개 또는 공개토론회를 개최하는
것은 공선법 제254조에 위반될 것이나, 귀 단체가 특정 정당 또는 후보자의 선거운
동을 하거나 할 것을 표방한 단체가 아니라면 같은 법 제81조 제1항에 따라 후보자
초청 대담·토론회를 개최할 수 있을 것임.

3. 단체가 특정 후보자를 지지 또는 반대하기로 결정하고 그 결정내용을 회원용 소식
지·내부문서 등 통상적으로 행하여 오던 고지·안내방법에 따라 소속 회원들에게
단순히 알리거나 언론기관의 취재·보도하는 자를 대상으로 보도자료의 제공 또는
기자회견을 통하여 이를 공표하는 것은 무방할 것이나, 그 결정내용을 별도의 인쇄
물·시설물·광고 등을 통하여 일반 선거구민에게 알리는 것은 행위 시기 및 양태에
따라 공선법 제90조·제93조·제254조 그 밖의 제한·금지규정에 위반될 것임(2010.
3. 31. 회답).

⑦ 시민단체의 선거인단 모집 및 단일후보자 선출

선거운동을 할 수 있는 단체가 구성원을 대상으로 내부규약 등에서 정한 통상적인 의
사결정방법과 절차에 따라 지지할 후보자(후보자가 되려는 사람을 포함함)를 결정하는 과
정에 정당소속 후보자가 되려는 사람을 포함시키는 것은 무방할 것이나, 일반선거구민
을 선거인단으로 모집하여 이들을 대상으로 투표를 통해 지지할 단일후보자를 결정하
거나, 후보자가 되려는 사람으로 하여금 선거인단을 대상으로 TV 토론, 인터넷방송 토
론, 인쇄물 배부, 합동 유세, 웹진 배포 등 방법의 선거운동을 하도록 하는 때에는 행위
양태에 따라 공선법 제93조 및 제254조 등의 제한·금지 규정에 위반될 것임(2010. 4.
2. 회답).

⇨ 2017. 2. 8. 개정된 법 제59조 제3호에 따라 인터넷 홈페이지 또는 전자우편을 이용하
여 선거운동을 하는 것은 상시 무방할 것임.

⇨ 2020.12.29. 법 제59조 제4호 신설로 선거일이 아닌 때에 전화(송·수화자 간 직접 통화하
는 방식에 한정하며, 컴퓨터를 이용한 자동 송신장치를 설치한 전화 제외)를 이용하거나 말(확성장
치를 사용하거나 옥외집회에서 다중을 대상으로 하는 경우 제외)로 선거운동을 할 수 있음.

⑧ 희망자치연대의 지지후보자 결정 등

1. 희망자치만들기경남연대(약칭 '희망자치연대')가 회원(명칭 '희망자치 시민배심원')을 모
집하고 그 회원들을 대상으로 선거에서 지지할 후보자를 결정하고 언론기관의 취

재·보도하는 자를 대상으로 성명서·보도자료의 제공 또는 기자회견을 통하여 이를 공표하는 것은 무방할 것이나, 별도의 인쇄물·시설물 등을 통하여 지지할 후보자를 일반선거구민에게 알리는 것은 행위양태에 따라 공선법 제90조·제93조 등 각종 제한·금지 규정에 위반될 것임.

2. 희망자치연대가 내부규약 등에서 정한 통상의 의사결정방법과 절차에 따라 회원을 대상으로 여론조사 또는 투표를 통하여 선거에서 지지할 후보자를 결정하는 것은 무방할 것임. 이 경우 그 과정에서 선거에 영향을 미치게 하기 위한 인쇄물의 배부, 선거운동에 이르는 집회의 개최 등 공선법상 각종 제한·금지규정에 위반되는 행위를 하여서는 아니 될 것임.

3. 희망자치연대가 지지후보 결정을 위해 선거운동기간 전에 '희망자치 시민배심원'을 대상으로 각 후보를 초청하여 토론회를 진행하는 경우에는 공선법 제254조에 위반될 것임.

4. 희망자치연대가 그 설립목적과 관련 있는 사안에 대하여 후보자가 되려는 사람에게 질의하여 회신받은 내용을 소식지·내부문서 등 통상적인 고지·안내방법에 따라 소속 회원에게 알리거나, 단체의 인터넷 홈페이지에 게시하여 두는 것은 가능할 것임.

5. 희망자치연대가 각 정당으로부터 위임받아 전화여론조사 또는 투표를 통하여 회원들의 의견을 수렴하고 그 결과를 해당 정당에 알리는 것은 무방할 것이며, 투표방법 등에 대해서는 답 2를 참조하기 바람.

6. 후보단일화를 합의한 각 정당이 주최가 되어 선거운동기간 전에 단일화에 참여할 각 후보를 모아 시민배심원을 대상으로 토론회를 진행하는 경우 공선법 제254조에 위반될 것임.

7. 희망자치연대가 선거운동을 하거나 할 것을 표방하는 경우에는 공선법 제10조에 따라 '바른지방자치 실현', '투표참여' 캠페인을 실시할 수 없을 것임. 다만, 선거운동기간 중에는 공선법상 허용된 선거운동방법으로 동 캠페인을 실시할 수 있을 것임 (2010. 4. 12. 회답).

⑨ 시민단체의 추대 후보자 결정 등

선거운동을 할 수 있는 단체가 연합하여 교육감 후보자를 추대하기 위한 추대위원회를 구성하고 그 위원회가 내부회원만을 대상으로 내부규약 등에서 정한 통상적인 의사결정 방법과 절차에 따라 추대할 후보자를 결정하는 것은 무방할 것이며, 현직 교사나 공무원이 그 추대위원회의 내부경선에 후보자로 참여하는 것은 다른 법률에 위반되는지 여부는 별론으로 하고 「공직선거법」상 제한되지 아니할 것임(2013. 7. 25. 회답).

⑩ 팬클럽의 회원 대상 서명운동 등

 1. 기존 팬클럽 회원이 소개한 지인을 대상으로 팬클럽 회원으로 가입을 권유한 후 입회한 회원에게 (반기문 유엔사무총장의) 대통령출마요청 서명을 받는 경우

2. 팬클럽사무실 방문객을 대상으로 팬클럽 회원을 모집한 후 입회한 회원에게 (반기문 유엔사무총장의) 대통령 출마요청 서명을 받는 경우

3. 전국 각 시·도지부 발대식 때 발대식에 참석한 사람들 중에 팬클럽 입회를 원하는 사람에 한해 현장에서 팬클럽 회원으로 입회한 후 입회대상자들에 한해 (반기문 유엔사무총장의) 대통령출마요청 서명을 받는 경우

4. 전국 각 시·도지부 본부에서 다음과 같은 방법으로 사람들의 왕래가 빈번한 가두에서 팬클럽 회원을 모집한 후 입회한 회원에 한해 현장에서 (반기문 유엔사무총장의) 대통령 출마요청 서명운동을 받는 경우

    가. 어깨띠(문구 : 화이팅 반)만을 어깨에 두르고 팬클럽 회원을 모집한 후 현장에서 입회한 회원들에게 출마요청 서명을 받는 경우

    나. 화이팅 반 현수막(가로 2.5미터 × 세로 0.9미터)을 가판에 걸고 어깨띠(문구 : 화이팅 반)을 어깨에 두르고 팬클럽 회원을 모집한 후 현장에서 입회한 회원을 대상으로 출마요청 서명을 받는 경우

    다. '나'의 현수막 종류

(1안)	국가를 위해, 국민을 위해, 통일을 위해, 화합을 위해 **화이팅 반 국민연대 운동본부 팬클럽**
(2안)	국가를 위해, 국민을 위해, 통일을 위해, 화합을 위해 **화이팅 반기문 국민연대 운동본부 팬클럽**

 1. 문 1·2에 대하여

    귀문의 경우 「공직선거법」에 위반되지 아니할 것임.

2. 문 3·4에 대하여

    귀문의 경우 팬클럽의 설립목적, 인적 구성, 그 활동의 시기, 방법, 내용과 규모 등을 고려할 때, 자발적으로 발대식에 참석한 사람 외에 발대식 또는 거리에서 일반 선거구민을 대상으로 귀문과 같은 방법으로 회원을 모집하고 대통령출마요청 서명을 받는 것은 대통령선거에서 후보자가 되려는 사람을 위한 선거운동이

될 것이므로 「공직선거법」 제87조, 제90조, 제93조, 제107조, 제254조에 위반
될 것임(2016. 12. 23. 회답).

4) 판례

① 시민단체의 선거운동 허용범위 등

1. 2000. 2. 16. 법률 제6265호로 개정되기 전의 공선법 제58조 제1항에 의하면 선거
   에 관한 단순 의견개진 및 의사표시는 선거운동으로 보지 아니한다는 규정을 두고
   있었을 뿐인데, 위 법 개정 이후 정당의 후보자추천에 관한 단순한 지지·반대의 의
   견개진 및 의사표시 역시 선거운동으로 보지 아니하게 되었으므로, 정당의 후보자
   추천에 관한 지지·반대를 하는 경우에 위 법 개정 이전에는 선거에 관한 단순 의견
   개진 및 의사표시를 넘는 범위에서는 선거운동이 되고, 위 법 개정 이후에도 후보자
   추천에 관한 단순한 지지·반대의 의견개진 및 의사표시를 넘는 범위에서는 선거운
   동이 되어 모두 공선법이 허용하는 범위 안에서만 허용된다.

2. 2000. 2. 16. 법률 제6265호로 개정되기 전의 공선법 제87조에 의하면, 노동조합
   을 제외한 단체는 선거기간 중에 그 명의 또는 그 대표의 명의로 특정 정당이나 후
   보자를 지지·반대하거나 지지·반대할 것을 권유하는 행위를 할 수 없다고 규정되
   어 있었는데, 위 법 개정 이후 같은 법 제81조 제1항의 규정에 의하여 후보자 등을
   초청하여 대담·토론회를 개최할 수 있는 단체 역시 노동조합과 마찬가지의 예외
   단체로 규정되었으므로, 위 법 개정 이후 일부 단체는 특정 정당이나 후보자를 지
   지·반대하거나 지지·반대할 것을 권유하는 등 선거운동에 해당하는 행위를 할 수
   있게 되었지만, 이러한 선거운동이 허용되는 기간은 선거운동기간 내라야 하므로
   그 행위 시점이 선거운동기간 개시 전이면 사전선거운동에 해당하여 위법하며, 또
   한 선거운동의 방법에 있어서도 같은 법 제7장 선거운동에 관한 관련 규정 등에 의
   해 정당이나 후보자 등에게도 금지되는 방법으로 할 수 없고, 허용되는 방법의 경우
   에도 그 기간·횟수·정도·장소·세부적인 방법 등은 그 개별적·구체적인 기준에 준
   하여 하여야 하며, 그 정도를 넘어선 행위는 위법한 선거운동으로 허용되지 아니한다.

3. 시민단체가 특정 후보자를 낙선대상자와 집중낙선대상자로 선정 발표하면서 이를
   언론에 보도되도록 한 행위 자체만으로는 후보자비방에 해당하지 않는 한 위법하다
   고 볼 수 없으나, 특정 후보자를 비방하는 내용의 가두행진·불법유인물 배포 등의
   방법으로 특정 후보자의 낙선운동을 한 것은 위법한 행위에 해당한다(대법원 2002.
   2. 26. 선고 2000수162 판결).

② 시민단체의 낙선운동이 시민불복종운동으로서 정당행위 또는 긴급피난에 해당하는지
여부

　1. 공선법(2001. 1. 26. 법률 제6388호로 개정되기 전의 것) 제58조 제2항은 "누구든지 자유
　　롭게 선거운동을 할 수 있다. 그러나 이 법 또는 다른 법률의 규정에 의하여 금지되
　　거나 제한되는 경우에는 그러하지 아니하다."고 규정하여, 원칙적으로 선거운동의
　　자유를 인정하면서도 한편으로는 선거운동의 주체, 시기, 방법 등을 제한하고 있는
　　바, 공직선거에 출마한 후보자로서는 같은 법에서 정한 방법에 따라 다른 후보자들
　　과의 공정한 경쟁을 통하여 선거권자들에 의하여 평가받게 될 것이라고 기대하는
　　것이 당연하므로, 시민단체가 같은 법을 위반하여 특정 후보자에 대한 낙선운동을
　　한 행위는 그 낙선운동으로 인하여 후보자가 낙선하였는지 여부에 관계없이 후보자
　　의 위와 같은 합리적인 기대를 침해한 것이고, 이러한 기대는 인격적 이익으로서 보
　　호할 가치가 있다 할 것이므로, 그로 인하여 후보자가 입은 정신적 고통에 대하여
　　위자료를 지급할 의무가 있다.

　2. 시민단체의 특정 후보자에 대한 낙선운동이 시민불복종운동으로서 정당행위 또는
　　긴급 피난에 해당한다고 볼 수 없다는 원심은 정당하다고 수긍이 된다(대법원 2004.
　　11. 12. 선고 2003다52227 판결).

③ 법 제87조에 의하여 허용되는 노동조합의 선거운동의 한계

　1. 정치활동을 고유의 목적으로 삼는 정치적 결사체도 아닌 노동조합이 비록 공선법
　　제87조에 의하여 총회의 결의 등을 거쳐 지지하거나 반대하는 정당이나 후보자를
　　결정하고 그 명의로 선거운동을 할 수 있다고 하더라도 그 구성원인 조합원 개개인
　　에 대하여 노동조합의 결의 내용에 따르도록 권고하거나 설득하는 정도를 넘어서
　　이를 강제하는 것은 허용되지 아니한다고 보아야 할 것이다.

　2. 노동조합이 그 조합원에 대하여 특정 정당이나 후보자를 지지·반대하거나 지지·반
　　대할 것을 권유하거나 설득하는 정도를 넘어서 노동조합 총회의 결의 내용을 따르
　　지 아니하는 조합원에 대하여는 노동조합의 내부적인 통제권에 기초하여 여러 가지
　　불이익을 가하는 등 강력하게 대처하겠다는 내용의 속보를 제작·배포한 행위가 조
　　합원인 근로자 각자의 공직선거에 관한 의사결정을 방해하는 정도의 강요행위에 해
　　당한다(대법원 2005. 1. 28. 선고 2004도227 판결).

3. 재외선거권자를 대상으로 단체의 선거운동 금지(제218조의14 제7항)

> **제218조의14(국외선거운동 방법에 관한 특례)** ⑦ 제87조제1항에도 불구하고 단체(그 대표자와 임직원 또는 구성원을 포함한다)는 그 단체의 명의 또는 그 대표의 명의로 재외선거권자를 대상으로 선거운동을 할 수 없다.

가. 내용

법 제87조 제1항에 해당하지 않아 선거운동을 할 수 있는 단체인 경우에도 단체(그 대표자와 임직원 또는 구성원을 포함한다)는 그 단체의 명의 또는 그 대표의 명의로 재외선거권자를 대상으로 선거운동을 할 수 없다. 재외선거권자를 대상으로 하지 않는 경우에는 제87조 제1항 해당여부에 따라 선거운동 가능여부가 달라 진다. 그러나 단체의 구성원(그 대표자와 임직원을 포함한다)은 그 단체의 명의 또는 그 대표의 명의가 아닌 개인의 명의나 지위에서는 재외선거권자를 대상으로 선거운동을 할 수 있어 '해외 ○○○지역에 거주하는 한국인 ○인'과 같은 형태로 지지선언을 할 수 있다.[6]

나. 중앙선거관리위원회 행정해석

① 해외 한인 단체 등의 특정 후보자 지지선언

  1. 해외 한인단체가 그 단체 또는 그 대표의 명의로 재외선거권자를 대상으로 특정 후보자를 지지·추천하는 내용의 선언을 하는 것은 「공직선거법」 제218조의14에 위반될 것임.

  2. 단체의 명의 또는 그 대표의 명의를 나타냄이 없이 선거운동을 할 수 있는 개인이 지지선언을 하는 것만으로는 「공직선거법」에 위반된다고 할 수 없을 것임.

  3. 대한민국 국민이 아닌 자가 지지선언을 하는 때에는 「공직선거법」 제60조에 위반될 것임(2012. 12. 9. 회답).

---

6) 중앙선거관리위원회 2012. 12. 9. 회답

4. 선거운동을 위한 사조직 설립·설치 금지(제87조 제2항)

가. 입법취지

본 조항은 후보자간 선거운동기구의 형평성을 유지하고, 각종 형태의 선거운동기구의 난립으로 인한 과열경쟁 및 낭비를 방지하기 위한 규정이고, 위 조항에서 설립 내지 설치를 금지하는 사조직은 선거에 있어서 후보자나 후보자가 되고자 하는 자를 위하여 그 명칭이나 표방하는 목적 여하를 불문하고 법정 선거운동기구 이외에 설립하거나 설치하는 일체의 사조직을 의미하므로, 설사 회칙이 없고 조직과 임원 및 재정 등에 관하여 구체적으로 정한 바가 없더라도 위 조항에서 말하는 사조직에 해당한다.[7]

나. 적용대상

1) 선거운동을 위하여 설립·설치

본 조항은 「선거운동을 위하여」 설립·설치하는 것을 금지하고 있으므로 정당의 당내경선에서의 당선 또는 낙선을 위하여 사조직을 설립하는 것은 본 조항의 적용대상이 아니다. 사조직 해당 여부는 문제된 단체의 설립 시기 및 설립 후의 활동 내용 등을 종합적으로 살펴 선거운동을 위한 사조직 설립인지를 판단하여야 한다. 예컨대, 포럼이라는 특정 단체를 설립하여 지지 후보자를 위한 정책세미나 등을 여러 차례 개최한 경우, 설립 시기가 선거일로부터 약 1년 6개월 전이고 외부적으로 명백한 특정 후보에 대한 지지를 호소한 행위가 없으면 사조직으로 볼 수 없다.[8]

설립 시에 특정 정당·후보자를 지지·반대하는 활동을 할 것을 표방한 단체는 물론, 당초 설립 시에는 다른 목적을 표방하였으나 특정 정당·후보자의 지지·반대를 위한 활동을 주로 전개하는 등 당초 표방한 설립목적과 달리 사조직화한 경우에도 설립·설치가 금지된 사조직에 해당한다. 다만, 본 조항은 사조직의 설립 또는 설치 행위만을 금지하고 있을 뿐이고, 이미 설립된 사조직을 이용하는 행위는 금지하고 있지 아니하는 바, 제3자의 사조직의 설립 이후 입후보예정자가 그 모임에 여러 차례 참석한 사실은 있으나 그 사조직 설립에 공모하지 않았다면 본 조항에 위반되지 않는다.[9] 본 조항의 사조직은 법정 선거운동기구 이외에 설립·설치하는 일체의 사조직을 의미하는 것으로 보아야 하므로 단체의 명의 또는 그 대표의

7) 대법원 2008. 3. 13. 선고 2007도7902 판결
8) 대법원 2018. 6. 19. 선고 2017도10724 판결
9) 대법원 2008. 3. 13. 선고 2007도7902 판결

명의로 선거운동을 하는 등 단체의 위세를 내보이거나 단체성이 강하게 드러나는 방식의 선거운동을 목적으로 하는 단체로 제한되지 않는다.[10]

2) 인터넷공간에서의 모임

인터넷공간에서의 선거활동을 목적으로 카페 등을 개설하고 회원을 모집해 일정한 모임의 틀을 갖추고 운영하는 것은 정보통신망을 이용한 선거운동의 하나로 허용되어야 하므로 본 조항의 사조직에 해당한다고 볼 수 없고, 또한 카페 개설을 위해 일부 회원들의 오프라인에서의 일시적인 모임은 카페활동을 위한 일시적·임시적 성격이라면 본 조항의 사조직에 해당하지 않는다.[11] 다만, SNS 모임의 개설 경위와 시기, 구성원, 온라인 및 오프라인 상의 활동 내용 등 제반 사정들을 종합하여 볼 때 입후보예정자를 당선되게 할 목적으로 특정 정당의 국회의원 보좌관들을 모아 설립한 '국회 SNS기동대'는 별도의 사조직에 해당한다고 본 사례가 있다.[12]

다. 중앙선거관리위원회 행정해석

① 법인 설립, 운영을 위한 금품 기부 등

1. 정치인이 이사장인 법인이 공선법 제87조 제2항 및 제89조 제1항의 규정에 의한 사조직 또는 유사기관에 해당하지 아니한다면 국회의원·지방의회의원 기타 후보자가 되고자 하는 자 등이 당해 법인의 설립에 필요한 자본금을 출연하는 행위는 무방할 것임. 다만, 자본금의 출연 및 설립과정에서 선거구민에 대한 기부 또는 기부의 약속에 이르러서는 아니 될 것임.

2. 후보자가 되고자 하는 자가 자신이 대표로 있는 법인에 대하여 당해 법인의 정관·규약 또는 운영관례상의 의무에 기하여 회비 또는 부담금을 납부하는 행위는 무방할 것임.

3. 법인이 개최하는 행사가 국회의원 기타 후보자가 되고자 하는 자의 정치활동을 위한 것이라면 그 행사를 위하여 모금하는 후원금은 정치자금법상의 정치자금에 해당되므로 같은 법에서 정한 절차와 방법에 의하지 아니하고는 모금할 수 없을 것임 (2004. 11. 5. 회답).

---

10) 서울고등법원 2014. 6. 2. 선고 2014노431 판결
11) 대법원 2013. 11. 14. 선고 2013도2190 판결
12) 서울고등법원 2014. 6. 2. 선고 2014노431 판결

② 국회의원 팬클럽 회원의 팬클럽 운영경비 모금

　　팬클럽이 표방하는 목적여하를 불문하고 공직선거에서 후보자(후보자가 되고자 하는 자를 포함함)의 선거운동을 위하여 설립·설치된 것이거나 그 팬클럽 운영경비를 모금하는 경우에는 행위양태에 따라 공선법 제87조 제2항 또는 제89조 제1항의 규정에 위반될 것이며, 선거와 무관하게 순수하게 설립된 팬클럽인 경우에도 그 운영경비를 모금하면서 저금통에 국회의원의 성명 또는 그 성명을 유추할 수 있는 내용의 팬클럽 명칭 및 홈페이지 주소 등을 명시하거나 모금과정에서 국회의원을 선전하는 행위가 부가되는 경우에는 그 행위시기 및 양태에 따라 공선법 제90조 또는 제254조의 규정에 위반될 것임(2005. 9. 30. 회답).

③ 백만송이국민의명령의 회원 모집 등 활동

　문　백만송이국민의명령(이하 '국민의명령')은 야권단일정당으로 2012년 민주진보정부를 세우기 위한 활동을 벌이고 있습니다. 국민의명령에서는 오는 10월 14일 국회의원선거 180일 전 시점을 앞두고, 앞으로의 활동에 대해 선관위에 문의하고자 합니다. 이와 관련하여 아래의 활동이 문제가 되는지 아닌지에 대하여 답변을 얻고자 합니다.

　　1. 국민의명령 회원이 공개된 장소에서 국민의명령 회원을 모집하는 행위

　　2. 국민의명령 회원이 공개된 장소에서 '야권통합정당으로 민주정부 수립하자!'는 내용의 현수막을 게시하거나 홍보물을 배포하는 행위

　　3. 국민의명령이 공개된 장소에서 아래와 같은 내용의 현수막을 게시하거나 홍보물을 배포하는 행위(각각의 예시에 대하여 답변을 해주십시오)

　　　가. 야권통합을 위한 국민의명령의 회원이 되어주십시오.

　　　나. 정권교체를 열망하는 국민의명령의 회원이 되어주십시오.

　　　다. 문성근과 함께하는 국민의명령의 회원이 되어주십시오.

상기 사항 외에 할 수 있는 일과 없는 일을 정리하여 보내주시면 참고하도록 하겠습니다.

　답　1. 문 1에 대하여

　　　귀문의 경우 구체적인 행위의 시기·내용·양태에 따라 공선법에 위반되는지 여부를 판단하여야 할 것임. 다만, 야권연합정당으로 2012년 민주진보정부를 수립하는데 이바지함을 설립목적으로 표방한 귀 단체의 경우 활동 여하에 따라 같은 법 제87조 제2항의 설립이 금지된 사조직에 해당될 수 있을 것이므로 같은 법조에 위반되지 아니하도록 활동하여야 할 것임.

　　2. 문 2·3에 대하여

　　　가. 현수막 게시 행위에 대하여

　　　야권연합정당으로 2012년 민주진보정부를 수립하는데 이바지함을 설립목
　　　적으로 표방한 귀 단체가 선거일 전 180일[現 120일(보궐선거 등에서는 그 선거
　　　의 실시사유가 확정된 때. 이하 같음)]부터 선거일까지 귀문과 같은 내용의 현수막
　　　을 게시하는 것은 법 제90조에 위반될 것임.
　　나. 인쇄물 배부 행위에 대하여
　　　야권연합정당으로 2012년 민주진보정부를 수립하는데 이바지함을 설립목
　　　적으로 표방한 귀 단체가 선거일 전 180일(現 120일)부터 선거일까지 야권통
　　　합, 정권교체 등 정당 또는 후보자(후보자가 되고자 하는 자를 포함함)를 지지·추
　　　천하거나 반대하는 내용이 포함된 내용의 인쇄물을 배부하면서 단체의 회원
　　　을 모집하는 것은 법 제93조에 위반될 것임(2011. 10. 19. 회답).
④ 팬클럽 SNS에서의 후보자 등 홍보
　팬클럽이 인터넷상에서만 모임의 틀을 갖추어 활동하는 경우라면 「공직선거법」 제59
조 제3호에 따른 행위에 해당되어 같은 법에 위반되지 아니할 것이나, 그 게시내용이
같은 법 제110조, 제250조, 제251조 등에 위반되는 허위사실공표나 비방 등에 이
르지 아니하여야 할 것이며, 팬클럽의 활동이 같은 법 제87조에 위반되는 사적 모임의
선거운동 및 사조직의 설치에 이르러서는 아니 될 것임(2017. 3. 21. 회답).

라. 판례

① '국회 SNS 기동대'가 법 제87조 제2항 '사조직'에 해당하는지 여부
　원심이 적법하게 채택·조사한 증거들에 의하여 인정되는 다음과 같은 사정들을 종합
하면, 피고인 ○○○이 조직한 국회 SNS기동대는 ●●● 후보를 당선되게 할 목적으로
□□당 국회의원 보좌관들을 모아 설립한 사조직에 해당한다고 볼 수 있다.
　1) □□당의 국회의원 보좌관들은 '민주보좌관협의회'라는 모임을 갖고 있었는데 피
　　고인 ○○○은 2012. 11. 8. 경 위 모임의 보좌관 약 27명을 구성원으로 하여 국회
　　SNS기동대를 만들고 기동대장 역할을 맡았다.
　2) 국회 SNS기동대는 전략기획팀(선거캠프와의 업무협의 및 일일 키 메시지 기획), 메시지팀
　　(SNS용 일일 메시지 생산 및 파워트위터리안과의 트위터상 연계), 실무지원팀(일일 메시지 전
　　파 및 진행사항 점검, 반응 모니터링)으로 구성되어 각 팀별 업무를 분담하여 활동하였
　　다. 국회 SNS기동대의 주된 활동은 전략기획팀과 메시지팀에서 생산한 ●●● 후
　　보의 지지 및 ◆◆◆ 후보의 반대에 관한 메시지 등을 국회 SNS기동대원들의 계정

등을 이용하여 전파하는 것으로서, 단문은 주로 트위터를 통하여, 장문이나 동영상
은 주로 페이스북을 통하여 전하였다.

3) 피고인 ○○○은 2012. 11. 8.경부터 매일 '국회 SNS기동대백서'라는 문건을 작성
하였다(국회 SNS기동대백서는 국회 SNS기동대가 아래와 같이 2012. 12. 3.경 SNS지원단의
대응1팀으로 개편된 이후로도 대통령 선거 전날인 2012. 12. 8.경까지 계속 작성되었다). 국회
SNS기동백서에는 국회 SNS기동대의 실제 업무 내용 등이 기재되어 있는데, 이에
의하면 국회 SNS기동대의 하루 업무는 "매일 오전 9시에 국회 본청 원내기획실에
서 기동대 전체 오프라인 회의를 개최한 후, 각자 의원실로 돌아가 오전 10시부터
11시 사이에 메시지팀에서 생산된 멘션을 트위터상에 집중 유포한 다음, 오후 1시
경 기동대 온라인 회의를 개최한 후 다시 오후 1시 반에서 3시 사이에 멘션을 트위
터에 유포한 후 그 반응을 모니터링 하는 것"으로 구성된다. 또한 여기에는 2012.
11. 9.부터 2012. 12. 18.까지 사이에 일자별 회의내용, 트위터에 유포된 상세한
메시지의 내용 및 실무지원사항 등이 구체적으로 기재되어 있다.

4) 국회 SNS기동대는 자체 연락망을 구비하였는데, 그 연락망에는 소속 의원실, 휴대
전화번호, 이메일 주소, 페이스북 아이디, 트위터 계정, 네이트온 아이디, 담당 업무
등이 기재되어 있다.

5) 피고인 ○○○은 국회 SNS기동대원들과 이메일로도 연락을 주고받았다. 이들 메일
에는 국회 SNS기동대의 활동현황과 함께 피고인 ○○○이 국회 SNS기동대원 등을
포함한 16명과 함께 2012. 12. 3.경 ▲▲빌딩 6층에서 SNS지원단과 합류하여 대
응1팀으로 편입되는 과정과 그 명단 등이 기재되어 있다(서울고등법원 2014. 6. 2. 선고
2014노431 판결).

⇨ 법 제61조 제1항에 따라 중앙당 및 시·도당의 사무소에 각 1개의 선거대책기구를
설치할 수 있는 사안의 경우 이미 □□당 중앙당에 선거대책기구를 두고 있어, 국회
SNS 기동대는 선거운동을 할 수 있는 선거대책기구에 해당하지 않음.

② 사조직을 설립한 주체가 그 사조직에 금전 등을 제공한 경우, 별도로 법 제115조 또는
제230조 제1항 제2호 위반죄가 성립하는지 여부

1. 공직선거법 제87조 제2항에서 말하는 사조직을 설립함으로써 같은 법 제255조 제
1항 제11호에 의한 처벌의 대상이 되는 피고인이 나아가 해당 사조직에 금전·물
품·기타 재산상 이익을 제공한 행위에 대하여, 해당 사조직의 설립 목적이나 '그 재
산상 이익 등 제공행위의 주체와 상대방 사이의 관계' 등을 이유로 그러한 행위는
언제나 공직선거법 제230조 제1항 제2호(이해유도죄)나 같은 법 제115조(제3자의 기

부행위제한)의 적용 대상에서 제외된다고 볼 것은 아니다.

다만, 그와 같은 사조직의 설립 경위, 피고인이 그 설립에 관여한 정도, 피고인과 해당 사조직과의 관계 내지 피고인의 직책, 피고인이 해당 사조직에 재산상 이익 등을 제공한 시기, 경위, 재산상 이익 등의 가액 정도, 해당 재산상 이익의 사용처, 기타 제반 사정들을 종합하여 고려할 때, 그와 같은 사조직을 설립한 피고인이 해당 사조직에 금전·물품·기타 재산상 이익을 제공한 행위가, 해당 사조직을 설립하는 일련의 행위 자체에 통상적으로 포섭되는 행위라고 봄이 상당하여 이에 대하여 그 사조직 설립행위와 별도로 처벌할 필요성이 없는 경우에 해당하거나, 해당 사조직의 구성원으로서 해당 사조직의 내부 규정 또는 운영관례상의 의무에 기하여 그 운영경비 등에 소요될 자금에 충당하기 위한 회비 등을 납부하기 위하여 통상적, 합리적으로 수긍할 수 있는 가액 범위 내의 금전·물품·기타 재산상 이익을 제공한 행위에 해당한다면, 그와 같은 행위에 대하여 공직선거법 제230조 제1항 제2호나 같은 법 제115조를 적용할 수는 없다고 할 것이다.

2. 원심은, 적법하게 채용한 증거들에 의하여 그 판시와 같은 사실들을 인정한 다음, 제17대 대통령선거에 있어서 후보자가 되고자 하는 이○○의 선거운동을 위하여 '▲▲21 산악회'라는 사조직을 설립한 피고인 1이 2007. 3. 15.경 이 사건 사무실을 임차보증금 5,000만 원에 임차하여 위 '▲▲21 산악회'의 전국지부장회의 등 각종 모임이나 중앙회 임직원들의 사무공간으로 사용할 수 있도록 위 산악회 중앙회에 제공한 행위는, 선거운동을 목적으로 하는 선거 사조직으로서 위 산악회를 설립한 위 피고인이 그 사조직에서 사용할 물품이나 사무공간을 무상으로 제공한 것으로서, 공직선거법 제230조 제1항 제2호 소정의 단체에 대한 매수 및 이해유도 행위나 같은 법 제115조 소정의 기부행위에 해당한다고 할 수 없다고 판단하였다. 앞서 본 바와 같은 법리 및 기록에 비추어 살펴보면, 비록 원심판결의 이유 설시에 있어서 다소 부적절한 부분이 있기는 하나, 피고인 1의 이 사건 사무실 제공행위는 위 사조직을 설립하는 일련의 행위에 통상적으로 포섭되는 행위에 해당하거나 위 사조직의 설립자이자 회장인 위 피고인이 위 사조직의 운영경비 등에 소요될 자금에 충당하기 위하여 수긍할 수 있는 범위 내의 회비 내지 찬조금의 납부에 갈음하여 이루어진 것이라고 보아 위와 같이 판단한 원심판결은 그 결론에 있어서는 정당하여 수긍할 수 있고, 거기에 상고이유로 주장하는 바와 같은 죄형법정주의 위반이나 경험칙·논리법칙 위반 또는 공직선거법 제230조 제1항 제2호나 같은 법 제115조에 관한 법리오해 등으로 인하여 판결 결과에 영향을 미친 위법이 있다고 할 수 없

다(대법원 2008. 11. 13. 선고 2008도6228 판결).

③ '중학교 무상교육 추진운동본부'가 후보자를 위하여 설립한 사조직에 해당하는지 여부

원심이 적법하게 채택하여 조사한 증거들을 종합하여 인정되는 ㉮ 피고인이 이 사건에서 문제가 된 '중학교 무상교육 추진운동본부'를 설립한 시점은 제16대 국회의원 선거일을 불과 180일도 남겨놓지 않은 선거에 임박한 시점이라는 점, ㉯ '중학교 무상교육 추진운동본부'의 발대식을 종로지역에서 개최하였고, 선거에 임박한 2000년 1, 2월경에 주로 선거구민인 △△동민에 집중되었고, 서명자 중 △△동민들만 따로 모아 명단을 작성·관리한 점, ㉰ '중학교 무상교육 추진운동본부'의 명의로 서명운동을 전개하면서 △△동민들에게 배포한 유인물에는 중학교의무교육의 조기 실시를 주장하는 내용과 함께 '한나라당 종로지구당 위원장 정○○'이라고 피고인의 소속정당과 성명을 기재하고, '중학교 의무교육의 실시는 저, 정○○이 지켜야 할 여러분과의 약속입니다'라는 공약문구를 기재하였으며, '중학교 무상교육 즉각 실시하라'는 내용의 문구를 붙이고 종로지역구를 순회한 화물차량에도 피고인의 소속 정당인 '한나라당'이라는 명칭과 로고가 표시된 현판을 부착한 점 등에 비추어 보면, 피고인의 이러한 일련의 행위는 교묘하게 유권자들에게 피고인과 소속 정당에 대한 인식도를 제고하고 지지를 유도하고자 하는 의도가 있는 것으로 보여지고, 법정 선거운동기구 이외의 각종 형태의 선거운동기구의 난립으로 인한 과열경쟁 및 낭비를 방지하고 후보자간에 선거운동의 균등한 기회를 보장함으로써 선거의 공정성을 확보하기 위하여, 그 명칭이나 표방하는 목적 여하를 불문하고 특정 선거에 있어서 특정 후보자(후보자가 되고자 하는 자를 포함한다)를 위한 법정 선거운동기구 이외에 일체의 사적인 조직·단체의 설립을 금지하고 있는 공선법 제89조의2 제1항의 입법취지를 함께 고려하여 보면, 피고인이 설립한 '중학교 무상교육 추진운동본부'는 위 법률에서 설립을 금지하고 있는 '선거에 있어서 후보자를 위하여 설립한 사조직'에 해당한다고 할 것이므로 위 주장은 이유 없다(서울고등법원 2001. 12. 11. 선고 2001노2141 판결, 대법원 2002. 6. 25. 선고 2002도45 판결).

⇨ 2004. 3. 12. 법률개정으로 제87조 제2항으로 변경됨.

④ 산악회가 사조직에 해당

(1) 원심은 다음과 같은 사정에 비추어 볼 때, ○○산악회를 조직하고 행사를 진행한 피고인들의 행위가 당시 선거인들의 관점에서 제20대 국회의원 선거에서 피고인 1의 당선을 도모한다는 목적의사를 쉽게 추단할 수 있을 정도에 이르렀다고 보아, 공직선거법에서 말하는 '선거운동'을 위한 사조직 설치행위 또는 '선거운동'에 해당한다고 판단하였다.

① 피고인들을 비롯하여 △△ □□에 기반을 둔 정치인들이나 정치적인 활동을 해 온 사람들이 주축이 되어 행사 참가자들을 적극적으로 모집·동원하였고, 참석자 들도 자신들이 어떠한 목적의사에 따라 집단적으로 동원되고 있음을 어느 정도 짐작할 수 있었다.

② ○○산악회의 행사는 목적지, 참가자의 연령과 성별, 행사의 규모와 구성 등이 통상적인 산악회의 행사에 비하여 매우 이례적인 모습을 보였고, △△시장을 역 임하고 2014년 △△시장 선거에 출마하였다가 낙선한 유력 정치인인 피고인 1 을 위하여 '대화의 시간'이라는 순서를 별도로 진행하였다. '대화의 시간'은 체육 관이나 강당 등에서 적지 않은 시간 동안 마이크와 스피커 등의 장치를 동원하여 이루어졌다.

③ '대화의 시간'에 피고인 1은 주로 자신에 관한 의혹 해명, 과거의 업적 홍보, 향후 △△ □□의 발전구상 등에 관하여 발언하였다. △△ □□청사의 이전 관련 의혹 은 피고인 1이 2014년도에 △△광역시장 선거에서 낙선하였을 때 크게 부각된 낙선 요인 중 하나여서, 2016년 국회의원 선거에서 우선적으로 해명할 필요가 있는 문제였다. 피고인 1은 공소외인 의원이 제시한 △△ □□ 발전방안 등에 관 해서도 비판하는 발언을 하였는데, 공소외인 의원은 제20대 국회의원 선거 출마 가 유력하였다.

④ 당시 일부 참가자들은 2016. 4. 13.로 예정된 국회의원 선거를 직접 가리켜 '413 피고인 1'이라고 외치기도 하였다. '대화의 시간'의 사회자는 '피고인 1을 국회로 일할 수 있게 보내자'라고 발언하기도 하였다.

⑤ 피고인 1이 비록 제20대 국회의원 선거에서 자신을 지지해달라고 호소하는 직 접적인 발언을 한 것은 아니지만 △△ 일대에서 높은 인지도를 가진 기성 정치인 으로서 그 지역에 위 피고인의 제20대 국회의원 선거 출마 준비소문이 널리 퍼진 상태였다.

⑥ 참가자들은 대체로 '순수한 산악회가 아니라 정치적인 산악회라고 느꼈다'는 반 응을 보였고, 참가자들 가운데 '사전선거운동이라는 느낌을 받았다', '어차피 선 거를 염두에 두고 있는 것 같았다'는 진술을 한 사람도 있다.

(2) 원심판결 이유를 적법하게 채택한 증거에 비추어 살펴보면, ○○산악회는 '산행을 통하여 체력증진과 친목도모로 지역사회발전에 기여한다'는 정관의 목적에도 불구 하고 피고인 1이 2016년 제20대 국회의원 선거에서 당선될 수 있도록 최대한 많 은 선거인을 동원하여 위 피고인에 관한 의혹을 해명하고 업적을 홍보하는 활동에

집중하였음을 알 수 있다.

나아가 ○○산악회의 조직경위와 인적 구성, 참석자의 동원방식, 피고인 1의 인지도, '대화의 시간' 등 행사의 구성방식, 질문자와 질문내용 선정의 작위성, 행사규모의 급격한 확대과정, 회비를 초과하여 제공된 경제적 이익의 내용과 아울러 행사의 사회자 또는 참석자가 직접 국회의원 선거를 언급하기도 한 점, 당시 △△ 선거관리위원회에서 산악회 행사를 알고 2015. 9. 산악회장인 피고인 2에게 관련 법규를 안내한 점, 그 밖에 행사에 참석한 사람들이 진술한 전반적인 내용 등 여러 사정들을 종합해 보면, 이는 통상적인 정치활동의 범주에서 벗어나 당선 또는 낙선을 도모하는 목적의사가 객관적으로 인정되는 행위로서 공직선거법상 '선거운동'을 위한 사조직 설치행위 또는 '선거운동'에 해당한다고 볼 수 있다. 피고인들이 선거일과 약 10개월에서 5개월까지 시간적 간격을 두고 위와 같은 행위를 하였다고 하더라도 위와 같은 결론에는 영향이 없다. 원심의 판단에 상고이유 주장과 같은 논리와 경험의 법칙에 반하여 자유심증주의의 한계를 벗어나거나, 공직선거법상 금지되는 선거운동에 관한 법리오해, 판단누락 등의 잘못이 없다(대법원 2018. 4. 10. 선고 2016도 21171 판결).

⑤ 경선운동조직이 선거운동을 위한 사조직으로 확대된 사례

1. 선거운동을 위한 사조직 설립

1) '더불어희망'의 결성 목적 및 조직

피고인 A와 그를 중심으로 모인 피고인 B 등 '더불어희망' 회원들은 제19대 대통령선거에서 □□당 경선 후보인 ○○○을 지지하고 이후 계속적인 활동을 통해 대선 승리를 목적으로 활동하기로 결의하여, 2017. 2. 28. 1차 상임위원회를 열어 2017년 정권교체를 '더불어희망'의 목적으로 한다는 내용의 정관을 의결하고, '더불어희망' 상임위원회를 주재하면서 운영 방향을 결정하고 각종 경선 현장 및 선거 유세 현장을 다니는 피고인 A를 상임의장으로, 위 A의 위임장을 받아 실질적으로 '더불어희망' 조직운영 및 기획을 총괄하는 피고인 B를 조직본부장으로, 그 외 핵심 회원인 C를 사무총장으로, D를 홍보본부장으로, E를 상황본부장으로, F를 대변인 및 법률지원본부장으로, G를 ICT 본부장 등으로 각 임명하는 등 약 60명의 핵심 회원으로 중앙 조직을 정비하고, 추가적인 조직 확대는 계속 논의하기로 하였다.

2) '더불어희망'의 활동

'더불어희망'은 2017. 2. 28.부터 4. 4까지 매주 화요일 서울 영등포구 여의도동

원정빌딩 사무실 등에서 상임위원회를 개최하여 ○○○ 후보의 선거운동 및 당선을 위해 전국 조직 확대 및 이를 위한 외부 자원 추천, 홍보활동 등을 독려하고, 경선운동과 관련 경선 현장 지원 유세 및 경선 선거인단 모집 등을 논의하였다. 또한 2017. 3.경부터 '더불어희망' 상임위원 단체 카카오톡 대화방을 개설하여 "▲▲▲ 후보 나쁜 영상 및 SNS 문구들을 주위 사람들에게 널리 알려야 그 자체가 ○○○ 후보님에게 유리하게 전파가 된다", "있는 곳에서 팀을 만들고 또 팀원이 또 팀을 만들어(더불어희망을) 문어발식 조직으로 만들어 보자"는 등의 선거운동 전략을 공유하였다.

또한 G는 D 등 '더불어희망' 회원들의 권유를 받고 ○○○ 후보 및 '더불어희망'의 홍보 활동의 일환으로 2017. 3. 7. '○○○ 대통령과 함께 더불어희망'이라는 페이스북 계정을 개설하고, 4. 7. "더불어희망은 ○○○ 대통령을 지지하고 새로운 대한민국을 추구하는 단체입니다"라는 소개글을 게시하는 등 ○○○ 후보, 피고인 A 및 '더불어희망' 등의 활동내역을 홍보하였다.

2. 사전선거운동

피고인들 및 '더불어희망' 회원들은 위와 같은 논의 등에 따라 2017. 2.말경부터 ○○○ 후보 선거운동을 위한 '더불어희망'의 조직 확대 및 전국 조직화를 위해 계속적으로 신규 회원 추천 및 지역본부 구성에 박차를 가하였다.

피고인들 및 '더불어희망' 핵심 회원들은 2017. 3. 30.경 강원 춘천 세종호텔 소양정에서 '더불어희망' 강원본부 정책간담회 및 임명장 수여식을 겸한 출정식을 개최하였다. 피고인 A, G는 2017. 4. 4. 서울 송파구 잠실동 '꼭꼬' 식당에서 H 등 약 10명의 예비역 군장성 등을 상대로 '더불어희망' 안보본부 준비모임을 하면서 '더불어희망'에 대한 홍보활동을 하였다.

피고인들은 E로 하여금 2017. 4. 7. 외부 추천자들에게 "○○○과 함께하는 더불어희망 서울남부지역 간담회"라는 내용의 문자를 보내 간담회를 알리고, 위 문자 내용과 같이 2017. 4. 10. 14:00경 위 원정빌딩 사무실에서 '더불어희망' 서울남부지역 간담회를 개최하였다. 피고인 B는 그 자리에 참석한 심○○, 백○○ 등 외부 추천자들을 포함한 약 10명을 대상으로 "'더불어희망'은 ○○○ 후보를 지지하는 단체이다. 경선이 완료된 상태니까 본 조직을 강화해서 공조직의 살을 찌워서 ○○○ 후보의 선거승리를 위해 운동을 하자"는 발언을 하는 등으로 조직 확대 및 ○○○후보를 위한 선거운동을 하였다.

또한 피고인들은 E로 하여금 2017. 4. 13. 외부 추천자들에게 "정권교체의 힘 더불어희망 ○○○과 함께 더불어희망 서울지역 간담회 개최 안내"라는 내용의 문자를 보내 간담회를 알리고, 위 문자 내용과 같이 2017. 4. 14. 15:00경 서울 종로구 명륜동 유림회관 지하 1층 전통실에서 '더불어희망' 서울지역 간담회를 개최하였으며, 피고인 B는 그 자리에 참석한 심○○, 송○○ 등 외부 추천자들을 포함한 약 50명을 대상으로 "□□당 공조직에 들어가서 열심히 선거운동을 하자, ○○○ 후보의 대통령 당선을 위해서 조직 강화를 하고 선거운동을 열심히 하자"는 발언을 하는 등으로 조직 확대 및 ○○○ 후보를 위한 선거운동을 하였다.

이러한 조직 확대의 결과로 '더불어희망'은 4. 14. 기준 회원 총 643명, 11개 지역본부 및 25개 위원회를 구성하게 되었다(대법원 2019. 7. 4. 선고 2019도1441 판결, 서울고등법원 2019. 1. 17. 선고 2018노2067 판결).

5. 처벌

본 조 제1항을 위반하여 선거운동을 하거나 하게 한 자 또는 제2항을 위반하여 사조직 기타 단체를 설립·설치하거나 하게 한 자는 3년 이하의 징역 또는 600만원 이하의 벌금에 처한다(법 제255조 제1항 11호).

제2절 유사기관의 설치금지

제89조(유사기관의 설치금지) ① 누구든지 제61조제1항·제2항에 따른 선거사무소, 선거연락소 및 선거대책기구 외에는 후보자 또는 후보자가 되려는 사람을 위하여 선거추진위원회·후원회·연구소·상담소 또는 휴게소 기타 명칭의 여하를 불문하고 이와 유사한 기관·단체·조직 또는 시설을 새로이 설립 또는 설치하거나 기존의 기관·단체·조직 또는 시설을 이용할 수 없다. 다만, 후보자 또는 예비후보자의 선거사무소에 설치되는 1개의 선거대책기구 및 「정치자금법」에 의한 후원회는 그러하지 아니하다.

② 정당이나 후보자(후보자가 되려는 사람을 포함한다. 이하 이 항에서 같다)가 설립·운영하는 기관·단체·조직 또는 시설은 선거일전 180일(보궐선거 등에 있어서는 그 선거의 실시사유가 확정된 때)부터 선거일까지 당해 선거구민을 대상으로 선거에 영향을 미치는 행위를 하거나, 그 기관·단체 또는 시설의 설립이나

활동내용을 선거구민에게 알리기 위하여 정당 또는 후보자의 명의나 그 명의를 유추할 수 있는 방법으로
벽보·현수막·방송·신문·통신·잡지 또는 인쇄물을 이용하거나 그 밖의 방법으로 선전할 수 없다. 다만,
「정치자금법」 제15조(후원금 모금 등의 고지·광고)의 규정에 따른 모금을 위한 고지·광고는 그러하지 아
니하다.

1. 개요

본 조는 정당 또는 후보자가 선거운동 기타 선거에 관한 사무를 처리하기 위한 법정 선거
운동기구 외의 유사기관을 설치하는 행위를 금지하고, 정당 또는 후보자와 관련 있는 단체
가 선거구민을 대상으로 하는 선거에 영향을 미치는 행위 등을 하는 것을 금지하고 있다.

본조 제1항은 법정 선거운동기구 이외의 선거운동기구의 난립으로 야기될 과열경쟁과 낭
비를 방지하고 후보자간에 선거운동의 균등한 기회를 보장함으로써 선거의 공정성을 확보
하기 위한 규정이다.[13]

2014. 1. 17. 개정 전에는 본 조 제1항 단서에 후보자·예비후보자의 선거사무소에 설치
되는 선거대책기구 외에 중앙당·시도당 사무소에 설치되는 선거대책기구도 함께 명시되어
있었으나 2014. 1. 17. 개정 시 중앙당·시도당 사무소에 두는 선거대책기구는 법 제61조의
선거운동기구로 명시되면서 본 조 제1항 단서에서는 삭제되었다.

2. 선거사무소·선거연락소·선거대책기구 외의 유사기관 등 설치 금지 (제1항)

가. 내용

「후보자나 후보자가 되려는 사람을 위하여」 설치·설립하거나 이용하는 행위를 금지하고
있는바, 이는 '선거운동'을 목적으로 하는 경우를 말하며, 반드시 그 '선거운동'이 법상 허용
되지 않는 선거운동이어야만 하는 것은 아니다.[14] 특정 후보자의 선거운동 목적이 아닌 순
수한 선거 준비행위의 차원에서 선거인에게 영향을 미치지 않는 내부적 행위를 위하여 시설

---

13) 헌법재판소 1999. 1. 28. 98헌마172 결정
14) 대법원 2013. 12. 26. 선고 2013도10896 판결

등을 설치하거나 당내경선에서 후보자로 선출되기 위한 목적으로 시설 등을 설치하는 것은 본 조 위반행위가 아니다.[15] 「설립·설치」에 이르렀다고 하기 위해서는 적어도 일정 목적을 가진 사람들의 인적결합이 이루어지거나 단체 등에 그러한 목적을 가진 사람들이 가입할 수 있는 정도에는 이르러야 하고, 「이용하는 행위」는 어떤 행위가 외관상 후보자를 위하여 기존의 단체 등을 이용하는 것처럼 보이는 것으로는 부족하고, 실질적으로 기존의 단체 등을 선거활동 기타 선거에 관한 사무를 처리하는 선거사무소나 선거연락소 또는 선거대책기구처럼 이용하는 정도에 이르러야 한다. 본 조항 단서에서 말하는 「후보자 또는 예비후보자의 선거사무소에 설치되는 1개의 선거대책기구」란 후보자 또는 예비후보자의 선거사무소에 설치되어 내부적 선거준비행위를 하는 기구만을 말하고 이를 넘어 선거인에게 영향을 미칠 목적으로 설치된 것은 본 조에 위반된다.[16]

나. 중앙선거관리위원회 행정해석

① 선거운동을 할 수 있는 단체의 사무소의 유사기관 여부

단체가 선거운동기간 중에 특정 정당 또는 후보자의 선거운동을 하면서 필요한 경우 그 단체의 사무소를 단순히 선거운동을 위한 단체구성원의 연락의 장소로 이용하거나, 당해 단체의 회원이 자신이 지지하는 정당이나 후보자를 위하여 사무소에 설치된 전화·컴퓨터 등을 이용하여 선거운동을 하는 것은 무방할 것이나, 단체의 사무소에 별도의 전화·컴퓨터 등을 증설하여 선거운동을 하는 것은 공선법 제89조 제1항의 규정에 위반될 것임(2000. 4. 5. 회답).

⇨ 2020. 12. 29. 법 개정으로 법 제59조 제4호에 따라 전화(송·수화자간 직접 통화하는 방식에 한정하며, 컴퓨터를 이용한 자동 송신장치를 설치한 전화는 제외)로 하는 선거운동은 선거일이 아닌 때에 가능.

② 국회의원의 상설사무소 설치

지역구국회의원이 직무 또는 업무수행을 위하여 당해 지역구에 국회의원 사무소를 두는 경우 그 수를 제한하는 법률상의 규정은 없으나, 국회의원사무소를 설치하여 선거운동에 이르는 행위를 하거나 선거에 관한 정당의 사무를 처리하는 등 그 사무소의 운영 양태에 따라서는 공선법 제61조의2·제89조·제254조 기타 각종 제한·금지규정이나 정당법 또는 정치자금법의 관련규정에 위반될 수 있을 것임(2004. 6. 18. 회답).

15) 대법원 2013. 11. 14. 선고 2013도6620 판결
16) 대법원 2013. 2. 28. 선고 2012도15689 판결

③ 자신의 지역구가 아닌 지역의 국회의원사무소 설치

자신의 지역구가 아닌 지역일지라도 국회의원이 후보자가 되고자 하는 선거의 선거운동기간전에 직무수행과 관련하여 국회의원사무소(연락소)를 설치하는 것은 무방할 것임(1995. 1. 21. 회답).

④ 후보자의 집에서 자원봉사자의 전화홍보

선거기간 중 후보자의 집에서 자원봉사자가 전화홍보를 할 수 있음. 다만, 선거사무소 또는 선거연락소로 신고되지 아니한 후보자의 집에 선거운동을 위한 전화를 증설하고 증설된 전화를 이용하여 선거운동자원봉사자가 선거운동을 하는 경우에는 공선법 제89조의 규정에 의하여 설치가 금지된 유사기관에 해당될 것임(1995. 1. 27. 회답).

⇨ 2020. 12. 29. 법 개정으로 법 제59조 제4호에 따라 전화(송·수화자간 직접 통화하는 방식에 한정하며, 컴퓨터를 이용한 자동 송신장치를 설치한 전화는 제외)로 하는 선거운동은 선거일이 아닌 때에 가능.

⑤ 지역발전연구소 및 사랑방 설치

후보자가 되고자 하는 자가 사회적 활동을 위하여 필요한 사무소를 개설하는 것은 무방할 것이나, 입후보예정지역에 설치하는 지역발전연구소나 사랑방을 휴게소 또는 후보자가 되고자 하는 자를 선전하는 장소로 이용하는 경우에는 공선법 제89조(유사기관의 설치금지)제1항의 규정에 위반될 수 있을 것임(1995. 9. 29. 회답).

⑥ 정당 간 공동선거대책위원회 구성

비례대표 후보자만 낸 정당과 지역구 후보자만 낸 정당 간에 선거운동을 위한 공동선거대책기구를 구성하는 것은 「공직선거법」 제89조 제1항에 위반될 것임(2020. 3. 27. 회답).

⑦ 정당소속 및 무소속 후보자의 단일화모임 구성 등

1. 정당소속 후보자(입후보예정자 포함. 이하 같음)와 무소속 후보자가 후보 단일화를 위하여 제한된 범위의 제3자가 참여하는 후보 단일화 추진위원회를 구성하고 그 목적 범위 안에서 활동하는 것은 공선법상 무방할 것이나, 그 목적 범위를 벗어나 후보자를 위한 선거운동에 이르는 때에는 그 행위 양태에 따라 같은 법 제87조 제2항·제89조 또는 제254조 등 각종 제한·금지규정에 위반될 것임.

2. 정당소속 및 무소속 후보자가 단일화를 하기로 합의한 후 순수하게 후보 단일화를 위하여 필요한 규모의 별도 기구를 구성하고 그 기구에 단일화의 진행에 관한 사항을 의뢰하는 것은 무방할 것임. 다만, 단일화 과정에서 사전선거운동에 이르거나 그 밖의 각종 제한·금지 규정에 위반되지 아니하도록 유의하여야 할 것임.

3. 국회의원직을 박탈당한 사람 또는 시민단체나 명망 있는 인사들이 보도자료 등을 통하여 단일화에 참여한 후보자나 단일화 추진활동에 대하여 지지의사를 언론에 발표하는 경우 정치인 등이 자신의 정치적 견해 등에 관하여 통상적인 방법으로 언론의 취재에 응하거나 언론기관에 보도자료를 제공하는 것만으로는 특별한 사정이 없는 한 공선법에 위반된다고 할 수 없을 것임.

4. 단일화가 이루어진 이후에 사퇴한 정당의 후보자가 단일후보로 확정된 타당의 후보 진영에서 선거대책위원장 등으로 활동하는 것은 무방할 것임(2009. 9. 25. 회답).

⑧ 정당과 시민단체 간 선거공조 등

정당과 시민단체 또는 일반시민들이 공동후보자를 선출하고 그 선출된 후보자의 선거운동을 하기 위하여 별도의 기구를 구성하는 것은 행위시기 및 양태에 따라 공선법 제87조 제2항·제89조 또는 제254조에 위반될 것임(2009. 12. 28. 회답).

⑨ 노동조합이 참여한 정당 간 후보단일화

1. 정당이 후보자단일화 등 선거업무의 조율을 위한 정당 간의 공동기구를 구성하는 것은 무방할 것이나, 노동조합·시민단체와 공동으로 구성하는 경우에는 공선법 제89조 제1항에 위반될 것임.

2. A당과 B당이 국회의원 재·보궐선거에서 후보단일화를 합의한 가운데 후보단일화 공동기구 등에 직접 참여하지 않고, 지역노동조합이 조합원을 대상으로 A당 후보와 B당 후보 중 지지할 후보를 선출하는 투표를 하는 것은 무방할 것임.

3. 당헌·당규 등에 따른 정당의 의사결정절차에 따라 2 이상의 정당이 후보자를 단일화하기 위하여 전화·자당 또는 소속 국회의원 등의 인터넷홈페이지 게시·포털 사이트 광고 등을 이용하여 정당 또는 후보자가 되고자 하는 자를 선전하는 등 선거운동에 이르지 아니하는 방법으로 선거인단을 모집하는 것은 무방할 것이나, 거리에서 권유·신청서 배부 또는 현수막 등 시설물을 설치하는 방법으로 모집하는 것은 후보자가 되고자 하는 자를 선전하거나 선거에 영향을 미치는 행위에 해당하므로 공선법 제90조·제93조 또는 제254조에 위반될 것임(2009. 3. 17. 회답).

⑩ 민주노총과 정당의 총선공동투쟁본부 구성 및 활동

민주노총과 정당 등이 2016 총선공동투쟁본부를 구성하여 민주노총 조합원 및 당원 등 참여 단체의 회원으로 선거인단을 조직하고 투표로써 단일 후보자를 선출하는 것은 행위 양태에 따라 「공직선거법」 제87조 제2항, 제89조 제1항 또는 제254조에 위반될 것임(2016. 2. 16. 회답).

다. 판례

1) 유사기관에 해당한 사례

① 자원봉사자 교육장소의 별도 설치

공선법 제89조 제1항은 선거사무소 이외에 이와 유사한 시설을 설치할 수 없도록 규정하고 있으므로, 특정 후보자를 위한 자원봉사자들의 교육장소를 별도로 설치하는 것도 금지된다(대법원 1997. 3. 11. 선고 96도3220 판결).

② 연구소 직원이 본래의 업무가 아닌 선거 관련 일을 담당한 경우 유사기관 해당 여부

선거운동 준비행위라 함은 선거운동을 개시하기 위하여 당연히 필요로 하는 준비행위로서 특정 후보자의 당선을 도모할 목적으로 선거인에게 모종의 작용을 하는 행위가 아닌 것을 말하는 것으로서, 그것이 단순히 후보자 및 그 지지자 내부에서 이루어지는 내부적인 준비행위에 그치는 경우에 한정되고, 이러한 한도를 초과하여 특정 후보자가 당선되거나 당선되게 하기 위하여 선거인에게 작용할 것도 목적으로 하는 것이라고 인정되는 때에는 선거운동 준비행위가 아니라 선거운동이 된다.

○○교육문화연구소는 사단법인 환경과 생명의 부설 연구소인데, 사단법인 환경과 생명은 환경보전에 기여하기 위하여 학술행사, 교육·문화 사업, 환경 관련 홍보 및 자료·정보의 제공 등을 사업목적으로 하고 있고, ○○교육문화연구소는 지역현안과 직접적으로 관련된 청소년 교육환경, 문화환경 등을 중심으로 음란물 추방운동이나 교육환경 등에 대한 지역 여론조사, 시화호 등 환경오염문제에 대한 조사 등을 하여 정책보고서를 만드는 일을 사업목적으로 설립된 사실, 피고인은 박○○에게 국회의원선거에 출마하려고 하니 도와 달라고 요청하여 박○○을 위 연구소에서 기획실장으로 근무하게 하였고, 조사부장, 조직부장, 간사로 구성된 조직을 이용하여 선거구민들을 상대로 피고인을 홍보하고 입당원서를 받아오게 하였으며, 피고인을 홍보하는 다양한 종류의 문서들을 보완 작성케 하고 이를 위 연구소 사무실에 비치하여 일반인을 대상으로 한 피고인의 홍보에 활용토록 하였고, 위 연구소 내에서 수시로 선거와 관련한 회의를 개최한 사실이 인정된다.

위와 같은 인정사실관계에서 나타난 바와 같이 위 연구소의 직원들은 본래 업무가 아닌 피고인의 선거출마와 관련된 일들을 주로 담당하여 온 점에 비추어 후보자가 되고자 하는 피고인을 위하여 위 연구소가 이용되었다고 판단되고, 입당원서를 받아 온 행위와 홍보물 제작 및 선거관련 내부회의 개최 행위는 단순히 피고인의 지지자 내부에서 이루어지는 내부적인 준비행위가 아니라 이러한 한도를 초과하여 피고인이 당선되거나 당선되게 하기 위하여 선거인에게 작용할 것도 목적으로 하는 것으로서 선거운

동에 해당한다고 보아야 한다(서울고등법원 2004. 9. 7. 선고 2004노1343 판결).

③ 같은 건물 같은 층에 있더라도 별도로 구획된 시설에 추가로 선거사무소와 유사한 기구를 설치한 경우 유사기관 해당 여부

공선법 제89조 제1항에서 유사기구의 설치를 금지하고 있는 이유는 후보자 사이에 선거운동기구의 형평성을 유지하고 각종 형태의 선거운동기구가 난립함으로 말미암은 과열경쟁이나 낭비를 방지할 필요가 있기 때문이다. 따라서 후보자가 관할 선거관리위원회에 선거사무소 또는 선거연락소를 신고한 경우에 그 범위는 이와 같은 입법목적을 전제로 일반인이 통상 생각할 수 있는 공간 및 구획을 특정하여 합리적으로 판단하여야 한다. 그렇게 판단하지 않으면 선거사무소 또는 선거연락소를 신고할 때 그 범위를 포괄적이고 모호하게 신고한 사람이 구체적이고 명확하게 신고한 사람보다 부당하게 유리하게 되어 형평에 어긋남은 물론 선거운동기구가 난립하는 폐해를 막기 어려워질 수밖에 없다.

원심이 적법하게 채택하여 조사한 증거를 종합하면 다음과 같은 사실이 인정된다.

① 피고인들이 이○○ 선거사무소로 신고한 피어리빌딩 3층은 당초 피고인들이 선거사무소로 사용하였던 부분과 연합내과에서 병원시설로 사용하던 부분으로 구획이 나뉘어 있고, 출입문도 서로 다른 곳에 설치되어 있다.

② 피고인들은 이○○ 후보의 선거사무소를 신고하면서 피어리빌딩 3층이라고 기재하였으나, 실제로는 내부를 선거사무소로 꾸며 놓은 약 100평 정도의 사무실 부분만을 선거사무소로 사용하고 있었다.

③ 그런데 피고인들은 2005. 5. 18.경 건물의 소유자나 임차인의 동의를 받지 않고 당초 선거사무소로 사용하지 않던 연합내과 병원시설 안에 전화기 6대를 설치하고 전화홍보요원 12명을 채용하여 전화로 선거구민에게 이○○ 후보에 대한 지지를 호소하는 한편 선거구민들의 지지성향을 파악하게 하는 등의 선거운동을 하였다. 중략)

앞서 인정한 사실을 종합하면, 피고인들이 연합내과 건물에 전화기를 설치하고 선거운동을 한 것은 형식적으로 볼 때에는 피고인들이 당초 선거사무소로 신고한 '피어리빌딩 3층'을 벗어나지 않는 곳에 선거사무소를 일부 확장한 것에 불과하여 유사기구에 해당하지 않는 것처럼 보인다. 그러나 실질적으로 보면 피고인들은 당초 신고한 선거사무소와 구획·내부시설·출입문 등이 명확히 구분되어 있어 전혀 다른 공간인 병원시설을 추가로 선거사무소로 사용한 것이다. 선거사무소의 면적에 대한 제한이 없고, 선거사무소가 반드시 별도로 구획된 1개의 사무실에만 한정된다고 볼 수는 없으나, 당초 선거사무소로 사용하려고 마음먹고 그에 필요한 시설을 하고

이를 바탕으로 관할 선거관리위원회에 신고한 공간을 벗어나, 비록 같은 건물의 같은 층에 있다고 할지라도 별도로 구획된 시설 부분에 추가로 선거사무소와 유사한 기구를 설치하면 이는 공선법에서 금지하는 유사기구의 설치에 해당한다고 보아야 한다(대전고등법원 2006. 10. 13. 선고 2006노344 판결).

④ 모텔에 상근하면서 휴대전화로 전화선거운동

피고인이 상피고인과 공모하여 □□□, ▲▲▲을 아르바이트 홍보요원으로 고용하여 2006. 3. 24.경부터 같은 해 4. 15.경까지 법정 선거사무소 외의 장소인 삼성모텔 501호, 502호에 상근시키면서 ▽▽▽ 명의의 휴대전화 2대로 상피고인이 건네준 선거구민 명단에 따라 선거구민에게 피고인의 홍보전화를 하도록 한 행위는 공선법 제89조 제1항의 유사기관 설치행위에 해당한다(대법원 2007. 6. 29. 선고 2006도8747 판결).

⑤ 컨테이너를 임차하여 집기와 비품을 갖추고 지지 호소

공선법 제61조에 규정된 선거사무소 또는 선거연락소 이외의 기관이나 시설 등을 선거운동을 위하여 설치하였다면 공선법 제89조 제1항에 의하여 금지되는 이른바 유사기관을 설치한 경우에 해당한다고 할 것이다.

이러한 법리와 기록에 의하여 살펴보면, 원심이, 피고인 □□□이 선거일을 불과 한 달 앞두고 이 사건 컨테이너를 임차하여 손님을 맞을 수 있는 집기와 비품을 갖추고 그곳에서 선거구민들에게 음료수 등을 제공하며 피고인 ○○○의 지지를 호소한 사실 등을 인정한 다음, 이를 유사기관의 설치에 의한 공선법 위반죄로 의율한 조치는 정당한 것으로 수긍이 가고, 거기에 상고이유로 주장하는 바와 같은 채증법칙 위반으로 인한 사실오인이나 공선법에 관한 법리오해 등의 위법이 없다(대법원 2007. 11. 16. 선고 2007도7492 판결).

⑥ '○사모'의 단체 등이 법 제89조 제1항 본문에서 정한 '유사기관'에 해당하는지 판단하는 기준

원심은, 2011. 10. 26. 실시될 △△군수 재선거를 앞두고 피고인 2의 선거캠프 내에서 정책실장 또는 상황실장의 역할을 담당하던 공소외 1은 피고인 2로부터 선거운동원 모집책 명단을 건네받은 다음 이를 토대로 '○사모'('피고인 2를 사랑하는 사람들의 모임'의 약칭)라는 명칭하에 약 50명의 선거운동원들을 모집한 데 이어, 2011. 9. 17.에는 피고인 2와 선거운동원들 사이의 상견례 모임을 마련하고 그 자리에서 선거운동원들에게 피고인 2의 경력과 장점을 홍보하는 내용의 유인물을 돌려보게 한 사실, 이후 공소외 1은 2011. 9. 20. '금강체육관'에 선거운동원들을 모이게 하여 공소외 2 등을 팀장으로 7개 팀으로 선거운동원들을 분류한 다음 그 무렵부터 선거운동기간 개시일 전날인

2011. 10. 12.까지 선거운동원들로 하여금 매일 오전 '금강체육관'에 모여 율동연습을 하게 하고 오후에는 팀별로 △△군 내 음식점, 장터, 찜질방 등지를 돌아다니며 불특정 다수의 선거인들을 상대로 피고인 2에 대한 홍보, 상대 후보자의 단점 부각 및 비위 수집 등의 활동을 하게 하였으며, 팀장들을 통하여 선거운동원들의 활동내역 및 수집 정보를 보고하도록 한 사실 등을 인정한 다음, 위와 같은 '○사모'의 설립시기나 동기, 조직의 구성형태, 선거운동원들의 활동내역 등에 비추어 '○사모'는 순수한 선거준비행위 차원에서 선거인에게 영향을 미치지 않는 내부적 행위로서 설립된 것이 아니라, 피고인 2의 당선을 위한 선거운동을 목적으로 설립된 것으로서 공직선거법 제89조 제1항이 금지하는 유사기관에 해당한다고 본 제1심을 유지하였다(대법원 2013. 2. 28. 선고 2012도15689 판결).

2) 유사기관에 해당하지 아니한 사례

① 정당 간 선거공조기구 설치 여부 및 단일후보가 되지 아니한 정당의 후보자가 공동선거대책위원장을 맡는 것이 후보자매수 및 이해유도행위 저촉 여부

공선법 제89조의 규정에 따라 정당의 각급 당부에 설치할 수 있는 선거대책기구는 정당의 내부기구로 이러한 정당 내부기구로서의 선거대책기구의 구성원은 정당의 당원이어야 하고 당원이 아닌 자는 선거대책기구의 구성원이 될 수 없다.

그러나 공선법 제88조가 다른 정당이나 후보자를 위하여 선거운동을 할 수 없는 자를 후보자·선거사무장 등으로 제한하면서 정당이나 정당의 당직자·당원 등을 다른 정당이나 다른 정당 소속 후보자를 위하여 자유롭게 선거운동을 할 수 있도록 허용하고 있는 점에 비추어 정당이 정권을 획득하기 위하여 정당 간 정책연합이나 선거공조를 하는 경우에 국민에게 제시할 선거공약을 정당 간에 조율하고 선거에서의 승리를 위한 선거대책의 수립과 집행을 위하여 정당 간의 선거공조기구를 둘 수 있고, 이러한 정당 간 선거공조기구는 정당 간 대등한 입장에서 구성되기 때문에 정당 내부기구로서의 선거대책기구와는 달리 정당의 당원이 당적을 가지고 선거공조기구에 참여할 수 있다고 할 것이다.

변론의 전 취지를 종합하면, 민주당과 국민통합21이 노●● 후보와 정◎◎ 후보의 후보단일화를 추진함에 있어서 '단일후보가 되지 않은 사람이 공동선거대책위원회를 구성하여 그 위원장을 맡는 등 단일후보의 대선승리를 위해 최선을 다한다'는 취지로 합의한 사실을 인정할 수 있고, 반증이 없는바, 위에서 본 법리를 이 사건에 비추어 보면, 이와 같이 민주당과 국민통합21이 선거공조를 위한 합의를 하고 이에 따라 양당의 후

보자를 단일화하는 과정에서 단일후보가 되지 아니한 정당의 후보자가 공동선거대책위원회 위원장을 맡도록 한 것은 정당 간의 선거공조방법의 하나일 뿐이고, 이를 후보자가 되지 아니하게 할 목적으로 또는 후보자가 되고자 하는 것을 중지하게 할 목적으로 대가를 제공한 것으로서 정당법 제19조 제2항이나 공선법 제232조 제1항, 제230조 제1항 제1호에 위반된다고 할 수 없다. 이에 관한 원고의 주장은 이유 없다(대법원 2004. 5. 31. 선고 2003수26 판결).

⇨ 2014. 1. 17. 법 개정으로 정당의 선거대책기구는 선거운동기구로 규정(법 제61조)되어 선거운동을 할 수 있으며, 당원 외 비당원도 구성원으로 참여할 수 있음.

② 기관·단체·시설이 특정 후보자가 당내경선에서 후보자로 선출되게 하기 위한 목적으로 설치된 경우 법 제89조 제1항에 위배되는지

공직선거법(이하 '법'이라 한다) 제58조 제1항 본문과 제2조 및 제57조의2 제1항과 제57조의3 제1항 본문의 내용, 체제, 입법 취지 등을 종합하면, '선거운동'은 공직선거에서의 당선 또는 낙선을 위한 행위를 말하고, 공직선거에 출마할 정당 추천 후보자를 선출하기 위한 당내경선에서의 당선 또는 낙선을 위한 경선운동은 위 '선거운동'과는 구별된다 할 것이고, 다만 당내경선에서의 당선 또는 낙선을 위한 행위를 구실로 실질적으로는 공직선거에서의 당선 또는 낙선을 위한 행위를 하는 것으로 평가할 수 있는 예외적인 경우에 한하여 그 범위 내에서 경선운동도 선거운동으로 볼 수 있다. 나아가 법 제57조의3 제1항은 "정당이 당원과 당원이 아닌 자에게 투표권을 부여하여 실시하는 당내경선에서는 다음 각 호의 어느 하나에 해당하는 방법 외의 방법으로 경선운동을 할 수 없다"고 규정함으로써 제한적으로나마 당내경선 과정에서 당원뿐만 아니라 경선선거인단으로 등록될 가능성이 있는 당원 아닌 일반 유권자를 상대로 한 경선운동을 허용하고 있는 점을 고려하면, 당내경선에서의 당선 또는 낙선을 위한 행위에 부수적으로 공직선거에서의 당선 또는 낙선을 도모하고자 하는 의사가 포함되어 있다는 사정만으로 그와 같은 행위가 '선거운동'에 해당하는 것으로 섣불리 단정하여서는 아니된다(대법원 2013. 5. 9. 선고 2012도12172 판결 등 참조).

또한 구 공직선거법(2012. 10. 2. 법률 제11485호로 개정되기 전의 것, 이하 '구법'이라 한다) 제89조 제1항(유사기관의 설치금지)의 규정은 후보자 간 선거운동기구의 형평성을 유지하고 각종 형태의 선거운동기구가 난립함으로 말미암은 과열경쟁 및 낭비를 방지하기 위한 것이다. 그런데 그 조문의 체계나 입법 취지, 그리고 당내경선 과정에서 특정 후보자가 선출되게 하기 위하여 법 제57조의3 제1항에 위배하여 유사기관을 이용하는 방법으로 이루어진 당내경선운동 행위에 대해서는 법 제255조 제2항 제3호에 따로

처벌규정이 있는 점, 구법 제89조 제1항과 그 입법 취지가 유사한 법 제87조 제2항이 '선거운동'을 위한 사조직 기타 단체의 설립 등을 금지하고 있는 점 등을 고려하여 보면, 어떠한 기관·단체·시설이 특정 후보자의 '선거운동'을 목적으로 설치된 것이 아니고 그 후보자가 당내경선에서 후보자로 선출되게 하기 위한 목적으로 설치된 것이라면 그러한 유사기관의 설치 등 행위는 구법 제89조 제1항에 위배되는 것은 아니라고 할 것이다(대법원 2013. 11. 14. 선고 2013도6620 판결).

3. 정당·후보자와 관련 있는 단체의 선거에 영향을 미치는 행위 등 금지 (제2항)

가. 내용

정당이나 후보자가 설립·운영하는 단체 등은 선거일 전 180일부터 선거일까지 선거구민을 대상으로 선거에 영향을 미치는 행위나 정당이나 후보자의 명의를 알 수 있는 방법으로 그 활동상황을 선전할 수 없도록 규정하고 있다. 「선거에 영향을 미치는 행위」는 선거운동보다 넓은 개념으로 선거운동에까지는 이르지 아니하였다고 하더라도 선거에 간접적으로 영향을 미쳐 선거의 공정을 해함으로써 선거에 영향을 미칠 우려가 있는 행위도 포함되고,[17] 비록 표면적으로는 선거와 무관한 것처럼 보이는 행위라 할지라도 그 행위가 이루어진 시기, 동기, 방법 등 제반 사정을 종합하여 선거에 영향을 미칠 우려가 있는 행위로 평가된다면 선거에 영향을 미치는 행위로 보아야 하며, 그 행위로 인하여 실제로 선거에 영향을 미치는 결과가 발생할 필요까지는 없고, 선거에 관한 언급이나 후보자에 대한 홍보가 이루어지지 않았다 하더라도 해당될 수 있다.[18] 「정당·후보자의 명의나 그 명의를 유추할 수 있는 방법」에서 그 표현수단은 벽보·현수막·방송·신문·통신·잡지 또는 인쇄물뿐만 아니라 어떤 방법으로 행하여도 적용되며, 「정당·후보자의 명의를 유추」할 수 있는지를 판단함에 있어 정당·후보자의 명의가 현수막에 직접 명시되어 있지는 않더라도 현수막에 사용된 전체적인 표현의 내용과 어휘의 의미, 표현의 배경이 되는 사회적 맥락 및 그 표현이 선거인들에게 주는 전체적인 인상 등을 종합적으로 고려하여 판단할 때, 일반 선거인들이 현수막을 보고 정당·후보자의 명의를 충분히 유추할 수 있는 경우를 의미한다.[19]

---

17) 대법원 2005. 8. 19. 선고 2005도2690 판결, 헌법재판소 2005. 10. 27. 2004헌바41 결정
18) 대법원 2006. 6. 27. 선고 2005도303 판결
19) 대법원 2011. 3. 10. 선고 2010도16996 판결, 서울고등법원 2010. 12. 1. 선고 2010노2811 판결

나. 중앙선거관리위원회 행정해석

① 장학재단 안내 비디오테이프 배부

공익재단법인이 그 사업목적의 범위 안에서 자체사업계획과 예산에 의하여 사업경과 등을 수록한 홍보물을 기금을 출연한 관계회사·후원회원 또는 장학기금 등의 수혜자 추천과 관련이 있는 각급학교·단체·시설의 관계자에게 배부·상영하는 것은 무방할 것이나, 후보자(후보자가 되고자 하는 자를 포함함.)의 업적을 선전하는 내용이 포함된 홍보물을 배부·상영하거나 선거일 전 180일부터 선거일까지 후보자가 설립·운영하는 단체가 그 설립내용이나 활동내용을 선거구민에게 알리기 위하여 후보자의 명의나 그 명의를 유추할 수 있는 방법으로 배부·상영하는 경우에는 공선법의 제한·금지규정에 위반 또는 저촉될 것임(1997. 4. 18. 회답).

다. 판례

① 지역 선거구 후보자가 자신의 인지도를 높이기 위하여 '○○사랑운동본부'라는 단체를 설립하고, 이 단체의 주관으로 ○○대학입시설명회를 개최한 행위

원심판결의 채용증거들을 기록에 비추어 살펴보면, 원심이 피고인이 '○○사랑운동본부'를 통하여 ○○대학입시설명회를 개최한 행위는 그 시기, 동기, 행사의 대상자 등에 비추어 볼 때, ○○갑 선거구민들 사이에서 피고인에게 유리한 상황을 만들어내기 위한 것으로서 선거에 영향을 미칠 우려가 있는 행위로 보기에 충분하고, 위 각 행사 진행 과정에서 선거에 관한 언급이나 피고인에 대한 홍보가 이루어지지 않았다고 하여 달리 볼 것은 아니라고 하면서 판시 범죄사실을 유죄로 인정한 것은 정당하고, 거기에 상고이유의 주장과 같은 채증법칙 위배로 인한 사실오인이나 구 공직선거및선거부정방지법(2004. 3. 12. 법률 제7189호로 개정되기 전의 것)상의 '선거에 영향을 미치는 행위'에 관한 법리오해, 또는 정당의 자유, 선거운동의 자유, 죄형법정주의의 명확성의 원칙, 과잉금지원칙 등 헌법상의 원칙에 관한 법리오해 등의 위법이 있다고 할 수 없다(대법원 2008. 2. 14. 선고 2006도6967 판결).

② 법 제89조 제2항에서 정한 '후보자 명의를 유추할 수 있는 방법으로 현수막 등을 이용'한 행위 해당여부

「공직선거법」 제89조 제2항에서 정한 '후보자의 명의를 유추할 수 있는 방법으로 현수막 등을 이용'한 행위라 함은, 후보자의 명의가 현수막에 직접 명시되어 있지는 않더라도 현수막에 사용된 전체 표현의 내용과 어휘의 의미, 표현의 배경이 되는 사회적 맥

락 및 그 표현이 선거인들에게 주는 전체적인 인상 등을 종합적으로 고려하여 판단할 때, 일반 선거인들이 현수막의 기재에 의하여 당해 후보자 또는 후보자가 되고자 하는 자의 명의를 충분히 유추할 수 있는 경우를 의미한다고 할 것이다. 살피건대, 원심이 적법하게 채택·조사한 증거들에 의하면 이 사건 각 현수막에 석산개발을 반대하거나 지하철유치 예비타당성 검토방침을 환영한다는 취지의 본문과 함께 이 사건 추진위원회 및 인터넷카페의 명칭과 그 인터넷주소가 표시된 사실은 인정되나, 위 증거들에 의하더라도 그 외에 피고인의 성명, 외모, 사회적·정치적 상징이나 이미지, 인터넷 아이디 또는 필명 등 피고인의 명의를 연상해 낼만한 다른 사항들이 현수막에 특별히 기재되어 있지 않은 점을 알 수 있다. 그리고 이 사건 추진위원회 또는 인터넷카페의 명칭은 언어적 표현 자체에서 피고인의 명의를 유추할 만한 특징적인 요소를 가지고 있다고 보이지 않고, 또한 피고인이 이 사건 추진위원회 및 인터넷카페의 대표로 활동한 내용이 지역신문에 몇 번 보도 되었고 지하철유치에 관한 현수막 게시 이전에 앞서 본 전단지 배부가 있었다는 등의 정황만으로는 당시 해당 선거구민들 일반이 이 사건 추진위원회 또는 인터넷카페의 명칭에 의해 곧 피고인의 명의를 유추할 수 있을 정도로 위 단체들과 피고인의 관계를 파악하고 있었다고 보기 부족하고 달리 인정할 증거나 정황이 없어, 각 현수막에 이 사건 추진위원회 또는 인터넷카페의 명칭이 표시되었다고 하여 피고인의 명의를 유추할 수 있다고 인정하기는 어렵다(서울고등법원 2010. 12. 1. 선고 2010노2811 판결).

③ 연구소장 명의로 연구소 개소식 초청 문자메시지를 전송하여 법 제89조 제2항을 위반한 것으로 본 사례

피고인은 2018. 6. 13. 실시된 제7회 전국동시지방선거의 □□□□선거에 출마하기 위하여 2018. 5. 24. 무소속 후보자로 등록하였다가, 2018. 5. 29. 후보자에서 사퇴한 사람이다.

피고인은 2013. 11.경부터 ○○에서 'A연구소'를 운영하고 있었는데, 2018. 1. 18. A연구소 발기인 대회를 개최하고 정관을 작성한 뒤 비영리 단체로 등록하고, 2018. 1. 22. 개소식을 개최하는 등 'A연구소'를 개편하였다.

피고인은 2018. 1. 19. A연구소 사무실 내에서 문자사이트를 통해 자동동보통신을 이용하여 '4년 전에 준비했지만 세월호 사건으로 취소된 개소식을 아래와 같이 새로이 가지면서 재미있는 대화 속에 활력 넘치는 40만의 품격도시를 위한 ○○의 절박한 숙제도 짚어보고자 합니다. (증략) 내용 : 1부 토크쇼, 2부 개소식, 일시 : 1월 22일(월) 오후 2시, 장소 : A연구소(○○), A연구소장 (전) ○○의회 ○○ 박○○ 올림'이라는 취

지의 문자메시지를 전송한 것을 비롯하여 그때부터 2018. 2. 14.까지 사이에 A연구소 개소식 개최 소식, 개소식 개최 결과, A연구소 정책포럼 개최 소식, 정책포럼 개최 결과 등에 대한 문자메시지 약 52,104건을 선거구민에게 전송하였다.

이로써 피고인은 제7회 전국동시지방선거의 180일 전인 2017. 12. 15. 이후부터 2018. 6. 13. 선거일까지 사이에 선거에 영향을 미치게 하기 위하여 자동동보통신을 이용하여 □□□□의 후보자가 되고자 하는 자신의 성명을 나타내는 메시지를 배포함과 동시에 피고인이 설립한 단체의 설립 및 활동내용을 선거구민에게 알리기 위하여 자신의 명의를 표시하여 선전하였다(대구지방법원 서부지원 2019. 10. 10. 선고 2018고합 218 판결, 대구고등법원 2019. 12. 19. 선고 2019노524 판결).

4. 처벌

본 조 제1항 본문에 위반하여 유사기관을 설립·설치하거나 기존의 기관·단체·조직 또는 시설을 이용한 자는 3년 이하의 징역 또는 600만원 이하의 벌금에 처한다(법 제255조 제1항 제13호). 또한 본 조 제2항에 위반하여 선거에 영향을 미치는 행위 또는 선전행위를 하거나 하게 한 자는 2년 이하의 징역 또는 400만원 이하의 벌금에 처한다. 벌칙조항은 '선거운동과 관련하여'라는 요건을 추가하였다(법 제256조 제3항 제1호 사목).

어떠한 단체의 활동이 특정 선거에서 특정인의 당선 또는 낙선을 도모하는 목적의사에 따라 행해진 것이라는 점이 선거인의 관점에서 객관적으로 인정되지 않는 경우 유사기관으로 보지 않으나, 특정인의 공직선거 당선을 목적으로 포럼을 설립하여 그의 인지도 제고 및 이미지 향상을 위한 활동을 한 후 이에 소요되는 비용을 마련하고자 불특정 다수의 사람들로부터 포럼의 특별회비 등 명목의 금품을 받는 경우 정치자금법 제45조(정치자금부정수수죄) 제1항에 위반될 수 있다.[20]

---

20) 대법원 2016. 8. 26. 선고 2015도11812 판결, 대법원 2017. 11. 14. 선고 2017도3449 판결

제3절 단체의 후보자등 초청 대담·토론회

제81조(단체의 후보자등 초청 대담·토론회) ① 제87조(단체의 선거운동금지)제1항제1호 내지 제6호의 규정에 해당하지 아니하는 단체는 후보자 또는 대담·토론자(대통령선거 및 시·도지사선거의 경우에 한하며, 정당 또는 후보자가 선거운동을 할 수 있는 자중에서 선거사무소 또는 선거연락소마다 지명한 1인을 말한다. 이하 이 조에서 같다) 1인 또는 수인을 초청하여 소속정당의 정강·정책이나 후보자의 정견 기타 사항을 알아보기 위한 대담·토론회를 이 법이 정하는 바에 따라 옥내에서 개최할 수 있다. 다만, 제10조 제1항제6호의 노동조합과 단체는 그러하지 아니하다.

② 제1항에서 "대담"이라 함은 1인의 후보자 또는 대담자가 소속정당의 정강·정책이나 후보자의 정견 기타사항에 관하여 사회자 또는 질문자의 질문에 대하여 답변하는 것을 말하고, "토론"이라 함은 2인 이상의 후보자 또는 토론자가 사회자의 주관하에 소속정당의 정강·정책이나 후보자의 정견 기타사항에 관한 주제에 대하여 사회자를 통하여 질문·답변하는 것을 말한다.

③ 제1항의 규정에 의하여 대담·토론회를 개최하고자 하는 단체는 중앙선거관리위원회규칙이 정하는 바에 따라 주최단체명·대표자성명·사무소 소재지·회원수·설립근거 등 단체에 관한 사항과 초청할 후보자 또는 대담·토론자의 성명, 대담 또는 토론의 주제, 사회자의 성명, 진행방법, 개최일시와 장소 및 참석예정자수 등을 개최일전 2일까지 관할선거구선거관리위원회 또는 그 개최장소의 소재지를 관할하는 구·시·군선거관리위원회에 서면으로 신고하여야 한다. 이 경우 초청할 후보자 또는 대담·토론자의 참석 승낙서를 첨부하여야 한다.

④ 제1항의 규정에 의한 대담·토론회를 개최하는 때에는 중앙선거관리위원회규칙이 정하는 바에 따라 제1항에 의한 대담·토론회임을 표시하는 표지를 게시 또는 첨부하여야 한다.

⑤ 제1항의 대담·토론은 모든 후보자에게 공평하게 실시하여야 하되, 후보자가 초청을 수락하지 아니한 경우에는 그러하지 아니하며, 대담·토론회를 개최하는 단체는 대담·토론이 공정하게 진행되도록 하여야 한다.

⑥ 정당, 후보자, 대담·토론자, 선거사무장, 선거연락소장, 선거사무원, 회계책임자 또는 제114조(政黨 및 候補者의 家族 등의 寄附行爲制限)제2항의 후보자 또는 그 가족과 관계있는 회사 등은 제1항의 규정에 의한 대담·토론회와 관련하여 대담·토론회를 주최하는 단체 또는 사회자에게 금품·향응 기타의 이익을 제공하거나 제공할 의사의 표시 또는 그 제공의 약속을 할 수 없다.

⑦ 제1항의 대담·토론회를 개최하는 단체는 그 비용을 후보자에게 부담시킬 수 없다.

⑧ 제71조(候補者 등의 放送演說)제12항의 규정은 후보자 등 초청 대담·토론회에 이를 준용한다.

⑨ 대담·토론회의 개최신고서와 표지의 서식 기타 필요한 사항은 중앙선거관리위원회규칙으로 정한다.

1. 개요

본 조는 유권자들이 후보자를 알 수 있는 기회를 확대하기 위하여 단체가 후보자 또는 대담·토론자를 초청하여 후보자의 정견이나 소속 정당의 정강·정책 등을 알아보기 위한 대담·토론회를 개최할 수 있도록 허용하는 있다. 그러나 대담·토론회를 개최할 수 없는 단체가 이에 위반하였을 경우 선거운동에 이르렀는지 여부(법 제87조)를 불문하고 이를 처벌하여 선거의 공정성을 실현하려는 것이다.[21]

2. 대담·토론회의 방법 및 절차

가. 개최 주체

국가·지방자치단체, 「공공기관의 운영에 관한 법률」 제4조 제1항 제3호에 해당하는 기관 중 정부가 100분의 50 이상의 지분을 가지고 있는 기관(한국은행을 포함한다), 「농업협동조합법」·「수산업협동조합법」·「산림조합법」·「엽연초생산협동조합법」에 의하여 설립된 조합, 「지방공기업법」 제2조(適用範圍)에 규정된 지방공사와 지방공단, 향우회·종친회·동창회, 산악회 등 동호인회, 계모임 등 개인간의 사적모임, 바르게살기운동협의회·새마을운동협의회·한국자유총연맹, 법령에 의하여 정치활동이나 공직선거에의 관여가 금지된 단체, 후보자 또는 후보자의 가족이 임원으로 있거나, 후보자등의 재산을 출연하여 설립하거나, 후보자등이 운영경비를 부담하거나 관계법규나 규약에 의하여 의사결정에 실질적으로 영향력을 행사하는 기관·단체 또는 법 제10조 제1항 제6호의 선거운동을 하거나 할 것을 표방한 노동조합과 단체에 해당하지 않으면 대담·토론회를 개최할 수 있다.

구성원의 과반수가 선거운동을 할 수 없는 자로 이루어진 단체의 경우 선거운동을 할 수 없지만, 본 조에 따른 대담·토론회는 개최할 수 있다. 본 조에 따른 단체는 그 실질에 있어 계속적인 조직이나 단체라면 족하고, 법인격을 요구하는 것은 아니다. 공명선거추진활동을 하는 단체가 본 조에 따른 후보자 초청 대담·토론회를 공정하게 개최하는 경우에는 법 제10조 제1항 제6호의 선거운동을 하거나 할 것을 표방한 단체로 보지 않는다.[22]

[허용되는 사례]

① 단체(바른재건축실천전국연합)의 후보자 초청 대담·토론회 개최와 지지의사 표방

---

21) 대검찰청, 공직선거법 벌칙해설 제10개정판, 503면
22) 중앙선거관리위원회 2014. 5. 12. 회답

1. 선거운동기간중에 공선법 제81조의 규정에 의하여 후보자 초청 대담·토론회를 개최하고 이를 종합유선방송국 및 중계유선방송사업자로 하여금 중계방송하게 하거나 언론기관의 취재·보도에 종사하는 자에게 보도자료 제공 등의 방법으로 공개할 수 있을 것이나, 이 경우 대담·토론회에 참석한 모든 후보자에게 공평하게 하여야 할 것임.

2. 선거운동을 할 수 있는 단체가 법 제81조의 규정에 의하여 후보자 초청 대담·토론회를 개최하고 그 결과를 평가하여 정책상 지지나 특정 후보자에 대한 지지의사를 천명하는 것은 무방할 것임(2002. 5. 23. 회답).

② 한국교원단체총연합회의 교육정책토론회 개최

단체의 설립목적의 범위 안에서 선거와 무관하게 정책토론회를 개최하는 것은 무방할 것임. 다만, 단체가 후보자가 되고자 하는 자를 초청하여 정책토론회를 개최하는 경우에는 선거기간 전에는 법 제81조의 규정에 의하여 이를 개최할 수 없으며, 선거기간 중이라도 후보자가 설립하거나 운영하고 있는 단체는 후보자 등 초청 대담·토론회를 개최할 수 없음(2004. 2. 13. 회답).

③ 한국교총의 대선후보자 초청 교육정책토론회 개최

1. 한국교총이 선거운동기간전에 예비후보자를 초청하여 소속정당의 정강·정책이나 예비 후보자의 정견 등을 알아보기 위한 대담·토론회를 개최하는 것은 공선법 제254조에 위반될 것이나, 언론기관과 공동으로 같은 법 제82조에 따라 대담·토론회를 개최하는 것은 무방할 것임.

2. 한국교총이 단순히 교육정책토론회 개최를 고지하기 위하여 지역교육장과 초·중·고등 학교장 등에게 통상의 예에 따라 교육정책토론회 개최사실을 고지하기 위하여 공문을 발송하는 것은 공선법에 위반된다고 할 수 없을 것임(2007. 11. 23. 회답).

④ 대학교 총학생회의 후보자 초청 대담·토론회 개최

대학교 학생회는 「공직선거법」 제81조에 따라 후보자 등 초청 대담·토론회를 개최할 수 있을 것임(2012. 3. 30. 회답).

⑤ 고등학교 학생회의 후보자 초청 대담·토론회 개최

고등학교 학생회가 자체 계획과 경비로 「공직선거법」 제81조에 따라 후보자 등 초청 대담·토론회를 개최할 수 있으나, 고등학교가 해당 대담·토론회의 개최에 소요되는 비용을 지원 하는 등 그 토론회를 후원하는 것은 행위 양태에 따라 같은 법 제9조, 제81조 제1항, 제85조 제1항, 제87조 제1항 또는 제254조 등에 위반될 것임(2020. 3. 31. 회답).

[허용되지 않는 사례]

① 전국시·도지사협의회의 후보자 등 초청 토론회 개최 등

공선법 제81조 및 제87조 제1항에 따라 법령에 의하여 공직선거에의 관여가 금지된 단체는 후보자 등을 초청하여 소속정당의 정강·정책이나 후보자의 정견 기타 사항을 알아보기 위한 대담·토론회를 개최할 수 없는바, 지방자치단체의 장은 같은 법 제9조에 의하여 선거에서의 중립이 요구되는 자로서 공직선거에의 관여가 금지되므로, 이러한 신분을 가진 자로 구성된 전국시·도지사협의회는 같은 법 제81조에 의한 후보자 등 초청·대담 토론회를 개최할 수 없을 것임(2007. 4. 5. 회답).

② 교육감선거의 후보자가 임원으로 있는 단체의 대담·토론회 개최 등

부산광역시교원단체총연합회는 「공직선거법」 제87조 제1항 제8호에 해당하는 단체이므로 같은 법 제81조에 의한 후보자등 초청 대담·토론회를 개최할 수 있을 것임. 다만, 교육감선거의 후보자가 회장으로 재직중인 부산광역시교원단체총연합회는 같은 법 제87조 제1항 제6호에도 해당하는 단체이므로 교육감선거의 후보자 또는 대담·토론자를 초청하여 대담·토론회를 개최할 수 없을 것임(2010. 4. 23. 회답).

③ 공무원직장협의회의 후보자 초청 대담·토론회 개최 등

선거운동을 할 수 없고 정치운동이 금지되는 공무원으로 구성된 공무원직장협의회 또는 그 연합단체(공무원노동조합으로의 출범여부를 불문함)는 그 설치근거법령에 정치활동을 금지하는 규정의 유무에 불구하고 정치활동이 금지된 단체로 보아야 할 것이므로 공선법 제81조의 규정에 의한 후보자 초청 대담·토론회를 개최할 수 없을 것임(2002. 4. 15. 회답).

④ 한국자유총연맹의 입후보예정자 초청 대담·토론회 개최

1. 선거운동기간전에 대통령선거의 입후보예정자를 초청하여 토론회를 개최하는 것은 집회를 개최하여 선거운동을 하거나 하게 하는 행위가 될 것이므로 공선법 제254조 제2항에 위반될 것이며, 선거기간 중에는 같은 법 제103조에도 위반될 것임.

2. 공선법 제81조의 규정에 의하여 후보자 초청 대담·토론회를 개최할 수 없는 단체인 한국자유총연맹이 발행하는 자유공론은 입후보예정자 초청 대담·토론회를 개최할 수 없음(2002. 5. 6. 회답).

⑤ 중소기업중앙회의 후보자초청 대담·토론회 후원

공선법 제87조 제1항 제5호에 해당되는 중소기업중앙회가 언론기관에 후보자(입후보예정자를 포함함)초청 대담·토론회의 개최에 소요되는 비용을 지원하는 등 그 토론회를 후원하는 것은 행위양태에 따라 같은 법 제81조 제1항·제87조 제1항 또는 제254조

에 위반될 것임(2007. 9. 21. 회답).

⇨ 중소기업중앙회는 「중소기업협동조합법」 제8조(정치 관여 행위의 금지) 제1항에 따라 정
치에 관한 모든 행위를 할 수 없음.

⑥ 상공회의소의 입후보예정자 초청 대담·토론회 개최

상공회의소 또는 대한상공회의소가 대통령선거의 후보자가 되고자 하는 자(예비후보자
및 후보자를 포함함)를 초청하여 그의 정견·공약 기타사항을 알아보기 위하여 대담·토론
회를 개최하는 것은 행위 시기에 따라 법 제81조 제1항·제87조 제1항 또는 제254조
에 위반될 것임(2007. 5. 29. 회답).

⇨ 상공회의소와 대한상공회의소는 상공회의소법 제55조의2(정치적 중립) 제1항에 따라
그 사업을 수행할 때에 정치적 중립을 지켜야 함

⑦ 후원회의 후보자 등 초청 대담·토론회 개최

「정치자금에 관한 법률」상의 후원회는 공선법 제81조의 규정에 의한 후보자 등 초청
대담·토론회를 개최할 수 없을 것임(2004. 10. 16. 회답).

⇨ 「정치자금에 관한 법률」은 2005. 8. 4. 「정치자금법」으로 명칭이 변경됨.

나. 개최 시기 및 장소

후보자들이 그 지위에서 자신의 정견 등에 대하여 대담·토론을 하는 것은 선거운동에 해
당하므로 선거운동기간에만 할 수 있다. 다만, 법 제82조에 따라 언론기관과 공동으로 대
담·토론회를 개최하는 경우에는 선거운동기간 전이라도 가능하다. 한편 법 제102조 제1항
에 따라 대담·토론회는 오전 6시부터 오후 11시까지만 개최 가능하다.

대담·토론회는 「옥내」에서 하여야 한다. 옥내란 지붕이 있고 기둥과 벽이 있는 건물의 안
을 의미한다. 대담·토론장소는 공개되어야 하므로 참석을 원하는 일반인이 자유롭게 출입할
수 있어야 한다.

다. 개최 절차

대담·토론회는 선거구단위로 개최하여야 하며, 초청 대상자는 후보자 또는 대담·토론자
이다. 선거구단위로 개최하여야 하므로 두 개 선거구의 모든 후보자를 대상으로 개최할 수
없다. 개최하고자 하는 단체는 법이 정하는 사항을 개최일 전 2일까지 관할선거구선거관리
위원회나 개최장소의 주소지를 관할하는 구·시·군선거관리위원회에 서면으로 신고하여야

한다.

단체는 대담·토론이 공정하게 진행되도록 하여야 하며, 선거구 단위로 모든 후보자등을 초청하여 하거나, 1인 또는 2인 이상의 후보자등을 먼저 초청하여 대담·토론을 한 후 나머지 후보자등을 초청하여 하는 등의 방식으로 할 수 있다.

라. 개최 비용의 부담

대담·토론회의 개최비용은 이를 주최하는 단체가 부담하며, 후보자에게 부담시킬 수 없다.

3. 중앙선거관리위원회 행정해석

① 비디오테이프의 상영

후보자의 프로필 및 정견 등을 담은 비디오테이프는 대담·토론의 취지에 어긋나므로 상영할 수 없음(1995. 4. 6. 회답).

② 중계·녹화방송

후보자등 초청 대담·토론회는 방송사가 뉴스프로그램에서의 보도는 물론 중계·녹화방송이 가능함(1995. 4. 26. 회답).

⇨ 법 제81조 제8항에서 준용하는 법 제71조 제12항에 따라 「방송법」에 따른 종합유선방송사업자(종합편성 또는 보도전문편성의 방송채널사용사업자 포함)·중계유선방송사업자 및 인터넷언론사는 후보자등 초청 대담·토론회를 중계방송할 수 있음. 이 경우 이를 행한 모든 후보자에게 공평하게 하여야 함.

③ 개최단위

선거구단위로 개최하여야 하므로 국회의원선거구인 안산시 갑·을의 후보자 모두를 대상으로 개최할 수 없음(1996. 3. 21. 회답).

④ 단체 등의 입후보예정자 초청 토론회 개최

공선법 제81조 또는 제82조의 규정에 의하여 개최하는 단체 또는 언론기관의 후보자 초청 대담·토론회에는 일반선거구민도 참석할 수 있으며, 같은 법 제81조의 규정에 의한 단체의 후보자 초청 대담·토론회는 옥내에서 개최하여야 함(2003. 12. 30. 회답).

4. 판례

① 후보단일화를 위한 토론회를 개최한 것이 공선법 제254조 제2항 및 제81조에 위반 여부 정당이라 함은 국민의 이익을 위하여 책임 있는 정치적 주장이나 정책을 추진하고 공직선거의 후보자를 추천 또는 지지함으로써 국민의 정치적 의사형성에 참여함을 목적으로 하는 국민의 자발적 조직이므로(정당법 제2조), 그 정당이 추구하는 정치적 주장이나 정책을 실현하기 위하여 자당의 후보자를 추천하는 것은 물론 자당의 후보자를 추천하지 않고 다른 정당의 추천후보자나 무소속후보자를 지지·지원하는 것 또한 정당의 본래의 기능에 속한다고 할 것이고, 정당은 정권을 획득하고 이를 통하여 자당의 정강·정책을 실현하는 집단이므로 정권을 획득하기 위하여 선거에서 정당 간에 연대하거나 합의에 따라 후보자를 단일화하는 것 역시 정당 본래의 설립목적과 기능에서 연유하는 선거전략의 일환이라고 할 것이다. 그리고 공선법 등 관계 법령의 규정에 위반되지 아니하는 이상 정당이 후보자를 단일화하는 방법의 하나로 후보자들이 참여하는 토론회를 개최한 다음 그를 기초로 한 여론조사 결과에 따라 후보자를 단일화하는 것 역시 허용된다고 할 것이다(대법원 2004. 5. 31. 선고 2003수26 판결).

5. 처벌

본 조 제1항 또는 제7항을 위반하여 후보자등 초청 대담·토론회를 개최한 자는 3년 이하의 징역 또는 600만원 이하의 벌금에(법 제255조 제1항), 제3항 또는 제4항에 위반하여 대담·토론회의 개최신고를 하지 아니하거나 표지를 게시 또는 첩부하지 아니한 자는 1년 이하의 징역 또는 200만원 이하의 벌금에(법 제256조 제5항 제9호), 본 조 제8항이 준용하는 법 제71조 제12항(중계방송 주체 및 공평의무)에 위반한 자는 2년 이하의 징역 또는 400만원 이하의 벌금에 처하고(법 제252조 제4항), 정당한 사유없이 무기·흉기·폭발물 그 밖에 사람을 살상할 수 있는 물건을 지니고 대담·토론회장에 들어간 자는 3년 이하의 징역 또는 600만원 이하의 벌금에(법 제245조 제2항), 대담·토론회를 할 수 있는 시간(오전 6시부터 오후 11시까지)을 위반하여 개최하거나 대담·토론회장에서 폭행·협박 기타 어떠한 방법으로도 연설·대담 등의 질서를 문란하게 한 자는 2년 이하의 징역 또는 400만원 이하의 벌금에 처하며(법 제256조 제3항 제1호), 대담·토론회 개최 신고 의무를 해태한 자는 200만원 이하의 과태료를 부과한다(법 제261조 제7항 제1호). 본 조에서 규정하고 있는 주체·기간 등을 위반한 경우 행위시기·양태에 따라 법 제101조, 제103조, 제254조에 위반될 수 있다.

　　본 조 제6항을 위반한 자는 5년 이하의 징역 또는 1천만원 이하의 벌금에(법 제257조 제1항 제2호), 본 조 제6항에서 규정하고 있는 정당, 후보자, 대담·토론자, 선거사무장, 선거연락소장, 선거사무원, 회계책임자 또는 법 제114조 제2항의 후보자 또는 그 가족과 관계있는 회사 등에게 기부를 지시·권유·알선·요구하거나 그로부터 기부를 받은 자는 3년 이하의 징역 또는 500만원 이하의 벌금에 처하고(법 제257조 제2항), 당선되거나 되게 하거나 되지 못하게 할 목적으로 본 조 제1항의 대담·토론자에게 금전·물품·차마·향응 그 밖에 재산상의 이익이나 공사의 직을 제공하거나 그 제공의 의사를 표시하거나 그 제공을 약속한 자는 5년 이하의 징역 또는 3천만원 이하의 벌금에 처한다(법 제230조 제1항).

제4절 정책·공약에 관한 비교평가결과의 공표제한 등

제108조의3(정책·공약에 관한 비교평가결과의 공표제한 등) ① 언론기관(제82조의 언론기관을 말한다) 및 제87조제1항 각 호의 어느 하나에 해당하지 아니하는 단체(이하 이 조에서 "언론기관등"이라 한다)는 정당·후보자(후보자가 되려는 자를 포함한다. 이하 이 조에서 "후보자등"이라 한다)의 정책이나 공약에 관하여 비교평가하고 그 결과를 공표할 수 있다.

② 언론기관등이 후보자등의 정책이나 공약에 관한 비교평가를 하거나 그 결과를 공표하는 때에는 다음 각 호의 어느 하나에 해당하는 행위를 하여서는 아니 된다.

　1. 특정 후보자등에게 유리 또는 불리하게 평가단을 구성·운영하는 행위

　2. 후보자등별로 점수부여 또는 순위나 등급을 정하는 등의 방법으로 서열화하는 행위

③ 언론기관등이 후보자등의 정책이나 공약에 관한 비교평가의 결과를 공표하는 때에는 평가주체, 평가단 구성·운영, 평가지표·기준·방법 등 평가의 신뢰성·객관성을 입증할 수 있는 내용을 공표하여야 하며, 비교평가와 관련있는 자료 일체를 해당 선거의 선거일 후 6개월까지 보관하여야 한다. 이 경우 선거운동을 하거나 할 것을 표방한 단체는 지지하는 후보자등을 함께 공표하여야 한다.

1. 개요

본 조는 언론기관과 선거운동을 할 수 있는 단체의 정책이나 공약에 대한 비교평가와 결과공표를 허용하되, 그러한 평가를 함에 있어 선거운동에 이를 수 있거나 공정성을 해칠 수 있는 행위를 금지하고, 신뢰성과 객관성을 확보하기 위한 준수사항을 정하고 있다. 종전부터 언론기관이나 단체가 행하여오던 후보자등의 공약평가 활동 등에 대하여 중앙선거관리위원회의 질의회답 등을 통하여 운용하여 오던 것을 공정성을 확보하기 위하여 입법화한 것으로 2008. 2. 29. 법 개정 시 신설되었다.[23)]

2. 후보자등의 정책·공약에 대한 비교평가 및 결과공표(제1항)

가. 주체

법 제82조에 따른 언론기관과 법 제87조 제1항 각 호의 어느 하나에 해당하지 아니하는 단체이다. 즉 후보자초청 대담·토론회를 개최할 수 있는 언론기관과 선거운동을 할 수 있는 단체를 말한다. 단체의 활동이 후보자등의 정책이나 공약에 관한 비교평가가 아닌 경우에는 본 조가 적용되지 않는다. 한편 선거운동을 할 수 있는 개인은 다른 제한·금지규정에 위반되지 않는 범위 안에서 선거운동기간 중에 제2항 또는 제3항이 적용됨이 없이 후보자등의 정책이나 공약을 자유롭게 평가하고 공표할 수 있다.

나. 적용범위

정당이나 후보자(후보자가 되고자 하는 자를 포함한다)의 정책이나 공약을 비교평가하고 그 결과를 공표하는 것이다. 단순히 특정 정책을 공약으로 채택하여 줄 것을 정당 등에 요청하고 그 회신 받은 내용(채택사실 포함) 또는 설립목적과 관련 있는 사안에 대하여 정당 등에 질의를 하고 회신 받은 내용을 바탕으로 한 객관적 사실을 통상적으로 행하여오던 고지·안내방법에 따라 소속 회원에게 알리거나 보도자료 제공·기자회견을 통해 언론에 알리거나 해당 단체의 인터넷홈페이지에 게시하는 것은 가능하다.

---

23) 중앙선거관리위원회, 공직선거법해설서 I (2020년). 611면

1) 정당이나 후보자의 정책이나 공약

여기서 말하는 정책이나 공약은 입법취지 등을 고려할 때 향후 실시될 예정인 선거에서의 정책이나 공약을 말한다. 따라서 당선된 국회의원이나 지방자치단체장이 지난 선거에서 약속한 공약을 제대로 이행하고 있는지 여부를 평가하는 것은 해당되지 않는다.

2) 비교평가하는 행위

비교평가이므로 일반적으로 2이상의 정당이나 후보자를 대상으로 하는 것을 의미한다. 반드시 모든 후보자를 대상으로 하여야 하는 것은 아니며, 지지율이나 소속 정당 등에 따라 대상자를 선별하여 하는 것도 가능하다. 하지만 대통령선거의 경우 후보자가 1명이라도 투표를 실시하게 된다는 점을 고려할 때 1명의 정당이나 후보자를 대상으로 정책이나 공약을 평가하는 것을 금지하는 것은 아니다.

3) 비교평가 결과를 공표하는 행위

공표는 그 수단이나 방법의 여하를 불문하고 불특정 또는 다수인에게 알리는 것을 의미한다. 그러나 이 법의 다른 제한·금지규정에 위반되지 않는 방법으로 공표하여야 한다.[24]

따라서 단체가 공약에 관한 비교평가결과를 기관지·내부문서 등 통상적으로 행하여 오던 고지·안내방법에 따라 소속회원에게 알리거나, 해당 단체의 인터넷 홈페이지에 게시하거나, 보도자료 제공·기자회견의 방법으로 공표하거나, 법에 따라 선거운동이 가능한 유튜브 등 SNS으로 전송하거나 말이나 송·수화자 간 직접 통화하는 방식으로 알리는 것은 가능하나, 인쇄물을 작성하여 이를 일반선거구민에게 배부하거나 시설물 등을 설치·게시하는 방법 등으로 선거운동에 이르거나 선거에 영향을 미치게 하기 위한 행위를 할 경우에는 행위시기에 따라 법 제93조 또는 법 제254조에 위반된다.

3. 후보자등의 정책·공약에 대한 비교평가 및 결과공표 시 금지사항(제2항)

가. 금지주체

제1항에 규정된 정당이나 후보자의 정책이나 공약을 비교평가 할 수 있는 언론기관과 단

---

24) 제17대 국회 정치관계법특별위원회(공직선거법 제2소위원회) 회의록 제5호(2007. 8. 28.) 제17면에 의하면 '공표'는 공직선거법에 정해진 방법으로만 할 수가 있다는 취지이다.

체이다.

나. 금지되는 행위

　　후보자등의 정책이나 공약에 관한 비교평가를 하거나 그 결과를 공표하는 때에 특정 정당이나 후보자에게 유리 또는 불리하게 평가단을 구성·운영하는 행위나, 정당이나 후보자별로 점수부여 또는 순위나 등급을 정하는 등의 방법으로 서열화하는 행위이다.

　　단체가 내부인사만으로 평가단을 구성하더라도 특정 정당·후보자에게 유리 또는 불리하게 구성·운영하는 것이 아니라면 가능하다. '정당이나 후보자별로 서열화하는 행위'는 평가 결과를 수치화·등급화 하여 유권자로 하여금 선입관을 가지게 하는 방법으로 표현하는 것을 말한다. 가령, 수우미양가, ABCDE, 매우좋음·좋음·보통·미흡·나쁨·매우나쁨, '매우 구체적이고 현실적'·'다소 구체적이고 현실적'·'다소 모호하고 추상적'·'매우 모호하고 추상적' 또는 석차(1, 2, 3등급)·백분율, 그래프 등으로 나타내는 것을 말한다.

　　정책·공약의 장·단점을 서술의 방법 등으로 나타내고 유권자가 이를 토대로 스스로의 평가를 거쳐 그 우열을 판단할 수 있도록 하거나, 각 주제에 대한 후보자등의 정책·공약의 내용 및 특징을 일목요연하게 정리하여 비교분석하는 등의 방법으로 공표하는 것은 가능하다.[25] 앞서 설명한 바와 같이 공표하는 경우뿐만 아니라 비교 평가하는 경우에도 적용되므로 서열화하는 방법으로 비교평가만을 하고 그 결과를 공표하지 않더라도 위반된다.

4. 후보자등의 정책·공약에 대한 평가공표시 준수사항(제3항)

가. 준수주체 및 시기

　　제1항에 규정된 정당이나 후보자의 정책이나 공약을 비교평가 할 수 있는 언론기관과 단체가 평가결과를 공표하는 때를 말한다.

나. 준수사항

　　평가주체, 평가단 구성·운영, 평가지표·기준·방법 등 평가의 신뢰성·객관성을 입증할 수 있는 내용을 공표하여야 하며, 비교평가와 관련 있는 자료 일체를 해당 선거의 선거일 후 6

---

25)　중앙선거관리위원회 2017. 4. 3. 회답(A후보/ B후보 각각 팩트인용 0회, 대부분 사실 0회, 대부분 거짓 0회)

개월까지 보관하여야 한다. 또한 선거운동을 하거나 할 것을 표방한 단체가 평가결과를 공표하는 때에는 지지하는 후보자등을 함께 공표하여야 한다.

5. 중앙선거관리위원회 행정해석

① 대한의사협회의 후보자공약에 관한 비교평가결과공표

1. 대한의사협회가 제18대 국회의원선거 유력 후보자의 공약에 관한 비교평가결과를 기관지·내부문서 등 통상적으로 행하여 오던 고지·안내방법에 따라 소속 회원에게 알리거나, 해당 단체의 인터넷 홈페이지에 게시하거나, 보도자료 제공·기자회견의 방법으로 공표 하거나, 선거운동기간 중에 공선법 제82조의5에 따른 선거운동정보의 전송제한 사항을 준수하여 전자우편이나 전화(컴퓨터를 이용한 자동송신장치를 설치한 전화를 제외함)를 이용하여 선거구민에게 전송하는 것은 무방할 것임. 이 경우 같은 법 제108조의2 제3항에 따라 그 평가의 신뢰성·객관성을 입증할 수 있는 내용을 함께 공표하여야 할 것임.

   ⇨ 2017. 2. 8. 공선법 개정으로 제108조의2는 제108조의3으로 이동함.

   ⇨ 공직선거법 제59조에 따라 문자메시지(자동동보통신의 방법 제외), 전자우편(전송대행업체 위탁 전송 제외), 선거일이 아닌 때에 전화(송·수화자간 직접 통화하는 방식에 한정되며, 컴퓨터를 이용한 자동 송신장치를 설치한 전화는 제외)를 이용하여 선거운동 가능함.

2. 대한의사협회가 평가단을 내부인사로만 구성하는 것은 특정 정당·후보자에게 유리 또는 불리하게 평가단을 구성·운영하는 것이 아니라면 무방할 것임.

3. 선거운동을 하거나 할 것을 표방한 대한의사협회가 특정 국회의원지역구 후보자의 공약을 비교평가하여 공표하는 때에 공선법 제108조의2 제3항에 따라 그 선거구의 후보자 중에서 지지하는 후보자를 함께 공표하는 경우, 비교평가의 대상이 되는 선거공약 별로 동 협회가 지지하는 후보자를 공표(정당은 공표하지 않음)하는 것은 무방할 것임(2008. 3. 25. 회답).

② 언론사의 대통령선거 후보자 정책 비교평가 등

> 문 1. 각 대선후보의 정책 및 정책 분야별로 예산이나 재원조달 방안, 로드맵, 문제의식의 적합성 등을 분석해 '매우 구체적이고 현실적', '다소 구체적이고 현실적', '다소 모호하고 추상적', '매우 모호하고 추상적' 등으로 비교 평가해 보도하는 것이 공직선거법에 저촉되는지?

2. 각 대선후보가 토론회에서 한 발언들을 대상으로 근거와 예시의 사실 여부, 주장과의 맥락성 등을 분석해 대부분 진실, 진실에 가까움, 절반의 진실, 거짓에 가까움, 대부분 거짓 등으로 분류해 보도하는 것이 공직선거법에 저촉되는지?

3. 예산, 재원조달방안, 로드맵 등 각 후보들의 정책 및 정책분야별로 검증 요소들에 대한 비교 평가를 시각적으로 구성해 표현하는 것이 공직선거법에 저촉되는지?

   (예시) ○○○ 후보

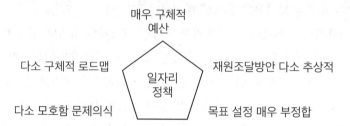

4. 각 대선후보 별로 팩트 인용 횟수, 진실 / 거짓 횟수 등을 집계해 수치로 보여주거나 막대그래프 등 시각적으로 표현하는 것이 공직선거법에 저촉되는지?

   (예시)

   ○○○ 후보　　　　　　　　　　　　　○○○ 후보

   팩트 인용 ○○회　-------------　팩트 인용 ○회

   대부분 사실 ○○회　-------------　대부분 사실 ○회

   대부분 거짓 ○○회　-------------　대부분 거짓 ○회

5. 각 대선후보의 정책 및 정책분야별로 A, B, C 등급 또는 1, 2, 3 등급으로 분류해 보도하는 것이 공직선거법에 저촉되는지?

   (예시)

   ○○○ 후보　　　　　　　　　○○○ 후보

   복지정책　　A ------------　B

   안보정책　　C ------------　A

답　1. 문 1·5에 대하여

   귀문의 경우 후보자의 정책에 관한 비교평가 및 그 결과를 공표하는 때에 후보자별로 서열화하는 행위에 해당할 것이므로 「공직선거법」 제108조의3 제2항에 위반될 것임.

2. 문 3에 대하여

   귀문의 경우 후보자의 정책을 비교평가하여 서열화하는 행위에 해당하지 아니하므로 「공직선거법」 제108조의3 제2항에 위반되지 아니할 것임.

3. 문 2·4에 대하여

　귀문의 경우 공정보도의무와 허위사실 보도 및 왜곡 보도·논평을 금지하는「공직선거법」제8조·제96조 등 언론보도의 공정성·객관성 관련 규정을 준수하는 경우에는 같은 법에 위반되지 아니할 것임(2017. 4. 3. 회답).

6. 처벌

　본 조를 위반하여 선거운동과 관련하여 특정 후보자등에게 유·불리하게 평가단을 구성·운영하거나 정당·후보자별로 서열화하여 정책 등을 비교평가하거나 그 결과를 공표한 자, 평가주체 등을 포함하지 않고 정책 등에 대한 평가결과를 공표한 자, 공표한 평가 관련 자료를 보관하지 아니한 자는 2년 이하의 징역 또는 400만원 이하의 벌금에 처한다(법 제256조 제3항 제1호 거목).

제5절 사회단체 등의 공명선거추진활동

제10조(사회단체 등의 공명선거추진활동) ① 사회단체 등은 선거부정을 감시하는 등 공명선거추진활동을 할 수 있다. 다만, 다음 각 호의 어느 하나에 해당하는 단체는 그 명의 또는 그 대표의 명의로 공명선거추진활동을 할 수 없다.

　1. 특별법에 의하여 설립된 국민운동단체로서 국가 또는 지방자치단체의 출연 또는 보조를 받는 단체(바르게살기운동협의회·새마을운동협의회·한국자유총연맹을 말한다)

　2. 법령에 의하여 정치활동이나 공직선거에의 관여가 금지된 단체

　3. 후보자(후보자가 되고자 하는 자를 포함한다. 이하 이 조에서 같다), 후보자의 배우자와 후보자 또는 그 배우자의 직계존·비속과 형제자매나 후보자의 직계비속 및 형제자매의 배우자(이하 "후보자의 가족"이라 한다)가 설립하거나 운영하고 있는 단체

　4. 특정 정당(창당준비위원회를 포함한다. 이하 이 조에서 같다) 또는 후보자를 지원하기 위하여 설립된 단체

　5. 삭제 〈2005. 8. 4.〉

> 6. 선거운동을 하거나 할 것을 표방한 노동조합 또는 단체
>
> ② 사회단체 등이 공명선거추진활동을 함에 있어서는 항상 공정한 자세를 견지하여야 하며, 특정 정당이나 후보자의 선거운동에 이르지 아니하도록 유의하여야 한다.
>
> ③ 각급선거관리위원회(읍·면·동선거관리위원회를 제외한다)는 사회단체 등이 불공정한 활동을 하는 때에는 경고·중지 또는 시정명령을 하여야 하며, 그 행위가 선거운동에 이르거나 선거관리위원회의 중지 또는 시정명령을 이행하지 아니하는 때에는 고발 등 필요한 조치를 하여야 한다.

1. 개요

본 조는 사회단체 등의 공명선거추진활동을 규정하고 있다. 다만 정치활동이 금지되거나 선거에서 공정성을 담보하기 어려운 단체에 대하여는 공명선거추진활동을 금지한다.

2. 공명선거추진활동의 내용

「공명선거추진활동」이란 선거부정 감시는 물론 투표참여 캠페인 등 공명선거 계도 또는 홍보활동을 말한다.

「사회단체 등」이라 함은 법인격의 취득여부에 관계없이 2인 이상이 단체를 결성하여 활동하는 경우를 말한다. 2012. 2. 29. 법 제58조 제1항 제5호에 투표참여를 권유하는 행위는 선거운동으로 보지 아니한다는 규정이 신설된 후, 2014. 5. 14. 법 제58조 제1항 제5호가 삭제되고 동 내용이 법 제58조의2에 규정되면서 누구든지 투표참여 권유행위를 할 수 있는 것으로 개정되어 공명선거추진활동을 할 수 없는 단체도 투표참여 권유행위를 할 수 있게 되었다.

공명선거추진활동을 할 수 있는 단체가 특정 정당이나 후보자와 관련 없이 순수하게 투표참여를 권유하는 내용의 문자메시지나, 전화등을 이용하여 불특정 다수의 일반선거구민에게 보내는 것은 가능하다.

3. 공명선거추진활동을 할 수 없는 단체

가. 제1항 제1호에 해당하는 단체

바르게살기운동협의회·새마을운동협의회·한국자유총연맹을 말하며 그 산하단체까지 포함한다.

나. 제1항 제2호(법령에 의하여 정치활동이나 공직선거에의 관여가 금지된 단체)에 해당하는 단체

대한지방행정공제회(대한지방행정공제회법 제4조), 군인공제회(군인공제회법 제5조), 경찰공제회법(경찰공제회법 제4조), 대한소방공제회(대한소방공제회법 제4조), 농업·수산업·임업·엽연초생산협동조합 및 중앙회(농업협동조합법 제7조, 수산업협동조합법 제7조, 산림조합법 제7조, 엽연초생산협동조합법 제5조), 중소기업협동조합 및 사업조합·연합회 또는 중앙회(중소기업협동조합법 제8조), 상호저축은행중앙회(상호저축은행법 제28조), 새마을금고 및 중앙회(새마을금고법 제5조), 신용협동조합 및 중앙회(신용협동조합법 제93조), 소비자생활협동조합(소비자생활협동조합법 제7조), 민방위대 조직체(민방위기본법 제31조), 예비군 조직체(예비군법 제12조), 대한민국재향군인회(대한민국재향군인회법 제3조), 대한민국재향경우회(대한민국재향경우회법 제5조), 지방문화원(지방문화원진흥법 제11조), 국가유공자등단체(국가유공자 등 단체 설립에 관한 법률 제14조 – 대한민국상이군경회·대한민국전몰군경유족회·대한민국전몰군경미망인회·광복회·4.19민주혁명회·4.19혁명희생자유족회·4.19혁명공로자회·재일학도의용군동지회 및 대한민국무공수훈자회), 상공회의소 및 대한상공회의소(상공회의소법 제55조의2), 공무원의 노동조합(공무원의 노동조합 설립 및 운영 등에 관한 법률 제4조), 교원의 노동조합(교원의 노동조합 설립 및 운영 등에 관한 법률 제3조), 한국교육삼락회(퇴직교원 평생교육활동 지원법 제5조), 협동조합·협동조합연합회·사회적협동조합·사회적협동조합연합회(협동조합 기본법 제9조), 5·18민주화운동부상자회, 5·18민주유공자유족회, 5·18민주화운동공로자회(5·18민주유공자예우 및 단체설립에 관한 법률 제63조), 고엽제전우회(고엽제후유의증 등 환자지원 및 단체설립에 관한 법률 제11조의2), 과학기술인공제회(과학기술인공제회법 제14조의2), 교정공제회(교정공제회법 제24조), 대한민국재향교정동우회(대한민국재향교정동우회법 제6조), 대한민국재향소방동우회(대한민국재향소방동우회법 제6조), 정부출연연구기관등(정부출연연구기관 등의 설립·운영 및 육성에 관한 법률 제31조의2), 지방행정동우회(지방행정동우회법 제5조), 6·25참전유공자회(참전유공자 예우 및 단체설립에 관한 법률 제29조), 특수임무유공자회(특수임무유공자 예우 및 단체설립에 관한 법률 제56조), 한국지방재정공제회(한국지방재정공제회법 제4조)

선거운동을 할 수 없고 정치운동이 금지되는 공무원으로 구성된 '공무원노동조합'은 「공무원의 노동조합 설립 및 운영 등에 관한 법률」의 규정에 따라 공무원노동조합으로 설립신고가 되었는지 여부를 불문하고 정치활동을 할 수 없는 단체로 보아야 할 것이므로 시민단체와 공동으로 또는 개별적으로 공명선거추진활동을 할 수 없다.[26]

다. 제1항 제3호에 해당하는 단체

후보자(후보자가 되고자 하는 자 포함) 및 후보자의 가족이 설립하거나 운영하고 있는 단체를 말한다. 여기서 후보자의 「가족」의 범위는 본 조에서 별도로 규정하고 있으며 민법상의 가족의 개념과는 다르다. 「운영하고 있는」이라 함은 관계법규나 규약 등에 의하여 해당 단체의 의사를 결정하거나 이를 집행하는 행위를 말한다. 이사회가 사업계획을 의결하고 예산과 결산을 처리하는 등 단체를 운영하는 기관으로 볼 수 있는 경우 이사회의 구성원인 이사는 단체를 운영하는 자에 해당한다.[27]

라. 제1항 제4호에 해당하는 단체

정치자금법에 의한 후원회와 정당법에 의한 정책연구소 등을 말한다. 정당은 그 명의로 공명선거추진활동이 가능하다. 정당은 선거운동의 주체이므로, 공명선거추진활동이 선거운동에 이른다 하더라도, 법에서 제한·금지되는 행위가 아닌 한 가능한바, 정당이 법정 선거운동이나 정당활동의 일환으로 연설회 또는 정강·정책의 신문광고 등을 통하여 공명선거추진활동을 하는 것은 무방하다. 선거운동 또는 정당활동의 테두리 안에서 공명선거추진활동을 하는 것은 그 활동내용이 선거운동이나 정당활동의 내용을 일탈하는 것으로 볼 수 없기 때문이다.

마. 제1항 제6호에 해당하는 단체

'선거운동을 하거나 할 것을 표방한 노동조합 또는 단체'는 공명선거추진활동을 할 수 없다. 어떠한 단체가 선거운동을 하거나 할 것을 표방하였는지 여부는 그 단체의 설립목적 및 활동내역 등을 종합하여 개별적으로 판단하여야 하며, 법 제81조에 따라 단체가 대담·토론회를 개최한 사실만으로는 「선거운동을 하거나 할 것을 표방한」 것으로 볼 수 없다.[28]

---

26) 중앙선거관리위원회 2006. 4. 13. 회답
27) 중앙선거관리위원회 1995. 5. 26. 회답
28) 중앙선거관리위원회 2014. 5. 12. 회답

4. 사회단체 등이 공명선거추진활동시 유의 사항

사회단체 등이 공명선거추진활동을 함에 있어서는 항상 공정한 자세를 견지하여야 하며, 특정 정당이나 후보자의 선거운동에 이르지 아니하도록 유의하여야 한다.

각급선거관리위원회(읍·면·동선거관리위원회를 제외한다)는 사회단체 등이 불공정한 활동을 하는 때에는 경고·중지 또는 시정명령을 하여야 하며, 그 행위가 선거운동에 이르거나 선거관리위원회의 중지 또는 시정명령을 이행하지 아니하는 때에는 고발 등 필요한 조치를 하여야 한다.

제도개선

① 정책·공약 비교평가 시 서열화 허용(제108조 제1항)

현행법은 언론기관과 선거운동을 할 수 있는 단체는 후보자·정당의 정책이나 공약에 관하여 비교평가하고 그 결과를 공표할 수 있으나, 후보자·정당별로 점수부여 또는 순위나 등급을 정하는 등의 방법으로 서열화하는 행위는 금지된다. 정책·공약 서열화 평가를 허용하여 유권자 알권리를 보장하되, 검증자료 보관 및 이해당사자의 이의제기 보장 의무 등 부여로 공정성을 담보하는 제도적 개선이 합리적이다. 이에 법 제108조 제3항에 따라 여론조사 신고의무가 면제된 언론기관은 후보자·정당별로 점수부여 또는 순위·등급을 정하는 등 서열화하는 방법으로 정책이나 공약에 관한 비교평가 및 그 결과를 공표할 수 있도록 하고, 법 제87조제1항에 따라 선거운동이 금지되는 단체가 아닌 단체는 언론기관과 공동으로 하는 경우에 한하여 허용하되, 선거운동을 하거나 할 것을 표방한 노동조합 또는 단체는 언론기관과 공동으로 하는 경우에도 서열화 행위를 할 수 없도록 하며, 언론기관은 정책·공약 비교평가 결과 검증을 위하여 관련 검증자료 일체를 해당 기관 인터넷홈페이지에 등록·보관·공개하고, 이해당사자의 이의제기를 보장하도록 할 필요가 있다.

② 사회단체 등의 공명선거추진활동 전면 허용(제10조)

현행법은 사회단체 등은 기본적으로 공명선거추진활동이 가능하되, 법에서 정한 단체는 그 명의 또는 그 대표의 명의로 공명선거추진활동을 하는 것이 금지된다. 법 제10조제 2항 및 제3항에서 공명선거추진활동을 빙자하여 선거의 공정에 해악을 미치려는 행위에 대해 규제하고 있고, 정당·후보자도 선거부정감시, 투표참여권유 등의 행위를 할 수 있다는 점을 고려하면 사회단체라고 해서 공명선거추진활동을 금지할 이유가 없으므로 이를 허용할 필요가 있다.[29]

---

29) 중앙선거관리위원회. 공직선거법 개정의견(2023.1)

제20장

언론과 관련된 규율

제1절 언론기관의 공정보도 의무

> **제8조(언론기관의 공정보도의무)** 방송·신문·통신·잡지 기타의 간행물을 경영·관리하거나 편집·취재·집필·보도하는 자와 제8조의5(인터넷선거보도심의위원회)제1항의 규정에 따른 인터넷언론사가 정당의 정강·정책이나 후보자(후보자가 되고자 하는 자를 포함한다. 이하 이 조에서 같다)의 정견 기타사항에 관하여 보도·논평을 하는 경우와 정당의 대표자나 후보자 또는 그의 대리인을 참여하게 하여 대담을 하거나 토론을 행하고 이를 방송·보도하는 경우에는 공정하게 하여야 한다.

1. 개요

가. 공직선거와 선거보도

현대민주국가에 있어서 선거는 국가권력에 대하여 민주적 정당성을 부여하고 국민을 정치적으로 통합하는 중요한 방식이다. 그런데 선거의 결과는 여론의 실체인 국민의 의사가 표명된 것이기 때문에 민주국가에서 여론의 중요성은 특별한 의미를 가진다. 오늘날 언론기관은 국민이 정치적 의사를 형성하는 데 필요한 정보를 제공하고, 공적인 담론을 제시함으로써 여론의 형성에 결정적인 영향을 미친다. 국민은 선거보도를 통해 중요한 선거쟁점이나 후보자의 정책, 정치이념 등을 파악하여 선거권을 행사하게 된다. 따라서 선거보도의 자유는 민주주의를 유지·발전시키기 위한 토대가 되므로 최대한 보장되어야 한다.[1] 그러나 위와

---

1)   헌법재판소 1995. 7. 21. 92헌마177 결정 등

같이 언론기관이 정치적·사회적으로 미치는 영향력이 강력하기 때문에 언론기관이 공정성
과 객관성을 유지하지 않을 경우 자칫 정치적·사회적 여론을 왜곡시킬 수 있다. 따라서 공정
한 선거보도가 이루어지도록 하여 선거에 관한 공정하고 자유로운 여론이 형성될 수 있도록
규율할 필요가 있다.[2]

나. 입법취지

언론이 공직선거에 미치는 영향력, 언론기관에 종사하는 언론인이 가져야 할 고도의 공익
성과 사회적 책임성에 근거한 것으로, 언론인의 선거 개입 내지 편향된 영향력 행사를 금지
하여 궁극적으로 선거의 공정성·형평성을 확보하기 위하여 언론기관 종사자들의 공정보도
의무를 선언적으로 규정하고 있다.

다. 보도의 공정성 의미

'보도의 공정성'이란 본질적으로 동등한 것을 동등하게 취급하려는 보도로서의 '균형 있
는 보도'와 동일 시간이나 동량 지면을 할당하여 사물에 대한 쌍방의 견해를 편향되지 않게
취급하려는 보도 경향으로서의 '형평적인 보도'를 의미한다.[3] '보도'란 객관적인 사실의 전달
을 말하고 '논평'이란 정당·후보자 등의 정강·정책·정견·언동 등을 대상으로 이를 논의·비
판하는 것을 말한다.[4]

2. 언론기관의 공정성 확보를 위한 다양한 제제 조항

언론기관의 공정보도의무는 법 제53조 제1항 제8호는 중앙선거관리위원회규칙으로 정
하는 언론인이 후보자로 등록하려면 선거일 전 90일까지 사직하도록 규정하고 있고, 법 제
82조의 언론기관의 후보자등 초청 대담·토론회, 법 제96조의 허위논평·보도 등 금지, 법 제
97조의 방송·신문의 불법이용을 위한 행위 등의 제한, 법 제98조 선거운동을 위한 방송이
용의 제한 등 각 규정에서 구체화되고 있다.

언론인이 선거운동의 목적 등으로 편파적으로 보도·논평을 하면 법 제8조 언론기관의 공

---

2)　헌법재판소 2015. 7. 30. 2013헌가8 결정
3)　서울남부지방법원 1994. 11. 11. 선고 93가합21447 판결
4)　대법원 2002. 4. 9. 선고 2000도4469 판결

정보도의무 위반으로서 선거방송심의위원회 등의 심의를 받는다. 이에 따라 법은 선거방송심의위원회(제8조의2), 선거기사심의위원회(제8조의3), 인터넷선거보도심의위원회(제8조의5)를 설치하도록 하고, 선거보도에 대한 반론보도청구(제8조의4), 인터넷언론사의 정정보도 등에 대한 특칙(제8조의6)을 규정하고 있다. 언론기관은 주로 위 조항들에 근거하여 논평이나 사설 등을 통해 특정 정당이나 후보자에 대한 지지·반대의사를 표방할 수 없다고 해석된다. 당선이나 낙선을 목적으로 신문이나 잡지의 편집 기타 경영상의 지위를 가지고 있는 자가 그 지위를 이용하여 선거에 관한 보도 및 논평 등을 게재하거나 게재하게 하는 행위가 있을 때, 그와 같은 행위는 법 제85조 제3항 및 제255조 제1항 제9호 등이 적용될 수 있다. 특정 후보자를 당선되게 하거나 되지 못하게 할 목적으로 선거에 관하여 허위 사실을 보도하거나 사실을 왜곡하여 보도 또는 논평을 하는 경우, 여론조사결과 등과 같은 객관적 자료를 제시하지 아니하고 선거결과를 예측하는 보도를 하는 경우에는 법 제96조 제2항 제1호 내지 제2호 위반으로서 제재를 받게 된다(법 제252조 제1항).

그 밖에 언론기관 종사자는 실제로 특정 후보자에 대하여 유리하거나 불리한 조치를 취하였는지에 관계없이 선거운동 목적 등으로 제공되는 금품·향응 기타의 이익을 받거나 권유·요구 또는 약속할 수 없고(법 제97조 제3항, 제235조 제1항), 법의 규정에 의하지 아니하고는 방송시설을 이용하여 선거운동을 위한 방송을 하거나 하게 할 수 없으며(법 제98조, 제252조 제3항), 허위사실을 공표하거나 사실을 적시하여 후보자를 비방할 수 없도록 하고 있다(법 제250조, 제251조).

또한, 언론인의 언론매체를 통한 선거운동은 사안에 따라 탈법방법에 의한 문서 배부(법 제93조 제1항, 제255조 제2항 5호), 방송·신문 등에 의한 광고(법 제94조, 제252조 제3항), 신문·잡지 등의 통상방법 외의 배부(법 제95조 제1항, 제252조 제3항) 등에도 해당하여 처벌될 수 있다.[5]

3. 언론기관의 공정성 확보를 위한 타 법조항

선거방송 심의에 관한 특별규정(방송통신심의위원회규칙)과 방송광고심의에 관한 규정(방송통신심의위원회규칙) 등이 있다.

---

5)   헌법재판소 2016. 6. 30. 2013헌가1 결정

4. 중앙선거관리위원회 행정해석

① 언론기관의 특정 후보자 지지선언

언론기관이 특정 후보자 지지선언 등 성명서를 발표하거나 이를 보도자료로 제공하는 행위 등은 언론기관의 공정성이 전제된 「공직선거법」 규정취지와 언론기관의 공적 임무 및 선거에 미치는 영향력을 고려할 때 제한될 것임(2022. 2. 13. 회답).

② 후보자등록기간 전 대통령선거 후보단일화를 위한 TV 토론회 중계방송

언론기관이 선거와 관련된 국민적 관심사안에 대하여 취재·보도하는 것은 그의 고유의 기능이며 누구를 대상으로 어떠한 형식으로 취재·보도하느냐는 언론의 자유와 국민의 알권리를 보장하는 차원에서 당해 언론기관의 자율에 속하는 사안이라 할 것이며, 언론기관의 취재·보도라 할지라도 선거운동의 기회균등과 선거보도의 공정성은 준수되어야 할 것임. 따라서 방송사 고유의 취재·보도 기능과 선거보도의 공정성을 고려할 때 후보단일화 토론방송은 중계방송의 형식으로 1회에 한하여 방송할 수 있을 것이며, 이를 초과하여 방송하고자 하는 때에는 합리적인 기준에 의하여 선정된 다른 입후보예정자에게 참여할 기회를 부여할 경우에만 가능할 것임. 또한, 후보단일화에 관하여 그 이외의 일반적인 방법으로 취재·보도하는 것은 방송사의 자율에 속하는 사항이라 할 것임(2002. 11. 18. 의결).

⇨ 후보자등록기간 전인 2002. 11. 22. 방송회관에서 양당의 당원 각 30명이 참석한 가운데 당원이 아닌 제3자의 사회로 2시간 동안 토론회를 개최하고 이를 방송사가 생중계함.

언론기관의 후보단일화 토론회 중계방송 등에 관한 결정

(2021. 2. 22. 중앙선거관리위원회 의결)

1 선례유지

한국방송공사사장 질의에 대한 2002. 11. 18. 중앙선거관리위원회위원장 회답을 유지하기로 함.

2 후보단일화 TV토론 운용기준

- 중계방송은 방송사별 1회가 아니라 동시 생중계를 의미
- 입후보예정자를 달리하는 여러 단계의 단일화 과정을 거쳐 최종 단일 후보자를 결정하는 경우 각각의 단일화 과정마다 중계방송 허용
- 경선후보자 토론회 중계방송은 참여 기회 보장에 해당하지 않음.

③ 대통령선거 입후보예정자 토론회 중계방송

문 노무현·정몽준 후보단일화를 위한 TV 토론회 생중계와 관련해 한나라당과 민주노동당의 후보토론회 생중계 요청이 있어 귀 위원회의 유권해석을 의뢰합니다.

1. 한나라당 이회창 후보, 민주노동당 권영길 후보 1인 토론회 중계요청을 방송사가 수용해야 되는지

2. 수용한다면 노무현·정몽준 TV토론과 같은 시간대, 같은 시간을 배려해야 하는지 여부

답 2002. 11. 16.자 귀 방송사의 질의에 대하여 중계방송의 형식으로 1회에 한하여 방송할 수 있도록 한 취지는 취재·보도의 일환으로 뉴스가치를 고려한 것이므로 귀문의 경우에도 그 뉴스의 가치에 따라 당해 방송사가 자율적으로 결정하여 중계방송할 수 있을 것이며, 선거에 관한 보도를 하는 때에는 「공직선거및선거부정방지법」 제8조(언론기관의 공정보도의무)의 규정에 의하여 공정하게 하여야 할 것임(2002. 11. 23. 회답).

④ 선거기간 중 대통령선거 후보단일화를 위한 토론회 중계방송

(대통령선거운동기간 중 정당과 정당간 후보자 단일화를 위해 선거법 제101조 규정에 따라 다수인을 참여시키지 않고, 양당이 합의로 토론회를 개최할 경우 이를 방송사가 중계할 수 있는지에 대하여) 일반적으로 언론기관이 선거와 관련된 국민적 관심사에 대하여 취재·보도하는 것은 그 고유의 기능이며 누구를 대상으로 어떠한 형식으로 취재·보도할 것인지는 언론의 자유와 국민의 알 권리 보장이라는 차원에서 당해 언론기관이 자율적으로 결정할 사항이라 할 것임. 그러나 공직선거에 있어서 언론기관은 정당의 정강·정책이나 후보자의 정견 기타 사항에 관하여 취재·보도함에 있어서 중립성과 공정성 및 후보자간의 기회균등의 원칙을 준수하여야 할 것이며, 한편 공선법 제98조는 "누구든지 이 법의 규정에 의하지 아니하고는 그 방법의 여하를 불문하고 방송시설을 이용하여 선거운동을 위한 방송을 하거나 하게 할 수 없다"라고 규정하고 있음. 따라서 대통령 선거운동기간 중에 특히 선거일이 임박한 시점에서 방송이 다수의 후보자들 가운데 특정 후보자만을 대상으로 후보자 단일화를 위한 토론회를 중계하는 행위는 해당 후보자들에게만 선거운동의 기회를 주는 것으로서 다른 후보자들과의 기회균등과 형평의 원칙에 어긋날 뿐만 아니라, 공선법이 정한 방법이 아닌 방법으로 방송시설을 이용하여 선거운동을 위한 방송을 하는 행위로서 같은 법 제8조 및 제98조에 위반될 것임(2007. 12. 6. 의결).

⑤ 선거기간 중 언론기관이 개최하는 정책토론회의 초청대상 정당의 범위

공선법 제82조에 따른 언론기관의 후보자등 초청 대담·토론회를 개최함에 있어 초청

대상 정당 또는 후보자를 정하는 기준에 관하여는 당해 언론기관이 자율적으로 정할 사항이라 할 것이나, 선거운동기간 중에는 중립성과 공정성 및 정당·후보자간의 기회 균등의 원칙이 더욱 더 준수되어야 할 것임(2008. 4. 7. 회답).

⑥ 종합유선방송사의 예비후보자 취재·보도

종합유선방송사가 자율적으로 예비후보자를 선정하여 취재·보도하는 것은 무방할 것이나, 「공직선거법」 제8조의 공정보도의무에 위반되어서는 아니 될 것임. 이 경우 예비후보자 취재·보도의 공정성 등에 관하여는 「선거방송심의에 관한 특별규정」을 참고하기 바람(2012. 1. 20. 회답).

▷ 종합유선방송사가 선거운동기간 전에 선거운동에 이르는 내용의 '예비후보자 소개 프로그램'을 제작·방송하는 것은 법 제98조 또는 제254조에 위반됨(2012. 1. 16. 회답).

⑦ 종합유선방송사의 당내경선 후보자 토론회 중계방송

1. 종합유선방송사가 정당이 당원만을 대상으로 또는 당원과 당원이 아닌 자를 대상으로 개최하는 당내경선 후보자 토론회를 공정하게 중계방송하는 것은 시기의 제한 없이 무방할 것임.

2. 정당이 방송사의 시설 및 장비를 사용하고 통상적인 가격 범위에서 방송사에 정당한 사용료를 지급하는 것은 「공직선거법」상 제한되지 아니할 것이나, 그 밖에 중계·송출에 소요되는 비용 등 방송사가 부담하여야 할 비용을 대신 지급하는 때에는 같은 법 제114조에 위반될 것임(2014. 3. 4. 회답).

5. 판례

① 후보단일화 토론회의 현장중계 행위 등의 법 제8조의 위반 여부

민주당과 국민통합21이 후보단일화의 일환으로 후보단일화 토론회를 개최함에 있어 양당은 방송3사 등 TV방송사를 포함한 각 방송사에 대하여 현장중계를 요청한 사실, 이에 한국방송공사 사장은 2002. 11. 18. 피고에 대하여 위 후보단일화 토론회를 중계방송 하는 것이 선거법에 위반되는지 여부를 질의한 사실, 피고는 같은 날 한국방송공사 사장의 위 질의에 대하여 '다른 정당이나 후보자를 부당하게 차별하지 않은 한 선거법 제8조에 규정되어 있는 공정보도의무를 위반한 것이라 할 수 없다'는 취지로 회답한 사실, 방송3사는 같은 해 11월 20일에 개최된 노·정 후보단일화 토론회를 현장중계방송하고, 다시 뉴스시간에 토론회에 관한 소식을 보도한 사실 등을 인정할 수 있

는바, 이와 같은 보도가 다른 정당이나 후보자를 부당하게 차별하는 등으로 선거방송
심의에관한특별규정 제20조 제1항 및 공선법 제8조에 위반된다고 할 수 없음(대법원
2004. 5. 31. 선고 2003수26 판결).

제2절 입후보제한

제53조(공무원 등의 입후보) ① 다음 각 호의 어느 하나에 해당하는 사람으로서 후보자가 되려는 사람은
선거일 전 90일까지 그 직을 그만두어야 한다. 다만, 대통령선거와 국회의원선거에 있어서 국회의원이 그
직을 가지고 입후보하는 경우와 지방의회의원선거와 지방자치단체의 장의 선거에 있어서 당해 지방자치
단체의 의회의원이나 장이 그 직을 가지고 입후보하는 경우에는 그러하지 아니하다.

1. ~ 7. 생략

8. 「신문 등의 진흥에 관한 법률」 제2조에 따른 신문 및 인터넷신문, 「잡지 등 정기간행물의 진흥에 관
한 법률」 제2조에 따른 정기간행물, 「방송법」 제2조에 따른 방송사업을 발행·경영하는 자와 이에 상
시 고용되어 편집·제작·취재·집필·보도의 업무에 종사하는 자로서 중앙선거관리위원회규칙으로
정하는 언론인

[공직선거관리규칙]

제22조의2(현직을 가지고 입후보할 수 없는 언론인의 범위) 법 제53조제1항제8호에서 "중앙선거관리위
원회규칙으로 정하는 언론인"이란 다음 각 호의 어느 하나에 해당하는 언론인을 말한다.

1. 「신문 등의 진흥에 관한 법률」 제9조에 따라 등록한 신문 및 인터넷신문과 「잡지 등 정기간행물의
진흥에 관한 법률」 제15조에 따라 등록하거나 같은 법 제16조에 따라 신고한 정기간행물(분기별 1
회 이상 발행하는 것으로 등록된 것만 해당한다) 중 다음 각 목의 어느 하나에 해당하는 것을 제외한
신문, 인터넷신문 및 정기간행물을 발행·경영하는 자와 이에 상시 고용되어 편집·취재 또는 집필의
업무에 종사하는 자

가. 정당의 기관지와 「고등교육법」 제2조에 따른 대학, 산업대학, 교육대학, 전문대학, 원격대학, 기
술대학 및 각종학교의 학보

나. 산업·경제·사회·과학·종교·교육·문화·체육 등 전문분야에 관한 순수한 학술 및 정보의 제
공·교환을 목적으로 발행하는 것

다. 기업체가 소속원에게 그 동정 또는 공지사항을 알리거나 기업의 홍보 또는 제품의 소개를 위하
여 발행하는 것

라. 법인·단체 등이 소속원에게 그 동정이나 공지사항을 알릴 목적으로 발행하는 것

마. 정치에 관한 보도·논평의 목적 없이 발행하는 것

바. 그 밖에 여론형성의 목적 없이 발행하는 것

2. 「방송법」에 따른 방송사업(방송채널사용사업은 보도에 관한 전문편성을 행하는 방송채널사용사업에 한정한다)을 경영하는 자와 이에 상시고용되어 편집·제작·취재·집필 또는 보도의 업무에 종사하는 자

1. 개요

본 조는 선거에 직·간접적으로 영향을 미칠 수 있거나 또는 비정치성·중립성이 요구되는 지위나 신분을 가지고 있는 자의 선거개입을 차단하기 위한 것으로, 정치적 중립이 요구되는 공무원과 군인, 지방공사·공단의 상근임원 등 입후보제한직에 있는 자가 입후보하려는 경우 선거일 일정기간 전에 그 직을 사직하도록 함으로써 선거의 공정성을 꾀하고 직무전념성도 확보하려는 목적에서 제정되었다.[6] 언론이 공직선거에 미치는 영향력, 언론기관에 종사하는 언론인이 가져야 할 고도의 공익성과 사회적 책임성을 고려하여 언론인도 언론인의 선거 개입 내지 편향된 영향력 행사를 금지하여 궁극적으로 선거의 공정성·형평성을 확보하기 위하여 입후보제한직에 포함되고 있다.

2. 입후보제한직에 해당하는 언론인

「신문 등의 진흥에 관한 법률」 제2조에 따른 신문 및 인터넷신문, 「잡지 등 정기간행물의 진흥에 관한 법률」 제2조에 따른 정기간행물, 「방송법」 제2조에 따른 방송사업을 발행·경영하는 자와 이에 상시 고용되어 편집·제작·취재·집필·보도의 업무에 종사하는 자로서 중앙선거관리위원회규칙으로 정하는 언론인이 이에 해당한다.

---

6) 헌법재판소 2003. 9. 25. 2003헌마106 결정

가. 신문 등의 진흥에 관한 법률 제9조에 따라 등록한 신문 및 인터넷신문과 잡지 등 정기간행물의 진흥에 관한 법률 제15조에 따라 등록하거나 같은 법 제16조에 따라 신고한 정기간행물(분기별 1회 이상 발행하는 것으로 등록된 것만 해당한다) 중 각목에 해당하지 않는 신문, 인터넷신문 및 정기간행물을 발행·경영하는 자와 이에 상시 고용되어 편집·취재 또는 집필의 업무에 종사하는 자(제1호)

본 호에서 제외되는 정기간행물 등은 정치에 관한 보도·논평의 목적이 없고, 여론형성의 목적이 없는 순수한 학술·정보·문화나, 대학의 학보, 회사의 소식지 등이다. 「발행·경영하는 자」는 발행명의인·경영주 등 책임자에 한하지 않고 사실상 그 업무에 종사하여 그 간행물의 내용에 영향을 미칠 수 있는 자를 모두 포함한다.[7] 신문사 사외이사는 다른 이사와 마찬가지로 이사회의 구성원이 되어 회사의 업무 집행사항에 관한 일체의 결정권을 가지고(상법 제391조, 상법 제393조 제1항), 이사회 소집권(상법 제390조 제1항), 대표이사나 다른 이사의 직무위반행위 감시권(상법 제393조 제3항), 대표이사에 대한 보고청구권(상법 제393조 제3항) 등을 통하여 회사의 업무 집행에 관한 이사회의 의사결정 과정에 참여하므로 신문사 사외이사의 경우에도 「경영하는 자」에 해당하여 입후보제한직에 해당한다.[8]

「상시 고용」 여부는 사업주와 근로자 간의 계약내용 및 고용관계를 종합적으로 판단하여야 하는바, 4대보험 등에 가입되어 있지 아니하며 출연에 대한 대가로 출연료만을 지급받는 경우 상시 고용된 것으로 볼 수 없다.[9] 또한 본 조가 「편집·취재·집필의 업무에 종사하는 자」만을 열거적으로 규정하고 있는 것은 해당 업무에 종사하는 사람이 다른 업무에 종사하는 사람보다 선거의 공정성을 해칠 가능성이 높아 특별히 제한한 것이므로, 법령에서 제한 대상으로 규정하지 않는 직위까지 확대하는 것은 입법목적에 부합하지 아니한다.

(1) 신문

신문 등의 진흥에 관한 법률 제2조 제1호에 규정된 신문을 말한다.

「신문」은 정치·경제·사회·문화·산업·과학·종교·교육·체육 등 특정분야에 관한 보도·논평·여론 및 정보 등을 전파하기 위하여 같은 명칭으로 월 2회 이상 발행하는 간행물로서 일반일간신문, 특수일간신문, 일반주간신문, 특수주간신문이 있다.

---

7)   대검찰청, 공직선거법 벌칙해설 제10개정판, 272면
8)   중앙선거관리위원회 2022. 4. 18. 회답
9)   중앙선거관리위원회 2020. 3. 25. 회답

[신문 등의 진흥에 관한 법률]

제2조(정의) 이 법에서 사용하는 용어의 정의는 다음과 같다

1. "신문"이란 정치·경제·사회·문화·산업·과학·종교·교육·체육 등 전체 분야 또는 특정 분야에 관한 보도·논평·여론 및 정보 등을 전파하기 위하여 같은 명칭으로 월 2회 이상 발행하는 간행물로서 다음 각 목의 것을 말한다.

　가. 일반일간신문: 정치·경제·사회·문화 등에 관한 보도·논평 및 여론 등을 전파하기 위하여 매일 발행하는 간행물

　나. 특수일간신문: 산업·과학·종교·교육 또는 체육 등 특정 분야(정치는 제외한다)에 국한된 사항의 보도·논평 및 여론 등을 전파하기 위하여 매일 발행하는 간행물

　다. 일반주간신문: 정치·경제·사회·문화 등에 관한 보도·논평 및 여론 등을 전파하기 위하여 매주 1회 발행하는 간행물(주 2회 또는 월 2회 이상 발행하는 것을 포함한다)

　라. 특수주간신문: 산업·과학·종교·교육 또는 체육 등 특정 분야(정치는 제외한다)에 국한된 사항의 보도·논평 및 여론 등을 전파하기 위하여 매주 1회 발행하는 간행물(주 2회 또는 월 2회 이상 발행하는 것을 포함한다)

2. "인터넷신문"이란 컴퓨터 등 정보처리능력을 가진 장치와 통신망을 이용하여 정치·경제·사회·문화 등에 관한 보도·논평 및 여론·정보 등을 전파하기 위하여 간행하는 전자간행물로서 독자적 기사 생산과 지속적인 발행 등 대통령령으로 정하는 기준을 충족하는 것을 말한다.

3. 생략.

4. "인터넷신문사업자"란 인터넷신문을 전자적으로 발행하는 자를 말한다.

(2) 인터넷신문

「신문 등의 진흥에 관한 법률」 제2조 제2호에 따르면 "인터넷신문"이란 컴퓨터 등 정보처리능력을 가진 장치와 통신망을 이용하여 정치·경제·사회·문화 등에 관한 보도·논평 및 여론·정보 등을 전파하기 위하여 간행하는 전자간행물로서 독자적 기사 생산과 지속적인 발행 등 대통령령으로 정하는 기준을 충족하는 것을 말한다. 또한 "인터넷신문사업자"란 인터넷신문을 전자적으로 발행하는 자를 말한다.

(3) 정기간행물

「잡지 등 정기간행물의 진흥에 관한 법률」 제2조 제1호에 따른 '정기간행물'을 말한다. "정기간행물"이란 동일한 제호로 연 2회 이상 계속적으로 발행하는 간행물로서 「신문 등의 진흥에 관한 법률」 제2조에 따른 신문을 제외한 다음 각 목의 것을 말하나, 본 조에서는 분

기별 1회 이상 발행하는 것으로 한정하고 있다.

[잡지 등 정기간행물의 진흥에 관한 법률]

제2조(정의) 이 법에서 사용하는 용어의 정의는 다음과 같다.

1. "정기간행물"이란 동일한 제호로 연 2회 이상 계속적으로 발행하는 간행물로서 「신문 등의 진흥에 관한 법률」 제2조에 따른 신문을 제외한 다음 각 목의 것을 말한다.

   가. 잡지 : 정치·경제·사회·문화·시사·산업·과학·종교·교육·체육 등 전체분야 또는 특정분야에 관한 보도·논평·여론 및 정보 등을 전파하기 위하여 동일한 제호로 월 1회 이하 정기적으로 발행하는 책자 형태의 간행물

   나. 정보간행물 : 보도·논평 또는 여론 형성의 목적 없이 일상생활 또는 특정사항에 대한 안내·고지 등 정보전달의 목적으로 발행되는 간행물

   다. 전자간행물 : 통신망을 이용하지 아니하고 컴퓨터 등의 정보처리장치를 이용하여 읽거나 보고 들을 수 있도록 전자적으로 발행한 간행물

   라. 기타간행물 : 월 1회 이하 발행되는 간행물 중 책자 형태가 아닌 간행물

2. "정기간행물사업자"란 정기간행물을 발행하는 자로서 제15조제1항 또는 제16조제1항에 따라 등록을 하거나 신고를 한 자를 말한다.

3. "발행인"이란 정기간행물을 발행하는 대표자를 말한다.

4. "편집인"이란 정기간행물의 편집에 관하여 책임을 지는 사람을 말한다.

또한 "정기간행물사업자"란 정기간행물을 발행하는 자로서 「잡지 등 정기간행물의 진흥에 관한 법률」 제15조 제1항 또는 제16조 제1항에 따라 등록을 하거나 신고를 한 자를 말한다.

월간지 발행인은 실제 발행 여부와 관계없이 신문 등의 자유와 기능보장에 관한 법률에 따라 등록되어 있으면 입후보가 제한된다.[10]

---

10) 중앙선거관리위원회 2006. 4. 21. 회답

나. 「방송법」에 의한 방송사업(방송채널사용사업은 보도에 관한 전문편성을 행하는 방송채널사용사업에 한함)을 경영하는 자와 이에 상시 고용되어 편집·제작·취재·집필 또는 보도의 업무에 종사하는 자(제2호)

[방송법]

제2조(정의) 이 법에서 사용하는 용어의 뜻은 다음과 같다.

생략

2. "방송사업"이라 함은 방송을 행하는 다음 각목의 사업을 말한다.

　가. 지상파방송사업 : 방송을 목적으로 하는 지상의 무선국을 관리·운영하며 이를 이용하여 방송을 행하는 사업

　나. 종합유선방송사업 : 종합유선방송국(다채널방송을 행하기 위한 유선방송국설비와 그 종사자의 총체를 말한다. 이하 같다)을 관리·운영하며 전송·선로설비를 이용하여 방송을 행하는 사업

　다. 위성방송사업 : 인공위성의 무선설비를 소유 또는 임차하여 무선국을 관리·운영하며 이를 이용하여 방송을 행하는 사업

　라. 방송채널사용사업 : 지상파방송사업자·종합유선방송사업자 또는 위성방송사업자와 특정채널의 전부 또는 일부 시간에 대한 전용사용계약을 체결하여 그 채널을 사용하는 사업

3. "방송사업자"라 함은 다음 각목의 자를 말한다.

　가. 지상파방송사업자 : 지상파방송사업을 하기 위하여 제9조제1항에 따라 허가를 받은 자

　나. 종합유선방송사업자 : 종합유선방송사업을 하기 위하여 제9조제2항에 따라 허가를 받은 자

　다. 위성방송사업자 : 위성방송사업을 하기 위하여 제9조제2항에 따라 허가를 받은 자

　라. 방송채널사용사업자 : 방송채널사용사업을 하기 위하여 제9조제5항에 따라 등록을 하거나 승인을 얻은 자

　마. 공동체라디오방송사업자 : 안테나공급전력 10와트 이하로 공익목적으로 라디오방송을 하기 위하여 제9조제11항에 따라 허가를 받은 자

　「방송법」 제2조 제3호는 "방송사업자"로 지상파방송사업자, 종합유선방송사업자, 위성방송사업자, 방송채널사용사업자, 공동체라디오방송사업자를 규정하고 있으며, 하나의 업체가 복수의 방송사업자의 지위를 가진 경우도 있다. 방송채널사용사업의 경우 보도, 영화, 스포츠, 홈쇼핑, 드라마, 종교와 같이 공급분야가 여러 가지이나, 본 조 에서는 '보도전문편성'으로 한정하고 있다.

　본 조항의 「경영하는 자」는 경영주 등 책임자에 한하지 않고 사실상 그 업무에 종사하여 그 간행물의 내용에 영향을 미칠 수 있는 자를 모두 포함하는바, 정관 등에 따라 임원에 해

당하는 이사, 감사의 직에 있는 경우에는 경영하는 자에 해당될 것이다.

　본 조의 방송채널사용사업자는 보도전문편성 채널사용사업자로 한정되므로 종합편성 채널사용사업자는 이에 해당되지 않는다.[11]

다. 중앙선거관리위원회 행정해석

① 방송국 비상근이사의 당원자격

　(주)서울방송의 비상근이사는 「방송법」 제8조 및 동법시행령 제3조에 규정된 방송국을 경영하는 자로 볼 수 있으므로 동법령에 규정된 언론인에 해당될 것임(1991. 11. 28. 회답).

② 월간잡지 「지방자치」 이사

　월간잡지 「지방자치」의 등록증에 의하면 "한국의 여건에 맞는 지방자치제의 발전을 위하여 지방자치제에 대한 연구논문, 지방자치단체와 지방의회의 기능, 행정실무에 필요한 사항을 수록하여 국가 및 사회발전에 기여"를 목적으로 하고 있으나, 2000년 1월호 134면에 게재된 원고모집광고의 내용과 '99. 1월호 내지 12월호에 게재된 내용 등에 비추어 보면 정치에 관한 보도·논평 및 여론형성의 목적으로 발행하는 것이라고 보지 않을 수 없을 것임. 따라서 「지방자치」라는 잡지의 이사는 공선법 제53조 제1항 제8호의 규정에 의하여 입후보제한을 받는 언론인에 해당될 것임(2000. 2. 10. 회답).

③ 문화방송 심의부장의 입후보제한직 해당여부

　문화방송의 심의부장은 공선법 제53조 제1항 제8호의 규정에 의하여 입후보제한을 받는 언론인에 해당됨(2004. 3. 31. 회답).

④ (주)한국디지털위성방송의 임직원의 입후보 등

　1. 방송법에 의한 방송채널사용사업 중 '보도'가 아닌 '정보'에 관한 전문편성을 하는 사업자는 현직을 가지고 입후보할 수 없는 언론인 범위에 포함되지 아니함.

　2. 방송법에 의한 위성방송사업을 경영하는 자와 이에 상시고용되어 편집·제작·취재·집필 또는 보도의 업무에 종사하는 자는 공선법 제53조 제1항 제8호의 규정에 의하여 입후보제한을 받는 언론인에 해당됨(2004. 9. 3. 회답).

---

11) 종합편성채널의 경우 뉴스를 포함한 모든 분야의 방송프로그램을 편성할 수 있다는 점에서 지상파 채널과 큰 차이가 없고, 보도전문편성 방송채널과 달리 취급할 이유가 없으며, 종합편성채널을 통한 선거운동 방송 광고·연설 등의 방송과 중계, 언론기관의 후보자 초청 대담·토론회 개최 등이 가능해진 점(법 제70조, 제71조, 제82조), 자신의 지위와 권한을 선거운동에 남용할 우려가 있는 집단에 대하여 일정기간 전까지 그 직을 그만두도록 하는 법 취지를 고려하여 입후보제한직에 종합편성채널 언론인을 포함시킬 필요가 있다(중앙선거관리위원회. 공직선거법 개정의견. 1. 17.)

⑤ 월간지 발행인의 입후보

정기간행물의 실제 발행 여부와 관계없이 「신문 등의 자유와 기능보장에 관한 법률」에 따라 등록되어 있는 잡지(정치에 관한 보도 포함)의 발행인으로 등록되어 있는 자는 공선법 제53조 제1항 제8호의 규정에 따른 언론인에 해당됨(2006. 4. 21. 회답).

⇨ 2008. 12. 6. 「잡지 등 정기간행물의 진흥에 관한 법률」 제정·시행

⑥ 도로교통공단 지방교통방송본부장의 입후보제한

한국교통방송의 지방교통방송본부장은 공선법 제53조 제1항 제8호에 따라 입후보제한을 받는 언론인에 해당될 것임(2010. 5. 7. 회답).

⑦ CBS(기독교방송) 비상근 감사의 입후보

재단법인 CBS(기독교방송)의 감사는 법 제53조 제1항 제8호에 해당하는 자이므로 2012. 4. 11. 실시하는 지역구국회의원선거에 입후보하고자 하는 때에는 2012. 1. 12.까지 사직하여야 할 것이며, 사직기한 전에 예비후보자로 등록하고자 하는 때에는 예비후보자 등록신청 전까지 사직하여야 할 것임(2011. 12. 7. 회답).

⑧ 인터넷신문 한국장애인방송 Jnet-TV 발행인의 입후보

한국장애인방송 Jnet-TV는 정치에 관한 보도·논평 또는 여론형성을 목적으로 발행하는 인터넷신문에 해당되므로, 그 발행인은 「공직선거법」 제53조 제1항 제8호에 따라 입후보가 제한될 것임(2011. 12. 30. 회답).

⑨ 신문사 사외이사의 입후보제한직 해당 여부

전북일보 사외이사는 「공직선거법」 제53조 제1항 제8호의 신문을 경영하는 자에 해당하여 선거일 전 90일까지 그 직을 그만두어야 할 것임(2022. 4. 18. 회답).

3. 입후보제한직에 해당하는 않는 언론인

가. 규칙 제22조의2 제1호 각 호의 어느 하나에 해당하는 언론인

다음에 해당하는 신문, 인터넷신문 및 정기간행물인 경우에는 그에 종사하는 사람이 발행·경영하는 자와 이에 상시 고용되어 편집·취재 또는 집필의 업무에 종사하더라도 입후보제한직에 해당하지 않는다.

① 정당의 기관지와 「고등교육법」 제2조에 따른 대학, 산업대학, 교육대학, 전문대학, 원격대학, 기술대학 및 각종학교의 학보, ② 산업·경제·사회·과학·종교·교육·문화·체육 등 전문분야에 관한 순수한 학술 및 정보의 제공·교환을 목적으로 발행하는 것 ③

기업체가 소속원에게 그 동정 또는 공지사항을 알리거나 기업의 홍보 또는 제품의 소개를 위하여 발행하는 것 ④ 법인·단체 등이 소속원에게 그 동정이나 공지사항을 알릴 목적으로 발행하는 것 ⑤ 정치에 관한 보도·논평의 목적 없이 발행하는 것 ⑥ 그 밖에 여론형성의 목적 없이 발행하는 것

나. 뉴스통신사업자

규칙 제22조의2는 뉴스통신사업자를 포함하지 않고 있으므로 이들은 입후보제한을 받는 언론사에 속하지 아니한다.

[뉴스통신 진흥에 관한 법률]

제2조(정의) 이 법에서 사용하는 용어의 뜻은 다음과 같다.

1. "뉴스통신"이란 「전파법」에 따라 무선국(無線局)의 허가를 받거나 그 밖의 정보통신기술을 이용하여 외국의 뉴스통신사와 뉴스통신계약을 체결하고 국내외의 정치·경제·사회·문화·시사 등에 관한 보도·논평 및 여론 등을 전파하는 것을 목적으로 하는 유무선을 포괄한 송수신 또는 이를 목적으로 발행하는 간행물을 말한다.
2. "뉴스통신사업"이란 뉴스통신을 업(業)으로 하는 것을 말한다.
3. "뉴스통신사업자"란 뉴스통신사업을 하기 위하여 제8조에 따라 등록한 자로서 뉴스통신을 경영하는 법인을 말한다.

다. 중앙선거관리위원회 행정해석

① 한국교육신문사 발행인의 입후보

"한국교육신문사"의 발행인은 공선법 제53조 제1항 제8호의 규정에 의하여 입후보제한을 받는 언론인에 해당되지 아니함(2004. 2. 13. 회답).

② 언론사 주주의 입후보제한

일반주간신문사의 주식을 소유하고 있더라도 발행·경영하는 자가 아니라면 공선법 제53조 제1항 제8호 및 동법 시행령 제4조 제1호에 따라 입후보가 제한되는 언론인에 해당되지 아니함(2008. 2. 5. 회답).

⇨ 2015. 12. 24. 법 개정으로 입후보자가 제한되는 언론인은 규칙 제22조의2에 규정되어 있음. 이하 같음.

③ 주간 장애인신문 발행인의 입후보

"주간 장애인신문"은 「공선법시행령」 제4조 제1호 마목에 해당하는 정기간행물이므로 동 신문을 발행·경영하는 자는 공선법 제53조 제1항 각호의 어느 하나에 해당하는 자가 아님(2008. 2. 15. 회답).

④ 연합뉴스사 직원의 입후보제한직 해당 여부

연합뉴스 정보사업국 PR기획서비스팀 소속 직원은 법 제53조 제1항 제8호에 의하여 입후보제한을 받는 언론인에 해당되지 아니할 것임(2011. 12. 21. 회답).

⑤ 인터넷 멀티미디어 방송 콘텐츠 사업자 대표 등의 입후보

인터넷 멀티미디어 방송 콘텐츠 사업자의 대표 또는 방송영상독립제작사의 대표는 법 제53조 제1항 각 호의 어느 하나에 해당하는 자가 아니므로 그 직을 가지고 입후보 할 수 있음(2011. 12. 26. 회답).

⑥ 팟캐스트 진행자의 입후보

언론기관이 제작·운영하지 않는 팟캐스트 진행자는 공선법 제53조 제1항 제8호에 따라 입후보가 제한되는 언론인에 해당하지 아니하므로 그 직을 가지고 입후보할 수 있을 것임(2016. 2. 3. 회답).

입후보제한직	회답일	입후보가능직	회답일
방송국 비상근이사	'91.11.28	비상근(비상임, 객원)	'91.11.28
종합유선방송국 비상근감사	'95. 6. 9	논설위원(정기적인 보수를 받는 경우 제외)	'94. 7. 6
주간노동자신문 대표이사 겸 발행인	'96. 1.11	농촌지도자신문 발행인	'94. 8.29
		신문사지사장·지국장	'94. 9. 7
일반주간신문(주간홍성신문) 이사	'98. 5.25	전국부동산중개업협회보 발행인	'94. 9.16
		한국농어민신문발행인	'95. 1.27
월간잡지 지방자치 이사	2000. 2.10	지역신문(주간남해신문) 이사	'95. 1.27
문화방송심의부장	2004. 3.31	월간잡지 현대노사 발행인	'95.12.27
위성방송사업 경영자 등	2004. 9. 3	역사비평, 역사와 현실, 민주사회를 위한 변론의 발행인	'96. 3.13
월간잡지 시티저널 발행인	2006. 4.21		
인터넷신문 '동작교육신문' 발행인	2010. 4.15	방송위원회 비상임 위원	2000. 1.29
한국교통방송지방교통방송본부장	2010. 5. 7	중소기업신문 발행인	2000. 1.29
CBS(기독교방송) 감사	2011.12. 7	한국스포츠TV 대표이사	2002. 4.13
한국장애인방송 Jnet-TV 발행인	2011.12.30	기독교타임즈사장	2002. 4.17
신문사 '전북일보사' 사외이사	2022. 4.18	종합유선방송국 상임고문	2004. 2.13
		한국교육신문사 발행인	2008. 1.25
		신문발전위원회위원 언론사주주 (발행·경영자하는자가 아님)	2008. 2. 5
		주간 장애인신문 발행인	2008. 2.15

입후보제한직	회 답 일	입후보가능직	회 답 일
		연합뉴스 정보사업국 PR기획서비스팀 직원	2011.12.21
		인터넷 멀티미디어 방송 콘텐츠 사업자 대표, 방송영상독립제작사 대표	2011.12.26
		팟캐스트(언론기관이 제작·운영하지 않음) 진행자	2016. 2. 3

제3절 언론인과 언론기관의 선거운동 가능여부

1. 언론인 개인 차원의 선거운동

언론인의 선거 개입으로 인한 문제는 언론매체를 통한 활동의 측면에서 즉, 언론인으로서의 지위를 이용하거나 그 지위에 기초한 활동으로 인해 발생 가능한 것이므로, 언론매체를 이용하지 아니한 언론인 개인의 선거운동까지 전면적으로 금지할 필요는 없다는 취지로 헌법재판소는 언론인의 선거운동을 금지한 법조항에 대하여 위헌결정을 하였고[12] 이 결정에 따라 2020. 12. 29. 법 제60조 제1항 제5호 개정으로 선거운동을 할 수 없는 자에 언론인을 제외하여 언론인의 선거운동이 가능하게 되었다.

2. 언론기관의 선거운동

오늘날 언론기관이 정치적·사회적으로 미치는 영향력은 강력하여 언론기관이 공정성과 객관성을 유지하지 않을 경우 자칫 정치적, 사회적 여론을 왜곡시킬 수 있으며, 명예, 사생활 비밀과 같은 개인의 소중한 자유에 회복하기 어려운 피해를 입힐 수 있다. 이에 우리 헌법 제21조 제4항은 "언론·출판은 타인의 명예나 권리 또는 공중도덕이나 사회윤리를 침해하여서는 아니된다."고 규정하여 막중한 언론의 사회적 책임과 의무를 헌법적 차원에서 강조하

---

12) 헌법재판소 2016. 6. 30. 2013헌가1 결정

고 있다고 하였고,[13] 공직선거의 결과는 여론의 실체인 국민의 의사가 표명된 것이고, 정치적·사회적으로 강력한 영향력을 가지고 있는 언론기관은 그와 같은 여론의 형성에 이바지하는 임무를 수행한다고 하였다.[14]

언론기관이 정당의 정강·정책이나 후보자의 정견 기타사항에 관하여 보도·논평을 하는 경우에는 공정하게 하여야 한다고 하였고(법 제8조), 선거운동을 하거나 할 것을 표방한 단체는 후보자등 초청 대담·토론회를 개최할 수 없으나(법 제81조), 언론기관은 이에 대한 제한이 없는바(법 제82조), 이는 언론기관은 선거운동을 하거나 할 것을 표방할 수 없음을 전제로 한 것으로 보이며, 여론조사의 공정성과 정확성을 담보하기 위하여 선거에 관한 여론조사를 실시하려면 전체 설문내용 등을 사전에 신고하여야 하나 일정 규모의 언론기관은 제외되었고(법 제108조), 다른 선거운동을 할 수 없는 단체와 달리 언론기관은 정당·후보자의 정책이나 공약에 관하여 비교평가하거나 공표할 수 있다(법 제108조의3).

위와 같은 현행 법 체제와 언론이 공직선거에 미치는 영향력과 언론의 선거개입 내지 편향된 영향력 행사를 금지하여 선거의 공정성·형평성 확보를 고려했을 때 언론기관의 특정 후보자 지지를 허용할 경우 언론기관의 공정성에 대한 불신으로 이어져 그로 인한 부작용과 폐해가 선거결과에 지대한 영향을 미치게 될 위험이 있다.

또한, 언론인의 선거운동을 금지한 법 제60조 제1항 제5호의 위헌결정[15]에서 언론매체를 이용하지 아니하고 개인적으로 하는 선거운동까지 일절 금지하는 것은 언론인들의 선거운동의 자유를 지나치게 제한하여 과잉금지원칙에 위반된다고 하면서 언론매체를 통한 활동의 측면에서 공정보도 의무(법 제8조), 언론매체를 이용한 보도·논평(법 제96조), 언론 내부 구성원에 대한 행위(법 제85조), 외부의 특정 후보자에 대한 행위(법 제97조, 제98조) 등 다양한 관점에서 규제하고 있는바, 언론인 개인이 아닌 언론기관이 특정 후보자 지지선언 등을 하는 행위는 언론매체를 이용한 것으로 허용되지 않는다고 보아야 한다고 하였다.

따라서 언론기관이 특정 후보자 지지선언 등 성명서를 발표하거나 이를 보도자료로 제공하는 행위 등은 언론기관의 공정성이 전제된 「공직선거법」 규정취지와 언론기관의 공적 임무 및 선거에 미치는 영향력을 고려할 때 제한될 것이다.[16]

---

13)　헌법재판소 2006. 6. 29. 2005헌마165 결정
14)　헌법재판소 2016. 6. 30. 2013헌가1 결정
15)　헌법재판소 2016. 6. 30. 2013헌가1 결정
16)　중앙선거관리위원회 2022. 2. 13. 회답

제82조(언론기관의 후보자등 초청 대담·토론회) ① 텔레비전 및 라디오 방송시설(제70조제1항에 따른 방송시설을 말한다. 이하 이 조에서 같다)·「신문 등의 진흥에 관한 법률」 제2조제3호에 따른 신문사업자·「잡지 등 정기간행물의 진흥에 관한 법률」 제2조제2호에 따른 정기간행물사업자(정보간행물·전자간행물·기타간행물을 발행하는 자를 제외한다)·「뉴스통신진흥에 관한 법률」 제2조제3호에 따른 뉴스통신사업자 및 인터넷언론사(이하 이 조에서 "언론기관"이라 한다)는 선거운동기간중 후보자 또는 대담·토론자(후보자가 선거운동을 할 수 있는 자중에서 지정하는 자를 말한다)에 대하여 후보자의 승낙을 받아 1명 또는 여러 명을 초청하여 소속정당의 정강·정책이나 후보자의 정견, 그 밖의 사항을 알아보기 위한 대담·토론회를 개최하고 이를 보도할 수 있다. 다만, 제59조에도 불구하고 대통령선거에서는 선거일 전 1년부터, 국회의원선거 또는 지방자치단체의장선거에 있어서는 선거일전 60일부터 선거기간개시일전일까지 후보자가 되고자 하는 자를 초청하여 대담·토론회를 개최하고 이를 보도할 수 있다. 이 경우 방송시설이 대담·토론회를 개최하고 이를 방송하고자 하는 때에는 내용을 편집하지 않은 상태에서 방송하여야 하며, 대담·토론회의 방송일시와 진행방법등을 중앙선거관리위원회규칙이 정하는 바에 따라 관할선거구선거관리위원회에 통보하여야 한다.

② 제1항의 대담·토론회는 언론기관이 방송시간·신문의 지면 등을 고려하여 자율적으로 개최한다.

③ 제1항의 대담·토론의 진행은 공정하여야 하며, 이에 관하여 필요한 사항은 중앙선거관리위원회규칙으로 정한다.

④ 제71조(候補者 등의 放送演說)제12항, 제72조(放送施設主管 候補者 演說의 放送)제2항 및 제81조(團體의 候補者 등 초청 對談·討論會)제2항·제6항·제7항의 규정은 언론기관의 후보자 등 초청 대담·토론회에 이를 준용한다.

1. 개요

언론기관이 주최하는 대담·토론회는 유권자가 후보자들의 식견이나 자질, 정책, 정견 등을 객관적으로 비교할 수 있는 중요한 선거운동방법의 하나이다. 언론기관으로 하여금 후보자 또는 그가 지정하는 대담·토론자 중 1인 또는 수인을 초청하여 대담·토론회를 개최하고 이를 보도할 수 있도록 허용하면서(제1항), 대담·토론회는 언론기관이 방송시간·신문의 지면 등을 고려하여 자율적으로 개최하도록 하고 있는데(제2항), 이는 대담·토론회를 활성화함과 동시에 선거권자의 알 권리를 충족하기 위한 언론기관의 보도기능을 보장하기 위한 규정

이다.[17]

한편 본 조와는 별도로 언론기관은 취재·보도의 자유가 있고 선거에서 국민의 알권리는 보장되어야 하므로 언론기관이 정당의 대표자 등을 초청하여 특정 후보자의 선거운동에 이르지 않는 범위에서 정당의 정책·공약에 관한 토론회를 개최할 수 있다.[18]

2. 본 조항이 적용배제 경우

가. 당대표경선후보자 대담·토론회

본 조는 언론기관이 공직선거의 후보자 또는 대담·토론자, 후보자가 되고자 하는 자를 초청하여 소속정당의 정강·정책이나 후보자의 정견, 그 밖의 사항을 알아보기 위하여 대담하거나 토론하는 것이다. 따라서 정당이 당헌·당규에 따라 실시하는 당대표 등 당직자 선출을 위한 경선과 관련하여 정당이 그 경선후보자를 대상으로 개최하는 대담·토론회는 본 조에서 말하는 대담·토론회로 볼 수 없다. 그러나 언론기관이 당내경선후보자를 대상으로 개최하는 대담·토론회는 본 조에서 말하는 대담·토론회에 해당될 수 있다.[19] 따라서 정당이 법 제57조의3 제1항 제3호에 따라 자체적으로 당내경선후보자를 대상으로 합동연설회를 개최하면서 언론기관으로부터 기술적 도움을 받는 것은 본 조에 따른 대담·토론회라고 볼 수 없으나, 언론기관에 위탁하여 개최하는 것은 그 언론기관이 토론회를 개최하는 것으로 본다.[20]

나. 대담·토론에 이르지 않은 방법

본 조 제1항에서의 「대담」이란 후보자가 되고자 하는 자가 언론기관의 초청으로 일정한 장소에서 질문자를 만나 소속 정당의 정강·정책이나 후보자의 정견 기타 사항에 관하여 질문자의 질문에 대하여 답변하는 것을 의미한다. 단순한 전화 인터뷰, 신문지상 인터뷰(서면질의에 대한 서면답변을 게재하는 것을 말함), 인터넷 문자통신 또는 대선 입후보예정자의 일정을 따라다니면서 하는 동행 취재는 금지되는 대담에 해당되지 아니하고,[21] 방문인터뷰는 후보자를 초청하지 아니하며, 화상인터뷰는 일정한 장소에서 직접 만나지 않는다는 점에서 전화인

---

17) 헌법재판소 1999. 1. 28. 98헌마172 결정
18) 중앙선거관리위원회 2020. 3. 20. 회답
19) 중앙선거관리위원회 2004. 1. 19., 2007. 4. 12., 2007. 4. 13. 회답
20) 중앙선거관리위원회 2007. 4. 12. 회답
21) 중앙선거관리위원회 2006. 12. 21. 의결

터뷰와 실질이 다르지 아니하므로 금지되는 대담에 해당되지 아니한다.[22]

다. 소속정당의 정강·정책이나 후보자가 되려는 사람의 정견 기타사항을 알아보기 위한 목적이 아닌 대담·토론

본 조 제1항에 따른 '소속정당의 정강·정책이나 후보자가 되려는 사람의 정견 기타사항을 알아보기 위한 대담·토론회'에 이르지 않는 범위에서 후보자가 되려는 사람과 인터뷰하고 그 내용을 통상적인 방법으로 보도하는 것이나,[23] 국회의원·지방자치단체장 등으로서의 직무와 관련된 특정 현안 등 선거와 무관한 인터뷰는 직무행위의 일환으로 하는 것으로 보아 금지되는 대담에 해당되지 아니한다.[24] 언론기관이 사회이슈에 대하여 대통령선거의 후보자(후보자가 되려는 사람 포함) 등을 초청하여 선거운동에 이르지 않는 범위에서 토크 콘서트를 개최하는 것은 언론기관의 자율에 속하는 사안으로서 무방하다. 다만, 후보자의 정견 등을 알아보기 위하여 토크 콘서트를 개최하고 보도하는 때에는 「공직선거법」 제82조 및 「공직선거관리규칙」 제45조를 준수하여야 한다.[25]

3. 언론기관의 대담·토론회 개최방법 및 절차

가. 개최주체

텔레비전 및 라디오 방송시설[「방송법」에 의한 방송사업자가 관리·운영하는 무선국 및 종합유선방송국(종합편성 또는 보도전문편성의 방송채널사용사업자의 채널을 포함한다)], 「신문 등의 진흥에 관한 법률」 제2조 제3호에 따른 신문사업자, 「잡지 등 정기간행물의 진흥에 관한 법률」 제2조 제2호에 따른 정기간행물사업자(정보간행물·전자간행물·기타간행물을 발행하는 자를 제외한다), 「뉴스통신진흥에 관한 법률」 제2조 제3호에 따른 뉴스통신사업자 및 인터넷언론사이다.

2022. 1. 21. 법개정으로 종합편성채널사용사업자도 법 제70조 제1항의 텔레비전 방송시설에 해당되어 대담·토론회를 개최할 수 있다.

인터넷언론사는 법 제8조의5에 따라 「신문 등의 진흥에 관한 법률」 제2조(정의) 제4호에

따른 인터넷신문사업자 그 밖에 정치·경제·사회·문화·시사 등에 관한 보도·논평·여론 및 정보 등을 전파할 목적으로 취재·편집·집필한 기사를 인터넷을 통하여 보도·제공하거나 매개하는 인터넷홈페이지를 경영·관리하는 자와 이와 유사한 언론의 기능을 행하는 인터넷홈페이지를 경영·관리하는 자를 말한다.

나. 개최시기

원칙적으로 선거운동기간 중에 할 수 있다. 다만, 대통령선거에서는 선거일 전 1년부터, 국회의원선거 및 지방자치단체의 장선거에서는 선거일 전 60일부터 선거기간개시일 전일까지의 기간에도 후보자가 되고자 하는 자를 초청하여 대담·토론회를 개최하고 이를 보도할 수 있다. 이 경우 본 조 제1항 후단에 따른 방송시설이 개최하고 방송하는 때에는 방송일시와 진행방법 등을 통보하여야 하며 주체가 방송시설이 아닌 경우에는 통보의무가 없다.

다. 초청대상

초청대상은 후보자 또는 후보자가 선거운동을 할 수 있는 자 중에서 지정한 대담·토론자이며, 선거운동기간 전에 개최하는 대담·토론회에는 후보자가 되고자 하는 자만을 초청할 수 있다. 따라서 본 조에 따라 비례대표국회의원선거의 대담·토론회를 개최하는 경우에는 비례대표국회의원선거에서 후보자를 추천하지 않은 정당은 참여가 불가하다. 지방자치단체의 장은 공무원으로서 법 제60조에 따라 선거운동을 할 수 없는 자에 해당하나, 후보자가 되고자 하는 자의 지위에서 본 조의 대담·토론회에 참여하는 것은 가능하다.

법 제81조의 단체가 주최하는 대담·토론회와 달리, 언론기관은 모든 후보자 등을 대상으로 하지 않고 후보자의 당선가능성, 선거권자의 관심도, 유력 정당의 추천여부 등을 고려하여 자율적인 판단에 따라 일부만을 초청하여 대담·토론회를 개최할 수도 있다.[26] 따라서 언론기관은 특정 후보자만을 유리하게 하는 방법이 아닌 한 당선가능성이 있는 후보자만을 초청하여 대담·토론회를 개최할 수 있다.[27]

라. 개최절차 및 토론의 진행

대담·토론회는 해당 언론기관의 실시여부 결정, 사회자·질문자의 선정, 장소의 확보 및

---

[26] 헌법재판소 1998. 8. 27. 97헌마372·398·417 결정
[27] 중앙선거관리위원회 1995. 2. 24. 회답

설비, 후보자 등에 대한 사전통지 등을 거쳐 관할선거구선거관리위원회에 개최 통보, 대
담·토론의 진행 등으로 이루어진다. 관할선거구선거관리위원회 통보의 경우 선거기간 전에
방송시설이 개최하고 방송하고자 하는 경우에만 해당하며 주체가 방송시설이 아니거나 방
송시설이 주체가 되더라도 영상을 해당 방송시설의 유튜브 채널에만 게시하는 경우에는 통
보의무가 없다.[28] 그리고 대담·토론회를 중계방송하는 인터넷언론사는 그 토론회를 신고하
여야 할 의무가 없다.

언론기관은 방송시간·신문의 지면 등을 고려하여 자율적으로 대담·토론회를 개최하되
그 진행은 공정하게 하여야 하며, 이를 보도하는 때에는 신문지면·화면 및 녹음구성이 토론
자간 형평을 유지하도록 하여야 한다. 사회자 선정은 언론기관에서 자율적으로 공정한 기준
을 마련하여 결정할 수 있을 것이나, 사회자의 선정방법 기타 그 대담·토론회의 공정한 진행
을 위한 절차와 방법을 대담·토론자에게 알려야 한다(규칙 제45조 제2항). 한편 대담·토론회
초청대상이 예비후보 또는 입후보예정자인데 방송 화면상 표기는 단순히 "후보"로 하는 것
은 무방하나 다만, 토론회를 진행하는 때에 초청된 자가 "후보자가 되고자 하는 자"임을 명
확히 하여야 한다.[29] 예비후보자 또는 후보자가 기호, 정당명 등이 게재된 윗옷이나 어깨띠
등 법에서 허용한 표지물을 착용하고 대담·토론회에 참석하는 것도 가능하다.[30]

4. 중앙선거관리위원회 행정해석

가. 허용되는 사례

① 교육방송주관 토론회

　교육방송은 법 제82조에 따른 언론기관 초청 대담·토론회를 개최할 수 있음(1997. 11.
12. 회답).

② 불교방송과 불교TV의 입후보예정자 초청토론회 공동개최

　방송법에 의한 지상파방송사업자(불교방송)와 방송채널사용사업자(불교TV)가 대통령선
거의 입후보예정자를 초청하여 공동으로 토론회를 개최하고 각각 당해 방송시설을 이
용하여 방송하는 것은 방송법의 규정에 위반되는지 여부는 별론으로 하고 공선법상
무방할 것임(2002. 10. 29. 회답).

---

28) 중앙선거관리위원회 2020. 2. 28. 회답
29) 중앙선거관리위원회 2006. 4. 20. 회답
30) 중앙선거관리위원회 2020. 2. 28. 회답

③ 위성방송사업자의 입후보예정자 인터뷰방송

　「방송법」에 의한 위성방송사업자가 대통령선거의 선거일 전 120일(현행 : 선거일 전 1년) 부터 선거일 전일까지 공선법 제82조에 따라 후보자가 되고자 하는 자(후보자를 포함함) 를 대상으로 대담·토론회를 개최하고 이를 방송·보도하거나 당해 인터넷 홈페이지에 게시하는 것은 무방할 것임(2007. 7. 16. 회답).

④ 종합유선방송사의 후보자 초청 대담·토론회

　종합유선방송사 또는 그들이 연합하여 법 제82조에 따른 대통령선거 후보자 등 초청 대담·토론회를 개최하고 이를 보도하는 것은 무방할 것임(2007. 11. 14. 회답).

⑤ 정기간행물에 입후보예정자의 대담·토론 및 인터뷰 내용 게재 등

　1. 「잡지 등 정기간행물의 진흥에 관한 법률」 제2조 제2호 가목에 따른 정기간행물사 업자가 지방자치단체의 장 선거의 선거일 전 60일부터 선거기간개시일 전일까지 그 선거의 후보자가 되려는 사람을 초청하여 대담·토론회를 개최하여 보도하거나, 선거일 전 60일 전이라도 「공직선거법」 제82조 제1항에 따른 '소속정당의 정강·정 책이나 후보자가 되려는 사람의 정견 기타사항을 알아보기 위한 대담·토론회'에 이 르지 않는 범위에서 후보자가 되려는 사람과 인터뷰하고 그 내용을 통상적인 방법 으로 보도하는 것은 무방할 것임. 다만, 후보자가 되려는 사람에 대한 선거운동에 이르는 내용을 게재하거나 특정 후보자가 되려는 사람만을 부각시켜 계속적으로 취 재·보도하거나 허위사실을 보도하는 등 「공직선거법」 제8조·제96조·제97조 또는 제254조 등에 위반되지 아니하여야 할 것임.

　⇨ 사)바른선거시민모임중앙회는 7년간 계간지 "선거문화"(「잡지 등 정기간행물의 진흥에 관한 법률」 제2조 제2호 가목에 따른 잡지)를 발행하고 있음.

　2. KBS 등 방송사가 정치·사회 분야에서 성공하여 사회의 모범이 되는 사람들을 출연 시키고자 후보자가 되려는 사람을 섭외하는 경우, 후보자가 되려는 사람이 방송에 출연(방영예정일 2013년 연말 또는 2014년 1월경)하는 것은 「공직선거법」상 제한되지 아 니함. 다만, 방송출연을 함에 있어서는 같은 법 제97조·제98조 또는 제254조에 위 반되지 않도록 하여야 할 것이며, 같은 법 제82조 제1항에 따른 언론기관의 '소속 정당의 정강·정책이나 후보자가 되려는 사람의 정견 기타 사항을 알아보기 위한 대 담'에 이르지 않아야 할 것임. 아울러, 후보자가 되려는 사람의 방송출연 제한에 관 하여는 「선거방송심의에 관한 특별규정」 제21조(후보자 출연 방송제한등)의 규정을 참 조하기 바람(2013. 11. 29. 회답).

⑥ 정기간행물사업자의 대담·토론회 개최

「잡지 등 정기간행물의 진흥에 관한 법률」 제2조 제2호에 따른 정기간행물사업자는 「공직선거법」 제82조 제1항 단서에 의하여 지방자치단체의 장 선거의 선거일 전 60 일부터 선거기간 개시일 전일까지 후보자가 되고자 하는 자를 초청하여 대담·토론회를 개최하고 이를 보도할 수 있으며, 주민자치위원 및 구독자에게 단순히 대담·토론회 안내 이메일을 전송하는 것은 「공직선거법」에 위반되지 아니함(2014. 4. 16. 회답).

⑦ 인터넷언론사의 예비후보자 등 초청 대담·토론회

인터넷언론사(뉴스토마토)가 후보자가 되려는 사람(예비후보자·후보자 포함)을 초청하여 「공직선거법」 제82조에 따라 대담·토론회를 개최하고 이를 보도하거나 해당 인터넷 홈페이지에 게시하는 것은 무방할 것임(2012. 2. 15. 회답).

⑧ 언론기관과 시민단체의 입후보예정자 초청 토론회 공동개최

방송사가 선거일 전 60일 후에 지방자치단체의 장선거의 입후보예정자를 초청하여 대담· 토론회를 개최함에 있어 지역신문사 또는 시민단체와 공동으로 개최하는 것은 무방할 것임(2002. 4. 8. 회답).

⑨ 관훈클럽 개최 토론회의 중계방송 등

> 문 언론인단체인 관훈클럽은 6월 4일 실시되는 지방선거를 앞두고 5월 8일 오전 10시부터 약 2시간 동안 국회 헌정기념관에서 새누리당과 새정치민주연합 서울시장후보를 동시에 초청해 관훈클럽 토론회를 개최할 예정입니다. 그동안 관훈클럽의 서울시장 후보 초청 토론회는 방송으로 생중계되지 않았는데 이번에는 TV조선, 채널A, MBN, 연합뉴스TV 등 종편에서 TV로 생중계할 예정입니다. 관훈클럽은 지금까지 서울시장 후보 토론회 때 전통적으로 여야후보 2명만 초청했습니다. 그런데 이번에 종편에서 생중계할 때도 과거와 같이 여야후보 2명만 초청해서 토론회를 개최하고 중계방송을 해도 문제가 없는지에 대한 유권해석을 해주시고, 만약 선거법상 문제가 있다면 그것이 무엇인지 알려주시면 대단히 감사하겠습니다. 그리고 박원순 서울시장이 토론회에 나올 때 시장직을 유지해도 문제가 없는지에 대해서도 알려주시기 바랍니다.

> 답 1. 중계방송에 대하여

> 귀문의 경우 「공직선거법」 제82조 제4항에 따라 준용되는 같은 법 제71조 제12항은 토론회를 중계방송할 수 있는 언론기관을 '「방송법」에 따른 종합유선방송사업자(보도전문편성의 방송채널사용사업자를 포함함)·중계유선방송사업자 및 인터넷언론사'로 한정하고 있으므로 보도전문편성의 방송채널사용사업자인

연합뉴스 TV는 귀문의 토론회를 중계방송할 수 있을 것이나 종합편성 방송
채널사용사업자는 이를 중계방송할 수 없을 것임.
⇨ 2022. 1. 21. 법 제71조 제12항 개정으로 종합편성방송채널사용사업자도 중
계방송을 할 수 있음.

2. 지방자치단체장의 토론회 참여에 대하여

귀문의 경우 「공직선거법」 제82조 제2항에서 언론기관이 방송시간·신문의 지
면 등을 고려하여 자율적으로 토론회를 개최하도록 하고 있으므로 언론인단체인
관훈클럽이 후보자가 되고자 하는 자를 초청하여 토론회를 개최하는 때에는 자
율적으로 공정한 기준을 마련하여 초청대상자를 선정할 수 있을 것이며, 같은 법
조 제1항 단서에 따라 언론기관은 지방자치단체의 장 선거에서 선거일 전 60일
부터 선거기간개시일 전일까지 후보자가 되고자 하는 자를 초청하여 토론회를
개최할 수 있으므로 후보자가 되고자 하는 자인 지방자치단체의 장은 그 토론회
에 참여할 수 있을 것임(2014. 4. 21. 회답).

나. 허용되지 않는 사례

① 인터넷 손바닥tv의 후보자 등 초청·대담 토론회

인터넷 손바닥tv는 인터넷언론사가 아니므로 후보자가 되려는 사람의 정견 등을 알아
보기 위한 대담·토론회를 개최할 수 없음(2012. 3. 8. 회답).

5. 처벌

본 조 제4항이 준용하는 법 제71조 제12항(중계방송 주체 및 공평의무)에 위반한 자는 2년
이하의 징역 또는 400만원 이하의 벌금에(법 제252조 제4항), 본 조 제4항에서 준용하는 법 제
81조 제7항을 위반하여 비용을 후보자에게 부담시켜 대담·토론회를 개최한 자는 3년 이하
의 징역 또는 600만원 이하의 벌금에 처한다(법 제255조 제1항 제8호).

정당한 사유 없이 무기·흉기·폭발물 그 밖에 사람을 살상할 수 있는 물건을 지니고 대
담·토론회장에 들어간 자는 3년 이하의 징역 또는 600만원 이하의 벌금에 처하고(법 제245
조 제2항), 대담·토론회(방송시설을 이용하는 경우 제외)를 할 수 있는 시간(오전6시부터 오후11시까
지)을 위반하여 개최하거나 대담·토론회장에서 폭행·협박 기타 어떠한 방법으로도 연설·대

담 등의 질서를 문란하게 한 자는 2년 이하의 징역 또는 400만원 이하의 벌금에 처하며(법 제256조 제3항 제1호), 본 조에서 규정하고 있는 주체·기간 등을 위반한 경우 행위시기·양태에 따라 법 제101조, 제103조, 제254조에 위반될 수 있다.

본 조 제4항에서 준용하는 법 제81조 제6항을 위반한 자는 5년 이하의 징역 또는 1천만원 이하의 벌금에(법 제257조 제1항), 본 조 제4항에서 준용하는 법 제81조 제6항에서 규정하고 있는 정당, 후보자, 대담·토론자, 선거사무장, 선거연락소장, 선거사무원, 회계책임자 또는 법 제114조 제2항의 후보자 또는 그 가족과 관계있는 회사 등에게 기부를 지시·권유·알선·요구하거나 그로부터 기부를 받은 자는 3년 이하의 징역 또는 500만원 이하의 벌금에 처하며(법 제257조 제2항), 당선되거나 되게 하거나 되지 못하게 할 목적으로 본 조 제1항의 대담·토론자에게 금전·물품·차마·향응 그 밖에 재산상의 이익이나 공사의 직을 제공하거나 그 제공의 의사를 표시하거나 그 제공을 약속한 자는 5년 이하의 징역 또는 3천만원 이하의 벌금에 처한다(법 제230조 제1항).

제5절 방송·신문 등에 의한 광고의 금지

제94조(방송·신문 등에 의한 광고의 금지) 누구든지 선거기간중 선거운동을 위하여 이 법에 규정되지 아니한 방법으로 방송·신문·통신 또는 잡지 기타의 간행물 등 언론매체를 통하여 광고할 수 없다.

1. 개요

법에서 정하고 있는 신문광고(제69조)와 방송광고(제70조), 인터넷언론을 이용한 인터넷광고(제82조의7)를 제외하고는 언론매체를 이용한 선거운동 목적의 광고를 금지하고 있다. 이처럼 언론매체를 이용한 광고를 금지하는 것은 언론매체가 다중에 대한 전파성이 강해 선거에 미치는 영향력이 매우 크기 때문으로 선거의 공정을 기하기 위함이다.

2. 구성요건

가. 금지주체 및 기간

　누구든지 선거기간 중에 금지된다. 선거기간이 아닌 때에는 사전선거운동(법 제254조 제2항)이나 선거에 영향을 미치게 하기 위한 광고(법 제93조) 금지규정의 제한을 받는다.

나. 주관적 요건

　선거운동을 위하여 행하여질 것을 요한다.

다. 금지되는 행위

1) 「이 법에 규정되지 아니한 방법으로」

　이 법에 규정되지 아니한 방법으로 언론매체를 이용한 광고를 할 수 없다. 「이 법에 규정되지 아니한 방법」의 광고는 모두 본 조의 적용대상이 되므로 법 제69조, 법 제70조 또는 법 제82조의7에 따라 광고하는 경우에도 그 주체·횟수·시간·매체 등을 위반하는 경우에는 본 조의 적용대상이다.

2) 「방송·신문·통신·잡지 기타의 간행물 등 언론매체」

　「방송」, 「신문·잡지」 등 언론매체에 관한 자세한 설명은 제2절 입후보제한부분을 참고하기 바란다. 「방송」은 법 제70조에 따른 방송시설로 한정되지 않는다. 방송의 범위를 특정하고 있지는 않으므로 광고를 할 수 있는 방송이라면 「방송법」제2조에 따른 모든 방송이 포함된다고 보아야 한다. 다만, 리·동이 공동운영하는 방송시설이나 개인사설 방송시설은 「언론매체」가 아니므로 본 조의 적용대상에 해당하지 아니한다.[31]

　「기타의 간행물」은 「잡지 등 정기간행물의 진흥에 관한 법률」제2조에 따른 정보간행물, 전자간행물, 기타간행물은 물론이고 인쇄·발행하여 불특정 또는 다수인에게 널리 반포되는 출판물(전자적 형태의 출판물도 포함한다)로서 광고를 게재할 수 있는 것을 말한다. 단순히 프린트나 손으로 쓴 것은 이에 해당하지 않으나, 반드시 등록되어 있는 것에 한하지 않으며, 정

---

31)　대검찰청 공직선거법 벌칙해설 제10개정판 442면

당의 기관지, 단체의 회보, 어린이 신문 등도 기타의 간행물에 포함될 수 있을 것이다.[32] 다만, 이 중 「언론매체」에 해당하는 간행물에 대하여 본 조를 적용할 수 있다.

3) 「광고」

특정 내용을 불특정 또는 다수인에게 널리 알리는 것을 말한다. 반드시 알려질 것을 요하지는 아니하며, 널리 알려질 수 있는 상태에 놓이면 족하다.[33]

3. 제93조 및 제254조 적용과의 관계

법 제93조 제1항에서 '선거에 영향을 미치게 하기 위하여 후보자를 지지·추천하거나 반대하는 내용이 포함되어 있거나 정당의 명칭이나 후보자의 성명을 나타내는 광고 등을 배부·첩부·살포·상영 또는 게시하는 행위'를 금지하고 있고, 같은 조 제2항에서는 정당 또는 후보자의 명의를 나타내는 저술·연예·연극·영화·사진 기타 물품을 광고할 수 없도록 규정하고 있어 본 조와의 관계를 살펴 볼 필요가 있다. '선거에 영향을 미치게 하기 위한 행위'란 '선거운동' 보다 넓은 개념이므로 본 조에 위반되는 행위가 선거기간 중에 있을 경우 본 조와 법 제93조가 함께 적용될 수 있고, 선거기간개시일 전에는 그 시기 및 양태에 따라 법 제93조와 제254조 제2항이 적용될 수 있을 것이다.

4. 판례

① 투표참여 독려차원을 넘어 탄핵소추결의를 주도한 정당에 반대 또는 상대 정당을 지지하는 신문광고

피고인은 열린우리당 당원으로서 이 사건 광고를 선거일을 불과 이틀 앞둔 시점에 부산지역 유력 일간지인 부산일보에 게재한 점, 광고문 내용 중 "2004년 3월 12일, 그날은 피와 눈물로 지켜온 이 나라 민주주의와 우리 국민이 탄핵 당한 날입니다. 지역주의 망령과 싹쓸이가 부활하고 있습니다! … 우리의 대표가 되어서는 안 되는 사람들입니다. 낡은 정치·부패정치·지역주의 정치, 투표 참여로 청산해주십시오! 이번 총선은

---

32) 대검찰청, 공직선거법 벌칙해설 제10개정판, 442면
33) 대법원 2004. 11. 12. 선고 2004도6010 판결

낡은 정치와 새로운 정치, 부패정치와 깨끗한 정치의 전면 승부입니다."라는 부분 등은 대통령 탄핵소추결의안에 찬성하였고 제16대 부산지역 지역구 국회의원 전원이 소속되어 있는 한나라당을 반대하고, 제17대 총선에서 그 국회의원 후보자를 낙선시켜야 하고, 반면 탄핵소추결의안에 반대하였고 새로운 정치를 표방하고 있는 열린우리당을 지지하고, 제17대 총선에서 그 국회의원 후보자를 당선시켜야 한다는 의사가 담긴 것으로서, 이를 특정정당과 무관하게 단순히 시민의 투표참여를 독려하는 내용의 글이라고 볼 수 없는 점 등을 종합하면 피고인의 행위는 선거운동에 해당한다고 할 것이다(부산지방법원 2004. 7. 30. 선고 2004고합448 판결, 부산고등법원 2004. 10. 27. 선고 2004노637 판결).

② 신문사 기획조정실장이 후보자를 위하여 신문광고

피고인 □□은 충청신문 기획조정실장으로서 피고인 ○○○와 공모하여 충청남도의회의원 선거에 출마한 △△△을 위하여 공선법이 금지하고 있는 신문광고를 하였고, 피고인 ○○○는 그 광고가 실린 신문 약 50부를 주민들에게 무료로 배부하였다. 피고인들의 이러한 범행은 공선법의 규정을 정면으로 위배한 행위로서 그 죄질이 가볍지 않다. 피고인들은 도지사 후보자에 대한 광고가 다른 신문에 실리는 것을 보고 도의회의원 후보자에 대한 광고도 허용되는 것으로 알았다는 취지의 주장을 하나, 신문 발행을 책임지고 있는 피고인 □□이나 공직선거에 관여하게 된 피고인 ○○○로서는 당연히 공선법의 규정을 확인하고 필요하다면 선거관리위원회에 문의하는 등 공명선거를 해치는 위법행위를 하지 않도록 충분한 주의를 기울였어야 한다(대전고등법원 2006. 12. 1. 선고 2006노439 판결).

③ 질의서에 답변한 후보자에게 감사를, 답변하지 않은 후보자에게 유감을 표시하는 내용의 신문광고

이 사건 광고물에는 '4월 15일 제21대 국회의원 선거가 주민의 목소리에 귀 기울이고 주민의 부름에 응답하는 지역 국회의원을 뽑는 선거로 치러지길 고대합니다'라는 내용이 포함되어 있는바, 위 가항 기재 내용과 위 내용을 종합하여 볼 때 피고인들은 피고인들이 발송한 질의서에 응답한 D 후보를 '주민의 목소리에 귀 기울이고 주민의 부름에 응답하는 지역 국회의원'으로 표현한 것으로 보이고, 이는 피고인들이 통상적인 사실관계 보도 또는 논평의 수준을 넘어 피고인들이 발송한 질의서에 응답한 D 후보의 당선을 도모하고, 피고인들이 발송한 질의서에 응답하지 아니한 C 후보의 낙선을 도모하는 목적을 갖춘 행위로 봄이 상당하다.

피고인들이 이 사건 광고를 게시한 2020. 4. 10.은 총선을 불과 5일 앞둔 상황으로, 선거일에 임박한 시점에 이 사건 광고를 게시한 것은 일반적인 선거인의 관점에서 보

앉을 때 특정 후보의 당선을 도모할 목적의사에 따른 행위로 판단될 수 있다(청주지방법원 영동지원 2020. 12. 2. 선고 2020고합11 판결, 대전고등법원 2021. 4. 8. 선고 (청주)2020노200 판결).

5. 처벌

본 조의 규정을 위반한 자는 3년 이하의 징역 또는 600만원 이하의 벌금에 처한다(법 제252조 제3항).

제6절 허위논평·보도 등 금지

제96조(허위논평·보도 등 금지) ① 생략

② 방송·신문·통신·잡지, 그 밖의 간행물을 경영·관리하는 자 또는 편집·취재·집필·보도하는 자는 다음 각 호의 어느 하나에 해당하는 행위를 할 수 없다.

1. 특정 후보자를 당선되게 하거나 되지 못하게 할 목적으로 선거에 관하여 허위의 사실을 보도하거나 사실을 왜곡하여 보도 또는 논평을 하는 행위

2. 여론조사결과 등과 같은 객관적 자료를 제시하지 아니하고 선거결과를 예측하는 보도를 하는 행위

1. 개요

방송·신문 등 언론매체의 관리·종사자가 표현의 자유를 남용하여 특정 후보자의 당락에 영향을 미칠 목적으로 허위사실을 보도하거나 사실을 왜곡하여 보도·논평하는 것을 처벌함으로써 선거인의 올바른 판단 및 선거의 공정을 보장하기 위한 규정이다.

2. 허위논평·보도의 금지

가. 금지주체

　　제2항은 「방송·신문·통신·잡지 기타의 간행물을 경영·관리하는 자 또는 편집·취재·집필·보도하는 자」로 주체를 제한하고 있어 그러한 신분이 아닌 자는 본 죄의 주체가 될 수 없으며 사안에 따라 법 제250조를 적용할 수 있을 뿐이다.

나. 금지되는 기간

　　상시적으로 금지된다. 이는 사회적으로 큰 영향력을 행사할 수 있는 언론이 선거에 있어서 사회적 공기(公器)로서의 사명을 도외시하고 특정인의 사적 홍보물로 전락하여 편파보도의 차원을 넘어 허위·과장·왜곡보도를 자행함으로써 일반 여론을 호도하고 선거인들의 후보자 선택에 지장을 초래하게 된다면 이는 금권·관권개입에 의한 타락선거 못지않게 중대한 선거질서 침해행위로 평가받기에 충분하고 그러한 행위를 여타의 금지기간이 있는 다른 위법행위와 구별하여 엄격히 규율할 필요성이 크기 때문이다.[34]

다. 주관적 요건

　　본 조 제2항 제1호는 「특정 후보자(후보자가 되고자 하는 자를 포함한다)를 당선되게 하거나 되지 못하게 할 목적」을 요하는 바, 그 목적이 반드시 확정적이거나 유일한 목적일 필요는 없고, 목적의 달성 여부는 본 죄의 성립에 영향을 미치지 않는다. 선거운동을 목적으로 특정 정당과 관련한 허위·왜곡보도를 하게 되는 경우에도 그 정당소속 후보자를 당선되거나 되지 못하게 하는 행위가 될 것이므로 본 조항의 적용대상이 된다.

라. 금지되는 행위

　　「선거에 관하여 허위사실을 보도하거나 사실을 왜곡하여 보도 또는 논평하거나 여론조사 결과 등과 같은 객관적 자료를 제시하지 아니하고 선거결과를 예측하는 보도」를 하는 행위를 금지하고 있다.

---

34)　광주고등법원 1996. 5. 17. 선고 96노13 판결

1)「허위의 사실」

객관적 진실에 부합하지 않는 사실로서 그 내용이 정밀하게 특정될 필요는 없지만 선거인으로 하여금 정확한 판단을 그르치게 할 정도의 구체성을 가진 것을 말하고, 단순한 가치판단이나 평가를 내용으로 하는 의견표현은 이에 해당하지 않는다. 그리고 의견표현과 사실의 적시가 혼재되어 있는 경우에는 전체적으로 보아 사실의 적시인지 여부를 판단하여야 하는데, 내용 전체의 취지를 살펴볼 때 중요한 부분이 객관적 사실과 합치되는 경우에는 세부(細部)에 있어서 진실과 약간 차이가 나거나 다소 과장된 표현이 있다 하더라도 이를 허위의 사실로 볼 수는 없다.[35]

2)「왜곡」

왜곡이란 현실적으로 존재하는 사실을 진실과 다르게 조작하는 것을 말한다. 즉 객관적으로 보아 허위의 사실에까지는 이르지 아니하더라도 어떤 사실에 있어 그 일부를 은폐하거나 반대로 허위의 사실을 부가하거나 혹은 분식·과장·윤색하는 등으로 선거인의 공정한 판단을 그르치게 할 정도로서 전체적으로 보아 진실이라고 말할 수 없는 사실을 표현하는 것을 의미한다.[36]

3)「공표」·「보도」·「논평」

「공표」란 그 수단이나 방법의 여하를 불문하고 불특정 또는 다수의 사람이 알 수 있는 상태에 두는 것이다.[37] 「보도」란 객관적인 사실의 전달을 말하고, 「논평」이란 사실에 관하여 그 배경, 의미, 그에 관한 의견 등을 논하여 비평하는 것이다.

기타 「선거에 관하여」, 「여론조사결과」 등은 앞에서 설명한 '제15장 선거에 관한 여론조사 관련 규율'을 참고하기 바란다.

3. 처벌

본 조 제2항을 위반한 자는 7년 이하의 징역 또는 500만원 이상 3천만원 이하의 벌금에

---

35) 대법원 2002. 11. 13. 선고 2001도6292 판결, 대법원 1997. 6. 10. 선고 97도956 판결, 대법원 1999. 10. 22. 선고 99도3213 판결
36) 부산고등법원 2003. 3. 26. 선고 2002노941 판결
37) 대법원 1998. 9. 22. 선고 98도1992 판결

처한다(법 제252조 제1항). 본 조 제2항 제1호가 처벌대상으로 하고 있는 선거운동 목적의 허위보도 또는 왜곡보도 행위가 법 제250조의 허위사실공표죄에 해당하는 경우에는 그에 따른 처벌도 가능하다. 양자의 차이점은 본 조 제2항 제1호가 선거에 관한 사항이면 보도대상에 제한이 없는데 반하여 법 제250조는 후보자, 그의 배우자 또는 직계 존·비속이나 형제자매에 관한 사항이어야 하고, 특히 당선목적의 허위사실공표죄의 경우에는 출생지, 신분 등으로 그 대상이 제한된다.

제7절 방송·신문의 불법이용을 위한 행위 등의 제한

제97조(방송·신문의 불법이용을 위한 행위 등의 제한) ① 누구든지 선거운동을 위하여 방송·신문·통신·잡지 기타의 간행물을 경영·관리하는 자 또는 편집·취재·집필·보도하는 자에게 금품·향응 기타의 이익을 제공하거나 제공할 의사의 표시 또는 그 제공을 약속할 수 없다.
② 정당, 후보자, 선거사무장, 선거연락소장, 선거사무원, 회계책임자, 연설원, 대담·토론자 또는 제114조(政黨 및 候補者의 家族 등의 寄附行爲制限)제2항의 후보자 또는 그 가족과 관계있는 회사 등은 선거에 관한 보도·논평이나 대담·토론과 관련하여 당해 방송·신문·통신·잡지 기타 간행물을 경영·관리하거나 편집·취재·집필·보도하는 자 또는 그 보조자에게 금품·향응 기타 이익을 제공하거나 제공할 의사의 표시 또는 그 제공을 약속할 수 없다.
③ 방송·신문·통신·잡지 기타 간행물을 경영·관리하거나 편집·취재·집필·보도하는 자는 제1항 및 제2항의 규정에 의한 금품·향응 기타의 이익을 받거나 권유·요구 또는 약속할 수 없다.

제235조(방송·신문 등의 불법이용을 위한 매수죄) ① 제97조(放送·新聞의 不法利用을 위한 행위 등의 제한)제1항·제3항의 규정에 위반한 자는 5년 이하의 징역 또는 1천만원 이하의 벌금에 처한다.
② 제97조제2항의 규정에 위반한 자는 7년 이하의 징역 또는 2천만원 이하의 벌금에 처한다.

1. 개요

본 조 방송·신문 등의 불법이용을 위한 행위 등을 금지하기 위한 규정으로 언론관계자에 대한 매수행위를 금지하는 규정이다. 선거에서 유권자의 판단에 광범위한 영향력을 미치는 언론관계자에게 금품 등을 제공함으로써 선거와 관련한 보도·논평에 영향을 미치려는 행위를 차단하고 이를 통해 선거의 공정성을 보장하고자 하는 취지에서 규정되었다.

2. 언론관계자에게 금품 등 제공 금지(제1항)

가. 금지주체 및 기간

누구든지 상시적으로 금지된다.

나. 주관적 요건

「선거운동을 위하여」할 것을 요한다. 제2항은 선거운동 목적유무에 불구하고 보도·논평이나 대담·토론과 관련한 매수행위를 금지하고 있는데 반하여 본 조항은 선거운동 목적의 행위일 것을 요구한다. 「선거운동을 위하여」에는 선거에서 당선을 위한 유리한 보도를 하게 하려는 적극적인 목적뿐만 아니라 불리한 보도를 회피하려는 소극적인 목적도 포함된다.[38]

다. 상대방

「방송·신문·통신·잡지 기타의 간행물을 경영·관리하는 자 또는 편집·취재·집필·보도하는 자」를 대상이다. 본 조항의 상대방은 법 제96조의 허위보도 금지주체와 동일하다. 만약, 금품 등을 제공받은 언론관계자가 선거운동을 위하여 선거에 관한 허위보도를 하게 되면, 본 조항과 법 제96조에 모두 위반된다.

한편 본 조항의 언론관계자는 선거구민이거나 선거구민과 연고가 있는 자가 아니어도 해당된다. 만약, 선거구민이거나 선거구민과 연고가 있는 자의 지위를 함께 가지는 언론관계자에게 금품 등을 제공하였다면 본 조항뿐만 아니라 매수죄(법 제230조) 또는 기부행위죄(법 제257조)도 함께 적용된다.

---

38) 대법원 2010. 12. 9. 선고 2010도10451 판결

라. 금지되는 행위

「금품·향응 기타의 이익을 제공하거나 제공할 의사의 표시 또는 그 제공을 약속하는 행위」를 금지한다.

1) 「금전·향응 기타의 이익」

① 「금전」의 많고 적음이나 종류는 불문한다. ② 「향응」은 음식물로 타인을 접대하는 것만 의미하는 것이 아니라 사람에게 위안이나 쾌락을 주는 것은 모두 포함한다.[39] ④ 「기타의 이익」은 일반인의 수요나 욕망을 충족시켜주는 일체의 것으로서, 그 공여되는 이익이 일반의 상식으로 사교상 의례라고 인정되는 정도를 초과하는 것 또는 선거인 등의 마음을 움직일 수 있다고 인정되는 정도의 것을 말하고, 해당 여부는 공여하는 자와 공여받는 자의 사회적인 지위나 관습 등에 의하여 달라질 수 있다.[40] 기타의 이익은 유·무형을 불문하고, 영속적인 것이든 일시적인 것이든 상관이 없으며, 조건부라도 상관없다. 객관적으로 무가치한 것이라도 수령자에게 가치 있는 것과 불확정적인 이익도 본 조에 포함되며, 제공자가 정당한 처분권이 없거나 그 제공행위가 법률상 무효인 경우에도 본 조에 해당할 것이다.[41]

2) 「제공하거나 제공할 의사의 표시 또는 그 제공을 약속하는 행위」

「제공」은 본 조가 제공의 의사표시 또는 약속을 별도로 규정하고 있는 점에 비추어 현실적인 제공을 의미한다. 즉 제공자가 제공의 의사를 표시하고 피제공자가 그 취지를 인식하고 실제로 수수하였음을 요한다. 따라서 상대방이 제공의 취지를 인식하지 못하거나 수령의 의사가 없는 경우에는 제공의사표시죄가 성립될 뿐이다. 사실상 이익을 상대방에게 취득시키면 족하고 법률상 유효하게 취득시킬 필요는 없다. 「의사표시」는 상대방의 의사여하에 관계없이 일방적으로 제공의 의사를 표시하는 것이다. 상대방이 실제 의사표시를 인식하지 못하더라도 동거가족이나 고용인 등이 그 의사표시를 받는 등 사회통념상 상대방이 알 수 있는 객관적인 상태에 놓인 경우도 포함된다.[42] 제공의 「약속」은 장차 제공하겠다는 의사와 상대방의 승낙의 의사가 합치되는 경우이다. 상대방이 먼저 제공을 요구하여 이를 승낙한 경

---

39) 대검찰청, 공직선거법 벌칙해설 제10개정판, 189면(예를 들어 주석에서 여성으로 하여금 시중들게 하는 경우도 향응의 방법이 될 수 있고 향응의 장소인 정을 알면서 참석하여 즐거운 분위기를 향수하였다면 비록 음식물을 먹지 않았다고 하더라도 향응의 제공이 된다. 영화나 연극을 감상시키는 것, 온천 등에 초대하는 것, 이성과의 성교를 제공하는 것도 향응의 제공에 해당한다.)

40) 대검찰청, 공직선거법 벌칙해설 제10개정판, 189면

41) 대검찰청, 공직선거법 벌칙해설 제10개정판, 189면

42) 대검찰청, 공직선거법 벌칙해설 제10개정판, 193면

우에도 성립하고, 일단 약속이 이루어진 이상 약속이 취소되어도 본 죄의 성립에는 지장이 없다. 단 금품제공을 약속한 후 실제로는 그 일부만을 제공한 경우에는 금품제공약속행위 전부가 금품제공행위에 흡수된다고 볼 수 없고, 금품제공약속행위 전부와 금품제공행위를 포괄하여 1죄가 성립한다.[43]

마. 처벌

본 조항을 위반한 자는 5년 이하의 징역 또는 1천만원 이하의 벌금에 처한다(법 제235조 제1항).

3. 후보자 등의 언론관계자에게 금품 등 제공행위 금지(제2항)

가. 금지주체

「정당, 후보자(후보자가 되고자 하는 자를 포함한다), 선거사무장, 선거연락소장, 선거사무원, 회계책임자, 연설원, 대담·토론자, 후보자 또는 그 가족과 관계있는 회사등」이다. 「정당」은 정당법 제4조에 따른 정당의 중앙당과 시·도당을 말한다. 본 조항에서 창당준비위원회는 포함하고 있지 않다.

「선거사무장, 선거연락소장, 선거사무원」은 법 제63조에 따라 관할위원회에 신고된 자를 말한다. 「회계책임자」는 정치자금법 제34조에 따라 신고된 회계책임자 중에서 공직선거후보자·예비후보자와 선거연락소의 회계책임자를 말하며, 국회의원 또는 후원회의 회계책임자는 해당되지 않는다. 「연설원」은 대통령선거에서의 방송연설을 위한 연설원(법 제71조)을 말한다. 「대담·토론자」는 단체 또는 언론기관 주관 대담·토론회(법 제81조, 제82조)에 있어서 신고·통보된 자를 말한다. 다만, 선거방송토론위원회가 주관하는 정책토론회(법 제82조의3)나 정당의 정강·정책 방송연설(법 제137조의2)에 있어서 토론이나 연설을 하는 「정당의 대표자가 지정한 자」는 해당되지 않는다. 「후보자 또는 그 가족과 관계있는 회사등」은 법 제114조에 따른 「회사등」을 말한다.[44]

---

43) 대법원 2013. 2. 28. 선고 2012도15689 판결
44) 중앙선거관리위원회, 공직선거법해설서 I (2020년). 539면

나. 금지되는 기간

상시적으로 금지된다. 다만, 선거사무장, 선거연락소장, 선거사무원, 회계책임자, 연설원, 대담·토론자는 그 신분을 가지고 있는 기간에만 적용될 것이다.

다. 주관적 요건

「선거에 관한 보도·논평이나 대담·토론과 관련하여」 금품 등을 제공하는 행위를 금지하고 있다.

본 조항은 선거에 관한 보도·논평 등에 종사하는 언론인의 직무의 순수성을 보호하기 위해 만들어졌기 때문에 선거운동 목적 여부를 불문하고 금지되는 것이므로 반드시 특정 후보자에게 유리하거나 불리한 내용을 포함하고 있어야 하는 것을 의미하지는 않으며, 객관적이고 중립적인 내용이라 하더라도 금품 등의 제공이 그 보도·논평이나 대담·토론과 관련성이 있다면 「선거에 관한」 것으로 볼 수 있고, 이는 보도·논평이나 대담·토론의 내용이 선거 결과에 영향을 미치지 않았다거나 금품 등의 제공자가 자신에게 유리하거나 다른 후보자에게 불리한 내용의 보도 등을 요청하는 청탁을 하지 않았다고 하더라도 달라지지 않는다. 선거에 관한 보도·논평 등에 종사 하는 언론인의 직무의 순수성을 보호하기 위해 만들어졌기 때문이다.[45] 언론의 보도·논평이나 대담·토론이 선거와 관련 있는 내용이면 된다. 선거에 관한 내용의 대담·토론이면 모두 해당되고 법 제81조, 제82조 등 법 정하고 있는 대담·토론이나 금품 등을 제공하는 자와 관계있는 후보자측이 참여하는 대담·토론에 한정되는 것은 아니다.

라. 상대방

「방송·신문·통신·잡지 기타의 간행물을 경영·관리하는 자 또는 편집·취재·집필·보도하는 자」와 그 보조자를 말한다. 「보조자」는 현실적으로 선거에 관한 보도·논평이나 대담·토론과 관련한 업무를 보조하는 직에 종사하는 자를 말하고, 그 내용이 기술, 편집, 제작 등 어떤 것이든 상관이 없다. 직제상 명칭은 그 판단에 영향을 미치지 않으며, 주관자와 보조자가 반드시 상하 또는 지휘·감독 관계에 있을 필요도 없다. 다만, 보조자에게 금품을 제공할 경우 선거에 관한 보도·논평이나 대담·토론 등의 업무를 보조하는 자라는 인식은 필요하다고 본다.

---

45) 대법원 2019. 4. 30. 선고 2019도2567 판결

마. 금지되는 행위

금품·향응 기타의 이익을 제공하거나 제공할 의사의 표시 또는 그 제공을 약속하는 행위이다.

바. 처벌

본 조항을 위반한 자는 7년 이하의 징역 또는 2천만원 이하의 벌금에 처한다(법 제235조 제2항). 본 조 제1항보다 가벌성이 크다고 보아 형량을 높게 한 것으로 보인다.

4. 언론관계자의 금품 등 수수 금지(제3항)

가. 금지주체·상대방 및 기간

금지주체는 제1항 및 제2항에 따라 매수행위가 금지되는 상대방이다. 즉 「방송·신문·통신·잡지 기타의 간행물을 경영·관리하는 자 또는 편집·취재·집필·보도하는 자」가 본 조항의 주체가 된다. 다만, 제2항과 관련하여 「보조자」가 금지주체에서 제외되어 있다. 따라서 후보자 등 보조자에게 제공하는 행위는 본 조 제2항에 위반되어 제235조 제2항에 따라 처벌될 수 있으나, 보조자가 후보자 등에게 금품·향응 기타 이익을 받거나 권유·요구 또는 약속하는 행위는 처벌되지 않는다.

상대방은 제1항 및 제2항에 따라 금품 등을 제공할 수 없는 주체이며, 금지기간은 제공행위와 같이 상시 금지된다.

나. 주관적 요건

제공자가 선거운동을 위하여 또는 보도·논평이나 대담·토론과 관련하여 금품 등을 제공하는 것이라는 인식은 있어야 한다. 실제로 금품 등을 수수하고 선거운동을 하였는지 또는 보도·논평이나 대담·토론과 관련하여 어떠한 조치를 취하였는지 여부는 처벌에 아무런 영향이 없다.

다. 금지되는 행위

금품·향응 기타 이익을 받거나 권유·요구 또는 약속하는 행위이다. 그 이익이나 직을 현실적으로 지배할 수 있는 상태에 도달하면 족하다. 향응의 경우 제공자로부터 음식점에 초대되어 착석하면 성립하고, 실제 음식물에 손을 대지 않아도 향응의 제공을 받은 것이 된다. 「권유」는 매수행위를 하도록 하거나 그 상대방이 되도록 권하여 결의를 촉구하는 것을 말하고, 「요구」는 제공받을 의사로 상대방에게 능동적으로 매수행위를 요구하는 것이다.

라. 처벌

본 조항을 위반한 자는 법 제235조 제1항에 따라 5년 이하의 징역 또는 1천만원 이하의 벌금에 처한다. 그리고 법 제236조에 따라 언론관계자가 제공받은 금품 등의 이익은 필요적 몰수 대상이다.

5. 판례

① 인터넷 언론사 또는 인터넷 신문을 운영하는 자는 법 제97조 제2항의 '방송·신문·통신·잡지·기타 간행물을 경영·관리하거나 편집·취재·집필·보도하는 자'에 해당

공직선거법 제97조 제2항, 제3항은 정당, 후보자 등과 언론사 사이에서 이루어지는 금품·향응 기타 이익의 제공·권유·요구·약속을 금지하는 규정인데, 이 규정이 금지하는 행위들의 태양은 인터넷이라는 매체의 특수성에 따라 차이가 생기는 성질의 것이 아니므로, 그러한 행위들을 금지함에 있어 인터넷 언론사를 특별하게 규율하기 위한 별도의 규정을 둘 필요가 있다고 보기 어렵다.

그렇다면 인터넷 언론사에 관한 규정을 신설하면서, 공직선거법 제97조 제2항, 제3항에는 금품·향응 등의 제공이 금지되는 상대방으로 인터넷 신문의 관련자 또는 인터넷 언론사를 명시적으로 추가하지 않았다 하더라도, 이를 두고 인터넷 신문 또는 인터넷 언론사와 관련된 행위를 공직선거법 제97조 제2항, 제3항의 규율대상에서 제외하고자 한 입법자의 결단이 있었다고 볼 수 없다.

따라서 공직선거법 제97조 제2항, 제3항의 규율대상에 인터넷 신문 또는 인터넷 언론사가 제외되지 않는다고 봄이 타당하다. 공직선거법 제97조 제2항, 제3항의 '방송·신문·통신·잡지·기타 간행물'에 '인터넷 신문'이 포함된다고 보거나, '방송·신문·통

신·잡지·기타 간행물을 경영·관리하거나 편집·취재·집필·보도하는 자'에 '인터넷 언론사'가 포함된다고 보더라도, 죄형법정주의의 형벌법규 엄격해석 원칙 및 확장해석 금지의 원칙에 반하거나, 공직선거법 제97조 제2항의 '방송·신문·통신·잡지·기타 간행물'에 관한 해석과 적용을 잘못하여 판결에 영향을 미친 위법이 있다고 볼 수 없다(서울고등법원 2021. 1. 15. 선고 2019노1530 판결, 대법원 2021. 4. 8. 선고 2021도1177 판결).

② '선거에 관한 보도·논평이나 대담·토론과 관련하여'하여 이익 제공

이 법원이 적법하게 채택하여 조사한 증거들에 의하여 인정할 수 있는 아래와 같은 사정들, 즉 피고인 A, B가 C 등에게 매거진군산 표지모델이 될 것을 요청하고 후원금 등의 명목으로 돈을 요구한 시기, 위 피고인들과 C 등의 지위 또는 직책, 위 피고인들이 C 등을 매거진군산의 표지모델로 섭외하고 그들에 대한 홍보성 기사를 작성하는 과정에서 주고받은 대화나 문자메시지 내용, 당시 매거진군산의 재정 상태, C 등을 표지모델로 하여 실제로 매거진군산에 게재된 기사의 내용 등을 종합하여 보면, 피고인 A, B가 '선거에 관한' 보도와 관련하여 C 등에게 금품을 요구하고, 그 중 C로부터 200만 원을 수수한 사실을 인정할 수 있으므로, 선거와 무관하게 단순히 매거진군산의 만성 적자를 해결하기 위해 C 등에게 경제적 지원을 요청하였을 뿐이라는 위 피고인들의 주장은 받아들일 수 없다. 피고인 C가 선거에 관한 보도·논평의 대가로서 D명의의 계좌를 통해 피고인 A의 계좌로 200만 원을 송금한 사실을 인정할 수 있으므로, 위 200만 원은 피고인 C가 D의 광고비를 대신 지급한 것이라는 주장은 받아들일 수 없다.

설령 피고인 C가 그 주장과 같이 D를 대신하여 D의 광고비로 200만 원을 지급한 것이라고 하더라도, 피고인 C는 후원금을 지급하거나 광고주를 물색해 달라는 피고인 A, B의 부탁을 받고 D를 광고주로 섭외하여 매거진군산에 광고를 게재하도록 하였다는 것인바, 이러한 행위는 피고인 A, B에게 공직선거법 제97조 제2항 또는 제3항 소정의 '기타 이익'을 제공한 것으로 봄이 상당하므로, 이에 따라 피고인 C 및 피고인 A, B에 대해 공직선거법위반죄가 성립함에는 변함이 없다[대법원 2019. 4. 30. 선고 2019도2567 판결, 광주고등법원 2019. 1. 29. 선고 (전주)2018노193 판결].

③ 우호적 기사 게재와 대가수령

피고인이 신문편집국장으로서 지방의회의원선거에 출마할 뜻이 있는 자들과 개별적으로 공모하여 위 신문에 동인들이 지방의회의원으로서 적격자인 것처럼 기사를 게재하여 관내 주민들에게 배포하고, 입후보예정자에게 위 신문을 일정금액으로 매도하여 동인들이 배포하도록 하고, 입후보예정자의 회사에 대한 광고를 실어주고 그 대가로

금품을 교부받은바 있었다면 위와 같은 행위는 특정인을 당선시키기 위한 사전선거운동에 해당한다 할 것이다(대법원 1992. 10. 27. 선고 92도2136 판결).

④ 신문기사를 취재하는 자에게 금품제공

피고인은 '95. 6. 27. 실시된 함안군의회의원선거에 칠원면에서 입후보하였다가 낙선한 공소외 김○○의 선거사무원인바, '95. 6. 10. 14:00경 경남 함안군 가야읍 말산리소재 "아라신문사" 사무실에서 위 신문사의 전산실장인 공소외 오○○에게 위 김○○의 신문게재용 약력서와 사진들을 제출하면서 위 신문사 취재부장 조○○에게 전해 달라며 금 100,000원을 교부하여 신문기사를 취재하는 자에게 금품을 제공한 것이다(창원지방법원 1995. 9. 21. 선고 95고합259 판결).

⑤ 지방자치단체의 장이 지역 여론형성에 영향력이 큰 지역 기자 12명에게 합계 500만원을 교부

원심은 위 규정 위반으로 인한 공선법위반죄가 성립하기 위해서는 '선거운동을 위한다'는 주관적 목적이 있어야 하는데, 여기서 '선거운동'이라 함은 공선법 제2조 소정의 공직선거에서의 당선 또는 낙선을 위하여 필요하고도 유리한 모든 행위로서 당선또는 낙선을 도모한다는 목적의사가 객관적으로 인정될 수 있는 능동적·계획적인 행위를 말하고(대법원 2007. 3. 29. 선고 2006도8518 판결 등 참조), 선거운동을 위한다는 것은 어떠한 형태로든 당락에 영향을 미치게 하기 위하여라는 의미로 이해된다고 설시한 다음 그 채택·조사한 증거들에 의하여 인정되는 다음과 같은 사정, 즉 ① 피고인이 기자들에게 한 번에 제공한 금원은 10만 원 내지 50만 원으로, 가장 많은 금원을 받은 기자가 3회에 걸쳐 합계 90만 원을 받아 개개인의 기자가 취득한 금원의 액수가 크지 않은 점, ② 피고인이 금원을 제공한 일시가 크게 2009. 7.경부터 같은 해 10.경 사이이거나 2009. 12. 말경부터 2010. 2. 말경 사이로 시기적으로 2010. 6. 2.에 있었던 선거와는 상당히 떨어져 있는 점, ③ 피고인이 기초자치단체의 장으로서 자치단체가 원활하게 운영되도록 할 목적에서 기자들에게 금원을 제공한 것으로 보이는 점, ④ 금원을 교부받은 기자들 모두 피고인과 잘 아는 기자들로 피고인이 특별한 목적을 가지고 금원을 제공한 것으로 받아들이지 않고 있는 점 등에 비추어 볼 때, 피고인이 교부한 금원의 지급행위가 '선거운동을 위하여' 제공된 것이라고 인정하기 어렵고, 한편 금원을 교부받은 기자들이 작성한 기사의 내용도 피고인의 자치단체장으로서의 활동 등을 게재한 기사로 이러한 기사들만으로는 피고인이 선거운동을 위하여 금원을 제공하였다는 이 부분 공소사실을 인정하기에 부족하고, 달리 이를 인정할 증거가 없다고 판단하였는바, 기록과 대조하여 볼 때, 원심의 위와 같은 판단은 정당한 것으로 수긍이

가고, 검사가 당심에서 추가로 제출한 증거를 더하여 보더라도 마찬가지이므로, 원심 판결에 검사가 지적하는 바와 같은 사실오인 내지 법리오해의 잘못이 있다고 할 수 없다(부산고등법원 2010. 9. 8. 선고 2010노495 판결, 대법원 2011. 4. 14. 선고 2010도12313 판결).

⑥ 선거사무장이 선거에 관한 보도를 한 인터넷 언론사 기자에게 금품 제공

피고인은 2014. 6. 4. 실시된 제6회 전국동시지방선거 부천시의회 라 선거구에서 출마하여 당선된 ○○○의 선거사무장이다. 피고인은 2014. 5. 21.경 부천시 원미구의 선거사무실에서 부천지역 인터넷 언론사인 ☆☆☆ 뉴스에 5. 18.자 '부천시의원 라 선거구 후보 전과, ○○○ 음주운전 유일'이라는 제목으로 ○○○의 음주운전 전력이 기사화되자, 위 기사를 작성한 기자 ◇◇◇에게 전화로 '기사를 내려달라, 그러면 인터넷 광고비 명목으로 30만 원을 지급하겠다'라고 말하여 금품제공 의사를 표시하였다. 이로써 피고인은 선거사무장으로서 선거에 관한 보도를 한 기자에게 금품 제공의 의사를 표시하였다(인천지방법원 부천지원 2014. 10. 16. 선고 2014고합163 판결).

⑦ 신문사 소속 기자가 다른 기자에게 지방자치단체장 선거의 후보자를 홍보하는 기사 게재를 요청하면서 금품 제공

원심이 적법하게 채택·조사한 증거들을 종합하여 알 수 있는 다음의 사정들, 즉 ① 피고인이 공소외 1에게 20만 원을 전달하기 직전인 2014. 4. 13. 09:09경부터 2014. 4. 15. 14:23경까지 사이에, 피고인은 공소외 1의 휴대전화 카카오톡 메시지로 공소외 2를 홍보하는 내용을 담은 기사의 인터넷 주소 및 기사 작성 시 참고할 시나리오 등을 집중적으로 보내주면서 기사 게재를 부탁하였던 점, ② 피고인은 2014. 4. 15. 오전에 공소외 1에게 전화를 하여 "보안이 필요한 자료가 있으니 급히 만나자."라고 하여 공소외 1을 김해시 부원동소재 한국전력공사 뒤편 주차장으로 불러낸 뒤, 같은 날 15:00경 위 장소에서 공소외 1을 만나, '祝結婚'이라고 씌어진 봉투에 20만 원을 넣고 위 봉투를 공소외 2의 자서전 책갈피에 끼워 함께 전달하였던 점, ③ 공소외 1이 위 일시, 장소에서 자신의 언니에 대한 결혼 축의금을 받아야 할 특별한 이유가 없는 것으로 보이는 점(공소외 1진술에 따르면, 피고인이 당시 공소외 1에게 그와 같은 명목의 돈이라고 명확하게 밝히지도 않았다), ④ 피고인은 공소외 1에게 위 20만 원을 전달한 직후인 2014. 4. 15. 16:47경부터 2014. 4. 16. 13:58경까지 사이에 공소외 1의 이메일 및 카카오톡 메시지로 공소외 2의 공약, 자서전을 요약한 내용 및 관련 기사를 보내주면서 공소외 1이 소속된 □□□□신문사가 발행하는 신문에 공소외 2를 홍보하는 내용의 기사를 게재해 줄 것을 재차 부탁하였던 점 등에 비추어 보면, 피고인이 공소외 1에게 전달한 위 20만 원은 공소외 2에 대한 기사보도 요청과 관련된 돈이라고 넉넉히 인정할 수

있다. 따라서 피고인의 이 부분 주장도 받아들일 수 없다(부산고등법원 2014. 11. 5. 선고 2014노268 판결).

⇨ 언론인의 선거운동을 금지한 제60조 제1항 제5호 중 '제53조 제1항 제8호에 해당하는 자' 부분은 위헌결정(헌법재판소 2016. 6. 30. 2013헌가1 결정)됨에 따라, 2020. 12. 29. 법 제60조 제1항 제5호를 개정하여 언론인은 선거운동을 할 수 있음.

⑧ 법 제97조 위반행위로 신문사도 처벌된 사례

피고인 A는 2018. 3. 2. 제7회 전국동시지방선거 ☆☆당 ○○시장 예비후보자로 출마하여 2018. 4. 25. ☆☆당 경선에서 탈락한 후 2018. 4. 30. 예비후보자 사퇴신고를 한 사람이다. 피고인 B는 ××신문 주식회사의 발행인이자 실질적인 대표이고 호텔을 운영하는 사람이다. 피고인 ××신문 주식회사는 언론 및 출판사업 등을 목적으로 설립되어 ○○ 지역에서 신문사업 및 인터넷신문사업을 영위하는 법인이다.

1. 피고인 A

후보자 또는 후보자가 되려는 사람은 선거에 관한 보도와 관련하여 당해 신문을 경영·관리하는 사람에게 금품을 제공하여서는 안 된다.

피고인은 정▲▲을 통하여 자신의 주요 선거공약 중 하나인 '레저테마파크 ○○랜드 조성'에 관한 언론인 초청 공약 설명회 장소를 물색하던 중 2018. 4. 16.경 호텔에서 B로부터 호텔 3층 사파이어홀을 빌려 설명회를 개최하기로 하고 B가 운영하는 ××신문 주식회사에서 위 브리핑에 대한 홍보 기사를 내주는 대가로 200만 원을 지급할 것을 약속하였다.

이후 피고인은 2018. 4. 18.경 호텔 3층 사파이어홀에서 위 공약 설명회를 실시한 후 2018. 4. 20.자 ××신문 제12면에 「6천억 규모의 레저테마파크 '○○랜드' 조성」이라는 제목 하에 '2,213명 고용창출·하루 평균 ○○ 찾는 유동인구 1만 명 이상' 등의 내용을 담은 공약 설명회 홍보 기사가 게재되자, 2018. 4. 23. 14:37경 '광고비' 명목으로 200만 원을 ××신문 주식회사 명의의 우리은행 계좌로 송금하였다.

2. 피고인 B

신문을 경영·관리하는 사람은 후보자 또는 후보자가 되려는 사람으로부터 선거에 관한 보도와 관련하여 금품을 받아서는 안 된다.

그럼에도 불구하고 피고인은 2018. 4. 16.경 정▲▲을 통하여 제1항 기재와 같이 호텔 3층 사파이어홀을 A의 공약 설명회 장소로 빌려주면서 피고인이 운영하는 ××신문 주식회사에서 위 브리핑에 대한 홍보 기사를 내주는 대가로 200만 원을 지급받을 것을 약속하였다.

이에 피고인은 제1항 기재와 같이 A의 공약 설명회 이후, 2018. 4. 20.자 ××신문 제12면에 「6천억 규모의 레저테마파크 '○○랜드' 조성」이라는 제목 하에 '2,213명 고용창출·하루 평균 ○○ 찾는 유동인구 1만 명 이상' 등의 내용을 담은 공약 설명회 홍보 기사를 게재하고, 2018. 4. 23. 14:37경 '광고비' 명목으로 200만 원을 ××신문 주식회사 명의의 우리은행 계좌로 송금받았다.

3. 피고인 ××신문 주식회사

피고인은 제2항 기재 일시, 장소에서 피고인의 발행인이자 실질적인 대표자인 B가 피고인의 업무에 관하여 제2항 기재와 같이 위반행위를 하였다(서울고등법원 2019. 1. 31. 선고 2018노3183 판결).

제8절 선거운동을 위한 방송이용의 제한

제98조(선거운동을 위한 방송이용의 제한) 누구든지 이 법의 규정에 의하지 아니하고는 그 방법의 여하를 불문하고 방송시설을 이용하여 선거운동을 위한 방송을 하거나 하게 할 수 없다.

1. 개요

법은 방송시설을 이용하여 선거운동하는 경우로 방송광고(제70조), 방송연설(제71조), 방송시설주관 방송연설(제72조), 경력방송(제73조), 방송시설주관 경력방송(제74조), 언론기관초청 대담·토론회(제82조), 선거방송토론위원회주관 토론회(제82조의2) 등으로 제한적으로 열거하고 있다. 이 경우를 제외하고 방송시설을 이용한 선거운동을 금지하는 규정이다. 많은 비용이 소요되는 방송시설을 이용한 선거운동을 무한정 허용하는 경우에는 후보자간의 경제력 차이에 따른 선거운동의 불균등이 초래될 수 있기 때문에 법정선거운동방법으로 방송시설을 이용할 수 있는 경우를 정하고, 그 외에 방송시설을 이용한 선거운동을 금지함으로써 후보자간 선거운동에 있어서의 기회균등을 보장하고 선거의 공정성을 확보하기 위한 취지이다.

2. 구성요건

가. 금지주체 및 기간

누구든지 상시 금지된다.

나. 금지되는 행위

이 법에 의하지 아니하고 그 방법의 여하를 불문하고 방송시설을 이용하여 선거운동을 위한 방송을 하거나 하게 하는 행위이다.

1) 「이 법의 규정에 의하지 아니하고」

이 법에 의한 방송시설 이용 선거운동의 각 규정과 절차에 따르지 아니하고 방송시설을 이용하여 선거운동을 위한 방송을 하는 행위가 제한된다.

2) 「방송시설을 이용하여」

「방송」이라 함은 방송법에 따라 방송프로그램을 기획·편성 또는 제작하여 이를 공중인 시청자에게 전기통신설비에 의하여 송신하는 것을 의미하며, 「방송시설」은 일정한 장비와 인원을 갖추고 전파매체를 통하여 대중에게 의사를 전달하는 시설로서 방송법에 따른 방송사업자가 관리·운영하는 방송시설을 말한다. 개인사설 앰프 방송시설, 리·동의 방송시설, 지하철 객차 내부 모니터를 이용한 방송시설[46] 등은 구내방송시설로서 본 조의 방송시설에 해당되지 않는다.

방송시설을 이용하는 방법이나 형식에는 아무런 제한이 없다. 따라서 광고, 연설, 자막, 대담·토론 기타 어떤 방법이나 형식을 취하든 관계가 없다. 그리고 방송시설을 이용하는 방법에 따라서 선거에 영향을 미치는 녹음·녹화물 등의 상영행위나 선거운동을 위한 광고가 되어 법 제93조, 법 제94조에도 동시에 위반될 수 있다.

3) 「선거운동을 위한 방송을 하거나 하게 하는 행위」

특정 정당이나 후보자의 당선 또는 낙선에 유·불리하게 작용할 수 있는 선거운동 내용의 방송일 것을 요한다. 방송사가 언론기관 본연의 기능으로서 선거와 관련한 취재를 하고 뉴

---

46) 중앙선거관리위원회 2007. 3. 28. 회답

스시간 등에 보도함으로써 결과적으로 그 내용이 특정 정당이나 후보자의 당선 또는 낙선에 유·불리한 결과가 초래되더라도 본 조에 위반되는 것은 아니다.

3. 중앙선거관리위원회 행정해석

① 중계유선방송의 후보자공약 자막방송

　중계유선방송의 자막방송으로 후보자들의 경력 및 공약을 고지할 수 없음(1995. 6. 10. 회답).

② 도의회의 의정활동 중계방송 비용부담

　언론기관이 취재·보도의 일환으로 지방의회의 의정활동을 중계방송하는 것은 무방할 것이나, 지방의회가 중계방송 비용을 부담하면서 지방의회의원의 활동상황을 방송하도록 하는 때에는 언론사의 통상적인 취재·보도 방법의 범위를 벗어나 후보자가 되고자 하는 자의 활동상황을 선거구민에게 알리는 선거운동에 이르게 될 것이므로 공선법 제98조 또는 제254조의 규정에 위반될 것임(2002. 8. 19. 회답).

③ 한국노총의 정책연대 후보자 결정을 위한 투표의 라디오광고

　한국노총이 제17대 대통령선거에서 정책연대할 후보자를 결정하기 위하여 조합원을 대상으로 ARS 설문조사를 실시한다는 내용의 라디오광고를 하는 것은 한국노총이 정책연대를 하게 될 후보자를 선전하는 광고에 해당되므로 공선법 제98조에 위반될 것임(2007. 11. 19. 회답).

④ 종합유선방송사의 예비후보자 소개 프로그램 제작·방송 등

1. 종합유선방송사가 선거운동기간 전에 선거운동에 이르는 내용의 예비후보자 소개 프로 그램을 제작·방송하는 것은 법 제98조 또는 제254조에 위반될 것임.

2. 종합유선방송사가 국회의원선거의 선거일 전 60일부터 선거운동기간개시일 전일까지 법 제82조에 따라 예비후보자를 선정하여 공정하게 대담·토론회를 개최하고 방송·보도 하는 것은 무방할 것이나, 선거일 전 60일 전에 방송·보도하는 것은 같은 법 제254조에 위반될 것임(2012. 1. 16. 회답).

4. 처벌

본 조를 위반한 자는 3년 이하의 징역 또는 600만원 이하의 벌금에 처한다(법 제252조 제3항).

제9절 언론기관의 선거보도 공정성 유지를 위한 사후 교정 제도

1. 개요

법은 언론기관에 대해 포괄적으로 공정보도의무를 부담하도록 명시적으로 규정하면서(제8조), 선거방송심의위원회·선거기사심의위원회·인터넷선거보도심의위원회를 설치하여 선거보도의 공정성을 심의하여 사후적으로 교정하는 제도를 두고 있다(제8조의2 내지 제8조의6). 다만 입법자는 법에 어떠한 선거보도를 불공정하다고 볼 것인지에 대해 자세히 규정하기 보다는, 각 위원회로 하여금 그 기준을 정하여 공표하도록 함으로써(제8조의2 제4항, 제8조의3 제6항, 제8조의5 제6항), 선거보도의 자유를 폭넓게 보장하면서 선거보도의 공정성을 중립적인 기관으로 하여금 심의하여 교정하도록 하였다.[47]

2. 선거방송심의위원회

제8조의2(선거방송심의위원회) ① 「방송통신위원회의 설치 및 운영에 관한 법률」 제18조제1항에 따른 방송통신심의위원회(이하 "방송통신심의위원회"라 한다)는 선거방송의 공정성을 유지하기 위하여 다음 각 호의 구분에 따른 기간 동안 선거방송심의위원회를 설치·운영하여야 한다.
 1. 임기만료에 의한 선거
 제60조의2제1항에 따른 예비후보자등록신청개시일 전일부터 선거일 후 30일까지
 2. 보궐선거등
 선거일 전 60일(선거일 전 60일 후에 실시사유가 확정된 보궐선거등의 경우에는 그 선거의 실시사유가 확정된 후 10일)부터 선거일 후 30일까지

---

[47] 헌법재판소 2019. 11. 28. 2016헌마90 결정

② 선거방송심의위원회는 국회에 교섭단체를 구성한 정당과 중앙선거관리위원회가 추천하는 각 1명, 방송사(제70조제1항에 따른 방송시설을 경영 또는 관리하는 자를 말한다. 이하 이 조 및 제8조의4에서 같다)·방송학계·대한변호사협회·언론인단체 및 시민단체 등이 추천하는 사람을 포함하여 9명 이내의 위원으로 구성한다. 이 경우 선거방송심의위원회를 구성한 후에 국회에 교섭단체를 구성한 정당의 수가 증가하여 위원정수를 초과하게 되는 경우에는 현원을 위원정수로 본다.

③ 선거방송심의위원회의 위원은 정당에 가입할 수 없다.

④ 선거방송심의위원회는 선거방송의 정치적 중립성·형평성·객관성 및 제작기술상의 균형유지와 권리구제 기타 선거방송의 공정을 보장하기 위하여 필요한 사항을 정하여 이를 공표하여야 한다.

⑤ 선거방송심의위원회는 선거방송의 공정여부를 조사하여야 하고, 조사결과 선거방송의 내용이 공정하지 아니하다고 인정되는 경우에는 「방송법」 제100조제1항 각 호에 따른 제재조치 등을 정하여 이를 「방송통신위원회의 설치 및 운영에 관한 법률」 제3조제1항에 따른 방송통신위원회에 통보하여야 하며, 방송통신위원회는 불공정한 선거방송을 한 방송사에 대하여 통보받은 제재조치 등을 지체없이 명하여야 한다.

⑥ 후보자 및 후보자가 되려는 사람은 제1항에 따라 선거방송심의위원회가 설치된 때부터 선거방송의 내용이 불공정하다고 인정되는 경우에는 선거방송심의위원회에 그 시정을 요구할 수 있고, 선거방송심의위원회는 지체없이 이를 심의·의결하여야 한다.

⑦ 선거방송심의위원회의 구성과 운영 그 밖에 필요한 사항은 방송통신심의위원회규칙으로 정한다.

가. 의의

본 조는 선거방송의 공정성을 유지하기 위하여 선거방송심의위원회의 설치 및 운영, 불공정 여부의 조사 및 처리에 관하여 규정하고 있다. 선거방송심의위원회의 심의대상이 되는 「방송」은 방송법 제2조에 규정된 텔레비전방송, 라디오방송, 데이터방송, 이동멀티미디어방송이다. 제2항에 따라 위원을 추천할 권한이 있는 「국회에 교섭단체를 구성한 정당」은 하나의 정당이 하나의 교섭단체를 구성한 경우의 정당을 말하는 것이므로, 국회법 제33조 제1항 후문에 따라 둘 이상 정당의 소속의원들이 교섭단체를 구성하는 경우에는 이에 해당하지 아니한다.[48]

선거방송심의위원회 위원 추천과 관련하여 방송위원회(현 방송통신심의위원회) 자체 추천위원 임명의 적법성에 대하여 판례는 "본 조에서 정한 단체의 추천을 받지 않고 선거방송심의위원회 위원을 위촉한 것은 적법하다."고 보았다.[49]

---

48) 중앙선거관리위원회 2018. 3. 21. 회답
49) 서울행정법원 2008. 1. 17. 선고 2007구합36206 판결

2022. 1. 21 법 개정을 통하여 선거운동을 할 수 있는 방송시설과 후보자 등의 방송연설을 중계방송할 수 있는 범위에 종합편성채널을 추가되어(제70조 제1항 및 제71조 제12항) 종합편성채널도 선거방송심의위원회 위원 추천을 행사할 수 있게 되었다.

나. 선거방송 공정성 확보

본 조 제4항은 선거방송의 공정성을 견지하기 위한 기준 공표의무를 규정하고 있고, 방송통신심의위원회는 방송심의에 관한 규정 제12조에서 정치인 출연 및 선거방송의 공정성을 규정하면서 공직선거법에 의한 방송과 선거와 관련한 사항은 선거방송심의위원회의 구성 및 운영에 관한 규칙 및 선거방송심의에 관한 특별규정에 의하도록 하고 있다. 선거방송심의에 관한 특별규정은 방송의 정치적 중립, 공정성, 형평성, 객관성, 제작기술상의 균형 및 후보자가 출연하는 방송의 제한 등 심의기준을 정하고 있다.

[방송심의에 관한 규정]

제12조(정치인 출연 및 선거방송) ① 방송은 정치와 공직선거에 관한 문제를 다룰 때에는 공정성과 형평성에 있어 주의를 기울여야 한다.

② 방송은 정치문제를 다룰 때에는 특정정당이나 정파의 이익이나 입장에 편향되어서는 아니된다.

③ 방송은 「공직선거법」의 규정에 의한 선거에서 선출된 자와 정당법에 의한 정당간부를 출연시킬 때는 공정성의 원칙에 따라 균형을 유지하여야 한다.

④ 방송은 「공직선거법」의 규정에 의한 선거에서 선출된 자와 국무위원, 정당법에 의한 정당간부는 보도프로그램이나 토론프로그램의 진행자 또는 연속되는 프로그램의 고정진행자로 출연시켜서는 아니된다.

⑤ 「공직선거법」에 의한 방송 및 프로그램중 선거와 관련한 사항은 「선거방송심의위원회의 구성과 운영에 관한 규칙」과 「선거방송심의에 관한 특별규정」에 의한다.

[선거방송 심의에 관한 특별규정]

제4조(정치적 중립) ① 방송은 선거의 후보자(후보자가 되고자 하는 자를 포함한다. 이하 "후보자"라 한다)와 선거에 참여하는 정당(이하 "정당"이라 한다)에 대하여 정치적 중립을 지켜야 한다.

② 방송은 특정한 후보자나 정당의 주의·주장 또는 이익을 지지·대변하거나 옹호하여서는 아니된다.

제5조(공정성) ① 방송은 선거에 관한 사항을 공정하게 다루어야 한다.

② 방송은 방송프로그램의 배열과 그 내용의 구성에 있어서 특정한 후보자나 정당에게 유리하거나 불리하지 않도록 하여야 한다.

③ 방송은 선거법에 따른 선거일의 0시부터 투표마감시각까지 해당 선거결과에 영향을 미칠 수 있는 내용을 다루어서는 아니 된다. 다만, 투표율, 투표 참여의 독려 또는 선거와 관련된 사건·사고 등을 방송하는 경우에는 그러하지 아니 한다.

제6조(형평성) ① 방송은 선거방송에서 후보자와 정당에 대하여 실질적 형평의 원칙에 따라 공평한 관심과 처우를 제공하여야 한다.

② 방송은 선거방송에서 선거가 실시되는 방송구역내의 각 지역을 균형있게 다루어야 하며, 여러종류의 선거를 다룸에 있어서 적절한 균형을 유지하여야 한다.

③ 방송은 후보자나 정당의 수가 많고 방송시간의 제약 등 불가피한 사유가 있는 경우 선거법 제82조의2 제4항에 해당하는 후보자나 정당을 중심으로 보도할 수 있다. 다만, 이 경우에도 그 밖의 후보자나 정당을 포함하도록 노력하여야 한다.

제7조(소수자에 대한 기회 부여) 방송은 제5조 및 제6조의 규정에 따른 공정성 및 형평성을 유지하는 범위 안에서 소수자나 소외계층을 대변하는 정당 또는 후보자에게 출연기회를 부여할 수 있다.

제8조(객관성) ① 방송은 선거에 관련된 사실을 객관적으로 정확히 다루어야 한다.

② 방송은 선거의 쟁점이 된 사안에 대한 여러 종류의 상이한 관점이나 견해를 객관적으로 다루어야 한다.

제14조(균등한 기회 부여) ① 방송은 후보자를 초청하는 대담·토론 프로그램의 경우 공정한 기준을 마련하여 후보자들이 균등한 참여기회를 가질 수 있도록 유의하여야 한다.

② 방송은 뉴스(정규뉴스 및 종합구성 형식의 프로그램에서 방송되는 보도기사를 말한다) 보도의 경우 후보자들에 대한 방송내용이 전체적으로 형평을 유지하게 하여야 한다.

제21조(후보자 출연 방송제한등) ① 방송은 선거일전 90일부터 선거일까지 선거법의 규정에 의한 방송 및 보도·토론방송을 제외한 프로그램에 후보자를 출연시키거나 후보자의 음성·영상 등 실질적인 출연효과를 주는 내용을 방송하여서는 아니된다. 다만, 선거에 특별한 영향을 미칠 우려가 없거나 프로그램의 성질상 다른 것으로 변경 또는 대체하는 것이 현저히 곤란한 경우에는 그러하지 아니하다.

② 방송은 제1항에서 규정한 기간 중 후보자를 보도·토론 프로그램의 진행자로 출연시켜서는 아니된다.

③ 방송은 특정한 후보자나 정당에 대한 지지를 공표한 자 및 정당의 당원을 선거기간 중 시사정보프로그램의 진행자로 출연시켜서는 아니된다.

제22조(광고방송의 제한) 방송은 선거일전 90일부터 선거일까지 후보자 모델이 된 광고를 방송하여서는 아니된다. 후보자의 성명, 경력, 사진, 음성 또는 상징을 이용하는 등 후보자에게 선거운동효과를 주는 광고 또한 같다.

선거방송심의위원회는 선거방송의 공정성여부를 조사하여야 하며, 조사결과 불공정하다고 인정되는 선거방송을 한 방송사에 대하여 방송법 제100조 제1항 각 호에서 규정하고 있는 제재조치를 결정하여 이를 방송통신위원회에 통보하여야 한다. 방송법 제100조 제1항 각 호가 아닌 본문에 규정된 과징금 부과를 제재조치로 정할 수는 없다.

[방송법]

제100조(제재조치등) ① 방송통신위원회는 방송사업자·중계유선방송사업자·전광판방송사업자 또는 외주제작사가 제33조의 심의규정 및 제74조제2항에 의한 협찬고지 규칙을 위반한 경우에는 5천만원 이하의 과징금을 부과하거나 위반의 사유, 정도 및 횟수 등을 고려하여 다음 각호의 제재조치를 명할 수 있다. 제35조에 따른 시청자불만처리의 결과에 따라 제재를 할 필요가 있다고 인정되는 경우에도 또한 같다. 다만, 방송통신심의위원회는 심의규정 등의 위반정도가 경미하여 제재조치를 명할 정도에 이르지 아니한 경우에는 해당 사업자·해당 방송프로그램 또는 해당 방송광고의 책임자나 관계자에 대하여 권고를 하거나 의견을 제시할 수 있다.

1. 삭제 〈2013. 3. 23.〉

2. 해당 방송프로그램 또는 해당 방송광고의 정정·수정 또는 중지

3. 방송편성책임자·해당 방송프로그램 또는 해당 방송광고의 관계자에 대한 징계

4. 주의 또는 경고

② 제1항에 따른 제재조치가 해당방송프로그램의 출연자로 인하여 이루어진 경우 해당방송사업자는 방송 출연자에 대하여 경고, 출연제한 등의 적절한 조치를 취하여야 한다.

다. 불공정한 선거방송 시정요구

후보자 또는 후보자가 되려는 자는 선거방송심의위원회가 설치된 때부터 선거방송의 내용이 불공정하다고 인정되는 경우에는 선거방송심의위원회에 그 시정을 요구할 수 있다. 정당은 불공정한 선거방송에 대한 시정요구 권한이 없고, 후보자가 시정요구를 제기할 수 있는 기한은 명시적으로 정해져 있지 아니하나 선거방송심의위원회가 설치·운영되는 기간 중에 할 수 있다.

한편 방송통신위원회의 설치 및 운영에 관한 법률 제21조, 방송법 제32조 및 방송법 시행령 제21조에 따라 선거방송심의위원회가 설치되지 않은 기간 동안에도 방송통신심의위원회는 선거방송의 불공정 여부를 심의할 수 있다.

[방송통신위원회의 설치 및 운영에 관한 법률]

제21조(심의위원회의 직무) 심의위원회의 직무는 다음 각 호와 같다.

1. 「방송법」 제32조에 규정된 사항의 심의

2. 「방송법」 제100조에 따른 제재조치 등에 대한 심의·의결

3. 「정보통신망 이용촉진 및 정보보호 등에 관한 법률」 제44조의7에 규정된 사항의 심의

[방송법]

제32조(방송의 공정성 및 공공성 심의) 방송통신심의위원회는 방송·중계유선방송 및 전광판방송의 내용과 그 밖에 전기통신회선을 통하여 공개를 목적으로 유통되는 정보중 방송과 유사한 것으로서 대통령령으로 정하는 정보의 내용이 공정성과 공공성을 유지하고 있는지의 여부와 공적 책임을 준수하고 있는지의 여부를 방송 또는 유통된 후 심의·의결한다. 이 경우 매체별·채널별 특성을 고려하여야 한다.

[방송법 시행령]

제21조(방송과 유사한 정보의 심의) ① 법 제32조에서 "대통령령이 정하는 정보"라 함은 방송사업자·중계유선방송사업자 및 전광판방송사업자가 전기통신회선을 통하여 "방송", "TV" 또는 "라디오" 등의 명칭을 사용하면서 일정한 편성계획에 따라 유통시키는 정보를 말한다.

② 방송통신심의위원회는 제1항에서 규정한 정보가 법 제33조의 규정에 의한 방송심의에 관한 규정을 위반한 때에는 그 정보의 제공자에 대하여 이의 시정을 권고할 수 있다.

3. 선거기사심의위원회

제8조의3(선거기사심의위원회) ① 「언론중재 및 피해구제 등에 관한 법률」 제7조에 따른 언론중재위원회(이하 "언론중재위원회"라 한다)는 선거기사(사설·논평·광고 그 밖에 선거에 관한 내용을 포함한다. 이하 이 조에서 같다)의 공정성을 유지하기 위하여 제8조의2제1항 각 호의 구분에 따른 기간 동안 선거기사심의위원회를 설치·운영하여야 한다.

② 선거기사심의위원회는 국회에 교섭단체를 구성한 정당과 중앙선거관리위원회가 추천하는 각 1명, 언론학계·대한변호사협회·언론인단체 및 시민단체 등이 추천하는 사람을 포함하여 9명 이내의 위원으로 구성한다. 이 경우 위원정수에 관하여는 제8조의2제2항 후단을 준용한다.

③ 선거기사심의위원회는 「신문 등의 진흥에 관한 법률」 제2조제1호에 따른 신문, 「잡지 등 정기간행물의 진흥에 관한 법률」 제2조제1호에 따른 잡지·정보간행물·전자간행물·기타간행물 및 「뉴스통신진흥에 관한 법률」 제2조제1호에 따른 뉴스통신(이하 이 조 및 제8조의4에서 "정기간행물등"이라 한다)에 게재된 선거기사의 공정 여부를 조사하여야 하고, 조사결과 선거기사의 내용이 공정하지 아니하다고 인정되는 경우에는 해당 기사의 내용에 대하여 다음 각 호의 어느 하나에 해당하는 제재조치를 결정하여 이를

언론중재위원회에 통보하여야 하며, 언론중재위원회는 불공정한 선거기사를 게재한 정기간행물등을 발행한 자(이하 이 조 및 제8조의4에서 "언론사"라 한다)에 대하여 통보받은 제재조치를 지체 없이 명하여야 한다.

　　1. 정정보도문 또는 반론보도문 게재

　　2. 경고결정문 게재

　　3. 주의사실 게재

　　4. 경고, 주의 또는 권고

④ 정기간행물등을 발행하는 자가 제1항에 규정된 선거기사심의위원회의 운영기간중에 「신문 등의 진흥에 관한 법률」 제2조제1호가목 또는 다목의 규정에 따른 일반일간신문 또는 일반주간신문을 발행하는 때에는 그 정기간행물등 1부를, 그 외의 정기간행물등을 발행하는 때에는 선거기사심의위원회의 요청이 있는 경우 1부를 지체없이 선거기사심의위원회에 제출하여야 한다.

⑤ 제4항의 규정에 의하여 정기간행물등을 제출한 자의 요구가 있는 때에는 선거기사심의위원회는 정당한 보상을 하여야 한다.

⑥ 제8조의2(選擧放送審議委員會)제3항·제4항 및 제6항의 규정은 선거기사심의위원회에 관하여 이를 준용한다.

⑦ 선거기사심의위원회의 구성과 운영에 관하여 필요한 사항은 언론중재위원회가 정한다.

가. 의의

본 조는 언론사가 대의민주주의를 실현하는 수단인 선거와 관련된 보도를 함에 있어 공적인 책임의식을 높이고 선거에 관한 공정하고 자유로운 여론이 형성될 수 있도록 하기 위하여, 선거기사심의위원회로 하여금 선거기사의 내용이 공정하지 아니하다고 인정되는 경우 언론중재위원회를 통하여 불공정한 선거기사를 게재한 언론사에 대하여 통보받은 제재조치를 하도록 규정하여 선거와 관련된 민주적이고 공정한 여론형성에 이바지하기 위한 것이다.[50]

정기간행물 등의 선거기사의 공정성 유지를 위하여 선거기사심의위원회의 설치 및 운영, 불공정 여부의 조사 및 처리 등에 관하여 규정하고 있다. 심의대상이 되는 선거기사의 범위는 사설·논평·광고 기타 선거에 관한 내용을 포함한다.

나. 선거기사 공정성 확보

본 조 제6항이 준용하는 법 제8조의2 제4항에 따라 선거기사심의위원회는 선거기사의

---

50)　헌법재판소 2015. 7. 30. 2013헌가8 결정

정치적 중립성 등 선거기사의 공정을 보장하기 위하여 선거기사 심의기준을 공표·시행하고 있으며, 심의기준으로 공정성·형평성·객관성·사실보도·정치적 중립성 및 권리구제로서 정정보도문 또는 반론보도문 게재 등을 규정하고 있다. 선거기사심의위원회는 신문이나 잡지 등 정기간행물 또는 뉴스통신에 게재된 선거기사에 대한 공정성 여부를 조사하여 불공정하다고 인정되는 경우 해당 기사의 내용에 대하여 정정보도문 또는 반론보도문 게재 등을 심의·의결하여 언론중재위원회에 통보하여야 한다.

본 조 제3항 제1호부터 제3호의 규정에 따른 제재조치를 받고도 지체없이 이를 이행하지 아니한 자(법 제256조 제2항 제2호)의 범위에는 해당 신문의 실질적 발행인을 포함한다. 이를 포함하지 않는다면 신문사 운영에 관여하지 않은 형식적 발행인에 대하여 책임주의 원칙상 죄책을 물을 수 없고, 실질적 발행인에 대해서도 처벌할 수 없게 되는 부당한 결과를 초래하기 때문이다.[51]

한편 법 개정 전에는 불공정한 선거기사를 게재한 언론사에 대하여 사과문 게재를 명하도록 되어 있었으나, '사과문 게재' 부분은 언론사의 인격권을 침해하여 헌법에 위반된다는 헌법재판소의 결정에[52] 따라 2017. 2. 8. 법 개정으로 사과문 게재내용이 삭제되었다.

4. 선거보도에 대한 반론보도청구

제8조의4(선거보도에 대한 반론보도청구) ① 선거방송심의위원회 또는 선거기사심의위원회가 설치된 때부터 선거일까지 방송 또는 정기간행물등에 공표된 인신공격, 정책의 왜곡선전 등으로 피해를 받은 정당(중앙당에 한한다. 이하 이 조에서 같다) 또는 후보자(후보자가 되고자 하는 자를 포함한다. 이하 이 조에서 같다)는 그 방송 또는 기사게재가 있음을 안 날부터 10일 이내에 서면으로 당해 방송을 한 방송사에 반론보도의 방송을, 당해 기사를 게재한 언론사에 반론보도문의 게재를 각각 청구할 수 있다. 다만, 그 방송 또는 기사게재가 있은 날부터 30일이 경과한 때에는 그러하지 아니하다.
② 방송사 또는 언론사는 제1항의 청구를 받은 때에는 지체없이 당해 정당, 후보자 또는 그 대리인과 반론보도의 내용·크기·횟수 등에 관하여 협의한 후, 방송에 있어서는 이를 청구받은 때부터 48시간 이내에 무료로 반론보도의 방송을 하여야 하며, 정기간행물등에 있어서는 편집이 완료되지 아니한 같은 정기간행물등의 다음 발행호에 무료로 반론보도문의 게재를 하여야 한다. 이 경우 정기간행물등에 있어서 다음 발행호가 선거일후에 발행·배부되는 경우에는 반론보도의 청구를 받은 때부터 48시간 이내에 당해 정기간행물등이 배부된 지역에 배부되는 「신문 등의 진흥에 관한 법률」 제2조(정의)제1호가목에 따른 일반일간신문에 이를 게재하여야 하며, 그 비용은 당해 언론사의 부담으로 한다.

51) 대법원 2013. 8. 22. 선고 2013도6974 판결
52) 헌법재판소 2015. 7. 30. 2013헌가8 결정

③ 제2항의 규정에 의한 협의가 이루어지지 아니한 때에는 당해 정당, 후보자, 방송사 또는 언론사는 선거방송심의위원회 또는 선거기사심의위원회에 지체없이 이를 회부하고, 선거방송심의위원회 또는 선거기사심의위원회는 회부받은 때부터 48시간 이내에 심의하여 각하·기각 또는 인용결정을 한 후 지체없이 이를 당해 정당 또는 후보자와 방송사 또는 언론사에 통지하여야 한다. 이 경우 반론보도의 인용결정을 하는 때에는 반론방송 또는 반론보도문의 내용·크기·횟수 기타 반론보도에 필요한 사항을 함께 결정하여야 한다.
④「언론중재 및 피해구제 등에 관한 법률」제15조(정정보도청구권의 행사)제1항·제4항 내지 제7항의 규정은 반론보도청구에 이를 준용한다. 이 경우 "정정보도청구"는 "반론보도청구"로, "정정"은 "반론"으로, "정정보도청구권"은 "반론보도청구권"으로, "정정보도"는 "반론보도"로, "정정보도문"은 "반론보도문"으로 본다.

가. 의의

본 조는 방송 또는 정기간행물 등의 게재내용에 대하여 정당 또는 후보자(후보자가 되고자 하는 자 포함)가 반론을 제기할 수 있는 권리를 규정하고 있다.

반론보도청구제도는 보도내용의 진실여부를 불문하고 언론사의 고의·과실이나 위법함을 요하지 아니하며, 보도내용에 대한 시정요구가 아닌 반박권을 허용한 것이므로, 진실에 부합되는 보도내용에 대하여도 반론보도 청구가 인정될 수 있다.[53] 언론기관이 특정인의 인격권을 침해한 경우 피해를 받은 개인에게도 신속·적절하고 대등한 방어수단이 주어져야 하고 공격내용과 동일한 효과를 갖게끔 보도된 매체 자체를 통하여 방어주장의 기회를 보장하는 것이 적절하고 형평의 원칙에도 잘 부합하며, 독자로서는 언론기관이 일방적으로 제공하는 정보에만 의존하기 보다는 상대방의 반대주장까지 들어야 비로소 올바른 판단을 내릴 수 있기 때문에 상대방의 반대주장의 기회를 보장하는 것이 진실발견과 올바른 여론형성을 위하여 중요한 의미를 가진다는 것이 제도의 취지이다.[54] 한편 정정보도청구제도는[55] 언론보도 등이 진실하지 아니함으로 인하여 피해를 입은 자가 언론사에게 이를 진실에 부합하게 고쳐서 보도될 수 있도록 청구하는 것으로 반론보도청구제도와 구별이 필요하다. 본 조는 언론중재 및 피해구제 등에 관한 법률 제16조에 규정된 반론보도청구제도의 특별규정이라고 할 수 있으며, 반론보도의 청구절차와 방법 등에 관하여 대부분 같은 법의 관련 규정을 준용하고 있다.

---

53) 서울고등법원 1997. 6. 10. 선고 96라265 판결
54) 대법원 2006. 11. 23. 선고 2004다50747 판결
55) 언론중재 및 피해구제 등에 관한 법률 제14조

나. 선거보도에 대한 반론보도 청구

청구 주체는 방송 또는 정기간행물등에 공표된 인신공격, 정책의 왜곡선전 등으로 피해를 받은 정당(중앙당에 한함) 또는 후보자(후보자가 되고자 하는 자를 포함)이다. 청구 기간은 '선거방송심의위원회 또는 선거기사심의위원회가 설치된 때부터' 선거일까지이다.

일반적인 반론보도청구권을 규정한 언론중재 및 피해구제 등에 관한 법률 제16조(반론보도청구권)와 달리, 선거보도에 대한 반론보도청구는 방송 또는 기사게재가 있음을 안 날로부터 10일 이내에, 있은 날로부터 30일 이내에 하여야 하며, 이 중 먼저 도래하는 날을 기준으로 하여야 한다. 선거거방송심의위원회, 선거기사심의위원회는 회부받은 때부터 48시간 이내에 심의하도록 하고 있어, 일반적인 언론중재 및 피해구제 등에 관한 규정보다 청구가능기간 및 결정기간을 단축하였다. 이는 짧은 선거기간 및 선거에서의 영향력을 고려하여, 방송이나 신문·잡지 등의 선거보도로 피해를 입은 정당 또는 후보자에게 신속하고 적절한 방어수단을 보장하고, 신속한 반론보도를 통하여 유권자가 올바른 판단을 내릴 수 있게 하기 위한 것이다.

5. 인터넷선거보도심의위원회

제8조의5(인터넷선거보도심의위원회) ① 중앙선거관리위원회는 인터넷언론사[「신문 등의 진흥에 관한 법률」 제2조(정의)제4호에 따른 인터넷신문사업자 그 밖에 정치·경제·사회·문화·시사 등에 관한 보도·논평·여론 및 정보 등을 전파할 목적으로 취재·편집·집필한 기사를 인터넷을 통하여 보도·제공하거나 매개하는 인터넷홈페이지를 경영·관리하는 자와 이와 유사한 언론의 기능을 행하는 인터넷홈페이지를 경영·관리하는 자를 말한다. 이하 같다]의 인터넷홈페이지에 게재된 선거보도[사설·논평·사진·방송·동영상 기타 선거에 관한 내용을 포함한다. 이하 이 조 및 제8조의6(인터넷언론사의 정정보도 등)에서 같다]의 공정성을 유지하기 위하여 인터넷선거보도심의위원회를 설치·운영하여야 한다.

② 인터넷선거보도심의위원회는 국회에 교섭단체를 구성한 정당이 추천하는 각 1인과 방송통신심의위원회, 언론중재위원회, 학계, 법조계, 인터넷 언론단체 및 시민단체 등이 추천하는 자를 포함하여 중앙선거관리위원회가 위촉하는 11인 이내의 위원으로 구성하며, 위원의 임기는 3년으로 한다. 이 경우 위원정수에 관하여는 제8조의2제2항 후단을 준용한다.

③ 인터넷선거보도심의위원회에 위원장 1인을 두되, 위원장은 위원중에서 호선한다.

④ 인터넷선거보도심의위원회에 상임위원 1인을 두되, 중앙선거관리위원회가 인터넷선거보도심의위원회의 위원중에서 지명한다.

⑤ 정당의 당원은 인터넷선거보도심의위원회의 위원이 될 수 없다.

⑥ 인터넷선거보도심의위원회는 인터넷 선거보도의 정치적 중립성·형평성·객관성 및 권리구제 기타 선거보도의 공정을 보장하기 위하여 필요한 사항을 정하여 이를 공표하여야 한다.

⑦ 인터넷선거보도심의위원회는 업무수행을 위하여 필요하다고 인정하는 때에는 관계 공무원 또는 전문가를 초청하여 의견을 듣거나 관련 기관·단체 등에 자료 및 의견제출 등 협조를 요청할 수 있다.

⑧ 인터넷선거보도심의위원회의 사무를 처리하기 위하여 선거관리위원회 소속 공무원으로 구성하는 사무국을 둔다.

⑨ 인터넷선거보도심의위원회의 구성·운영, 위원 및 상임위원의 대우, 사무국의 조직·직무범위 기타 필요한 사항은 중앙선거관리위원회규칙으로 정한다.

가. 의의

1) 인터넷언론의 영향력

인터넷은 저렴한 비용으로 누구나 손쉽게 접근이 가능한 매체로서, 표현의 쌍방향성이 보장되고, 정보의 제공을 통한 의사표현뿐만 아니라 정보의 수령, 취득에 있어서도 좀 더 능동적이고 의도적 행동이 필요하다는 특성을 지니므로, 인터넷은 사상의 자유 시장에 가장 가깝게 접근한 매체라고 할 수 있다. 종이신문과 비교할 때 인터넷언론은 훨씬 적은 자본력과 시설만으로 발행할 수 있고, 인터넷이라는 매체 자체에서 잘못된 정보에 대한 반론과 토론? 교정이 이루어지며, 정보의 다양성이 확보될 수 있다. 이 때문에 인터넷언론은 국민 개개인의 표현의 자유와 언론의 자유를 확장하는 유력한 수단으로 자리 잡고 있다.[56] 이와 같은 인터넷언론의 특성으로 인해 인터넷언론이 점차 언론 소비의 중심으로 떠오르고 있고, 인터넷언론의 높은 접근성·개방성·자율성·자발성 등의 특성이 정보기술의 발달 및 인터넷 포탈(portal) 서비스, 사회관계망서비스(SNS), 인터넷 방송 플랫폼(platform) 서비스 등의 확산과 결합하여 대중이 전통적인 언론과 다른 방식으로 언론을 활용하고 인터넷언론을 보다 선호하는 현상이 나타나고 있다. 이에 따르면 인터넷언론의 영향력은 단순히 개별 언론기관의 공신력 등으로만 평가되는 것이 아니라, 위와 같은 인터넷 서비스를 통한 언론 소비 지형이나 인터넷언론을 확산하고 담론을 형성하는 개인의 대중적 영향력도 중요한 요소가 된다. 인터넷언론의 이와 같은 특성과 그에 따른 언론시장에서의 영향력 확대에 비추어 볼 때, 인터넷언론에 대하여는 자율성을 최대한 보장하고 언론의 자유에 대한 제한을 최소화하는 것

---

56) 헌법재판소 2011. 12. 29. 2007헌마1001 결정, 헌법재판소 2016. 10. 27. 2015헌마1206 결정

이 바람직하다. 질서 위주의 사고로 인터넷언론을 지나치게 규제할 경우 언론의 자유 발전에 큰 장애를 초래할 수 있다. 언론매체에 관한 기술의 발달은 언론 자유의 장을 넓히고 질적 변화를 불러오고 있으므로, 계속 변화하는 이 분야에서 규제 수단 또한 헌법의 틀 안에서 다채롭고 새롭게 강구되어야 한다(헌법재판소 2011. 12. 29. 2007헌마1001 등 결정; 헌법재판소 2016. 10. 27. 2015헌마1206 등 결정 참조).

그리고 인터넷언론사는 다른 언론기관에 비하여 적은 자본력과 시설만으로 설립될 수 있고,[57] 이로 인해 객관적인 보도기능을 확보하지 못한 일부 인터넷언론사를 통해 불공정한 선거보도가 양산되어 확산되거나, 선거보도를 통해 특정 정당이나 후보자에 대한 사실상의 선거운동에 나설 가능성이 있다.[58]

2) 입법취지

본 조는 이러한 인터넷언론의 사회적 영향력 확대로 인터넷언론의 사회적 책임과 공정성·공익성 문제가 제기됨에 따라 인터넷 선거기사의 공정성 유지를 위하여 도입된 규정이다. 인터넷 선거보도 심의 제도를 구성하고 있는 것은 선거보도의 자유를 폭넓게 보장하면서 인터넷 선거보도의 공정도 보장하기 위한 것이다. 심의위원회는 구성에 있어서 민주성과 전문성이 조화를 이루는 중립적인 기관으로 이루어져 있고, 법은 민주적·전문적·중립적인 심의위원회로 하여금 직접 심의기준 규정을 제정·공표하도록 하여 인터넷 선거보도의 공정성이 최대한 자율적이고 자발적으로 준수될 수 있도록 하고 있다.[59] 본 조에 따라 중앙선거관리위원회는 인터넷선거보도심의위원회 구성 및 운영에 관한 규칙을 제정하여 시행하고 있고, 인터넷선거보도심의위원회는 인터넷선거보도의 공정성 확보에 관한 사항을 정한 인터넷선거보도 심의기준 등에 관한 규정을 공표하여 시행하고 있다.

나. 인터넷언론사의 개념

인터넷선거보도심의위원회의 심의의 대상이 되는 인터넷언론사의 인터넷홈페이지는 ① 독자적인 기사 생산과 지속적인 발행을 하는 인터넷신문사업자와 인터넷 멀티미디어 방송사업자가 운영하는 인터넷홈페이지, ② 신문 및 방송사업자 등이 직접 운영하거나 별도 법인으로 운영하는 인터넷홈페이지로서 각 목에 해당하는 인터넷홈페이지, ③ ①·②의 인터넷

---

57) 헌법재판소 2016. 10. 27. 2015헌마1206 등 결정
58) 헌법재판소 2019. 11. 28. 2016헌마90 결정
59) 헌법재판소 2019. 11. 28. 2016헌마90 결정

언론사로부터 제공받은 기사를 인터넷을 통하여 계속적으로 제공하거나 매개하는 인터넷뉴스서비스사업자가 운영하는 인터넷홈페이지, ④ 그 밖에 ①·②·③과 유사한 언론의 기능을 행하는 인터넷홈페이지를 경영·관리하는 자가 운영하는 인터넷홈페이지로서 심의위원회가 정하는 인터넷홈페이지가 해당된다.[60]

한편 이에 해당하더라도 ① 정당 또는 후보자(후보자가 되고자 하는 자를 포함한다)가 설치·운영하는 인터넷홈페이지, ② 선거운동을 하는 기관·단체가 설치·운영하는 인터넷홈페이지, ③ 그 밖에 심의위원회가 인터넷홈페이지 게시내용·운영양태 등을 고려하여 인터넷언론사로 인정하지 아니하는 인터넷홈페이지의 경우 인터넷언론사의 인터넷홈페이지로 보지 아니한다.[61] 인터넷선거보도심의위원회는 규정에 따라 심의대상 인터넷언론사를 결정하여 심의위원회 홈페이지에 공개한다.

다. 인터넷언론사의 법상 적용범위

본 조의 인터넷언론사는 법 제82조에 따른 언론기관의 후보자등 초청 대담·토론회를 개최할 수 있다. 또한 법 제82조의6에 따른 인터넷언론사의 게시판·대화방 등의 실명확인 대상이며, 법 제82조의7에 따른 인터넷광고를 게재할 수 있다.

인터넷선거보도란 사설·논평·사진·방송·동영상 그 밖에 선거에 관한 내용을 포함하며, 패러디물이나 만화·노래 등 형식의 제한은 없다.

6. 인터넷언론사의 정정보도 등

제8조의6(인터넷언론사의 정정보도 등) ① 인터넷선거보도심의위원회는 인터넷언론사의 인터넷홈페이지에 게재된 선거보도의 공정 여부를 조사하여야 하며, 조사결과 선거보도의 내용이 공정하지 아니하다고 인정되는 때에는 당해 인터넷언론사에 대하여 해당 선거보도의 내용에 관한 정정보도문의 게재 등 필요한 조치를 명하여야 한다.

② 정당 또는 후보자(후보자가 되고자 하는 자를 포함한다. 이하 이 조에서 같다)는 인터넷언론사의 선거보도가 불공정하다고 인정되는 때에는 그 보도가 있음을 안 날부터 10일 이내에 인터넷선거보도심의위원회에 서면으로 이의신청을 할 수 있다.

---

60) 인터넷선거보도심의위원회의 구성 및 운영에 관한 규칙 제2조 제1항
61) 인터넷선거보도심의위원회의 구성 및 운영에 관한 규칙 제2조 제2항

③ 인터넷선거보도심의위원회는 제2항의 규정에 의한 이의신청을 받은 때에는 지체없이 이의신청 대상이된 선거보도의 공정여부를 심의하여야 하며, 심의결과 선거보도가 공정하지 아니하다고 인정되는 때에는당해 인터넷언론사에 대하여 해당 선거보도의 내용에 관한 정정보도문의 게재 등 필요한 조치를 명하여야한다.

④ 인터넷언론사의 왜곡된 선거보도로 인하여 피해를 받은 정당 또는 후보자는 그 보도의 공표가 있음을안 날부터 10일 이내에 서면으로 당해 인터넷언론사에 반론보도의 방송 또는 반론보도문의 게재(이하 이조에서 "반론보도"라 한다)를 청구할 수 있다. 이 경우 그 보도의 공표가 있은 날부터 30일이 경과한 때에는 반론보도를 청구할 수 없다.

⑤ 인터넷언론사는 제4항의 청구를 받은 때에는 지체없이 당해 정당이나 후보자 또는 그 대리인과 반론보도의 형식·내용·크기 및 횟수 등에 관하여 협의한 후, 이를 청구받은 때부터 12시간 이내에 당해 인터넷언론사의 부담으로 반론보도를 하여야 한다.

⑥ 제5항의 규정에 의한 반론보도 협의가 이루어지지 아니하는 경우에 당해 정당 또는 후보자는 인터넷선거보도심의위원회에 즉시 반론보도청구를 할 수 있으며, 인터넷선거보도심의위원회는 이를 심의하여 각하·기각 또는 인용결정을 한 후 당해 정당·후보자 및 인터넷언론사에 그 결정내용을 통지하여야 한다. 이경우 반론보도의 인용결정을 하는 때에는 그 형식·내용·크기·횟수 기타 필요한 사항을 함께 결정하여 통지하여야 하며, 통지를 받은 인터넷언론사는 지체없이 이를 이행하여야 한다.

⑦ 「언론중재 및 피해구제 등에 관한 법률」 제15조(정정보도청구권의 행사)제1항·제4항부터 제6항까지및 제8항은 그 성질에 반하지 아니하는 한 인터넷언론사의 선거보도에 관한 반론보도청구에 이를 준용한다. 이 경우 "정정보도청구"는 "반론보도청구"로, "정정"은 "반론"으로, "정정보도청구권"은 "반론보도청구권"으로, "정정보도"는 "반론보도"로, "정정보도문"은 "반론보도문"으로 본다.

가. 정정보도문의 게재 등 필요한 조치

인터넷선거보도심의위원회는 인터넷언론사의 홈페이지에 게재된 선거보도에 대하여 공정여부를 직권으로 조사하거나 정당 또는 후보자(후보자가 되고자 하는 자를 포함)이 이의제기한 선거보도에 대하여 불공정여부를 심의한다. 정당 또는 후보자(후보자가 되고자 하는 자를 포함)는 인터넷언론사의 선거보도가 불공정하다고 인정되는 때에는 그 보도가 있음을 안 날부터 10일 이내에 인터넷선거보도심의위원회에 서면으로 이의신청을 할 수 있다. 중앙당 뿐만 아니라 시·도당도 이의신청할 수 있다. 그 결과 선거보도의 내용이 법과 심의기준에 위반된다고 인정되는 때에는 해당 인터넷 언론사에 정정보도문·반론보도문·경고문의 게재, 경고, 주의 등 필요한 결정을 하여야 하며, 처분의 이행여부를 확인하는 등 필요한 조치를 하여야 한다(인터넷선거보도심의위원회의 구성 및 운영에 관한 규칙 제20조 제1항, 제4항).

나. 정정보도문·반론보도문·경고문 게재

　인터넷선거보도심의위원회가 정정보도문·반론보도문·경고문 등의 게재를 결정한 때에는 해당 인터넷언론사의 인터넷홈페이지 초기화면이나 해당 선거보도에 게재하거나 초기화면과 선거보도에 모두 게재하도록 하여야 하며, 해당 인터넷언론사는 지체없이 이를 이행하여야 한다(동 규칙 제20조 제2항).

[불공정 인터넷 선거보도에 대한 조치기준(동 규칙 별표 1)]

조치종류	조치사유
1. 정정보도문 게재	선거보도의 내용이 사실과 다름이 명백하다고 인정되는 경우
2. 반론보도문 게재	왜곡된 선거보도로 인하여 피해를 받은 정당 또는 후보자의 반론 게재가 필요하다고 인정되는 경우
3. 경고문 게재	경고에 해당하는 선거보도로서 해당 위반사실을 유권자에게 알릴 필요가 있다고 인정되는 경우
4. 경고	선거보도의 내용이 관련 법규 및 심의규정 위반 정도가 중하다고 인정되는 경우
5. 주의조치알림문 게재	주의에 해당하는 선거보도로서 해당 위반사실을 유권자에게 알릴 필요가 있다고 인정되는 경우
6. 주의	선거보도의 내용이 관련 법규 및 심의규정을 위반하여 주의환기가 필요하다고 인정되는 경우
7. 공정보도 준수촉구	선거보도의 내용이 관련 법규 및 심의규정을 위반하였으나 그 정도가 경미하다고 인정되는 경우

　만일 해당 인터넷언론사가 인터넷선거보도심의위원회가 명한 조치를 이행하지 않을 경우 2년 이하의 징역 또는 1천 500만 원 이하의 벌금에 처한다(법 제256조 제2항 제4호).

다. 반론보도청구

　인터넷언론사의 왜곡된 선거보도로 인하여 피해를 받은 정당 또는 후보자는 반론보도청구를 할 수 있다(제4항).

　인터넷선거보도에 대한 반론보도청구(제4항)는 보도의 공표가 있음을 안 날부터 10일 이내에 할 수 있으나, 그 보도의 공표가 있은 날부터 30일이 경과한 때에는 반론보도청구를 할 수 없도록 하여 선거방송 또는 선거기사의 반론보도청구와 동일하게 제기기한과 제척기간의 적용을 받는 반면, 이의신청(제2항)은 보도가 있음을 안 날부터 10일 이내에 신청할 수 있도록 규정하고 있어 반론보도청구와는 달리 제척기간을 적용받지 아니한다.

제도개선

① 입후보제한직에 종합편성채널 언론인 추가(제53조)

현행법은 지상파방송사업 또는 방송채널사용사업 중 보도전문편성채널을 경영하는 자와 이에 상시 고용되어 편집·제작·취재·집필 또는 보도의 업무에 종사하는 자로서 후보자가 되려는 사람은 선거일 전 90일까지 그 직을 그만두어야 하나, 종합편성채널 언론인은 입후보제한직에서 제외되어 있다.

종합편성채널을 통한 선거운동 방송 광고·연설 등의 방송과 중계, 언론기관의 후보자 초청 대담·토론회 개최 등이 가능해진 점(법 제70조, 제71조, 제82조), 종합편성채널은 뉴스를 포함한 모든 분야의 방송프로그램을 편성할 수 있다는 점에서 지상파 채널과 큰 차이가 없어 보도전문편성 방송채널과 달리 취급할 이유가 없고, 자신의 지위와 권한을 선거운동에 남용할 우려가 있는 집단에 대하여 일정기간 전까지 그 직을 그만두도록 하는 법 취지를 고려하여 방송채널사용사업 중 종합편성채널을 경영하는 자와 이에 상시 고용되어 편집·제작·취재·집필 또는 보도의 업무에 종사하는 자를 현직을 가지고 입후보할 수 없는 언론인의 범위에 포함할 필요가 있다.

② 언론기관 및 단체의 대담·토론회 개최시기 확대(제81조, 제82조)

현행법은 선거운동을 할 수 있는 단체(선거운동을 하거나 할 것을 표방한 노동조합 또는 단체 제외) 및 언론기관은 선거운동기간 중 후보자를 초청하여 정견·정책 등을 알아보기 위하여 대담·토론회 등 개최 가능(단체는 옥내 개최만 허용)하나, 언론기관은 예외적으로 대통령선거는 선거일 전 1년, 국회의원선거와 지방자치단체 장의 선거는 선거일 전 60일부터 후보자가 되려는 사람을 초청하여 대담·토론회 개최 가능하다.

대담·토론회 개최 기간 제한을 폐지하여 입후보예정자가 유권자와 대면접촉이나 언론을 통하여 자신의 정책이나 공약을 알릴 수 있는 기회를 확대함으로써 선거운동의 자유, 언론의 자유 및 유권자의 알권리를 보장하기 위해서, 선거운동을 할 수 있는 단체(선거운동을 하거나 할 것을 표방한 노동조합 또는 단체 제외) 및 언론기관은 상시 후보자·후보자가 되려는 사람 또는 그가 지정하는 사람을 초청하여 대담·토론회를 개최할 수 있도록 개선될 필요성이 있다.[62]

---

62) 중앙선거관리위원회. 공직선거법 개정의견(2023.1)

제21장

허위사실공표죄

허위사실공표죄

제250조(허위사실공표죄) ① 당선되거나 되게 할 목적으로 연설·방송·신문·통신·잡지·벽보·선전문서 기타의 방법으로 후보자(후보자가 되고자 하는 자를 포함한다. 이하 이 조에서 같다)에게 유리하도록 후보자, 후보자의 배우자 또는 직계존비속이나 형제자매의 출생지·가족관계·신분·직업·경력등·재산·행위·소속단체, 특정인 또는 특정단체로부터의 지지여부 등에 관하여 허위의 사실[학력을 게재하는 경우 제64조제1항의 규정에 의한 방법으로 게재하지 아니한 경우를 포함한다]을 공표하거나 공표하게 한 자와 허위의 사실을 게재한 선전문서를 배포할 목적으로 소지한 자는 5년이하의 징역 또는 3천만원이하의 벌금에 처한다.

② 당선되지 못하게 할 목적으로 연설·방송·신문·통신·잡지·벽보·선전문서 기타의 방법으로 후보자에게 불리하도록 후보자, 그의 배우자 또는 직계존·비속이나 형제자매에 관하여 허위의 사실을 공표하거나 공표하게 한 자와 허위의 사실을 게재한 선전문서를 배포할 목적으로 소지한 자는 7년 이하의 징역 또는 500만원 이상 3천만원 이하의 벌금에 처한다.

③ 당내경선과 관련하여 제1항(제64조제1항의 규정에 따른 방법으로 학력을 게재하지 아니한 경우를 제외한다)에 규정된 행위를 한 자는 3년 이하의 징역 또는 6백만원 이하의 벌금에, 제2항에 규정된 행위를 한 자는 5년 이하의 징역 또는 1천만원 이하의 벌금에 처한다. 이 경우 "후보자" 또는 "후보자(후보자가 되고자 하는 자를 포함한다)"는 "경선후보자"로 본다.

④ 제82조의8제2항을 위반하여 중앙선거관리위원회규칙으로 정하는 사항을 딥페이크영상등에 표시하지 아니하고 제1항에 규정된 행위를 한 자는 5년 이하의 징역 또는 5천만원 이하의 벌금에, 제2항에 규정된 행위를 한 자는 7년 이하의 징역 또는 1천만원 이상 5천만원 이하의 벌금에 처한다.

1. 개요

본 조는 선거인의 공정한 판단에 영향을 미치는 허위사실을 공표하는 행위 등을 처벌함으로써 선거운동의 자유를 해치지 않으면서 선거의 공정을 보장하기 위한 것이다. 선거과정에서 유권자에게 허위사실이 공표되는 경우 유권자가 올바른 선택을 할 수 없게 되어 민의가 왜곡되고 선거제도의 기능과 대의민주주의의 본질이 훼손될 염려가 있기 때문이다.[1]

헌법재판소는 선거인들에게 후보자가 되고자 하는 자의 능력, 자질 등을 올바르게 판단할 수 있는 기회를 제공함으로써 선거의 공정성을 보장하는 것을 그 목적으로 하고 있고, 허위사실공표금지 조항으로 인하여 후보자가 되고자 하는 자에 관하여 비판 내지 의혹을 제기하려는 자의 정치적 표현의 자유가 일부 제한된다 하더라도, 그 제한의 정도가 선거인들에게 후보자가 되고자 하는 자의 능력, 자질 등을 올바르게 판단할 수 있는 기회를 제공함으로써 선거의 공정성을 보장하고자 하는 공익에 비하여 중하다고 볼 수 없으므로 허위사실공표금지 조항은 합헌이라고 판시하였다.[2] 2023. 12. 28. 법 제82조의8 신설 등 인공지능 기반 딥페이크 영상등에 대한 규제조치가 도입되었고, 제82조의8 제2항을 위반하여 중앙선거관리위원회규칙으로 정하는 사항을 딥페이크영상등에 표시하지 아니하고 당선목적의 허위사실공표 행위를 한 자는 5년 이하의 징역 또는 5천만 원 이하의 벌금에, 낙선 목적의 허위사실공표 행위를 한 자는 7년 이하의 징역 또는 1천만 원 이상 5천만 원 이하의 벌금에 처하도록 하였다.

2. 당선 목적 허위사실공표죄

가. 주관적 요건

「당선되거나 되게 할 목적」을 요하는 목적범으로 허위사실의 공표로서 당선되고자 또는 당선되게 한다는 인식만으로 있으면 되고 그 결과 발생을 적극적으로 의욕할 것을 요하지 아니하며, 그러한 목적만 있으면 되고 본래의 의도대로 당선이 되었는지는 본 죄 성립에 영향이 없다.

이와 같은 목적 이외에 각 행위객체 및 행위태양에 대한 고의가 필요하다. 허위사실공표죄에서는 공표된 사실이 허위라는 것이 구성요건을 이루므로 행위자에게는 사실의 허위성

---

1) 　대법원 2020. 7. 16. 선고 2019도13328 전원합의체 판결
2) 　헌법재판소 2024. 6. 27. 2023헌바78 결정

에 대한 인식이 필요하며, 이러한 주관적 인식의 유무는 그 성질상 외부에서 이를 알거나 입증하기 어려운 이상 공표 사실의 내용과 구체성, 소명자료의 존재 및 내용, 피고인이 밝히는 사실의 출처 및 인지경위 등을 토대로 피고인의 학력, 경력, 사회적 지위, 공표 경위, 시점 및 그로 말미암아 객관적으로 예상되는 파급효과 등 제반 사정을 모두 종합하여 규범적으로 이를 판단할 수밖에 없다.[3] 허위사실공표죄는 미필적 고의에 의하여도 성립되는데 고의의 일종인 미필적 고의는 중대한 과실과는 달리 범죄사실의 발생 가능성에 대한 인식이 있고 나아가 범죄사실이 발생할 위험을 용인하는 내심의 의사가 있어야 하므로, 범죄사실의 발생 가능성에 대한 인식 자체가 없다면 미필적 고의가 인정될 수 없다.[4]

나. 행위

연설·방송·신문·통신·잡지·벽보·선전문서 기타의 방법으로 후보자(후보자가 되고자 하는 자 포함)에게 유리하도록 허위의 사실을 공표하거나 하게 하는 것, 허위의 사실을 게재한 선전문서를 배포할 목적으로 소지하는 것이다. 여러 표현 행위가 일시와 장소를 달리하여 이루어진 경우에는 특별한 사정이 없는 이상 개별 행위별로 허위사실공표죄에 해당하는지 살펴보아야 한다.[5]

1) 연설·방송 등 기타의 방법

법문에 열거된 방법 이외에 불특정 또는 다수인에게 전달될 수 있는 수단은 모두 해당된다.

2) 후보자에게 유리하도록

선거인들이 그 후보자에 대하여 좋은 평가를 내려 당선에 도움을 줄 가능성이 있도록 할 의도라는 뜻이다.

---

3) 대법원 2005. 7. 22. 선고 2005도2627 판결
4) 대법원 2024. 9. 12. 선고 2024도4824 판결(지방자치단체장과 그 비서팀장 등이 예비후보자 홍보물과 책자형 선거공보물에 ○○시 고용률과 실업률 통계를 인용하면서 '인구 50만 이상 대도시' 기준을 누락하고 '고용률 63.8%(전국 2위), 실업률 2.4%(전국 최저)'로 기재함으로써 예비후보자의 업적에 관하여 허위사실을 공표하였다고 기소된 사안에서, 중소 규모의 시, 군 구까지 포함하면 ○○시의 2021년 하반기 고용률은 전국 공동 86위, 실업률은 전국 공동 111위에 불과하여 '전국 2위, 전국 최저'라는 표현은 진실에 부합하지 않으나, 허위사실에 대한 미필적 고의를 인정하기 어려워 무죄판결을 하였다.)
5) 대법원 2024. 10. 31. 선고 2023도16586 판결

3) 허위의 사실

'사실'의 공표란 가치판단이나 평가를 내용으로 하는 의견 표현에 대치되는 개념으로 시간과 공간적으로 구체적인 과거 또는 현재의 사실관계에 관한 보고 내지 진술을 의미하며 그 표현 내용이 증거에 의해 증명이 가능한 것을 말한다. 형사처벌 여부가 문제 되는 표현이 사실을 드러낸 것인지 아니면 의견이나 추상적 판단을 표명한 것인지를 구별할 때에는 언어의 통상적 의미와 용법, 증명가능성, 문제 된 말이 사용된 문맥과 표현의 전체적인 취지, 표현의 경위와 사회적 맥락 등을 고려하여 판단하되, 헌법상 표현의 자유의 우월적 지위, 형벌법규 해석의 원칙에 비추어 어느 범주에 속한다고 단정하기 어려운 표현인 경우에는 원칙적으로 의견이나 추상적 판단을 표명한 것으로 파악하여야 한다.[6] 후보자 등이 후보자 토론회에 참여하여 질문·답변을 하거나 주장·반론을 하는 것은, 그것이 토론회의 주제나 맥락과 관련 없이 일방적으로 허위의 사실을 드러내어 알리려는 의도에서 적극적으로 허위사실을 표명한 것이라는 등의 특별한 사정이 없는 한 법 제250조 제1항에 의하여 허위사실공표죄로 처벌할 수 없다.[7]

법은 '허위의 사실'과 '사실의 왜곡'을 구분하여 규정하고 있으므로(제8조의4 제1항, 제8조의6 제4항, 제96조 제1항, 제2항 제1호, 제108조 제5항 제2호 등 참조), 적극적으로 표현된 내용에 허위가 없다면 법적으로 공개의무를 부담하지 않는 사항에 관하여 일부 사실을 묵비하였다는 이유만으로 전체 진술을 곧바로 허위로 평가하는 데에는 신중하여야 하고, 토론 중 질문·답변이나 주장·반론하는 과정에서 한 표현이 선거인의 정확한 판단을 그르칠 정도로 의도적으로 사실을 왜곡한 것이 아닌 한, 일부 부정확 또는 다소 과장되었거나 다의적으로 해석될 여지가 있는 경우에도 허위사실 공표행위로 평가하여서는 안 된다.[8]

단순한 가치판단이나 평가·희망·추측 등을 내용으로 하는 의견표현에 불과한 경우는 이에 해당되지 않는다.[9]

「허위의 사실」이란 객관적 진실에 맞지 않는 사실을 의미하며, 선거인으로 하여금 후보자에 대한 정확한 판단을 그르치게 할 수 있을 정도로 구체성을 가진 것이면 족하다.[10] 공표된 사실의 내용 전체의 취지를 살펴볼 때 중요한 부분이 객관적 사실과 합치되는 경우에는 세부에 있어서 진실과 약간 차이가 나거나 다소 과장된 표현이 있다 하더라도 이를 허위의 사실이라고 볼 수 없고, 의견과 사실이 혼재되어 있는 표현에 대하여는 이를 전체적으로 보아

---

6)　대법원 2020. 7. 16. 선고 2019도13328 전원합의체 판결, 대법원 2020. 12. 24. 선고 2019도12901 판결
7)　대법원 2020. 7. 16. 선고 2019도13328 전원합의체 판결
8)　대법원 2020. 7. 16. 선고 2019도13328 전원합의체 판결
9)　대법원 1998. 9. 22. 선고 98도1992 판결
10)　대법원 2003. 2. 20. 선고 2001도6138 판결

사실을 공표하였는지 여부를 판단하여야 한다.[11] 의견이나 평가라고 하더라도 그것이 진실에 반하는 사실에 기초하여 행해지거나 의견이나 평가임을 빙자하여 간접적이고 우회적인 표현 방법으로 허위사실을 암시하는 경우에는 본 죄가 성립된다.[12]

4) 입증책임

본 조의 허위사실은 그 사실이 진실하다는 증명이 없다는 것만으로는 부족하고 검사가 적극적으로 허위라는 점을 증명하여야 한다. 어느 사실이 적극적으로 존재한다는 것의 증명은 물론이고 어느 사실의 부존재 사실의 증명이라도 특정 기간과 장소에서의 특정행위 부존재에 관한 것이라면 검사는 이를 증명할 의무를 부담한다.[13]

5) 공표, 배포목적의 소지

「공표」는 수단이나 방법의 여하를 불문하고 불특정 또는 다수인에게 알리는 것을 말하며,[14] 단 한 사람에게 알리더라도 그것이 다른 사람들에게 알려질 것이 예견될 때에는 공표에 해당하고, 허위사실을 소수의 사람에게 대화로 전하고 그 소수의 사람이 다시 전파하게 될 경우도 포함한다.[15]

「공표」는 반드시 사실을 직접적으로 표현한 경우에 한정되지 아니하고, 소문을 전달하거나 의혹을 제기하는 형식 기타 간접적·우회적인 방법에 의하더라도 그 표현의 전 취지에 비추어 어떠한 사실의 존재를 암시하고 이로써 후보자의 평가에 영향을 미칠 가능성이 있을 정도의 구체성이 있으면 충분하다.[16]

「소지」란 물건의 보관에 관하여 실력지배관계를 갖는 것을 말하며, 몸 또는 가까이에 소지하는 것뿐만 아니라 자신의 실력지배관계가 미치는 장소에 보관하는 경우를 포함한다.[17]

6) 소문의 공표

소문을 소문이라고 공표한 경우라도 일반적으로는 그 소문 자체를 하나의 사실로 볼 것이

---

11) 대법원 2015. 8. 13. 선고 2015도7172 판결
12) 대법원 2011. 12. 22. 선고 2008도11847 판결
13) 서울북부지방법원 2004. 9. 3. 선고 2004고합281 판결, 대법원 2005. 7. 22. 선고 2005도2627 판결
14) 대법원 1998. 9. 22. 선고 98도1992 판결
15) 대법원 2011. 12. 22. 선고 2008도11847 판결, 대전지방법원 논산지원 2018. 8. 8. 선고 2018고합20 판결(대법원 2019. 1. 31. 선고 2018도19290 판결로 확정)
16) 대법원 2016. 12. 27. 선고 2015도14375 판결 등
17) 대법원 1999. 8. 20. 선고 98도1304 판결, 대법원 2009. 4. 23. 선고 2009도976 판결

아니라 소문의 내용을 이루는 사실을 공표한 것으로 보아야 한다. 즉 소문 기타 다른 사람의 말을 전달하는 형식이나 의혹을 제기하는 형식을 빌려서 '어떤 사실'을 공표한 경우에는 그러한 소문이나 의혹 등이 있었다는 것이 허위인지 여부가 아니라 그 소문이나 의혹 등의 내용인 '어떤 사실'이 허위인지 여부에 의하여 판단하며,[18] 어떠한 허위의 소문을 듣고 그 진실성을 의심할 사유가 있음에도 이를 확인하는 절차 없이 공표한 경우에는 본 죄가 성립한다.[19]

다. 객체

1) 후보자 등

후보자(후보자가 되고자 하는 자 포함), 배우자, 직계존·비속, 형제자매에 관한 사항이다.

2) 출생지·가족관계·신분·직업·경력등·재산·행위·소속단체, 특정인 또는 특정단체로부터의 지지여부 등

후보자(후보자가 되고자 하는 자 포함), 그의 배우자 또는 직계존·비속이나 형제자매의 「출생지·가족관계·신분·직업·경력등·재산·행위·소속단체, 특정인 또는 특정단체로부터의 지지여부 등」이 그 대상이다. 2015. 12. 24. 법 개정으로 '가족관계', '특정인 또는 특정단체로부터의 지지여부'가 대상으로 추가되었으며, '인격'은 제외되었다.

제2항의 낙선 목적 허위사실공표죄와 달리 본 조항의 죄는 후보자 등의 출생지·가족관계·신분·직업 등으로 허위사실의 대상을 구체적으로 명시한 제한적 열거주의를 채택하고 있다. 따라서 본 조항에 명시되지 아니한 다른 사항에 관한 허위사실에 관하여는 본 죄가 성립하지 아니한다.[20]

가) 출생지

「출생지」의 해석과 관련하여 '호적지, 원적지, 출신지, 성장지, 고향, 지연'등과의 관계가 문제된다. 2000. 2. 16. 법 개정 시 본 항에 출생지를 추가한 것은 지역감정 조장행위를 처벌하도록 함에 있으나, 민법 제884조 제2항, 가족관계의 등록 등에 관한 법률 제1조, 국적법 제2조 및 제6조의 '출생' 또는 '출생지'가 의학적 의미에서 '태어난 곳'으로 해석되는 점에

---

18) 대법원 2016. 12. 27. 선고 2015도14375 판결, 대법원 2007. 7. 27. 선고 2007도3598 판결 등
19) 대전고등법원 2002. 11. 15. 선고 2002노581 판결
20) 대검찰청, 공직선거법 벌칙해설 제10개정판, 382면

비추어 본 조항의 「출생지」도 의학적 의미에서 '태어난 곳'으로 해석된다.[21][22]

나) 가족관계

사전적 의미는 '가족구조 내의 가족성원 상호관계'를 말하고 여기에는 친족관계도 포함된다고 볼 것이나, 반드시 법률적인 의미의 가족관계에 한정된다고 보기보다는 '혼외자'와 같은 사실상의 가족관계까지도 포함하는 넓은 개념으로 보아야 할 것이다. 따라서 후보자가 자신이 특정 인물의 혼외자라는 허위사실을 공표한 경우에는 '가족관계'에 대한 허위사실을 공표한 경우로 볼 수 있다.[23]

다) 신분

「신분」이란 사전적 의미로는 '개인의 사회적 지위·위치 또는 계급'을 의미한다. 무소속 후보자간의 단일화 협상 사실이 없음에도 단일후보로 명기하여 문자메시지를 발송하는 경우,[24] ☆☆당의 ○○시장후보가 확정되지도 않은 상태에서 예비후보자 신분으로 '○○시장후보'를 기재한 경우[25] 등이 이에 해당한다.

라) 직업

생계를 위하여 일상적으로 하는 일을 의미한다.[26]

마) 경력등

「경력등」이란 '경력·학력·학위·상벌'을 말한다(법 제64조 제5항). '경력(經歷)'이란 '여러 가지 일을 겪어 지내 옴' 또는 '겪어 지내 온 여러 가지 일'을 말한다. 「경력」은 후보자의 행동이나 사적(事績) 등과 같이 후보자의 실적과 능력으로 인식되어 선거인의 공정한 판단에 영향을 미치는 사항을 말한다.[27]

한편 여론조사 결과나 지지율이 '경력등'에 해당하는지에 관하여 여론조사 직전에 집중적

---

21) 대검찰청, 공직선거법 벌칙해설 제10개정판, 369면, 전주지방검찰청 2010형제20454호, 전남 장흥에서 출생하여 전북 익산으로 이주한 후보자가 공보물 등에 익산 '출신'이라고 기재한 사건에서 '출신'은 '출생'과 구별되고 다의적으로 해석가능한 점 등을 이유로 혐의없음 처분하였다

22) 부산지방법원 동부지원 2017. 1. 26. 선고 2016고합133, 144 판결, 대법원 2018. 6. 15. 선고 2017도9794 판결, 공부상 출생지나 과거 홍보자료에 '경주'로 기재되어 있다 하더라도 후보자의 출생 당시 가족들이 '부산'에 거주하였고 생활기록부의 출생지도 '부산'으로 되어 있는 등 실제 '부산'에서 출생했을 가능성이 높다면 선거공보의 출생지를 '부산'으로 한 부분은 허위사실로 단정하기 어렵다

23) 대검찰청, 공직선거법 벌칙해설 제10개정판, 369~370면

24) 대구지방법원 포항지원 2018. 12. 20. 선고 2018고합95 판결

25) 서울고등법원 2019. 5. 3. 선고 2019노455 판결

26) 대구지방법원 서부지원 2014. 10. 23. 선고 2014고합157 판결

27) 대법원 2011. 3. 10. 선고 2010도16942 판결

으로 단기 유선전화를 개설해 선거사무소에 설치된 유선전화로 착신전환한 후 무작위로 걸려온 ARS 여론조사에 허위로 중복하여 응답함으로써 여론조사결과를 실제와 다르게 발표하게 한 사안에서 여론조사결과는 인지도나 지지율을 나타내는 것이어서 후보자의 행동이나 사적 등에 관한 사항이라 할 수 없으므로 '경력등'에 해당하지 않는다고 하였다.[28)29)] 경찰수사는 진행 중인 절차와 활동으로서 확정적인 사실이나 상태가 아니고 어느 시점부터 어느 시점까지가 수사에 해당하는지도 명확하지 않은 점 등에 비추어 볼 때, '경찰이 피고인을 수사 중인 사실'은 '경력 등'에 해당한다고 볼 수 없다[30)]고 하였다.

「학력」은 학교를 수학한 이력 즉 졸업·중퇴·수료·수학하거나 재학 중인 이력을 말한다. 초·중등교육법 제27조의2 제1항 소정의 '학력'(學力)은 교육기관에서 학습이나 훈련을 통하여 얻은 지적능력을 의미하는 반면, 법 제64조 제1항 소정의 '학력'(學歷)은 학교를 다닌 경력을 의미하는 것으로서 서로 개념상 구별된다. 본 조항에서는 학력을 게재하는 경우 법 제64조 제1항[31)]의 규정에 의한 방법으로 게재하도록 하고 이에 위반한 경우 허위사실공표죄로 처벌하고 있다. 비정규학력을 인쇄물 등에 기재하지 않고 말로 공표한 경우에는 그 비정규학력이 진실하다면 허위사실공표죄에 해당하지 않는다.

바) 재산

일정 목적 하에 결합해 있는 경제적 가치가 있는 것의 총칭으로 동산, 부동산 및 권리·의무 등을 말하는바, 공직선거 후보자 신고시 차명계좌로 관리하던 예금을 누락한 경우,[32)] 후보자, 배우자, 직계존비속의 채무 40억원 상당을 누락한 채 적극재산만 기재한 경우,[33)] 재산이 40억 원 정도나 17억 상당에 이르는 부동산 2건을 누락하여 재산신고 및 선거공보에 기재한 경우[34)] 등의 경우 본 죄에 해당한다.

사) 행위

'행위'라 함은 일상생활의 모든 행위를 말하는 것이 아니라 적어도 후보자의 자질, 성품, 능력 등의 지표로 삼을 수 있는 것으로 인식되어 선거인의 공정한 판단에 영향을 미치는 사

---

28) 대구고등법원 2015. 1. 13. 선고 2014노642 판결, 대법원 2015. 10. 15. 선고 2015도1571 판결
29) 부산지방법원 2015. 1. 16. 선고 2014고합623, 662(병합) 판결
30) 대법원 2020. 1. 9. 선고 2019도10140 판결
31) 학력을 게재하는 경우에는 정규학력과 이에 준하는 외국의 교육과정을 이수한 학력외에는 게재할 수 없다. 이 경우 정규학력을 게재하는 경우에는 졸업 또는 수료당시의 학교명(중퇴한 경우에는 수학기간을 함께 기재하여야 한다)을 기재하고, 정규학력에 준하는 외국의 교육과정을 이수한 학력을 게재하는 때에는 그 교육과정명과 수학기간 및 학위를 취득한 때의 취득학위명을 기재하여야 한다.
32) 서울중앙지방법원 2009. 3. 10. 선고 2009고합29 판결, 대법원 2009. 10. 29. 선고 2009도5945 판결
33) 서울고등법원 2019. 6. 21. 선고 2019노331 판결, 대법원 2019. 9. 10. 선고 2019도9062 판결
34) 부산고등법원 2019. 9. 10. 선고 2019노270 판결, 대법원 2019. 11. 28. 선고 2019도13416 판결

항으로 한정된다.[35]

그러나 열거하고 있는 일정한 표지 자체(후보자 등의 출생지, 가족관계, 신분, 직업, 경력 등, 재산, 행위, 소속단체, 특정인 또는 특정단체로부터의 지지여부 등)를 허위로 공표한 경우에 적용되는 것이지, 그 표지에 대한 제3자의 의견 또는 평가를 허위로 공표한 경우까지 포함하는 것이라고 볼 수 없다. 즉 '후보자의 행위' 자체를 허위로 공표한 경우에 적용되는 것이지, 후보자의 행위에 대한 '제3자의 의견 또는 평가'를 허위로 공표한 경우까지 포함하는 것은 아니다.[36]

아) 소속단체

정당을 포함한 정치·경제·사회·문화·노동·종교단체 등 사회적 활동을 하고 있는 모든 단체를 포함하고, 법인격 유무는 불문한다. 따라서 후보자(후보자가 되고자 하는 자 포함)가 「소속단체」에 관한 허위의 사실을 공표하는 것은 어느 단체에 소속하는가라는 사실을 비롯하여 그 단체의 성격·연혁·주요 활동상황 등에 관한 사실도 포함되므로 이에 관한 허위사실을 공표하는 것은 본 죄에 해당한다. '후보자의 소속단체에 관하여'란 후보자와 직접적으로 관련이 있는 소속단체에 관한 사실로서, 일체의 사항을 포괄적, 무제한적으로 그 대상으로 삼은 것이 아니라 후보자가 어느 단체에 소속하는지 여부, 그 소속단체가 어떤 단체인지에 관한 것을 의미한다고 볼 것이며, '후보자의 소속단체'란 현재의 소속단체를 말하고 종전의 소속단체나 제3자인 소속단체의 행위나 활동은 후보자의 경력 등이나 행위에 관한 것에 포섭되지 않은 이상 본 조항의 '소속단체'에 해당하지 않는다.[37]

자) 특정인 또는 특정단체로부터의 지지여부

후보자가 '어떤 특정인이나 특정단체의 지지를 받고 있는 후보'라는 사실은 유권자 선택에 중요한 영향력을 미칠 수 있는 사항이므로 2015. 12. 24. 법 개정 시 허위사실공표죄의 대상으로 추가하였다.

3. 낙선 목적 허위사실공표죄

가. 객체

후보자(후보자가 되고자 하는 자 포함), 배우자, 직계존·비속, 형제자매에 관한 사항이다.

---

35) 대법원 2018. 4. 24. 선고 2018도1230 판결
36) 광주고등법원 제주지부 2017. 3. 15. 선고 2016노103 판결, 대법원 2017. 6. 19. 선고 2017도4354 판결
37) 창원지방법원 마산지원 2013. 1. 30. 선고 2012고합126 판결

　　제1항의 당선 목적 허위사실공표죄와 달리 허위사실의 대상을 제한적으로 열거하지 아니하고 있으므로 후보자 등에 관한 모든 사항을 의미한다.[38] 후보자의 소속 정당이나 그 정당의 소속 인사에 관한 사항 등과 같이 후보자 본인에 관한 사실이 아닌 간접사실이라도 후보자와 직접적으로 관련된 사실이고 그 공표가 후보자의 당선을 방해하는 성질을 가진 것인 경우에는 후보자에 관한 사실에 해당한다고 할 것이지만, 공표된 사실이 후보자와 직접적인 관련이 없어 후보자의 선거에 관한 신용을 실추시키거나 이에 영향을 미치는 것이 아닌 경우에는 후보자에 관한 사실에 포함되지 아니한다.[39]

나. 행위

　　연설·방송·신문·통신·잡지·벽보·선전문서 기타의 방법으로 후보자(후보자가 되고자 하는 자를 포함)에게 불리하도록 허위의 사실을 공표하거나 하게 하는 것, 허위의 사실을 게재한 선전문서를 배포할 목적으로 소지하는 것이다.

1) 불리하도록

　　선거인들로 하여금 특정 후보자에 대하여 좋지 않은 평가를 내리게 하여 동인의 당선에 나쁜 영향을 줄 가능성이 있도록 할 의도라는 뜻이다.[40]

2) 허위의 사실

　　허위사실의 의미는 제1항의 당선 목적 허위사실공표죄와 동일하다.

다. 주관적 요건

　　고의와 목적의 의미는 제1항과 동일하다.
　　「당선되지 못하게 할 목적」이라 함은 후보자에 관한 허위의 사실을 공표함으로써 선거인의 정확한 판단을 그르치게 하고 그에 따른 투표의 결과 후보자로 하여금 유효투표의 다수를 얻지 못하게 할 목적을 의미한다. 선거일의 투표가 마감된 후 당선인으로 결정된 후보자에 관하여 그 당선을 무효로 되게 할 목적으로 허위의 사실을 공표하더라도 이미 투표가 종

---

38)　대검찰청, 공직선거법 벌칙해설 제10개정판, 391면
39)　대법원 2007. 3. 15. 선고 2006도8368 판결, 대법원 2011. 12. 22. 선고 2008도11847 판결
40)　대검찰청, 공직선거법 벌칙해설 제10개정판, 393면

료된 이상 그런 행위가 선거인의 판단에 영향을 미치지 못하므로 본 조항의 허위사실공표죄로 처벌할 수 없다.[41]

공표한 구체적 사실의 진실 여부를 확인하는 일이 시간적·물리적으로 사회통념상 가능함에도 불구하고 그러한 확인의 노력을 하지 않은 채 당선되지 못하게 할 목적으로 그 사실을 공표하였다면 본 죄의 미필적 고의를 인정할 수 있다.[42]

언론매체가 특정 정당의 후보자나 그 배우자에 관하여 허위사실을 적시한 경우 국민의 알 권리를 충족시키기 위한 언론매체의 공익적 성격 때문에 낙선 목적을 바로 인정하기는 곤란하지만,[43] 당해 언론매체와 특정 후보자와의 관계, 보도 이전 보도대상인 본인을 상대로 진위여부를 확인하는 등 실현 가능한 범위 내에서 제보자 주장의 진위여부를 확인하는 검증절차를 거치지 아니한 경우 등 공익적 활동을 벗어난 악의적인 동기가 엿보이는 경우에는 낙선 목적이나 미필적 고의를 인정할 수 있다.[44]

라. 입증책임

검사가 공표된 사실이 허위라는 점을 적극적으로 증명할 것이 필요하고, 공표한 사실이 진실이라는 증명이 없다는 것만으로는 허위사실공표죄가 성립할 수 없다는 점은 제1항의 해설과 같다.

4. 당내경선 관련 허위사실공표죄

허위의 사실을 공표하여 당내경선에 참가하는 선거인의 올바른 판단에 영향을 미치는 행위를 규제함으로써 당내 경선의 공정을 보장하기 위한 규정이다. 2004. 3. 12. 정당법 개정 시 정당법 제45조의6에 신설하였던 규정이나, 2005. 8. 4. 공직선거법을 개정하면서 선거 관련 법규를 통합·정비하는 차원에서 공직선거법으로 옮겨 규정하였다. 「당내경선」이란 정당이 공직선거에 추천할 후보자를 선출하기 위하여 실시하는 선거를 말하며, 법 제57조의2 제2항에 의하여 당내경선후보자로 등재된 자를 대상으로 정당의 당헌·당규 또는 경선후보자 간의 서면합의에 따라 실시한 당내경선을 대체하는 여론조사를 포함한다고 할 것이나,

41)　대법원 2007. 6. 29. 선고 2007도2817 판결
42)　대법원 2011. 12. 22. 선고 2008도11847 판결 등
43)　대법원 2003. 11. 28. 선고 2003도5597 판결
44)　대검찰청, 공직선거법 벌칙해설 제10개정판, 402면

정당이 선거나 이를 대체하는 여론조사가 아닌 방법으로 공직선거에 추천할 후보자를 결정하는 것은 당내경선에 포함되지 아니한다.[45] 당내경선에서 정당이 추천하는 공직선거 후보자가 되거나 되지 못하게 할 목적을 필요로 하나, 본 죄의 목적이 인정된다고 하여 제1항 또는 제2항의 공직선거에서의 당선 또는 낙선의 목적이 있다고 추정할 수는 없다.[46] 당내경선에 임박하여 허위사실을 공표한 경우 본 조항이 적용되는지 아니면 제2항의 허위사실공표죄가 적용되는지 문제되나, 표현 문구, 공표 시기, 공표 상대방 등을 종합하여 판단하여야 할 것이다. 「경선후보자, 그의 배우자 또는 직계존·비속이나 형제자매에 관하여」에 대해서는 법 제250조 제1항, 제2항의 설명과 같다. 본 조항에서 규정하는 당내경선 관련 허위사실공표죄의 객체에는 '경선후보자'만 해당하고 '경선후보자가 되고자 하는 자'는 포함되지 않는다.[47] 「허위의 사실」에 관한 설명은 제1항, 제2항과 같다. 다만, 제1항에서는 공직선거의 후보자나 후보자가 되고자 하는 자가 학력을 게재하는 경우에는 법 제64조 제1항의 규정에 의한 방법으로만 게재하도록 규정하고 있으나, 본 조항 당내경선의 경우에는 적용되지 않는다. 따라서 비정규학력이 허위가 아닌 경우에는 게재가 가능하다.

5. 딥페이크영상등을 이용한 당선목적의 허위사실 공표

딥페이크영상등을 이용하여 선거일 전 90일 전에 선거운동을 하는 때에 법 제82조의8 제2항을 위반하여 중앙선거관리위원회규칙으로 정하는 사항을 표시하지 아니하는 경우, 해당 영상등이 법 제250조 제1항, 제2항에 해당되는 경우에는 법 제250조 제4항에 따라 가중처벌 된다.

또한, 딥페이크영상등이 인공지능 기술 등을 이용하여 만든 가상의 정보라는 사실을 밝혔다고 하더라도, 해당 영상등이 특정 후보자의 공직선거 또는 당내경선에서의 당락을 목적으로 이용되는 경우에는 행위 양태에 따라 법 제250조 등에 해당될 수 있다.

딥페이크영상등에 관한 상세한 설명은 '제9장 유튜브·챗GPT·딥페이크영상등 관련 규율'을 참고하기 바란다.

---

45) 대법원 2007. 11. 16. 선고 2007도6503 판결
46) 대구지방법원 2007. 4. 18. 선고 2006고합785 판결
47) 대구고등법원 2019. 4. 4. 선고 2019노57 판결

6. 중앙선거관리위원회 행정해석

가. 경력·신분 등

① 선거벽보 등에 경력게재

1. 선거벽보·선거공보와 경력방송 원고에 명예박사 또는 대학교에서 인정되는 명예교수, 객좌교수 등을 후보자의 경력으로 게재하는 것은 공선법상 무방할 것임(2000. 3. 28. 회답).

2. 1998년 9월부터 1999년 8월까지 미 하버드대 초청연구원으로 재직한 자가 선거벽보·선거공보에 후보자의 경력으로 연구기간 및 그 연구과정을 게재하는 것은 공선법상 무방할 것임(2000. 3. 29. 회답).

3. 선거벽보와 선거공보의 경력란에 "예비장관", "예비감사원장" 등을 게재한 것만으로 공선법상 허위의 사실을 게재한 것이라고 보기는 어려울 것임(2000. 4. 9. 회답).

② 예비후보자의 경력게재

예비후보자의 명함 등에 '강원대학교 농촌사회교육원 발전자문위원'을 경력사항으로 게재하는 것은 무방할 것임(2006. 4. 17. 회답).

③ 당선무효로 시장직을 상실한 자의 경력 게재

1998년 제2회 전국동시지방선거(1998. 6. 4.)에서 선거운동원에 금품제공 및 무소속으로 특정 정당의 추천을 받았다며 선거운동을 하여 선거법 위반으로 징역 8월에 집행유예 2년의 형이 확정(1999년 11월)되어 시장직을 상실한 자가 2005년 8월 15일에 특별사면·복권되어 이번 선거에 예비후보자로 등록한바 현수막, 명함, 예비후보자홍보물, 인터넷홈페이지 등에 경력으로 "전 ○○시장", "민선2기 ○○시장 역임"이라고 게재할 수 있음(2006. 5. 12. 회답).

④ 선거무효판결 등의 소급효 및 경력게재

국회의원, 지방자치단체의 장, 지방의원 등의 공직선거에서 당선된 후 1~2년 후에 선거무효소송 등으로 당선무효가 되면 비로소 장래를 향하여 그 직을 상실하게 되는 것이며, 당선무효자의 이력사항에 '당선무효판결' 이전의 의원직 보유기간을 의원직을 가진 것으로 경력으로 게재하는 것은 공선법에 위반된다고 보기 어려울 것임(2010. 3. 10. 회답).

⑤ 정당 내부의 강좌 등 이수내역을 경력으로 게재

> 문   예비후보자 명함·홍보물, 후보자의 선거벽보·선거공보의 약력란에 다음과 같은 사항을 게재할 수 있는지

1. 한나라당 한나라 정치대학원 제7기 수료

2. 한나라당 한나라 정치대학원 제7기 운영위원회위원

3. 한나라당 한나라 정치대학원 총동문회 부회장

답 귀문의 경우 학력으로는 게재할 수 없을 것임(2006. 4. 7. 회답).

⑥ '국제변호사'로 경력 게재

'국제변호사'라는 명칭은 법령상의 명칭도 아니고 그러한 자격증을 발급하는 국가나 국제기구도 없으므로 예비후보자·후보자가 명함·선거공보 등에 이를 게재할 수 없을 것임. 다만, 외국에서 취득한 변호사 자격을 사실 그대로 게재하는 것은 무방할 것임 (2006. 5. 3. 회답).

⑦ 정당추천 후보자로 선출된 예비후보자의 '후보자' 명칭 사용

1. 정당 소속 예비후보자가 당해 정당의 당헌·당규에 따라 지역구국회의원선거의 정 당추천 후보자로 확정된 경우, 선거사무소에 게시하는 현수막에 "제18대 국회의원 선거 ○○○당 후보자 △△△"라고 게재하는 것은 무방할 것임.

2. 정당의 공천결과 국회의원선거 후보자로 선출되지 아니하여 그 정당의 후보자가 될 수 없는 예비후보자가 선거사무소에 게시하는 현수막에 "제18대 국회의원선거 ○ ○○당 예비후보자 △△△"라고 게재하거나, 그들이 사용하여 오던 당해 정당 후보 자의 예상기호, 정당마크, 정당명칭을 계속 사용하는 것은 「공직선거법」상 제한되 지 아니함(2008. 3. 11. 회답).

⑧ 군소정당의 야권단일후보 표현 사용

통합진보당, 노동당 및 정의당의 합의에 따라 단일화된 후보자가 단일화에 참여한 정 당의 명의를 밝혀 '야권단일후보(통합진보당, 노동당, 정의당)'라는 표현을 사용하는 것은 「공직선거법」상 제한되지 아니할 것임(2014. 5. 23. 회답).

⑨ '야권단일후보' 표현 사용의 위법 여부에 관한 결정

2016. 4. 13. 실시하는 제20대 국회의원선거에서 더불어민주당·국민의당 및 정의당 이 후보단일화에 합의하지 아니한 경우에는 '야권단일후보'라는 표현을 사용할 수 없 을 것임(2016. 4. 2. 회답).

※ 더불어민주당·정의당의 명칭을 부기한 "야권단일후보" 표현은 허위사실공표에 해 당하지 아니함(대법원 2016. 9. 8. 선고 2016수33 판결).

⑩ '야권단일후보' 표현 사용 가능여부

2021. 4. 7. 실시하는 서울시장 보궐선거에서 국민의힘(오세훈)과 국민의당(안철수)의 합의에 따라 단일화된 후보자가 "야권단일후보" 표현을 사용할 수 있으나, 단일화에

참여한 정당명을 병기하여야 할 것임(2021. 3. 23. 회답).

※ 2021. 4. 7. 서울시장 보궐선거에서 정의당은 후보자를 공천하지 아니함.

나. 학력

① 정규학력의 의미

> 문 제64조 제1항 및 제250조 제1항과 관련하여 공직선거에 입후보하는 자가 선거
> 벽보 등 법정인쇄물의 경력란에 아래 예시 사항과 같은 내용을 게재하여 첨부
> 또는 배부한 경우 저촉이 되는지 여부
>
> (가 군)
>
> ○○ 대학교 경영대학원 총동문회장(역임)
>
> ○○ 대학 최고관리자과정 제1기 동문회 고문(현)
>
> ○○ 대학교 중소기업대학원 최고경영자과정 제1기 고문
>
> ○○ 대학교 산업대학원 제1기 고문
>
> ○○ 대학교 행정대학원 제1기 원우회 회장
>
> ○○ 대학교 산업대학원 제1기 원우회 회장
>
> ○○ 대학교 경영대학원 최고경영자과정 총학생회장
>
> (나 군)
>
> ○○ 대학교 정책대학원 수료
>
> ○○ 대학교 경영대학원 수료

> 답 상기 표기하고자 하는 가군, 나군의 내용은 교육법에서 인정하는 정규학력외의 공
> 개강좌 기타 교육과정을 수학한 내용으로서 상기 예시한 가군, 나군의 내용 그대로
> 를 후보자의 학력 및 경력란에 게재할 수 없음(1997. 4. 18. 회답).

② 녹화물을 이용한 유사학력의 공표

공선법 제250조 제1항의 허위사실공표금지규정중 정규학력외의 학력의 공표는 "게재
하는 경우"로 규정하고 있는바, 이는 선전문서 뿐만 아니라 녹화물에 게재하는 경우도
포함된다고 할 것이므로 정규학력외의 수학한 경력을 녹화물을 통하여 방영할 수 없
을 것임(1998. 5. 13. 회답).

③ 선거벽보 등에 원격대학 학력 게재

> 문 서울디지털대학은 고등교육법 제2조에 나와 있는 학교의 종류에는 포함되어 있지
> 않으나, 평생교육법에 의하여 2001년도에 설립되었으며 일반대학과 마찬가지로 4

년제 대학으로 학사학위가 수여되는 대학입니다. 선거에 출마시 선거벽보 등에 학력으로 표기하여도 무방한지

답 평생교육법 제22조(원격대학형태의 평생교육시설) 제3항(현행 : 제33조 제3항)의 규정에 의하여 설립된 원격대학의 교육과정을 이수한 자는 학점인정등에관한법률 제8조(학력인정)의 규정에 의하여 고등교육법 제2조(학교의 종류)의 대학 또는 전문대학을 졸업한 자와 동등이상의 학력이 있는 것으로 인정되므로 선거벽보 등에 귀문의 학교명과 수학기간을 학력으로 게재할 수 있을 것임(2002. 4. 4. 회답).

④ 의정보고서 등에 비정규학력 게재

  1. 국회의원의 의정보고서에 비정규학력을 사실대로 게재하여 선거구민에게 배부하는 경우 공선법 제250조의 규정에 위반될 것임.

  2. 공선법 제250조 제1항 중 비정규학력의 공표는 '게재하는 경우'로 규정하고 있으므로 합동연설회장, 정당·후보자연설회장에서 연설 중 후보자의 비정규학력을 사실대로 정규학력으로 오인되지 않도록 공표하는 것은 무방할 것임(2004. 1. 16. 회답).

⑤ 학점인정등에 관한 법률에 의한 학점인정자의 학력 게재

  1. 「학점인정등에 관한 법률」 제8조의 규정에 의하면 "같은 법 제7조(학점인정)의 규정에 의하여 일정한 학점을 인정받은 자는 「고등교육법」 제2조(학교의 종류) 제1호의 규정에 의한 대학 또는 동법 제2조 제4호의 규정에 의한 전문대학을 졸업한 자와 동등 이상의 학력이 있는 것으로 인정한다"라고 규정되어 있는바, 이 경우 학점은행제 경영학사의 학습과정이 종료되지 않아 이수 중에 있는 경우라도 공선법 제49호 제4항 제6호의 규정에 의하여 학점은행제 경영학사의 학습과정에 대한 증명서를 제출한 경우 선거벽보에 그 사실을 학력으로 게재할 수 있을 것임.

  2. 위 1의 이수중에 있는 경우에는 "학점인정등에 관한 법률의 규정에 의한 동아대학교 부설 사회교육원 경영학사과정 이수중" 또는 "학점인정등에 관한 법률의 규정에 의한 경영학사과정 이수중"으로 게재할 수 있을 것임.

  3. 학점인정제를 통하여 학사학위를 받고자 하는 자는 여러 교육훈련기관에서 학점을 인정받을 수 있는 바, 다수의 교육훈련기관에서 학점을 인정받아 학사학위를 취득한 경우 대학이 학위를 수여한 때에는 "학점인정등에 관한 법률의 규정에 의한 동아대학교 부설 사회교육원 경영학사학위 취득" 또는 "학점인정등에 관한 법률의 규정에 의한 경영학사학위 취득"으로, 교육인적자원부장관이 수여한 때에는 "학점인정등에 관한 법률의 규정에 의한 경영학사학위 취득"으로 게재할 수 있을 것임(2006. 2. 21. 회답).

⇨ "학점인정 등에 관한 법률의 규정에 의한" 등을 명기하지 않고, "○○ 대학교 경영학사 학위 취득", "○○ 대학교 경영학 학사", "○○ 대학교 경영학사(경영 전공)" 등 「고등교육법」에서 인정하는 학위를 취득한 것으로 게재하는 것은 가능함. 다만, "○○대학교 경영대학 경영학과 졸업", "○○대학교 경영학과 졸업", "○○대학교 졸업" 등 단과대학 또는 학과를 졸업한 것으로 게재하는 경우에는 법 제250조 제1항에 위반될 수 있을 것임(2023. 4. 10. 의결).

⑥ 정규학교를 졸업하지 않고 독학으로 공부한 경우 학력을 독학으로 기재

정규학교를 졸업하지 않고 독학으로 공부하여 공무원 등 시험에 합격하여 근무하다가 시의원에 출마할 때 지금까지 학력란에 독학으로 기재하는 것은 무방할 것임(2006. 4. 24. 회답).

⑦ 정규학력을 수학한 이력이 있는 경우 학력을 독학으로 게재

「초·중등교육법」의 규정에 의한 정규학교를 수학한 이력이 있는 경우에는 학력 또는 경력에 '독학'으로 게재할 수 없을 것임(2006. 4. 28. 회답).

⑧ 고등학교 입학자격 검정고시 합격을 고입검정고시합격으로 게재

고등학교 입학자격 검정고시 합격을 고입검정고시합격이라고 게재할 수 있음(2006. 5. 15. 회답).

⑨ 독학 학위취득 종합시험 불합격자의 학력

「독학에 의한 학위취득에 관한 법률」 제6조는 학위취득 종합 시험에 합격한 사람에게 학위를 수여하도록 규정하고 있으므로 동 시험에 불합격한 자는 학사과정을 이수한 자에 해당하지 아니함. 다만 「학점인정 등에 관한 법률」 제7조에 따라 학점을 인정받은 경우에 해당한다면 그 학습과정에 대한 증명서를 제출하고 "학점인정 등에 관한 법률의 규정에 의한 경영학사과정 이수 중"으로 게재할 수 있을 것임(2015. 12. 21. 회답).

⑩ 정규학교 재학 중인 학력의 게재방법

후보자의 학력이 방송통신대학교 법학과 1학년에 재학 중인 경우 선거벽보나 선거공보에 "방송통신대학교 재학 중"이라고 기재하는 것은 무방할 것임(2007. 11. 26. 회답).

7. 판례

가. 허위사실 공표죄 일반

① 정당의 전략공천이 확정되었으나 이에 반발하는 자는 '후보자가 되고자 하는 자'에 해

당하는지 여부

□□당이 2014. 7. 30. 치러지는 보궐선거와 관련하여 2014. 7. 3. 기○○를 전략공천하기로 하자 허●●이 이에 반발하였고, 기○○은 2014. 7. 8. 당의 결정을 수용한 사실이 인정되는바, □□당 당원인 피고인이 2014. 7. 3. 09:49경 허위사실의 내용을 포함하고 있는 이 사건 우편물을 발송할 당시에는 허●●은 여전히 '후보자가 되고자 하는 자'에 해당한다고 할 것이다(서울고등법원 2015. 4. 30. 선고 2015노942 판결).

② 비례대표국회의원 후보자 공천심사과정에서의 허위사실공표 및 비방행위와 관련하여 '당선되지 못하게 할 목적' 인정 여부

공직선거법 제2조는 공직선거법 적용범위에 관하여 "대통령선거·국회의원선거·지방의회의원 및 지방자치단체의 장의 선거에 적용한다."라고 규정하고 있고, 대법원은 공직선거법상 허위사실공표죄와 후보자비방죄의 '당선되지 못하게 할 목적'은 공직선거에서 당선되지 못하게 할 목적을 의미한다고 판시하였다(대법원 2014. 3. 13. 선고 2013도12507 판결, 대법원 2011. 3. 10. 선고 2011도168 판결 등 참조).

비례대표 국회의원선거의 특성과 이 사건 방송 당시 정치 지형 등에 비추어 볼 때, 비례대표 국회의원 후보자 앞 순위로 공천이 될 경우 비례대표 국회의원으로 당선될 가능성이 높을 것이라고 예측하는 것에 무리가 있다고 보이지 않는다. 하지만 어디까지나 공천은 정당의 자유로운 의사결정에 의하여 이루어지는 것이지 공직선거에는 해당하지 않으므로, 아무리 비례대표 국회의원 후보자 공천심사과정에서 공천을 받지 못하게 할 목적이 있었다고 해서 곧바로 공직선거에서 '당선되지 못하게 할 목적'이 있다고 볼 수는 없다.

반면 허위사실공표 및 비방행위가 비례대표 공천심사과정 또는 공천결정 전에 이루어졌더라도 모든 경우에 당선되지 못하게 할 목적이 없었다고 할 수 없고, 당선되지 못하게 할 목적을 갖고 그와 같은 행위를 하였다고 충분히 평가할 수 있는 경우에는 공직선거법상 허위사실공표나 비방행위죄가 성립할 수 있음은 물론이다(위 2011도168 판결 참조).

결국 제21대 국회의원선거에서 당선되지 못하게 할 목적이 있었는지는 행위 시기를 비롯하여 해당 법리에 비추어 구체적인 사정을 살펴서 판단하여야 한다(서울고등법원 2021. 7. 8. 선고 2020노2185 판결, 대법원 2021. 9. 14. 선고 2021도9281 판결).

③ '사실의 적시'의 의미 및 판단기준

1. 피고인이 제19대 국회의원 선거의 후보자가 되고자 하는 뿌이 대한민국과 미합중국 간의 자유무역협정(이하 '한미 FTA'라고 한다)비준동의안의 여야 합의처리 등을 위

해 단식하였을 뿐인데도, '굿~! 한미 FTA를 빨리 날치기하라고 단식했던 甲 OUT!' 이라는 문구(이하 '트윗 문구'라고 한다)를 리트윗하여 트위터에 게재하거나 팔로워들 등에게 전달하는 방법으로 공표하였다고 하여 공직선거법 위반(허위사실공표)으로 기 소된 사안에서, 피고인이 트윗 문구를 리트윗하기 전에 국회의원인 甲이 한미 FTA 의 일방처리에 반대하며 합의처리를 촉구하는 단식까지 하고서도 일방처리가 이루 어지는 본회의에 출석한 것에 대하여 의사정족수를 채우는 모순적인 행위라는 비 판적 의견이 반어적·풍자적인 방법으로 표현되고 있었던 점 등 제반 사정을 종합할 때 트윗 문구는 반어적 방법으로 비판적 '의견'을 표현한 것에 해당하고, 공직선거법 제250조 제2항이 금지하는 허위의 '사실'을 공표한 것으로 보기 어렵다.

2. 피고인이 제19대 국회의원 선거의 후보자가 되고자 하는 甲과 乙이 서로 연대한 사 실이 없는데도, '甲후보 완전 맛이 갔다. 야권단일화 경선에서 丙후보를 이기려고 부 자증세, 형님예산, 미디어악법 날치기했던 乙후보와 연대하는 모임에 참여했다. 이 래도 되나요?'라는 내용의 글을 작성하여 트위터에 게재하는 등으로 甲과 乙을 비방 하였다고 하여 공직선거법 위반(후보자비방)으로 기소된 사안에서 제반 사정을 종합 할 때 甲이 乙과 연대하였거나 연대하기 위하여 모임에 참가하였다는 내용이 진실 한 것이라는 증명은 없으나, 피고인이 이를 진실한 것으로 믿었고 그렇게 믿을 만한 상당한 이유가 있으며, 공공의 이익을 위한 것이라는 등의 이유로 위 행위의 위법성 이 조각된다(서울고등법원 2013. 11. 21. 선고 2013노1814 판결, 대법원 2014. 4. 30. 선고 2013도14933 판결).

④ 우회적인 표현으로 허위사실 공표

2018년 5월경 A의 경쟁자로서 당시 예비후보자였던 B의 측근인 C가 여성 골프선수 와 함께 골프 라운딩과 성매매를 하는 내용의 관광 상품을 개발하려 했다는 취지의 언 론보도 등을 접하고, 마치 B가 C의 위 관광 상품 개발에 동참한 것처럼 게시물을 작성 한 후 이를 페이스북에 게시하여 B가 당선되지 못하게 함으로써 A의 당선에 도움을 주 기로 마음먹고, 2018. 5. 24. 15:15경 자신이 사용하고 있던 페이스북 '홍○○' 계정에 '최측근 C가 도청에서 기획한 참신한 관광산업!! B지사도 동참? 그의 섹스관광이 궁 금하다면 아래 영상을 눌러보세요~.'라는 글을 기재하고, B와 국회의원이 함께 촬영된 사진 밑에 B가 '아~♥ 19홀 같이 할까?'라고 말하는 내용의 말풍선 그림이 배치되어 있고 그 아래에는 '도지사 후보 B, 적폐 보좌관 C, 골프 섹스관광, 조폭, 카지노 파문'이 라고 기재되어 있는 이미지 파일을 위 글과 함께 게시한 것을 포함하여, 같은 목적으로 2018. 5. 24.경 총 4개의 페이스북 계정에 4회에 걸쳐 게시물을 게시함으로써, B를 당선되지 못하게 할 목적으로 B에게 불리하도록 그에 관하여 허위의 사실을 공표하였다. 공직선거법 제250조 제2항의 허위사실공표죄에서 말하는 "사실"이란 선거인으로 하여금 후보자에 대한 정확한 판단을 그르치게 할 수 있을 정도의 구체성을 가진 것이면 충분하고, '사실의 공표'란 가치판단이나 평가를 내용으로 하는 의견표현에 대치되는 개념으로서 시간과 공간적으로 구체적인 과거 또는 현재의 사실관계에 관한 보고 내지 진술을 의미하는 것으로 그 표현 내용이 증거에 의한 증명이 가능한 것을 말하며, 어떠한 표현이 사실의 적시인지 아니면 의견 내지 추상적 판단의 표현인지의 여부는 선거의 공정을 보장한다는 공직선거법의 입법 취지를 염두에 두고 그러한 표현을 둘러싼 모든 사정, 즉 언어의 통상적 의미와 용법, 표현 전체의 내용, 문제된 표현이 사용된 문맥, 표현의 경위·전달 방법·상대방, 그 표현 내용에 대한 증명가능성, 표현자와 후보자의 신분 등을 고려하여 종합적으로 결정되어야 할 것이고, 의견이나 평가라고 하더라도 그것이 진실에 반하는 사실에 기초하여 행해지거나 의견이나 평가임을 빙자하여 간접적이고 우회적인 표현 방법으로 허위사실을 암시하는 경우에도 위 죄가 성립하는 것인바, 판시 증거들에 의하여 인정할 수 있는 다음과 같은 사정들, 즉 ① 당시 피고인은 A의 선거사무소에서 자원봉사를 하고 있었고, B는 도지사 선거에서 위 A와 경쟁 관계에 있었던 점, ② 피고인이 게시한 글이나 이미지 파일은 B에 대한 후보자 검증 차원의 의혹 제기를 넘어 B는 C가 기획한 '섹스관광'에 연루가 되어 있다는 내용의 사실을 우회적으로 표현하고 있는 점, ③ 이를 접한 일반인들의 입장에서도 피고인이 게시한 글이나 이미지 파일의 내용이 마치 어떠한 근거를 가지고 있는 사실인 양 받아들일 가능성이 높은 것으로 보이고, 피고인이 위 게시물을 게시한 의도 또한 그에 있는 것으로 보이는 점 등을 종합하여 보면, 이는 공직선거법 제250조 제2항에서 정한 '사실의 공표'에 해당한다고 봄이 타당하므로, 이를 다투는 피고인 및 변호인의 주장은 받아들이지 아니한다(제주지방법원 2019. 2. 14. 선고 2018고합154 판결).

⑤ 리트윗(RT)의 허위사실공표 해당 여부

트위터에서 타인이 트위터에 게시한 글을 리트윗(RT)을 하는 경우, 그 글은 리트윗을 한 사람을 팔로우(follow)하는 모든 사람(팔로워, follower)에게 공개된다. 팔로워가 그 글을 다시 리트윗하면 그 글은 그의 팔로워들에게도 공개된다. 즉 리트윗하는 행위는 글과 정보의 전파가능성을 무한하게 확장시킬 가능성을 내포하는 행위이다. 따라서 글의 작성 주체가 피고인이 아니라고 하더라도 피고인이 그 글을 리트윗하는 행위는 자신의 트위터에서 타인이 그 글을 읽을 수 있고 전파할 수 있도록 게재하는 행위이다. 이와 다른 전제에서 피고인은 리트윗을 했을 뿐 글을 게재하지 아니하였다는 피고인의 주장은 이유 없다(대전고등법원 2013. 7. 24. 선고 2013노1 판결).

⑥ 후보자의 소속 정당이나 그 정당의 소속 인사에 관한 사항과 관련하여 제250조 제2항 의 '후보자에 관한 사실' 해당 여부

공직선거법(이하 '법'이라고만 한다) 제250조 제2항에서 말하는 후보자에 관한 사실 중에 는 직접 후보자 본인에 관한 사실 뿐 아니라 후보자의 소속 정당이나 그 정당의 소속 인사에 관한 사항 등과 같은 간접사실이라도 후보자와 직접적으로 관련된 사실이고 그 공표가 후보자의 당선을 방해하는 성질을 가진 것인 경우에는 후보자에 관한 사실 에 해당한다고 할 것이지만, 공표된 사실이 후보자와 직접적인 관련이 없어 후보자의 선거에 관한 신용을 실추시키거나 이에 영향을 미치는 것이 아닌 경우에는 후보자에 관한 사실에 포함되지 아니한다.

허위사실공표죄는 그 행위가 법 제250조 제2항에서 정하고 있는 구성요건을 충족하 는지를 객관적으로 판단하여 그 성립 여부를 인정하여야 할 것이고, 단지 주관적으로 후보자의 당선을 방해하려는 목적이 있었다는 점만으로는 허위사실공표죄가 성립된 다고 볼 수 없다.

그런데 이 사건 제1게시물의 내용은 비록 오◇◇ 후보자가 소속된 ■■■당 및 박●● 대표에 관한 내용이기는 하지만, 그 내용 중에는 오◇◇ 후보자와 직접적으로 관련됨 으로써 그의 선거에 관한 신용을 실추시키거나 이에 영향을 미칠 수 있는 내용이 포함 되어 있지 아니하므로, 이를 오◇◇ 후보자에 관한 사실을 공표한 것이라고 보기는 어 렵다.

또한, 이 사건 제2게시물은 일부 인터넷사이트에 이 사건 제1게시물과 함께 게시되기 는 하였으나, 위 둘은 각각 독립적인 게시물로서 다른 게시물들과 혼재되어 있는 상태 이고, 하나의 게시물에 다른 게시물을 링크시키는 등 사실상 하나의 게시물로 볼 만한 사정도 찾아볼 수 없으므로, 이 사건 제2게시물이 이 사건 제1게시물을 오◇◇ 후보자 와 연관시키고 있다고 볼 수도 없다.

따라서 원심이 이 사건 제1게시물에 대하여 오◇◇ 후보자에 관한 허위의 사실을 공 표한 것에 해당한다고 판단한 것은 허위사실공표죄에 있어서의 후보자에 관한 사항에 대한 법리를 오해함으로써 판결 결과에 영향을 미친 위법이 있다고 하지 않을 수 없다. 이 점을 지적하는 피고인의 상고이유의 주장은 이유 있다(대법원 2007. 3. 15. 선고 2006 도8368 판결).

⑦ "빨갱이", "간첩"이라는 표현을 사용한 경우 공직선거법상 허위사실공표죄 구성요건인 '사실의 적시'에 해당하는지

1. 관련 법리

어느 표현이 주체·행위를 지적하여 의견·논평을 표명함과 동시에 그의 전제가 되는 사실을 적시한 것으로 보이는 경우라도 그 표현의 전후 문맥과 그 표현이 이루어진 당시의 상황을 종합하여 볼 때, 그 표현이 비유적·상상적이어서 다의적이고 구체적 내용·일시·장소·목적·방법 등이 불특정 되어 일반적으로 수용될 핵심적 의미를 파악하기 어렵고 독자에 따라 달리 볼 여지가 있는 등으로 입장표명이라는 요소가 결정적이라면 그 표현은 사실의 적시로 볼 수는 없고 의견·평가 표명이라 할 것이다(대법원 2004. 2. 26. 선고 99도5190 판결, 대법원 2021. 9. 16. 선고 2020도12861 판결 참조).

2. 피해자가 '빨갱이'(공산주의자)나 북한 간첩 내지 스파이라는 부분에 대한 판단

이 부분 발언·공표가 의견표현에 대치되는 개념으로서 '사실의 적시'에 해당하는지 본다.

가. '빨갱이'(공산주의자)라는 부분

'빨갱이'는 공산주의를 믿거나 주장하는 자인 '공산주의자'를 속되게 이르는 말이고, '공산주의자'의 사전적 의미는 '사유재산제도의 부정과 공유재산제도 실현으로 빈부 차를 없애려는 사상을 가진 자'이며, 여기서 '사상'은 '판단·추리를 거쳐서 생긴 생각 내용'을 의미한다. 한 개인이 공산주의자인지 여부는 개념 속성상 그가 가진 생각에 대한 평가일 수밖에 없고, 공산주의자로서의 객관적·구체적 징표가 존재하는 것도 아닌 이상, 그에 대한 평가는 필연적으로 판단하는 자의 가치관에 따라 상대적이어서 일반적으로 증거에 의하여 증명이 가능하다거나 시간적·공간적으로 특정되는 과거·현재의 구체적 사실이라 보기 어렵다.

분단국가인 우리나라에서 '공산주의자'는 북한과 연관 지어 사용되기도 한다. 북한의 정치인, 북한정권과 내통하는 자 등 북한과 긴밀하게 연관된 자를 지칭하기도 하고, 북한정권에 우호적인 자, 북한정권에 유화적인 정책을 주장하는 자를 지칭하기도 한다. 오늘날 우리 사회는 개인마다 정치적 이념에 따른 견해 차이는 있을지언정 헌법의 기본원리인 자유민주적 기본질서를 위협하지 않는 한 북한에 우호적인 입장을 취하는 자에 대해 부정적인 시각을 보이지 않는다. 따라서 '공산주의자' 표현이 북한과 연관 지어 사용되더라도, 대한민국의 자유민주적 기본질서를 위협할 수 있는 다른 구체적 사정에 대한 언급이 없는 이상, 그 사람의 명예를 훼손할 만한 구체적 사실의 적시라고 쉽사리 단정할 수 없다(이상, 위 2020도12861 판결 참조).

이 사건에서 피고인의 전체적인 발언의 형식·내용·시기·장소·대상 등을 종합하여 보면, 뒤 유죄로 판단되는 부분을 제외하고는 피고인이 피해자를 '빨갱이'로 지

칭하면서, 대한민국의 자유민주적 기본질서를 위협할 수 있는 다른 구체적인 사정을 함께 언급하였다고 보기 어렵다. 또한 '공산주의자'가 갖는 사회적 의미의 위와 같은 다양성을 고려할 때, '공산주의자'가 일반적으로 북한과 연관 지어 해석된다는 사정만으로 '빨갱이'라는 표현 자체를 허위·진실 여부를 가릴 수 있을 정도로 확정적 의미를 갖는 '사실의 적시'라고 볼 수는 없다.

나. 간첩 내지 'spy of North Korea' 부분

'간첩[영문으로 spy]'의 문언적·사전적 의미는 '한 국가나 단체의 비밀이나 상황을 몰래 알아내어 경쟁·대립 관계에 있는 국가·단체에 제공하는 자'이다. 대한민국에서는 북한과의 대치 상황으로 인해 '간첩'이라는 용어가 일상적으로 사용되고 있으며, 그 의미는 반드시 사전적 의미에만 국한되지 않고, 오히려 수사학적·비유적 표현으로서 '대한민국의 정체성·정통성을 부정하는 반국가·반사회적 세력'과 같은 의미에서부터 '북한에 우호적인 자' 등까지 그 시대적·정치적 상황과 발언하는 상황에 따라 다양하게 확장·변용되어 왔다. 이에 청자로서 평균적인 일반인뿐만 아니라 그 표현 대상이 된 자까지 이 말에 대해 느끼는 감정·감수성은 가변적이므로, '간첩'의 의미를 문맥이나 발언 상황 등을 고려하지 않고 하나의 뜻으로 단정하거나 객관적으로 확정하기는 어렵다. 따라서 '간첩'이라는 용어를 사용하였다는 이유만으로 곧바로 사실의 적시로 볼 수 없고, 경우에 따라서 그 표현 대상이 된 자의 정치적 행보·태도를 비판하기 위한 수사학적 과장으로서 단순한 의견표명으로 볼 여지가 있다.

'간첩(spy)'이 갖는 사회적 의미의 위와 같은 다양성을 고려할 때, 범죄사실 내 'spy of North Korea', '북괴의 간첩'이라는 표현이 그 자체만으로 허위·진실 여부를 가릴 수 있을 정도로 확정적 의미를 갖는 '사실의 적시'라고 볼 수 없다. 피고인은 범죄사실에서 피해자를 '간첩'이라 표현하면서 그 근거를 제시하였는데, 이는 피해자가 ① E의 탄핵음모를 꾸며내었고, ② 선거에서 전자개표기를 조작하는 등 부정한 방법을 사용하였다는 것이다. 그런데 이러한 내용은 그 자체로 앞서 본 간첩의 문언적·사전적 의미인 '적국을 위해 국가기밀을 탐지·수집하는 행위'와 무관하고, 그 표현 맥락·상황을 고려하면 오히려 피해자가 '대한민국 이익에 반하는 행위를 한다.'는 정도로 이해될 여지가 크다. 따라서 이 부분 발언 내용도 공적 인물인 피해자의 정치적 이념 내지 언동을 비판하는 취지의 의견표명 내지 그에 대한 수사학적 과정으로 보일 뿐, '사실의 적시'라고는 볼 수 없다(부산고등법원 2021. 11. 17. 선고 2019노635 판결, 대법원 2022. 5. 12. 선고 2021도16003 판결).

나. 허위사실 공표로 본 사례

[신분]

① 예비후보자 신분임에도 불구하고 사전투표홍보 현수막에 사전투표 시의원후보 홍길동이라고 게재한 경우,[48] ② 예비후보자 신분으로 '○○시장후보'를 기재한 행위,[49] 마치 전라북도 도민 전체로부터 또는 전라북도 내의 진보진영과 보수진영 모두를 아울러 단일후보로된 것처럼 '전북도민추대 단일후보 교육감 ○○○'이라고 기재한 행위,[50] ③ 단체로부터 '서울특별시교육감 보수단일후보'로 단독 추대되기는 하였으나, 서울특별시교육감의 보수 계열 후보자로는 피고인 이외에 고○○과 이○○ 등이 있었고, 고○○이나 이○○과 후보단일화를 위한 경선을 치르거나 후보단일화에 대한 합의를 한 바도 없었음에도 불구하고 피고인은 스스로를 '보수단일후보'로 표시하거나 발언한 행위[51]사례가 있다.

[경력]

① 명함에 학도호국단장을 총학생회장으로 기재한 경우,[52] ② 대학교 시간강사로서 강의하였을 뿐 대학교 외래교수로 위촉되어 강의한 것이 아니었음에도 '외래교수'로 기재한 경우[53], ③ 선거공보의 후보자공개 자료에 체납실적을 허위로 기재한 경우,[54] ④ '재단의 지역 운영위원'인 자가 전국 운영위원이 아님에도 불구하고 '재단 운영위원'으로 게재한 경우,[55] ⑤ 대통령비서실 홍보수석실에서 '행정요원(7급상당)'으로 근무한 경력을 '(전)청와대 대통령 비서실 홍보수석실 과장'이라고 기재한 경우,[56] ⑥ 국회인턴 경력을 '(현)국회의원 비서'로 표시한 경우,[57] ⑦ 행정사협회에서 실무 강의를 하는 예비후보자가 카카오톡 채팅방에 '교수'라고 표시한 경우[58]사례가 있다.

[학력]

① 후보자초청토론회에서 ○○대학교 ○○대학원 국가정책과정을 이수하고서도 ○○대학교 ○○대학원을 수료하였다고 말한 것, ○○대학교 ○○대학원 경영자과정과 ○○대학교 ○○대학원 최고경영자과정을 각 이수하고서도 ○○대학교 ○○대학원과 ○○대학교 ○○

48) 서울고등법원 2014. 9. 5. 선고 2014노2020 판결
49) 서울고등법원 2019. 5. 3. 선고 2019노455 판결
50) 광주고등법원 2014. 12. 23. 선고 (전주)2014노259 판결, 대법원 2015. 3. 13. 선고 2015도640 판결
51) 서울고등법원 2015. 10. 16. 선고 2015노1303 판결
52) 전주지방법원 군산지원 2008. 6. 27. 선고 2008고합55 판결, 대법원 2008. 11. 27. 선고 2008도8404 판결
53) 대법원 2014. 12. 30. 선고 2014도15530 판결
54) 대법원 2015. 5. 29. 선고 2015도1022 판결
55) 부산고등법원 2016. 9. 28. 선고 (창원)2016노267 판결
56) 대전고등법원 2019. 2. 14. 선고 (청주)2018노217 판결
57) 서울고등법원 2019. 4. 3. 선고 2018노3370 판결
58) 서울고등법원 2020. 7. 24. 선고 2019노744 판결, 대법원 2020. 10. 29. 선고 2020도10978 판결

대학원을 수료한 것도 사실이라고 말한 행위와 여행사가 주관하는 단체여행에 참여하여 미국에서 불과 4일간 여행하면서 ○○대학교의 정부·기업 고위관리자과정 이수증이라는 것을 받아 온 일이 있을 뿐임에도 ○○대학교 ○○대학원 과정도 현지에 가서 단기과정으로 수료하였다고 말한 경우,[59] ② ◇◇대학교 ■■대학원에서 개설한 1년 과정의 고위관리자과정을 수료하였을 뿐 ◇◇대학교 ■■대학원을 졸업하거나 수료한 사실이 없음에도 선거구민들에게 '◇◇대학교 ■■대학원 총원우회 고문'이라고 기재한 경우,[60] ③ 고등학교 중퇴의 학력을 가진 후보자가 선전벽보와 선거공보에 '중앙대 ○○대학원 총동문회 이사', '연세대 ○○대학원 총동문회 이사'라고 기재한 경우,[61] ④ '○○대학교 국제경영대학원 원우회 부회장'을 학력란이 아닌 경력란에 기재한 경우,[62] ⑤ 서울대학교 경영대학 최고경영자과정 동문회이사'라고 기재한 경우,[63] ⑥ '○○대학교 행정대학원 학생회 부회장', '◇◇대학 무역대학원 원우회장'으로 기재한 경우,[64] ⑦ ○○대학원은 5학기 이상 등록하고 2학기 이상 논문지도를 받아야만 석사학위를 수여받을 수 있는데 4학기 과정을 이수하고 미등록으로 제적된 후보자가 의정보고서에 '○○대학원 총동창회 부회장'이라는 기재하고 그 수학기간을 기재하지 않는 경우,[65] ⑧ 구의회 홈페이지 의원소개란에 비정규학력 게재한 경우,[66] ⑨ ○○대학교 부설 사회교육원에서 운영 중인 학위 '과정' 중 '경영학'을 전공하여 '경영학사' 학위를 수여받았을 뿐인데 ○○대학교의 '경영대학 경영학과'를 졸업한 것으로 구의회 의원수첩 등에 게재 경우,[67] ⑩ 정규학력이 아닌 한나라당 대구시당에서 개설한 '대구정치대학원'을 수료한 것임에도 불구하고 한나라당 대구시당에서 개설한 것임을 명시하지 아니한 채 '대구정치대학원 수료'라는 문구만을 기재한 경우,[68] ⑪ 최종학력이 고등학교 졸업임에도 의정보고서에 대학교 졸업이라고 게재한 행위,[69] ⑫ 졸업당시의 학교명이 아니라 변경된 현재의 학교명을 명함에 게재한 경우,[70] ⑬ 고졸검정고시 합격자인 중퇴자가 고등학교졸업학력검정고시 합격 사실을 기재하였다고 하더라도 수학기간을 기재하지 않는 경우,[71] ⑭ 아프리카주의 시에라 리

59) 대법원 2003. 2. 20. 선고 2001도6138 판결
60) 대법원 2010. 12. 23. 선고 2010도13750 판결
61) 서울고등법원 1998. 12. 22. 선고 98노2589 판결
62) 대법원 1999. 6. 11. 선고 99도307 판결
63) 대법원 2001. 2. 9. 선고 2000수209 판결
64) 서울고등법원 2016. 12. 28. 선고 2016노3474 판결
65) 대법원 2005. 12. 22. 선고 2004도7116 판결
66) 서울지방법원 2002. 12. 27. 선고 2002고합1001 판결, 서울고등법원 2003. 3. 28. 선고 2003노178 판결
67) 서울고등법원 2019. 6. 21. 선고 2019노521 판결, 대법원 2019. 9. 9. 선고 2019도8950 판결
68) 대구지방법원 2006. 9. 20. 선고 2006고합514 판결
69) 서울지방법원 2002. 10. 4. 선고 2002고합967 판결, 대법원 2003. 8. 19. 선고 2003도1654 판결
70) 대전지방법원 2014. 12. 15. 선고 2014고합385 판결
71) 대법원 2015. 6. 11. 선고 2015도3207 판결

온(Sierra Leone) 공화국에 있는 '시에라리온 대학교(University of Sierra Leone) 경영학과'를 '원격과정'으로 졸업하였을 뿐임에도 불구하고 선거공보 학력 부분에 교육과정명인 '원격과정'을 기재하지 아니하고 '국립 LEONE 대학교 사회과학부 경영학과 4년 졸업'이라고 기재한 행위,[72] ⑮ 자신이 수료한 교육과정이 6개월에 이르지 않고, 더욱이 정규의 석사과정이 아니라는 점을 알면서도 후보자등록신청서에 '86년 미 농무성 장학금으로 석사과정 단기연수(6개월)'라고 기재한 경우,[73] ⑯ ecole des hautes etudes politiques(정치고등교육학교, 'hep'라고 함)는 한국어 학교명을 '파리정치대학원'이라는 명칭을 사용하고는 있으나, HEP는 프랑스의 교육법에 의하여 수여되는 국가학위를 수여할 수 없는 사립전문학교에 해당하고, 그 교육과정에 대한 입학자격, 수업연한, 교과과정, 학력평가 및 능력인증절차 등을 종합적으로 고려해 볼 때 우리나라의 교육법상의 정규학력에 준하는 교육과정이라고 인정하기 어려움에도 명함 등 학력란에 '파리정치대학원 정치학전문학위 취득'이라고 게재한 경우,[74] ⑰ 선거홍보물에 외국학력을 기재하면서 수학기간 미기재한 경우[75]사례가 있다.

[상벌]

① 징역 4월의 실형을 선고받았던 절도 전과의 구체적 내용에 관하여 기자로부터 보도를 전제로 질문을 받게 되자, 사실은 '철도기관차에서 사용하는 석탄을 절취'하여 위와 같이 처벌받은 것임에도, '41년 전 군에서 제대한 직후 수박 서리를 하다가 잡혀 그리 된 것'이라는 취지로 거짓말을 하여 신문에 위와 같은 내용이 게재된 경우,[76] ② 선고유예의 판결을 받은 사실을 무죄라고 공표한 경우,[77] ③ 선거공보의 후보자정보공개자료 전과기록란에 죄명만 기재하고 '선고형 및 확정일자'를 기재하지 아니한 경우,[78] ④ 유죄판결에 대해 특별사면된 것으로 무혐의 처분되거나 무죄판결을 받은 사실이 전혀 없음에도 선거공보의 후보자정보공개자료 중 "소명서"란에 "사실조사 결과 무혐의로 판명. 특별사면 처리된 사건임"이라고 허위 사실을 기재한 경우,[79] ⑤ 상해 사건 관련하여 상해 피해자인 김○○이 사문서위조를 하거나 김○○이 제출한 진단서를 발급한 의료법인 □□병원 의사 나○○이 허위진단서를 발급한 사실이 없었음에도 당선될 목적으로 자신에게 유리하도록 마치 김○○이 사문서를 위조하여 자신이 처벌받은 것처럼 선거구민들에게 알리기 위해 소명서란에 허위사실을

72) 대법원 2004. 5. 13. 선고 2003도7058 판결
73) 서울북부지방법원 2008. 8. 22. 선고 2008고합247 판결, 대법원 2008. 12. 24. 선고 2008도9705 판결
74) 대법원 2009. 5. 28. 선고 2009도2457 판결
75) 대법원 2009. 5. 14. 선고 2009도679 판결
76) 대법원 2003. 5. 13. 선고 2003도781 판결
77) 서울고등법원 2007. 4. 26. 선고 2007노69 판결, 대법원 2007. 10. 25. 선고 2007도3601 판결
78) 대구지방법원 서부지원 2014. 9. 25. 선고 2014고합156 판결
79) 제주지방법원 2014. 10. 30. 선고 2014고합147 판결

기재한 경우,[80] ⑥ 일부 범죄경력을 누락한 전과기록증명에 관한 제출서를 작성하여 선거공보에 전과를 2개가 아니라 1개만 적는 경우,[81] ⑦ 선거공보에 후보자의 전과가 누락된 되었을 때 후보자에게도 허위사실공표의 고의가 있다고 인정한 경우[82]사례가 있다.

[재산]

① 공직선거 후보자 재산 신고 시 차명계좌로 관리하던 예금을 누락한 경우,[83] ② 사망한 직계존속의 채무를 허위로 공개한 경우,[84] ③ 비례대표국회의원후보자 추천 신청시 제출한 허위의 재산보유현황서 내용이 중앙선거관리위원회 홈페이지에 재산신고 내용으로 게시된 경우,[85] ④ 허위의 재산 총액이 기재된 책자형 선거공보물 제작·배포 행위에 대하여 후보자에게 미필적 고의을 인정한 경우,[86] ⑤ 후보자 등록 과정에서 재산 내역에 보장성 보험을 누락한 경우,[87] ⑥ 후보자등록을 위한 재산신고 시 더 높은 가액인 실거래가액이 아닌 공시가격을 기재한 경우[88] 사례가 있다.

[가족관계]

사찰 기념법회에서 상대 후보자에 대해 '여자관계가 복잡해서 문제가 많다. 첩이 여러 명이나 된다더라' 등 후보자의 가족관계 등에 대한 허위사실을 큰 소리로 말한 경우[89] 사례가 있다.

[행위]

① 지방자치단체장이 기자회견 등의 방법으로 '2002년 수원시장 선거 당시의 100대 공약 중 2가지를 제외한 공약을 모두 이행하였다'라고 공약이행관련 허위사실을 공표한 경우,[90] ② 국회의원이 보도자료 등을 통해 건설교통부 관계자들이 고속도로 통행료 체계 전반에 대한 개선대책을 마련하겠다는 취지로 답변하였을 뿐임에도 "건설교통부로부터 울산고속도로 통행료폐지 약속을 받았다"고 홍보하여 업적으로 공표한 경우,[91] ③ 선거나 정책을 연대한 사실이 없음에도 불구하고, 오○○ 후보자와 손을 잡은 모습이 촬영된 사진 하단에 '오○

---

80) 서울고등법원 2014. 12. 17. 선고 (춘천)2014노223 판결, 대법원 2015. 2. 26. 선고 2015도2 판결
81) 서울고등법원 2015. 3. 31. 선고 (춘천)2015노13 판결
82) 서울고등법원 2015. 5. 29. 선고 2015노39 판결, 대법원 2015. 12. 10. 선고 2015도8759 판결
83) 대구고등법원 2007. 3. 29. 선고 2007노81 판결
84) 서울고등법원 2019. 6. 21. 선고 2019노331 판결, 대법원 2019. 9. 10. 선고 2019도9062 판결
85) 서울서부지방법원 2021. 1. 27. 선고 2020고합242 판결
86) 부산고등법원 2019. 9. 10. 선고 2019노270 판결, 대법원 2019. 11. 28. 선고 2019도13416 판결
87) 서울고등법원 2023. 6. 21. 선고 (춘천)2023노73 판결
88) 춘천지방법원 2023. 2. 16. 선고 2022고합96 판결
89) 부산지방법원 동부지원 2008. 12. 12. 선고 2008고합161 판결, 대법원 2009. 5. 28. 선고 2009도2480 판결
90) 대법원 2007. 8. 24. 선고 2007도4294 판결
91) 대법원 2009. 3. 12. 선고 2009도26 판결

○후보와 선거·정책을 연대합니다'는 문구를 선거공보에 기재한 경우,[92] ④ 당시에 □□시의 개발제한구역 해제를 위한 도시·군관리계획 변경신청에 대하여 국토교통부와 중앙도시계획위원회가 보완할 것을 요구하는 등 심의 중이었을 뿐이었고, 더구나 □□시는 국토교통부와 중앙도시계획위원회에서 보완요구 사항을 제출한 사실도 없는 등 개발제한구역을 해제할 수 있을 정도로 요건을 충족시킨 사실이 없었음에도 "□□월드디자인시티 유치 눈앞에! 국토부 그린벨트 해제 요건 충족 완료!"라는 내용을 선거사무소의 현수막·전광판 등에 기재한 경우,[93] ⑤ '예산확보'의 언어적 의미, 일반적으로 지역에서 실시되는 사업에 대한 중앙정부의 예산은 지역 주민들 입장에서 많은 관심을 가지는 중요한 사항이므로 '경쟁력강화사업이 총사업비 2,944억 원 규모로 진행될 것'이라는 예상 속에 '경쟁력강화사업에 실제로 2,944억 원의 예산이 확보되었다'라는 사실이 당연히 포함된다고 보기는 어려운 점 등을 고려할 때, '○○산단 2,994억 원 예산 확보' 또는 '○○산단 2,944억 원 예산 확보'라는 표현을 선거공보물 등에 기재한 경우,[94] ⑥ 정○○에게 찬조금으로 20만 원을 주었음에도 기자회견을 통하여 정○○에게 20만 원을 빌려주었다고 공표한 행위,[95] ⑦ 후보자 토론회에서 후보자 사이에 주장과 반론, 질의와 대답에 의한 공방 과정에서 즉흥적으로 나온 것이 아니라, 정해진 발언시간에 미리 준비해 온 원고에 따라 이루어진 것으로 경력과 신분, 당시 경기북부테크노밸리 부지 선정과 조안IC 설치에 관한 논의의 객관적인 진행상황, 이 사건 발언의 형식 등에 비추어 지역현안에 대한 허위 사실을 공표한 경우,[96] ⑧ □□일보의 대학평가에서 ○○대학교는 이 중 경력개발계획분야에서 1위로 선정되었으며, 전체 평가에서는 최우수 9개 대학 다음의 우수대학 14개 중 1개의 대학으로 선정된 사실이 있었을 뿐 학생 취업지원 전체에 대하여 1위로 선정된 사실이 없었음에도 후보자 A의 선거공보물에 'A가 총장으로 재임하면서 ○○대학교를 언론사가 선정한 학생 취업지원 전국 1위의 대학교로 만들었다.'는 취지로 '학생 취업지원 전국 1위(2013 □□일보)'라는 문구를 기재한 경우,[97] ⑨ 2017년도 ○○도 ☆☆군의 전체 예산은 약 2,781억 원인데, 그 중 ○○도에서 ☆☆군에 배정한 도비 보조금은 약 150억 원 정도로, ○○군 약 213억 원, △△군 약 199억 원 등에 비하면, ☆☆군에 배정된 도비는 ○○도 중 1위도 아니었고, 예산 과목 중에 "주민숙원사업" 내지는 "주민지원사업"이라는 과목은 없기 때문에 "주민지원사업" 예산 배정 액수나 비율 등에 대한 객관적인 비교는 불가능했으며, ○○도의 각 시·군에 배정된 도비에 대하여 도의원별로 "예산

---

92) 부산고등법원 2015. 10. 21. 선고 2015노191 판결, 대법원 2015. 12. 16. 선고 2015도16992 판결
93) 대법원 2015. 12. 10. 선고 2015도7342 판결
94) 광주고등법원 2017. 7. 13. 선고 2017노224 판결, 대법원 2017. 10. 12. 선고 2017도11385 판결
95) 대법원 2018. 4. 24. 선고 2018도1230 판결
96) 대법원 2018. 7. 26. 선고 2018도7031 판결
97) 전주지방법원 2018. 12. 21. 선고 2018고합264 판결

확보 순위”를 매기는 것은 불가능함에도 불구하고 “2017년도 ○○도 주민지원사업 예산확보 1위!!”라는 내용을 명함에 기재한 경우,[98] ⑩ 의정보고서에 ○○ 송수관로 신설’과 관련된 2018년 ○○광역시 예산이 5억 원이었음에도 불구하고 “2018년 노○○과 함께 ○○구의 변화가 시작됩니다”, “2018년 ○○구 관련 시예산 확보현황”이라는 제목 아래에 “○○ 송수관로 건설 총 560억”, “○○도로 확장공사 총 63억”이라고 기재한 경우,[99] ⑪ 제21대 국회의원 선거에 비례대표 후보자로 출마한 피고인이, 인터넷 방송에서 당선될 목적으로, 전 법무부장관의 아들 A가 자신이 운영하는 법무법인에서 인턴 근무를 하지 않았는데도, 인턴 근무를 한 것을 확인하고 확인서를 작성하였다는 취지로 공표한 경우[100] 사례가 있다.

[소문]

① 타인에게 자신이 소문으로 들었다고 하면서 그 소문을 확인하는 등의 절차도 없이 정○○후보자를 지칭하여 “정 누구가 변○○을 신고하였다는데 재판을 받아보아야 할 것이다”고 허위사실을 공표한 경우,[101] ② 사실 □□당의 논산시의회의원후보자 공천은 □□당 당원으로서 당비를 6회 이상 납부한 권리당원들의 경선을 통해 확정되기 때문에 G가 B에게 돈을 줄 이유가 없었고, 실제 G는 B에게 돈을 건네준 사실이 없음없음에도 B와 G 사이에 공천을 도와주는 대가로 돈 거래가 있는 것처럼 소문을 퍼트리는 경우[102] 사례가 있다.

[특정인 또는 특정단체로부터의지지]

① B가 A을 지지하기 위해 탈당하였다고 공표한 983명 중 실제로 도당에 제출된 탈당신고서는 945매이고, 그 중 중복 제출자 17명을 제외한 928명 중 477명은 A 후보가 탈당하기 이전에 이미 탈당한 사람들이거나, 당원 배가 운동 당시 입당하면서 6개월 이후에 탈당을 하기로 이미 예정되었던 사람들로 A 후보를 지지하기 위해 탈당한 사람들이 아니었음에도 “2018. 5. 9. 민선 3기 시장 A 외 동반탈당 당원 983명 일동”이라는 내용으로 성명서를 공표한 경우,[103] ② ○○시민 613인이 A의 지지선언에 동참한 사실이 없음에도 마치 ○○시민 613인이 위 선언에 동참한 것처럼 A시장 예비후보 지지 613 ○○시민’ 명단을 작성한 후 선거사무소에서 기자회견을 열고 작성된 지지선언문을 낭독한 경우,[104] ③ 향우회 고문들이 위 사무실에서 A 후보자의 선거운동 참여방안 등의 논의를 한 사실이 없을 뿐 아니라, 2018. 6. 5. 고문단과 지회장단 합동모임을 개최하기로 한 사실이 전혀 없었음에도 『향우회

---

98)　대구지방법원 서부지원 2019. 1. 31. 선고 2018고합217 판결
99)　서울고등법원 2019. 4. 25. 선고 2019노538 판결, 대법원 2019. 6. 17. 선고 2019도5761 판결
100)　대법원 2024. 12. 12. 선고 2024도9915 판결
101)　대전고등법원 2002. 11. 15. 선고 2002노581 판결
102)　대법원 2019. 1. 31. 선고 2018도19290 판결, 대전고등법원 2018. 11. 26. 선고 2018노356 판결
103)　전주지방법원 군산지원 2019. 2. 14. 선고 2018고합111 판결
104)　인천지방법원 부천지원 2019. 3. 29. 선고 2018고합270 판결

연합회고문단 간담회』라는 제목 하에 「일시-2018. 6. 4.(월) 11:00, 장소-A 캠프상황실, 내용-선거압승을 위한 향우회 조직 적극 참여방안, 향우회의 적극적인 선거운동 참여방안 심도 깊게 논의, 이를 위해 6월 5일 오후 6시 고문단과 지회장단 합동모임을 통해 선거기여 방안을 모색하기로 하였다」는 내용의 글을 선거운동용 BAND 및 향우회 BAND에 게시한 경우,[105] ④ 국회의장으로부터 선거사무소 개소식 축전 및 축하화환을 받은 것처럼 가장하여 허위사실을 공표한 경우,[106] ⑤ '제6회 전국동시지방선거' 당시 □□당 소속으로 ○○구의회 의원 후보자로 출마하여 유세활동을 하면서 같은 정당 선대위원장이었던 현 대통령과 함께 촬영한 사진을, '일러스트 프로그램'을 이용하여, 자신이 입고 있던 점퍼에 쓰인 글씨 '구의원'을 '시의원예비'로, 정당 명칭을 '□□당'에서 '▷▷당'으로 기호 '2-나'를 '1'로 각 수정하여 문자메시지로 전송한 행위,[107] ⑥ 지역 기업인들의 특정 예비후보자 지지선언 기사와 함께 실린 사진의 참석자 대부분이 기업인이 아닌 사람들인 경우[108] 사례가 있다.

[기타]

① 종합소득세를 납부하지 않았을 뿐 근로소득세는 납부한 사실을 알면서도 소득세를 납부하지 않았다는 취지의 연설을 한 경우,[109] ② 일부 지역신문의 추측성 기사 또는 제보 내용에 의존하여 작성하였을 뿐 별다른 확인 과정을 거치지 아니하고 제보 외에는 고발내용의 진실을 뒷받침하는 추가적 자료는 나오지 않고 있는 반면에 그 고발내용이 허위사실이라는 점을 뒷받침하는 자료는 확보되고 있는 고발장에 기재된 내용을 공표한 경우,[110] ③ 원 출처의 기사 내용을 교묘하게 바꾸어 신문 및 그 인터넷 홈페이지에 게재한 경우,[111] ④ 후보자인 박○○이 10억 원을 들여 시의원에 당선된 사실이 없었고, 돈으로 시의회 의장에 당선된 사실도 없었을 뿐만 아니라, 시의원으로 활동하는 동안 조례발의 및 시정질의를 여러 차례 한 사실이 있었음에도 페이스북에 "시의원 10억으로 당선되고 돈으로 의장된 사람이 시장되려고?? 의원시절 조례한번 질의한번 못한 사람이…"라는 글을 게시한 경우,[112] ⑤ 군수 후보자였던 박○○이 "오○○은 결혼을 두 번 해서 군수를 하면 안 된다."는 취지의 유세를 한 사실이 전혀 없음에도 불구하고 박○○를 낙선시키기 위하여 재래시장에서 오○○에 대한 유세차량에 올라가 지원 연설을 하면서, 시장상인 등 선거인들이 있는 가운데 "어제 박○○후보

---

105) 서울고등법원 2019. 4. 24. 선고 2018노3627 판결

106) 서울고등법원 2019. 5. 15. 선고 (춘천)2019노32 판결, 대법원 2019. 6. 28. 선고 2019도6814 판결

107) 서울남부지방법원 2019. 4. 4. 선고 2018고합607 판결, 서울고등법원 2019. 7. 26. 선고 2019노1001 판결

108) 대구고등법원 2021. 1. 14. 선고 2020노450 판결, 대법원 2021. 3. 25. 선고 2021도1134 판결

109) 대법원 2002. 5. 24. 선고 2002도39 판결

110) 대법원 2006. 5. 25. 선고 2005도4642 판결

111) 대법원 2018. 6. 19. 선고 2017도10724 판결

112) 대구고등법원 2019. 4. 4. 선고 2019노59 판결

께서 우리 아빠가 결혼을 두 번 해서 군수를 하면 안 된다고 유세했다고 합니다."라고 말하는 등 약 4분간 연설한 경우,[113] ⑥ '상대후보자가 건물을 허위로 매각하고 재산을 은닉하였다'는 내용을 공표한 경우[114] 사례가 있다.

다. 허위사실 공표로 보지 아니한 사례

① 강제입원 절차에 관여했는지와 관련하여 후보자 토론회에서 한 발언의 허위사실 공표 해당 여부

원심은, 피고인이 사실은 2012. 4.경부터 8.경까지 수회에 걸쳐 ○○구보건소장 등에게 공소외 3에 대하여 구 정신보건법 제25조에 따른 강제입원 절차를 진행하도록 지시하였음에도, 이 사건 토론회에서 공소외 3을 정신병원에 입원시키려고 한 적이 전혀 없다는 취지로 발언한 것은 선거인의 공정한 판단을 그르치게 할 정도로 사실을 왜곡한 것으로서 허위사실의 공표에 해당하고, 피고인에게 허위사실 공표의 고의 및 당선의 목적도 있었다고 보아, 이 사건 공소사실 중 공소외 3에 대한 강제입원 절차 관여 관련 허위사실 공표에 의한 공직선거법 위반의 점에 대하여 무죄로 판단한 제1심판결을 파기하고 유죄로 판단하였다.

그러나 원심판결 이유와 적법하게 채택된 증거들에 의하여 인정되는 사실관계를 앞서 본 법리에 비추어 살펴보면, 원심의 판단을 그대로 받아들이기 어렵다.

1. KBS 토론회에서의 피고인의 공소사실 기재 발언

가. 피고인은 위 토론회에서 상대 후보자인 공소외 6이 "형님을 정신병원에 입원시키려고 하셨죠? 그 보건소장을 통해서 하지 않았습니까?"라고 질문한 데 대하여 "그런 일 없습니다."라고 답변하였다. 피고인의 위 발언은 의혹을 제기하는 공소외 6의 질문에 대하여 이를 부인하는 취지의 답변을 한 것으로 평가할 수 있을 뿐 이를 넘어서 어떤 사실을 적극적이고 일방적으로 널리 드러내어 알리려는 의도에서 한 공표행위라고 볼 수 없다.

공소외 6은 피고인의 위 부인 취지의 답변에 이어 "그러면 △△시청 8층에 위치한 ○○서울대병원에서 위탁한 △△시 정신보건센터에서 공소외 3 씨에 대해 아무런 문진이나 검진도 없이 정신병자라고 판명했습니까?"라고 질문하였고, 피고인은 이에 대해 "그거는 어머니를 때리고, 어머니에게 차마 표현할 수 없는

---

113) 대구고등법원 2019. 5. 22. 선고 2019노170 판결
114) 대법원 2024. 10. 8. 선고 2024도11532 판결

폭언도 하고, 이상한 행동을 많이 했고, 실제로 정신치료를 받은 적도 있는데 계속 심하게 하기 때문에 어머니, 저희 큰형님, 저희 누님, 저희 형님, 제 여동생, 제 남동생, 여기서 진단을 의뢰했던 겁니다. 그런데 저는 그걸 직접 요청할 수 없는 입장이고, 제 관할 하에 있기 때문에 제가 최종적으로 못하게 했습니다."라고 답변하였다.

원심은, 위 토론회에서 피고인이 '공소외 3에 대한 강제입원 절차 개시에 전혀 관여하지 않았다'는 표현을 직접적으로 사용하지는 않았다고 인정하면서도, 피고인이 공소외 3에 대한 강제입원 절차 진행을 지시하고 이에 따라 위 절차 일부가 진행된 사실을 숨긴 채 위 발언들을 함으로써 전체적으로 보아 적극적으로 반대사실을 진술한 것과 마찬가지로 사실을 왜곡하는 정도에 이르렀으므로 허위사실의 공표에 해당한다고 판단하였다. 그러나 원심판결 이유에 의하더라도, 위 발언들은 토론과정에서 상대 후보자의 공격적인 질문이나 의혹의 제기에 대하여 답변하거나 해명하는 과정에서 나온 것으로, 상대 후보자의 재질문이나 반론이 충분히 가능하고 예상되는 상황이었으며, 실제 공소외 6은 후속 질문을 통하여 피고인의 직권남용 의혹 등을 추궁하였음을 알 수 있다. 앞서 본 법리에 비추어 이러한 피고인과 공소외 6 사이에 공방이 이루어진 경위, 토론의 주요 쟁점과 전체적 맥락 등을 살펴보면, 피고인의 위 발언들이 토론회의 주제나 맥락과 관련 없이 일방적으로 허위의 사실을 드러내어 알리려는 의도에서 적극적으로 반대사실을 공표한 것이라고 보기 어렵다.

나. 원심이 적법하게 채택한 증거들에 의하면, 공소외 6은 이 사건 토론회를 전후하여 기자회견을 하거나 성명서를 발표하는 등의 방법으로 '피고인이 △△시장으로서의 직권을 남용하여 공소외 3과 가족을 강압해 공소외 3을 정신병원에 강제로 입원시키려고 하였다'는 취지로 주장하였고, 이 사건 토론회를 모두 마친 직후인 2018. 6. 7.에는 자신의 페이스북에 "자기 형을 정신병자로 몰고 정신병원에 입원시키려 하는 사람을 뽑아서는 안 됩니다."라는 글을 게시하기도 하였다. 토론회를 전후한 위와 같은 사정에 비추어 볼 때, 결국 공소외 6이 이 사건 토론회를 비롯한 선거 과정에서 의혹을 제기하고 검증하고자 하였던 것은 '피고인이 직권을 남용해 불법으로 공소외 3을 정신병원에 강제입원시키려고 하였는지 여부'였다고 볼 수 있다. 공소외 6도 제1심 법정에서 피고인이 공소외 3에 대한 불법적인 입원을 시키려고 하였느냐는 취지에서 질문을 한 것이라고 진술하였다. 이러한 사정에다가 위 토론회에서의 공소외 6과 피고인 사이의 질문과 답변 내

용, 그 발언의 경위와 전후 문맥까지를 종합하면, 공소외 6이 위 토론회에서 아무런 전제 사실이나 일시·장소 등의 특정도 없이 "형님을 정신병원에 입원시키려고 하셨죠?"라고 질문한 데에는 위와 같은 의혹을 제기하는 취지가 포함되어 있었다고 볼 여지가 있다. 그렇다면 피고인으로서도 공소외 6이 위 토론회에서 한 질문이나 이 사건 토론회를 전후하여 제기한 주장의 취지나 의도를 '직권을 남용해 불법으로 공소외 3을 정신병원에 강제입원시키려고 한 사실이 있느냐?'는 것으로 해석한 다음, 그러한 평가를 부인하는 의미로 "그런 일 없습니다."라고 답변하였다고 볼 수 있고, 상대 후보자의 질문의 의미를 의도적으로 왜곡한 것이라고 단정하기는 어렵다. 또한 원심이 인정한 사실관계에 의하면, 피고인이 위 토론회에서 한 나머지 공소사실 기재 발언들에 그 표현의 적극적인 측면에서 허위로 단정할 만한 내용이 없다. 사정이 이와 같다면, 비록 피고인이 공소외 3에 대한 정신병원 강제입원 절차 진행에 관여한 사실을 언급하지 않은 채 위와 같은 발언들을 하였다고 하더라도, 피고인이 그와 같은 사실을 공개할 법적 의무를 부담하고 있었다고 볼 근거가 없는 이 사건에서 상대 후보자의 공격적인 질문에 대하여 소극적으로 회피하거나 방어하는 취지의 답변 또는 일부 부정확하거나 다의적으로 해석될 여지가 있는 표현을 넘어서서 곧바로 적극적으로 반대사실을 공표하였다거나 전체 진술을 허위라고 평가할 수는 없다고 보아야 한다. 이러한 피고인의 발언들을 사후적인 분석과 추론을 통하여 적극적으로 허위의 반대사실을 공표한 것과 마찬가지라고 평가하는 것은 표현의 외연을 확장함으로써 형벌법규에 따른 책임의 명확성, 예측가능성을 저해할 우려가 있다.

2. MBC 토론회에서의 피고인의 공소사실 기재 발언

피고인은 위 토론회에서 "우리 공소외 6 후보께서는 저보고 정신병원에 형님을 입원시키려 했다 이런 주장을 하고 싶으신 것 같은데 사실이 아닙니다. 정신병원에 입원시킨 것은 형님의 부인 그러니까 제 형수와 조카들이었고, 어머니가 보건소에다가 정신질환이 있는 것 같으니 확인을 해보자라고 해서 진단을 요청한 일이 있습니다. 그 권한은 제가 가지고 있었기 때문에 제가 어머니한테 설득을 해서 이거 정치적으로 너무 시끄러우니 하지 말자 못하게 막아서 결국은 안 됐다는 말씀을 또 드립니다."라고 발언하였다. 그 내용은 KBS 토론회에서 한 발언과 대동소이하고, 다만 위 토론회는 기조연설과 정책발표, 후보자간 1:1 정책검증, 사회자 공통질문, 각 후보자가 3분간 주도권을 가지고 하는 토론 등의 순서로 진행되었는데, 피고인의 위 발언은 피고인에게 주어진 주도권 토론시간에 이루어진 것으로서 상대 후보자의 공격적 질문에 대하여 곧바로 반박하는 형식은 아니었다. 그러나 이 부분 발언의 내용과 맥락이 상대 후보자가 위 토론회에서 다시 제기할 것으로 예상되는 의혹이 나 질문에 대한 선제적인 답변의 실질을 가진 점, 실제로 피고인의 위 발언에 이어 공소외 6도 '피고인의 어머니가 아들을 정신병원에 넣으라고 요청했다는 것이 완전히 허구라는 게 밝혀졌다'는 취지로 의혹을 제기한 점 등을 고려하면, 피고인의 이 부분 발언 또한 허위의 반대사실을 적극적·일방적으로 공표한 것으로 보기 어렵다. 결국 이 부분 공소사실 기재 피고인의 발언은 이 사건 조항에서 정한 허위사실의 공표에 해당한다고 볼 수 없다(대법원 2020. 7. 16. 선고 2019도13328 판결).

〈 판결요지(다수의견) 〉

단체·언론기관의 후보자등 초청 토론회나 선거방송토론위원회 주관 토론회는 헌법상 선거공영제에 기초 하여 고비용 정치구조의 개선과 선거운동의 공정성 확대를 위하여 도입된 선거운동방법의 하나로서, 후보 자에게는 별다른 비용 없이 효율적으로 유권자에게 다가설 수 있게 하고, 유권자에게는 토론과정을 통하 여 후보자의 정책, 정치이념, 통치철학, 중요한 선거쟁점 등을 파악하고 각 후보자를 적절히 비교·평가하 여 올바른 선택을 할 수 있도록 도와주는 중요한 기능을 하고 있다(헌법재판소 1998. 8. 27. 97헌마372 등 결정 등 참조). 이러한 후보자 토론회에 참여한 후보자등은 토론을 할 때 다른 선거운동과 마찬가지로, 자신에 관한 것이든 다른 후보자에 관한 것이든 진실에 부합하는 주장만을 제시하고, 자신의 의견을 밝히 고 다른 후보자에게 질문하거나 다른 후보자의 질문에 답변할 때에는 분명하고도 정확한 표현을 사용함으 로써 유권자가 각 후보자의 자질, 식견과 견해를 명확하게 파악할 수 있도록 하는 것이 원칙이다.

한편 후보자 토론회는 선거의 공정과 후보자간 균형을 위하여 참여기회의 부여나 참여한 후보자등의 발언 순서, 발언시간 등 토론의 형식이 엄격하게 규제되고 있으므로(공직선거법 제82조 제3항, 제82조의2 제 7항, 제14항, 공직선거관리규칙 제45조, 선거방송토론위원회의 구성 및 운영에 관한 규칙 제23조 등 참 조), 이러한 공정과 균형을 위한 기본 조건이 준수되는 한 후보자등은 토론과정에서 최대한 자유롭고 활 발하게 의사를 표현하고 실질적인 공방을 주고받을 수 있어야 한다. 후보자 토론회는 후보자등이 직접 한 자리에 모여 치열하게 질문과 답변, 공격과 방어, 의혹 제기와 해명 등을 할 수 있는 공론의 장이고, 후보 자등 상호간의 토론이 실질적으로 활성화되어야만 유권자는 보다 명확하게 각 후보자의 자질, 식견과 견 해를 비교·평가할 수 있기 때문이다. 그리고 이와 같은 토론의 경우에는 미리 준비한 자료에 의하여 일방 적으로 자신의 의견을 표현하는 연설 등의 경우와 달리, 후보자 사이에서 질문과 답변, 주장과 반론에 의 한 공방이 제한된 시간 내에서 즉흥적·계속적으로 이루어지게 되므로 그 표현의 명확성에 한계가 있을 수 밖에 없다. 특히 토론회에서 후보자등은 다른 후보자의 질문이나 견해에 대하여 즉석에서 답변하거나 비 판하여야 하는 입장에 있으므로, 다른 후보자의 발언을 의도적으로 왜곡하지 않는 한 자신이 처한 입장과 관점에서 다른 후보자의 발언의 의미를 해석하고 대응하며, 이에 대하여 다른 후보자도 즉시 반론하거나 재질문 등을 함으로써 그 진실 여부를 밝히고 견해의 차이를 분명히 하여 유권자가 그 공방과 논쟁을 보면서 어느 후보자가 공직 적격성을 갖추고 있는지 검증할 수 있게 하는 것이 선거과정에서의 일반적인 절차이다(대법원 2007. 7. 13. 선고 2007도2879 판결 등 참조). 설령 후보자등이 부분적으로 잘못되거나 일부 허위의 표현을 하더라도, 토론과정에서의 경쟁과 사후 검증을 통하여 도태되도록 하는 것이 민주적이고, 국가기관이 아닌 일반 국민이 그 토론과 후속 검증과정을 지켜보면서 누가 옳고 그른지 판단하는 것이 바람직하다.

물론 일정한 한계를 넘는 표현에 대해서는 엄정한 조치를 취할 필요가 있지만, 그에 앞서 자유로운 토론과 성숙한 민주주의를 위하여 표현의 자유를 더욱 넓게 보장하는 것이 보다 중요하다. 표현의 자유가 제 기능을 발휘하기 위하여는 그 생존에 필요한 숨 쉴 공간, 즉 법적 판단으로부터 자유로운 중립적인 공간이 있어야 하기 때문이다(대법원 2018. 10. 30. 선고 2014다61654 전원합의체 판결 등 참조). 선거의 공정을 위하여 필요하다는 이유로 부정확하거나 바람직하지 못한 표현들 모두에 대하여 무거운 법적 책임을 묻는 것이 해결책이 될 수는 없다. 선거운동방법으로서 후보자 토론회가 가지는 중요성에도 불구하고, 후보자간 균형을 위한 엄격한 토론 형식과 시간적 제약, 토론기술의 한계 등으로 인하여 토론이 형식적·피상적인 데에 그치는 경우도 적지 않다. 이러한 현실적 한계에 더하여 국가기관이 토론과정의 모든 정치적 표현에 대하여 그 발언이 이루어진 배경이나 맥락을 보지 않고 일률적으로 엄격한 법적 책임을 부과한다면, 후보자등은 자신의 발언에 대해 사후적으로 법적 책임을 부담하게 될지도 모른다는 두려움 때문에 더더욱 활발한 토론을 하기 어렵게 된다. 이는 우리 사회의 중요한 공적·정치적 관심사에 대한 치열한 공방과 후보자 검증 등을 심각하게 위축시킴으로써 공개되고 공정한 토론의 장에서 후보자 사이의 상호 공방을 통하여 후보자의 자질 등을 검증하고자 하는 토론회의 의미가 몰각될 위험이 있다. 또한 선거를 전후하여 후보자 토론회에서 한 발언을 문제삼아 고소·고발이 이어지고, 이로 인하여 수사권의 개입이 초래된다면 필연적으로 수사권 행사의 중립성에 대한 논란을 피할 수 없을 뿐만 아니라, 선거결과가 최종적으로 검찰과 법원의 사법적 판단에 좌우될 위험에 처해짐으로써 국민의 자유로운 의사로 대표자를 선출한다는 민주주의 이념이 훼손될 우려도 있다.

이 사건 조항은 형벌법규이다. 형벌법규는 문언에 따라 엄격하게 해석·적용하여야 하고 피고인에게 불리한 방향으로 지나치게 확장해석하거나 유추해석하여서는 안된다. 그리고 법률에 사용된 문언의 의미는 문언의 통상적인 의미를 살피는 외에도 해당 규정의 입법취지와 목적 등을 고려하여 그 문언의 논리적 의미를 분명히 밝히는 체계적·논리적 해석방법에 따라 그 규정의 본질적 내용에 가장 접근한 해석을 하여야 한다(대법원 2017. 2. 7. 선고 2017도10122 판결 등 참조). 이러한 형벌법규 해석의 원칙을 토대로 앞서 살펴 본 정치적 표현의 자유와 선거운동의 자유의 헌법적 의의와 중요성, 공직선거법상 후보자 토론회를 비롯한 선거운동에 관한 제반 규정의 내용과 취지, 후보자 토론회의 기능과 특성 등을 함께 고려하면, 공직선거 후보자등이 후보자 토론회의 토론과정 중에 한 발언을 이유로 이 사건 조항에서 정한 허위사실공표죄로 처벌하는 것에는 신중을 기하여야 하고, 이 사건 조항에 의하여 형사처벌의 대상이 되는 행위의 범위에 관하여 보다 구체적이고 분명한 기준을 제시할 필요가 있다.

이 사건 조항은 당선될 목적으로 후보자에게 유리하도록 일정한 사항에 관하여 허위의 사실을 공표하는 행위를 처벌한다. 이 사건 조항의 행위태양인 '공표(公表)'란 사전적 의미대로 '여러 사람에게 널리 드러내어 알림', 즉 '공개발표'를 뜻한다. 그러나 수단이나 방법의 여하를 불문하고 의사소통이 공연하게 행하여지는 모든 경우를 이 사건 조항에서 정한 허위사실공표죄로 처벌한다면 헌법상 정치적 표현의 자유 및 선거운동의 자유가 지나치게 제한되는 결과가 발생하고, 결국 공직선거법이 선거의 공정성 확보라는 수단을 통하여 달성하고자 하는 목적인 '국민의 자유로운 의사와 민주적인 절차에 의한 선거'를 실현하는 데 장해를 초래할 위험이 있다. 그러므로 후보자등이 후보자 토론회에 참여하여 질문·답변을 하거나 주장·반론을 하는 것은, 그것이 토론회의 주제나 맥락과 관련 없이 일방적으로 허위의 사실을 드러내어 알리려는 의도에서 적극적으로 허위사실을 표명한 것이라는 등의 특별한 사정이 없는 한 이 사건 조항에 의하여 허위사실공표죄로 처벌할 수 없다고 보아야 한다. 그리고 이를 판단할 때에는 사후적으로 개별 발언들의 관계를 치밀하게 분석·추론하는 데에 치중하기 보다는 질문과 답변이 이루어진 당시의 상황과 토론의 전체적 맥락에 기초하여 유권자의 관점에서 어떠한 사실이 분명하게 발표되었는지를 살펴보아야 한다.

나아가 형사처벌 여부가 문제되는 표현이 사실을 드러낸 것인지 아니면 의견이나 추상적 판단을 표명한 것인지를 구별할 때에는 언어의 통상적 의미와 용법, 증명가능성, 문제된 말이 사용된 문맥과 표현의 전체적인 취지, 표현의 경위와 사회적 맥락 등을 고려하여 판단하되, 헌법상 표현의 자유의 우월적 지위, 형벌법규 해석의 원칙에 비추어 어느 범주에 속한다고 단정하기 어려운 표현인 경우에는 원칙적으로 의견이나 추상적 판단을 표명한 것으로 파악하여야 한다. 또한 어떠한 표현이 공표된 사실의 내용 전체의 취지를 살펴볼 때 중요한 부분에서 객관적 사실과 합치되는 경우에는 세부적으로 진실과 약간 차이가 나거나 다소 과장된 표현이 있더라도 이를 허위사실의 공표라고 볼 수 없다(대법원 2009. 3. 12. 선고 2009도26 판결 등 참조). 특히 앞서 본 후보자 토론회의 기능과 특성을 고려할 때, 토론회에서 후보자등이 선거인의 정확한 판단을 그르치게 할 수 있을 정도로 다른 후보자의 견해나 발언을 의도적으로 왜곡한 것이 아니라, 합리적으로 보아 가능한 범위 내에서 다른 후보자의 견해나 발언의 의미를 해석하고 이에 대하여 비판하거나 질문하는 행위는 진실에 반하는 사실을 공표한다는 인식을 가지고 행하는 허위사실 공표행위로 평가할 수 없다고 보아야 하고(대법원 2007. 7. 13. 선고 2007도2879 판결 참조), 이러한 법리는 다른 후보자의 질문이나 비판에 대해 답변하거나 반론하는 경우에도 마찬가지로 적용되어야 한다.

공직선거법은 '허위의 사실'과 '사실의 왜곡'을 구분하여 규정하고 있으므로(제8조의4 제1항, 제8조의6 제4항, 제96조 제1항, 제2항 제1호, 제108조 제5항 제2호 등 참조), 적극적으로 표현된 내용에 허위가 없다면 법적으로 공개의무를 부담하지 않는 사항에 관하여 일부 사실을 묵비하였다는 이유만으로 전체 진술을 곧바로 허위로 평가하는 데에는 신중하여야 하고, 토론 중 질문·답변이나 주장·반론하는 과정에서 한 표현이 선거인의 정확한 판단을 그르칠 정도로 의도적으로 사실을 왜곡한 것이 아닌 한, 일부 부정확 또는 다소 과장되었거나 다의적으로 해석될 여지가 있는 경우에도 허위사실 공표행위로 평가하여서는 안된다.

② 선거후보자가 후보자방송연설에서 상대 후보자가 6년간 도의원을 하면서 단 한 건의 조례도 발의하지 않았다, 조례 하나 만들지 않았다고 한 부분에 대하여, 위 연설 내용의 취지는 국회법상 발의의원에 해당하는 정도로 주도적으로 발의를 하지 않았다는 것일 뿐 나아가 찬성자로 연서하는 정도의 관여까지 하지 않았다는 취지는 아닌 것으로 볼 여지가 충분하여 그 연설 내용이 허위사실이라고 보기 어렵다고 판단한 사례,[115] ③ 대학원과정에 있어서는 '수료'와 '졸업'이라는 개념이 관련 고등교육법 및 같은 법 시행령의 규정에 의하여 법문상 명백히 구별하여 사용되는 개념이 아니고, 여기에다가 '수료(修了)'의 사전적 의미는 '일정한 학과를 다 배워 끝냄'이라는 것이고, '졸업(卒業)'의 사전적 의미는 '학생이 규정에 따라 소정의 교과 과정을 마침'이라는 것으로서 그 사전적 의미만으로는 양자의 개념이 명확하게 구별된다고도 보기 어려운 점을 더하여 보면, 피고인이 단국대학교 대학원에서 행정학 박사과정을 모두 이수하였으나 아직 박사학위만을 취득하지 못한 상태에서 그 명함에 자신의 학력에 관하여 구체적인 학위취득 내용에 대하여는 기재하지 않은 채 단지 '단국대학교 대학원 박사과정 졸업(행정학 전공)'이라고 기재한 것만 가지고는 선거인으로 하여금 피고인의 학력에 관하여 오인하게 할 수 있을 정도의 허위사실을 공표하였다고 볼 수 없다고 판단한 사례,[116] ④ 집권여당의 당명변경 전 부산시당 대변인으로 재직하였으나 그 당명을 변경 후의 것으로 명함의 경력 란에 기재한 경우,[117] ⑤ 후보단일화에 합의한 정당명을 부기한 '야권단일후보' 표현을 사용한 경우,[118] ⑥ 교육감선거 후보자의 선거운동용 명함에 '유일한 보수 교육감'이라고 기재한 것은 '자신이 진정한 보수 교육감 후보자임'을 강조하는 것으로서 의견 내지 입장 표명에 불과하여 법상 허위사실공표죄에 해당하지 않는다고 판단한 사례,[119] ⑦ ★★★당 중앙당 선거관리위원회 측에서 선거법위반이 될 수 없다는 취지의 결정을 내리거나 선거법위반이 될 수 없다는 취지로 통보한 사실이 없고, 중앙당 선관위 측으로부터 선거법 위반이 될 수 없다는 판단이나 결정이 있었다는 말을 들은 사실도 없음에도 '시민과의 대화' 행사를 개최하면서, 동영상을 통해 "제가 중앙당 선관위하고 전화를 받았는데, 중앙당 선관위 측에서는 이게 선거법 위반이 될 수 없다는 판단을 내리고 있다 그러고요. 자체 회의에서도 일단 그렇게 결정이 났다 그럽니다."라고 말하고 위와 같은 발언을 페이스북 계정을 통하여 상영되게 한 행위는 선거관리위원회의 판단이나 결정이 있었다는 말을 들었는지 여부는 법 제250조 제1항의 '행위'에 해당한다고 볼 수 없으므로 무죄로 판단한 사례,[120] ⑧ '(현)

115) 대법원 2009. 5. 28. 선고 2009도2194 판결
116) 대법원 2005. 4. 29. 선고 2005도1259 판결
117) 대법원 2015. 5. 14. 선고 2015도1202 판결
118) 대법원 2016. 9. 8. 선고 2016수33 판결
119) 대전고등법원 2023. 6. 13. 선고 2023노107 판결
120) 광주고등법원 제주지부 2017. 3. 15. 선고 2016노103 판결, 대법원 2017. 6. 19. 선고 2017도4354 판결

농민·한농연 감사' 중 '농민' 부분 표현이 일반 선거인에게 '현재 전국농민회총연맹의 감사이다'라는 전체적인 인상을 주었을 것으로는 보기 어렵다는 이유로 허위사실로 보기 어렵다는 경우,[121] ⑨ 편집저작물인 책의 편집과정에 실질적으로 관여한 것으로 볼 수 있어 서적을 직접 편저한 사실이 없음에도 "편저"라고 기재하는 것이 허위사실 공표로 보기 어렵고, 책에 관하여 '저서' 내지 '저자'라고 표현한 부분이 '넓은 의미의 저서'를 표현한 것을 넘어 허위사실이라는 점이 합리적인 의심을 배제할 정도로 증명되었다고 보기 어렵다는 이유로 허위사실에 해당하지 않는다고 판단한 경우,[122] ⑩ 선거공보에 예산확보 사실을 기재한 행위가 예산기재 부분을 허위사실로 인식하고 있었다고 인정하기에 부족하고, 달리 이를 인정할 증거가 없다는 이유로 무죄로 판단한 사례,[123] ⑪ 비리 관련 의혹제기 발언이 허위사실공표에 해당하지 않는다고 판단한 경우,[124] ⑫ 사업추진 경과 관련 선전내용(○○연정)과 관련 '○○연정', '○○연정사업', '○○연정 제1호 사업'이라는 표현은, '연정 제1, 2기 세부사업'으로 지정되었다는 아니라, 남○○ ○○도지사가 강조하던 연정정신에 따라 ○○도의 적극적 지원 아래 추진되던 사업임을 강조하는 것이라고 보아야 하고, 이는 앞서 본 바와 같이 객관적 사실에 부합하므로 허위사실이 아니라고 판단한 경우,[125] ⑬ 입후보예정자의 과거 행적에 대한 기자회견이 추문 보도에 대한 반론권 행사 내지 자기방어적인 성격이 짙으므로, ○○선거에 당선되고자 하는 주된 목적이 있었다고 보기 곤란하다고 판단한 사례,[126] ⑭ 공표 내용의 토대가 된 언론보도에 대하여 이미 정정보도가 있었던 경우에 당초 언론보도가 허위일 가능성을 염두에 두고 진위여부를 확인할 의무를 부담한다고 볼 수 없어 허위사실 인식이 충분히 증명되었다고 볼 수 없다고 판단한 사례,[127] ⑮ '후보자가 안중근 의사의 유묵을 훔쳐서 소장하고 있거나 유묵 도난에 관여하였다는 게시글을 트위터에 게시하면서 '소재불명'을 '도난'으로 공표한 경우에 허위사실 공표에 해당하지 않는다고 판단한 사례,[128] ⑯ 선거운동관계자들이 라디오토론회, TV토론회, 보도자료 및 카드뉴스를 통하여 상대후보자가 당선되지 못하게 할 목적으로 상대후보자가 선거공약으로 추진하는 사업이 투기 목적에서 비롯된 것처럼 인식되도록 허위사실을 공표하였다는 법 위반으로 기소된 사안에서, 문제된 표현들이 전체적으로 '의견의 표명'에 해당하고, 그중 TV토론회 발언의 경우 일방적 공표의 의도가 있었

---

121) 광주고등법원 2019. 4. 2. 선고 (전주)2018노192 판결, 대법원 2019. 6. 27. 선고 2019도4784 판결
122) 서울고등법원 2019. 8. 28. 선고 (춘천)2019노90 판결, 대법원 2019. 11. 15. 선고 2019도12766 판결
123) 서울고등법원 2020. 1. 9. 선고 2019노1586 판결, 대법원 2020. 10. 29. 선고 2020도1134 판결
124) 서울고등법원 2019. 12. 12. 선고 2019노1736 판결, 대법원 2020. 3. 12. 선고 2019도19074 판결
125) 서울고등법원 2019. 11. 14. 선고 2019노1366 판결, 대법원 2020. 2. 13. 선고 2019도17507 판결
126) 서울고등법원 2021. 1. 27. 선고 2019노2535 판결, 대법원 2021. 4. 29. 선고 2021도1722 판결
127) 대구고등법원 2021. 10. 7. 선고 2021노142, 155(병합) 판결, 대법원 2022. 6. 30. 선고 2021도13981 판결
128) 대법원 2016. 12. 15. 선고 2014도3932 판결

다고 보기도 어려우므로, 진실에 반하거나 과장된 일부 표현을 근거로 허위사실공표죄의 성립을 인정할 수 없다고 판단한 사례[129]가 있다.

8. 헌법재판소 결정

① 법 제250조 제1항 위헌소원

1. 이 사건 법률조항은 선전벽보 등에 비정규학력을 게재할 경우 유권자들로 하여금 후보자의 학력을 과대평가하고 이로써 선거인의 투표에 관한 공정한 판단을 흐리게 할 수 있으므로 이를 방지하여 유권자들에게 후보자의 능력과 자질을 올바르게 판단할 수 있는 기회를 제공하고, 이로써 선거운동의 자유를 해치지 않으면서도 선거의 공정성을 확보하기 위한 것으로서 비정규학력을 정확히 게재하게 하는 입법수단과는 다른 입법적 효과를 가지고 있으며, 후보자의 선거운동의 자유, 표현의 자유, 공무담임권 등이 제한받는 효과가 발생하기는 하나, 이러한 제한효과와 민주절차의 중심이 되는 선거과정의 공정성을 확보한다는 공익과의 사이에 법익의 균형성이 인정되므로, 이 사건 법률조항은 과잉금지원칙에 위반되지 아니한다.

2. 우리 법제는 학교교육을 특별히 규율하여 학력평가 및 능력인증에 관한 제도를 학교교육에 연계하고 있을 뿐만 아니라, 학교교육의 공공성을 중시하여 학교의 종류, 설립, 경영, 교원, 교과과정, 학력평가 및 능력인증 등에서 학교교육제도를 엄격히 관리·통제함으로써 다른 교육과 구분하고 있으므로 정규학력과 비정규학력이 학력의 평가 등에서 동등하지 아니한 것을 전제로 하고 있는 것이고, 따라서 정규학력과 비정규학력을 구분하여 규율하고 있는 이 사건 법률조항은 평등의 원칙에 위배되지 않는다.

3. 후보자 학력 게재에 관한 처벌법규의 입법연혁과 관련규정의 내용을 살펴보면, 이 사건 법률조항은 비정규학력의 게재 자체를 처벌대상으로 삼고 있다고 봄이 상당하며, 이에 덧붙여 그 교육과정명, 수학기간, 학위를 취득한 때의 취득학위 명을 기재하지 않을 것으로 요구하고 있다고 해석할 여지는 없으며, 이 사건 법률조항의 입법목적을 고려해볼 때 이 사건 법률조항 소정의 '정규학력'이란 초·중등교육법, 고등교육법에서 규정하고 있는 학교의 정규 교육과정 내지 학위과정을 이수한 학력을 일컫는 것이 분명하므로, 이 사건 법률조항은 구성요건상의 명확성을 결여하여 죄

---

129) 대법원 2024. 10. 31. 선고 2023도16586 판결

형법정주의에 위배된다고 볼 수 없다(헌법재판소 2000. 11. 30. 99헌바95 결정).

② 법 제250조 제2항의 처벌규정이 비례의 원칙 등에 위배되는지 여부

1. 비례의 원칙 위반 여부

　　공선법 제250조 제2항은 흑색선전과 혼탁선거를 방지하고 선거의 자유와 공정을 확보하기 위하여 낙선의 목적으로 경쟁후보자에 대하여 허위사실을 공표하는 행위를 금지하고 이를 위반하는 경우 7년 이하의 징역 또는 500만 원 이상 3,000만 원 이하의 벌금에 처하도록 규정하고 있으며, 이 사건 법률조항의 입법목적과 이러한 허위사실을 유포하는 행위로 상대 후보자가 입게 될 정신적인 고통, 범죄 동기에 대한 높은 비난가능성, 향후 허위사실을 유포하는 행위를 근절하기 위한 형사정책적 고려 등을 종합해 볼 때, 이 사건 법률조항의 법정형이 행위자의 귀책사유에 비하여 지나치게 가혹하고 무거운 형벌이라고 볼 수는 없다 할 것이다.

　　한편, 이 사건 법률조항이 벌금형의 하한을 500만 원으로 규정하여 공소사실이 유죄로 인정될 경우 일반적으로 당선이 무효가 되도록 한 것은(법 제264조), 입법자가 이 사건 법률조항 위반행위에 대하여 그 범정과 비난가능성의 정도를 높게 평가하고, 국회의원이 국민의 대표자로서 입법작용을 담당하는 중요한 기능을 수행하는 것을 감안하여, 특단의 사정이 없는 한 불법적인 수단을 사용하여 당선된 자로 하여금 당선을 무효로 하도록 입법적 결단을 내린 것으로 보아야 할 것이고, 궁극적으로는 불법 선거운동을 자행하여 얻은 이익을 박탈함으로써 공정한 선거의 확립이나 향후 허위사실 유포행위의 자제라는 일반예방적 효과도 기대할 수 있게 될 것이다. 더욱이 이 사건 법률조항에 해당하는 경우라도 여러 가지의 법률상 감경사유나 작량감경 사유가 경합되는 때에는 법관은 100만 원 미만의 벌금형을 선고하거나 양형의 조건을 참작하여 형의 선고를 유예할 수도 있으므로, 이로써 청구인이 주장하는 바와 같이 법관의 양형결정권이나 판단권 또는 법관에 의한 재판을 받을 권리가 침해된다 할 수 없고, 또 법을 위반한 피고인으로서 당선무효에 해당하는 형의 선고를 피할 수 있는 길이 없는 것도 아니다. 따라서 이 사건 법률조항은 이처럼 그 법정형을 죄질과 책임에 상응하도록 규정하여 형벌상 비례의 원칙에 위배되지 않는다 할 것이다.

2. 평등원칙 위반 여부

　　공선법 제250조 제1항이 '특정 후보자의 당선을 위하여 그 후보자에 관한' 허위사실을 공표하는 행위를 처벌하는 것에 비하여 이 사건 법률조항은 '경쟁 후보자의 낙선을 위하여 그 후보자에 관한' 허위사실을 공표하는 행위를 처벌하는 것으로서 두 조항은 구성요건이나 행위의 목적이 다르다. 두 조항 모두 '공정한 선거'를 보호법익으

로 하고 있기는 하나 '경쟁 후보자의 낙선을 위하여 그 후보자에 관하여' 허위사실을
공표하는 행위는 상대방에 대한 중상모략, 인신공격 등으로 선거의 공정을 심히 해치
고 상대방의 사회적 평가를 훼손시킬 수 있다는 점에서 죄질이 불량하다 할 것이므로,
이 사건 법률조항이 상대적으로 높은 법정형을 규정한 데는 합리적인 근거가 있는 것
이다. 그리고, 이 사건 법률조항은 그 내용의 허위를 문제 삼고 있는데 반하여 법 제
253조는 성명 등의 표시가 진실에 반하는 것으로 족하고 그 통신 내용이 진실인지 여
부는 불문하여, 내용이 진실하더라도 타인의 성명을 모용하면 법 제253조 위반이 되
며, 내용이 허위이더라도 성명 등이 진실하면 이 사건 법률 조항에 위반될 뿐 법 제
253조 위반에는 해당하지 않는 등, 이 사건 법률조항과 법 제253조는 행위의 태양과
내용이 다르므로, 양자의 법정형에 차이가 있는 것을 자의적인 것이라고 볼 수 없다.
한편, 법 제257조 및 제230조 역시 이 사건 법률조항과 마찬가지로 공정한 선거를 보
장하기 위한 규정이지만, 법 제257조의 '기부행위의 금지·제한 등 위반죄'는 이 사건
법률조항의 '허위사실공표죄'와는 달리 각종 제한규정 위반에 관한 죄로서 행정범적
선거범죄라고 할 수 있다. 위 조항들은 기부행위나 매수행위 등이 후보자 자신의 지지
기반 조성에 기여하거나 선거가 각 후보자들의 자금력을 겨루는 상황으로 전개되는 위
험을 방지하기 위한 것으로서 후보자 '자신'에 관한 선전인데 반하여, 이 사건 법률조
항에서 규율하는 것은 후보자 자신이 아니라 '경쟁 후보자'에 관한 선전으로서 그 행위
태양이 다르다. 기부행위나 매수행위 등에 의하여 영향을 받는 것은 각 기부행위나 매
수행위의 상대방에 한정되지만, 공개된 장소에서 경쟁 후보자에 대하여 허위사실을 공
표하는 것은 그 파급효과가 크고 그로 인해 발생한 부정적 인식이나 정신적 고통이 쉽
게 회복되기 어렵다는 측면에서 죄질도 다르므로, 각각 법정형이 달리 규정된 것이 평
등원칙에 위배된 것이라고 볼 수 없다. 따라서 다른 처벌조항들과 법정형을 비교해 볼
때 이 사건 법률조항의 법정형이 특별히 형벌체계상 현저히 균형을 잃은 것이라거나
다른 범죄자와의 관계에 있어서 헌법상 평등의 원리에 반한다고 할 수 없다(헌법재판소
2009. 9. 24. 2008헌바168 결정).

③ 외국의 교육과정 학력 기재시 수학기간 필수기재 및 처벌의 위헌 여부

  1. 처벌을 규정하고 있는 법률조항이 구성요건이 되는 행위를 같은 법률조항에서 직접
    규정하지 않고 다른 법률조항에서 이미 규정한 내용을 원용하였다거나 그 내용 중
    일부를 괄호 안에 규정하였다는 사실만으로 명확성 원칙에 위반된다고 할 수는 없다.

  2. '정규학력에 준하는 외국의 교육과정을 이수한 학력을 게재하면서 수학기간을 기재
    하지 않는 것'을 '허위의 사실'로 보아 처벌한다는 법률조항의 의미가 명백한 이상,

'수학기간을 기재하지 않는 것'이 일반적인 개념상 '허위의 사실'에 포함될 수 있는 지 여부는 법률조항의 명확성과는 아무런 관계가 없다.

3. 국내의 정규학력의 경우에는 학교명과 학위명 등에 관한 정보와 관련 법령의 내용을 통해 수학기간을 쉽게 파악할 수 있는 반면, 외국의 교육과정에 대해서는 학교명이나 학위명만으로 그 수학기간을 알기 어려울 뿐 아니라 각 나라의 관련 법령을 통해 그것을 확인한다는 것도 쉽지 않으므로, 국내의 정규학력에 대해서는 수학기간의 기재를 요구하지 않으면서 정규학력에 준하는 외국의 교육과정을 이수한 경력에 대해서만 수학기간을 기재하도록 요구하는 것이 불합리한 차별이라고 볼 수 없으며, 국내 정규교육과정이라 하더라도 중퇴의 경우에는 수학기간을 기재하지 않으면 학력의 차이를 비교할 수 없으므로 외국의 정규교육과정을 모두 마친 자를 국내 정규교육과정의 중퇴자와 마찬가지로 수학기간의 기재를 요구하는 것도 불합리한 차별이라고 할 수 없다.

4. 정규학력에 준하는 외국의 교육과정을 이수한 학력을 게재하는 경우 반드시 수학기간을 기재하도록 하고, 이에 위반한 행위에 대해 학력을 허위로 기재하는 경우와 같이 처벌하도록 한 것이 현저히 부당하다고 보기 어려우며, 그 법정형 또한 '5년 이하의 징역 또는 3천만 원이하의 벌금'으로서 그 상한은 결코 가볍다고 할 수 없으나 그 하한을 제한하지 않고 있어 사안에 따라서는 가벼운 처벌도 얼마든지 가능하므로, 전체 형벌체계상 현저히 균형을 잃었다고 할 정도로 행위자의 책임에 비해 지나치게 가혹한 형벌이라고 볼 수도 없다(헌법재판소 2010. 3. 25. 2009헌바121 결정).

④ 법 제250조 제1항의 '경력 등' 중 같은 법 제64조 제5항의 '경력' 부분이 죄형법정주의의 명확성원칙에 위배되는지 여부

1. 공직선거법 제250조 제1항은 당선되거나 되게 할 목적으로 후보자에게 유리하도록 허위사실을 공표하여 선거인의 공정한 판단에 영향을 미치는 일체의 행위를 처벌함으로써 선거의 공정을 보장하기 위한 규정이다. 그리고 사전적으로 '경력(經歷)'이란 '여러 가지 일을 겪어 지내 옴' 또는 '겪어 지내 온 여러 가지 일'을 말한다.
또한 '경력'의 의미에 관하여 '후보자의 행동이나 사적(事蹟) 등에 관한 사항으로 후보자의 실적과 능력으로 인식되어 선거인의 공정한 판단에 영향을 미치는 사항'을 말한다는 대법원 판례가 형성되어 있다(대법원 2015. 10. 29. 선고 2015도8400 판결 등 참조).
위와 같은 입법취지, 용어의 사전적 의미, 유사 사례에서의 법원의 해석 등을 종합하여 보면, 심판대상조항에서의 '경력'은 후보자가 지금까지 겪어 지내 온 여러 가

지 일들로서 후보자의 실적과 자질 등으로 투표자의 공정한 판단에 영향을 미치는 사항으로 충분히 해석할 수 있고 예측이 가능하다.

2. 공직후보자 등에 대한 각종 세금 납부 및 체납실적은 공직후보자의 과거의 사적 중 선거인의 투표권 행사에 있어서 공정한 판단에 영향을 미치는 후보자의 이력에 관한 중요한 사항이기 때문에 경력에 포함되는 것으로 보지 않을 수 없다. 건전한 상식과 통상적인 법감정을 가진 사람의 입장에서는 후보자가 각종 세금을 성실하게 납부하였는지를 판단할 수 있는 체납사실을 공직 후보자의 지금까지의 이력 중 중요한 '경력'으로 보는 것이 당연하다. 따라서 경력의 사전적 의미, 심판대상조항의 취지, 후보자에 대한 과거의 사적 중 각종 세금 납부 및 체납실적은 공보 작성이나 후보자등록을 통하여 유권자들에게 의무적으로 공개하도록 하고 있는 점 등(공직선거법 제49조 제4항 제4호, 제65조 제8항 제3호)에 비추어 볼 때, '체납실적'은 선거인의 투표권 행사에 있어 공정한 판단에 영향을 미치는 후보자의 이력에 관한 중요한 사항으로서 경력에 포함되는 것이 명백하다.

3. 결국 심판대상조항의 해석이 불명확하여 수범자의 예측가능성을 해하거나 법 집행기관의 자의적인 집행을 초래할 정도로 불명확하다고는 할 수 없으므로, 심판대상조항은 죄형법정주의의 명확성원칙에 위반되지 않는다(헌법재판소 2017. 7. 27. 2015헌바219 결정).

⑤ 당선되지 못하게 할 목적으로 후보자가 되고자 하는 자에 관하여 허위의 사실을 공표한 자를 처벌하는 법 제250조 제2항 중 '후보자가 되고자 하는 자에 관하여 허위의 사실을 공표한 자'에 관한 부분(이하 '허위사실공표금지 조항'이라 한다)이 죄형법정주의의 명확성원칙에 위배되거나 과잉금지원칙에 위배되어 정치적 표현의 자유를 침해하는지 여부

(1) 죄형법정주의의 명확성원칙 위배 여부

(가) 헌법재판소는 헌재 2021. 2. 25. 2018헌바223 결정에서 공직선거법(2015. 12. 24. 법률 제13617호로 개정된 것) 제250조 제1항 중 '당선될 목적으로 기타의 방법으로 후보자에게 유리하도록 후보자의 행위에 관하여 허위의 사실을 공표한 자'에 관한 부분(이하 '선례조항'이라 한다)이 죄형법정주의의 명확성원칙에 위배되지 않는다고 결정하였다. 그 결정의 요지는 다음과 같다.

「공직선거법 제250조 제1항의 '허위의 사실'이란 객관적 진실에 맞지 않는 사실을 의미하며 선거인으로 하여금 후보자에 대한 정확한 판단을 그르치게 할 가능성이 있으면 충분하고, 단순한 가치판단이나 평가를 내용으로 하는 의견표

현에 불과한 경우에는 이에 해당하지 않는다(대법원 2007. 8. 24. 선고 2007도4294 판결 참조).

결국 선례조항의 문언의 의미 및 입법취지, 관련 공직선거법 조항 등을 종합하여 볼 때 건전한 상식과 통상적인 법감정을 가진 사람이라면 위 조항에 의하여 구체적으로 어떠한 행위가 금지되는지 충분히 알 수 있고, 법집행기관이 이를 자의적으로 해석할 염려가 있다고 보기 어려우므로, 선례조항은 죄형법정주의의 명확성원칙에 위배된다고 볼 수 없다.」

(나) 공직선거법 제250조 제1항 중 '허위의 사실' 부분은 이 사건 허위사실공표금지 조항에도 동일하게 원용되는바, 이 사건에서 선례와 달리 판단해야 할 사정의 변경이나 필요성이 인정된다고 볼 수 없다. 따라서 이 사건 허위사실공표금지 조항은 죄형법정주의의 명확성원칙에 위배되지 아니한다.

(2) 정치적 표현의 자유 침해 여부

(가) 헌법재판소는 헌재 2023. 7. 20. 2022헌바299 결정에서 이 사건 허위사실공표금지 조항이 과잉금지원칙에 위배되어 정치적 표현의 자유를 침해하지 않는다고 결정하였다. 그 결정의 요지는 다음과 같다.

「이 사건 허위사실공표금지 조항은 선거인들에게 후보자가 되고자 하는 자의 능력, 자질 등을 올바르게 판단할 수 있는 기회를 제공함으로써 선거의 공정성을 보장하는 것을 그 목적으로 하므로 목적의 정당성이 인정되고, 당선되지 못하게 할 목적으로 후보자가 되고자 하는 자에 관하여 허위의 사실을 공표하는 것을 금지하고 이를 위반하는 경우 형사처벌하는 것은 위 입법목적을 달성하는 데 적합한 수단이므로 수단의 적합성 또한 인정된다.

거의 공정성을 보장하기 위해서는 후보자가 되고자 하는 자에 관하여 허위사실을 공표하는 것을 금지하는 것이 필요하고, 이 사건 허위사실공표금지 조항의 문언, 입법취지 등에 의해 금지되는 행위의 유형이 제한된다는 점을 고려하면, 위 조항이 필요 이상으로 정치적 표현의 자유를 제한한다고 볼 수 없고, 그 입법목적을 효과적으로 달성하면서도 예상되는 부작용을 실효적으로 방지할 수 있는 대안을 상정하기도 어려우므로, 침해의 최소성에 반한다고 보기 어렵다. 이 사건 허위사실공표금지 조항으로 인하여 후보자가 되고자 하는 자에 관하여 비판 내지 의혹을 제기하려는 자의 정치적 표현의 자유가 일부 제한된다 하더라도, 그 제한의 정도가 선거인들에게 후보자가 되고자 하는 자의 능력, 자질 등을 올바르게 판단할 수 있는 기회를 제공함으로써 선거의 공정성을 보장하고자 하는 공익에 비하여 중하다고 볼 수 없다. 따라서 이 사건 허위사실공표금지 조항은 법익의 균형성도 충족한다.」

(나) 이 사건에서 선례와 달리 판단해야 할 사정의 변경이나 필요성이 인정된다고 볼 수 없다. 따라 서 이 사건 허위사실공표금지 조항은 과잉금지원칙에 위배되어 정치적 표현의 자유를 침해하지 않는다(헌법재판소 2024. 6. 27. 2023헌바78 결정).

제22장

후보자비방죄

제22장

후보자비방죄

> **제251조(후보자비방죄)** 당선되거나 되게 하거나 되지 못하게 할 목적으로 연설·방송·신문·통신·잡지·벽보·선전문서 기타의 방법으로 공연히 사실을 적시하여 후보자(후보자가 되고자 하는 자를 포함한다), 그의 배우자 또는 직계존·비속이나 형제자매를 비방한 자는 3년 이하의 징역 또는 500만원 이하의 벌금에 처한다. 다만, 진실한 사실로서 공공의 이익에 관한 때에는 처벌하지 아니한다.
> [단순위헌, 2023헌바78, 2024. 6. 27, 공직선거법(1994. 3. 16. 법률 제4739호로 제정된 것) 제251조 중 '후보자가 되고자 하는 자'에 관한 부분은 헌법에 위반된다.]

1. 의의

본 조는 후보자 등에 대하여 명예를 훼손하는 위법행위를 규제함으로써 후보자 등의 명예를 보호함과 아울러 선거의 공정성을 확보하기 위한 규정이다.[1) 선거에 관하여 하나의 단일법이 제정되지 않아 대통령선거법, 국회의원선거법, 지방의회의원선거법, 지방자치단체의장 선거법 등 개별 선거법으로 규제될 때부터 각 개별 선거법은 현행 법 제251조와 유사한 후보자비방죄를 규정하고 있었고 후보자에 대한 비방만을 처벌대상으로 규정하고 후보자가 되고자 하는 자에 대한 비방행위를 처벌하지 않았다. 그러다가, 1994. 3. 16. 선거에 관한 단일법인 공직선거및선거부정방지법이 제정되면서 후보자뿐만 아니라 후보자가 되고자 하는 자에 대한 비방행위까지 처벌대상으로 규정되었다. 2024. 6. 27. 헌법재판소는 '후보자가 되고자 하는 자'에 대한 비방금지 조항은 과잉금지원칙에 위배되어 정치적 표현의 자유

---

1) 대법원 2007. 3. 15. 선고 2006도8368 판결, 헌법재판소 2024. 6. 27. 2023헌바78 결정

를 침해하여 위헌결정을 하였다.[2]

　법 제250조가 허위사실을 공표하여 인신공격을 하는 것을 규제하는데 비하여 본 조는 사실을 적시하여 비방하는 것을 규제하고 있으며, 법 제273조에 따른 재정신청대상 범죄가 아니라는 점에서 허위사실 공표죄와 구별된다.

2. 구성요건

가. 객체

　후보자, 그의 배우자 또는 직계존·비속이나 형제자매이다. 그 해석은 허위사실 공표죄와 동일하다. 후보자 등 본인에 관한 것뿐만 아니라 간접사실이라도 이를 적시하는 것이 후보자의 당선을 방해할 염려가 있으면 이에 포함되나, 그 후보자의 소속 정당이나 그 정당의 소속 인사 등에 관한 사항은 그것이 후보자의 당락과 밀접히 관련되고 있는 것이 아닌 이상 본 조의 후보자 비방에 포함되지 않는다.[3]

나. 행위

　연설·방송·신문·통신·잡지·벽보·선전문서 기타의 방법으로 공연히 사실을 적시하여 비방하는 것이다.

1) 「공연히」

　형법상 명예훼손죄의 구성요건인 공연성을 의미하는바, 불특정 또는 다수인이 알 수 있는 상태에 도달하게 함을 말한다. 허위사실공표죄의 공표와도 유사하다. 따라서 비록 개별적으로 한 사람에 대하여 사실을 유포하였다 하더라도 그로부터 불특정 또는 다수인에게 전파될 가능성이 있다면 공연성의 요건을 충족한다.[4]

---

2)　헌법재판소 2024. 6. 27. 2023헌바78 결정
3)　대법원 2007. 3. 15. 선고 2006도8368 판결
4)　대법원 1996. 7. 12. 선고 96도1007 판결, 대법원 1985. 12. 10. 선고 84도2380 판결

2)「사실의 적시」

사실의 의미와 의견표현의 구별 등은 허위사실 공표죄와 동일하다.[5] 사실적시와 의견표현이 혼재되어 있는 경우 이를 전체적으로 보아 사실을 적시하여 비방한 것인지 여부를 판단하여야 하며, 의견표현과 사실의 적시 부분을 분리하여 별개로 범죄의 성립여부를 논해서는 안 된다.[6]

비방의 대상은 그것이 사실이기만 하면 허위의 사실인지 진실한 사실인지는 불문한다.

본 죄가 성립하기 위해서는 사실을 적시하여 후보자 등을 비방하여야 하므로 '사실의 적시'는 내용상 비방에 충분한 사실, 즉 후보자 등의 사회적 가치 내지 평가가 침해될 가능성이 있을 정도로 구체성을 띠어야 하는 것이며, 구체성이 없는 사실의 표현이나 가치판단·평가와 같은 것은 사실의 적시에 해당하지 않는다.

적시의 수단·방법에는 연설·방송·통신·잡지·벽보·선전문서 등 제한이 없으며 구술에 의하건 문서에 의하건 컴퓨터통신·무선통신 등에 의하건 가리지 않는다.[7]

3)「비방」

'비방'의 사전적 의미는 '남을 비웃고 헐뜯어서 말함'이다. 법 제110조 제1항이 '누구든지 선거운동을 위하여 ~ 공연히 사실을 적시해 사생활을 비방할 수 없다'고 규정하여 사생활 비방만을 금지하고 있는데 반해 이 사건 비방금지 조항이 정한 비방의 대상에는 아무런 제한이 없으므로, 남을 헐뜯어 말함으로써 그의 사회적 가치평가를 저하시킬 수 있는 사실이면 그것이 사생활에 관련된 사실인지 여부와 관계없이 모두 이에 해당하게 된다.[8]

다. 위법성 조각

사실을 적시한 비방행위가 있더라도 진실한 사실로서 공공의 이익에 관한 때에는 본조 단서에 따라 위법성이 조각되어 처벌되지 아니한다.[9] 사실의 적시에 의한 비방이 본 단서의 규

---

5) 대법원 1998. 3. 24. 선고 97도2956 판결, 대법원 1997. 4. 25. 선고 96도2910 판결, 대법원 1996. 11. 22. 선고 96도1741 판결
6) 대법원 2004. 6. 25. 선고 2004도2062 판결
7) 대법원 2001. 11. 9. 선고 2001도4695 판결
8) 헌법재판소 2024. 6. 27. 2023헌바78 결정
9) 본 단서조항은 명예훼손죄의 위법성조각사유를 규정하고 있는 형법 제310조와 유사한데, 형법 제310조는 '오로지' 공공의 이익에 관한 때라고 규정하고 있는 점만 다르다.
　　제307조(명예훼손) ① 공연히 사실을 적시하여 사람의 명예를 훼손한 자는 2년 이하의 징역이나 금고 또는 500만원 이하의 벌금에 처한다.

정에 의하여 위법성이 조각되기 위해서는, ① 적시된 사실이 전체적으로 보아 진실에 부합할 것, ② 그 내용이 객관적으로 공공의 이익에 관한 것일 것, ③ 행위자도 공공의 이익을 위하여 그 사실을 적시한다는 동기를 가지고 있을 것이 요구된다.[10] 적시된 사실의 진실성과 공공의 이익에 대한 거증책임은 이를 주장하는 피고인에게 있다.[11]

가)「진실한 사실」

세세한 부분에 있어서 약간의 차이가 있거나 다소 과장된 표현이 있어도 전체적으로 보아 객관적 진실에 부합하면 진실한 사실로 본다.[12] 또한 적시한 사실이 진실한 것이라는 증명이 없더라도 행위자가 진실한 것으로 믿었고, 또 그렇게 믿을 만한 상당한 이유가 있는 경우에도 위법성이 조각된다.[13]

나)「공공의 이익」에 관한 사실

「공공의 이익」이란 국가·사회 또는 다수인 일반의 이익에 관한 것뿐만 아니라 특정한 사회집단이나 그 구성원 전체의 관심과 이익에 관한 것도 포함된다.[14]

반드시 후보자의 공적 생활에 관한 사실만이 아니라 사적인 신상에 관한 사실이라도 그가 관계하는 사회적 활동의 성질이나 이를 통하여 사회에 미치는 영향력의 정도 등 여하에 따라서는 그 사회적 활동에 대한 비판 내지 평가의 한 자료가 될 수 있으므로 이를 적시하는 것이 공공의 이익을 목적으로 한 것이라면 이에 포함될 수 있고,[15] 후보자 본인뿐만 아니라 생활공동체를 이루고 있는 가족들의 행위도 공직 후보자로서의 자질, 준법성, 공직 적격성을 판단하는데 자료가 될 수 있어 객관적으로 공공의 이익에 관한 것으로 볼 수 있다.[16]

적시된 사실이 공공의 이익에 관한 것인지 여부는 당해 적시 사실의 내용과 성질, 당해 사실의 공표가 이루어진 상대방의 범위, 그 표현의 방법 등 그 표현 자체에 관한 제반 사정을 감안함과 동시에 그 표현에 의하여 훼손되거나 훼손될 수 있는 명예의 침해 정도 등을 비교·고려하여 결정하여야 한다.[17]

공공의 이익이 유일하거나 주된 동기인 경우만을 의미하는 것이 아니며, 반드시 공공의

제310조(위법성의 조각) 제307조제1항의 행위가 진실한 사실로서 오로지 공공의 이익에 관한 때에는 처벌하지 아니한다.

10) 대법원 2011. 3. 10. 선고 2011도168 판결
11) 대검찰청, 공직선거법 벌칙해설 제10개정판, 428면
12) 대법원 2004. 10. 27. 선고 2004도3919 판결, 대법원 2004. 6. 25. 선고 2004도2062 판결, 대법원 2003. 11. 13. 선고 2003도3606 판결, 대법원 2002. 4. 9. 선고 2000도4469 판결
13) 대법원 1996. 4. 23. 선고 96도519 판결
14) 대법원 1999. 6. 8. 선고 99도1543 판결, 대법원 1998. 10. 9. 선고 97도158 판결
15) 대법원 1996. 4. 12. 선고 94도3309 판결
16) 서울고등법원 2015. 3. 26. 선고 2015노145 판결
17) 대법원 2003. 11. 13. 선고 2003도3606 판결

이익이 사적 이익보다 우월한 동기가 된 것이 아니더라도 양자가 동시에 존재하고 거기에 상당성이 인정된다면 위법성이 조각된다.[18]

라. 목적, 고의

당선되거나 되게 하거나 되지 못하게 할 목적을 요한다. 본 죄의 목적의 의미는 허위사실 공표죄와 동일하다. 본 죄의 목적이 있었는지 여부는 피고인의 사회적 지위, 피고인과 후보 자 또는 경쟁 후보자와의 인적 관계, 행위의 동기 및 경위와 수단·방법, 행위의 내용과 태양, 상대방의 성격과 범위, 행위 당시의 사회상황 등 여러 사정을 종합하여 사회통념에 비추어 합리적으로 판단하여야 한다.[19] 당선 또는 낙선의 목적 없이 비방한 경우에는 형법상 명예훼 손죄의 성립이 문제될 뿐이다. 또한 후보자 등 행위객체에 대한 인식과 위 객체를 비방한다 는 점에 대한 인식이 있어야 한다.

3. 당내경선에서 후보자비방죄 성립여부

법 제58조 제1항 본문, 제2항, 제2조, 제57조의2 제1항, 제57조의3 제1항, 제250조 및 제251조의 문언, 법의 입법 취지와 개정 연혁, 체제, 형벌법규의 확장해석을 금지하는 죄형 법정주의 원칙 등을 종합하면, 법 제251조가 정하고 있는 후보자비방죄에서의 '당선되거나 되게 하거나 되지 못하게 할 목적'은 법 제2조가 정하고 있는 공직선거에서 당선 또는 낙선 되게 할 목적을 말하고, 공직선거에 출마할 정당 추천 후보자를 선출하기 위한 당내경선에 서의 당선 또는 낙선되게 할 목적은 여기에 해당하지 아니한다. 또한 당내경선과 관련하여 후보자 등을 비방하는 경우 원칙적으로 당내경선에서의 당선 또는 낙선을 위한 행위에 해당 한다고 할 것이고, 다만 당내경선에서의 당선 또는 낙선을 위한 행위라는 구실로 실질적으 로는 공직선거에서의 당선 또는 낙선을 위한 행위를 하는 것으로 평가할 수 있는 예외적인

18) 대법원 1996. 6. 28. 선고 96도977 판결, 대법원 2003. 7. 22. 선고 2002다62494 판결(민사상 명예훼손의 성립에 관하여 표현의 자유와 명예보호 사이의 한계를 설정함에 있어서는, 당해 표현으로 인하여 명예를 훼손당하게 되는 피해자가 공적인 존재인지 사적인 존재인지, 그 표현이 공적인 관심 사안에 관한 것인지 순수한 사적인 영역에 속하는 사안에 관한 것인지 등에 따라 그 심사기준에 차이를 두어, 공공적·사회적인 의미를 가진 사안에 관한 표현의 경우에는 언론의 자유에 대한 제한이 완화 되어야 하고, 또한 공직자의 업무처리가 정당하게 이루어지고 있는지 여부는 항상 국민의 감시와 비판의 대상이 되어야 하고, 특히 선거법위반사건 등 정치적인 영향력을 가진 사건 처리의 공정성에 대한 정당의 감시기능은 정당의 중요한 임무 중의 하 나이므로, 이러한 감시와 비판기능은 보장되어야 하고 그것이 악의적이거나 현저히 상당성을 잃은 공격이 아닌 한 쉽게 제한 되어서는 아니된다)
19) 대법원 1997. 4. 25. 선고 96도2910 판결

경우에 한하여 그 범위 내에서 공직선거에서의 선거운동으로 볼 수 있다.[20]

4. 중앙선거관리위원회 행정해석

① 후보자비방죄 비방내용

법 제110조(후보자등의 비방금지)는 "… 사생활을 비방할 수 없다"라고 규정하고 있지만, 제251조(후보자비방죄)는 이와 달리 단순히 "… 비방한 자는 …"이라고 규정하고 있을 뿐이므로, 제251조(후보자비방죄)의 구성요건인 "비방"에는 사생활에 속하는 사항을 언급(거론)하는 경우뿐만 아니라 사생활에 속하지 아니하는 사항을 언급(거론)하는 경우에도 포함됨(2009. 7. 6. 회답).

② 후보자 욕설 녹음파일 유포

후보자의 욕설이 포함된 녹음파일의 원본을 유포하는 것만으로는 공직선거법 제251조에 위반된다고 단정하기는 어려움. 다만, 녹음파일 중 후보자의 욕설 부분만을 자의적으로 편집하여 인터넷·SNS·문자메시지로 게시·유포하거나 연설·대담차량에 부착된 녹화기로 송출하는 행위는 진실한 사실로서 공공의 이익에 관한 것으로 보기 어려워 공직선거법 제251조에 위반될 수 있음(2021. 12. 13. 회답).

③ 자동차 확성장치를 이용한 후보자 욕설 녹음파일 송출

개인이 선거운동을 할 수 없는 방법으로 다수인이 왕래하는 공개장소에서 계속적·반복적으로 자동차에 설치한 확성장치를 이용하여 녹음파일을 재생하는 것은 일반 선거인의 관점에서 특정 후보자를 반대하는 것으로 쉽게 인식된다고 볼 수 있어 행위양태에 따라 법 제91조(확성장치와 자동차등의 사용제한)·제93조(탈법방법에 의한 문서·도화의 배부·게시등 금지)에 위반될 것임(2021. 1. 4. 회답).

5. 판례

[위법으로 본 사례]

① 후보자의 이혼과정을 그릇되게 추단되도록 표현한 경우

원심은, 문제가 된 이 사건 표현 중 "조강지처 버리고 잘된 사내가 없다."는 표현만으

로는 추상적인 의견의 표시에 불과하지만, 그 직전에 한 "공소외 1후보가 어떻게 이혼을 했는지 그 소문을 이 자리에서 입이 부끄러워서 얘기하지 않겠습니다."라고 한 발언과 종합하여 보면 "공소외 1후보가 조강지처를 부당하게 버렸고 그 과정에 관하여는 입에 담기 부끄러울 정도로 좋지 않은 소문이 있다."는 사실을 함축하고 있으므로, 비록 피고인이 소문에 나도는 구체적인 이혼의 경위를 적시한 것은 아니지만 "입이 부끄러워 얘기하지 않겠다."는 표현만으로도 선거인으로 하여금 후보자가 이혼에 이른 과정을 그릇되게 추단하도록 하여 그의 평가를 저하시킬 수 있다 할 것이어서, 이 부분 표현은 사실을 적시하여 후보자를 비방한 것이라고 판단하였다. 기록에 비추어 살펴보면, 원심의 위와 같은 사실인정과 판단은 정당하다고 할 것이고, 거기에 상고이유로 주장하는 바와 같은 사실오인이나 후보자비방죄에 관한 법리를 오해한 위법이 있다고 할 수 없다.

나아가 피고인의 위 발언이 공선법 제251조 단서에 의하여 위법성이 조각되는지 여부에 관하여 보건대, 피고인의 위 발언 내용은 거기에 통상적으로 함축되는 의미까지 포함하여 볼 때 그것이 진실한 내용이라고 보기 어려울 뿐만 아니라, 그 내용은 공직선거에 입후보한 후보자 공소외 1의 오래 전의 사생활에 관한 것으로서 동인의 인품이나 성향에 관한 정보를 유권자에게 제공한다는 측면에서 공적 이익이 전혀 없다고 할수는 없지만, 위 후보자에 대한 비방에 의하여 동인을 낙선시키고 자신이 지지하는 다른 후보자를 당선시키겠다는 사적 이익이 결정적으로 중요한 동기였다고 할 것이어서 양자 사이에 상당성을 인정할 수 없으므로 그 위법성이 조각되지 않는다고 볼 것이다. 따라서 이를 다투는 피고인의 변호인의 이 부분 상고이유의 주장도 이유 없다(대법원 2002. 6. 14. 선고 2000도4595 판결).

② 인터넷 사이트에 게시된 비방글에 비방하는 후보자의 명칭이 명시되어야 하는지 여부

공직선거법 제251조에 정한 후보자비방죄나 제255조 제2항 제5호, 제93조 제1항에 정한 탈법방법에 의한 문서·도화의 배부·게시 등 금지규정 위반죄가 성립하기 위하여는 그 표현에 비방하거나 지지·추천·반대하는 특정인의 명칭이 드러나 있을 필요는 없다고 할 것이나, 그 표현의 객관적 내용, 사용된 어휘의 통상적인 의미, 표현의 전체적인 흐름, 문구의 연결방법, 그 표현의 배경이 되는 사회적 맥락, 그 표현이 선거인에게 주는 전체적인 인상 등을 종합적으로 고려하여 판단할 때 그 표현이 특정인을 비방하거나 지지·추천·반대하는 것이 명백한 경우이어야 한다.

원심판결 이유에 의하면, 원심은 피고인이 인터넷 포털사이트 '네이버' 정치토론장 게시판에 접속하여 게시한 글들 중에 제1심 판시 게시물에 공통적으로 사용한 '위장전

입, 땅 투기, 탈세, 주가조작'이라는 문구는 이△△ 후보자를 가리키는 것으로서 비방의 대상이자 반대하는 후보자가 누구인지 특정할 수 있다고 보아 위 게시물과 관련하여 공직선거법 제251조에 정한 후보자비방죄나 제255조 제2항 제5호, 제93조 제1항에 정한 탈법방법에 의한 문서·도화의 배부·게시 등 금지규정 위반죄가 성립한다고 판단하였다.

앞서 본 법리와 기록에 비추어 살펴보면, 위 표현의 배경이 되는 당시의 사회적 맥락, 선거인에게 주는 전체적인 인상 등을 종합하여 판단할 때 위 표현이 이△△ 후보자를 특정하는 것이 명백하다고 보이므로, 같은 취지의 원심의 판단은 정당하고, 거기에 후보자비방죄 등 공직선거법위반죄에 있어서 대상자의 특정에 관한 채증법칙 위반 등의 위법이 없다(대법원 2008. 9. 11. 선고 2008도5178 판결).

③ 미용실에서 미용실 손님 1인에게 후보자를 비방하는 말을 한 경우 공연성 충족 여부

피고인은, 2008. 3. 17. 부산 수영구 망미1동에 위치한 피고인이 운영하는 '○○헤어뱅크' 미용실에서, 제18대 총선 수영구 후보 ○○○을 당선되지 못하게 할 목적으로 위 미용실에 찾아 온 이름을 알 수 없는 손님에게 "○○○은 처자식을 다 버리고 집안이 엉망진창이다. 돈이 엄청나게 많은 여자를 만나 국회로 가서 출세를 했고, 이혼할 때 잘못해서 자식들도 자기 아빠 아니라며 안 보려 하고, 본처도 충격을 받아 정신병원을 드나든다"라고 말하여 후보자를 비방하였다. 이 사건의 경우 피고인의 판시 범죄행위가 손님과 단둘이서 한 대화 도중에 이루어졌다는 사정만으로는 전파가능성이 없어 공연성이 없다고 단정할 수 없고, 오히려 피고인이 ○○○을 비방한 내용은 ○○○의 인격을 크게 폄훼하는 것으로 그의 사회적 평가를 크게 해침으로써 위 선거에 치명적으로 불리할 수밖에 없는 것인데, 피고인의 판시 범죄사실과 같은 말을 전해들은 손님이 피고인과 사이에 피고인의 위와 같은 비방사실을 비밀로 지켜줄 만한 특별한 신분관계가 없었던 점 등을 고려하면, 피고인의 이 사건 범행 당시 공연성을 갖추었다고 보기에 충분하다(부산지방법원 동부지원 2008. 5. 30. 선고 2008고합49 판결, 부산고등법원 2008. 7. 16. 선고 2008노376 판결).

④ 뇌물수수 혐의로 기소되었으나 무죄 판결을 선고받았다고 언급하는 정도를 넘어 실제로 뇌물을 수수하였음을 분명하다고 발언한 행위

원심은 그 판시 사정을 종합하여 보면 피고인 안○○의 이 사건 발언은 비록 의견 표현으로 볼 수 있는 내용을 일부 포함하고 있으나 전체로 보아 선거인으로 하여금 후보자 김☆☆에 대한 정확한 판단을 그르치게 할 수 있을 정도의 구체성을 가지고 있고, 시간과 공간적으로 구체적인 과거의 사실관계에 관한 진술로서 그 표현 내용이 증거에 의

한 증명이 가능한 것이어서 사실의 적시에 해당한다고 판단하였다. 그리고 원심은, 그 판시와 같은 이유로 피고인 안○○이 ◎◎시장에 입후보한 김☆☆가 사회적 평가를 저해할 정도로 상대방을 깎아내리거나 헐뜯은 것으로서 후보자비방에 해당한다고 판단하였다. 나아가 원심은, 그 채택 증거에 의하면 후보자 김☆☆가 뇌물수수 혐의에 관하여 무죄 판결을 선고받아 그 판결이 확정된 사실을 인정할 수 있으므로 피고인 안○○이 적시한 사실을 전체로 보아 진실에 부합한다고 할 수 없다는 등의 이유로 피고인 안○○의 이 사건 발언에 관한 위법성이 조각된다고 할 수 없다는 취지로 판단하였다. 앞서 본 법리와 원심이 적법하게 채택한 증거들에 비추어 살펴보면 원심의 위와 같은 판단은 정당한 것으로 수긍할 수 있고, 거기에 상고이유 주장과 같이 공직선거법상 후보자비방죄에 있어서의 사실의 적시, 비방, 위법성조각사유에 관한 법리를 오해하는 등의 위법이 없다(대법원 2015. 8. 13. 선고 2015도7172 판결).

⑤ 사실 적시 내용이 후보자의 사생활인 경우에 한하여 후보자비방죄가 성립하는지 여부

1. 이 사건에는 공직선거법 제251조가 적용되고, 후보자의 사생활 비방을 금지하는 제110조가 반드시 후보자에 대한 비방을 처벌하는 제251조와 상응하는 것으로 볼 수 없다.

2. 甲이 작성한 게시글의 내용 중 일부는 후보자나 그 직계존속 등의 정치활동에 관한 것으로 볼 수 있으나 대부분 저속한 표현을 사용하여 후보자 등의 인격을 비하하고 그에 대한 사회적 평가를 저하시키는 것이어서 제251조의 비방에 해당한다.

3. 후보자를 악의적으로 비방하는 것이 주된 동기로 보이고, 甲이 후보자의 인격이나 능력, 자질에 관한 정보를 유권자에게 제공하여 공공의 이익을 위한다는 의사가 있었다고 하더라도 이러한 동기는 미미하거나 부수적인 데 불과한 것으로 보인다(대법원 2013. 11. 22. 선고 2013도12429 판결).

⑥ 적시한 사실이 진실이라는 점에 관한 입증이 부족한 경우 위법성 조각 여부

원심판결 이유에 의하면, 원심은 그 채택 증거를 종합하여, 피고인이 2002. 11. 27. 제16대 대통령 후보 이○○의 아들 이△△이 병역면제를 받았다는 것은 비리라는 취지로 이○○ 후보를 반대하는 내용이 포함된 "179센티미터 45킬로그램 인간미라"라는 제목의 책자(이하 '이 사건 책자'라 한다)를 출간하고, 2002. 12. 3. 한겨레신문에 179cm의 키에 49kg의 몸무게는 불가능하므로 이△△이 위 조건으로 병역면제를 받았다는 것은 비리라는 취지로 이○○ 후보를 반대하는 내용이 포함된 광고물을 게재한 사실을 인정한 다음, 이 사건 책자나 광고물에서 사용된 언어의 통상적 의미와 용법, 이러한 표현이 사용된 문맥, 그 표현이 행하여진 사회적 정황 등 전체적 정황을 고

려하면, 피고인은 이○○ 후보가 대통령으로서의 자질이 부족하다는 의견을 피력한 것에 그친 것이 아니라, 위와 같은 신체조건을 가진 인간이 의학적으로 불가능하다는 사실 이외에 이○○ 후보의 아들 이△△이 그와 같은 신체조건으로 병역면제를 받았으므로 병역비리에 해당한다는 사실, 이○○ 후보는 아들의 병역면제에 관하여 거짓말하고 있다는 사실 등도 함께 적시하였다고 판단하고, 기록에 나타난 모든 자료를 종합하여도 위와 같이 적시한 사실이 진실이라는 점에 관한 입증이 부족하므로, 이것이 진실임을 전제로 피고인의 이 사건 책자의 발간과 광고물의 게재 행위에 관하여 위법성이 조각된다는 피고인의 주장은 더 나아가 살펴볼 필요 없이 이유 없다고 판단하였다. 증거의 채택 여부는 사실심 법원의 재량에 속하는 사항일 뿐 아니라, 기록에 비추어 살펴보면 원심이 사실조회를 채택하였다가 직권으로 취소하였다고 하더라도 거기에 심리미진의 위법이 있다고 볼 수 없고, 위에서 본 법리와 기록에 비추어 살펴보면, 원심의 위와 같은 사실인정과 판단은 모두 정당한 것으로 수긍이 가며, 거기에 주장과 같은 채증법칙 위배, 이유모순, 법리오해 등의 위법이 있다고 볼 수 없다(대법원 2004. 6. 25. 선고 2004도2062 판결).

[위법으로 보지 않는 사례]

① 인터넷 상 대통령선거 관련 토론장 게시판에 특정 후보자를 비방하는 내용으로 올린 게시물

피고인은, 2002. 11. 4. 13:16경 대전 ○○구 ○○동 소재 ○○아파트 ○○동 ○○호 피고인의 주거지에서 피고인의 개인용 컴퓨터를 이용하여 인터넷 네이버 사이트 16대 대통령 선거관련 토론장 게시판에 '대선이 장난이냐? 이○○씨'라는 제목하에 "세상에 이렇게 구린내가 많이 풍기는 후보도 보지 못했다. 얼마나 찔리고 캥기는게 많았으면 자꾸 도망칠까? 도망자 인생인가"라는 내용을 게시하여 이○○ 후보를 비방한 것을 비롯하여 그 시경부터 같은 달 29.까지 총 51회에 걸쳐 이○○ 후보를 비방한 것은 어떤 구체적인 사실을 적시하고 있는 것이 아니라 단순히 이○○ 후보에 대한 피고인 개인의 가치판단이나 평가를 내용으로 하는 의견표현에 해당한다고 보아, 공선법 제251조 소정의 후보자비방죄가 성립하지 아니한다(대법원 2004. 3. 11. 선고 2003도4023 판결).

② 상대 후보자가 제기한 협박 사건 등에 관하여 기자회견에서 '자작극이 아닌가'라고 발언한 행위

원심은, 피고인 공◎윤이 기자회견을 하면서 공소외인 후보가 제기한 협박 문자, 차량 훼손사건은 공소외인 후보의 자작극 아닌가라고 한 부분에 대하여, 이는 공소외인 후보 측에서 그 사건을 마치 피고인 1 측에서 저지른 것처럼 수사를 촉구하는 기자회견

을 하자 이에 대응하는 과정에서 새로운 사실관계를 추가함이 없이 단지 자작극이 아
닌가 하는 의혹을 제기하는 형식으로 의견을 표현한 것에 불과하다는 제1심의 무죄이
유를 원용하면서, 그 발언 당시의 표현을 기준으로 사실을 적시한 것인지 아니면 의견
을 적시한 것인지 여부를 판단해 볼 때에 위 표현은 사실을 적시한 것이라고 보기에
부족하다고 판단하여, 피고인 공◎윤에게 무죄를 선고한 제1심을 유지하였다. 기록에
비추어 살펴보면 원심의 위와 같은 판단은 옳고, 거기에 상고이유에서 주장하는 바와
같은 법리오해 또는 채증법칙 위배의 위법이 있다 할 수 없다(대법원 2009. 5. 28. 선고
2009도2194 판결).

③ 합동연설회장에서 상대방 후보의 전과를 공개한 행위

1. 원심은 이와는 달리 공직선거법 제251조 단서에 따라 공공의 이익에 관하여 위법
   성이 조각된다고 하기 위하여는 후보자의 전과사실이 당해 후보자의 과거 공직 수
   행과정에서 저지른 범죄나 비리 등 공직과 직접 관련이 있는 전과에 해당하는 경우
   에 한정하여 적용되어야 한다고 판시하였지만, ① 공직 수행과정에서 저지른 범죄
   등에 관한 전과가 공개되는 것이 공공의 이익에 부합된다고 보는 이유는 그것이 유
   권자들에게 공개됨으로써 유권자들이 유능하고 인격이 상대적으로 훌륭한 후보를
   선택하는데 정보를 제공하기 때문이라고 할 것인데, 후보자의 다른 전과의 공개도
   이와 동일한 기능을 할 것임은 명백하고, ② 공직에 있던 후보자의 전과는 공개될
   수 있지만 공직에 있지 아니하였던 후보자의 전과는 공개될 수 없다는 것도 불공평
   하고, ③ 무혐의처분이나 무죄판결을 받은 사실은 후보자의 자질판단의 자료로 기
   여할 수 없는 것이어서 이를 적시한 것은 공공의 이익에 관한 것으로 인정되기 어려
   울 것이고, 형의 집행유예나 선고유예의 경우 형법 등에 의하여 일정기간이 지나면
   형의 선고의 효력이 없어지거나 전과가 말소되지만, 객관적으로 판결이 선고된 사
   실 자체가 없어지는 것은 아니고 그러한 판결도 유죄판결로서 후보자의 자질을 판
   단하는 데는 중요한 자료가 될 수 있는 것이어서 공공의 이익에 관한 것이 될 수 있
   고, ④ 전과사실이 허위가 아니고 진실한 경우에는 그것의 적시가 반드시 인신공격
   적이라고만 보기도 어렵고 이의 허용과 정책대결과는 무관한 것이라고 할 것이므
   로, 원심의 판시는 수긍하기 어렵다.

2. 그러므로 위의 법리에 비추어 보면 이 사건에서도 상대 후보인 공소외 이○○이 한
   의사 자격이 없으면서도 한의사의 명의를 빌려 한의원을 개설하였다는 범죄사실로
   보건범죄 단속에 관한 특별조치법 위반죄로 유죄 확정판결을 받은 전과사실은 비록
   최종적으로 선고유예의 판결이 있었더라도 위 후보자의 정직성, 준법성, 공직 적합

성을 가늠하는 판단자료로 유용하다고 할 것이므로 그것은 공공의 이익에 관한 사실이라고 할 것이다.

그리고 원심이 인정한 사실과 같이 피고인이 선거관리위원회가 주최한 합동연설회장에서 판시 일간지의 신문기사를 읽는 방법으로 전과사실을 적시하였다는 점과 그 사실 적시에 있어서 과장 또는 왜곡된 것이 없는 점 및 그 표현방법 등에 비추어 볼 때 피고인이 위 사실을 적시한 것은 상대 후보인 이○○의 평가를 저하시켜 스스로가 당선되려는 사적 이익도 동기가 되었지만 유권자들에게 상대 후보자의 자질에 대한 자료를 제공함으로써 적절한 투표권을 행사하도록 하려는 공공의 이익도 한 동기가 되었다고 보는 것이 상당하다.

또한 위와 같은 전과사실이 공표됨으로써 상대 후보인 이○○이 입는 명예(인격권)의 침해정도와 만일 이를 금지할 경우 생기는 피고인의 표현의 자유에 대한 제한과 유권자들의 올바른 선택권에 대한 장애의 정도를 교량한다면 후자가 전자보다 중하다고 보는 것이 상당하다.

따라서 피고인이 이 사건에서 상대 후보인 이○○의 전과사실을 적시한 것은 진실한 사실로서 공공의 이익에 관한 때에 해당하므로 공직선거법 제251조 단서에 의하여 위법성이 조각된다고 보아야 할 것이다.

그럼에도 불구하고 원심이 피고인의 행위를 공공의 이익에 관한 때에 해당하지 아니한다고 하여 유죄판결을 선고한 조치는 공직선거법 제251조 단서의 법리를 오해하여 판결에 영향을 미친 위법을 저지른 것이라고 할 것이므로 이를 지적하는 상고이유의 주장은 이유 있다고 할 것이다(대법원 1996. 6. 28. 선고 96도977 판결).

④ 지방자치단체장으로서 세무공무원인 후보자가 상대후보자의 처의 지방세 체납사실을 지방자치단체장 후보자 합동연설회에서 적시한 행위

1. 원심이 유죄로 인정한 후보자비방죄의 공소사실의 요지는, 피고인이 1998. 6. 4. 실시된 제2회 전국동시지방선거에 시장 후보로 입후보한 사람으로서, 1998. 5. 23. 14:00 ○○초등학교 운동장에서 개최된 시장 후보자 합동연설회에서 경쟁후보자인 공소외 1을 당선되지 못하게 할 목적으로 "공소외 1후보는 부인 명의로 사업을 하는데 1998. 3. 31.자로 주민세 1,501,260원의 미납으로 체납이 발생해서 현재는 가산금까지 붙어서 체납액이 1,594,330원이 되었습니다. 도의원이라면 몰라도 30만 시민의 시장이 되려면 1,500,000원 정도의 세금은 지금이라도 이 유세가 끝나는 즉시 이것을 갚고서 시민의 심판을 받아야 된다고 생각을 합니다."라고 말하여 공연히 사실을 적시하여 시장 후보자인 공소외 1을 비방하였다는 것이다.

2. 원심은 피고인의 위 연설내용을 전후 문맥에서 볼 때 공소외 1 후보에 대하여 폭력행
위, 부정수표단속법위반 등의 전과에 관하여 그 실체를 남김없이 밝히라고 한 다음 그
와 연계하여 이 사건 주민세의 체납사실을 공표한 점, 위 공소외 1의 진술에 의하면 그
의 처가 7년 전부터 알미늄대리점을 직접 운영하고 있다는 것일 뿐이고 위 공소외 1
이 그의 처 명의로 이를 운영하고 있음을 인정할 자료가 없는 점, 또한 위 공소외 1이
나 그의 처가 위 주민세를 탈세하려는 것이 아니라 단지 1998. 3. 31.의 납기 내에 이
를 납입하지 아니하였던 것으로 그에 따라 이미 가산금이 부가되는 불이익을 입은 점,
피고인이 1998. 1. 14. 시장으로서 읍면동장에게 납세자의 과세정보에 대한 비밀보장
을 위하여 본인의 신청이 있는 경우 또는 본인의 위임이나 동의가 있는 경우 및 지방세
법 제69조의 예외사유에 해당하는 경우 외에는 지방세 관련 제증명 발급을 하지 않도
록 지시하였으므로 피고인 본인 또는 군산시청 직원이 아니고서는 위와 같은 체납사실
에 관한 자료를 확보하기 어려운 점 등에 비추어 보면, 피고인은 시장에 재직중임을 기
화로 상대방 후보자의 납세정보를 확보하여 마치 공소외 1 후보가 처 명의의 사업체를
운영하면서 일부러 주민세를 내지 아니한 것처럼 연설함으로써 공소외 1 후보를 비방
하였다는 취지로 판단하였는바, 피고인의 위 연설은 공소외 1 후보의 자질과 공직적합
성 등 그의 사회적 평가를 해치는 것이라고 할 것이므로, 같은 취지에서 이를 비방으로
본 점에서는 원심 판단은 정당하고, 거기에 채증법칙 위반으로 인한 사실오인이나 공
직선거및선거부정방지법(이하 '공직선거법'이라 한다) 제251조 본문의 비방에 관한 법리오
해 등의 위법은 없다. 이 부분 상고이유는 받아들일 수 없다.

3. 그런데 공직선거법 제251조의 후보자 비방에 있어서는, 적시된 사실이 전체적으로 보
아 진실에 부합하고 그 내용과 성질에 비추어 객관적으로 볼 때 공공의 이익에 관한 것
으로서 행위자도 공공의 이익을 위하여 그 사실을 적시한다는 동기를 가지고 있으며,
반드시 공공의 이익이 사적 이익보다 우월한 동기가 된 것이 아니더라도 양자가 동시
에 존재하고 거기에 상당성이 인정된다면 같은 법조 단서에 의하여 위법성이 조각된다
고 할 것이다(대법원 1996. 6. 28. 선고 96도977 판결, 1996. 11. 22. 선고 96도1741 판결 등 참조).
원심은, 위 주민세 체납사실은 시장으로서 세무공무원에 해당하는 피고인이 지방세의
부과 또는 징수를 목적으로 업무상 취득한 과세정보임이 분명하고 이를 선거운동의 목
적으로 사용함은 지방세법 제69조 제1항에 의하여 금지되는 이상 피고인의 위 발언에
서 적시된 사실이 상대후보의 자질과 공직자로서의 적격성에 대한 자료가 되더라도 그
공표 자체가 헌법상의 표현의 자유 내지 공직선거법상 선거운동의 범위를 벗어난 위
법한 행위인 점 및 앞서 본 바와 같은 여러 사정 등을 고려하여 보면, 위 발언에 있어서

유권자의 판단에 필요한 납세정보의 제공이라는 공적 이익은 극히 미미하거나 애당초 위 지방세법상 허용되지 않는 것이고, 상대방 후보에 대한 불법적인 과세정보 누설 및 비방에 의하여 상대방을 낙선시키고 자신이 당선되겠다는 사적 이익이 결정적으로 중요한 동기를 이룬 것으로 양자간에는 상당성이 없다 할 것이어서, 공직선거법 제251조 단서에 해당하지 아니한다고 판단하였다.

그러나 기록에 의하면 피고인이 적시한 위 공소외 1 후보의 처의 지방세 체납은 객관적 사실에 부합하는 것임을 알 수 있고, 또한 후보자 본인이나 생활공동체를 이루고 있는 처의 지방세 체납사실은 후보자의 사회적 활동에 대한 비판 내지 평가의 한 자료가 되어 그의 공직 후보자로서의 자질, 준법성 및 공직적격성을 판단하는 데 자료가 될 수 있는 것이므로, 객관적으로 공공의 이익에 관한 사실이라고 할 것이다.

그리고 원심이 인정한 바와 같이 피고인이 위 지방세 체납사실을 적시함에 있어 전후 문맥 등에 비추어 볼 때 다소 과장한 점과 비방의 의도가 표출되어 있었고, 세무공무원으로서 지방세 과세자료에 접근할 수 있는 지위를 이용하였다고 하더라도, 피고인이 선거관리위원회가 주최한 합동연설회장에서 위 사실을 적시한 것은 상대 후보자인 공소외 1의 평가를 저하시켜 스스로가 당선되려는 사적 이익 못지 않게 유권자들에게 상대 후보자의 자질 등에 대한 충분한 자료를 제공함으로써 적절한 투표권을 행사하도록 하려는 공공의 이익도 상당한 동기가 되었다고 할 것이고, 또한 피고인이 적시한 위 사실의 내용 등에 비추어 볼 때 공공의 이익과 사적 이익 사이에 상당성도 있다고 할 것이다.

따라서 피고인이 이 사건에서 상대 후보자인 공소외 1에 관하여 위와 같은 지방세 체납 사실을 적시한 것은 전체적으로 볼 때 진실한 사실로서 공공의 이익에 관한 때에 해당하므로 공직선거법 제251조 단서에 의하여 위법성이 조각된다고 할 것이다.

원심이 들고 있는 지방세법 제69조는 세무공무원이 직무상 취득한 지방세 과세정보를 정당한 이유 없이 누설하는 행위 등을 금지함으로써 납세자의 사생활 및 인격권을 보호하는 것을 그 주된 목적으로 하는 규정이라고 할 것인바, 후보자의 사생활 및 인격권을 침해할 수 있는 비방행위라고 하더라도 공직선거에 있어서 유권자의 적절한 투표권 행사를 도모한다는 공공의 이익에 의하여 일정한 요건 하에 그러한 비방행위를 정당한 것으로 용인하고 있는 공직선거법 제251조 단서의 입법취지를 고려하면, 공직후보자에 관한 지방세 체납사실을 공표한 피고인이 세무공무원의 지위에 있다는 이유만으로 공공의 이익과 사적 이익 사이에 상당성이 없다고 보아야 하거나 위 법조 단서를 적용할 수 없는 것은 아니라고 할 것이다.

그럼에도 불구하고 피고인의 행위가 공직선거법 제251조 단서에 해당하지 아니한다고 하여 유죄판결을 선고한 원심의 조처에는 위 법조 단서의 법리를 오해하여 판결에 영향을 미친 위법이 있다고 할 것이다. 이를 지적하는 상고이유의 주장은 이유가 있다(대법원 2000. 4. 25. 선고 99도4260 판결).

⑤ '다른 정당의 후보자의 처가 의료법을 위반했음에도 벌금을 낸 적이 없다'고 발언한 경우

이 사건 공소사실 중 피고인의 위 부분 발언은 직접적으로 "공소외 2는 병원간판을 주 클리닉으로 함으로써 불법을 저질렀음에도 벌금을 낸 적이 없다."는 구체적인 사실을 지적하고 있는 것이고, 그 말속에는 공소외 1의 처인 공소외 2가 불법을 저질렀음에도 벌금을 안 내고 있어 나쁘다거나 혹은 공소외 1이 영향력을 행사하여 벌금을 안 내고 있다는 점이 함축되어 있다고 할 것이므로, 이는 일응 사실을 적시하여 비방하고 있는 것에 해당하는 점은 검사가 상고이유로 지적하고 있는 바와 같다. 그러나 기록에 비추어 살펴보면 피고인의 위 발언 내용은 다소 감정이 개입되기는 하였으나 전체적으로 진실한 내용으로 보여지고, 피고인이 위와 같은 사실을 적시한 것은 공소외 1후보의 평가를 저하시켜 당선되지 못하게 하려는 사적 이익 못지않게 선거인들에게 후보자의 행적과 자질 등에 대한 충분한 자료를 제공함으로써 적절한 투표권을 행사하도록 하려는 공공의 이익도 상당한 동기가 되었다고 할 것이며, 그러한 공공의 이익과 사적 이익 사이에 상당성도 있다고 보여지므로, 이 부분 발언은 전체적으로 볼 때 진실한 사실로서 공공의 이익에 관한 때에 해당하여 공선법 제251조 단서에 의하여 위법성이 조각된다고 할 것이다. 그렇다면 원심이 피고인의 이 부분 발언에 구체적인 사실의 적시가 없다고 본 점은 잘못이라고 할 것이나, 위법성조각을 인정하여 결국 같은 취지로 판단하고 있는 결론에 있어서는 정당하다고 할 것이므로 검사의 이 부분 상고이유의 주장은 이유 없음에 돌아간다(대법원 2002. 6. 14. 선고 2000도4595 판결).

⑥ 대통령 후보자의 출신학교 관련 글 게시

원심판결 이유에 의하면, 원심은 "상업학교 출신 학력의 닮은 꼴 후계자"라는 표현이 글 전체적으로 볼 때 김○○ 전 대통령을 비방하면서 동시에 간접적으로 상업고등학교 출신이라는 노○○ 후보자의 학력에 대한 사실을 적시하고 자질을 깎아내림으로써 결과적으로 그를 비방하는 결과를 초래하였다고 할지라도, 피고인이 위 사실을 적시한 것은 노○○ 후보자의 평가를 저하하려는 의도보다는 유권자들에게 후보자의 자질에 대한 자료를 제공함으로써 적절한 투표권을 행사하도록 하려는 공공의 이익을 위하여 그러한 행위를 하였던 것으로 보이므로 공선법 제251조 단서에 의하여 위법성이 조각되고 결국 죄가 되지 아니하는 경우에 해당한다고 하여 무죄를 선고한 제1심판결을 그

대로 유지하였는바, 위에서 본 법리와 기록에 비추어 살펴보면, 원심의 위와 같은 판단은 정당한 것으로 수긍이 가고(공익이 사익보다 우월한 것으로 보는 듯한 설시는 부적절하나 양자가 다 같이 존재한 것으로는 보인다), 거기에 상고이유에서 주장하는 바와 같은 채증법칙위배로 인한 사실오인이나 공선법의 위법성조각사유에 관한 법리오해의 위법이 있다고 할 수 없고, 따라서 원심의 위에서 본 바와 같은 잘못은 판결 결과에 아무런 영향을 미치지 못하였다 할 것이고, 피고인에 대하여 이 사건 후보자비방죄의 성립을 부정한 원심판결은 결국 정당하다 할 것이다(대법원 2003. 12. 26. 선고 2003도4227 판결).

⑦ 대통령후보자 가족의 전력 관련 발언

공직선거법 제251조 본문에 해당하는 후보자비방 행위라 하더라도 적시된 사실이 진실에 부합하고 공공의 이익에 관한 때에는 같은 조 단서에 의하여 위법성이 조각되는바, 여기서 적시된 사실이 진실에 부합한다 함은 그 내용 전체의 취지를 살펴볼 때 중요한 부분이 객관적 사실과 합치되면 족한 것이고 세부에 있어 약간의 상위가 있거나 다소 과장된 표현이 있더라도 무방하고, 공공의 이익에 관한 때라 함은 반드시 공공의 이익이 사적 이익보다 우월한 동기가 된 것이 아니더라도 양자가 동시에 존재하고 거기에 상당성이 인정된다면 이에 해당한다(대법원 1996. 6. 28. 선고 96도977 판결, 대법원 2004. 6. 25. 선고 2003도7423 판결 등 참조). 기록에 의하면, ◇◇◇ 대통령 후보의 장인인 공소외인이 노동당 창원군당 부위원장 등을 역임하면서 반동분자에 대한 조사 및 학살에 가담하는 등 좌익활동(소위 경남 ○○군 ○○면치안대 활동사건)에 대하여 국가보안법위반·살인죄 등으로 유죄 확정판결을 받고 복역하다가 사망한 사실이 대검찰청이 1973. 12. 20. 발간한 좌익사건실록 제10권에 기재되어 있고 2002. 4. 10. 개최된 제229회 임시국회에서 법무부장관의 답변을 통하여 공식적으로 확인되었으며, 그 무렵 국내 주요 일간신문에 동일한 내용이 보도되고 나아가 한 월간지에서는 위 학살사건의 피해자라고 주장하는 사람들과의 인터뷰 등을 통하여 당시 피살자가 11명이라는 내용의 기사가 게재되었던 사실을 인정할 수 있는바, 그렇다면 피고인의 발언에 일부 과장된 표현이 있다고 할지라도 전체적으로 객관적 사실에 부합하는 내용이고 한편 피고인이 위 사실을 적시한 것은 ◇◇◇ 대통령 후보자에 대한 평가를 저하시키려는 의도가 포함되어 있다고 할지라도 대통령선거에 즈음하여 후보 가족의 좌익 활동 전력에 관하여 언급함으로써 유권자들이 적절하게 선거권을 행사하도록 자료를 제공하려는 공공의 이익 또한 인정되고 거기에 상당성도 있다고 할 것이다.

그렇다면 피고인의 행위는 위 법조에 의하여 위법성이 조각되어 처벌할 수 없음에도 이를 유죄로 인정한 원심의 조치는 위법성조각사유에 관한 법리오해로 판결에 영향을 미친 위법이 있다(대법원 2004. 10. 27. 선고 2004도3919 판결).

⑧ 후보자 가족들의 행위

   1. 형법 제310조는 공공의 이익이 적어도 주된 동기가 되어야 하고 부수적으로 사적 이익이 포함되는 경우까지만을 위법성이 조각되는 것으로 해석하였으므로 적어도 공공의 이익이 사적 이익보다 우월한 경우에만 위법성이 조각되었다고 할 것이나, 이러한 해석으로는 선거운동의 자유를 충분히 보장할 수 없고 유권자에게 후보자에 대한 충분한 정보를 제공함으로써 유능하고 적합한 인물이 공직의 담당자로 선출되도록 기여하는데 부족하다는 반성적 고려에서 공직선거법(구 공직선거 및 선거부정방지법) 제251조 단서는 "오로지"라는 단어를 삭제한 것이라고 할 것이므로, 진실한 사실의 적시에 관한 한 그것이 반드시 공공의 이익이 사적 이익보다 우월한 동기가 된 것이 아니더라도 양자가 동시에 존재하고 거기에 상당성이 인정된다면 위 단서 조항에 의하여 위법성이 조각된다고 보아야 하는 점(대법원 1996. 6. 28. 선고 96도977 판결).

   2. 피고인이 게시한 글의 내용에 후보자 본인뿐만 아니라 후보자의 아들과 부인에 관한 글도 포함되어 있는데 후보자 본인과 생활공동체를 이루고 있는 가족들의 행위는 후보자의 사회적 활동에 대한 비판 내지 평가의 자료가 되어 그의 공직 후보자로서의 자질, 준법성, 공직 적격성을 판단하는데 자료가 될 수 있어서 객관적으로 공공의 이익에 관한 것으로 볼 수 있는 점 등에 비추어 보면, 원심판결에 검사가 지적한 바와 같이 사실을 오인하거나 공직선거법 제251조 단서의 법리를 오해하여 판결에 영향을 미친 위법이 있다고 보이지 아니한다(서울고등법원 2015. 3. 26. 선고 2015노145 판결).

〈 공소사실 〉

1. 피고인은 2014. 4. 22. 자신의 트위터 계정에 "정○○ 의원은 미개한 국민들 상대로 7선 의원을 했고 미개한 국민들 교통비 70원 아니냐 해놓고 욕먹으니 해명하겠다고 자기도 쓴다고 〈학생용〉 버스카드들과 '미개한 쇼'하던 전적이 있었는데 최후의 양심이 있다면 후보 자진사퇴하길. 7선 했음 됐지."라는 글을 게시하고,

2. 피고인은 2014. 4. 23. 같은 방법으로 "몽심지심 … 국민미개 + 시체팔이 시장후보와 논객 직함, … △△ 야당은 □□당에 정○○ 후보사퇴를 촉구해야 한다"라는 글을 게시하고,

3. 피고인은 2014. 5. 9. 23:35경 같은 방법으로 "정○○ 부인 선거법 위반ㅋㅋㅋㅋㄱㅋㅋㅋㅋ 몽가루 집안이랰ㅋㅋㅋㅋㅋ 온가족이 정○○안티라곸ㅋㅋㅋㅋ"라는 글을 게시하였다.

이로써 피고인은 위와 같이 총 3회에 걸쳐 정○○ 후보자를 당선되지 못하게 할 목적으로 공연히 사실을 적시하여 후보자, 그의 배우자 또는 직계비속을 비방하였다.

⑨ 공무원이 진실에 반하는 성명·신분의 표시를 하여 후보자비방

원심 및 이 법원이 적법하게 채택하여 조사한 증거들에 의하여 인정되는 다음과 같은 사정들에 비추어 보면, 피고인이 자신의 명의가 아닌 ○○군 공무원 노동조합 및 ○○군청 명의로 '전국통합공무원노동조합 전남 ○○시지부' 홈페이지 자유게시판에 「조직을 퇴보시킨 A 군수 후보 사퇴 권유 성명서」라는 글을 게시한 행위(이하 '이 사건 게시 행위'라 한다)는 제7회 전국동시지방선거 ○○군수 후보자 A의 낙선을 도모하려는 목적의지가 뚜렷하여 능동적·계획성이 인정되는 행위로서 선거인의 관점에서 그러한 목적의사를 인식할 수 있었다고 판단된다. 이 사건 게시 행위를 선거운동에 해당한다고 판단한 원심판결은 정당하다고 수긍이 가고 선거운동에 관한 법리를 오해한 잘못이 없다. 피고인의 주장은 이유 없다.

[법 제251조 단서의 위법성 조각 사유가 있는지 여부]

1. 진실성 여부

(생략) 진실에 부합한다고 보기 어렵다.

2. 공공의 이익 여부

A 본인의 전과사실은 후보자의 인품이나 정치적 역량에 관한 것이므로, 객관적으로 공공의 이익에 관한 사항이라고 볼 수 있다. 그러나 원심 및 이 법원이 적법하게 채택하여 조사한 증거들에 의하여 인정되는 다음과 같은 사정, ① 피고인은 게시한 글에서 'A가 마구잡이식 매관매직 승진인사 의혹이 있고, 복수노조를 설립하여 노동조합의 탈퇴를 종용하고 노동조합을 탄압하며, 친동생 A의 알선수재 범행 사건에 연루되어 ○○군수 직에서 사퇴하였고, 개인적인 사익을 취하고자 공문서를 위조하였다' 등 진실에 부합하지 아니한 핵심적 사항을 포함시켰고, '피폐한 군정', '치가 떨린다', '공무원으로서 상식적 일탈을 벗어난 치욕스러운 뻔뻔함', '추잡하고 추악한 양심이 내재된 더러운 영혼'이라는 표현을 사용하여 A를 인격적으로 헐뜯고 폄하하였으며, 게시된 글의 내용, 표현 등에 비추어 A에 관한 객관적인 정보를 제공하는데 그치지 않고, 글을 접하는 사람들에게 A가 개인의 이익을 위해 각종 비리를 저질렀다는 부정적인 인상을 심어줌으로써 개인에 대한 평가를 저하시키고 인격적으로 비하하는 취지를 담고 있는 점, ② 피고인이 진정으로 공직자 비리를 예방하고자 하는 공익적인 의도로 글을 게시하였다면, 정제된 언어를 사용하여 공직자 비리의 문제점과 위험성을 지적하면서 유권자들을 설득하는 내용이어야 할 것으로 보이는데, 피고인은 사실을 제대로 확인해보지 않은 채 A를 인격적으로 폄하하고 거칠게 비난하는 표현을 함으로써 공익적인 의도를 가지고 글을 게시하였다고 보기 어려운 점, ③ 피고인은 자신의 명의가 아닌 '○○군 공무원 노동조합'이나 '○○군청' 명

의를 사칭하여 순수한 의도로 이 사건 게시행위를 하였다고 볼 수 없는 점, ④ 피고인이 ○○군 ○○읍장으로서 A 후보자가 ○○군수로 당선될 경우 자신의 보직 등에 영향을 미칠 수 있는 이해관계가 있는 점, ⑤ 피고인이 ○○읍장으로 재직할 때 ○○군수가 고○○였고, ○○읍 부읍장이었던 양○○은 경찰 조사 시 '(피고인이) 직원들에게 직접적으로 이야기를 하지 않았지만 약간 B(○○군수) 후보자를 지지한다는 느낌을 받았고 지역 사람들을 통해 그런 소문을 들었다'고 진술한 점 등 사정들에 비추어 보면, 피고인은 사적 이익을 주된 동기로 이 사건 게시행위를 하였다고 할 것이고 거기에 상당성이 인정되지 아니하므로, 피고인이 공공의 이익을 위하여 이 사건 게시행위를 하였다고 인정하기 어렵다.

따라서 피고인의 이 사건 게시행위는 공직선거법 제251조 단서가 정한 위법성 조각사유에 해당한다고 보기 어려우므로, 피고인의 주장은 받아들이지 아니한다(광주고등법원 2019. 9. 5. 선고 2019노62 판결, 대법원 2019. 11. 15. 선고 2019도14037 판결).

6. 헌법재판소 결정

① 당선되거나 되게 하거나 되지 못하게 할 목적으로 공연히 사실을 적시하여 후보자가 되고자 하는 자를 비방한 자를 처벌하는 법 제251조 중 '후보자가 되고자 하는 자'에 관한 부분

(1) 죄형법정주의 명확성원칙 위배 여부

(가) 헌법재판소는 헌재 2010. 11. 25. 2010헌바53 결정에서 공직선거법(1994. 3. 16. 법률 제4739호로 제정된 것) 제251조 중 '후보자'에 관한 부분에서 '비방' 부분이 죄형법정주의 명확성원칙에 위배되지 않는다고 결정하였다. 그 결정의 요지는 다음과 같다.

「'비방'의 사전적 의미는 '남을 비웃고 헐뜯어서 말함'이다. 공직선거법 제110조에서는 사생활 비방을 금지하고 있는데 반해 공직선거법 제251조 중 '후보자'에 관한 부분의 '비방'의 대상에는 아무런 제한이 없으므로, 남을 헐뜯어 말함으로써 그의 사회적 가치평가를 저하시킬 수 있는 사실이면 사생활에 관련된 사실인지 여부와 관계없이 모두 이에 해당한다.

이러한 점을 종합해 보면, 위 조항 중 '비방'의 의미는 '사회생활에서 존중되는 모든 것에 대하여 정당한 이유 없이 상대방을 깎아내리거나 헐뜯는 것'이라고

해석할 수 있다. 이러한 용어는 공직선거법에서 특이하게 사용되어 별도의 독자적인 개념정의를 필요로 하는 용어가 아니라, 일반인이 일상적으로 사용하거나 다른 법령들에서도 사용되는 일반적인 용어로서, 특별한 경우를 제외하고는 법관의 보충적 해석작용이 없더라도 일반인들도 그 대강의 법적 의미를 이해할 수 있는 표현이라고 할 것이며, 법에서 사용된 맥락 또한 그러한 일반적으로 사용되는 의미범위를 넘어서지 않는다고 보인다(헌법재판소 2004. 11. 25. 2002헌바85 결정 참조).

따라서 위 조항 중 '비방' 부분은 그 의미가 애매모호하거나 불분명하다고 할 수 없으므로 죄형법정주의의 명확성원칙에 위배되지 아니한다.」

(나) 공직선거법 제251조 중 '후보자'에 관한 부분에서 '비방' 부분은 이 사건 비방금지 조항에도 동일하게 원용되는바, 이 사건에서 선례와 달리 판단해야 할 사정의 변경이나 필요성이 인정된다고 볼 수 없다. 따라서 이 사건 비방금지 조항은 죄형법정주의의 명확성원칙에 위배되지 아니한다.

(2) 정치적 표현의 자유 침해 여부

(가) 심사기준

정치적 표현의 자유의 헌법상 지위와 성격, 선거의 공정성과의 관계 등에 비추어 볼 때, 입법자는 선거의 공정성을 보장하기 위해서 부득이하게 선거 국면에서의 정치적 표현의 자유를 제한하더라도, 입법목적 달성과의 관련성이 구체적이고 명백한 범위 내에서 가장 최소한의 제한에 그치는 수단을 선택하지 않으면 안 된다. 정치적 표현에 대하여는 '자유를 원칙으로, 금지를 예외로' 하여야 하고, '금지를 원칙으로, 허용을 예외로' 해서는 안 된다는 점은 자명하다. 따라서 선거운동 등에 대한 제한이 정치적 표현의 자유를 침해하는지 여부를 판단함에 있어서는 표현의 자유의 규제에 관한 판단기준으로서 엄격한 심사기준을 적용하여야 한다(헌법재판소 2022. 7. 21. 2017헌바100 결정 등).

(나) 판단

1) 목적의 정당성 및 수단의 적합성

이 사건 비방금지 조항의 입법목적은 후보자가 되고자 하는 자의 인격과 명예를 보호하고, 공직선거법상 선거운동기간 제한의 회피를 방지함과 동시에, 유권자들로 하여금 장차 후보자가 될 가능성이 있는 자에 대하여 올바른 판단을 하게 함으로써 선거의 공정성을 보장하고자 하는 것으로 정당성을 인정할 수 있고, 진실한 사실로서 공공의 이익에 관한 경우 외에 후보자가 되고자 하는 자를 비방하는 행위를 처벌하는 것은 위와 같은 입법목적을 달성하기 위한 적합한 수단이 된다.

2) 침해의 최소성

정치적 표현의 자유는 우리 헌법상 민주주의의 근간이 되는 핵심적 기본권이므로, 이는 최대한 보장되어야 하고, 이에 대한 제한은 입법목적을 달성하는 데에 필요최소한으로 이루어져야 한다.

선거에 관하여 하나의 단일법이 제정되지 않아 대통령선거법, 국회의원선거법, 지방의회의원선거법, 지방자치단체의장선거법 등 개별 선거법으로 규제될 때부터 각 개별 선거법은 현행 공직선거법 제251조와 유사한 후보자비방죄를 규정하고 있었고 후보자에 대한 비방만을 처벌대상으로 규정하고 후보자가 되고자 하는 자에 대한 비방행위를 처벌하지 않았다. 그러다가, 1994. 3. 16. 법률 제4739호로 선거에 관한 단일법인 공직선거및선거부정방지법이 제정되면서 후보자뿐만 아니라 후보자가 되고자 하는 자에 대한 비방행위까지 처벌대상으로 규정되었고, 이후 내용의 변화 없이 유지되어 왔다. 이처럼 이 사건 비방금지 조항은 후보자에 대한 비방뿐만 아니라 후보자가 되고자 하는 자에 대한 비방 또한 처벌하는 것으로, 비방행위의 시기에 대하여 아무런 제한을 두지 않고 있다는 점에서 공직선거법이 제정되기 이전에 각 개별 선거법에서 규정하던 후보자비방죄보다 그 처벌대상이 넓어졌다. 나아가 이 조항의 주체는 후보자나 선거사무관계자로 한정되지 아니하고, 일반 유권자나 언론도 그 주체가 된다.

'비방'의 사전적 의미는 '남을 비웃고 헐뜯어서 말함'이다. 공직선거법 제110조 제1항이 '누구든지 선거운동을 위하여 -공연히 사실을 적시해 사생활을 비방할 수 없다'고 규정하여 사생활 비방만을 금지하고 있는데 반해 이 사건 비방금지 조항이 정한 비방의 대상에는 아무런 제한이 없으므로, 남을 헐뜯어 말함으로써 그의 사회적 가치평가를 저하시킬 수 있는 사실이면 그것이 사생활에 관련된 사실인지 여부와 관계없이 모두 이에 해당하게 된다.

그런데 통상 선거는 유권자를 상대로 후보자들이 경쟁하는 상황이므로 그 속성상 타인에 대한 부정적 표현과 자신에 대한 긍정적 표현이 많을 수밖에 없고, 후보자가 되고자 하는 자의 공직 적합성에 관한 부정적 사실을 지적하거나 의혹을 제기하는 것은 당연히 그를 깎아내리거나 헐뜯는 행위일 수밖에 없다. 특히 정치 신인이 현역 국회의원을 상대로 도전할 경우 자신의 출마를 정당화하는 과정에서 현역 국회의원의 능력, 자질 및 도덕성에 대한 부정적 평가가 수반될 수밖에 없다.

이 사건 비방금지 조항이 정한 비방의 대상은 그것이 사실이기만 하면 허위의 사실인지 진실한 사실인지는 불문한다. 그러나 만일 후보자가 되고자 하는 자에 대한 비방행위가 허위사실에 해당할 경우에는 이 사건 허위사실공표금지 조항으로 처벌하면 족하다. 실제로 당해 사건을 비롯하여, 허위사실을 공표하여 비방하였다는 이유로 기소될 경우 법원에서는 이 사건 비방금지 조항과 이 사건 허위사실공표금지 조항의 상상적 경합범으로 보고 있으나, 이 사건 허위사실공표금지 조항의 법정형이 더 무거우므로 이 사건 비방금지 조항을 중복하여 적용할 실익이 없다. 나아가 후보자가 되고자 하는 자에 대한 비방행위가 진실한 사실이거나 허위사실로 증명되지 아니한 사실에 대한 것이라면, 이를 공직선거법에서 규제하는 것은 정치적 표현의 자유에 대한 지나친 제약이다. 이러한 사실에 근거하여 후보자가 되고자 하는 자의 공직 적합성에 대하여 문제를 제기하면 후보자가 되고자 하는 자는 이에 대하여 반박을 함으로써 유권자들이 후보자가 되고자 하는 자의 능력, 자질 및 도덕성을 올바르게 판단할 수 있는 자료를 얻을 수 있도록 하여야 한다. 그럼에도 이를 이 사건 비방금지 조항으로 처벌하면, 후보자가 되고자 하는 자들 사이에 고소와 고발이 남발하여 장차 실시될 선거를 오히려 더욱 혼탁하게 보이게 하는 결과가 초래될 수 있고, 유권자들이 후보자가 되고자 하는 자들의 능력, 자질 및 도덕성을 올바르게 판단할 수 있는 자료를 얻을 수 있는 기회를 제한하게 된다.

특히 적시한 사실이 허위가 아닌 사실의 경우에는 잘못된 정보를 전달함으로써 선거의 공정성을 해하였다는 측면보다는 후보자가 되고자 하는 자 개인에 대한 명예훼손적인 의미가 더 크다 할 것인바, 이 사건 비방금지 조항이 없더라도 사실을 적시하여 후보자가 되고자 하는 자의 명예를 훼손한 경우에는 형법 제307조 제1항의 사실 적시 명예훼손죄로 처벌하여 그 가벌성을 확보할 수 있다. 사실 적시 명예훼손죄의 경우 2년 이하의 징역이나 금고 또는 500만 원 이하의 벌금에 처하는 반면, 이 사건 비방금지 조항은 3년 이하의 징역 또는 500만 원 이하의 벌금에 처하도록 되어 있어 이 사건 비방금지 조항의 법정형이 더 중할 뿐만 아니라 이를 위반하여 징역 또는 100만 원 이상의 벌금형을 받게 되면 그 형이 확정된 후 일정기간 선거권 및 피선거권이 없거나(공직선거법 제18조 제1항 제3호 및 제19조 제1호), 이미 당선된 경우 그 당선이 무효가 된다(공직선거법 제264조). 이는 후보자가 되고자 하는 자에 대하여 허위가 아닌 사실로써 문제를 제기하거나 부정적인 표현을 하였다는 이유로 행위자를 정치적 공론의 장에서 아예 내쫓아버리는 것으로, 후보자가 되고자 하는 자의 명예를 보호하거나 선거의 공정을 위한다는 입법목적을 달성하기 위한 최소한의 수단이라고 보기 어렵다.

해외 입법례를 보더라도 이 사건 비방금지 조항과 같이 진실한 사실 적시에 의한 후보자 비방을 독자적으로 처벌하는 규정을 발견할 수 없다. 일본은 공연히 사실을 적시한 경우 명예훼손죄로 처벌하고(일본 형법 제230조 제1항), 공직선거에 의한 공무원 후보자에 관한 사실에 관해서는 그것이 진실한 사실이라는 증명이 있는 때에는 적시된 사실이 공공의 이해에 관련된 것인지, 그 목적이 오로지 공익을 도모하기 위한 것인지를 불문하고 벌하지 않으며(위 형법 제230조의2 제3항), 이는 진실하다고 믿은 데 상당한 이유가 있는 경우에도 마찬가지이다. 독일은 여러 선거 관련 법률에 명예훼손에 관한 독자적인 처벌 규정이 존재하지 아니하고, 비방행위는 형법상 비방죄 및 중상죄로 처벌하며(독일 형법 제186조 및 제187조), 국민의 정치적 생활영역에 관여하는 자를 상대로 하여 비방 및 중상이 행해진 경우 가중하여 처벌하도록 규정하고 있다(위 형법 제188조). 그러나 독일 형법은 비방죄의 경우 '이러한 사실이 증명할 만한 진실이 아닌 경우'를, 중상죄의 경우 '타인을 경멸하거나 세평을 저하시키거나 그의 신용을 위해하기에 적합한 허위의 사실'만을 처벌하므로, 진실한 사실 적시에 의한 비방행위는 처벌대상이 되지 않는다. 미국의 경우 연방법에서 선거 운동 과정에서 후보자의 명예를 훼손하는 경우의 처벌에 관한 조항을 별도로 규정하고 있지 않고, 일반적인 명예훼손은 불법행위로서 민사적인 구제를 기본으로 한다. 그러나 공직자나 공직 후보자의 명예훼손의 경우 수정헌법 제1조의 표현의 자유에 근거하여 그 진술이 거짓이고 상대가 그것이 거짓임을 알았거나 쉽게 알 수 있었음에도 이를 확인하지 아니하였음이 입증되어야 비로소 손해배상책임이 인정된다[New York Times Co. v. Sullivan, 376 U.S. 254(1964)]. 미국 연방대법원은 사실에 입각하여 공직자를 비방한 데 대한 형사처벌이 위헌이라고 하면서, "공적 사안에 관한 논의에서 진실은 민사소송 및 형사소송의 대상이 되어서는 안 된다."고 판시하였다[Garrison v. State of Louisiana, 379 U.S. 64, 74(1964)].

이 사건 비방금지 조항이 그 단서에서 "다만, 진실한 사실로서 공공의 이익에 관한 때에는 처벌하지 아니한다."라는 위법성 조각사유를 규정해 두기는 하였다. 그러나 공직후보자는 공적 인물이고, 후보자들 사이의 공방, 유권자와 언론의 의혹제기 등을 통한 검증 과정 또한 그 자체가 공공의 이익에 해당하므로, 그것이 진실한 사실에 해당할 경우 공공의 이익에 관한 것인지 여부를 또다시 가릴 필요성은 현저히 낮다. 한편 적시된 사실이 진실한 사실이거나 진실하다고 믿을 만한 상당한 사유가 있는 경우에도 이 사건 비방금지 조항에 따라 일단 후보자비방죄의 구성요건에 해당되므로, 그러한 사실을 표현한 사람은 고소·고발이 있거나 수사기관의 직권에 의해 수사를 받거나 형사재판에 소추될 위험성에 놓이게 된다. 그러므로 향후 재판절차에서 그러한 표현행위가 이 사건 비방금지 조항의 단서의 위법성 조각사유에 해당된다는 판단을 받을 가능성이 있다 하더라도, 자신의 표현행위로 인해 수사 및 재판절차에 회부될 수 있다는 사실만으로 표현의 자유에 대한 위축효과가 발생할 수 있다. 나아가 이 사건 비방금지 조항의 단서에 해당하여 위법성이 조각되려면 '진실한 사실'이라는 점뿐만 아니라 '공공의 이익에 관한 때'라는 점까지 모두 입증되어야 하는데, 수사기관 및 재판기관에서 어떠한 기준에 의하여 공익성이 입증되고 판단될 것인지 불확실하다는 점까지 고려하면 표현의 자유에 대한 위축효과가 발생할 가능성은 더욱 커지게 된다.

다만 진실한 사실이라도 그것이 사생활의 비밀에 대한 침해의 성격을 띤다면 그로부터 후보자가 되고자 하는 자를 보호할 필요가 있을 수 있다. 그러나 이에 대해서는 이미 공직선거법 제110조 제1항이 사생활에 대한 비방행위를 금지하고 있으므로, 위 금지규정에 대응하여 사생활의 비밀 및 자유와 정치적 표현의 자유를 형량하여 기본권이 침해되지 아니하는 최소한의 범위 내에서 그에 대한 처벌규정을 두는 것이 바람직하다.

이에 대하여 '사실 적시 비방행위'를 형법 제307조 제1항의 사실 적시 명예훼손죄만으로 처벌하는 것이 충분하지 않으며, 공직선거법상의 특칙이 필요하다는 의견도 있을 수 있다. 그런데 이 사건 비방금지 조항의 법정형은 형법상의 사실 적시 명예훼손죄보다 더 중하고, 선거범죄로 인한 당선무효 규정, 공무담임 등의 제한 규정 및 당선무효된 자 등의 비용반환 규정 등 공직선거법상 특칙이 적용되는 경우 위반자에게는 형법상의 사실 적시 명예훼손죄로 처벌하는 경우보다 더 큰 불이익이 부여된다. 이는 후보자가 되고자 하는 자에 대한 사실 적시 비방행위를 일반인에 대한 사실 적시 명예훼손행위보다 더 중하게 처벌하는 것으로, 스스로 공론의 장에 뛰어든 사람의 명예를 일반인의 명예보다 더 두텁게 보호하는 결과가 초래된다. 나아가 상대 후보자뿐만 아니라 유권자나 언론도 이 사건 비방금지 조항의 주체가 된다는 점을 고려하여 보면, 이 사건 비방금지 조항으로 인하여 후보자가 되고자 하는 자에 대한, 허위가 아닌 사실에 기초한 문제 제기가 공적 존재의 명예보호라는 이름으로 봉쇄될 우려가 있고, 후보자가 되고자 하는 자의 공직 적합성은 기본적으로 유권자에 의하여 판단되어야 한다는 선거의 본질에도 어긋난다. 또한 공직선거법상 선거범에 관한 수사의 신속성 강조 규정, 단기 공소시효 규정, 선거범의 재판기간에 관한 강행규정 등은 법집행기관으로 하여금 선거 관련 사건을 신속하게 처리하도록 하는 규정들에 해당할 뿐 이 사건 비방금지 조항 자체의 위헌성과 본질적인 관련이 있다고 볼 수 없다. 사실 적시 비방행위를 형법상의 사실 적시 명예훼손죄로만 처벌하게 되더라도 수사기관 및 재판기관이 선거결과와 관련이 있다는 점을 고려하여 수사와 재판을 신속하게 진행할 수도 있다.

이처럼 형사처벌 가능성이 여전히 남아있으므로 이 사건 비방금지 조항이 폐지된다고 하여 공직선거의 후보자가 상대방에 대한 비방행위를 더 적극적으로 하게 될 것이라거나 네거티브 방식의 선거운동이 더 많아질 것이라고 단정할 수는 없다.

따라서 이 사건 비방금지 조항은 침해의 최소성에 반한다.

3) 법익의 균형성

이 사건 비방금지 조항이 추구하는 공익은 후보자가 되고자 하는 자의 명예를 보호하고, 선거인들에게 올바른 정보를 제공하여 선거의 공정을 기하는 것이다. 그러나 선거의 공정이란 선거의 혼탁을 방지하는 것만을 의미하는 것이 아니라 공직후보자의 능력, 자질 및 도덕성 등 공직 적합성에 관한 정보가 공개되고 이에 근거하여 최선의 사람을 선출할 수 있도록 하는 것을 포함하는 개념이므로, 후보자가 되고자 하는 자에 대한 사실은 유권자인 일반 국민에게 최대한 공개되어 후보자가 되고자 하는 자의 능력, 자질 및 도덕성을 판단할 수 있는 자료로 활용되어야 한다. 이러한 측면에서 볼 때, 후보자가 되고자 하는 자에 대한 사실과 관련하여 그것이 허위인지 진실인지를 불문하고 그것을 '비방'이라는 이유로 정치적 표현의 자유를 지나치게 제한하게 되면 오히려 이 사건 비방금지 조항이 추구하는 공익인 선거의 공정을 해하는 결과가 초래될 수 있다.

또한 후보자가 되고자 하는 자는 자발적으로 정치와 공론의 장에 뛰어든 사람이므로, 공직 적합성의 검증을 위하여 자신에 대한 부정적인 표현 또한 어느 정도 감수하여야 한다.

이러한 점에 비추어 보면, 이 사건 비방금지 조항으로 말미암아 제한되는 행위자의 정치적 표현의 자유는 매우 크고 중대한 반면, 사실 적시를 통한 비방을 금지함으로써 달성할 수 있는 명예보호나 선거의 공정성 확보라는 공익은 다소 추상적이고 불분명하여, 행위자가 제약당하는 정치적 표현의 자유보다 크다고 보기 어렵다.

따라서 이 사건 비방금지 조항은 법익의 균형성이 인정되지 않는다.

(다) 소결

그렇다면 이 사건 비방금지 조항은 과잉금지원칙에 위배되어 정치적 표현의 자유를 침해한다(헌법재판소 2024. 6. 27. 2023헌바78 결정).

제23장

선거와 관련 금품 제한
(기부행위 금지·제한)

제23장

선거와 관련 금품 제한
(기부행위 금지·제한)

1. 기부행위의 금지제한 정의 등

제112조(기부행위의 정의 등) ① 이 법에서 "기부행위"라 함은 당해 선거구안에 있는 자나 기관·단체·시설 및 선거구민의 모임이나 행사 또는 당해 선거구의 밖에 있더라도 그 선거구민과 연고가 있는 자나 기관·단체·시설에 대하여 금전·물품 기타 재산상 이익의 제공, 이익제공의 의사표시 또는 그 제공을 약속하는 행위를 말한다.

② 제1항의 규정에 불구하고 다음 각 호의 어느 하나에 해당하는 행위는 기부행위로 보지 아니한다.

  1. 통상적인 정당활동과 관련한 행위

    가. 정당이 각급당부에 당해 당부의 운영경비를 지원하거나 유급사무직원에게 보수를 지급하는 행위

    나. 정당의 당헌·당규 기타 정당의 내부규약에 의하여 정당의 당원이 당비 기타 부담금을 납부하는 행위

    다. 정당이 소속 국회의원, 이 법에 따른 공직선거의 후보자·예비후보자에게 정치자금을 지원하는 행위

    라. 제140조제1항에 따른 창당대회 등과 제141조제2항에 따른 당원집회 및 당원교육, 그 밖에 소속 당원만을 대상으로 하는 당원집회에서 참석당원 등에게 정당의 경비로 교재, 그 밖에 정당의 홍보인쇄물, 싼 값의 정당의 배지 또는 상징마스코트나 통상적인 범위에서 차·커피 등 음료(주류는 제외한다)를 제공하는 행위

    마. 통상적인 범위안에서 선거사무소·선거연락소 또는 정당의 사무소를 방문하는 자에게 다과·떡·김밥·음료(주류는 제외한다) 등 다과류의 음식물을 제공하는 행위

    바. 중앙당의 대표자가 참석하는 당직자회의(구·시·군단위 이상의 지역책임자급 간부와 시·도수의 10배수에 상당하는 상위직의 간부가 참석하는 회의를 말한다) 또는 시·도당의 대표자가 참석하는 당직자회의(읍·면·동단위 이상의 지역책임자급 간부와 관할 구·시·군의 수에 상당하는 상위직의 간부가 참석하는 회의를 말한다)에 참석한 당직자에게 통상적인 범위에서 식사류의 음식물을 제공하는 행위

사. 정당이 소속 유급사무직원을 대상으로 실시하는 교육·연수에 참석한 유급사무직원에게 정당의 경비로 숙식·교통편의 또는 실비의 여비를 제공하는 행위

아. 정당의 대표자가 소속 당원만을 대상으로 개최하는 신년회·송년회에 참석한 사람에게 정당의 경비로 통상적인 범위에서 다과류의 음식물을 제공하는 행위

자. 정당이 그 명의로 재해구호·장애인돕기·농촌일손돕기 등 대민 자원봉사활동을 하거나 그 자원봉사활동에 참석한 당원에게 정당의 경비로 교통편의(여비는 제외한다)와 통상적인 범위에서 식사류의 음식물을 제공하는 행위

차. 정당의 대표자가 개최하는 정당의 정책개발을 위한 간담회·토론회에 참석한 직능·사회단체의 대표자, 주제발표자, 토론자 등에게 정당의 경비로 식사류의 음식물을 제공하는 행위

카. 정당의 대표자가 개최하는 정당의 각종 행사에서 모범·우수당원에게 정당의 경비로 상장과 통상적인 부상을 수여하는 행위

타. 제57조의5제1항 단서에 따른 의례적인 행위

파. 정당의 대표자가 주관하는 당무에 관한 회의에서 참석한 각급 당부의 대표자·책임자 또는 유급당직자에게 정당의 경비로 식사류의 음식물을 제공하는 행위

하. 정당의 중앙당의 대표자가 당무파악 및 지역여론을 수렴하기 위하여 시·도당을 방문하는 때에 정당의 경비로 방문지역의 기관·단체의 장 또는 사회단체의 간부나 언론인 등 제한된 범위의 인사를 초청하여 간담회를 개최하고 식사류의 음식물을 제공하는 행위

거. 정당의 중앙당이 당헌에 따라 개최하는 전국 단위의 최고 대의기관 회의에 참석하는 당원에게 정당의 경비로 교통편의를 제공하는 행위

2. 의례적 행위

가. 민법 제777조(친족의 범위)의 규정에 의한 친족의 관혼상제의식 기타 경조사에 축의·부의금품을 제공하는 행위

나. 정당의 대표자가 중앙당 또는 시·도당에서 근무하는 해당 유급사무직원(중앙당 대표자의 경우 시·도당의 대표자와 상근 간부를 포함한다)·그 배우자 또는 그 직계존비속이 결혼하거나 사망한 때에 통상적인 범위에서 축의·부의금품(화환 또는 화분을 포함한다)을 제공하거나 해당 유급사무직원(중앙당 대표자의 경우 시·도당 대표자를 포함한다)에게 연말·설·추석·창당기념일 또는 그의 생일에 정당의 경비로 의례적인 선물을 정당의 명의로 제공하는 행위

다. 국가유공자의 위령제, 국경일의 기념식, 「각종 기념일 등에 관한 규정」 제2조에 규정된 정부가 주관하는 기념일의 기념식, 공공기관·시설의 개소·이전식, 합동결혼식, 합동분향식, 산하 기관·단체의 준공식, 정당의 창당대회·합당대회·후보자선출대회, 그 밖에 이에 준하는 행사에 의례적인 화환·화분·기념품을 제공하는 행위

라. 공익을 목적으로 설립된 재단 또는 기금이 선거일 전 4년 이전부터 그 설립목적에 따라 정기적으로

지급하여 온 금품을 지급하는 행위. 다만, 선거일 전 120일(선거일 전 120일 후에 실시사유가 확정된 보궐선거등에 있어서는 그 선거의 실시사유가 확정된 때)부터 선거일까지 그 금품의 금액과 지급 대상·방법 등을 확대·변경하거나 후보자(후보자가 되려는 사람을 포함한다. 이하 이 조에서 같다)가 직접 주거나 후보자 또는 그 소속 정당의 명의를 추정할 수 있는 방법으로 지급하는 행위는 제외한다.

마. 친목회·향우회·종친회·동창회 등 각종 사교·친목단체 및 사회단체의 구성원으로서 당해 단체의 정관·규약 또는 운영관례상의 의무에 기하여 종전의 범위안에서 회비를 납부하는 행위

바. 종교인이 평소 자신이 다니는 교회·성당·사찰 등에 통상의 예에 따라 헌금(물품의 제공을 포함한다)하는 행위

사. 선거운동을 위하여 후보자와 함께 다니는 자나 국회의원·후보자·예비후보자가 관할구역안의 지역을 방문하는 때에 함께 다니는 자에게 통상적인 범위에서 식사류의 음식물을 제공하는 행위. 이 경우 함께 다니는 자의 범위에 관하여는 중앙선거관리위원회규칙으로 정한다.

아. 기관·단체·시설의 대표자가 소속 상근직원(「지방자치법」 제6장제3절과 제4절에서 규정하고 있는 소속 행정기관 및 하부행정기관과 그 밖에 명칭여하를 불문하고 이에 준하는 기관·단체·시설의 직원은 제외한다. 이하 이 목에서 같다)이나 소속 또는 차하급기관·단체·시설의 대표자·그 배우자 또는 그 직계존비속이 결혼하거나 사망한 때에 통상적인 범위에서 축의·부의금품(화환 또는 화분을 포함한다)을 제공하는 행위와 소속 상근직원이나 소속 또는 차하급기관·단체·시설의 대표자에게 연말·설·추석·창립기념일 또는 그의 생일에 자체사업계획과 예산에 따라 의례적인 선물을 해당 기관·단체·시설의 명의로 제공하는 행위

자. 읍·면·동 이상의 행정구역단위의 정기적인 문화·예술·체육행사, 각급학교 의 졸업식 또는 공공의 이익을 위한 행사에 의례적인 범위에서 상장(부상은 제외한다. 이하 이 목에서 같다)을 수여하는 행위와 구·시·군단위 이상의 조직 또는 단체(향우회·종친회·동창회, 동호인회, 계모임 등 개인 간의 사적모임은 제외한다)의 정기총회에 의례적인 범위에서 연 1회에 한하여 상장을 수여하는 행위. 다만, 제60조의2(예비후보자등록)제1항의 규정에 따른 예비후보자등록신청개시일부터 선거일까지 후보자(후보자가 되고자 하는 자를 포함한다)가 직접 수여하는 행위를 제외한다.

차. 의정활동보고회, 정책토론회, 출판기념회, 그 밖의 각종 행사에 참석한 사람에게 통상적인 범위에서 차·커피 등 음료(주류는 제외한다)를 제공하는 행

카. 선거사무소·선거연락소 또는 정당선거사무소의 개소식·간판게시식 또는 현판식에 참석한 정당의 간부·당원들이나 선거사무관계자들에게 해당 사무소 안에서 통상적인 범위의 다과류의 음식물(주류를 제외한다)을 제공하는 행위

타. 제114조제2항에 따른 후보자 또는 그 가족과 관계있는 회사등이 개최하는 정기적인 창립기념식·사원체육대회 또는 사옥준공식 등에 참석한 소속 임직원이나 그 가족, 거래선, 한정된 범위의 내빈

등에게 회사등의 경비로 통상적인 범위에서 유공자를 표창(지방자치단체의 경우 소속 직원이 아닌
자에 대한 부상의 수여는 제외한다)하거나 식사류의 음식물 또는 싼 값의 기념품을 제공하는 행위

파. 제113조 및 제114조에 따른 기부행위를 할 수 없는 자의 관혼상제에 참석한 하객이나 조객 등
에게 통상적인 범위에서 음식물 또는 답례품을 제공하는 행위

3. 구호적·자선적 행위

가. 법령에 의하여 설치된 사회보호시설중 수용보호시설에 의연금품을 제공하는 행위

나. 「재해구호법」의 규정에 의한 구호기관(전국재해구호협회를 포함한다) 및 「대한적십자사 조직
법」에 의한 대한적십자사에 천재·지변으로 인한 재해의 구호를 위하여 금품을 제공하는 행위

다. 「장애인복지법」 제58조에 따른 장애인복지시설(유료복지시설을 제외한다)에 의연금품·구호금
품을 제공하는 행위

라. 「국민기초생활 보장법」에 의한 수급권자인 중증장애인에게 자선·구호금품을 제공하는 행위

마. 자선사업을 주관·시행하는 국가·지방자치단체·언론기관·사회단체 또는 종교단체 그 밖에 국가
기관이나 지방자치단체의 허가를 받아 설립된 법인 또는 단체에 의연금품·구호금품을 제공하는
행위. 다만, 광범위한 선거구민을 대상으로 하는 경우 제공하는 개별 물품 또는 그 포장지에 직
명·성명 또는 그 소속 정당의 명칭을 표시하여 제공하는 행위는 제외한다.

바. 자선·구호사업을 주관·시행하는 국가·지방자치단체, 그 밖의 공공기관·법인을 통하여 소년·소
녀가장과 후원인으로 결연을 맺고 정기적으로 제공하여 온 자선·구호금품을 제공하는 행위

사. 국가기관·지방자치단체 또는 구호·자선단체가 개최하는 소년·소녀가장, 장애인, 국가유공자,
무의탁노인, 결식자, 이재민, 「국민기초생활 보장법」에 따른 수급자 등을 돕기 위한 후원회 등의
행사에 금품을 제공하는 행위. 다만, 개별 물품 또는 그 포장지에 직명·성명 또는 그 소속 정당의
명칭을 표시하여 제공하는 행위는 제외한다.

아. 근로청소년을 대상으로 무료학교(야학을 포함한다)를 운영하거나 그 학교에서 학생들을 가르치
는 행위

4. 직무상의 행위

가. 국가기관 또는 지방자치단체가 자체사업계획과 예산으로 행하는 법령에 의한 금품제공행위(지방
자치단체가 표창·포상을 하는 경우 부상의 수여를 제외한다. 이하 나목에서 같다)

나. 지방자치단체가 자체사업계획과 예산으로 대상·방법·범위 등을 구체적으로 정한 당해 지방자치
단체의 조례에 의한 금품제공행위

다. 구호사업 또는 자선사업을 행하는 국가기관 또는 지방자치단체가 자체사업계획과 예산으로 당해
국가기관 또는 지방자치단체의 명의를 나타내어 행하는 구호행위·자선행위

라. 선거일전 60일까지 국가·지방자치단체 또는 공공기관(「공공기관의 운영에 관한 법률」 제4조
에 따라 지정된 기관이나 그 밖에 중앙선거관리위원회규칙으로 정하는 기관을 말한다)의 장이

업무파악을 위한 초도순시 또는 연두순시차 하급기관을 방문하여 업무보고를 받거나 주민여론 등을 청취하면서 자체사업계획과 예산에 따라 참석한 소속공무원이나 임·직원, 유관기관·단체의 장과 의례적인 범위안의 주민대표에게 통상적인 범위안에서 식사류(지방자치단체의 장의 경우에는 다과류를 말한다)의 음식물을 제공하는 행위

　마. 국가기관 또는 지방자치단체가 긴급한 현안을 해결하기 위하여 자체사업계획과 예산으로 해당 국가기관 또는 지방자치단체의 명의로 금품이나 그 밖에 재산상의 이익을 제공하는 행위

　바. 선거기간이 아닌 때에 국가기관이 효자·효부·모범시민·유공자등에게 포상을 하거나, 국가기관·지방자치단체가 관할구역 안의 환경미화원·구두미화원·가두신문판매원·우편집배원 등에게 위문품을 제공하는 행위

　사. 국회의원 및 지방의회의원이 자신의 직무 또는 업무를 수행하는 상설사무소 또는 상설사무소를 두지 아니하는 구·시·군의 경우 임시사무소 등 중앙선거관리위원회규칙으로 정하는 장소에서 행하거나, 정당이 해당 당사에서 행하는 무료의 민원상담행위

　아. 변호사·의사 등 법률에서 정하는 일정한 자격을 가진 전문직업인이 업무활동을 촉진하기 위하여 자신이 개설한 인터넷 홈페이지를 통하여 법률·의료 등 자신의 전문분야에 대한 무료상담을 하는 행위

　자. 제114조제2항에 따른 후보자 또는 그 가족과 관계있는 회사가 영업활동을 위하여 달력·수첩·탁상일기·메모판 등 홍보물(후보자의 성명이나 직명 또는 사진이 표시된 것은 제외한다)을 그 명의로 종업원이나 제한된 범위의 거래처, 영업활동에 필요한 유관기관·단체·시설에 배부하거나 영업활동에 부가하여 해당 기업의 영업범위에서 무료강좌를 실시하는 행위

　차. 물품구매·공사·역무의 제공 등에 대한 대가의 제공 또는 부담금의 납부 등 채무를 이행하는 행위

5. 제1호부터 제4호까지의 행위 외에 법령의 규정에 근거하여 금품 등을 찬조·출연 또는 제공하는 행위

6. 그 밖에 위 각 호의 어느 하나에 준하는 행위로서 중앙선거관리위원회규칙으로 정하는 행위

③ 제2항에서 "통상적인 범위에서 제공하는 음식물 또는 음료"라 함은 중앙선거관리위원회규칙으로 정하는 금액범위안에서 일상적인 예를 갖추는데 필요한 정도로 현장에서 소비될 것으로 제공하는 것을 말하며, 기념품 또는 선물로 제공하는 것은 제외한다.

④ 제2항제4호 각 목 중 지방자치단체의 직무상 행위는 법령·조례에 따라 표창·포상하는 경우를 제외하고는 해당 지방자치단체의 명의로 하여야 하며, 해당 지방자치단체의 장의 직명 또는 성명을 밝히거나 그가 하는 것으로 추정할 수 있는 방법으로 하는 행위는 기부행위로 본다. 이 경우 다음 각 호의 어느 하나에 해당하는 경우에는 "그가 하는 것으로 추정할 수 있는 방법"에 해당하는 것으로 본다.

　1. 종전의 대상·방법·범위·시기 등을 법령 또는 조례의 제정 또는 개정 없이 확대 변경하는 경우

　2. 해당 지방자치단체의 장의 업적을 홍보하는 등 그를 선전하는 행위가 부가되는 경우

⑤ 각급선거관리위원회(읍·면·동선거관리위원회를 제외한다)는 기부행위제한의 주체·내용 및 기간 그 밖에 필요한 사항을 광고등의 방법으로 홍보하여야 한다.

가. 개요

기부행위의 규제는, 개인의 자유로운 의사결정에 의하여 행하여져야 할 선거에서 온갖 유형의 금품수수행위가 자행되고 그로 인하여 혼탁한 선거풍토를 노정하였던 과거의 선거사에 대한 반성에서 비롯된 것으로서, 1994. 3. 16. 공직선거및선거부정방지법(법률 제4739호) 제정 당시부터 존재하였다.[1]

제113조에서 후보자(후보자가 되고자 하는 자를 포함, '후보자등'이라 함)의 기부행위를, 제114조에서 정당 및 후보자의 가족 등의 기부행위를 각각 금지하고, 제115조에서는 제113조 또는 제114조에 규정되지 아니한 자라도 누구든지 선거에 관하여 기부행위를 금지함으로써 제삼자의 기부행위도 금지하고 있다. 이러한 기부행위 금지 규정을 위반하는 경우 '5년 이하의 징역 또는 1천만 원 이하의 벌금'에 해당하는 형사처벌 대상이 되며(제257조), 그 외에 당선무효(제264조, 제265조), 공무담임의 제한(제266조) 등의 효과도 따른다.

법상 기부행위 제한과 관련한 주요 개정으로는 2004. 3. 12. 법률 제7189호 개정을 들 수 있다. 개정 전 법은 '기부행위 제한기간'을 두어 기간만료에 의한 선거의 경우 '선거일 전 180일부터 선거일까지', 보궐선거 등에 있어서는 '그 선거의 실시사유가 확정된 때부터 선거일까지'로 한정하였으나, 위 개정 시 기부행위 제한기간을 폐지하여 상시 기부행위를 금지하는 방식을 택하였다. 다만 기부행위 제한기간을 폐지하면서 후보자등의 기부행위를 금지하는 제113조와 달리, 제삼자의 기부행위 제한에 관한 제115조에는 '선거에 관하여'라는 문구를 추가하였다. 또한 금지되는 기부행위의 유형을 조문에 열거하던 방식을 위 개정 시 기부행위의 정의 개념을 제시하여 포괄적으로 금지하면서 기부행위로 보지 아니하는 경우를 열거하는 방식으로 규율 방식을 변경하였다.

나. 「기부행위」의 정의

1) 개념

「기부행위」에 관하여 본 조 제1항은 「해당 선거구 안에 있는 자나 기관·단체·시설 및 선거구민의 모임이나 행사 또는 해당 선거구의 밖에 있더라도 그 선거구민과 연고가 있는 자나 기관·단체·시설에 대하여 금전·물품 기타 재산상 이익의 제공, 이익제공의 의사표시 또는 그 제공을 약속하는 행위」라 정의하고 있다. 「기부행위」라 함은 원칙적으로 당사자의 일방이 상대방에게 무상으로 금전·물품 기타 재산상 이익의 제공, 이익제공의 의사표시 또는

---

1) 헌법재판소 2018. 3. 29. 2017헌바266 결정

그 제공을 약속하는 행위를 말하므로 채무의 이행 등 정당한 대가관계로 행하는 경우에는 기부행위가 되지 아니한다고 할 것이나, 한편 그러한 행위를 무상으로 하거나 일부 대가관계가 있더라도 급부와 반대급부 간의 불균형으로 그 일부에 관하여는 무상인 경우에는 정당한 대가관계라고 할 수 없어 기부행위가 되고, 비록 유상으로 행해지는 경우에도 그것으로 인하여 다른 일반인은 얻기 어려운 재산상 이익을 얻게 되는 경우에는 기부행위가 된다고 해석한다.[2] 기부행위는 경제적인 가치의 과소와 관계없다.[3]

'재산상 이익'은 오로지 금전·물품과 동일시되거나 이에 준하는 정도의 직접적이고 확정적인 경제적 가치가 있는 재산적인 이익만으로 국한된다거나 반드시 기부행위 주체의 재산상 손실이 수반되어야 한다고 보기 어렵다. 자본주의 사회에서 공익광고, 비제품 광고를 차치하고서, 판매중인 제품 또는 서비스의 광고 또는 홍보행위는 필연적으로 해당 제품 또는 서비스의 판매량 제고, 즉 소비자로 하여금 구매하도록 수요를 자극하기 위하여 이루어진다. 현재 판매 중인 특정 제품 홍보행위로 얻어지는 재산상 이익은 비록 금전으로 환산하기 어려운 경우라고 하더라도 이는 사람의 경제적인 수요·욕망을 충족시키기에 족한 일체의 유형·무형의 이익에 해당한다고 보아야 하고, 결국 법이 금지하는 기부행위에 해당한다.[4] 기부행위 금액을 산정함에 있어 제공자와 공범의 식대는 제외해야 한다.[5]

제공 이외에 제공의 의사표시나 약속도 기부행위에 해당한다는 점을 명시하고 있다.[6]

따라서 후보자에 의하여 타인에게 금품이 제공되었으나 그것이 실질적으로는 선거사무관계자에 대한 수당 및 실비보상과 같이 법이 허용하는 선거비용으로 지출된 것이라면 비록 그 지출절차에 하자가 있다고 할지라도 기부행위에는 해당하지 아니한다.[7] 예를 들면 진정한 의미의 자원봉사자로 하여금 선거운동을 하게한 후 금품을 제공하였다면 기부행위에 해당하나, 명목상 자원봉사자일 뿐 처음부터 대가를 지급하기로 하고 선거운동을 할 사람을 모집하여 선거운동을 하게하고 그 대가로 일당을 지급하였다면 일당지급은 채무의 이행에 불과하여 기부행위에 해당하지 않는다.[8]

2) 대법원 2009. 7. 23. 선고 2009도1880 판결
3) 수원지방법원 평택지원 2020. 2. 7. 선고 2019고단1170 판결, 수원지방법원 2020. 10. 21. 선고 2020노1052 판결
4) 제주지방법원 2020. 12. 24. 선고 2020고합175 판결
5) 수원지방법원 2020. 9. 24. 선고 2020고합357 판결
6) 구 법에서는 기부행위에 해당하는 경우를 제112조 제1항에서 11가지의 유형으로 규정하였으나 2004. 3. 12. 개정을 통하여 11가지 유형의 기부행위를 삭제하면서 '금전·물품 기타 재산상 이익의 제공, 이익제공의 의사표시 또는 그 제공을 약속하는 행위'를 기부행위에 해당하는 행위로 정의함으로써 구체적 유형제시 형식에서 일반적 개념제시 형식으로 바꾸었다.
7) 대법원 1998. 7. 10. 선고 98도477 판결
8) 대법원 1996. 11. 29. 선고 96도500 판결

2) 「제공」·「제공의 의사표시」·「약속」

기부행위에서 「제공」이란 반드시 금품을 상대방에게 귀속시키는 것만을 뜻하는 것으로 한정하여 해석할 것은 아니고, 중간자에게 금품을 주는 경우라 하더라도 그 중간자가 단순한 보관자이거나 특정인에게 특정금품을 전달하기 위하여 심부름을 하는 사자(使者)에 불과한 자가 아니고 그에게 금품배분의 대상이나 방법, 배분액수 등에 대한 어느 정도의 판단과 재량의 여지가 있는 한 비록 그에게 귀속될 부분이 지정되어 있지 않은 경우라 하더라도 「제공」에 포함되므로 선거사무원에 대한 금전교부를 기부행위를 실행하기 위한 준비 내지 예비행위에 불과하다고 할 수 없으며, 선거사무원이 받은 금전을 하부 단계의 사람들에게 배분하였는지, 유용하였는지는 문제되지 아니하며, 용처가 밝혀지지 않은 경우에도 기부행위 성립에 아무런 영향이 없다.[9] 한편 당사자의 일방이 상대방에게 무상으로 금품 등을 제공함으로써 기부행위는 이미 완료되는 것이고, 기부행위의 상대방에게 그가 기부하는 것임을 알리거나 상대방이 이를 알아야만 하는 것은 아니다.[10]

기부행위 중 금품이나 재산상 이익의 「제공의 의사표시」는 사회통념상 쉽게 철회하기 어려울 정도로 진정한 의지가 담긴 것으로 외부적·객관적으로 나타나는 정도에 이르러야 하고, 금품이나 이익제공과 관련하여 어떤 대화가 있었다고 하더라도 그것이 단지 의례적이거나 사교적인 인사치레 표현에 불과하다면 금품이나 이익제공의 의사표시라고 볼 수 없다.[11] 타인이 이미 식사대금을 지급하여 대금지급채무가 없는 상태에서 음식점에 재차 식사대금을 지급한 경우 재산상 이익을 제공한 것으로 볼 수는 없으나 재산상 이익 제공의 의사표시에 따른 기부행위에는 해당한다.[12]

재산상 이익의 제공을 「약속」하는 행위는 현실적으로 제공되지는 아니하였으나 장차 제공하겠다는 의사와 상대방이 이것을 수령하겠다는 의사가 합치되는 것이다. 일단 약속이 이루어진 이상 사후에 약속을 취소하여도 기부행위 성립에는 영향이 없고, 상대방이 먼저 요구하여 이것에 응했을 때에도 제공약속죄가 성립한다.

3) 기부행위자의 특정

기부행위자와 그 금품 등의 출연자가 항상 일치하는 것은 아니다. 기부행위자와 출연자가 일치하지 아니하거나 외형상 기부행위에 함께 관여하는 듯이 보여서 어느 쪽이 기부행위자

---

9) 대법원 2002. 2. 21. 선고 2001도2819 전원합의체 판결
10) 대법원 2010. 1. 14. 선고 2009도11861 판결
11) 대법원 2006. 4. 27. 선고 2004도7897 판결, 대법원 2007. 3. 15. 선고 2006도8869 판결
12) 대법원 2007. 3. 15. 선고 2006도8869 판결

인지 분명하지 않은 경우 그 물품 등이 출연된 동기 또는 목적, 출연행위와 기부행위의 실행 경위, 기부자와 출연자 그리고 기부 받는 자와의 관계 등 모든 사정을 종합하여 기부행위자를 특정하여야 한다.[13] 현직 구의원이 장학금, 노인정 개소식 비용 등을 각 기부한 행위가 형식적으로는 새마을금고의 이사회결의에 따라 구의원이 이를 집행하는 형식으로 이루어졌다고 하더라도 실질적으로는 구의원이 각 기부행위의 주체라고 할 수 있고,[14] 식사장소에서 형식적으로 다른 사람이 음식물 대금을 지불하고 입후보예정자가 이를 모두 변제하지는 아니하였다거나 입후보예정자의 친구가 나중에 신용카드 이용대금을 결제한다고 하더라도 실질적으로는 입후보예정자가 음식물을 대접받는 사람들로부터 지지를 얻으려는 의사에서 자신의 계산과 부담으로 음식을 제공한 경우 입후보예정자가 기부를 한 것으로 보아야 한다.[15] 그리고 예비후보자의 자서전을 제3자가 구입하면서, 예비후보자에게 자신이 구입한 자서전을 지역구 내 단체에 기부할 것을 요청했더라도 기부행위의 주체는 예비후보자라고 한 사례[16]도 있다.

4) 기부행위의 상대방

가) 구체적이고 직접적인 상대방

「당해 선거구 안에 있는 자나 기관·단체·시설 및 선거구민의 모임이나 행사, 선거구 밖에 있더라도 선거구민과 연고가 있는 자나 기관·단체·시설」에 대한 기부행위만이 법상의 기부행위에 해당한다.

기부행위의 상대방은 본 조에 규정된 자로 특정되어야 할 뿐만 아니라 그 상대방은 금품이나 재산상 이익 등을 제공받는 구체적이고 직접적인 상대방이어야 하고, 추상적이고 잠재적인 수혜자에 불과할 경우에는 이에 해당하지 않는다. 예컨대, "당선이 되면 시장의 급료 전액을 A시 재정력 향상과 지역인재 육성을 위한 장학회 발족에 기탁하고자 한다."는 발언은 비록 그와 같은 기탁의 결과 A시민들이 A시 재정을 위하여 부담하여야 할 각종 세금 납부의무 등이 경감되고 불특정 다수의 A시민들이 장학금 수혜대상이 될 수 있는 기회가 제공된다고 하더라도 'A시 선거구민 전체'는 추상적이고 잠재적인 수혜자가 될 수 있을지언정 기부행위 자체의 구체적이고 직접적인 상대방이라고 할 수 없으므로 A시 선거구민 전체를 상대로 기부행위를 하였다고 볼 수는 없다.[17] "처음 받는 봉급 어려운 이웃(사회복지시설)과 함

---

13) 대법원 2007. 3. 30. 선고 2006도9043 판결
14) 대법원 2005. 2. 18. 선고 2004도6323 판결
15) 대법원 2003. 3. 28. 선고 2003도502 판결
16) 춘천지방법원 속초지원 2020. 11. 6. 2020고합11 판결, 서울고등법원 2021. 2. 3. 선고 (춘천)2020노199 판결
17) 대법원 2003. 10. 23. 선고 2003도3137 판결

께"라는 내용이 포함된 예비후보자 홍보물을 선거인들에게 발송한 경우도 위 홍보물을 받는 선거인들이 그 혜택을 직접적으로 받는 지위에 있다고 할 수 없다.[18]

나) 불특정 다수 상대

불특정 다수를 상대로 한 재산상 이익의 제공도 기부행위에 해당한다. 경로무임제를 조기 시행하여 65세 이상의 ○○시민들에게 무상으로 경전철을 이용할 수 있게 한 경우 경전철을 실제 이용한 65세 이상의 ○○시민들을 그 성명과 주민등록번호로 특정하는 것이 현실적으로 어렵다고 하더라도, 경로무임 혜택을 받은 대상 자체가 추상적이거나 잠재적인 수혜자에 불과하다고는 볼 수 없어 기부행위에 해당한다.[19] 그리고 선거사무소 외벽에 "자비를 들여 24인승 버스 2대를 전철역까지 운행하겠습니다"라고 기재한 현수막을 설치하여 선거구민들이 보게 하고, 또한 "24인승 순환버스를 자비를 들여 5년간 무료로 유치 운행하겠습니다"라는 선거공약을 담은 선거공보 3만부를 선거구민들에게 우송한 행위는 법에서 금지하는 이익제공을 약속하는 기부행위에 해당한다.[20]

다) 「당해 선거구 안에 있는 자나 기관·단체·시설」

「당해 선거구 안에 있는 자」란 선거구 내에 주소나 거소를 갖는 사람은 물론 선거구 안에 일시적으로 머무르는 사람도 포함된다[21]. 「당해 선거구 안에 있는 자」는 그 문구 자체도 후단의 「당해 선거구민과 연고가 있는 자」에 사용된 「당해 선거구민」과 다르고, 당해 선거구 안에서는 선거구민이 아닌 사람에게라도 금품 등이 제공되면 당해 선거구민에게 영향을 미칠 우려가 있기 때문이다.[22] 또한 선거기간 및 그 전후 기간 선거 관련 취재 및 기사 작성 등의 업무를 위하여 ○○시에 월세로 방을 얻어 일시적으로 거주한 사람은 선거구 내에 거소를 가지고 있는 자로서 「당해 선거구 안에 있는 자」에 해당한다고 하였다.[23] 당해 선거구 안에 있는 「자」이면 족하므로 그 자가 선거운동원이든 정당원이든 묻지 않고 미성년자이거나 선거권이 없는 자이더라도 무방하다.

「기관·단체·시설」이라 함은 다수인의 계속적인 조직이나 시설이면 충분하고, 반드시 민법상의 법인과 같이 형식적·실질적인 요건을 모두 갖춘 단체일 필요는 없다.[24] 당원협의회는 지역 당원들의 자발적인 지역활동을 활성화하여 정당활동의 자율성을 확대하기 위한 목

---

18) 대법원 2007. 1. 12. 선고 2006도7906 판결
19) 대법원 2016. 3. 10. 선고 2015도11804 판결
20) 대법원 1999. 2. 5. 선고 98도4124 판결
21) 대법원 2017. 4. 13. 선고 2016도20490 판결
22) 대법원 2010. 7. 22. 선고 2010도5323 판결
23) 대법원 2015. 11. 27. 선고 2015도7254 판결
24) 대법원 1996. 6. 28. 선고 96도1063 판결, 의정부지방법원 2006. 12. 27. 선고 2006고합215 판결

적하에 구성되었으며, 구성원의 가입, 탈퇴 등으로 인한 변경에 관계없이 존속하며, 당원협의회의 실무를 책임지는 운영위원회와 정책개발을 담당하는 정책위원회 등의 조직을 갖추고 그 운영 방법 등이 확정되어 있는 등 어느 정도 독자성을 가진 단체로서의 실체를 가진다고 할 것이어서 기부행위의 상대방이 될 수 있다.[25]

「당해 선거구 안에 있는 기관·단체·시설」이라 함은 활동의 근거를 당해 선거구 안에 두고 있는 기관 등을 의미하며,[26] 기관 등의 구성원들이 선거구민일 필요는 없다. 선거구 밖에 사무소를 둔 기관 등은 원칙적으로 이에 해당하지 않는다고 할 것이나, 분사무소·지점 등 그 명칭 여하를 불문하고 선거구내에 일정한 장소를 중심으로 위 기관 등이 목적하는 활동을 하고 있다면 당해 선거구 안에 있는 기관 등이라 볼 수 있다.[27]

라) 「선거구민의 모임이나 행사」

「선거구민의 모임이나 행사」란 선거구민들로 구성된 일정한 공동목적을 가진 다수인의 일시적인 집합을 의미한다. 그러나 이 경우 그 모임이나 행사에 참여하는 사람들 전부가 선거구민일 필요는 없으며 그 모임이나 행사의 성격, 주최자와 주최목적, 구성원의 분포 등을 종합적으로 고려하여 「선거구민의 모임」인지 여부를 판단하여야 한다.[28]

마) 「선거구 밖에 있더라도 선거구민과 연고가 있는 자나 기관·단체·시설」

「선거구민과 연고가 있는 자」란 당해 선거구민의 가족·친지·친구·직장 동료·상하급자나 향우회·동창회·친목회 등 일정한 혈연적·인간적 관계를 가지고 있어 그 선거구민의 의사결정에 직접적 또는 간접적으로 어떠한 영향을 미칠 수 있는 가능성이 있는 사람을 말하며, 그 연고를 맺게 된 사유는 불문한다.[29] 선거구 내에 자신이 결성·운영하는 특정 사회단체의 사무소를 두고 활동하는 사람으로서 선거구민에게 영향력을 행사할 수 있는 사람과[30] 해당 선거구 안에 주소나 거소를 갖고 있지는 아니하나, □□동호회 사무국장으로서 회원인 당해 선거구민 등과 인간적인 관계를 가지고 있는 사람은 선거구민과 연고가 있는 자에 해당한다.[31] 그러나, 시청 출입 기자들이 선거구민이거나 가족·친척등이 선거구민에 해당하지 않는 것으로 보임에도, 기자로서 언론매체의 영향력에 따라 후보자에 대한 기사를 작성·보도하여 선거구민에게 영향을 미칠 수 있다는 가능성만으로는 '선거구민과 연고가 있는 자'로

---

25) 의정부지방법원 2006. 12. 27. 선고 2006고합215 판결
26) 대법원 2006. 4. 27. 선고 2006도1049 판결
27) 정병욱, 공직선거법 제4판, 710면
28) 대검찰청, 공직선거법 벌칙해설 제10개정판, 817면
29) 대법원 2006. 12. 21. 선고 2006도7087 판결, 대법원 2006. 1. 26. 선고 2005도8250 판결 등
30) 대법원 2007. 9. 6. 선고 2007도4512 판결
31) 부산고등법원 2015. 7. 27. 선고 (창원)2015노191 판결

평가할 수 없고, 선거구민과 일정한 인간적 관계를 맺고 있거나 선거구민인 기자 등과 개별적 의사소통을 하고 있다고 볼 수 없다면 기부행위상대방으로 볼 수 없다고 판단한 사례[32]가 있다.

「선거구민과 연고가 있는 기관·단체·시설」이라 함은 당해 선거구민과 일정한 관계를 가지고 있어 그 선거구민의 의사결정에 어떠한 영향을 미칠 수 있는 단체 등을 말한다.[33] 선거구 안에 있는 학교의 재경동문회는 선거구민과 연고가 있는 단체이다.[34] 정당도 선거에서 선거인들의 의사결정에 영향을 미치는 것을 고유한 존립이유로 하고 있으며 각 선거구별로 이에 필요한 조직을 갖추고 실제로 그와 같은 활동을 하고 있어 기부행위의 상대방이 될 수 있다.[35]

바) 실질적으로 기부행위 주체와 동일시할 수 있는 상대방

지방자치단체장이 대표자를 임명하고 업무를 감독하며 업무계획·예산을 승인하는 등 기구·예산편성, 조직원에 대한 인사, 의사결정 등이 실질적으로 지방자치단체의 지휘·통제 하에 있는 법인·단체는 지방자치단체와 실질적으로 동일 시 할 수 있어 기부행위의 상대방으로 볼 수 없다.[36] 속초시 시설관리공단은 지방공기업법과 속초시 조례에 의해 속초시가 전액 투자하여 설립한 것으로서 실질적으로 속초시와 동일시할 수 있는 단체이므로 A시 시장으로서 하는 기부행위의 상대방이 될 수 없다.[37]

사) 선거구가 없는 경우 기부행위 성립 여부

기부행위의 상대방을 「당해 선거구」라는 개념을 통하여 특정하고 있는 이상 제112조 제1항의 기부행위는 행위 당시 유효하게 존재하는 선거구를 전제로 성립할 수 있다.[38]

헌법재판소의 헌법불합치 결정으로 해당 국회의원지역선거구구역표가 효력이 상실한 후에 법을 개정하여 새로운 국회의원지역선거구구역표를 확정한 경우 구 법 제25조 제3항 [별표1] 국회의원지역선거구구역표가 효력을 상실한 기간에 입후보예정자의 재산상 이익의 제공행위는 유효한 선거구가 존재하지 아니하므로 기부행위가 될 수 없다. 다만, 해당 국회의원지역선거구구역표가 효력이 상실하기 전에 있었던 재산상 이익의 제공행위는 유효한 선거구역표가 존재하는 이상 기부행위를 구성한다고 보아야 한다.[39]

---

32) 광주고등법원 2022.11.10. 선고 2022노80 판결
33) 대법원 2007. 7. 12. 선고 2007도172 판결
34) 서울고등법원 2006. 5. 2. 선고 2006노471 판결
35) 대법원 2007. 7. 12. 선고 2007도172 판결
36) 중앙선거관리위원회 2005. 5. 공직선거법 제86조 운용기준
37) 대법원 2004. 3. 11. 선고 2003도4778 판결
38) 대법원 2017. 4. 13. 선고 2016도20490 판결
39) 대법원 2017. 4. 13. 선고 2016도20490 판결, 대법원 2018. 4. 10. 선고 2016도21171 판결

이와 달리 법 제230조 제1항 매수죄의 경우 매수죄의 상대방인 「선거인」의 의미와 매수죄 입법취지가 부정한 경제적 이익 등으로 선거에 관한 개인의 자유의사를 왜곡시키는 행위를 처벌함으로써 선거의 공정성을 보장하려는 데 있음을 고려하면, 다가올 선거일을 기준으로 판단 할 때 매수행위로써 영향을 미치고자 하는 선거가 실시되는 지역의 선거인으로 될 수 있는 사람은 매수죄의 상대방인 「선거인」에 해당하고, 그 매수행위 당시에 반드시 선거구가 획정되어 있어야 하거나 유효한 선거구가 존재하여야 하는 것은 아니라고 보아야 한다.[40]

다. 기부행위로 보지 아니하는 행위

본 조 제2항은 제1항의 규정에도 불구하고 기부행위로 보지 않는 일정한 행위를 제한적으로 열거하고 있는 경우, 즉 ① 통상적인 정당활동과 관련한 행위, ② 의례적 행위, ③ 구호적·자선적 행위, ④ 직무상의 행위, ⑤ 법령의 규정에 근거하여 금품 등을 찬조·출연 또는 제공하는 행위 및 ⑥ 이에 준하는 행위로서 중앙선거관리위원회규칙으로 정하는 행위에 해당하는 경우에는 후보자 등의 기부행위 금지위반을 처벌하는 같은 법 제257조 제1항 제1호의 구성요건해당성을 결여한다.[41] 법 제112조 제1항에서는 기부행위를 정의하여 포괄적으로 금지하는 형태를 취하고 있지만, 제2항에서 기부행위로 보지 아니하는 행위로서 통상적인 정당 활동과 관련한 행위, 의례적 행위, 구호적·자선적 행위, 직무상의 행위 등을 구체적으로 열거하고 있을 뿐만 아니라, 제2항 제6호에서 그 밖에 이에 준하는 행위로서 '중앙선거관리위원회규칙으로 정하는 행위'를 규정함으로써 기부행위로 보지 아니하는 행위 유형을 개방적으로 정하고 있다.[42]

라. 기부행위의 위법성 조각

법 제112조 제1항에 해당하는 행위는 법 제112조 제2항의 행위에 해당하지 아니하는 이상 후보자 등의 기부행위 금지위반을 처벌하는 같은 법 제257조 제1항 제1호의 구성요건해당성이 있으나, 후보자 등이 한 기부행위가 지극히 정상적인 생활형태의 하나로서 역사적으로 생성된 사회질서의 범위 안에 있는 것이라고 볼 수 있는 경우에는 일종의 의례적 행위나 직무상의 행위로서 사회상규에 위배되지 아니하여 위법성이 조각되는 경우가 있을 수 있

---

40) 대법원 2018. 2. 8. 선고 2017도8007 판결
41) 대법원 2003. 8. 22. 선고 2003도1697 판결
42) 헌법재판소 2018. 3. 29. 2017헌바266 결정

다.[43] 다만 법이 기부행위에 해당하지 않는 행위를 구체적으로 상세하게 열거하고 있으므로 그에 해당하지 않는 행위는 원칙적으로 사회상규에도 반하는 것으로 엄격하게 해석함이 상당하고, 위법성의 조각을 인정함에는 신중을 요한다.[44]

1) 위법성조각을 인정한 사례

① 후보자의 회계책임자가 자원봉사자인 후보자의 배우자, 직계혈족 기타 친족에게 식사를 제공한 행위,[45] ② 가스충전소를 경영하는 후보자가 고객에 대한 감사와 가스충전소 홍보를 위해 구정 직전에 택시기사들에게 시가 3,500원 상당의 선물세트를 배포한 행위,[46] ③ 장기간 면사무소 민원실에서 민원인들을 상대로 농지전용신고·허가, 건축허가 관련 민원상담 등 봉사활동으로서 행한 서류작성 대행행위,[47] ④ 지방자치단체가 자체 사업계획과 예산에 따라 매년 시행되어 온 지역 문화행사인 봉행식 행사에서 직원 및 일반인 등 약 100명에게 음식물 시가 합계 1,744,000원 상당을 제공한 행위,[48] ⑤ 새마을금고가 수년간 지역사업의 일환으로 공식적인 회의에서 추인 받아 바르게살기협의회 등 지역단체에 10만원 상당을 찬조한 행위,[49] ⑥ 입후보예정자인 학교운영위원회협의회장이 녹색어머니연합회 회장으로부터 체육대회 경품을 협찬해 달라는 부탁을 받고 시가 8만원 상당의 자전거를 경품으로 제공하면서 협찬자의 이름을 알 수 있는 표기를 전혀 하지 않았고 그 입후보예정자는 대회에 참석하지도 않는 행위,[50] ⑦ 계원의 회갑년에 개최된 계원 모임의 간사(유사)인 입후보예정자가 축하행사에 사용된 유람선 이용료 23만원을 지출한 행위,[51] ⑧ 의정활동보고회에서 참석인원이 예상보다 적어서 다과류 1인당 법정제한한도를 총 33회의 모임에서 도합 106,000원을 초과한 경우,[52] ⑨지방자치단체가 어버이날 기념수건을 지방자치단체장의 직명이 포함된 의례적인 내용의 서한문과 함께 제공하거나, 조례에 따른 행복택시 이용권에 지방자치단체장의 직명을 기재하여 한정된 범위의 선거구민에게 제공하는 행위[53]사례가 있다.

---

43) 대법원 2003. 8. 22. 선고 2003도1697 판결, 대법원 2005. 2. 18. 선고 2004도6323 판결 등
44) 대법원 2006. 7. 13. 선고 2006도1879 판결 등
45) 대법원 1999. 10. 22. 선고 99도2971 판결
46) 대법원 1996. 5. 10. 선고 95도2820 판결
47) 대법원 2003. 6. 27. 선고 2003도1912 판결
48) 대법원 2006. 4. 27. 선고 2006도1049 판결
49) 대법원 2007. 9. 7. 선고 2007도3823 판결
50) 대법원 2013. 5. 9. 선고 2013도3579 판결
51) 대법원 1996. 5. 10. 선고 96도668 판결
52) 대법원 1999. 2. 5. 선고 98도4235 판결
53) 서울고등법원 2023. 12. 14. 선고 2023노2599 판결

2) 위법성조각을 인정하지 않은 사례

① 선거조직의 하부책임자가 후보자로부터 활동비 등의 명목으로 금품을 받아 이를 선거구민들에 대한 경조사비로 사용한 행위,[54] ② 마을회관 겸 경로당 준공식장에서 이장인 입후보예정자가 '마을회관 준공기념, 이장 ○○○'라고 기재된 수건을 참석자 300명에게 배포한 행위,[55] ③ 정당 경선에서 승리한 후 공직선거에서 도와 줄 사람들 20명의 모임을 직접 주최하여 지지를 부탁하며 30만원 상당의 식사를 제공하는 행위[56] ④ 장학금 등을 기부하는 행위가 형식적으로는 새마을금고의 이사회결의에 따라 이루어졌다 하더라도 피고인이 각 기부행위의 주체인 사실을 알 수 있는 경우,[57] ⑤ 지방의회의원이 자신의 의정활동 내용이 포함된 문서들을 나누어 주면서 음식물을 제공한 행위,[58] ⑥ 군수가 군의 예산에 편성되어 있는 업무추진비로 군 관내 경찰, 기자, 향우회 등에게 사례금 명목으로 현금을 지급한 행위,[59] 시산제 고사상에 차려진 돼지머리에 현금을 꽂은 행위[60] 등은 위법성이 조각되지 않는다고 판시하였다.

2. 후보자 등의 기부행위제한

> **제113조(후보자 등의 기부행위제한)** ① 국회의원·지방의회의원·지방자치단체의 장·정당의 대표자·후보자(후보자가 되고자 하는 자를 포함한다)와 그 배우자는 당해 선거구안에 있는 자나 기관·단체·시설 또는 당해 선거구의 밖에 있더라도 그 선거구민과 연고가 있는 자나 기관·단체·시설에 기부행위(결혼식에서의 주례행위를 포함한다)를 할 수 없다.
> ② 누구든지 제1항의 행위를 약속·지시·권유·알선 또는 요구할 수 없다.

> **제257조(기부행위의 금지제한 등 위반죄)** ① 다음 각호의 1에 해당하는 자는 5년 이하의 징역 또는 1천만원 이하의 벌금에 처한다.

---

54)　대법원 1997. 12. 26. 선고 97도2249 판결
55)　대법원 1999. 5. 11. 선고 99도499 판결
56)　대법원 2004. 3. 12. 선고 2003도3570 판결
57)　대법원 2005. 2. 18. 선고 2004도6323 판결
58)　대법원 2006. 7. 13. 선고 2006노1879 판결
59)　대구고등법원 2007. 1. 11. 선고 2006노569 판결
60)　창원지방법원 2020. 7. 23. 2020고합106 판결

1. 제113조(候補者 등의 寄附行爲制限)·제114조(政黨 및 候補者의 家族 등의 寄附行爲制限)제1항 또는 제115조(第三者의 寄附行爲制限)의 규정에 위반한 자

2. 제81조(團體의 候補者 등 초청 對談·討論會)제6항[제82조(言論機關의 候補者 등 초청 對談·討論會)제4항에서 준용하는 경우를 포함한다]의 규정을 위반한 자

② 제81조제6항·제82조제4항·제113조·제114조제1항 또는 제115조에서 규정하고 있는 정당(창당준비위원회를 포함한다)·정당의 대표자·정당선거사무소의 소장, 국회의원·지방의회의원·지방자치단체의 장, 후보자(후보자가 되고자 하는 자를 포함한다. 이하 이 조에서 같다), 후보자의 배우자, 후보자나 그 배우자의 직계존비속과 형제자매, 후보자의 직계비속 및 형제자매의 배우자, 선거사무장, 선거연락소장, 선거사무원, 회계책임자, 연설원,대담·토론자, 후보자 또는 그 가족과 관계있는 회사 등이나 그 임·직원과 제삼자[제116조(寄附의 勸誘·요구 등의 금지)에 규정된 행위의 상대방을 말한다]에게 기부를 지시·권유·알선·요구하거나 그로부터 기부를 받은 자(제261조제9항제1호·제6호에 해당하는 사람은 제외한다)는 3년 이하의 징역 또는 500만원 이하의 벌금에 처한다.

③ 제117조(寄附받는 행위 등의 금지)의 규정에 위반한 자는 3년 이하의 징역 또는 500만원 이하의 벌금에 처한다.

④ 제1항 내지 제3항의 죄를 범한 자가 받은 이익은 이를 몰수한다. 다만, 그 전부 또는 일부를 몰수할 수 없을 때에는 그 가액을 추징한다.

가. 의의

본 조는 국회의원·지방의회의원·지방자치단체의 장·정당의 대표자·후보자와 그 배우자에 대하여 상시 그 목적과 동기를 불문하고 일정한 상대방에게 일체의 기부행위를 할 수 없도록 하였을 뿐만 아니라, 누구든지 그러한 행위를 약속·지시·권유·알선·요구할 수 없도록 하여 가장 넓고 엄격하게 기부행위를 금지하는 조항이다. 재산상 이익을 제공하는 점에서 법 제230조와 유사하나 법 제230조의 경우 투표목적, 당선목적, 선거운동에 이용할 목적 등의 추가적인 입증이 필요한 점에서 차이가 있다.

나. 기부행위가 제한되는 자(제2항)

1) 제한주체

본 조에서 기부행위가 제한되는 자는 「국회의원, 지방의회의원, 지방자치단체의 장, 정당의 대표자, 후보자(후보자가 되고자 하는 자를 포함한다)와 그 배우자」이다. 본 조에 열거된 신분

관계가 없는 사람의 기부행위는 법 제114조와 제115조에 따라 제한된다. 본 조에 의해 기부행위가 제한되는 자에게는 선거운동의 목적이나 선거관련성을 묻지 아니한다는 점에서 법 제114조, 제115조의 기부행위와 구별된다.[61] 비례대표 국회의원 및 그 후보자나 후보예정자도 제113조 제1항에 정한 기부행위제한위반죄의 주체가 된다.[62]

「지방자치단체의 장」이라 함은 시·도지사 및 자치구·시·군의 구청장, 시장, 군수로서 공직선거를 통해 선출되는 지방자치단체의 집행기관인 장을 말한다. 따라서 비자치구의 구청장이나 지방의회 의장은 이에 포함되지 않는다. 지방자치단체의 장이 당해 지방자치단체의 장 선거에 후보자가 되고자 하는 자가 아닌 경우에도 법상 기부행위 제한규정을 적용 받는 것이며, 구체적으로 특정행위가 제한되는 기부행위에 해당되는지 여부는 그 기부행위자, 기부의 동기나 방법 등 행위 양태에 따라 판단하여야 할 것임. 또한, 후보자가 되고자 하는 자가 아닌지의 여부는 언론보도, 당사자의 발언뿐만 아니라 그 신분·접촉대상·언행 등을 종합적으로 고려하여 신중하게 판단하여야 한다.[63]

「정당의 대표자」라 함은 중앙당 및 시·도당 대표자를 말한다.[64] 따라서 정당법 제37조 제3항에 따른 당원협의회 대표자(위원장)는 「정당의 대표자」가 아니다.

「후보자가 되고자 하는 자」라 함은 후보자등록을 하지 않았으나 후보자가 될 의사를 가진 자를 말하며, 정당에 공천신청을 하거나 일반 선거권자로부터 후보자추천을 받기 위한 활동을 벌이는 등 입후보의사가 확정적으로 외부에 표출된 사람뿐만 아니라 그 신분·접촉대상·언행 등에 비추어 선거에 입후보할 의사를 가진 것으로 객관적으로 인식할 수 있을 정도에 이른 사람도 포함된다.[65] 실제 출마하지 않았다고 하여 '후보자가 되고자 하는 자'가 아니라고 할 수는 없다.[66]

「배우자」란 법률상 배우자를 의미하므로 후보자와 사실혼 관계에 있는 자는 제3자의 기부행위에 해당될 뿐이다.[67]

2) 기부행위

「기부행위를 한다」는 것의 의미는 앞의 제112조의 해설과 동일하나, 특히 본 조에서의

---

61)　대법원 2007. 11. 16. 선고 2007도7205 판결
62)　대법원 2009. 4. 23. 선고 2009도834 판결
63)　중앙선거관리위원회 2010. 1. 29. 회답
64)　대구고등법원 2008. 1. 21. 선고 2007노483 판결
65)　대법원 2005. 9. 25. 선고 2005도2642 판결, 대법원 2005. 1. 13. 선고 2004도7360 판결
66)　대법원 1996. 1. 26. 선고 95도2409 판결
67)　광주지방법원 장흥지원 1995. 8. 28. 선고 95고합14 판결(후보자와 사실혼 관계에 있는 자가 선거운동기간 전에 노인회 정기총회 장소를 방문하여 돼지 1마리를 무상으로 제공한 것은 제3자의 기부행위에 해당된다)

기부행위는 결혼식에서의 「주례」행위를 포함한다. 주례는 선거에 관한 것인지 여부를 묻지 않으며, 금지되는 「주례」행위의 상대방은 혼주 또는 결혼당사자가 선거구민 또는 선거구민과 연고가 있는 사람인 경우를 말한다.[68] '직업적으로 전통 혼례를 주관'하는 경우 그 전통혼례를 주관하는 것이 주례행위를 의미하는 것이라면 법 제113조에 따라 금지되며,[69] 국회의원이 선거구민의 결혼식에서 축사를 하는 것은 주례행위를 금지하고 있는 법 제113조에 위반될 수 있다.[70]

다. 「약속·지시·권유·알선·요구」 행위

「약속·지시·권유·알선·요구」하는 주체에 관하여는 제한이 없다. 후보자 등에게 기부행위를 엄격하게 금지한다 하여도 후보자 등의 주변에서 기부행위를 요구하거나 권유 등을 할 때에 이를 거부하기는 쉽지 않다고 할 것이므로 제1항 규정의 실효성 담보를 위하여 누구든지 그러한 기부행위를 약속·지시·권유·알선 또는 요구할 수 없도록 한 것이다.

라. 비신분자의 공동정범의 성립여부

선거범죄에 대해서도 형법 제8조의 규정에 따라 형법 제30조(공동정범) 및 제33조(공범과 신분)의 규정이 적용되므로 신분관계로 인하여 성립되는 범죄에 신분관계가 없는 자가 공동정범으로 가담한 경우 신분관계가 없는 자도 그 신분범의 공동정범으로 처벌되는 것이 원칙이다.[71] 그런데 기부행위의 주체를 세분하여 제113조, 제114조, 제115조에 별도로 규정하고 있고, 각 조항은 그 구성요건을 달리 규정하고 있는데 해당 조항의 신분이 없는 자가 해당 조항의 주체가 될 수 있는지가 문제가 된다. 즉 본 조에 의해 기부행위가 제한되지 않는 자가 본 조에 의해 기부행위가 제한되는 자와 공모하여 기부행위를 한 경우 본 조에 근거하여 처벌할 수 있는지가 문제된다.

판례는 법 제257조 제1항 제1호 소정의 각 기부행위제한 위반의 죄는 같은 법 제113조, 제114조, 제115조에 각기 한정적으로 열거되어 규정하고 있는 신분관계가 있어야만 성립하는 범죄이고, 죄형법정주의의 원칙상 유추해석은 할 수 없으므로, 위 각 해당 신분관계가

---

68)　중앙선거관리위원회 2017. 1. 5. 회답
69)　중앙선거관리위원회 2005. 12. 19. 회답
70)　중앙선거관리위원회 2017. 1. 5. 회답
71)　형법 제8조(본법 총칙은 타법령에 정한 죄에 적용하다. 단, 그 법령에 특별한 규정이 있는 때에는 예외로 한다), 형법 제30조(신분관계로 인하여 성립될 범죄에 대하여 가공한 행위는 신분관계가 없는 자에게도 제30조의 규정을 적용한다)

없는 자의 기부행위는 위 각 해당 법조항 위반의 범죄로는 되지 아니하며, 또한 위 각 법조
항을 구분하여 기부행위의 주체 및 그 주체에 따라 기부행위제한의 요건을 각기 달리 규정
한 취지는 각 기부행위 주체자에 대하여 그 신분에 따라 각 해당 법조로 처벌하려는 것이고,
각 기부행위의 주체로 인정되지 아니하는 자가 기부행위의 주체자 등과 공모하여 기부행위
를 하였다고 하더라도 그 신분에 따라 각 해당 법조로 처벌하여야 하지 기부행위의 주체자
의 해당 법조의 공동정범으로 처벌할 수 없다.[72]라고 판시하였다.

마. 중앙선거관리위원회 행정해석

[금전·물품 등 제공]

① 국회의원의 장학금 지급

비례대표국회의원은 공선법 제113조의 규정에 의하여 전국의 선거구민에게 기부행
위를 할 수가 없으므로 선거구민(출신 모교의 학생)에게 장학금을 지급하는 것은 같은 법
같은 조의 규정에 위반될 것임(2004. 8. 18. 회답).

② 국회방문 어린이의 기념사진 배부

국회의원이 수학여행의 일정으로 국회를 방문한 지역구내 초등학교 어린이들과 기념
사진을 촬영하고, 그 사진을 학생들에게 제공하는 것은 공선법 제113조의 규정에 위
반될 것임(2004. 9. 22. 회답).

③ 의정활동보고서를 USB에 저장하여 배부

USB 저장장치에 의정활동보고서를 저장하여 선거구민에게 배부하는 것은 의정활동
보고에 부가하여 재산상의 이익을 제공하는 것이 되어 공선법 제113조의 규정에 위반
될 것임(2004. 11. 19. 회답).

④ 국회의원의 PVC·스웨드 소재 명함 사용

국회의원이 안경 등을 닦을 수 있는 명함을 선거구민에게 배부하는 것은 공선법 제
113조에 위반될 것임(2006. 11. 13. 회답).

⑥ 의정활동보고회 참석자에게 코사지 제공

국회의원이 의정활동보고회에 참석한 선거구민에게 코사지를 달아주는 것은 통상의
행사용품의 범위를 벗어나 선거구민을 위한 기부행위 또는 후보자가 되고자 하는 자
신을 선전하는 행위가 될 것이므로 그 회수여부를 불문하고 공선법 제113조 또는 제
254조에 위반될 것임(2009. 1. 23. 회답).

---

[72] 대법원 1997. 6. 13. 선고 96도346 판결, 대법원 1997. 12. 26. 선고 97도2249 판결

⑦ 국회의원의 전국 백일장 대회 시상 등

국회의원이 전국 규모 행사(행사 참가대상자와 실제 행사 참가자가 전국규모인 행사를 말함)의 준비위원회위원장으로서 입상자에 대하여 의례적인 상장 및 부상을 수여하는 것은 무방할 것이나, 대회에 참가한 자가 주로 선거구민이거나 선거구민과 연고가 있는 자인 경우에는 부상을 수여할 수 없을 것임(2009. 4. 22. 회답).

⑧ 국회의원의 당원협의회 운영위원에 대한 축·부의금품 제공

당원협의회장인 국회의원이 자신의 지역구 당원협의회 운영위원에 대한 축·부의금품 등을 제공하는 것은 공선법 제113조에 위반될 것임(2009. 7. 6. 회답).

[다과·식사류 제공]

① 회갑연 등에서의 음식물(답례품) 제공

후보자(후보자가 되고자 하는 자를 포함함)가 자신이나 배우자 또는 그 부모의 회갑연·고희연 등 60세 이상의 수연이나 은혼식·금혼식에 선거구민을 초청하여 음식물이나 답례품을 제공하는 것은 공선법 제113조의 규정에 위반될 것임(2004. 11. 15. 의결).

② 지방자치단체장 취임 1주년 기념행사 관련 간담회·오찬 제공 및 음악회 개최

1. 지방자치단체장의 취임 1주년을 기념하기 위하여 기자등과 간담회를 개최하는 것은 무방할 것이나, 동 간담회를 개최하면서 참석자(기자, 간부 공무원 등)에게 오찬 등 음식물을 제공하는 경우에는 공선법 제114조의 규정에 위반될 것임.

2. 지방자치단체장의 취임 1주년을 기념하기 위하여 선거구민을 대상으로 음악회를 개최하는 것은 당해 지방자치단체장을 홍보·선전하기 위한 행사에 해당될 것이므로 그 행위시기 및 양태에 따라 공선법 제86조·제113조·제114조 또는 제254조의 규정에 위반될 것임(2005. 5. 16. 회답).

③ 정년퇴임식 참석자 식사 등 제공

후보자가 되고자 하는 자가 자신의 정년 퇴임식에 참석한 선거구민 또는 그와 연고가 있는 자에게 음식물이나 답례품을 제공하는 것은 공선법 제113조의 규정에 위반될 것임(2005. 8. 25. 회답).

④ 국회의원 해외출장시 동행취재기자 식사제공

국회의원이 정책개발 목적으로 해외방문시 공선법 제112조 제1항의 기부행위상대방인 동행 취재기자들과 정책간담회를 갖고 정치자금으로 식사를 제공한 때에는 같은 법 제113조 및 「정치자금법」 제2조 제3항에 위반될 것임. 이 경우 위 규정의 기부행위의 상대방은 "당해 선거구 안에 있는 자나 기관·단체·시설 및 선거구민의 모임이나 행사 또는 당해 선거구의 밖에 있더라도 그 선거구민과 연고가 있는 자나 기관·단체·시

설"을 말함(2007. 6. 8. 회답).

⑤ 재외동포 기자들의 지방자치단체 방문시 오찬 제공 등

지방자치단체장이 당해 지방자치단체를 방문한 재외동포 언론인에게 오찬 또는 만찬을 제공하고 지방자치단체의 현황을 설명하는 것은 무방할 것임(2010. 3. 12. 회답).

⑥ 국회의원의 주민간담회에서 음식물 제공

국회의원이 지역주민들과 함께 지역발전 현안과 관련된 간담회를 개최하면서 참석한 지역주민에게 식사 또는 다과를 제공하는 때에는 「공직선거법」 제113조에 위반될 것이나, 통상적인 범위에서 차·커피 등 음료(주류는 제외함)를 제공하는 것은 무방할 것이며 그 비용은 정치자금으로 지출할 수 있음(2013. 3. 21. 회답).

[공연·주례행위 및 기타]

① 입후보예정자가 직업적으로 전통 혼례를 주관하는 행위

입후보예정자가 전통 혼례를 전문적으로 대행하는 이벤트 업체인 「신랑각시」와 계약하여 일정액의 보수(수당)를 받고 '직업적으로 전통 혼례를 주관'하는 경우 그 전통혼례를 주관하는 것이 주례행위를 의미하는 것이라면 후보자가 되고자 하는 자가 선거구 안에서 치러지거나 선거구민 또는 선거구민과 연고가 있는 자를 대상으로 이를 주관하는 것은 공선법 제113조의 규정에 위반될 것임(2005. 12. 19. 의결).

② 상근비서 결혼시 국회의원의 주례허용 여부

국회의원이 자신의 지역구 안에서 그 지역구 출신으로 현재 주민등록지와 주소가 타 시도(서울인)로 되어있는 소속 상근 비서의 결혼식 주례를 하는 경우 공선법 제113조의 규정에 위반될 것임(2006. 2. 1. 회답).

③ 국회의원의 여론조사 대행 등

1. 국회의원이 선거구 안에 있는 자 또는 선거구민과 연고가 있는 자에게 무상으로 여론조사를 대행하는 때에는 공선법 제113조의 규정에 위반될 것임.

2. 국회의원이 통상적인 여론조사비용을 받고 선거운동에 이르거나 공선법 제108조의 규정에 위반되지 아니하는 방법으로 단순히 여론조사를 대행하는 것은 무방할 것이며, 이 경우 예비후보자가 여론조사를 위하여 지출한 비용과 국회의원이 여론조사를 대행하고 받은 비용의 회계처리는 「정치자금법」 제37조의 규정에 따라야 할 것임(2006. 4. 19. 회답).

④ 국회의원의 음반출시 기념행사 및 초청가수 공연

1. 국회의원이 선거구민을 대상으로 가수를 초청하여 연예공연을 하는 것은 법 제113조에 위반될 것임(2007. 7. 26. 회답).

2. 위 1의 국회의원의 음반출판기념행사에 '아파트 임차인 대표회의'가 「부도공공건설 임대 주택 임차인 보호를 위한 특별법」의 제정에 기여한 동 국회의원에게 감사패를 전달하는 것은 무방할 것임(2007. 9. 13. 회답).

⑤ 학교 체육부 지원을 위한 국회의원의 중개

기업체 등이 특정 국회의원의 지역구 관내 학교 등에 운동용품이나 후원금을 국회의원이 기부하는 것으로 추정되는 방법 등 후보자가 되고자 하는 국회의원을 위하여 기부하거나, 국회의원이 기업체 등으로 하여금 자신을 위하여 기부하도록 지시·권유·알선·요구하는 행위 등은 공선법 제113조 내지 제116조 및 제257조에 위반될 것이므로 국회의원이 기업체 등과 학교 등을 연결시켜 주거나 운동용품 등을 지원해 줄 수 있도록 함에 있어서는 공선법에서 금지하는 행위에 이르지 아니하도록 유의하여야 할 것임(2009. 5. 12. 회답).

⑥ 국회의원의 무료견학 프로그램 정보 제공

국회의원이 학부모로 구성된 자원봉사단에 공공기관이 운영하는 무료 프로그램에 대한 정보를 제공하고, 자원봉사단이 현장학습을 진행하는 것은 공선법상 제한되지 아니할 것임(2009. 7. 14. 회답).

⑦ 국회의원 출판기념회에서의 샌드아트 공연

국회의원이 출판기념회를 개최하면서 당해 선거구 안에 있는 자나 당해 선거구의 밖에 있더라도 그 선거구민과 연고가 있는 자를 대상으로 샌드아트를 직업으로 하는 전문 예술인을 초청하여 공연하게 하거나, 출판기념회를 위한 전문 예술인의 샌드아트를 동영상으로 제작 하여 상영하는 경우에는 「공직선거법」 제113조에 위반될 것임(2011. 10. 18. 회답).

⑧ 출판기념회에서의 축가 등

전문연예인 등이 아닌 자가 단순히 한 두 곡 정도의 축가를 부르거나 합창을 하거나 간단한 마술을 보여주는 것은 무방할 것이나, 가수나 전문합창단이 축가를 부르거나 전문가 수준의 마술을 보여주는 것은 행위 양태에 따라 법 제113조 내지 제115조에 위반될 것임(2011. 11. 28. 회답).

⑨ 국회의원의 친족 결혼식에 화환제공 및 주례행위

국회의원이 「공직선거법」 제112조 제2항 제2호 가목에 따라 「민법」 제777조(친족의 범위)의 규정에 의한 친족의 결혼식에 축의금 또는 화환을 제공하는 것은 무방할 것이나, 선거구민인 그의 결혼식에서 주례행위를 하는 것은 같은 법 제113조에 위반될 것임(2014. 4. 4. 회답).

⑩ 국회의원의 결혼식 축사

혼주 또는 결혼당사자가 선거구민 또는 선거구민과 연고가 있는 사람인 경우 국회의원이 결혼식 축사를 하는 것은 주례행위를 금지하고 있는 「공직선거법」 제113조에 위반될 수 있을 것임(2017. 1. 5. 회답).

⑪ 국회의원의 SNS 등을 이용한 지역구 맛집 홍보

국회의원이 의정활동의 일환으로 자신의 SNS 또는 네이버 블로그에 단순히 지역구 내 맛집을 소개하는 내용의 글(사진, 상호 등 포함)을 게시하는 것만으로는 「공직선거법」에 위반되지 아니함. 다만, 의정활동의 범위를 벗어나 특정 맛집을 홍보할 목적으로 광고하는 경우에는 같은 법 제113조(후보자 등의 기부행위제한)에 위반될 수 있을 것임(2019. 7. 12. 회답).

바. 처벌

법 제257조 제1항 제1호에 따르면 제1항 및 제2항 위반행위인 기부행위와 기부의 약속·지시·권유·알선·요구행위 모두 5년 이하의 징역 또는 1천만원 이하의 벌금에 처한다.

그런데 법 제257조 제2항은 후보자 등에게 기부를 지시·권유·알선·요구한 행위에 대해 별도의 처벌규정을 두고 3년 이하의 징역 또는 500만원 이하의 벌금에 처하도록 하고 있어, 법 제113조 제2항의 위반행위에 대해 법 제257조 제1항 제1호와 제257조 제2항 중 어느 규정에 따라 처벌할 것인지가 문제된다. 법 제257조 제1항 제1호는 제113조 전체에 대한 처벌규정이며 제257조 제2항보다 법정형이 높으므로 제257조 제1항 제1호에 따라 처벌하는 것이 타당하다는 판례가 있으나,[73] 이 경우 검사가 법 제257조 1항 제1호나 제257조 제2항 중 어느 조항을 적용하는지에 따라 형의 불균형이 초래될 수 있기 때문에 법 제257조 제1항 제1호가 아니라 제257조 제2항이 적용되어야 한다고 판시한 판례도 있다.[74] 다만, 이 판례에 의하면 법 제257조 제2항에서 규정하고 있는 행위 유형에 해당하지 아니하는 기부의 「약속」 또는 「의사표시의 승낙」행위는 법 제257조 제2항으로 처벌할 수 없다.[75]

기부행위는 원칙적으로 상대방, 즉 금품의 수령자마다 각각 죄가 성립하는 것이므로 각 수령자별로 금품수령행위가 특정되어야 한다. 대법원은 물품 또는 음식물 등 향응이 제공되

---

73) 대검찰청, 공직선거법 벌칙해설 제10개정판, 838면(서울고등법원 2011. 1. 26. 선고 2010노3456 판결, 광주고등법원 2007. 1. 12. 선고 (제주)2006노92 판결 등 다수의 사건에서 법 제113조 제1항의 기부를 '요구'한 자에 대한 적용법조로 법 제257조 제1항 제1호를 명시하였다)
74) 부산지방법원 2014. 11. 7. 선고 2014고합551, 649(병합) 판결
75) 대검찰청, 공직선거법 벌칙해설 제10개정판, 839면

는 경우 동일한 장소에서 동시에 수명의 선거인에게 제공한 경우뿐만 아니라 수차례에 걸쳐 각기 다른 장소에서 제공한 경우에도 그 기부행위의 전제가 된 선거, 전체 기부행위의 시기와 종기, 기부행위의 장소, 방법, 그 대상이 된 대략의 선거구민을 명시하면 이로써 특정되었다고 보고 포괄일죄의 성립을 인정하는 것이 일반적이다.[76] 기부행위를 약속하거나 그 제공의 의사표시를 한 후 현실적인 제공에까지 나아가면 그 약속이나 제공의 의사표시가 제공에 흡수된다.

3. 정당 및 후보자의 가족 등의 기부행위제한

제114조(정당 및 후보자의 가족 등의 기부행위제한) ① 정당[「정당법」 제37조제3항에 따른 당원협의회(이하 "당원협의회"라 한다)와 창당준비위원회를 포함한다. 이하 이 조에서 같다], 정당선거사무소의 소장, 후보자(후보자가 되고자 하는 자를 포함한다. 이하 이 조에서 같다)나 그 배우자의 직계존·비속과 형제자매, 후보자의 직계비속 및 형제자매의 배우자, 선거사무장, 선거연락소장, 선거사무원, 회계책임자, 연설원, 대담·토론자나 후보자 또는 그 가족(가족의 범위는 제10조제1항제3호에 규정된 "후보자의 가족"을 준용한다)과 관계있는 회사 그 밖의 법인·단체(이하 "회사 등"이라 한다) 또는 그 임·직원은 선거기간전에는 당해 선거에 관하여, 선거기간에는 당해 선거에 관한 여부를 불문하고 후보자 또는 그 소속정당을 위하여 일체의 기부행위를 할 수 없다. 이 경우 후보자 또는 그 소속정당의 명의를 밝혀 기부행위를 하거나 후보자 또는 그 소속정당이 기부하는 것으로 추정할 수 있는 방법으로 기부행위를 하는 것은 당해 선거에 관하여 후보자 또는 정당을 위한 기부행위로 본다.
② 제1항에서 "후보자 또는 그 가족과 관계있는 회사 등"이라 함은 다음 각 호의 어느 하나에 해당하는 회사 등을 말한다.
　1. 후보자가 임·직원 또는 구성원으로 있거나 기금을 출연하여 설립하고 운영에 참여하고 있거나 관계법규나 규약에 의하여 의사결정에 실질적으로 영향력을 행사할 수 있는 회사 기타 법인·단체
　2. 후보자의 가족이 임원 또는 구성원으로 있거나 기금을 출연하여 설립하고 운영에 참여하고 있거나 관계법규 또는 규약에 의하여 의사결정에 실질적으로 영향력을 행사할 수 있는 회사 기타 법인·단체
　3. 후보자가 소속한 정당이나 후보자를 위하여 설립한 「정치자금법」에 의한 후원회

---

76) 대법원 2006. 6. 27. 선고 2005도4177 판결, 대법원 2002. 6. 20. 선고 2002도807 전원합의체 판결 등

가. 제한주체

　정당(당원협의회와 창당준비위원회 포함), 정당선거사무소의 소장, 후보자나 그 배우자의 직계존·비속과 형제자매, 후보자의 직계비속 및 형제자매의 배우자, 선거사무장, 선거연락소장, 선거사무원, 연설원, 대담·토론자, 후보자 또는 그 가족과 관계있는 회사 기타 법인·단체 또는 그 임직원이다.

　제한 주체인 「정당」의 경우 법 제113조 내지 제115조, 제260조 등의 체계나 그 내용, 입법취지 등을 종합하면 정당의 대표자는 법 제113조에 의해 처벌하고 대표자 이외의 정당업무 관련자(정당에 소속된 간부나 사용인)는 제114조에 의해 처벌하여야 한다.[77]

　「후보자의 가족」의 범위는 제10조 제1항 제3호와 같다. 「후보자 또는 그 가족과 관계있는 회사 그 밖의 법인·단체」의 범위는 본 조 제2항에서 정하고 있다.

　기부행위의 주체가 「후보자 또는 그 가족과 관계있는 회사 그 밖의 법인·단체 또는 그 임·직원」으로 회사 등의 임·직원에 대하여는 기부행위의 주체가 됨을 명확히 하였다. 따라서 회사 등의 임직원이 후보자인 경우에 회사 등의 자금으로 기부행위를 한 경우라면 개별 사안에서 구체적인 행위 내용을 살펴 후보자로서의 행위인지, 회사 등의 집행기관으로서의 행위였는지에 따라 법 제113조 또는 본 조를 적용하여야 할 것이다.[78] 제113조에서 후보자 본인 및 그 배우자의 기부행위를, 제114조에서 정당·후보자 가족 등의 기부행위를, 제115조는 제3자의 기부행위를 금지하고 있는바, 후보자가 후보자와 관련이 있는 재단법인의 임원으로서 재단법인의 자금으로 기부행위를 한 것으로 그 행위를 직접 실행한 후보자인 임원을 기부행위에 관한 후보자가 기부행위를 하는 외양을 갖춘 경우 후보자가 실질적인 기부행위자일 때에는 공선법 제113조에 의하여, 후보자가 단순한 집행기관으로서 가담한 것일 때에는 공선법 제114조가 적용된다.[79]

　A면 번영회장인 입후보예정자 B가 번영회 간부들과 ○○군수를 찾아가 군 장학금으로 1,000만원을 기탁하고 A면 번영회 회원일동(회장 B)이라고 기재된 장학기금 영수증을 받았으며, ○○군에서 작성한 장학기금 조성현황과 장학금 기탁내역에도 기탁자가 A면 번영회로 되어 있다면 위 기부행위는 A면 번영회의 행위로 볼 것이지 입후보예정자의 행위라고 할 수 없다.[80] 또한 대학교병원 전문의이자 병원의 대외협력홍보실장인 입후보예정자가 해당 대학교병원의 '찾아가는 순회무료진료행사'을 기획·집행하여 무료진료를 하고 행사현수막에 자

77)　대법원 2009. 4. 9. 선고 2009도1260 판결
78)　대검찰청, 공직선거법 벌칙해설 제10개정판, 857면
79)　서울고등법원 2006. 12. 13. 선고 2006노2037 판결
80)　대법원 1998. 6. 9. 선고 96도837 판결

신의 이름을 기재하고 명함을 교부한 행위는 법 제114조 위반에 해당한다.[81]

나. 행위

선거기간 전에는 당해 선거에 관하여, 선거기간에는 당해 선거에 관한 것인지 여부를 불문하고 후보자 또는 그 소속정당을 위하여 일체의 기부행위를 하는 것이다. 선거기간 전의 기부행위의 경우에는 '선거에 관하여' 한다는 인식(고의)이 필요하다.

「당해 선거에 관하여」라 함은 당해 선거를 위한 선거운동이 되지 아니하더라도 당해 선거를 동기로 하거나 빌미로 하는 등 당해 선거와 관련이 있으면 족하다.[82]

「후보자 또는 그 소속정당을 위하여」라 함은 특정후보자 또는 소속정당에게 유리하도록 한다는 인식을 가지고 행위를 하는 경우를 뜻하므로, 후보자 또는 소속정당의 명의를 밝혀 기부행위를 하거나 기부하는 것으로 추정할 수 있는 방법으로(예컨대 '집권당', '제1야당' 등으로 명의표시) 기부행위를 하는 것은 해당 선거에 관하여 후보자 또는 정당을 위한 기부행위로 본다.[83]

다. 중앙선거관리위원회 행정해석

1) 기부행위로 본 사례

① 정당이 당원에게 유니폼이나 달력을 제공하는 행위,[84] ② 정당이 운영하는 애플리케이션에서 단순히 활동하는 사람들에게 포인트를 지급하여 재산적 가치가 있는 쿠폰·홍보물품 등으로 교환할 수 있도록 하는 행위,[85] ③ 정당이 당내경선과 관련하여 권역단위로 개최하는 순회경선에서 투표를 하게 할 목적으로 경선선거인인 대의원에게 교통 편의를 제공하는 행위,[86] ④ 정당의 당내경선관리기구 또는 경선후보자의 경선선거사무소에서 공선법 위반행위 신고자에게 포상금을 지급하는 행위,[87] ⑤ 국회의원이 자신의 입법활동이나 정책개발, 그 밖의 의정활동을 지원하기 위하여 설립한 연구소가 대표자(국회의원)의 성명 또는 연구소 명의로 기념품을 제공하는 행위,[88] ⑥ 국회의원이 대표자로 있는 단체가 그 국회의원과 공동으로

81) 부산고등법원 2016. 9. 28. 선고 2016노521 판결
82) 대법원 1996. 6. 14. 선고 96도405 판결
83) 대검찰청, 공직선거법 벌칙해설 제10개정판, 860면
84) 중앙선거관리위원회 2007. 1. 30., 2008. 11. 25. 회답
85) 중앙선거관리위원회 2016. 10. 20. 회답
86) 중앙선거관리위원회 2017. 3. 10. 회답
87) 중앙선거관리위원회 2007. 7. 16. 회답
88) 중앙선거관리위원회 2009. 8. 21. 회답

행사를 개최하면서 그 단체의 경비로 참석자에게 음식물 제공하는 행위,[89] ⑦ 국회의원이 임원으로 있는 단체가 개최하는 '회원의 밤' 행사에서 후원회원 및 한정된 범위의 내빈의 범위를 벗어나 후원회원의 가족 및 지인 등에게 음식물·기념품을 무상으로 제공하는 행위,[90] ⑧ 지방자치단체가 법령이 정한 교육급여의 범위를 벗어나 국민기초수급자에게 수학여행비를 지원하거나 조례에 의하지 아니하고 특별 교통수단을 운영하는 행위,[91] ⑨ 의료법인(대학병원)이 후보자가 되고자 하는 소속 의사로 하여금 입후보예정선거구의 선거구민을 대상으로 무료진료를 하게 하는 행위[92]가 있다.

2) 기부행위로 보지 않는 사례

① 정당이 창당기념행사를 개최하고 행사 참가자가 음식물 가액에 상당하는 경비를 부담하는 행위[93], ② 정당의 당원협의회가 개최하는 '당원 송년의 밤' 행사에 참석한 당원들(국회의원, 지방의원, 입후보예정자 등을 제외)이 자발적으로 소장품 등을 협찬으로 제공하고 장기자랑 수상자에게 물품 제공자의 명의를 표시하여 지급하는 행위,[94] ③ 국회의원이 이사장인 장학재단이 그 명의로 장학증서 및 장학금을 지급하는 행위,[95] ④ 입후보예정자가 회장으로 있는 종친회가 정관 등의 규정에 따라 종친회원에게 정기적으로 지급하여 온 장학금을 그 종친회의 명의로 제공하는 행위,[96] ⑤ 입후보예정자가 회장으로 있는 체육회가 체육대회에서 그 명의로 유니폼 또는 중식을 제공하는 행위,[97] ⑥ 중앙행정기관(국회의원이 장관을 겸직)이 선거와 무관하게 직무상 행위의 일환으로 각종 기념일 등에 관한 규정에 의하여 기념행사 개최계획을 수립하고 그 시행계획에 따라 지방자치단체 등과 공동으로 기념행사를 개최하면서 의례적인 범위에서 유공자를 포상하거나 참석자들에게 중앙행정기관의 명의로 기념품 및 빵·음료를 제공하는 행위,[98] ⑦ 지방의회가 당해 지방의회 청사를 방문하는 지역주민에게 기관명칭이 표시된 기념품을 제공하는 행위[99]가 있다.

---

89)　중앙선거관리위원회 2008. 6. 25. 회답
90)　중앙선거관리위원회 2015. 6. 4. 회답
91)　중앙선거관리위원회 2009. 5. 4., 2008. 9. 19. 회답
92)　중앙선거관리위원회 2015. 1. 30. 회답
93)　중앙선거관리위원회 2008. 10. 8. 회답
94)　중앙선거관리위원회 2008. 2. 26. 회답
95)　중앙선거관리위원회 2010. 2. 11. 회답
96)　중앙선거관리위원회 2004. 12. 22. 회답
97)　중앙선거관리위원회 2009. 3. 4. 회답
98)　중앙선거관리위원회 2015. 5. 12. 회답
99)　중앙선거관리위원회 2004. 12. 22. 회답

라. 처벌

5년 이하의 징역 또는 1천만원 이하의 벌금에 처한다(법 제257조 제1항 제1호).

4. 제삼자의 기부행위제한

> **제115조(제삼자의 기부행위제한)** 제113조(候補者 등의 寄附行爲制限) 또는 제114조(政黨 및 候補者의 家族 등의 寄附行爲制限)에 규정되지 아니한 자라도 누구든지 선거에 관하여 후보자(후보자가 되고자 하는 자를 포함한다. 이하 이 조에서 같다) 또는 그 소속정당(창당준비위원회를 포함한다. 이하 이 조에서 같다)을 위하여 기부행위를 하거나 하게 할 수 없다. 이 경우 후보자 또는 그 소속정당의 명의를 밝혀 기부행위를 하거나 후보자 또는 그 소속정당이 기부하는 것으로 추정할 수 있는 방법으로 기부행위를 하는 것은 당해 선거에 관하여 후보자 또는 정당을 위한 기부행위로 본다.

가. 주체

아무런 제한이 없다. 본 조에서는 법 제113조 또는 제114조에 규정되지 아니한 자라도 누구든지 당해 선거에 관하여 후보자(후보자가 되고자 하는 자를 포함한다. 이하 이 조에서 같다) 또는 그 소속정당(창당준비위원회를 포함한다. 이하 이 조에서 같다)을 위하여 기부행위를 하거나 「하게 할 수 없다」고 규정하고 있어 그 행위의 주체에 관하여 신분상의 제한을 두고 있지 아니하므로 법 제113조와 제114조에 규정된 신분관계를 갖는 자라도 다른 사람으로 하여금 기부행위를 하게 하는 경우에는 본 조의 기부행위 주체가 될 수 있는 것으로 해석된다.[100] 제3자가 선거 후보자가 되려는 자와 공모하여 기부물품을 제공한 경우에는, 비록 제3자가 선거 후보자가 되려는 자의 지시에 따라 기부물품을 전달하는 역할을 수행하였을 뿐 기부물품의 소유권자나 처분권자는 아니라고 하더라도 본 조 위반죄의 주체에 해당한다. 부산광역시의회의원이자 세계선수권대회 조직위원회 위원장이 그 직원(조직위원회 물품수불담당)에게 지시하여 유니폼, 시계 등 495개의 물품을 구청 및 생활체육협의회에 교부하도록 하는 방법으로 선거구 안에 있는 단체 또는 기관에 기부행위를 한 경우에 직원이 공직선거의 후보자가 되려는 자와 공모하여 기부물품을 제공한 경우에는, 비록 그 직원이 후보자가 되려는 자의 지시에 따라 기부물품을 전달하는 역할을 수행하였을 뿐 기부물품의 소유권자나 처분권자는

---

100) 대법원 2003. 3. 28. 선고 2003도502 판결

아니라고 하더라도 본 조의 주체에 해당한다.[101] 기부행위자가 후보자를 위하여 기부행위를 하면 법 제115조 위반행위가 되는 것이지 후보자가 후보자를 위한 제3자의 기부행위가 있었음을 인식할 필요는 없다.[102]

나. 행위

선거에 관하여 후보자(후보자가 되고자 하는 자 포함) 또는 그 소속정당(창당준비위원회를 포함)을 위하여 기부행위를 하거나 하게 하는 것이다.

「선거에 관하여」, 「후보자 또는 소속정당을 위하여」, 「후보자 또는 그 소속정당이 기부하는 것으로 추정할 수 있는 방법」 등은 모두 법 제114조의 해설과 같으며, 당해 공직선거에 출마할 정당추천 후보자를 선출하기 위한 당내 경선도 당해 공직선거를 연유(緣由)로 한 것이어서 궁극적으로는 해당 공직선거와 관련이 있으므로 공직선거에 출마할 정당추천 후보자를 선출하기 위한 당내 경선에 즈음하여 제3자가 당내에서 후보선출권이 있고 동시에 당해 선거구 안에 있거나 그 선거구민과 연고가 있는 자에 대하여 그 후보자를 지지하도록 하기 위하여 금전 등의 재산상의 이익을 제공하는 행위도 당해 '선거와 관련하여' 이루어진 것으로서 본 조에서 금지하는 기부행위에 해당한다.[103] 면장이 군수의 군정발표회 참석 주민에게 식사를 제공한 행위와[104] 경리계장이 군수를 위하여 군수의 업무추진비 카드를 이용하여 지방의원에게 고기선물세트를 추석선물로 제공한 것은[105] 본 조에 위반되며, '시력검사 및 돋보기 봉사' 집회를 개최하면서 동문선배인 입후보예정자를 위하여 지지호소를 하고 돋보기를 제공한 행위는 본 조와 법 제254조 제2항 위반으로 상상적 경합이 된다.[106]

---

101) 대법원 2008. 3. 13. 선고 2007도9507 판결
102) 대전고등법원 2021. 4. 2. 선고 2021노1 판결
103) 대법원 1996. 6. 14. 선고 96도405 판결, 대법원 2019. 10. 14. 선고 2019도12203 판결
104) 광주고등법원 2002. 12. 5. 선고 2002노504 판결, 대법원 2003. 2. 14. 선고 2002도7245 판결
105) 대법원 2006. 10. 26. 선고 2006도3774 판결
106) 광주고등법원 2006. 8. 30. 선고 2006고합257 판결

다. 중앙선거관리위원회 행정해석

1) 기부행위로 본 사례

① 지방자치단체 청사 내의 장소에서 변호사회가 무료법률상담을 실시하는 경우 무료법률상담 주체가 변호사협회라는 사실을 명확히 표시하지 않고 지방자치단체가 추정되게 활동하는 행위,[107] ② 국회의원의 보좌직원인 변호사가 자신이 개설한 홈페이지에서 당해 국회의원의 명의가 추정되지 아니하는 방법으로 무료 법률상담을 하는 것은 제한되지 아니할 것이나 그 홈페이지를 국회의원의 홈페이지에 링크하는 행위나, 국회의원이 자신의 직무를 수행하는 상설사무소에서 민원상담을 위한 무료 법률지원실을 운영하는 것이 아닌 변호사 등 전문직업인을 통하여 전문분야에 관한 무료의 법률상담을 하게 하는 경우,[108] ③ 대한축구협회장이 지역구국회의원예비후보자인 현직 국회의원과 함께 해당 지역구의 각 조기축구회를 방문하여 축구공을 10개씩 기증하는 행위,[109] ④ 국회의원이 주최하고 관련 단체인 경기농림진흥재단이 주관하는 공청회에서 선거구민인 참석자에게 관련 단체의 명의와 예산으로 기념품을 제공하는 행위,[110] ⑤ 한국철도시설공단이 통상적인 시승행사 대상자 선정절차를 따르지 아니하고 후보자가 되고자 하는 국회의원 및 지방자치단체장이 요청한 선거구안에 있거나 선거구민과 연고가 있는 지역단체의 구성원이나 주민을 대상으로 시승행사를 개최하는 행위는[111] 본 조에 위반된다.

2) 기부행위로 보지 않는 사례

① 기업체가 정치인팬클럽 사이트에서 후원하는 장애인복지시설 등에 문자메시지 무료발송 서비스를 제공하는 행위,[112] ② 국회의원과 봉사단체가 경로당 청소 봉사 후 찍은 사진을 봉사단체가 인화하여 경로당에 전달하는 행위,[113] ③ 국회의원이 주최하는 정책토론회 시 후원기관인 공공기관이 기관 홍보를 위하여 해당 기관의 로고가 표시된 홍보 기념품을 제공하는 행위는[114] 가능하다.

---

107) 중앙선거관리위원회 2005. 1. 11. 회답
108) 중앙선거관리위원회 2012. 8. 8. 회답
109) 중앙선거관리위원회 2008. 3. 7. 회답
110) 중앙선거관리위원회 2010. 11. 29. 회답
111) 중앙선거관리위원회 2015. 2. 12. 회답
112) 중앙선거관리위원회 2007. 1. 3. 회답
113) 중앙선거관리위원회 2010. 2. 10. 회답
114) 중앙선거관리위원회 2013. 3. 21. 회답

라. 처벌

5년 이하의 징역 또는 1천만원 이하의 벌금에 처한다(법 제257조 제1항 제1호).

5. 판례

가. 기부행위로 본 사례

① 석가탄신일을 맞아 종교인으로서 직접 관계가 없는 선거구안의 사찰에 광범위하게 연등을 달거나 금품을 시주한 경우,[115] ② 평소 본인이 다니는 교회가 아닌 다른 교회의 예배에 참여하여 헌금하는 경우,[116] ③ 새마을금고의 조합원은 새마을금고의 임·직원이라고 할 수 없고, 조합원이 새마을금고의 거래선이라고 할 수도 없으므로 조합원에 대하여 표창하는 것을 넘어 금반지를 부상으로 수여한 경우,[117] 법 제112조 제2항 제4호 나목은 기부행위로 보지 아니하는 행위를 열거하면서 '지방자치단체의 자체사업계획과 예산'이라는 요건 외에 '대상·방법·범위 등을 구체적으로 정한 당해 지방자치단체의 조례에 의한 금품제공행위'를 별도의 요건으로 규정하고 있는데. 법 제112조 제2항 제4호 가목의 법령에 의한 금품제공행위와 마찬가지로 금품제공을 직접적으로 뒷받침하는 별도의 조례가 존재하여야 하고 단순히 자체계획과 예산에 따라 지출하였다는 것만으로는 본 조항의 조례에 따른 금품제공행위로 볼 수 없는 바,[118] ④ 지방자치단체장이 특정한 시책을 홍보함과 아울러 관광 일정이 상당부분 포함된 '버스 투어'를 주도적으로 기획한 후 선거구민 중 여론형성층을 선별하여 그 행사에 참가하도록 한 경우, 이러한 '버스 투어'는 해당 지방자치단체의 조례에서 말하는 자원봉사활동에 해당한다고 보기는 어렵고, 따라서 이 조례는 '버스 투어'를 통하여 이루어진 일련의 기부행위를 직접적으로 뒷받침하는 조례라고 할 수 없다고 판단한 경우,[119] ⑤ 노인들을 대상으로 활쏘기대회, 경로당프로그램, 게이트볼대회 등을 진행하고 있는 대한노인회 ○○군지회가 개최하는 워크숍에 지원된 지방자치단체의 예산은 보조금이 아닌 행사실비보상금으로 편성되어 집행되었으므로 '노인문화·여가프로그램을 실시하는 단체 및 기관 등에 보조금을 지원할 수 있다'고 규정한 ○○군 노인복지 증진에 관한 조례 제4조 제3항에 근거한

115) 중앙선거관리위원회 1994. 6. 30. 회답
116) 서울고등법원 1996. 4. 10. 선고 96노350 판결
117) 대전고등법원 2006. 9. 22. 선고 2006노278 판결(규칙 제50조 제5항 제2호 나목의 규정은 현행 법 제112조 제2항 제2호 타목과 동일함)
118) 대법원 2007. 7. 12. 선고 2007도579 판결
119) 대법원 2009. 12. 10. 선고 2009도9925 판결

금품제공행위에 해당하지 않는다고 판단한 경우,[120] ⑥ 입후보예정자가 △△시장의 비자금에 관한 문건을 건네받으면서 100만원을 지급하고, 이○○의 측근인 엄○○ 등을 △△시 산하 단체에 취직시켜 주고 이○○의 노후를 보장해 주겠다는 내용의 이익제공을 약속하였다면, 비자금 문건을 제공받는 대가의 의미가 있음을 전혀 배제할 수는 없다고 하더라도, 이○○가 지급받았거나 제공받기로 약속받은 이익은 일반인의 입장에서 볼 때 통상은 얻기 어려운 재산상의 이익인 점에 비추어 볼 때, 이를 전적으로 이○○로부터 비자금 문건을 제공받은 대가로 볼 수는 없을 뿐만 아니라, 입후보예정자가 이○○에게 금품을 지급하고 이익제공을 약속하게 된 경위와 과정을 종합하면 역무의 제공에 대한 대가의 제공행위로 볼 수 없다고 본 경우,[121] ⑦ 사단법인 ☆☆☆가수협회(이하 '협회'라 함)는 ◎◎시에 본회를 두고 있는바, 예비후보자 A가 2022. 4. 12. ◎◎시 소재 식당에서 열린 협회 이사회에 참석하여 위 협회 회장 M과 임원진 8명과 함께 식사하던 중, ◎◎시장 甲당 예비후보로서 이름과 기호 등이 새겨진 선거운동용 파란색 점퍼를 착용한 F를 위 식당으로 불러 위 협회 임원진들과 서로 인사를 주고받고 그 자리에 함께 앉아 식사를 하도록 하고, 위 식사대금 467,000원 상당을 결제한 경우,[122] ⑧ 국회의원선거에 입후보하려는 사람이 시당 위원장인 본인의 명의로 모범당원 표창을 하는 과정에서 부상(금배지)을 수여한 행위,[123] ⑨ 지방의회의원이 업체로 하여금 자신의 지역구 선거구민과 연고 있는 기관인 초등학교에 기부행위를 하게 한 경우,[124] ⑩ ○○우체국에 시가 80,000원 상당의 떡을 제공한 것을 비롯하여 그때부터 2020. 2. 3.경까지 사이에 별지 범죄일람표 기재와 같이 총 48회에 걸쳐 선거구 내 선거구민, 우체국, 면사무소, 경로당 등 선거구민과 연고가 있는 자나 기관 등에 합계 6,729,459원 상당의 음식물 등을 제공한 경우,[125] ⑪ 지방자치단체장이 자신의 유튜브 채널을 통해 당해 선거구 안에 있는 자가 대표로 있는 업체에서 제조·판매하는 제품을 홍보를 한 경우,[126] ⑫ 노래봉사단 후원회장으로서 노래봉사단의 회비·후원금을 제공한 경우,[127] ⑬ 포럼 송년회 참석자 중 회원이 아닌 사람에게 식사와 공연을 제공한 행위,[128] ⑭ 아침식사비 선납한 경우,[129] ⑮ 지방자치단체

---

120) 서울고등법원 2019. 8. 28. 선고 2019노114 판결
121) 대법원 2004. 7. 9. 선고 2004도2729 판결, 대구고등법원 2004. 4. 22. 선고 2003노311 판결
122) 수원지방법원 2023. 1. 31. 선고 2022고합233 판결
123) 부산고등법원 2021. 2. 17. 선고 2020노645 판결
124) 대구고등법원 2021. 1. 28. 선고 2020노515 판결, 대법원 2021. 4. 27. 선고 2021도2064 판결
125) 부산고등법원 2021. 1. 27. 선고 (창원)2020노255 판결
126) 제주지방법원 2020. 12. 24. 선고 2020고합175 판결
127) 광주고등법원 2019. 12. 5. 선고 2019노235 판결, 대법원 2020. 2. 27. 선고 2019도18265 판결
128) 부산고등법원 2019. 11. 27. 선고 2019노477 판결, 대법원 2020. 3. 27. 선고 2019도18143 판결
129) 서울고등법원 2019. 11. 14. 선고 2019노1640 판결, 대법원 2020. 1. 14. 선고 2019도17510 판결

의 장이 선거구민에게 농촌사랑 상품권을 기부한 사례[130]가 있다.

나. 기부행위로 보지 않는 사례

법 제112조 제2항 제1호 마목에서의 「다과·떡·김밥·음료 등 다과류의 음식물」과 같은 의미라고 할 것이고, 이와 같은 규정형식에 비추어 볼 때 비록 다과인 차와 과자가 아니더라도 떡·김밥·음료 등과 같이 간식으로 혹은 다과회 등에서 가볍게 먹을 수 있는 음식물도 본 조항의 「다과류의 음식물」에 해당한다.[131] ① 선거사무소 개소식에서 제공된 1인당 500원 정도의 삶은 돼지고기를 음료와 김밥 및 떡등과 함께 참석한 선거사무관계자들에게 제공한 것도 본 조의 다과류의 음식물에 해당하여 기부행위로 보지 아니한 사례가 있다.[132]

② 위문품을 14개의 박스에 나눠 담은 상태에서 '기증 수고하십니다. 대한○○○회 회장 A'라고 기재된 A4용지 4장을 위 종이박스 14개중 4개의 표면에 부착한 것은 「제공하는 개별 물품 또는 그 포장지에 직명 등을 표시」하였다고 보기 어렵다고 본 사례가 있다.[133]

국가기관 또는 지방자치단체의 직무상의 행위 중 하나로서 법령에 의한 금품제공행위에 해당하려면, 그 금품제공행위와 관련된 '자체사업계획과 예산'과는 별도의 개별 법령에서 이를 직접적으로 뒷받침하고 있는 경우여야 하고, 단순히 자체사업계획에 따라 예산을 그 편성 목적 및 절차에 따라 지출하였다는 것만으로는 위 조항에 의한 금품제공행위에 해당한다고 볼 수 없다. 이때의 법령이란 단순히 지방자치단체 행정의 목적이나 방향 등에 관하여 일반적이고 추상적이거나 선언적으로 규정하고 있는 모든 법령을 의미하는 것이 아니고 보다 구체적으로 의무를 부과하는 법령만을 의미하며,[134] ③ 지방자치단체 등에 시행의무를 명시적으로 부과하는 내용의 법령만이 본 조 제2항 제4호 가목에 정한 금품제공행위의 근거가 되는 법령이라고 할 수 없고, 지방자치단체가 비록 의무를 명시적으로 부과하는 근거 법령이 없는 상태에서 주민의 복리증진을 위한 지출행위를 하였더라도 그것이 허용하거나 권장하는 것임이 구체적으로 명시된 법령에 근거하여 행하여진 경우라면 이는 본 조 제2항 제4호 가목의 법령에 의한 금품제공행위로서 기부행위에 해당하지 않는다.[135]

④ 대한노인회 지원에 관한 법률 제5조 제1항에 따라 구·시·군 대한노인회 지회에 대하

130) 대법원 2019. 3. 28. 선고 2019도1208
131) 대법원 2005. 8. 29. 선고 2005모319 판결
132) 대법원 2007. 7. 27. 선고 2007도3541 판결
133) 서울고등법원 2012. 7. 27. 선고 2012노1406 판결, 대법원 2012. 10. 25. 선고 2012도10146 판결
134) 서울고등법원 2006. 3. 23. 선고 2005초71 판결
135) 서울고등법원 2015. 7. 10. 선고 2015노663 판결, 대법원 2016. 3. 10. 선고 2015도11804 판결

여 워크숍을 진행할 수 있도록 보조금을 교부하는 행위,[136] ⑤ 새마을운동조직 육성법 제3조에 따라 구·시·군 새마을회에 대하여 체육대회를 진행할 수 있도록 보조금을 교부하는 행위[137]는 본 조항 제4호 가목의 「법령」에 따른 행위로서 가능하다.

⑥ 화천군 새마을운동 조직육성 및 지원에 관한 조례, 구 화천군 이장임무와 실비변상에 관한 조례 및 화천군 반 설치 조례가 그 대상으로는 '이장, 반장 및 새마을운동조직'을 규정하고 있고, 그 방법으로 '체육행사를 위해 필요한 경우 실비를 지원하거나, 새마을운동조직 육성과 활성화 사업 및 행사 등에 소요되는 경비를 지원할 수 있다'는 취지로 규정하고 있으며, 그 범위에 관하여는 '예산의 범위에서' 지원할 수 있다고 규정하고 있는바, 이러한 규정은 본 조항 제4호 나목의 「구체적 조례」에 해당하여 기부행위로 보지 않는 사례가 있다.[138] ⑦ 지방자치단체장의 지원 대상을 '노인 지역 봉사활동 및 노인일자리 사업, 노인대학 및 노인교실, 경로식당 운영 및 식사배달, 그 밖에 노인문화·여가프로그램을 실시하는 단체 및 기관'으로 열거하고 있고, 지원의 방법에 관하여는 '보조금을 지원할 수 있다'라고 규정하고 있는 구 영양군 노인복지 증진에 관한 조례 제4조 제3항은 그 대상 및 방법을 비교적 구체적으로 정하고 있어 '예산의 범위 내에서'라는 규정이 없다고 하더라도, 본 조항 제4호 나목의 「구체적 조례」에 해당한다는 사례도 있다.[139] 그리고 ⑧ 코로나 재난지원금은 관련 법령에 근거하여 각각의 지급요건을 충족하는 관내 선거인이 포함된 주민들에게 지급된 사실을 인정할 수 있어 기부행위에 해당하지 아니한다고 판단한 사례[140]가 있다.

6. 기부의 권유·요구 등의 금지

> **제116조(기부의 권유·요구 등의 금지)** 누구든지 선거에 관하여 제113조부터 제115조까지에 규정된 기부행위가 제한되는 자로부터 기부를 받거나 기부를 권유 또는 요구할 수 없다.

법 제113조 내지 제115조는 기부행위의 주체별로 기부행위를 제한하는 규정임에 반하여 본 조는 기부를 받는 행위와 기부를 권유 또는 요구하는 행위에 대한 제한규정이다. 즉 선거에 관하여 법 제113조, 제114조, 제115조의 주체로부터 기부를 받거나 기부를 권유 또는

---

136) 서울고등법원 2019. 8. 28. 선고 2019노114 판결
137) 서울고등법원 2019. 8. 21. 선고 2019노107 판결, 대법원 2019. 11. 28. 선고 2019도12549 판결
138) 서울고등법원 2019. 8. 21. 선고 2019노107 판결, 대법원 2019. 11. 28. 선고 2019도12549 판결
139) 서울고등법원 2019. 8. 28. 선고 2019노114 판결
140) 대법원 2021. 8. 19. 선고 2020수6137 판결

요구하는 행위를 금지하고 있다. 무소속 후보자의 등록에 필요한 추천장을 받아 주는 대가로 금품을 요구하는 행위도 본 조에 위반된다.[141] 선거구 안에 있는 경호회사가 경호를 자청하여 행하고 후보자에게 경호비용을 요구하거나 사회상규에 반하는 과다한 경호비용을 요구하는 행위는 본 조에 위반된다.[142]

수인이 함께 공동으로 식사 및 향응 등의 기부행위를 제공받은 경우 그 중 1인이라 하더라도 전체 인원이 함께 받은 이익액 전체에 대하여 법 위반죄가 성립한다.[143] 본 조에서는 금지의 대상에 지시·알선이 빠져 있으나, 벌칙규정인 법 제257조 제2항에서 지시·알선도 포함하여 처벌하고 있다.

기부를 받은 자에 대한 과태료 처분에 대하여는 법 제261조(과태료의 부과·징수) 제9항에서 규정하고 있고 기부를 받은 자로서 과태료 처분 대상자가 아닌 경우 벌칙은 법 제257조 제2항에서 규정하고 있다. 기부를 권유 또는 요구하는 자에 대한 벌칙은 법 제257조 제1항 제1호와 제2항에서 규정하고 있다.

7. 기부받는 행위 등의 금지

> **제117조(기부받는 행위 등의 금지)** 누구든지 선거에 관하여 「정치자금법」 제31조(기부의 제한)의 규정에 따라 정치자금을 기부할 수 없는 자에게 기부를 요구하거나 그로부터 기부를 받을 수 없다.

본 조는 정치자금법 제31조에 따라 정치자금을 기부할 수 없는 외국인 및 법인 또는 단체의 자금이 선거에 유입되어 선거의 분위기를 혼탁하게 하는 것을 방지하기 위한 조항으로,[144] 정치자금을 기부할 수 없는 자에게 기부를 요구한 자와 기부를 받은 자를 법 제257조 제3항으로 처벌한다. 제공자에 대하여는 법상 처벌조항은 없으나 정치자금법 제45조 제2항 제5호에 처벌규정을 두고 있다.

---

141) 서울북부지방법원 2013. 9. 27. 선고 2012고합431 판결
142) 중앙선거관리위원회 1995. 3. 25. 회답
143) 대법원 2005. 9. 9. 선고 2005도2014 판결
144) 정치자금법 제31조(기부의 제한) ① 외국인, 국내·외의 법인 또는 단체는 정치자금을 기부할 수 없다. ② 누구든지 국내·외의 법인 또는 단체와 관련된 자금으로 정치자금을 기부할 수 없다.

8. 과태료의 부과·징수 등

제261조(과태료의 부과·징수 등) ⑨다음 각 호의 어느 하나에 해당하는 자(그 제공받은 금액 또는 음식물·물품 등의 가액이 100만원을 초과하는 자는 제외한다)는 그 제공받은 금액 또는 음식물·물품 등의 가액의 10배 이상 50배 이하에 상당하는 금액(주례의 경우에는 200만원)의 과태료를 부과하되, 그 상한은 3천만원으로 한다. 다만, 제1호 또는 제2호에 해당하는 자가 그 제공받은 금액 또는 음식물·물품(제공받은 것을 반환할 수 없는 경우에는 그 가액에 상당하는 금액을 말한다) 등을 선거관리위원회에 반환하고 자수한 경우에는 중앙선거관리위원회규칙으로 정하는 바에 따라 그 과태료를 감경 또는 면제할 수 있다.

  1. 제116조를 위반하여 금전·물품·음식물·서적·관광 기타 교통편의를 제공받은 자
  2. 제230조제1항제7호에 규정된 자로서 같은 항 제5호의 자로부터 금품, 그 밖의 이익을 제공받은 자
  3. ~ 5. 삭제
  6. 제116조를 위반하여 제113조에 규정된 자로부터 주례행위를 제공받은 자

가. 의의

과태료는 형법상의 형벌이 아니므로 과태료에 대하여는 형법총칙이 적용되지 아니하고 그 절차도 형사소송법이 아닌 비송사건절차법 및 민사소송법을 따르거나 준용한다(질서위반행위규제법 제4장). 또한 과태료는 법률상 주어진 의무를 태만히 하는 행위에 대하여 법률상 질서유지를 위한 제재로서의 행정질서벌이므로 과태료도 법률이 정하는 절차에 따라 부과하여야 한다. 행정법상의 질서벌인 과태료의 부과처분과 형사처벌은 그 성질이나 목적을 달리하는 별개의 것이므로 행정법상의 질서벌인 과태료를 납부한 후에 형사처벌을 한다고 하여 이를 일사부재리의 원칙에 반하는 것이라고 할 수 없다.[145]

나. 50배 과태료 제도 도입 및 보완

2010. 1. 25. 법 개정 시에는 기부받은 물품 등의 가액만을 기준으로 하여 일률적으로 정해진 액수의 과태료를 부과하는 점에 대한 헌법재판소의 헌법불합치결정에[146] 따라 그 부과

---

145) 대법원 1996. 4. 12. 선고 96도158 판결
146) 헌법재판소 2009. 3. 26. 2007헌가22 결정(구체적, 개별적 사정을 고려하지 않고 오로지 기부받은 물품 등의 가액만을 기준으로 하여 일률적으로 정해진 액수의 과태료를 부과한다는 것은 구체적 위반행위의 책임 정도에 상응한 제재가 되기 어렵고, 소액의 위법한 기부행위를 근절함으로써 선거의 공정성을 확보한다는 입법목적의 달성은 반드시 과태료의 액수가 '50배'에 상당하는 금액이 되어야만 가능한 것이 아니고, 과태료의 액수를 '50배 이하'로 정하는 등 보다 완화된 형식의 입법수단을

기준을 10배 이상 50배 이하, 상한액은 3,000만원으로 조정하였고, 2012. 2. 29. 법 개정 시 인터넷 홈페이지의 게시판 등에 문자·동영상 등을 게시하거나 전자우편·문자메시지를 전송하는 대가로 100만원 이하 금품 등의 이익을 제공받은 자(법 제230조 제1항 제5호, 제7호)에 대해서도 기부행위제한규정을 위반하여 기부받은 자에 준하여 과태료를 부과하도록 하였다.

다. 과태료의 부과기준

본 조 제9항에 따른 과태료는 주례를 제공받은 경우를 제외하고 규칙 별표3의2, 3의3의 기준에 따라 부과한다. 이 경우 대상자가 제공받은 음식물·물품의 가액이 명확하지 않은 경우에는 통상적인 거래가격 또는 시장가격을 기준으로 과태료를 부과한다(규칙 제143조 제4항). 다만, 제공받은 금액 또는 음식물·물품(제공받은 것을 반환할 수 없는 경우에는 그 가액에 상당하는 금액을 말한다) 등을 선거관리위원회에 반환하고 자수한 경우에는 규칙 제143조 제6항에 따라 그 과태료를 감경 또는 면제할 수 있다.

라. 과태료 부과 사례[147]

- 후보자가 되려는 사람의 지지단체로부터 총 1,348만원 상당의 교통편의와 음식물을 제공받은 선거구민 317명 ⇨ 총 11,420만원[1명당 36만원] 과태료 부과
- 출판기념회에 참석하면서 총 354만원 상당의 음식물 및 교통편의를 제공받은 고속버스회사 직원 및 초등학교 동문 등으로 구성된 선거구민 78명 ⇨ 총 8,132만원[1명당 100만원] 과태료 부과
- 국회의원의 의정보고회에 참석한 후 지방의원으로부터 264만원 상당의 음식물을 제공받은 선거구민 61명 ⇨ 총 6,388만원[1명당 105만원] 과태료 부과
- 후보자의 선거사무장으로부터 선거운동과 관련하여 100만원씩을 제공받은 선거구민 2명 ⇨ 총 6,000만원[1명당 3,000만원] 과태료 부과
- 후보자의 측근으로부터 후보자에 대한 지지를 부탁받으며 280만원 상당의 주류와 음식물을 제공받은 선거구민 23명 ⇨ 총 3,140만원[1명당 136만원] 과태료 부과
- 국회의원 보좌관 명의의 명절 선물(개당 4만원 곶감)을 택배로 제공받은 선거구민 124명

통하여도 가능하다)

147) 중앙선거관리위원회. 제22대 국회의원선거 정치관계법 사례예시집. 228쪽

제24장

선거와 관련 금품 제한
(매수 및 이해유도죄)

선거와 관련 금품 제한
(매수 및 이해유도죄)

제1절 정당의 후보자추천 관련 금품수수금지

제47조의2(정당의 후보자추천 관련 금품수수금지) ① 누구든지 정당이 특정인을 후보자로 추천하는 일과 관련하여 금품이나 그 밖의 재산상의 이익 또는 공사의 직을 제공하거나 그 제공의 의사를 표시하거나 그 제공을 약속하는 행위를 하거나, 그 제공을 받거나 그 제공의 의사표시를 승낙할 수 없다. 이 경우 후보자(후보자가 되려는 사람을 포함한다)와 그 배우자(이하 이 항에서 "후보자등"이라 한다), 후보자등의 직계 존비속과 형제자매가 선거일 전 150일부터 선거일 후 60일까지 「정치자금법」에 따라 후원금을 기부하거나 당비를 납부하는 외에 정당 또는 국회의원[「정당법」 제37조(활동의 자유)제3항에 따른 국회의원지역구 또는 자치구·시·군의 당원협의회 대표자를 포함하며, 이하 이 항에서 "국회의원등"이라 한다], 국회의원등의 배우자, 국회의원등 또는 그 배우자의 직계존비속과 형제자매에게 채무의 변제, 대여 등 명목여하를 불문하고 금품이나 그 밖의 재산상의 이익을 제공한 때에는 정당이 특정인을 후보자로 추천하는 일과 관련하여 제공한 것으로 본다.
② 누구든지 제1항에 규정된 행위에 관하여 지시·권유 또는 요구하거나 알선하여서는 아니 된다.

제230조(매수 및 이해유도죄) ⑥ 제47조의2제1항 또는 제2항을 위반한 자는 5년 이하의 징역 또는 500만원 이상 3천만원 이하의 벌금에 처한다.

1. 입법취지와 입법연혁

본 조는 공직선거에서 정당의 후보자 추천과 관련한 금전의 수수행위는 엄격히 규제할 필요성이 있으므로 후보자 추천 단계에서부터 금권의 영향력을 원천적으로 봉쇄함으로써 궁

극적으로는 공명정대한 선거를 만들기 위하여 마련되었다.[1]

정당의 공직선거후보자 추천과 관련하여 구 정당법(2005. 8. 4. 법률 제7683호로 전부 개정되기 전의 것) 제31조 제1항은 "정당의 공직선거후보자의 추천은 민주적이어야 한다."라고 규정하고, 구 공직선거법(2005.8. 4. 법률 제7681호로 일부 개정되기 전의 것) 제47조 제2항은 "정당이 제1항의 규정에 의하여 후보자를 추천하는 때에는 정당법 제31조의 규정에 따라 민주적 절차에 의하여야 한다."고 규정하였지만 그 규정형식 자체가 불완전하고 별도의 제재조항이 없어 비민주적인 공천의 문제점이 항상 지적되어 왔다. 특히 이 사건 법률조항이 신설되기 이전에는 공직선거에 있어서 정당이나 정당의 실력자는 공천 과정에서 막대한 공천자금을 수수하는 것이 관행화되어 있었고, 특히 전국구 공천의 경우 헌금액수가 상당하기 때문에 매관매직으로 정당을 사당(私黨)화하는 효과를 가져 왔으며, 이에 따른 비민주적인 공천권 행사로 말미암아 국민이 원치 않는 후보자를 선택하지 않을 수 없는 등 폐단이 심각하였다.

이처럼 공직선거에 있어 특정인을 후보자로 추천하는 것과 관련하여 금권이 개입되어 부정 공천이 빈번하게 이루어지는 것을 규제해야 할 필요성이 대두되었고, 이를 위해 1980. 12. 31. 정치자금법 개정을 통하여 후보자 추천과 관련한 '정치자금' 기부를 금지하는 규정을 마련하는 한편, 공직선거법에서는 일정한 '기부행위'를 제한하여 왔다. 그러나 이 경우에도 정치자금법상의 '정치자금'에 해당하지 않거나, 공직선거법상의 '기부행위'에 해당하지 않는 경우에는 처벌되지 않는 법적 공백이 발생하였는바, 이 같은 처벌상의 공백을 메우고 정당의 공직선거 후보자 추천과 관련된 모든 형태의 금품수수행위를 근절시킴으로써 정당공천의 공정성과 정당운영의 투명성을 제고하기 위하여 2008. 2.29. 법률 제8879호로 일부 개정된 공직선거법에서 본 조가 규정되었다.[2]

2014. 2. 13. 법 개정 시 본 조 제1항 후단을 신설하여 후보자와 그 배우자, 직계존비속, 형제자매가 선거일 전 150일부터 선거일 후 60일까지 본 조에 따른 금품이나 그 밖의 재산상 이익을 제공한 때에는 정당이 특정인을 후보자로 추천하는 일과 관련하여 제공한 것으로 보는 간주규정을 두었다.

2. 구성요건

가. 주체

'누구든지'라 함은 일정한 신분이나 지위 등에 의하여 제한되는 것이 아닌 공직선거에 후

1) 대법원 2018. 2. 8. 선고 2017도17838 판결
2) 헌법재판소 2009. 10. 29. 2008헌바146 결정

보를 추천하는 정당을 포함한 모든 사람이나 단체를 의미하는 것이 명백하다.[3] 즉 정치활동을 하는 자인지 또는 정당의 당원인지 여부, 선거권 또는 피선거권 여부 등과는 아무런 관계가 없다.

정당이 특정인을 후보자로 추천하는 일과 관련하여 금품이나 그 밖의 재산상의 이익을 제공받은 경우에는 자연인인 기관이 그 업무를 수행하는 것이므로, 같은 법 제230조 제6항에서 같은 법 제47조의2 제1항의규정에 위반한 자란 정당인 경우 업무를 수행하는 정당의 기관인 자연인을 의미한다. 그리고 이미 성립한 정당이 아닌 창당준비위원회의 경우에도 마찬가지이다.[4]

위반자를 특정함에 있어 비록 정당 명의의 계좌를 통해 금품 등이 수수되었다고 하더라도, 구체적 사정을 종합적으로 고려할 때 금품 등의 수수에 실질적으로 관여하여 이를 직접 수수한 것과 동일하게 평가할 수 있는 자인 경우 본 조에 위반되어 처벌받는 것이고, 정당 대표자나 구성원이라는 이유만으로 정당을 대신하여 형사처벌을 받는 것은 아니다.[5]

나. 행위

「금품이나 그 밖의 재산상의 이익 또는 공사의 직의 제공 또는 그 제공의 의사표시, 약속하는 행위를 하거나, 그 제공을 받거나 그 제공 의사표시의 승낙」 행위이다.

「제공」은 반드시 금품을 '상대방에게 귀속'시키는 것만을 뜻하는 것으로 한정 해석할 것은 아니고, 중간자에게 금품을 주는 경우라 하더라도 그 중간자가 단순한 보관자이거나 특정인에게 특정금품을 전달하기 위하여 심부름을 하는 사자(使者)에 불과한 자가 아니고 그에게 금품배분의 대상이나 방법, 배분액수 등에 대한 어느 정도의 판단과 재량의 여지가 있는 한 비록 그에게 귀속될 부분이 지정되어 있지 않은 경우라 하더라도 위 규정에서 말하는 「제공」에 포함된다.[6]

다. 「정당이 특정인을 후보자로 추천하는 일과 관련하여」의 의미

「정당이 특정인을 후보자로 추천하는 일과 관련하여」란 금품 등의 수수가 후보자 추천의 대가 또는 사례에 해당하거나, 그렇지 않다 하더라도 금품 등의 수수가 후보자 추천에 있어

3)   대법원 2009. 5. 14. 선고 2008도11040 판결
4)   대법원 2018. 2. 8. 선고 2017도17838 판결
5)   헌법재판소 2009. 10. 29. 2008헌바146·158·168(병합) 결정
6)   대전고등법원 2019. 5. 9. 선고 2019노56 판결

서 어떠한 형태로든 영향을 미칠 수 있는 경우에 해당하는 경우를 의미하며, 이에 해당하는지 여부는 피고인의 사회적 지위, 행위의 동기 및 경위, 행위의 내용과 태양, 행위 당시의 시기적 상황을 종합하여 사회통념에 비추어 합리적으로 판단하여야 한다.[7]

　정당을 설립하기 위한 창당준비위원회가 장차 정당의 성립 이후 치러질 공직선거에서 특정인을 후보로 추천하는 일과 관련하여 그 창당을 위한 활동과정에서 특정인으로부터 금품 등을 제공받는 행위가 민주주의의 근간인 공직선거·정당공천의 공정성과 투명성에 미칠 해악은 정당 성립 이후에 후보자 추천과 관련하여 금품 등을 제공받는 것과 본질적인 차이가 없고, 법상 공직선거에서의 후보자 추천은 정당 소속 후보자인 경우에는 정당이, 정당의 당원이 아닌 경우에는 선거권자가 할 수 있는데(제47조. 제48조), 제47조의2 제1항은 선거권자가 아닌 '정당이' 추천하는 후보자와 관련될것을 요건으로 규정하고 있을 뿐 '재산상의 이익 등을 수수할 당시 이미 성립되어 있거나 구체적인 후보자 추천절차가 존재하는 정당'이라고 한정하여 규정하고 있지 아니하므로, '창당준비위원회의 활동 결과 장차 성립될 정당 또는 아직 구체적인 후보자 추천절차가 존재하지 아니하는 정당이 특정인을 후보로 추천하는 일'도 제47조의2제1항에서 말하는 '정당이 특정인을 후보자로 추천하는 일'에 포함된다.[8]

라. 간주규정

　후보자(후보자가 되려는 사람을 포함한다)와 그 배우자("후보자등"이라 함), 후보자등의 직계존비속과 형제자매가 선거일 전 150일부터 선거일 후 60일까지 「정치자금법」에 따라 후원금을 기부하거나 당비를 납부하는 외에 정당 또는 국회의원[「정당법」 제37조(활동의 자유)제3항에 따른 국회의원지역구 또는 자치구·시·군의 당원협의회 대표자를 포함하며, "국회의원등"이라 함], 국회의원등의 배우자, 국회의원등 또는 그 배우자의 직계존비속과 형제자매에게 채무의 변제, 대여 등 명목여하를 불문하고 금품이나 그 밖의 재산상의 이익을 제공한 때에는 정당이 특정인을 후보자로 추천하는 일과 관련하여 제공한 것으로 본다.

마. 지시·권유·요구·알선죄

　누구든지 제1항에 규정된 행위에 관하여 지시·권유 또는 요구하거나 알선하여서는 아니된다. 일반매수죄[제230조(매수 및 이해유도죄) 제7항]나 당내경선관련 매수죄[제230조(매수

---

7)　헌법재판소 2009. 10. 29. 2008헌바146·158·168(병합) 결정
8)　대법원 2018. 2. 8. 선고 2017도17838 판결

및 이해유도죄) 제8항]는 지시·권유·요구·알선 행위를 가중처벌 하지만 본 조 제1항, 제2항을 위반한 자는 법 제230조 제6항에 따라 5년 이하의 징역 또는 500만원 이상 3천만원 이하의 벌금에 처하도록 하여 지시·권유·요구·알선 행위도 형량이 동일하다.

　　본 조 위반의 경우 법 제19조[9]에 따라 100만원 미만의 벌금형을 선고 받더라도 형이 확정된 후 10년간 피선거권이 제한된다.

3. 죄수관계

가. 정치자금부정수수죄와 죄수관계

　　법 제230조 제6항, 제47조의2 제1항에서 규정하고 있는 매수 및 이해유도죄는 선거와 관련한 부정 방지 및 공정한 선거의 시행을 그 보호법익으로 하는 반면, 정치자금법 제45조 제2항 제5호, 제32조에서 규정하고 있는 정치자금부정수수죄는 정치자금의 투명성을 확보하고 정치자금과 관련한 부정의 방지를 통한 민주정치의 발전을 목적으로 하고 있어 그 보호법익이 같다고 할 수 없다. 또한, 매수 및 이해유도죄는 행위의 주체에 제한을 두지 않는 대신 정당이 후보자 추천하는 일과 관련하여 금품이나 그 밖의 재산상 이익뿐만 아니라 공사의 직을 제공하는 등의 행위를 구성요건으로 하는 반면, 정치자금부정수수죄는 공직선거 후보자 추천의 주체가 누구든 상관없이 이와 관련하여 정치자금을 기부하거나 받는 행위를 구성요건으로 하고 있어 그 구성요건의 내용도 어느 한쪽이 다른 한쪽을 전부 포함한다고 할 수 없다. 따라서 위 두 죄는 보호법익 및 구성요건의 내용이 서로 다른 별개의 범죄로서 상상적 경합의 관계에 있다.[10]

나. 기부행위제한위반죄와 죄수관계

　　법에서의 기부행위는 일방이 상대방에서 무상의 이익을 제공하거나 약속하는 것으로서, 이를 제한하는 것은 그것이 후보자 등의 지지기반을 조성하는 데에 기여하거나 매수행위와 결부될 가능성이 높아 이를 허용할 경우 선거 자체가 후보자의 인물·식견 및 정책 등을 평가받는 기회가 되기보다는 후보자의 자금력을 겨루는 과정으로 타락할 위험성이 있어 이를 방지하기 위하여 마련된 것이고, 공천과 관련한 금품수수행위는 정당이 특정인을 후보자로 추천하는 일과 관련하여 재산상 이익이나 공사의 직을 제공하는 등의 행위를 하는 것으로서, 이를 제한하는 것은 정당의 후보자 추천의 공정성과 정당 운영의 투명성·도덕성을 제고하고 나아가 공직선거에 있어서 후보자 추천 단계에서부터 금권의 영향력을 원천적으로 봉쇄함으로써 궁극적으로 공명정대한 선거를 보장하기 위한 것으로서, 양자는 범죄구성요건과 입법 취지를 달리하고 있다. 한편, 지역구 국회의원이 공천과 관련하여 자신의 선거구 밖에서 연고가 없는 상대방에게 금품 등을 교부한 경우나, 혹은 공천과 관련하여 제공된 금품이 적절한 대가관계에 있는 등 무상성이 인정되지 아니하는 경우에는 공천관련금품수수죄가 성립하는데도 기부행위제한위반죄에는 해당하지 않을 경우를 상정할 수도 있다. 이러한 점들을 종합하여 보면, 공천관련금품수수죄가 기부행위제한위반죄에 대하여 특별관계에 있다고는 볼 수 없다.[11]

4. 판례

① 창당준비위원회의 활동 결과 장차 성립될 정당 또는 아직 구체적인 후보자 추천절차가 존재하지 아니하는 정당이 특정인을 후보로 추천하는 일도 법 제47조의2 제1항에서 말하는 '정당이 특정인을 후보자로 추천하는 일'에 포함되는지 여부

공직선거법 제47조의2 제1항에는 누구든지 정당이 특정인을 후보자로 추천하는 일과 관련하여 금품, 재산상의 이익 등을 제공하거나 그 제공을 받을 수 없다고 규정되어 있고, 같은 법 제230조 제6항에는 제47조의2 제1항을 위반한 자는 5년 이하의 징역 또는 500만 원 이상 3천만 원 이하의 벌금에 처한다고 규정되어 있다. 위 각 조항은 공직선거에서 정당의 후보자 추천과 관련한 금전의 수수행위는 엄격히 규제할 필요성이 있으므로 후보자 추천 단계에서부터 금권의 영향력을 원천적으로 봉쇄함으로써 궁극적으로는 공명정대한 선거를 만들기 위하여 마련되었다. 그런데 정당을 설립하기 위한 창당준비위원회가 장차 정당의 성립 이후 치러질 공직선거에서 특정인을 후보로 추천하는 일과 관련하여 그 창당을 위한 활동과정에서 특정인으로부터 금품 등을 제공받는 행위가 민주주의의 근간인 공직선거·정당공천의 공정성과 투명성에 미칠 해악은 정당 성립 이후에 후보자 추천과 관련하여 금품 등을 제공받는 것과 본질적인 차이가 없다. 또한 공직선거법상 공직선거에서의 후보자 추천은 정당 소속 후보자인 경우에는

---

11) 대법원 2009. 4. 23. 선고 2009도834 판결

정당이, 정당의 당원이 아닌 경우에는 선거권자가 할 수 있는데(제47조, 제48조), 제47조의2 제1항은 선거권자가 아닌 '정당이' 추천하는 후보자와 관련될 것을 요건으로 규정하고 있을 뿐 '재산상의 이익 등을 수수할 당시 이미 성립되어 있거나 구체적인 후보자 추천절차가 존재하는 정당'이라고 한정하여 규정하고 있지 않다. 따라서 '창당준비위원회의 활동 결과 장차 성립될 정당 또는 아직 구체적인 후보자 추천절차가 존재하지 아니하는 정당이 특정인을 후보로 추천하는 일'도 제47조의2 제1항에서 말하는 '정당이 특정인을 후보자로 추천하는 일'에 포함된다고 해석하는 것이 타당하다.

원심은, 증거에 의하여 제20대 국회의원 선거를 불과 4~5개월 앞둔 시점에 피고인 1이 주도하여 만든 ○○당 창당준비위원회는 창당경비의 확보가 시급한 상황이었는데도 이를마련할 마땅한 방안이 없는 상태에서, 피고인 1이 공소외 1을 소개받고 공소외 1에게 자금조달능력이 중요한 임무인 사무총장직을 제의하면서 비례대표 국회의원 출마 쪽을 생각해보라는 취지의 말을 한 사실, 공소외 1은 위와 같은 피고인 1의 비례대표 언급에 따라 창당될 ○○당의 비례대표 후보자 추천을 기대하며 사무총장직에 취임하여 152,136,300원의창당경비를 지출한 사실, 공소외 1은 비례대표 국회의원 후보로 나가겠다고 여러 차례 말하였고 피고인 1이 참석한 자문단 회의에서 공소외 2에 의해 공소외 1이 ○○당이 창당되면 제20대 국회의원선거에 후보자로 출마하겠다는 의향이 소개되기도 하였으며 창당경비지출 과정에서 피고인 1의 비서실장 공소외 3과 자신의 비례대표 추천에 관한 대화를 나누기도 한 사실, 공소외 1은 피고인 1과 정치적 행보를 같이 하면서 피고인 1이 예비후보로등록한 후 추가로 합계 2억 원의 정치자금을 지원한 사실, 공소외 1은 피고인 1을 따라 □□□당에 입당한 후 □□□당 비례대표 후보신청을 하면서 피고인 1의 비서실장 공소외 3에게 '비례대표'를 언급하는 문자메시지를 보내며 자신의 후보신청 접수증을 첨부하였고,비례대표 후보자 추천 신청에서 탈락한 직후 피고인 1에게 위 돈의 반환을 요구한 사실 등을 인정한 다음, 공소외 1이 피고인 1에 제공한 돈의 액수, 사용처, 피고인 1의 정치적 입지와 위상, 당시의 정치적 상황 등에 비추어 볼 때 위 금원은 제20대 국회의원선거 비례대표 후보자 추천 과정에 충분히 영향을 미칠 수 있는 성격의 돈으로서 공직선거법 제47조의2 제1항의 '후보자를 추천하는 일과 관련'한 돈이라고 보는 것이 타당하고, 피고인 1로서도 위 돈이 후보자를 추천하는 일과 관련된 돈이라는 사정을 알면서 공소외 1로부터 위 돈을제공·기부받는다는 고의가 있었던 것으로 인정할 수 있다고 판단하였다(대법원 2018. 2. 8. 선고 2017도17838 판결).

② '정당이 특정인을 후보자로 추천하는 일과 관련하여' 돈을 수수한 것인지 여부를 평가

하기 위해서는 돈을 수수한 자가 후보자의 실제 공천과정 중 어떤 단계에서 후보자 공천에 영향을 미칠 수 있다거나 미치게 할 수 있어야 하는지 여부

공직선거법 제47조 제2항, 피고인의 자금 수수 당시 B당 당헌·당규에 따르면, 전략공천은 당헌·당규에 정해진 경우에 한하여(국회의원, 광역·기초자치단체장만 가능함) 중앙당 전략공천위원회 심사, 당대표의 선정, 최고위원회 의결, 당무위원회 인준 등의 절차를 거쳐 이루어지고, 시·도의회의원선거에서는 도당위원장이 시·도의회의원 후보자를 단독 재량으로 전략공천할 근거는 없다. 경쟁후보자가 부적격으로 판단되어 단수후보로 추천되는 경우가 아니면 경선을 치러 시·도의회의원후보가 결정된다. 따라서 시·도의회의원 후보자 선정과 관련하여 정당의 전략공천은 불가능하였던 것으로 보인다.

피고인이 '정당이 특정인을 후보자로 추천하는 일과 관련하여' 위 돈을 수수한 것인지 여부를 평가하기 위해서는 '당원의 자율적인 의사를 반영한 후보자 결정'이라는 공직선거법 제47조 제2항 규정과 B당 당헌·당규와 달리 피고인이나 F가 이 사건 후보자의 실제 공천과정 중 어떤 단계에서 후보자 공천에 영향을 미칠 수 있다거나 미치게 할 수 있어야 하고, 그러한 점에 대하여 검사가 입증할 책임이 있다. 그런데 다음 사정에 비추어 보면, 이에 대하여 검사는 합리적 의심의 여지가 없을 정도로 입증하였다고 보기 어렵다.

① 당내경선이 있을 예정이었던 이 사건 후보자의 공천과 관련하여 F와 피고인이 후보자로 단수로 추천하거나 그렇게 만들 수 있는 힘을 가지고 있었는지, 후보검증절차 및 선정절차에서 어떤 영향력이 있는지, 경선절차에서 권리당원 등에 대한 정치적 영향력이 어떤지 등을 가늠할 객관적 자료가 없다.

② 검사가 후보자 공천에 관한 피고인이나 F의 구체적 영향력 입증을 위하여 제출한 증거는 수사보고서가 사실상 유일하다. 그러나 위 수사보고서는 담당경찰관이 선거관리위원회의 지도주임과 전화로 통화한 결과를 토대로 작성한 것인데, 그 내용도 '피고인이 지역위원장으로서 당원을 관리하고 도당위원장에게 공천 관련 이야기를 해 줄 수 있어 공천 관련 영향을 줄 수 있다'는 매우 막연한 수준의 주관적 짐작에 터 잡은 것에 불과하다.

③ 도당위원장이나 지역위원장이 후보자 공천과 관련된 당원들의 의사형성과정에 정치적 영향을 미칠 가능성이 어떤 경우에도 늘 존재한다고 단정할 근거는 없다. 당원들의 개인적 입장이나 처지, 위원장들과 개별적 친소의 정도, 각 시기별 정치·사회적 이슈에 대한 견해 차이 등 다양한 사정에 따라 당원들이 위원장들의 입장과 달리 의사결정 하는 경우를 쉽게 예상할 수 있고, 위원장과 당원들의 관계도 시기에 따라

변할 수 있기 때문이다.

C는 피고인이 F와 친분관계를 쌓게 되면 자신의 향후 공천에 도움이 될 것이라는 막연한 기대감에서 그들의 친분관계를 쌓을 식사비 명목으로 45만원을 피고인에게 지급하였다고 볼 수 있을 뿐이다. 더불어, 피고인이 받은 돈의 규모, 받은 시점이 이 사건 후보자 공천을 위한 경선일로부터 약 7개월 전이고, 이 사건 후보자추천 절차가 시작되는 검증신청자 접수일로부터는 약 6개월 전인 점, 당시 C는 이 사건 후보자로 나설 것을 계획하고 있었을 뿐 출마의사를 확정적으로 공표하지는 않았던 점까지 고려하면, C가 피고인에게 제공한 돈이 그 자체로 정당의 후보자추천과 관련된 것으로 평가하기 어렵다(대전고등법원 2021. 6. 18. 선고 2021노164 판결, 대법원 2021. 4. 29. 선고 2019도9494 판결).

③ 후보자가 되고자 하는 자가 해당 지역구 국회의원의 배우자에게 경선실시를 요구하면서 1억 원을 교부한 행위

피고인 박○○는 2014. 6. 4. 실시된 제6회 전국동시지방선거와 관련하여 2014. 2. 21. □□당 ▲▲시장 예비후보로 등록했다가 공천에서 탈락한 후 2014. 5. 15. □□당 ▲▲시의회 기초의원 비례대표 1순위 후보로 등록한 사람이고, 피고인 강○○은 피고인 박○○ 선거사무장 겸 회계책임자이며, 최○○는 경기도 ▲▲ 선거구 제19대 국회의원이자 제6회 지방선거 □□당 공천관리위원장인 유○○의원의 배우자이다.

누구든지 정당이 특정인을 후보자로 추천하는 일과 관련하여 금품을 제공하거나 그 제공의 의사를 표시하거나 그 제공을 약속하는 행위를 하거나, 그 제공을 받거나 그 제공의 의사표시를 승낙할 수 없다.

그럼에도 피고인들은 공모하여 피고인 박○○가 경선을 통하여 □□당의 ▲▲시장 후보로 공천되는데 도움을 받기 위하여 최○○에게 이와 관련된 청탁을 하며 1억 원을 지급하기로 하였다.

이에 따라 피고인 강○○은 피고인 박○○의 전 남편인 이○○와 함께 2014. 3. 31. 10:30경 ▲▲시 소재 국민은행에서 최○○에게 지급할 1억 원권 수표 1매를 5만 원권 지폐로 바꾸어온 다음, 위 1억 원을 피고인 박○○ 소유의 다이너스티 차량에 싣고 ▲▲시 시내에서 운전하여 피고인 박○○을 데려다 주고, 피고인 박○○는 2014. 3. 31. 13:00경 위 ▲▲시 소재 스포츠센터 앞 도로에서 최○○를 만나 인근 도로변에 주차된 최○○의 그랜저 TG 차량 안에서 여성전략공천 대상인 ▲▲시장 후보 공천과 관련하여 여성으로서 ▲▲시장 예비후보로 등록하였던 김○○와 경선을 할 수 있도록 유○○의원에게 잘 말하여 달라는 취지의 부탁과 함께 최○○에게 위 1억 원을 교부하였다.

이로써 피고인들은 공모하여 정당이 특정인을 후보자로 추천하는 일과 관련하여 현금

1억 원을 제공하였다(수원지방법원 여주지원 2014. 9. 12. 선고 2014고합35 판결, 대법원 2015. 2. 26. 선고 2014도17374 판결).

④ 前 영부인을 사칭하는 자에게 속아 정당의 공직후보자 추천 관련 도움을 받고자 금품을 제공한 행위

피고인(김○○)은 2017. 12.경 현직 ○○시장인 윤○○의 여론조사 지지율이 저조하여 그가 차기 ○○시장 선거에서 ○○당 후보로 공천되는 것이 불투명한 상황인 점을 이용하여, 위 윤○○에게 前 영부인 ○○○ 등으로 행세하면서 공천에 도움을 주겠다는 취지로 기망하여 금품을 받아낸 후 차량 구입, 대출금 변제 등에 그 돈을 사용하기로 마음먹었다.

피고인은 2017. 12. 22.경 ○○시 ○구 ○○에 있는 피고인의 집에서 위 윤○○에게 전화하여 前 영부인 ○○○으로 가장하면서 위 윤○○의 개인사, 정치활동 등에 대해 이야기하여 그로 하여금 피고인을 前 영부인으로 오인하게 한 후, 위 윤○○과 ○○시장 후보자 공천에 관한 대화를 나누면서 '제가 돈이 필요한데, 나중에 돌려주겠으니 5억 원을 보내주세요, 제가 힘이 되어 드리겠습니다'는 취지로 거짓말하고, 계속하여 2018. 1. 2.경 '어제 소속 당대표에게도 ○○시의 윤○○ ○○을 신경 쓰라'고 얘기했으니 힘내시고 시정에 임하라는 취지의 문자메시지를 보내고, 2018. 1. 18.경 "꼭! 우리 ○○님께서 재임하셔야겠지요.. 참! 수고하셨습니다. 어제 이○○ 통화했는데 만류했고 알아들은 것 같은데 글쎄 23일까지 보시지요."라는 문자메시지를 보낸 것을 비롯하여 2017. 12. 22.경부터 2018. 1. 31.경까지 수십 회 핸드폰 통화 또는 문자메시지를 교환하면서, 위 윤○○으로 하여금 ○○시장 선거 후보자로 공천되도록 도움을 줄 것처럼 거짓말하여 공천에 상당한 도움을 기대한 위 윤○○으로부터 2017. 12. 26.경 2억 원, 2017. 12. 29.경 1억 원, 2018. 1. 5.경 1억 원, 2018. 1. 31.경 5,000만 원을 각 피고인의 어머니 박○○ 명의의 ○○농협 계좌로 송금받았다. 피고인은 이와 같이 위 윤○○을 기망하여 이에 속은 그로부터 합계 4억 5,000만 원을 교부받음과 동시에 정당이 특정인을 공직후보자로 추천하는 일과 관련하여 동액을 제공받았다(광주고등법원 2019. 12. 3. 2019노221 판결, 대법원 2020. 2. 27. 선고 2019도18764 판결).

제2절 매수 및 이해유도죄

제230조(매수 및 이해유도죄) ① 다음 각 호의 어느 하나에 해당하는 자는 5년 이하의 징역 또는 3천만원 이하의 벌금에 처한다.

1. 투표를 하게 하거나 하지 아니하게 하거나 당선되거나 되게 하거나 되지 못하게 할 목적으로 선거인 (선거인명부 또는 재외선거인명부등을 작성하기 전에는 그 선거인명부 또는 재외선거인명부등에 오를 자격이 있는 사람을 포함한다. 이하 이 장에서 같다) 또는 다른 정당이나 후보자(예비후보자를 포함한다)의 선거사무장·선거연락소장·선거사무원·회계책임자·연설원(제79조제1항·제2항에 따라 연설·대담을 하는 사람과 제81조제1항·제82조제1항 또는 제82조의2제1항·제2항에 따라 대담·토론을 하는 사람을 포함한다. 이하 이 장에서 같다) 또는 참관인(투표참관인·사전투표참관인과 개표참관인을 말한다. 이하 이 장에서 같다)·선장·입회인에게 금전·물품·차마·향응 그 밖에 재산상의 이익이나 공사의 직을 제공하거나 그 제공의 의사를 표시하거나 그 제공을 약속한 자

2. 선거운동에 이용할 목적으로 학교, 그 밖에 공공기관·사회단체·종교단체·노동단체·청년단체·여성단체·노인단체·재향군인단체·씨족단체 등의 기관·단체·시설에 금전·물품 등 재산상의 이익을 제공하거나 그 제공의 의사를 표시하거나 그 제공을 약속한 자

3. 선거운동에 이용할 목적으로 야유회·동창회·친목회·향우회·계모임 기타의 선거구민의 모임이나 행사에 금전·물품·음식물 기타 재산상의 이익을 제공하거나 그 제공의 의사를 표시하거나 그 제공을 약속한 자

4. 제135조(選擧事務關係者에 대한 手當과 實費補償)제3항의 규정에 위반하여 수당·실비 기타 자원봉사에 대한 보상 등 명목여하를 불문하고 선거운동과 관련하여 금품 기타 이익의 제공 또는 그 제공의 의사를 표시하거나 그 제공을 약속한 자

5. 선거에 영향을 미치게 하기 위하여 이 법에 따른 경우를 제외하고 문자·음성·화상·동영상 등을 인터넷 홈페이지의 게시판·대화방 등에 게시하거나 전자우편·문자메시지로 전송하게 하고 그 대가로 금품, 그 밖에 이익의 제공 또는 그 제공의 의사표시를 하거나 그 제공을 약속한 자

6. 정당의 명칭 또는 후보자(후보자가 되려는 사람을 포함한다)의 성명을 나타내거나 그 명칭·성명을 유추할 수 있는 내용으로 제58조의2에 따른 투표참여를 권유하는 행위를 하게 하고 그 대가로 금품, 그 밖에 이익의 제공 또는 그 제공의 의사표시를 하거나 그 제공을 약속한 자

7. 제1호부터 제6호까지에 규정된 이익이나 직의 제공을 받거나 그 제공의 의사표시를 승낙한 자(제261조제9항제2호에 해당하는 자는 제외한다)

② 정당·후보자(후보자가 되고자 하는 자를 포함한다) 및 그 가족·선거사무장·선거연락소장·선거사무원·회계책임자·연설원 또는 제114조(政黨 및 候補者의 家族 등의 寄附行爲制限)제2항의 규정에 의한 후보자 또는 그 가족과 관계 있는 회사 등이 제1항 각호의 1에 규정된 행위를 한 때에는 7년 이하의 징역 또는 5천만원 이하의 벌금에 처한다.

③ 제1항 각호의 1 또는 제2항에 규정된 행위에 관하여 지시·권유·요구하거나 알선한 자는 7년 이하의 징역 또는 5천만원 이하의 벌금에 처한다.

④ 당선되거나 되게하거나 되지 못하게 할 목적으로 선거기간중 포장된 선물 또는 돈봉투 등 다수의 선거인에게 배부하도록 구분된 형태로 되어 있는 금품을 운반하는 자는 5년 이하의 징역 또는 3천만원 이하의 벌금에 처한다.

⑤ 선거관리위원회의 위원·직원(투표관리관 및 사전투표관리관을 포함한다. 이하 이 장에서 같다) 또는 선거사무에 관계있는 공무원(선장을 포함한다)이나 경찰공무원(사법경찰관리 및 군사법경찰관리를 포함한다)이 제1항 각호의 1 또는 제2항에 규정된 행위를 하거나 하게 한 때에는 7년 이하의 징역에 처한다.

1. 개요

가. 의의

　매수 및 이해유도죄는 선거인·선거관계자 등에 대한 매수행위를 처벌하여 선거의 공정을 기하기 위한 규정으로서, 선거에 관한 일종의 뇌물죄라고 할 수 있다. 본 죄는 각종 선거에서 온갖 유형의 금품수수행위가 자행되고, 그로 인하여 혼탁한 선거풍토를 노정하였던 과거의 선거사에 대한 반성에서 비롯된 것으로, 선거운동의 자유라는 국민의 기본권 보장과 선거의 공정성을 위한 금권선거운동의 규제라는 헌법상의 법익을 합리적으로 조화시키고 조정한다는 관점에서 합헌적인 규정이라고 할 것이다.[12] 매수 및 이해유도죄는 선거일로부터 일정한 기간에 한하여 행위를 처벌하도록 하는 등 일정한 시기적 제한을 두지 아니하고 있고[13] 후보자 확정 전이나 선거일 확정 전이라도 성립할 수 있고,[14] 또한 당사자가 입후보를 단념하거나,[15] 선거의 효력이 무효가 되는 경우,[16] 선거운동의 목적달성 여부나 금전제공의 효과 유무는[17] 본 죄의 성립에 지장이 없다. 매수 및 이해유도죄는 당선무효사유에 해당하고(법 제265조), 재정신청(법 제273조 제1항)이 가능한 중요선거범죄이며, 필요적 몰수 규정이 적용된다(법 제236조).

---

12)　헌법재판소 1997. 11. 27. 96헌바60 결정
13)　대법원 1996. 6. 28. 선고 96초111 판결
14)　일본 대심원 1930. 7. 11. 선고
15)　일본 대심원 1934. 5. 24. 선고
16)　일본 최고재판소 1954. 4. 22. 선고
17)　광주고등법원 1968. 2. 15. 선고 67노239 판결

나. 기부행위와 비교

본 죄와 기부행위금지위반죄는 그 행위유형이 유사하나, 본 죄의 경우 범죄 주체가 후보자 및 그 가족 등인 경우 가중처벌하고(제2항), 지시·권유·요구하거나 알선행위에 대해서 기부행위금지위반죄는 기부하는 행위에 비해 법정형이 적으나(제257조 제2항) 본 죄는 가중처벌을 하고 있다(제230조 제3항). 기부를 받은 행위는 그 제공받은 금액 또는 음식물·물품 등의 가액이 100만원 이하인 경우 과태료처분 대상이 되나(제261조 제9항), 매수금품 등을 받는 행위는 원칙적으로 금액과 상관 없이 형벌로 처벌[18]하고 그 법정형도 기부를 받는 행위에 비하여 중하다(제1항, 법 제257조 제2항).

특히 본 죄는 「투표를 하게 하거나 하지 아니하게 하거나 당선되거나 되게 하거나 되지 못하게 할 목적」 또는 「선거운동에 이용할 목적」을 주관적 구성요건으로 규정하고 있는 점에 구별된다. 따라서 「당선 또는 낙선목적」이 있는 경우에는 매수 및 이해유도죄를 기부행위금지위반죄에 우선하여 적용하여야 할 것이나, 목적의 입증이 어려운 점 등을 이유로 실무상 기부행위금지위반죄로 의율하는 경우가 많다. 그러나 후보자의 당선에 영향을 미치는 선거사무장 등의 범위반죄에 매수금품 등을 받는 죄는 포함되나 기부를 받는 죄는 포함되지 않는 점(법 제265조) 등을 고려할 때 정확한 법 적용이 필요하다.[19] 기부행위와 달리 다가올 선거일을 기준으로 판단할 때 매수행위로써 영향을 미치고자 하는 선거가 실시되는 지역의 선거인으로 될 수 있는 사람이면 매수죄의 상대방인 「선거인」에 해당하고, 매수행위 당시에 반드시 상대방이 선거할 선거구가 획정되어 있어야 하거나 유효한 선거구가 존재하여야 하는 것은 아니다.[20]

본 죄와 기부행위금지위반죄의 죄수관계에 있어 정당의 후보자추천 관련 금품수수죄(본조 제6항)와 기부행위제한위반죄는 상상적 경합관계에 있다.[21]

---

18) 제230조 제1항 제7호에 규정된 자로서 같은 항 제5호의 자로부터 금품, 그 밖의 이익을 제공받은 자는 100만원 이하의 경우 과태료 처분대상이 된다.
19) 대검찰청 공직선거법 벌칙해설 제10개정판 180면
20) 대법원 2017. 12. 5. 선고 2017도6510 판결
21) 대법원 2009. 4. 23. 선고 2009도834 판결

2. 매수죄(제1항 제1호)

가. 구성요건

1) 주관적 요건

「투표를 하게 하거나 하지 아니하게 하거나, 당선되거나 되게 하거나 되지 못하게 할 목적」이 있어야 한다. 즉 타인의 투표의사에 영향을 미치거나 자신 또는 타인의 당락을 목적으로 하여야 한다. 반드시 금품 등을 제공받은 당해 선거인의 투표행위에 직접 영향을 미칠 목적으로 금품 등을 제공하는 경우에만 성립하는 것이 아니라, 금품 등을 제공받은 선거인으로 하여금 타인의 투표의사에 영향을 미치는 행위나 특정 후보자의 당락에 영향을 미치는 행위를 하게 만들 목적으로 금품 등을 제공하는 경우에도 성립한다.[22]

「당선되거나 되게 하거나 되지 못하게 할 목적」이란 공직선거에서 당선 또는 낙선되게 할 목적을 말하므로, 공직선거에 출마할 정당 추천 후보자를 선출하기 위한 당내 경선에서 당선 또는 낙선되게 할 목적은 원칙적으로 이에 해당하지 아니하나, 당내 경선에서의 당선 또는 낙선을 위한 행위라는 구실로 실질적으로는 공직선거에서의 당선 또는 낙선을 위한 행위를 하는 것으로 평가할 수 있는 경우에는 예외적으로 본 조의 목적에 해당 될 수 있다.[23] 2005. 8. 4. 및 2008. 2. 29. 법 개정으로 당내경선 관련 행위는 정당후보자 추천 관련 금품수수죄(법 제230조 제6항)와 당내경선 관련 매수 및 이해유도죄(법 제230조 제7항)로 처벌될 수 있다. 선거인 매수죄에서 '당선될 목적'은 적극적 의욕이나 확정적 인식임을 요하지 아니하고 미필적 인식이 있으면 족하다.[24]

위반 사례로 선거운동을 위하여 후보자의 이름과 번호가 기재된 옷을 입고 선거인에게 "잘 부탁합니다."라고 말하면서 바지주머니에 1만 원권 지폐 3장을 넣는 행위[25], 선거가 끝나면 마을 골목길 포장공사를 해주겠다고 약속하는 행위,[26] 교수가 대학교 안의 부재자투표소 인근에서 투표를 하러 가거나 하고 나오는 학생 등에게 피자를 제공한 행위,[27] 사전투표

---

22) 대법원 2008. 10. 9. 선고 2008도6233 판결(대통령 후보자의 지지에 타격을 줄 수 있는 내용이 담긴 CD를 폭로하거나 폭로하지 않는 대가로 후보자측 또는 상대방측에 금원제공을 요구한 사안에서, 원심은 피고인들과 같은 선거인에게 법 제230조 제3항의 매수요구죄가 성립하기 위하여는 선거인이 금품 등을 제공받는 행위가 당해 선거인이 선거권을 가지고 행사함으로써 하게 되는 행위, 즉 선거에서의 투표행위를 전제로 하여야 하는 것인데, 피고인들이 이 사건 CD의 대가로 금원을 요구한 것은 자신들의 선거인으로서의 투표의사를 매도하는 취지로 금품을 요구한 것이 아니므로 위 매수요구죄가 성립하지 아니한다고 판단하였으나, 상고심은 위와 같은 취지에서 파기환송하였다)
23) 대법원 2012. 4. 13. 선고 2011도17437 판결
24) 대법원 1999. 6. 25. 선고 99도1145 판결
25) 대구지방법원 김천지원 2018. 12. 18. 선고 2018고합85 판결
26) 창원지방법원 1991. 11. 14. 선고 91고합252 판결
27) 대전고등법원 2013. 11. 27. 선고 2013노442 판결

를 하게 할 목적으로 차마 제공하는 행위,[28] 트위터 팔로워 17,000여 명에게 '특정후보자가 대통령이 되면 커피 무료로 쏩니다.'라는 내용 등 게재한 행위[29] 등이 있다.

2) 객관적 요건

가) 주체 및 시기

제한이 없다. 제공의 대상이 되는 재산상 이익에 대하여 행위자가 소유권 기타 정당한 처분권한을 가지고 있는지 여부는 본 죄의 성립에 아무런 영향이 없다. 제공죄의 공모공동정범이 성립하기 위해서는 수인 간에 일정한 선거에 관하여 일정한 범위의 선거인 또는 선거운동관계자에 대하여 특정후보자를 위하여 투표할 것을 의뢰하고 그 보수의 취지로 금전을 제공한다는 모의가 성립하면 족하고, 그 제공의 구체적인 상대방, 배포금액, 금품조달의 수단 등 세부적인 점까지 협의하여야 하는 것은 아니고, 암묵적인 의사의 연락이 있으면 족하다.[30]

나) 상대방

선거인(선거인명부 또는 재외선거인명부 작성 전에는 그 명부에 오를 자격이 있는 자를 포함한다) 또는 다른 정당이나 후보자(예비후보자를 포함한다)의 선거사무장·선거연락소장·선거사무원·회계책임자·연설원 또는 참관인과 선장·입회인이다. 「다른 정당이나 후보자」에서의 「정당」은 정당법상의 정당(정당법 제3조)을 말하고, 「후보자」는 선거사무장 등이 (예비)후보자 등록 후에야 존재할 수 있음에 비추어 (예비)후보자등록을 마친 자만을 의미한다.

(1) 「선거인」

선거권이 있는 자로서 선거인명부 또는 재외선거인명부에 올라있는 자(제3조)에 국한하지 않고, 본 죄에서는 선거인명부나 재외선거인명부 또는 국외부재자신고인명부의 작성 전에는 그 명부에 오를 자격이 있는 자를 포함하는 개념이다(제1항 제1호). 선거인명부 작성기준일 이전이라 할지라도 상대방의 주민등록현황, 연령 등 제반 사정을 기초로 하여 다가올 선거일을 기준으로 판단할 때 위와 같은 선거인으로 될 수 있는 자이면 이를 '선거인명부에 오를 자격이 있는 자'로 봄이 상당하고, 달리 여기서의 '선거인명부에 오를 자격이 있는 자'의 의미를 선거인명부 작성기준일 현재 당해 선거구 안에 주민등록이 되어 있는 선거권자만으로 제한함으로써 선거인명부 작성기준일 이전의 향응 제공 등과 관련하여 같은 법 제230조

---

28) 수원지방법원 2019. 1. 31. 선고 2018고합591 판결
29) 춘천지방법원 강릉지원 2013. 6. 13. 선고 2013고합16 판결
30) 대법원 2005. 9. 9. 선고 2005도2014 판결, 대법원 2002. 6. 28. 선고 2002도868 판결, 대법원 1999. 3. 9. 선고 98도3169 판결 등

제1항 제1호 소정의 선거인에 대한 매수죄가 성립하지 않는다고 볼 수는 없다.[31]

「선거인」은 본 조 제1항 제2호, 제3호의 각 단체나 모임과 구분되는 자연인을 의미한다.[32]

(2)「선거사무장·선거연락소장·선거사무원·회계책임자·참관인」

선거사무장·선거연락소장·선거사무원·참관인(투표참관인·사전투표참관인·개표참관인)은 관할선거관리위원회에 신고함으로써 그 신분을 취득하며, 그 신분은 법 제11조(후보자 등의 신분보장)와의 관계상 개표종료시에 소멸한다고 본다.[33] 다만, 회계책임자의 지위는 그 선임신고를 한 날부터 해임신고를 하거나 그 활동이 실질적으로 종료되는 날까지 유지된다고 보아야 한다는 판례가 있다.[34]

(3)「연설원」

법 제71조의 연설원뿐만 아니라 법 제79조 제1항, 제2항에 따라 연설·대담을 하는 사람, 법 제81조 제1항, 제82조 제1항 또는 제82조의2 제1항에 따라 대담·토론하는 사람을 포함한다. 연설원 신분의 취득시기는 법 제71조, 제81조, 제82조의2와 같이 관계법령상 신고서 등을 제출하여야 하는 경우에는 그 신고서 등이 도달된 때라 할 것이나, 법 제79조, 제82조와 같이 신고규정이 없는 경우에는 후보자측이 토론할 사람을 지정하여 어떠한 형태로든 객관화되었을 때라 할 것이다.[35] 연설원 신분의 소멸시기는 당해 연설 또는 대담·토론이 종료될 때에 그 신분이 종료된다고 본다.

(4)「선장·입회인」

대통령선거와 임기만료에 의한 국회의원선거에서 선상투표가 도입됨에 따라 선상투표를 관리하는 선장과 입회인을 의미한다.

다) 행위

금전·물품·차마·향응 그 밖에 재산상의 이익이나 공사의 직을 제공하거나 그 제공의 의사를 표시하거나 그 제공을 약속하는 것이다.

(1)「금전·물품·차마·향응 그 밖에 재산상의 이익」

「금전·물품」의 많고 적음이나 종류는 불문한다. 「차마」는 차와 우마를 의미하고,[36] 차마

---

31) 대법원 2005. 8. 19. 선고 2005도2245 판결
32) 대법원 2017. 12. 7. 선고 2017도7586 판결
33) 대검찰청 공직선거법 벌칙해설 제10개정판 185면
34) 대검찰청 공직선거법 벌칙해설 제10개정판 185면, 부산고등법원 2013. 6. 5. 선고 2012노667 판결, 대법원 2014. 1. 16. 선고 2013도7101 판결
35) 대검찰청, 공직선거법 벌칙해설 제10개정판, 186~188면
36) 도로교통법 제2조 17호 "차마"란 다음 각 목의 차와 우마를 말한다.
　가. "차"란 다음의 어느 하나에 해당하는 것을 말한다.
　　1) 자동차 2) 건설기계 3) 원동기장치자전거 4) 자전거 5) 사람 또는 가축의 힘이나 그 밖의 동력(動力)으로 도로에서 운전되

자체는 물품에 포함되므로 여기서는 그 이용의 편의를 말한다.[37] 「향응」은 음식물로 타인을 접대하는 것만 의미하는 것이 아니라 사람에게 위안이나 쾌락을 주는 것은 모두 포함한다.[38] 「그 밖에 재산상의 이익」은 앞에서 열거된 것 이외에 일반인의 수요나 욕망을 충족시켜주는 일체의 것으로서, 그 공여되는 이익이 일반의 상식으로 사교상 의례라고 인정되는 정도를 초과하는 것 또는 선거인 등의 마음을 움직일 수 있다고 인정되는 정도의 것을 말하고, 해당 여부는 공여하는 자와 공여받는 자의 사회적인 지위나 관습 등에 의하여 달라질 수 있다.[39] 재산상의 이익은 유·무형을 불문하고, 영속적인 것이든 일시적인 것이든 상관이 없으며, 조건부라도 상관없다. 객관적으로 무가치한 것이라도 수령자에게 가치 있는 것과 불확정적인 이익도 본 조에 포함되며, 제공자가 정당한 처분권이 없거나 그 제공행위가 법률상 무효인 경우에도 본 조에 해당할 것이다.[40]

(2) 「공사의 직」

「공사의 직」이란 상근·비상근을 불문하고 노력의 제공으로 일정한 반대급부를 받을 수 있는 직장에서의 일정한 자리를 말한다.[41] 「공사의 직의 제공의 의사표시」는 반드시 그 직을 현실로 제공할 수 있는 자, 즉 법령이나 정관 기타 관계규정상의 임명권을 가진 자이거나 임의로운 제공권한이 있는 자에 의한 것임을 요하지 않고, 그 직을 제공함에 있어 규정상 또는 사실상으로 상당한 영향력을 행사하여 이를 성사시킬 수 있는 높은 개연성을 구비한 자에 의한 경우를 포함한다.[42] 직위나 직무가 특정될 필요는 없고 의회의 동의나 선출절차가 요구되는 직위라도 그것이 기대될 수 있는 한 무방하다.[43] 지구당 여성부장,[44] 재개발조합장,[45] △△동 방위협의회회장,[46] ○○ 도시개발공사사장[47] 등은 공사의 직에 해당한다.

(3) 「제공」·제공의 「의사표시」·제공의 「약속」

「제공」은 본 조가 제공의 의사표시 또는 약속을 별도로 규정하고 있는 점에 비추어 현실

    는 것. 다만, 철길이나 가설(架設)된 선을 이용하여 운전되는 것, 유모차와 행정안전부령으로 정하는 보행보조용 의자차는 제외한다.

    나. "우마"란 교통이나 운수(運輸)에 사용되는 가축을 말한다.

37) 대검찰청, 공직선거법 벌칙해설 제10개정판, 189면
38) 대검찰청, 공직선거법 벌칙해설 제10개정판, 189면
39) 대검찰청, 공직선거법 벌칙해설 제10개정판, 189면
40) 대검찰청, 공직선거법 벌칙해설 제10개정판, 189면
41) 대검찰청, 공직선거법 벌칙해설 제10개정판, 190면
42) 서울고등법원 2014. 12. 12. 선고 2014노3023 판결, 대법원 2015. 2. 26. 선고 2015도57 판결
43) 대검찰청, 공직선거법 벌칙해설 제10개정판, 190면
44) 서울고등법원 2005. 7. 12. 선고 2005노437 판결
45) 서울고등법원 1998. 12. 15. 선고 98노2646 판결
46) 서울고등법원 1999. 6. 22. 선고 99노456 판결
47) 서울고등법원 2014. 12. 12. 선고 2014노3023 판결, 대법원 2015. 2. 26. 선고 2015도57 판결

적인 제공을 의미한다. 즉 제공자가 제공의 의사를 표시하고 피제공자가 그 취지를 인식하고 실제로 수수하였음을 요한다. 따라서 상대방이 제공의 취지를 인식하지 못하거나 수령의 의사가 없는 경우에는 제공의사표시죄가 성립될 뿐이다. 사실상 이익을 상대방에게 취득시키면 족하고 법률상 유효하게 취득시킬 필요는 없다. 「제공」죄는 재산상 이익 또는 공사의 직을 현실적으로 제공하고 상대방이 그 취지를 인식하면서도 이를 수령한 때에 기수가 되며, 추후 재산상 이익을 반환하더라도 본 조의 성립에 영향이 없다.[48]

금품 등의 귀속주체가 아닌 이른바 중간자에게 금품 등을 제공하는 행위는 그 중간자에게 배분대상이나 방법, 배분액수에 대하여 어느 정도 판단과 재량의 여지가 있는 경우에는 비록 그에게 귀속될 부분이 지정되어 있지 않은 경우라도 본 조의 제공에 포함되나, 그 중간자가 단순한 보관자이거나 금품 등을 전달하는 심부름을 하는 사자에 불과한 경우에는 본 조의 제공에 포함되지 않는다.[49]

「의사표시」는 상대방의 의사여하에 관계없이 일방적으로 제공의 의사를 표시하는 것이다. 상대방이 실제 의사표시를 인식하지 못하더라도 동거가족이나 고용인 등이 그 의사표시를 받는 등 사회통념상 상대방이 알 수 있는 객관적인 상태에 놓인 경우도 포함되고,[50] 상대방이 수령을 거절하여도 본 죄의 성립에는 영향이 없으며, 묵시적인 의사표시로 족하다. 제공의 의사나 약속은 구두에 의하여도 할 수 있고 그 방식에 특별한 제한은 없는 것이지만, 그 약속 또는 의사표시가 사회통념상 쉽게 이를 철회하기 어려울 정도로 당사자의 진정한 의지가 담긴 것으로서 외부적·객관적으로 나타나는 정도에 이르러야만 본 조의 구성요건에 해당하며 금품 기타 이익이 제공된 대화라 하더라도 단순한 의례적·사교적 덕담이나 정담, 또는 상대방을 격려하기 위한 인사치레의 표현까지 모두 이에 해당한다고 할 수 없다.[51] 「의사표시」죄는 금전·물품 등의 제공의사를 표시하고 그 의사가 상대방에게 도달한 때에 성립한다.[52] 다만 금품 등 제공의 의사표시죄가 선거의 공정을 보호법익으로 하는 추상적 위험범인 점에 비추어 그 의사가 외부적·객관적으로 나타나고 표의자 마음대로 상대방에게 도달을 철회하기 어려운 단계에 이른 경우에 성립한다고 보아야 하므로 현금이 든 우편물이 우체국에 접수되어 발송을 위한 소인까지 거친 단계에서 적발된 경우 수취인에게 현실적인 도달이 없었더라도 그 가능성이 현저한 사정이 있으므로 범죄성립에 지장이 없다.[53]

제공의 의사표시를 상대방이 '승낙'하면 본 죄는 약속죄에 흡수되고, 상대방이 현실로 제

48) 대법원 2005. 9. 9. 선고 2005도2014 판결
49) 대법원 2004. 11. 12. 선고 2004도5600 판결
50) 대검찰청, 공직선거법 벌칙해설 제10개정판, 193면
51) 대법원 2006. 4. 27. 선고 2004도4987 판결, 대법원 2007. 1. 12. 선고 2006도7906 판결
52) 대검찰청, 공직선거법 벌칙해설 제10개정판, 196면
53) 대법원 1989. 12. 22. 선고 89도151 판결

공을 받으면 제공죄에 흡수된다.

제공의 「약속」은 장차 제공하겠다는 의사와 상대방의 승낙의 의사가 합치되는 경우이다. 제공 「약속」죄는 재산상의 이익을 제공하고 이를 수령하는 것에 관하여 제공자와 수령자간에 의사가 합치하는 때에 기수에 이른다.

나. 죄수

매수행위가 사전선거운동의 일환으로 이루어지는 경우 매수죄와 사전선거운동죄는 상상적 경합관계에 있다.[54] 호별방문의 기회에 매수행위를 한 경우 호별방문의 객관적 정황이 매수행위를 하기 이전에 이미 있었던 경우에는 양 죄는 실체적 경합관계에 있고, 호별방문의 객관적 정황이 비로소 매수행위에 의하여 드러나는 경우에는 상상적 경합이라고 할 것이다.[55]

다. 중앙선거관리위원회 행정해석

기업 등이 정당 또는 후보자와 무관하게 순수한 영업활동과 판매촉진 등을 위하여 투표를 한 사람에게 상품을 무료로 제공하거나 할인 등의 재산상 이익을 제공하는 행위,[56] 방송사가 투표 인증사진을 제출한 선거인을 대상으로 추첨을 통하여 홍보물품 및 유료의 이모티콘을 제공하는 행위,[57] 방송사의 투표참여 이벤트 종합 포털 사이트에 투표인증사진 등을 제출하거나 최종 투표율에 근접한 선거인 등에게 경품을 제공하는 행위, 예비후보자가 시민들을 대상으로 정책공모를 하고 자신이 당선되면 제안 채택자를 프로젝트 담당자로 임명하겠다는 공약을 제시하는 행위는[58] 매수죄에 해당하지 않는다.

---

54) 서울고등법원 1992. 6. 4. 선고 92노851 판결
55) 대검찰청, 공직선거법 벌칙해설 제10개정판, 197면
56) 중앙선거관리위원회 2011. 10. 5. 운용기준
57) 중앙선거관리위원회 2012. 11. 26. 회답
58) 중앙선거관리위원회 2019. 12. 13. 회답

3. 이해유도죄(제1항 제2호, 제3호)

가. 의의

본 조 제1항 제2호는 선거운동에 이용할 목적으로 공공기관이나 각종 단체에 금품을 제공하는 등으로 그 이해를 유도하는 행위를 처벌하여 공명한 선거를 보장하기 위한 규정으로,[59] 본 조 제1항 제1호가 특정 개인을 직접 매수하는 행위를 처벌대상으로 한 것임에 반하여 본 조 제1항 제2호, 제3호는 기관·단체·집회 등에 금품을 제공하여 선거운동에 이용할 우려가 있는 행위를 규제하기 위한 것이다.

나. 구성요건

1) 주관적 요건

「선거운동에 이용할 목적」이라 함은 당해 단체나 모임의 조직력을 선거운동으로 활용할 목적을 말하는 것으로, 위 단체·집회 등으로 하여금 자신의 선거운동에 나서도록 한다는 의미는 아니며, 자신의 선거운동의 한 방법으로써 위 단체나 집회 등에 재산상의 이익을 제공하는 것 자체가 선거운동이 되는 경우까지를 포함한다.[60]

무엇이 '선거운동에 이용할 목적'이 있는 행위인지 여부는 개별 사안에서 행위가 이루어진 시기, 동기, 방법 등 제반사정을 종합하여 통상적인 법해석 또는 법 보충 작용을 통해 판단할 수 있으며, '선거운동에 이용할 목적'이 없이 지방의회의원의 직무상의 권한이자 책무인 예산의 심의·확정의 일환으로 공공기관이나 기타 단체에게 재산상 이익을 제공하거나 이를 약속하는 행위는 본 조항의 금지대상이 아니며, 지방의회의원의 정당한 직무상 권한 행사나, 정당원으로서의 통상적인 활동까지 제한되는 것은 아니라고 하였다.[61]

2) 객관적 요건

가) 주체

매수죄와 같이 아무런 제한이 없다. 행위자 본인이 상대방 단체 등에 대하여 의사표시를 하거나 약속한 행위를 실현할 권한이 있는지 여부 또는 실제로 실행이 가능한지 여부까지는

59) 전주지방법원 2017. 5. 19. 선고 2016고합159 판결, 대법원 2017. 12. 22. 선고 2017도17136 판결
60) 부산고등법원 2015. 5. 11. 선고 (창원)2015노71 판결, 대법원 2015. 10. 29. 선고 2015도7174 판결
61) 헌법재판소 2020. 3. 26. 2018헌바3 결정

필요하지 않고 모종의 영향력을 미칠 수 있는 지위에 있으면 족하다.[62]

나) 행위의 상대방

본죄의 상대방은 학교 기타 공공기관·사회단체·종교단체·노동단체 또는 청년단체·부녀단체·노인단체·재향군인단체·씨족단체 기타의 기관·단체·시설로서 그 상대방이 제한적으로 규정되어 있는바, 반드시 이에 한정하려는 것은 아니고 예시적인 것이기는 하지만 선거운동에 이용될 소지가 높고 선거에 이용되는 경우 선거의 공정을 해칠 우려가 높은 조직을 말한다고 해석된다. 그리고 '기관·단체·시설'은 그 명칭에도 불구하고 일반적으로 일정한 공동목적을 가진 다수인의 계속적인 조직을 뜻하는 것으로 해석되고 법인격 유무는 불문하며 중앙기관이나 본부, 산하기관이나 지부조직 뿐만 아니라 기관연합체 등도 이에 포함된다.[63]

본 조 제1항 제3호의 「모임이나 행사」는 일정한 공동목적을 가진 다수인의 일시적인 집합을 말한다.[64] 매수죄와 이해유도죄에 관한 법 제230조의 입법취지가 부정한 경제적 이익 등으로 선거에 관한 개인의 자유의사를 왜곡시키는 행위를 처벌함으로써 선거의 공정성을 보장하려는 데 있는 등 일치하는 점, 법상 '선거구민'이 규정된 조항들에서 유효한 특정 선거구의 존재를 전제나 요건으로 하고 있다고 보기는 어려운 점, 법 제230조 제1항 제1호의 매수죄에 있어 '선거인'과 법 제230조 제1항 제3호의 이해유도죄에 있어 '선거구민'은 재산상 이익의 제공 상대방이라는 공통점이 있는 점 등을 고려하면, 법 제230조 제1항 제1호의 '선거인'에 관한 위 법리는 법 제230조 제1항 제3호의 '선거구민'에도 그대로 적용되는 것이 타당하므로 다가올 선거일을 기준으로 판단할 때 이해유도행위로써 영향을 미치고자 하는 선거의 선거인으로 될 수 있는 사람이면 이해유도죄에 규정된 '선거구민'에 해당하고, 그 이해유도행위 당시에 반드시 선거구가 획정되어 있어야 하거나 유효한 선거구가 존재 하여야 하는 것은 아니라고 보아야 한다.[65]

다) 행위

「금전·물품 등 재산상 이익」의 의미는 본 조항 제1호 매수죄와 같다. 기부, 시설의 개선, 사무실 제공, 보조금·교부금 등의 교부, 행정기관의 지원을 받는 단체로의 격상, 예산 지원 등과 같은 것도 '금전·물품 등 재산상의 이익'에 포함된다.[66] 지방의회의원이 피감단체인 체

---

62)　전주지방법원 2017. 5. 19. 선고 2016고합159 판결, 대법원 2017. 12. 22. 선고 2017도17136 판결
63)　부산고등법원 2015. 5. 11. 선고 (창원)2015노71 판결, 대법원 2015. 10. 29. 선고 2015도7174 판결
64)　대검찰청, 공직선거법 벌칙해설 제10개정판, 200면
65)　대법원 2017. 12. 7. 선고 2017도9821 판결
66)　전주지방법원 2017. 5. 19. 선고 2016고합159 판결, 대법원 2017. 12. 22. 선고 2017도17136 판결, 헌법재판소 2020. 3. 26. 2018헌바3 결정

육회에 예산 등의 지원 의사표시,[67] 여성단체협의회에 앞치마 제공 약속[68] 등이 그 예이다. 「제공」, 제공의 「의사표시」 및 제공의 「약속」의 의미도 제1호의 매수죄와 같다.

4. 선거운동관련 이익제공금지규정 위반죄(제1항 제4호)

제135조(선거사무관계자에 대한 수당과 실비보상) ① 선거사무장·선거연락소장·선거사무원·활동보조인 및 회계책임자(이하 이 조에서 "선거사무장등"이라 한다)에 대하여는 수당과 실비를 지급할 수 있다. 다만, 정당의 유급사무직원, 국회의원과 그 보좌관·선임비서관·비서관 또는 지방의회의원이 선거사무장등을 겸한 때에는 실비만을 보상할 수 있으며, 후보자등록신청개시일부터 선거기간개시일 전일까지는 후보자로서 신고한 선거사무장등에게 수당과 실비를 지급할 수 없다.

② 제1항에 따라 선거사무장등에게 지급할 수 있는 수당의 금액은 다음 각 호와 같다. 다만, 같은 사람이 회계책임자·선거사무장·선거연락소장 또는 선거사무원·활동보조인을 함께 맡은 때에는 다음 각 호의 금액 중 많은 금액으로 한다.

　1. 대통령선거 및 비례대표국회의원선거의 선거사무장: 14만원 이내

　2. 비례대표시·도의원선거와 시·도지사선거의 선거사무장, 대통령선거의 시·도선거연락소장: 14만원 이내

　3. 지역구국회의원선거 및 자치구·시·군의 장선거의 선거사무장, 대통령선거 및 시·도지사선거의 구·시·군선거연락소장: 10만원 이내

　4. 지역구시·도의원선거 및 자치구·시·군의원선거의 선거사무장, 지역구국회의원선거 및 자치구·시·군의 장선거의 선거연락소장: 10만원 이내

　5. 선거사무원·활동보조인: 6만원 이내

　6. 회계책임자: 해당 회계책임자가 소속된 선거사무소 또는 선거연락소의 선거사무장 또는 선거연락소장의 수당과 같은 금액

③ 이 법의 규정에 의하여 수당·실비 기타 이익을 제공하는 경우를 제외하고는 수당·실비 기타 자원봉사에 대한 보상 등 명목여하를 불문하고 누구든지 선거운동과 관련하여 금품 기타 이익의 제공 또는 그 제공의 의사를 표시하거나 그 제공의 약속·지시·권유·알선·요구 또는 수령할 수 없다.

④ 제1항에 따른 수당의 지급에 있어서 같은 정당의 추천을 받은 둘 이상의 후보자가 선거사무장등(회계책임자는 제외한다. 이하 이 항에서 같다)을 공동으로 선임한 경우 후보자별로 선거사무장등에게 지급하여야 하는 수당의 금액은 해당 후보자 사이의 약정에 따라 한 후보자의 선거사무장등에 대한 수당만을 지급하여야 한다.

---

67)　대법원 2017. 12. 22. 선고 2017도17136 판결
68)　대법원 2015. 10. 29. 선고 2015도7174 판결

⑤ 제1항에 따라 선거사무장등에게 지급할 수 있는 실비의 종류와 금액은 중앙선거관리위원회규칙으로 정한다.

가. 의의

법은 선거운동을 할 수 없는 자를 제외하고는 누구든지 선거운동을 할 수 있으나, 법 제62조에 의하여 선임된 선거사무관계자에 대해서만 법 제135조 및 규칙 제59조에 의하여 수당과 실비를 지급할 수 있도록 하고 있고, 수당과 실비를 법정한도액을 초과하여 지급하거나 그 외의 자에게 대가를 지급하는 경우는 본 죄로 처벌하고 있다.

나. 구성요건

1) 주관적 요건

「선거운동과 관련하여」라 함은 「선거운동에 즈음하여」, 「선거운동에 관한 사항을 동기로 하여」라는 의미로, 「선거운동을 위하여」보다 광범위하며, 선거운동의 목적이나 선거에 영향을 미치게 할 목적이 없었다고 하더라도 그 행위 자체가 선거의 자유와 공정을 해할 우려가 높은 행위를 규제할 필요성에서 설정된 것이므로, 금품제공이 반드시 선거운동의 대가일 필요는 없고, 선거운동관련 정보제공의 대가, 선거사무관계자 스카우트비용 등과 같이 선거운동과 관련된 것이면 무엇이든 이에 포함된다.[69] 본 죄에서의 선거운동은 적법한 선거운동만이 아니라 위법한 선거운동도 포함된다.[70]

본 조의 「선거운동」은 공직선거에서 당선 또는 낙선을 위한 행위를 말한다고 할 것이고, 따라서 공직선거에 출마할 정당 추천 후보자를 선출하기 위한 당내경선에서의 당선 또는 낙선을 위한 행위는 여기에 해당하지 아니하여 그와 관련하여 금품 기타 이익의 제공을 받은 경우에는 본 죄가 성립할 수 없으나, 당내경선에서의 당선 또는 낙선을 위한 행위라는 구실로 실질적으로는 공직선거에서의 당선 또는 낙선을 위한 행위를 하는 것으로 평가할 수 있는 예외적인 경우에 한하여 그 범위 내에서 본 죄가 성립할 수 있다.[71]

선거운동과 선거운동 준비행위가 혼재되어 있는 경우 선거운동 준비행위가 일부 혼재되

---

69) 대법원 2010. 12. 23. 선고 2010도9110 판결, 대법원 2005. 2. 18. 선고 2004도6795 판결, 헌법재판소 2002. 4. 25. 2001헌바26 결정
70) 대검찰청, 공직선거법 벌칙해설 제10개정판, 213면
71) 대법원 2003. 7. 8. 선고 2003도305 판결

어 있다고 하더라도, 그것이 주된 것이 아닌 부차적인 것이라면 그 전부가 불가분적으로 선거운동과 관련된 것으로 볼 수 있다.[72)]

2) 객관적 구성요건

가) 주체 및 시기

후보자 등 선거관계자에 한정되지 않고 아무런 제한이 없다.[73)] 선거운동기간 중의 금품제공 등에 한정되지 아니한다.[74)] 장래에 있을 선거에서의 선거운동과 관련하여 이익의 제공 등을 할 당시 선거운동의 대상인 후보자가 특정되어 있지 않더라도 장차 특정될 후보자를 위한 선거운동과 관련하여 이익의 제공 등을 한 경우에도 본 죄가 성립한다.[75)]

나) 행위의 상대방

법 제230조 제1항제4호에 의하여 처벌되는 범죄행위에 있어서 행위의 상대방에 대하여는 아무런 제한이 없는 것으로서, 선거사무장 등에 대한 규칙이 정한 수당과 실비 이외의 금품제공은 물론, 그 이외의 자에 대한 선거운동과 관련한 어떠한 명목의 금품제공도 모두 법 제135조 제3항에 위배되는 것으로 법 제230조 제1항 제4호에 의하여 처벌된다.[76)]

다) 행위

「수당·실비 기타 자원봉사에 대한 보상 등 명목여하를 불문하고 선거운동과 관련하여 금품 기타 이익을 제공하거나 그 제공의 의사표시·약속을 하는 것」이다. 「기타 이익」은 재산상 이익을 포함한 일체의 이익을 뜻하는 것으로 후보자로 공천, 공사의 직 제공 등도 포함된다.[77)]

「제공」, 「제공의 의사표시」, 「제공의 약속」의 의미는 본 조항 제1호 매수죄와 동일하다.

선거일 전의 행위만이 아니라 선거일 이후에도 선거운동과 관련하여 제공되면 본 죄가 성립한다.[78)] 만일 기간의 제한을 둘 경우 이러한 기간을 피하여 선거운동과 관련하여 이익 제공하는 행위를 처벌하기 어렵기 때문이다.[79)]

선거구가 아직 확정되지 아니한 상태라고 하더라도 장차 선거구가 확정될 것으로 예상되

72) 대구지방법원 2019. 7. 5. 선고 2018고합523 판결
73) 울산지방법원 2021. 1. 15. 선고 2020고합318 판결, 부산고등법원 2021. 4. 14. 선고 2021노73 판결
74) 대구고등법원 2016. 10. 28. 선고 2016노46 판결, 대법원 2017. 2. 9. 선고 2016도17684 판결
75) 대법원 2021. 7. 21. 선고 2020도16062 판결
76) 대법원 2005. 2. 18. 선고 2004도6795 판결
77) 헌법재판소 2002. 4. 25. 2001헌바26 결정
78) 대법원 2007. 10. 25. 선고 2007도4069 판결, 대법원 2002. 1. 22. 선고 2001도4014 판결
79) 대검찰청, 공직선거법 벌칙해설 제10개정판, 209면

는 지역에서 당선 또는 낙선을 도모하는 활동을 하였다면 선거구구역표가 현존하고 있는지 여부와 관계없이 선거운동에 포함되는 것으로 봄이 타당한 점, 선거운동과 관련한 금품제공 행위 등을 처벌하도록 한 법 제230조 제1항 제4호, 제135조 제3항은 선거구의 존재를 구성 요건으로 규정하고 있지 아니한 점을 고려할 때 선거구 미확정 기간 동안에도 적용된다.[80]

다. 판례

① 선거일을 불과 20일 가량 앞둔 시점에서 의정활동보고서 배부의 대가 명목으로 일당 3만원을 지급한 경우,[81] ② 국회의원의 의정활동 보조를 명목으로 채용된 사람이 사조직을 설립·운영하는 업무를 수행한 경우,[82] ③ 후보자를 위하여 연예인을 동원하여 선거운동을 하고 그 대가로 연예인에게 금전을 지급한 경우,[83] ④ 위법한 여론조사의 대가명목으로 금전이 수수된 경우,[84] ⑤ 선거운동에 대한 대가로 변호사 비용 제공을 약속한 경우,[85] ⑥후보자에게 불리한 사항을 폭로하지 않도록 선거사무원에게 금품을 제공한 경우,[86] ⑦ 선거운동 관련 홍보물 제작 등 대가를 제공한 경우,[87] 당선인 배우자가 선거사무원에게 수고비 명목으로 현금을 제공한 경우[88] ⑧ 대학생 선거운동원에게 사무실을 숙소로 무상 제공한 행위[89], ⑨ 정당활동비 명목으로 금품을 지급받은 동책이 후보자를 홍보하고 지지를 유도하는 활동을 한 경우,[90] ⑩ 법 개정으로 선거사무원 수당이 증액되었음에도 불구하고 해당 금원이 회계장부에 기재되었거나 수령자의 계좌로 지급되지 아니하였을 뿐만 아니라 법상 법정 수당의 의사로 교부된 것이 아닌 등의 사정으로 같은 법 제135조 제3항에서 금지하는 선거운동 관련 금품 제공의 의사로 현금을 교부한 행위,[91] ⑪ 선거연설원이 연설활동 중에 정당 또는 그 소속 후보자들을 위하여 연설을 한 사실이 인정되더라도 정당의 선거연설원으로 선거운동을 하였다고 볼 수 없으므로, 정당이 지급한 선거연설원 인건비는 특정 후보자의 당선을 위한

---

80)　대구고등법원 2016. 10. 28. 선고 2016노46 판결, 대법원 2017. 2. 9. 선고 2016도17684 판결
81)　대법원 1999. 3. 9. 선고 98도4554 판결
82)　대법원 2005. 3. 25. 선고 2004도7650 판결
83)　대법원 2008. 1. 18. 선고 2007도8996 판결
84)　대법원 2006. 1. 9. 선고 2006도5361 판결
85)　대법원 2017. 9. 12. 선고 2017도9966 판결
86)　대구지방법원 상주지원 2019. 5. 10. 선고 2018고합50 판결
87)　대법원 2018. 12. 13. 선고 2016도13739 판결
88)　대법원 2015. 5. 14. 선고 2015도2431 판결, 인천지방법원 부천지원 2014. 12. 12. 선고 2014고합242 판결
89)　부산고등법원 2017. 7. 26. 선고 2017노186 판결, 대법원 2017. 12. 22. 선고 2017도12584 판결
90)　대법원 1999. 3. 12. 선고 98도4183 판결
91)　수원지방법원 2023. 1. 31. 선고 2022고합233 판결

선거운동에 대한 대가라고 본 경우,[92] ⑫지방자치단체장으로 당선된 피고인이 선거운동 중 'SNS 홍보활동'과 관련하여 홍보담당자 B 등에게 현금 300만 원을 제공한 경우[93] 등은 위반으로 보았다.

　그러나 ① 선거사무소에서 손님안내, 차 심부름, 전화응대, 청소 등 단순 노무 대가를 지급한 행위,[94] ② 선거운동기간전에 선거운동준비(선거전략, 콘셉트, 기본공약에 관한 프레젠테이션 실시, 선거사무소 개소식을 준비하고 사회를 보는 행위, 예비후보자 홍보물 제작과정에서 공약·정책 등을 제안, ○○○당에 복당하여 공천을 받는 데에 도움을 준 행위)와 관련하여 선거컨설팅업체에 지급한 비용은[95] 선거운동과 관련성이 없다고 하여 위반으로 보지 않았다.

라. 중앙선거관리위원회 행정해석

　정당이 선거법위반행위 제보자에게 상품권 등을 제공하는 것은 본 죄에 해당하나,[96] 정당이 운영하는 인터넷 홈페이지에 게시할 콘텐츠를 제작·제공하는 네티즌에게 콘텐츠 제공료를 지급하는 것은 선거운동과 무관하므로 허용된다.[97]

5. 탈법방법에 의한 문자 전송 등 관련 이익제공금지규정 위반죄(제1항 제5호)

가. 의의

　법 제93조 제1항에 대한 헌법재판소의 한정위헌결정에 따라 인터넷 홈페이지 또는 그 게시판·대화방 등에 글이나 동영상 등의 게시나 전자우편·문자메시지 전송에 의한 사전선거운동을 허용함에 따라 이를 대가로 금품 등을 제공하는 행위 등을 처벌하고자 2012. 2. 29. 법 개정으로 신설되었다.

---

92) 대구고등법원 2020. 12. 24. 2020노380 판결, 대법원 2021. 3. 25. 선고 2021도791 판결
93) 대법원 2024. 11. 14. 선고 2024도13790 판결
94) 대법원 2007. 7. 26. 선고 2007도3692 판결
95) 대법원 2014. 1. 23. 선고 2013도4146 판결
96) 중앙선거관리위원회 2007. 3. 22. 회답
97) 중앙선거관리위원회 2007. 4. 4. 회답

나. 구성요건

1) 주체 및 상대방

아무런 제한이 없다.

2) 행위

「선거에 영향을 미치게 하기 위하여」의 의미는 법 제93조와 같다.

「이 법에 따른 경우」란 법 제135조 제3항에 따라 수당·실비 기타 이익을 제공할 수 있는 자에게 문자 전송 등을 하게 하고 대가를 제공하는 경우, 법 제59조 제3호에 따라 전자우편 전송대행업체에 위탁하여 전자우편을 전송하고 대가를 제공하는 경우 등과 같이 영업상 역무상 정당한 대가를 주는 행위와 같이 법상 허용되는 경우를 의미한다.

한편 선거운동과 관련하여 본 호의 행위를 하게하고 금품 등을 제공한 경우에는 본 죄와 본 조항 제4호의 선거운동관련 이익제공 금지규정 위반죄의 상상적 경합에 있다.[98] 인터넷 홍보 대행업체에 블로그 포스팅을 의뢰하고 대가를 제공한 사례가[99] 이에 해당된다.

다. 판례

① 지방의원의 지지자로 구성된 밴드 운영자가 회원 대상으로 선거에 영향을 미치기 위해 문자 등을 인터넷홈페이지에 게시하게 하고, 그 대가로 금품을 제공

A는 2018. 6. 13. 제7회 전국동시지방선거에서 ○○광역시의회 의원에 당선된 사람으로서 2022. 6. 1. 예정된 제8회 전국동시지방선거에서 같은 광역시의회 의원 또는 구청장으로 출마할 것이 유력시 되는 사람이고, B는 2018 6. 13. 국회의원재·보궐선거에서 甲당 소속으로 ◇◇선거구에 당선되었고, 같은 당의 제21대 국회의원후보자로 등록하여 2020. 4. 15. 당선된 2선의 국회의원이며, 피고인은 A의 지지자들로 구성된 네이버 밴드 □□□□의 운영자이다.

피고인은 2019. 7. 18.경 ○○에 있는 피고인의 주거지에서 위 밴드 게시판을 통하여, 위 밴드 회원들을 상대로 1만원 상당의 CU 편의점 상품권 1매를 경품으로 걸고 'A 관련 기사 게시' 이벤트를 실시하여 당첨자 D에게 위 상품권 1매를 온라인으로 교부한 것을 비롯하여, 2019. 7. 18경부터 2020. 3. 4.경까지 사이에 위 밴드의 회원들

---

98)　대법원 2017. 12. 5. 선고 2017도13458 판결
99)　광주고등법원 2020. 2. 20. 선고 2019노271 판결, 대법원 2020. 5. 14. 선고 2020도3379 판결

을 상대로 합계 874,400원 상당의 경품을 걸고 A에 대한 응원 댓글 작성, 삼행시 짓기 등 총 21건의 홍보 이벤트를 실시하여 합계 94,000원 상당의 경품을 제공함으로써, 2022. 6. 1. 자로 예정된 ○○광역시의회 의원 또는 구청장 선거에 영향을 미치게 하기 위해 문자 등을 인터넷 홈페이지의 게시판에 게시하게 하고, 그 대가로 금품, 그 밖에 이익을 제공하거나 제공의 의사표시를 하였다. 피고인은 2020. 3. 7.경 피고인의 위 주거지에서 위 밴드 게시판을 통하여, 위 밴드회원들을 상대로 합계 108,000원 상당의 도미노 피자 상품권 3매를 경품으로 걸고 'B 선거송 작성' 이벤트를 실시하여 닉네임 E, F, G에게 각각 위 상품권 1매를 온라인으로 교부한 것을 비롯하여 2020. 2. 28.경부터 같은 해 3. 9.경까지 사이에 위 밴드 회원들을 상대로 합계 591,400원 상당의 경품을 걸고 B에 대한 응원 댓글 작성, 선거송 작성 및 삼행시 짓기 등 총 13건의 홍보 이벤트를 실시하여 합계 319,400원 상당의 경품을 제공함으로써, 2020. 4. 15. 예정되어 있던 제21대 국회의원 선거에 영향을 미치게 하기 위해 문자 등을 인터넷 홈페이지의 게시판에 게시하게 하고, 그 대가로 금품, 그 밖에 이익을 제공하거나 제공의 의사표시를 하였다(인천지방법원 2021. 2. 10. 선고 2020고합620 판결, 서울고등법원 2021. 6. 25. 선고 2021노448 판결).

6. 투표참여 권유행위 대가 이익제공금지규정 위반죄(제1항 제6호)

가. 의의

2014. 5. 14. 개정된 법에서 신설된 규정으로서, 정당의 명칭 또는 후보자의 성명을 나타내거나 이를 유추할 수 있는 내용으로 투표참여를 권유하는 행위를 하도록 한 후 그 대가로 금품이나 이익을 제공하는 행위 등을 처벌하는 규정이다.

나. 구성요건

1) 주체 및 상대방

제한이 없다.

2) 행위

「정당의 명칭 또는 후보자(후보자가 되고자 하는 자를 포함)의 성명을 나타내거나 그 명칭·성명을 유추할 수 있는 내용으로 법 제58조의2에 따른 투표참여를 권유하는 행위를 하게 하고, 그 대가로」 금품 제공 등을 하는 것이다.

본 조에서는 투표참여 권유행위에 대한 「대가로」 금품 등을 제공하는 경우에 처벌하는 것으로 규정하고 있다. 즉, 투표참여를 권유하는 행위와 '관련하여' 금품을 제공한 모든 경우를 처벌할 수 있는 것이 아니라, 투표참여 권유행위에 대한 「대가로」 금품 등을 제공하는 경우에만 본죄가 성립한다.[100] 법 제58조의2 제1호(호별방문의 방법으로 하는 경우)나 제2호(사전투표소 또는 투표소 100미터 안에서 하는 경우)의 행위를 하게 하고 대가를 제공하는 경우는 정당이나 후보자의 명칭·성명을 나타내거나 이를 유추할 수 있는 내용으로 투표참여 권유행위를 했다는 점까지 추가로 입증이 되어야 본 조가 적용될 수 있을 것이다.[101]

다. 죄수관계

타인에게 법 제58조의2의 단서를 위반하여 정당이나 후보자의 명칭·성명을 나타내거나 유추할 수 있는 방법으로 투표참여를 권유하는 행위를 하도록 지시한 후 그에 대한 대가로 금품 등을 제공하는 경우 본 죄와 법 제256조 제3항 제3호 위반죄가 성립하고 양죄의 관계는 실체적 경합의 관계에 있다고 할 것이다.[102] 정당이나 후보자의 명칭·성명을 나타내거나 유추할 수 있는 방법으로 투표참여를 권유하는 행위는 특정 후보에 대한 선거운동으로 인정할 수 있는 경우도 있는바, 이 경우 본 죄와 선거운동 관련 이익 제공 금지 규정 위반죄(본 조 항 제4호)와는 상상적 경합관계라고 볼 수 있다.[103]

7. 매수를 받는 죄(제1항 제7호)

가. 주관적 구성요건

제1항 제7호는 '제1호 내지 제6호에 규정된 이익이나 직의 제공을 받거나 그 제공의 의사표시를 승낙한 자'를 처벌하도록 하고 있어 매수를 받는 자에게 같은 항 제1호와 같은 목적

---

100) 대검찰청, 공직선거법 벌칙해설 제10개정판, 221면, 헌법재판소 2002. 4. 25. 2001헌바26 결정
101) 대검찰청, 공직선거법 벌칙해설 제10개정판, 220~221면
102) 대검찰청, 공직선거법 벌칙해설 제10개정판, 221면
103) 대검찰청, 공직선거법 벌칙해설 제10개정판, 222면

을 요구하고 있지 않으므로, 그 매수를 받는 자에게는 매수하는 자에 있어서와 같은 특별한 목적이 요구되지 아니하고(법 제230조 제1항 제7호 위반죄가 '목적범'인 것은 아니다) 같은 항 제1호와 관련하여 매수행위를 하는 자가 그러한 목적을 가지고 제공하는 것이라는 점에 대한 인식이 있으면 충분하다.[104] 그런데 피고인이 일정한 사정의 인식 여부와 같은 내심의 사실에 관하여 이를 부인하는 경우에는 이러한 주관적 요소로 되는 사실은 사물의 성질상 그 내심과 상당한 관련 있는 간접사실 또는 정황사실을 증명하는 방법에 의하여 이를 입증할 수 밖에 없다. 이때 무엇이 관련성이 있는 간접사실 또는 정황사실에 해당하는지는 정상적인 경험칙에 바탕을 두고 치밀한 관찰력이나 분석력으로 사실의 연결상태를 합리적으로 판단하는 방법에 의하여 판단하여야 한다.[105]

그러한 목적을 인식하고 있는 이상 실제로 선거운동을 할 의사가 없음에도 선거운동에 대한 보수명목으로 돈을 받은 경우에도 본 죄가 성립하며, 선거운동을 해주어야 할 후보자를 오인한 경우도 본 조의 성립에는 영향이 없다.[106] 예컨대 갑 후보자의 당선을 목적으로 금전을 교부받았음에도 불구하고 다른 후보자를 위한 선거운동을 해주는 데 대한 보수인 것으로 오인한 경우에도 본 죄가 성립한다.

나. 객관적 구성요건

1) 주체

본 조항 제1호 내지 제6호 각 소정 행위의 각 상대방이 본 죄의 주체이다.

한편 본 조항 제2호, 제3호의 행위의 상대방은 「기관·단체·시설」이나 「모임·행사」로 규정되어 있어 누가 처벌 대상이 되는지 의문의 여지가 있다. 「기관·단체·시설」이나 「모임·행사」는 자연인인 대표자나 구성원을 통하여 금품 등을 제공받을 수밖에 없으므로 위 기관 등을 대표·대리하여 매수를 받은 사람을 본 호 위반행위의 주체로 보아 처벌하는 것이 타당하다.[107]

2) 행위

「본 조항 제1호 내지 제6호에 규정된 이익 또는 직의 제공을 받거나, 제공의 의사표시를 승낙」하는 것이다. 다만, 2012. 2. 29. 법 개정에 따라 선거에 영향을 미치게 하기 위하여 문자·음성·화상·동영상 등을 인터넷 홈페이지의 게시판·대화방 등에 게시하거나 전자우

---

104) 대법원 2011. 6. 24. 선고 2011도3824 판결
105) 대법원 2017. 1. 12. 선고 2016도15470 판결, 대법원 2012. 8. 30. 선고 2012도7377 판결
106) 대검찰청, 공직선거법 벌칙해설 제10개정판, 226면
107) 대검찰청, 공직선거법 벌칙해설 제10개정판, 223면

편·문자메시지로 전송하고 그 대가로 100만원 이하의 금품, 그 밖의 이익을 제공받은 자는 과태료 부과 대상일 뿐 본 죄의 처벌 대상에서 제외되나, 만약 제공받은 가액이 100만원을 초과하는 경우에는 과태료 부과대상이 아니고 본 조에 따라 처벌된다(법 제261조 제9항 제2호).

제공의 의사표시 「승낙」은 상대방의 제공의 의사표시에 대하여 수동적으로 이를 받아들이는 의사표시를 하는 것이다. 승낙의 유무는 승낙하는 자의 태도 등을 종합적으로 판단하여 결정하여야 할 것이다.[108]

8. 정당·후보자 등의 매수 및 이해유도죄(제2항)

가. 의의

본 죄는 신분범이다.

본 죄는 정당이나 후보자 또는 그 가족·선거사무장 등 선거운동과 관계가 있는 사람이나 회사·단체 등이 매수 및 이해유도 등의 행위를 하거나 매수를 받을 경우 그 신분을 이유로 가중처벌하는 규정이다. 본 죄의 일정한 신분을 가진 자는 선거의 공정을 해하는 정도가 매우 크다는 것을 이유로 가중처벌하는 것이므로, 이와 같은 입법취지에 비추어 본 죄는 일정 신분을 가진 자가 당해 선거에 있어서 그 후보자의 선거운동으로서 매수 및 이해유도행위를 하는 경우에 본 죄가 성립하고 다른 선거에 관하여 죄를 범하거나 당해 선거의 다른 후보자를 위하여 죄를 범하는 경우에는 본 죄가 성립하지 않는다고 해석함이 상당하다.

나. 구성요건

1) 주체

본 죄의 주체는 「정당·후보자(후보자가 되고자 하는 자를 포함) 및 그 가족·선거사무장·선거연락소장·선거사무원·회계책임자·연설원·법 제114조 제2항의 규정에 의한 후보자 또는 그 가족과 관계있는 회사 등」이다.

2) 행위

본 조 제1항 제1호 내지 제7호에 규정된 행위를 하는 것이다. 그런데 제1항 제1호의 매수

---

108) 대검찰청, 공직선거법 벌칙해설 제10개정판, 225면

죄에 있어서 행위의 상대방 중 선거인, 참관인, 선장·입회인을 제외한 자들은 모두 본 죄의 주체에 해당하므로, 결국 제1항 제1호의 행위의 상대방 중 선거인, 참관인, 선장·입회인을 제외한 자들은 동항 제7호의 매수를 받는 죄가 적용되지 아니하고 본 조항이 적용되어 가중처벌된다.

9. 지시·권유·요구 및 알선죄(제3항)

가. 의의

본 죄는 매수 및 이해유도 등의 당사자 사이에 개입하여 범행을 중개하거나 지시·권유하는 행위와 능동적으로 매수 및 이해유도를 요구하는 행위를 처벌하여 동종 범죄의 조장을 방지하기 위한 규정이다.

나. 구성요건

1) 주관적 요건

본 조 제1항 제1호 내지 제7호의 소정의 특별한 목적이 있을 필요는 없으나, 그 상대방이 행하려는 범죄의 요건이 되는 불법한 목적을 인식하는 것은 필요하다. 지시·권유·요구·알선행위에 대한 인식이 필요함은 물론이다.[109]

2) 객관적 요건

가) 주체 및 상대방

아무런 제한이 없다.

나) 행위

「본 조 제1항 각 호의 1 또는 제2항에 규정된 행위에 관하여 지시·권유·요구 또는 알선」하는 것이다. 본 조 제2항은 본 조 제1항 각 호의 1의 행위에 대해 신분을 이유로 가중처벌하는 규정으로서 본 조 제1항 각 호의 1에 규정된 행위와 일치하므로 본 항에 제1항 각 호 외에 제2항에 규정된 행위를 지시·권유·요구·알선하는 행위까지 포함시킨 것은 아무런 의

---

109) 대검찰청, 공직선거법 벌칙해설 제10개정판, 231면

미가 없다.[110]

「지시」는 매수 및 이해유도 등의 행위 또는 매수를 받는 행위를 하도록 일방적으로 일러서 시키는 것을 말한다. 따라서 지시하는 자와 지시받는 자 사이에는 어느 정도 지휘·감독관계에 있어야 한다. 「권유」는 매수행위를 하도록 하거나 그 상대방이 되도록 권하여 결의를 촉구하는 것을 말한다.

「요구」는 제공받을 의사로 상대방에게 능동적으로 매수행위를 요구하는 것이다. 요구만 있으면 성립하므로 거절당하거나 요구 후에 취소해도 본 죄의 성립에는 영향이 없다. 「알선」은 일정한 사항에 관하여 어떤 사람과 그 상대방 사이에 서서 중개하거나 편의를 도모하는 것을 의미한다.[111] 후보자 또는 선거사무장이 선거인에게 금전 등을 제공할 의사를 이미 가지고 있던 경우에도 선거인을 후보자의 선거사무실로 데리고 가는 행위는 본 조의 알선행위에 해당한다.[112] 지시·권유·요구·알선의 결과 의도한 범죄가 현실로 있었는지 여부는 본 죄의 성립에 영향이 없다.

10. 매수목적 금품 운반죄(제4항)

가. 의의

본 죄는 매수 및 이해유도 행위에 사용될 우려가 있는 금품을 운반하다가 적발되었으나, 매수 및 이해유도 행위에 직접 나아가지 않은 행위를 처벌할 목적으로 도입된 규정이다.

나. 구성요건

1) 주관적 요건

「당선되거나 되게 하거나 되지 못하게 할 목적」이 있어야 하며, 운반하는 금품이 「다수의 선거인에게 배부」하기 위한 것 또는 그 일부라는 인식이 있어야 한다.

---

110) 대검찰청, 공직선거법 벌칙해설 제10개정판, 229면
111) 헌법재판소 2005. 11. 24. 2003헌바108 결정
112) 대전고등법원 2006. 8. 18. 선고 2006노225 판결

2) 객관적 요건

가) 주체

아무런 제한이 없으며, 반드시 금품을 직접 제공하려는 자일 필요가 없고, 제3자를 통하여 다른 사람에게 제공될 금품을 단지 제3자에게 전달하는 경우도 포함된다.

나) 행위[113]

「선거기간 중 포장된 선물 또는 돈봉투 등 다수의 선거인에게 배부하도록 구분된 형태로 되어 있는 금품을 운반」하는 것이다. 「선거기간」의 종기는 선거일까지이므로 투표가 종료되었어도 선거일의 24시까지 본 죄가 성립한다. 「다수의 선거인에게 배부할 목적」의 금품이어야 하므로 운반의 대상인 금품이 다수에게 배포하기 위하여 만들어졌다는 것을 의미할 뿐, 운반 중인 금품 자체가 반드시 다수 존재하여야 할 필요는 없다. 또한 애초부터 다수라고 볼 수 없는 선거인들에게만 배부하기 위한 것이거나 선거인이 아닌 다른 사람들에게 배부할 목적으로 운반하는 경우 본 죄에 해당하지 않는다. 「구분된 형태로 되어 있는 금품」이어야 하므로 경제적 가치가 있는 금전과 물품을 의미하고, 반드시 「구분된 형태」로 되어 있을 것을 요하므로 구분이 불가능한 추상적인 재산상 이익은 포함되지 않는다. 「구분」이라 함은 금품을 일정한 기준에 따라 전체를 크게 또는 작게 몇 개로 갈라 나누는 것을 말하고, 구분의 방법에는 제한이 없어 돈을 포장 또는 봉투에 넣거나 물건으로 싸거나 띠지로 감아매는 것은 물론, 몇 개의 단위로 나누어 접어놓는 등 따로따로 배부할 수 있도록 분리하여 소지하는 것도 포함된다.[114] 「운반」이란 어떤 물건을 장소적으로 이전하는 것을 말한다. 운반할 것을 요하므로 단순히 소지만 하고 있는 경우에는 본 죄에 해당되지 아니한다. 입법론으로 금품수수사범의 효과적인 처벌을 위해 운반 외에 소지·보관하는 행위도 처벌하는 것이 바람직하다고 본다.[115]

11. 선거사무관계 공무원의 매수 및 이해유도죄(제5항)

가. 의의

선거관리위원회의 위원·직원(투표관리관 및 사전투표관리관 포함), 선거사무에 관계있는 공무

---

113) 대검찰청, 공직선거법 벌칙해설 제10개정판, 233면
114) 대법원 2009. 2. 26. 선고 2008도11403 판결
115) 대검찰청, 공직선거법 벌칙해설 제10개정판, 234면

원이나 경찰공무원 또는 선장이 본 조 제1항 각 호의 1 및 제2항에 규정된 행위를 하거나 하게 한 때에는 다른 경우보다 선거의 공정을 해할 위험성이 증대되므로 이를 가중처벌 하는 규정이다.

나. 구성요건

1) 주체

신분범으로서 「선거관리위원회의 위원·직원」은 선거관리위원회법 제4조와 제15조의 위원·직원을 말하며, 투표관리관·사전투표관리관을 포함한다.

「선거사무와 관계있는 공무원」은 투·개표사무종사원과 기타 선거사무에 관하여 필요한 협조요구를 받아 종사하는 공무원 등을 말하며(법 제5조 참조), 선상투표를 관리하는 선장도 포함된다.

「경찰공무원」은 문언상 국가공무원법 제2조 소정의 국가경찰공무원뿐만 아니라 자치경찰공무원도 포함된다고 할 것이고, 「사법경찰관리」는 형사소송법 제197조에서 정하고 있으며, 「군사법경찰관리」는 군사법원법 제43조 및 제46조에 의한 군사법경찰관 및 군사법경찰리를 의미한다.

2) 행위

본 조 제1항 각 호의 1 또는 제2항에 규정된 행위를 하거나 하게 하는 것이다.

본 규정이 본 조 제2항의 범죄와 다른 점은 본인들이 위 각 행위를 스스로 「하는」 것뿐만 아니라 이를 제3자에게 「하게 하는」 것까지 행위 중에 포함되어 있다는 점이다.

12. 정당 후보자 추천 관련 금품수수죄(제6항)

앞의 '제1절 정당의 후보자추천 관련 금품수수금지' 참조하기 바란다.

제25장

선거기간 중 자주 발생하는 행위사례 (소품, 거리현수막, 인터넷광고 등)

제1절 어깨띠 및 점퍼 등 소품

제68조(어깨띠 등 소품) ① 후보자와 그 배우자(배우자 대신 후보자가 그의 직계존비속 중에서 신고한 1인을 포함한다), 선거사무장, 선거연락소장, 선거사무원, 후보자와 함께 다니는 활동보조인 및 회계책임자는 선거운동기간 중 후보자의 사진·성명·기호 및 소속 정당명, 그 밖의 홍보에 필요한 사항을 게재한 어깨띠나 중앙선거관리위원회규칙으로 정하는 규격 또는 금액 범위의 윗옷(上衣)·표찰(標札)·수기(手旗)·마스코트, 그 밖의 소품(이하 "소품등"이라 한다)을 붙이거나 입거나 지니고 선거운동을 할 수 있다.

② 선거운동을 할 수 있는 사람은 선거운동기간 중 중앙선거관리위원회규칙으로 정하는 규격 범위의 소형의 소품등을 본인의 부담으로 제작 또는 구입하여 몸에 붙이거나 지니고 선거운동을 할 수 있다.

③ 제1항 및 제2항에 따른 소품등의 규격과 그 밖에 필요한 사항은 중앙선거관리위원회규칙으로 정한다.

규칙 제33조(어깨띠 등 소품) ① 법 제68조제1항에 따른 소품등의 규격 또는 금액은 다음 각 호에 따른다.

  1. 어깨띠 제26조의2제8항제1호의 규격

  2. 윗옷 법 제135조제2항제5호에 따른 선거사무원 수당의 기준금액 이내

  3. 마스코트, 표찰·수기 그 밖의 소품 옷에 붙이거나 사람이 입거나 한 손으로 지닐 수 있는 정도의 크기

② 법 제68조제2항에 따른 소형의 소품등의 규격은 길이 25센티미터 너비 25센티미터 높이 25센티미터 이내로 한다.

1. 제68조 제1항의 소품 등

가. 주체

선거운동기간 전에는 예비후보자는 규칙이 정하는 규격 범위 내에서 어깨띠 또는 표지물을 착용하는 방법으로 선거운동을 할 수 있다.

선거운동기간 중에는 후보자와 그 배우자(배우자 대신 후보자가 그의 직계존비속 중에서 신고한 1인을 포함한다), 선거사무장, 선거연락소장, 선거사무원, 후보자와 함께 다니는 활동보조인 및 회계책임자이다.

나. 내용

어깨띠 등 소품에 표시할 수 있는 내용은 후보자의 사진·성명·기호 및 소속 정당명, 그 밖의 홍보에 필요한 사항으로 게재할 수 있는 내용에 특별한 제한은 없으나, 후보자에 관한 허위사실 등 다른 법조문에서 제한하는 내용은 금지된다.

다. 규격 또는 금액

어깨띠는 어깨띠 길이 240센티미터 너비 20센티미터 이내로, 윗옷은 6만원 이내, 마스코트, 표찰·수기 그 밖의 소품 옷에 붙이거나 사람이 입거나 한 손으로 지닐 수 있는 정도의 크기이다.

라. 중앙선거관리위원회 행정해석

① 어깨띠 형태

공선법 제68조에서 허용하고 있는 어깨띠를 마라톤 등번호 같이 가슴과 등에 부착되는 형태(길이 180센티미터, 너비 20센티미터 이내)로 제작·사용하는 것은 무방할 것임 (2006. 4. 26. 회답).

⇨ 2010. 1. 25. 규칙 개정으로 어깨띠 규격은 길이 240, 너비 20센티미터 이내임.

⇨ 제68조 제1항의 소품등으로 사용하는 것은 무방하나, 2023. 8. 30. 개정된 법 제68조 제2항에 따른 소형의 소품등의 규격은 제3항에 따라 길이 25센티미터 너비 25센티미터 높이 25센티미터 이내로 제한됨.

② 어깨띠에 휴대용 확성장치나 스피커가 내장된 개인용 마이크폰 부착

공선법 제91조 제1항에 따르면 누구든지 공개장소에서의 연설·대담장소 또는 대담·토론회장에서 연설·대담·토론용으로 사용하는 경우를 제외하고는 선거운동을 위하여 확성장치를 사용할 수 없으므로 같은 법 제68조의 규정에 따른 어깨띠에는 확성장치나 마이크폰을 부착할 수 없을 것임(2006. 3. 22. 회답).

③ 선거운동용 윗옷의 동시 착용

「공직선거법」 제68조에 따라 어깨띠 등 소품을 이용하여 선거운동을 할 수 있는 자는 티셔츠·점퍼 등 각각 3만원 이내의 선거운동용 윗옷을 동시에 입고 선거운동을 할 수 있음(2012. 3. 28. 회답).

⇨ 제68조 제1항에 따른 선거운동용 윗옷의 금액범위는 2022. 4. 20. 법 제135조 제2항 개정으로 6만원(선거사무원 수당의 기준금액) 이내로 변경됨.

④ 마스코트를 이용한 선거운동

방수천, 섬유, 고무류 기타 재질로 사람 모양, 지역 상징물, 기타 동물 모형을 만들어 사람이 입고 공기를 주입하는 방식의 마스코트(기호, 정당, 성명, 캐치프레이즈 등 게재)를 입고 선거운동을 하는 경우 「공직선거법」 제68조(어깨띠 등 소품) 제1항의 규정에 따른 마스코트로 보아 무방할 것임(2010. 4. 8. 회답).

⑤ 마스코트를 이용한 선거운동

사람이 입는 아래의 소품은 「공직선거법」 제68조 제1항에 따른 마스코트로 보아 무방할 것임. 이 경우 마스코트 제작비용이나 임차비용은 보전대상 선거비용에 해당될 것임(2014. 5. 15. 회답).

〈 참고용 이미지 〉

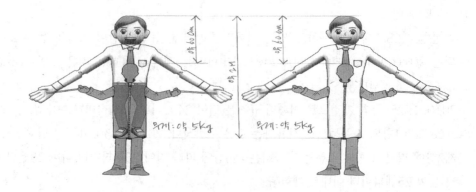

⑥ 당대표 인형탈을 이용한 선거운동

「공직선거법」 제68조에 따라 선거사무원이 비례대표국회의원선거의 선거운동을 위하여 선거에 출마하지 않는 당대표의 인형탈을 쓰고 선거운동을 하는 것은 가능할 것임(2020. 3. 17. 회답).

⑦ 전광표지판을 이용한 선거운동

> 문 「공직선거법」 제68조와 「공직선거관리규칙」 제33조에서 규정하고 있는 윗옷의 앞뒤에 부착할 수 있는 표찰, 한손으로 들고 다니면서 선거운동을 할 수 있는 표지판을 다음과 같이 제작·홍보할 경우 공직선거법에 위반되는지 여부

> ■ 표지판 규격
> • 크기: 100㎝ × 50㎝ × 1.8㎝(가로 × 세로 × 두께)
> • 무게: 1kg 내외
> • 착용방법: 긴 봉이 있어 한손으로 들고 다닐 수 있고 어깨띠가 있어 어깨에 메고 다닐 수도 있음.
>
> ○ 표지방법 : LED 광원을 이용하여 야간에도 식별하도록 함.
> - 동영상이나 연속하여 글씨를 사용하는 기존 방식이 아님.
> - 대신 LED 전용 형광펜을 사용하여 이름이나, 기호, 공약 등을 수기로 작성함.

> 답 한 손으로 지닐 수 있는 정도의 전광홍보판을 「공직선거법」 제68조의 선거운동용 소품으로 사용하는 것은 다른 법률에 위반되는지 여부는 별론으로 하고 같은 법상 무방할 것임(2010. 4. 8. 회답).
>
> ⇨ 제68조 제1항의 소품등으로 사용하는 것은 무방하나, 2023. 8. 30. 개정된 법 제68조 제2항에 따른 소형의 소품등의 규격은 제3항에 따라 길이 25센티미터 너비 25센티미터 높이 25센티미터 이내로 제한됨.

⑧ LED 화면이 부착된 배낭 등을 이용한 선거운동

1. 선거사무원이 선거운동기간 중에 LED 화면이 부착된 배낭 또는 허리띠를 「공직선거법」 제68조의 선거운동용 소품으로 사용하는 것은 무방할 것임.

2. LED 화면이 부착된 배낭 또는 허리띠의 임차비용은 보전대상 선거비용에 해당될

　　것임(2012. 11. 6. 회답).

⑨ 3D LED 화면을 이용한 선거운동

　　3D LED 화면이 부착된 배낭을 「공직선거법」 제68조에 따른 "선거운동용 소품"으로 사용하거나, 같은 법 제60조의3에 따른 "예비후보자임을 나타내는 표지물"로 사용하는 것은 가능함. 다만, 동영상을 표출하는 때에는 녹화기의 사용에 해당되어 행위 시기 및 양태에 따라 「공직선거법」 제100조 또는 제254조에 위반될 것임(2019. 12. 4. 회답).

⇨ 제68조 제1항의 소품등으로 사용하는 것은 무방하나, 2023. 8. 30. 개정된 법 제68조 제2항에 따른 소형의 소품등의 규격은 제3항에 따라 길이 25센티미터 너비 25센티미터 높이 25센티미터 이내로 제한됨.

〈3D LED 제품 개요〉

　- 3D LED 케이스 : 직경 53cm, 너비 7cm, 무게 2.2kg

　- 배낭 : 가로 30cm, 세로 45cm, 너비 20cm, 무게 1.8kg

　- LED소자를 가진 날개가 연속적으로 회전하여 사진이나 동영상을 표출

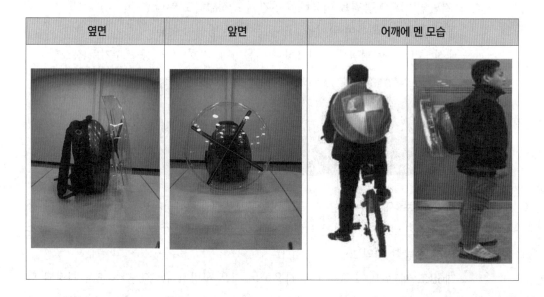

옆면	앞면	어깨에 멘 모습

⑩ 스크린풍선을 이용한 선거운동

　　「공직선거법」 제68조 및 「공직선거관리규칙」 제33조에 따라 선거운동에 사용할 수 있는 소품은 한 손으로 지닐 수 있는 정도의 크기여야 하는바, 아래의 풍선 형태의 디지털 영상홍보장치는 한 손으로 지닐 수 있는 정도의 크기를 벗어나므로 이를 선거운동용 소품으로 사용하는 때에는 「공직선거법」 제68조 제2항에 위반될 것이며, 동영상을 표출하는 때에는 같은 법 제100조에도 위반될 것임(2014. 2. 25. 회답).

⇨ 2023. 8. 30. 법 개정으로 제68조 제1항의 소품등의 규격을 위반한 경우 제68조 제3항에 위반됨.

〈 참고용 이미지 〉

⑪ 무인비행장치를 이용한 선거운동

후보자가 무인비행장치(드론, drone)에 자신의 기호·성명·선전문구 등이 게재된 표시물 또는 선전물을 부착하여 이를 날리는 방법으로 선거운동을 하는 경우에는 「공직선거법」 제68조 및 제90조에 위반될 것임(2016. 2. 2. 회답).

⑫ 무인비행장치를 이용한 선거운동

「공직선거법」 제68조 제1항에 따라 후보자 등이 선거운동기간 중에 한 손으로 지닐 수 있는 정도의 크기 이내의 표지물 등이 부착된 무인비행물체를 직접 손에 들거나 몸에 붙이는 방법으로 선거운동을 하는 것은 무방할 것이나, 공중에 띄운 무인비행물체와 연결된 끈을 몸에 붙이는 것만으로는 같은 법조항의 소품을 붙이거나 지니는 것으로 보기 어려워 같은 법 제68조 및 제90조에 위반될 것임(2016. 3. 16. 회답).

2. 제68조 제2항의 소품 등

가. 의의

舊법 제68조 제2항 "누구든지 제1항의 경우를 제외하고는 선거운동기간 중 어깨띠, 모양과 색상이 동일한 모자나 옷, 표찰·수기·마스코트·소품, 그 밖의 표시물을 사용하여 선거운동을 할 수 없다."의 규정이 과잉금지원칙에 반하여 정치적 표현의 자유를 침해한다고 하여 헌법재판소 헌법불합치 결정(2022. 7. 21. 2017헌가4 결정)에 따라 정치적 표현의 자유 확대를 위하여 일반 유권자가 선거운동기간 중 중앙선거관리위원회규칙으로 정하는 규격 범위의 소형 소품 등을 본인의 부담으로 제작 또는 구입하여 몸에 붙이거나 지니고 선거운동을 할 수 있도록 2023. 8. 30, 법이 개정되었다.

나. 주체

선거운동을 할 수 있는 사람이다.

다. 규격

중앙선거관리위원회규칙으로 정하는 규격 범위의 소형의 소품등을 본인의 부담으로 제작 또는 구입하여 몸에 붙이거나 지니고 선거운동을 할 수 있다. 규격은 길이 25센티미터 너비 25센티미터 높이 25센티미터 이내이어야 한다. 소형의 소품 등은 규격만 제한할 뿐 수량은 제한하고 있지 아니하므로, 규격 범위내에서 다수의 소형 소품 등을 동시에 지니고 선거운동 가능하다. 이 경우 규격 범위는 구분된 각 개별 소형 소품 등별로 제한한다.

라. 금액

소형의 소품 등의 금액은 법상 제한되지 아니하나, 이를 무상으로 제공하거나, 통상적인 가격보다 싼 가격으로 판매 불가하다. 왜냐하면 타인에게 법 제68조 제2항의 소형의 소품 등을 무상 제공하거나, 통상적인 가격보다 싼 가격으로 판매하는 경우 행위양태에 따라 기부행위에 해당될 수 있기 때문이다. 본인의 부담으로 구입한다는 전제하에 소형의 소품 등을 공동으로 구매하거나, 업체에 제작 의뢰 가능하다. 그러나 소형의 소품 등의 판매를 위하여 선거일 전 90일부터 선거일까지 정당 또는 후보자(후보자가 되려는 자를 포함함)의 명의를 나타내어 이 법에 규정되지 아니한 방법으로 광고는 불가하다.

마. 방법

소형의 소품 등은 법 제68조 제1항의 소품 등과는 달리 입는 방법으로 선거운동을 하는 것을 허용하고 있지 아니하므로, 법 제68조 제1항에 규정되지 않은 사람은 원칙적으로 후보자 등의 선거운동용 윗옷 등을 입고 선거운동 불가하다. 다만, 규격 범위 이내의 선전문구 등을 윗옷 등에 부착하고 선거운동 가능하다. 규격 범위 이내의 모자를 착용하고 법 제68조 제2항에 따른 선거운동 가능하다. 다만, 규격 범위를 벗어난 모자는 이에 해당하지 아니하나, 이 경우 규격 범위 이내의 선전문구 등을 해당 모자에 부착하는 방법으로 선거운동 가능하다. 소형의 소품 등은 몸에 붙이거나 지닐 수 있는 방법으로 선거운동을 하는 것을 허용한 것이므로, 차량, 주택 등에 게시는 불가하다. 그리고 선거운동기간 중 법 제68조 제1항·제2항에 따른 방법으로 (소형의) 소품 등을 사용하여 정당·후보자의 명칭·성명 등을 나타내어 투표참여 권유활동 가능하다.

이와 관련한 중앙선거관리위원회의 세부운용기준은 다음과 같다.

[제68조 제2항 소형의 소품등 관련 세부운용기준1)]

1. 운용기준

가. 활용방법

- 법 제68조 제2항은 소형의 소품등의 규격만 제한하고 수량은 제한하지 않는바, 규격 범위 내에서 다수의 소형의 소품등을 동시에 지니고 선거운동을 할 수 있음.

- 법 제68조 제1항에 규정되지 않은 사람은 원칙적으로 선거운동용 윗옷 등을 입고 선거운동을 할 수 없음. 다만, 규격 범위 이내의 선전문구 등을 윗옷 등에 부착하고 선거운동을 할 수 있음.

- 법 제68조 제2항은 몸에 붙이거나 지닐 수 있는 방법으로 선거운동을 하는 것을 허용한 것이므로, 차량, 주택 등에 게시하는 경우에는 행위 양태에 따라 법 제90조, 제91조, 제93조 등에 위반됨.

나. 규격 범위

- 법 제68조 제2항에 따른 소형의 소품등의 규격은 길이 25센티미터 너비 25센티미터 높이 25센티미터 이내이어야 함.

  ※ 선전문구 등이 게재된 모자의 경우 모자 자체가 규격 범위 이내여야 할 것이나, 게재된 내용이 없는 모자의 경우 모자 자체가 규격 범위를 벗어나더라도 이에 부착하는 선전문구 등이 규격 범위 이내인 경우에는 선거운동에 활용할 수 있음.

- 규격 범위 내에서 다수의 소형의 소품등을 동시에 지니고 선거운동을 하는 경우, 규격 범위는 구분된 각 개별 소형의 소품등별로 제한함.

2. 세부기준

가. 몸에 지니는 경우 규격 산정

- 원칙적으로 소형의 소품등의 규격은 선전문구 등이 표시된 면적만이 아니라 소품등의 전체 규격이 법상 규격 범위 이내여야 하는 것이므로, 사실상 하나의 물건으로 볼 수 있는 범위에 있다면 전체 규격이 법상 규격 범위 이내여야 함.

---

1)   중앙선거관리위원회. 2024. 3. 5. 공직선거법 제68조 제2항 소형의 소품등 관련 세부운용기준

※ 몸에 지니는 물건에 선전문구 등이 인쇄·기재되어 그 선전문구 등과 물건이 일체화된 것으로 볼 수 있는 경우 그 물건 전체가 소품등에 해당되어 물건 자체가 법상 규격 범위 이내여야 함.

- 다만, 소형의 소품등을 몸에 지니기 위하여 필요한 최소한의 범위에서 손잡이 등의 매개물(게재된 내용이 없는 경우를 말함. 이하 같음)을 이용하는 경우 그 손잡이 등 매개물의 규격은 법상 규격 범위에 포함되지 않는 것으로 봄.

나. 몸에 붙이는 경우 규격 산정

- 소형의 소품등을 윗옷 등에 붙이는 경우에는 해당 윗옷 등의 전체 면적에 붙인 소형의 소품등의 규격을 모두 합산하여 법상 규격 범위 이내여야 함.

3. 사례예시

① 여러 개의 피켓을 손으로 들고 선거운동을 하는 경우 법 제68조 제2항에 따른 선거운동으로 가능한 것인지

⇨ 구분된 각 개별 피켓이 각각 법상 규격 범위 이내인 경우에는 가능함.

  다만, 각 개별 피켓을 완전히 연결시켜 사실상 법상 규격 범위를 벗어나는 하나의 피켓을 게시한 것에 이르는 경우에는 행위 양태에 따라 법 제68조, 제90조에 위반될 수 있을 것임.

② 스케치북의 각 페이지에 선거운동 내용을 기재한 후 각 장을 넘기면서 보여주는 경우 법 제68조 제2항에 따른 선거운동으로 가능한 것인지

⇨ 스케치북의 개별 페이지가 법상 규격 범위 이내인 경우에는 가능함.

  다만, 스케치북의 두 면이 동시에 보이도록 하는 등 하나의 스케치북을 법상 규격 범위를 벗어나도록 활용하는 경우에는 행위 양태에 따라 법 제68조, 제90조에 위반될 수 있을 것임.

③ 선거운동 내용의 소품등을 붙인 윗옷(부착된 인쇄물 외 게재된 내용 없음)을 착용하는 경우 법 제68조 제2항에 따른 선거운동으로 가능한 것인지

⇨ 해당 윗옷의 전체 면적에 붙인 소품등의 규격을 합산하여 법상 규격 범위 이내인 경우에는 가능함.

④ 법 제68조 제2항의 소품등의 규격에 피켓 등의 손잡이도 포함되는지

⇨ 소품등을 몸에 지니기 위하여 손으로 드는 데에 필요한 최소한의 범위에서 손잡이를 이용하는 경우 그 손잡이의 규격은 법상 규격 범위에 포함되지 않음.

⑤ 우산을 펼친 면에 법상 규격 범위 내의 선전문구를 부착하여 손으로 들고 있는 경우 법 제68조 제2항에 따른 선거운동으로 가능한 것인지

⇨ 선전문구를 부착한 우산이 주된 물건으로서 전체가 소품등에 해당하여 법상 규격 범위를 벗어나므로 제68조, 제90조에 위반될 것임.

⑥ 법상 규격 범위 이내인 선전문구판에 1m 높이의 손잡이를 연결하여 손으로 들고 있는 경우 법 제68조 제2항의 소형의 소품등에 해당하는지

⇨ 해당 손잡이는 소품등을 몸에 지니기 위하여 손으로 드는 데에 필요한 최소한의 범위에 있다고 보기 어려워 법상 규격 범위를 벗어나므로 법 제68조 제2항의 소형의 소품등에 해당하지 아니함.

⑦ 법상 규격 범위 이내인 두 개의 피켓에 선거운동내용을 게재하여 하나의 대형 피켓에 붙인 경우 법 제68조 제2항의 소형의 소품등에 해당하는지

⇨ 하나의 피켓으로 보아야 할 것이므로 법상 규격 범위를 벗어나 법 제68조 제2항의 소형의 소품등에 해당하지 아니함.

⑧ 후보자의 성명 또는 기호 등을 붙인 머리띠(머리띠 자체에는 게재된 내용 없음)를 쓰는 경우 법 제68조 제2항에 따른 선거운동으로 가능한지

⇨ 머리띠에 붙인 선전문구의 규격을 합산하여 법상 규격 범위 이내인 경우에는 가능할 것임.

⑨ 법상 규격 범위 내에 있는 여러 개의 키링 또는 배지를 하나의 배낭(배낭 자체에는 게재된 내용 없음)에 달거나 붙인 후 메는 경우 법 제68조 제2항에 따른 선거운동으로 가능한 것인지

⇨ 해당 배낭의 전체 면적에 달거나 붙인 키링 또는 배지의 규격을 합산하여 법상 규격 범위 이내인 경우에는 가능할 것임.

⑩ 법 제68조 제2항에 따른 피켓을 정당명, 후보자의 성명·사진 또는 그 명칭·성명을 유추할 수 있는 내용이 포함되지 아니한 투표참여 권유 내용의 대형 피켓과 함께 사용하는 것이 가능한지

⇨ 법 제68조, 제90조에 위반될 것임.

▎법 제68조 제1항·제2항 (소형의) 소품 등의 구분 ▎

구 분	후보자·배우자 및 선거사무관계자	일반 유권자
관계조항	제68조 제1항	제68조 제2항
명 칭	소품 등	소형의 소품 등
규 격	어깨띠 : 240cm × 20cm 이내 소품: 옷에 붙이거나 사람이 입거나 한 손으로 지닐 수 있는 정도의 크기	길이 25센티미터 이내 너비 25센티미터 이내 높이 25센티미터 이내
금 액	윗옷 : 6만원 이내	제한 없음
활용방법	옷에 붙이거나, 입거나, 지니고	몸에 붙이거나 지니고
비용부담	후보자의 선거비용	유권자 본인의 부담

3. 벌칙

본 조 제68조 제2항 또는 제3항(소품등의 규격을 말한다)을 위반하여 소품등을 사용한 선거운동을 한 사람은 3년 이하의 징역 또는 600만원 이하의 벌금에 처한다(제255조 제1항). 선거운동기간이 아닌 때에 본 조를 위반할 경우 행위시기에 따라 법 제90조 또는 제254조에 위반될 수 있다.

제2절 거리게시 현수막

제67조(현수막) ①후보자(비례대표국회의원후보자 및 비례대표지방의회의원후보자를 제외하며, 대통령선거에 있어서 정당추천후보자의 경우에는 그 추천정당을 말한다)는 선거운동을 위하여 해당 선거구안의 읍·면·동 수의 2배 이내의 현수막을 게시할 수 있다.

② 삭제 〈2005. 8. 4.〉

③ 제1항의 현수막의 규격 및 게시방법 등에 관하여 필요한 사항은 중앙선거관리위원회규칙으로 정한다.

규칙 제32조(현수막) ① 법 제67조제1항에 따른 현수막(이하 이 조에서 "현수막"이라 한다)은 천으로 제작하되, 그 규격은 10제곱미터 이내로 한다.

② 후보자(대통령선거의 정당추천후보자는 그 추천정당을 말한다. 이하 이 조에서 같다)는 현수막을 내걸기 전에 관할 구·시·군위원회에 별지 제18호서식에 따라 그 표지를 신청하여야 하며, 현수막을 내거는 때에는 관할 구·시·군위원회가 내어준 별지 제19호의3양식의 표지를 붙여야 한다. 이 경우 내건 현수막을 바꿀 때에는 종전의 현수막에 붙였던 표지를 새로운 현수막에 붙여야 한다.

③ 후보자가 제2항에 따른 표지를 잃어버린 때에는 관할 구·시·군위원회에 별지 제18호의2서식에 따라 표지를 다시 신청할 수 있다.

④ 제1항의 현수막은 일정한 장소·시설에 고정하여 내걸어야 하며, 다음 각 호의 어느 하나에 해당하는 방법으로는 내걸 수 없다.

1. 애드벌룬·네온사인·형광 그 밖에 전광으로 표시하는 방법

2. 다른 후보자의 현수막이나 「도로교통법」 제2조에 따른 신호기 또는 안전표지를 가리는 방법

3. 「도로교통법」 제2조에 따른 도로를 가로지르는 방법

4. 사전투표기간 및 선거일에 사전투표소와 투표소가 설치된 시설의 담장이나 입구 또는 그 안에 내걸리게 하는 방법

1. 거리 현수막

가. 게시 주체

현수막을 제작하여 게시할 수 있는 주체는 후보자이다. 다만, 비례대표국회의원후보자 및 비례대표지방의회의원후보자를 제외하며 대통령선거에 있어 정당추천후보자의 경우에는 추천정당이 그 주체이다.

나. 게시 내용

현수막에 게재할 수 있는 내용에는 제한이 없다. 따라서 본인을 지지·추천해 달라는 내용이 아닌 상대방 후보자의 낙선을 위한 내용이라도 허위사실공표나 후보자비방 등 다른 법조에 위반되지 아니하는 한 자유롭게 내용을 게재할 수 있다.

다. 게시 매수

과거 읍·면·동마다 1매였으나 2018. 4. 6. 법 개정으로 「읍·면·동 수의 2배 이내」로 수량을 확대하였다. 해당 선거구안의 읍·면·동 수의 2배 이내라면 특정 읍·면·동에 집중적으로 현수막을 게시하고 다른 읍·면·동에는 전혀 게시하지 않는 것도 가능하다. 양면 현수막으로 앞뒤에서 다 볼 수 있도록 같은 크기, 같은 도안, 같은 내용으로 제작하여 떨어지지 않도록 박음질로 누벼서 한 장의 현수막처럼 사용하는 것은 1매로 본다.[2]

라. 규격 및 게시방법 등

천으로 제작하되, 그 규격은 10제곱미터 이내로 한다. 현수막은 위원회가 교부하는 표지를 붙여 게시하여야 하며, 규칙 제32조 제4항 각 호에 해당하지 않는 방법으로 「일정한 장소·시설에 고정」하여 내걸어야 한다. 따라서 현수막은 법정수량의 범위 안에서 장소를 옮겨 게시할 수 있으나 이를 게시한 채로 이동할 수는 없다.[3] 선거운동방법이므로 선거운동기간에만 게시할 수 있으며, 선거일 후에는 지체없이 철거하여야 한다(법 제276조).

일정한 장소·시설에 고정하여 내걸어야 하며, 애드벌룬·네온사인·형광 그 밖에 전광으

---

2) 중앙선거관리위원회 2008. 3. 19. 회답
3) 중앙선거관리위원회 1994. 12. 30. 회답

로 표시하는 방법, 다른 후보자의 현수막이나 「도로교통법」 제2조에 따른 신호기 또는 안전
표지를 가리는 방법, 「도로교통법」 제2조에 따른 도로를 가로지르는 방법, 사전투표기간 및
선거일에 사전투표소와 투표소가 설치된 시설의 담장이나 입구 또는 그 안에 내걸리게 하는
방법으로는 내걸 수 없다.

2. 중앙선거관리위원회 행정해석

① 이동게시

공선법 제67조의 규정에 의한 현수막은 법정수량의 범위 안에서 장소를 옮겨 게시할
수 있음. 다만, 현수막은 규칙 제32조 제4항의 규정에 의하여 일정한 장소·시설에 고
정게시하여야 하므로 이를 게시한 채로 이동할 수는 없음(1994. 12. 30. 회답).

② 육교에 현수막 게시

도로 위에 설치된 육교에는 현수막을 게시할 수 없음(2006. 5. 13. 회답).

③ 선거홍보물 등에 형광소재 사용

공선법 제91조의 규정에 의한 자동차에 첩부하는 선거벽보 등 및 같은 법 제61조의
선거사무소와 선거연락소에 첩부하는 선거벽보 등에 형광소재(0.3㎜의 필름에 전류를 흘
려서 발광하여 기존 형광등처럼 빛을 내어주어 선거홍보물 뒤에 붙이면 선거홍보물의 변형 없이 기존
형광등을 이용하지 않고 밤에 잘 보이게 됨)를 사용하는 것은 무방할 것이나, 같은 법 제67조
에 따라 선거운동을 위하여 읍·면·동마다 1매 게시하는 현수막은 규칙 제32조 제4항
에 따라 형광·전광에 의한 표시의 방법으로 제작·게시할 수 없음(2007. 11. 23. 회답).

⇨ 2018. 4. 6. 법 개정으로 해당 선거구안의 읍·면·동 수의 2배 이내에서 현수막 게시
가능

⇨ 2022. 1. 21. 법 개정으로 2018. 6. 13.(제7회 전국동시지방선거) 이후 읍·면·동 통합 개
편으로 총 읍·면·동 수가 줄어든 경우 종전 읍·면·동 수를 기준으로 산정(이하동일, 법
제62조 제2항 제1호 참고)

④ 현수막 제작

법 제67조에 따라 읍·면·동마다 1매씩 게시 할 수 있는 현수막에 있어 "양면 현수막"
으로 앞뒤에서 다 볼 수 있도록 같은 크기, 같은 도안, 같은 내용으로 제작하여 떨어지
지 않도록 박음질로 누벼서 한 장의 현수막처럼 사용하는 것은 1매로 보아 무방할 것
임(2008. 3. 19. 회답).

⇨ 2018. 4. 6. 법 개정으로 해당 선거구안의 읍·면·동 수의 2배 이내에서 현수막 게시

가능

⑤ 천에 비닐재질의 시트를 붙여 제작한 선거운동용 현수막

법 제67조에 따른 현수막을 천에 비닐재질을 덧붙여 제작·게시하는 것은 그 현수막을 천으로 제작하도록 규정하고 있는 같은 법 제67조 및 「공직선거관리규칙」 제32조에 위반될 것임(2008. 3. 26. 회답).

⑥ 게시용 틀을 이용한 현수막 게시

현수막은 「공직선거관리규칙」 제32조에 따라 일정한 장소·시설에 고정하여 내걸어야 하므로 게시용 틀을 이용하여 일정한 장소에 옮길 수 없도록 고정하여 게시하는 경우에는 「옥외광고물 등 관리법」 등 다른 법률에 위반되는지 여부는 별론으로 하고 「공직선거법」상 무방할 것임(2009. 2. 24. 회답).

➡ 「옥외광고물 등 관리법」은 2016. 1. 「옥외광고물 등의 관리와 옥외광고산업 진흥에 관한 법률」로 명칭이 변경됨(이하 같음).

⑦ 상하 움직이는 현수막 설치

법 제67조에 따른 현수막 설치시 노출의 효과를 높이기 위하여 재래시장 내 천정에 고정시킨 후 전기 모터를 사용하여 프로파일 롤러봉을 구동시켜 상하 움직이는 현수막을 사용하는 것은 「공직선거법」상 무방할 것임(2010. 4. 7. 회답).

⑧ 선거운동용 현수막의 「옥외광고물 등 관리법」 적용

후보자의 선거운동을 위하여 당해 선거구 안의 읍·면·동마다 1매 게시하는 현수막은 「공직선거법」 제67조 및 「공직선거관리규칙」 제32조에 현수막의 소재, 규격, 게시절차, 게시장소 및 금지사항 등이 구체적으로 명시되어 있으므로, 「옥외광고물 등 관리법 시행령」 제24조(광고물등의 표시가 금지되는 지역·장소 또는 물건)의 적용을 받지 않고 「공직선거법」에 따라 게시 가능함(2014. 5. 15. 회답).

➡ 2018. 4. 6. 법 개정으로 해당 선거구안의 읍·면·동 수의 2배 이내에서 현수막 게시 가능

3. 판례

① 선거운동기간 개시 직전의 후보자의 현수막 게시

국회의원선거의 후보자가 선거운동기간 개시일 두세 시간 전에 후보자 명의의 선거운동현수막 4개를 설치하고 3개의 설치를 지시한 것은 공직선거법 제90조에 위반된다 (서울고등법원 2017. 3. 9. 선고 2016노3887 판결).

② 선거일에 투표소가 설치된 시설의 담장에 후보자 현수막 게시

　　피고인 A는 ○○선거 C 후보자 선거사무소의 본부장이고, 피고인 B는 ○○당 당원이다. 누구든지 선거운동과 관련하여 선거일에 투표소가 설치된 시설의 담장이나 입구 또는 그 안에 현수막을 내걸리게 하는 방법으로 이를 게시할 수 없다. 그럼에도 불구하고 피고인 들은 선거일 ○○ 제1동 제2투표소 및 제3투표소가 설치된 ○○초등학교의 담장에 위 ○○선거 ○○으로 출마한 C의 성명, 기호, 사진, 선거구호가 기재된 현수막을 게시하여 법 제67조 제3항을 위반하였다(서울서부지방법원 2020. 8. 19. 선고 2020고합 143 판결).

　　※ 규칙 제32조 제4항 제4호에 규정

4. 처벌

　　선거운동과 관련하여 본 조를 위반하여 현수막을 게시한 자는 2년 이하의 징역 또는 400만원 이하의 벌금에 처한다(법 제256조 제3항 제1호 가목).

제3절 인터넷광고

제82조의7(인터넷광고) ① 후보자(대통령선거의 정당추천후보자와 비례대표국회의원선거 및 비례대표지방의회의원선거에 있어서는 후보자를 추천한 정당을 말한다. 이하 이 조에서 같다)는 인터넷언론사의 인터넷홈페이지에 선거운동을 위한 광고(이하 "인터넷광고"라 한다)를 할 수 있다.
② 제1항의 인터넷광고에는 광고근거와 광고주명을 표시하여야 한다.
③ 같은 정당의 추천을 받은 2인 이상의 후보자는 합동으로 제1항의 규정에 따른 인터넷광고를 할 수 있다. 이 경우 그 비용은 당해 후보자간의 약정에 따라 분담하되, 그 분담내역을 광고계약서에 명시하여야 한다.
④ 삭제 〈2010. 1. 25.〉
⑤ 누구든지 제1항의 경우를 제외하고는 선거운동을 위하여 인터넷광고를 할 수 없다.
⑥ 광고근거의 표시방법 그 밖에 필요한 사항은 중앙선거관리위원회규칙으로 정한다.

1. 개요

본 조는 인터넷 선거운동의 확대 방안으로서 후보자 또는 정당이 선거운동기간 중 인터넷
언론사의 홈페이지를 이용하여 인터넷광고의 방법으로 선거운동을 할 수 있도록 2005. 8.
4. 법 개정 시 최초로 도입되었다.

2. 인터넷광고 절차 및 방법

가. 주체 및 기간

후보자와 정당(대통령선거의 정당추천후보자와 비례대표국회의원선거 및 비례대표지방의회의원선거
에서는 후보자를 추천한 정당을 말함)만이 선거운동기간 중에 할 수 있다. 그 외에는 누구든지 선
거운동을 위하여 인터넷광고를 할 수 없다.

나. 인터넷광고 게재매체

본 조에 따른 인터넷광고는 인터넷언론사 홈페이지에 할 수 있다. 인터넷언론사는 법 제
8조의5 제1항에 정의되어 있고 인터넷선거보도심의위원회의 구성 및 운영에 관한 규칙 제
2조 및 인터넷선거보도 심의기준 등에 관한 규정 제10조에 따라 구체적으로 범위가 정해지
고 있어, 인터넷선거보도심의위원회 홈페이지에서 지정현황을 확인할 수 있다. 현재 유튜브,
인스타그램, 페이스북은 인터넷언론사에 포함되지 않는다.

다. 인터넷광고 게재방식

광고의 형식에는 제한이 없으므로, 배너광고, 검색광고 등 어떠한 방식으로도 가능하다.

3. 중앙선거관리위원회 행정해석

[허용되는 사례]
① 비례대표후보자를 위한 인터넷광고에 지역구후보자의 성명 등 게재

정당이 「공직선거법」 제82조의7 제1항에 따라 행하는 인터넷광고에 비례대표국회의 원후보자의 선거운동을 위하여 같은 정당 소속 지역구국회의원후보자를 출연하게 하거나 사진을 게재하는 것은 무방할 것이나, 그 범위를 넘어 지역구국회의원후보자의 선거운동에 이르는 때에는 같은 조 제3항에 따라 합동으로 광고하고 그 비용을 분담하여야 할 것임(2012. 6. 11. 회답).

② 인터넷광고가 가능한 인터넷 홈페이지

디지털 조선일보, 조인스닷컴, 연합뉴스, 인터넷한겨레 및 인터넷 포털사이트의 홈페이지는 공선법 제82조의7의 규정에 따라 인터넷광고를 할 수 있는 인터넷언론사의 인터넷 홈페이지에 해당됨(2005. 10. 5. 회답).

③ 모바일 애플리케이션을 이용한 인터넷광고

인터넷언론사의 인터넷홈페이지에 게시되는 기사를 동일하게 보여주는 모바일 애플리케이션을 이용하여 「공직선거법」 제82조의7에 따른 선거운동을 위한 광고를 하는 것은 무방할 것임(2010. 4. 28. 회답).

④ 광고대행 서비스를 이용한 인터넷광고

후보자 또는 정당이 광고대행업체에 의뢰하여 인터넷언론사의 홈페이지에 선거운동을 위한 광고를 하는 것은 무방할 것이며, 「공직선거법」 제82조의7에 따른 인터넷광고를 하려는 후보자 또는 정당은 별도의 신고를 하지 아니하여도 됨(2010. 5. 4. 회답).

⑤ 인터넷광고의 크기·광고비용 제한 여부

법 제82조의7의 규정에 따른 인터넷광고의 크기(용량)·광고비용에 관하여는 같은 법상 이를 제한하고 있지 아니함. 다만, 같은 법 제122조의 규정에 따라 공고된 선거비용제한액을 초과하지 아니하도록 하여야 할 것임(2006. 1. 18. 회답).

⑥ 키워드광고의 인터넷광고 해당 여부

인터넷포털사이트에서 키워드를 구매하여 키워드검색으로 "충청남도지사후보"를 검색 시 "충청남도지사후보"가 검색되고 이곳을 클릭하였을 때 후보자의 홈페이지로 이동되는 키워드광고는 공선법 제82조의7의 규정에 따른 인터넷광고에 해당될 것임(2006. 4. 18. 회답).

⑦ 인터넷 동영상 광고

1. 예비후보자나 후보자가 일반인이 회원으로 가입하면 동영상을 올릴 수 있는 미니홈피가 무료로 개설되는 인터넷 홈페이지에 미니홈피를 개설하여 선거운동관련 동영상을 게시할 수 있음.

2. ㈜오마이뉴스의 동영상광고는 후보자가 관리자계정을 받아 스스로 동영상과 함께

공약, 사진, 프로필 등을 올리는바, 해당 게시물의 내용에 선거법에 위반되는 내용이 포함되어 있을 경우 광고내용에 대한 법적책임은 후보자에게 있을 것이나, 인터넷언론사로서는 그 사실을 관할 선거구위원회에 통보하는 것이 바람직할 것임.

3. ㈜오마이뉴스는 동영상을 최대 5분 이내로 한정하였으며 후보자가 직접 제작하여 스스로 올리게 되어 있으므로 후보자에 따라서 동영상의 길이가 차이가 나더라도 무방할 것임(2006. 5. 15. 회답).

⑧ 전국 PC방 모니터 화면을 이용한 인터넷광고 동시표출

> **문** 본사는 제21대 국회의원선거의 선거운동기간 중 정당·후보자가 본사 인터넷홈페이지(한국일보닷컴)에 「공직선거법」 제82조의7에 따른 인터넷광고를 게재하면 PC방 광고업체인 ㈜미디어웹의 전국 PC방 모니터에도 실시간으로 표출되는데 이와 같은 행위가 선거법에 위반되는지 여부를 질의합니다.
>
> ※ 한국일보사가 ㈜미디어웹과 계약을 체결하면 한국일보닷컴에 게재된 내용(광고포함)이 그대로 전국 PC방 모니터에 표출되는 것이고 정당·후보자가 ㈜미디어웹과 별도로 광고계약을 체결하는 것은 아님.
>
> ※ ㈜미디어웹 : 전국 PC방 5,000여 곳을 동시에 관리하는 프로그램(PICA)을 운영하는 업체

> **답** 귀문의 경우 가능할 것임(2020. 2. 18. 회답).

[허용되지 않는 사례]

① 인터넷 손바닥tv에 인터넷광고

인터넷 손바닥tv는 인터넷언론사가 아니므로 후보자의 선거운동을 위한 인터넷광고를 할 수 없음(2012. 3. 8. 회답).

② 위치기반 모바일광고 네트워크를 활용한 선거운동 광고

> **문** 당사는 모바일 광고 네트워크 서비스를 제공하는 ㈜나스미디어 입니다. 모바일 광고 네트워크 서비스를 선거운동을 위한 광고에 활용할 수 있는지 여부에 대한 해석을 부탁드립니다.
>
> ※ 질의사안의 모바일 어플리케이션은 인터넷언론사의 인터넷홈페이지에 게시하는 기사를 동일하게 보여주는 모바일 어플리케이션이 아님.
>
> ※ 관련 용어
>
> 1. 모바일광고 네트워크 서비스란 광고주의 광고물을 모바일 어플리케이션(모바일 웹 포함) 서비스에 노출하고 노출된 광고에 대한 대가를 모바일 어플

리케이션 서비스 제공자에게 지급하여 주는 것을 말함.

　2. 위치기반광고란 모바일 단말을 이용하는 이용자의 현재 또는 최근 위치 정
보를 이용자의 동의하에 수집하여 광고를 노출하는 것을 말함.

답 귀문의 모바일 어플리케이션은 「공직선거법」 제82조의7에 따른 인터넷언론사
의 인터넷 홈페이지에 해당되지 아니하므로 같은 법조에 따른 선거운동을 위한
광고를 할 수 없을 것임(2013. 12. 13. 회답).

③ 인터넷언론사의 유튜브 채널 등에 게시하는 정당·후보자의 광고

인터넷언론사의 인터넷홈페이지가 아닌 유튜브(인터넷언론사의 유튜브 채널을 포함함), 인
스타그램, 페이스북에 선거운동을 위한 광고를 하는 것은 행위시기 및 양태에 따라
「공직선거법」 제93조 또는 제254조에 위반될 것임(2020. 3. 12. 회답).

4. 판례

① 예비후보자 명함 스캔하여 사진과 약력을 배너로 제작·게시

피고인은 2012. 7.경부터 ☆☆인터넷뉴스를 운영하는 사람이다.

피고인은 2014. 4. 중순경 사천시 정동면에 있는 ☆☆인터넷뉴스 사무실에
서 피고인이 운영하는 ☆☆인터넷뉴스 홈페이지 하단 "6. 4 지방선거 후보자
란"에 사천시의원 예비후보자인 최○○의 명함 앞·뒷면을 스캔하여 사진과 약
력을 배너로 제작한 후 불특정 다수인이 볼 수 있도록 약 10일간 게시하였다.
이로써 피고인은 후보자가 아님에도 불구하고 인터넷언론사의 인터넷홈페이지에 선
거운동을 위한 광고를 함과 동시에 선거운동기간 전에 최○○을 위하여 선거운동을 하
였다(창원지방법원 진주지원 2014. 11. 7. 선고 2014고합108 판결).

5. 처벌

본 조 제5항을 위반하여 선거운동을 위하여 인터넷광고를 한 자는 3년 이하의 징역 또는
600만원 이하의 벌금에 처한다(법 제252조 제3항). 또한 본 조 제3항 후단을 위반하여 그 분담
내역을 광고계약서에 명시하지 아니한 자는 200만원 이하의 과태료를 부과한다(법 제261조
제7항 제2호 마목). 본 조에서 규정하고 있는 주체·시기·매체 등을 위반한 경우 행위시기·양

태에 따라 법 제93조, 제94조, 제254조에 위반될 수 있다.

제도개선

① 선거운동 광고 통합(제69조, 제70조, 제82의7)

현행법은 신문·방송광고는 선거별 횟수제한을 두고 대통령선거 및 시·도지사선거 후보자, 비례대표국회의원선거 후보자를 추천한 정당에 한하여 허용이 되며, 인터넷광고는 모든 공직선거의 후보자 및 비례대표의원 추천 정당에게 허용되나 인터넷언론사의 인터넷홈페이지에 한하여 가능하다.

선거운동용 광고가 허용되는 후보자의 범위를 현행과 같이 한정할 실익이 없고 각 후보자가 선거비용 제한액의 범위내에서 선택적으로 광고를 활용할 수 있도록 하여 선거운동의 자유를 확대할 필요성이 크다.

따라서 정당 또는 후보자의 선거운동 광고는 횟수제한 없이 모든 선거에서 허용하고, 매체 제한을 폐지하되,「옥외광고물법」에 따른 옥외광고물을 통한 광고는 제한하도록 개선하는 것이 합리적이다.

② 서신·전보등에 의한 선거운동 허용(제109조 제1항)

현행법은 누구든지 선거기간 중 이 법에 규정되지 아니한 방법으로 선거권자에게 서신·전보·모사전송 그 밖에 전기통신의 방법을 이용하여 선거운동을 할 수 없다.

오늘날 통신·연락수단의 다양화로 서신을 비롯한 전보, 모사전송(FAX)은 전기통신을 활용한 방법인 전자우편, SNS, 인터넷홈페이지 등이 대체하고 있고, 서신, 전보, 모사전송 등의 선거운동을 허용하더라도 과거와 같은 선거운동 기회 불균형 등으로 인한 폐해는 없을 것으로 예상되어 이를 허용할 필요가 있다.[4]

---

4)   중앙선거관리위원회. 공직선거법 개정의견(2023.1)

제26장

선거기간 중 자주 발생하는 행위사례
(연설·대담, 집회 등)

제1절 공개장소 연설·대담

제79조(공개장소에서의 연설·대담) ① 후보자(비례대표국회의원후보자 및 비례대표지방의회의원후보자는 제외한다. 이하 이 조에서 같다)는 선거운동기간 중에 소속 정당의 정강·정책이나 후보자의 정견, 그 밖에 필요한 사항을 홍보하기 위하여 공개장소에서의 연설·대담을 할 수 있다.

② 제1항에서 "공개장소에서의 연설·대담"이라 함은 후보자·선거사무장·선거연락소장·선거사무원(이하 이 조에서 "후보자등"이라 한다)과 후보자등이 선거운동을 할 수 있는 사람 중에서 지정한 사람이 도로변·광장·공터·주민회관·시장 또는 점포, 그 밖에 중앙선거관리위원회규칙으로 정하는 다수인이 왕래하는 공개장소를 방문하여 정당이나 후보자에 대한 지지를 호소하는 연설을 하거나 청중의 질문에 대답하는 방식으로 대담하는 것을 말한다.

③ 공개장소에서의 연설·대담을 위하여 다음 각 호의 구분에 따라 자동차와 이에 부착된 확성장치 및 휴대용 확성장치를 각각 사용할 수 있다.

　1. 대통령선거

　후보자와 시·도 및 구·시·군선거연락소마다 각 1대·각 1조

　2. 지역구국회의원선거 및 시·도지사선거

　후보자와 구·시·군선거연락소마다 각 1대·각 1조

　3. 지역구지방의회의원선거 및 자치구·시·군의 장선거

　후보자마다 1대·1조

④ 제3항의 확성장치는 연설·대담을 하는 경우에만 사용할 수 있으며, 휴대용 확성장치는 연설·대담용 차량이 정차한 외의 다른 지역에서 사용할 수 없다. 이 경우 차량 부착용 확성장치와 동시에 사용할 수 없다.

⑤ 자동차에 부착된 확성장치를 사용함에 있어 확성나발의 수는 1개를 넘을 수 없다.

⑥ 자동차와 확성장치에는 중앙선거관리위원회규칙으로 정하는 바에 따라 표지를 부착하여야 하고, 제64조의 선거벽보, 제65조의 선거공보, 제66조의 선거공약서 및 후보자 사진을 붙일 수 있다.

⑦ 후보자등은 다른 사람이 개최한 옥내모임에 일시적으로 참석하여 연설·대담을 할 수 있으며, 이 경우 그 장소에 설치된 확성장치를 사용하거나 휴대용 확성장치를 사용할 수 있다.

⑧ 제3항에 따른 확성장치는 다음 각 호의 구분에 따른 소음기준을 초과할 수 없다.

1. 자동차에 부착된 확성장치

정격출력 3킬로와트 및 음압수준 127데시벨. 다만, 제3항제1호에 따른 대통령선거 후보자용 또는 같은 항 제2호에 따른 시·도지사선거 후보자용의 경우에는 정격출력 40킬로와트 및 음압수준 150데시벨

2. 휴대용 확성장치

정격출력 30와트. 다만, 제3항제1호에 따른 대통령선거 후보자용 또는 같은 항 제2호에 따른 시·도지사선거 후보자용의 경우에는 정격출력 3킬로와트

⑨ 삭제〈2010. 1. 25.〉

⑩ 후보자 등이 공개장소에서의 연설·대담을 하는 때(후보자등이 연설·대담을 하기 위하여 제3항에 따른 자동차를 타고 이동하거나 해당 자동차 주위에서 준비 또는 대기하고 있는 경우를 포함한다)에는 후보자와 선거연락소(대통령선거, 지역구국회의원선거, 시·도지사선거의 선거연락소에 한정한다)마다 각 1대의 녹음기 또는 녹화기(비디오 및 오디오 기기를 포함한다. 이하 이 조에서 같다)를 사용하여 선거운동을 위한 음악 또는 선거운동에 관한 내용을 방송할 수 있다. 이 경우 녹음기 및 녹화기에는 중앙선거관리위원회규칙으로 정하는 바에 따라 표지를 부착하여야 한다.

⑪ 삭제〈2010. 1. 25.〉

⑫ 녹화기의 규격 기타 필요한 사항은 중앙선거관리위원회규칙으로 정한다.

1. 개요

본 조는 선거에서 후보자 등이 대중연설을 할 수 있는 선거운동방법에 관하여 규정하고 있다. 집회에 의한 대중연설은 가장 일반적인 선거운동방법 중 하나였으나, 불법적인 청중동원으로 세력과시의 수단으로 악용되는 등의 폐해가 있어 각종 미디어를 통한 선거운동을 확대하고 합동연설회 및 정당·후보자 등에 의한 연설회를 폐지하면서 비용이 적게 들고 횟수의 제한이 없는 공개장소에서의 연설·대담을 도입하게 되었다.[1] 비례대표국회의원선거는 정당에 대한 선거로서 비례대표국회의원후보자 개개인이 홍보를 위해 연설·대담을 할 필요

---

1)   중앙선거관리위원회, 공직선거법해설서 I (2020년). 408면

성이 크지 아니한 점 및 다수의 사람에게 동시에 전파되는 방송이나 신문광고, 방송연설 등과는 달리 공개장소에서의 연설·대담의 경우 원칙적으로 현장에서 연설·대담회를 본 사람들만이 홍보대상이 되어, 특정 지역이 아닌 전국을 선거단위로 하는 비례대표국회의원선거에는 적합한 선거운동방법이 될 수 없다는 점 등을 고려하여 비례대표국회의원후보자에게 선거운동기간 중 공개장소에서의 연설·대담을 허용하지 않는다.[2]

2. 공개장소에서의 연설·대담

가. 「공개장소에서의 연설·대담」 의의

「공개장소에서의 연설·대담」이라 함은 도로변·광장·공터·주민회관·시장 또는 점포 등 다수인이 왕래하는 공개장소를 방문하여 정당이나 후보자에 대한 지지를 호소하는 연설을 하거나 청중의 질문에 대답하는 방식으로 대담하는 것을 말한다. '① 후보자등과 후보자등이 선거운동을 할 수 있는 사람 중에서 지정한 사람'이 '② 도로변·광장 등 다수인이 왕래하는 공개장소'에서 '③ 정당이나 후보자에 대한 지지를 호소하는 연설 등'을 한 것이라는 요건을 갖추었다면, 이는 다른 특별한 사정이 없는 한 '공개장소에서의 연설·대담'에 해당한다.

'공개장소에서의 연설·대담'으로 보기 위하여 ① 후보자등이 해당 연설·대담 장소에 반드시 같이 있어야 하는 것은 아니고, ② '공개장소에서의 연설·대담'임을 명시해야 하는 것도 아니다. 오히려 설령 연설·대담을 한 사람이 '공개장소에서의 연설·대담'이 아니라는 취지로 말하였다 하더라도, 해당 연설·대담이 실질적으로 '후보자등이 선거운동을 할 수 있는 사람 중에서 지정한 사람'으로서 '정당이나 후보자에 대한 지지를 호소하는 연설·대담'을 한 것이라면, 이는 여전히 '공개장소에서의 연설·대담'에 해당한다. 다만 '공개장소에서의 연설·대담'의 개최자는 기본적으로 후보자여야 한다

이를 고려할 때, 비록 후보자등으로부터 연설·대담자로 지정받고 정당 또는 후보자를 지지하는 연설을 하는 등 법 제79조 제2항의 요건을 형식적으로 갖추었다 하더라도, 후보자등이 해당 행사의 개최·진행에 관여하지 않았다거나, 유권자의 입장에서 볼 때 해당 행사가 공개장소에서의 연설·대담 행사의 일환으로 진행될 것임을 전혀 예상·인식할 수 없는 명목(예: 야유회, 단합대회 등)으로 개최됨으로써 기망 내지 그 밖의 부정한 방법으로 유권자들을 모이게 하였다고 평가되는 경우와 같이 탈법적인 선거운동방법으로 악용되는 특별한 사정이 있다면, 해당 행사를 '공개장소에서의 열람·대담'이라고 볼 수는 없다. 그러나 후보자등이 하

---

2)   헌법재판소 2013. 10. 24. 2012헌마311 결정

는 공개장소에서의 연설·대담은 결과적으로 집회나 모임을 개최하는 것과 큰 차이가 없고, 법은 공개장소에서의 연설·대담의 형식, 절차에 관하여 특별한 제한규정을 두지 않은 점, 공개장소에서의 연설·대담의 범위를 다소 폭넓게 보더라도, 그 확성장치 사용행위에 대하여는 법 제79조 제3 내지 제5항에서 정한 제한규정 및 그 위반에 따른 형사처벌규정이 여전히 적용되므로, 확성장치의 사용행위가 남용될 우려가 크지 않은 점 등에 비추어, 위와 같은 특별한 사정이 있는지는 신중히 판단하여야 한다.[3]

나. 주체

공개장소 연설·대담을 할 수 있는 주체는 후보자이나 비례대표국회의원선거 및 비례대표지방의회의원선거의 후보자는 제외된다. 공개장소 연설·대담에서 연설하거나 대담할 수 있는 사람은 후보자·선거사무장·선거연락소장·선거사무원(이 조에서 "후보자등"이라 함) 및 이들이 선거운동을 할 수 있는 사람 중에서 지정한 사람이다. 지정방법에는 특별한 제한이 없으므로 사실상 선거운동을 할 수 있는 사람은 누구나 공개장소 연설·대담을 할 수 있다. 후보자등이 선거운동을 할 수 있는 사람 중에서 지정한 사람'이 단독으로 연설을 한 경우, 후보자등이 함께 있지 않았다는 사정을 들어 이를 '공개장소에서의 연설·대담'이 아니라고 볼 것은 아니다.

다. 장소

연설·대담을 할 수 있는 장소는 도로변·광장·공터·주민회관·시장 또는 점포 및 규칙으로 정하고 있는 장소인 공원·운동장·주차장·선착장·방파제·대합실(검표원에게 개표하기 전의 대기장소를 말함) 또는 경로당 등 누구나 오갈 수 있는 공개된 장소이다(규칙 제43조 제1항).

후보자등은 다른 사람이 개최한 옥내모임에 일시적으로 참석하여 그 장소에 설치된 확성장치를 사용하거나 휴대용 확성장치를 사용하여 연설·대담을 할 수도 있다. 여기서 '옥내'란 지붕이 있고 기둥과 벽이 있는 건물의 안을 말한다[4] 연설·대담을 할 수 있는 장소가 고정된 장소이어야 하는 것은 아니다. 따라서 자동차 없이 그냥 거리에서 할 수도 있고, 연설·대담용 차량의 정차 중은 물론 이동 중에도 연설·대담을 할 수 있다. 공개장소에서의 연설·대담을 함에 있어 다른 후보자등의 공개장소 연설·대담 장소와의 거리에 대한 제한은 없다.

---

3) 서울고등법원 2023. 1. 11. 선고 2018노654 판결
4) 중앙선거관리위원회 1994. 12. 22. 회답

라. 시간 등 제한사항

공개장소에서의 연설·대담은 오후 11시부터 다음날 오전 7시까지는 이를 할 수 없다. 다만, 공개장소에서의 연설·대담을 하는 경우 자동차에 부착된 확성장치 또는 휴대용 확성장치는 오전 7시부터 오후 9시까지 사용할 수 있다. 공개장소에서의 연설·대담을 하는 경우 오후 9시부터 다음 날 오전 7시까지 같은 조 제10항에 따른 녹음기와 녹화기(비디오 및 오디오 기기를 포함)를 사용할 수 없으니 녹화기는 소리의 출력 없이 화면만을 표출하는 경우에 한정하여 오후 11시까지 사용할 수 있다.

마. 자동차 및 확성장치의 사용

공개장소에서의 연설·대담을 위하여 자동차 및 확성장치를 사용할 수 있으며 자동차와 확성장치의 사용은 임의적 사항일뿐 필수적인 것은 아니다. 확성장치를 이용한 선거운동을 허용한 취지는 후보자들의 인품·능력과 정책 및 공직 적합성 기타 후보자들에 관한 제반 정보를 선거인들에게 효율적으로 알려 선거권을 올바르고 정확하게 행사할 수 있도록 하는데 있다.[5] 해당 확성장치 사용행위가 '공개장소에서 연설·대담'에서 이루어진 한 법 제91조 제1항은 적용되지 아니한다.

1) 자동차

「자동차」의 차종에는 제한이 없으므로, 버스, 소형버스, 트럭, 승용차는 물론 자전거,[6] 오토바이, 견인되는 자동차,[7] 말이 끄는 마차[8]도 사용할 수 있다. 한편 특정 자동차에 확성장치를 장착하고 선거벽보 등을 붙인 채 공개장소에서의 연설·대담을 위한 이동 및 연설·대담 등에 상시 사용하고 있는 상태에서 다른 자동차 또는 확성장치를 공개장소에서의 연설·대담을 위한 도구로 직접 사용하였다면 2대의 확성장치 부착 자동차를 동시에 직접 연설에 사용하지 않았더라도 후보자와 시·도 및 구·시·군 선거연락소마다 각 1대·각 1조만 사용할 수 있도록 제한한 본 조 제3항에 위반된다.[9]

---

5) 헌법재판소 2008. 7. 31. 2006헌마711 결정
6) 중앙선거관리위원회 2006. 3. 22. 회답
7) 중앙선거관리위원회 2004. 2. 16. 회답(다만, 견인하는 자동차는 연설·대담을 위한 자동차에 해당하지 않는다)
8) 중앙선거관리위원회 2006. 5. 8. 회답
9) 대법원 2008. 12. 11. 선고 2008도8859 판결

2) 확성장치

가) 의의

「확성장치」는 마이크로폰, 증폭기, 확성기 따위로 이루어진 음성이나 음악의 음량을 크게 하는 장치로 법문상 그 형태나 출력용량에 제한이 없다.[10] 공개장소 연설·대담에서 사용하는 확성장치는 차에 부착하는 확성장치와 휴대용 확성장치 두 가지 종류로, 휴대용 확성장치는 휴대하여 사용할 수 있는 확성장치를 말한다. 따라서 개인이 휴대할 수 없을 정도로 크거나 무거워서 자전거와 오토바이 등에 싣고 다니는 확성장치는 휴대용으로 볼 수 없으며, 배터리가 장착되지 않고 따로 분리해서 사용하는 것도 개인이 확성장치와 함께 몸에 지닐 수 없다면 휴대용 확성장치로 볼 수 없다. 다만, 지게나 배낭을 이용하여 스스로의 힘으로 휴대할 수 있을 때에는 휴대용 확성장치에 해당할 수 있다.[11]

나) 소음기준

헌법재판소는 사용시간과 사용지역에 따른 수인한도 내에서 확성장치의 최고출력 내지 소음 규제기준에 관한 규정을 두지 아니한 것은 국민의 건강하고 쾌적한 환경에서 생활할 권리를 침해한다고 헌법불합치 결정을 하였고, 이에 따라 2022. 1. 18. 법이 개정되어 자동차에 부착된 확성장치는 정격출력 3킬로와트 및 음압수준 127데시벨(대통령선거 후보자용 또는 시·도지사선거 후보자용의 경우에는 정격출력 40킬로와트 및 음압수준 150데시벨 소음기준)을 초과할 수 없고, 휴대용 확성장치는 정격출력 30와트(대통령선거 후보자용 또는 시·도지사선거 후보자용의 경우에는 정격출력 3킬로와트)을 초과할 수 없다.

다) 확성장치의 사용방법

확성장치는 연설·대담을 하는 경우에만 사용할 수 있다. 휴대용 확성장치는 연설·대담용 차량이 정차한 외의 다른 지역에서 사용할 수 없다고 규정하고 있는 바, 이는 차량이 정차한 지역을 벗어나 사용할 수 없다는 의미로, 이동 중인 차량에서도 사용할 수 있다. 휴대용 확성장치를 사용하는 경우에는 차량 부착용 확성장치를 동시에 사용할 수 없는데, 이는 과도한 소음으로 인한 피해를 최소화하기 위한 것이다.

라) 홍보에 필요한 사항 게재 등

규칙 제43조 제2항에 따라 연설·대담용 자동차·확성장치 및 녹음기·녹화기에는 정당 또는 후보자의 홍보에 필요한 사항을 게재할 수 있으므로 선거벽보, 선거공보, 선거공약서, 후

---

10)　중앙선거관리위원회 1995. 5. 2. 회답
11)　중앙선거관리위원회 1995. 5. 19. 회답

보자 사진 외에 선전구호 등을 게재할 수 있다. 연설·대담용 자동차에 문자LED를 설치할 수 있으며,[12] 춤추는 인형을 홍보사항 게재용으로 설비하는 것은 가능할 것이나 제작·사용에 있어 애드벌룬·기구류의 형태에 이를 때에는 법 제90조에 위반된다.[13] 후보자가 유세차량에서 연설·대담을 할 때 그 연설에 맞추어 로봇이 손을 흔들고 허리 굽혀 인사하는 경우는 무방하나, 로봇이 효과음·연설 등의 소리를 내거나 연설·대담을 하지 아니하는 때에 인사를 하는 등의 동작을 하는 경우에는 법 제90조 또는 제100조에 위반된다.[14]

본 조 및 규칙 제43조에 따라 공개장소에서의 연설·대담용 차량에는 정당 또는 후보자의 홍보에 필요한 사항을 표시하거나 연설·대담을 위하여 필요한 설비를 할 수 있고, 공개장소에서의 연설·대담용 차량은 선거운동의 자유와 공정을 조화롭게 보장하는 차원에서 일정한 기간 동안 제한적으로 허용되는 특별한 차량으로서, 한시적인 기간 동안 선거운동의 자유를 최대한 보장하기 위하여 「자동차관리법」의 튜닝 등과 관련된 규정을 소극적으로 배제한 취지로 보아야 하므로 자동차관리법 제34조, 제37조 등 자동차의 부착물·설비 등에 관한 규정의 적용을 받지 않는다.[15]

3) 자동차 및 확성장치의 수량 및 사용지역

법은 선거의 종류에 따라 사용할 수 있는 자동차 및 확성장치의 수량을 규정하고 있다. 후보자용 자동차와 확성장치는 해당 선거구 안에서 자유롭게 사용할 수 있으나, 대통령선거와 시·도지사선거 및 지역구국회의원선거에 있어서 시·도 및 구·시·군선거연락소의 자동차와 확성장치는 해당 시·도 및 구·시·군선거연락소의 관할구역 안에서 사용하여야 한다. 따라서 선거연락소를 설치하지 않은 구·시·군의 구역에서는 선거연락소용 자동차와 확성장치를 사용할 수 없다.[16] 자동차 및 확성장치의 사용구역을 각 선거연락소의 관할구역 안으로 제한한 이유는 사람과 음향장비 등을 대거 동원한 세력과시용 대규모 집회를 방지하기 위한 것이다.

자동차에 부착된 확성장치를 사용함에 있어 확성나발의 수는 1개를 넘을 수 없는바(제5항), 후보자가 선거운동용 자동차에 부착된 확성장치에 2개 이상되는 확성나발을 설치하였다고 본 조항에 위반되는 것이 아니라 그와 같은 확성장치를 사용하여 공개장소에서의 연설·대담을 한 경우에 죄가 성립한다.[17]

---

12)　중앙선거관리위원회 2008. 2. 27. 회답
13)　중앙선거관리위원회 2000. 3. 13. 회답
14)　중앙선거관리위원회 2004. 3. 25. 회답
15)　중앙선거관리위원회 2017. 5. 9. 회답
16)　중앙선거관리위원회 1997. 11. 19. 회답
17)　대법원 1999. 5. 11. 선고 99도499 판결

바. 녹음기·녹화기의 사용

1) 녹음기·녹화기를 사용할 수 있는 때

후보자등이 공개장소에서의 연설·대담을 하는 때와 후보자등이 연설·대담을 하기 위하여 자동차를 타고 이동하거나 해당 자동차 주위에서 준비 또는 대기하고 있는 경우 녹음기 또는 녹화기를 사용할 수 있다.

2) 녹음기·녹화기의 종류 및 수량 등

「녹음기」란 소리를 담아 두거나 담아 둔 소리를 다시 들을 수 있게 만든 기계, 「녹화기」란 텔레비전 영상 신호를 기록하거나 재생하는 장치를 말한다(국립국어원 표준국어대사전). 「녹음기」·「녹화기」의 종류에는 제한이 없다. 따라서 애드빔(Adbeam), 멀티비전 모니터, 전광판, 영사기,[18] 로고젝터(Logojector),[19] 녹화기가 탑재된 손수레[20] 등도 녹화기로 인정되며 연설·대담용 자동차 외에 점보트론과 같이 녹화기와 자동차가 합성체로 된 경우 차량대수에 포함하지 않고 녹화기로 볼 수 있다.[21] 한편 녹음기·녹화기 수량은 후보자와 선거연락소(대통령선거, 지역구국회의원선거, 시·도지사선거의 선거연락소에 한정)마다 각 1대씩 사용할 수 있으며, 화면규격의 제한이 있다(대통령선거의 후보자용 제외). 1대의 녹화기에 여러 개의 화면이 있는 경우 화면을 모두 합하여 규칙 제43조 제8항에서 정한 규격 이내라야 한다. 녹음기 또는 녹화기의 음량이 작은 경우 공개장소 연설·대담차량 부착용 확성장치나 휴대용 확성장치에 연결하여 소리를 크게 할 수 있으나 그 외에 별도의 확성장치를 녹음기·녹화기에 설치할 수 없다.[22]

3) 방송·방영 내용 및 허용 주체

녹음기·녹화기를 통하여 방영할 수 있는 내용은 2015. 8. 13. 법개정 이전에는 「소속정당의 정강·정책이나 후보자의 경력·정견·활동상황」으로 한정하여 상대 후보자의 전과사실이나 범죄혐의로 수사를 받고 있다는 등의 언론보도내용은 방영할 수 없었으나,[23] 2015. 8. 13. 법 개정을 통해 「선거운동을 위한 음악 또는 선거운동에 관한 내용」을 방송할 수 있도록

---

18) 중앙선거관리위원회 2004. 4. 7. 회답
19) 중앙선거관리위원회 2016. 2. 5. 회답(로고젝터란 LED광원으로 문구 등을 바닥에 투사하는 장치를 말한다)
20) 중앙선거관리위원회 2016. 3. 19. 회답
21) 중앙선거관리위원회 1997. 11. 19. 회답
22) 중앙선거관리위원회 2006. 5. 15. 회답
23) 중앙선거관리위원회 1998. 5. 13. 회답

완화되어 다른 후보자에 관한 내용도 방송·방영할 수 있게 되었다. 또한 공개장소 연설·대담의 주체가 「후보자등」 외에도 선거운동을 할 수 있는 자로 확대되었으므로, 「후보자등」 외에도 선거운동을 할 수 있는 사람이 영상물에 출연하여 소속정당의 정강·정책이나 후보자의 경력·정견·활동상황을 홍보하는 내용을 녹화기로 방영하는 것도 가능하다.[24] 한편 정규학력 외의 수학한 경력을 녹화물을 통하여 방영할 경우 법 제250조에 위반된다.[25]

　　동시선거에 있어서 같은 정당의 추천을 받은 2인 이상의 후보자는 한 장소에서 본 조에 따른 공개장소에서의 연설·대담을 공동으로 할 수 있고(법 제209조), 4개 이상 동시선거에 있어 지역구자치구·시·군의원선거의 후보자는 본 조의 연설·대담을 위하여 자동차 1대와 휴대용 확성장치 1조를 사용할 수 있고 차량부착용 확성장치는 사용할 수 없다(법 제216조 제1항).

3. 중앙선거관리위원회 행정해석

가. 공개장소에서의 연설·대담 일반

① 공개장소에서의 연설·대담의 타법률 적용

공선법 제79조의 규정에 의하여 선거운동의 목적으로 개최하는 공개장소에서의 연설·대담은 공선법의 적용을 받는 것이므로 「집회 및 시위에 관한 법률」이 적용되는 것은 아님. 다만, 선거운동이 아닌 집회 또는 시위를 목적으로 하는 경우에도 「집회 및 시위에 관한 법률」의 적용이 배제되는 것은 아님(1997. 12. 29. 회답).

② 공개장소 연설·대담차량 이동중 연설

공개장소 연설·대담을 할 수 있는 사람은 연설·대담차량의 이동 중에도 연설할 수 있음(2007. 11. 20. 회답).

③ 거리제한

공개장소에서의 연설·대담은 다른 후보자 등의 공개장소에서의 연설·대담장과의 거리에 관계없이 실시할 수 있을 것임(1995. 1. 13. 회답).

④ 아파트단지 내에서의 공개장소 연설·대담

아파트단지가 다수인이 왕래하는 공개된 장소인 경우에는 선거운동을 할 수 있는 장소에 해당될 것임. 다만, 선거운동을 할 수 있는 장소인 경우에도 그 소유·관리자의 의사에 반하여 사유재산권 또는 관리권을 침해하는 방법으로 선거운동을 하는 것까지

공선법에서 보장하는 것은 아니며, 그로 인한 민사·형사책임 문제에 대하여는 우리위
원회 소관사항이 아님(2007. 12. 5. 회답).

나. 자동차와 확성장치의 사용

① 확성장치 동시사용 금지

'휴대용 확성장치를 차량부착용 확성장치와 동시에 사용할 수 없다'함은 같은 시각에
같이 사용할 수 없다는 의미이며, 차량부착용 확성장치에 연결된 확성장치는 휴대용
확성장치로 볼 수 없을 것임(1994. 12. 30. 회답).

② 공개장소에서의 연설·대담용 자동차와 확성장치의 사용

공개장소 연설·대담용 자동차와 확성장치는 구·시·군선거연락소마다 각 1대·1조를
사용할 수 있으므로 구·시·군선거연락소를 설치하지 아니한 구·시·군의 구역에서는
사용할 수 없을 것이나, 구·시·군선거연락소를 공동으로 설치한 경우에는 관할하는
구·시·군위원회로부터 교부받은 표지를 자동차와 확성장치에 부착한 후 공동선거연
락소의 관할구역 안에서 사용할 수 있을 것임(1997. 11. 19. 회답).

③ 공개장소에서의 연설·대담용 확성장치의 확성나발 형태

공선법 제79조 제5항의 규정에 의한 확성나발은 그 형태가 나발모양이든 사각형 모양
이든지를 불문하며, 일반 오디오기기에서 사용하는 스피커를 사용할 수도 있을 것임
(2000. 3. 29. 회답).

④ 피견인자동차를 이용한 공개장소에서의 연설·대담

피견인자동차를 공개장소에서의 연설·대담을 위한 자동차로 사용하는 것은 공선법상
제한하고 있지 아니하나 이 경우 견인하는 자동차는 연설·대담을 위한 자동차에 해당
되지 아니함. 다만, 「자동차관리법」 등 다른 법률에 위반되는지 여부는 우리위원회가
판단할 사항이 아님(2004. 2. 16. 회답).

⑤ 공개장소 연설·대담 차량 및 선거공보 공동제작

같은 선거(기초의원선거의 같은 선거구에 같은 정당의 추천을 받은 2 이상의 후보자)에 있어서는
공개장소에서의 연설·대담차량이나 선거공보를 공동으로 제작하거나 작성할 수 없음
(2006. 5. 10. 회답).

⑥ 공개장소에서의 연설·대담시 확성장치 사용

1. 공개장소에서의 연설·대담시 녹음기·녹화기를 사용하여 후보자를 홍보하는 내용
의 음악을 방송하거나 후보자의 정견을 방영할 수 있는바, 녹음기·녹화기 음량이

작은 경우 차량부착용 확성장치 또는 휴대용 확성장치에 연결하여 소리를 크게 할 수 있음.

2. 연설·대담차량에 탑재된 녹화기 또는 녹화기와 자동차가 합성체로 된 점보트론에 내장된 앰프를 연설·대담차량에 부착된 확성장치로 사용할 수 있음.

3. 녹음기 또는 녹화기의 음량이 적은 경우 공개장소 연설·대담차량 부착용 확성장치나 휴대용 확성장치외의 별도의 확성장치를 녹음기·녹화기에 설치할 수 없음(2006. 5. 15. 회답).

다. 자동차 등에 홍보용 설비

① 공개장소에서의 연설·대담용 자동차 설비

공선법 제79조의 규정에 의한 공개장소에서의 연설·대담을 위한 자동차에 연설·대담을 위하여 필요한 설비를 하는 것은 무방할 것이나, 첨단로봇 유세차량의 유세로봇이 효과음· 연설 등의 소리를 내거나 연설·대담을 하지 아니하는 때에 인사를 하는 등의 동작을 하는 경우에는 같은 법 제90조 또는 제100조의 규정에 위반될 것임(2004. 3. 25. 회답).

② 차량에 첨부하는 사진 및 차량설비

1. 선거벽보, 선거공보, 후보자의 사진 외에 홍보에 필요한 사항으로 정견·정책·선전구호 등을 그림(캐리커쳐를 포함함)이나 문자에 의하여 게재할 수 있을 것임. 다만, 타후보자의 선거운동에 이르거나 무소속후보자의 정당표방·허위사실공표 또는 후보자의 비방 등 다른 규정에 위반되는 내용은 게재할 수 없음.

⇨ 2007. 1. 3. 법 제79조 제6항 개정으로 선거공약서도 첨부할 수 있음.

2. 공개장소에서의 연설·대담용 차량에 전기·전광에 의한 방법으로 설비를 하는 것은 무방할 것임. 다만, 「자동차관리법」 등 다른 법률에 위반되는지의 여부는 우리위원회의 소관사항이 아님(1996. 3. 21. 회답).

③ 공개장소에서의 연설·대담 차량에 춤추는 인형의 설치 등

공개장소에서의 연설·대담용 자동차에는 정당 또는 후보자의 홍보에 필요한 사항을 게재할 수 있으므로 춤추는 인형을 연설·대담용 자동차에 홍보사항 게재용으로 설비하는 것은 무방할 것이나 제작·사용에 있어 애드벌룬·기구류의 형태에 이를 때에는 공선법 제90조의 규정에 위반될 것임(2000. 3. 13. 회답).

④ DDR을 이용한 선거운동

공개장소에서의 연설·대담시 DDR(Dance Dance Revolution, 컴퓨터 화면의 전기신호에 따라 춤을 추는 놀이기구)을 선거구민의 이용에 제공하거나 댄스유세가 후보자를 지지하는 음악방송(로고송)과는 관계없이 별개의 오락적 관람물을 공연하는 정도에 이른 때에는 공선법 제113조의 규정에 위반될 것임(2000. 3. 7. 회답).

⑤ 연설·대담용 차량에 문자 LED의 설치

공개장소에서의 연설·대담차량에 정당 또는 후보자의 홍보에 필요한 사항을 게재하거나 연설·대담을 위하여 필요한 설비로서 문자 LED를 설치하는 것은 「공직선거관리규칙」 제43조에 따라 무방할 것임(2008. 2. 27. 회답).

⑥ 공개장소 연설·대담용 차량의 「자동차관리법」 적용

「공직선거법」 제79조 및 「공직선거관리규칙」 제43조에 따라 공개장소에서의 연설·대담용 차량에는 정당 또는 후보자의 홍보에 필요한 사항을 표시하거나 연설·대담을 위하여 필요한 설비를 할 수 있으므로, 「자동차관리법」 제34조, 제37조 등 자동차의 부착물·설비 등에 관한 규정의 적용을 받지 아니할 것임(2017. 5. 9. 회답).

라. 녹음·녹화기의 사용

① 녹화물을 이용한 유사학력의 공표

공선법 제250조 제1항의 허위사실공표금지규정 중 정규학력외의 학력의 공표는 "게재하는 경우"로 규정하고 있는바, 이는 선전문서뿐만 아니라 녹화물에 게재하는 경우도 포함된다고 할 것이므로 정규학력외의 수학한 경력을 녹화물을 통하여 방영할 수 없을 것임(1998. 5. 13. 회답).

② 공개장소 연설·대담용 차량의 녹화기 사용

1. 공개장소에서의 연설·대담용 자동차에 정당 또는 후보자의 홍보에 필요한 사항을 게재하는 홍보물의 규격에 대하여는 공선법에서 제한하고 있지 아니함.

2. 공개장소에서의 연설·대담시에 사용하는 녹화기에는 정당 또는 후보자를 홍보하는 홍보물을 게시·첩부할 수 없음.

⇨ 2015. 8. 13. 규칙 제43조 제2항 개정으로 법 제79조 제10항에 따른 녹음기·녹화기에는 정당 또는 후보자의 홍보에 필요한 사항을 표시하거나 연설·대담을 위하여 필요한 설비를 할 수 있음.

3. 멀티비전 모니터, 전광판, 영사기를 녹화기로 사용하는 것은 무방할 것임.

4. 지역구국회의원선거에 있어 공개장소에서의 연설·대담시 사용하는 녹화기가 3면 (방향)의 화면으로 구성되어 연결된 경우 그 화면을 모두 합한 규격이 5제곱미터 이 내라면 무방할 것임(2004. 4. 7. 회답).

③ 공개장소에서의 연설·대담시 방영할 녹화물

후보자가 구속된 경우에도 공개장소에서의 연설·대담을 하는 때에 후보자의 녹음·녹 화물을 이용하여 선거운동을 할 수 있음. 다만, 녹음·녹화물의 내용이 허위사실공표나 비방에 이르러서는 아니 될 것이며, 사복을 착용하고 녹화할 수 있는지 여부는 우리위 원회가 판단할 사항이 아님(2004. 4. 13. 회답).

④ 후보자의 공개장소에서의 연설·대담 내용의 생중계

공선법 제79조의 공개장소에서의 연설·대담시 후보자의 연설·대담 내용을 무궁화 인 공위성의 다지점 중계통신망을 이용하여 후보자용 공개장소 연설·대담차량과 시·도 및 구·시·군 선거연락소마다 사용하는 공개장소 연설·대담차량의 녹음기·녹화기를 통하여 동시에 생중계하는 것은 무방할 것임(2007. 10. 15. 회답).

⑤ 공개장소에서의 연설·대담시 수화통역 등

공개장소 연설·대담차량 녹화기로 후보자영상물을 방영할 경우 화면 오른쪽 하단에 수화통역을 방영하거나, 공개장소 연설·대담차량에서 후보자가 연설하는 경우 수화통 역사가 함께 탑승해서 수화통역을 하는 것은 무방할 것. 이 경우 수화통역사에게 그 역무제공에 상응하는 통상의 인건비를 지급한 경우 그 비용은 보전대상인 선거비용에 해당될 것임(2008. 3. 26. 회답).

⑥ 공개장소에서의 연설·대담시 로고송 사용

공개장소에서의 연설·대담시 홍보영상 배경음악 또는 로고송 등으로 개사곡이 아닌 기존의 음원을 변경 없이 그대로 사용하는 경우 「저작권법」 등 다른 법률에 위반되는 지 여부는 별론으로 하고 「공직선거법」상 무방할 것임(2009. 4. 21. 회답).

4. 판례

① 후보자가 선거운동 자동차에 부착된 확성장치에 확성나발 2개를 사용한 경우 처벌요건

법의 관련 규정에 따르면 도의원 선거의 후보자 등이 자동차에 확성나발의 수가 2개 이상되는 확성장치를 부착하였을 뿐만 아니라, 그와 같은 확성장치를 사용하여 공개장 소에서 연설·대담을 하였을 때에 비로소 법 제256조 제3항 제8호, 제79조 제5항 위

반의 죄가 성립한다고 보아야 할 것이고, 단지 원심이 유지한 제1심판결이 인정한 것처럼 도의원 선거의 후보자가 선거운동 자동차에 부착된 확성장치에 확성나발 2개를 사용하였다는 것만으로는 위 죄가 성립한다고 볼 수 없다.

더구나 이 사건에서 피고인은 수사기관 이래 원심법정에 이르기까지 자신은 제1심 판시 확성장치를 사용하여 연설이나 대담을 한 일이 없다고 주장하였으며, 제1심이 위 공소사실을 유죄로 인정하기 위하여 채택한 증거들을 포함하여 검사가 제출한 모든 증거를 살펴보아도 피고인이 제1심 판시 확성장치를 사용하여 연설이나 대담을 하였다고 인정할 자료가 없다.

그럼에도 불구하고 제1심이 그 판시 범죄사실과 같은 사실만을 인정하고 이를 법 제256조 제3항 제8호, 제79조 제5항 위반의 죄로 처단한 것은 법 제256조 제3항 제8호, 제79조 제5항 위반의 죄의 구성요건에 대한 법리 내지는 공소사실 특정에 관한 법리를 오해하였거나, 아니면 증거 없이 범죄될 사실을 인정한 위법을 저지른 것이다(대법원 1999. 5. 11. 선고 99도499 판결).

⇨ 현행법에서 처벌규정은 제256조 제5항 제8호임.

② 법 제79조 제3항의 '자동차와 확성장치를 연설·대담을 위하여 사용하는 것'의 의미

특정 자동차에 확성장치를 장착하고 선거벽보 등을 붙인 채 공개장소에서의 연설·대담을 위한 이동 및 연설·대담 등에 상시 사용하고 있는 상태에서 다른 자동차 또는 확성장치를 공개장소에서의 연설·대담을 위한 도구로 직접 사용하였다면, 특별한 사정이 없는 한 자동차와 이에 부착된 확성장치를 후보자와 시·도 및 구·시·군선거연락소마다 각 1대·각 1조만 사용할 수 있도록 제한한 제79조 제3항의 규정을 위반하여 연설·대담한 경우에 해당한다고 할 것이다.

원심판결 이유를 기록에 비추어 검토하여 보면, 피고인들은 ○○시선거관리위원회에 (차량 번호 1 생략)자동차를 제17대 대통령선거 ○○○○당 문○○ 후보자를 위한 ○○시 선거연락소의 연설·대담용 확성장치 부착 자동차로 신고한 다음 그 표지와 선거벽보 등을 부착하고 공개장소에서의 연설·대담을 위한 이동과 연설·대담에 상시 사용하고 있었던 사실, 피고인 1은 이 사건 연설장소에 (차량번호 1 생략)자동차와 (차량번호 2 생략)자동차를 함께 배치한 채 (차량번호 2 생략)자동차에 설치된 연설대에 올라가 위 자동차에 부착된 확성장치를 이용하여 문○○ 후보자를 지지하는 연설을 한 사실을 인정할 수 있는바, 사실관계가 이와 같다면 피고인 1은 ○○시 선거연락소의 연설·대담용 확성장치 부착 자동차로 사용하고 있던 (차량번호 1 생략)자동차 외에 (차량번호 2 생략)자동차 및 그에 부착된 확성장치를 공개장소에서의 연설을 위해 사용함으로써 자동차와

이에 부착된 확성장치를 선거연락소 마다 각 1대·각1조만 사용할 수 있도록 제한한 제79조 제3항의 규정을 위반하여 연설·대담한 경우에 해당한다고 보아야 할 것이다. 그럼에도 불구하고 원심은 2대의 확성장치 부착 자동차를 동시에 직접 연설에 사용한 경우에만 공직선거법 제79조 제3항의 규정을 위반하여 연설·대담한 경우에 해당한다고 보아 이 부분 공소사실에 대하여 무죄를 선고하였으니, 원심판결(제2심 판결, 서울고등법원 2008. 9. 19. 선고 2008노1473 판결)에는 「공직선거법」 제79조 제3항에 관한 법리를 오해하여 판결 결과에 영향을 미친 위법이 있다고 할 것이다. 이 점을 지적하는 상고이유의 주장은 이유 있다(대법원 2008. 12. 11. 선고 2008도8859 판결).

③ 공개장소 연설·대담 해당여부

공직선거법 제79조 제2항에 따라 '① 후보자등(이하 후보자·선거사무장·선거연락소장·선거사무원을 말함)과 후보자등이 선거운동을 할 수 있는 사람 중에서 지정한 사람'(이하 '지정된 사람'이라 함)이 '② 도로변·광장 등 다수인이 왕래하는 공개장소'에서 '③ 정당이나 후보자에 대한 지지를 호소하는 연설 등'을 한 것이라는 요건을 갖추었다면, 이는 다른 특별한 사정이 없는 한 '공개장소 연설·대담'에 해당하고, ⓐ 후보자등이 해당 연설·대담 장소에의 동행, ⓑ '공개장소 연설·대담'임을 명시할 것 등은 요건으로 볼 수 없다. 설령 연설·대담을 한 사람이 '공개장소 연설·대담'이 아니라는 취지로 말하였다 하더라도, 실질적으로 '지정된 사람'으로서 '정당이나 후보자에 대한 지지를 호소하는 연설·대담'을 한 것이라면, 아래와 같은 이유에서 이는 여전히 '공개장소 연설·대담'에 해당한다.

1) 후보자등이 연설·대담 장소에 같이 있어야 하는지(소극)

① 현행 공직선거법 제79조 개정이유가 '후보자의 선거운동의 자유 확대, 선거운동방법 규제 대폭 개선'에 있는 점, ② 연설·대담 주체로서 '후보자등'과 '지정된 사람'은 연설·대담의 주체로 대등·병렬적인 지위에 있는 점, ③ '지정된 사람'의 단독연설이 허용된다고 해석하더라도 확성장치로 인한 소음은 여전히 다른 제한규정으로 상당부분 규제할 수 있어 소음규제를 목적으로 하는 제91조 제1항이 형해화 되지는 않는 점, ④ 오히려 '지정된 사람'의 단독연설을 제한한다면 후보자등의 선거운동의 자유를 과도하게 제한하여 부당한 결과를 초래하는 점 등을 종합하면, '지정된 사람'이 단독연설을 한 경우, 후보자등이 함께 있지 않았다는 사정으로 '공개장소 연설·대담'이 아니라 볼 것은 아니다.

2) 확성장치 사용 시 '공개장소 연설·대담'이라고 명시해야 하는지(소극)

다음 이유로 이 사건 공소사실 기재 각 행사(이 법원이 아래에서 무죄로 판단하는 부분으로, 이하 '이 사건 나머지 각 행사'라 함)가 '공개장소 연설·대담'이 아니라고 볼 수 없다.

가) 공직선거법 제79조는 '공개장소 연설·대담'임을 '명시'해야 한다는 등의 절차적 요건 규정이 없고, 홍보수단으로서의 '콘서트' 형식·공지를 금지하지 않으므로, 피고인들에게 불리한 방향으로 법률에서 정하지 않은 '명시' 등의 요건을 추가하는 것은 죄형법정주의에 반한다.

나) 다만 공직선거법 제79조 제2항 요건을 형식적으로 갖추었더라도, 기망 내지 그 밖의 부정한 방법으로 유권자들을 모이게 했다고 평가되는 등(후보자등이 행사의 개최·진행에 관여하지 않았다거나, 야유회·단합대회 등 유권자 입장에서 전혀 예상·인식할 수 없는 명목으로 개최) 특별한 사정이 있다면 공개장소 연설·대담이라고 볼 수 없을 것이나, ㉮ 후보자등이 하는 공개장소 연설·대담은 결과적으로 집회·모임을 개최하는 것과 큰 차이가 없고(헌법재판소 2018헌바164 결정 참조), 공직선거법은 공개장소 연설·대담의 형식·절차에 관하여 특별한 제한규정을 두지 않은 점, ㉯ 확성장치 사용 관련 다른 처벌규정이 여전히 적용되므로 남용될 우려가 크지 않은 점 등에 비추어, 특별한 사정이 있는지는 신중히 판단하여야 한다.

다) 이 사건 나머지 각 행사에서 각 사정, 즉 ①후보자등이 행사 개최·진행에 관여하지 않았다고 보기 어려운 점(피고인들이 후보자들로부터 요청을 받아 연설한 점, 행사준비를 모두 후보자 측에서 했다고 진술한 점, 일부 후보자들이 해당 행사에 피고인들의 참석을 공지한 점 등), ② 선거일에 임박한 행사로서 피고인들은 자신의 정치적 의견을 수시로 표명하여 대중들도 해당 콘서트가 그와 결부되어 진행됨을 일정 정도 인식했다고 보이는 점 등을 종합해보면, 피고인 주◆◆가 트위터에서 이 사건 나머지 각 행사가 '공개장소 연설·대담'임을 명시하지 않았다 하더라도, 이를 접한 유권자들로서는 위 행사가 관련 후보자들의 지정·요청에 따라 ㉯당 후보자들에 대한 낙선 또는 그에 따라 간접적으로나마 야권연대에 속한 정당·후보자들의 지지를 호소하는 '공개장소 연설·대담'의 일환으로 이루어진다는 것을 일정 정도 예상·인식할 수 있었다고 볼 여지가 있고, 적어도 피고인 주◆◆가 트위터를 통해 '○○○토크콘서트' 등 명목으로 개최사실을 공지한 것을 두고 기망 내지 그 밖의 부정한 방법으로 유권자들을 모이게 한 것이라고 평가할 수는 없다.

라) 한편 피고인들이 자신들의 행위가 선거운동이 아님을 강조하거나 후보자의 '공개장소 연설·대담'과 토크콘서트를 구분하는 언행을 하였기는 하나, 이는 언론인의 구 공직선거법상의 선거운동 금지규정위반에 따른 형사책임 회피 목적에

불과한 점, 피고인들의 행위가 '선거운동'에 해당하는지는 발언의 형식·명목에 기초하여 판단할 것이 아니라 실질을 기준으로 판단해야 하는 점에 비추어 탈법적 선거운동수단으로 악용되는 등의 특별한 사정이 없는 이상 '공개장소 연설·대담'에 해당한다고 보아야 한다(서울고등법원 2023. 1. 11. 선고 2018노654 판결, 대법원 2023. 4. 13. 선고 2023도1043 판결).

5. 헌법재판소 결정

① 확성장치를 사용할 수 있도록 허용하면서도 그 사용에 따른 소음의 규제기준을 두지 아니한 것이 환경권을 침해하는지 여부

가. 국가가 국민의 건강하고 쾌적한 환경에서 생활할 권리에 대한 보호의무를 다하지 않았는지 여부를 헌법재판소가 심사할 때에는 국가가 이를 보호하기 위하여 적어도 적절하고 효율적인 최소한의 보호조치를 취하였는가 하는 이른바 '과소보호금지원칙'의 위반 여부를 기준으로 삼아야 한다.

공직선거법에는 확성장치를 사용함에 있어 자동차에 부착하는 확성장치 및 휴대용 확성장치의 수는 '시·도지사선거는 후보자와 구·시·군 선거연락소마다 각 1대·각 1조, 지역구지방의회의원선거 및 자치구·시·군의 장 선거는 후보자마다 1대·1조를 넘을 수 없다'는 규정만 있을 뿐 확성장치의 최고출력 내지 소음 규제기준이 마련되어 있지 아니하다. 기본권의 과소보호금지원칙에 부합하면서 선거운동을 위해 필요한 범위 내에서 합리적인 최고출력 내지 소음 규제기준을 정할 필요가 있다.

공직선거법에는 야간 연설 및 대담을 제한하는 규정만 있다. 그러나 대다수의 직장과 학교는 그 근무 및 학업 시간대를 오전 9시부터 오후 6시까지로 하고 있어 그 전후 시간대의 주거지역에서는 정온한 환경이 더욱더 요구된다. 그러므로 출근 또는 등교 시간대 이전인 오전 6시부터 7시까지, 퇴근 또는 하교 시간대 이후인 오후 7시부터 11시까지에도 확성장치의 사용을 제한할 필요가 있다.

공직선거법에는 주거지역과 같이 정온한 생활환경을 유지할 필요성이 높은 지역에 대한 규제기준이 마련되어 있지 아니하다. 예컨대 소음·진동관리법, '집회 및 시위에 관한 법률' 등에서 대상지역 및 시간대별로 구체적인 소음기준을 정한 것과 같이, 공직선거법에서도 이에 준하는 규정을 둘 수 있다.

따라서 심판대상조항이 선거운동의 자유를 감안하여 선거운동을 위한 확성장치를 허용할 공익적 필요성이 인정된다고 하더라도 정온한 생활환경이 보장되어야 할 주거지역에서 출근 또는 등교 이전 및 퇴근 또는 하교 이후 시간대에 확성장치의 최고출력 내지 소음을 제한하는 등 사용시간과 사용지역에 따른 수인한도 내에서 확성장치의 최고출력 내지 소음 규제기준에 관한 규정을 두지 아니한 것은, 국민이 건강하고 쾌적하게 생활할 수 있는 양호한 주거환경을 위하여 노력하여야 할 국가의 의무를 부과한 헌법 제35조 제3항에 비추어 보면, 적절하고 효율적인 최소한의 보호조치를 취하지 아니하여 국가의 기본권 보호의무를 과소하게 이행한 것으로서, 청구인의 건강하고 쾌적한 환경에서 생활할 권리를 침해하므로 헌법에 위반된다.

나. 심판대상조항에 대하여 단순위헌결정을 하여 즉시 효력을 상실시킨다면 법적 공백 상태가 발생할 우려가 있고, 공직선거의 선거운동에서 확성장치의 사용에 따른 소음 규제기준은 입법자가 충분한 논의를 거쳐 결정하여야 할 사항이므로, 헌법불합치결정을 선고하고, 2021. 12. 31.을 시한으로 입법자의 개선입법이 있을 때까지 잠정적용을 명하기로 한다(헌법재판소 2019. 12. 27. 2018헌마730 결정).

⇨ 종전 헌법재판소는 2008. 7. 31. 2006헌마711 결정에서 구 공직선거법(2005. 8. 4. 법률 제7681호) 제79조 제3항이 청구인의 기본권을 침해한 것이 아니므로 헌법에 위반되지 아니한다고 판시하였으나 위 결정으로 이를 변경함.

6. 처벌

본 조 제1항, 제3항부터 제5항까지, 제6항(표지를 부착하지 아니한 경우는 제외), 제7항을 위반하여 공개장소에서의 연설·대담을 한 자는 1년 이하의 징역 또는 200만원 이하의 벌금에(법 제256조 제5항 제8호), 선거운동과 관련하여 본 조 제10항을 위반하여 녹음기 또는 녹화기 사용대수를 초과하여 사용한 사람은 2년 이하의 징역 또는 400만원 이하의 벌금에 처한다(법 제256조 제3항 제1호). 또한 본 조 제8항 위반하여 소음기준을 초과한 확성장치를 사용하거나 사용하게 한 자(법 제261조 제3항 3의2호)와 오후 9시부터 오후 11시까지의 사이에 소리를 출력하여 녹화기를 사용한 자는 1천만원 이하의 과태료를 부과하고(법 제261조 제3항 4의2호), 본 조 제6항 또는 제10항 후단을 위반하여 자동차, 확성장치, 녹음기 또는 녹화기에 표지를 부착하지 아니하고 연설·대담을 한 사람은 100만원 이하의 과태료를 부과한다(법 제261조 제8항 제2호).

제2절 선거에 영향을 미치는 집회 제한

1. 타연설회 등의 금지

> **제101조(타연설회 등의 금지)** 누구든지 선거기간중 선거에 영향을 미치게 하기 위하여 이 법의 규정에 의한 연설·대담 또는 대담·토론회를 제외하고는 다수인을 모이게 하여 개인정견발표회·시국강연회·좌담회 또는 토론회 기타의 연설회나 대담·토론회를 개최할 수 없다.

가. 개요

선거기간 중에 다수인을 상대로 개최하는 연설회 등이 선거에 큰 영향을 미칠 수 있으므로 연설회 등의 주체와 방법, 시간 등의 허용범위를 구체적이고 엄격하게 제한하여 선거에서의 균등한 기회를 보장하고 선거의 공정성을 확보하기 위한 것이다.[26] 법에서 옥외연설회를 엄격하게 제한하는 것은 과거 옥외연설회가 후보자 간 세(勢)과시를 위한 수단으로 활용되면서 선거과열은 물론이고 금품제공을 통한 청중동원 등으로 '돈 선거'의 주요 원인으로 작용하여 이를 차단할 필요가 있었기 때문이다. 다른 한편으로는 정보통신기술과 미디어의 발달로 효과적인 선거운동이 가능한 다양한 매체가 등장함에 따라 옥외연설회에 의한 선거운동이 과거와 같이 유효한 선거운동방법이 될 수 없는 선거환경의 변화를 반영한 것이다.

나. 타연설회 등의 금지

1) 주체 및 기간

누구든지 선거기간개시일부터 선거일까지 금지된다. 수범자를 일반인으로 하고 있고 금지되는 연설회 등을 그 연설회 등이 이루어지는 태양과 다수인을 모이게 하였는지 여부에 따라서만 구분하고 있을 뿐 연설회 등을 주도하는 주체, 방식 및 참여자 등을 특정하고 있지 않다.[27]

---

26) 서울고등법원 2024. 1. 26. 선고 2023노2600 판결, 대법원 2024. 4. 12. 선고 2024도2751 판결
27) 서울고등법원 2024. 1. 26. 선고 2023노2600 판결, 대법원 2024. 4. 12. 선고 2024도2751 판결

2) 주관적 요건

「선거에 영향을 미치게 하기 위하여」개최하는 연설회나 대담·토론회가 금지된다.

3) 금지되는 행위

이 법의 규정에 의한 연설·대담 또는 대담·토론회를 제외하고 다수인을 모이게 하여 개인정견발표회·시국강연회·좌담회 또는 토론회 기타의 연설회나 대담·토론회를 개최하는 행위이다.

법에서 허용하고 있는 연설·대담과 대담·토론회는 법 제79조에 따른 공개장소에서의 연설·대담, 법 제81조, 제82조, 제82조의2, 제82조의3에 따른 대담·토론회이다.

「다수인을 모이게 하여」는 그 인원의 많고 적음을 불문하며, 그 장소가 옥내이든 옥외이든 모두 해당된다. 또한 「개인정견발표회·시국강연회·좌담회 또는 토론회」등은 연설회의 예시에 불과하며, 집회 자체가 다른 법률에 위반되는지 여부는 불문한다. 즉 다른 법률에 따라 합법적으로 개최하는 경우라도 선거에 영향을 미치게 하기 위한 연설회에 해당되면 본 조에 위반된다.

집회는 후보자등(후보자, 선거사무장, 선거연락소장, 선거사무원 및 후보자 등이 지정한 사람, 소속 정당 포함, 이하 같음)이 집회를 주최하거나 집회에 참여하지 않았더라도 법 제101조에서 금지하는 연설회 등에 해당하고, 제101조에서 제81조 제2항에 의한 대담과 토론을 인용하고 있지 않으므로, 제101조에서 금지되는 대담이나 토론을 반드시 제81조 제2항에서의 정의와 같이 제한하여 해석하여야 한다고 볼 수 없다. 오히려 각 허용 규정에서 수식이나 정의를 통하여 허용되는 연설회 등의 의미를 제한하고 있을 뿐 일반적인 정의 규정을 두지 않으므로, 그러한 수식이나 정의가 없는 경우에는 특별한 제한이 없는 채로 연설회 등의 의미를 해석하는 것이 문언에 부합하는 것으로 볼 수 있다.[28]

본 조에서 금지하는 연설회나 대담·토론회는 대개 집회의 형식을 가질 수 밖에 없는데, 집회를 개최하여 연설회나 대담·토론회를 개최하는 때에는 본 조는 물론 법 제103조에 위반된다.

한편, 법 제80조가 '공개장소에서의 연설·대담'에, 법 제102조가 '이 법의 규정에 의한 연설·대담과 대담·토론회'에만 적용됨을 명시하고 있기 때문에 본 조에 위반되는 연설회를 법 제80조에 따라 연설개최가 금지되는 터미널구내 등에서 개최하거나 야간(오후 11시부터 다음날 오전 6시까지)에 개최하더라도 본 조에 위반될 뿐이고 법 제80조 또는 제102조는 적용되지

---

28) 서울고등법원 2024. 1. 26. 선고 2023노2600 판결, 대법원 2024. 4. 12. 선고 2024도2751 판결

않는다.

다. 중앙선거관리위원회 행정해석

① 사회단체의 대통령선거후보자 공약평가발표회 개최

사회단체가 중립적인 입장에서 후보자의 공약을 공정하고 객관적인 기준에 따라 평가하는 경우 여론조사결과 일정 지지율 이상인 자 또는 여당과 제1야당 후보만을 평가대상자로 선정하는 것만으로는 공선법에 위반된다고 할 수 없을 것이나, 선거기간 중에 후보자의 공약평가발표회를 개최하는 것은 선거에 영향을 미치게 하기 위한 행위가 되어 같은 법 제101조에 위반될 것임(2007. 9. 3. 회답).

② 선거기간 중 전국시군자치구의회의원 세미나 개최

전국시군자치구의회의장협의회가 선거기간 중에 정당공천제 폐지, 중선거구제 폐지, 지방의회 사무직원 인사권 독립 등을 주제로 하는 세미나를 개최하는 경우 선거에 영향을 미치게 하기 위하여 개최하는 행사가 아니라면 무방할 것임(2007. 11. 23. 회답).

③ 국회의원연구단체의 시민공청회 개최

국회의원연구단체와 국회의원이 대통령선거의 선거기간 중에 선거와 무관하게 사회현안에 관한 시민공청회를 공동으로 개최하는 것은 무방할 것임(2012. 11. 9. 회답).

④ 대통령선거기간 중 비례대표국회의원의 이주민모임 방문

국회의원이 대통령선거기간 중에 선거와 무관하게 직무상 행위의 일환으로 다문화 여성으로 구성된 자조모임을 방문하여 다문화 정책에 관한 의견을 청취하는 것은 무방할 것임(2012. 11. 26. 회답).

라. 판례

① 법 제101조에서 금지하는 타연설회가 후보자등이나 정당이 참여하는 것으로 한정 해석되는 것은 아니라고 본 사례

아래와 같은 사정에 비추어 보면, 이 사건 집회는 후보자등(후보자, 선거사무장, 선거연락소장, 선거사무원 및 후보자 등이 지정한 사람, 소속 정당 포함, 이하 같음)이 집회를 주최하거나 집회에 참여하지 않았더라도 공직선거법 제101조에서 금지하는 연설회 등에 해당하므로, 피고인들이 선거기간에 영향을 미치게 하기 위하여 이 사건 집회를 개최한 행위는 여전히 공직선거법 제101조를 위반한 위법한 행위로 보아야 한다.

가. 공직선거법은 선거기간 중에 개최할 수 있는 연설회 등의 주체와 방법, 시간 등을 해당 조문에서 구체적이고 엄격하게 정하면서 제101조에서 이 법에 의하여 허용되는 연설회 등을 제외하고는 다수인을 모이게 하여 연설회 등을 개최하는 것을 일체 금지하고 있고, 제256조 제3항 제1호 자목은 위 금지 규정을 위반한 경우에 대한 벌칙조항을 두고 있다. 이는 선거기간 중에 다수인을 상대로 개최하는 연설회 등이 선거에 큰 영향을 미칠 수 있으므로 연설회 등의 주체와 방법, 시간 등의 허용범위를 구체적이고 엄격하게 제한하여 선거에서의 균등한 기회를 보장하고 선거의 공정성을 확보하기 위한 것으로 보인다.

위 금지 규정은 수범자를 일반인으로 하고 있고 금지되는 연설회 등을 그 연설회 등이 이루어지는 태양과 다수인을 모이게 하였는지 여부에 따라서만 구분하고 있을 뿐 연설회 등을 주도하는 주체, 방식 및 참여자 등을 특정하고 있지 않다. 원심이 설시한 바와 같이 연설회 등을 허용하는 각 공직선거법 조문에서 '정견'을 '후보자(또는 후보자가 되고자 하는 자)'의'로, '시국강연회'를 '정당이 개최하는'으로 각 수식하거나 제81조 제2항이 대담과 토론을 후보자 또는 대담자 내지 토론자가 참여하는 것으로 정의하고 있기는 하다. 그러나 제101조는 정견이나 시국강연회를 위와 같이 제한하여 수식하고 있지 않고 수식된 정견과 시국강연회를 인용하고 있지도 않으므로, 제101조에서 금지되는 정견발표회나 시국강연회가 이를 허용하는 규정에서의 정견발표회나 시국강연회와 반드시 같은 의미로 제한되어 해석된다고 볼 수 없다. 또한 제81조 제2항의 대담과 토론에 대한 정의는 공직선거법에 나오는 대담과 토론에 전체적으로 적용되는 정의가 아니라 그 특정 조항의 '대담'과 '토론'을 정의하는 형태로 규정되어 있고, 제101조에서 제81조 제2항에 의한 대담과 토론을 인용하고 있지 않으므로, 제101조에서 금지되는 대담이나 토론을 반드시 제81조 제2항에서의 정의와 같이 제한하여 해석하여야 한다고 볼 수 없다. 오히려 각 허용 규정에서 수식이나 정의를 통하여 허용되는 연설회 등의 의미를 제한하고 있을 뿐 일반적인 정의 규정을 두지 않으므로, 그러한 수식이나 정의가 없는 경우에는 특별한 제한이 없는 채로 연설회 등의 의미를 해석하는 것이 문언에 부합하는 것으로 볼 수 있다.

나. 공직선거법은 위 규정에서 개최를 금지하는 연설회 등에 관하여 일반적인 정의 규정을 두고 있지 않으나, 문언의 통상적인 의미를 고려할 때 개인정견발표회는 개인의 정치상의 의견이나 식견을 공개적으로 드러내어 알림, 시국강연회는 현재 당면한 국내 및 국제 정세나 대세에 대하여 청중 앞에서 강의 형식으로 말함, 좌담회나

대담회는 각 주제의 전문가가 사회자 또는 질문자의 질문에 대하여 답변함, 토론회는 2인 이상의 토론자가 특정 주제에 대하여 사회자를 통하여 질문·답변하는 것을 의미하는 것으로 보인다. 선거기간 중에 선거에 영향을 미치기 위해 다수의 유권자를 상대로 개최되는 위 각 연설회 등은 그 특성상 선거에 영향을 미칠 수 있을 만한 전문가 등이 참여하여 연설회 등에 모인 유권자를 대상으로 선거에 관한 의견을 일방적으로 표명하는 것으로 선거에 영향을 미칠 가능성이 높다. 또한 공중이 자유로이 통행하거나 집합하는 공개된 장소에서 개최될 경우 공중에게 계속적으로 노출되어 그 홍보 효과가 매우 크고, 투입되는 비용에 따라 연설회 등 참여자의 수, 연설회 등에 부수적으로 휴대·설치되는 표현물의 형태, 확성 장치를 통해 발생하는 소리의 크기 등이 현저히 달라져 유권자에게 미치는 영향력에도 상당한 차이가 발생하게 되고, 이는 후보자등이 직접 주최하거나 참여하는 형태가 아니라도 마찬가지다. 따라서 후보자등이 주최하거나 직접 참여하지 않더라도 연설회 등의 형태로 집회나 모임이 이루어질 경우 선거에 영향을 미칠 가능성이 적지 않다.

다. 구 공직선거법(2023. 8. 30. 법률 제19696호로 개정되기 전의 것) 제103조 제3항(이하 '개정 전 제103조 제3항'이라고 한다)은 일반 유권자에 대해서 집회나 모임을 전면적·포괄적으로 금지하는 형태로 규정되어 있었고, 집회라 함은 특정 또는 불특정 다수인이 공동의 의견을 형성하여 이를 대외적으로 표명할 목적 아래 일시적으로 일정한 장소에 모이는 것을 의미한다. 제101조가 금지하는 '다수인을 모이게 하여 개최하는 연설회 등'은 앞서 본 정의 등에 비추어 보면 개정 전 제103조 제3항에서 금지하는 집회나 모임에 포함되는 것으로 해석될 여지가 있고, 각 규정의 처벌조항에 따른 법정형도 동일하여(제256조 제3항 제1호 자목 및 카목), 제101조가 금지하는 연설회 등을 개최한 경우 개정 전 제103조 제3항으로 처벌하는 것도 가능했던 것으로 보인다. 그러나 집회나 모임에 대한 일반적인 금지 조항이 있다고 하더라도 그 중 연설회, 토론회와 같은 특정 형태의 모임에 대해 개별적으로 금지 조항을 둠으로써 금지 및 처벌되는 대상을 명확하게 규정할 수 있으므로, 제101조의 독자적인 존재의 실익이 없다고 볼 수 없다.

라. 이 사건 헌법불합치결정의 이유는, 개정 전 제103조 제3항이 금지하는 집회나 모임이 위 규정에 열거되어 있는 향우회·종친회·동창회·단합대회 또는 야유회 등과 유사한 것인지 여부를 불문하고 모든 집회나 모임을 대상으로 하고, 합법인지 불법인지, 옥내인지 옥외인지 묻지 않아 전면적·포괄적으로 금지·처벌하는 조항으로 기능하는 점, 위 규정은 선거의 공정과 평온에 대한 위험 상황이 구체적으로 존

재하지 않는 경우까지도 예외 없이 선거에 영향을 미치게 하기 위한 선거기간 중의 집회나 모임을 금지하고 있어 입법목적의 달성에 필요한 범위를 넘어 과도하게 제한하고 있는 점, 구체적인 집회나 모임의 상황을 고려하여 상충하는 법익 사이의 조화를 이루려는 노력을 전혀 기울이지 않고서, 일반 유권자가 선거에 영향을 미치게 하기 위한 집회나 모임을 개최하는 것을 전면적으로 금지함에 따라, 사실상 선거와 관련된 집단적 의견표명 일체가 불가능하게 됨으로써 일반 유권자가 받게 되는 집회의 자유, 정치적 표현의 자유에 대한 제한 정도는 매우 중대한 점 등 침해의 최소성 및 법익의 균형성을 위배하였다는 것이다[헌법재판소 2022. 7. 21. 2018헌바357, 2021헌가7(병합) 전원재판부 결정 참조].

제101조에서 금지하는 연설회 등은 집회나 모임 중에서도 앞서 본 바와 같이 선거에 영향을 크게 미칠 수 있는 형태로 이루어지는 집회나 모임을 구체적·개별적으로 열거하는 형태로 규정하고 있으므로, 제101조에서 개정 전 제103조 제3항과 같이 전면적·포괄적 금지로 인한 위헌성이 동일하게 존재한다고 보기는 어렵다. 원심이 설시한 바와 같이 제101조에서 금지하는 연설회 등을 후보자등이 주체가 되는 경우로만 한정 해석하는 것이 일반 유권자의 집회의 자유, 정치적 표현의 자유를 보다 넓게 보호하고 기본권을 덜 제한하는 방향임을 부인할 수 없으나, 그와 같이 한정 해석하지 않는다고 하여 그 해석이 위헌적이라고 보기는 어렵다.

마. 연설회 등의 개최를 금지하는 범위를 일반 유권자가 후보자등의 참여가 없는 연설회 등을 개최하는 경우에 대해서까지 넓힐지 아니면 후보자등이 개최하거나 참여하는 연설회 등으로 제한할지는 원칙적으로 입법자가 우리의 공직선거의 역사와 문화, 입법 당시의 시대적 상황과 국민일반의 가치관 내지 법감정, 범죄의 실태와 죄질 및 보호법익 그리고 범죄예방효과 등을 종합적으로 고려하여 결정하여야 할 국가의 입법정책에 관한 사항으로서 광범위한 입법재량 내지 형성의 자유가 인정되어야 할 분야이다. 중앙선거관리위원회는 이 사건 헌법불합치결정에 따라 국회에 개정 전 제103조 제3항에 대해서 선거운동을 위한 집회·모임은 전면적으로 금지하되 선거운동에 이르지 않는 집회·모임은 제한하지 않도록 하여 자유롭게 정치적 의사를 표현할 수 있게 하고, 제101조에 대해서는 제103조 제3항 개선안의 취지에 맞게 현행 규정을 삭제하는 개정안을 제출하였다. 그러나 국회는 2023. 8. 30. 「누구든지 선거기간 중 선거운동을 위하여 이 법에 규정된 것을 제외하고는 명칭 여하를 불문하고 집회나 모임을 개최할 수 없다.」는 내용으로 제103조 제1항을 신설하고 제103조 제3항에서 개최 금지의 대상을 '그 밖의 집회나 모임'에서 '25명

을 초과하는 그 밖의 집회나 모임'으로 개정하였을 뿐 제101조는 개정하지 않았다. 그렇다면 이 사건 헌법불합치결정의 취지, 중앙선거관리위원회의 공직선거법 개정 의견 등을 고려하여 제103조 제1, 3항을 개정하면서도 제101조를 원문 그대로 존치시킬 필요가 있다는 입법권자의 의지를 표명한 것으로 볼 수 있다(서울고등법원 2024. 1. 26. 선고 2023노2600 판결, 대법원 2024. 4. 12. 선고 2024도2751 판결)

② 선거기간 중 선거에 영향을 미치게 하기 위하여 연설회 개최

피고인은 뉴라이트기독교연합 사무총장인바, 누구든지 선거기간 중 선거에 영향을 미치게 하기 위하여 공선법의 규정에 의한 연설·대담 또는 대담·토론회를 제외하고는 다수인을 모이게 하여 개인정견발표회·시국강연회·좌담회 또는 토론회 기타의 연설회나 대담·토론회를 개최할 수 없음에도 불구하고, 2007. 12. 10. 서울 송파구 소재 재향군인회관에서 '2007대선을 위한 특별기도회'를 열어 뉴라이트기독교연합 회원 500여명을 참석하게 한 다음, 뉴라이트전국연합 상임의장인 김○○이 "안녕하세요? 12월 중순에 모임을 가지기가 대단히 어려운데 이런 귀한 기도회 모임을 열어주셔서 참 감사합니다. 저는 2년 반 전부터 뉴라이트 운동을 시작을 했었습니다. 시작할 때부터 이○○ 장로가 다음 대통령 된다고 확실히 믿고 시작을 했습니다. 될 거고 되도록 해야 합니다. 그것이 나라의 유익이고 교회의 유익이다. 본인은 뭐 둘째 치고 나라 사정, 교회 사정을 생각할 때 이○○ 장로가 제17대 대통령으로 뽑히는 것이 옳다. 그게 합당한 것이고 되게 할 수 있다 확신을 가지고 시작을 했었습니다. 2년 반 동안에 한번도 의심한 적이 없습니다. 이제 선거가 일주일 남았는데, 옛날에 이승만 후보, 조봉암 후보, 신익희 후보 나왔을 때, 우리 어릴 때입니다. 그런 말이 있었습니다. 이리저리 가지 말고 신작로로 바로 가자. 신익희가 … 내가 한 말씀 드리는 거는 1번, 3번 가지 말고 2번으로 바로 가자. 부탁드리겠습니다. 감사합니다."라고 발언한 것을 비롯하여 목사 지△·이△△·김△△, 장로 김□□ 등으로 하여금 각 설교 또는 축사를 통해 한나라당 이○○ 후보자를 지지해 달라는 취지의 발언을 하게 하였다(서울중앙지방법원 2008. 7. 11. 선고 2008고합627 판결).

마. 처벌

2년 이하의 징역 또는 400만원 이하의 벌금에 처한다(법 제256조 제3항 제1호 자목). 선거운동기간 전에 연설회 등을 개최하여 선거운동을 하는 경우에는 법 제254조가 적용되고, 선거일에 연설회 등을 개최하여 선거운동을 하는 경우에는 법 제254조와 본 조가 모두 적용된다.

2. 야간연설 등의 제한

> **제102조(야간연설 등의 제한)** ① 이 법의 규정에 의한 연설·대담과 대담·토론회(방송시설을 이용하는 경우를 제외한다)는 오후 11시부터 다음날 오전 6시까지는 개최할 수 없으며, 공개장소에서의 연설·대담은 오후 11시부터 다음날 오전 7시까지는 이를 할 수 없다. 다만, 공개장소에서의 연설·대담을 하는 경우 자동차에 부착된 확성장치 또는 휴대용 확성장치는 오전 7시부터 오후 9시까지 사용할 수 있다.
> ② 제79조에 따른 공개장소에서의 연설·대담을 하는 경우 오후 9시부터 다음 날 오전 7시까지 같은 조 제10항에 따른 녹음기와 녹화기(비디오 및 오디오 기기를 포함한다. 이하 이 항에서 같다)를 사용할 수 없다. 다만, 녹화기는 소리의 출력 없이 화면만을 표출하는 경우에 한정하여 오후 11시까지 사용할 수 있다.

가. 개요

선거권자의 야간생활 안정과 선거의 과열을 방지하기 위한 규정이다. 이 법에서 규정하고 있는 연설·대담이나 대담·토론회라 하더라도 야간에는 개최할 수 없으며, 선거운동용 녹음기·녹화기도 야간에는 그 사용을 제한하고 있다.

나. 연설대담 및 확성장치 사용제한

법에서 허용하고 있는 연설·대담과 대담·토론회는 공개된 장소에서의 연설·대담(법 제79조), 단체의 후보자등 초청 대담·토론회(법 제81조), 언론기관의 후보자등 초청 대담·토론회(법 제82조), 법 제82조의2 선거방송토론위원회 주관 대담·토론회(법 제82조의2)이다. 방송시설을 이용하는 경우에는 시간제한이 없다. 언론기관 초청 대담·토론회 중에서 방송시설이 개최하는 대담·토론회와 선거방송토론위원회주관 대담·토론회가 해당된다.

세부적인 선거운동 방법별 선거운동 제한시간은 다음 표와 같다.

선거운동방법	법조문	가능시간	제한시간	비 고
연설·대담과 대담·토론회	§102①	오전 6시 ~ 오후 11시	오후 11시 ~ 다음 날 오전 6시	방송시설을 이용하는 경우 제외
공개장소에서의 연설·대담	§102①	오전 7시 ~ 오후 11시	오후 11시 ~ 다음 날 오전 7시	

공개장소에서의 연설·대담 시 확성장치 사용	§102① 단서	오전 7시 ~ 오후 9시	오후 9시 ~ 다음 날 오전 7시	
공개장소에서의 연설대담 시 녹음기·녹화기 사용 (비디오 및 오디오기기 포함)	§102②	오전 7시 ~ 오후 9시	오후 9시 ~ 다음 날 오전 7시	녹화기는 소리 출력 없이 화면만 표출하는 경우 오후 11시까지 사용가능
전화를 이용한 선거관련 여론조사	§108⑩	오전 7시 ~ 오후 10시	오후 10시 ~ 다음 날 오전 7시	
전화를 이용한 선거운동	§109②	오전 6시 ~ 오후 11시	오후 11시 ~ 다음 날 오전 6시	

다. 처벌

본 조 제1항을 위반한 경우에는 2년 이하 징역 또는 400만원 이하 벌금에 처하고(법 제256조 제3항 제1호 차목), 제2항을 위반한 경우에는 1년 이하의 징역 또는 200만원 이하의 벌금에 처한다(법 제256조 제5항 제10호). 오후 9시부터 오후 11시까지의 사이에 소리를 출력하여 녹화기를 사용한 자는 1천만원 이하의 과태료를 부과한다(법 제261조 제3항 4의2호). 한편, 이 법의 규정에 의하지 아니한 연설회나 대담·토론회를 야간에 개최한 경우에는 법 제101조에 위반될 뿐이고 본 조는 적용되지 않는다.

3. 각종 집회 등의 제한

제103조(각종집회 등의 제한) ① 누구든지 선거기간 중 선거운동을 위하여 이 법에 규정된 것을 제외하고는 명칭 여하를 불문하고 집회나 모임을 개최할 수 없다.

② 특별법에 따라 설립된 국민운동단체로서 국가나 지방자치단체의 출연 또는 보조를 받는 단체(바르게 살기운동협의회·새마을운동협의회·한국자유총연맹을 말한다) 및 주민자치위원회는 선거기간 중 회의 그 밖에 어떠한 명칭의 모임도 개최할 수 없다.

③ 누구든지 선거기간 중 선거에 영향을 미치게 하기 위하여 향우회·종친회·동창회·단합대회·야유회 또는 참가 인원이 25명을 초과하는 그 밖의 집회나 모임을 개최할 수 없다.

④ 선거기간중에는 특별한 사유가 없는 한 반상회를 개최할 수 없다.

⑤ 누구든지 선거일전 90일(선거일전 90일후에 실시사유가 확정된 보궐선거등에 있어서는 그 선거의 실시사유가 확정된 때)부터 선거일까지 후보자(후보자가 되고자 하는 자를 포함한다)와 관련있는 저서의 출판기념회를 개최할 수 없다.

[2023.8.30 법률 제19696호에 의하여 2022.7.21 헌법재판소에서 위헌 결정된 이 조 제3항을 개정함.]

가. 개요

본 조는 선거운동이나 선거에 영향을 미칠 수 있는 집회의 개최를 금지하고 있다.

舊 법 제103조 제3항 중 '누구든지 선거기간 중 선거에 영향을 미치게 하기 위하여 그 밖의 집회나 모임을 개최할 수 없다' 부분이 집회의 자유, 정치적 표현의 자유를 과도하게 침해한다고 하여 헌법재판소가 위헌 결정[29]한 취지를 반영하여 2023. 8. 30. 법 개정을 통해 선거기간 중 선거운동을 위한 집회나 모임은 모두 금지하되, 선거에 영향을 미치게 하기 위한 집회나 모임의 경우 향우회·종친회·동창회·단합대회·야유회 또는 참가 인원이 25명을 초과하는 집회나 모임의 개최만을 한정적으로 금지하였다. 집회를 개최하는 자체가 선거에 영향을 미칠 우려가 있는 단체인 국민운동단체, 주민자치위원회, 반상회, 출판기념회에 대해서는 그 목적여하에 불문하고 일정기간 집회 등을 제한하면서 그 외의 집회에 대해서는 선거에 영향을 미치게 할 목적으로 개최하는 것을 금지하고 있다. 이는 헌법에 규정된 선거운동 기회균등 보장의 원칙에 입각하여 선거운동의 부당한 경쟁, 후보자들 간의 경제력 차이에 따른 불균형이라는 폐해를 막고, 선거의 평온과 공정을 해하는 결과의 발생을 방지함으로써 선거의 자유와 공정의 보장을 도모하여 선거관계자를 포함한 선거구민 내지는 국민 전체의 공동이익을 위한다는데 그 목적이 있다.[30]

나. 선거운동을 위한 집회나 모임 금지(제1항)

1) 금지주체 및 기간

누구든지 금지되며, 금지기간은 선거기간개시일부터 선거일까지이다.

---

29) 헌법재판소 2022. 7. 21. 2018헌바164 결정.
30) 헌법재판소 2001. 12. 20. 2000헌바96, 2001헌바57 결정.

2) 금지되는 대상

이 법에 규정된 것을 제외하고는 명칭 여하를 불문하고 집회나 모임을 개최하는 행위이다. '집회'는 일정한 장소를 전제로 하여 특정한 공동목적을 위하여 모인 다수인의 일시적 회합[31]을 의미하며, '집회 및 시위에 관한 법률'을 준수한 합법 집회인지, 그렇지 않은 불법 집회인지를 묻지 않는다.

'모임'의 사전적 의미는 ① '어떤 목적 아래 때와 곳을 정하여 여러 사람이 모이는 일, 자리를 함께 하는 일' 또는 ② '여러 사람이 어떤 목적으로 조직한 단체'인데 '개최하다'의 목적어가 되어야 하는 것에 비추어 볼 때, 모임은 ①의 의미로 볼 수 있다. 이 경우 '집회'와 '모임'이 특별히 구별되는 구성요건이라고 보기는 어렵다.[32] 그리고 '옥내' 집회나 모임, '옥외' 집회나 모임 모두 금지된다. 또한, 집회나 모임은 그 명칭 여하 및 참가 인원 수를 불문하고 개최할 수 없다.

3) 주관적 요건

선거운동을 위한 집회나 모임이다.

다. 특별법에 따라 설립된 단체 등의 회의 기타 모임 개최 금지(제2항)

1) 금지주체 및 기간

바르게살기운동협의회, 새마을운동협의회, 한국자유총연맹 및 주민자치위원회는 모임 등을 개최할 수 없도록 규정되어 있으며, 금지되는 기간은 선거기간개시일부터 선거일까지이다.

2) 금지되는 범위

금지되는 범위를 명시하고 있지 않다. 그 대상 및 옥내·외 개최장소를 불문하고 개최할 수 없다. 선거가 실시되지 않는 지역에서 선거구민이 아닌 자를 대상으로 개최하는 모임을 금지할 수는 없기 때문에 전국단위의 선거가 아닌 일부 지역에서 실시되는 보궐선거등에 있어서는 적용하기는 어렵다. 다만, 보궐선거등에 있어서는 선거가 실시되는 지역에서 개최하거나 선거가 실시되지 않는 지역이라 하더라도 선거구민 또는 선거구민과 연고가 있는 자를 대상으로 개최하는 경우에만 금지된다.[33]

---

31) 헌법재판소 2014. 1. 28. 2011헌바174 결정 등, 대법원 2008. 6. 26. 선고 2008도3014 판결
32) 헌법재판소 2022. 7. 21. 2018헌바164 결정
33) 중앙선거관리위원회 2011. 4. 11. 회답(새마을운동중앙회가 재·보궐선거의 선거기간 중 선거가 실시되지 아니하는 지역에

3) 금지되는 행위

회의, 그 밖에 명칭여하를 불문하고 모임을 개최하는 행위이다. 선거에 영향을 미치게 할 목적을 요구하지 않으며, 옥내·외를 불문한다. 중앙, 시·도, 구·시·군, 읍·면·동단위의 조직도 금지된다.

그리고 반드시 소속 회원만을 대상으로 하는 경우로 한정되지 않고 회원이 아닌 자를 대상으로 하는 경우에도 해당된다. 하지만, 소속 상근직원만이 참여하는 창립기념행사나 통상적인 업무수행을 위한 담당 공무원의 내부회의 또는 본연의 업무수행을 위한 이사회 회의 등은 제한되지 않는다.[34]

라. 선거에 영향을 미칠 목적의 집회 개최 금지(제3항)

1) 금지주체 및 기간

누구든지 금지되며, 금지기간은 선거기간개시일부터 선거일까지이다.

2) 금지되는 범위

금지되는 범위를 명시하고 있지는 않다. 통상적으로 선거가 실시되는 지역에서 개최하거나 선거구민 또는 선거구민과 연고가 있는 자를 대상으로 개최하는 경우에 금지될 가능성이 높을 것이나, 법상 '기부행위'의 경우와는 달리 「선거에 영향을 미치게 하기 위한」 행위에 있어서는 그 상대방이 제한되어 있지 않으므로, 그 상대방이 특정 후보자의 선거구 안에 있거나 선거구민과 연고가 있는 사람 등에 해당하여야만 본 조가 성립한다고 볼 것은 아니다.[35] 향우회·종친회·동창회·단합대회 또는 야유회를 개최하는 것은 그 참가 인원 수를 불문하고 제한된다.

그러나 그 밖의 집회나 모임을 개최하더라도, 참가 인원이 25명 이하인 경우에는 제한되지 아니한다. 참가인원수 산정은 동시 참석 여부를 불문하고 참가자 전체를 합산하여 산정한다. 예를 들면 25명이 참가한 집회 개최 도중에 2명이 교체된 경우 참가인원수는 27명이다. 집회나 모임의 개최 경위, 목적, 시기, 대상 등 제반 사정들을 종합하여 볼 때 법 제103조 제3항에서 규정한 참가인원수 제한을 회피할 목적으로 명목상 25명 이하의 집회나 모임을 분산 개최하는 등 실질적으로 참가 인원이 25명을 초과하는 집회나 모임을 개최하는 것

서 선거구민을 제외하고 행사를 개최하는 것은 가능)

34) 중앙선거관리위원회 2000. 3. 20., 2002. 5. 25., 2007. 10. 30. 회답
35) 대법원 2007. 3. 30. 선고 2006도9043 판결

에 이르는 경우에도 본조항에 위반된다.

3) 주관적 요건

선거에 영향을 미치게 하기 위한 집회이다. '영향'이란 어떤 사물의 효과나 작용이 다른 것에 미치는 것을, '미치다'는 이러한 영향이나 작용 따위가 대상에 가하여지거나 가하는 것을 의미하므로, '선거에 영향을 미치게 하기 위한 행위'란 선거의 효과나 작용에 변화를 주는 일체의 행동을 의미하는 것으로 해석된다. '선거에 영향을 미치는 행위'란 결국 공직선거법이 적용되는 선거에 있어 선거과정 및 선거결과에 변화를 주거나 그러한 영향을 미칠 우려가 있는 일체의 행동으로 해석할 수 있고, 구체적인 사건에서 그 행위가 이루어진 시기, 동기, 방법 등 제반 사정을 종합하여 그 내용을 판단할 수 있다. 이는 선거운동보다 넓은 개념이다.[36] 집회나 모임이 '선거운동'에까지 이르지 않았다고 하더라도, '선거에 영향을 미치는 행위'로 인정될 수 있고, 실질적으로 선거과정 및 선거결과에 영향을 미치는지 여부에 관계없이 선거의 공정성에 영향을 미칠 우려가 있으면 금지되므로, '선거에 영향을 미치게 하기 위하여'라는 구성요건이 다소 포괄적인 측면은 있다.

마. 반상회 개최금지(제4항)

가. 금지주체 및 기간

누구든지 금지되며, 금지기간은 선거기간개시일부터 선거일까지이다.

나. 금지되는 범위

이 규정도 금지되는 범위를 명시하고 있지는 않다. 하지만 반상회가 「행정 단위의 가장 밑에 있는 조직인 반(班)을 구성하는 사람들이 매월 정기적으로 모이는 모임」을 의미하므로 개최장소에 불구하고 선거가 실시되는 지역의 주민들을 대상으로 하는 경우가 해당될 것이다. 다. 금지되는 행위

특별한 사유 없이 반상회를 개최하는 것이며, 옥내·외를 불문한다. 선거에 영향을 미칠 목적을 요구하지 않는다. 이는 반상회가 간접적인 관권선거나 선거에 영향을 미치기 위한 행위가 동반될 가능성이 높아 개최자체를 차단한 것으로 볼 수 있다. 「특별한 사유」는 선거기간 중에 개최하지 않으면 안 될 시급성을 갖춘 사안으로서 선거와 무관한 주민들의 생활

---

36)　헌법재판소 2016. 7. 28. 2015헌바6 결정

상의 필요, 수사기관의 주민들에 대한 시급한 사건수사 협조의뢰, 천재지변에 대한 대처방안 논의 등을 들 수 있는데, 군부대 총기탈취사건이 발생하여 용의자 몽타주 배부 및 신고요령 홍보를 위한 반상회는 이에 해당한다.[37)

바. 후보자와 관련 있는 출판기념회 개최금지(제5항)

전술한 제14장 출판기념회 개최·제한 부분을 참고하기 바란다.

사. 중앙선거관리위원회 행정해석

1) 국민운동단체·주민자치위원회

① 한국자유총연맹의 선거기간 중 행사 개최

한국자유총연맹은 선거기간 중 회의 또는 기타 어떠한 명칭의 모임도 개최할 수 없도록 규정하고 있으므로 한국자유총연맹이 개최하는 전국자유수호웅변대회 예선 및 본선도 선거기간 중에는 개최할 수 없을 것임(2002. 4. 15. 회답).

② 새마을단체의 사랑의 김장 담가주기 행사 개최

「공직선거법」 제103조 제2항에 따라 새마을운동협의회는 선거기간 중 회의 또는 그밖에 어떠한 명칭의 모임도 개최할 수 없으므로 선거기간 중에는 사랑의 김장 담가주기 및 연탄(쌀)나누기 행사나 시·군 새마을회장 수련회는 개최할 수 없을 것이나, 이사회 회의는 본연의 업무수행을 위한 내부회의이므로 시기와 관계없이 무방할 것임(2007. 10. 30. 회답).

③ 선거기간 중 '새마을의 날' 기념식 개최 등

1. 새마을운동중앙회(시·도, 시·군·구조직 포함)가 선거기간 중에 새마을의 날 기념식 및 관련 기념행사를 개최하는 것은 공선법 제103조 제2항에 위반될 것임. 다만, 동 단체의 상근직원이 참석하는 내부행사로 개최하거나 재·보궐선거의 선거기간 중 선거가 실시되지 아니하는 지역에서 선거구민을 제외하고 행사를 개최하는 것은 무방할 것임.

2. 동 행사가 가능한 경우 지방자치단체가 「새마을운동조직 육성법」 제3조(출연금의 교부등)의 규정에 따라 보조금을 교부하거나 지방자치단체의 장이 그 행사에 참석하는 것은 무방할 것이며, 이 경우 정부가 보조금을 교부하는 행위에 대하여 「공직선거

---

37) 중앙선거관리위원회 2007. 12. 10. 회답

법」상 제한하는 규정은 없음(2011. 4. 11. 회답).

2) 각종 집회·모임 등

① 새마을금고의 연례적인 회원단합대회 및 경로행사

선거기간 중에 후보자가 되고자 하는 자가 임원으로 있는 단체가 선거에 영향을 미치게 하기 위하여 연례적인 회원단합대회 및 경로잔치 행사를 개최하는 때에는 「공직선거법」제103조의 규정에 위반될 것인바, 회원단합대회 또는 경로잔치행사를 선거기간 중에 개최 하는 것은 특별한 사유가 없는 한 후보자가 되고자 하는 임원을 위하는 행위 또는 선거에 영향을 미치게 하기 위한 행사로 보아야 할 것임(1994. 10. 27. 회답).

⇨ 2023. 8. 30. 법 제103조 제3항은 "누구든지 선거기간 중 선거에 영향을 미치게 하기 위하여 향우회·종친회·동창회·단합대회·야유회 또는 참가인원이 25명을 초과하는 그 밖의 집회나 모임을 개최할 수 없다."로 개정되어, 참가 인원이 25명을 초과하지 않는 그 밖의 집회나 모임의 경우에는 개최가 제한되지 아니함. 다만, 선거운동을 위한 집회나 모임에 이르면 참가인원 수를 불문하고 제103조 제1항에 위반됨.

② 선거기간 중의 축구대회

정당이 선거에 참여하고 있는 구역 안에서 국회의원으로서 월드컵축구유치 서명운동 본부장을 맡고 있는 지구당위원장이 지역축구팀 대 연예인축구팀의 축구대회를 개최하는 것은 특별한 사정이 없는 한 선거에 영향을 미치게 하려는 것으로 볼 수밖에 없을 것이므로 「공직선거법」제103조의 규정에 위반될 것임(1995. 6. 9. 회답).

※ 정당(지구당)이 지역구 조기축구회와 연예인 팀의 축구경기를 주최 또는 후원명칭을 사용하거나 정당(지구당)이 주최 또는 후원하는 것으로 추정되는 방법으로 행사를 개최하도록 하는 것은 법 제254조에 위반됨(1999. 6. 28. 회답).

③ 선거운동기간 중 정당대표자의 간담회 개최 등

1. 정당의 대표자가 선거운동기간 중에 제한된 범위안의 사회단체 대표자 등을 대상으로 정당의 정책에 대한 의견수렴을 위하여 간담회를 개최하면서 참석한 사회단체 대표자 등에게 정당의 경비로 식사류의 음식물을 제공하는 것은 무방할 것이나, 소속 후보자에 대한 지지를 권유하는 등 선거에 영향을 미치게 하기 위하여 개최하는 경우에는 공선법 제101조 또는 제103조에 위반될 것임.

2. 정당의 대표자가 선거운동기간 중에 선거와 관련이 없는 내용의 강연을 하는 것은 무방할 것이나 선거운동 또는 선거에 영향을 미치는 내용의 강연을 하는 경우에는 행위양태에 따라 공선법 제91조, 제101조 또는 제103조에 위반될 것임(2007. 11.

23. 회답).

④ 선거운동기간 중 노동조합의 지지후보 결정을 위한 투표

노동조합이 선거운동기간 중에 내부규약 등에서 정한 통상의 의사결정방법과 절차에 따라 투표를 통하여 선거에서 지지할 후보자를 결정하는 것은 무방할 것임. 다만, 그 방법이나 진행과정에서 「공직선거법」에 위반되는 행위가 있어서는 아니 될 것임(2009. 4. 16. 회답).

⑤ 정당의 고 노무현 전대통령 추모제 개최

선거에 참여하는 정당이 선거기간에 '고 노무현 대통령 서거 1주기' 추모집회를 개최하거나 행사고지 현수막을 거리에 게시하는 것은 행위양태에 따라 「공직선거법」 제90조 또는 제103조 그 밖의 각종 제한·금지규정에 위반될 것임(2010. 5. 7. 회답).

⑥ 선거사무소에 고 노무현 전 대통령 분향소 설치 등

1. 선거사무소 또는 선거연락소에 「공직선거법」 제61조 제6항에 따라 추모현수막을 게시하거나, 그 내부에 고인에 대한 추모를 위해 분향소를 설치·운영하고 헌향·헌화를 위한 의례적인 분향물품을 제공하거나, 추모동영상을 상영하는 것은 같은 법상 제한되지 아니할 것임. 다만, 다수의 선거구민을 모이게 하여 선거에 영향을 미치게 하기 위한 행사에 이르는 때에는 행위 양태에 따라 같은 법 제101조 또는 제103조에 위반될 것임.

2. 공선법 제79조의 공개장소 연설·대담을 위하여 사용하는 자동차에 추모사진을 부착하거나, 연설에 이르지 아니하는 범위에서 소속 정당의 정강·정책 또는 후보자의 정견을 홍보하기 위한 배경화면으로 추모동영상을 상영하는 것은 무방할 것임(2010. 5. 18. 회답).

⇨ 2015. 8. 13. 법 제79조제10항 개정으로 녹음기 또는 녹화기(비디오 및 오디오 기기 포함)를 사용하여 선거운동을 위한 음악 또는 선거운동에 관한 내용을 방송할 수 있음.

⑦ 지방의회의원 선거기간 중 국회의원 사퇴촉구 활동

1. 재선거의 원인이 된 사건과 관련하여 사퇴요구를 받고 있는 국회의원의 소속 정당에 대하여 다른 정당 및 시민단체가 규탄집회를 개최하고 재선거의 후보자공천 포기요구 기자회견이 이루어진 상황에서 동 국회의원의 소속 정당이 재선거의 후보자를 추천하는 때에 재선거의 원인을 제공한 해당 지역구 국회의원의 사퇴를 요구하는 거리 캠페인을 개최하는 것은 「공직선거법」 제103조 제3항에 위반될 것임.

⇨ 2023. 8. 30. 법 제103조 개정으로 선거기간 중 선거운동을 위하여 이 법에 규정된 것을 제외하고 집회나 모임을 개최할 경우 신설된 제103조 제1항에 의해 금지되

고, 선거기간 중 선거에 영향을 미치게 하기 위한 '그 밖의 집회나 모임'에 해당하는 때에는 제3항에 따라 25명을 초과하여 개최할 수 없음.

2. 지역구 국회의원 사퇴를 요구하는 지역의 시민단체들이 펼치는 거리 또는 인터넷 서명운동은 서명운동의 주체, 시기 및 방법 등 구체적 상황을 종합적으로 고려하여 「공직선거법」 제107조에 위반되는지 여부를 판단하여야 할 것임(2011. 3. 31. 회답).

⑧ 선거기간 중 정당의 대민 자원봉사활동

정당의 유급사무처 당직자 일동이 서울시장 보궐선거의 선거기간 중 서울지역 일정장 소에서 봉사활동을 하는 것은 「공직선거법」 제103조에 위반될 것임(2011. 10. 7. 회답).

⇨ 2023. 8. 30. 법 제103조 제3항 개정으로 선거기간 중 선거에 영향을 미치게 하기 위한 '그 밖의 집회나 모임'을 개최하더라도 참가 인원이 25명 이하인 경우에는 제한되지 아니함. 다만, 선거운동을 위한 집회나 모임에 이르면 참가인원 수를 불문하고 제103 조 제1항에 위반됨.

⑨ 선거기간 중 (故)육영수 여사 탄신기념축제 개최

육영재단이 재단설립자인 (故)육영수 여사의 탄신일을 기념하는 행사를 선거기간 중에 선거와 무관하게 종전부터 개최하여 온 통상의 예에 따라 개최하는 것은 무방할 것임 (2012. 9. 21. 회답).

⑩ 선거기간 중 한국관광공사의 신청사 착공식 개최

한국관광공사가 대통령선거의 선거기간 중에 자체예산으로 신청사 건립의 착공식 행 사를 개최하거나 동 행사에서 주무부처 장관 등이 참석하여 의례적인 축사 또는 치사 를 하는 것은 무방할 것임(2012. 10. 31. 회답).

⑪ 선거기간 중 대통령선거 공약화를 위한 궐기대회 등 개최

단체가 선거기간 중에 선거와 무관하게 광역시 승격 입법촉구를 위한 집회를 개최하 고, 대통령선거의 후보자가 아닌 지역구 국회의원 등이 참석하여 의례적인 내용의 격 려사를 하거나 기자회견 등의 방법으로 성명서를 발표하거나 정당의 당사 또는 대통 령선거 후보자 선거사무소를 방문하여 단순히 공약화 요청 건의문을 전달하는 것은 「공직선거법」에 위반되지 아니할 것이나, 정당의 당사 또는 대통령선거 후보자 선거사 무소 앞 등에서 대통령선거 공약화를 요구하는 집회를 개최하거나 가두행진 등 일반 선거구민을 대상으로 대통령선거 공약화를 호소하는 때에는 선거에 영향을 미치게 하 기 위한 집회에 이르러 행위양태에 따라 같은 법 제101조, 제103조 등 각종 제한·금 지 규정에 위반될 수 있을 것임(2017. 3. 27. 회답).

⑫ 선거기간 중 공무원의 국회 상임위원장 주최 간담회 참석

「공직선거법」 제103조(각종집회 등의 제한)에 따라 누구든지 선거기간 중 선거에 영향을 미치게 하기 위하여 집회나 모임을 개최할 수 없고, 공무원은 같은 법 제9조(공무원의 중립의무 등), 제85조(공무원 등의 선거관여 등 금지)에 따라 선거에 영향을 미치는 행위를 할 수 없으므로, 귀문과 같이 재·보궐 선거기간 중 선거가 실시되는 지역의 중소기업 관계자들을 대상으로 개최하는 간담회에 관계부처 공무원이 참석하여 정부의 중소기업 지원 방안 등을 발표하는 것은 선거에 영향을 미치는 행위로서 같은 법조에 위반될 수 있을 것임(2019. 3. 26. 회답).

⇨ 2023. 8. 30. 법 제103조 제3항 개정으로 선거기간 중 선거에 영향을 미치게 하기 위한 '그 밖의 집회나 모임'은 25명을 초과하여 개최할 수 없으며, 선거기간 중 선거운동을 위하여 이 법에 규정된 것을 제외하고 집회나 모임을 개최할 경우 신설된 제103조 제1항에 의해 금지됨.

3) 반상회

① 선거기간 중에 반상회를 개최할 수 있는 '특별한 사유' 해당여부

2007. 12. 6. 인천 강화군에서 발생한 총기탈취사건과 관련하여 용의자 몽타주 배부 및 주민신고 요령 등 홍보를 위하여 임시반상회를 개최하는 것은 「공직선거법」 제103조 제4항에 따라 선거기간 중에 반상회를 개최할 수 있는 '특별한 사유'에 해당될 것임. 이 경우 반상회를 개최함에 있어 선거에 영향을 미칠 수 있는 어떠한 행위도 하여서는 아니 될 것임(2007. 12. 10. 회답).

아. 판례

① 선거기간 중 선거에 영향을 미치는 집회 개최

피고인은 ○○택지개발 주민대책위원회 위원장으로서 선거기간 중 "현시가 보상대회"를 개최하여 위 집회 참가자 70여명과 같이 "땅따먹기 자행하는 ○○시장 사퇴하라, 생각 없는 ○○시장 하루빨리 물러가라, 주민재산 강탈하는 ○○시장 물러가라, 어린이보다 못한 시장 ○○시장 물러가라, 투기사기꾼 ○○시장 유○○은 물러가라" 등 후보자인 유○○을 비난하는 구호를 외치는 등 선거에 영향을 미치게 하기 위하여 집회를 개최한 것이다(수원지방법원 2002. 11. 22. 선고 2002고합741 판결).

※ 2023. 8. 30. 법 제103조 개정으로 제1항 "누구든지 선거기간 중 선거운동을 위하

여 이 법에 규정된 것을 제외하고는 명칭 여하를 불문하고 집회나 모임을 개최할 수 없다."가 신설되고, 제3항은 "누구든지 선거기간 중 선거에 영향을 미치게 하기 위하여 향우회·종친회·동창회·단합대회·야유회 또는 참가 인원이 25명을 초과하는 그 밖의 집회나 모임을 개최할 수 없다."로 개정됨.

② 선거기간 중 당원협의회 정기모임 개최

피고인 안○○는 한나라당 부산 사하을 당원협의회 감천3동 분회 운영위원장이고, 피고인 원○○는 위 감천2동 분회의 간사인바, 누구든지 선거기간 중 선거에 영향을 미치게 하기 위하여 단합대회 또는 야유회 기타의 집회를 개최할 수 없음에도 불구하고, 피고인들은 공모하여 2008. 4. 9. 실시되는 제18대 국회의원선거를 앞두고 사하을 선거구에 출마한 한나라당 최○○후보의 당선을 위해 노력하자는 결의를 다지기 위해 위 운영위원회의 4월 정기모임을 원래 일자보다 앞당겨 개최하기로 하고, 피고인 안○○는 그 개최사실을 최○○후보자의 선거운동원에게 알려주고, 피고인 원○○는 피고인 안○○의 지시에 따라 소속 운영위원들에게 운영위원회 개최사실을 통보하여, 같은 달 3. 20:00경 부산 사하구 감천동 소재 '○○○회집'에서 위 감천2동 분회 운영위원회를 개최하고, 위 선거운동원이 위 최○○후보자의 배우자인 이○○를 데리고 와서 위 운영위원 등 선거구민 18명이 모인 식사 자리에서 위 이○○가 "잘 부탁합니다. 열심히 하겠습니다. 당원 여러분께서 많이 도와 주십시오"라고 말하여 위 최○○후보자의 당선을 위해 지지호소를 하게 함으로써 선거기간 중에 선거에 영향을 미치는 집회를 개최하였다(부산지방법원 2008. 7. 8. 선고 2008고합293 판결).

※ 2023. 8. 30. 법 제103조 개정으로 제1항 "누구든지 선거기간 중 선거운동을 위하여 이 법에 규정된 것을 제외하고는 명칭 여하를 불문하고 집회나 모임을 개최할 수 없다."가 신설되고, 제3항은 "누구든지 선거기간 중 선거에 영향을 미치게 하기 위하여 향우회·종친회·동창회·단합대회·야유회 또는 참가 인원이 25명을 초과하는 그 밖의 집회나 모임을 개최할 수 없다."로 개정됨.

③ 한국자유총연맹의 산악회 창립총회 개최

피고인은 한국자유총연맹 강릉시지회의 분회장 및 산악회 회장으로, 한국자유총연맹은 「한국자유총연맹 육성에 관한 법률」에 의해 국가나 지방자치단체로부터 조직과 활동에 필요한 운영경비, 시설비 등을 보조받는 국민운동단체이므로 2009. 10. 28.에 실시된 강릉시 국회의원 재선거의 선거기간인 2009. 10. 15.부터 2009. 10. 28.까지는 회의 그 밖에 어떠한 명칭의 모임도 개최할 수 없음에도 불구하고 피고인은 2009. 10. 24. 10:00경부터 위 단체의 회원 전○○ 등 14명과 같이 강릉시 성산면에 있는 대

공산성을 등산한 후, 같은 날 16:00경 강릉시 포남동 소재 ○○칼국수 식당에서 위 단체 회원으로 구성된 산악회 회원 10여명이 참석한 산악회 창립총회를 개최하였다(춘천지방법원 강릉지원 2010. 4. 22. 선고 2010고합25 판결).

④ 후보자의 선거사무소 앞에서 총선넷의 '낙선투어 기자회견'

공직선거법 제103조 제3항은 '누구든지 선거기간 중 선거에 영향을 미치게 하기 위하여 향우회·종친회·동창회·단합대회 또는 야유회, 그 밖의 집회나 모임을 개최할 수 없다'고 규정하고 있는바, 이는 선거기간 중 선거에 영향을 미치게 하기 위한 집회개최를 일반적으로 금지하는 것으로 해석된다(대법원 2009. 5. 14. 선고 2009도679 판결 참조). 즉 선거기간 중 선거에 영향을 미치게 하기 위한 집회인 이상 공직선거법 제103조 제3항에서 정한 '집회'에 해당하고, 그 집회가 반드시 향우회, 동창회, 종친회, 야유회 등에 준하는 것으로 부정선거운동에 이용되거나 후보자 간 경제력 차이에 따른 불공정 경쟁을 야기하여 선거의 공정을 해할 위험성을 지닌 집회일 필요까지는 없다고 할 것이다.

원심이 적법하게 채택하여 조사한 증거들을 종합하면, 이 사건 각 모임에 피고인 ○○○, △△△ 등을 비롯하여 총선넷이나 총선넷에 참여한 시민단체에 소속되지 아니한 사람들도 다수 참여한 사실, 이들은 인터넷 매체 등을 통하여 이 사건 각 모임에 관한 홍보를 보고 자발적으로 참여하거나, 피고인 □□□ 등으로부터 개인적 부탁을 받고 참석하여 피켓·현수막을 들었고, 원고 없이 자유롭게 자기 생각을 발언하기도 한 사실이 인정되는바, 옥외 기자회견의 특성을 고려하더라도, 총선넷에 소속되지 아니한 사람들이 일시적으로 참가하여 자신이 평소 가지고 있던 낙선대상후보에 대한 생각을 총선넷과 사전 조율 없이 자유롭게 발언한 이 사건 각 모임의 진행방식은 '총선넷의 의견을 개진하는 기자회견'이라기보다는 사전적 의미가 '특정한 공동의 목적을 위하여 모인 다수인의 일시적 회답'인 집회에 더 가깝다고 봄이 타당하다(서울고등법원 2018. 7. 18. 선고 2017노3849 판결).

※ 2023. 8. 30. 법 제103조 개정으로 제1항 "누구든지 선거기간 중 선거운동을 위하여 이 법에 규정된 것을 제외하고는 명칭 여하를 불문하고 집회나 모임을 개최할 수 없다."가 신설되고, 제3항은 "누구든지 선거기간 중 선거에 영향을 미치게 하기 위하여 향우회·종친회·동창회·단합대회·야유회 또는 참가 인원이 25명을 초과하는 그 밖의 집회나 모임을 개최할 수 없다."로 개정됨.

⑤ 선거기간 중 선거에 영향을 미치게 하기 위하여 모임을 개최한 행위

피고인은 제7회 전국동시지방선거에서 □□당 소속 후보자들에 대한 지지를 호소

할 목적으로 ♠♠♠ 회원 및 회원이 아닌 사람 등 51명을 모이게 하여, 2018. 6. 8. 11:50경부터 같은 날 12:40경까지 ○○시 대로에 있는 ＊＊식당에서, 제7회 전국동시지방선거 □□당 소속 ○○시장 후보인 A를 위 모임에 초청하였고, A는 위 일시경 위 장소에 찾아와 위와 같이 모인 사람들에게 인사를 하고, 명함을 나누어 주는 등 선거운동을 하였다. 이로써 피고인은 선거기간 중 선거에 영향을 미치게 하기 위하여 모임을 개최하였다[부산고등법원 2019. 5. 29. 선고 (창원)2019노116 판결].

※ 2023. 8. 30. 법 제103조 개정으로 제1항 "누구든지 선거기간 중 선거운동을 위하여 이 법에 규정된 것을 제외하고는 명칭 여하를 불문하고 집회나 모임을 개최할 수 없다."가 신설되고, 제3항은 "누구든지 선거기간 중 선거에 영향을 미치게 하기 위하여 향우회·종친회·동창회·단합대회·야유회 또는 참가 인원이 25명을 초과하는 그 밖의 집회나 모임을 개최할 수 없다."로 개정됨.

자. 헌법재판소 결정

① 법 제103조 제3항 중 '누구든지 선거기간 중 선거에 영향을 미치게 하기 위하여 그 밖의 집회나 모임을 개최할 수 없다' 부분 등이 집회의 자유, 정치적 표현의 자유를 침해하는지 여부

가. '선거에 영향을 미치는 행위'란 '선거과정 및 선거결과에 변화를 주거나 그러한 영향을 미칠 우려가 있는 일체의 행동'으로 해석할 수 있고, 구체적인 사건에서 그 행위가 이루어진 시기, 동기, 방법 등 제반 사정을 종합하여 그 내용을 판단할 수 있다. 대법원 판례에 나타난 구체적 사례에 관한 해석 기준을 바탕으로 하면, 건전한 상식과 통상적인 법 감정을 가진 사람이라면 누구나, 선거에 영향을 미치게 하기 위한 의사에 따라 이루어지는 행위와, 선거와 관계없이 단순한 의사표현으로서 이루어지는 행위를 구분할 수 있다. 또한 심판대상조항은 '향우회·종친회·동창회·단합대회 또는 야유회'를 제외한 '모든 집회나 모임'의 개최를 금지하는 것이 명확하다. 그렇다면 심판대상조항은 죄형법정주의의 명확성원칙에 위배되지 않는다.

나. 심판대상조항은 선거운동의 부당한 경쟁, 후보자들 사이의 경제력 차이에 따른 불균형이라는 폐해를 막고, 선거의 공정성과 평온성을 침해하는 탈법적인 행위를 차단하여, 선거의 자유와 공정을 보장하기 위한 것이다. 심판대상조항은, 공직선거법이 허용하는 경우를 제외하고는, 선거기간 중 특정한 정책이나 현안에 대한 표현행위와, 그에 대한 지지나 반대를 하는 후보자나 정당에 대한 표현행위가 함께 나

타나는 집회나 모임의 개최를, 전면적·포괄적으로 금지·처벌하고 있어서, 일반 유권자가 선거기간 중 선거에 영향을 미치게 하기 위한 연설회나 대담·토론회를 비롯하여 집회나 모임을 개최하는 것이 전부 금지되고 있다. 그런데 선거의 준비과정 및 선거운동, 선거결과와 관련하여 정당이나 공직선거의 후보자 등도 지지나 비판 그 자체로부터 자유로울 수는 없다. 특정한 정책에 대한 찬성이나 반대를 집회나 모임이라는 집단적 의사표시 방법으로 표현하는 과정에, 선거의 공정성을 해칠 구체적인 위험이 언제나 있다고 보기 어렵다.

심판대상조항의 입법목적은 '집회 및 시위에 관한 법률', 선거비용 제한·보전 제도, 기부행위 금지, 과도한 비용이 발생하거나 금전적 이익이 집회 참여의 대가로 수수되는 집회나 모임의 개최만을 한정적으로 금지하는 방법, 허위사실유포 등을 직접 처벌하는 공직선거법 규정 등으로 달성할 수 있다. 심판대상조항은 정치적 의사표현이 활발하게 교환되어야 할 선거기간 중에, 오히려 특정 후보자나 정당이 특정한 정책에 대한 찬성이나 반대를 하고 있다는 언급마저도 할 수 없는 범위 내에서만 집회나 모임의 방법으로 정치적 의사를 표현하도록 하여, 평소보다 일반 유권자의 정치적 표현의 자유를 더 제한하고 있다. 선거의 공정이나 평온에 대한 구체적인 위험이 없어, 규제가 불필요하거나 또는 예외적으로 허용하는 것이 가능한 경우에도, 선거기간 중 선거에 영향을 미칠 염려가 있거나 미치게 하기 위한 일반 유권자의 집회나 모임을 전면적으로 금지하고 위반 시 처벌하는 것은 침해의 최소성에 반한다.

선거기간 중 선거와 관련된 집단적 의견표명 일체가 불가능하게 됨으로써 일반 유권자가 받게 되는 집회의 자유, 정치적 표현의 자유에 대한 제한 정도는 매우 중대하므로, 심판대상조항은 집회의 자유, 정치적 표현의 자유를 침해한다(헌법재판소 2022. 7. 21. 2018헌바164 결정).

차. 처벌

제2항을 위반하여 바르게살기운동협의회·새마을운동협의회·한국자유총연맹·주민자치위원회의 모임을 개최하거나 하게 한 자는 3년 이하의 징역 또는 600만원 이하의 벌금에 처한다(법 제256조 제1항 제4호). 이들 단체는 상시 조직으로서 그 규모 등을 고려할 때 선거에 영향을 미치는 정도가 크다고 볼 수 있어 다른 집회의 경우보다 강하게 처벌하고 있다.

그리고 제1항 및 제3항 내지 제5항의 규정에 위반하여 각종집회등을 개최하거나 하게 한 자는 2년 이하의 징역 또는 400만원 이하의 벌금에 처한다(법 제256조 제3항 제1호 카목).

4. 연설회장에서의 소란행위 등의 금지

제104조(연설회장에서의 소란행위 등의 금지) 누구든지 이 법의 규정에 의한 공개장소에서의 연설·대담장소, 대담·토론회장 또는 정당의 집회장소에서 폭행·협박 기타 어떠한 방법으로도 연설·대담장소 등의 질서를 문란하게 하거나 그 진행을 방해할 수 없으며, 연설·대담 등의 주관자가 연단과 그 주변의 조명을 위하여 사용하는 경우를 제외하고는 횃불을 사용할 수 없다.

가. 개요

본 조는 법에 의한 연설·대담장소나 대담·토론회장 또는 정당의 집회장소의 질서를 문란하게 하거나 그 진행을 방해하는 행위와 그 장소에서 횃불을 사용하는 것을 금지하고 있다. 이는 법정선거운동과 통상적인 정당활동으로서의 정당집회의 순조로운 진행은 물론 안전과 질서를 유지함으로써 선거의 과열·혼탁을 방지하고자 하는 것이다. 후보자는 평온한 분위기에서 자유롭게 선거운동 연설을 하고, 선거인들은 질서 있고 평화로운 분위기에서 후보자의 연설을 들으며 후보자를 평가할 수 있도록 연설장소의 질서를 보장할 필요가 있음에도 불구하고, 그러한 연설장소에서는 서로 다른 정치적 견해를 가진 다수의 사람이 모이는 관계로 무질서와 혼란이 발생하거나 이로 인한 사고가 생김으로써 자유롭고 평온한 선거운동 연설 분위기가 깨질 우려가 높기에 이를 방지할 필요가 있기 때문이다.[38]

나. 연설회장에서의 소란행위 등의 금지

1) 금지주체

누구든지 금지된다.

2) 금지되는 장소

「이 법의 규정에 의한 공개장소에서의 연설·대담장소, 대담·토론회장 또는 정당의 집회

---

38) 서울고등법원 2019. 9. 26. 선고 2019노1108 판결, 대법원 2019. 12. 24. 선고 2019도14343 판결

장소」이다. 법 제79조에 따른 공개장소에서의 연설·대담장소, 법 제81조, 제82조, 제82조의2, 제82조의3에 따른 대담·토론회 장소 등이다. 따라서 정당이 일반 선거구민을 대상으로 하는 시국강연회 등은 해당되지 않는다.

3) 금지되는 행위

「폭행·협박 기타 어떠한 방법으로도 연설·대담장소 등의 질서를 문란하게 하거나 그 진행을 방해」하거나 「연설·대담 등의 주관자가 연단과 그 주변의 조명을 위하여 사용하는 경우를 제외하고 횃불을 사용」하는 것이다. 「연설장소 등의 질서를 문란하게 하는 것」이란 '연설장소에서 일시적으로 연설 내용을 알아듣기가 현저히 곤란하거나 연설 등을 중단하지 않으면 안 될 것 같은 상태를 야기하는 행위'로 한정되는 것이 아니라, 그와 같은 정도에 이르지 아니하더라도 연설장소에서 질서를 어지럽히는 행위로서 자유롭고 평온한 분위기를 깨뜨려 후보자와 선거인 사이에 원활한 소통을 저해하거나 사고가 발생할 우려가 있는 정도에 이르는 일체의 행위를 포함한다.[39] 즉 질서문란이나 진행방해의 결과가 발생할 필요는 없고 그러한 결과가 발생할 우려가 있으면 본 조에 해당된다.[40]

「폭행」이나 「협박」은 형법상 폭행죄나 협박죄에서의 폭행, 협박과 동일하다.

야간연설회의 경우 연단이나 그 주변의 조명을 위하여 횃불을 사용하는 것은 허용되나, 예컨대 위세를 과시하기 위하여 사용하는 것은 금지된다.

다. 판례

① '질서를 문란하게 하는 행위' 및 '연설장소' 관련 판단

공직선거법 제104조가 그 제목을 '연설회장에서의 소란행위 등'이라고만 규정하고 있고, 본문에서도 금지행위로서 '연설장소 등에서의 질서문란행위 또는 진행방해행위'로 규정하고 있을 뿐 '연설 자체를 방해하거나 연설내용을 알아들을 수 없도록 하는 행위'라고 규정하고 있지 아니한 점, 통상 '질서문란'이란 '혼란 없이 순조롭게 이루어지던 상태가 어지러워지는 것'을 의미할 뿐인 점, 공직선거법은 연설장소 등에서의 행위 중 연설장소 등에서 연설을 방해하여 선거의 자유를 방해할 정도에 이른 행위에 대하여는 제237조 제1항 제2호에 '선거의 자유방해죄'라는 규정을 두어 이 사건의 '연설장소에서의 소란행위 등 죄'보다 무겁게 처벌하고 있는 점 등을 종합하여 보면, 비록 공공

---

39) 대법원 2019. 12. 24. 선고 2019도14343 판결
40) 대검찰청, 공직선거법 벌칙해설 제10개정판, 698면

장소에서 국민의 정치적 의사의 표현의 자유 역시 최대한 보장되어야 한다는 사정을 고려하더라도, 공직선거법 제256조 제3항 제1호 타목, 제104조에 의하여 처벌되는 '선거운동과 관련하여 연설장소에서의 질서를 문란하게 하는 것'이란 원심의 판단처럼 '연설장소에서 일시적으로 연설 내용을 알아듣기가 현저히 곤란하거나 연설 등을 중단하지 않으면 안 될 것 같은 상태를 야기하는 행위'로 한정되는 것이 아니라, 그와 같은 정도에 이르지 아니하더라도 연설장소에서 질서를 어지럽히는 행위로서 자유롭고 평온한 분위기를 깨뜨려 후보자와 선거인 사이에 원활한 소통을 저해하거나 사고가 발생할 우려가 있는 정도에 이르는 일체의 행위를 포함한다고 보아야 한다.

한편 '공직선거법 제104조에 의하여 보호되는 연설장소'가 무엇을 의미하는지에 관하여 공직선거법이 명문의 규정을 두고 있지 아니하나, 같은 법 제79조 규정을 종합하면, '공직선거법 제104조에 의하여 보호되는 연설장소'란 '공직선거 후보자 본인이 연설하고 있는 때의 장소'만을 의미하는 것이 아니라 '선거사무장 등 공직선거법 제79조에 의하여 연설을 할 수 있는 사람이 연설하고 있는 때는 물론 그들이 연설을 위하여 자동차를 타고 이동하거나 자동차 주위에서 준비 또는 대기하면서 음악 등 선거운동에 관한 내용을 방송하고 있는 경우'를 포함한다고 보아야 한다(서울고등법원 2019. 9. 26. 선고 2019노1108 판결, 대법원 2019. 12. 24. 선고 2019도14343 판결).

② 연설용 마이크를 빼앗으려고 하는 등 연설·대담장소에서 질서 문란

피고인은 2007. 12. 7. 15:00경 영주시 하망동 소재 청구아파트 앞길에서, 제17대 대통령 선거 후보인 ○○○당 ○○○후보의 유세차량에 연설원이 탑승하여 주민을 상대로 지지를 호소하는 연설을 하자 "왜 남의 집 앞에서 시끄럽게 하나, 마이크를 끄고 빨리 꺼져라"라고 말하면서 연설원의 마이크를 빼앗으려고 하는 등 소란을 피워 위 연설을 중단되게 하여 위 정당 소속 선거사무원으로부터 제지당하자 위 선거사무원의 멱살을 잡고 뒤로 밀치는 등 폭행하여 연설회 진행을 방해하였다(대구지방법원 안동지원 2008. 1. 25. 선고 2007고합57 판결, 대구고등법원 2008. 4. 10. 선고 2008노74 판결)

③ 공개장소에서의 연설·대담장에 음식물을 던져 질서 문란

피고인은 2008. 4. 4. 08:00경 서울 관악구 봉천 6동 858-1 앞 노상에 설치된 제18대 국회의원선거의 서울 관악구갑선거구 평화통일가정당 소속 후보자 송○○의 공개장소 연설·대담 장소에서, 통일교가 국회의원 후보자를 등록하고 국회진출을 시도하는 것에 불만을 가진 나머지 "통일교 미쳤다. 문선명 미쳤다."라고 소리치며 토스트와 250㎖ 우유팩을 선거유세차량을 향해 집어던져 질서를 문란하게 하였다(서울중앙지방법원 2008. 9. 26. 선고 2008고합945 판결, 서울고등법원 2008. 11. 21. 선고 2008노2591 판결).

라. 처벌

선거운동과 관련하여 본 조를 위반하여 질서를 문란하게 하거나 횃불을 사용하거나 하게 한 자는 2년 이하의 징역 또는 400만원 이하의 벌금에 처한다(법 제256조 제3항 제1호 타목). 단순한 집회·연설 등의 질서문란·소란행위는 본 조에 해당하고 그 정도를 넘어 집회·연설의 방해에 이르러 선거의 자유를 저해하는 객관적 상태가 초래된 경우에는 선거의 자유방해죄(법 제237조 제1항 제2호)에 해당한다. 한편 정당한 사유 없이 무기·흉기·폭발물 등 사람을 살상할 수 있는 물건을 휴대하고 연설회장, 연설·대담장소, 대담·토론회장에 들어간 자는 그 물건의 사용여부 및 출입목적을 불문하고 그 출입자체로 처벌되는바(법 제245조 제2항), 이 경우 나아가 위 물건들을 사용하여 본죄를 저지르게 되면 본죄와는 실체적 경합관계에 있게 된다.[41]

5. 행렬 등의 금지

제105조(행렬 등의 금지) ① 누구든지 선거운동을 위하여 5명(후보와 함께 있는 경우에는 후보자를 포함하여 10명)을 초과하여 무리를 지어 다음 각 호의 어느 하나에 해당하는 행위를 할 수 없다. 다만, 제2호의 행위를 하는 경우에는 후보자와 그 배우자(배우자 대신 후보자가 그의 직계존비속 중에서 신고한 1인을 포함한다), 선거사무장, 선거연락소장, 선거사무원, 후보자와 함께 있는 활동보조인 및 회계책임자는 그 수에 산입하지 아니한다.
1. 거리를 행진하는 행위
2. 다수의 선거구민에게 인사하는 행위
3. 연달아 소리지르는 행위. 다만, 제79조(공개장소에서의 연설·대담)의 규정에 의한 공개장소에서의 연설·대담에서 당해 정당 또는 후보자에 대한 지지를 나타내기 위하여 연달아 소리지르는 경우에는 그러하지 아니하다.

가. 개요

본 조는 선거운동 방법 제한규정으로 거리행진·인사·연호행위와 같은 위세를 과시하는 선거운동에 일정한 제한을 가하고 있는데 이는 선거운동 기회균등 보장의 원칙에 입각하여

---

41) 대검찰청, 공직선거법 벌칙해설 제10개정판, 698면

인력동원 등에 의한 선거운동의 부당한 경쟁, 후보자들 간의 경제력 차이에 따른 불균형이라는 폐해를 막고, 선거의 평온과 공정을 해하는 결과의 발생을 방지함으로써 선거의 자유와 공정의 보장을 도모하여 선거관계자를 포함한 선거구민 내지는 국민 전체의 공동이익을 도모하기 위한 것이다.[42]

나. 거리행진·인사 및 연호행위의 제한

1) 금지주체 및 기간

누구든지 상시적으로 제한된다.

2) 금지되는 행위

선거운동을 위하여 5명(후보자와 함께 있는 경우에는 후보자를 포함하여 10명)을 초과하여 무리를 지어 거리를 행진하거나 다수의 선거구민에게 인사하는 행위 및 연달아 소리 지르는 행위가 금지된다. 예비후보자 등 입후보예정자를 포함하고 있지 않으므로 선거운동기간 전에는 입후보예정자가 함께 있는 경우에도 5명을 초과하면 제한된다.

가) 「선거운동을 위하여」

모든 행위가 아니라 선거운동을 위하여라는 목적이 있어야 한다.

나) 「무리를 지어」

「무리를 지어」는 같은 방향으로 일정하게 움직이는 것을 말하며, 반드시 오와 열을 맞추어야 하는 것은 아니다.[43] 무리를 지어 거리를 이동하는 경우 구체적 행위양태 등을 고려하여 그 위법여부를 판단하여야 한다.

다) 「거리를 행진」하는 행위

사람이 직접 도보로 이동하는 경우뿐만 아니라 자동차나 자전거를 타고 이동하는 경우도 포함된다.

라) 「다수의 선거구민에게 인사」하는 행위

인사행위는 그 자체로 당연히 소란행위가 된다고 볼 수 없으나 무제한의 다수에 의해 행

---

42) 헌법재판소 2006. 7. 27. 2004헌마215 결정
43) 대검찰청, 공직선거법 벌칙해설 제10개정판, 545면

해지는 경우 행진 또는 연호행위로 변질될 가능성이 큰 상황에서 인사행위에 대해서만 행위자의 수를 달리 규정하는 경우 사실상 행진 및 연호조항에 의한 규제가 형해화될 우려가 있다.[44]

다수의 선거운동원이 다소간의 거리를 두고 인사하는 경우 위반여부 판단이 쉽지 않은바, 상호간의 의사연락 하에 조직적으로 인사를 하는 정도라면 무리지어 하는 것으로 보아 인원수에 산입하여야 한다. 가령, 차도로 구분된 교차로에서 1~2인씩 서서 인사를 하는 경우 동일한 구호를 외치는 등 서로 연관되게 인사를 하는 경우라면 같은 장소에서 인사를 하는 것으로 보아야 한다.

이 경우에는 후보자와 그 배우자(배우자 대신 후보자가 그의 직계존·비속 중에서 신고한 1인을 포함), 선거사무장, 선거연락소장, 선거사무원, 후보자와 함께 있는 활동보조인 및 회계책임자는 무리를 지어 인사하는 수에 산입하지 아니한다.

마)「연달아 소리 지르는 행위」

「연달아 소리 지르는 행위」는 단시간에 짧은 문언을 연속해서 반복적으로 크게 외치는 것을 말한다. 정당이나 후보자의 성명 또는 지지호소 구호 등을 연속해서 외치는 경우를 말하며, 1명이 외치거나 같은 내용을 반복해서 외치거나 각각 다른 내용으로 외치더라도 이에 해당된다. 다만, 1회 소리를 지르고 그만 두거나 연속한 것으로 보기 어려울 정도의 시차를 두고 소리를 지르는 경우는 해당되지 않는다.

법 제79조에 따른 공개장소에서의 연설·대담에서 지지를 나타내기 위하여 연호하는 것은 인원수의 제한을 받지 아니하나, 반대를 나타내기 위한 연호행위는 다른 장소에서와 같이 본 조의 제한을 받는다.[45] 선거운동원 6인이 후보자가 연설하는 유세차 옆에서 음악에 맞추어 단체율동을 한 행위는 공개장소의 연설에서 해당 정당 또는 후보자에 대한 지지를 나타내기 위하여 한 행위이며, 5명(후보자와 함께 있는 경우에는 후보자를 포함하여 10명)을 초과하더라도 선거운동을 위하여 모인 사람들이 공개장소에서의 연설·대담장소에서 연달아 소리 지르는 행위 및 로고송을 따라 부르거나 그 음악에 맞추어 율동을 함께 하는 행위는 가능하다.

다. 중앙선거관리위원회 행정해석

① 악기를 이용한 선거운동

후보자가 선거운동기간 중에 어깨띠를 두르고 아무런 표시가 없는 장구와 북을 치는 선거사무원 2인과 함께 낮에 거리를 걸으면서 행인들에게 지지를 부탁하거나, 아무런

---

44) 헌법재판소 2006. 7. 27. 2004헌마215 결정
45) 반대를 나타내는 연호행위 등은 그 양태에 따라 법 제104조 또는 법 제237조에 위반될 수 있다.

표시가 없는 기타와 휴대용 봉고를 치는 선거사무원 2인과 함께 밤에 공중이 출입하는 장소(공직선거법에 의하여 금지되지 않는 장소)에 들어가 사람들에게 지지를 부탁하는 것은 「공직선거법」 제92조 및 제113조에서 금지하는 연예의 공연에 이르지 아니하는 경우에는 같은 법에서 이를 제한하는 규정이 없음(2008. 3. 25. 회답).

▷ 2010. 1. 25. 법 제105조제1항 개정으로 2인(후보자와 함께 있는 경우에는 후보자를 포함하여 5인)에서 5인(후보자와 함께 있는 경우에는 후보자를 포함하여 10인)으로 확대

라. 판례

① 선거운동원 6인이 공개장소에서 연설하는 유세차 옆에서 단체율동을 하는 경우 적법 여부

참가인(후보자)이 연설하는 유세차 옆에서 음악에 맞춰 단체율동을 한 사실을 인정할 수 있으나 위와 같은 행위만으로 「공직선거법」 제105조 제1항 각 호의 불법선거운동에 해당한다고 볼 수 없고, 오히려 위와 같은 행위는 공개장소에서의 연설에서 당해 정당 또는 후보자에 대한 지지를 나타내기 위하여 한 행위로서 공선법 제105조 제1항 제3호 단서에 해당되어 불법선거운동에 해당하지 아니한다고 할 것이다(대법원 2005. 6. 9. 선고 2004수54 판결).

② 행렬 등의 금지

피고인은 1995. 6. 27. 실시된 창원시장선거에 무소속으로 입후보하여 당선된 ○○○ 후보의 선거사무장인바, 1995. 6. 15. 18:00경부터 18:30경까지 사이에 ○○○후보의 이름이 적힌 표찰을 부착한 자원봉사자 10명으로 하여금 자전거를 타고 2인 1조로 열을 지어 다니며 "○○○, ○○○ 부탁합니다"라는 구호를 외치고 ○○○후보의 명함을 배부하게 함으로써 선거운동을 위하여 무리를 지어 거리를 행진하면서 소리를 지르게 한 것이다(창원지방법원 1995. 12. 7. 선고 95고합370 판결).

③ 선거사무원 총 20여명이 점퍼착용 및 피켓을 들고 거리를 행진한 행위

피고인은 2014. 6. 1. 17:00경부터 같은 날 18:30경까지 권○○후보자 선거사무실 앞에서 부터 같은 읍에 있는 ○약국 앞까지 약 800미터 구간에서 선거사무원 최○○ 등 총 20여명과 함께 후보자 이름이 기재되어 있는 점퍼를 착용하거나 피켓을 들고 무리를 지어 거리를 행진하는 방법으로 선거운동을 하였다(울산지방법원 2014. 9. 5. 선고 2014고합213 판결).

④ 유세차량에 따라 이동하며 박수치는 행위

피고인은 2018. 6. 12. 19:50경 경남 △△군 △△읍에 있는 △△시장 앞에서, 유세차량에 탑승하거나 유세차량 주위에 서서 선두에 위치한 채 위 피고인의 선거운동원, 선거구민 약 100여명을 향해 손을 흔들며 '김○○' 등의 구호를 외치고 같은 읍에 있는 ○○아파트까지 이동하고, 위 선거운동원, 선거구민 등은 위 유세차량을 따라 이동하며 박수를 치고 '김○○' 등 구호를 제창한 것을 비롯하여 그때부터 약 35분가량 위 △△시장 앞에서부터 ○○아파트, 같은 읍에 있는 △△우체국 앞을 경유하여 같은 읍에 있는 중앙사거리 앞까지 약 1km를 행진하였다. 이로써 피고인은 위 선거운동원 등과 공모하여 10명을 초과하여 무리를 지어 거리를 행진하고 연달아 소리를 지르는 행위를 하였다(창원지방법원 마산지원 2019. 2. 8. 선고 2018고합103 판결).

⑤ 바통을 나누어 들면서 달려가는 행사 진행

1. 피고인은 2018. 6. 4. 13:00경 세종시 보람동에 있는 세종시 교육청 앞에 모인 A 등 학부모 17명과 함께 지지자 약 1,500명의 명단이 기재된 지지선언문을 바통으로 만들어 □□고등학교 정문 앞부터 교육청 정문 앞까지 약 500m 거리를 서로 바통을 나누어 들면서 달려가는 행사를 진행한 다음 세종시 교육청 현관 앞에서 위 지지 선언문을 최○○ 후보자에게 전달하였다.

2. 공직선거법 제105조 제1항 제1호의 문언, 입법 연혁, 입법 취지 등을 종합하여 보면, '무리를 지어'라는 것은 오와 열을 맞추는 것을 요하지 않고, 다수인의 행위가 일정한 방향으로 행진하면 이에 해당된다고 할 것이다.

3. 그런데 앞서 든 증거들에 의하여 인정되는 다음과 같은 사정, 즉 ① 피고인은 이 사건 전 인터넷 밴드에 지지선언자를 모집하는 글을 올리고, 지지선언자들의 참석을 독려하였으며, 220여 명의 기자들에게 취재안내문을 보내는 등 이 사건 행사를 적극적으로 홍보하였기 때문에 이 사건 당일 이 사건 장소에 다수의 사람들이 모일 것이라는 사실을 예상할 수 있었을 것으로 보이는 점, ② 이 사건 장소는 다수가 왕래하는 공개된 장소인 점, ③ 실제로 이 사건 당일 최○○ 후보에 대한 지지선언을 함께 할 학부모 25명 정도가 참석하였던 점, ④ 피고인은 최○○ 후보 지지선언을 하려고 이 사건 장소에 왔던 학부모 17명과 함께 □□고등학교에서 교육청 정문 방향으로 도로를 뛴 점, ⑤ 도로를 뛴 이후 교육청 정문에 모여 수차례 최○○를 연호하기도 하였던 점 등에 비추어 보면, 피고인의 행위는 최○○ 후보자를 당선시킬 목적으로 5명을 초과하여 무리지어 거리를 행진하는 행위로서 선거운동에 해당한다고 할 것이다(대전지방법원 2019. 4. 25. 선고 2018고합470 판결).

⑥ 차량에 부착된 확성장치를 이용하여 대통령선거 후보자의 배우자를 밝혀 그 후보자에 대한 낙선운동 목적의 녹음물을 송출하면서 6대의 차량을 무리를 지어 행진한 행위

피고인 6인은 2022. 2. 26. 공영주차장에서 6대의 차량에 '검찰왕국 무당실세 안돼'라는 문구의 현수막을 각각 부착한 후 각각 탑승하고, 피고인 F는 "G의 주가조작은 증거가 넘쳐납니다. 국민들이 피땀흘려 모은 돈으로 투자한 돈인데 주가 조작으로 국민에게 피해를 입힌 자가 어떻게 국모 자격이 된단 말입니까? G에게 권력을 주어서는 안 됩니다. 허위 경력, 주가조작 미치광이 G가 유일하게 말을 듣는 것은 무당입니다. 무속 집착, 무속 중독인 G가 권력을 잡게 된다면 청와대가 굿당이 될 것입니다. 코로나 팬데믹이 끝나지 않은 상황에서 마스크도 안쓰고 QR 체크도 안하고 기차 안에서 빈자리에 구둣발을 올려놓고 공공의식 제로인 사람이 이 나라를 어찌 이끈다 합니까? 온갖 직권남용과 직권유기 거짓말을 하고 깨끗한 척 국민을 우롱하고 있습니다. 무속, 무능, 무식, 비상식의 공동체를 우리는 결코 용납해서는 안 됩니다. 저들이 말하는 정권교체는 자기들끼리 다 해먹겠다는 말이 아니겠습니까? 이런 정권교체는 누구도 바라지 않습니다. 검찰끼리 다 해먹는 나라, 검찰끼리 다 해먹고도 벌 받지 않는 나라 용납할 수 있습니까? 이것이 검찰 국가의 본질입니다. 입법, 사법, 행정부 삼권을 온 손에 쥐고 이 나라를 부패 공화국으로 만들겠다는 것입니다. 국민의 선택으로 이 부패 집단을 심판하지 않으면 이 나라의 정의가 파탄 나고 한반도의 평화가 파탄 나고 민생도 파탄 나고, 파탄 공화국이 될 것입니다."라는 내용으로 제20대 대선 후보자 H와 그 배우자 G를 비방하는 녹음물을 그가 탑승한 승용차에 설치된 확성장치로 반복 송출하면서 약 20km의 거리를 무리를 지어 행진함으로써 피고인들을 선거운동을 위하여 5명을 초과하여 무리를 지어 행진하였다(부산고등법원 2023. 6. 8. 선고 2023노2 판결, 대법원 2023. 10. 12. 선고 2023도8977 판결).

마. 처벌

본 조 제1항 규정에 위반하여 무리를 지어 거리행진·인사 또는 연달아 소리 지르는 행위를 한 사람은 3년 이하의 징역 또는 600만원 이하의 벌금에 처한다(법 제255조 제1항 제16호).

제27장

타후보자를 위한
선거운동 금지 등

제27장

타후보자를 위한 선거운동 금지 등

제1절 무소속후보자의 정당표방제한

제84조(무소속후보자의 정당표방제한) 무소속후보자는 특정 정당으로부터의 지지 또는 추천받음을 표방할 수 없다. 다만, 다음 각 호의 어느 하나에 해당하는 행위는 그러하지 아니하다.

1. 정당의 당원경력을 표시하는 행위

2. 해당 선거구에 후보자를 추천하지 아니한 정당이 무소속후보자를 지지하거나 지원하는 경우 그 사실을 표방하는 행위

[2004. 3. 12. 법률 제7189호에 의하여 2003. 1. 30. 헌법재판소에서 위헌결정된 이 조를 개정함.]

1. 개요

구 공직선거법(2003. 10 30. 시행 법률 제6988호)에서는 무소속후보자와 기초의회의원선거의 후보자의 정당표방을 금지하였으나, 헌법재판소(2003. 1. 30. 2001헌가4 결정)가 "자치구·시·군의회의원선거의 후보자" 부분이 정치적 표현의 자유를 침해하고 다른 지방선거 후보자와는 달리 기초의회의원선거의 후보자에 대해서만 정당표방을 금지한 것이 평등원칙에 위배된다고 위헌결정을 함에 따라 2004. 3. 12.개정시 정당 소속의 기초의원선거의 후보자는 정당표방이 가능하도록 본 조를 개정하였다.

본 조는 무소속후보자가 특정 정당으로부터 지지 또는 추천을 받고 있음을 표방함으로써 정당추천 후보자와 무소속후보자의 구별이 어렵게 되어 선거권자의 판단을 흐리게 하는 것을 방지하기 위한 규정이다.

2. 무소속후보자의 정당표방행위 제한

가. 금지주체

무소속후보자에 한정된다. 정당이나 무소속예비후보자는 제한 주체가 아니다.

나. 금지행위

특정 정당으로부터 지지 또는 추천받음을 표방하는 행위가 금지된다. 「특정 정당으로부터 지지 또는 추천받음을 표방하는 행위」란 일반유권자로서 사회통념상 후보자가 특정 정당의 지지 또는 추천을 받고 입후보한 것으로 인식하게 되는 외관을 의식적으로 내세우는 행위를 뜻한다.[1] 「표방」이란 어떠한 생각이나 의견 혹은 주의나 주장 따위를 공공연하게 밖으로 드러내어 내세우는 것을 의미한다.[2] 「정당표방행위」라 함은 문제된 행위를 표현 당시의 상황에서 객관적으로 보아 정당으로부터 지지 또는 추천을 받는 것으로 인식될 만한 방법으로 자신의 정당과의 그러한 관계를 내세우는 것을 말하는 것이므로 구체적 상황에서 모든 관련 사정을 종합적으로 고려하여 판단되어야 한다.[3] 본조에서 금지하는 행위는 무소속 후보자가 특정 정당으로부터 지지를 받고 있다는 점, 또는 특정 정당으로부터 후보자로 추천을 받았다는 점을 유권자들에게 드러내어 내세우는 일체의 행위를 가리키는바, 구체적으로 어떠한 행위가 같은 조가 금지하는 정당표방행위에 해당하는지 여부를 결정함에 있어서는 그 표현행위가 행하여지는 시기적, 지리적 여건과 행위자의 의도 등을 종합적으로 고려하여 그 시기, 그 선거구의 일반적인 유권자들이 그 표현을 접할 때에 특정 정당이 당해 후보자를 지지하고 있거나, 혹은 특정 정당이 당해 후보자를 추천하였다는 뜻을 표시하고 있는 것으로 받아들일 것인지 여부에 따라야 할 것이다.[4]

다. 허용행위

정당의 당원경력을 표시하는 행위, 해당 선거구에 후보자를 추천하지 아니한 정당이 무소속후보자를 지지하거나 지원하는 경우 그 사실을 표방하는 행위는 가능하다. 따라서 정당이 후보자추천 후 선거기간에 무소속후보자와 연대를 위해 정당추천후보자가 사퇴하고 그 정

---

1) 대법원 1999. 5. 11. 선고 99도556 판결
2) 대법원 1999. 5. 25. 선고 99도279 판결
3) 대법원 2003. 5. 16. 선고 2003도928 판결
4) 대법원 1999. 10. 8. 선고 99도2314 판결

당이 무소속후보자를 지원하는 경우 무소속후보자는 그 사실을 표방할 수 있다.

3. 중앙선거관리위원회 행정해석

① 선거홍보물 등에 타인의 사진 게재

　　무소속으로 출마하려는 후보예정자의 선거홍보물에 과거 정당활동경력 및 함께 활동
하던 동료들(예 : 김영삼대통령, 김대중 아·태평화재단이사장, 기타 여·야 현역국회의원 등)과의
활동사진, 악수하는 사진 등을 함께 실을 수 있음(1995. 4. 26. 의결).

② 무소속후보자 등의 정당표방금지의 해석

　　색깔을 사용한 것만으로 특정 정당으로부터 지지 또는 추천받음을 표방하는 것으로
볼 수 없을 것이나, 특정 색깔을 사용하여 표현하는 방법이 특정 정당으로부터 지지 또
는 추천받음을 표방함에 이르러서는 아니될 것임(1995. 5. 31. 의결).

③ 정당의 다른 정당소속 후보자 지지표명

　　대통령선거에 후보를 추천하지 아니하는 정당이 기자회견·당원집회 등 공선법에서 제
한· 금지되지 아니한 방법으로 다른 정당소속 후보에 대한 지지를 표명하는 것은 무방
할 것임(2007. 7. 4. 회답).

④ 무소속 후보자에 대한 정당의 선거운동지원 가능여부

　1. 대통령선거에서 정당간에 또는 정당과 무소속 후보자간에 선거공조를 위하여 후보
　　자를 단일화하는 경우 사퇴한 후보자나 그 정당의 대표자 또는 간부 등이 단일화된
　　후보자나 그 정당의 선거대책기구의 간부나 구성원 또는 연설원이 되는 것은 공선
　　법 제84조 및 제88조에 위반되지 아니할 것임.

　　⇨ 2010. 1. 25. 법 개정으로 제79조의 연설원 관련 규정은 삭제됨.

　　⇨ 2010. 1. 25. 법 제84조 제2호 "해당 선거구에 후보자를 추천하지 아니한 정당이
　　　무소속 후보자를 지지하거나 지원하는 경우 그 사실을 표방하는 행위"가 신설됨.

　2. 정당의 당사나 정당선거사무소에 무소속 후보자의 선거연락소를 설치하는 경우 정
　　당의 당사나 정당선거사무소와 구획하여 별도로 선거연락소를 설치하는 것은 무방
　　할 것임.

　3. 정당이 무소속 후보자를 지원하는 경우에는 정당의 선거와 관련있는 활동을 규제하
　　는 공선법 제9장의 제규정이 적용될 것임.

　4. 정당이 받은 국고보조금은 「정치자금법」 제28조 제1항에 따라 당해 정당의 운영에

소요되는 경비 외에는 사용할 수 없으므로 이를 무소속 후보자에게 대여하거나 지원할 수 없을 것임.

5. 정당이 당비를 무소속 후보자에게 대여하는 것에 관하여는 「정치자금법」상 제한하고 있지 아니하나, 무소속 후보자에게 이를 지원하는 것은 정치자금을 「정치자금법」에 의하지 아니하고 수입·지출하는 것이므로 같은 법 제2조 및 제45조에 위반될 것임.

6. 정당이 무소속 후보자의 선거운동을 위하여 당해 정당이 행한 활동에 소요된 경비를 당해 정당의 경비로 지출하는 것은 무방할 것이며, 공선법 제119조 제1항 후문과 같이 후보자 등과 통모하여 지출한 경우가 아니라면 그 비용은 선거비용에 해당되지 아니할 것임.

7. 대통령선거의 정당추천 후보자가 사퇴한 때부터 그 정당 소속 지역구 국회의원의 후원회 에는 「정치자금법」 제13조 제1항에 따른 연간 모금한도액에 관한 특례규정이 적용되지 아니할 것임(2007. 12. 6. 의결).

⑤ 정당의 대표자 등이 무소속후보자 선거운동 지원

정당과 무소속 후보자간에 정당의 공식적인 의사결정을 거쳐 후보자를 단일화하고 선거공조를 하는 경우, 정당의 대표자 또는 간부 등이 단일화된 무소속후보자 선거사무소내의 선거대책본부의 간부 또는 구성원이 되거나 연설원이 되는 것은 공선법 제84조에 위반되지 아니할 것임(2009. 4. 20. 의결).

⇨ 2010. 1. 25. 법 개정으로 제79조의 연설원 관련 규정은 삭제됨.

4. 판례

① 선거벽보에 당원경력 부각 게재

후보자가 선거벽보의 후보자 이름 바로 위에 다른 경력의 기재보다 큰 글자로 특정 정당의 지방자치위원장이라고 기재하고 그 둘레에 색을 넣어 박스처리한 경우, 공선법 제84조 소정의 정당표방행위에 해당함(대법원 1999. 1. 15. 선고 98도3648 판결).

② 선거벽보 등 홍보물에 당원경력 부각 게재

피고인이 선거벽보와 선거공보, 명함의 각 경력란에 다른 경력기재의 글씨보다 크게 '한나라당 중앙농수산해양위원회 부위원장'이라고 기재하였다는 이 사건에서 피고인이 한나라당의 지지 또는 추천을 표방하였다고 본 것은 정당함(대법원 2003. 5. 16. 선고

2003도928 판결).

③ 선거사무소 현수막에 정당 상징마크 게재

입후보한 자가 선거운동기간 중 사무실 외벽에 소속 정당의 상징마크를 새긴 현수막을 게시하고 자신의 명함에 소속 정당의 상징마크를 새기고 당원경력을 표시한 경우, 위 행위는 형식적으로는 단순히 소속 정당이나 당원경력을 표시한 것으로 볼 수도 있으나, 현수막과 명함의 외관, 거기에 표시된 내용과 표현방식 등 그 전반적인 형태를, 당시가 선거운동기간 중이고, 출마한 선거구의 일반적인 유권자들이 소속 정당에 대하여 매우 높은 지지성향을 보이고 있었던 점 등 여러 사정에 비추어 종합적으로 고려해 볼 때, 실질적으로는 일반유권자로 하여금 소속 정당의 지지 또는 추천을 받아 선거에 입후보한 것으로 인식하게 할 여지가 많으므로 공선법 제84조 소정의 금지행위인 '특정 정당으로부터의 지지 또는 추천 받음을 표방하는 행위'에 해당함(대법원 2000. 5. 30. 선고 2000도734 판결).

④ 선거공보에 정당추천 사실 게재

피고인이 의도적으로 선거공보물에 새정치국민회의 지구당위원장과 함께 찍은 사진과 그 명의의 임명장 등을 수록하고 위 정당의 당원경력을 표시함과 아울러 '엄선하여 추천된 후보입니다.'라고 표시한 행위는 특정 정당의 지지 또는 추천을 표방하는 행위에 해당된다 할 것임(대법원 1999. 5. 11. 선고 99도556 판결).

⑤ 선거공보 이용 정당표방

시의회의원 후보자로 출마하여 다음과 같은 내용으로 선거공보를 제작하고 선거관리위원회에 제출하여 발송하게 한 것은 정당표방행위에 해당함.

1. 새정치국민회의 목포시·신안군 갑지구당의 추천을 받아 출마한 시장후보와 도의원후보와 같이 1면에 새모양의 초록색 바탕에 후보자인 피고인의 사진을 게재하고, 새정치국민회의 목포시·신안군 갑지구당의 추천을 받아 출마한 도의원후보와 같이 같은 면 하단부에는 새모양의 노란색 바탕에 기호와 성명을 표시함.

2. 2면에 새정치국민회의 목포시·신안군 갑지구당 위원장인 김홍일 국회의원과 촬영한 사진을 게재함.

3. 4면에 약력 부분에는 새정치국민회의 목포시·신안군 갑지구당에서 시의원 후보자들에게 통일되게 부여한 새정치국민회의 '현(現) 목포시·신안군 갑지구당 북교동 지방자치위원장'이라는 당직을 게재함(대법원 1999. 5. 25. 선고 99도279 판결).

⑥ 연설회 등 이용 정당표방

무소속후보자가 다음과 같은 행위를 한 것은 특정 정당의 지지·추천을 표방한 경우에 해당함.

1. 1998. 5. 24.자 합동연설회에서 새정치국민회의(이하 "국민회의"라고 줄여 씀) 지구당원 수십 명과 함께 당기를 앞세우고 등단하여 "지금은 지역경제를 살리기 위해 국민회의 김대중 대통령 정부의 지원이 절실히 필요한 때이다. 본인은 단순한 무소속후보자가 아니다. 바로 새정치국민회의 지구당 당원 동지 여러분들의 추대로 국민후보로 이 자리에 선 것이다. 이번 시장 선거에서 당선되면 국민회의에 입당할 것이다."라는 내용의 연설을 함.

2. 1998. 5. 30.자 합동연설회에서 국민회의 지구당 당원들과 함께 국민회의 당기를 들고 다님.

3. 1998. 6. 3.자 개인연설회에서, 국민회의 지구당위원장인 ○○○은 찬조연사로 나서서 "한△△ 후보자는 대통령이 후원하는 후보이고 당선되면 국민회의에 입당할 사람이니, 사실상 우리 국민회의 후보나 다름이 없다. 한△△ 후보를 지지해 달라."는 내용의 연설을 함.

4. 지구당위원장 ○○○은 지구당 청년당원들로 하여금 1998. 5. 25.경부터 6. 3.경까지 국민회의 경기도지사 후보 임◇◇의 선거운동용 차량에 한△△의 사진을 나란히 부착하고 임◇◇에 대하여 지지 호소를 함과 동시에 한△△의 로고송과 선전구호 등을 방송하면서 돌아다니게 함(대법원 1999. 10. 8. 선고 99도2314 판결).

5. 교육감선거에 있어 정당의 선거관여행위 금지 등

지방교육자치에 관한 법률 제46조(정당의 선거관여행위 금지 등) ① 정당은 교육감선거에 후보자를 추천할 수 없다.

② 정당의 대표자·간부(「정당법」 제12조부터 제14조까지의 규정에 따라 등록된 대표자·간부를 말한다) 및 유급사무직원은 특정 후보자(후보자가 되려는 사람을 포함한다. 이하 이 조에서 같다)를 지지·반대하는 등 선거에 영향을 미치게 하기 위하여 선거에 관여하는 행위(이하 이 항에서 "선거관여행위"라 한다)를 할 수 없으며, 그 밖의 당원은 소속 정당의 명칭을 밝히거나 추정할 수 있는 방법으로 선거관여행위를 할 수 없다.

③ 후보자는 특정 정당을 지지·반대하거나 특정 정당으로부터 지지·추천받고 있음을 표방(당원경력의 표시를 포함한다)하여서는 아니 된다.

가. 교육감선거제도의 변천과 입법연혁

광복 후 1980년대까지 우리나라 각 시·도의 교육감은 대통령이 임명하고 관계 행정부처 장관이나 도지사의 지휘·감독을 받는 등 중앙정부에 의해 통제를 받아 왔다. 그러다가 1991. 3. 8. 지방교육자치에 관한 법률(이하 '지방교육자치법'이라 한다)이 제정(법률 제4347호)되면서 실질적인 의미의 교육자치제가 출범하게 되었고, 그 후 교육감은 '시·도의 교육·학예에 관한 사무의 집행기관'으로서의 법적 위상을 가지는 동시에 교육의 자주성·전문성 확보를 위하여 해당 지역의 교육위원회나 학교운영위원회에 의하여 선출되어 왔다. 이렇게 간접선거에 의하여 교육감을 선출해 오던 방식은 2007. 1. 1.부터 지역주민에 의한 직선제 선출로 바뀌었고, 2010. 6. 2.제5회 전국동시지방선거에서도 교육감선거가 전국적으로 실시되게 되었다. 한편 교육감이 해당 지역의 교육전문가들에 의하여 선출되어 임명되기 시작하면서부터 교육감의 피선자격으로 '정당원이 아닐 것'을 요구하게 되었는데, 이는 교육의 정치적 중립성을 의식한 제도적 고려에서 기인하였다. 2007년 교육감선거제도가 지역주민에 의한 직선제 선출로 바뀌게 되자 교육의 정치적 중립성의 요구가 더욱 강해졌고, 이는 '정당의 후보자 추천을 금지'하는 조치로 나타났다(2006. 12. 20.법률 제8069호로 개정된 지방교육자치법 제22조 제2항). 그런데 전국적인 교육감 직선제 선출 시행을 앞둔 2010. 2. 26. 지방교육자치법이 다시 개정되면서(법률 제10046호) 교육감선거제도에서 정당의 관여를 배제시키려는 조치는 더욱 확대되게 되었다. 교육감후보자가 과거 1년 동안 정당원이 아닐 것을 요구하고(제24조 제1항),정당의 교육감후보자 추천을 금지시키던(제46조 제1항) 기왕의 제한에 더하여, i) 정당의 대표자·간부·유급사무직원·당원 할 것 없이 특정 후보자를 지지·반대하는 등으로 선거에 관여하는 행위를할 수 없도록 하고(제46조 제2항), ii) 후보자 역시 특정 정당에 대한 지지·반대의 의사를 표시하거나 특정정당으로부터 지지·추천받고 있다는 의사를 표방할 수 없고,나아가 과거 당원경력의 표시마저 할 수 없도록 하였으며(제46조 제3항), iii) 아울러 투표용지의 후보자란에 정당을 연상케 하는 기호를 부여하지 않고 대신 추첨을 통하여 뽑히는 순서대로 후보자의 성명을 한글로 나열하여 표시하도록 함으로써(제48조) 기호순번에 따른 정당의 영향력이 발휘될 소지를 차단하고, 나아가 iv) 교육감에 선출된 후라도 정당의 당원이 되면 교육감에서 당연퇴직되도록(제24조의3 제3호)하는 규정들을 신설하게 되었다.[5)]

5) 헌법재판소 2011. 12. 29. 2010헌마285 결정

나. 중앙선거관리위원회 행정해석

① 특정 색상 사용 등

1. 선거홍보물(현수막, 명함, 예비후보자홍보물, 선거벽보 등)에 특정 색상을 사용하는 것만으로 「지방교육자치에 관한 법률」 제46조 제3항에 위반되는 것으로 보기 어려우나, 그 색상의 표현방법이 특정 정당을 지지하거나 지지·추천받음을 표방하는 정도에 이르는 때에는 같은 규정에 위반될 것이며, 구체적으로 특정 색상을 사용하여 표현하는 방법이 특정 정당소속 후보자(예비후보자를 포함함. 이하 같음)의 표현방법과 동일 또는 유사하여 외견상 유권자들이 특정 정당으로부터 지지·추천받고 있는 것으로 받아들일 수 있다면 같은 법조항에서 금지하고 있는 표방에 해당할 것임.

2. 점퍼의 색상과 디자인이 특정 정당소속 후보자들과 동일하거나 유사하여 유권자들이 특정 정당으로부터 지지·추천받고 있는 것으로 받아들일 수 있는 때에는 「지방교육자치에 관한 법률」 제46조 제3항에 위반될 것임(2010. 3. 22. 회답).

다. 사례예시[6]

1) 정당의 선거관여행위 금지

할 수 있는 사례
- 정당 소속 후보자가 기자회견 또는 토론회 등에서 특정 교육감후보자의 정책에 대한 질문에 수동적으로 해당 교육감후보자를 지지·반대함이 없이 자신의 견해를 밝히는 행위
- 정당 또는 정당 소속 후보자가 교육 관련 정책을 제시하거나 공표하는 행위
- 정당이 교육 관련 정책을 개발하기 위하여 세미나를 개최하는 행위
- 정당이 당원을 대상으로 정당의 교육 정책을 교육·홍보하는 행위

할 수 없는 사례
- 정당의 대표자·간부 및 유급사무직원(이하 "정당의 대표자 등"이라 함)이 특정 교육감후보자나 그의 정책을 지지·반대하는 행위
- 정당이 특정 교육감후보자와 정책연대를 하거나 이를 공표하는 행위
- 정당 소속 후보자가 교육감후보자와 함께 공개장소에서 연설·대담을 하는 등 선거운동을 하는 행위
- 정당 소속 후보자가 유권자로 하여금 특정 교육감후보자를 지지·반대하는 것으로 인식하게 할 수 있도록 하는 행위

---

[6] 중앙선거관리위원회. '제20대 대통령선거 및 제8회 전국동시지방선거 정치관계법 사례예시집(2021. 12)'. 201면~203면

⇨ 정당 소속 지방선거 예비후보자·후보자 또는 국회의원·지방자치단체장·지방의원 및 당원협의회장이
  교육감선거에 관여하는 행위는 명시적으로 정당명을 밝히지 않더라도 정당의 명의를 추정할 수 있는
  방법으로 교육감선거에 관여하는 행위에 해당됨.

• 국회의원(보좌관·비서관·비서 포함)·지방자치단체장·지방의원(이하 "국회의원 등"이라 함)이 교육감
  후보자의 선거운동을 하거나 업적을 홍보하는 행위

• 정당 소속 국회의원 등이 교육감후보자와 함께 다니며 교육감후보자의 선거운동을 지원하는 행위

• 정당 소속 후보자가 기자회견 또는 토론회 등에서 특정 교육감후보자를 지칭하여 그의 정책을 지지·반
  대함으로써 해당 교육감후보자에 대한 지지·반대에 이르는 발언을 하는 행위

2) 교육감선거 후보자의 정당표방행위 금지

할 수 있는 사례

• 교육감의 직무에 속하는 특정 정당의 정책에 대하여 찬성·반대하는 행위

• 교육감의 직무에 속하는 정당 소속 후보자의 정책에 대하여 찬성·반대하는 행위

할 수 없는 사례

• 교육감후보자가 특정 정당이나 정당 소속 후보자를 지지·반대하는 행위

• 교육감후보자가 교육감의 직무에 속하지 아니하는 정책중 선거에서 쟁점이 되고 있는 특정 정당이나 정
  당 소속 후보자의 정책을 지지·반대하는 행위

• 특정 정당 또는 소속 후보자로부터 지지·추천받음을 표방하는 행위

• 정당 소속 후보자와 정책연대를 하거나 이를 공표하는 행위

• 정당의 당사 또는 정당선거사무소에 선거사무소·선거연락소를 설치하는 행위

• 선거사무소·선거연락소를 정당 소속 후보자와 같은 장소에 구획하여 함께 설치하는 행위

• 정당을 상징하는 로고·마크, 그 밖의 구호나 표어를 사용하여 외견상 특정 정당과의 일체감을 주는 방법
  으로 선거운동을 하는 행위

• 점퍼나 소품의 색상과 디자인이 특정 정당소속 후보자들과 동일하거나 유사하여 유권자들이 특정 정당
  으로부터 지지·추천받고 있는 것으로 받아들일 수 있는 행위

• 현수막에 특정 색상을 사용하는 경우 그 색상의 표현방법이 특정 정당을 지지·반대하거나 특정 정당으
  로부터 지지·추천받음을 표방함에 이르는 행위

• 당원 경력을 표시하거나, 당원이 아니면 가질 수 없는 직에 종사한 경력을 표시하는 행위

• 정당대표자나 국회의원·당원협의회장 등 특정 정당과 동일시 할 수 있는 인물과 함께 찍은 사진을 선거
  홍보물에 게재하거나 함께 다니면서 선거운동을 하는 행위

• 예비후보자홍보물 등에 후보자가 되려는 특정 정당 비례대표국회의원의 경력을 게재하여 선거구민에게
  발송하는 행위(대구고등법원 2019. 5. 13. 선고 2019노121 판결)

라. 헌법재판소 결정

① 지방교육자치에 관한 법률'제46조 제3항이 과잉금지원칙을 위반하여 교육감선거후보
자의 정치적 표현의 자유를 침해하는지 여부

이 사건 법률조항의 입법목적은, 교육감선거운동과정에서 후보자의 과거 당원경력 표
시를 금지시킴으로써 유권자들이 특정 후보자가 해당 정당으로부터 지지받고 있다거
나 해당 정당의 정치적신조와 관련되어 있다고 오해함으로써 유권자의의사가 왜곡되
지 못하게 하고, 이와 같이 교육감선출과정에 정당의 영향력이 간접적으로 나타나는
현상을 미연에 방지함으로써 교육의 정치적 중립성을 확보하고자 하는 것인바, 입법목
적은 정당하고, 수단 또한 적절하다.

'당원경력'은 일단 표시되면 전파성이 매우 강하고 그것이 암시하는 '정당관여효과' 내
지 '유권자의 의사왜곡효과'를 돌이키기란 불가능에 가까우며, 유권자들로서는 후보자
의 자질을 교육전문성이 아니라 그의 당원경력 기간의 장단 및 직위의 고하에 따라 정
치적 입장에 기하여 판단할 가능성이 그만큼 커지게 되므로, 표현의 경위나 양태,표현
이 전달되는 매체, 표현행위가 이루어지는 장소, 기간 등에 따라 차등규제할 수도 없
어, '당원경력의 표시' 일체를 금지시키는 방법 외에는 의미있는 대안을 찾기 힘들다는
점 등에서 침해의 최소성 요건은 충족되었다. 또한, 자신의 정치적 견해를 특정한 정
당의 '당원경력의 표시'라는 간단한 방법으로 알리지 못함으로써 교육감선거후보자가
침해받는 사익은 교육감선거 과정에서 정당의 관여를 철저히 배제함으로써 교육의 정
치적 중립성을 확보하려는 공익에 비하여 크지 않다 할 것이므로, 법익의 균형성 요건
역시 충족하였다. 따라서, 이 사건 법률조항은 교육감선거후보자의 정치적 표현의 자
유를 침해하지 아니한다(헌법재판소 2011. 12. 29. 2010헌마285 결정).

6. 처벌

본 조를 위반하여 특정 정당으로부터 지지 또는 추천받음을 표방한 자는 2년 이하의 징역
또는 400만원 이하의 벌금에 처한다. 벌칙은 이와 관련하여 '선거운동과 관련하여'라는 요
건을 추가하고 있다(법 제256조 제3항 제1호).

제2절 타후보자를 위한 선거운동금지

> **제88조(타후보자를 위한 선거운동금지)** 후보자, 선거사무장, 선거연락소장, 선거사무원, 회계책임자, 연설원, 대담·토론자는 다른 정당이나 선거구가 같거나 일부 겹치는 다른 후보자를 위한 선거운동을 할 수 없다. 다만, 정당이나 후보자를 위한 선거운동을 함에 있어서 그 일부가 다른 정당이나 후보자의 선거운동에 이른 경우와 같은 정당이나 같은 정당의 추천후보자를 지원하는 경우 및 이 법의 규정에 의하여 공동선임된 선거사무장 등이 선거운동을 하는 경우에는 그러하지 아니하다.

1. 개요

본 조는 후보자나 그 선거사무원 등이 다른 정당이나 후보자를 위한 선거운동을 할 수 없도록 금지하고 있는데 이는 후보자간의 담합행위 및 매수가능성을 사전에 차단하여 선거권자의 판단에 혼선을 가져오지 않게 하기 위한 규정이다.[7] 2012. 1. 17. 개정 시 다른 후보자를 위한 선거운동은 선거구가 같거나 일부 겹치는 경우에 한하여 금지되는 것으로 명확하게 규정하여 현재에 이르고 있다.

2. 구성요건

가. 금지

1) 주체

후보자, 선거사무장, 선거연락소장, 선거사무원, 회계책임자, 연설원, 대담·토론자('후보자 등'이라 함)이다. 예비후보자와 정당은 그 제한 주체가 아니다. 예비후보자나 정당의 간부 등이 다른 정당추천 후보자 등을 위하여 선거운동을 하여도 본 조에 위반되지 않는다. 한편 연동형 비례대표제 하의 국회의원선거에서 상호 연대한 '지역구 정당(지역구 선거에만 후보자를 추천한 정당)'과 '비례대표 정당(비례대표 선거에만 후보자를 추천한 정당)'의 경우에도 본 조의 제한 대상이 아니므로 전화·문자메시지(자동 동보통신방법 제외)·인터넷 홈페이지 또는 전자우편(전

---

7)　헌법재판소 1999. 1. 28. 98헌마172 결정

송대행업체 위탁 제외)의 방법으로 다른 정당·후보자를 위한 선거운동은 가능하다. 다만, 각 해당 선거를 위해 허용된 선거운동방법(선거공보, 신문광고, 방송광고 등)으로는 다른 정당·후보자를 위한 선거운동을 할 수 없다.[8]

2) 제한·금지되는 행위

다른 정당이나 후보자를 위한 선거운동이 금지된다. 후보자들이 함께 모여 선거운동이 아닌 공약개발, 자료수집, 토론 등을 하는 것은 허용되지만, 선거구가 같거나 겹치는 선거구의 무소속후보자들이 연대모임을 결성하고 동일한 모양과 색상의 모자나 옷을 착용하고 선거운동을 하는 때에는 본 조에 위반된다.[9] 선거구가 같거나 일부 겹치는 다른 후보자를 위한 선거운동이 금지된다. 후보자가 다른 정당이나 선거구가 같거나 일부 겹치는 다른 후보자를 위한 선거대책기구의 구성원으로 참여하는 행위,[10] 비례대표국회의원선거 후보자가 다른 정당 소속 후보자의 선거운동을 하는 행위, '지역구 정당' 소속 후보자등이 선거에서 연대한 '비례대표 정당'이나 그 소속 비례대표후보자를 위한 선거운동을 하거나, '비례대표 정당' 소속 후보자등이 '지역구 정당'이나 그 소속 지역구후보자를 위한 선거운동을 하는 행위는 본 조에 위반된다.[11]

반면 선거구가 서로 다른 경우에는 유권자의 판단에 혼선을 초래할 가능성이 없기 때문에 제한되지 않는다. 따라서 지역구국회의원선거 후보자가 다른 선거구의 다른 정당 소속 지역구국회의원선거 후보자의 공개장소 연설·대담을 지원하기 위하여 법 제79조 제2항에 따라 연설·대담을 할 수 있는 자로 지정을 받아 지원연설을 하는 것은 가능하다.[12]

나. 예외

「정당이나 후보자를 위한 선거운동을 함에 있어서 그 일부가 다른 정당·후보자에 대한 선거운동에 이르는 경우」는 가능하다. 이는 주로 자신을 위한 선거운동을 하지만 결과적으로 다른 정당·후보자에 대한 선거운동이 부수되는 것을 의미하는 것이며, 다른 정당·후보자를 지지함으로써 반사적으로 자신에 대한 지지를 획득하려는 행위까지 포함하는 것은 아니다.

또한 후보자 등이 「같은 정당이나 같은 정당추천 후보자를 지원」하는 것도 가능하다.[13]

---

8) 중앙선거관리위원회. '위성정당 창당에 따른 다른 정당·후보자를 위한 선거운동 등에 관한 운용기준'(2024. 3. 18.)
9) 중앙선거관리위원회 2006. 4. 27. 회답
10) 중앙선거관리위원회 2020. 3. 27. 회답
11) 중앙선거관리위원회. '위성정당 창당에 따른 다른 정당·후보자를 위한 선거운동 등에 관한 운용기준'(2024. 3. 18.)
12) 중앙선거관리위원회 2012. 4. 2. 회답
13) 중앙선거관리위원회 2011. 10. 7., 2011. 10. 14. 회답

여기서 「지원」이란 법의 입법취지를 훼손하지 않는 범위 안에서 다른 후보자 등의 선거운동을 지원하는 것을 말한다. 누구나 할 수 있는 선거운동방법인 문자메시지(자동 동보통신 제외), 전자우편(전송대행업체 위탁전송 제외), 홈페이지를 이용하여 같은 정당이나 같은 정당 추천 후보자를 지원하는 경우에는 그 횟수, 내용 등을 제한할 수 없다. 후보자의 선거사무소 현수막(법 제61조), 선거운동용 거리 현수막(법 제67조), 선거운동용 소품(법 제68조), 신문광고(법 제69조), 선거운동용 명함(법 제93조) 등을 이용하여 지원함에 있어서는 게재된 내용이 전체적으로 보아 후보자 자신의 선거운동이 주가 되고 같은 정당 소속 후보자의 선거운동 내용이 부수적으로 게재된 경우에는 「지원」하는 행위로서 허용된다.[14]

한편 동시선거에서 시·도지사선거후보자가 공개장소 연설·대담에서 자신의 선거운동을 하면서 같은 정당 추천 자치구·시·군의 장선거나 지방의회의원선거의 후보자에 대한 지지 연설을 하는 것도 「지원」하는 행위로서 가능하다.[15]

「공동선임된 선거사무장등이 선거운동을 하는 경우」란 법 제205조에 따라 동시선거에서 공동선임된 선거사무장, 선거연락소장, 선거사무원이 선거운동을 하는 경우를 말한다.

3. 중앙선거관리위원회 행정해석

① 정당 후보자간 단일화 및 단일후보의 지지 표방

1. 다른 정당 후보자간에 선거인단 모집방식으로 실내에서의 직접 투표 또는 여론조사를 통하여 단일화하는 것은 무방할 것임. 다만, 선거인단 모집이나 투표 등 후보 단일화 과정에서 사전선거운동 그 밖의 공선법 상 각종 제한·금지규정에 위반되지 아니하여야 할 것이며, 여론조사 방법으로 할 경우 같은 법 제108조를 준수하여야 할 것임.

2. 정당 간 한 선거구에서 한 정당의 후보로 단일화한 경우 단일화된 정당소속 예비후보자 또는 후보자가 단일화에 참여했던 다른 정당의 지지를 받고 있다는 사실을 선거사무소 외벽 현수막, (예비)후보자 명함, 예비후보자홍보물 등의 방법으로 선전하는 것은 무방할 것임(2010. 3. 22. 회답).

② 정당의 무소속후보자 선거운동지원 등

1. 정당이 선거운동기간 중에 법 제82조의4·제82조의5 및 제109조를 준수하여 전화·문자메시지·인터넷 홈페이지 또는 트위터를 이용하여 무소속후보자를 위한 선

---

14) 중앙선거관리위원회 1995. 1. 13., 1995. 5. 12. 회답
15) 중앙선거관리위원회 1995. 5. 12. 회답

거운동을 하는 것은 무방할 것이며, 이 경우 정당이 무소속후보자의 선거운동을 위하여 행한 활동에 소요된 경비는 당해 정당의 경비로 지출할 수 있을 것임. 다만, 법 제69조의 신문광고, 제70조의 방송광고, 제82조의7의 인터넷광고는 무소속후보자가 자신의 부담으로 하여야 할 것임.

⇨ 2017. 2. 8. 법 개정으로 인터넷 홈페이지·문자메시지·전자우편을 이용한 선거운동은 상시 가능함.

⇨ 2020. 12. 29. 법 제82조의4 제1항이 삭제되고 제59조 제4호가 신설되어 선거일이 아닌 때에 전화(송·수화자 간 직접 통화하는 방식에 한정하며, 컴퓨터를 이용한 자동 송신장치를 설치한 전화는 제외)를 이용하거나 말(확성장치를 사용하거나 옥외집회에서 다중을 대상으로 하는 경우를 제외한다)로 선거운동을 할 수 있음.

2. 무소속후보자가 공선법에 따라 선거운동을 위하여 사용하는 공개장소 연설·대담용 차량에 소요되는 비용, 명함과 어깨띠 등 소품의 제작·구입비용은 무소속후보자가 부담하여야 할 것이며, 정당이 이를 대신 부담하는 것은 「정치자금법」 제2조 및 제45조에 위반될 것임.

3. 정당의 당원이 무소속후보자의 자원봉사자 또는 선거사무원이 되거나, 해당 선거구에 후보자를 추천하지 아니한 정당이 무소속후보자를 지지하거나 지원하는 경우 정당의 대표자 또는 간부가 무소속후보자의 선거사무장 또는 선거연락소장이 되는 것은 무방할 것임. 이 경우 법 제88조 또는 제205조에 위반되어서는 아니 될 것임.

4. 정당이 무소속후보자의 선거운동원 및 자원봉사자에게 음식물(다과·떡·김밥·주류를 포함함)을 제공하는 때에는 법 제114조 또는 제135조에 위반될 것임.

5. 정당이 무소속후보자를 위해 정당의 차량에 선거벽보 등을 첨부하여 운행하거나 차량유지비(기름값) 등을 지원하는 경우 법 제91조 또는 제93조에 위반될 것임(2011. 10. 14. 회답).

③ 비례대표 후보자인 정당 대표자의 야권연대 후보자에 대한 지지호소

> 문 비례대표후보자인 민주통합당 한명숙 대표와 민주통합당 은평구갑 이미경 후보자가 「공직선거법」 제79조에 의한 이미경 후보자의 선거 유세차량에 탑승하여 은평구선거구인 은평구을 선거구 관할구역내의 공원, 도로, 시장 등 다수인이 왕래하는 장소에서 연설·대담을 하면서 이미경 후보자에 대한 지지호소를 주로 하고 부수적으로 비례대표 정당투표에 대한 지지호소와 야권연대 단일후보에 대한 지지호소(정당명이나 후보자명을 언급하지 아니함)를 하는 것이 가능한지에 대해서 질의하니 답변하여 주시기 바랍니다.

> 답   귀문의 경우 은평구갑 선거구의 후보자가 자신의 후보자용 공개장소 연설·대담 차량을 이용하여 은평구갑의 선거구민이 다수 왕래하는 장소에서 귀문과 같은 행위를 하는 것은 무방할 것이나, 비례대표선거 후보자가 위와 같은 장소에서 그 차량을 이용하여 같은 정당의 비례대표선거나 지역구후보자에 대한 선거운동을 함에 있어서 그 일부가 다른 정당이나 후보자의 선거운동에 이른 경우의 범위를 넘어 다른 후보자의 선거운동을 하는 것은 「공직선거법」 제88조에 위반될 것임(2012. 3. 30. 회답).

│ 위성정당 창당에 따른 다른 정당·후보자를 위한 선거운동 등에 관한 운용기준[16] │
전제 사항

- 지역구 후보자만 추천한 정당(이하 "지역구정당"이라 함)과 비례대표 후보자만 추천한 정당(이하 "비례정당"이라 함)의 경우를 전제함.
- 이는 국회의원선거의 선거구를 달리하여 후보자를 추천한 사례로서, 정당과 무소속 후보자간 단일화 또는 정당 후보자간 단일화 사례와는 다름.
- "후보자 등"은 법 제88조에 따른 후보자, 선거사무장, 선거연락소장, 선거사무원, 회계책임자, 연설원, 대담·토론자를 말함.

☐ 정당 간 선거공조

선거전략 상 정당 간 연대가 가능하므로, 선거공약을 공동으로 개발하여 언론에 보도자료를 제공하거나, "지역구정당"과 "비례정당"이 각각 그 명의로 상대 당이나 그 소속 후보자를 위하여 법상 제한·금지되지 아니하는 방법으로 선거운동을 하는 것은 제한되지 아니할 것임.

☐ 다른 정당·후보자 선거운동

[정 당]

정당은 법 제88조에 따른 제한 주체에 해당하지 않으므로, 누구나 선거운동을 할 수 있는 방법인 전화(컴퓨터를 이용한 자동송신장치 제외)·문자메시지(자동 동보통신방법 제외)·인터넷 홈페이지 또는 전자우편(전송대행업체 위탁 제외) 등의 방법으로 다른 정당·후보자를 위한 선거운동을 할 수 있을 것임.

---

16) 중앙선거관리위원회. '위성정당 창당에 따른 다른 정당·후보자를 위한 선거운동 등에 관한 운용기준'(2024. 3. 18.)

다만, 비례대표국회의원선거에서 후보자를 추천한 정당에게만 허용하고 있는 선거운동방법(선거공보, 신문광고, 방송광고 등)으로 "비례정당"이 다른 정당·후보자를 위한 선거운동을 할 수 없을 것임.

※ 이 경우, 다른 정당·후보자를 위한 선거운동에 이르는지 여부는 구체적·개별적으로 판단하여야 함.

[후보자 등]

"지역구정당" 소속 지역구 "후보자 등" 이 "비례정당" 이나 비례정당 소속 비례후보자를 위한 선거운동을 하거나,

"비례정당" 소속 "후보자 등" 이 "지역구정당" 이나 지역구정당 소속 지역구후보자를 위한 선거운동을 하는 것은 법 제88조에 위반될 수 있을 것임.

[후보자 등이 아닌 정당의 대표자, 간부 등]

누구나 선거운동을 할 수 있는 방법인 전화(컴퓨터를 이용한 자동송신장치 제외)·문자메시지(자동 동보통신방법 제외)·인터넷 홈페이지 또는 전자우편(전송대행업체 위탁 제외) 등의 방법으로 다른 정당·후보자를 위한 선거운동을 할 수 있을 것임.

[후보자 등인 정당의 대표자, 간부 등]

정당의 대표자 등이 "지역구 후보자 등" 또는 "비례대표 후보자 등"인 경우에는 법 제88조에 따라 다른 정당 등의 선거운동을 할 수 없을 것임.

[예비후보자]

"지역구정당" 예비후보자가 법 제60조의3(예비후보자 등의 선거운동)에 따른 방법으로 "비례정당" 을 위한 선거운동을 하는 것은 법 제254조 등에 위반될 수 있을 것임.

다만, 예비후보자도 누구나 선거운동을 할 수 있는 방법인 전화(컴퓨터를 이용한 자동송신장치 제외)·문자메시지(자동 동보통신방법 제외)·인터넷 홈페이지 또는 전자우편(전송대행업체 위탁 제외) 등의 방법으로 "비례정당" 을 위한 선거운동은 가능할 것임.

③ 법 제88조 단서 해당 여부

정당이나 후보자를 위한 선거운동을 함에 있어서 그 일부가 다른 정당이나 후보자의 선거운동에 이른 경우에는 법 제88조 단서에 따라 제한되지 아니함.

이 경우 법 제88조 단서에 해당하는지 여부는 행위 양태에 따라 구체적·개별적으로 판단하여야 할 것임.

④ 정당 간 공동선거대책위원회 구성

"지역구정당"과 "비례정당" 간에 선거운동을 위한 공동선거대책기구를 구성하는 것은 법 제89조 제1항에 위반될 수 있을 것임.

후보자가 다른 정당이나 선거구가 같거나 일부 겹치는 다른 후보자를 위한 선거대책기구의 구성원으로 참여하는 것은 법 제88조에 위반될 수 있을 것임.

4. 헌법재판소 결정

① 같은 정당이 추천한 후보자에 대한 지원을 허용하는 법 제88조의 평등원칙 위반 여부

공선법 제88조는 후보자간의 담합행위 및 매수가능성을 사전에 차단하여 선거권자의 판단에 혼선을 가져오지 않게 하기 위한 규정인데, 정당의 활동을 보장하기 위한 예외 규정을 둠으로써 무소속후보자에게는 정당의 후보추천자에 비하여 선거운동의 자유가 상대적으로 제한되었다고 볼 수도 있으나, 그러한 차별은 정당의 본질적 기능과 기본적 활동을 보장하기 위한 합리적이고 상대적인 차별이라 할 것이다(헌법재판소 1999. 1. 28. 98헌마172 결정).

5. 처벌

본 조 본문에 위반하여 다른 정당이나 후보자를 위한 선거운동을 한 자는 3년 이하의 징역 또는 600만원 이하의 벌금에 처한다(법 제255조 제1항 제12호).

제28장

선거의 자유방해죄

제28장

선거의 자유방해죄

제1절 선거의 자유를 방해하는 행위

제237조(선거의 자유방해죄) ①선거에 관하여 다음 각 호의 어느 하나에 해당하는 자는 10년 이하의 징역 또는 500만원 이상 3천만원 이하의 벌금에 처한다.

1. 선거인·후보자·후보자가 되고자 하는 자·선거사무장·선거연락소장·선거사무원·활동보조인·회계책임자·연설원 또는 당선인을 폭행·협박 또는 유인하거나 불법으로 체포·감금하거나 이 법에 의한 선거운동용 물품을 탈취한 자

2. 집회·연설 또는 교통을 방해하거나 위계·사술 기타 부정한 방법으로 선거의 자유를 방해한 자

3. 업무·고용 기타의 관계로 인하여 자기의 보호·지휘·감독하에 있는 자에게 특정 정당이나 후보자를 지지·추천하거나 반대하도록 강요한 자

② 검사 또는 경찰공무원(사법경찰관리를 포함한다)이 제1항 각호의 1에 규정된 행위를 하거나 하게 한 때에는 1년 이상 10년 이하의 징역과 5년 이하의 자격정지에 처한다.

③ 이 법에 규정된 연설·대담장소 또는 대담·토론회장에서 위험한 물건을 던지거나 후보자 또는 연설원을 폭행한 자는 다음 각호의 구분에 따라 처벌한다.

1. 주모자는 5년 이상의 유기징역

2. 다른 사람을 지휘하거나 다른 사람에 앞장서서 행동한 자는 3년 이상의 유기징역

3. 부화하여 행동한 자는 7년 이하의 징역

④ 제1항 내지 제3항의 죄를 범한 경우에 그 범행에 사용하기 위하여 지닌 물건은 이를 몰수한다.

1. 개요

선거에 관하여 일정한 선거관계자에 대한 폭행·협박·유인·체포·감금 등의 행위, 집회·연설·교통을 방해하거나 사술 등의 부정한 방법으로 선거의 자유를 방해하는 행위, 지휘·감독을 받는 자에 대한 특정인 지지 강요행위 및 연설·대담장소에서의 위험한 물건 투척행위 등을 엄벌함으로써 자유롭고 공명한 선거를 보장하기 위한 규정이다.[1]

2. 구성요건

가. 후보자 등에 대한 폭행·협박 등의 죄

'선거에 관하여 후보자 등을 폭행·협박한 자'가 되기 위하여는 후보자 등에 대한 폭행·협박이 선거에 즈음하여 투표 또는 선거운동에 기인하여 이루어진 것이거나 혹은 선거에 관한 사항을 동기로 하여 이루어지면 족한 것이지, 반드시 선거의 자유를 방해할 목적으로 하는 행위일 필요가 없고, 선거운동 기간 내의 행위에 한정되지 않으며, 그 기간 전이나 투·개표 종료 후의 행위도 포함되는 것이고, 또한 위 조항의 선거의 자유방해죄의 주관적 구성요건으로는 행위의 객체와 태양에 대한 인식과 함께 '선거에 관하여' 한다는 인식이 필요함은 물론이나 이는 미필적인 것으로도 족하다.

1) 선거에 관하여

「선거에 관하여」란 '특정 선거에 있어서 투표 또는 선거운동, 당선 등 선거에 관한 사항을 동기로 하여'라는 의미로서 반드시 특정 후보자를 당선 또는 낙선시키기 위한 행위일 필요는 없고, 선거운동 기간 내의 행위에 한정되지 않으며, 그 기간 전이나 투·개표 종료 후의 행위도 포함된다.[2]

'선거의 자유방해죄'의 주관적 구성요건으로는 행위의 객체와 태양에 대한 인식과 함께 '선거에 관하여' 한다는 인식이 필요함은 물론이나 이는 미필적인 것으로도 족하다.[3]

---

1) 대법원 2007. 11. 29. 선고 2007도4755 판결
2) 대법원 2006. 11. 23. 선고 2006도5019 판결
3) 대법원 2013. 6. 27. 선고 2013도4386 판결

2) 선거인

'선거인'이란 선거권이 있는 사람으로서 선거인명부 또는 재외선거인명부에 올라 있는 사람뿐만 아니라 선거인명부 또는 재외선거인명부 등을 작성하기 전에는 그 명부 등에 오를 자격이 있는 사람도 포함한다(법 제3조, 제218조의10 제1항, 제230조 제1항 제1호 등 참조). 선거인의 신분은 투표가 끝나면 종료되며 투표 후에는 본 죄의 보호법익인 투표 및 선거운동의 자유가 침해될 우려가 없다는 점에서 선거 당일 이미 선거권을 행사한 자는 이에 포함되지 않는다.

3) 폭행·협박·유인 및 체포·감금

「폭행」은 사람의 신체에 대하여 물리적 유형력을 행사함을 뜻하는 것으로서 반드시 피해자의 신체에 접촉함을 필요로 하는 것은 아니므로 피해자에게 근접하여 욕설을 하면서 때릴 듯이 손발이나 물건을 휘두르거나 던지는 행위를 한 경우에 직접 피해자의 신체에 접촉하지 않았다고 하여도 피해자에 대한 불법한 유형력의 행사로서 폭행에 해당한다.[4] 「협박」이란 공포심을 불러일으킬 목적으로 상대방에게 구체적으로 해악을 고지하는 것으로서,[5] 형법 제283조 협박죄의 협박과 같은 개념이다. 「유인」이란 기망이나 유혹의 수단으로 자기 또는 제3자의 실력적 지배하에 두는 것을 말하는바, 형법 제287조 약취유인죄의 유인과 같은 개념이다. 「체포」는 사람의 신체에 대하여 직접적인 구속을 가함으로써 행동의 자유를 박탈하는 것으로서, 형법 제276조 체포죄의 체포와 같은 개념이다. 「감금」은 일정한 구획을 가진 장소 안에서 사람의 행동의 자유를 속박하는 것으로서, 형법 제276조 감금죄의 감금과 같은 개념이다.

4) 선거운동용 물품을 탈취

선거운동을 위한 물품을 소유자 또는 소지자의 의사에 반하여 빼앗는 행위를 말한다. 「선거운동을 위한 물품」이란 법에서 허용하고 있는 물품에 한하고, 적법하지 않은 선거운동용 물품은 이에 해당하지 않는다.[6] 제2호 위반의 경우와 달리 '선거의 자유를 방해한 자'를 별도의 구성요건으로 규정하고 있지 아니하므로, 선거에 관하여 폭행 등을 하거나 선거운동용 물품을 탈취하면 본죄가 성립하고 실제로 선거운동이 저지되거나 방해를 받았는지 여부는 불문한다.

---

[4]　대법원 2008. 7. 24. 선고 2008도4126 판결
[5]　서울고등법원 1998. 1. 2. 선고 98초298 판결
[6]　대검찰청, 공직선거법 벌칙해설 제10개정판, 283면

나. 연설방해 등 선거자유방해죄

1) 집회·연설 또는 교통의 방해

선거에 관한 집회·연설 또는 교통을 현실적으로 불능케 하거나 상당한 지장을 초래하는 행위를 말한다. 「연설」은 연단에서 다수의 대중을 상대로 하는 정치적 발언 행위뿐만 아니라, 시장이나 길거리 등을 다니면서 개인과 대화하거나 소수의 인원을 상대로 자신의 정치적 소신을 밝히는 행위도 포함된다.[7] 이때의 집회·연설은 법에 따라 인정되는 합법적인 집회·연설만을 의미할 것이다. '연설방해' 행위는 연설 자체를 방해하는 행위는 물론 연설회장 내에서 소음을 일으키거나 연설원고를 은닉하는 등 간접적으로 방해하는 경우도 포함된다. 일시적으로 연설의 진행 또는 청취를 못하게 하는 정도로도 족하나,[8] 단순한 야유나 사담, 질문 등의 행위는 표현의 자유와의 관계상 전면적으로 금지하는 것은 아니다.[9] '교통의 방해' 행위는 선거에 관계있는 교통을 불가능하게 하거나 중요한 지장을 초래하는 행위를 말한다.

2) 위계·사술 기타 부정한 방법

「위계·사술 기타 부정한 방법으로 선거의 자유를 방해하는 행위」는 같은 호 전단의 집회·연설·교통방해 행위에 준하는 것, 즉 선거운동·투표에 관한 행위 그 자체를 직접적으로 방해하는 행위를 의미하고, 여기에 해당하는지 여부는 엄격하게 해석되어야 한다.[10] 「위계」란 행위자가 달성하려는 목적과 수단을 상대방에게 명료히 알리지 아니하고 자기의 목적을 달성하도록 이끌어가는 것을 말하고, 「사술」이란 상대방을 속여 착각을 일으키게 하는 술책을 말한다. 「기타 부정한 방법」이란 위계나 사술에 준하여 선량한 사회질서에 반하는 방법을 널리 포함하는 개념으로서, 그 행위가 행하여진 시기·방법·상황 등을 종합하여 객관적으로 부정한 방법인지의 여부를 결정해야 할 것이다.

3) 선거의 자유를 방해

제1호의 경우와 달리 본 죄는 선거의 자유를 방해하는 결과의 발생을 요하는 것으로 규정되어 있으며, 현실적인 결과발생은 요하지 아니하고 투표나 선거의 자유를 저해하는 객관적 상태가 초래되는 것으로 족하다. 법상 후보자 선택의 자유는 법 제250조의 허위사실공표죄나 제251조의 후보자비방죄 등에 의하여 직접 보호되고 있고, 본 조 제1항 각 호의 내용은

---

7)　인천지방법원 2021. 7. 2. 선고 2020고합629 판결, 대법원 2021. 12. 30. 선고 2021도13903 판결
8)　일본 대심원 1936. 7. 13. 형집 15권 1018항, 최고재판소 1950. 12. 24.
9)　대검찰청, 공직선거법 벌칙해설 제10개정판, 288면
10)　서울고등법원 2022. 10. 28. 선고 2022노97 판결

선거운동이나 투표에 관한 행위 그 자체를 직접 방해하는 행위들인 점에 비추어, 「선거의 자유」란 선거운동의 자유 및 투표의 자유만을 말하고 선거인의 후보자 판단의 자유는 여기에 포함되지 아니한다. 「선거의 자유를 방해한다」는 선거운동 및 투표에 관한 행위 그 자체를 직접적으로 방해하는 행위를 의미하므로 선거의 자유를 방해할 추상적 위험을 초래하는 정도로는 부족하고 실제로 그 결과가 생긴다거나 구체적 위험이 생기는 경우를 말한다.[11]

다. 특정 지위 이용 선거자유방해죄

위 규정상의 「강요」는 반드시 상대방의 반항을 불가능하게 하거나 곤란하게 할 정도에 이를 필요는 없으며, 상대방의 자유로운 의사결정과 활동에 영향을 미칠 정도의 폭행이나 협박이면 충분하고 현실적으로 선거의 자유가 방해되는 결과가 발생하여야 하는 것은 아니다.

1) 업무·고용 기타의 관계

「업무」란 개인적 업무와 공적 업무를 포함하며, 「고용」이란 사용자와 피용자의 관계를 말하고, 「기타의 관계」란 고용은 되지 않았으나 사실상 보호·감독을 받는 관계를 말하며 그 원인은 문제되지 않는다.

2) 보호·지휘·감독 하에 있는 자

입법 취지는 피해자가 보호·감독·지휘를 받는 지위로 인하여 선거의 자유가 부당하게 침해받지 아니하도록 보호하기 위하여 규정된 것이므로, 여기서의 '자기의 보호·지휘·감독을 받는 자' 중에는 사실상의 보호·지휘·감독을 받는 상황에 있는 자도 포함된다. 법률상 법인 기타 단체가 그 구성원에 대한 관계에서 보호·지휘·감독의 주체로 인정되는 경우에는 그 구성원은 그 대표기관 내지 보호·지휘·감독업무를 수행하는 기관의 보호·지휘·감독을 받는 자에 해당한다.[12]

3) 특정 정당이나 후보자를 지지·추천하거나 반대하도록 강요

「후보자」란 반드시 입후보등록을 마친 사람만을 가리키는 것이 아니고 입후보하려고 하는 자도 포함되며, 「특정」이란 1인에 한정되는 것이 아니고 정당이나 후보자수가 다수여도

---

11) 서울고등법원 1998. 12. 31. 선고 98초298 판결
12) 대법원 2005. 1. 28. 선고 2004도227 판결

무방하다.[13]

「강요」는 폭행·협박 등 유형력을 사용하는 것은 물론 특정 후보자를 지지하지 않으면 해고하겠다고 하는 등 무형적 압력을 가하는 경우를 포함한다. 반드시 상대방의 반항을 불가능하게 하거나 곤란하게 할 정도에 이를 필요는 없으며, 상대방의 자유로운 의사결정과 활동에 영향을 미칠 정도면 충분하고, 현실적으로 선거의 자유가 방해되는 결과가 발생하여야 하는 것은 아니다.[14]

라. 연설·토론장소에서의 폭행 등 죄

각 호에서 가담자의 지위와 가담정도에 따라 처벌을 달리 하고 있는 점에서 다중에 의한 행위에만 적용되고, 1인에 의한 행위는 해당되지 않는다.[15]

1) 위험한 물건

사람을 살상할 특성을 갖춘 총, 칼과 같은 물건은 물론 그 밖의 물건이라도 사회통념상 이를 사용하면 상대방이 살상의 위험성을 느낄 수 있는 것을 포함한다.

2) 주모자

범행을 계획하는 주된 책임자를 의미하는바, 반드시 1인임을 요하지 않으며 발의자에 한하지 않고, 직접 현장에 임하여 지휘·통솔할 것을 요하지도 않는다.[16]

3) 다른 사람을 지휘하거나 다른 사람에 앞장서서 행동한 자

주모자를 제외하고 폭행에 참가한 사람을 현장에서 지휘하거나 폭행 개시 전에 지휘하는 경우 또는 현장에서 다른 사람에 앞장서서 행동하는 자를 말한다.

4) 부화(附和)하여 행동한 자

확고한 주관 없이 막연하게 다른 사람의 폭행에 참가함으로써 폭행의 힘을 증대시킨 자를 의미한다.

---

13) 대검찰청, 공직선거법 벌칙해설 제10개정판, 291면
14) 대법원 2005. 1. 28. 선고 2004도227 판결
15) 대검찰청, 공직선거법 벌칙해설 제10개정판, 292면
16) 대검찰청, 공직선거법 벌칙해설 제10개정판, 293면

3. 판례

[선거인 등 폭행·협박 등]

① 입후보예정자가 선거운동 부탁을 거절하는 선거인을 폭행한 것이 '선거에 관하여' 한 행위인지 여부

공선법 제237조 제1항 소정의 '선거에 관하여'라 함은 '특정한 선거에 있어서 투표 또는 선거운동, 당선 등 선거에 관한 사항을 동기로 하여'라는 의미로서, 선거에 관한 행위는 반드시 특정 후보자를 당선 또는 낙선시키기 위한 목적의 행위일 필요는 없고, 선거운동 기간 내의 행위에 한정되지 않으며, 그 기간 전이나 투·개표 종료 후의 행위도 포함되는 것이다. 또한, 위 조항의 선거의 자유방해죄의 주관적 구성요건으로는 행위의 객체와 태양에 대한 인식과 함께 '선거에 관하여' 한다는 인식이 필요함은 물론이나 이는 미필적인 것으로도 족하다고 할 것이다.

기록에 의하면, 피고인은 이 사건 당시 피해자에게 당시 다가올 지방선거에서 자신이 당선될 수 있도록 도와달라고 여러 차례 거듭하여 부탁하였으나 피해자가 피고인의 부탁을 완강히 거절하자 분에 못 이겨 피해자를 폭행하였음을 알 수 있는바, 앞의 법리에 비추어 보면 위와 같은 경위로 이루어진 피고인의 폭행이 선거에 관하여 한 것이라고 하지 않을 수는 없다(대법원 2006. 11. 23. 선고 2006도5019 판결).

② 선거일에 자신을 따라다니며 불법선거운동을 감시한다는 이유로 다른 후보자의 선거사무원을 폭행·협박

공직선거법 제237조 제1항 제1호의 '선거에 관하여 후보자 등을 폭행·협박한 자'가 되기 위하여는 후보자 등에 대한 폭행·협박이 선거에 즈음하여 투표 또는 선거운동에 기인하여 이루어진 것이거나 혹은 선거에 관한 사항을 동기로 하여 이루어지면 족한 것이지, 반드시 선거의 자유를 방해할 목적으로 하는 행위일 필요가 없고, 선거운동 기간 내의 행위에 한정되지 않으며, 그 기간 전이나 투·개표 종료 후의 행위도 포함되는 것이고, 또한 위 조항의 선거의 자유방해죄의 주관적 구성요건으로는 행위의 객체와 태양에 대한 인식과 함께 '선거에 관하여' 한다는 인식이 필요함은 물론이나 이는 미필적인 것으로도 족하다(대법원 2006. 11. 23. 선고 2006도5019 판결 등 참조). 한편, 형법 제20조에 정한 '사회상규에 위배되지 아니하는 행위'라 함은 법질서 전체의 정신이나 그 배후에 놓여 있는 사회윤리 내지 사회통념에 비추어 용인될 수 있는 행위를 가리킨다(대법원 2002. 1. 25. 선고 2000도1696 판결, 대법원 2006. 7. 28. 선고 2004도6168 판결 등 참조).

이러한 법리를 바탕으로 하여 원심판결의 이유를 기록에 비추어 살펴보면, 원심이, 피

고인들은 △△△의 선거사무원들인 피해자들이 피고인들의 불법선거운동 여부를 감시하기 위하여 미행한다는 이유로 피해자들을 폭행하였다는 사실을 인정한 다음, 피고인들의 위와 같은 행위는 공직선거법 제237조 제1항 제1호의 '선거에 관하여' 선거사무원을 폭행·협박한 때에 해당한다고 봄이 상당하고, 아울러 이 사건 폭행의 경위, 폭행의 정도, 수단과 결과 등에 비추어 피고인들의 행위가 사회상규에 위배되지 아니하는 정당행위라고는 볼 수 없다고 인정·판단한 것은 정당하다(대법원 2007. 11. 29. 선고 2007도4755 판결).

③ 선거사무원의 표찰을 잡아 뜯고 팔과 손목을 잡아당기는 등 선거에 관하여 폭행한 행위

2014. 5. 25. 12:38경 서울 서대문구 … '○○ 교회' 앞 노상에서 '기호2번에도 나, 기호2-나 구의원 윤○○'이라고 기재된 팻말을 목에 걸고 "안녕하세요, 열심히 하겠습니다."라고 인사를 하면서 선거운동을 하던 윤○○ 구의원후보 선거사무실 소속 선거사무원 피해자 김○○, 유○○이 선거관리위원회에 정식 등록된 선거사무원인지 의심된다는 이유로 실랑이를 벌이던 중, 피해자들이 목에 걸고 있던 선거사무원 표찰을 잡아 뜯고 피해자들의 팔과 손목을 잡아당기는 등 피해자들을 폭행하였다(서울북부지방법원 2014. 9. 2. 선고 2014고합177 판결).

④ 주먹과 발길질로 선거사무원 폭행

피고인은 2018. 6. 11. 16:40경 서울 중구 신당동에 있는 중앙시장 정문 앞 노상에서, 그곳에 나란히 서서 정○○중구청장 후보자의 선거운동을 하던 선거사무원들을 향해 아무런 이유 없이 "기호 1번 □□당 선거원만 남고 다 다른 곳으로 이동해라. 그렇지 않으면 죽여버리겠다. 배를 쑤셔버리겠다. 염산을 뿌리겠다"라고 위협하며 손으로 피해자들의 배 부위를 찌를 듯한 행동을 하고, 피해자들을 향해 주먹을 휘두르고 발길질을 하여 피해자들이 흩어지게 하였다. 이로써 피고인은 선거에 관하여 선거사무원을 폭행하였다(서울중앙지방법원 2018. 12. 14. 선고 2018고합870 판결, 대법원 2019. 6. 13. 선고 2019도5549 판결).

⑤ 부채로 선거사무원 폭행

피고인은 2018. 6. 6. 18:55경 남양주시 ○○병원 삼거리 노상에서 □□당 남양주시의원 후보자 B의 선거사무원으로 선거운동을 하고 있는 C에게 다가가, 위 A의 선거사무실 근처에서 너무 오랜 시간 선거운동을 하여 시끄럽다는 이유로 소리를 지르며 피고인이 들고 있던 부채로 위 C의 입술을 가격하였다. 이로써 피고인은 선거에 관하여 선거사무원을 폭행하였다(의정부지방법원 2018. 12. 14. 선고 2018고합350 판결).

⑥ 선거사무원이자 연설원에게 계란을 투척하여 그 파편에 맞도록 한 행위

피고인은 2021. 4. 2. 15:13경 서울 종로구에 있는 동묘공원 앞에서, 서울시장 재·보궐선거 기호 ○번 □□□후보자의 선거사무원이자 연설원인 甲당 소속 국회의원 피해자 ◇◇◇이 평소 자신이 반대하던 □□□후보자에 대한 지원연설을 하는 것을 보고, 미리 준비하여 소지하고 있던 날계란 2개를 피해자를 향해 던져 그중 1개가 피해자의 머리 위 유세차량 전광판에 맞아 깨지면서 그 파편이 피해자의 왼쪽 어깨에 맞도록 하였다(서울중앙지방법원 2021. 10. 29. 선고 2021고합701 판결, 서울고등법원 2022. 1. 20. 선고 2021노2019 판결).

⑦ 공직선거 후보자를 상대로 2억 원이 넘는 손해배상을 청구하면서 당선에 불리한 내용을 알리겠다고 협박하고 인터넷 게시판에 허위의 사실 게시

이 사건에 관하여 살피건대, 유죄의 증거로 거시한 증거들에 의하여 인정되는 아래와 같은 사정들, 즉 ① 피해자는 2014. 6. 4. 실시된 제6회 전국동시지방선거에서 △△당 소속으로 성남시의회 ○선거구에 후보자로 출마하였던 점, ② 피고인은 과거 피해자가 운영하던 웨딩샵 직원이었는데 피고인이 2006.경 위 웨딩샵을 그만둔 후 피해자와 전혀 연락을 하지 않다가 피해자가 위 선거에 후보자로 출마한 사실을 알고 피해자에게 연락을 하여 만났던 점, ③ 피해자는 2014. 5. 19.경 피고인으로부터 턱시도에 대한 보상을 요구받자 자신의 조카이자 피고인과 함께 근무하였던 서◇◇에게 피고인을 만나 얘기를 들어보라는 부탁을 하였던 점, ④ 피고인이 2014. 5. 27.경 서◇◇를 통해 피해자에게 건네 준 문서는 '피고인이 피해자 소유의 턱시도 등을 돌려주지 않아 직·간접적 손해를 입었으며, 피해자가 피고인 운영의 웨딩샵에서 근무할 당시 피고인으로부터 성추행을 당해 그로 인해 정신적 피해를 입었고, 연차수당 및 퇴직금 등을 지급받지 못했으므로 그로 인한 피고인의 손해 211,110,667원의 지급을 구한다'는 내용의 것으로 위 문서의 내용은 피해자에게 불리하게 작용하여 선거인의 후보자 선택에 있어 영향을 미칠 수 있을 정도의 것인 점, ⑤ 위 서류를 건네받은 피해자는 서◇◇에게 '선거기간이라 예민할 때이고 돈 문제는 선거법상 문제가 될 수 있으나 시간을 끌라'고 하며 피고인을 만나 보도록 한 점, ⑥ 피고인은 피해자로부터 돈을 주겠다는 확답이 없자, 선거 전전날인 2014. 6. 2. 피해자에게 "후보님으로부터 받은 지난 것에 대한 손해와 불쾌감과 수치심은 씻고 가고 싶습니다. 다시 한번 말씀드리지만 오늘 12시까지 답을 주세요. 답이 없으시면 해결할 의사가 없는 것으로 알고 실명으로 모든 일을 진행하겠습니다.", "저의 말이 공갈·협박으로 들린다면 분명 후보님께서 해결했어야 할 문제를 지금껏 처리 안 하신 걸 인정하시는 겁니다. 심리적으로 판단하기에 사람은 누구나 본인이 잘 못한 부분이 있어 상대가 말로 표현을 하면 그것을 공갈·협박으

로 받아들이게 되죠. 늦게라도 알게 돼 계산이 안된 부분이 있다면 신속하게 해결하셨어야죠."는 등 범죄사실 기재와 같이 문자메시지를 발송한 점, ⑦ 피해자는 피고인으로부터 위 문자메시지를 받자 다시 서◇◇에게 연락하여 '피고인을 만나 조율해라. 선거 끝날 때까지 시간을 끌어야 된다'고 말하였고, 이에 서◇◇와 만난 피고인은 서◇◇에게 '내가 낙선을 위해 끝까지 가겠다. 피고인이 당선되더라도 끝까지 옷을 벗기겠다'고 말한 점, ⑧ 피고인은 피해자가 자신을 예전과 같이 무시하고 있다는 생각에 피해자에게 겁을 주기 위하여 선거 전날인 2014. 6. 3. 범죄사실 기재와 같은 내용의 글을 선거와 관련된 인터넷 게시판 등에 올린 점, ⑨ 피해자는 이와 같은 피고인의 행위로 인하여 겁을 많이 먹었다고 이 법정에서 명확하게 진술한 점 등을 종합해 보면, 이 사건 범행은 피고인이 요구한 손해배상을 하지 않으면 입후보한 피해자의 당선에 불리할 수 있는 내용을 불특정 다수의 선거인들에게 알리겠다는 것으로, 피고인에게는 협박 내지 공갈의 범의가 있었다고 봄이 상당할 뿐 아니라, 이는 일반적으로 사람으로 하여금 공포심을 일으키게 하기에 충분한 것으로, 피해자에게 공포심을 일으키기에 충분한 정도의 해악을 고지하였다고 보아야 할 것이다. 따라서 피고인 및 변호인의 이 부분 주장은 받아들이지 않는다(서울고등법원 2015. 6. 4. 선고 2015노1150 판결).

⑧ 기자회견에 대한 언동이 '협박'에 해당하는지 여부

이 법원이 적법하게 채택하여 조사한 증거들에 의하여 알 수 있는 다음과 같은 사정들, 즉 ① 피고인은 자신이 지지하던 군수 후보자인 김○○에 대하여 피해자들이 비방하는 취지의 기자회견을 하였다는 이유로 피해자들에게 앙심을 품고, 피해자들에게 전화를 통해 심한 욕설을 하면서 '죽여버리겠다'는 취지의 말을 하였던 점, ② 피해자 B는 그와 같은 피고인의 언동으로 인해, '당시에 살이 벌벌 떨렸다'거나, '피고인의 행위로 인하여 정신적으로 공황상태가 와서 오후 일정을 모두 취소하였고, 그 다음 날에도 제대로 선거운동을 할 수 없었다'고 진술하고 있고, 피해자 A 또한 '피고인이 실제로 어떠한 위해를 가하는 것이 아닌가 하는 느낌을 받았다'고 진술하는 등 피해자들이 상당한 정신적 충격 및 공포심을 느꼈던 것으로 보이는 점 등에 비추어 보면, 피고인이 한 공소사실 기재와 같은 발언은 일반적으로 사람으로 하여금 공포심을 일으키게 하기에 충분한 것으로서 해악의 고지에 해당한다. 피고인과 변호인의 주장은 받아들이지 않는다(대전고등법원 2019. 1. 10. 선고 (청주)2018노183 판결).

[선거운동용 물품 탈취 등]

① 아파트 경비원이 예비후보자 선거홍보물을 임의로 쓰레기장에 버린 행위

피고인이 아파트 경비원으로 근무하면서 각 세대 선거인들에게 배달되어야할 예비후

보자 선거홍보물을 임의로 쓰레기장에 버린 것으로, 이는 제한적으로만 인정되는 예비후보자의 선거운동을 방해함으로써 선거의 자유를 해치는 행위라 할 것이다(대전고등법원 2016. 8. 22. 선고 2016노214 판결).

② 아파트 우편함에 있는 투표안내문·선거공보물의 폐기

피고인은 2020. 4. 6. 12:40경 ○○구 ○○로 ○○아파트 ○○동 우편함에서, 각 세대별로 송부된 제21대 국회의원선거 투표안내문·선거공보물 21부를 가지고 가 위 ○○동 부근에 있는 폐지수거용 손수레에 버렸다. 이로써 피고인은 기타 부정한 방법으로 ○○구선거관리위원회가 발송한 투표안내문·선거공보물을 선거인들에게 전달되지 못하게 함으로써 선거의 자유를 방해하였다(서울북부지방법원 2020. 9. 18. 선고 2020고합287 판결).

[위계·사술 기타 부정한 방법]

① DDOS공격으로 중앙선관위 홈페이지를 마비시킨 행위의 선거의 자유 방해 해당 여부

원심은 판시와 같은 이유를 들어, 피고인 1 등이 이 사건 DDoS 공격으로 중앙선거관리위원회 홈페이지의 투표소 검색 기능을 마비시킨 행위는 중앙선거관리위원회 홈페이지에서 제공하는 투표소 검색 서비스를 이용하여 투표소를 찾아 투표하고자 했던 불특정 다수 유권자들의 투표에 관한 행위 그 자체를 직접적으로 방해하는 결과를 초래하는 등의 행위로 보인다고 판단하여, 공직선거법 제237조 제1항 제2호에서 정한 선거의 자유를 방해한 행위에 해당한다고 판단하였다. 원심판결 이유를 적법하게 채택된 증거들에 비추어 살펴보면, 원심판결 표현에 일부 미흡한 부분이 있지만 위와 같은 원심의 판단은 앞에서 본 법리에 부합되며, 거기에 상고이유에서 주장하는 바와 같이 선거의 자유 방해행위에 관한 법리를 오해하여 판결에 영향을 미친 위법이 없다(대법원 2013. 3. 28. 선고 2012도16086 판결).

② 사전투표가 조작 가능한 것처럼 허위의 사실을 유포한 행위

피고인은 집에서 휴대폰으로 인터넷 네이버 밴드 '신의 한수 애국방송'(이하 '이 사건 밴드'라고만 한다)에 '유○○의 6. 13. 부정선거원천봉쇄'라는 웹툰(이하 '이 사건 웹툰'이라 한다)을 게재하였다.

이 사건 웹툰에는 '제7회 전국동시지방선거의 사전투표와 관련하여, 해당 투표용지에 인쇄된 QR코드에는 개인정보가 들어있고 선거관리위원회에서 선거인이 누구를 찍었는지 알 수 있어 비밀투표 위반이므로 사전투표를 하지 말자'는 내용이 포함되어 있다. 그러나 위 사전투표의 투표용지에 기재된 QR코드에는 개인정보가 포함되어 있지 않아 이 사건 웹툰의 내용은 사실과 다르고, 피고인은 위 QR코드에 개인정보가 있다고

막연히 의심만 하였을 뿐 그렇게 믿을 만한 구체적인 사실이나 근거를 확인한 사실이
없다.

이로써 피고인은 사전투표를 하고자 하는 불특정 다수의 선거인들을 상대로 아무런
근거 없이 마치 사전투표의 투표용지에 개인정보가 들어 있어 위 지방선거의 사전투
표가 비밀투표 원칙에 위반한 것처럼 허위의 사실을 유포하여, 이 사건 웹툰을 읽은 선
거인들의 사전투표에 참여할 자유를 방해함으로써 위계·사술 기타 부정한 방법으로
선거의 자유를 방해하였다(서울고등법원 2019. 10. 18. 선고 2019노990 판결, 대법원 2019.
11. 29. 선고 2019도15512 판결).

③ 사전투표의 조작가능성과 함께 사전투표를 반대하고 선거일 투표를 주장하는 동영상
내용에 허위사실이 포함되어 있는 경우 선거자유방해죄에 해당하는지

적법하게 채택하여 조사한 증거에 의하여 인정되는 다음 사정을 관련 법리(대법원
2010. 3. 25. 선고 2009도14065 판결 등)에 비추어 살펴보면, 이 부분 공소사실을 무죄로
판단한 원심은 정당한 것으로 수긍할 수 있으며, 검사의 사실오인 및 법리오해 주장은
이유 없다.

1) 이 사건 조항의 '위계·사술 기타 부정한 방법으로 선거의 자유를 방해하는 행위'는
같은 호 전단의 집회·연설·교통방해 행위에 준하는 것, 즉 선거운동·투표에 관한
행위 그 자체를 직접적으로 방해하는 행위를 의미하고(대법원 2008. 7. 10. 선고 2008
도2737 판결 참조), 여기에 해당하는지 여부는 엄격하게 해석되어야 한다.

① 형벌 법규에 대한 해석은 엄격해야 하며, 문언의 가능한 의미를 벗어나 피고인에
게 불리하게 해석하는 것은 죄형법정주의의 확장해석금지에 따라 허용되지 않는
다. ② 공직선거법은 특정 후보의 당락과 직접 관련이 없거나 여론조사결과와 무
관한 사실이라면 설령 그것이 허위더라도 이를 공표·유포하는 행위 자체를 금
지·처벌하지 않는다. ③ 공직선거법 제237조는 '선거의 자유를 방해하는 행위'
를 처벌하고 있으며 그 행위를 열거하고 있는데, 각 호는 모두 선거운동·투표에
관한 행위 자체를 직접 방해하는 행위들로서 그로 인한 선거운동·투표의 자유
를 침해할 위험성이 크고 가벌성이 높은 행위들이고, 공직선거법은 선거자유방
해죄를 허위사실공표죄, 방송·신문등 부정이용죄 등보다 중하게 처벌하고 있다.
한편 이 사건 조항의 구체적인 예는 선거인에게 투표일·투표소가 변경되었다고
거짓선전하여 투표를 못하게 하는 행위, 특정 후보가 사망·사퇴했다고 기망하여
투표를 하지 못하게 하는 행위, DDoS 공격으로 선거관리위원회 홈페이지의 투
표소검색 기능을 마비시켜 해당 홈페이지에서 제공하는 투표소검색 서비스로 투

표소를 찾아 투표하고자 했던 유권자의 선거관리위원회 홈페이지 접속을 어렵게 만든 행위 등이고, 이에 대하여도 앞서 본 중한 법정형이 적용된다.

2) 적법하게 채택하여 조사한 증거에 의하여 인정되는 다음의 사실·사정에 비추어 보면, 피고인들의 이 사건 각 동영상 게시 행위를 사전투표제도에 대한 허위사실 유포로서 사전투표의 공정성과 참여여부에 관한 선거인의 의사결정에 영향을 줄 수 있는 행위로 볼 수 있을지언정, 나아가 이를 위계·사술 기타 부정한 방법으로 선거의 자유 그 자체를 방해하는 행위에 해당한다는 점이 합리적 의심을 배제할 정도로 증명됐다고 볼 수 없다.

① 이 사건 조항의 상기 적용례들의 공통점은 '선거인이 제공받은 거짓정보를 그대로 믿고 거짓정보를 제공한 자의 의도에 따라 행동할 고도의 개연성'이 인정된다는 것이다. 이러한 개연성은 선거인이 제공받은 거짓정보의 진실성 여부를 검증할 수 있는 가능성과 관련이 있는바, 해당 거짓정보의 제공이 선거일에 임박하여 이루어져 그 진실성을 검증할 시간적 여유가 없거나 해당 정보의 진실성 검증에 사용할 관련 정보가 없는 경우 이러한 개연성이 높아진다. 따라서 거짓정보의 제공이 선거일과 상당한 시간적 간격을 두고 이뤄지고 그 진실성을 검증 가능한 관련 정보가 충분한 경우에는 그러한 개연성을 인정하기 어렵게 된다. ② 비록 이 사건 발언에 허위사실이 포함되어 있기는 하나, 발언의 전체적인 취지는 사전투표제도의 문제점을 지적하는 것이다. 이는 사전투표 도입기부터 꾸준히 제기되어왔고, 선거관리위원회는 이러한 주장이 허위사실이거나 오해·착오임을 적극 해명하면서 사전투표의 공정성·편리성 홍보 및 활성화를 위해 노력해왔다. 이처럼 사전투표제도의 공정성 이슈는 상당 기간 동안 공론화되어 왔고, 선거인이 이 사건 발언 내용의 진실성 검증에 필요한 자료들도 충분히 축적되어 있다. ③ 또한 이 사건 각 동영상은 제21대 국회의원선거 사전투표일의 약 1-2개월 전에 업로드된바, 이를 시청한 선거인이 선거관리위원회의 자료 등을 찾아보고 피고인들의 주장과 비교·대조하여 판단할 수 있는 충분한 시간적 여유도 있었던 것으로 보인다. ④ 이 사건 각 동영상 및 댓글의 전체적인 취지가 '공정성이 의심되는 사전투표 하지 말고 본투표 하자'는 것으로, 본투표 참여는 오히려 적극 독려하고 있는 점, 유튜브 접근 경로 특성상 이 사건 각 동영상을 본 선거인 중에는 원래 사전투표의 공정성에 대해 피고인들과 비슷한 의견을 가졌던 사람도 다수 있었을 것으로 보이는 점 등을 종합해보면, 위 사실만으로 이 사건 발언 및 동영상으로 인해 이를 시청한 선거인들의 투표에 관한 행위가 직접 방해됐다고 단정하

기 어렵다(서울고등법원 2022. 10. 28. 선고 2022노97 판결).

[특정 지위 이용 선거자유방해]

① 노동조합의 행위

  1. 공선법 제237조 제1항 제3호는 '업무·고용 기타의 관계로 인하여 자기의 보호·지휘·감독하에 있는 자에게 특정정당이나 후보자를 지지·추천하거나 반대하도록 강요한 자'를 선거의 자유방해죄로 처벌하도록 규정하고 있는바, 그 입법 취지는 피해자가 보호·감독·지휘를 받는 지위로 인하여 선거의 자유가 부당하게 침해받지 아니하도록 보호하기 위하여 규정된 것이므로, 여기서의 '자기의 보호·지휘·감독을 받는 자' 중에는 사실상의 보호·지휘·감독을 받는 상황에 있는 자도 포함되고 법률상 법인 기타 단체가 그 구성원에 대한 관계에서 보호·지휘·감독의 주체로 인정되는 경우에는 그 구성원은 그 대표기관 내지 보호·지휘·감독업무를 수행하는 기관의 보호·지휘·감독을 받는 자에 해당한다고 볼 수 있으며, 위 규정상의 '강요'는 반드시 상대방의 반항을 불가능하게 하거나 곤란하게 할 정도에 이를 필요는 없으며, 상대방의 자유로운 의사결정과 활동에 영향을 미칠 정도의 폭행이나 협박이면 충분하고 현실적으로 선거의 자유가 방해되는 결과가 발생하여야 하는 것은 아니다.

  2. 노동조합의 규약 등에 비추어, 노동조합에 가입한 조합원인 근로자는 노동조합이나 그 위원장 등의 보호·지휘·감독을 받는 자에 해당하므로, 공직선거및선거부정방지법 제237조 제1항 제3호에 정하여진 '업무·고용 기타의 관계로 인하여 보호·지휘·감독하에 있는 자'이다(대법원 2005. 1. 28. 선고 2004도227 판결).

제2절 벽보, 그 밖의 선전시설 등에 대한 방해죄

제240조(벽보, 그 밖의 선전시설 등에 대한 방해죄) ① 정당한 사유없이 이 법에 의한 벽보·현수막 기타 선전시설의 작성·게시·첩부 또는 설치를 방해하거나 이를 훼손·철거한 자는 2년 이하의 징역 또는 400만원 이하의 벌금에 처한다.

② 선거관리위원회의 위원·직원 또는 선거사무에 관계있는 공무원이나 경찰공무원(사법경찰관리 및 군사법경찰관리를 포함한다)이 제1항에 규정된 행위를 하거나 하게 한 때에는 3년 이하의 징역 또는 600만원 이하의 벌금에 처한다.

③ 선거관리위원회의 위원·직원 또는 선거사무에 종사하는 자가 제64조의 선거벽보·제65조의 선거공보(같은 조 제9항의 후보자정보공개자료를 포함한다) 또는 제153조의 투표안내문(점자형 투표안내문을 포함한다)을 부정하게 작성·첩부·발송하거나 정당한 사유없이 이에 관한 직무를 행하지 아니한 때에는 3년 이하의 징역 또는 600만원 이하의 벌금에 처한다.

1. 개요

벽보·현수막 등 선거운동에 관한 선전시설·선전물의 작성이나 첩부 등을 방해하는 행위를 처벌함으로써 선거운동의 자유와 선거의 공정을 도모하려는데 그 취지가 있다.

2. 구성요건

가. 벽보 등에 대한 방해죄

1) 정당한 사유

객관적 행위의 정당성과 주관적 의사의 정당성을 모두 갖추어야 한다. 예컨대, 법령의 규정에 의한 경우이거나 선거운동기간 경과 후에 철거한 경우 등을 들 수 있다. 「정당한 사유」의 해석에 있어서는, 선거운동을 하고자 하는 후보자 등과 평온하게 사용하려는 이해관계자가 대립되는 상황에서 양자의 권리가 최대한 보장될 수 있도록 조화로운 방법이 모색되어야한다. 후보자가 법 제67조에 따라 현수막을 설치하였어도 아파트 관리 주체 등의 동의를 받지 않는 상태에서 아파트 관리 주체인 관리소장이 위 현수막을 관리권한에 근거하여 철거하였다면 정당한 사유에 해당하나,[17] 일당을 받고 동사무소에 고용되어 후보자의 선거벽보를 부착하던 자가 작업량을 줄일 목적으로 선거벽보 및 선거공보의 일부를 소각한 행위는 정당한 사유에 해당하지 않는다.[18]

---

17) 서울고등법원 2014. 12. 18. 선고 2014노2822 판결
18) 서울북부지방법원 1991. 7. 19. 선고 91고합286 판결

2) 벽보·현수막 기타 선전시설

「벽보·현수막 기타 선전시설」은 선거에 관한 선전시설이면 되고 선거관리위원회 등 공공기관에서 설치한 것이든 후보자측에서 설치한 것이든 불문하나, 법에 따라 적법하게 설치된 것이어야 한다. 따라서 후보자가 임의로 작성·첨부한 선거벽보 등은 보호되지 아니한다.[19]

3) 작성·게시·첨부·설치

「작성」은 만드는 행위, 「게시」는 여러 사람에게 알리기 위해 걸거나 붙이는 행위, 「첨부」는 붙이는 행위, 「설치」는 만들어 가설하는 행위를 의미한다.

4) 방해·훼손·철거

「방해」는 그 원인을 불문하고 작성·게시·첨부·설치를 불가능하게 하거나 현저히 곤란하게 하는 행위를 말한다. 예를 들면, 현수막 제작자를 협박하여 특정 후보자의 현수막 제작을 방해하는 것 등이다. 「훼손」은 벽보·현수막 기타 선전시설에 유형력을 행사하여 그 시설의 효용이나 물리적 안정성을 저하시키는 행위이다. 벽보에 물감을 칠하거나 낙서를 하여 잘 보이지 않게 하는 것 등이 그 예가 된다. 「철거」는 떼어내거나 부수어버려서 못쓰게 하는 행위이다.

나. 벽보 등 부정작성죄

1) 부정하게 작성·첨부·발송

「부정」이란 법령이나 규칙에 위배되는 것을 말하는바, 법이 인정하고 있지 않은 벽보 등의 작성 등과 같은 실체적인 경우뿐만 아니라 소정의 절차에 의하지 아니하는 절차적 부정을 포함한다.[20] 선거벽보를 후보자의 기호 순으로 붙이지 아니한다든지 특정 후보자의 벽보를 일부러 잘 보이지 않게 붙이는 것 등은 '부정첨부'의 사례로 볼 수 있다.

2) 정당한 사유

후보자가 법정기일내에 선거벽보를 관할 선거관리위원회에 제출하지 아니하여 이를 첨부하지 아니한 경우(법 제64조 제4항)는 정당한 사유에 해당한다.

---

19) 중앙선거관리위원회 1967. 5. 22. 회답
20) 대검찰청, 공직선거법 벌칙해설 제10개정판, 313면

3. 판례

① 아파트 관리 주체 등의 동의를 받지 않는 상태에서 아파트 관리 주체인 관리소장이 법 제67조 제1항에 따른 현수막을 철거한 경우 '정당한 사유'에 해당 여부

공직선거법 제240조는 공직선거법에 따른 현수막을 철거하더라도 그러한 행위에 '정당한 사유'가 있는 경우에는 이를 처벌할 수 없도록 규정하고 있는바, 기록을 통하여 드러나는 아래의 사정을 종합하여 보면 피고인이 이 사건 각 현수막을 철거함에 있어서 이러한 정당한 사유가 있다고 봄이 상당하다.

1. 아파트 관리사무소장으로서의 피고인의 업무 내용

이 사건 각 현수막이 설치된 C아파트(이하 '이 사건 아파트'라 한다) 단지 내 부지는 집합건물의 소유 및 관리에 관한 법률 제20조 등에 의하여 아파트 구분소유자들이 사용권을 가지게 되고, 이 사건 아파트는 주택법상 공동주택에 해당하여 그 관리사무소장인 피고인은 주택법 제42조 등에 의하여 이 사건 아파트를 관련 법령에 의하여 관리하여야 한다. 이 사건과 관련하여 구체적으로 문제되는 관리 업무를 보자면, 주택법 제55조 제2항 제4호, 주택법 시행규칙 제32조 제1항 제1호, 제25조 제2호는 공동주택 입주자 및 사용자의 권익을 보호하기 위하여 '입주자 등의 공동사용에 제공되고 있는 공동주택단지 안의 토지·부대시설 및 복리시설에 대한 무단 점유행위의 방지 및 위반행위시의 조치'를 관리사무소장의 업무로 정하고 있다.

기록에 의하면 후보자들이 관리주체인 피고인 등의 동의를 받지 않고 무단으로 이 사건 아파트 부지 내에 현수막을 게시한 사실이 인정되는바, 일단 피고인이 이 사건 각 현수막을 철거한 행위는 앞서 본 법령에 따른 이 사건 아파트 관리사무소장의 적법한 업무집행 행위라고 보인다.

2. 후보자들의 선거운동의 자유와 아파트 입주민의 재산권 사이의 충돌과 그 해결을 위한 법률 해석

결국 이 사건에 있어 문제가 되는 공직선거법 제240조 제1항의 '정당한 사유'의 해석에 있어서는, 현수막을 통한 선거운동을 하고자 하는 공직선거 후보자와 아파트 단지 내 부지를 평온하게 사용하려는 입주민의 이해관계가 대립되는 상황에서 양자의 권리가 최대한 보장될 수 있도록 조화로운 방법이 모색되어야 할 것인바, 다음의 사정에 비추어 보면 피고인의 현수막 철거 행위에는 정당한 사유가 있다고 인정함이 타당하다.

1) 공직선거법 제240조 제1항의 객체로는 선거벽보, 현수막 기타 선전시설이 있다.

이 중 선거벽보의 경우는 후보자가 이를 인쇄하여 관할 선거관리위원회에 제출하고, 선거관리위원회가 이를 선거인의 통행이 많은 곳의 통행인이 보기 쉬운 건물 또는 게시판 등에 첩부하며, 첩부장소가 있는 토지·건물 그 밖의 시설물의 소유자 또는 관리자는 특별한 사유가 없는 한 선거벽보의 첩부에 협조하여야 한다 (공직선거법 제64조, 공직선거관리규칙 제29조 등 참조). 한편 현수막은 후보자가 제작하여 이를 직접 게시하고 선거일 후 지체 없이 철거하여야 하는 것으로서(공직선거법 제67조, 제276조 등 참조) 선거벽보의 경우와 달리 시설물 소유자 등의 협조의무가 따로 규정되어 있지 않다.

2) 공직선거법 제67조 제1항은 후보자가 게시할 수 있는 현수막의 수를 관할 선거구 내의 읍·면·동마다 1매로 엄격하게 제한하고 있는바, 입법자는 선거운동 방법으로서 현수막 설치에 관하여 그 난립으로 인하여 후보자의 경제력 차이에 따른 불균형이나 선거의 공정과 평온을 해하는 결과가 발생할 것을 우려하였다고 보이고, 이렇듯 읍·면·동별 1매로 한정되는 현수막을 굳이 타인의 지배권이 미치는 장소에 동의 없이 게시하는 것을 허용할 필요성이 크다고 보이지도 아니 한다. 반면 대통령, 국회의원, 지방자치단체 의회의원과 장, 교육위원과 교육감을 뽑는 각종 선거 및 그 재선거, 보궐선거 등으로 인하여 상당한 선거기간 동안 다수의 후보자의 현수막이 단지 내에 게시될 경우, 아파트 입주민들이 단지 내 토지 및 시설물의 사용을 제한받거나 쾌적한 환경에서의 생활을 방해받는 불이익이 작다고 할 수만은 없다.

3) 이 사건에 관하여 보더라도, 기록에 의하면 피고인은 이 사건 각 현수막을 철거하여 보관하고 있다가 후보자들에게 반환하였고, 후보자들은 다른 장소에 현수막을 설치한 사정이 드러나는바, 후보자들의 선거운동의 자유가 실질적으로 침해되었다고 보이지도 아니 한다(서울고등법원 2014. 12. 18. 선고 2014노2822 판결).

⇨ 2018. 4. 6. 법 개정으로 후보자가 게시할 수 있는 현수막의 수는 해당 선거구안의 읍·면·동 수의 2배 이내로 변경됨.

② 목사의 교회 게시판에 첩부된 선전벽보의 철거행위

신앙의 자유가 기본적 인권의 하나로서 헌법이 보장하고 있지만 국민은 그 기본적 인권을 함부로 남용할 수 없고 항상 국가의 안전보장, 사회질서 또는 공공복리를 위하여 이것을 이용할 책임을 함께 지며, 따라서 선거의 공영제를 채택하고 있는 우리나라에서 선거관리위원회가 대통령선전벽보를 통행인이 많고 공중이 쉽게 볼 수 있는 교회의 게시판에 첩부한 소위가 곧 신앙의 자유를 침해하였다고 볼 수 없으며, 설사 위 선전벽보의 첩부행위가 부당하고 피고인이 성직자인 목사였다 하더라도 이를 수인하여야 할 것이며 이에 대하여 적절한 구제조치를 취함이 없이 함부로 이를 제거한 소위는 신앙의 자유권을 보전하기 위한 정당행위였다고 인정되지 않는다(대구고등법원 1974. 3. 14. 선고 71노911 판결).

⇨ 2010. 1. 25. 법 개정으로 '선전벽보'는 '선거벽보'로 명칭이 변경됨.

③ 건물 소유자의 허락을 받지 않고 첩부된 선전벽보를 훼손

공직선거법 제64조 제10항은 "선전벽보를 첩부하는 경우에 첩부장소가 있는 토지·건물 기타 시설물의 소유자 또는 관리자는 특별한 사유가 없는 한 선전벽보의 첩부에 협조하여야 한다"고 규정하고, 공직선거관리규칙 제29조 제5항은 "선전벽보는 선거인의 통행이 많은 곳의 통행인이 보기 쉬운 건물 또는 게시판 등에 첩부하여야 한다"고 규정하고 있다. 그렇다면, 선전벽보를 첩부함에 있어 건물의 소유자 또는 관리자의 허락을 받아야 하는 것으로 볼 수 없고, 고시원 총무로서 고시원을 관리하는 피고인으로서는 고시원 외벽에 붙은 선전벽보를 수인할 의무가 있다 할 것이며, 특별한 사정이 있는 경우에도 적법한 절차를 거쳐 이를 철거하여야 할 것이다(서울중앙지방법원 2008. 1. 29. 선고 2007고합1458 판결).

⇨ 2010. 1. 25. 법 개정으로 '선전벽보'는 '선거벽보'로 명칭이 변경됨.

④ 선전벽보 상단에 특정 정당 반대 스티커 부착

피고인들은 공모하여, ○○당외 3개 정당을 보수 4당으로 규정한 다음 이들 정당의 후보자를 낙선되게 하고, △△당 후보자를 당선되게 할 목적으로, 선거관리위원회가 부착한 선전벽보 상단에 "보수정치 규탄! 민중생존권 쟁취! 노동자 민중의 정치세력화! 빈민 1000만 명, 비정규직 50%를 넘는 고용불안 이번에도 표만 찍고 이런 꼴을 당하셔야겠습니까? 전 국민의 직접 행동으로 손 좀 봐줍시다! 당리당략, 이전투구만 일삼는 더러운 정·치·모·리·배 보수 4당 반대!"라는 내용이 기재된 가로 18㎝, 세로 15㎝의 스티커 4장을 부착함으로써 정당한 사유 없이 벽보를 훼손함과 동시에 위 법의 규정에 의하지 아니한 인쇄물을 첩부한 것이다(서울지방법원 서부지원 2000. 6. 8. 선고 2000고합81 판결).

⇨ 2010. 1. 25. 법 개정으로 '선전벽보'는 '선거벽보'로 명칭이 변경됨.

⑤ 선거용 차량에 부착된 선전벽보 훼손

피고인은 아파트 앞 주차장에서 상대후보의 선거용 차량이 홍보용 벽보가 부착된 채 주차되어 있자 아파트 경비원으로 하여금 위 벽보 4매를 제거하게 한 것은 정당한 사유 없이 벽보 등 선전시설물을 훼손한 것이다(인천지방법원 1998. 12. 11. 선고 98고합530

판결).

▷ 2010. 1. 25. 법 개정으로 '선전벽보'는 '선거벽보'로 명칭이 변경됨.

⑥ 정당한 사유 없이 연설·대담장소 훼손

　피고인은 2007. 12. 16. 17:40경 서울 강북구 번동 ○○○햄버거 가게 앞에서, 공직선거법에 따라 '공개장소에서의 연설·대담차량'으로 신고된 차량인 대통합민주신당 대통령후보자 정동영의 선거운동용 차량 서울○○자 ○○○○호 봉고 프런티어 화물차의 확성기 소리가 시끄럽다는 이유로 정당한 사유 없이 운전석 쪽 문짝틀을 위험한 물건인 콘크리트 벽돌로 1회 내리쳐, 수리비 252,846원이 들도록 손괴하여 제17대 대통령선거의 대통합민주신당 대통령후보인 정동영의 선전시설을 훼손함과 동시에 위험한 물건을 이용하여 재물을 손괴하였다(서울고등법원 2008. 5. 22. 선고 2008노670 판결).

⑦ 선거운동 현수막 훼손 행위

　피고인은 2018. 5. 31. 19:30경 ○○시 3층에 있는 ☆☆당 ○○시장 후보자 A의 선거사무실 문 앞에서 그곳에 있는 A의 선거운동 현수막이 창문을 가린 것으로 인한 불만과 평소 가지고 있던 B 전 대통령에 대한 불만으로 홧김에 위 현수막에 있는 B 전 대통령 사진의 눈, 코, 입 부위 5곳을 담뱃불로 지져 구멍을 내었다. 이로써 피고인은 정당한 사유 없이 공직선거법에서 정한 선거운동 현수막을 훼손하였다(서울고등법원 2019. 3. 14. 선고 2019노102 판결).

⑧ 선거현수막 설치 방해 행위

　피고인은 2018. 5. 31. 01:15경 서울 ○○구에 있는 △△어린이재단 앞 인도에서, 선거현수막 설치업자인 B가 제7회 전국동시지방선거 무소속 ○○구의원 후보 C(기호 ○번)의 선거현수막을 그곳 가로등에 설치하려고 하자, 자신이 먼저 선거현수막 설치 장소를 선점해 두었다는 이유로 위 C의 현수막을 손으로 잡고, 발로 밟은 상태에서 선거현수막 설치를 제지 하는 등 약 10분에 걸쳐 정당한 사유 없이 선거현수막 설치를 방해하였다(서울고등법원 2019. 2. 14. 선고 2018노3553 판결).

제도개선

① 명백한 부정선거 유포에 대한 선거자유방해죄 신설(제237조)

선거제도는 자유민주주의의 근간이고 선거불신을 조장하는 부정선거 의혹제기는 사회통합을 저해하고 선거의 정당성을 훼손하여 민주주의 제도를 위협하는 행위이다. 제22대 국회의원선거 기준 투·개표소에 입무를 수행하는 약 34만명의 투·개표사무원 이외에도 정당이나 후보자가 선정한 투표참관인 약 27만명,

개표참관인 약 1만7천명이 참여하고, 개표참관인은 모든 개표과정을 감시·촬영하고 개표결과가 실시간 인터넷을 통해 공개되는 선거사무과정과, 제21대 국선에서 제기된 선거소송 중 인용된 것은 단 한 건도 없음에도 불구하고 단편적인 면만을 부각하여 투·개표조작 의혹을 제기하면 부정선거 여론을 유튜브·SNS 등을 통해 선동하고 있다. 이와 같은 선거에 관한 허위사실을 지속적으로 유포하는 행위는 우리나라 선거제도의 근간을 흔들리고 사회혼란을 일으키는 심각한 국가적인 피해가 발생하고 있다. 또한, 부정선거 음모론자들은 경제적 이익을 편취하기 위해 계속해서 자극적인 허위사실을 유튜브를 통하여 확대·유포하여 이를 유튜브 구독자 및 구독 수를 늘리는 등의 수단으로 활용하는 등 악순환이 반복되고 있다.

이에, 선거에 관한 명백한 허위사실을 유포하여 선거에 대한 불신을 조장하며 민주주의를 훼손하는 행위에 대한 처벌 규정을 신설할 필요가 있다. 다만, 표현의 자유에 대한 위축 효과가 발생하지 않도록 형사처벌 대상을 최소화하고, 사회적 자정작용을 통하여 시정이 가능한 경우 형사처벌의 대상에서 제외하는 방안도 함께 고려해야 한다.[21]

---

21) 정춘생의원 등 11인이 공직선거법 일부개정법률안(제안일 2025. 1. 6)을 발의한 바 있음.

제29장

선거사무관계자나
시설등에 대한 폭행·교란죄

제244조(선거사무관리관계자나 시설등에 대한 폭행·교란죄) ① 선거관리위원회의 위원·직원, 공정선거 지원단원·사이버공정선거지원단원, 투표사무원·사전투표사무원·개표사무원, 참관인 기타 선거사무에 종사하는 자를 폭행·협박·유인 또는 불법으로 체포·감금하거나, 폭행이나 협박을 가하여 투표소·개표소 또는 선거관리위원회 사무소(재외선거사무를 수행하는 공관과 그 분관 및 출장소의 사무소를 포함한다. 이하 제245조제1항에서 같다)를 소요·교란하거나, 투표용지·투표지·투표보조용구·전산조직등 선거관 리 및 단속사무와 관련한 시설·설비·장비·서류·인장 또는 선거인명부(거소·선상투표신고인명부를 포함 한다)를 은닉·손괴·훼손 또는 탈취한 자는 1년이상 10년이하의 징역 또는 500만원이상 3천만원이하의 벌금에 처한다.

② 제57조의4(당내경선사무의 위탁)의 규정에 따라 위탁한 당내경선에 있어 제1항에 규정된 행위를 한 자는 10년 이하의 징역 또는 2천만원 이하의 벌금에 처한다

1. 개요

선거사무관리·집행의 원활한 수행을 위하여 선거사무관리관계자를 보호하고 선거관련시 설 내의 질서를 유지하며 선거에 관한 설비·서류 또는 인장 등에 대한 훼손 등 행위를 규제 하는 규정이다. 2005. 8. 4. 개정 시 제2항을 신설하여 당내경선의 경우에도 경선운동, 투표 및 개표에 관한 사무의 관리를 관할 선거구선거관리위원회에 위탁한 경우에는 본 조에 의해 처벌할 수 있도록 하였다.

2. 구성요건

가. 선거사무관리관계자에 대한 폭행·협박·유인·불법체포·감금

선거관리위원회 위원·직원, 공정선거지원단원·사이버공정선거지원단원, 투표사무원·사전투표사무원·개표사무원, 참관인 기타 선거사무에 종사하는 자를 폭행·협박·유인 또는 불법으로 체포·감금하는 죄이다. 「참관인」은 투표함 송부가 끝날 때까지는 그 지위가 유지된다고 본다.[1]

「선거사무에 종사하는 자」란 법에서 규정하고 있는 투표사무원 등을 포함하여 각급 선거관리위원회가 자체규정에 의하여 위촉한 자로서 당해 선거관리위원회의 지휘·감독하에 법상의 선거사무에 종사하는 자도 포함된다.[2] 이때 행위자는 상대방의 직위나 직책까지 정확하게 인식하고 있을 필요는 없으며 선거사무에 종사하는 자라는 인식만 있으면 충분하다.[3]

본 조의 입법 취지와 체제, 내용 및 구조를 살펴보면, 선거와 관련하여 선거사무관리 관계자에 대한 폭행·협박·유인 또는 불법으로 체포·감금 등을 행하면, '선거관리위원회의 위원·직원 또는 선거사무에 종사하는 자나 참관인을 폭행·협박·유인 또는 불법으로 체포·감금'하는 행위에 관한 구성요건에 해당하는 것으로 해석된다 할 것이고, 이와 달리 투표 및 개표와 관련한 선거사무관리 관계자에 대한 폭행이나 협박 등으로 투표소·개표소 또는 선거관리위원회 사무소를 소요·교란케 한 경우에 한정하는 것으로 해석할 수 없다.[4]

또한 본 죄는 일종의 공무집행방해 범죄이므로 행위의 상대방이 선거관리위원회 위원 등의 지위에 있다는 사실만으로는 족하지 않고, 그 지위와 관련된 직무를 수행할 때 범하여야 비로소 본 죄가 성립한다.[5]

나. 시설 등에 대한 소요·교란

폭행·협박을 가하여 투표소·개표소 또는 선거관리위원회 사무소(재외선거사무를 수행하는 공관과 그 분관 및 출장소의 사무소를 포함한다. 이하 법 제245조 제1항에서 같다)를 소요·교란하는 죄이다.

투표소·개표소와의 관계에 비추어 「선거관리위원회 사무소」는 당해 선거의 관리·집행업

---

1) 광주고등법원 1968. 11. 28 선고 68노153 판결
2) 대법원 2002. 4. 26. 선고 2001도4516 판결
3) 대법원 2008. 11. 13. 선고 2008도8302 판결
4) 대법원 2004. 8. 20. 선고 2003도8294 판결
5) 대검찰청, 공직선거법 벌칙해설 제10개정판, 335면

무를 담당하는 사무소에 한하고, 당해 선거사무와 무관한 선거관리위원회 사무소는 본 죄의
행위객체에 해당하지 않는다고 본다.[6] 투표소 등의 시설내부는 물론 그 건물이 지배하는 주
위의 장소도 그 곳에서의 소요·교란행위로 인하여 투표소 등의 질서와 평온을 해할 위험성
이 있는 경우에는 이에 포함된다.

「소요」란 일정 장소에 있어서의 폭력적인 질서문란 행위를, 「교란」이란 특정 구역내의 평
온을 해치는 위계와 위력을 말하는 것으로서 상호 유사한 개념이다. 법문상 폭행이나 협박
을 요건으로 하는 것으로 규정되어 있으나, 이때의 폭행·협박은 광의로 해석하여야 할 것이
므로 소요·교란의 방법에는 제한이 없다. 소요·교란은 투표소 등에서의 평온한 선거사무 집
행을 불가능 또는 현저히 곤란하게 할 정도에 이를 것을 요하며,[7] 선거사무관계자 등이 용이
하게 제지할 수 있는 정도의 소란한 언동 등은 이에 해당하지 아니한다.

다. 선거관리 및 단속사무 관련 시설 등 은닉·손괴·훼손·탈취

투표용지·투표지·투표보조용구·전산조직등 선거관리 및 단속사무와 관련한 시설·설
비·장비·서류·인장 또는 선거인명부(거소·선상투표신고인명부를 포함한다)를 은닉·손괴·훼손
또는 탈취하는 죄이다.

「투표용지」라 함은 구·시·군선거관리위원회에서 법정 규격에 따라 작성·제작한 진정한
투표용지를 말하며, 「투표지」는 위 투표용지에 선거인이 기표절차를 마친 것으로 투표의 유
효·무효를 불문하나, 투표함 안의 투표지에 대한 법 제243조(투표함 등에 관한 죄)의 규정을
고려할 때 투표함 안에 투입되기 전이나 투표함에서 꺼낸 후의 투표지를 말하는 것으로 해
석된다.[8] 잘못 기표한 투표지를 무효화시키기 위하여 투표지를 훼손하거나,[9] 공개되어 무효
가 된 투표지를 임의로 찢으면 본죄가 성립한다.[10] 「투표보조용구」란 선거인이 사용하는 기
표용구·시각장애인을 위한 투표보조용구 등을 말하고, 「선거관리에 관한 시설·설비·장비」
는 본 죄의 입법취지상 투·개표사무에 관련된 것으로서 전산조직·기표대 및 칸막이 등이 이
에 해당할 것이다. 「선거관리 및 단속사무에 관한 서류」라 함은 선거인명부, 투·개표록,[11]
문답서 등 선거 및 단속사무의 수행에 필요한 제반서류를 말하는바, 법상 서류의 개념 자체
를 형법과 달리 볼 이유는 없고, 법과 관계 법령에서 규정하고 있는 서류인지, 서류의 명칭

6)　　대검찰청, 공직선거법 벌칙해설 제10개정판, 335면
7)　　대법원 1961. 3. 31. 선고 4294형상18 판결
8)　　대검찰청, 공직선거법 벌칙해설 제10개정판, 336면
9)　　대전지방법원 천안지원 2014. 8. 20. 선고 2014고합127 판결
10)　춘천지방법원 2016. 8. 9. 선고 2016고합45 판결
11)　중앙선거관리위원회 1967. 9. 25. 회답

이나 작성자 명의가 있는지, 조사기록에 편철되어 있는지 여부 등은 선거단속에 관한 서류의 인정 여부에 영향을 미치지 않는다.[12]

「선거관리 및 단속사무에 관한 인장」이란 각급 선거관리위원회의 직인 등 선거관리 및 단속 관계 서류에 압날하여 사용하는 모든 인장을 말한다.

「단속사무와 관련한 장비」란 불법 선거운동의 단속사무에 사용하기 위하여 소지하고 있는 물건을 뜻하며, 단속사무와 관련한 장비임을 알면서 탈취하면 본 죄가 성립하며, 단속사무와 관련한 장비의 탈취 당시 그 소지자가 단속업무를 수행 중인 상태에 있거나 탈취자에게 단속사무를 방해할 의사가 있을 필요는 없다.[13]

3. 판례

① 단속사무와 관련한 서류의 인정범위

공선법 제244조 제1항에서 선거관리 및 단속사무와 관련한 서류의 은닉, 손괴, 훼손 등을 형법 제141조 제1항에서 규정하는 공무소에서 사용하는 서류의 손상, 은닉 등보다 무겁게 처벌하는 취지는 선거의 공정을 확보하기 위하여 선거관리와 단속사무 등을 일반적인 공무보다 엄중히 보호하려는 데 있으므로 공선법상 서류의 개념 자체를 형법과 달리 볼 이유는 없고, 공선법과 관계 법령에서 규정하고 있는 서류인지, 서류의 명칭이나 작성자 명의가 있는지, 조사기록에 편철되어 있는지 여부 등은 선거 단속에 관한 서류의 인정 여부에 영향을 미치지 않는다고 보아야 한다. 그런데 기록에 의하면 이 사건 서류는 울산광역시선거관리위원회 지도과 소속 선거관리위원회 직원이 피고인에 대한 그 판시 금품교부 혐의를 조사하는 과정에서 작성한 것으로서 A4 용지에 피고인으로부터 금품을 교부받은 사람들에게 질문할 항목이 굵은 글씨로 인쇄되어 있고, 그 옆에 그에 대한 답변과 조사 대상자 또는 추가로 조사할 사람의 전화번호 등이 연필로 기재되어 있음을 알 수 있는바, 이에 따르면 위 서류는 공선법 제244조 제1항에서 규정하는 단속사무와 관련한 서류에 해당한다고 할 것이다(대법원 2007. 1. 25. 선고 2006도7242 판결).

---

12) 대법원 2007. 1. 25. 선고 2006도7242 판결
13) 대법원 2007. 1. 25. 선고 2006도8588 판결

② 위반행위 관련 문답서에 서명날인을 요구한다는 이유로 문답서 훼손

피고인은 2005. 11. 15. 11:25경 서울 마포구 성산동 소재 마포구선거관리위원회 사무실에서 제4회 전국동시지방선거 후보예정자인 공소외 손○○으로부터 식사를 접대받은 혐의로 조사를 받고 그 조사 내용이 기재된 문답서를 건네받은 다음 동 위원회 지도계장이 위 문답서에 서명날인을 요구한다는 이유로 손으로 위 문답서를 찢어 선거관리위원회 직원의 선거관리 및 단속사무와 관련한 서류를 훼손함과 동시에 공무소에서 사용하는 서류를 손상하였다(서울서부지방법원 2006. 4. 27. 선고 2006고합43 판결, 대법원 2006. 10. 26. 선고 2006도5555 판결)

⇨ 공용서류손상의 점에 대하여 형법 제141조 제1항 적용

③ 단속 현장을 동영상 촬영하고 있던 공정선거지원단원의 휴대전화를 빼앗아 단속사무 관련 장비를 탈취

피고인은 조○○이 촬영하던 휴대전화를 자신의 지배 하에 두지 않고 바로 돌려주었기 때문에 이를 '탈취'라고 할 수 없다고 주장한다. 공직선거법 제244조 제1항에서 금지하고 있는 행위태양 중의 하나로 열거하고 있는 '탈취'라 함은 타인의 지배 내에 있는 물건을 그 의사에 반하여 자기의 지배 아래로 옮기는 것을 말한다고 할 것인바, 피고인이 계도활동에 항의하는 모습을 촬영하고 있는 공정선거지원단원 조○○의 휴대전화를 일정한 유형력을 행사하여 조○○의 의사에 반하여 낚아챔으로써 자신의 지배 하로 이전시킨 사실이 있는 이상, 설사 휴대전화를 다시 돌려주었다고 하더라도 이를 '탈취'라고 봄이 상당하다. 또한 위 조항 소정의 '선거단속과 관련한 장비'라 함은 공정선거지원단원 등이 선거단속사무에 사용하기 위하여 소지하고 있는 물건이라고 해석함이 타당하고, 반드시 그 장비를 가지고 선거단속업무를 수행중인 상태에 있음을 필요로 하는 것이 아니라 할 것이므로, 공정선거지원단 교육 과정에서 위법활동이 있을 경우 소지하고 있는 휴대전화로 촬영하여 증거를 수집할 것이 명시적으로 권고되었고 조○○이 당시 선거단속업무에 사용하기 위하여 휴대전화로 촬영을 하고 있었음이 분명한 이상 위 휴대전화는 위 조항의 범죄구성요건 중 탈취행위의 객체로서 열거된 '선거단속과 관련한 장비'로 볼 수 있다(수원고등법원 2019. 7. 25. 선고 2019노125 판결).

④ 공명선거실천결의대회 준비 간담회 직후 위원 및 직원 폭행

1. 이 사건 범행이 비록 위 간담회가 끝난 후 발생되었다 하더라도 이 사건 범행 발생이 '공명선거실천결의대회' 준비 관련 간담회와 시간적·장소적으로 매우 밀접하게 연관된 상황에서 이루어진 이상 이 사건 범행 발생 당시 피해자들인 ○○군선거관리위원회 위원 및 직원들은 여전히 이 사건 간담회를 통해 선거사무에 종사하고 있

었다고 봄이 상당하고 乙, 丙은 甲이 선거관리위원회를 들먹이면서 시비하는 과정에서 피해자들이 ○○군선거관리위원회 위원 및 직원들이라는 사실을 잘 알고 있었다고 보이므로 피고인들이 피해자들을 폭행한 행위는 공직선거법 제244조 제1항 소정의 선거사무관계자에 대한 폭행에 해당한다.

2. 범행 발생 당시 이 사건 간담회가 종료하여 피해자들인 ○○군선거관리위원회 위원 및 직원들이 선거사무를 수행 중인 상태에 있지 않았다고 하더라도, 공직선거법 제244조 제1항은 선거관리위원회의 위원 · 직원, 선거부정감시단원 · 사이버선거부정감시단원, 투표사무원 · 부재자투표사무원·개표사무원, 참관인 기타 선거사무에 종사하는 자를 폭행하는 등 하여 성립하는 범죄로서 상대방이 선거사무에 종사하는 자라는 점만 인식하면 족하고, 상대방이 선거사무를 수행 중인 상태에 있거나 상대방을 폭행하는 자에게 선거사무를 방해할 의사가 있어야 위 죄가 성립하는 것은 아니므로 이 사건 범행 당시 피해자들이 ○○군선거관리위원회 위원 및 직원들이라는 사실을 잘 알고 있던 피고인들이 피해자들을 폭행한 행위는 공직선거법 제244조 제1항 소정의 선거사무관계자에 대한 폭행에 해당한다(대법원 2010. 12. 9. 선고 2010도13601 판결).

⇨ 2018. 4. 6. 법 개정으로 '선거부정감시단원'의 명칭은 '공정선거지원단원'으로 변경됨.

⑤ 잘못 기표한 투표지를 무효화시키기 위하여 투표지를 훼손하는 행위

공직선거법 제244조 제1항의 해당 부분은 공용서류 등 무효죄에 대한 일종의 특별규정으로서 소유권과 관계없이 공무를 보호하기 위한 공무방해죄의 일종이라 할 것이어서, 투표지 등의 훼손으로 인한 공직선거법 위반죄의 범의는 당해 서류가 선거관리 및 단속사무와 관련한 서류라는 사실과 그 효용을 해하는 사실에 대한 인식이 있음으로써 족하고(공용서류무효죄에 관한 대법원 1993. 12. 7. 선고 93도2701 판결 등 참조), 훼손자에게 선거관리 및 단속사무를 방해할 의사가 필요한 것은 아니며(단속사무와 관련한 장비 탈취로 인한 공직선거법 위반죄에 관한 대법원 2007. 1. 25. 선고 2006도8588 판결 참조), 투표지는 구·시·군 선거관리위원회에서 법정 규격에 따라 작성·제작한 진정한 투표용지에 선거인이 기표절차를 마친 것으로 투표의 유·무효를 불문하므로, 피고인이 선거방해의 의사 없이 단지 잘못 기표한 투표지를 무효화시키기 위하여 이를 찢었더라도 위 죄가 성립한다고 봄이 상당하다(대전지방법원 천안지원 2014. 8. 20. 선고 2014고합127 판결, 대전고등법원 2014. 11. 7. 선고 2014노388 판결).

⑥ 공개되어 무효가 된 투표지를 찢은 행위의 가벌성

　　공직선거법 제244조 제1항에서 선거관리 및 단속사무와 관련한 서류의 은닉, 손괴, 훼손 등을 형법 제141조 제1항에서 규정하는 공무소에서 사용하는 서류의 손상, 은닉 등보다 무겁게 처벌하는 취지는 선거의 공정을 확보하기 위하여 선거관리와 단속사무 등을 일반적인 공무보다 엄중히 보호하려는 데 있는 것으로 보이므로, 위 법 조항에서 말하는 '투표지'라고 함은 구·시·군 선거관리위원회에서 법정 규격에 따라 작성·제작한 진정한 투표용지에 선거인이 기표절차를 마친 것으로 투표의 유·무효를 불문한다고 해석함이 상당하다. 따라서 피고인이 그 아들에게 공개되어 무효가 된 투표지를 정당한 절차에 따라 처리하지 않고 임의로 이를 찢었다면 공직선거법 제244조 제1항 위반죄가 성립한다(춘천지방법원 2016. 8. 9. 선고 2016고합45 판결, 서울고등법원 2016. 10. 21. 선고 2016노2538 판결).

⑦ 자기 투표지를 훼손한 행위

　　여기서 '투표지'라 함은 선거인이 '투표용지에 기표를 마친 것'을 말한다(다만 공직선거법 제243조가 '투표함 안의 투표지를 취거·파괴·훼손·은닉 또는 탈취한 자'에 대하여 별도의 가중 처벌 규정을 두고 있는 점을 고려하면, 공직선거법 제244조 제1항에서 말하는 투표지에는 투표함 안의 투표지는 제외된다고 해석된다).

　　그런데 선거인이 기표를 마친 후 자기의 투표지를 투표함 안에 넣기 전에 스스로 훼손한 행위가 공직선거법 제244조 제1항에 해당하는지 살펴볼 필요가 있다. 이러한 행위는 선거사무에 종사하는 자를 비롯한 다른 사람에게 폭행이나 협박을 가하여 한 것이 아니고, 형사처벌 없이 그 투표를 무효로 하는 것으로 충분하다고 생각될 수 있기 때문이다.

　　하지만 다음과 같은 이유에서 자기 투표지를 단순히 훼손한 행위도 공직선거법 제244조 제1항에서 처벌하는 행위에 포함된다고 해석함이 타당하다(광주지방법원 2020. 7. 10. 선고 2020고합151 판결).

제30장

선거운동기구와 선거사무관계자, 자원봉사자 관련 규율

제1절 선거운동기구의 설치

제61조(선거운동기구의 설치) ① 선거운동 및 그 밖의 선거에 관한 사무를 처리하기 위하여 정당 또는 후보자는 다음 각호에 따라 선거사무소와 선거연락소를, 예비후보자는 선거사무소를, 정당은 중앙당 및 시·도당의 사무소에 선거대책기구 각 1개씩을 설치할 수 있다.

1. 대통령선거

   정당 또는 후보자가 설치하되, 선거사무소 1개소와 시·도 및 구·시·군(하나의 구·시·군이 2 이상의 국회의원지역구로 된 경우에는 국회의원지역구를 말한다. 이하 이 조에서 같다)마다 선거연락소 1개소

2. 지역구국회의원선거

   후보자가 설치하되, 당해 국회의원지역구안에 선거사무소 1개소. 다만, 하나의 국회의원지역구가 2 이상의 구·시·군으로 된 경우에는 선거사무소를 두지 아니하는 구·시·군마다 선거연락소 1개소

3. 비례대표국회의원선거 및 비례대표지방의회의원선거

   정당이 설치하되, 선거사무소 1개소(비례대표시·도의원선거의 경우에는 비례대표시·도의원후보자명부를 제출한 시·도마다, 비례대표자치구·시·군의원선거의 경우에는 비례대표자치구·시·군의원후보자명부를 제출한 자치구·시·군마다 선거사무소 1개소)

4. 지역구지방의회의원선거

   후보자가 설치하되, 당해 선거구안에 선거사무소 1개소

5. 시·도지사선거

   후보자가 설치하되, 당해 시·도안에 선거사무소 1개소와 당해 시·도안의 구·시·군마다 선거연락소 1개소

6. 자치구·시·군의 장 선거

　　후보자가 설치하되, 당해 자치구·시·군안에 선거사무소 1개소. 다만, 자치구가 아닌 구가 설치된 시에 있어서는 선거사무소를 두지 아니하는 구마다 선거연락소 1개소를 둘 수 있으며, 하나의 구·시·군이 2 이상의 국회의원지역구로 된 경우에는 선거사무소를 두지 아니하는 국회의원지역구마다 선거연락소 1개소를 둘 수 있다.

② 선거사무소 또는 선거연락소는 시·도 또는 구·시·군의 사무소 소재지가 다른 시·도 또는 구·시·군의 구역안에 있는 때에는 제1항의 규정에 불구하고 그 시·도 또는 구·시·군의 사무소 소재지를 관할하는 시·도 또는 구·시·군의 구역안에 설치할 수 있다.

③ 정당·정당추천후보자 또는 정당소속 예비후보자의 선거사무소와 선거연락소는 그에 대응하는 정당[제61조의2(정당선거사무소의 설치)의 규정에 의한 정당선거사무소를 포함한다]의 사무소가 있는 때에는 그 사무소에 둘 수 있다.

④ 예비후보자가 제49조(후보자등록 등)의 규정에 의하여 후보자등록을 마친 때에는 당해 예비후보자의 선거사무소는 후보자의 선거사무소로 본다.

⑤ 선거사무소와 선거연락소는 고정된 장소 또는 시설에 두어야 하며, 「식품위생법」에 의한 식품접객영업소 또는 「공중위생관리법」에 의한 공중위생영업소안에 둘 수 없다.

⑥ 선거사무소, 선거연락소 및 선거대책기구에는 중앙선거관리위원회규칙으로 정하는 바에 따라 선거운동을 위한 간판·현판 및 현수막, 제64조의 선거벽보, 제65조의 선거공보, 제66조의 선거공약서 및 후보자의 사진을 첩부할 수 있다. 다만, 예비후보자의 선거사무소에는 간판·현판 및 현수막에 한하여 설치·게시할 수 있다.

⑦ 예비후보자가 그 신분을 상실한 때에는 제1항의 규정에 의하여 설치한 선거사무소를 폐쇄하여야 하며, 이를 폐쇄하지 아니한 경우 선거구선거관리위원회는 당해 예비후보자에게 즉시 선거사무소의 폐쇄를 명하여야 한다.

규칙 제27조(선거운동기구의 간판·현판·현수막등) ① 삭제 〈2005. 8. 4.〉

② 삭제 〈2005. 8. 4.〉

③ 법 제61조제6항에 따라 선거사무소, 선거연락소 및 선거대책기구에 설치·게시하는 간판·현판·현수막에는 법 제150조(투표용지의 정당·후보자의 게재순위등)의 규정에 따른 기호가 결정되기 전이라도 정당 또는 후보자(예비후보자를 포함한다)가 자신의 기호를 알 수 있는 때에는 그 기호를 게재할 수 있다.

④ 법 제61조제6항에 따른 간판·현판 및 현수막과 선거벽보·선거공보·선거공약서 및 후보자의 사진은 선거사무소, 선거연락소 및 선거대책기구가 있는 건물이나 그 담장을 벗어난 장소에 또는 애드벌룬을 이용한 방법으로 설치·게시할 수 없다.

⑤ 정당·후보자·선거사무장 또는 선거연락소장이 법 제61조제6항에 따라 선거사무소와 선거연락소에 첩부할 수 있는 선거벽보·선거공보 및 선거공약서의 수량은 다음 각 호의 매수(책자형 선거공보 및 선거공약서의 경우에는 부수를 말한다. 이하 같다) 이내로 한다.

　1. 대통령, 비례대표국회의원과 비례대표시·도의원 및 시·도지사의 선거의 선거사무소에 있어서는 각각 50매

　2. 지역구국회의원 및 자치구·시·군의 장의 선거의 선거사무소와 대통령 및 시·도지사의 선거의 선거연락소에 있어서는 각각 30매

　3. 지역구국회의원 및 자치구·시·군의 장의 선거의 선거연락소와 지역구시·도의원선거 및 자치구·시·군의원선거의 선거사무소에 있어서는 각각 20매

⑥ 법 제61조제6항에 따라 선거사무소와 선거연락소에 첩부할 수 있는 후보자의 사진의 매수는 제5항에 따른 선거사무소와 선거연락소별 선거벽보의 첩부매수(비례대표국회의원선거 및 비례대표지방의회의원선거의 선거사무소의 경우에는 후보자마다 각 10매)범위이내로 한다.

1. 개요

선거사무소와 선거연락소는 선거운동 그 밖에 선거에 관한 사무를 처리하기 위한 기구로, 전자는 후보자 또는 예비후보자의 선거사무의 총괄기구이고 후자는 후보자의 선거사무를 지역적으로 보조하는 기구라고 할 수 있다. 다만, 법은 선거운동기구의 수를 제한하고 있는바, 이는 재력, 위력 또는 권력 등에 의하여 좌우되지 아니하는 공정한 선거를 도모하고자 함에 있다.[1]

선거대책기구는 선거운동을 할 수 있는 기구가 아니었으나 2014. 1. 17. 법 개정으로 정당이 설치하는 선거대책기구는 선거운동을 할 수 있게 되었다. 이는 선거대책기구가 본질적으로 선거운동과 무관할 수 없다는 현실을 반영한 것이다. 선거운동기구의 설치는 임의적인 것으로 반드시 설치할 필요는 없다. 본 조에 의한 선거사무소, 선거연락소 또는 선거대책기구 외에 이와 유사한 기관·단체·조직 또는 시설을 새로이 설립 또는 설치하거나 기존의 기관·단체·조직 또는 시설을 이용한 경우에는 법 제89조에서 금지하는 유사기관의 설치에 해당한다.

---

1)　대법원 1999. 3. 9. 선고 98도3169 판결

2. 선거운동기구의 설치

가. 설치권자

선거사무소와 선거연락소의 설치권자는 정당 또는 후보자, 선거사무소는 예비후보자, 선거대책기구는 정당이다. 선거사무소와 선거연락소를 설치한 때에는 지체없이 관할선거관리위원회에 서면으로 신고하여야 하나 중앙당 및 시·도당의 사무소에 설치하는 선거대책기구는 별도의 신고를 요하지 않으며, 선거기간전이라도 설치·운영할 수 있다. 예비후보자가 후보자등록을 마친 때에는 당해 예비후보자의 선거사무소는 후보자의 선거사무소로 보므로 별도의 신고는 불필요하다.

나. 설치장소

선거사무소를 도로(인도)에 고정된 장소 또는 시설로서 천막을 설치하여 사용하는 것은 무방하고 본 조 제5항에 의하여 식품위생법에 의한 식품접객영업소 또는 공중위생관리법에 의한 공중위생영업소 안에 둘 수 없도록 제한하는 외에는 장소적 제한은 없다.

다. 간판·현판 및 현수막 설치 등

예비후보자의 선거사무소에는 간판·현판 및 현수막에 한하여 설치·게시할 수 있다. 이와 달리 후보자의 선거사무소와 선거연락소, 정당의 선거대책기구에는 선거운동을 위한 간판·현판 및 현수막 외에도 선거벽보, 선거공보, 선거공약서 및 후보자의 사진을 게시할 수 있다. 선거사무소, 선거연락소 및 선거대책기구에 설치·게시하는 간판·현판·현수막에는 법 제150조(투표용지의 정당·후보자의 게재순위등)의 규정에 따른 기호가 결정되기 전이라도 정당 또는 후보자(예비후보자를 포함한다)가 자신의 기호를 알 수 있는 때에는 그 기호를 게재할 수 있다. 그러나 간판·현판 및 현수막과 선거벽보·선거공보·선거공약서 및 후보자의 사진은 선거사무소, 선거연락소 및 선거대책기구가 있는 건물이나 그 담장을 벗어난 장소에 또는 애드벌룬을 이용한 방법으로 설치·게시할 수 없다.

규칙 제27조 제5항 및 제6항에서 선거사무소와 선거연락소에 첨부할 수 있는 선거벽보, 선거공보, 선거공약서 및 후보자의 사진은 선거별로 수량을 제한하고 있으나 정당의 선거대책기구에는 그 수량을 제한하지 않고 있다. 후보자는 선거기간개시일 전에는 예비후보자의 지위에서 선거운동을 할 수 있는바, 선거기간개시일 전이라도 그 선거사무소에 간판·현판 및 현수막을 설치·게시할 수 있다.

3. 중앙선거관리위원회 행정해석

가. 선거사무소 등 설치장소 등

① 출판사사무실에 선거사무소 설치

같이 쓸 수 있음(1995. 5. 19. 회답).

② 도로(인도)에 천막선거사무소 설치

후보자가 선거사무소를 고정된 장소 또는 시설로서 천막을 설치하여 사용하는 것은 무방할 것임. 다만, 그 설치장소에 대하여는 공선법 제61조 제5항의 규정에 의하여 식품위생법에 의한 식품접객영업소 또는 공중위생관리법에 의한 공중위생영업소안에 둘 수 없도록 제한하는 외에는 같은 법상 장소적 제한은 없으나 그 외의 장소에 설치하는 경우 다른 법률에 위반되는지 여부는 우리위원회가 판단할 사항이 아님(2000. 4. 7. 회답).

③ 정당의 사무소에 정당소속 예비후보자의 선거사무소 설치

한나라당 전라남도당은 광주광역시에 위치하고 있으며, 전라남도 도청은 현재 전라남도 무안군에 위치하고 있는 경우 전라남도지사선거의 한나라당소속 예비후보자의 선거사무소를 전라남도당의 사무소에 설치할 수 있음(2006. 3. 2. 회답).

④ 예비후보자간 선거사무소의 공동설치 및 설치신고

같은 정당소속 예비후보자간에 선거구가 서로 겹치는 구역안에서 선거사무소를 공동으로 설치하는 것은 무방할 것이며, 이 경우 공선법 제63조 제1항의 규정에 따라 각각 선거사무소의 설치신고를 하여야 할 것임. 다만, 동일인을 함께 선거사무장·선거사무원 또는 회계책임자로 선임하거나 같은 법 제60조의3 제1항의 규정에 따른 예비후보자홍보물, 명함, 선거사무소 간판·현판·현수막을 공동으로 제작하여 사용하는 등 다른 예비후보자의 선거운동을 지원 하거나 선거운동에 이르는 행위가 있는 때에는 공선법 제254조의 규정에 위반될 것임(2006. 4. 4. 회답).

⑤ 기초단체장선거의 선거사무소·선거연락소의 공동설치

선거사무소와 선거연락소는 공동으로 설치할 수 없으므로 기초단체장 선거구내에 갑, 을 지역구로 된 2개의 국회의원선거구가 있는 경우 국회의원 (갑)지역구내에 선거사무

소를 설치하고 (을)지역구내에 설치할 선거연락소를 (을)지역구내에 설치하지 않고 (갑)지역구 내에 선거사무소와 공동으로 설치할 수 없음(2006. 5. 10. 회답).

⑥ 선거연락소와 국회의원 지역사무소의 공동사용

대통령선거의 구·시·군 선거연락소를 같은 정당 소속 국회의원의 지역사무소와 공동사용하는 것은 무방할 것이며, 사무소의 공동사용에 소요되는 사무소 임대료·전화비 등의 경비는 당사자간의 사전 약정에 의하여 사용자 별로 그 사용정도에 따라 분담하여야 할 것임(2007. 11. 19. 회답).

⑦ 예비후보자의 선거사무소 개소식 개최

예비후보자가 예비후보자(기초단체장)를 사퇴한 후 다른 선거의 예비후보자(광역의원)로 등록한 경우에 선거사무소 개소식을 다시 개최할 수 있을 것임(2010. 5. 8. 회답).

⑧ 선거사무소 개소식 개최횟수 및 개최장소

예비후보자가 선거사무소 개소식을 개최한 경우에는 후보자등록 이후 선거사무소 개소식을 다시 개최할 수 없으며, 선거사무소 개소식은 해당 선거사무소에서 개최하여야 하고, 선거 사무소가 설치된 건물의 다른 장소나 옥상, 주차장 등 인근에서 개최할 수 없음(2019. 12. 3. 제21대 국선 예상쟁점 법규운용기준).

나. 간판등 선전물 설치 등

① 선거연락소 간판 등 설치·게시시기에 관한 운용기준

후보자가 선거기간개시일 전에 선거연락소를 관할선거관리위원회에 설치·신고한 경우 그 선거연락소에 간판·현판 및 현수막을 설치·게시하는 것은 선거연락소의 설치범위에 포함되는 것으로 보아 무방한 것으로 운용함(2016. 3. 28. 사무총장 전결).

② 예비후보자의 현수막 문구 공동사용

서울시 동대문갑지역에서 5·31 지방선거에서 민주당 공천으로 출마하는 예비후보자들이 선거 사무소 현수막에 정당·기호·선거명·자신의 예비후보자명과 "공작정치 중단하고 최○○를 체포하라"는 구호를 공동으로 사용하는 것은 공선법상 무방할 것임(2006. 4. 26. 회답).

③ 발광소재 사용 선거사무소 현수막 및 어깨띠·모자·옷

공선법 제61조에 따라 선거사무소에 설치·게시하는 현수막에 발광소재를 사용하거나, 제68조에 따른 어깨띠·모자·티셔츠의 외관·기능을 유지하는 범위 안에서 발광소재를 사용하는 것은 무방할 것임(2007. 11. 2. 회답).

④ 3D LED 화면을 이용한 선거사무소 간판 설치

3D LED 화면을 선거사무소의 간판으로 설치하는 경우 정지화면(사진)을 일정시간 간격(5초, 10초, 30초 등)으로 바뀌게 하는 것은 「옥외광고물 등의 관리와 옥외광고산업 진흥에 관한 법률」 등 다른 법률에 위반되는지 여부는 별론으로 하고 「공직선거법」상 가능할 것임. 다만, 동영상을 표출하는 때에는 녹화기의 사용에 해당되어 같은 법 제100조에 위반될 것임(2019. 12. 4. 회답).

다. 정당의 선거대책기구의 활동범위 등

① 정당의 선거대책기구의 발대식 등에 관한 운용기준

1. 정당의 사무소에 설치하는 선거대책기구는 선거기간 전이라도 설치·운영할 수 있음.

2. 선거대책기구가 설치된 정당의 사무소 또는 그 외의 옥내 장소에서 선거대책기구의 발대식을 개최할 수 있을 것이나, 다수인이 왕래하는 공개된 장소에서 이를 개최하는 경우에는 행위양태에 따라 「공직선거법」 제103조 또는 제254조에 위반될 것임.

3. 정당의 선거대책기구 발대식에 그 구성원 외에 사회통념상 인정되는 제한된 범위의 외빈을 초청하여 참석하게 하거나 참석한 사람이 의례적인 축사 등 인사말을 할 수 있음.

   국회의원 및 지방의원 외의 공무원 등 법령에 따라 정치적 중립을 지켜야 하는 사람이 선거대책기구 발대식에 참석하여 축사 등 인사말을 하는 경우에는 「공직선거법」 제9조·제85조 등에 위반될 것임.

4. 정당이 선거대책기구 발대식을 개최하면서 그 구성원에게 단순히 구성원임을 증명하는 임명장을 수여할 수 있음. 다만, 선거운동을 하도록 권유·약속하기 위하여 수여하는 경우에는 「공직선거법」 제93조 제3항에 위반될 것임(2017. 4. 3. 선거정책실장 전결).

② 정당의 선거대책기구 구성 및 활동범위 등에 관한 운용기준

1. 정당의 선거대책기구에 소속 당원 외에 다수의 비당원이 구성원으로 참여할 수 있음. 다만, 공무원 등 법령에 따라 정치적 중립을 지켜야 하는 사람이 선거대책기구에 참여하는 경우에는 「공직선거법」(이하 '법'이라 함) 제9조·제85조·제86조 제1항 제2호에, 기존의 단체·조직 등을 그 선거대책기구의 산하기구로 구성하여 선거운동을 하게 하는 경우에는 법 제89조 제1항에 위반될 것임.

2. 정당이 중앙당 및 시·도당의 사무소에 설치한 선거대책기구에 선거사무 처리에 필

요한 범위에서 설치된 전화·컴퓨터 등을 이용하여 그 구성원인 당직자, 유급사무직원 등이 대책기구의 명의로 선거운동을 할 수 있음.

이 경우 당사가 협소하여 당무처리에 지장이 있는 등 특별한 사정이 있어 당사가 입주한 같은 건물의 다른 장소 또는 인근 건물에 정당의 사무소를 추가로 등록한 경우 그 장소에 선거대책기구를 설치할 수 있으나, 당사로 등록되지 아니한 사무소를 별도로 임차하여 사용하는 경우에는 법 제89조 제1항에 위반될 수 있을 것임.

3. 정당이 선거대책기구의 구성원을 유세지원단·구전홍보단 등으로 조직화하여 다수인이 왕래하는 공개된 장소 등 선거대책기구가 설치된 당사를 벗어나 선거운동을 하게하는 경우에는 법 제89조 제1항에 위반될 것임.

4. 선거운동기간 중에 한하여 정당의 선거대책기구에 선거운동을 위한 간판·현판 및 현수막을 게시하거나 선거벽보·선거공보·선거공약서 및 후보자의 사진을 첨부할 수 있음.

5. 대통령선거의 후보자를 추천한 정당이 중앙당 및 시·도당의 사무소에 설치된 선거대책 기구에서 해당 후보자의 선거운동을 위하여 지출한 비용은 선거비용에 해당함.

대통령선거의 후보자를 추천한 정당이 중앙당 및 시·도당의 선거대책기구에서 선거운동기간 중 적법한 선거운동을 위하여 지출한 선거비용은 선거비용제한액 범위 안에서 보전함(2017. 4. 16. 의결).

4. 처벌

본 조 제1항을 위반하여 선거운동기구를 설치하거나 이를 설치하여 선거운동을 한 자는 3년 이하의 징역 또는 600만원 이하의 벌금에(법 제255조 제1항 제3호), 본 조 제5항을 위반하여 선거사무소나 선거연락소를 설치하는 자와 제7항을 위반하여 선거사무소의 폐쇄명령을 받고도 이를 이행하지 아니한 자는 1년 이하의 징역 또는 200만원 이하의 벌금에 처한다(법 제256조 제5항 제2호, 제2의2호).

또한 본 조 제6항을 위반하여 선거사무소, 선거연락소 또는 선거대책기구에 간판·현판·현수막을 설치·게시하거나 하게 한 자는 100만원 이하의 과태료를 부과한다(법 제261조 제8항 제2호).

제2절 선거사무관계자

1. 자격

선거운동을 할 수 있는 사람이어야 한다.

각급 선관위 위원, 예비군 중대장급 이상 간부, 주민자치위원회 위원, 통·리·반장이 선거사무장, 선거사무원, 활동보조인, 회계책임자, 연설원, 대담·토론자, 투표참관인·사전투표참관인이 되고자 하는 때에는 선거일 전 90일 까지 그 직을 그만두어야 하며, 선거일 후 6월 이내(주민자치위원회위원은 선거일까지)에는 종전의 직에 복직될 수 없다.

2. 수당·실비

가. 선거사무관계자 수당·실비 지급기준 (단위 : 원)

선거운동 기구별	구분	수당	실비					
			일비 (1일)	식비 (1일)	철도 운임	선박 운임	항공 운임	자동차 운임
대통령선거, 비례국선, 비례대표시·도의원선거, 시·도지사선거의 선거사무소 대통령선거의 시·도선거연락소	선거 사무장	140,000	25,000	25,000	실비 (특실)	실비 (1등급)	실비	실비
	선거 연락 소장							
지역구국선후보자선거, 자치구·시·군의 장선거, . 지역구시·도의원선거, 자치구·시·군의원선거의 선거사무소 대통령선거, 시·도지사선거의 구·시·군, 지역구국선 및 자치구·시·군의 장선거의 선거연락소	선거 사무장	100,000	25,000	25,000	실비 (일반실)	실비 (2등급)	실비	실비
	선거 연락 소장							
공 통	선거 사무원	60,000	25,000	25,000	실비 (일반실)	실비 (2등급)	실비	실비
	활동 보조인							

※ 회계책임자 수당·실비는 당해 회계책임자가 소속한 선거사무소 또는 선거연락소의 선거사무장 또는 선거연락소장에 대한 수당·실비와 같은 금액을 지급함.

※ 한 사람이 회계책임자·선거사무장·선거연락소장 또는 선거사무원·활동보조인을 함께 맡은 때에는 지급기준이 많은 금액에 해당하는 1인의 수당·실비만 지급함.

※ 숙박비는 지급할 수 없음.

나. 법 제135조 제1항 단서에 따라 정당(정당선거사무소 포함)의 유급사무직원, 국회의원과 그 보좌관·선임비서관·비서관 또는 지방의원이 후보자의 선거사무관계자를 겸한 때에는 선거사무원수에 산입하지 않고 수당을 지급할 수 없으므로 실비만 지급한다.

※ 정당의 유급사무직원, 국회의원과 그 보좌관·선임비서관·비서관 또는 지방의원이 예비후보자의 선거사무장 등으로 선임된 때에는 그 선거사무원수에 산입하고 수당과 실비를 지급할 수 있음.

다. 관할 선관위에 신고된 선거사무관계자에게 수당·실비를 제공하는 경우를 제외하고는 자원봉사에 대한 보상 등 명목여하를 불문하고 누구든지 선거운동과 관련하여 금품 기타 이익을 제공할 수 없다.

3. 판례

법에서 선거운동과 관련하여 수당 또는 실비를 보상하는 경우에 최저임금법이 적용되는지 여부

1. 공직선거법 제230조 제1항, 제135조, 제62조 제1항, 제2항은 같은 법의 규정에 의하여 수당·실비 기타 이익을 제공하는 경우를 제외하고는 수당·실비 기타 자원봉사에 대한 보상 등 명목여하를 불문하고 누구든지 선거운동과 관련하여 금품 기타 이익의 제공 또는 그 제공의 의사를 표시하거나 그 제공의 약속·지시·권유·알선·요구 또는 수령하는 행위를 처벌의 대상으로 삼고 있다. 공직선거법 제135조 제2항에 따르면 선거사무관계자에 대하여 수당과 실비를 지급할 수 있는 경우에도 그 종류와 금액은 중앙선거관리위원회가 정한 범위 내에서만 가능하다. 이러한 규정들을 둔 이유는 선거운동과 관련하여 이익제공행위를 허용하면 과도한 선거운동으로 금권선거를 방지하기 힘들고, 선거운동원 등에게 이익이 제공되면 선거운동원들도 이익을 목적으로 선거운동을 하게 되어 과열선거운동이 행하여지고 종국적으로는 공명선거를 행하기 어렵게 되기 때문이다(대법원 2005. 1. 27. 선고 2004도7511 판결 등 참조).

이와 같은 공직선거법의 규정내용과 취지 등에 비추어보면, 공직선거법에서 선거운동과

관련하여 수당 또는 실비를 보상할 수 있는 경우에도 중앙선거관리위원회가 사회·경제적 상황에 따라 선거의 공정을 해하지 않는 범위 내에서 정한 종류와 금액이 적용되어야 하고, 입법목적과 규율대상이 다른 최저임금법은 적용된다고 보기 어렵다(대법원 2020. 1. 9. 선고 2019도12765 판결).

⇨ 피고인들이 공모하여 피고인1의 선거사무소 회계책임자인 ○○○와 선거사무원들인 ○○○ 등 총 17명에게 각 50만 원씩 총 850만 원을 교부함으로써, 법의 규정에 의하여 제공하는 수당·실비 기타 이익 제공의 범위를 초과하여 선거운동과 관련하여 금품을 제공하였다는 내용으로 공소제기된 사안에서, 규칙 제59조 제1항 제3호, 제5호가 모법인 법 제135조 제2항의 위임의 범위를 일탈하고, 최저임금법에 위반되며, 평등의 원칙에 반하여 무효이고, 적법행위의 기대가능성이 없었다는 피고인1의 주장과 형법 제16조의 법률의 착오에 정당한 이유가 있다는 피고인2의 주장을 모두 배척하고, 피고인들을 유죄로 본 원심판결을 수긍한 사례

제3절 자원봉사자

1. 의의

자원봉사자라 함은 대가 없이 자발적으로 '선거운동'을 하는 사람과[2] 선거운동이 아니더라도 선거에 관한 사무를 보조하는 자를 말한다. 선거운동을 하기 위해서는 법 제60조에 따른 선거운동을 없는 사람에 해당하지 않아야 하고, 선거운동이 아닌 단순한 선거에 관한 사무의 경우에는 선거운동 할 수 없는 사람도 할 수 있는 경우가 있다.

2. 선거운동방법

선거운동기간 전에도 누구든지 할 수 있는 방법인 제59조 제2호·제3호·제4호에 따른 선거운동 방법으로 자원봉사를 할 수 있다.

선거운동기간 중에 정당 또는 후보자를 위하여 다음과 같은 방법으로 각종 선거운동을 할 수 있다.

---

2)   대법원 1996. 11. 29. 선고 96도500 판결

※ 선거운동기간중 자원봉사자의 대표적인 선거운동방법

- 공개장소에서 지지·호소
- 전화 및 문자메시지, 정보통신망 이용 선거운동
- 각종 연설·대담·토론 자료의 작성, 공개장소 연설·대담시 장소의 준비 및 정리
- 선거운동기구에서 선거운동 또는 선거에 관한 사무처리의 보조 등
- 길이 25센티미터 너비 25센티미터 높이 25센티미터 이내의 소형 소품등을 본인의 부담으로 제작 또는 구입하여 몸에 붙이거나 지니고 선거운동을 할 수 있음

3. 중앙선거관리위원회 행정해석

① 외상거래 계약 체결 후 자원봉사자 등에게 식사제공

피고인은 2018. 5.경 식당을 운영하는 A와 선거운동기간 동안 B의 선거사무소에서 근무하는 선거사무 관계자들 및 선거운동을 돕는 자원봉사자들이 위 식당에서 외상으로 식사를 한뒤 차후에 선거사무소 비용으로 그 식사대금을 일시에 결제하는 내용의 외상거래 계약이 체결된 뒤, 2018. 5. 31.경부터 2018. 6. 12.경까지 식당에서 C 등 선거사무 관계자들 및 자원봉사자들이 대금을 지급하지 아니하고 식사를 할 수 있게 함으로써 이들에게 약 954,000원 상당의 식사를 제공하였다(전주지방법원 남원지원 2019. 2. 8. 선고 2018고합48 판결).

② 예비후보자 선거사무소에 설치된 전화를 이용한 선거운동

자원봉사자(선거운동을 할 수 있는 사람)가 예비후보자 선거사무소에 설치된 전화를 이용하여 송·수화자 간 직접 통화하는 방식으로 선거운동을 하는 것만으로는 「공직선거법」에 위반되지 아니할 것임. 다만, 선거운동을 위한 사조직 설립·설치를 금지하는 같은 법 제87조, 선거사무소 외에 후보자 또는 후보자가 되려는 사람을 위한 유사기관의 설립·설치를 금지하는 제89조, 자원봉사자에게 선거운동과 관련하여 금품 기타 이익 제공을 금지하는 제135조 등 각종 제한·금지규정에 위반되어서는 아니 될 것임(2021. 1. 14. 회답).

③ 후보자의 집에서 자원봉사자의 전화홍보

선거기간 중 후보자의 집에서 자원봉사자가 전화홍보를 할 수 있음. 다만, 선거사무소 또는 선거연락소로 신고되지 아니한 후보자의 집에 선거운동을 위한 전화를 증설하고 증설된 전화를 이용하여 선거운동자원봉사자가 선거운동을 하는 경우에는 공선법 제

89조의 규정에 의하여 설치가 금지된 유사기관에 해당될 것임(1995. 1. 27. 회답).

※ 2020. 12. 29. 법 개정으로 법 제59조 제4호에 따라 전화(송·수화자간 직접 통화하는 방식에 한정하며, 컴퓨터를 이용한 자동 송신장치를 설치한 전화는 제외)로 하는 선거운동은 선거일이 아닌 때에 가능.

④ 인터넷 홈페이지에 자원봉사자 모집안내문 등 게시

예비후보자(후보자)나 정당에서 관리하는 인터넷홈페이지에 자원봉사자 모집에 관한 안내문을 게시하는 것은 무방할 것임. 다만, 선거운동을 위한 자원봉사자를 모집하면서 가입신청서 등을 배부·징구하는 때에는 「공직선거법」 제93조 제3항에, 선거사무소 외의 별도의 사무실을 설치하여 선거운동을 하는 때에는 같은 법 제89조 제1항에, 별도의 조직·단체를 설립하는 때에는 제87조 제2항에 각각 위반될 것임(2008. 3. 17. 회답).

⑤ 전국어린이집연합회의 정책연대 후보자 결정 등

1. 공선법 제91조에 따라 자동차 5대의 범위 내에서 어린이집 통학버스에 후보자의 선전물을 첩부하여 운영하는 것은 공선법상 무방할 것임.

2. 전국어린이집연합회에 소속된 자원봉사자가 자신이 운행하는 어린이집 차량에 후보자의 성명, 사진 등 아무런 표시를 하지 않은 상태에서 「도로교통법」을 준수하며 후보자의 선전차량 후미를 따라 다니는 경우 자동차를 사용하여 선거운동을 할 수 없도록 규정한 공선법 제91조에 위반되어서는 아니 될 것임(2008. 3. 22. 회답).

⑥ 타인에 의한 의정보고서 배포

공개된 장소, 의정보고회장에서 의원보좌관이나 지구당 당직자, 자원봉사자 등이 의정보고서를 배포하는 것은 무방할 것임(2003. 5. 13. 회답).

4. 판례

① 자원봉사자 교육장소의 별도 설치

공선법 제89조 제1항은 선거사무소 이외에 이와 유사한 시설을 설치할 수 없도록 규정하고 있으므로, 특정 후보자를 위한 자원봉사자들의 교육장소를 별도로 설치하는 것도 금지된다(대법원 1997. 3. 11. 선고 96도3220 판결).

② 당해 선거구 안에 있는 특정 후보자의 선거사무장 및 자원봉사자들인 당해 선거구 안에 체재하는 자들에게 저녁 식사 제공 행위

선거운동이 아직 시작되기 전에 ○○시청 공무원으로서 선거사무관계자 등이 아닌 피고인 3이 당해 선거구 안에 있는 특정 후보자의 선거사무장 및 자원봉사자들로서 당해 선거구 안에 체재하는 자들에게 저녁 식사를 먼저 제의하고 저녁 식사를 대접하면서 그들을 격려하며 특정 후보자의 당선을 위하여 선거운동을 열심히 하라는 취지로 말한 행위는, 피고인 3이 특정 후보자의 당선을 도모하기 위하여 능동적·계획적으로 행한 것으로서 「공직선거법」에서 규정한 선거운동에 해당함은 물론 당해 선거구 안에 있는 자에 대한 기부행위에 해당한다고 판단하고, 피고인 3에 대한 이 사건 각 공소사실을 모두 유죄로 인정하였다.

앞서 본 법리 및 기록에 비추어 살펴보면, 위와 같은 원심의 증거의 취사선택과 사실인정 및 판단은 정당한 것으로 수긍할 수 있다.

원심판결에는 피고인 3이 상고이유로 주장하는 바와 같은 공직선거법상 선거운동 및 기부 행위에 관한 법리를 오해하여 판결에 영향을 미치는 등의 위법이 없다(대법원 2011. 8. 18. 선고 2011도3985 판결).

③ 후보자가 되고자 하는 자의 인지도 향상 등 당선에 필요하거나 유리한 활동을 위한 차량 및 운전 노무를 제공한 것은 정치자금 기부에 해당하며, 이는 법상 허용되는 자원봉사 등에 해당한다고도 볼 수 없다고 판단한 사례

[범죄 사실]

KK는 2019. 6.경 원○○에게 선거운동을 하기 위한 운전 수행을 제공해달라고 부탁하고, 이를 수락한 원○○으로 하여금 2019. 7. 16. 원○○소유의 제네시스 승용차를 운전하게 한 것을 비롯하여 2020. 1. 8.경까지의 기간 동안 총 42회에 걸쳐 KK의 정치활동을 위해 이동하면서 원○○으로부터 운전노무 및 위 승용차의 이용을 제공받았다.

[판 단]

가. 원심이 적법하게 채택·조사한 증거에 의하면, KK는 제21대 국회의원선거의 후보자가 되려는 자로서 '정치활동을 하는 사람'에 해당하는 사실, 원○○이 KK에게 제공한 차량·운전노무는 '물건이나 비용' 또는 '그 밖의 이익'으로서 정치자금법상 기부 대상이 되기에 충분한 사실, 나아가 위 차량·운전노무가 KK의 인지도 향상 등 당선에 필요하거나 유리한 활동에 사용됐으므로 '정치활동을 위하여' 제공·사용된 사실이 인정된다.

위 인정사실에 의하면, KK가 제공받은 위 차량·운전노무는 정치자금법상 '정치자금'에 해당하므로, KK가 정치자금법에 의하지 않고 이를 수수한 행위는 위 법률을 위반한 것이다.

나. KK는 위 차량·운전노무는 선거운동 자원봉사자인 원○○으로부터 제공받은 자원봉사활동의 결과에 불과하여 정치자금으로 볼 수 없다고 주장하나 다음과 같은 사정을 종합하면, 이는 공직선거법에서 허용하는 자원봉사 등에 해당한다고 볼 수 없다.

1) 공직선거법은 자원봉사의 의미·조건·범위·효과에 관한 규정을 두고 있지 않다. 다만 같은 법 제58조 제1항은 선거운동이란 당선되거나 되지 못하게 하기 위한 모든 행위를 말한다고 규정하고, 제2항은 이 법이나 타법에 의해 금지·제한되지 않는 한 누구든지 자유롭게 선거운동을 할 수 있다고 규정하여 선거운동의 자유를 용인하고 있을 뿐이다.

이러한 관계 법규의 취지에 의하면, '선거사무관계자'와 구별하여 대가 없이 특정 후보자에게 유리하도록 선거운동을 하는 사람을 일반적으로 '선거운동 자원봉사자'라고 호칭하고 있으나, 이는 어디까지나 공직선거법에 정해진 '선거운동'을 하는 사람을 의미할 뿐이고, 선거운동과 직접적인 관련 없이 오로지 후보자의 당선을 돕기 위한 방편으로 선거에 필요한 금품이나 비용을 제공·지원하는 사람은 여기에 해당한다고 볼 수 없다.

2) 대법원 역시, 선거운동 자원봉사자란 대가 없이 자발적으로 '선거운동'을 하는 사람을 말한다고 해석하고 있다(대법원 1996. 11. 29. 선고 96도500 판결). 이에 따라 공개장소 연설·대담 장소에서 자원봉사자가 자발적으로 로고송을 함께 부르거나 단체율동을 하는 것은 불법선거운동에 해당하지 않는다고 판시한 적이 있을 뿐, 선거운동에 필요한 금품이나 노무·시설을 대상으로 하는 선거운동 자원봉사를 인정한 사례는 쉽게 찾아볼 수 없다.

3) 실무에서도 자원봉사자는 공직선거법 제79조, 제84조의4, 제93조, 제105조, 제106조에 따른 행위 및 정당의 사무소·선거사무소·선거연락소에서 선거운동 또는 선거에 관한 사무처리를 보조하는 행위 등을 할 수 있는 것으로 통용되고 있을 뿐이다.

4) 정치자금법의 목적이 '정치자금의 적정한 제공을 보장하고 그 투명성을 확보하며 정치자금과 관련한 부정을 방지'하는 데에 있으므로, 선거운동에 소요되는 물품·시설은 물론 청소·운전·손님접대·수행 등 선거사무 보조업무나 그 비용도 정치자금법에 의하여 규율됨이 마땅하다. 그런데도 앞서 본 물품·노무를 '자원봉사' 또는 공직선거법상 '선거운동의 자유'에 포함시켜 정치자금법상 규율대상에서 제외시킨다면 명확한 근거 없이 정치자금법의 회피를 이용하여 법률의 존재를 무색하게 만드는 결과로 된다.

5) 차량 종류나 사용기간·사용횟수, 운행시간·거리 등에 비추어, 위 차량·운전노무는

통상적인 임차비용 및 기사노임으로 환산하면 그 가치가 상당한 수준에 이를 것으로 보이고, 제공된 시기적·장소적 특성, KK와 원○○의 관계, 원○○이 입은 실질적인 불이익 등까지 더해보면, 위 수수행위가 정상적인 생활형태나 역사적으로 생성된 사회질서의 범위에 속하여 '사회상규에 위배되지 않는 행위'에 해당한다고 보기도 어렵다[대구고등법원 2021. 10. 7. 선고 2021노142, 155(병합), 대법원 2022. 6. 30. 선고 2021도13981 판결].

5. 자주 묻는 질문

① 예비후보자나 후보자가 둘 수 있는 자원봉사자의 인원수의 제한이 있는지?

⇨ 법상 제한규정이 없음.

　※ 선거운동 자원봉사자에게 수당·실비 기타 자원봉사에 대한 보상 등 명목여하를 불문하고 선거운동과 관련하여 금품 기타 이익을 제공하는 경우에는 「공직선거법」 제135조(선거사무관계자에 대한 수당과 실비보상)의 규정에 위반됨.

② 예비후보자나 후보자가 자원봉사자에게 위촉장이나 임명장을 수여할 수 있는지?

⇨ 선거운동을 하도록 권유·약속하기 위하여 위촉장·임명장을 수여하는 경우에는 법 제93조(탈법방법에 의한 문서·도화의 배부·게시 등 금지)에 위반됨.

③ 선거운동을 할 수 없는 자가 예비후보자나 후보자를 위하여 자원봉사를 할 수 있는지?

⇨ 선거운동을 할 수 없는 자가 자원봉사자로서 후보자의 선거사무소에서 선거운동과 관련없는 단순근로(운전·청소·차대접·물품정리 등)를 하는 것은 가능하나, 선거운동에 이르는 행위를 하는 때에는 법 제60조(선거운동을 할 수 없는 자)에 위반됨.

④ 통·리·반장이 자원봉사자로서 선거운동을 할 수 있는지?

⇨ 법 제60조에 따라 선거운동을 할 수 없는 자인 통·리·반의 장은 그 직을 가지고 선거운동을 할 수 없을 것이며, 자원봉사자로 선거운동을 하고자 하는 때에는 그 전까지 그 직을 그만두어야 할 것임.

⑤ 자원봉사자가 선거운동기간 전에 할 수 있는 선거운동 방법은 무엇인지?

⇨ 문자메시지(자동 동보통신 제외), 인터넷 홈페이지, 전자우편(전송대행업체 위탁 제외)을 이용한 선거운동은 상시 가능하고, 선거일이 아닌 때에 송·수화자 간 직접 통화하는 방식의 전화(ARS 제외)를 이용하거나, 말(확성장치를 사용하거나 옥외집회에서 다중을 대상으로 하는 경우 제외)로 선거운동하는 행위는 가능함.

⑥ 자원봉사자가 명함을 줄 수 있는지?

⇨ 예비후보자 또는 후보자가 함께 다니는 자 중에서 지정한 1명이 되어 예비후보자나 후보자의 명함을 직접 주거나 지지를 호소하는 행위는 가능하나, 독자적으로 명함을 배부할 수 없음.

⑦ 다수인이 왕래하는 공개장소에서 선거운동을 할 수 있는지?

⇨ 관혼상제 의식이 거행되는 장소 및 도로·시장·점포·다방·대합실 기타 다수인이 왕래하는 공개된 장소에서 정당 또는 후보자에 대한 지지를 호소하는 행위는 가능하나, 선거운동을 위하여 호별방문은 할 수 없음.

⑧ 자원봉사자들이 무리를 지어 거리를 행진하면서 선거운동을 할 수 있는지?

⇨ 5명(후보자와 함께 있는 경우 후보자 포함 10명) 이내의 사람이 무리를 지어 거리를 행진하거나 다수의 선거구민에게 인사하면서 선거운동(보디페인팅, 페이스페인팅, 법정 규격범위 이내의 소형 소품 활용, 손가락 활용 등)을 하는 행위는 가능함.

　※ 후보자와 그 배우자(배우자 대신 후보자가 그의 직계존·비속 중에서 신고한 1인 포함), 선거사무장, 선거연락소장, 선거사무원, 후보자와 함께 있는 활동보조인 및 회계책임자가 다수의 선거구민에게 인사하는 방법으로 선거운동을 하는 경우 그 수에 산입하지 않음.

⑨ 선거운동기간 중에 자원봉사자가 소품을 활용하여 선거운동을 할 수 있는지?

⇨ 길이 25센티미터 너비 25센티미터 높이 25센티미터 이내의 소형 소품등을 본 인의 부담으로 제작 또는 구입하여 몸에 붙이거나 지니고 선거운동을 할 수 있음.

　• 소형의 소품등의 규격만 제한하고 수량은 제한하지 않는바, 규격 범위 내에서 다수의 소형의 소품등을 동시에 지니고 선거운동을 할 수 있음.

　• 원칙적으로 선거운동용 윗옷 등을 입고 선거운동을 할 수 없음. 다만, 규격 범위 이내의 선전문구 등을 윗옷에 부착하고 선거운동을 할 수 있음.

　• 차량, 주택 등에 게시하는 경우에는 행위 양태에 따라 법 제90조, 제91조, 제93조 등에 위반됨

⑩ 자원봉사자가 자신의 집에 설치된 전화를 이용하여 송·수화자간 직접 통화하는 방식으로 선거운동을 할 수 있는지?

⇨ 가능함.

　※ 선거사무소 또는 선거연락소로 신고되지 아니한 자원봉사자의 집에 선거운동을 위한 전화를 증설하고 증설된 전화를 이용하여 선거운동을 하는 경우에는 「공직선거법」 제89조(유사기관의 설치금지)의 규정에 의하여 설치가 금지된 유사기관에 해당됨.

⑪ 공개장소에서의 연설·대담시 후보자·선거사무장·선거연락소장·선거사무원이 자원봉사자를 지정하여 연설·대담하게 할 수 있는지? 할 수 있는 경우 별도 신고하여야 하는지?

▷ 자원봉사자가 선거운동을 할 수 있는 자라면 가능함. 이 경우 신고의무는 없음.

⑫ 자원봉사자가 정당이나 후보자를 지지하는 내용의 문자·음성·화상·동영상 등을 인터넷 홈페이지의 게시판·대화방 등에 게시하거나 전자우편·문자메시지로 전송하고 그 대가로 금품, 그 밖에 이익을 제공 받거나 그 제공의 의사표시를 승낙할 수 있는지?

▷ 불가함.

⑬ 자원봉사자가 정당의 명칭 또는 예비후보자나 후보자의 성명을 나타내거나 그 명칭·성명을 유추할 수 있는 내용으로 투표참여를 권유하는 행위를 하고 그 대가로 금품, 그 밖에 이익을 제공 받거나 그 제공의 의사표시를 승낙할 수 있는지?

▷ 불가함.

제도개선

① (사전)투표관리관·사무원 및 개표사무원 수당 규정 신설(제148의2, 제174의2)

현행 선거관리위원회법의 시행규칙 상 (사전)투표관리관·사무원 및 개표사무원 수당은 6만원으로 규정되어 있다. 선거사무관계자와 (사전)투표·개표참관인의 수당이 2배 인상되어 상당 부분 현실화가 되었으나, 투표관리관·사전투표관리관·투표사무원·사전투표사무원·개표사무원의 수당은 인상되지 않아 선거사무관계자나 참관인의 수당과 비교할 때 형평에 어긋나고, 최저임금에 미치지 못하는 낮은 수당은 선거에 있어 매우 중요하고 핵심적인 투표 및 개표사무를 기피하게 하는 원인이 된다는 지적이 왔다. 투표관리관·사전투표관리관·투표사무원·사전투표사무원·개표사무원의 수당을 현실화함으로써 선거관리 인력을 원활히 확보하는 한편, 선거사무를 수행하는 사람이 정당한 보상을 받으면서 장시간의 투표 및 개표사무를 성실하게 수행할 수 있도록 할 필요가 있다. 이에 따라 공직선거법에 (사전)투표관리관·사무원 및 개표사무원에게 지급하는 수당 금액을 규정할 필요가 있다.

　(투표관리관·사전투표관리관 24만원, 투표사무원·사전투표사무원 18만원, 개표사무원 10만원)

② 선거사무 협조 의무기관 등 명확화(제5조)

현행법은 관공서 기타 공공기관은 선거사무에 관하여 선거관리위원회의 협조 요구를 받은 때에는 우선적으로 이에 따라야 한다라고 규정하고 있다. '관공서'는 사전적 의미로 관청과 그 부속기관을 통틀어 이르는 '관서'와 공공단체의 사무소인 '공서'를 의미하는 것으로 일반적으로 국가 또는 지방자치단체의 사무를 처리하는 기관들을 지칭하고, 명칭 및 범위가 모호한 '관공서'를 '국가기관' 및 '지방자치단체'로 명확하게 구분하여 해당 법조의 수명 주체를 분명하게 할 필요가 있다는 점, 헌법 제115조 제1항은 각급 선거관리위원회는 선거사무와 국민투표에 관하여 관계 행정기관에 필요한 지시를 할 수 있도록 규정하고 있어 헌법 규정의 실현과 통일성 확보 등을 위하여 선거사무 지시권을 추가할 필요성이 크다. 이에, 관공서를 국가기관, 지방자치단체로 명확하게 하고, 선거관리위원회의 선거사무에 관한 지시 및 협조요구를 받은 때에는 우선적으로 따르도록 명시하도록 법개정이 이루어질 필요가 있다.[3]

---

3)   중앙선거관리위원회. 공직선거법 개정의견(2023.1)

제31장

여성, 장애인, 청년, 학생 관련 규율

제31장

여성, 장애인, 청년, 학생 관련 규율

제1절 여성 관련 규율

정치영역에서 여성의 과소대표성을 해소하기 위한 제도적 개선 일환으로 비례대표 50%
여성할당강제 및 남녀교호순번제, 지역선출직 30% 여성할당권고, 그리고 지방의회의원선
거에 한해 제한적으로 선출직 할당을 강제화하는 여성의무공천제가 법에 도입되었다.

1. 후보자 추천과 후보자 등록

제47조(정당의 후보자추천) ①~②

③ 정당이 비례대표국회의원선거 및 비례대표지방의회의원선거에 후보자를 추천하는 때에는 그 후보자
중 100분의 50 이상을 여성으로 추천하되, 그 후보자명부의 순위의 매 홀수에는 여성을 추천하여야 한다.

④ 정당이 임기만료에 따른 지역구국회의원선거 및 지역구지방의회의원선거에 후보자를 추천하는 때에는
각각 전국지역구총수의 100분의 30 이상을 여성으로 추천하도록 노력하여야 한다.

⑤ 정당이 임기만료에 따른 지역구지방의회의원선거에 후보자를 추천하는 때에는 지역구시·도의원선거
또는 지역구자치구·시·군의원선거 중 어느 하나의 선거에 국회의원지역구(군지역을 제외하며, 자치구의
일부지역이 다른 자치구 또는 군지역과 합하여 하나의 국회의원지역구로 된 경우에는 그 자치구의 일부지
역도 제외한다)마다 1명 이상을 여성으로 추천하여야 한다.

제49조(후보자등록 등) ⑧ 관할선거구선거관리위원회는 후보자등록신청이 있는 때에는 즉시 이를 수리하여야 하되, 등록신청서·정당의 추천서와 본인승낙서·선거권자의 추천장·기탁금 및 제4항제2호 내지 제5호의 규정에 의한 서류를 갖추지 아니하거나 제47조제3항에 따른 여성후보자 추천의 비율과 순위를 위반한 등록신청은 이를 수리할 수 없다. 다만, 후보자의 피선거권에 관한 증명서류가 첨부되지 아니한 경우에는 이를 수리하되, 당해 선거구선거관리위원회가 그 사항을 조사하여야 하며, 그 조사를 의뢰받은 기관 또는 단체는 지체없이 그 사실을 확인하여 당해 선거구선거관리위원회에 회보하여야 한다.

제52조(등록무효) ① 후보자등록후에 다음 각 호의 어느 하나에 해당하는 사유가 있는 때에는 그 후보자의 등록은 무효로 한다.

1. 생략

2. 제47조(政黨의 候補者推薦)제1항 본문의 규정에 위반하여 선거구별로 선거할 정수범위를 넘어 추천하거나, 같은 조 제3항에 따른 여성후보자 추천의 비율과 순위를 위반하거나, 제48조(選擧權者의 候補者推薦)제2항의 규정에 의한 추천인수에 미달한 것이 발견된 때

8. 제57조의2제2항 또는 제266조제2항·제3항을 위반하여 등록된 것이 발견된 때

② 제47조제5항을 위반하여 등록된 것이 발견된 때에는 그 정당이 추천한 해당 국회의원지역구의 지역구시·도의원후보자 및 지역구자치구·시·군의원후보자의 등록은 모두 무효로 한다. 다만, 제47조제5항에 따라 여성후보자를 추천하여야 하는 지역에서 해당 정당이 추천한 지역구시·도의원후보자의 수와 지역구자치구·시·군의원후보자의 수를 합한 수가 그 지역구시·도의원 정수와 지역구자치구·시·군의원 정수를 합한 수의 100분의 50에 해당하는 수(1 미만의 단수는 1로 본다)에 미달하는 경우와 그 여성후보자의 등록이 무효로 된 경우에는 그러하지 아니하다.

가. 비례대표선거에서 여성추천 비율 및 추천순위

비례대표선거에서 후보자 중 100분의 50 이상을 여성으로 추천하되, 그 후보자명부의 순위의 매 홀수에는 여성을 추천하도록 한 것은 여성의 정치참여도를 높여 여성의 권익을 신장하고자 함이 그 취지이다. 비례대표국회의원선거 및 비례대표지방의회의원선거에서 여성후보자 추천비율과 순위를 위반하여 추천하는 경우 후보자등록 신청을 수리하지 아니하도록 하고(제49조 제8항), 등록 후 발견된 때에는 등록무효 사유가 된다(법 제52 제1항 제2호).

「후보자명부 순위의 매 홀수에는 여성을 추천」하여야 하는바, 후보자를 1인만 추천할 때에는 반드시 여성으로 하여야 하며, 2인을 추천할 때에는 후보자명부의 1순위에는 여성을 추천하여야 한다.[1] 이 경우 2인 모두를 여성으로 추천하여도 무방하다.[2] 비례대표국회의원

---

1) 중앙선거관리위원회 2006. 1. 25. 회답
2) 중앙선거관리위원회 2006. 5. 10. 회답

후보자 총 7명중 여성 2명, 남성 5명인 경우에 매 홀수 순위에 추천하여야 하는 여성후보자 수가 부족하여 후보자명부상 일부 중간 추천순위를 공란으로 둔다면 법 제47조 제3항에 따른 '여성후보자의 비율과 매 홀수 순위'를 위반한 것에 해당한다.[3]

나. 지역구선거에서 여성 추천비율

비례대표선거뿐만 아니라 지역구선거에서도 여성의 정계진출을 확대하고자 2002. 3. 7. 「정당법」에 신설되었다가 한 차례 개정을 거쳐서 2005. 8. 4. 정치관계법 개정 시 본 법에 이관된 조항으로 강제조항이 아닌 권고조항이다. 따라서 본 조항을 위반하더라도 등록무효 사유가 아니다. 또한 임기만료에 의한 선거에만 해당되며 재·보궐선거 등은 적용되지 아니 한다.

다. 공직후보자 여성추천보조금

한편 「정치자금법」 제26조는 선거에서 정당이 일정 비율 이상 여성을 후보자로 추천하면 여성추천보조금을 지급하도록 규정하고 있다.

정치자금법 제26조(공직후보자 여성추천보조금) ① 국가는 임기만료에 의한 지역구국회의원선거, 지역 구시·도의회의원선거 및 지역구자치구·시·군의회의원선거에서 여성후보자를 추천하는 정당에 지급하기 위한 보조금(이하 "여성추천보조금"이라 한다)으로 최근 실시한 임기만료에 의한 국회의원선거의 선거권 자 총수에 100원을 곱한 금액을 임기만료에 의한 국회의원선거, 시·도의회의원선거 또는 자치구·시·군 의회의원선거가 있는 연도의 예산에 계상하여야 한다.

② 여성추천보조금은 제1항에 따른 선거에서 여성후보자를 추천한 정당에 대하여 다음 각 호에 따라 배 분·지급한다. 이 경우 지역구시·도의회의원선거와 지역구자치구·시·군의회의원선거에서의 여성추천보 조금은 제1항에 따라 해당 연도의 예산에 계상된 여성추천보조금의 100분의 50을 각 선거의 여성추천보 조금 총액으로 한다.

1. 여성후보자를 전국지역구총수의 100분의 40 이상 추천한 정당에는 여성추천보조금 총액의 100분 의 40을 다음 기준에 따라 배분·지급한다.

가. 배분대상 여성추천보조금 총액의 100분의 40: 지급 당시 정당별 국회의석수의 비율

---

3)   중앙선거관리위원회 2020. 3. 13. 회답

나. 배분대상 여성추천보조금 총액의 100분의 40: 최근 실시한 임기만료에 따른 국회의원선거에서의 득표수의 비율(비례대표전국선거구 및 지역구에서 해당 정당이 득표한 득표수 비율의 평균을 말한다. 이하 "국회의원선거의 득표수 비율"이라 한다)

다. 배분대상 여성추천보조금 총액의 100분의 20: 각 정당이 추천한 지역구 여성후보자수의 합에 대한 정당별 지역구 여성후보자수의 비율

2. 여성후보자를 전국지역구총수의 100분의 30 이상 100분의 40 미만을 추천한 정당에는 여성추천보조금 총액의 100분의 30을 제1호 각 목의 기준에 따라 배분·지급한다. 이 경우 하나의 정당에 배분되는 여성추천보조금은 제1호에 따라 각 정당에 배분되는 여성추천보조금 중 최소액을 초과할 수 없다.

3. 여성후보자를 전국지역구총수의 100분의 20 이상 100분의 30 미만을 추천한 정당에는 여성추천보조금 총액의 100분의 20을 제1호 각 목의 기준에 따라 배분·지급한다. 이 경우 하나의 정당에 배분되는 여성추천보조금은 제2호에 따라 각 정당에 배분되는 여성추천보조금 중 최소액을 초과할 수 없다.

4. 여성후보자를 전국지역구총수의 100분의 10 이상 100분의 20 미만을 추천한 정당에는 여성추천보조금 총액의 100분의 10을 제1호 각 목의 기준에 따라 배분·지급한다. 이 경우 하나의 정당에 배분되는 여성추천보조금은 제3호에 따라 각 정당에 배분되는 여성추천보조금 중 최소액을 초과할 수 없다.

③ 여성추천보조금은 임기만료에 의한 지역구국회의원선거, 지역구시·도의회의원선거 또는 지역구자치구·시·군의회의원선거의 후보자등록마감일 후 2일 이내에 정당에 지급한다.

※ 여성추천보조금 배분기준

구 분	배 분 기 준
1. 여성후보자를 전국지역구총수의 100분의 40 이상 추천한 정당	• 여성추천보조금 총액의 100분의 40을 다음 기준에 따라 배분·지급 　– 100분의 40은 지급 당시 정당별 국회의석수의 비율에 따라 배분·지급 　– 100분의 40은 최근 실시한 임기만료에 따른 국회의원선거에서의 득표수의 비율에 따라 배분·지급 　– 100분의 20은 각 정당이 추천한 지역구 여성후보자수의 합에 대한 정당별 지역구 여성후보자수의 비율에 따라 배분·지급
2. 여성후보자를 전국지역구총수의 100분의 30 이상 100분의 40 미만을 추천한 정당	• 여성추천보조금 총액의 100분의 30을 상기 제1호의 기준에 따라 배분·지급 • 이 경우 하나의 정당에 배분되는 여성추천보조금은 제1호에 따라 각 정당에 배분되는 여성추천보조금 중 최소액을 초과할 수 없음
3. 여성후보자를 전국지역구총수의 100분의 20 이상 100분의 30 미만을 추천한 정당	• 여성추천보조금 총액의 100분의 20을 상기 제1호의 기준에 따라 배분·지급 • 이 경우 하나의 정당에 배분되는 여성추천보조금은 제2호에 따라 각 정당에 배분되는 여성추천보조금 중 최소액을 초과할 수 없음

4. 여성후보자를 전국지역구총수의 100분의 10 이상 100분의 20 미만을 추천한 정당	• 여성추천보조금 총액의 100분의 10을 상기 제1호의 기준에 따라 배분·지급 • 이 경우 하나의 정당에 배분되는 여성추천보조금은 제3호에 따라 각 정당에 배분되는 여성추천보조금 중 최소액을 초과할 수 없음

라. 여성정치발전비

한편 여성의 정치참여와 정치인 육성을 위해 사용하도록 하기 위해 정당이 받는 경상보조금의 10%를 '여성정치발전비'라는 명목으로 사용하도록 「정치자금법」에 규정하고 있다. 이를 위반해 사용한 경우에는 용도를 위반해 사용한 금액의 두 배를 중앙선거관리위원회가 회수하거나 당해 연도에 정당에 지급할 보조금에서 감액하여 지급할 수 있도록 하였다.

정치자금법 제28조(보조금의 용도제한 등) ② 경상보조금을 지급받은 정당은 그 경상보조금 총액의 100분의 30 이상은 정책연구소 [「정당법」 제38조(정책연구소의 설치·운영)에 의한 정책연구소를 말한다. 이하 같다]에, 100분의 10 이상은 시·도당에 배분·지급하여야 하며, 100분의 10 이상은 여성정치발전을 위하여, 100분의 5 이상은 청년정치발전을 위하여 사용하여야 한다. 이 경우 여성정치발전을 위한 경상보조금의 구체적인 사용 용도는 다음 각 호와 같다.

1. 여성정책 관련 정책개발비
2. 여성 공직선거 후보자 지원 선거관계경비
3. 여성정치인 발굴 및 교육 관련 경비
4. 양성평등의식 제고 등을 위한 당원 교육 관련 경비
5. 여성 국회의원·지방의회의원 정치활동 지원 관련 경비
6. 그 밖에 여성정치발전에 필요한 활동비, 인건비 등의 경비로서 중앙선거관리위원회규칙으로 정하는 경비

③ 정당은 소속 당원인 공직선거의 후보자·예비후보자에게 보조금을 지원할 수 있으며, 제1항에도 불구하고 여성추천보조금은 여성후보자의, 장애인추천보조금은 장애인후보자의, 청년추천보조금은 청년후보자의 선거경비로 사용하여야 한다.

정치자금법 제29조(보조금의 감액) 중앙선거관리위원회는 다음 각호의 규정에 따라 당해 금액을 회수하고, 회수가 어려운 때에는 그 이후 당해 정당에 지급할 보조금에서 감액하여 지급할 수 있다.

1.~3. 생략
4. 제28조제3항의 규정에 의한 여성추천보조금, 장애인추천보조금 또는 청년추천보조금의 용도 외의 용도로 사용한 경우에는 용도를 위반한 보조금의 2배에 상당하는 금액

마. 지역구지방의원선거에서 여성 할당제

임기만료에 따른 지역구지방의원선거에 적용된다. 지역구시·도의원선거 또는 지역구자치구·시·군의원선거 중 어느 하나의 선거에 국회의원지역구(군 지역은 제외, 자치구의 일부지역이 다른 자치구 또는 군지역과 합하여 하나의 국회의원지역구로 된 경우에는 그 자치구의 일부지역도 제외)를 단위로 하여 1명 이상을 여성으로 추천하도록 의무화하고 있다. 따라서 강서구 전체와 북구의 화명1·2·3동, 덕천2동, 금곡동을 선거구역으로 하는 부산북구강서구을지역구의 경우 북구지역에 여성후보자 추천여부와 관계없이 강서구지역에는 여성후보자 1인 이상을 추천하여야 한다.[4] 또한 본 조항은 정당이 지역구시·도의원선거에만 후보자를 추천하는 경우에도 적용된다.[5]

본 조항 위반 시 그 정당이 추천한 해당 국회의원지역구의 지역구시·도의원후보자 및 지역구자치구·시·군의원 후보자의 등록을 모두 무효로 한다. 다만, 정당이 본 조 및 당헌·당규에서 정한 절차와 방법에 따라 적법하게 여성을 후보자로 추천하였으나, 그 추천을 받은 여성이 후보자로 등록하지 아니한 경우에는 후보자의 등록을 무효로 하지 아니하며,[6] 여성후보자가 선거운동기간 중 사퇴한 경우에도 등록무효사유에 해당되지 아니한다.[7]

2. 당내경선 여성추천 가산점제도

2018. 4. 16. 법 제57조의2 제2항 개정으로 여성이나 장애인 등에 대하여 당헌·당규에 따라 가산점 등을 부여하여 실시하는 경우도 후보자등록이 금지되는 당내경선에 포함되게 되었다.

> **제57조의2(당내경선의 실시)** ① 정당은 공직선거후보자를 추천하기 위하여 경선(이하 "당내경선"이라 한다)을 실시할 수 있다.
> ② 정당이 당내경선[당내경선(여성이나 장애인 등에 대하여 당헌·당규에 따라 가산점 등을 부여하여 실시하는 경우를 포함한다)의 후보자로 등재된 자(이하 "경선후보자"라 한다)를 대상으로 정당의 당헌·당규 또는 경선후보자간의 서면합의에 따라 실시한 당내경선을 대체하는 여론조사를 포함한다]을 실시하는 경우

4)   중앙선거관리위원회 2010. 3. 15. 회답
5)   중앙선거관리위원회 2014. 3. 13. 회답
6)   대법원 2011. 7. 14. 선고 2011우19 판결
7)   중앙선거관리위원회 2010. 3. 18. 회답

경선후보자로서 당해 정당의 후보자로 선출되지 아니한 자는 당해 선거의 같은 선거구에서는 후보자로 등록될 수 없다. 다만, 후보자로 선출된 자가 사퇴·사망·피선거권 상실 또는 당적의 이탈·변경 등으로 그 자격을 상실한 때에는 그러하지 아니하다.

제2절 장애인 관련 규율

1. 선거권행사의 보장

제6조(선거권행사의 보장) ① 국가는 선거권자가 선거권을 행사할 수 있도록 필요한 조치를 취하여야 한다. ② 각급선거관리위원회(읍·면·동선거관리위원회는 제외한다)는 선거인의 투표참여를 촉진하기 위하여 교통이 불편한 지역에 거주하는 선거인 또는 노약자·장애인 등 거동이 불편한 선거인에 대한 교통편의 제공에 필요한 대책을 수립·시행하여야 하고, 투표를 마친 선거인에게 국공립 유료시설의 이용요금을 면제·할인하는 등의 필요한 대책을 수립·시행할 수 있다. 이 경우 공정한 실시방법 등을 정당·후보자와 미리 협의하여야 한다.

선거관리위원회는 선거권 행사의 편의를 도모함과 동시에 장애인 등 거동이 불편한 선거인에의 투표참여를 위하여 교통편의 제공에 필요한 대책을 수립·시행하도록 의무화하고 있다. 이 과정에서 특정 정당이나 후보자에게 유·불리하게 작용할 수 있으므로, 선거관리위원회가 대책을 수립하여 시행하는 경우에 정당·후보자와 미리 협의하도록 하여 공정성을 유지하도록 하고 있다.

2. 기탁금 납부와 그 반환

제56조(기탁금) ① 후보자등록을 신청하는 자는 등록신청 시에 후보자 1명마다 다음 각 호의 기탁금(후보자등록을 신청하는 사람이 「장애인복지법」 제32조에 따라 등록한 장애인이거나 선거일 현재 29세 이하인 경우에는 다음 각 호에 따른 기탁금의 100분의 50에 해당하는 금액을 말하고, 30세 이상 39세 이하인

경우에는 다음 각 호에 따른 기탁금의 100분의 70에 해당하는 금액을 말한다)을 중앙선거관리위원회규칙으로 정하는 바에 따라 관할선거구선거관리위원회에 납부하여야 한다. 이 경우 예비후보자가 해당 선거의 같은 선거구에 후보자등록을 신청하는 때에는 제60조의2제2항에 따라 납부한 기탁금을 제외한 나머지 금액을 납부하여야 한다.

　1. 대통령선거는 3억원

　2. 지역구국회의원선거는 1천500만원

　2의2. 비례대표국회의원선거는 500만원

　3. 시·도의회의원선거는 300만원

　4. 시·도지사선거는 5천만원

　5. 자치구·시·군의 장 선거는 1천만원

　6. 자치구·시·군의원선거는 200만원

② 제1항의 기탁금은 체납처분이나 강제집행의 대상이 되지 아니한다.

③ 제261조에 따른 과태료 및 제271조에 따른 불법시설물 등에 대한 대집행비용은 제1항의 기탁금(제60조의2제2항의 기탁금을 포함한다)에서 부담한다.

④ 제1항에 따라 장애인 또는 39세 이하의 사람이 납부하는 기탁금의 감액비율은 중복하여 적용하지 아니한다.

제57조(기탁금의 반환 등) ① 관할선거구선거관리위원회는 다음 각 호의 구분에 따른 금액을 선거일 후 30일 이내에 기탁자에게 반환한다. 이 경우 반환하지 아니하는 기탁금은 국가 또는 지방자치단체에 귀속한다.

　1. 대통령선거, 지역구국회의원선거, 지역구지방의회의원선거 및 지방자치단체의 장선거

　　가. 후보자가 당선되거나 사망한 경우와 유효투표총수의 100분의 15 이상(후보자가 「장애인복지법」 제32조에 따라 등록한 장애인이거나 선거일 현재 39세 이하인 경우에는 유효투표총수의 100분의 10 이상을 말한다)을 득표한 경우에는 기탁금 전액

　　나. 후보자가 유효투표총수의 100분의 10 이상 100분의 15 미만(후보자가 「장애인복지법」 제32조에 따라 등록한 장애인이거나 선거일 현재 39세 이하인 경우에는 유효투표총수의 100분의 5 이상 100분의 10 미만을 말한다)을 득표한 경우에는 기탁금의 100분의 50에 해당하는 금액

　　다. 예비후보자가 사망하거나, 당헌·당규에 따라 소속 정당에 후보자로 추천하여 줄 것을 신청하였으나 해당 정당의 추천을 받지 못하여 후보자로 등록하지 않은 경우에는 제60조의2제2항에 따라 납부한 기탁금 전액

　2. 비례대표국회의원선거 및 비례대표지방의회의원선거

당해 후보자명부에 올라 있는 후보자중 당선인이 있는 때에는 기탁금 전액. 다만, 제189조 및 제190조의2에 따른 당선인의 결정 전에 사퇴하거나 등록이 무효로 된 후보자의 기탁금은 제외한다.

　장애인의 정치참여를 활성화하기 위하여 후보자등록을 하려는 사람이 장애인인 경우에는 기탁금을 현행의 50퍼센트로 완화하였다. 이어 기탁금 반환요건을 장애인인 경우에는 유효투표총수의 100분의 10 이상을 득표한 경우에는 기탁금 전액을 반환하도록 하였다.

3. 활동보조인 제도

제62조(선거사무관계자의 선임) ④ 중앙선거관리위원회규칙으로 정하는 장애인 예비후보자·후보자는 그의 활동을 보조하기 위하여 선거운동을 할 수 있는 사람 중에서 1명의 활동보조인(이하 "활동보조인"이라 한다)을 둘 수 있다. 이 경우 활동보조인은 제2항 및 제3항에 따른 선거사무원수에 산입하지 아니한다

규칙 제27조의3(활동보조인을 둘 수 있는 장애인 예비후보자·후보자의 범위) ① 법 제62조제4항에 따라 활동보조인을 둘 수 있는 장애인 예비후보자·후보자는 「장애인복지법」제32조에 따라 등록된 장애인으로서 「장애인복지법 시행규칙」 별표 1에 따른 장애인의 장애 정도 중 다음 각 호의 어느 하나에 해당하는 사람으로 한다.

1. 청각장애인 및 언어장애인 : 모든 장애인
2. 그 밖의 장애인 : 장애의 정도가 심한 장애인

② 제1항의 장애인 예비후보자·후보자가 활동보조인을 두려는 경우에는 법 제63조제1항에 따라 활동보조인의 선임신고를 하는 때에 제1항 각 호의 어느 하나에 해당하는 장애인임을 증명할 수 있는 장애인증명서등을 제출하여야 하되, 제24조제3항에 따라 기탁금을 납부하는 때에 제출한 경우에는 제출하지 아니할 수 있다.

　활동보조인은 2010. 1. 25. 법 개정 시 장애인 예비후보자 및 후보자의 활동을 보조하기 위하여 도입되었다. 장애인 예비후보자 및 후보자는 선거운동을 할 수 있는 사람 중에서 1명의 활동보조인을 둘 수 있다.

　장애인 예비후보자·후보자는 「장애인복지법」 제32조에 따라 등록된 장애인으로서 「장애인복지법 시행규칙」 별표 1에 따른 장애인의 장애 정도 중 청각장애인 및 언어장애인 경우에는 모든 장애인, 그 밖의 장애인 경우에는 장애의 정도가 심한 장애인에 해당하는 사람이다. 「국가유공자 등 예우 및 지원에 관한 법률」에 따라 국가유공자로 등록된 예비후보자 또는 후보자가 「공직선거관리규칙」 제27조의3 제1항 각 호에 규정된 「장애인복지법」의 장애인에 준하는 경우에는 활동보조인을 지정할 수 있다.[8] 활동보조인은 선거사무원수에 산입하지 않으며, 수당과 「공무원여비규정」 별표2의 제2호에 해당하는 실비(일비, 식비)를 지급할

---

8)　중앙선거관리위원회 2011. 8. 4. 회답

수 있다. 활동보조인(예비후보자로서 선임하였던 활동보조인 포함)의 수당과 실비는 국가가 부담한다. 장애인 예비후보자 및 후보자가 활동보조인을 두려는 경우에는 「장애인복지법」 및 「장애인복지법 시행규칙」에 따른 장애인등록증 사본이나 장애인증명서, 그 밖에 관공서가 발행한 장애인 증명서류를 함께 제출하여야 하되, 기탁금 감액 대상으로 해당 서류를 기제출한 경우 생략할 수 있다.

4. 점자형 선거공보

제65조(선거공보) ④ 후보자는 제1항의 규정에 따른 선거공보 외에 시각장애선거인(선거인으로서 「장애인복지법」 제32조에 따라 등록된 시각장애인을 말한다. 이하 이 조에서 같다)을 위한 선거공보(이하 "점자형 선거공보"라 한다) 1종을 제2항에 따른 책자형 선거공보의 면수의 두 배 이내에서 작성할 수 있다. 다만, 대통령선거·지역구국회의원선거 및 지방자치단체의 장선거의 후보자는 점자형 선거공보를 작성·제출하여야 하되, 책자형 선거공보에 그 내용이 음성·점자 등으로 출력되는 인쇄물 접근성 바코드를 표시하는 것으로 대신할 수 있다.

⑪ 후보자가 시각장애선거인에게 제공하기 위하여 책자형 선거공보의 내용을 음성·점자 등으로 출력되는 디지털 파일로 전환하여 저장한 저장매체를 책자형 선거공보(점자형 선거공보를 포함한다)와 같이 제출하는 경우 배부할 지역을 관할하는 구·시·군선거관리위원회는 이를 함께 발송하여야 한다.

점자형 선거공보는 2008. 2. 29. 책자형 선거공보 외에 시각장애인을 위하여 별도로 작성·발송하되 임의로 작성하도록 규정이 도입되었다. 2015. 8. 13. 법 개정 시 대통령·지역구국회의원 및 지방자치단체의 장선거에 한하여 점자형 선거공보를 의무적으로 제출하되, 책자형 선거공보에 음성출력이 가능한 전자적 표시를 하는 것으로 갈음할 수 있도록 하였다. 2018. 4. 6. 시각장애인이 음성 외에도 스마트폰 앱을 통해 점자형으로 접근할 수 있는 방법이 가능함에 따라 현행 규정과 같이 개정되었다. 2020. 12. 29. 법 개정을 통해 후보자가 시각장애선거인에게 제공하기 위하여 책자형 선거공보의 내용을 음성·점자 등으로 출력되는 디지털 파일로 전환하여 저장한 저장매체를 책자형 선거공보(점자형 선거공보를 포함)와 같이 제출하는 경우 배부할 지역을 관할하는 구·시·군선거관리위원회는 이를 함께 발송하도록 하였다.

점자형 선거공보의 둘째 면에는 후보자정보공개자료를 게재하여야 하며, 그 내용은 책자형 선거공보에 게재하는 내용과 같아야 한다. 다만, 점자형 선거공보의 경우는 후보자정보

공개자료를 게재하지 않았다 하여 선관위가 그 접수를 거부할 수는 없다. 법 제65조 제4항 단서를 위반하여 점자형 선거공보의 전부 또는 일부를 제출하지 아니한 사람은 1천만원 이하의 과태료에 처한다(법 제261조 제3항 제3호).

5. 공직후보자의 장애인추천보조금

정치자금법 제26조의2(공직후보자 장애인추천보조금) ① 국가는 임기만료에 의한 지역구국회의원선거, 지역구시·도의회의원선거 및 지역구자치구·시·군의회의원선거에서 장애인후보자(후보자 중 「장애인복지법」 제32조에 따라 등록된 자를 말한다. 이하 같다)를 추천한 정당에 지급하기 위한 보조금(이하 "장애인추천보조금"이라 한다)으로 최근 실시한 임기만료에 의한 국회의원선거의 선거권자 총수에 20원을 곱한 금액을 임기만료에 의한 국회의원선거, 시·도의회의원선거 또는 자치구·시·군의회의원선거가 있는 연도의 예산에 계상하여야 한다.

② 장애인추천보조금은 제1항에 따른 선거에서 장애인후보자를 추천한 정당에 대하여 다음 각 호에 따라 배분·지급한다. 이 경우 지역구시·도의회의원선거와 지역구자치구·시·군의회의원선거에서의 장애인추천보조금은 제1항에 따라 해당 연도의 예산에 계상된 장애인추천보조금의 100분의 50을 각 선거의 장애인추천보조금 총액으로 한다.

1. 장애인후보자를 전국지역구총수의 100분의 5 이상 추천한 정당에는 장애인추천보조금 총액의 100분의 50을 다음 기준에 따라 배분·지급한다.

   가. 배분대상 장애인추천보조금 총액의 100분의 40: 지급 당시 정당별 국회의석수의 비율

   나. 배분대상 장애인추천보조금 총액의 100분의 40: 최근 실시한 국회의원선거의 득표수 비율

   다. 배분대상 장애인추천보조금 총액의 100분의 20: 각 정당이 추천한 지역구 장애인후보자수의 합에 대한 정당별 지역구 장애인후보자수의 비율

2. 장애인후보자를 전국지역구총수의 100분의 3 이상 100분의 5 미만을 추천한 정당에는 장애인추천보조금 총액의 100분의 30을 제1호 각 목의 기준에 따라 배분·지급한다. 이 경우 하나의 정당에 배분되는 장애인추천보조금은 제1호에 따라 각 정당에 배분되는 장애인추천보조금 중 최소액을 초과할 수 없다.

3. 장애인후보자를 전국지역구총수의 100분의 1 이상 100분의 3 미만을 추천한 정당에는 장애인추천보조금 총액의 100분의 20을 제1호 각 목의 기준에 따라 배분·지급한다. 이 경우 하나의 정당에 배분되는 장애인추천보조금은 제2호에 따라 각 정당에 배분되는 장애인추천보조금 중 최소액을 초과할 수 없다.

③ 장애인추천보조금은 임기만료에 의한 지역구국회의원선거, 지역구시·도의회의원선거 또는 지역구자치구·시·군의회의원선거의 후보자등록마감일 후 2일 이내에 정당에 지급한다.

※ 장애인추천보조금 배분기준

구 분	배 분 기 준

1. 장애인후보자를 전국지역구 총수의 100분의 5 이상 추천한 정당	• 장애인추천보조금 총액의 100분의 50을 다음 기준에 따라 배분·지급
	   – 100분의 40은 지급 당시 정당별 국회의석수의 비율에 따라 배분·지급
	   – 100분의 40은 최근 실시한 임기만료에 따른 국회의원선거에서의 득표수의 비율에 따라 배분·지급
	   – 100분의 20은 각 정당이 추천한 지역구 장애인후보자수의 합에 대한 정당별 지역구 장애인후보자수의 비율에 따라 배분·지급

2. 장애인후보자를 전국지역구총수의 100분의 3 이상 100분의 5 미만을 추천한 정당	• 장애인추천보조금 총액의 100분의 30을 상기 제1호의 기준에 따라 배분·지급 • 이 경우 하나의 정당에 배분되는 장애인추천보조금은 제1호에 따라 각 정당에 배분되는 장애인추천보조금 중 최소액을 초과할 수 없음
3. 장애인후보자를 전국지역구총수의 100분의 1 이상 100분의 3 미만을 추천한 정당	• 장애인추천보조금 총액의 100분의 20을 상기 제1호의 기준에 따라 배분·지급 • 이 경우 하나의 정당에 배분되는 장애인추천보조금은 제2호에 따라 각 정당에 배분되는 장애인추천보조금 중 최소액을 초과할 수 없음

임기만료에 의한 지역구국회의원선거, 지역구시·도의회의원선거 및 지역구자치구·시·군의회의원선거에서 장애인후보자(후보자 중 「장애인복지법」 제32조에 따라 등록된 자를 말함)를 추천한 정당에 지급하기 위한 보조금이다. 장애인추천보조금은 장애인후보자의 선거경비로 사용하여야 하고, 이를 위반해 사용한 경우에는 용도를 위반해 사용한 금액의 두 배를 중앙선거관리위원회가 회수하거나 당해 연도에 정당에 지급할 보조금에서 감액하여 지급할 수 있도록 하였다.

제3절 청년 관련 규율

1. 기탁금 납부와 그 반환

청년의 정치참여를 활성화하기 위하여 후보자등록을 하려는 사람이 선거일 현재 29세 이하인 경우 기탁금을 현행의 50퍼센트로, 30세 이상 39세 이하인 경우 현행의 70퍼센트로 완화하였다. 이어 기탁금 반환요건을 선거일 현재 39세 이하인 경우에는 유효투표총수의

100분의 10 이상을 득표한 경우에는 기탁금 전액을, 39세 이하인 경우에 유효투표총수의 100분의 5 이상 100분의 10 미만을 득표한 경우에는 기탁금의 100분의 50에 해당하는 금액을 반환하도록 하였다(법 제56조, 제57조).

2. 공직후보자 청년추천보조금

정치자금법 제26조의3(공직후보자 청년추천보조금) ① 국가는 임기만료에 의한 지역구국회의원선거, 지역구시·도의회의원선거 및 지역구자치구·시·군의회의원선거에서 청년후보자(39세 이하 후보자를 말한다. 이하 같다)를 추천한 정당에 지급하기 위한 보조금(이하 "청년추천보조금"이라 한다)으로 최근 실시한 임기만료에 의한 국회의원선거의 선거권자 총수에 100원을 곱한 금액을 임기만료에 의한 국회의원선거, 시·도의회의원선거 또는 자치구·시·군의회의원선거가 있는 연도의 예산에 계상하여야 한다.

② 청년추천보조금은 제1항에 따른 선거에서 청년후보자를 추천한 정당에 대하여 다음 각 호에 따라 배분·지급한다. 이 경우 지역구시·도의회의원선거와 지역구자치구·시·군의회의원선거에서의 청년추천보조금은 제1항에 따라 해당 연도의 예산에 계상된 청년추천보조금의 100분의 50을 각 선거의 청년추천보조금 총액으로 한다.

  1. 청년후보자를 전국지역구총수의 100분의 20 이상 추천한 정당에는 청년추천보조금 총액의 100분의 50을 다음 기준에 따라 배분·지급한다.

    가. 배분대상 청년추천보조금 총액의 100분의 40: 지급 당시 정당별 국회의석수의 비율

    나. 배분대상 청년추천보조금 총액의 100분의 40: 최근 실시한 국회의원선거의 득표수 비율

    다. 배분대상 청년추천보조금 총액의 100분의 20: 각 정당이 추천한 지역구 청년후보자수의 합에 대한 정당별 지역구 청년후보자수의 비율

  2. 청년후보자를 전국지역구총수의 100분의 15 이상 100분의 20 미만을 추천한 정당에는 청년추천보조금 총액의 100분의 30을 제1호 각 목의 기준에 따라 배분·지급한다. 이 경우 하나의 정당에 배분되는 청년추천보조금은 제1호에 따라 각 정당에 배분되는 청년추천보조금 중 최소액을 초과할 수 없다.

  3. 청년후보자를 전국지역구총수의 100분의 10 이상 100분의 15 미만을 추천한 정당에는 청년추천보조금 총액의 100분의 20을 제1호 각 목의 기준에 따라 배분·지급한다. 이 경우 하나의 정당에 배분되는 청년추천보조금은 제2호에 따라 각 정당에 배분되는 청년추천보조금 중 최소액을 초과할 수 없다.

③ 청년추천보조금은 임기만료에 의한 지역구국회의원선거, 지역구시·도의회의원선거 또는 지역구자치구·시·군의회의원선거의 후보자등록마감일 후 2일 이내에 정당에 지급한다.

※ 청년추천보조금 배분기준

구 분	배 분 기 준
1. 청년후보자를 전국지역구총수의 100분의 20 이상 추천한 정당	• 청년추천보조금 총액의 100분의 50을 다음 기준에 따라 배분·지급 － 100분의 40은 지급 당시 정당별 국회의석수의 비율에 따라 배분·지급 － 100분의 40은 최근 실시한 임기만료에 따른 국회의원선거에서의 득표수의 비율에 따라 배분·지급 － 100분의 20은 각 정당이 추천한 지역구 청년후보자수의 합에 대한 정당별 지역구 청년후보자수의 비율에 따라 배분·지급
2. 청년후보자를 전국지역구총수의 100분의 15 이상 100분의 20 미만을 추천한 정당	• 청년추천보조금 총액의 100분의 30을 상기 제1호의 기준에 따라 배분·지급 • 이 경우 하나의 정당에 배분되는 청년추천보조금은 제1호에 따라 각 정당에 배분되는 청년추천보조금 중 최소액을 초과할 수 없음
3. 청년후보자를 전국지역구총수의 100분의 10 이상 100분의 15 미만을 추천한 정당	• 청년추천보조금 총액의 100분의 20을 상기 제1호의 기준에 따라 배분·지급 • 이 경우 하나의 정당에 배분되는 청년추천보조금은 제2호에 따라 각 정당에 배분되는 청년추천보조금 중 최소액을 초과할 수 없음

　　임기만료에 의한 지역구국회의원선거, 지역구시·도의회의원선거 및 지역구자치구·시·군의회의원선거에서 청년후보자(39세 이하 후보자를 말함)를 추천한 정당에 지급하기 위한 보조금이다. 청년추천보조금은 청년후보자의 선거경비로 사용하여야 하고, 이를 위반해 사용한 경우에는 용도를 위반해 사용한 금액의 두 배를 중앙선거관리위원회가 회수하거나 당해 연도에 정당에 지급할 보조금에서 감액하여 지급할 수 있도록 하였다.

제4절 18세 이하 학생 관련 규율

제16조(피선거권) ① 선거일 현재 5년 이상 국내에 거주하고 있는 40세 이상의 국민은 대통령의 피선거권이 있다. 이 경우 공무로 외국에 파견된 기간과 국내에 주소를 두고 일정기간 외국에 체류한 기간은 국내거주기간으로 본다.
② 18세 이상의 국민은 국회의원의 피선거권이 있다.

제17조(연령산정기준) 선거권자와 피선거권자의 연령은 선거일 현재로 산정한다.

제60조(선거운동을 할 수 없는 자) ① 다음 각 호의 어느 하나에 해당하는 사람은 선거운동을 할 수 없다. 다만, 제1호에 해당하는 사람이 예비후보자·후보자의 배우자인 경우와 제4호부터 제8호까지의 규정에 해당하는 사람이 예비후보자·후보자의 배우자이거나 후보자의 직계존비속인 경우에는 그러하지 아니하다.

　　1. 생략

　　2. 미성년자(18세 미만의 자를 말한다. 이하 같다)

정당법 제22조(발기인 및 당원의 자격) ① 16세 이상의 국민은 공무원 그 밖에 그 신분을 이유로 정당가입이나 정치활동을 금지하는 다른 법령의 규정에 불구하고 누구든지 정당의 발기인 및 당원이 될 수 있다. 다만, 다음 각 호의 어느 하나에 해당하는 자는 그러하지 아니하다.

정치자금법 제8조(후원회의 회원) ① 누구든지 자유의사로 하나 또는 둘 이상의 후원회의 회원이 될 수 있다. 다만, 제31조(기부의 제한)제1항의 규정에 의하여 기부를 할 수 없는 자와 「정당법」 제22조(발기인 및 당원의 자격)의 규정에 의하여 정당의 당원이 될 수 없는 자는 그러하지 아니하다.

1. 개요

　2019년 선거권 연령이 19세 이상에서 18세 이상으로 조정되었음에도 피선거권 연령은 25세로 유지되어 청년의 정치적 권리와 참여가 제대로 보장되지 못하고 있다는 지적이 제기되어 왔으며, OECD 36개국 중 31개국이 국회의원(양원제 국가 중 일부 상원 제외) 피선거권을 18~21세로 정하고 있는 점 등을 고려하여 2022.1.18. 법 개정을 통해 국회의원, 지방자치단체의 장 및 지방의회의원의 피선거권 연령을 현행 25세 이상에서 18세 이상으로 조정하였다.

　또한 舊 정당법은 정당의 당원이 될 수 있는 사람의 자격을 국회의원 선거권이 있는 자로 규정하여 18세 이상의 국민에게만 정당의 가입을 허용하고 있으나, 외국의 경우 정당 가입을 통한 정치활동을 폭넓게 보장하기 위하여 정당 가입 연령을 낮게 규정하고 있고(영국의 노동당 15세, 독일의 기민당 16세, 사민당 14세), 프랑스와 호주의 경우 일부 정당들은 당원 가입에 연령 제한이 없는 점과 법 개정으로 18세 청소년도 국회의원, 지방자치단체의 장 및 지방의회의원 선거에 출마할 수 있게 된 바, 해당 선거에 출마하고자 하는 청소년이 정당에 가입하여 정당추천후보자로서 공직선거에 출마할 수 있는 길을 열어주어야 할 필요성이 있어, 2022. 1. 21. 정당법 개정을 통해 정당의 당원이 될 수 있는 사람의 연령을 16세 이상으로 하향조정하였다.

2. 중앙선거관리위원회 행정해석

① 고등학교 학생회의 후보자 초청 대담·토론회 개최

고등학교 학생회가 자체 계획과 경비로 「공직선거법」 제81조에 따라 후보자 등 초청 대담·토론회를 개최할 수 있으나, 고등학교가 해당 대담·토론회의 개최에 소요되는 비용을 지원하는 등 그 토론회를 후원하는 것은 행위 양태에 따라 같은 법 제9조, 제81조 제1항, 제85조 제1항, 제87조 제1항 또는 제254조 등에 위반될 것임(2020. 3. 31. 회답).

② 교육청 등의 청소년 대상 국회의원선거 모의투표 실시

1. 일반 단체가 교육청이나 학교 또는 교원의 참여 없이 학생 모집을 스스로 하는 등 자체 계획과 경비로 행하는 모의투표(실제 정당·후보자에 대한 모의투표를 말함. 이하 같음)를 학교에서 「공직선거법」 제108조를 준수하여 실시하는 것은 같은 법에 위반되지 아니하나, 선거가 임박한 시기에 교원이 교육청의 계획 하에 학생(선거권이 없는 학생을 포함함)을 대상으로 모의투표를 실시하는 것은 행위 주체 및 양태에 따라 선거에 영향을 미치게 하기 위한 행위에 이르러 「공직선거법」 제9조·제85조 제1항·제86조 제1항에 위반될 수 있음.

2. 일반 단체가 학생을 대상으로 모의투표를 실시하기 위하여 「초·중등교육법」 제11조에 따라 학교 시설 등 이용 요청을 하고, 학교의 장이 그의 결정 또는 시·도의 교육규칙으로 정하는 바에 따라 단순히 학교의 시설 이용을 허가해 주는 것만으로는 「공직선거법」에 위반되지 아니함.

3. 교육청이 각급 학교를 대상으로 또는 각급 학교가 소속 학생을 대상으로 일반 단체의 요청 사실(모의투표와 관련된 정보 및 안내자료)을 관계 법령 등에 따라 종전의 방법과 범위에서 안내하는 것만으로는 「공직선거법」에 위반되지 아니함. 다만, 이를 안내하는 과정에서 교육청이나 학교 또는 교원이 모의투표에 참여할 학생을 모집하는 등 모의투표 실시에 관여하는 행위가 부가되어서는 아니 될 것임(2020. 2. 26. 회답).

피선거권 및 정당가입 연령 하향에 따른 정치관계법 운용기준[9]

① 선거운동 관련

- (예비)후보자 등록
⇨ (예비)후보자 등록 당시 18세에 달하지 아니하더라도 선거일 기준 18세인 경우 (예비)후보자 등록이 가능함.

- 18세 미만인 학생의 선거운동
⇨ 선거운동을 하는 때에 18세 미만인 학생은 선거운동을 할 수 없음. 다만, 선거일 기준 18세로 피선거권이 인정되어 예비후보자로 등록한 후에는 예비후보자의 선거운동 방법(공직선거법 제60조의3) 또는 상시 허용되는 방법(법 제59조)으로 선거운동을 할 수 있음.

- 말로 하는 선거운동
⇨ 선거운동을 할 수 있는 학생은 선거일이 아닌 때에 개별적으로 말로 하는 선거운동을 할 수 있으나, 교실 마이크나 학교방송 등 확성장치를 이용하거나 학교 운동장 등에서 이루어지는 옥외집회에서 다중을 대상으로 선거운동을 할 수 없음(법 제59조 제4호).

② 정당활동 관련

- 정당 가입 및 당직 취임
⇨ 정당에 입당하는 때에 16세 이상인 학생은 정당의 당원이 될 수 있고, 당직에 취임할 수 있음.

- 18세 미만인 학생의 경선운동
⇨ 18세 미만인 학생은 선거운동을 할 수 없으므로, 당원이라 할지라도 당내경선에서 경선운동을 할 수 없음. 다만, 소속 당원만을 대상으로 하는 당내경선에서는 경선운동을 할 수 있음(법 제57조의6 제1항).

- 18세 미만인 학생의 행위능력(피선거권이 있는 경우)
⇨ (예비)후보자로 등록한 18세 이상 19세 미만 학생은 법정대리인의 동의를 받지 않고도 「공직선거법」의 공법상 행위를 할 수 있음.
⇨ 다만, 「민법」상 미성년자로서 선거운동용 차량·장비·물품의 구입·임차 등 사법상 계약행위를 하는 경우에는 ⅰ) 법정대리인의 동의를 받거나, ⅱ) 범위를 정하여 법정대리인으로부터 처분의 허락을 받거나, ⅲ) 성년인 회계책임자를 선임하여야 할 것임.

- 18세 미만인 자의 정당가입
⇨ 18세 미만인 사람이 입당신청을 하는 경우에는 법정대리인의 동의를 받아야 함(정당법

---

9)   중앙선거관리위원회. '피선거권 및 정당가입 연령하향에 따른 정치관계법 운용기준'(2022. 1. 25.)

제23조 제1항).

- 학교 관리자의 제한

⇨ 학교에서의 질서유지와 학생의 학습권 및 교사의 교육권 보장을 위하여 학교 관리자인 학교의 장이 교육 관계 법령 또는 내부 지침 등에 따라 학교 내 선거운동을 위한 출입을 제한·통제하거나 학교 시설의 이용을 거부하는 것만으로는 「공직선거법」에 위반되지 아니하는바(2020. 2. 18. 회신), 학교 내에서의 선거운동 및 정당활동은 학교 관리자의 의사에 반하지 아니하는 한도에서 가능할 것임.

학생 등의 선거운동·정당활동 관련 정치관계법 사례[10]

1. 학생(18세)의 선거운동과 관련된 사례 Q&A

① 할 수 있는 사례 관련 Q&A

(1) 투표 할 수 있는 나이

Q	고등학교 3학년이면 2026년 6월 3일에 실시하는 제9회 전국동시지방선거에서 투표를 할 수 있나요?
A	제9회 전국동시지방선거의 경우 2008년 6월 4일 이전에 태어난 학생은 투표할 수 있으나, 2008년 6월 5일 이후에 태어난 학생은 투표할 수 없습니다.

(2) 선거운동이란?

Q	신문에서 18세 학생은 선거운동을 할 수 있다고 하던데, 어떤 행위가 선거운동인지 궁금합니다.
A	선거운동이란 선거에서 당선시키거나 낙선시키려고 하는 행위로서, 예를 들어 친구에게 OOO후보자(후보자가 되려고 하는 사람도 포함하며, 다른 질문에서도 동일합니다.)에게 투표하자고 권유하거나, OOO후보자를 국회의원으로 만들자고 하거나, 또는 OOO후보자를 지지해달라고 말하는 행위가 있습니다. 또한 친구에게 후보자의 선거공약을 카카오톡으로 보내거나, 홍보 인쇄물을 나눠주는 것과 같이 후보자에 대해 좋은 이미지를 주위 사람들에게 주려고 하는 행위도 시기나 방법에 따라 선거운동에 해당할 수 있습니다. 어떠한 행위가 선거운동에 해당되는지 궁금한 경우 선거관리위원회(전화번호 : 1390)로 연락하시면 담당자의 상담을 받을 수 있습니다.

(3) 선거운동을 할 수 있는 나이

---

10) 중앙선거관리위원회, '학생 등의 선거운동·정당활동 관련 정치관계법 사례 안내'(2024. 2.)

Q	올해 고등학교 3학년이 됩니다. 공직선거에서 투표를 할 수 있다면 선거운동도 할 수 있는 건가요?
A	공직선거에서 투표를 할 수 있는 학생이라도, 선거운동을 하는 시점에 18세가 되지 않았다면 선거운동을 할 수 없습니다.

(4) 선거운동을 할 수 있는 기간

Q	선거운동방법에는 여러가지가 있는 것 같은데, 선거운동은 언제든지 할 수 있는 것인가요?
A	선거운동은 법으로 정해진 선거운동기간에만 할 수 있습니다. 예외적으로 문자메시지나 인터넷 홈페이지, SNS를 이용한 선거운동은 선거일을 포함해 언제든지 할 수 있습니다.

(5) 말로 하는 선거운동

Q	공직선거에서 OOO후보자를 지지하는데, 반 친구에게 OOO후보자를 찍어달라고 말하고 싶습니다. 가능한지요?
A	선거운동을 할 수 있는 사람은 선거일이 아닌 때에 말로 하는 선거운동을 할 수 있습니다. 다만, 확성장치를 사용하거나 옥외집회에서 다중을 대상으로 말로 하는 선거운동은 할 수 없으며, 선거운동 목적의 집회를 개최하여 말로 하는 선거운동을 할 수 없습니다.

(6) 문자메시지를 이용한 선거운동

Q	OOO후보자의 선거공약이 학교 현실에 잘 맞는다고 생각했습니다. 그래서 친구들에게 OOO후보자의 선거공약을 정리해서 이번 선거 때 OOO후보자를 찍자는 내용의 문자메시지를 보낼 생각입니다.
A	선거운동을 할 수 있는 18세 이상의 학생이라면 문자메시지를 이용한 선거운동은 언제나 (선거일 포함) 할 수 있습니다. 다만, 문자메시지는 한 번 전송할 때 받는 사람이 20명을 초과해서는 안 되며, 프로그램을 이용하여 받는 사람을 자동으로 선택해 전송하는 방식을 사용할 수 없습니다.

(7) 소품을 이용한 선거운동

Q	이번 선거의 선거운동기간 중 ○○○후보자를 위해 소품을 만들어 선거운동을 할 수 있을까요?
A	선거운동을 할 수 있는 18세 이상의 학생은 선거운동기간 중에 본인의 부담으로 제작 또는 구입한 소품을 몸에 붙이거나 지니고 선거운동을 할 수 있습니다. 규격은 길이 25㎝, 너비 25㎝, 높이 25㎝ 이내이어야 합니다.

(8) 예비후보자의 선거사무원 활동

Q	설날에 친척들이 모인 자리에서 삼촌이 이번 국회의원선거에서 예비후보자로 등록했다는 이야기를 들었습니다. 부모님과 상의한 후에 삼촌의 선거운동을 돕고 싶은데 어떤 방법이 있는지요?
A	18세 이상인 학생은 예비후보자의 선거사무원으로 선임되어 학교 밖에서 예비후보자와 함께 예비후보자의 명함을 주거나 투표해달라고 권유하는 등 『공직선거법』이 정한 방법으로 선거운동을 할 수 있습니다.

(9) 전화를 이용한 선거운동

Q	친한 친구들에게 전화로 '○○○후보자에게 투표해 달라.'고 권유할 생각입니다. 주의해야 할 점이 있는지요?
A	18세 이상인 학생은 선거일이 아닌 때에 전화(송·수화자 간 직접 통화하는 방식에 한정하며, 컴퓨터를 이용한 자동 송신장치를 설치한 전화는 제외)를 이용하여 선거운동을 할 수 있습니다.

(10) 페이스북·트위터·유튜브·카카오톡을 이용한 선거운동

Q	제 페이스북이나 트위터에 ○○당이나 ○○○후보자를 지지한다는 글을 올리거나, 유튜브에 제가 만든 정당, 후보자 지지 영상을 게시하려고 합니다. 또 페이스북에 올린 글이나 유튜브에 올린 영상의 URL주소 링크를 저희 반 친구들 단톡방에 올려도 되나요?
A	18세 이상인 학생은 페이스북, 트위터, 카카오톡, 유튜브를 이용하여 선거일을 포함해 언제든지 선거운동을 할 수 있습니다.

(11) 투표 인증샷 촬영 ①

Q	인생 첫 투표 기념을 하고 싶은데, 사전 투표소에서 인증샷을 찍어도 되나요?
A	투표소 안에서 인증샷(엄지손가락, V자 표시 등) 촬영은 원칙적으로 금지됩니다. 다만 투표소 밖에서 촬영하는 것은 가능합니다.

(12) 투표 인증샷 촬영 ②

Q	(사전)투표소 입구에서 투표참여 인증샷을 촬영하여 이를 SNS에 게시하거나 공유(퍼나르기)할 수 있나요?
A	선거운동을 할 수 있는 18세 이상인 학생은 기호를 나타내는 인증샷(엄지손가락, V자 표시 등)을 촬영하여 카카오톡, 페이스북, 트위터, 인스타그램에 올려 친구들과 공유할 수 있습니다. 다만, 선거운동을 할 수 없는 18세 미만인 학생은 기호를 나타내는 인증샷을 올리거나 공유할 수 없습니다.

② 할 수 없는 사례 관련 Q&A

(1) 누구에게 투표할 것인지 물어보는 행위

Q	공직선거에 투표권이 있는 학생입니다. 같은 반 친구가 저에게 어느 정당·후보자에게 투표할건지 계속 물어보고 있습니다. 처음에는 넘어갔는데, 반복해서 물어보니 저도 좀 짜증이 나는데, 어떻게 질문을 안 하게 할 방법이 없을까요?
A	친구에게는 어느 정당·후보자에게 투표할 것인지 묻는 것은 투표의 비밀을 침해할 수 있다는 점을 알려주고 정중히 거절하도록 합시다.

(2) 선거운동을 위해 다른 교실에 가는 행위

Q	평소 ○○○후보자를 지지하고 있어 선거운동을 하려고 합니다. 쉬는 시간, 점심시간을 이용하여 같은 반 친구들에게 선거운동을 하고, 다른 반도 계속 돌아다니며 친구들에게 ○○○후보자를 투표해달라고 권유하려고 합니다. 가능한지요?
A	질문과 같이 다른 교실을 계속적으로 돌아다니면서 선거운동을 할 수 없습니다.

(3) 인쇄물 나눠주는 행위

Q	전부터 OO당 후보자의 대학입시와 관련된 공약을 찬성해 왔습니다. OO당의 홈페이지에 올라가 있는 OO당 후보자의 대학입시공약 홍보책자(OO당과 후보자의 명칭이 기재되어 있습니다)를 출력해 친구들에게 나눠주고, 이번 선거에서 OO당 후보자에게 투표하자고 권유할 생각입니다.
A	질문과 같이 특정 정당, 후보자의 선거공약이 기재된 인쇄물을 나눠주면서 선거운동을 할 수 없습니다.

(4) 현수막·배지를 사용하는 행위

Q	OOO후보자의 교육정책이 맘에 들어 OOO후보자를 위하여 '교육은 OOO후보자에게!'라는 현수막을 만들어 교문 위에 걸 수 있는지요?
A	질문과 같이 특정 정당, 후보자의 이름, 기호가 기재된 현수막을 걸 수 없습니다.

(5) 포스터를 붙이는 행위

Q	공직선거에서 OO당을 지지하고 있는데, 선거에서 OO당의 후보자들을 위하여 OO당 후보자의 명칭·로고와 선거공약이 기재된 포스터를 만들어 학교 복도에 붙이려고 합니다. 가능한지요?
A	질문과 같이 특정 정당, 후보자의 명칭·로고와 선거공약이 기재된 포스터를 붙일 수 없습니다.

(6) 선거운동 노래를 틀어주는 행위

Q	OO당을 지지하고 있는 18세 학생입니다. OO당 홈페이지에 게시된 OO당 선거유세노래를 다운받아서 쉬는 시간에 스마트폰으로 틀어놓고 같은 반 친구들에게 OO당에게 투표해달라고 할 생각입니다. 할 수 있는지요?
A	스마트폰으로 선거유세노래를 여러 사람이 들을 수 있도록 틀어놓고 특정 정당·후보자에게 투표해달라고 할 수 없습니다.

(7) 동아리 명칭 등을 사용하는 행위 ①

Q	제가 회장으로 있는 학교 그림 동아리에서 'OO동아리는 이번 선거에서 OOO후보자를 지지합니다.' 또는 'OO동아리 대표(회장) OOO은 이번 선거에서 OO당을 지지합니다.' 라는 표현을 써서 선거운동을 할 수 있는지요?
A	'OO동아리' 또는 'OO동아리 대표(회장) OOO'라는 표현을 써서 선거운동을 할 수 없습니다.

(8) 동아리 명칭 등을 사용하는 행위 ②

Q	학교 댄스 동아리에서 활동하고 있는 18세 학생입니다. 저희 동아리에서는 평소 청소년의 권익보호를 위해 활발히 활동하고 있는 OOO후보자를 위해 'OO동아리는 OOO후보자를 지지한다.'는 내용의 영상을 만들어 유튜브에 올리려고 합니다. 가능한지요?
A	동아리 명칭 또는 동아리 대표(회장) 명칭을 써서 선거운동을 할 수 없습니다.

(9) 허위사실을 퍼트리는 행위

Q	전부터 OOO후보자를 좋아하지 않았는데, OOO후보자를 떨어뜨리기 위해 OOO후보자가 학생들에게 불이익한 공약을 개발해서 공표하였다고 카카오톡을 통해 제 친구들에게 보내려고 합니다. 거짓말이지만 전 선거운동을 할 수 있으니 문제없을 것 같은데 가능한지요?
A	질문과 같이 낙선시킬 목적으로 후보자에게 불리한 거짓의 사실을 퍼트리는 행위는 금지됩니다.

(10) 투표 대가로 금품 등을 주고받는 행위

Q	같은 반 친구가 '게임 아이템을 주겠다.' 라고 하면서 '그 대신에 선거에서 OOO후보자에게 투표해줘.'라고 하는데, 아이템을 받아도 괜찮나요?
A	정당, 후보자를 찍어주는 대가로 게임 아이템 등 재산상 이익이 되는 일체의 것을 주거나 받아서는 안 됩니다.

(11) 정당·후보자가 주는 금품을 받는 행위

Q	후보자에게서 답장을 보내면 카카오톡으로 선물을 준다는 문자메시지를 받았는데, 답장을 보내고 선물을 받아도 되나요?
A	정당·후보자로부터 카카오톡 선물 등 재산상 이익이 되는 일체의 것을 받아서는 안됩니다.

(12) 당선되면 금품을 주겠다고 하거나 승낙하는 행위

Q	SNS를 이용하여 "○○후보자가 당선되면 □□ 커피 기프티콘을 쏘겠습니다. 아마 받게 되실 겁니다. 100명 선착순으로 쪽지주세요."라고 제 지인들에게 보내거나, 다른 사람이 보낸 것을 승낙해도 괜찮나요?
A	정당, 후보자를 위하여 기프티콘 등 재산상 이익이 되는 일체의 것을 주거나, 주겠다는 약속을 하거나, 받거나 또는 받겠다고 승낙하는 행위를 해서는 안 됩니다.

(13) 투표인증의 대가를 주고받는 행위

Q	제 친구가 투표인증 하면 무료 음료·식사권을 주겠다고 하는데, 괜찮나요?
A	투표인증의 대가로 재산상 이익이 되는 일체의 것을 제공하거나 제공 받을 수 없습니다.

(14) 자원봉사자가 대가를 받는 행위

Q	후보자 사무실에서 자원봉사자로 선거운동을 돕고 있는 학생입니다. 전부터 좋아하는 후보자라 열심히 활동했는데, 선거사무장님이 고맙다면서 문화상품권을 주셨습니다. 받아도 되는 건가요?
A	자원봉사자가 선거운동의 대가로 문화상품권, 돈 등 재산상 이익이 되는 일체의 것을 주거나 받아서는 안 됩니다.

(15) 카카오톡을 이용한 지지도 조사

Q	제가 사는 곳에 ○○○후보자와 □□□후보자가 있습니다. 저희 반에서 어떤 후보자를 더 많이 지지하는지 알아보고 싶어서 같은 반 친한 친구들을 초대해 카카오톡 단톡방을 만들어 지지하는 후보자에게 투표를 하는 방법으로 저희 반이 지지하는 후보자를 알아보려고 합니다.

A	질문과 같이 카카오톡을 이용하여 후보자 지지도를 알아보는 투표를 실시할 수 없습니다.

(16) 투표용지 모형을 사용한 지지도 조사

Q	저희 학교는 3월에 개학을 하는데, 개학을 하면 선거에 사용되는 투표용지와 유사한 모의 투표용지를 만들어서 반 친구들에게 나눠주고 지지하는 후보자에게 투표하는 방법으로 후보자 지지도를 조사하려고 합니다.
A	질문과 같이 실제 투표용지와 유사한 모의 투표용지를 만들어서 투표하는 방식으로 후보자에 대한 지지도를 조사할 수 없습니다.

(17) 기표소 내 투표지 촬영

Q	(사전)투표소에서 특정 정당·후보자에게 기표한 투표지를 촬영하여 인터넷에 게시·전송·공유해도 되나요?
A	누구든지 기표소 안에서 투표지를 촬영할 수 없습니다.

2. 학생(16~18세)의 당원활동과 관련된 사례 Q&A

(1) 정당가입 및 당비납부

Q	청소년 권익 향상에 힘쓰는 OO정당을 위해 활동을 하고 싶은데, 어떠한 것을 할 수 있을까요?
A	16세 이상인 학생의 경우 정당의 당원으로 가입하여 활동할 수 있으며, 당비를 납부할 수 있습니다. 다만, 16세 이상 18세 미만의 학생이 정당에 가입하려는 경우 부모님 등 법정대리인의 동의서를 받아야 합니다. 또한 정당활동이라 하더라도 선거법이 금지하고 있는 위법한 선거운동에 이르러서는 안 되며, 학교 내에서의 정당활동은 학교관리자(교장)의 의사에 반하지 않는 한도에서 할 수 있습니다.

(2) 학생의 경선운동 ①

Q	OO정당의 당원으로 활동하고 있는 학생입니다. OO정당 공직선거 후보 선출 경선을 당원투표와 일반 국민들을 대상으로 한 여론조사결과를 합산하여 한다는 연락을 받았습니다. 제가 지지하는 후보자를 위해 경선운동을 하고 싶은데 어떤 방법이 있으며 경선운동 시에 주의하여야 할 점이 있는지요?

A	질문의 OO정당 공직선거 후보 선출 경선과 같이 당원과 당원이 아닌 자에게 투표권을 부여하여 하는 경선의 경우 경선운동시 18세 이상의 학생은 말(言)로 하거나 직접 전화 통화 하는 방법으로 경선운동을 할 수 있습니다. 문자메시지, 카카오톡 메시지를 전송하는 방법으로도 경선운동을 할 수 있으며, 지지하는 경선 후보자의 페이스북, 인스타그램 등 SNS에 지지댓글을 다는 등 인터넷을 이용하여 경선운동을 할 수 있습니다. 다만, 18세 미만의 학생은 정당의 당원이라 하더라도 질문과 같이 당원과 당원이 아닌 사람에게 투표권을 주는 경선에서는 경선운동을 할 수 없습니다.

(3) 학생의 경선운동 ②

Q	저는 고등학교 1학년입니다(16세). 제가 속한 □□정당에서는 이번 공직선거 후보를 당원들만의 투표로 선출한다고 발표 했습니다. 제가 할 수 있는 경선운동방법은 무엇이 있는지요?
A	16세 이상의 학생도 소속 당원을 대상으로 정당에서 정하는 방법으로 경선운동을 할 수 있습니다. 각 정당별로 경선운동방법을 다르게 정할 수 있으므로 상세한 경선운동방법에 관하여는 소속정당에 문의하시기 바랍니다.

(4) 정당가입 권유시 주의점 ①

Q	OO정당 당원인 고등학생입니다. 소속 정당과는 관계없이 개인적으로 친구들을 제가 활동하고 있는 OO정당에 가입시키고 싶은데 주의하여야 할 점이 있는지요?
A	당원가입 권유는 자유롭게 할 수 있으나, 당원가입 권유시에는 친구들의 의사를 존중해야 합니다.

(5) 정당가입 권유시 주의점 ②

Q	OO정당 당원인 고등학생입니다. 친구가 저희 정당 공직선거 후보자 선출 경선을 앞두고 자기도 후보자 경선에 참여하고 싶어 OO정당에 가입하고 싶은데 당비를 낼 돈이 없는 상황이라 당원인 제가 정당가입 대가로 대신 당비를 내주고 싶은데 가능한지요?
A	질문과 같이 선거를 앞두고 당원이 정당에 납부하여야 할 당비를 대신 납부해주는 행위는 당비 상당의 재산상 이익이 제공된 것으로서 선거법이 금지하는 기부행위에 해당되어 금지됩니다.

(6) 후원금 기부 방법 안내

Q	공직선거에서 제가 속한 정당이 추천한 후보자를 위하여 주위 친구들에게 후원회에 기부금을 내는 방법을 알려주고 싶습니다.
A	주위 친구들에게 말로 후원회에 후원금 기부하는 방법을 알려주거나 문자메시지로 후원회 계좌, 홈페이지 주소를 전송하는 등 선거법에 위반되지 않는 방법으로 후원금 기부 방법을 안내할 수 있습니다. 다만 선거운동을 할 수 없는 18세 미만의 학생의 경우 선거운동에 이르지 않는 범위내에서 후원회 기부방법을 안내하여야 함을 유의하시기 바랍니다.

3. 교원·학교의 활동과 관련된 위반사례 Q&A

(1) 특정 정당·후보자 지지·반대

Q	교원이 특정 학생의 정치적 성향을 공개적으로 비판하며 특정 정당·후보자를 지지(반대)하라고 할 수 있는지요?
A	질문과 같은 행위는 선거에 영향을 미치는 행위 또는 선거운동에 해당되므로 금지됩니다. 특히 국(공)립학교 교원의 경우에는 공무원의 지위를 이용한 선거운동에 해당되어 금지됩니다.

(2) 특정 후보자 공약사항 등 공유

Q	제가 담임으로 있는 반의 공지사항을 올리는 단톡방(반 학생들이 참가하고 있음)에 ○○○후보자의 공약사항, 선거벽보, 선거공보 파일을 올리면서, 다른 반의 학생들에게도 전달해 달라고 할 수 있는지요?
A	선거에 영향을 미치는 행위 또는 선거운동으로서 금지됩니다. 또한 국(공)립학교 교원의 경우에는 공무원의 지위를 이용한 선거운동에 해당 할 수 있습니다.

(3) 특정 후보자 지지 부탁

Q	학생에게 수업시간에 '집에 가서 부모님께 ○○○후보자를 찍자고 말씀드려라.' 라고 할 수 있는지요?

A	선거에 영향을 미치는 행위 또는 선거운동으로서 금지됩니다. 또한 국(공)립학교 교원의 경우에는 공무원의 지위를 이용한 선거운동에 해당 할 수 있습니다.

(4) 학생 대상 특정 정당 공약 등 언급

Q	학생에게 '이번 선거에서 OO당의 교육공약이 좋으니 OO당을 선택해야 우리나라 교육이 발전한다.'고 말해도 되는지요?
A	선거에 영향을 미치는 행위 또는 선거운동으로서 금지됩니다. 또한 국(공)립학교 교원의 경우에는 공무원의 지위를 이용한 선거운동에 해당 할 수 있습니다.

(5) (예비)후보자 업적 홍보

Q	학생들에게 (예비)후보자를 소개하고 정부에서 큰 상을 받았다는 등 업적을 홍보할 수 있는지요?
A	선거에 영향을 미치는 행위 또는 선거운동으로서 금지됩니다. 또한 국(공)립학교 교원의 경우에는 공무원의 지위를 이용한 선거운동에 해당 할 수 있습니다.

(6) 학생 대상 특정 후보자 홍보 부탁

Q	제 친구가 입후보해서 도와주고 싶은데 학생들에게 '정말 좋은 사람이다. 주위 친구들에게도 좋은 사람이라고 널리 알려줬으면 좋겠다.'라고 말해도 되는지요?
A	선거에 영향을 미치는 행위 또는 선거운동으로서 금지됩니다. 또한 국(공)립학교 교원의 경우에는 공무원의 지위를 이용한 선거운동에 해당 할 수 있습니다.

(7) 특정 후보자의 강연회 등 참석 권유

Q	동아리 고문을 맡고 있는 교원입니다. OOO후보자가 참 좋은 사람 같은데, 동아리 학생들에게 OOO후보자의 강연회·출판기념회 등 행사일정·개최장소가 있는 일정표를 보내고 OOO후보자의 공약이 좋은 것이 많으니 주말에 한 번 가서 들어보면 큰 도움이 될 것이라고 말해도 되는지요?

| A | 선거에 영향을 미치는 행위 또는 선거운동으로서 금지됩니다.
또한 국(공)립학교 교원의 경우에는 공무원의 지위를 이용한 선거운동에 해당 할 수 있습니다. |

(8) 특정 후보자를 위한 선거운동 권유

| Q | 제 아버지가 선거에 출마하셨는데, 학생 자원봉사자가 필요하다고 하십니다. 아버지를 돕고 싶은데, 춤이나 노래를 잘 하는 학생들에게 'OOO후보자는 학생들을 위해 많은 노력을 하고 있는 사람이니 자원봉사자로 적극 참여해서 공연 등을 해주었으면 좋겠다.'라고 말해도 되는지요? |
| A | 선거에 영향을 미치는 행위 또는 선거운동으로서 금지됩니다.
또한 국(공)립학교 교원의 경우 지위를 이용하여 선거운동의 기획에 참여하거나 그 실시에 관여하는 경우에 해당할 수 있습니다. |

(9) 특정 정당 지지·반대 행위

| Q | OO정당은 □□정당에 비해 우리나라의 현실에 적합한 공약을 많이 개발하였다고 느꼈습니다. 그래서 수업시간에 학생들을 상대로 □□정당의 정책, 공약을 비판하고 반대로 OO정책과 공약의 좋은 점을 설명하면서 이번 선거에서 잘 생각해보라고 말하고 싶은데 가능한지요? |
| A | 선거에 영향을 미치는 행위 또는 선거운동으로서 금지됩니다.
또한 국(공)립학교 교원의 경우 지위를 이용하여 선거운동의 기획에 참여하거나 그 실시에 관여하는 경우에 해당할 수 있습니다. |

(10) 정당 등 지지도 조사

| Q | 수업 중 학생들을 대상으로 정당·후보자에 대한 지지도를 조사를 할 수 있는지요? |
| A | 교원이 학생들의 지지도를 조사하거나 발표하는 행위는 금지됩니다. |

(11) 투표한 정당 조사

| Q | 제9회 전국동시지방선거의 선거일인 6월 3일 오후 6시 전에 제가 담임을 맡고 있는 반 학생들이 참가하고 있는 반 단체 카카오톡방에서 출구조사 명목으로 각자 투표한 정당·후보자를 표시하라고 할 수 있는지요? |

A	선거인에 대하여 투표한 정당이나 후보자의 표시를 요구하는 것은 금지됩니다.

(12) 당원 가입·후원금 기부 권유 등

Q	학생들에게 제가 지지하는 정당의 당원으로 가입하라고 하고, 특정 정당·후보자에게 후원금을 기부하라고 기부방법을 알려줘도 되는지요?
A	교원이 학생에게 특정 정당에 가입하라고 하거나, 특정 정당·후보자에게 후원금을 기부하라고 후원금 기부방법을 고지·안내하는 것은 금지됩니다.

(13) 학교의 후보자 초청 대담·토론회 개최

Q	□□학교 교장입니다. 저희 학교에서는 OO당 OOO후보자를 초청하여 OO당의 정강·정책이나 후보자의 정견·공약 등에 대해 알아보기 위해 대담·토론회를 개최하여 학생들을 참석시키려고 하는데 가능한지요?
A	학교에서 정당의 정강·정책이나 후보자의 정견 기타사항을 알아보기 위하여 대담·토론회를 개최하는 것은 금지되는 선거운동으로서 위법합니다.

제도개선

① 청년·장애인후보자의 선거비용 보전반환 요건 완화(제122조의2)

현행법은 일정 비율 이상의 득표를 한 후보자에게 선거비용의 전액 또는 일부를 보전하도록 하는 등 선거비용으로 인한 후보자의 출마 부담을 경감시키고자 하는 선거공영제의 취지를 담고 있으나, 선거비용보전 반환요건은 연령이나 장애 여부와 관계 없이 당선, 사망 또는 득표수 비율에 따라 반환하고 있다. 그리고 현행법은 청년·장애인 후보자의 기탁금을 하향하고 기탁금 반환요건을 완화하고 있다. 경제력 및 사회적 기반이 취약한 청년·장애인후보자의 정치참여를 더욱 확대하기 위하여 기탁금 반환요건과 마찬가지로 선거비용보전 반환요건을 완화할 필요가 있다.

예시) 청년·장애인후보자의 득표수가 유효투표총수의 100분 10 이상 득표시 보전비용을 선거비용의 100분의 50에서 100분의 70으로 상향하고, 유효투표총수의 100의 5 이상 득표시 선거비용의 100분의 50을 보전하도록 함.[11]

---

11) 이준석의원 등 10인이 같은 취지로 공직선거법 일부개정법률안(제안일 2024. 7. 1)을 제안한 바 있다.

부정선거 음모론과 부정선거 팩트체크

　민주주의에서의 선거는 가장 공정하고 투명한 방식으로 권력을 위임하는 절차이다. 그러나 부정선거 음모론이 확산될 때, 민주주의는 신뢰를 잃고 흔들리기 시작한다. 중요한 것은, 이것이 보수와 진보의 문제가 아니라 진실과 허위, 이성과 광기, 상식과 몰상식의 문제라는 것이다. 음모론이 정치를 지배하면, 보수와 진보 모두 패자가 된다. 선거 결과를 믿지 못하는 사회에서는 어떤 정권도 정당성을 가질 수 없다. 법과 절차가 무력화되면, 결국 권력은 무력과 선동이 지배하게 되고 상식이 사라지면, 누구도 안전하지 않다. 선거는 절차적으로 검증되고, 투·개표 등 선거과정은 수많은 정당과 후보자 참관인 뿐만 아니라 공무원들이 지켜보며 진행된다. 그런데도 부정선거 음모론자들은 '눈 앞에서 본 것도 조작일 수 있다'는 몰상식한 논리를 펼친다. 이들은 '비 오는 날에는 땅이 젖는다, 그러므로 지금 땅이 젖어 있으니 비가 왔다', '선거는 조작될 가능성이 있다, 그러므로 이번 선거는 조작되었다'라는 식의 결론을 내린다. 가능성과 현실을 혼동하는 논리적 오류이다. 사실이 아니라 믿음을 중심으로 작동하여, 거짓된 신념을 퍼뜨리는 데 이용한다. 이 과정에서 유튜브 알고리즘의 기제를 통하여 확증편향을 강화하고 '직접 본 것도 믿지 못하는' 몰상식이 정당화 되고 이성이 아니라 광기의 영역으로 넘어가 민주주의의 근간을 흔들리게한다. 가히 객관적인 사실보다 감정과 신념이 더 강한 영향을 미치는 탈진실(post-truth)시대이다. 유튜브 알고리즘은 정치적 극단주의를 증폭시키고, 부정선거음모론과 허위정보가 더 빠르게 확산되는 환경을 제공하고 있다. 선거 결과가 나오면 일부 세력은 이를 인정하고 않고, 거짓 정보를 통해 '부정선거' 프레임을 만들과 국민의 불신을 조장하는 하면서 정치적 경제적 이득을 취득하고 있다.

　선거는 모든 국민이 참여하는 국가적 행사이다. 그동안 유권자의 투표참여를 보장하고 투표편의를 높이기 위해 사전·선상·재외·거소투표가 도입되었으며, 이로 인해 투·개표과정이 다양하고 복잡해졌다. 그러나 모든 절차를 공정하고 정확하게 관리하기 위해 공정성을 담보하는 제도를 두고 있고, 선거의 모든 과정은 투명하게 공개하고 있다. 2024. 4. 실시한 제22대 국회의원선거 기준 전국의 약 17,800개 (사전)투표소와 254개 개표소에 약 34만 명의 투·개표사무원이 업무를 수행하였고, 투·개표소에는 투·개표사무원 외에도 정당이나 후보자가 선정한 (사전)투표참관인 약 27만명, 개표참관인 약 1만7천명이 참여하였다. 특히, 개표참관인은 모든 개표과정을 감시·촬영하고, 개표결과는 실시간 인터넷을 통해 공개되었다. 지난 제21대 국선에서 제기된 126건의 선거소송 중 인용된 것은 단 한 건도 없었다. 선관위가 정상적으로 업무를 처리했음에도 불구하고 전반적인 선거절차에 대한 이해 부족으로 단편적인 면만을 부각하여 투·개표조작 의혹을 제기하며 부정선거 여론을 선동하는 것은 우리나라 선거제도의 근간을 흔들고 사회혼란을 일으키는 행위이다. 정말 관심을 두어야 하는 것은 선거를 부정하는 것이 아니라 더 나은 참정권과 대표성 확보를 위한 선거 제도를 만들기 위해 고민해야 한다.

그럼에도 불구하고 부정선거 의혹 제기가 일부 정치권과 유튜버에서 시작하여 비상계엄 선포 후 대통령 담화에까지 등장하는 등 지속적으로 증폭되고 있다. 우리나라 투표와 개표는 '실물 투표'와 '공개 수작업개표' 방식으로 진행됨에도 불구하고, 가짜 투표지 바꿔치기, 서버 해킹을 통한 결과조작 등 부정선거 의혹 등이 계속 제기되고 있어 부정선거 관련 사실관계를 문답을 통해 알아본다.

▎ 10문10답 [부정선거 팩트체크][1] ▎

① 투표지분류기에 대한 해킹·조작 가능하다는 주장

투표지분류기를 해킹하거나 운용프로그램을 조작할 수 있다는 주장이 있다. 투표지분류기는 밤샘 등 장시간 개표로 개표사무원의 피로가 누적되어 개표사무의 정확성과 신속성이 떨어지는 문제점을 개선하기 위해 2002년 제3회 지방선거부터 공직선거에 사용되었다. 일부에서 전자개표기로 잘못 알고 있으나 우리나라 개표방식은 수작업 개표이며, 투표지분류기는 수개표를 보조하기 위한 장비에 불과하다. 투표지분류기를 통해 정당·후보자별 1차로 분류된 투표지는 심사·집계부에서 수검표 등을 통해 다시 확인하여 정확성을 확보하고 있다. 투표지분류기는 랜카드가 없어 외부와의 통신이 단절되어 해킹·조작이 원천적으로 불가능하며, 인가된 보안 USB만을 인식할 수 있는 매체제어 프로그램이 적용되어 있어 권한 있는 사용자 외에 임의로 작동하지 못한다. 또한, 투표지분류기 작동 전 프로그램 위·변조 여부를 검증하는 과정을 거치도록 하고, 선거 전 주요 정당과 정보통신 전문기관 및 시민단체가 참여한 보안자문위원회에서 투표지분류기 운영프로그램을 공개 검증한다. 개표사무는

---

1)　중앙선거관리위원회 2024. 12. 19. 보도자료 '근거 없는 부정선거 주장, 전혀 사실이 아닙니다' 참조

선관위 직원 외에도 지자체 공무원 등 많은 사람들이 함께 관리하고 정당·후보자가 추천한 개표참관인이 개표 전 과정을 감시하고 촬영도 할 수 있다. 수많은 관계자가 참여하는 개표 과정에서 그들의 눈을 피해 조작하는 것은 근본적으로 불가능하다. 제22대 국회의원선거 당시 설치된 전국 254개 개표소의 개표사무원은 77,186명, 개표참관인은 17,469명이었다.

② 선거관리시스템을 이용한 개표결과 조작 주장

선거관리시스템은 개표소에서 개표한 결과를 선거일투표·관내 및 관외사전투표·거소투표·재외투표·선상투표 단위로 보고받아 중앙선관위 홈페이지 및 방송사 등에 공개할 뿐 조작과 관련된 그 어떠한 프로그램 내역도 존재하지 않는다. 개표결과는 선거통계시스템과 방송사를 통해 실시간으로 일반국민에게 공개되며, 개표상황표 사본을 개표소에 게시하거나 참관인 등에게 제공하여 개표소 안에서 실시간으로 개표결과를 확인·대조할 수 있다. 또한, 시·도선관위는 개표상황표를 팩스로 송부받아 선거통계시스템상의 입력 수치와 교차 확인하여 개표결과 이상유무를 확인·대조하고 있다. 개표결과 조작이 가능하려면 선거인이 직접 투표한 투표지를 미리 조작된 위조 투표지와 교체하는 작업이 반드시 수반되어야 하나 현실적으로 불가능하다. 아울러, 개표과정에 수많은 공무원, 일반 선거인 등으로 구성된 개표사무원과 정당·후보자 선정 등 참관인이 참여하고 있다.

③ 미리 인쇄한 사전투표용지를 활용해 개표결과를 왜곡한다는 주장

사전투표용지를 출력하는 장비는 사전투표관리관의 인증서를 이용해서만 접속할 수 있다. 사전투표마감 후 사전투표함이 선관위로 이동하는 모든 과정에서 참관인의 참관이 보장되고, 선관위에 도착한 사전투표함을 보관장소에 넣을 때에는 정당추천 선관위원이 참여한다. 사전투표함 보관기간 중에는 CCTV를 통해 보관상황을 24시간 공개하는 등 사전투표용지를 위조하여 투입하거나 투표함 바꿔치기는 불가능하다. 사전투표소가 아닌 장소에서 별도로 인쇄한 사전투표용지를 활용해 개표결과를 왜곡할 수 있다는 부정선거 의혹이 가능하려면, ▲ 전국 모든 구·시·군선관위의 청인, 사전투표관리관 도장 이미지와 사전투표운용장비를 사전에 확보, ▲ 통신망 및 시스템 보안정책의 적용 배제, ▲ 참관인의 참관이 불가능한 상태, ▲ 24시간 모니터링 및 공개되고 있는 사전투표함 보관장소 CCTV시스템 중지 등 여러 조치가 동시에 필요하다. 따라서 현재 사전투표과정에서 적용하고 있는 공정성을 보장하는 제도적 장치들이 모두 배제된 상황이 전제되어야 하므로 사전투표용지의 부정 인쇄를 이용한 선거결과 조작은 불가능하다.

④ 사전투표와 선거일투표 간 득표율 차이가 사전투표 조작이라는 주장

선거결과는 유권자의 투표가 집합된 결과일 뿐 조작의 근거가 될 수 없다.

사전투표와 선거일투표에 참여하는 유권자 집단은 무작위 추출 방법으로 선정되는 것이 아니므로 모집단이 동일하다고 볼 수 없다. 이에 사전투표와 선거일투표간 정당별·후보자별 득표율이 반드시 유사하거나 같아야 한다는 주장은 성립이 불가하다. 한편, 제21대 국회의원선거 관련 선거무효소송에서 대법원은 전국적으로 사전투표에 참여하는 선거인과 당일투표에 참여하는 선거인의 지지성향 차이 또는 선거일 당시 정치적 판세에 따라 특정 정당 후보자에 대한 사전투표 득표율과 선거일 득표율이 다를 수 있다고 하였다. 또한, 제21대 국선, 제20대 대선, 제8회 지선에서도 동일하게 관찰되므로 이러한 현상이 이례적이거나 경험칙에 현저히 반한다고 볼 수 없다고 판단하였다.

⑤ 사전투표와 선거일투표 간 투표율 차이(대수의 법칙, 63:36)

제21대 국회의원선거의 서울·인천·경기지역 사전투표에서 더불어민주당과 미래통합당 후보의 시·도 평균득표비율이 일정하게 63% : 36%의 비율을 보이므로 부정선거의 증거라는 주장이 있다.

위 주장은 더불어민주당과 미래통합당 후보들만 계산한 사전투표 득표율로 서울 평균 63.95 : 36.05, 인천 평균 63.43 : 36.57, 경기 평균 63.58 : 36.42이다. 그러나 대구 39.21 : 60.79, 경북 33.50 : 66.50, 울산 51.85 : 48.15 등 지역마다 다른 결과를 보이고 있고, 선거구 전체로 보면 253개 선거구 중에서 17개 선거구(6.7%)만이 63 : 36의 비율인 것으로 확인된다. 또한, 지역구 국회의원선거에는 두 정당 외에도 다른 정당추천 후보와 무소속 후보가 참여하였으며, 이들을 모두 포함한 득표비율(더불어민주당:미래통합당:그 외 정당 및 무소속)은 서울 평균 61.31 : 34.55 : 4.14, 인천 평균 58.82 : 33.91 : 7.27, 경기 평균 60.68 : 34.76 : 4.56 이다. 따라서 양당 외 다른 후보의 득표를 제외하고 일부 지역에서 두 정당의 득표율만을 비교한 수치로 결과가 조작되었다고 주장하는 것은 지나친 비약이다. 제21대 국선 선거무효소송에서 대법원은 사전투표 참여자와 선거일 투표 참여자의 지지성향 차이 또는 선거일 당시 정치적 판세에 따라 특정 정당·후보자에 대한 사전투표 득표율과 선거일 득표율이 다를 수 있다고 판단하였다.

⑥ 제21대 국선 무효소송에서 재검표 당시 확인된 투표관리관 도장이 누락된 투표지는 부정선거 증거라는 주장

선거일 투표소에서는 투표관리관이 투표용지에 직접 도장을 찍어 교부하며, 이 과정에서 일부 누락되는 실수가 발생할 수 있다. 투표관리관의 도장이 누락되어 있더라도, 투표용지에 청인이 날인되어 있고 투표록 등에 도장 날인이 누락된 사유가 기재되어 있는 투표용지는 정규의 투표용지로 보고 있다. 누락된 사유가 기재되어 있지 않더라도, 투표용지 교부매수와 투표수와의 대비 등을 통해 선거인이 적법한 투표절차에 의해 투표한 것으로 보는 경우 정규의 투표용지에 해당한다.

⑦ 빳빳한 투표지, 일장기 투표지 등 가짜 투표지를 선관위가 제작한 증거라는 주장

제21대 국회의원선거에서 빳빳한 투표지, 일장기 투표지 등이 나온 것은 선관위가 가짜 투표지를 제작한 증거라는 주장이 있다.

[빳빳한 투표지 관련 주장] 유권자는 기표 후 투표지를 접어서 투표함에 넣으므로 빳빳한 투표지가 있을 수 없는데 접은 흔적이 없는 빳빳한 투표지가 대량 발견된 것은 가짜 투표지 뭉치를 투표함에 넣은 것이라는 주장이다.

➾ 선거인의 투표지 접는 형태는 1회 또는 2회 이상 눌러 접거나, 용지 끝만 가볍게 겹치거나, 길이가 짧은 지역구 투표지는 접지 않고 투입하는 등 다양하고, 개표 후 가지런히 묶음 처리하여 시간이 경과한 경우 접힌 흔적이 완화될 수 있다.

[일장기 투표지 관련 주장] 인천 연수구을 재검표에서 투표관리관 도장이 뭉개져 일장기처럼 찍힌 투표지 1,000여 장이 가짜 투표지라는 주장이다.

➾ 투표관리관 도장은 잉크 충전식 만년인으로 제작하여 사용한다. 일부 도장이 불량으로 제작되어 잉크가 과다 분출되었거나 만년인을 스탬프에 찍어 사용한 경우 투표관리관 도장이 뭉개지는 현상이 발생할 수 있다.

⑧ 해킹으로 선관위 서버 데이터 조작 가능, 방화벽은 사실상 무용지물이라는 주장

선관위 서버는 해킹으로 데이터 조작이 가능하고, 방화벽은 사실상 무용지물이라는 주장이 있다.

당시 중앙선관위는 효율적 점검을 위해 국정원이 요청한 각종 정보와 자료를 보안컨설팅 팀에 제공하였다. 사전에 시스템 구성도, 정보자산 현황, 시스템 접속관리자 계정을 제공하였고, 침입탐지 및 차단 등 자체 보안시스템을 일부 적용하지 않았다. 모의 해킹은 이러한 전제 조건을 갖고 실시되었기 때문에 방화벽이 사실상 무용지물이라는 주장은 비약에 가깝다.

나아가 실제 해킹으로 부정선거가 가능하려면 다양한 전제조건이 필요하다. 선관위 내부에 다수의 조력자가 조직적으로 가담하여 시스템 관련 정보를 해커에게 제공하고, 선거관리위원회 보안시스템을 불능상태로 만들어야 하며, 수많은 사람들의 눈을 피해 조작한 값에 맞추어 실물 투표지를 바꿔치기해야 하므로 사실상 불가능하다. 국정원은 보안컨설팅 결과에서도 북한의 해킹으로 인한 선거시스템 침해 흔적을 발견하지 못했다고 밝힌 바 있다.

⑨ 보안점검 당시 전체 시스템·장비 중 5%만 점검하였다는 주장

2024년 국정원 보안컨설팅 진행 당시 중앙선관위가 시스템·장비에 대한 점검에 불응하고, 전체 IT장비 6천440 대 중 310여 대(5%) 일부만 허용하였다는 주장이 있다.

중앙선관위는 2023. 7. 3. ~ 9. 22. 기간 동안 국가정보원, 한국인터넷진흥원(KISA)과 합동으로 위원회 시스템 전체를 대상으로 보안 점검을 진행하였다. 중앙선관위는 보유하고 있는 서버 중 미사용 장비(10여 대)를 제외한 전체 서버의 접근권한을 합동 보안컨설팅 팀에 부여하였고, 합동 보안컨설팅 팀이 점검 대상으로 요청한 업무용 PC를 전량 제공하였다. 선관위 전체 시스템 및 장비 6천440여 대 중에는 각급 선관위 직원 3천여 명이 사용하는 업무용 및 인터넷 PC 각 1대, 총 6천여 대가 포함된 것이다. 보안컨설팅 팀이 선관위 전체 장비에 대한 접근권한을 갖고 있었음에도, 선관위 서버 등 주요 시스템과 장비 3백여 대를 선정하여 점검한 것을 두고 중앙선관위가 일부 장비만 점검에 응했다고 주장하는 것은 사실이 아니다.

⑩ 단순한 비밀번호 등 보안컨설팅 문제점 개선여부 확인 불가하다는 주장

선관위 서버는 비밀번호가 매우 단순하고, 보안컨설팅에서 지적된 문제점이 개선되었는지 확인이 불가하다는 주장이 있다.

중앙선관위는 보안컨설팅 이후 보안패치, 취약 패스워드 변경, 통합선거인명부 DB서버 접근 통제 강화 등 보안이 시급한 사항에 대해서는 바로 조치하였고, 조치 완료한 사항에 대해서는 2024년 제22대 국회의원선거가 실시되기 전에 국정원과 합동으로 2차례 현장 이행점검을 실시하였다.

중앙선관위는 보안컨설팅 이후 국민들이 안심하고 투표할 수 있도록 시스템 접근 제어 및 통제를 강화하고 보안장비를 추가하였다. 선관위의 업무망 / 선거망 / 인터넷망은 물리적으로 분리하여 운영 중이고, 방화벽과 서버접근제어 시스템을 이용하여 권한 없는 비인가자의 시스템 접속을 통제하고 있다. 취약 비밀번호의 변경 조치뿐 아니라 중요시스템의 경우 인증서, 모바일 등을 활용한 2차 인증체계를 도입하였다.

📚 에필로그

「공직선거법」의 본질적인 이해는 우리 사회의 건강한 민주주의를 뒷받침하는 핵심입니다. 이 책을 통해 살펴본 이론과 실제 사례들은 우리가 직면한 과제와 어려움을 명확히 드러내고 있습니다. 공직선거법에 대한 폭넓은 시야 확보를 통해 우리의 선택과 노력이 미래세대에 더 나은 정치환경을 전해 줄 것임을 믿습니다.

공직선거법에 대한 지식과 지혜는 더 투명하고 공정한 사회를 향해 나아갈 것입니다.

이 책를 통해 살펴본 공직선거법의 복잡한 골목에서 13세기 페르시아의 방랑 시인 사드(Saadi Shirazi)의 시 한 구절이 우리에게 간직된 지혜를 상기시켜 줍니다.

그의 말처럼, "세상은 큰 책, 그 속에 우리 각자가 작은 글자일 뿐"입니다. 우리는 각자의 작은 부분에서 나아가야 길을 찾고, 이를 통해 큰 그림을 완성할 수 있습니다.

그는 또한 "아담의 후예(Bani Adam, "Sons of Adam")"라는 시를 통해 차별없고 평등한 인간세상을 갈망했습니다.

> "아브라함의 자손은 모두 한 몸이니,
> 몸의 한 부분이 아프면 다른 곳도 아프다.
> 만일 그대가 타인의 아픔을 함께 느끼지 못한다면
> 그대는 인간이라 불릴 자격이 없다"

이 시가 뉴욕의 유엔빌딩 내 걸려 있는 카펫에 새겨 있듯이 1948년의 유엔 인권선언문 정신과 평화공존의 가치를 나타냅니다.

극단화되고 원자화된 인간공동체에서 연민(sympathy)과 공감(empathy), 자비(mercy)와 긍휼(compassion)을 환기시켜줍니다. "네 이웃을 네 몸처럼 사랑하라"는 황금률은 공공영역인 정치의 복원에 있어 필요충분조건입니다.

사드의 시인정신은 우리가 직면한 어려움에도 불구하고 희망을 잃지 않고 나아갈 수 있는 힘을 주었습니다. 「공직선거법」의 미묘한 곡선들 사이에서, 우리는 작은 서로의 글자일 뿐이지만, 이들이 모여 새로운 장을 열어갈 수 있다는 믿음을 안고 새로운 시대를 향해 나아갑니다. 이 책에서 얻은 통찰과 사드의 시인정신은 우리의 정치적 삶의 미래를 밝게 비춰줄 것입니다.

📚 판례색인

|대법원

| 고등법원

|지방법원

|헌법재판소

사항색인

| ㅈ

저자약력

이창술
고려대학교 정치외교학과 졸업
중앙선거관리위원회 해석과(행정사무관, 2017~2019)
중앙선거관리위원회 정치자금조사과(행정사무관, 2020)
제주도특별자치도선거관리위원회 지도과장(서기관, 2021~2022)
양주시선거관리위원회 사무국장(2023)
용인시기흥구선거관리위원회 사무국장(2024~)
중앙선거관리위원회 5급 공개경쟁시험출제위원 다수 역임
중앙선거관리위원회 선거연수원 사이버 강사, 초빙강사
국가공무원 공채 면접위원 다수
저서 : 「정치자금법 이해 : 이론과 실제, 그리고 전망」(박영사, 2024. 1.)
정치관계법 출강 다수
- 정당의 중앙당 당직자 및 당원협의회, 당원연수 출강 다수
- 국회의원의원 보좌관 대상 출강 다수
- 지방자치단체 공무원, 전국 지방의회 및 지방의회의원, 전국 교직원 대상 출강 다수
- 시민단체 대상 출강 다수
- 중앙선거관리위원회 선거연수원 온·오프라인 직무강의 다수

「공직선거법」, 「정치자금법」, 「정당법」 등 정치관계법이 '불신의 제도화'가 아닌 민주주의의 원리인 '불확실성의 제도화'로 정치공간에서 튼실하게 자리매김하고, 통치자와 기득권이 법을 이용하여 권력을 행사·유지하는 수단으로의 기능하는 '법에 의한 지배(Rule by Law)'가 아닌 통치자와 기득권으로부터 국민의 자유와 권리를 보호하고 인권과 민주주의를 담아내는 그릇으로 '법의 지배(Rule of Law)'가 실현되길 바라며 헌법상 부여받은 선거관리의 책무를 수행하고 있습니다.

공직선거법 완벽 이해(이론과 실제, 그리고 전망: 선거운동은 아름답다)

초판발행	2025년 3월 31일
지은이	이창술
펴낸이	안종만·안상준
편 집	한두희
기획/마케팅	박부하
표지디자인	권아린
제 작	고철민·김원표
펴낸곳	(주) **박영사**
	서울특별시 금천구 가산디지털2로 53, 210호(가산동, 한라시그마밸리)
	등록 1959.3.11. 제300-1959-1호(倫)
전 화	02)733-6771
f a x	02)736-4818
e-mail	pys@pybook.co.kr
homepage	www.pybook.co.kr
ISBN	979-11-303-4934-3 93360

* 파본은 구입하신 곳에서 교환해 드립니다. 본서의 무단복제행위를 금합니다.

정 가	59,000원